BURIALS OF WAR OF 1812 VETERANS IN THE COMMONWEALTH OF VIRGINIA

by the

Society of the War of 1812 in the
Commonwealth of Virginia

Myron E. Lyman, Sr., Compiler, Editor

Craig M. Kilby, Assistant Editor

HERITAGE BOOKS
2012

HERITAGE BOOKS
AN IMPRINT OF HERITAGE BOOKS, INC.

Books, CDs, and more—Worldwide

For our listing of thousands of titles see our website
at
www.HeritageBooks.com

Published 2012 by
HERITAGE BOOKS, INC.
Publishing Division
100 Railroad Ave. #104
Westminster, Maryland 21157

Copyright © 2012 Society of the War of 1812
in the Commonwealth of Virginia
www.1812va.org

All rights reserved. No part of this book may be reproduced or transmitted in any form or by any means, electronic or mechanical, including photocopying, recording or by any information storage and retrieval system without written permission from the author, except for the inclusion of brief quotations in a review.

International Standard Book Numbers
Paperbound: 978-0-7884-5441-7
Clothbound: 978-0-7884-9204-4

THE SOCIETY OF THE WAR OF 1812 IN THE COMMONWEALTH OF VIRGINIA

OBJECTIVES

WHEREAS, in the Providence of God, victory having crowned the forces of the United states of America, in upholding the principles of the Nation against Great Britain in the conflict known as the War of 1812: we the survivors and descendants of those who participated in that contest, have joined together to perpetuate its memories and victories; to collect and secure for preservation rolls, records, books, and other documents relating to that period; to encourage research and publication of historical data, including memorials of patriots of that era in our National history; to care for and, when necessary, assist in burying actual veterans of that struggle; to cherish, maintain and extend the institutions of American freedom, and to foster true patriotism and love of country.

TABLE OF CONTENTS

Dedication	ii
Acknowledgements	iii
Preface	iv
Introduction	v - ix
Abbreviations	x - xi
Illustrations, list of	xii
Illustrations	xiii - xx
War of 1812 Veterans in Virginia	1 - 323
Illustrations	324 - 330
Appendix A - Veteran List by County / Independent City	331 - 365
Appendix B - Cemetery List by County / Independent City	367 - 409
Illustrations	410 - 412
Appendix C - Code to and Bibliography of Service Sources	413 - 417
Appendix D - Code to and Bibliography of Burial Sources	419 - 435
Appendix E - General Bibliography of Other Sources	437 - 443
Appendix F - Index of Other than Veterans & Unit Commanders	445 - 477
Appendix G - Additions and Corrections	479 - 480

DEDICATION

To the veterans of the War of 1812 for their sacrifices to keep this nation's independence and to provide its citizens with the freedoms we all enjoy today.

To the members of this society and those of others that assisted us in making this publication possible.

John C. Maxwell, Jr.
President, Society of the War of 1812 in the Commonwealth of Virginia FY2010-2012

John N. Dickie
President, Society of the War of 1812 in the Commonwealth of Virginia FY2013-2014

ACKNOWLEDGEMENTS

Many of the members of the Society of the War of 1812 in the Commonwealth of Virginia have contributed with their time, material and financial support to produce this publication. Some others have provided a lot of material support as well.

Contributing free, large amounts of their time have been Society Historian, Peter E. Broadbent, Jr., Esq.; member, James T. Thacker; Councilor, John M. Epperly; and U.S. Daughters of 1812, Virginia State Society member, Mrs. Carol Epperly. A special appreciation is made to these individuals for the many hours they have given of their time to produce this manuscript.

Contributing great amounts of financial support have been the Camp Younts Foundation of Southampton County, Virginia; Society Councilor, Cranston Williams, Jr.; member, Walter J. Sheffield. Esq.; and Treasurer, George D. Dyer, Sr. Other financial support came from Steven Walker, President of the Northern Neck of Virginia Historical Society, by furnishing the use of two large reference volumes of the Index of War of 1812 Pension Files and also from contributions by Councilor Charles Dennis Fritts and The Virginia State Society of the U.S. Daughters of 1812.

Contributing immensely to the preparation of the manuscript has been Karen Hart who provided technical and technological assistance in converting the text from a spreadsheet format and assembling the final copy layout.

Assisting the compiler was the Mary Ball Washington Museum and Library's complete staff and volunteers and the use of their great genealogical library.

Providing large amounts of material support were Peter Broadbent, Jr., Esq., John Hansbarger, Faith Bryant, Larry Payne, Margaret Windley, David Whitman, J. Matthew Hogendobler, Dr. John Sinks, Jacque-Lynne Schulman, Courtenay Stanley, Marjorie Morse, Kim Lee, Stuart Butler, and Anne Winn. Also of assistance were James Parrish, Cranston Williams, Thadeus Hartman, Dennis Fritts, John Epperly, Ray Gill, Burton Bradshaw, Sr., Clarke McGruder, Barbara Whitbeck, Betty Horner, Nancy Heuser, Anne Howard, Homer Musselman, John Kirsh, Charles Belfield, Judy Tole, Larry Aaron, Bernard Baker, Christopher Hanks, Sandra K. Kidd and Russell Whitehurst. I apologize to other supporters whom I have neglected to mention individually, especially those who mailed or e-mailed me in the past with helpful materials.

Acknowledgement is also due to paid Assistant Editor, Craig M. Kilby. Without Craig's determined support, I would have struggled to arrange and prepare this manuscript. Paid data input assistant, Nappi Ippolito, is also recognized for her work in the early stages of the project.

And the final acknowledgement goes to my wife, Marty, for her understanding and patience and for the attention she did not get while I was researching and assembling this work.

Myron E. Lyman, Sr.
Compiler/Editor

PREFACE

This project of identifying the burial places of all the War of 1812 veterans in Virginia was commenced in June 2001 when the Society of the War of 1812 in the Commonwealth of Virginia gave permission for the compiler to gather the information. Initially it was suspected that perhaps 1000 would be identified. Soon this plateau was reached and then came 2000, 3000, and 4000 ending with 4442 as shown in this publication.

In 2009, it was decided that more information should be gathered about the veteran to increase the genealogical value. The additional information included parental information about the veteran as well as his noteworthy accomplishments after the war ended. Also, information about his spouse or spouses was gathered. To this end a review of Virginia obituaries, estate records and marriage records was deemed necessary and was conducted. The various sources used for this additional information are listed in Appendix E, "Additional Sources."

Soon after the project commenced it was realized that funding was necessary to procure the necessary service and burial sources and in assisting the compiler in recording the information. To assist, annual grant money for several years was obtained from the Camp-Younts Foundation thanks to the efforts of Burton C. Bradshaw, Sr., Councilor of the society. To speed up the finalization of the project, in 2010 a data input person was hired by the name of Nappi Ippolito. A few months later, Craig M. Kilby of Lancaster, Virginia, took over the project and became Assistant Editor. In addition to data input, he provided professional genealogical services and editing. To pay these individuals, more funding was needed and obtained from several society members as outlined in the Acknowledgements.

Soon it was realized that a problem existed in determining the correct military service information. For individuals who were paid by the Commonwealth of Virginia, their muster and payrolls were readily available. Also, available in extant form were the records of those veterans and spouses who applied for pensions or bounty land. These provided valuable personal information and the originating units in which the veteran served. But many company sized unit service records of veterans paid by the Federal Government, showing originating units, were only available by official request from NARA (National Archives and Records Administration). A computer disk from Ancestry.com of the index cards of the service records showed only the attached units in which the veterans were paid. These were used in the publication. The Society did not possess the funds or the manpower to procure the service records from NARA for those paid by the Federal Government, so it was decided this manuscript would be published without doing so. However, the indexes were reviewed and corroborated to the best of my ability using many other sources.

Like any work of this magnitude, there are no doubt errors and omissions. The reader is encouraged to consult the sources we have cited in the various appendices. The Society warmly welcomes any and all corrections.

Myron E. Lyman, Sr.
Compiler/Editor

INTRODUCTION

This publication includes known burials in all Virginia Counties and Independent Cities--including the City of Alexandria which belonged to the District of Columbia during the war period. It does not include counties now in West Virginia.

EXPLANATION OF ENTRIES IN THE MAIN TEXT (PAGES 1-323):

Name, Birth, and Death

Each entry will begin with surname of the veteran, followed by his first name(s), his birth date if known, place of birth if known, date of death if known, and place of death if it differs from the burial place. The many alternate spellings for some surnames are not given. Generally the spellings on the gravestones are used.

For birth years, many are derived from the age at death. Some are denoted with a "c" for "circa" before the year (e.g., b c1796). The same applies to years of death. For the most part, dates are derived from the gravestones, census records, death notices, probate records or family records.

Rank and Service Unit ("RU" in the text)

After the name of the veteran and his birth and death information is his rank and unit. The highest rank obtained during the war period is used. In many cases, only job titles like Adjutant, Aide de Camp, Quartermaster, Musician, Fifer, Drummer, Engineer and the like are found, and are used in lieu of an actual rank such as Private or Sergeant.

Service units are a more complex matter. They will generally fall within broad categories: Virginia Militia Regiments ("VMR"), Special Commands and Detachments, U.S. Army, U.S Marines and U.S. Navy. There were also semi-private volunteer units raised, such as the "Richmond Blues" and the "Petersburg Canada Volunteers" among others but many of these were assigned to VMRs. Many special commands and detachments were generated by Virginia's Adjutant General as the mission dictated and county or independent city units were attached to these. For militiamen, generally the Virginia Militia Regiment (VMR) is listed first if known followed by the commander of the company sized unit, followed next by the county of origin, followed next by the unit to which the company sized unit was attached. If this information could not be gleaned, we have used the larger unit to which it was attached, for example, 5th VMR (McDowell). In such cases, the surname of the commanding officer of such a unit is placed in parenthesis. Neither of these commanders however, are part of the index to names at Appendix F.

For militiamen, Stuart Butler's *Guide to Virginia Militia Units in the War of 1812, 2nd Edition*, published 2011 is used to determine the regiment numbers assigned to the Virginia counties and independent cities and to identify the attachments of its company sized units. The names and commanders of these attached units and when and where they served are also listed. For those men that were paid by the Federal Government and whose records are only at NARA and when only the attached unit specified on the service index cards there is identified, the regiment number from these cards is given, for example, 4th VMR. In these cases the reader is encouraged to procure the actual service record(s) from NARA and compare the company sized

INTRODUCTION

unit identified with Butler's Guide to insure this service belongs to this veteran. To determine the unit listed on the service index cards at NARA, the Ancestry.com CD *Military Records: War of 1812 Muster Rolls,* published 2002 by MyFamily.com, Inc. has been used.

Access to use of the contents of this CD and what records it is based upon at NARA is found at Appendix C. The reader may access this site by subscribing to Ancestry.com or by using computers at most genealogical libraries that subscribe to it.

To identify the county/city of origin for the veteran, one must learn the name of his commanding officer. Once armed with that information, the researcher is advised to consult Stuart Butler's *Guide to Virginia Militia Units in the War of 1812,* 2nd edition (2011), again which is service source "B." This will provide the county/city of origin, and the original Regiment Number (e.g., 65th VMR, Southampton County).

The reader should consider that many veterans served or volunteered in counties adjacent to the one in which they resided. Also, that many had War of 1812 service in other counties or independent cities of Virginia or in other states from which they eventually settled and were buried. Many veteran burials are not listed in this publication for this reason as further research would be needed to detect their migration to where they are buried. A sincere attempt has been made by the compiler to list the correct service. The Society of the War of 1812 in Virginia thus is not responsible for any errors in identifying the correct service, for listing service for those that did not have it or for not listing the burial at all. Consideration by the reader should be given to see if the service identified belongs to another person of the same name. In some instances the service selected may be for his father, son, uncle, nephew or cousin. The age of the veteran during the 1812-1815 war period is therefore considered when making this distinction. Generally a person under the age of twenty would not attain a rank higher than a Private or Corporal or be an officer in the militia.

Last, there are many cases where only the gravestone or a death notice provided the service of the veteran. Service sources are sometimes discussed for the individual in the text and as well in Appendix C.

Cemetery Name, County/Independent City, and General Location ("CEM" in the text)

These are presented in the order given above. These are self-explanatory, though it should be noted that many family cemeteries and even church graveyards may go by different names from one source to another. Locations and directions may vary as well. A place name and it location known by one name in the 1930s when the Works Progress Administration volunteers did its cemetery surveys may well be different than its current name. This is especially true of urban areas. With respect to family cemeteries, the names are apt to go by many names over the course of years and the person or persons who "named" it in a publication. For example, the Thornton-Forbes-Washington cemetery in Fredericksburg was known in 1963 as "Little Falls Burying Ground." The location of course had not moved, but the name is changed.

Names of burial grounds are not the only thing subject to change. For example, the modern location of a site may well have been in Princess Anne County in the 1930s, but is now part of Virginia Beach. Appendix A gives the explanation of county formations and Independent Cities status, and from what jurisdiction they were taken, and when. A list of counties and independent cities and the cemeteries and graveyards located therein is given in Appendix B. Again, these

INTRODUCTION

are arranged by modern day political jurisdictions. In terms of exact burial location, many of our sources were vague or even silent on the matter. If not known at all, the veteran is not included in this publication despite the fact the veteran may have been buried in a certain county.

Gravestones ("GS" in the text)

Items in this section are marked "Y", "N" and U" for "Yes," No," and "Unknown." This was one of the more vexing problems with this project. A stone that may have existed in 1890, or 1937, or even as late as 2011 when an earthquake destroyed many stones in Blandford Cemetery in Petersburg, may not exist today. Many times, stones were moved to another location while the body was not, or vice versa. St. John's, Shockoe Hill and Hollywood Cemeteries in Richmond are good examples. Not unheard of either is more than one stone for the same person in two different places (and in one case, the same cemetery.) Re-internments are listed where the gravestone is placed, however it does not mean the body is at this location. Some cemeteries have memorialized gravestones of persons buried at other locations.

For this reason, the reader is advised to consult Appendix D which gives our sources for burials, and is discussed in more detail below. Further, there are many web sites available to ascertain more up-to-date research. Many of these sites were used in the research process. But like all things, even they are ephemeral and what was here today may be gone tomorrow.

Spousal Information ("SP" in the text)

The spouse information given here comes from a variety of sources as given in Appendix E. In many cases, the tombstones themselves may be the only evidence of a marriage, or even multiple marriages for both spouses. This is perhaps one of the greatest contributions to genealogy this book offers. Nevertheless, other sources for marriages were also used such as marriage notices and death notices.

When known, vital statistics (birth and death, and places, date and place of marriage, and names of parents are given, as well other biographical information about the spouse. If the reader does not find the marriage in one of the published sources in Appendix E, the information came from either the gravestone(s) itself or research provided by contributors. Every effort has been made to confirm the marriage data, though there are no doubt errors in some conclusions.

Other Veteran Information ("VI" in the text)

This section provided biographical information such as names of parents, public service, occupation, cause of death, additional military service and other anecdotal information. A list of the children of the soldier and his decent from ancestors is generally not given. In most cases, the source for this information is given in the text. Otherwise, see Appendix E. Some men had also served in the Revolutionary War, though a detailed explanation of this service is not included.

INTRODUCTION

Pensions ("P" in the text)

There are five categories of pensions for this section: Yes, No, Both, Applied, Spouse App." "Both" means both the veteran and his widow received a pension. "No" means neither applied nor received a pension. "Applied" means the veteran applied but did not receive a pension." "Spouse App" means the widow applied but did not receive a pension. For example, Susan B. Kilby applied for a pension under the service of her husband, Henry Kilby, but could not prove to the government's satisfaction that he actually served.

The sources for pension data all stem from records at the National Archives and Records Administration (NARA). Source codes for this in the text, under service code sources (see below) are

"BD," "M," and "O" and are described in further detail in Appendix C.

The reader is encouraged to procure the actual pension records from NARA as they may contain additional information about his service and family. Copies of the pension records may be obtained by mail using NATF form 80 and addressed to NARA References Services Branch, General Services Administration, Washington, D.C., 20408.

Bounty Land Warrants ("BLW" in the text)

See above under "Pensions" and refer to service code "O" in Appendix C for further explanation and detail. For purposes of this book, the main source for this information came from the same sources as above (service codes "BD" and "M" in Appendix C.) The reader is encouraged to procure the actual records from NARA as they may contain additional information about his service and family. More information may be available from the Bureau of Land Management particularly in Arkansas, Illinois and Missouri, where many veterans moved and took advantage of their bounty land warrants. The men who are buried in Virginia, in many cases simply sold their rights to them and remained in Virginia.

Photo ("PH" in the text)

This section is marked "Y" for yes and "N" for no, and indicates whether the Society or a contributor provided a photograph of the gravestone (this will also be coded as "31" under Burial Source.) If "Yes," it is included on the CD which will be deposited at the Library of Virginia upon the publication of this book. If the entry reads "online" a photo is available elsewhere. For example at <findagrave.com.>

Service Source ("SS" in the text)

The sources for these codes are listed in Appendix C and described in detail there.

Burial Source ("BS" in the text)

The sources for these codes are listed in Appendix D and described in detail there.

INTRODUCTION

Other Sources (Appendix E)

Personal emails, correspondence and research notes are maintained by the compiler.

Name Index (Appendix F)

Appendix F is an index of names contained in the main text other than the veterans and unit commanders. These may include spouses, parents, and others.

Additions and Corrections (Appendix G)

A sincere effort has been made to avoid errors in this publication. Additions and corrections are listed in Appendix G for information that arrived after the original typeset was created. The Society greatly appreciates any corrections or additions.

Abbreviations

At the bottom of each page of the text are some general abbreviations used. The following pages show others used in the text.

Myron E. Lyman, Sr.,
Compiler/Editor

LIST OF ABBREVIATIONS WITHIN THE TEXT

This list does not include standard state postal code abbreviations. Unless otherwise noted, all locales are in Virginia.

abt	about
Apr	April
Acct	Account of estate
app	applied
att	attached or Attachment, in context
Aug	August
b	born
bet	between
btw	between
bur	buried
c	circa, e.g. c1796 is circa 1796
ca	circa
C. H.	Court House
cnr	corner
d	died
DC	District of Columbia
det	detached or Detachment, in context
Dr	Doctor
fr	from
Esq	Esquire
mar	married
Capt	Captain
Co	County or Company, within context
Cos	Counties
Col	Colonel
Ct	Court
Dec	December
E	East
Ens	Ensign
ES	East side
Feb	February
Ft	Fort
Gr	grave
GS	Gravestone
H. R.	House Resolution (US Congress)
Inf	Infantry
Inv	Inventory of estate
Jan	January
jct	junction
Jul	July
Jun	June
Jr	Junior
LNR	Last Known Residence
Lt	Lieutenant
Lt Col	Lieutenant Colonel
LVA	Library of Virginia

LIST OF ABBREVIATIONS WITHIN THE TEXT

(Continued)

Maj.	Major
Mar	March
mi	mile(s)
mo(s)	month(s)
Mt	Mount
N	"No" or "North," in context
NARA	National Archives and Records Administration
NE	North East
NS	North side
NW	North West
Nov	November
nr	near
obit	Obituary
Oct	October
PO	Post Office
Rd	road
Reg.	Regiment
Rev.	Reverend
Rev War	Revolutionary War
Rt	Route
Rts	Routes
RW	Revolutionary War
Sep	September
S	South
SE	South East
SS	South side
Sec	Section
Sr	Senior
St	Street
SW	South West
TS	tombstone
Twp	Township
UNK	Unknown
U	Unknown
US	United States
USD	United States Daughters of 1812
V.A.	Veterans Administration
vic	vicinity
VMR	Virginia Militia Regiment
W	West
WS	West side
WPA	Works Progress Administration
Y	Yes
yr(s)	year(s)

LIST OF ILLUSTRATIONS

Page xiii	Sample Use of Service Source A and Veteran's Service Record from the National Archives
Page xiv	Sample Use of Service Source A and Veteran's Declaration for Pension from the National Archives
Page xv	Sample Use of Service Source K and Information found in Service Source BD and M
Page xvi	Sample Use of Service Source B and Veteran's Declaration for Bounty Land from National Archives
Page xvii	Sample of Bounty Land Claim for the Veteran from the National Archives
Page xviii	Sample of the Veteran's Widow's Declaration for a Pension from the National Archives
Page xix	Sample of an Act of US Congress to Award a Pension for a Veteran
Page xx	Sample Use of Service Source C and Corresponding Service Source AF for Regular Army Enlistees
Page 324	Plaque showing Veterans Buried in the Cedar Grove Cemetery in Portsmouth
Page 325	Plaque showing Veterans Buried in the Fincastle Presbyterian Church Graveyard in Botetourt County
Page 326	Plaque showing Veterans Buried in the St Paul's Episcopal Church Burial Ground in Norfolk
Page 327	Plaque showing that about 400 Veterans are Interred in the Shockoe Hill Cemetery in Richmond
Page 328	Plaque showing Veterans Memorialized in the Christ Church Cemetery in Lancaster County
Page 329	Plaque showing Veterans Buried in the Old Providence Church Cemetery in Augusta County
Page 330	Plaque indicating Eight-Five Veterans are Buried in the St John's Church Cemetery in Richmond
Page 410	Photo of the Monument for President James Madison
Page 410	Photo of the Monument for President James Monroe
Page 411	Photo of a Schooner's Cannon
Page 411	Photo of U.S. Daughter's Grave Marker at a Veteran's Gravesite
Page 412	Photo of President John Tyler's Monument
Page 412	Photo of a Gravestone with a War of 1812 Society's Grave Marker

U.S., War of 1812 Service Records, 1812-1815 — John Epperly

- **Name:** John Epperly
- **Company:** 4 REGIMENT VIRGINIA MILITIA.
- **Rank - Induction:** PRIVATE
- **Rank - Discharge:** PRIVATE
- **Roll Box:** 67
- **Roll Exct:** 602

Save This Record
Attach this record to a person in your tree as a source record, or save for later evaluation.

Save

Source Information:
Direct Data Capture, comp.. *U.S., War of 1812 Service Records, 1812-1815* [database on-line]. Provo, UT, USA: Ancestry.com Operations Inc, 1999.
Original data: National Archives and Records Administration. *Index to the Compiled Military Service Records for the Volunteer Soldiers Who Served During the War of 1812.* Washington, D.C.: National Archives and Records Administration. M602, 234 rolls.

Description:
This database is a listing of men mustered into the American armed forces between 1812 and 1815 for the War of 1812. Taken from records in the National Archives, each record includes the soldier's name, company, rank at time of induction, rank at time of discharge, and other helpful information. It provides the names of nearly 600,000 men. Learn more...

---

6 (Lieut. Col.) / Lieut.Col. W   REPRODUCED AT THE NATIONAL ARCHIVES   6 (Lieut. Col. Huston) / Lieut.Col. Wooding.   Va. Militia.

John Epperly
Priv., { Capt. James Hoge's Co. of Light Infantry, 4 Reg't Virginia Militia.
(War of 1812.)
Appears on
Company Muster Roll
for July 16 to Aug. 29, 1814.
Roll dated Norfolk
Aug. 29, 1814.
Date of appointment or enlistment. July 16, 1814.
To what time engaged or enlisted, Jan. 16, 1815.
Present or absent, Present.
Remarks and alterations since last muster:

John Epperly
Priv., { Captain James Hoge's Company, 4 Reg't Virginia Militia.
(War of 1812.)
Appears on
Company Pay Roll
for July 16 to Aug. 29, 1814.
Roll dated Aug. 29, 1814.
Commencement of service or of this settlement, July 16, 1814.
Expiration of service or of this settlement, Aug. 29, 1814.
Term of service charged, 1 months, 14 days.
Pay per month, 8 dollars, cents.
Amount of pay, 11 dollars, 61 cents.

The top image shows an example of service source "A" as used in this manuscript. The entry will read "A rec 602." The bottom image shows a portion of the actual service record of the veteran in the veteran's Compiled Military Service Record housed at the National Archives and Record Administration in Washington, D.C. This is noted in the text as source "P." This is the original source, but only cited when provided by contributors. See Appendix "C" for more information.

Name: **Horatio Ball**
Company: 1 REG'T DISTRICT OF COLUMBIA MILITIA.
Rank - Induction: SERGEANT
Rank - Discharge: SERGEANT
Roll Box: 9
Roll Exct: 602

Source Information:
Direct Data Capture, comp.. *U.S., War of 1812 Service Records, 1812-1815* [database on-line]. Provo, UT, USA: Ancestry.com Operations Inc, 1999. Original data: National Archives and Records Administration. *Index to the Compiled Military Service Records for the Volunteer Soldiers Who Served During the War of 1812.* Washington, D.C.: National Archives and Records Administration. M602, 234 rolls.

Description:
This database is a listing of men mustered into the American armed forces between 1812 and 1815 for the War of 1812. Taken from records in the National Archives, each record includes the soldier's name, company, rank at time of induction, rank at time of discharge, and other helpful information. It provides the names of nearly 600,000 men. Learn more...

The top image shows Horatio Ball having War of 1812 service using service source "A." The bottom image is a portion of his declaration for a pension. It shows the details of his service and information about his marriage. This is service source "O." See Appendix C for more information.

PAY ROLL

Of Capt. Robert Courtney's Company, rendezvoused at Smithfield, commanded by Lieut. Col. Francis M. Boykin, from the 13th Feb. to the 14th March 1813.

NAMES.	RANK.	Time of Service.		REMARKS.
		Months.	Days.	
Robert Courtney,	Captain,	—	20	The time in this pay roll is not sufficient, but it is believed that this company was also at Norfolk, in the service of the U. States.
Thomas Dudley,	Lieutenant,	—	20	
Thomas Gresham,	Ensign,	—	20	
Henry Bagby,	1st Sergeant,	—	20	
John Bagby,	2d "	—	20	
Daniel Orrille,	3d "	—	20	
John Gresham,	4th "	—	20	
Richard Gresham,	1st Corporal,	—	20	
Elijah Carlton,	2d "	—	20	
Richard H. Venable,	3d "	—	20	
Whitaker Campbell,	4th "	—	20	
Archibald Carlton,	Drummer,	—	20	
Conway Courtney,	Fifer,	—	20	
Chaney Acree	Private,	—	20	

WAR OF 1812.

NUMBERS	SOLDIER	Bagby, John		BOUNTY LAND
S. O. 37459				501-80-50 (Cancelled)
				1624-80-50
S. O. 22973	WIDOW			10632-80-55

SERVICE: Sergt., Capt. Robert Courtney's Co., Va. Mil.

ENLISTED: Feb. 4, 1813 DISCHARGED: Aug. 14, 1813

RESIDENCE OF SOLDIER: 1850, 1855, 1868, King & Queen Co., Va. 1872, 1874, 1878, Stevensville, King & Queen Co., Va.

REMARKS: Cancelled B.L.F. 501-80-50 with papers.

RESIDENCE OF WIDOW:

MAIDEN NAME OF WIDOW WIFE: Elizabeth Motley.

MARRIAGE OF SOLDIER AND WIDOW: in King & Queen Co., Va., Dec. 7, 1837.

DEATH OF SOLDIER:

DEATH OF WIDOW:

The top image shows that John Bagby was paid for his time in the service, and that at this time he was a 2ᵈ Sergeant under Capt. Robert Courtney. This is service source "K" in the text. The bottom image is part of his pension file and gives his wife's name. (She was his first wife, and the daughter of Capt. Courtney, though this is not specifically stated in this example.) In Bagby's case, the information listed is shown as additional service code "BD" in the text. See Appendix C for more information. (His middle name of "Christopher" in the text comes from his tombstone.)

BUTLER ✻ GUIDE TO VIRGINIA MILITIA UNITS IN THE WAR OF 1812

MONTGOMERY COUNTY
(75th Regiment)

BRIGADE: 19
DIVISION: 3

Regimental Command: 75

Lt. Col. James P. Preston Feb 13, 1812
Maj. Henry Carter Feb 8, 1802
Maj. Henry Edmundson May 13, 1812
Maj. John Floyd Apr 20, 1814

This county's militia units served mostly at Norfolk

COMPANIES

Capt. William Currin

February 13-28, 1815
    Marched to Richmond

Capt. John Floyd

September 5-24, 1814

Capt. James Hoge

July 16, 1814-February 15, 1815 [4th VM-Huston & Wooding]
    Discharged at Norfolk, February 16, 1815. Mustered at Christiansburg

Capt. William Pepper Riflemen

September 16, 1813-March 10, 1814 [4th VM-McDowell, Koontz, Chilton]

Lt. Henry Wysor

The top image is from Stuart Butler's *Guide to Virginia Militia Units in the War of 1812*, which is service source "B" in the text. This shows Captain James Hoge's Company in the 75th Virginia Militia Regiment from Montgomery County, and where this unit was employed. The bottom image shows that veteran John Epperly of Floyd County applied for a certificate for bounty land for his service under Capt. James Hoge in Montgomery County. It also gives his age as 60 years old. This is service source code "BO" in the text. See Appendix C for more information. (Specific dates of birth and death are on his tombstone in Epperly Eastview Cemetery in Floyd County.)

BOUNTY LAND CLAIM.
OF _____ MILITIA OFFICER OR SOLDIER.

State of Virginia } ss.
County of Floyd }

On this 22 day of March A. D. one thousand eight hundred and fifty 5. John Epperley, personally appeared before me, a Justice of the peace, duly authorized to administer oaths within and for the County and State aforesaid, John Epperley aged 64 years, a resident of Floyd in the State of Virginia who being duly sworn according to law, that he is the identical John Epperley who was a Soldier in the Company commanded by Captain James Hoge in the 4th Regiment of Virginia Militia commanded by Col. Houston in the war 1812. He was drafted at Christiansburg on or about the ___ of _____ A. D. 1814 for the term of Six months and continued in actual service in said war for the term of Six months and was honorably discharged at Norfolk on the ___ of Feby A. D. 1814 on account of his term of service having expired, as will appear by the muster rolls of said Company.

He makes this declaration for the purpose of obtaining the bounty land to which he may be entitled under the "act granting additional bounty land to certain officers and soldiers who have been engaged in the military service of the United States," approved March 3, 1855. And refers to his former declaration made under act of Congress approved 28th Sept 1855 upon which he obtained a Land Warrant No. _____, for Eighty _____ acres, which he having legally transferred and disposed of, is not within his power now to return.

He further declares that he has not received a warrant for bounty land under any other act of Congress nor made any application therefor, than the one above referred to, under act of Congress approved 28th Sept 1855 upon which he obtained the said Land Warrant, No. ___ for 80 ___ acres, and the one now presented.

John M Epperly

Sworn to and subscribed before me the day and year above written, and I hereby certify that I believe the said John Epperly who signed and executed the above declaration, and is now present, to be the identical man who served as aforesaid, and that he is of the age above stated, and that I have no interest in said claim.

H W Cox J.P.

A Bounty Land Claim by John Epperly in 1855 showing further service information under Capt. James Hoge from Montgomery County. This shows his hand-signed signature at age 64. (Floyd County was formed from Montgomery County in 1831.)

DECLARATION OF A WIDOW FOR PENSION,

UNDER ACT OF FEBRUARY 14, 1871.

WAR OF 1812.

[THIS BLANK MUST BE SWORN TO BEFORE AN OFFICER OF A COURT OF RECORD.]

STATE OF Virginia
COUNTY OF Floyd } ss.

On this 9 day of October, A. D. eighteen hundred and seventy-One, personally appeared before me, John Merritt Judge of of the County Court of Floyd, a court of record in and for the county and State aforesaid, Nancy Epperly, aged 77 years, a resident of Floyd County, county of Floyd, State of Virginia, who being duly sworn according to law, declares that she is the widow of John Epperly, who served the full period of sixty days in the Military service of the United States in the war of 1812, and who was the identical John Epperly who Drafted in Captain James J Hoges company, _____ regiment _____ brigade, _____ division, at Montgomery Co Va, on the 26 day of July, 1814, and was honorably discharged at Peachorchard on the _____ day of Feby, 1815; that he Served the full Period of five months and Ten Days

that she was married under the name of Nancy Phares, to said John Epperly on the 10 day of March A. D. 1811, by Jesse Jones, at Montgomery Co, there being no legal barrier to such marriage; that her said husband died at Floyd County, on the 15 day of Aug, 1858, and that she has not remarried since his death; that at no time during the late rebellion against the authority of the United States did she or her said husband

> This shows Nancy Epperly's application for a widow's pension for the service of her deceased husband, John Epperly under the Act of February 14, 1871. It gives her maiden name and the date of marriage to John Epperly and the date of John Epperly's death. It also gives the name of the minister who performed the marriage.

CEDAR GROVE CEMETERY
PORTSMOUTH, VIRGINIA
Veterans Administration
Gravestone for
CAPTAIN WILLIAM TEE
LOCATED IN LOT 6

30th CONGRESS
1st Session.

H. R. 507.

IN THE SENATE OF THE UNITED STATES.

May 19, 1848.

Read twice, and referred to the Committee on Pensions.

AN ACT

For the relief of William Tee, of Portsmouth, in Virginia.

1 *Be it enacted by the Senate and House of Repre-*
2 *sentatives of the United States of America in Congress*
3 *assembled,* That the name of William Tee, formerly sail-
4 ing master on board the gun-boat number sixty-seven,
5 during his service, in which he was injured by a fall, in
6 December, eighteen hundred and twelve, be placed on the
7 list of invalid pensioners, at the rate of twenty dollars a
8 month, commencing on the first of January, eighteen
9 hundred and forty-eight, to continue during his natural
10 life.

> Above: Gravestone inscriptions provide the main source of material in the text of this publication. This is followed up with research about the veteran and his service. Below: In the case of Captain William Tee the 30th US Congress provided a pension for him.

Virginia Soldiers In The US Army, 1800-1815

BIGGS, Josiah; 19th Inf. [19] {farmer} b. Virginia; enl. Detr MI on 3/10/14; dis. Detroit MI 7/20/15

BILLUPS, John; 35th Inf. [23] {sailmaker} b. Matthews; enl. Norfolk on 9/24/14; dis. Norfolk 3/15/15

BINGHAM, Isaac; 37th Inf. [21] {bricklayer} b. Hanover; enl. Southwick on 7/3,28/14; dis. New London CT 5/10/15 *

BINUS, Reuben; 20th Inf. [18] {farmer} b. New Kent; enl. on

The image above shows a partial page of Stuart Butler's *Virginia Soldiers in the US Army 1800-1815* for veteran John Billups. This is service code "C" in the text. The images below show the original record (on two facing pages) from the "US Army Register of Enlistments" for John Billups which provides additional information about him, including place of birth, physical description and details of his service. This is service code "AF" in the text. See Appendix C for further information on these sources.

WAR OF 1812 VETERANS IN VIRGINIA

ADAMS, George; b 12 Mar 1786; d 05 Oct 1868 **RU**: Private, 4th VMR (Greenhill) **CEM**: Adams Family; Fauquier; Delaplane **GS**: Y **SP**: mar Anna Richarson Chinn, b 17 Oct 1801, d 15 Jan 1879 **VI**: Son of Littleton & Elizabeth (Ash) Adams **P**: None **BLW**: No **PH**: N **SS**: A rec 1485 **BS**: 4 pg 1; 49.

ADAMS, James; b 1778; d 24 Mar 1843 **RU**: Sergeant, 6th VMR (Coleman) **CEM**: Adams Family; Pittsylvania; Rt 674, 3 mi S of Gretna **GS**: Y **SP**: mar Mary Ellen Womack, b 29 Dec 1791, d 18 Apr 1857 **VI**: Son of John & Sarah (Pigg) Adams. Resided at Dunrovin **P**: None **BLW**: No **PH**: N **SS**: A rec 1614 **BS**: 149; 49.

ADAMS, John; b UNK; d Abt 1845 **RU**: Private, 5th VMR (McDowell) **CEM**: Adams Family; Botetourt; 7 mi S of Winchester **GS**: N **SP**: No spouse information **VI**: Burial data from survey & division by G. O. Rood **P**: None **BLW**: No **PH**: N **SS**: A rec 1753 **BS**: 194.

ADAMS, John; b 20 Dec 1795; d 16 Aug 1875 **RU**: Private, 10th VMR, Capt Jesse Leftwich, Bedford Co, attached to 6th VMR (Coleman) **CEM**: John Firestone Graveyard; Botetourt; vic Daleville **GS**: Y **SP**: mar Elizabeth Firestone **VI**: Son of John & Mary Adams **P**: Yes **BLW**: No **PH**: N **SS**: A rec 1753; B pg 43; BD pg 8 **BS**: 155 pg 5; 194; 49.

ADAMS, John; b UNK; d bur 26 Mar 1866 **RU**: Private, 64th VMR, Capt William Headley, Hanover Co **CEM**: Hollywood; Richmond City; 412 S Cherry St, Section C, Lot 92 **GS**: U **SP**: No spouse information **VI**: No further data **P**: None **BLW**: No **PH**: N **SS**: L pg 464 **BS**: 237.

ADAMS, John; b 12 Jan 1786, Carlisle, MA; d 20 Apr 1848 **RU**: Sergeant, 27th MA Reg **CEM**: Holly Brook; Northampton; E of Rt 13, 0.9 mile N of Rt 630, Eastville **GS**: Y **SP**: No spouse information **VI**: No further data **P**: None **BLW**: No **PH**: N **SS**: A rec 1783 **BS**: 20 pg 1.

ADAMS, John L; b Dec 1779; d 19 Oct 1849 **RU**: Lieutenant, 10th VMR, Capt Jesse Leftwich, Bedford Co, attached to 6th VMR (Coleman) **CEM**: Adams / Ward; Pittsylvania; Crestview Ln **GS**: Y **SP**: mar 25 Dec 1803, Pittsylvania Co, Martha Walden **VI**: No further data **P**: Spouse applied **BLW**: No **PH**: N **SS**: B pg 43; BD pg 8; M pg 2 **BS**: 49.

ADAMS, Joshua; b 25 Feb 1791; d 04 Sep1865 **RU**: 3rd Sergeant, 3rd VMR, Artillery **CEM**: Adams Family; Patrick; nr jct Rts 693 & 687 **GS**: Y **SP**: mar in Patrick Co on 16 Dec 1809 (bond) to Elizabeth Corn, daughter of Samuel Corn who gave consent, b 20 Aug 1788, d 16 Apr 1857 **VI**: No further data **P**: None **BLW**: No **PH**: N **SS**: A rec 1872 **BS**: 154 pg 98.

ADAMS, Joshua; b 1798; d 28 Dec 1831 **RU**: Private, 1st VMR (Allen) **CEM**: Shockoe Hill; Richmond City; 100 Hospital St **GS**: U **SP**: No spouse information **VI**: Was a Reverend **P**: None **BLW**: No **PH**: N **SS**: A rec 1869 **BS**: 38 pg 10.

ADAMS, Leonard; b 19 Apr 1773, Sandfield, Berkshire Co, MA; d 03 Mar 1856, Washington DC **RU**: Lieutenant, 1st DC Regiment of Militia **CEM**: Old Presbyterian Meeting House; Alexandria; Wilkes & Hamilton **GS**: Y **SP**: mar Sally (-----), d 07 Nov 1811 age 39 **VI**: No further data **P**: None **BLW**: No **PH**: N **SS**: A rec 1884 **BS**: 32 pg 8.

ADAMS, Parham; b UNK; d 27 Aug 1831 **RU**: Private, 83rd VMR, Capt Baker Pegram, Artillery, Dinwiddie Co, attached to 1st VMR Byrne) **CEM**: Old City Cemetery; Lynchburg; 401 Taylor St **GS**: Y **SP**: No spouse information **VI**: Confectioner. "Killed by an exploding soda fountain." His death notice gives date as 30 Aug 1831 and states his soda fountain blew up in "the prime of his life." *The Lynchburg Press*, 31 Aug 1831, pg 1 **P**: None **BLW**: No **PH**: N **SS**: K pg 153 **BS**: 87 pg 41.

ADAMS, Peter; b 24 Feb 1798; d 03 Nov 1878 **RU**: Private, 57th VMR, Loudoun Co **CEM**: Gainesboro; Frederick; 166 Siler Ln, Gainesboro **GS**: Y **SP**: mar in Frederick Co on 01 Jul 1818 (return, bond dated 13 May 1818) to Eliza Fisher by Joseph Dalby **VI**: Son of David Adams and Leannah DeHaven (Peter's marriage bond, David and Leannah mar 18 Jul 1794 (bond) **P**: None **BLW**: No **PH**: N **SS**: A rec 1986 **BS**: 79 pg 5.

ADAMS, Robert H; b UNK; d Aft 1820 (census) **RU**: Sergeant, 23rd VMR, Capt William Goff, Chesterfield Co **CEM**: Hollywood; Richmond City; 412 S Cherry St **GS**: U **SP**: No spouse information **VI**: Enumerated on 1820 census of Chesterfield Co **P**: None **BLW**: No **PH**: N **SS**: L pg 365 **BS**: 260.

ADAMS, Samuel Griffin; b 05 May 1775, Richmond; d 15 Jul 1821 **RU**: Captain Adjutant, 19th VMR (Ambler), Company Commander, Richmond City, attached to 2nd VMR (Ballowe) **CEM**: Hollywood; Richmond City; 412 S Cherry St **GS**: Y **SP**: mar 05 May 1797 in Henrico Co, Katherine Elizabeth Innes, daughter of Henry & Katherine Callaway) Innes, b 09 May 1779, d 05 Nov 1836 **VI**: Merchant of Richmond **P**: None **BLW**: No **PH**: N **SS**: B pg 174 **BS**: 49.

RU=Rank/Unit CEM=Cemetery GS=Gravestone SP=Spousal Information VI=Other Veteran Info P=Pension
BLW=Bounty/Land Warrant PH=Photo SS=Service Source BS=Burial Source VMR= VA Military Regt
LNR= Last Known Residence

ADAMS, Thomas; b c1772; d 29 Feb 1852 **RU:** Private, 5th VMR (McDowell) **CEM:** Gainesboro; Frederick; 166 Siler Ln, Gainesboro **GS:** U **SP:** No spouse information **VI:** No further data **P:** None **BLW:** No **PH:** N **SS:** A rec 2191 **BS:** 79 pg 64.

ADAMS, Thomas; b 31 Aug 1786; d 30 Aug 1852 **RU:** Private, 74th VMR, Capt William Headley, Hanover Co **CEM:** Shockoe Hill; Richmond City; 100 Hospital St **GS:** Y **SP:** No spouse information **VI:** No further data **P:** None **BLW:** No **PH:** N **SS:** L pg 464 **BS:** 199.

ADAMS, William A; b UNK; d 25 Dec 1865 **RU:** Private, 57th VMR, Loudoun Co **CEM:** Green Hill; Frederick; Fairfax St, Stephens City **GS:** U **SP:** No spouse information **VI:** No further data **P:** None **BLW:** No **PH:** N **SS:** A rec 2333 **BS:** 79 pg 64.

ADDISON, Kendall; b 07 May 1767; d 22 Jul 1825 **RU:** Lt Colonel, 27th VMR, Northampton Co **CEM:** Maplewood; Northampton; nr jct Rts 618 & 607, Exmore **GS:** Y **SP:** mar (1) on 26 Jun 1787 to Palmer Rodgers; (2) on 16 Sep 1819 Jane O Coward. She later married Thomas M Bayly **VI:** Son of Thomas Addison by his first wife. Pension records indicate he commanded the 27th Regiment in Northampton Co from Jun 1812 until the war ended and the BLW was issued mistakenly to someone else with the same name. Bounty Land Warrant indicates he died 01 Jul 1825 **P:** None **BLW:** Yes **PH:** N **SS:** B pg 150; BD pg 11; O **BS:** 20 pg 1; 49.

ADDISON, William; b 20 Jan 1785; d 01 Nov 1859 **RU:** Private, 2nd VMR (Bayley), Capt William Henderson, Accomack Co **CEM:** Addison Family; Northampton; Rt 13, .2 mi N of Rt 652, Exmore **GS:** Y **SP:** mar (1) Nancy Finney [?]; (2) at Pungoteague, Accomack Co on 23 Jul 1844 to Caroline Bayly, LNR Hadlock, Northhampton 1878 **VI:** Son of Thomas Addison by his 2nd wife Margaret. Served 28 May to 02 Jun 1813 and from Apr to 17 Sep 1814 **P:** Spouse **BLW:** Yes **PH:** N **SS:** B pg 3; BD pg 11; O **BS:** 20 pg 1; 49.

ADKINS, Andrew; b 1783; d bur 26 Mar 1835 **RU:** Private, 23rd VMR, Capt John Lare, Chesterfield Co **CEM:** Shockoe Hill; Richmond City; 100 Hospital St **GS:** U **SP:** No spouse information **VI:** Carpenter (interment card) **P:** None **BLW:** Yes **PH:** N **SS:** L pg 536 **BS:** 38 pg 14.

ADKINS, John G; b 19 Jun 1796; d 09 Aug 1854 **RU:** Private, 6th Virginia Artillery, Lt Col Thomas Reade **CEM:** Adkins / Howle; Sussex; "Elm Shade," Rt 641 4.5 mi SW of Sussex C. H. **GS:** Y **SP:** No spouse information **VI:** Tombstone styles him Captain **P:** None **BLW:** No **PH:** N **SS:** A rec 346 **BS:** 185.

ADKINS, William; b 1799; d bur 11 Mar 1849 **RU:** Private, 2nd VMR **CEM:** Shockoe Hill; Richmond City; 100 Hospital St **GS:** U **SP:** No spouse information **VI:** No further data **P:** None **BLW:** No **PH:** N **SS:** A rec 390 **BS:** 38 pg 45.

ALDRIDGE, Bennett; b 08 Jan 1777, Dinwiddie Co; d 23 Oct 1858 **RU:** Private, 39th VMR, Petersburg **CEM:** Blandford; Petersburg; 111 Rochelle Ln **GS:** Y **SP:** No spouse information **VI:** No further data **P:** None **BLW:** No **PH:** N **SS:** A rec 925 **BS:** 200.

ALDRIDGE, James; b UNK; d aft 1840 (census) **RU:** Private, 39th VMR, Capt Edward O Goodwin, Petersburg **CEM:** Aldridge Family; Prince George; Rt 606 off Rt 654, 3 mi S Petersburg **GS:** N **SP:** No spouse information **VI:** Enumerated on 1840 census of Prince George Co **P:** None **BLW:** No **PH:** N **SS:** D pg 371 **BS:** 148.

ALDRIDGE, Jeremiah; b c1771; d 26 Sep 1858 **RU:** 1st Corporal, 62nd VMR, Capt Samuel Baugh, Prince George Co **CEM:** Aldridge Family; Prince George; Rt 606 off Rt 654, 3 mi S Petersburg **GS:** N **SP:** No spouse information **VI:** Enumerated on 1810, 1820 &1830 & 1850 census of Prince George Co **P:** None **BLW:** No **PH:** N **SS:** D pg 124; A rec 1673 **BS:** 148.

ALEXANDER, Aquilla; b 1780; d bur 19 Oct 1847 **RU:** Private, 87th VMR, Maj Thomas Hill's Detachment, King William Co **CEM:** Shockoe Hill; Richmond City; 100 Hospital St **GS:** U **SP:** No spouse information **VI:** No further data **P:** None **BLW:** No **PH:** N **SS:** K pg 481 **BS:** 38 pg 40.

ALEXANDER, Gerard; b 1773; d 1853 **RU:** Colonel, 36th VMR, Prince William Co **CEM:** St Stephen's Episcopal; Bedford; Jefferson HS parking lot, Forest **GS:** Y **SP:** mar (1) Eleanor Lee, daughter of Thomas and Nellie (Brent) Lee; mar (2) Bettie Innes buried in this cemetery, b 1782, d 1870, age 81 **VI:** Son of Col William Alexander of "Effingham" (1744-1814) and Sigismunda Massey (d 1832). Served in House of Delegates 1796-1797, 1805-1807, and 1809-1810. Tombstone styles him Colonel **P:** None **BLW:** No **PH:** N **SS:** B pg 171 **BS:** 251 pg 215.

ALEXANDER, Gustavus Brown; b 1793; d 22 Sep 1860 **RU:** Ensign, Lieutenant, Maj King's Detachment DC Militia; Lt ln 1st DC Regiment **CEM:** St Paul's Episcopal; King George; 5486 St Paul's Rd, King George **GS:** Y **SP:** mar (1)

Sarah Blair Stuart, b 1802, d 1833; (2) on 26 May 1835 Judith Ball Blackburn, b 1799, d 06 Apr 1866. Marriage Notice in *Richmond Courier* 02 Jun 1835, pg 2, which calls the groom "Esquire" and of "King George Co" **VI:** Son of Charles Alexander, Sr. and Frances Brown **P:** None **BLW:** No **PH:** N **SS:** A rec 1937 **BS:** 50; 26 pg 342.

ALEXANDER, James B; b 17 Feb 1755; d c1819 **RU:** Sergeant, 2nd Corps d'Elite VA (Green) **CEM:** Timber Ridge; Rockbridge; Rt 11, 6.5 mi N of Lexington **GS:** Y **SP:** No spouse information **VI:** No further data **P:** None **BLW:** No **PH:** N **SS:** K pg 222 **BS:** 193.

ALEXANDER, John; b 04 Oct 1776; d 10 Nov 1853 **RU:** Brigadier General, 1st Brigade (Breckenridge) **CEM:** Stonewall Jackson Memorial; Lexington; S Main St **GS:** Y **SP:** mar (1) Elizabeth Lyle, daughter of William Lyle and Julia Ann Stuart, b 1795, d 10 May 1808; (2) Elizabeth Reid, daughter of Andrew Reid & Magdalene McDowell, b 1788, d 04 Aug 1870 **VI:** Son of William and Agnes Ann (Reid) Alexander **P:** None **BLW:** No **PH:** N **SS:** A rec 2058 **BS:** 245; 49.

ALEXANDER, John; b 19 Apr 1784; d 23 Apr 1833 **RU:** Private, 5th VMR (McDowell) **CEM:** Tinkling Spring; Augusta; 11 mi NE of Staunton **GS:** U **SP:** mar prob Nancy (-----) b. 1786, d 2 Sep 1847, age 61 **VI:** No further data **P:** None **BLW:** No **PH:** N **SS:** A rec 2064 **BS:** 183.

ALEXANDER, Joseph; b UNK; d aft 1820 (census) **RU:** Private, 41st VMR, Capt Richard Glasscock, Richmond Co **CEM:** Thomas Bouldin Family; Henry; Grassy Creek **GS:** U **SP:** mar in Henry Co on 04 Mar 1807 (bond), to Nancy Bouldin, consent given by Joseph Bouldin **VI:** 1820 census, Henry Co **P:** None **BLW:** No **PH:** N **SS:** B, pg 177; K pg 250 **BS:** 245.

ALEXANDER, Robert; b UNK; d 1844 (Will) **RU:** Private, 6th VMR **CEM:** Falling Springs Presbyterian; Rockbridge; Hickory Hill **GS:** Y **SP:** mar Jenetta Scott **VI:** No further data **P:** None **BLW:** No **PH:** N **SS:** A rec 2179 **BS:** 31; 49.

ALEXANDER, William; b 1779; d 10 Apr 1839 **RU:** Private, 74th VMR, Capt James Alexander, Artillery, Hanover Co **CEM:** Alexander Family; Hanover; Rt 628 **GS:** Y **SP:** mar 27 Jul 1825, Mary Parsley. LNR Old Church, Hanover 1887, b 01 Oct 1804, d Jun 1882 **VI:** Died in his 60th year **P:** Spouse **BLW:** Yes **PH:** N **SS:** A rec 2283; BD pg 18; B pg 94 **BS:** 71 pg 40.

ALLAN, Landon; b 21 Jul 1786; d 02 Feb 1862 **RU:** Ensign, 1st VMR (Crutchfield) **CEM:** Allan Family; Fauquier; Morrisville **GS:** Y **SP:** mar Susan (-----), b 10 May 1789, d 31 Jan 1868 **VI:** Styled "Captain" on tombstone **P:** None **BLW:** No **PH:** Y **SS:** A rec 294 **BS:** 4 pg 1.

ALLBRIGHT, Frederick; b 1756; d 29 Dec 1824 **RU:** Private, 8th VMR, Capt James Paxton, Rockbridge Co, attached to 2nd Corps d'Elite **CEM:** Neriah; Rockbridge; 5 mi fr Lexington on road to Buena Vista **GS:** Y **SP:** No spouse information **VI:** Age 68 yrs at death (tombstone) **P:** None **BLW:** No **PH:** N **SS:** K pg 222; B pg 180 **BS:** 193.

ALLBRIGHT, John; b 1786; d 08 Oct 1851 **RU:** Private, 5th VMR **CEM:** Neriah; Rockbridge; 5 mi fr Lexington on road to Buena Vista **GS:** Y **SP:** mar Mary (-----), d 29 Dec 1849, age 62 yrs 2 mos **VI:** No further data **P:** None **BLW:** No **PH:** N **SS:** A rec 348 **BS:** 193.

ALLEN, Archibald; b 17 Sep 1795; d 28 Feb 1846 **RU:** Corporal, 4th VMR (Boyd) **CEM:** Allen Family; Southampton; Oak Island, Suffolk **GS:** U **SP:** mar on 22 Jul 1824 to Mary Louisa Swepson **VI:** Son of Edward Allen and Elizabeth Reid. Justice of the Peace, Nansemond Co **P:** None **BLW:** No **PH:** N **SS:** A rec 489 **BS:** 46; 49.

ALLEN, Daniel E; b 10 Apr 1790, Amelia Co; d UNK **RU:** Private, 1st Corps d'Elite (Randolph) **CEM:** Swenden; Dinwiddie; 3 mi S of Sutherland Station **GS:** Y **SP:** No spouse information **VI:** Birth date from ancestry.com (not verified) **P:** None **BLW:** No **PH:** N **SS:** A rec 655 **BS:** 135 pg 47.

ALLEN, David Hume; b UNK; d 31 Oct 1854 **RU:** Private, 16th VMR (Waller), Spotsylvania Co **CEM:** Grace Episcopal; Clarke; 110 N Church St, Berryville **GS:** Y **SP:** mar Sarah Griffin, d at Clifton on 11 Aug 1874 **VI:** No further data **P:** None **BLW:** No **PH:** N **SS:** A rec 702 **BS:** 92 pg 34.

ALLEN, George; b UNK; d bur 17 Mar 1858 **RU:** Private, 19th VMR (Ambler), Richmond City **CEM:** Hollywood; Richmond City; 412 S Cherry St, Section L, Lot 11 **GS:** U **SP:** No spouse information **VI:** No further data **P:** None **BLW:** No **PH:** N **SS:** L pg 590 **BS:** 237.

RU=Rank/Unit CEM=Cemetery GS=Gravestone SP=Spousal Information VI=Other Veteran Info P=Pension
BLW=Bounty/Land Warrant PH=Photo SS=Service Source BS=Burial Source VMR= VA Military Regt
LNR= Last Known Residence

ALLEN, George H; b UNK; d 1825 **RU:** Private, 1st VMR (Yancey) **CEM:** Chambers Family; Buckingham; Rt 652 **GS:** Y **SP:** mar Elizabeth G (-----), b 26 Nov 1792, d 07 Jan 1851 **VI:** No further data **P:** None **BLW:** No **PH:** N **SS:** A rec 852 **BS:** 66 pg 203.

ALLEN, Henry; b UNK; d aft 1810 **RU:** Private, 60th VMR, Fairfax Co **CEM:** Thompson Family; Fairfax; Rt 29 E of Nutley St **GS:** U **SP:** No spouse information **VI:** Enumerated on 1810 census of Fairfax Co **P:** None **BLW:** No **PH:** N **SS:** A rec 918 **BS:** 80.

ALLEN, John; b 05 May 1774; d 05 May 1854 **RU:** Private, 4th VMR (Boyd) **CEM:** Allen Family #3; Botetourt; Rt 817, nr Oriskany **GS:** Y **SP:** mar Martha (-----), d 1846 **VI:** No further data **P:** None **BLW:** No **PH:** N **SS:** A rec 1257 **BS:** 155 pg 51-52.

ALLEN, John James; b 26 Sep 1797, Shenandoah Co; d 18 Sep 1871, "Beaverdam" **RU:** Private, Battalion of Artillery **CEM:** Allen Family #2; Botetourt; 5.5 mi SW of Buchanan **GS:** Y **SP:** mar Mary Jackson (daughter of John George Jackson) **VI:** Member VA State Senate, 1828; U.S. House of Representatives 1833-35; VA State Court Judge, 1836 and Justice, VA Supreme Court, 1840. Brother of Robert Allen **P:** None **BLW:** No **PH:** N **SS:** A rec 1215 **BS:** 155 pg 3; 168.

ALLEN, John W; b 1784; d 24 Oct 1822 **RU:** Private, 33rd VMR, Capt Abraham Cowley, Henrico Co **CEM:** St John's Church; Richmond City; 24th & Broad, Church Hill **GS:** N **SP:** No spouse information **VI:** No further data **P:** None **BLW:** No **PH:** N **SS:** K pg 250 **BS:** 63 pg 414; 252 pg 53.

ALLEN, John, Sr; b 1779, Malerford, Ireland; d 11 Jul 1841 **RU:** Sergeant, 1st VMR (Trueheart) **CEM:** Shockoe Hill; Richmond City; Hospital St **GS:** Y **SP:** No spouse information **VI:** No further data **P:** None **BLW:** No **PH:** N **SS:** A rec 1215 **BS:** 38 pg 23.

ALLEN, Robert; b UNK; d UNK **RU:** Lieutenant, 23rd VMR, Chesterfield Co **CEM:** Hollywood; Richmond City; 412 S Cherry St **GS:** U **SP:** No spouse information **VI:** No further data **P:** None **BLW:** No **PH:** N **SS:** A rec 1652 **BS:** 260.

ALLEN, Robert; b 30 Jul 1791, Woodstock, Shenandoah Co; d 30 Dec 1859, Mt Prospect, Bedford Co **RU:** Private, 31st VMR, Capt Samuel Baker, Troop of Cavalry, Frederick Co **CEM:** Longwood; Bedford; Mount Prospect **GS:** U **SP:** No spouse information **VI:** Member VA State Senate, 1821-26; U.S. House of Representatives 1827-33. Brother of John Allen **P:** None **BLW:** No **PH:** N **SS:** A rec 1627 **BS:** 164.

ALLEN, William C; b Jan 1794; d bur 08 Sep 1874 **RU:** Private, 23rd VMR, Capt Alexander Gibbs, Henrico Co **CEM:** Hollywood; Richmond City; 412 S Cherry St, Section MT, lot 25 **GS:** U **SP:** No spouse information **VI:** Died age 80 years, 8 mos **P:** None **BLW:** No **PH:** N **SS:** L pg 354 **BS:** 237.

ALLEN, William O; b 07 Mar 1768; d 29 Nov 1831 **RU:** Lt Colonel, 71st VMR, Commander, Surry Co **CEM:** Claremont Manor; Surry; Bailey Ave, Claremont **GS:** Y **SP:** Never married **VI:** Son of Col William Allen of Surry Co, who had Rev War service, and Mary Lightfoot, daughter of William Lightfoot. He was decended from Arthur Allen, builder of Bacon's Castle, and inherited his father's estate, "Claremont." Militia companies called in 1813 were stationed there. Member of the House of Burgesses. One of the wealthiest men in Virginia **P:** None **BLW:** No **PH:** N **SS:** B pg 192 **BS:** 187; 49.

ALLEN, William T; b UNK; d 1843 (Admin) **RU:** Private, 4th VMR **CEM:** Grace Episcopal; Clarke; 110 N Church St, Berryville **GS:** Y **SP:** No spouse information **VI:** No further data **P:** None **BLW:** No **PH:** N **SS:** A rec 1951 **BS:** 86 pg 14.

ALLISON, Robert, Jr; b 1787; d 05 Sep 1814 **RU:** Private, 1st Regiment DC Militia **CEM:** Old Presbyterian Meeting House; Alexandria; Wilkes & Hamilton **GS:** Y **SP:** No spouse information **VI:** Killed in battle at "The White House" at Ft Belvoir in Prince William Co at age 27 **P:** None **BLW:** No **PH:** N **SS:** A rec 2437 **BS:** 32 pg 9.

ALLISON, William; b 1784; d 12 Apr 1850 **RU:** Private, 1st VMR (Byrne) **CEM:** Shockoe Hill; Richmond City; 100 Hospital St **GS:** Y **SP:** mar on 30 Sep 1819 by Rev Nathan Hoskinson to Miss Ann Waters of Montgomery Co, MD, b 1799, d 18 Dec 1860 age 61. Marriage notice in the *Virginia Patriot*, 11 Oct 1819, pg 3. He is styled "Mr. William Allison, merchant of Richmond, Va" in the marriage notice **VI:** China, glass and earthenware merchant of Richmond **P:** None **BLW:** No **PH:** N **SS:** A rec 2458 **BS:** 38 pg ix; 199.

RU=Rank/Unit CEM=Cemetery GS=Gravestone SP=Spousal Information VI=Other Veteran Info P=Pension
BLW=Bounty/Land Warrant PH=Photo SS=Service Source BS=Burial Source VMR= VA Military Regt
LNR= Last Known Residence

ALLMAND, Harrison, Jr; b 1790; d 05 Jul 1852 **RU**: Private, 9th VMR (Sharp) **CEM**: Yard of Livius Old; Norfolk City; Great Bridge **GS**: Y **SP**: No spouse information **VI**: Son of Mrs Martha Allmand who died in Norfolk, 11 Feb 1815, age 55. Harrison Allmand, Jr was her only son **P**: None **BLW**: No **PH**: Y **SS**: A rec 2498 **BS**: 75 pg 91.

ALSOP, John C; b UNK; d c1846 (Account) **RU**: Private, 30th VMR, Capt William Gray, Caroline Co **CEM**: Alsop / Swanson; Spotsylvania; Rt 608 **GS**: Y **SP**: No spouse information **VI**: No further data **P**: None **BLW**: No **PH**: Y **SS**: L pg 377 **BS**: 18 pg 73.

ALSOP, Samuel; b 01 Mar 1776; d 23 Oct 1859 **RU**: Sergeant, 16th VMR, Capt Therit Towles, Troop of Cavalry, Spotsylvania Co **CEM**: Spotsylvania Museum; Spotsylvania; Spotsylvania C.H. **GS**: Y **SP**: mar (1) Dorothea Campbell; (2) Mary Marshall **VI**: Son of Samuel & Anna Alsop **P**: None **BLW**: No **PH**: Y **SS**: K pg 385 **BS**: 49.

ALTIZER, John; b 1765; d 1850 **RU**: Drummer, 75th VMR, Montgomery Co **CEM**: Altizer Family; Floyd; Rt 8, Altizer's Bridge, on Montgomery & Floyd Co line **GS**: Y **SP**: mar Elizabeth Elkins, 1779-1859 **VI**: Son of Emera Altizer & Mary Pitzer **P**: None **BLW**: No **PH**: Y **SS**: A rec 321 **BS**: 93.

AMBLER, John; b 25 Sep 1762, Jamestown; d 08 Apr 1836 **RU**: Lt Colonel, 19th VMR, Commander, Richmond City, and 2nd VMR, Commander **CEM**: Shockoe Hill; Richmond City; 100 Hospital St **GS**: Y **SP**: mar (1) Frances Armistead; (2) Lucy Marshall; (3) Katherine Bush, b 09 May 1773, d 15 Jun 1846 **VI**: John Ambler, Esquire. WPA tombstone abstract says birth year was 1742, which seems is in error. Schooled in Philadelphia. Inherited his father's estates at Jamestown Island and along the James River in 1782. Served in state legislature. Moved to Richmond in 1807. Served as Master of the jury in Richmond that tried Aaron Burr for treason. Was Commander of 2nd Regiment as Colonel in Chesterfield Co **P**: None **BLW**: No **PH**: Y **SS**: A rec 515; B pg 174; K pg 60 **BS**: 199; 49.

AMBLER, Thomas Marshall; b 01 May 1791; d 04 Sep 1875 **RU**: Private, 19th VMR (Ambler), Capt Wilson Bryan, Richmond City **CEM**: Leed's Episcopal; Fauquier; 4332 Leeds Manor Dr, Markham **GS**: Y **SP**: mar 15 Apr 1819 Lucy Hopkins Johnston, Campbell Co, d 10 Nov 1888, LNR Markham, Fauquier 1878 **VI**: No further data **P**: Spouse **BLW**: Yes **PH**: N **SS**: A rec 522; B pg 174; BD pg 32 **BS**: 3 pg 19; 175.

AMES, Jesse, Jr; b 1768; d 15 Nov 1833 **RU**: Private, 2nd VMR, Capt Joseph Ames, Accomack Co **CEM**: Ames Graveyard; Accomack; Rt 620, Keller **GS**: Y **SP**: No spouse information **VI**: No further data. **P**: None **BLW**: No **PH**: Yes **SS**: K pg 308; B pg 31 **BS**: 93.

AMES, John; b 02 Feb 1796, Accomack Co; d 29 Jun 1863 **RU**: Private, 2nd VMR (Bayley), Accomack Co **CEM**: Ames Family; Southampton; Knott's Creek **GS**: U **SP**: mar (1) Margaret (-----), b 1794, d 24 Mar 1821; (2) Mary A Rose, b 27 May 1800, d 06 Nov 1865 **VI**: No further data **P**: None **BLW**: No **PH**: N **SS**: A rec 694 **BS**: 46 v1.

AMES, Joseph; b bef 1787; d aft 1820 **RU**: Captain, 2nd VMR (Bayley), Accomack Co **CEM**: Ames Ridge Cemetery; Accomack; Not given **GS**: N **SP**: mar in Accomack Co on 22 Oct 1795, Mary "Tinney" Snead, daughter of Charles & Arabella (Bowdoin) Snead **VI**: Enumerated on 1820 census of Accomack Co. A tavern keeper and planter **P**: None **BLW**: No **PH**: N **SS**: B pg 31 **BS**: 260.

AMES, Richard; b 11 Apr 1776; d 20 Nov 1834 **RU**: 2nd Sergeant, 2nd VMR, Capt Joseph Ames, Accomack Co **CEM**: Ames Plot; Accomack; Painter, jct Rts 619 & 620 **GS**: Y **SP**: mar in Accomack Co on 23 Nov 1812 (bond) to widow Margaret Ames, d 31 May 1834 age 52 **VI**: No further data **P**: None **BLW**: No **PH**: N **SS**: L pg 93 **BS**: 21 pg 5.

AMICK, John J; b UNK; d bef 1820 **RU**: Private, 5th Regiment NC Militia (Atkinson) **CEM**: Bethel Church; Frederick; Bethel Church Rd (Rt 610), Gore **GS**: U **SP**: mar Jane (----), who had administration bond on her estate in 1820 **VI**: Not found on 1820 census **P**: None **BLW**: No **PH**: N **SS**: A rec 815 **BS**: 79 pg 93.

ANDERSON, Andrew A; b 1780; d 13 Apr 1839 **RU**: Private, 4th VMR **CEM**: Anderson / Weatherford; Halifax; btw Rts 832 & 934 W of Halifax **GS**: U **SP**: mar in Halifax Co on 25 Jan 1804 (bond) to Orpha Anderson, who signed her own consent, b 1785, d 1852 **VI**: Son of Paulin Anderson **P**: None **BLW**: No **PH**: N **SS**: A rec 1231 **BS**: 245.

ANDERSON, Archibald; b 17 Oct 1792; d 21 Apr 1867 **RU**: Private, 1st VMR (Byrne) **CEM**: Anderson Family; Louisa; Rt 661, 2.8 mi N of Inez **GS**: Y **SP**: mar in Louisa Co on 24 Sep 1821 (bond) to Martha C Winston, daughter of John Winston, b 30 Jan 1798, d 27 Feb 1857 **VI**: Doctor. Built L-shaped gabled & dormered house circa 1820, left to his daughters Misses Tanner & Lucy Anderson **P**: None **BLW**: No **PH**: N **SS**: A rec 1238 **BS**: 181.

ANDERSON, Benjamin; b 1772; d 1851 **RU**: Private, 8th VMR (Wall) **CEM**: City Cemetery; Fredericksburg; William St & Washington Ave **GS**: Y **SP**: No spouse information **VI**: Doctor. Died age 79 years. No dates on stone.

Enumerated on 1820-1850 census of Caroline Co, age 78 in 1850 **P:** None **BLW:** No **PH:** N **SS:** A rec 1266 **BS:** 18 pg 1.

ANDERSON, George; b 19 Apr 1779; d 20 Sep 1818 **RU:** Sergeant, 4th VMR **CEM:** Craig; Montgomery; 401 S Franklin St, Christiansburg **GS:** Y **SP:** No spouse information **VI:** Doctor **P:** None **BLW:** No **PH:** N **SS:** A rec 1418 **BS:** 121 pg 68.

ANDERSON, Izates; b 07 Feb 1779; d 11 Aug 1823 **RU:** Private, 37th VMR, Capt Samuel Downing, Northumberland Co **CEM:** Stone Church; Northumberland; Cherry Point **GS:** Y **SP:** Never married **VI:** Son of John Anderson & Judith (Harding) Wildey. Died a bachelor, age 44 yrs, 6 mos, 2 days. His home was in Cherry Point in Northumberland Co **P:** None **BLW:** No **PH:** N **SS:** K pg 405 **BS:** 27 v9 pg 841; 269 pg 70.

ANDERSON, James; b 11 Mar 1788; d 09 Mar 1870; Frederick Co **RU:** Captain, 1st VMR (Taylor) **CEM:** Mt Carmel; Frederick; 3rd & High St, Middletown **GS:** U **SP:** mar in Winchester, Frederick Co, on 11 Nov 1808 to Leah Senseney, b 04 Dec 1796, Winchester, d 05 Aug 1875 **VI:** Tombstone styles him Major **P:** Spouse **BLW:** Yes **PH:** N **SS:** A rec 1558; BD pg 36; B pg 78 **BS:** 79 pg 10; 151.

ANDERSON, James; b UNK; d UNK **RU:** Private, Detachment of Cavalry, VA Militia **CEM:** White House; New Kent; nr Pamunkey River **GS:** Y **SP:** No spouse information **VI:** Enumerated on 1810 census of New Kent Co **P:** None **BLW:** No **PH:** N **SS:** A rec 1500 **BS:** 137 pg 354.

ANDERSON, James M; b UNK; d 16 Jun 1860, Buckingham Co **RU:** Private, 24th VMR, Capt Walter L Fontaine, Buckingham Co, attached to 8th VMR (Wall) **CEM:** Anderson Family; Buckingham; Rt 640 **GS:** U **SP:** mar (1) Elizabeth Flood, d 01 Feb 1839; (2) Martha M. Flood, d Dec 1902, Andersonville, VA **VI:** Also served In Capt Samuel Carr's Troop of Cavalry **P:** Spouse **BLW:** Yes **PH:** N **SS:** K pg 94; BD pg 36; B pg 35, 50 **BS:** 67 pg 3.

ANDERSON, James McDowell; b 30 Jan 1786, Sussex Co; d 22 Oct 1861 **RU:** Private, 39th VMR, Capt Joseph Bragg, Petersburg **CEM:** Blandford; Petersburg; 111 Rochelle Ln **GS:** U **SP:** No spouse information **VI:** Survived by an only child and three grandchildren (tombstone, not named) **P:** None **BLW:** No **PH:** N **SS:** L pg 161 **BS:** 200.

ANDERSON, John; b 19 Apr 1789; d 16 Mar 1821 **RU:** Drummer, 4th VMR **CEM:** Craig; Montgomery; 401 S Franklin St, Christiansburg **GS:** Y **SP:** No spouse information **VI:** No further data **P:** None **BLW:** No **PH:** N **SS:** A rec 1743 **BS:** 121 pg 68.

ANDERSON, John; b 1784; d 1829 **RU:** Private, 1st VMR (Crutchfield) **CEM:** Anderson Family; Rappahannock; Hackley's Crossroad **GS:** Y **SP:** mar Sarah Porter, b 1790, d 1837 **VI:** Son of Elijah Anderson, b 1758, d 1837 **P:** None **BLW:** No **PH:** N **SS:** A rec 1678 **BS:** 245.

ANDERSON, John; b 12 Nov 1788; d 20 Jul 1849 **RU:** Private, 33rd VMR, Capt George Markham, Henrico Co **CEM:** Shockoe Hill; Richmond City; 100 Hospital St **GS:** Y **SP:** No spouse information **VI:** Son of Marianne (-----) Anderson, b 30 Mar 1764, d 17 Jul 1849 "in the triumph of faith" **P:** None **BLW:** No **PH:** N **SS:** L pg 560 **BS:** 199.

ANDERSON, John; b 25 Oct 1779; d 25 Dec 1853 **RU:** Private, Maj Abraham Bradley's Regiment, 17th Brigade **CEM:** Anderson Family; Smyth; Rt 660 at Adwolfe Fire Dept **GS:** Y **SP:** mar 04 Sep 1803 to Catherine Killinger, b 08 Sep 1783, d 04 May 1865 **VI:** No further data **P:** None **BLW:** No **PH:** N **SS:** A rec 1643; B pg 245 **BS:** 131 v1 pg 4.

ANDERSON, Joseph; b UNK; d 28 Dec 1855 **RU:** Private, 5th VMR (McDowell) **CEM:** Anderson Family; Clarke; "Springfield" / Claggett Farm **GS:** Y **SP:** mar Jane (-----), b 1802, d 24 Aug 1842 aged 40 yrs, 10 mos, 13 days, "wife of Joseph Anderson" (stone.) **VI:** Died age 66 yrs, 11 mos, 28 days **P:** None **BLW:** No **PH:** N **SS:** A rec 1865 **BS:** 92 pg 1.

ANDERSON, Michael; b 1787, Scotland; d 1833 **RU:** Private, 7th VMR, Capt James Davis, Norfolk Co **CEM:** Cedar Grove; Portsmouth; Effington St & Fort Ln **GS:** Y **SP:** Louisa Gordon Anderson is buried beside him, b 1789, d 1867 **VI:** Resided at Ft Monroe, Elizabeth City Co on 1820 census. Drowned **P:** None **BLW:** No **PH:** N **SS:** A rec 1932 **BS:** 182.

ANDERSON, Robert; b 10 Mar 1792; d 26 Jul 1853, "Hill Fork," Hanover Co **RU:** Corporal, 19th VMR (Ambler), Capt Andrew Stevenson, Richmond City **CEM:** Camp Hanover; Hanover; Rt 609 **GS:** Y **SP:** mar (1) Nancy Caster; (2) 24 Sep 1844, Mary F Jordan in Hanover Co. She died 24 Nov 1887. LNR Old Church Hanover 1878 **VI:** Pension records indicate he served 183 days prior to Treaty of Peace and one day after **P:** Spouse **BLW:** Yes **PH:** N **SS:** A rec 2025; BD pg 38; B pg 175; O **BS:** 71 pg 80.

RU=Rank/Unit   CEM=Cemetery   GS=Gravestone   SP=Spousal Information   VI=Other Veteran Info   P=Pension
BLW=Bounty/Land Warrant   PH=Photo   SS=Service Source   BS=Burial Source   VMR= VA Military Regt
LNR= Last Known Residence

ANDERSON, Robert; b 1769; d 01 Jul 1833 RU: Private, 1st Regiment DC Militia CEM: Old Presbyterian Meeting House; Alexandria; Wilkes & Hamilton GS: Y SP: No spouse information VI: No further data P: None BLW: No PH: N SS: A rec 2011 BS: 32 pg 9.

ANDERSON, Robert H; b 12 Sep 1791; d 18 Apr 1833 RU: Private, 7th VMR (Gray) CEM: Mt Rouge; Nelson; Rt 655, Roseland GS: N SP: mar Mary Susan Kinsbrough, b 03 Sep 1801, d 21 Jan 1859 VI: No markers for either of them. WPA survey source for dates was family bible P: None BLW: No PH: N SS: A rec 2020 BS: 153.

ANDERSON, Thomas P; b 04 Feb 1784; d 01 Oct 1846 RU: Private, 84th VMR, Cavalry unit, Halifax Co, attached 1st VMR (Holcombe) CEM: Anderson Family; Halifax; Meadville GS: U SP: mar in Halifax Co on 16 Jan 1812 (return by Rev Joel Tucker) to Elizabeth Younger, b 1790, d 1875 VI: No further data P: None BLW: No PH: N SS: A rec 2118 BS: 245.

ANDERSON, William; b c1790; d aft 1870 RU: Private, 39th VMR, Capt Cadwallader J. Claiborne, Petersburg CEM: Anderson Family; Dinwiddie; NS of and 1/2 mi from Mamozine Rd GS: N SP: WPA survey: "Mrs William Anderson, nee Miss ----- Anderson." No stone VI: Age 80 on 1870 census of Dinwiddie Co P: None BLW: No PH: N SS: K pg 135 BS: 210.

ANDERSON, William A; b 02 Jun 1764; d 13 Sep 1839 RU: Lt Colonel, Commander, 48th VMR, Botetourt Co CEM: Fincastle Presbyterian; Botetourt; 108 E Back St, Fincastle GS: N SP: mar Anne Thomas VI: A Rev War soldier. Served in the House of Delegates P: None BLW: No PH: N SS: B pg 45 BS: 245.

ANDERSON, William, Jr; b 1785; d 23 Dec 1836 RU: Private, 23rd VMR, Capt Benjamin Goode, Chesterfield Co CEM: Shockoe Hill; Richmond City; 100 Hospital St GS: Y SP: mar in Richmond on 01 Jan 1834 to Mary A Blair, d 12 Dec 1837 age 43 VI: No further data P: None BLW: No PH: Y SS: L pg 369 BS: 31 photo; 199; 63 pg 245.

ANDREWS, George W; b UNK; d 07 Jul 1814 RU: Private, Detachment of Cavalry CEM: Mt Hebron; Frederick; 305 E Boscawen St, Winchester GS: Y SP: No spouse information VI: No further data P: None BLW: No PH: Y SS: A rec 297 BS: 93.

ANDREWS, John; b 1794; d bur 10 Oct 1834 RU: Private, 1st VMR (Byrne) CEM: Shockoe Hill; Richmond City; 100 Hospital St GS: U SP: No spouse information VI: No further data P: None BLW: No PH: N SS: A rec 400 BS: 38 pg 13.

ANDREWS, Samuel; b 01 Mar 1793, County Antrim, Ireland; d 25 Oct 1831 RU: Private, 19th VMR, Richmond City CEM: Shockoe Hill; Richmond City; 100 Hospital St GS: Y SP: No spouse information VI: Born "County of Antrim, Shrivedom of Ireland" died age 39 yrs, 7 mos, 21 days (stone) P: None BLW: No PH: N SS: A rec 566 BS: 199.

ANTHONY, Mark; b 12 Dec 1779; d 16 Jul 1859 RU: Captain, 10th VMR, Company Commander, Artillery, Bedford Co CEM: Tuck / English / Anthony; Bedford; Rt 834 GS: Y SP: mar on 12 Dec 1799 to Emelia Leftwich, daughter of Thomas Leftwich & Jeanne Stratton, b. 02 Sep 1784, d 23 Mar 1883 VI: Son of John Anthony & Susan Austin P: None BLW: No PH: N SS: B pg 42 BS: 251 pg 1068; 49.

APPERSON, James A; b 17 Mar 1789; d bur 20 Dec 1869 RU: Private, 19th VMR, Richmond City CEM: Hollywood; Richmond City; 412 S Cherry St, Section O, lot 20 GS: U SP: No spouse information VI: No further data P: None BLW: No PH: N SS: A rec 1151 BS: 237.

ARCHER, Allen; b 01 Mar 1783; d 13 Feb 1869 RU: Ensign, 39th VMR, Capt Thomas Claiborne, Petersburg CEM: Blandford; Petersburg; 111 Rochelle Ln GS: Y SP: mar Prudence Whitworth VI: A successful miller of Petersburg P: None BLW: No PH: N SS: L pg 220 BS: 200; 49.

ARCHER, John; b c1790; d 17 Dec 1855 RU: Private, 23rd VMR, Capt Henry Heth, Troop of Cavalry, Chesterfield Co, attached to Gen Porterfield's Brigade CEM: Bermuda Hundred; Chesterfield; Bermuda Hundred, Presque Isle GS: Y SP: mar in Chesterfield Co on 01 Jun 1808 (bond) to Elizabeth Chamberlayne Batte, b 28 Jan 1785, d 09 Jul 1843 VI: Age 60 on 1850 census of Chesterfield Co P: None BLW: No PH: N SS: A rec 1442 BS: 228.

ARCHER, Richard; b 16 Aug 1796; d UNK RU: Private, 19th VMR, Capt William Murphy, Light Infantry Blues, Richmond City, attached to 1st Corps d'Elite (Randolph) CEM: Red Lodge Cemetery; Amelia; Rt 625, 0.6 mi from Rt 609 GS: Y SP: No spouse information VI: No further data P: None BLW: No PH: N SS: K pg 259; B pg 175 BS: 266 pg 251.

RU=Rank/Unit CEM=Cemetery GS=Gravestone SP=Spousal Information VI=Other Veteran Info P=Pension
BLW=Bounty/Land Warrant PH=Photo SS=Service Source BS=Burial Source VMR= VA Military Regt
LNR= Last Known Residence

ARCHER, Richard C; b UNK, Norfolk; d 24 Jun 1824, Portsmouth **RU:** Purser, US Navy **CEM:** St Paul's Episcopal; Norfolk City; 201 St Paul's Blvd **GS:** U **SP:** mar on 18 Jan 1806 to Eliza Street **VI:** Obituary, 25 Jun 1824, "Died yesterday, Richard C. Archer, Purser, US Navy. A Norfolk native, member of the Norfolk Bar." *Norfolk and Portsmouth Herald*, p 3 **P:** None **BLW:** No **PH:** N **SS:** AQ **BS:** 243; 49.

ARCHER, Robert; b 28 Aug 179x; d 19 May 1877 **RU:** Surgeon's Mate, 6th VMR (Reade) **CEM:** Hollywood; Richmond City; 412 S Cherry St **GS:** Y **SP:** No spouse information **VI:** No further data **P:** None **BLW:** No **PH:** Y **SS:** A rec 1481 **BS:** 31.

ARCHER, William; b 01 Jun 1789; d 08 Nov 1851 **RU:** Private, 23rd VMR, Capt John Gill, Chesterfield Co **CEM:** Archer Family; Amelia; 1 mi E of jct Rts 53 & 602 **GS:** Y **SP:** No spouse information **VI:** No further data **P:** None **BLW:** No **PH:** N **SS:** L pg 361; B pg 361 **BS:** 266 pg 144.

ARCHER, William S; b 05 Mar 1789; d 28 Mar 1855 **RU:** Private, 23rd VMR, Capt John Gill, Chesterfield Co **CEM:** Red Lodge Cemetery; Amelia; Rt 625, 0.6 mi from Rt 609 **GS:** Y **SP:** Never married **VI:** U.S. Senator. Son of Maj John Archer **P:** None **BLW:** No **PH:** N **SS:** B pg 60; L pg 361 **BS:** 266 pg 261.

ARMENTROUT, Frederick; b UNK; d 1837, Alleghany Co **RU:** Private, 116th VMR, Capt William Harrison, Rockingham Co, attached 1st VMR (Trueheart) **CEM:** Armentrout Family; Alleghany; 16 mi SW Covington, Rts 60 & 18, on Potts Creek **GS:** N **SP:** No spouse information **VI:** No further data **P:** None **BLW:** No **PH:** N **SS:** K pg 51 **BS:** 197.

ARMISTEAD, John Baylor; b 1765; d UNK **RU:** Captain, 2nd VMR **CEM:** Upperville United Methodist; Fauquier; Delaplane Rd, Upperville **GS:** Y **SP:** mar Anne B Carter **VI:** son of John Armistead & Lucy Baylor **P:** None **BLW:** No **PH:** N **SS:** A rec 132 **BS:** 4 pg 204; 49.

ARMISTEAD, John C; b 30 Jul 1797; d 10 Apr 1848 **RU:** Private, 52nd VMR, Artillery, Capt John Armistead, Charles City Co **CEM:** Upperville United Methodist; Fauquier; Delaplane Rd, Upperville **GS:** U **SP:** mar Anne Harrison **VI:** Son of John B Armistead & Anne B Carter. Enumerated on 1830 census of Fauquier Co **P:** None **BLW:** No **PH:** N **SS:** L pg 104; B pg 143 **BS:** 4 pg 204; 49.

ARMISTEAD, John C; b 1782; d 11 Apr 1832 **RU:** Private, 39th VMR, Petersburg **CEM:** Blandford; Petersburg; 111 Rochelle Ln **GS:** Y **SP:** mar Lucy Ann Fanny, d 03 Sep 1824 age 26 yrs, 21 days **VI:** Reinterred from Porter Hill. Enumerated on 1830 census of Petersburg **P:** None **BLW:** No **PH:** N **SS:** A rec 129 **BS:** 85 v8 pg 178.

ARMISTEAD, Walker Keith; b 25 Mar 1773, Caroline Co; d 13 Oct 1845, Upperville, Fauquier Co **RU:** Commander, Brigade Engineers; Lt Colonel in Canada in 1812, US Army, 1st Brigade Engineers **CEM:** Armistead Family; Fauquier; nr Paris **GS:** Y **SP:** mar Elizabeth Stanley, b Nov 1791, d 30 Sep 1861 **VI:** Son of John Armistead and Lucy Baylor. Graduate of West Point in 1803. Was Superintending Engineer of Norfolk defenses 1808-1812. At the outbreak of the war he was assigned to Fort Niagara, and was promoted to Lt. Col. after its bomarbardment. Returned to Norfolk in 1813. Served in US Army until his death in a variety of capacities. Tombstone says Brevet Brigadier General, 3rd US Regiment of Artillery **P:** None **BLW:** No **PH:** N **SS:** A rec 148 **BS:** 4 pg 2.

ARMSTRONG, Archibald; b 22 Jun 1797; d 19 Jan 1853 **RU:** Private, 4th VMR (Woods), Ohio Co **CEM:** Old Lebanon; Augusta; Craigsville **GS:** Y **SP:** No spouse information **VI:** No further data **P:** None **BLW:** No **PH:** N **SS:** A rec 354; B pg 155 **BS:** 93.

ARMSTRONG, John; b 1796; d 23 May 1831 **RU:** Private, 5th VMR, Capt Charles C Allen, Culpeper Co, attached to 1st VMR (Crutchfield) **CEM:** Armstrong Family; Culpeper; Rixeyville **GS:** Y **SP:** mar 23 Jun 1808 Cynthia D Spilman (1786-1874) who drew pension. She d 19 Nov 1874 in Jefferson Township, Culpeper Co **VI:** Died age 35 (tombstone) **P:** Spouse **BLW:** Yes **PH:** N **SS:** K pg 11; B pg 62; BD pg 50 **BS:** 12 pg 25; 196.

ARMSTRONG, Richard; b 1767; d 06 Aug 1832 **RU:** Private, 2nd VMR (Ballowe) **CEM:** Shockoe Hill; Richmond City; 100 Hospital St **GS:** Y **SP:** No spouse information **VI:** No further data **P:** None **BLW:** No **PH:** N **SS:** A rec 655 **BS:** 38 pg 10.

ARNOLD, James; b 1783; d 1872 **RU:** Sergeant, 36th VMR (Reno), Prince William Co **CEM:** Arnold Family; Prince William; 11848 Coloriver Rd **GS:** Y **SP:** mar Darcus (-----), 1786-1865 **VI:** No further data **P:** None **BLW:** No **PH:** N **SS:** A rec 1099 **BS:** 248 Part 1 pg 16.

RU=Rank/Unit CEM=Cemetery GS=Gravestone SP=Spousal Information VI=Other Veteran Info P=Pension
BLW=Bounty/Land Warrant PH=Photo SS=Service Source BS=Burial Source VMR= VA Military Regt
LNR= Last Known Residence

ARNOLD, John; b 19 May 1782; d 07 Apr 1863 **RU:** Lieutenant, 25th Regiment, Capt Thomas Pollard, King George Co **CEM:** Arnold Family; King George; Roosevelt Dr off Hoover Dr **GS:** Y **SP:** mar (1) Fannie Price; (2) in King George Co on 15 Jan 1852 to Jane West (pension file) **VI:** Son of William Arnold. Father of 20 children. Stone is marked by US Daughters of 1812 **P:** Spouse **BLW:** Yes **PH:** N **SS:** A rec 1157; L pg 644; BD pg 53; O **BS:** 50.

ASHBY, John, Jr; b 09 Sep 1795; d Mar 1831 **RU:** Captain, 44th VMR, Comany Commander, Fauquier Co, attached to Maj John Kemper's Detachment **CEM:** Ashby Farm; Fauquier; Delaplane **GS:** Y **SP:** mar in in Washington, DC on 28 Jan 1827 to Mrs Mary Pickett, nee McNish, widow of William Pickett **VI:** Son of Rev War Capt John Ashby and Mary Turner. Pension records indicate he served three months from 01 Aug to 31 Oct 1814 and was discharged in Alexandria **P:** None **BLW:** Yes **PH:** N **SS:** A rec 1968; B pg 73; BD pg 56; P; O **BS:** 3 pg 3; 49.

ASHBY, Nimrod T; b 07 Oct 1778; d 24 May 1830 **RU:** Captain, 44th VMR, Company Commander, Fauquier Co **CEM:** Ashby Farm; Fauquier; Delaplane **GS:** Y **SP:** mar Elizabeth Thomas Adams **VI:** Son of Rev War Captain John Ashby and Mary Turner **P:** Yes **BLW:** No **PH:** N **SS:** P; A rec 1795 **BS:** 3 pg 3; 49.

ASHBY, Robert B; b 1788; d 1838 **RU:** Private, 6th VMR (Coleman) **CEM:** Ashby Family; Warren; 1.5 mi E Howellsville **GS:** U **SP:** mar Elizabeth (-----), 1797-1823 **VI:** No further data **P:** None **BLW:** No **PH:** N **SS:** A rec 19788 **BS:** 150.

ASHBY, Samuel; b 17 Aug 1773; d 1816 **RU:** Major, 36th VMR, Staff Officer, Prince William Co **CEM:** "Belmont," Greenland Farm; Fauquier; Rt 724, Delaplane **GS:** Y **SP:** mar 05 Dec 1795 in Fauquier Co to Patsy Clarkson **VI:** Son of Rev War Capt John Ashby and Mary Turner. Major, 36th VMR, discharged at Camp near Elliotts Mill on 24 Nov 1814, 100 miles from home in Fauquier Co. Commissioned Major 06 Jul 1807. SAR marked his father's grave which is engraved on the same stone **P:** Yes **BLW:** No **PH:** N **SS:** P; B pg 73 **BS:** 31 ; 3 pg 3; 49.

ASHBY, Thomas; b 26 Dec 1771; d 29 Nov1856 **RU:** Private, 2nd VMR, Capt John G Joynes, Accomack Co **CEM:** Wachapreague Burial Ground; Accomack; off Rt 1719 outside Wachapreague **GS:** Y **SP:** No spouse information **VI:** No further data **P:** None **BLW:** No **PH:** N **SS:** K pg 314; A rec 1983 **BS:** 21 pg 7.

ASHBY, Thomson; b 31 Mar 1785; d 14 Jul 1850, Fauquier Co **RU:** Lieutenant, 5th VMR, Capt Benjamin Cole, Artillery, Culpeper Co attached to Cocke's Detachment **CEM:** "Belmont," Greenland Farm; Fauquier; Rt 724, Delaplane **GS:** Y **SP:** mar Anne "Nancy" Stuart Menifee, 20 Oct 1808, Culpeper Co, LNR Alexandria 1873 **VI:** Son of Rev War Capt John Ashby & Mary Turner. Pension records indicate he served most of the period from 29 Mar 1813 to 19 Aug 1813 **P:** Spouse **BLW:** Yes **PH:** N **SS:** K pg 163; BD pg 56; B pg 62; O **BS:** 3 pg 3; 49.

ASHBY, Turner; b 31 Aug 1789; d 1834 **RU:** 1st Lieutenant, 85th VMR, Fauquier Co **CEM:** Greenland Farm; Fauquier; Delaplane **GS:** Y **SP:** mar Dorothea Farrar Green, 1797-1865 **VI:** Son of Rev War Capt John Ashby and Mary Turner. Father of Brigadier General Turner Ashby, Jr of KY during Civil War. Age 46 yrs, 9 mos, 33 days. Family home known as "Belmont" and later as "Greenwood" **P:** None **BLW:** No **PH:** N **SS:** A rec 1987 **BS:** 3 pg 3; 49.

ASHBY, William R; b 18 Dec 1789; d 21 May 1843 **RU:** Private, KY Militia, Capt Holden's Co **CEM:** Buck Family; Warren; 1 mi W Buckton Station **GS:** U **SP:** mar 03 Apr 1817, Rebecca R Buck, d 05 Aug 1878, Bel Air, Warren Co **VI:** No further data **P:** Spouse **BLW:** Yes **PH:** N **SS:** A rec 199; BD pg 56 **BS:** 150.

ASHER, Waller R; b c1781; d 26 Oct 1862 **RU:** Private, 5th VMR, Capt Thomas Hall, Culpeper Co, attached to 6th VMR (Coleman) **CEM:** Fairview; Culpeper; Rt 522, Culpeper **GS:** Y **SP:** mar in Culpeper Co on 26 Dec 1805 (bond) to Elizabeth Shannnon, LNR Culpeper Co 1871 **VI:** Tombstone nearly illegible. Pension records indicate he served from 28 Jan 1814 until 11 May 1814 **P:** Spouse **BLW:** Yes **PH:** N **SS:** A rec 2064; BD pg 57; B pg 62; O **BS:** 19.

ASHTON, Henry W; b 06 May 1794; d 04 Mar 1876 **RU:** Matross, 30th VMR, Capt William F Gray, Caroline Co **CEM:** Warrenton Cemetery; Fauquier; Chestnut St, Warrenton **GS:** Y **SP:** mar Anna A Rose, b 11 Jun 1796, d 27 Feb 1876. Daughter of Robert and Mary S. H. Rose who are also buried here **VI:** Pension records indicate he served from 29 Aug to 22 Sep 1814 **P:** Yes **BLW:** No **PH:** N **SS:** L pg 377; BD pg 58 ; O **BS:** 3 pg 97.

ASHTON, John Newton, Sr; b 17 May1784; d 20 Aug 1855 **RU:** Captain, 25th VMR, Company Commander, King George Co **CEM:** Cedar Grove; Portsmouth; Effington St & Fort Ln **GS:** Y **SP:** mar (1) in Washington, DC on 03 Dec 1811 Louisa Ann Ashton; (2) in 1830 to Ann M Ashton **VI:** Son of Col Burditt & Mary (Keene) Ashton. Was a member VA Soldiers of 1812 Society, Portsmouth. Resided in Norfolk, during 1850 census **P:** None **BLW:** No **PH:** N **SS:** B pg 110 **BS:** 65 pg 38; 49.

RU=Rank/Unit CEM=Cemetery GS=Gravestone SP=Spousal Information VI=Other Veteran Info P=Pension
BLW=Bounty/Land Warrant PH=Photo SS=Service Source BS=Burial Source VMR= VA Military Regt
LNR= Last Known Residence

ASHTON, Lawrence; b UNK; d 06 Oct 1859 **RU:** Private, 25th VMR, Capt John G. Stuart, King George Co **CEM:** Bronaugh Family; Fauquier; Blue Ridge North Subdivision **GS:** U **SP:** No spouse information **VI:** No further data **P:** None **BLW:** No **PH:** N **SS:** K pg 413 **BS:** 117 #61.

ATHEY, Willis; b 1793; d aft 1850 **RU:** Private, 36th VMR (Reno), Capt James Hayes, Prince William Co **CEM:** Athey Family; Fauquier; Orleans **GS:** Y **SP:** mar in Warrenton, Fauquier Co, on 18 Aug 1831 to Roxey Ann Barton **VI:** Pension records indicate he enlisted 10 Jan 1814 and was discharged 13 April 1814 and that he also served under Capt Joseph Gilbert and Capt William Dulin **P:** Spouse **BLW:** Yes **PH:** N **SS:** A rec 192; BD pg 59; B pg 172; O **BS:** 260.

ATKINS, Benjamin; b UNK; d UNK **RU:** Private, 71st VMR, Surry Co **CEM:** Eastern State Hospital; Williamsburg; Newport Ave **GS:** Y **SP:** No spouse information **VI:** No further data **P:** None **BLW:** Yes **PH:** N **SS:** A rec 258 **BS:** 93.

ATKINS, Hiram; b 1780; d 12 Oct 1834 **RU:** Private, Bradley's Regiment **CEM:** Atkins Family; Giles; off Rt 60 nr Rt 700 at Maybrook **GS:** Y **SP:** mar Mary (-----), 1837-1864 **VI:** No further data **P:** None **BLW:** Yes **PH:** N **SS:** A rec 293 **BS:** 14 pg 167.

ATKINS, Moses; b 1773; d 16 Apr 1839 **RU:** Private, 29th VMR, Capt John Blunt, Isle of Wight Co **CEM:** Atkins Family; Giles; off Rt 60 nr Rt 700 at Maybrook **GS:** Y **SP:** mar Mary (-----), d 22 Jan 1857 age 87 **VI:** No further data **P:** None **BLW:** Yes **PH:** N **SS:** L pg 148 **BS:** 14 pg 167.

ATKINS, Zachariah; b 1793; d btw 1850-60 **RU:** Private, 29th VMR, Capt William Moody, Isle of Wight Co **CEM:** Atkins Forgotten Graveyard; Greene; E end of Stanardsville **GS:** N **SP:** mar 20 Aug 1814 in Isle of Wight Co to Sally Hall **VI:** Son of Mrs Dickenson Atkins. People were buried here between 1850 & 1860 **P:** None **BLW:** Yes **PH:** N **SS:** A rec 395; L pg 599 **BS:** 192.

ATKINSON, Archibald; b 13 Sep 1792; d 07 Jan 1872 **RU:** Ensign, 29th VMR (Boykin), Capt Hamilton Shield, Isle of Wight Co, attached to Battalion of Artillery **CEM:** St Lukes Church; Isle of Wight; 14477 Benn's Church Rd, Smithfield **GS:** Y **SP:** mar (1) on 08 Apr 1815, Isle of Wight Co to Frances W Day; (2) on 24 Apr 1829 to Elizabeth Ann Chilton, 2nd daughter of William Chilton, Esq, of Isle of Wight Co, b 13 Sep 18987, d 11 Apr 1872. Marriage notice in *Richmond Examiner*, 08 May 1829, pg 3. The notice says they were married in "Middleburg Co." [sic] by Rev. Mr. Williams **VI:** Styled "Esquire" in the marriage notice to his 2nd wife. Son of James & Mary Atkinson. Studied law at William & Mary College, admitted to bar in Smithfield, member of VA Senate and House of Delegates. Member of Congress 1843-1849. Fought at battle of Craney Island. Pension records indicate he served from Mar to Aug 1813 **P:** Applied **BLW:** Yes **PH:** Y **SS:** L pg 112; BD pg 60; M pg 13; B pg 102, 104; O **BS:** 76 pg 51; 49.

ATKINSON, Joseph; b 1776; d 14 Sep 1832 **RU:** Captain, 29th VMR (Boykin), Company Commander, Isle of Wight Co **CEM:** Atkinson Family; Isle of Wight; 3.5 mi SW of Smithfield **GS:** Y **SP:** mar Margaret King West **VI:** Son of Jesse Atkinson. Died of cholera (obituary) **P:** None **BLW:** No **PH:** N **SS:** K pg 113 **BS:** 186; 49.

AUSTIN, Alexander; b 03 Sep 1784, Bedford Co; d 24 Jan 1871, Lynchburg **RU:** Lt Colonel, 53rd VMR, Commander, Campbell Co **CEM:** Austin-Rawlings Family; Campbell; 1237 Austin Mill Rd, Woodlawn **GS:** Y **SP:** mar in Halifax Co on 06 Jan 1812 to Elizabeth Ann Burgess, b 1794 Halifax Co, d1857 **VI:** Government gravestone **P:** Yes **BLW:** Yes **PH:** N **SS:** B pg 53; BD pg 63; M pg 14 **BS:** 245.

AUSTIN, Archibald; b 11 Aug 1772; d 11 Sep 1837 **RU:** Private, 24th or 100th VMR, Buckingham Co, attached to 5th VMR **CEM:** Gaines / Booker / Austin / Twyman Graveyard; Buckingham; "Westfield," Rt 607 **GS:** N **SP:** mar in Buckingham Co in Sep 1808 to Mabel Grace Booker, "granddaughter of Mr. Bernard Gains" per marriage notice in the *Richmond Argus*, 23 Sep 1808 pg 3, which calls her "Miss Grace Bowker" **VI:** Son of Archelaws Austin; served in the General Assembly and Congress; no stone for either but known to be buried here. He is called "Attorney at Law" in his marriage notice **P:** None **BLW:** No **PH:** N **SS:** A rec 1206 **BS:** 66 pg 263.

AUSTIN, John; b 01 Jan 1789, Somerset Co, MD; d 10 Nov 1868, Loudon Co **RU:** Private, MD Militia 2nd Regiment **CEM:** Chestnut Grove; Fairfax; 831 Drainsville Rd, Herndon **GS:** Y **SP:** mar Jane C Handy, d 15 Oct 1877 **VI:** No further data **P:** None **BLW:** No **PH:** N **SS:** A rec 1395-6 **BS:** 89 v4 HR-185.

AUSTIN, Peter; b 15 Oct 1791; d 10 Oct 1835 **RU:** Cornet, 10th VMR, Capt Jesse Leftwich, Troop of Cavalry, attached to Major Woodford's Squadron of Calvary (Dragoons) **CEM:** Gravelly Green; Bedford; Rt 711 2 mi off Rt 460 **GS:** Y **SP:** mar on 07 Jul 1819, Sarah Leftwitch, d 18 Jul 1882, Carrollton, VA **VI:** Doctor. Son of Capt William W

& Esther (Alexander) Austin. Pension records indicate he served from 03 Sep 1814 to19 Jan 1815 **P:** Spouse **BLW:** Yes **PH:** N **SS:** A rec 1469; BD pg 64; B pg 43; O **BS:** 261 v12 pg 28-29.

AUSTIN, Wilson Hunt; b 1796; d 05 Oct 1832 **RU:** Corporal, 7th VMR (Saunders) **CEM:** Shockoe Hill; Richmond City; 100 Hospital St **GS:** U **SP:** mar Lydia Humphrey Payton **VI:** No further data **P:** None **BLW:** No **PH:** N **SS:** A rec 1583 **BS:** 38 pg 11; 49.

AYLETT, Philip, Jr; b 1787; d 10 Sep 1848, City Hotel, Richmond City **RU:** Private, 19th VMR (Ambler), Richmond City **CEM:** Fairfield Plantation; King William; Aylett **GS:** Y **SP:** mar in King William Co on 20 Feb 1823 to Judith Page Waller, only daughter of Benjamin Waller of King William Co, d Selma AL, 07 May 1860, age 56. Marriage notice in the *Richmond Examiner*, 07 Mar 1823, pg 3, which calls her "J. P. Waller" **VI:** Grandson of Patrick Henry. Delegate for King William Co **P:** None **BLW:** No **PH:** N **SS:** A rec 2292 **BS:** 126 pg 16.

AYLETT, Zachariah; b 1765; d 11 Oct 1831, "Montville" **RU:** Volunteer, Volunteer Association **CEM:** Fairfield Plantation; King William; Aylett **GS:** Y **SP:** mar Elizabeth Henry, daughter of Governor Patrick Henry, d 24 Sep 1842 at Fontainebleu, King William Co, age 74 **VI:** Exempt from military duty, was a member of the Volunteers Association of King William Co. Signed the memorial to assist in the war effort. Died age 66. Member of Virginia General Assembly. Magistrate. Son-in-law of Patrick Henry **P:** None **BLW:** No **PH:** N **SS:** 126 pg 199 **BS:** 126 pg 199.

AYLOR, Thomas; b 1794; d btw 1870 & 1880 (census) **RU:** Wagoner, 5th VMR, Capt James Menfree, Culpeper Co, attached to 1st VMR (Crutchfield) **CEM:** Aylor Family; Madison; Rt 606, Novum **GS:** U **SP:** mar (1) in Madison Co on 22 Mar 1836 to Mary J Hoffman, by Rev. Silas Bruce; (2) on 8 Nov 1853 to Louisa Rosson, b c1815 (age 45 on 1860 census) **VI:** Son of Jacob Aylor (1749-1840) and Frances Sparks (c1749-1840). Age 66 on 1850 & 1860 census of Madison Co, age 67 on 1870 census of Madison Co. Pension records indicate he served from 01 Aug 1814 to 30 Oct 1814 **P:** Spouse **BLW:** No **PH:** N **SS:** A rec 2304; BD pg 68; B pg 19; O **BS:** 191.

AYRES, Nathan W; b UNK; d Feb 1857 **RU:** Sergeant, 24th VMR, Capt Boaz Ford, Buckingham Co, attached to 7th VMR (Gray) **CEM:** Harris / Turner; Buckingham; Rt 671 **GS:** N **SP:** mar (1) Mary V Harris; (2) in Cumberland Co on 11 Oct 1821 to Martha L Bradley, b 1800, d aft 1872 **VI:** No stones. Spouse's pension was rejected **P:** Spouse app **BLW:** Yes **PH:** N **SS:** K pg 329; BD pg 68; B pg 15; O **BS:** 66 pg 304.

AYRES, Thomas; b 27 Mar 1792; d 20 Sep 1855 **RU:** Private, 2nd VMR, Capt Thomas Custis, Accomack Co **CEM:** Onancock Cemetery; Accomack; Hill St, Ononacock **GS:** Y **SP:** mar in Accomack Co, 27 Feb 1815 (bond) to Nancy Thorne, b 15 Oct 1792, d 17 Aug 1874 **VI:** No further data **P:** None **BLW:** Yes **PH:** N **SS:** L pg 261 **BS:** 21 pg 9, 10.

BABER, Thomas Benjamin Berry; b 01 Sep 1795, King George Co; d 30 Apr 1871 **RU:** Corporal, 25th VMR, Capt Thomas Pollard, King George Co **CEM:** Spy Hill Farm; King George; Rt 218 jct Stoney Point Rd at Tetotum area. Private Cemetery on Farm **GS:** Y **SP:** mar (1) Emily J Saunders in 1817; (2) in 1840 to Catherine Lewis Coleman **VI:** Son of Benjamin & Mildred (Berry) Barber. Both wives are buried elsewhere **P:** None **BLW:** No **PH:** N **SS:** K pg 412 **BS:** 49; 80.

BACCHUS, Gurdon H; b 1786; d 20 Oct 1834 **RU:** Private, 19th VMR, Capt Wilson Bryan, Richmond City **CEM:** Shockoe Hill; Richmond City; 100 Hospital St **GS:** Y **SP:** No spouse information **VI:** Monument erected by his surviving relatives. Was for many years an attorney in Richmond **P:** None **BLW:** No **PH:** N **SS:** L pg 180 **BS:** 38 pg 13; 199.

BACON, Ebenezer; b 20 May 1797, Freeport, ME; d 30 Nov 1867, Alexandria **RU:** Private, 1st Regiment MA Militia (Nye) **CEM:** Union Cemetery; Alexandria; Hamilton Ln **GS:** Y **SP:** mar Susan (-----), b 22 Feb 1800 in Alexandria, d 15 Mar 1867 **VI:** Ship chandler **P:** None **BLW:** No **PH:** N **SS:** A rec 688 **BS:** 33 pg 19.

BACON, William Savage; b 1785; d 02 Dec 1856 **RU:** Private, 68th VMR, Capt Robert Saunders, Troop of Cavalry, Williamsburg **CEM:** Marston Family; James City; "Roslyn," now "Lightfoot" across from Williamsburg Pottery, on Massie property **GS:** U **SP:** mar (1) ----- Harris daughter of Thomas Harris; (2) Maria A Marston on 07 Dec 1830, b 24 Jan 1803, d 21 Feb 1885 **VI:** Had several children by his 2nd wife **P:** None **BLW:** No **PH:** N **SS:** L pg 693 **BS:** 49.

BADGER, Thomas Wyatt; b 04 Jul 1786; d 18 Oct 1846 **RU:** Sergeant, 27th VMR (Pitt), Northampton Co **CEM:** Badger Family; Northampton; W of Rt 600, 0.7 mi N of Rt 617, in field, Marionville **GS:** Y **SP:** mar (1) in Northampton Co on 10 Oct 1808 (bond) to Sally Dixon, daughter of John and Bridget Dixon; (2) in Northampton Co on 30 Dec 1818 (return by G. Bonewell) to Margaret Churn, daughter of Severn and Tamor Churn; b 28 Jul 1795, d 24 Jun 1855 **VI:** Son of Nathaniel & Joyce (Wyatt) Badger **P:** None **BLW:** No **PH:** N **SS:** A rec 993 **BS:** 20 pg 4; 245.

RU=Rank/Unit   CEM=Cemetery   GS=Gravestone   SP=Spousal Information   VI=Other Veteran Info   P=Pension
BLW=Bounty/Land Warrant   PH=Photo   SS=Service Source   BS=Burial Source   VMR= VA Military Regt
LNR= Last Known Residence

BAER, Joseph; b 1783; d 01 Jan 1863 **RU:** Private, 51st Regiment of MD (Ames) **CEM:** Helper Family; Rockbridge; Walker's Creek District, 3 mi N of Goshen **GS:** Y **SP:** mar Anna (-----) b 1782, d 24 Oct 1872, age 90 yrs **VI:** Died age 80 years **P:** None **BLW:** No **PH:** N **SS:** A rec 1068 **BS:** 193.

BAGBY, John Christopher; b 01 May 1791; d 28 Jun 1880 **RU:** Sergeant, 9th VMR, Capt Robert Courtney, King & Queen Co, attached to 2nd VMR (Sharp) **CEM:** Bunker Hill; King & Queen; Stevensville **GS:** Y **SP:** mar (1) in 1814, Elizabeth Courtney, daughter of Capt Robert Courtney; (2) in King & Queen Co on 07 Dec 1837, Elizabeth Lumpkin, widow of Andrew B Motley **VI:** Son of Richard Bagby (1750-1815) & Susannah Jeffries (1765-1832). His commanding officer was his father-in-law, Robert Courtney. Pension records indicate service was from 04 Mar 1813 to 11 Aug 1813 **P:** Yes **BLW:** Yes **PH:** N **SS:** K pg 439; B pg 112: BD pg 73; M pg 15; O **BS:** 245.

BAGBY, Richard, Jr; b 02 Mar 1795; d 24 Jul 1855 **RU:** Private, 9th VMR, Capt William Boyd, King & Queen Co **CEM:** Society Hill; King & Queen; Stevensville **GS:** U **SP:** mar at "Fleetwood" on 15 Feb 1821 to Dorothea Ann Fleet, 3rd daughter of Capt William Fleet, b 1798, d 1848. Marriage notice in the *Richmond Examiner*, 23 Feb 1821, pg 3 **VI:** Son of Richard Bagby (1750-1815) & Susannah Jeffries (1765-1832) **P:** None **BLW:** No **PH:** N **SS:** A rec 1127; B pg 112 **BS:** 245.

BAGGERLY, Charles W; b 1792; d 22 Feb 1870 **RU:** Sergeant, 5th VMR (McDowell), Flying Camp **CEM:** Baggerly Family; Warren; 1.5 mi N of Browntown **GS:** U **SP:** mar Sophia Brown **VI:** Son of Charles B Baggerly **P:** None **BLW:** No **PH:** N **SS:** A rec 1156 **BS:** 150; 49.

BAGGERLY, David C; b 21 Aug 1795; d 05 Feb 1879 **RU:** Private, 4th VMR (Greenhill) **CEM:** Flint Hill; Rappahannock; Rt 522, Flint Hill **GS:** Y **SP:** mar Katherine Russell Bradford Helinus **VI:** Son of Charles B Baggerly **P:** None **BLW:** No **PH:** N **SS:** A rec 1157 **BS:** 270; 49.

BAGGETT, Samuel; b 1789; d 19 Sep 1828 **RU:** Private, 1st Regiment DC Militia **CEM:** St Mary's Catholic Church; Alexandria; 310 S Royal **GS:** Y **SP:** No spouse information **VI:** No further data **P:** None **BLW:** No **PH:** N **SS:** A rec 1189 **BS:** 238 pg 125.

BAGWELL, Healy Drummond; b 05 Sep 1795; d 13 Mar 1881 **RU:** Private, MD Militia, Capt Andrew Smith **CEM:** Bagwell Family; Northampton; E of Rt 600, 0.5 mile N of Rt 603, into field 0.4 mi, Willis Wharf **GS:** Y **SP:** mar (1) in Northampton Co on 23 Dec 1819 to Elizabeth Bloxsom by whom two children; (2) Elizabeth Ashley, b 1800, d 1837. Neither of these marriages are among extant records of Northampton Co **VI:** Son of Healy & Ann (Drummond) Bagwell. LNR Bell Haven, Accomack Co, 1871 **P:** Yes **BLW:** Yes **PH:** N **SS:** M pg 16 **BS:** 20 pg 4; 245.

BAILEY, Edmond; b 1769; d 29 Jul 1842 **RU:** Sergeant, 15th VMR, Capt Nicholas Massenburg, Sussex Co, attached 1st VMR (Allen) **CEM:** Shockoe Hill; Richmond City; 100 Hospital St **GS:** Y **SP:** No spouse information **VI:** Possibly a relation of Elizabeth Bailey who d 30 Sep 1828, age 68, buried next to Edmond Bailey **P:** None **BLW:** No **PH:** N **SS:** L, pg 568 **BS:** 199; 49.

BAILEY, Edmund (Edward); b UNK; d UNK **RU:** Private, 1st VMR (Allen) **CEM:** Bailey Family; Sussex; Sussex **GS:** Y **SP:** No spouse information **VI:** No further data **P:** None **BLW:** No **PH:** N **SS:** A rec 1546 **BS:** 31.

BAILEY, James; b 1778; d 1833 **RU:** Fifer, 64th VMR, Henry Co **CEM:** Old City Cemetery; Lynchburg; 401 Taylor St **GS:** Y **SP:** mar Nancy (-----), 1785-1849 **VI:** No further data **P:** None **BLW:** No **PH:** N **SS:** A rec 1721 **BS:** 87 pg 85.

BAILEY, James D; b UNK; d 30 Jun 1816 **RU:** Fifer, 5th VMR (McDowell) **CEM:** Old Stone Church; Frederick; Rt 671, Green Spring **GS:** U **SP:** No spouse information **VI:** No further data **P:** None **BLW:** No **PH:** N **SS:** A rec 1698 **BS:** 79 pg 16.

BAILEY, John C; b 1798, Lancaster Co; d 24 Apr 1856, "Rosegill" **RU:** Private, 109th VMR, Capt John Hathaway, Middlesex Co **CEM:** Christ Church Episcopal; Middlesex; Rt 33, Saluda **GS:** Y **SP:** mar 07 May 1827 Eliza Hughes in New York City; d 24 Apr 1896. LNR Urbanna in 1878 **VI:** No further data **P:** Spouse **BLW:** No **PH:** N **SS:** A rec 1876; BD pg 77; B pg 116 **BS:** 31; 49.

BAILEY, Philip; b UNK; d UNK **RU:** Private, 1st VMR (Allen) **CEM:** Bailey Family; Sussex; Sussex **GS:** Y **SP:** See Appendix G **VI:** No further data **P:** None **BLW:** No **PH:** N **SS:** A rec 1948 **BS:** 31.

BAILEY, Robert; b 1787; d 18 Aug 1844 **RU:** Quartermaster, 111th VMR (Parker), Westmoreland Co **CEM:** Bailey Family; Westmoreland; Great House Rd, Kinsale **GS:** Y **SP:** mar in Northumberland Co on 15 Sep 1810 (bond) to Ann P Ball, daughter of David Ball and his 2nd wife Elizabeth Porteus Ball. See also: *Ball Families of the Northern*

RU=Rank/Unit   CEM=Cemetery   GS=Gravestone   SP=Spousal Information   VI=Other Veteran Info   P=Pension
BLW=Bounty/Land Warrant   PH=Photo   SS=Service Source   BS=Burial Source   VMR= VA Military Regt
LNR= Last Known Residence

Neck: An Outline, p. 41; and *The Marriage License Bonds of Northumberland County, Virginia 1763-1850* **VI:** Son of Jeremiah Garland Bailey (1748-1791) and Susannah Sydnor (1756-1826) **P:** None **BLW:** No **PH:** Y **SS:** A rec 1879 **BS:** 31.

BAILEY, Samuel; b 1765, Boston, MA; d 11 Sep 1822 **RU:** Musician, 2nd VMR **CEM:** Shockoe Hill; Richmond City; 100 Hospital St **GS:** Y **SP:** No spouse information **VI:** Died age 57 **P:** None **BLW:** No **PH:** N **SS:** A rec 2004 **BS:** 38 pg 1.

BAILEY, Samuel; b UNK; d aft 1840 (census) **RU:** Private, 41st VMR, Capt R. W. Carter, Richmond Co **CEM:** Bailey Family; Fauquier; Rt 732, Marshall **GS:** Y **SP:** No spouse information **VI:** Enumerated on 1830 census of Culpeper Co **P:** None **BLW:** No **PH:** N **SS:** L pg 202 **BS:** 4 pg 5.

BAINE, James Britton; b 1772; d 1822 **RU:** Private, 4th VMR, Capt John C. Pryor, Gloucester Co **CEM:** Cedar Grove; Portsmouth; Effington St & Fort Ln **GS:** Y **SP:** mar Dickey (-----), b 1775, d 1855 **VI:** No further data **P:** None **BLW:** No **PH:** N **SS:** L pg 652 **BS:** 182; 65 pg 38.

BAINES, Benjamin; b 1775; d 1838 **RU:** Private, 1st VMR (Allen) **CEM:** Baines Family; Southampton; 2324 Greenway Rd, Suffolk **GS:** Y **SP:** mar Absilla Ellis, b 1775, d 06 Mar 1856 **VI:** Son of George & Eleanor Baines **P:** None **BLW:** No **PH:** N **SS:** A rec 2544 **BS:** 41 pg 21; 49.

BAIRD, James; b c1795, Scotland; d bur 05 Mar 1868 **RU:** Private, Cocke's Detachment **CEM:** Hollywood; Richmond City; 412 S Cherry St, Section D, lot 4 **GS:** U **SP:** Also buried in this lot is Mary Baird, buried 22 Jan 1853, age 79 **VI:** No further information **P:** None **BLW:** No **PH:** N **SS:** A rec 2622 **BS:** 237; 260.

BAKER, Caleb; b 1798; d 27 May 1855 **RU:** Private, 121st Regiment NY Militia **CEM:** Fincastle Presbyterian; Botetourt; 108 E Back St, Fincastle **GS:** Y **SP:** No spouse information **VI:** Died in his 57th year (age 56) **P:** None **BLW:** No **PH:** N **SS:** A rec 150 **BS:** 121 pg 66.

BAKER, Daniel; b UNK; d bur 11 Nov 1857 **RU:** Private, 6th VMR **CEM:** Hollywood; Richmond City; 412 S Cherry St, Sec B lot 157 **GS:** U **SP:** No spouse information **VI:** No further data **P:** None **BLW:** No **PH:** N **SS:** A rec 227 **BS:** 237.

BAKER, Hilary (Hillarius); b 1790; d 28 Oct 1840 **RU:** Private, 31st VMR, Capt Isaac Van Horn, Frederick Co **CEM:** Shockoe Hill; Richmond City; 100 Hospital St **GS:** Y **SP:** mar Margaret (-----) **VI:** Died age 50. His pension application was not accepted because no records of his service were found at the War Department **P:** Applied **BLW:** No **PH:** N **SS:** A rec 432; B pg 80; BD pg 83; O **BS:** 199.

BAKER, Jacob; b 07 Nov 1789; d 10 Mar 1874 **RU:** Quartermaster Sergeant, 4th VMR (Beatty) **CEM:** Mt Hebron; Frederick; 305 E Boscawen St, Winchester **GS:** Y **SP:** mar 06 Jan 1814 to Catherine Bush Streit (Street), in Winchester, b 02 Nov 1794, d 05 Nov 1860 (tombstone), daughter of Rev Christian Streit **VI:** Son of Henry William Baker & Catherine Miller. LNR Winchester, Frederick Co 1871. **P:** Yes **BLW:** Yes **PH:** Y **SS:** A rec 484; BD pg 83 **BS:** 93; 49.

BAKER, John; b 12 Nov 1767; d 03 May 1844 **RU:** Private, 5th VMR (McDowell) **CEM:** Mt Hebron; Frederick; 305 E Boscawen St, Winchester **GS:** Y **SP:** No spouse information **VI:** Son of Henry Baker **P:** None **BLW:** No **PH:** Y **SS:** A rec 607 **BS:** 93.

BAKER, John; b UNK; d bur 11 Mar 1866 **RU:** Private, 6th VMR (Coleman) **CEM:** Hollywood; Richmond City; 412 S Cherry St, Sec B, lot 66 **GS:** U **SP:** No spouse information **VI:** No further data **P:** None **BLW:** No **PH:** N **SS:** A rec 684 **BS:** 237.

BAKER, John B; b c1786; d bur 14 May 1856 **RU:** Private, 74th VMR, Capt James Mallory, Hanover Co **CEM:** Hollywood; Richmond City; 412 S Cherry St, Sec I, lot 2 **GS:** U **SP:** mar Mary (-----), b 1786, d 01 Nov 1871 age 75, Sec I, lot 14; may have also have married Adeline (-----) b 1784, Germany, bur 21 Apr 1856 **VI:** No further data **P:** None **BLW:** No **PH:** N **SS:** K pg 176 **BS:** 237; 260.

BAKER, William; b UNK; d aft 1820 **RU:** Sergeant, 8th VMR, Capt Triplett Estis, Henrico Co **CEM:** Hollywood; Richmond City; 412 S Cherry St **GS:** U **SP:** No spouse information **VI:** Enumerated on 1820 census of Henrico Co **P:** None **BLW:** No **PH:** N **SS:** K pg 90 **BS:** 63 pg 365.

BAKER, William Alexander; b 02 Feb 1788; d 08 Jul 1817 **RU:** Ensign, 1st VMR (Taylor) **CEM:** Mt Hebron; Frederick; 305 E Boscawen St, Winchester **GS:** Y **SP:** mar in Frederick Co on 11 Jul 1809 (bond) to Elizabeth Foster, daughter

---

RU=Rank/Unit CEM=Cemetery GS=Gravestone SP=Spousal Information VI=Other Veteran Info P=Pension
BLW=Bounty/Land Warrant PH=Photo SS=Service Source BS=Burial Source VMR= VA Military Regt
LNR= Last Known Residence

of Jonathan and Elizabeth (Greenwood) Foster, b 1789, d 1872 **VI:** Son of Henry William Baker and Catherine Miller **P:** None **BLW:** No **PH:** Y **SS:** A rec 1200 **BS:** 93.

BAKER, William Augustus; b 1796, Philadephia, PA; d bur 25 Jun 1873 **RU:** Private, 19th VMR, Richmond City **CEM:** Hollywood; Richmond City; 412 S Cherry St, Sec L, lot 104 **GS:** U **SP:** mar in Henrico Co on 21 Nov 1827 to Sarah Ann Lightfoot of Henrico Co. Marriage notice in the *Richmond Examiner*, 27 Nov 1827, pg 3 **VI:** No further data **P:** None **BLW:** No **PH:** N **SS:** A rec 1184 **BS:** 237; 260; 63 pg 241.

BALCH, Thomas Bloomer; b 22 Feb 1793, Georgetown, DC; d 14 Feb 1878 **RU:** Private, Green's VA Regiment Mounted Infantry **CEM:** Greenwood Village Presbyterian; Prince William; jct Rts 287, 603 & 604, 5 mi fr Nokesville **GS:** Y **SP:** mar c1820 Susan Carter, b 22 Dec 1807, d 21 Aug 1877, tombstone says " married 57 yrs" (i.e., since age 1820, when she was just 13 years old) **VI:** Reverend. Name on tombstone is Thomas Bloom Balch, and also inscribed is "Author of The Blue Ridge Inn" **P:** None **BLW:** No **PH:** N **SS:** A rec 1279 **BS:** 130 pg 76.

BALDWIN, George W; b 21 Jul 1778; d 17 Feb 1864 **RU:** Private, 5th VMR **CEM:** Farley Family; Roanoke; Old Hollins Rd **GS:** U **SP:** No spouse information **VI:** No further data **P:** None **BLW:** No **PH:** N **SS:** A rec 1529 **BS:** 157 pg 116.

BALL, Alfred; b 19 Apr 1798; d 14 Mar 1853, "Portici" **RU:** Private, 65th VMR, Capt Thomas Ridley, Southampton Co **CEM:** Ball Family; Prince William; Military Park **GS:** Y **SP:** mar Sarah Carter, daughter of Landon Carter, b c1803, d 06 May 1875 **VI:** Son of Spencer Ball & Elizabeth Landon Carter. Because of many destructive fires at his manor home, he named it Portici for a royal palace in Naples that was much destroyed by eruptions of Vesuvius **P:** None **BLW:** No **PH:** N **SS:** L pg 671 **BS:** 130.

BALL, Dabney; b 02 Oct 1787; d 06 Jun 1857 **RU:** Private, 57th VMR, Loudoun Co **CEM:** Ball Family; Prince William; Military Park **GS:** Y **SP:** mar Penelope Mills, b 1795, d 31 Aug 1864 **VI:** No further data **P:** None **BLW:** No **PH:** N **SS:** A rec 2065 **BS:** 96 pg 59, 61.

BALL, Eli; b 2 Nov 1786 Marlborough, VT; d 21 Jul 1853, Richmond City **RU:** Corporal, Foote's Regiment MA Militia **CEM:** Shockoe Hill; Richmond City; 100 Hospital St **GS:** Y **SP:** No spouse information **VI:** Minister at Baptist Church of Richmond, stone erected by the congregation **P:** None **BLW:** No **PH:** N **SS:** A rec 2085 **BS:** 199.

BALL, Fayette; b 20 Apr 1791; d 08 May 1837 **RU:** Corporal, Lt Col John Green's Mounted Infantry Regiment **CEM:** Ball Family; Loudoun; Leesburg **GS:** Y **SP:** mar (1) Frances Bruce Williams; (2) Mary Thompson Mason **VI:** Son of Burgess Ball (1749-1800) and Frances Thornton Washington (1763-1815) **P:** None **BLW:** No **PH:** N **SS:** A rec 2094 **BS:** 245.

BALL, George Lewis; b UNK; d 1874 **RU:** Lieutenant, 85th VMR, Capt Thomas Jennings, Fauquier Co, attached to Maj Crutchfield's Battalion **CEM:** Ball / Shumate; Fauquier; Tax Map ID# 6982-35-2573 **GS:** U **SP:** mar in Clarke Co on 12 Nov 1816 to Catherine "Kitty" Kerfoot **VI:** Son of Captain John Ball and Sarah Allen Payne. School teacher. LNR Warrenton, Fauquier Co 1871. Pension records indicate he was discharged in Hampton in Sep 1813 after three months service **P:** Spouse **BLW:** Yes **PH:** N **SS:** A rec 2105; B pg 74; BD pg 90; O **BS:** 117 #68.

BALL, George Washington; b 20 Mar 1789; d 1815 **RU:** Captain, 57th VMR, Company Commander, Troop of Cavalry, Loudoun Co, attached to Green's Regiment **CEM:** Ball Family; Loudoun; Leesburg **GS:** Y **SP:** mar Mary Randolph **VI:** See Appendix G **P:** None **BLW:** No **PH:** N **SS:** A rec 2106 **BS:** 245.

BALL, Hilkiah; b 1786; d 15 Jan 1832 **RU:** Sergeant, 92nd VMR, (Chowning), Lancaster Co **CEM:** Windsor Farm; Lancaster; Rt 3, E of Lancaster C.H. **GS:** Y **SP:** mar (1) in Northumberland Co on 11 Nov 1811 (bond) to Harriet L Ball, b 1796, d 1817, daughter of Rev David Ball and Sarah Gaskins; (2) in Lancaster Co on 02 Aug 1819 to (bond) Hannah Gaskins Ball another daughter of Rev David Ball and Sarah Gaskins, d 22 Mar 1831, age 32. Buried at "Windsor Farm" in Lancaster Co **VI:** Son of George Ball and Jane Ball. Inherited "Bayview" and "Locust Grove" **P:** None **BLW:** No **PH:** Y **SS:** A rec 2118 **BS:** 15 pg 39.

BALL, Horatio, Sr; b 30 Nov 1785; d 05 Feb 1872 **RU:** Sergeant, 57th VMR, Capt Hugh Minor, Loudoun Co **CEM:** Ball Family; Arlington; 3427 Washington Blvd **GS:** Y **SP:** mar (1) Catherine Marcey, b 14 Jan 1792, d 07 Oct 1830; (2) Elizabeth Marcey, b 1801, d 09 Mar 1871 **VI:** Farmer. Son of John Ball and Mary Ann Thrift. His pension application was rejected because he only served for 44 days between 19 Aug 1814 and 01 Oct 1814, He was in the battle at the Little White House **P:** Applied **BLW:** No **PH:** N **SS:** A rec 2121; BD pg 90; O **BS:** 96 pg 58, 61; 245.

RU=Rank/Unit CEM=Cemetery GS=Gravestone SP=Spousal Information VI=Other Veteran Info P=Pension
BLW=Bounty/Land Warrant PH=Photo SS=Service Source BS=Burial Source VMR= VA Military Regt
LNR= Last Known Residence

BALL, Ira; b 1790; d 10 Sep 1818 **RU**: Matross, Andruss's Battalion, NJ Militia **CEM**: St John's Church; Richmond City; 24th & Broad, Church Hill **GS**: U **SP**: No spouse information **VI**: No further data **P**: None **BLW**: No **PH**: N **SS**: A rec 2123 **BS**: 63 pg 418; 252 pg 54.

BALL, James Kendall; b 27 Oct 1790; d 28 Nov 1836, "Edgewood," Lancaster Co **RU**: Surgeon, 92nd VMR, Field & Staff Officer, Lancaster Co **CEM**: St Mary's White Chapel; Lancaster; White Chapel Rd & River Rd, Lively **GS**: Y **SP**: mar in Fauquier Co on 27 Feb 1817 to Anna Eliza Blackwell, daughter of Gen. John Blackwell and Judith Lee Pierce of Fauquier Co., b 24 Nov 1801, d 27 Jul 1847 (Hill, 17) **VI**: Son of James Ball (1755-1825) and Frances Downman (1758-1821). Doctor. Inherited "Edgewood" **P**: None **BLW**: No **PH**: Y **SS**: K pg 414 **BS**: 15 pg 137.

BALL, John; b 1782; d 18 Aug 1858 **RU**: Private, 1st Regiment DC Militia **CEM**: Methodist Protestant; Alexandria; Wilkes St **GS**: Y **SP**: mar Delia (-----), d 03 Aug 1840 in her 53rd year **VI**: Hotel Keeper, died in his 76th year **P**: None **BLW**: No **PH**: N **SS**: A rec 2165 **BS**: 33 pg 128.

BALL, John; b Jun 1779; d 27 Jul 1863 **RU**: Private, 5th VMR **CEM**: Fletcher / Ball; Russell; 1 mi jct Rt 80 off Rt 83 **GS**: Y **SP**: Mary" Polly" Ball, b 04 May 1788, d 11 Feb 1856 **VI**: Died age 85 years 1 mo 17 days **P**: None **BLW**: No **PH**: N **SS**: A rec 2173 **BS**: 177.

BALL, John; b UNK; d 10 Sep 1818 **RU**: Sergeant, 52nd VMR (Christian), New Kent & Charles City Co **CEM**: St John's Church; Richmond City; 24th & Broad, Church Hill **GS**: U **SP**: No spouse information **VI**: No further data **P**: None **BLW**: No **PH**: N **SS**: A rec 2181 **BS**: 63 pg 417; 252 pg 54.

BALL, John, Jr; b 16 Feb 1779; d 27 Jan 1823 **RU**: Private, 60th VMR, Capt James Sangster, Fairfax Co **CEM**: Ball Family; Arlington; 3427 Washington Blvd **GS**: Y **SP**: No spouse information **VI**: No further data **P**: None **BLW**: No **PH**: N **SS**: A rec 2165 **BS**: 96 pg 58, 61.

BALL, Joseph; b 19 Aug 1777; d 19 Sep 1851, Ditchley, Northumberland Co **RU**: Ensign, 37th VMR, Capt James Hurst, Northumberland Co **CEM**: Ball Family; Northumberland; "Cressfield," Ball's Neck **GS**: Y **SP**: mar on 06 May 1802 to Alice Olivia (Downman) Chinn, daughter of Joseph Ball Downman and Olivia Payne, and widow of Bartholomew Chinn, b in England on 20 Apr 1781, d 24 Dec 1824 **VI**: Son of James Ball (1755-1825) and Frances Downman (1758-1821) **P**: None **BLW**: No **PH**: N **SS**: K pg 394; B pg 153 **BS**: 269 pg 75.

BALL, Joseph Brumfield; b UNK; d aft 1840 (census) **RU**: Private, Hunton's Cavalry, VA Militia **CEM**: Ball / Shumate; Fauquier; Tax Map ID# 6982-35-2573 **GS**: U **SP**: mar Kitty Chinn **VI**: Son of John & Sarah Ellen (Payne) Ball. No children. Enumerated on 1840 census of Leeds, Fauquier Co **P**: None **BLW**: No **PH**: N **SS**: A rec 2206 **BS**: 117 #8; 49.

BALL, Robert, Jr; b UNK; d 1823 (Admin) **RU**: 2nd Surgeon's Mate, 60th VMR (Minor), Fairfax Co **CEM**: Central Methodist Church; Arlington; 4201 Fairfax Dr **GS**: U **SP**: No spouse information **VI**: No further data **P**: None **BLW**: No **PH**: N **SS**: A rec 2252 **BS**: 96 pg 72.

BALL, Robert, Sr; b 13 Nov 1776; d 21 May 1861 **RU**: Private, Maj King's Detachment of DC Militia **CEM**: Central Methodist Church; Arlington; 4201 Fairfax Dr **GS**: Y **SP**: mar on 09 Jun 1803 to Ann Thrift, b 10 Feb 1781, d 07 Oct 1864 **VI**: Son of Ensign John Ball & Mary Ann Thrift. Ten children **P**: None **BLW**: No **PH**: N **SS**: A rec 2246 **BS**: 96 pg 72; 245.

BALL, Thomas; b 1780; d bur 03 May 1840 **RU**: Corporal, 23rd VMR, Cavalry unit, Chesterfield Co **CEM**: Shockoe Hill; Richmond City; 100 Hospital St **GS**: U **SP**: No spouse information **VI**: No further data **P**: None **BLW**: No **PH**: N **SS**: A rec 2284 **BS**: 38 pg 20.

BALL, Thomas K; b 1775; d 15 Nov 1814 **RU**: Surgeon's Mate, 37th VMR, Staff Officer, Northumberland Co **CEM**: Ball Family; Northumberland; "Cressfield," Ball's Neck **GS**: Y **SP**: mar in Northumberland Co on 26 Mar 1800 (bond), Louisa Edwards, daughter of Leroy Edwards and Mary Glasscock, b 24 Apr 1787, d 17 Jan 1870. She mar (2) Patrick Spiller, bond dated 21 Feb 1818. She received an Old War Pension for half pay for five years at $16 per month. LNR Northumberland Co, 1859 **VI**: Doctor. Son of Capt David Ball and Hannah Haynie. He died in service. **P**: Spouse **BLW**: No **PH**: N **SS**: L pg 29; BD pg 91; B pg 152, A rec 2285 **BS**: 61 v17 pg 37; 38 pg 20; 269 pg 63.

BALL, William, Jr; b 14 Oct 1792, Winchester; d 24 May 1813 **RU**: Adjutant, 4th VMR (Beatty) **CEM**: Cedar Grove; Portsmouth; Effington St & Fort Ln **GS**: Y **SP**: No spouse information **VI**: Shot & killed by a sentry at Ft. Nelson; son of William & Elizabeth (Reiley) Ball, Sr, a RW soldier **P**: None **BLW**: No **PH**: Y **SS**: E pg 409; G **BS**: 49.

RU=Rank/Unit   CEM=Cemetery   GS=Gravestone   SP=Spousal Information   VI=Other Veteran Info   P=Pension
BLW=Bounty/Land Warrant   PH=Photo   SS=Service Source   BS=Burial Source   VMR= VA Military Regt
LNR= Last Known Residence

BALLARD, Garland; b 13 Jun 1798; d 25 Jun 1852 **RU:** Private, 47th VMR, Capt Robert McCulloch, Albemarle Co, attached to 7th VMR (Gray) **CEM:** Graham; Orange; Rt 20, 1 mi W of C. H., on right **GS:** Y **SP:** mar (1) in Orange Co on 07 May 1818 to Eliza Burt; (2) in Orange Co on 02 Nov 1828 to Georgina Blair, b 24 Feb 1801, d 18 Apr 1883 **VI:** Son of James Ballard (marriage bond for first wife) **P:** None **BLW:** No **PH:** N **SS:** K pg 343 **BS:** 28 pg 2.

BANDY, Richard; b 25 Feb 1780; d 04 Apr 1862 **RU:** Private, 5th VMR (McDowell) **CEM:** Crockett / Bandy; Roanoke; Rutrough Rd (Rt 659) **GS:** Y **SP:** mar Margaret (-----) b 20 Sep 1790, d 24 Jul 1866 **VI:** No further data **P:** None **BLW:** No **PH:** N **SS:** A rec 11315 **BS:** 157 pg 5.

BANE, James F, Jr; b 09 Jul 1778; d 15 Apr 1850 **RU:** Major, 86th VMR, Staff Officer, Giles Co **CEM:** Bane Family; Giles; White Gate **GS:** Y **SP:** mar on 31 Dec 1801 to Mary Henderson **VI:** Son of James Bane and Bettie Haven. Styled "Colonel" in his death notice, and was a member of the Giles Co Court. Commissioned Major on 20 May 1808 **P:** None **BLW:** No **PH:** N **SS:** B pg 81; A rec 133 **BS:** 236; 49.

BANGS, David B; b 1789, New York; d 27 Oct 1846 **RU:** Private, MA Militia, Chamberlin's Regiment **CEM:** Trinity United Methodist; Alexandria; Wilkes St **GS:** Y **SP:** mar Margaret M (-----), d 09 Mary 1871 in her 75th year, "mother, wife and friend" **VI:** No further data **P:** None **BLW:** No **PH:** N **SS:** A rec 203 **BS:** 32 pg 117.

BANKS, William; b UNK; d 10 Mar 1856 **RU:** Private, 7th VMR (Gray) **CEM:** Isaac Banks Family; Carroll; Rt 670 **GS:** Y **SP:** mar Mary Martin, daughter of Giles & Nancy Martin; b 09 Jan 1795, d 14 Apr 1875 **VI:** Son of John & Deborah Banks (tombstone) **P:** None **BLW:** No **PH:** N **SS:** A rec 443 **BS:** 90 pg 480.

BANNISTER, John Monro, Sr; b 1784; d 26 Jan 1832 **RU:** Corporal, 1st VMR (Byrne) **CEM:** Blandford; Petersburg; 111 Rochelle Ln **GS:** Y **SP:** mar on 15 Aug 1807 to Mary Burton Augusta Bolling, b c1787, d 11 Apr 1853 **VI:** Son of John Bannister & Mary Ann "Nancy" Blair **P:** None **BLW:** No **PH:** N **SS:** A rec 248 **BS:** 162; 49.

BAPTIST, Edward; b 15 Mar 1794; d 14 Oct 1821 **RU:** Corporal, 115th VMR, Capt William S Sclater, York Co **CEM:** White Hall; Northampton; Rt 600, nr jct Rt 627, Machipingo **GS:** Y **SP:** mar in Northampton Co on 14 Mar 1820 (bond) to Maria S Satchell **VI:** No further data **P:** None **BLW:** No **PH:** N **SS:** L pg 701 **BS:** 20 pg 5.

BAPTIST, John G; b 1782; d 31 Jan 1837 **RU:** 1st Lieutenant, 22nd VMR, Capt William Birchett, Mecklenburg Co **CEM:** Boydton Presbyterian; Mecklenburg; Boydton **GS:** Y **SP:** Stone: "Mrs E. T. Baptist wife of John Baptist - May 1792 - 9 Aug 1857" **VI:** Styled Colonel on his tombstone. Clerk of Mecklenburg Co **P:** None **BLW:** No **PH:** N **SS:** L pg 143 **BS:** 24 pg 26.

BARBOUR, James; b 10 Jun 1775, Gordonsville, Orange Co; d 07 Jul 1842, Barboursville **RU:** Private, 39th VMR, Petersburg **CEM:** Barboursville Family; Orange; Rt 777, Gordonsville **GS:** Y **SP:** mar in Orange Co on 15 Oct 1795 (bond), Lucy Maria Johnson, b 1775, d 1860. Marriage performed by George Eve **VI:** Plaque placed by his descendants to 6th generation in 1930. Son of Col Thomas Barbour & Mary (Thomas) Barbour. Brother of Philip Pendleton Barbour; cousin of John Strode Barbour. Lawyer; member VA Delegate 1798-1812; Speaker Virgina House of Delegates, 1809; Governor of Virginia, 1812-14; U.S. Senator from VA, 1815-25; U.S. Secretary of War, 1825-28; U.S. Minister to Great Britain, 1828-29. Founder of Literacy Fund of VA. Presbyterian. Freemason **P:** None **BLW:** No **PH:** N **SS:** G **BS:** 28 pg 50.

BARBOUR, John Strode; b 08 Aug 1790, "Fleetwood," Brandy Station, Culpeper Co; d 12 Jan 1855, "Fleetwood," Brandy Station, Culpeper Co **RU:** Captain, Brigadier General William Madison's 1st Brigade **CEM:** Fleetwood / Barbour Family; Culpeper; "Fleetwood," Brandy Station **GS:** Y **SP:** mar Eliza A Byrne **VI:** Son of Mordecai Barbour & Elizabeth Strode. Was also an Aide-de-Camp to Brigadier General William Madison. Graduate of William & Mary College. Attorney. Member U.S. Congress 1823-1833; Virgina Constitutional Convention of 1829-1830. Father of Senator John Strode Barbour, Jr **P:** None **BLW:** No **PH:** N **SS:** A rec 1097 **BS:** 245; 49.

BARBOUR, William L; b c1797; d 20 Oct 1876 **RU:** Private, Battalion of Artillery, VA Militia **CEM:** Burnt Factory United Methodist; Frederick; 1943 Jordan Springs Rd, Stephenson **GS:** U **SP:** No spouse information **VI:** No further data **P:** None **BLW:** No **PH:** N **SS:** A rec 1111 **BS:** 79 pg 19.

BARCLAY, Hugh; b 30 Jan 1799, Rockbridge Co; d 18 Dec 1870 **RU:** Corporal, US Ranger Volunteers **CEM:** Stonewall Jackson Memorial; Lexington; S Main St **GS:** Y **SP:** mar Mary Woods, daughter of Michael & Hester (Caruthers) Woods, b 04 Nov 1801, d 26 Sep 1855 **VI:** Son of Hugh & Martha (-----) Barclay **P:** None **BLW:** No **PH:** N **SS:** A rec 1153 **BS:** 245.

RU=Rank/Unit CEM=Cemetery GS=Gravestone SP=Spousal Information VI=Other Veteran Info P=Pension
BLW=Bounty/Land Warrant PH=Photo SS=Service Source BS=Burial Source VMR= VA Military Regt
LNR= Last Known Residence

BARDEN, James; b 1772; d 08 Apr 1852 **RU:** Private, 60th VMR, Capt William Chick, Fairfax Co **CEM:** Dranesville United Methodist; Fairfax; 1089 Liberty Meeting Ct, Herndon **GS:** Y **SP:** mar Nancy (-----), d 17 Jan 1845 age 67 **VI:** Died age 80 **P:** None **BLW:** No **PH:** N **SS:** A rec 1236 **BS:** 89 v4 HR-262.

BARGER, John; b 03 Oct 1794; d 10 May 1845 **RU:** Private, 2nd Corps d'Elite **CEM:** Trinity Lutheran; Augusta; River Rd (Rt.12), Crimora **GS:** U **SP:** mar Jane Culley, 1795-1858 **VI:** No further data **P:** None **BLW:** No **PH:** N **SS:** A rec 1466 **BS:** 2 pg 112; 183.

BARGER, Peter; b 09 Mar 1791; d 11 Apr 1855 **RU:** Private, 72nd VMR, Capt John Hamon, Russell Co, attached to 5th VMR **CEM:** High Bridge; Rockbridge; Rt 11, 15 mi S of Lexington **GS:** Y **SP:** mar (1) Ann Pett, b 04 Dec 1797, d 17 Sep 1847; (2) on 22 Feb 1849 to Mary Keffer, d 04 Jul 1893 **VI:** He served 182 days from 25 Aug 1814 to 25 Feb 1815 and was paid for 15 days travel home **P:** Spouse **BLW:** No **PH:** N **SS:** A rec 1475; BD pg 98; B pg 1183: O **BS:** 211.

BARKER, Alexander; b UNK; d 26 Jun 1859 **RU:** Private, 15th VMR, Capt Littleton Lanier, Sussex Co, attached to1st VMR (Allen) **CEM:** Barker Family; Sussex; Sussex **GS:** Y **SP:** mar 24 Dec 1839 in Prince George Co, Annie Jane Tatum, d 28 Oct 1905. LNR Waverly Station, Sussex in 1878 **VI:** Pension records indicate he was drafted 20 Aug 1814 and served to 27 Oct 1814. Also received bounty land of 160 acres **P:** Spouse **BLW:** Yes **PH:** N **SS:** L pg 79; BD pg 98; B pg 174; O **BS:** 31.

BARKER, Allen; b 1786 Henry Co; d 14 Jul 1856 **RU:** Private, 64th VMR, Henry Co **CEM:** Barker Family; Henry; Axton Rd, S of Barker Rd **GS:** Y **SP:** No spouse information **VI:** No further data **P:** None **BLW:** No **PH:** N **SS:** A rec 1593 **BS:** 245.

BARKER, Moses; b UNK; d aft 1840 (census) **RU:** Private, 1st VMR (Taylor) **CEM:** Stephens City United Methodist; Frederick; 5291 Main St, Stephens City **GS:** U **SP:** mar in Frederick Co on 23 Jul 1807 (bond) to Margaret Brison, by John T Tilden **VI:** Enumerated on 1840 census of Stephensburg, Frederick Co **P:** None **BLW:** No **PH:** N **SS:** A rec 1859 **BS:** 79 pg 19.

BARKER, William; b 1785; d 1820 **RU:** Private, 33rd VMR, Capt Willian Allen, Henrico Co **CEM:** St John's Church; Richmond City; 24th & Broad, Church Hill **GS:** U **SP:** mar Hannah Blith **VI:** No further data **P:** None **BLW:** No **PH:** N **SS:** K pg 90 **BS:** 63 pg 416.

BARKER, William; b 10 Jul 1789; d 27 Dec 1863 **RU:** Sergeant, 60th VMR, Capt Rezen Walcoven, Fairfax Co **CEM:** Dranesville United Methodist; Fairfax; 1089 Liberty Meeting Ct, Herndon **GS:** Y **SP:** mar (1) Nancy (-----), b 177?, d 1845; mar (2) Aug 1856, Milly Williams. LNR Herndon, 1878 **VI:** Son of Nathaniel Barker & Latitia Elzy. Volunteered 01 Aug 1814, discharged in Sep 1814 **P:** Spouse **BLW:** Yes **PH:** N **SS:** A rec 1993; BD pg 100; O **BS:** 89 v4 HR-261; 49.

BARLEY, John; b c1773; d 16 Jul 1845 **RU:** Trooper, 1st Regiment of Cavalry (Holcombe) **CEM:** Brucetown Methodist; Frederick; 2161 Brucetown Rd, Clear Brook **GS:** U **SP:** mar in Frederick Co on 30 Oct 1803(bond) to Sarah Marsh, by Alexander Balmain **VI:** No further data **P:** None **BLW:** No **PH:** N **SS:** A rec 2168 **BS:** 79 pg 208.

BARNES, James; b c1795; d Feb 1872, Nansemond Co **RU:** Private, 20th VMR, Capt Lemuel Cornick, Princess Anne Co **CEM:** Barnes Family; Southampton; 1 mi SW of Holland **GS:** U **SP:** mar (1) Elizabeth (-----); (2) Martha A Beaman on 26 Apr 1863 **VI:** Age 55 on the 1850 census of Nansemond Co. Served from 23 Jun to Aug 1813 **P:** None **BLW:** No **PH:** N **SS:** L pg 249; BD pg 111; B pg 145; O **BS:** 185.

BARNES, John; b UNK; d UNK **RU:** Private, 20th VMR, Capt Edward James, Princess Anne Co, attached to 1st VMR (Clarke) **CEM:** Barnes Family; Southampton; 1 mi SW of Holland **GS:** Y **SP:** No spouse information **VI:** Enumerated on 1810 census of Southampton Co **P:** None **BLW:** No **PH:** N **SS:** L pg 472; B pg 165 **BS:** 185.

BARNETT, James H; b 1798, Belfast, Ireland; d 30 Aug 1821 **RU:** Private, 2nd VMR (Sharp) **CEM:** St Paul's Episcopal; Norfolk City; 201 St Paul's Blvd **GS:** Y **SP:** mar in Norfolk on 22 March 1817 by Rev. Mr. Lewis, to Martha Hunter, b 1798, d 18 Sep 1819 in Norfolk, daughter of James Hunter, Esq., teller of Farmer's Bank of Norfolk. Died at home of her father; buried at Borough Church. Marriage announcement in the *American Beacon*, 24 Mar 18147. Her death notice was published in the *Norfolk and Portsmouth Herald* on 20 Sep 1819 **VI:** Merchant in the firm of Lawson & Bennett. Died of the prevailing "malignant fever" then in Norfolk, age 23. Obituary in the *American Beacon*, Friday 31 Aug 1831, which calls him James *R.* Barnett. His tombstone styles him James *H.* Barnett **P:** None **BLW:** No **PH:** N **SS:** A rec 796 **BS:** 119 pg 25; 239 No 28.

RU=Rank/Unit   CEM=Cemetery   GS=Gravestone   SP=Spousal Information   VI=Other Veteran Info   P=Pension
BLW=Bounty/Land Warrant   PH=Photo   SS=Service Source   BS=Burial Source   VMR= VA Military Regt
LNR= Last Known Residence

BARNHART, George; b 1778; d 20 Feb 1857 **RU:** Laborer, 12th Inf US Army **CEM:** Trinity Lutheran; Augusta; River Rd (Rt.12), Crimora **GS:** Y **SP:** mar Polly (-----), d 09 Mar 1859 age 73 yrs 7 mo 11 days **VI:** No further data **P:** None **BLW:** No **PH:** N **SS:** C pg 9 **BS:** 183.

BARNS, William; b 27 May 1789; d 15 Jul 1875 **RU:** Sergeant, 4th VMR **CEM:** Barnes Family; Tazewell; Rt 91 **GS:** U **SP:** No spouse information **VI:** No further data **P:** None **BLW:** No **PH:** N **SS:** A rec 1420 **BS:** 172 v3 pg 48.

BARRON, James; b 15 Sep 1768, Hampton; d 21 Apr 1851, Norfolk **RU:** Commodore, US Navy **CEM:** Trinity Episcopal; Portsmouth; 500 Court St **GS:** Y **SP:** mar (1) Elizabeth Mosely Armistead, b 1770, d 1832; (2) Mary Ann Wilson **VI:** Son of James Barron, Commodore of the Virginia State Navy during the Revolution. As Commander of the USS *Chesapeake* when it was halted & raided in June 1807 by the HMS *Leopard* which seized four sailors as deserters from HRH Navy. For this, Barron was vourt martialed and suspended for 5 years without pay. After his return to duty, he was controversial and widely criticized. Commodore Stephen Decatur, a former subordinate, was one of the most vocal. This resulted in a duel in which Barron was shot in the leg and Decatur was killed. He was a Navy senior officer in 1839 **P:** Spouse app **BLW:** No **PH:** N **SS:** AQ; BD pg 109 **BS:** 124 Stone #18.

BARROW, Jesse; b UNK; d UNK **RU:** Private, 4th VMR (Lucas), Maj Barnaby Wells **CEM:** Barrow Family; Henry; Rt 777, Mt Olivet **GS:** Y **SP:** mar in Henry Co on 09 Mar 1818 (bond) to Elizabeth Thomason **VI:** No further data **P:** None **BLW:** No **PH:** N **SS:** A, rec2416; B pg 101 **BS:** 245.

BART, John; b 1781; d 21 May 1857 **RU:** Private, 54th VMR, Ensign George Kelly, Norfolk Borough, attached to 9th VMR (Sharp) **CEM:** Bart / Brown; Norfolk City; Eason Rd **GS:** Y **SP:** mar (1) Mary Widgeon; (2) Ellen (-----) Hudges, d 1894, Baltimore **VI:** Six daughters whose names are inscribed on a tall obelisk **P:** Spouse app **BLW:** No **PH:** N **SS:** A rec 81; B pg 145; BD pg 111 **BS:** 75 pg 98.

BARTON, Thomas; b Mar 1792; d 16 Oct 1871 **RU:** Drummer, 36th VMR (Reno), Prince William Co **CEM:** City Cemetery; Fredericksburg; William St & Washington Ave **GS:** Y **SP:** No spouse information **VI:** No further data **P:** None **BLW:** No **PH:** N **SS:** A rec 895 **BS:** 245.

BASKERVILLE, George D; b 12 Nov 1793; d 07 Apr 1862 **RU:** Private, 100th VMR, Capt William Freeland, Buckingham Co, attached to 7th VMR (Gray) **CEM:** Blandford; Petersburg; 111 Rochelle Ln **GS:** Y **SP:** No spouse information **VI:** Son of William & Mary (-----) Baskerville of Lombardy Grove, Mecklenburg Co **P:** None **BLW:** No **PH:** N **SS:** K pg 332; B pg 165 **BS:** 200.

BASKINS, John C; b 1773; d 22 Dec 1833 **RU:** Captain, 32nd VMR, Company Commander, Augusta Co **CEM:** Tinkling Spring; Augusta; 11 mi NE of Staunton **GS:** U **SP:** mar Elizabeth Baskins **VI:** Son of Charles Baskins and Mary Craig. Died age 60 **P:** None **BLW:** No **PH:** N **SS:** K pg 4 **BS:** 183; 49.

BASS, Samuel; b 1792, CT; d 15 Jan 1825 **RU:** Sergeant, NY Militia 1st Regiment (Nellis) **CEM:** St Brides Church; Chesapeake City; 3401 Battlefield Blvd **GS:** U **SP:** mar Sarah L (-----), d 3 Jul 1825 in her 20th year **VI:** No further data **P:** None **BLW:** No **PH:** Y **SS:** A rec 1319 **BS:** 125.

BASS, Thomas K; b 1797; d aft 1850 **RU:** Private, 23rd VMR (Brown), Chesterfield Co **CEM:** Hollywood; Richmond City; 412 S Cherry St **GS:** U **SP:** Margaret Bass, age 51, is also enumerated in this household in 1850 **VI:** Age 53 years on 1850 census of Richmond City / Henrico Co **P:** None **BLW:** No **PH:** N **SS:** A rec 1327 **BS:** 260.

BASSETT, Alexander Hunter; b 22 Nov 1795; d 08 Oct 1880 **RU:** Private, 64th VMR, Henry Co **CEM:** Bassett Family; Henry; Rt 683, Bassett **GS:** U **SP:** mar (1) Mary Koger, b 1763 d 1863; (2) mar 03 Dec 1872, Ann R Hardy, d 1880. LNR Spencer's Store, Henry Co **VI:** No further data **P:** Both **BLW:** Yes **PH:** N **SS:** A rec 1415; M pg 24; BD pg 117 **BS:** .

BASSETT, Burwell; b 18 Mar 1764, New Kent Co; d 26 Feb 1841 **RU:** Lt Colonel, 68th VMR, Commander, James City Co & York Co **CEM:** Eltham Plantation; New Kent; West Point **GS:** U **SP:** mar (1) Elizabeth McCarty, daughter of Daniel McCarty of Pope's Creek, (2) in 1800, Philadephia, Anne Claiborne, daughter of William Dandridge Claiborne of King William County **VI:** Son of Burwell Bassett & Anna Maria Dandridge. He was of Williamsburg, VA. Member VA House of Delegates, 1787-89, 1819-21; VA Senate, 1794-1805; U.S.House 1805-13, 1815-19, 1821-29. Died after a fall from his horse **P:** None **BLW:** No **PH:** N **SS:** A rec 1420 **BS:** 168; 49.

BASSETT, John W; b UNK; d 22 Mar 1860 **RU:** Private, 61st VMR, Capt Henry Digges, Mathews Co **CEM:** Brooks Family; Mathews; New Point nr Shadows Post Office **GS:** Y **SP:** No spouse information **VI:** No further data **P:** None **BLW:** No **PH:** N **SS:** K pg 288 **BS:** 171 pg 1.

RU=Rank/Unit   CEM=Cemetery   GS=Gravestone   SP=Spousal Information   VI=Other Veteran Info   P=Pension
BLW=Bounty/Land Warrant   PH=Photo   SS=Service Source   BS=Burial Source   VMR= VA Military Regt
LNR= Last Known Residence

BASYE, Joseph; b UNK; d 1850 (Will) **RU**: Private, 37th VMR (Downing), Northumberland Co **CEM**: Roseland; Northumberland; Reedville **GS**: U **SP**: mar in Northumberland Co on 03 Sep 1818 (bond) to Hannah T (Martin) Talliaferro, widow of Adam L Talliaferro **VI**: No further data **P**: None **BLW**: No **PH**: N **SS**: A rec 1618 **BS**: 61 v7 pg 34.

BATCHELLER, Josiah; b 20 Nov 1788; d 07 Nov 1866 **RU**: Waiter, 1st MA Regiment (Dudley) **CEM**: United Methodist; Alexandria; Hamilton Ln **GS**: Y **SP**: mar Mary Ann Johnson, b 1803, d 1878 **VI**: Son of Josiah Batcheller and Ruth Fletcher **P**: None **BLW**: No **PH**: N **SS**: A rec 1689 **BS**: 32 pg 20; 49.

BATEMAN, William; b 1785; d 1828 **RU**: Private, 3rd VMR (Dickinson) **CEM**: Caddall; Pulaski; Not given **GS**: Y **SP**: mar Rebecca Caddall, b 25 Mar 1792, d 1876 **VI**: No further data **P**: None **BLW**: No **PH**: N **SS**: Arec 1792 **BS**: 245.

BATES, Fleming; b 1778; d 1830 **RU**: Private, 3rd VMR of Artillery **CEM**: Bates Cemetery; Northumberland; Newmans Neck **GS**: Y **SP**: mar (1) in Northumberland Co on 20 Jul 1803 (bond) to Mary Moss; (2) in Northumberland Co, on 6 Sep 1819 (bond) to Elizabeth Whitehill **VI**: Son of Thomas & Caroline Matilda (Woodson) Bates. Enumerated on 1830 census of Northumberland Co **P**: None **BLW**: No **PH**: N **SS**: A rec 1938 **BS**: 27 pg 844; 269 pg 159.

BATH, John; b 1777; d bur 04 Nov 1841 **RU**: Private, 19th VMR (Ambler), Richmond City **CEM**: Shockoe Hill; Richmond City; 100 Hospital St **GS**: U **SP**: mar Lucy (-----), d 11 Apr 1849 age 57 (death notice, Richmond newspapers) **VI**: No further data **P**: None **BLW**: No **PH**: N **SS**: A rec 2234 **BS**: 38 pg 24.

BATIE (BATEY), Armstrong; b 17 May 1792; d 20 Jan 1820 **RU**: Private, 5th VMR **CEM**: Glade Spring Presbyterian; Washington; 33234 Lee St, Glade Springs **GS**: Y **SP**: No spouse information **VI**: No further data **P**: None **BLW**: No **PH**: N **SS**: A rec 2218 **BS**: 116 pg 174.

BAUGH, Richard W; b 17 May 1784; d 27 Jul 1856 **RU**: Private, 95th VMR (Lee), Capt William Holt, Norfolk Co **CEM**: Cedar Grove; Portsmouth; Effington St & Fort Ln **GS**: Y **SP**: mar (1) in Norfolk on 13 Dec 1810 to Serina Yarwood; (2) Mary J (-----), d 22 Jun 1877, age 86 **VI**: Member in1854 of Soldiers of War of 1812 Society, residing in Portsmouth **P**: None **BLW**: No **PH**: N **SS**: AV **BS**: 65 pg 62.

BAUGH, William H; b UNK; d 27 Sep 1856 **RU**: Sergeant, 62nd VMR, Capt Edward Marks, Prince George Co **CEM**: Warren / Baugh; Dinwiddie; Rt 656, 5 mi SW of Carson off Rt 656 **GS**: Y **SP**: mar Lizzie H (-----), d 24 Sep 1856 **VI**: No further data **P**: None **BLW**: No **PH**: N **SS**: A rec 115 **BS**: 210.

BAUGHER, George W; b 17 Mar 1786; d 01 Sep 1847 **RU**: Sergeant, 6th VMR (Coleman) **CEM**: Maiden Family; Rockingham; Beidor Rd (Rt 628), Elkton **GS**: Y **SP**: mar Anna Catherine Harnsbarger, b 14 Jan 1786, d 19 Jun 1866 **VI**: Son of Daniel Baugher, Sr and Anna Marie Moyer **P**: None **BLW**: No **PH**: N **SS**: A rec 141 **BS**: 262; 49.

BAYLISS, John E; b c1787; d 08 Dec 1873 **RU**: Private, 31 VMR, Capt Samuel Baker, Frederick Co **CEM**: Wisecarver / Snapp; Frederick; off Rt 622, Fawcetts Gap (no road) **GS**: U **SP**: mar in Frederick Co on 22 Apr 1827 to Catherine Davis by Mason Anderson **VI**: LNR Winchester, Frederick Co, 1871 **P**: Yes **BLW**: Yes **PH**: N **SS**: A, rec 913; M pg 25; BD pg 124 **BS**: 79 pg 22.

BAYLISS, Thomas B; b c1793; d 13 Sep 1869 **RU**: Ensign, 51st VMR, Capt Francis Martin, Frederick Co, attached to 1st VMR (Taylor) **CEM**: Wisecarver / Snapp; Frederick; off Rt 622, Fawcetts Gap (no road) **GS**: U **SP**: mar in Frederick Co on 03 Feb 1825 to Mary K Wilson. LNR Winchester ,1878 **VI**: No further data **P**: Spouse **BLW**: Yes **PH**: No **SS**: A rec 908; M pg 25; BD pg 124 **BS**: 79 pg 22.

BAYLOR, George; b 12 Jan 1771; d 15 Jan 1848 **RU**: Private, 93rd VMR, Capt Jesse Dodd, Troop of Cavalry, Augusta Co, attached to Maj John Woodford's Calvary Squadron (Dragoons) **CEM**: Hebron Presbyterian; Augusta; Rt 703, 4.5 mi fr Staunton **GS**: U **SP**: mar Catherine Argenbright, b 1779, d 1852 **VI**: Son of Jacob Baylor and Katherine Gish **P**: None **BLW**: No **PH**: N **SS**: A rec 919 **BS**: 1 pg 48.

BAYLOR, George; b UNK; d 1848 **RU**: Surgeon's Mate, 30th VMR, Caroline Co **CEM**: Baylor Family; Caroline; Rt 2 **GS**: Y **SP**: No spouse information **VI**: Doctor **P**: None **BLW**: No **PH**: N **SS**: A rec 920 **BS**: 10 pg 8.

BAYLOR, John; b 1786; d 1865 **RU**: Private, 9th VMR (Boyd) **CEM**: Baylor Family; Caroline; Rt 2 **GS**: Y **SP**: mar Frances (----) **VI**: No further data **P**: None **BLW**: No **PH**: N **SS**: A rec 925 **BS**: 10 pg 8.

RU=Rank/Unit CEM=Cemetery GS=Gravestone SP=Spousal Information VI=Other Veteran Info P=Pension
BLW=Bounty/Land Warrant PH=Photo SS=Service Source BS=Burial Source VMR= VA Military Regt
LNR= Last Known Residence

BAYLOR, Martin; b 12 Mar 1771, Lancaster Co, PA; d 13 Nov 1829 **RU:** Major, 93rd VMR, Augusta Co **CEM:** St John's Church; Augusta; 1 mi E Middlebrook Rd **GS:** Y **SP:** mar Barbary Mizer, b 1777, d 1864 **VI:** Son of Jacob Baylor and Katherine Gish. Commissioned on 04 Jun 1813 **P:** None **BLW:** No **PH:** N **SS:** B pg 39 **BS:** 183; 245; 49.

BAYLY, Albert; b UNK; d 12 Dec 1876 **RU:** Corporal, 57th VMR, Capt Noble Beveridge, Loudoun Co, attached to 5th VMR **CEM:** Cool Springs United Methodist; Fauquier; 3322 Cobbler Mountain Rd, Delaplane **GS:** Y **SP:** mar in Washington, DC, 08 Nov 1817 Sallie Hobson, LNR PO Delaplane, Fauquier Co **VI:** No further data **P:** Yes **BLW:** Yes **PH:** N **SS:** A rec 772; B pg 119; BD pg 125 **BS:** 93.

BAYLY, John Hill; b 04 Feb 1792; d 28 Feb 1828 **RU:** Sergeant, 2nd VMR (Bayley), Accomack Co **CEM:** Wellington Family; Northampton; Rt 609, 3 mi W of Rt 618 **GS:** Y **SP:** mar in Northampton Co on 07 Nov 1816 (return by R. Symes) to Margaret S Wilson, daughter of Edward H C Wilson, b 22 Jan 1800, d 17 Jun 1862 **VI:** Son of Edmund Bayly and Rachel Revel Upshur **P:** None **BLW:** No **PH:** N **SS:** A rec 951 **BS:** 20 pg 6.

BAYLY, Thomas Monteagle; b 26 Mar 1775, Hills Farm, Drummondtown, Accomack Co; d 07 Jan 1834, "Mt Custis," Accomack Co **RU:** Lt Colonel, 2nd VMR, Accomack Co **CEM:** Hill's Farm; Accomack; 19065 Hill's Farm Rd, Greenbush **GS:** Y **SP:** mar (1) in Accomack Co on 11 Mar 1802 to Margaret Pettit Cropper, daughter of John Cropper; (2) on 21 Dec 1826 to Jane O (Coward) Addison, of Northampton Co, widow of Col Kendall Addison, d c1888. LNR Richmond, 1878. Marriage notice in the *Richmond Examiner*, 04 Jan 1826, pg 3 which styles him as "Colonel" **VI:** 3rd son of Col Thomas Bayly & Ann Drummond. House of Delegates (1798-1801, 1819-1820, 1828-1833),State Senate (1801-1809), US Congress (1813-1815), 1829-30 VA Constitutional Convention. Attended Washington Academy in Maryland. Graduated from Princeton College in New Jersey in 1794, He was admitted to the bar around 1796, commencing practice in Accomack Co **P:** Spouse **BLW:** Yes **PH:** N **SS:** L pg 411; BD pg 125 **BS:** 21 pg 13.

BAYNE, Colmore; b 23 Apr 1774; d 06 May 1814 **RU:** Ensign, 99th VMR (Bagwell), Accomack Co **CEM:** Poulson Family aka Cokesbury; Accomack; Rt 1028, Onancock **GS:** U **SP:** mar Elizabeth Smith Hack, daughter of Peter Hack and Elizabeth Smith, d 1812 **P:** None **BLW:** No **PH:** N **SS:** A rec 993 **BS:** 178; 49.

BAYNE, John F; b 03 Jan 1792; d 17 Dec 1817 **RU:** Private, 90th VMR, Capt Isaac Tinsley, Amherst Co, attached to 8th VMR (Wall) **CEM:** St John's Church; Richmond City; 24th & Broad, Church Hill **GS:** U **SP:** No spouse information **VI:** Furnished a substitute but has NARA service record **P:** None **BLW:** No **PH:** N **SS:** K pg 107; A rec 1005 **BS:** 63 pg 417; 252 pg 54.

BAYSE, William; b 1786; d 31 Mar 1846 **RU:** Lieutenant, 37th VMR (Downing), Capt Thomas Atwell, Northumberland Co **CEM:** Roseland; Northumberland; Reedville **GS:** U **SP:** mar in Northumberland Co on 20 Jan 1820 (bond), Harriet Caroline Deshields **VI:** Served in Virginia House and Senate from Northumberland Co. Styled "Colonel" in his death notice **P:** None **BLW:** No **PH:** N **SS:** K pg 390 **BS:** 61 vol 7 pg 34.

BAYTON, Beverly; b 1774; d 20 Jun 1834 **RU:** Private, 7th VMR (Magnien) **CEM:** Cedar Grove; Portsmouth; Effington St & Fort Ln **GS:** Y **SP:** mar in Norfolk on 23 Apr 1799 to Eunice Jones, b 1782, d 07 Jan 1847 **VI:** Styled as Captain on gravestone. Was listed in 1820-1830 directories as a Sea Captain living in Portsmouth **P:** None **BLW:** No **PH:** N **SS:** A rec 1078 **BS:** 65 pg 49.

BEACH, John S; b 1797; d 28 Mar 1854 **RU:** Private, 2nd VMR, Capt David Ashby, Accomack Co **CEM:** Beach Family; Accomack; nr jct Rts 605 & 180 on Wachapreague Road **GS:** Y **SP:** mar Elizabeth B (-----), b 06 Jan 1801, d 14 Jul 1887 **VI:** Son of Kendall & Rosy Beach **P:** Spouse **BLW:** No **PH:** N **SS:** M pg 26; BD pg 125 **BS:** 21 pg 18.

BEADLES, John; b c1759; d 1824 **RU:** Trooper, 1st VMR, Troop of Cavalry (Holcombe) **CEM:** Green Hills; Greene; Between Green Acres Rd & Green Acres Ln **GS:** U **SP:** No spouse information **VI:** Son of Robert Beadles. Was also a 2nd Lieutenant in the Revolutionary War. This service record may apply to his son, John Beadles, Jr., b 1789, d 1837 in Cass Co, IL **P:** None **BLW:** No **PH:** N **SS:** P; A rec 1406 **BS:** 49; 31; 49.

BEAHM, Jacob; b UNK; d 20 Jun 1820 **RU:** Private, 4th VMR **CEM:** Beahm Family; Page; Rt 666, 7.5 mi N of Luray **GS:** Y **SP:** No spouse information **VI:** From WPA report dated 17 Nov 1936. Stone difficult to read **P:** None **BLW:** No **PH:** N **SS:** A rec 628 **BS:** 277.

RU=Rank/Unit CEM=Cemetery GS=Gravestone SP=Spousal Information VI=Other Veteran Info P=Pension
BLW=Bounty/Land Warrant PH=Photo SS=Service Source BS=Burial Source VMR= VA Military Regt
LNR= Last Known Residence

BEALE, Charles W; b 03 Oct 1795; d 23 Apr 1853 RU: Private, 57th VMR, Capt George Washington Ball, Loudoun Co, attached to Green's Mounted Infantry Regiment CEM: Maplewood / Dunn; Orange; Rt 33, Gordonsville GS: Y SP: mar in Orange Co on 18 Feb 1820, Mary H Gordon, daughter of Nathan Gordon, b 01 May 1791, d 24 Mar 1882. LNR Gordonsville 1878 VI: No further data P: Spouse BLW: No PH: N SS: L pg 202; BD pg 127; B pg 119 BS: 28 pg 5.

BEAMER, John; b UNK; d 09 Jul 1847 RU: Private, 81st VMR, Bath Co CEM: Battlefield Inn; Frederick; Kernstown GS: Y SP: No spouse information VI: No further data P: None BLW: No PH: N SS: A rec 1926 BS: 151.

BEAR, Henry; b 1769; d aft 1850 RU: Private, 1st VMR (Trueheart) CEM: Elk Run; Rockingham; Rockingham & Spottswood Ave., Elkton GS: Y SP: mar Rockingham Co in 1788 to Catharine (-----), b 1772, d 09 Oct 1846 VI: Age 83 on 1850 census of Rockingham Co P: None BLW: No PH: N SS: A rec 14 BS: 262.

BEAR, Jacob, Jr; b 1766; d 04 Mar 1854 RU: Private, 8th VMR, Capt Alexander Campbell, Rockbridge Co, attached to 2nd Corps d'Elite (Green) CEM: Hebron Presbyterian; Augusta; Rt 703, 4.5 mi fr Staunton GS: U SP: No spouse information VI: No further data P: None BLW: No PH: N SS: K pg 209, BS: 183.

BEARD, James A or M; b 01 Feb 1786; d 03 Jul 1858 RU: Sergeant, 93rd VMR, Capt Jesse Dold, Augusta Co CEM: Mount Horab; Augusta; 4 mi SE of Mt Meridan GS: U SP: mar Mary (-----) 1795-1854 VI: No further data P: None BLW: No PH: N SS: A rec 163; L pg 282 BS: 183.

BEARD, Joseph; b 04 Jun 1778; d 16 Jan 1856 RU: Private, 32nd VMR, Capt Abraham Lange, Augusta Co, attached to 5th VMR (McDowell), CEM: Old Stone Presbyterian; Augusta; Rt 11, Fort Defiance GS: N SP: No spouse information VI: His stone no longer exists. Founder of Old Stone Presbyterian Church, who have the records of his burial P: None BLW: No PH: Y SS: A rec 217 BS: 2 pg 5.

BEATIE, Robert; b 1778; d 11 Nov 1870 RU: Private, 5th VMR CEM: Westwood Memorial Gardens; Smyth; Beattie Ln, Chilhowie GS: Y SP: mar Paulina (-----), d 01 May 1862 VI: Styled Colonel on his tombstone P: None BLW: No PH: N SS: A rec 692 BS: 131 v1 pg 211.

BEATY, Robert; b 1794; d 05 Jun 1882 RU: Corporal, 4th VMR (Boyd) CEM: Ridings Chapel; Frederick; Rt 735, Middletown GS: Y SP: mar Jane Ellen Crouse VI: No further data P: None BLW: No PH: N SS: A rec 862 BS: 79 pg 24; 31.

BEATY, Silas; b 18 Jan 1785; d 20 Jun 1844 RU: Private, 56th VMR, Loudoun Co CEM: Sharon; Loudoun; Jay & Federal Sts, Middleburg GS: Y SP: mar Frances (-----), d 27 Feb 1869 age 80 VI: Buried in Hutchinson plot P: None BLW: No PH: Y SS: A rec 878 BS: 7 pg 118.

BEAVER, John; b 01 Aug 1788; d 11 Sep 1858 RU: Private, 6th VMR (Coleman) CEM: Beaver / Brubaker; Page; Rt 615, Luray GS: Y SP: mar Nancy Strickler, d 18 Jan 1852 age 55 yrs, 6 mos, 2 days. Daughter of Isaac Strickler VI: No further data P: None BLW: No PH: N SS: A rec 1042 BS: 115 pg 174.

BEAVERS, Samuel; b 17 Oct 1779; d 03 Dec 1838 RU: Private, 56th VMR, Loudoun Co CEM: Old Bethesda Methodist; Loudoun; Foxcroft Rd, Unison GS: U SP: mar Margaret (-----), b 06 Sep 1787, d 27 Nov 1859 VI: No further data P: None BLW: No PH: N SS: A rec 1082 BS: 73 pg 24.

BEAZLEY, James; b 1795; d 1870 RU: Ensign, 1st VMR (Crutchfield) CEM: Beazley Family; Greene; Tax Map 49-A-5 GS: U SP: mar Elizabeth Mills, b 1797, d 1872 VI: Son of James Beazley and Mary Sanford. Justice of the Peace of Greene Co P: None BLW: No PH: N SS: A rec 1138 BS: 163; 31.

BEAZLEY, John; b UNK; d 08 Apr 1864 RU: Private, 6th VMR, Capt Richard Evan, Essex Co CEM: Beazley Family; Middlesex; Rt 629 GS: U SP: mar (1) Laura L (-----) Montague; (2) 28 Aug 1858 to Lucy B Palmer, d 27 Jun 1889, LNR Urbanna, Middlesex Co, 1878 VI: No further data P: Spouse BLW: Yes PH: N SS: B pg 69; BD pg 133; M pg 27 BS: 120 pg 316-317.

BECK, Charles, Sr; b 1781; d bur 23 Jun 1849 RU: Private, 19th VMR (Ambler), Richmond City CEM: Shockoe Hill; Richmond City; 100 Hospital St GS: U SP: No spouse information VI: No further data P: None BLW: No PH: N SS: A rec 1233 BS: 38 pg 46.

RU=Rank/Unit   CEM=Cemetery   GS=Gravestone   SP=Spousal Information   VI=Other Veteran Info   P=Pension
BLW=Bounty/Land Warrant   PH=Photo   SS=Service Source   BS=Burial Source   VMR= VA Military Regt
LNR= Last Known Residence

BECKNER, John; b 27 Jun 1799; d 06 Oct 1866 RU: Private, 5th VMR (McDonald) CEM: Brubaker Family; Roanoke; nr jct Rts 628 & 805 GS: Y SP: mar on 27 Mary 1844 to Elizabeth P Thompkins, b 17 Jan 1800, d 14 Jul 1888 VI: No further data P: None BLW: No PH: N SS: A rec 1485 BS: 80.

BEDWELL, James; b 1774, Kent Co, DE; d 12 Dec 1856, Grayson Co RU: Sergeant, 4th VMR CEM: Bedweel-Wiley Family; Grayson; vic jct Rts 654/689 GS: U SP: mar Jane Wells VI: Son of Robert Bedwell (1735-1804) P: None BLW: NO PH: N SS: A rec 1824 BS: 245.

BEERS, Jonathan; b 07 Nov 1794; d 26 Feb 1842 RU: Ensign, 13th Regiment NY Militia (Farrington) CEM: St John's Church; Richmond City; 24th & Broad, Church Hill GS: Y SP: No spouse information VI: Of Brookville, Albemarle Co at death (obituary) P: None BLW: No PH: No SS: A rec 2297 BS: 63 pg 422; 252 pg 54.

BELFIELD, John; b UNK; d UNK RU: Captain, 41st VMR, Company Commander, Richmond Co CEM: Belfield Family; Richmond County; "Belle Mount," 2804 County Bridge Rd, Warsaw GS: N SP: mar Essex County, 15 Dec 1806, Peggy Croxton VI: Descendant Charles Belfield has applied for Gov't gravestone. He was also a Private, then Adjutant in Lt Col John Daingerfield's 6th VMR in Essex Co P: None BLW: No PH: N SS: A rec 172, 173; B pg 177 BS: 49.

BELFIELD, John Wright; b 02 Jun 1786; d 02 May 1863, Belle Plains, King George Co RU: Major, 41st VMR, Staff Officer, Richmond Co CEM: Belfield Family; Richmond County; "Belle Mount," 2804 County Bridge Rd, Warsaw GS: N SP: mar (1) Essex Co, 16 Nov 1807, Frances Tasker Jones, (2) 24 May 1814, Frederick Co, Mary B. Daingerfield VI: Son of Thomas Wright & Anne Harwar (Beale) Belfield Descendant Charles Belfield has applied for Gov't gravestone P: Spouse BLW: Yes PH: N SS: B pg 177; BD pg 139; L pg 19; M pg 29 BS: 49.

BELFIELD, Joseph; b 02 May 1792; d UNK RU: Captain, 41st VMR, Company Commander, Richmond Co CEM: Belfield Family; Richmond County; "Belle Mount," 2804 County Bridge Rd, Warsaw GS: N SP: mar Jane Skelton Jones VI: Son of Thomas Wright & Anne Harwar (Beale) Belfield. Descendant Charles Belfield has applied for Government gravestone P: None BLW: No PH: N SS: L, pg 130 BS: 49.

BELFIELD, Thomas Meriwether; b 8 Nov 1796; d 25 Feb 1873, Westmoreland Co RU: Private, 41st VMR, Capt R W Carter, Troop of Cavalry, Richmond Co CEM: Belfield Family; Richmond County; "Belle Mount," 2804 County Bridge Rd, Warsaw GS: N SP: mar Westmoreland Co, 24 Nov 1821, Frances (Fanny) F. Sanford, LNR P.O. Box Montross, Westmoreland Co 1871 VI: Son of Thomas Wright & Anne Harwar (Beale) Belfield P: Both BLW: Yes PH: N SS: B pg 177; BD pg 139; L pg 202; M pg 29 BS: 49.

BELL, Anthony; b c1775; d 1827 (Will) RU: Sergeant, 27th VMR, Capt Matthew H Dunton, Northampton Co CEM: Fatherly Farm; Northampton; N of Rt 617, 0.1 mile W of Rt 13, in field, Weirwood GS: Y SP: mar in Northampton Co on 14 Sep 1807(bond) to Tabitha Harman, b c1790, d aft 1850 VI: No further data P: None BLW: No PH: N SS: L pg 295 BS: 20 pg 7.

BELL, George; b UNK; d 18 Mar 1852 RU: Private, 5th VMR (McDowell) CEM: Hebron Presbyterian; Augusta; Rt 703, 4.5 mi fr Staunton GS: U SP: No spouse information VI: No further data P: None BLW: No PH: N SS: A rec 420 BS: 1 pg 49.

BELL, James; b 13 Sep 1790; d 27 Mar 1840 RU: 2nd Lieutenant, 32nd VMR, Capt Samuel Doak, Augusta Co, attached to 5th VMR (McDowell) CEM: Hebron Presbyterian; Augusta; Rt 703, 4.5 mi fr Staunton GS: U SP: mar on 19 Feb 1818 to Rebecca Crawford, 1798-1878 VI: Son of Samuel and Agnes "Nancy" Bell P: Spouse BLW: Yes PH: N SS: A rec 510; B pg 39; BD pg 141 BS: 1 pg 49; 31.

BELL, James; b 04 Jun 1773; d 16 Jan 1856 RU: 2nd Lieutenant, 5th VMR (McDowell) CEM: Old Stone Presbyterian; Augusta; Rt 11, Fort Defiance GS: Y SP: mar (1) Sarah Allen; (2) Sarah Crawford; (3) Margaret Craig VI: James Bell, Esquire P: None BLW: No PH: N SS: B pg 78 BS: 1 Pt 2 pg 5.

BELL, James; b UNK; d 06 Dec 1820 RU: Sergeant, 5th VMR (McDowell) CEM: Fincastle Presbyterian; Botetourt; 108 E Back St, Fincastle GS: U SP: No spouse information VI: No further data P: None BLW: No PH: N SS: A rec 527 BS: 155 pg 17.

BELL, James B; b 12 Mar 1770, Augusta Co; d 17 Aug 1826, Rockbridge Co RU: Private, 5th VMR CEM: Stonewall Jackson Memorial; Lexington; S Main St GS: Y SP: mar Elizabeth S Hendron, daughter of Samuel Hendron, b 1779, Ireland; d 09 Aug 1861, Rockbridge Co VI: Son of James & Agnes (Hogshead) Bell P: None BLW: No PH: N SS: A rec 528 BS: 245.

RU=Rank/Unit CEM=Cemetery GS=Gravestone SP=Spousal Information VI=Other Veteran Info P=Pension
BLW=Bounty/Land Warrant PH=Photo SS=Service Source BS=Burial Source VMR= VA Military Regt
LNR= Last Known Residence

BELL, James M; b UNK; d after 1840 **RU**: Private, 16th VMR, Capt John Quarles, Spotsylvania Co **CEM**: Bell Family; Culpeper; Rt 15, Culpeper **GS**: Y **SP**: mar Amelia (-----) **VI**: Stone is an inscribed on a granite shaft with no dates. Buried here are 3 children of this marriage & four children of Gov William "Extra Billy" Smith & wife Elizabeth Bell **P**: None **BLW**: No **PH**: N **SS**: L pg 656 **BS**: 196.

BELL, James R; b UNK; d 09 Aug 1821 **RU**: 2nd Lieutenant, 5th VMR (McDowell) **CEM**: Gainesboro; Frederick; 166 Siler Ln, Gainesboro **GS**: Y **SP**: No spouse information **VI**: No further data **P**: None **BLW**: No **PH**: N **SS**: A rec 510 **BS**: 79 pg 25.

BELL, John Meadors; b 12 Nov 1798; d 16 Dec 1853 **RU**: Private, 5th VMR **CEM**: Bell / Morgan / Dudley; Franklin; jct Rts 40 & 673 **GS**: Y **SP**: No spouse information **VI**: No further data **P**: None **BLW**: No **PH**: N **SS**: A rec 617 **BS**: 118 pg 29.

BELL, Robert; b 1764, Scotland; d 09 Aug 1827 **RU**: Sergeant, 19th VMR, Light Infantry Blues, Richmond City **CEM**: Shockoe Hill; Richmond City; 100 Hospital St **GS**: N **SP**: No spouse information **VI**: Occupation Saddler. The Richmond Light Infantry Blues marched in his funeral procession. Obituary in the *Richmond Examiner*, 14 Aug 1827, pg 3 **P**: None **BLW**: No **PH**: N **SS**: A rec 785; AZ pg 20 **BS**: 38 pg 5.

BELL, Stephen; b UNK; d 10 Apr 1845 **RU**: 4th Sergeant, 5th VMR, Capt Meredith Darlington, Frederick Co, attached to 4th VMR (Boyd) **CEM**: Hopewell Meeting House; Frederick; jct Hopewell Rd (Rt 672) & Waverly Rd, Clear Brook **GS**: U **SP**: mar in Frederick Co on 03 Jun 1821 (from her pension application, bond was dated 02 Jun 1821) to Martha Lynn, d 01 Feb 1885, White Hall, Frederick Co **VI**: No further data **P**: Spouse **BLW**: Yes **PH**: N **SS**: BD pg 143; B pg 79 **BS**: 79 pg 250.

BELL, William; b 1764; d 22 Aug 1833 **RU**: Major, 32nd VMR, Staff Officer, Augusta Co **CEM**: Old Stone Presbyterian; Augusta; Rt 11, Fort Defiance **GS**: U **SP**: mar Margaret Allen, b 22 Feb 1769, d 26 Jan 1844 **VI**: Commissioned Major 05 Dec 1811 **P**: None **BLW**: No **PH**: N **SS**: B pg 39 **BS**: 183; 31.

BELL, William; b UNK; d 25 Feb 1851 **RU**: Private, 85th VMR, Fauquier Co **CEM**: Oak Springs; Fauquier; 770 Fletcher Dr, Delaplane **GS**: Y **SP**: No spouse information **VI**: No further data **P**: None **BLW**: No **PH**: N **SS**: A rec 924 **BS**: 3 pg 10.

BELOTE, Laban; b 18 Oct 1766; d 10 Mar 1844 **RU**: Private, 2nd VMR (Bayley), Accomack Co **CEM**: Westerhouse; Northampton; Rt 619, 3 mi into Church Neck, off dirt lane, Bridgetown **GS**: U **SP**: mar in Northampton Co on 29 Dec 1793 (bond) to Esther Dolby, daughter of John Dolby Sr, b 10 Jun 1769, d 21 Jan 1846 **VI**: No further data **P**: None **BLW**: No **PH**: N **SS**: A rec 1228 **BS**: 190.

BENNETT, Charles; b 1769; d 24 Apr 1839 **RU**: Private, 37th Regiment MD Militia **CEM**: Christ Church Episcopal; Alexandria; Wilkes & Hamilton **GS**: Y **SP**: No spouse information **VI**: No further data **P**: None **BLW**: No **PH**: N **SS**: A rec 2364 **BS**: 34 pg 136.

BENNETT, Richard Everard; b 26 Feb 1779; d 14 Sep 1828 **RU**: Corporal, 47th VMR, Capt John Rothwell, Albemarle Co, attached 7th VMR (Gray) **CEM**: Bennett Graveyard; Halifax; Rt 649 9 mi S of South Boston **GS**: Y **SP**: mar in Halifax Co on 05 Nov 1802 (bond) to Nancy Carter, daughter of Theo: Carter who gave consent **VI**: Son of Dr Walter Bennett and Jennie Wyatt. Will recorded 1828 in WB 14 pg 579. Names wife "Ann" and children John, Richard E, Theodorick A, William W, Mary W, Eliza Ann and Ann E Bennett **P**: None **BLW**: No **PH**: N **SS**: K pg 352, A rec 1970 **BS**: 201; 31.

BENNETT, William; b UNK; d 1850 **RU**: Private, 106th VMR, (Henderson), Mason Co [WV] **CEM**: Bennett Family; Alleghany; 12 mi W of Low Moor **GS**: N **SP**: mar Katharine Stull **VI**: No further data **P**: None **BLW**: No **PH**: N **SS**: A rec 2755 **BS**: 197.

BENSON, James S; b 1785; d 16 Jul 1854 **RU**: Private, 2nd VMR, Capt William Henderson, Accomack Co **CEM**: LeCato Family; Accomack; Rt 605 nr Quinby **GS**: U **SP**: No spouse information **VI**: No further data **P**: None **BLW**: No **PH**: N **SS**: L pg 419 **BS**: 178.

BENSON, Samuel; b 24 Oct 1788; d 19 Jan 1855 **RU**: Private, 2nd VMR (Bayley), Accomack Co **CEM**: Chandler Property; Northampton; Rt 604; Recorded in 1940. Unable to identify. Probably between Oak Park and Hadlock, N side of Rt 604 **GS**: Y **SP**: mar in Northampton Co on 11 Sep 1812 (bond) to Nancy Savage **VI**: He was of Accomack Co on the marriage bond **P**: None **BLW**: No **PH**: N **SS**: A rec 227 **BS**: 20 pg 8.

RU=Rank/Unit   CEM=Cemetery   GS=Gravestone   SP=Spousal Information   VI=Other Veteran Info   P=Pension
BLW=Bounty/Land Warrant   PH=Photo   SS=Service Source   BS=Burial Source   VMR= VA Military Regt
LNR= Last Known Residence

BENTER, William, Sr; b 1771; d 29 Aug 1823 **RU**: Private, 1st Regiment DC Militia **CEM**: Trinity United Methodist; Alexandria; Wilkes St **GS**: Y **SP**: mar Elizabeth (-----), 1780-1848 **VI**: No further data **P**: None **BLW**: No **PH**: N **SS**: A rec 309 **BS**: 32 pg 117.

BENTHALL, Ariel B; b 1792; d 23 Jul 1843 **RU**: Private, 9th VMR (Sharp) **CEM**: Cedar Grove; Portsmouth; Effington St & Fort Ln **GS**: Y **SP**: No spouse information **VI**: "Captain US Navy" on tombstone. This service may have been after the war **P**: None **BLW**: No **PH**: N **SS**: A rec 312 **BS**: 182.

BENTHALL, William; b 10 Dec 1780; d 19 Oct 1854 **RU**: Private, 7th VMR (Magnien), Norfolk Co **CEM**: Cedar Grove; Portsmouth; Effington St & Fort Ln **GS**: Y **SP**: mar (1) Frances D Turner, b 1790. d 20 May 1820 "native of the Island of Bermuda"; (2) Miriam (-----), b 1783, d 16 May 1837; (3) in Portsmouth on 18 Nov 1838 to Jane Ferguson **VI**: Styled "Captain" on tombstone **P**: None **BLW**: No **PH**: N **SS**: A rec 323 **BS**: 65 pg 62; 182.

BENTON, William; b 25 Dec 1788; d 28 Jul 1881 **RU**: Corporal, 5th VMR, Capt Charles Allen, Culpeper Co, attached to 1st VMR (Crutchfield) **CEM**: Sharon; Loudoun; Jay & Federal Sts, Middleburg **GS**: Y **SP**: mar Sarah Hyde **VI**: LNR Middleburg, Loudoun Co, 1871 **P**: Yes **BLW**: Yes **PH**: Y **SS**: A rec 599; B pg 62; BD pg 154 **BS**: 7 pg 109; 31.

BERGER, Jacob; b 26 Dec 1775; d 13 Mar 1833 **RU**: Lieutenant, 2nd Corps d'Elite (Green) **CEM**: Berger Family; Pittsylvania; Rt 605, 10 mi W of Gretna **GS**: Y **SP**: mar in Pittsylvania Co on 27 Jan 1800 to Catherine "Catey" Nowlin, b 26 Dec 1779, d 21 Dec 1830. Bryant W Nowlin gave consent. Surety by David Nowlin **VI**: No further data **P**: None **BLW**: No **PH**: N **SS**: L pg 220 **BS**: 149; 31.

BERKELEY, Carter Burwell; b 20 Feb 1768; d 03 Nov 1839 **RU**: Captain, 109th VMR, Company Commander, Middlesex Co **CEM**: Airwell; Hanover; Rt 738 **GS**: Y **SP**: mar (1) Kate Spotswood Carter; (2) Frances Page **VI**: Son of Nelson Berkeley and Elizabeth Carter. Doctor of medicine **P**: None **BLW**: No **PH**: N **SS**: A rec 843 **BS**: 71 pg 2; 31.

BERKELEY, Lewis; b 1775; d 12 May 1836 **RU**: Private, 74th VMR (Trueheart), Hanover Co **CEM**: Airwell; Hanover; Rt 738 **GS**: Y **SP**: mar in Hanover Co on 09 Mar 1898 to Miss Elizabeth Darracott, d 30 Apr 1852, age 66. Marriage notice in the "Richmond Examiner," 29 Mar 1808, pg 3. **VI**: Son of Nelson Berkeley and Elizabeth Carter **P**: None **BLW**: No **PH**: Y **SS**: A rec 846 **BS**: 71 pg 2.

BERKELEY, Thomas Nelson; b 1790; d 18 Sep 1823 **RU**: Sergeant, 16th VMR (Waller), Spotsylvania Co **CEM**: Airwell; Hanover; Rt 738 **GS**: Y **SP**: No spouse information **VI**: Died age 33 years **P**: None **BLW**: No **PH**: N **SS**: A rec 848 **BS**: 71 pg 2.

BERLIN, Philip; b 1793; d 04 Mar 1870 **RU**: Private, 31st VMR, Capt Samuel Baker, Troop of Cavalry, Frederick Co **CEM**: Berryville Baptist Church; Clarke; Berryville **GS**: Y **SP**: mar (1) UNK; (2) on 13 Jan 1859, Sarah Jane Hooe, d 11 Aug 1901 **VI**: Grave is marked by US Daughters of War of 1812 **P**: Spouse **BLW**: Yes **PH**: N **SS**: A rec 917; BD pg 155 **BS**: 260.

BERNARD, John; b 18 Jun 1784; d 01 Oct 1845 **RU**: Private, 7th VMR (Gray) **CEM**: Tanyard Cemetery; Franklin; Rt 40, 1 mil SE of Rocky Mount **GS**: Y **SP**: mar on 5 Dec 1818 in Franklin Co to Judith Kitchin, b 01 Jul 1795, d 16 Jul 1853 **VI**: No further data **P**: None **BLW**: No **PH**: N **SS**: A rec 971 **BS**: 226.

BERNARD, John Hipkins; b 20 Jan 1790 or 1792; d 04 Apr 1858 **RU**: Corporal, 9th VMR (Boyd) **CEM**: Bernard / Robb; Caroline; Rt 17 **GS**: Y **SP**: mar Jane Gay Robertson, daughter of William Robertson and Elizabeth Bolling, widow of William Fauntleroy, b 01 Apr 1795, d 19 Jul 1852 **VI**: Son of William Bernard and Frances Hipkins **P**: None **BLW**: No **PH**: N **SS**: A rec 972 **BS**: 10 pg 14; 31.

BERNARD, William, Jr; b 1796; d 1822 **RU**: Private, 7th VMR (Gray) **CEM**: Emmanuel Episcopal; King George; Rt 301, Port Conway **GS**: Y **SP**: mar Elizabeth (-----), b 1794, d 1803 **VI**: No further data **P**: None **BLW**: No **PH**: N **SS**: A rec 1006 **BS**: 80.

BERNARD, William, Sr; b 03 Sep 1770; d 25 Nov 1841 or 1844 **RU**: Sergeant, 52nd VMR, Capt John Pollock, Charles City Co, attached to 7th VMR (Gray) **CEM**: Mannsfield; Spotsylvania; N Club Dr, Fredericksburg **GS**: Y **SP**: mar (1) Frances Hipkins (2) Elizabeth Hooe Fauntleroy, widow of William Fauntleroy, b 09 Oct 1771, d 20 Nov 1870 **VI**: Son of William Bernard and Sarah Savin. A toppled obelisk marks this grave **P**: None **BLW**: No **PH**: N **SS**: K pg 349; B pg 58 **BS**: 31.

BERRY, Charles; b Oct 1769; d 02 Nov 1843 **RU**: Lt Colonel, 93rd VMR, Commander, Augusta Co **CEM**: New Providence Presbyterian; Rockbridge; Raphine **GS**: U **SP**: mar Ann Ralston **VI**: Commissioned as Lt Colonel on 29 Mar 1813 **P**: None **BLW**: NO **PH**: N **SS**: B pg 39 **BS**: 245.

BERRY, David; b 12 May 1796; d 01 Mar 1871 **RU**: Private, 116th VMR (Coleman), Capt Thomas Hopkins, Rockingham Co, attached to 6th VMR(Coleman) **CEM**: Cooks Creek Presbyterian; Rockingham; 4222 Mt Clinton Pike, Harrisonburg **GS**: Y **SP**: mar (1) Elizabeth Foster; (2) Mary E Weller who received pension **VI**: No further data **P**: Spouse **BLW**: No **PH**: N **SS**: A rec 1198; BD pg 156; B pg 182 **BS**: 262.

BERRY, George; b Aug 1790; d 07 Nov 1851 **RU**: Private, 32nd VMR, Flying Camp McDowell **CEM**: Cooks Creek Presbyterian; Rockingham; 4222 Mt Clinton Pike, Harrisonburg **GS**: Y **SP**: No spouse information **VI**: Stone illegible, recorded by Robert Swank in 1967 **P**: None **BLW**: No **PH**: N **SS**: A rec 1243 **BS**: 262.

BERRY, John; b Dec 1792; d 02 Apr 1874 **RU**: Private, 31st VMR, Capt Henry Tucker, Troop of Cavalry, Loudoun Co, attached to McDowell's Flying Camp **CEM**: East Hill; Washington; W of Circles **GS**: Y **SP**: mar Kitty (-----), b 09 Nov 1796, d 12 Jan 1889 **VI**: Died age 81 years, 4 mos, 20 days **P**: Both applied **BLW**: No **PH**: N **SS**: M pg 32;BD pg 157; B pg 80 **BS**: 116 pg 326.

BERRY, John H; b 1787; d 06 Feb 1850 **RU**: Private, 48th VMR, Botetourt Co, company attached to Flying Camp McDowell **CEM**: Bonsack Family; Roanoke; site of Old Bethel Church **GS**: U **SP**: No spouse information **VI**: No further data **P**: None **BLW**: No **PH**: N **SS**: A rec 1358 **BS**: 157 pg 21.

BERRY, John, Sr; b 06 Oct 1787; d 15 Oct 1868 **RU**: Private, 58th VMR, Rockingham Co, attached to Flying Camp McDowell **CEM**: St John's Lutheran; Rockingham; Rt 613, Singers Glen **GS**: Y **SP**: mar Lydia Showalter, b 15 Jul 1797, d 25 Feb 1859 **VI**: Son of Abraham & Madaline (Rife) Berry. Died age 81 yrs, 9 days **P**: None **BLW**: No **PH**: N **SS**: A rec 1358 **BS**: 262.

BERRY, Kindley; b 31 Dec 1787; d 26 Aug 1842 **RU**: Corporal, 116th VMR, Capt Daniel Mathews, Rockingham Co, attached 4th VMR, Flying Camp McDowell **CEM**: Cooks Creek Presbyterian; Rockingham; 4222 Mt Clinton Pike, Harrisonburg **GS**: Y **SP**: mar Mary Catherine Foster **VI**: Son of Benjamin and Joanna Berry. Died age 55 years, 7 mos, 26 days. Stone is illegible, recorded by Robert Swank in 1967 **P**: None **BLW**: No **PH**: on-line **SS**: A rec 1458, 1459; K pg 28 **BS**: 262; 31.

BERRY, Richard J; b UNK; d 1827 (Will) **RU**: Private, 45th VMR, Capt William Fitzhugh, Stafford Co **CEM**: Berry Family #2; Stafford; jct Rts 625 & 626 **GS**: N **SP**: No spouse information **VI**: Had son Richard, Jr, b 1802 **P**: None **BLW**: No **PH**: N **SS**: L pg 4324 **BS**: 26 pg 149.

BERRY, William G; b UNK; d c1851 (Inv) **RU**: Private, 5th VMR **CEM**: Berry & Yowell Graveyard; Madison; Rt 16, Radiant **GS**: N **SP**: No spouse information **VI**: No further data **P**: None **BLW**: No **PH**: N **SS**: A rec 1663 **BS**: 191.

BETTS, Elisha; b c1790; d 05 Oct 1872 **RU**: Private, 69th VMR, Capt Joseph Sanford, Halifax Co **CEM**: Betts Cemetery; Halifax; South Boston **GS**: Y **SP**: mar (1) in Halfiax Co on 07 Jul 1818 (bond) to Frances H Marable, daughter of George Marable who gave consent; (2) Parthenia C Johnson; (3) in Halifax Co on 28 Jun 1855 to Elizabeth Averett, d 17 Mar 1891 **VI**: Grave marked by US Daughters of 1812 **P**: Spouse **BLW**: No **PH**: N **SS**: G; A rec 2134; B pg 90; BD pg 159 **BS**: 260.

BEVERIDGE, Noble; b 1780; d 08 Dec 1844 **RU**: Captain, 57th VMR, Company Commander, Loudoun Co, attached to 5th VMR **CEM**: Sharon; Loudoun; Jay & Federal Sts, Middleburg **GS**: U **SP**: No spouse information **VI**: Son of John Beveridge and Susannah Noble **P**: None **BLW**: No **PH**: Y **SS**: A rec 2342; B pg 119 **BS**: 7 pg 111; 31.

BEVERIDGE, William; b Feb 1772; d 26 Aug 1853 **RU**: Private, 5th VMR **CEM**: Sharon; Loudoun; Jay & Federal Sts, Middleburg **GS**: Y **SP**: mar (1) Lucy (-----), b 01 Jan 1781, d 08 Jun 1847; (2) Rhoda (-----) **VI**: 2nd wife received Old Wars Pension, indicated he was disabled during the war **P**: Spouse **BLW**: No **PH**: Y **SS**: A rec 2343; BD pg 160 **BS**: 73 pg 27.

BIBB, John; b 11 Nov 1778; d 10 Aug 1877, Louisa Courthouse **RU**: Private, 40th VMR, Capt Thomas Bibb, Louisa Co, attached to 6th VMR (Coleman) **CEM**: Old Bibb House; Louisa; 2 mi S of Frederick's Hall **GS**: U **SP**: mar in Louisa Co on 20 Nov 1817 (return by William Y Hiter) to Edna K Thomasson, b 1778, d 1857. Surety to the marriage bond was George Lumsden, witnessed by Mary Thomasson **VI**: Also served in Capt Frederick Harris's Company attached to 1st Corps d'Elite **P**: Yes **BLW**: Yes **PH**: N **SS**: L pg 40; BD pg 161; B pg 123 **BS**: 181.

RU=Rank/Unit CEM=Cemetery GS=Gravestone SP=Spousal Information VI=Other Veteran Info P=Pension
BLW=Bounty/Land Warrant PH=Photo SS=Service Source BS=Burial Source VMR= VA Military Regt
LNR= Last Known Residence

BIBB, William A; b 04 Nov 1790; d 12 Sep 1865 **RU:** Private, 2nd VMR, Capt Thomas E Fortune, Nelson Co **CEM:** Bramham Family; Albemarle; Cherry Ave, Charlottesville **GS:** Y **SP:** mar in Albemarle Co on 20 Dec 1820 to Sarah Bramham **VI:** Np further data **P:** None **BLW:** No **PH:** N **SS:** L pg 333 **BS:** 94 v1 pg 225.

BICKERS, Alexander; b UNK; d 25 Dec 1876 **RU:** Private, 3rd VMR, Capt Lawrence Dade, Artillery, Orange Co, attached to 1st VMR (Yancey) **CEM:** Bethel Baptist Church; Culpeper; 6262 Hoover Rd, Reva **GS:** Y **SP:** mar in Orange Co on 14 Apr 1831 to Mary R Jones, b 1800, d 25 Dec 1876 age 76 yrs **VI:** No further data **P:** Yes **BLW:** Yes **PH:** N **SS:** A rec 133; B pg 156; BD pg 84 **BS:** 196.

BILLUPS, John L; b 1792, Mathews Co; d 19 Aug 1820 **RU:** Sergeant, 35th US Infantry, Capt Francis E Walker **CEM:** St Paul's Episcopal; Norfolk City; 201 St Paul's Blvd **GS:** Y **SP:** mar in Norfolk Co on 24 Jun 1815 (bond) to Ann Wood. Obituary says he died age 26 leaving a wife and three young children **VI:** Son of Lt John Billups (1743-1815) and Ann Billups. His tombstone indicates he was age 28, which agrees wih his enlistment papers on 24 Apr 1814 giving his age as 23. Those papers also describe him as a "sailmaker." Born in Mathews Co, blue eyes, light hair and a light complexion. He enlisted at Norfolk on 24 Sep 1814 with rank of Sergeant and was discharged (as a Private) on 12 Jan 1815. Death notice in the *Norfolk & Portsmouth Herald*, 21 Aug 1820, gives his age as 26 years. Middle intital of "L" is on both his tombstone and enlistment papers **P:** None **BLW:** No **PH:** N **SS:** AF pg 294 **BS:** 119 pg 25; 229 No 13; 31.

BILLUPS, Robert; b 01 Apr 1796; d 20 Apr 1872 **RU:** Private, 61st VMR, Capt John Billups, Mathews Co **CEM:** Goshen; Mathews; Rt 640 in Moon **GS:** Y **SP:** mar Elizabeth Smith, b 17 Feb 1801, d 15 Sep 1870 **VI:** Son of Christopher Billups & Sarah Scarborough, LNR PO Mathews 1871 **P:** Yes **BLW:** Yes **PH:** N **SS:** K pg 286, M pg 33; BD pg 128 **BS:** 54 pg 96.

BINFORD, James Marshall, Sr; b 1798; d 28 Dec 1851 **RU:** Private, 83rd VMR (Scott), Capt Robert Beville, Dinwiddie Co **CEM:** Oak Grove; Portsmouth; jct Peninsula Ave & London Blvd **GS:** Y **SP:** mar Mary Ann Rutter, b 29 Mar 1806, d 29 Jul 1886, age 79 **VI:** No further data **P:** None **BLW:** No **PH:** N **SS:** L pg 138 **BS:** 65 pg 64.

BIRCH, Samuel; b 30 Jan 1790; d 30 Nov 1873 **RU:** Private, 1st Regiment DC Militia, Capt William Minor & Capt Hugh Minor's Co **CEM:** Birch / Payne; Arlington; N Sycamore & 28th **GS:** Y **SP:** mar (1) Ann Richards, 1798-1820; (2) on 27 Sep 1821, Ann Cleveland, b 1800, d 1885, LNR PO Falls Church, Alexandria, 1878 **VI:** Son of Joseph and Janet (Robertson) Birch **P:** Spouse **BLW:** Yes **PH:** N **SS:** A rec 1422; BD pg 167; M pg 34 **BS:** 96 pg 7.

BIRD, David; b 03 Mar 1781; d 13 Aug 1864 **RU:** Private, 7th VMR (Shively) **CEM:** Green Hill Methodist; Highland; Mill Gap Rd (Rt 84), Mill Gap **GS:** Y **SP:** mar Elizabeth H (-----), d 18 Jul 1852 **VI:** No further data **P:** None **BLW:** No **PH:** N **SS:** A rec 1514; G **BS:** 235.

BISHOP, James Shields; b 1798, Prince Edward Co; d 1856 **RU:** Private, 5th VMR (McDowell) **CEM:** Wesley Chapel; Botetourt; Rt 688 **GS:** Y **SP:** mar Martha Ann Dobson, daughter of William C Dobson (d 1863) and Elizabeth Organ, b 1810, d 1879 **VI:** Reverend **P:** None **BLW:** No **PH:** N **SS:** A rec 2153 **BS:** 104 pg 1.

BISHOP, Levi; b 08 Mar 1777; d 12 Jul 1846 **RU:** Captain, 75th VMR, Company Commander, Montgomery Co **CEM:** Sinclairs Bottom Baptist; Smyth; jct Rts 600 & 660, Chilhowie **GS:** Y **SP:** mar Rachel Bishop, b 1781, d 28 Sep 1856 **VI:** Son of Jonathan Bishop and Margaret Lewis **P:** None **BLW:** No **PH:** N **SS:** G **BS:** 131 v1 pg 147; 31.

BISHOP, Luman; b UNK; d UNK **RU:** Sergeant, Darrow's Odd Battalion, OH Militia **CEM:** Shockoe Hill; Richmond City; 100 Hospital St **GS:** U **SP:** No spouse information **VI:** No further data **P:** None **BLW:** No **PH:** N **SS:** A rec 2260 **BS:** 38 pg 10.

BLACK, George Washington; b 17 Nov 1799; d 06 Jul 1855 **RU:** Private, 5th VMR (McDowell) & 6th VMR (Coleman) **CEM:** Parrish Family; Fluvanna; vic Rts 619 & 660 **GS:** Y **SP:** mar in Fluvanna Co on 23 Dec 1816 by Isaac Lucado (Baptist) to Henrietta Thomas, b c1799, d aft 1850. Age 51 on 1850 census of Fluvanna Co **VI:** Year of birth illegible on stone. Age 51 on 1850 census of Fluvanna Co **P:** None **BLW:** No **PH:** N **SS:** A rec 270, 271 **BS:** 95 pg 67.

BLACK, Henry; b 01 Nov 1798; d 24 Apr 1853 **RU:** Private, 5th VMR (McDowell) **CEM:** Mossy Creek Church; Augusta; Mossy Creek **GS:** Y **SP:** No spouse information **VI:** No further data **P:** None **BLW:** No **PH:** N **SS:** A rec 292 **BS:** 183.

BLACK, James; b 15 Jul 1775; d 02 Jul 1828 **RU:** Private, 93rd VMR, Capt Archibald Stuart, Augusta Co **CEM:** Tinkling Spring; Augusta; 11 mi NE of Staunton **GS:** U **SP:** No spouse information **VI:** No further data **P:** None **BLW:** No **PH:** N **SS:** K pg 737 **BS:** 183.

RU=Rank/Unit   CEM=Cemetery   GS=Gravestone   SP=Spousal Information   VI=Other Veteran Info   P=Pension
BLW=Bounty/Land Warrant   PH=Photo   SS=Service Source   BS=Burial Source   VMR= VA Military Regt
LNR= Last Known Residence

BLACK, John; b 27 Jul 1766; d 10 Jun 1839 **RU**: Private, 93rd VMR, Capt Samuel Steele, Augusta Co **CEM**: Mossy Creek Church; Augusta; Mossy Creek **GS**: Y **SP**: mar Mary (-----), b 25 Mar 1786, d 02 Apr 1850 **VI**: No further data **P**: None **BLW**: No **PH**: N **SS**: K pg 178 **BS**: 183.

BLACK, John; b Mar 1786; d 1849 (Will) **RU**: Private, 47th VMR, Capt John Field, Albemarle Co, attached to 8th VMR (Walls) **CEM**: Black Family; Fluvanna; vic Rts 619 & 660 **GS**: Y **SP**: mar in Fluvanna Co on 06 Mar 1813 by John Goodman to Elizabeth Irvin **VI**: No further data **P**: None **BLW**: No **PH**: N **SS**: K pg 91 **BS**: 95 pg 6.

BLACK, John; b UNK, MA; d 29 Aug 1854 **RU**: Private, MA Militia, 2nd Regiment (Ulmer) **CEM**: Mt Hebron; Frederick; 305 E Boscawen St, Winchester **GS**: U **SP**: No spouse information **VI**: Of Monroe, Franklin Co, Mississippi. Lawyer. Justice of Mississippi Supreme Court, 1826-32; U.S. Senator from Mississippi, 1832-1838 **P**: None **BLW**: No **PH**: N **SS**: A rec 399 **BS**: 168.

BLACKBURN, Samuel; b 15 Mar 1785; d 05 Apr 1855 **RU**: Private, 81st VMR, Bath Co **CEM**: Mann Family; Augusta; Rt 629 2 mi N of Rt 600 **GS**: Y **SP**: No spouse information **VI**: No further data **P**: None **BLW**: No **PH**: N **SS**: A rec 724 **BS**: 93.

BLACKWELL, John E; b 1791; d 1866 **RU**: Quartermaster Sergeant, 41st VMR, Richmond Co **CEM**: Blackwell Cemetery; Fauquier; "The Meadows," Bethel **GS**: Y **SP**: No spouse information **VI**: Son of Joseph Blackwell, Jr by his first wife Rebecca Davenport **P**: None **BLW**: No **PH**: N **SS**: A rec 1152 **BS**: 4 pg 8.

BLACKWELL, John G; b UNK; d aft 1863 **RU**: Private, 5th VMR (McDowell) **CEM**: Buckingham Female Institute #1; Buckingham; Rt. 617 **GS**: N **SP**: No spouse information **VI**: No stone but graveyard is enclosed (WPA). Dr Blackwell was the last president of The Buckingham Female Collegiate Institute. He and his two youngest sons are known to be buried in this cemetery. **P**: None **BLW**: No **PH**: N **SS**: A rec 1146 **BS**: 209; 66 pg 1.

BLACKWOOD, William; b 1783; d 06 Oct 1817 **RU**: Private, 1st VMR (Yancey) **CEM**: Sanderson Home; Chesapeake City; nr NC Line **GS**: Y **SP**: No spouse information **VI**: No further data **P**: None **BLW**: No **PH**: N **SS**: A rec 1220 **BS**: 75 pg 92.

BLAGROVE, Henry B; b 1784; d 16 Jan 1854 **RU**: Corporal, 1st Corps d'Elite (Randolph) **CEM**: Methodist Protestant; Alexandria; Wilkes St **GS**: Y **SP**: No spouse information **VI**: No further data **P**: None **BLW**: No **PH**: N **SS**: A rec 1295 **BS**: 32 pg 131.

BLAIR, John Durburrow; b 15 Oct 1759; d 10 Jan 1823 **RU**: Chaplain, Porterfield's Brigade **CEM**: Shockoe Hill; Richmond City; 100 Hospital St **GS**: Y **SP**: mar Mary Winston **VI**: Son of John Blair and Elizabeth Durburrow. Gravestone inscribed with "Close friend of John Marshall & 1st Pastor of Presbyterian Church on Shockoe Hill" **P**: None **BLW**: No **PH**: N **SS**: A rec 1438 **BS**: 199; 38 pg ix; 31.

BLAIR, John Geddes; b 21 Oct 1787; d 07 Mar 1851 **RU**: Ensign, 1st Corps d'Elite (Randolph) **CEM**: Shockoe Hill; Richmond City; 100 Hospital St **GS**: Y **SP**: mar Sarah Ann Eyre Heron; also named on stone of Douglas Blair, son of John G & Sarah A E Blair **VI**: Son of Rev John Blair and Mary Winston **P**: None **BLW**: No **PH**: N **SS**: A rec 1439 **BS**: 38 pg ix; 199; 31.

BLAIR, John H; b 1786; d 17 Nov 1827 **RU**: Private, 1st Corps d'Elite (Randolph) **CEM**: Shockoe Hill; Richmond City; 100 Hospital St **GS**: Y **SP**: No spouse information **VI**: No further data **P**: None **BLW**: No **PH**: N **SS**: A rec 1441 **BS**: 38 pg 5.

BLAIR, Samuel Jordan; b 1789; d bur 12 Mar 1845 **RU**: Private, 1st Corps d'Elite (Randolph) **CEM**: Shockoe Hill; Richmond City; 100 Hospital St **GS**: U **SP**: A person named Samuel J Blair of Richmond City mar Miss Elizabeth T Trueheart in that city on 08 Feb 1820, daughter of William Trueheart of Hanover Co. Marriage notice in *Virginia Patriot and Richmond Daily Mercantile Advertiser*, 12 Feb 1820, pg 3 **VI**: No further data **P**: None **BLW**: No **PH**: N **SS**: A rec 1497 **BS**: 38 pg 32.

BLAIR, William T; b UNK; d 03 Mar 1855 **RU**: Private, 1st VMR (Crutchfield) **CEM**: Shockoe Hill; Richmond City; 100 Hospital St **GS**: Y **SP**: No spouse information **VI**: Son of H T & J R Blair (tombstone) **P**: None **BLW**: No **PH**: N **SS**: A rec 1537 **BS**: 199.

BLAKE, Benjamin; b 12 Jun 1773; d 06 Sep 1831 **RU**: Private, 6th VMR, Capt Robert G. Hail(Hall), Essex Co **CEM**: Blake / Brockenbrough; Essex; Walter Ln, by museum, Tappahannock **GS**: Y **SP**: mar Elizabeth (-----), b 08 Sep 1785, d 16 Nov 1830 **VI**: no further data **P**: none **BLW**: No **PH**: N **SS**: B pg 10; L pg 386 **BS**: 291 pg 122.

RU=Rank/Unit   CEM=Cemetery   GS=Gravestone   SP=Spousal Information   VI=Other Veteran Info   P=Pension
BLW=Bounty/Land Warrant   PH=Photo   SS=Service Source   BS=Burial Source   VMR= VA Military Regt
LNR= Last Known Residence

BLAKEMORE, Marquis Q; b UNK; d 1823 (Admin) **RU:** Sergeant, 31st VMR, Capt Eben Taylor, Troop of Cavalry, Frederick Co **CEM:** Blakemore Family; Clarke; jct Rts 7 & 340 **GS:** U **SP:** No spouse information **VI:** No further data **P:** None **BLW:** No **PH:** N **SS:** A rec 1973 **BS:** 92 pg 4.

BLAKEMORE, Thomas; b UNK; d 22 Jun 1833, Cedar Grove, Frederick Co **RU:** Private, 31st VMR, Capt Eben Taylor, Troop of Cavalry, Frederick Co **CEM:** Blakemore Family; Clarke; jct Rts 7 & 340 **GS:** Y **SP:** mar on 30 Aug 1825 to Elizabeth W Brooke of Frederick Co, d c1889, LNR Staunton, Augusta Co1888 **VI:** No further data **P:** Spouse **BLW:** Yes **PH:** N **SS:** A rec 1974; BD pg 181 **BS:** 92 pg 4.

BLAKEY, George Smith; b 08 Feb 1792; d 23 Oct 1868 **RU:** Private, 1st VMR (Crutchfield) **CEM:** Blakey Family; Greene; Rt 360, McCabe **GS:** U **SP:** mar in Orange Co on 04 Feb 1821 (bond) to Susannah Winston Davis, daugher of Isaac Davis, b 09 Feb 1803, d 27 May 1864 **VI:** No further data **P:** None **BLW:** No **PH:** N **SS:** A rec 2051 **BS:** 163 vol I.

BLANKENSHIP, James W; b UNK; d aft 1820 **RU:** Private, 2nd VMR **CEM:** St John's Church; Richmond City; 24th & Broad, Church Hill **GS:** U **SP:** No spouse information **VI:** No further data **P:** None **BLW:** No **PH:** N **SS:** A rec 2560 **BS:** 63 pg 424.

BLANKENSHIP, Joel; b 1790; d 27 May 1835 **RU:** Private, 53rd VMR, Campbell Co **CEM:** Shockoe Hill; Richmond City; 100 Hospital St **GS:** Y **SP:** mar America P (-----) **VI:** Died in his 45th year **P:** None **BLW:** No **PH:** N **SS:** A rec 2565 **BS:** 199.

BLANKENSHIP, William T; b 1792; d 19 Jul 1852 **RU:** Lieutenant, 23rd VMR, Capt Benjamin Goode, Chesterfield Co **CEM:** St John's Church; Richmond City; 24th & Broad, Church Hill **GS:** U **SP:** mar Sally (-----) **VI:** Age 60 years at death **P:** None **BLW:** No **PH:** N **SS:** L pg 369 **BS:** 63 pg 424; 252 pg 54.

BLEDSOE, John; b 18 Dec 1798; d 18 Jun 1869 **RU:** Private, 1st VMR (Crutchfield) **CEM:** Adams Family; Albemarle; Rt 645, Scottsville **GS:** Y **SP:** mar Nancy (-----), b 06 Mar 1776, d 18 Jun 1860 **VI:** No further data **P:** None **BLW:** No **PH:** N **SS:** A rec 335 **BS:** 94 pg 3.

BLICK, Robert W; b 1790; d 11 Jan 1843 **RU:** Private, Petersburg Volunteers **CEM:** Blandford; Petersburg; 111 Rochelle Ln **GS:** Y **SP:** mar Elia Ann (-----), b 1799, d 16 May 1861 **VI:** Wounded. Served at Ft Meigs. Died aged 53 (tombstone) **P:** None **BLW:** No **PH:** N **SS:** AK pg 138 **BS:** 200.

BLISS, Oliver; b 11 Nov 1773, Wilbraham, MA; d 19 Sep 1824 **RU:** Private, 16th VMR, Capt John Cunningham, Spotsylvanis Co **CEM:** Old Chapel; Clarke; Millwood **GS:** Y **SP:** No spouse information **VI:** Graduate of Yale College in 1795, "many years a resident of Virginia" **P:** None **BLW:** No **PH:** N **SS:** K pg 255 **BS:** 86 pg 10.

BLOW, George, Sr; b 03 Feb 1787, Portsmouth; d 21 Oct 1870, Tower Hill Sussex Co **RU:** Colonel, Asst Quartermaster General, Gov of VA, Staff Officer **CEM:** Cedar Grove; Portsmouth; Effington St & Fort Ln **GS:** Y **SP:** mar in Williamsburg on 12 Dec 1807, Eliza Waller, b 31 Jan 1791 in Williamsburg, d 18 Jul 1841 in Portsmouth **VI:** Son of Richard Blow and Fances Wright. Died in Sussex Co & was brought to Norfolk for burial by his son Judge Blow of Norfolk (History of Norfolk, 138). However, other sources say it was his brother Benjamin Blow who had the body brought back to Norfolk **P:** None **BLW:** No **PH:** N **SS:** L pg 43 **BS:** 65 pg 99; 31.

BLOXUM, George William; b 1775; d 14 Aug 1866 **RU:** Private, 2nd VMR **CEM:** McCready Farm; Accomack; farm loc not identified **GS:** N **SP:** No spouse information **VI:** Stone was extant in 1937, but is now gone. The dates come from the 1937 WPA survey, which gave the date of death and "aged 91 years" **P:** None **BLW:** No **PH:** N **SS:** A rec 1210 **BS:** 6 pg viii.

BLUE, John J; b 1781; d 13 Jun 1874 **RU:** Private, 1st Regiment DC Militia, Capt Horace Field **CEM:** Methodist Protestant; Alexandria; Wilkes St **GS:** Y **SP:** No spouse information **VI:** No further data **P:** Applied **BLW:** Yes **PH:** N **SS:** A rec 1302; BD pg 189 **BS:** 32 pg 145.

BOBBITT, Caleb; b UNK; d 01 Jun 1830, KY **RU:** Corporal, 32nd VMR, Capt Michael Shively, Augusta Co, attached to 7th VMR (Saunders) **CEM:** Bobbitt Family #2; Carroll; jct Rts 682 & 52 **GS:** Y **SP:** mar in Grayson Co, VA on 03 Mar 1795, Nancy Blair. LNR Lisbon, Howard Co, MO, 1873 **VI:** Memorial stone gives birth year of 1770, death in 1830 [sic] and states he died in Kentucky. Son of William Bobbitt, Sr (1744-1817) & Nancy Ann McKenzie (1753-1807) **P:** Spouse **BLW:** Yes **PH:** N **SS:** A rec 1826; M pg 39; BD pg 191; B pg 40 **BS:** 90 pg 484.

RU=Rank/Unit CEM=Cemetery GS=Gravestone SP=Spousal Information VI=Other Veteran Info P=Pension
BLW=Bounty/Land Warrant PH=Photo SS=Service Source BS=Burial Source VMR= VA Military Regt
LNR= Last Known Residence

BOBBITT, Randolph L; b UNK; d 01 Jul 1876 **RU:** Private, 32nd VMR, Capt Michael Shively, Augusta Co, attached to 7th VMR (Saunders) **CEM:** Bobbitt Family #1; Carroll; Rt 812 **GS:** Y **SP:** mar 05 Feb 1852 Jemimah Lambert d 21 Aug 1896. LNR PO St Catherine, Linn Co, MO **VI:** Also search in Linn Co, Missouri. The stone is probably a memorial stone. Son of William Bobbitt Sr (1744-1817) and Nancy Ann McKenzie (1753-1807). See notes under Cale B Bobbitt **P:** Spouse **BLW:** Yes **PH:** N **SS:** A rec 1832, BD pg 191; B pg 40 **BS:** 90 pg 149.

BOBBITT, William, Jr; b UNK; d 1845 **RU:** Sergeant, 7th VMR (Saunders) **CEM:** Bobbitt Family #2; Carroll; jct Rts 682 & 52 **GS:** U **SP:** No spouse information **VI:** No further data **P:** None **BLW:** No **PH:** No **SS:** A rec 1838 **BS:** 90 pg 484.

BOGGS, James; b 26 Jul 1787; d 27 Mar 1855 **RU:** Private, 2nd VMR (Bayley), Accomack Co **CEM:** Rodgers Family #2; Accomack; Evans Wharf **GS:** U **SP:** mar Elizabeth P (-----), 1791-1856 **VI:** No further data **P:** None **BLW:** No **PH:** N **SS:** A rec 2374 **BS:** 178.

BOHANNAN, Richard S; b 1790; d aft 1850 **RU:** Private, 19th VMR (Ambler), Capt John Jones, Richmond City **CEM:** Hollywood; Richmond City; 412 S Cherry St **GS:** U **SP:** No spouse information **VI:** Age 60 years on 1850 census of Richmond City / Henrico Co **P:** None **BLW:** No **PH:** N **SS:** L pg 497 **BS:** 199.

BOHANNON, Robert; b 1787; d 27 Feb 1815 **RU:** Quartermaster Sergeant, 36th VMR (Reno), Prince William Co **CEM:** Dumfries; Prince William; off Cameron St, SW of Dumfries Elementary School **GS:** U **SP:** No spouse information **VI:** No further data **P:** None **BLW:** No **PH:** N **SS:** A rec 2557 **BS:** 130.

BOHN, Christian; b 1773; d bur 24 May 1838 **RU:** Private, 19th VMR (Ambler), Richmond City **CEM:** Shockoe Hill; Richmond City; 100 Hospital St **GS:** U **SP:** No spouse information **VI:** No further data **P:** None **BLW:** No **PH:** N **SS:** A rec 2594 **BS:** 38 pg 15.

BOLAR, John; b 14 Jul 1775, Bath Co; d Sep 1858 **RU:** Major, 81st VMR, Bath Co **CEM:** Warm Springs Cemetery; Bath; 12 mi S of Warm Springs **GS:** Y **SP:** mar Esther Wilson **VI:** Son of John Boller & Margaret Thornton. He was John BOLER, Jr during the war period and John BOLLER, Sr at his death, and so inscribed on his stone, which also says he was 85 yrs, 1 mo, and 15 days. Grave moved from Jackson River home in the 1970s to make room for the Gaithright Dam **P:** None **BLW:** No **PH:** N **SS:** B pg 41 **BS:** 212; 49; 245.

BOLES, William; b UNK; d 06 Oct 1832 **RU:** Private, 4th VMR (Boyd) **CEM:** King Family; Stafford; VEPCO tract on Aquia Creek. 0.7 mi off Rt 658 **GS:** Y **SP:** mar Sarah (-----) **VI:** Burial information from Mr John Scott. Widow received an Old War pension **P:** Spouse **BLW:** No **PH:** N **SS:** A rec 271; BD pg 194 **BS:** 26 pg 262.

BOLLING, John C; b UNK; d 16 Sep 1857, "Cobbs," Chesterfield Co **RU:** Private, 1st Corps d'Elite (Randolph) **CEM:** Shockoe Hill; Richmond City; 100 Hospital St **GS:** Y **SP:** No spouse information **VI:** Death date from obituary. Served in the General Assembly from Chesterfield Co. Stone is effaced **P:** None **BLW:** No **PH:** N **SS:** A rec 413 **BS:** 199.

BOLLING, John Peyton; b 1788; d 16 Jun 1861 **RU:** Private, 1st VMR, Capt John Towne, Amelia Co, attached to 1st Corps De'Elite (Randolph) **CEM:** Blandford; Petersburg; 111 Rochelle Ln **GS:** Y **SP:** mar Ann F Gilliam, daughter of Dr James & Mary F Gilliam, b 28 Mar 1796, d 28 Aug 1882. Her lengthy epitaph includes "A daughter of Israel of gifted intellect of sunny temperament of loving heart, her presence brightened her home" **VI:** Died in his 73rd year **P:** None **BLW:** No **PH:** N **SS:** L pg 678 **BS:** 200.

BOLLING, John R; b 07 Aug 1784; d 24 Mar 1851 **RU:** Private, 1st Corps d'Elite (Randolph) **CEM:** Centre Hill; Powhatan; Fine Creek Mills on bank of James River **GS:** Y **SP:** No spouse information **VI:** No further data **P:** None **BLW:** No **PH:** N **SS:** A rec 413 **BS:** 261 v16 pg 93.

BOLLING, Lanearus; b 1773; d 1836 **RU:** Private, 5th VMR (McDowell) **CEM:** Bolling / Hubard Graveyard; Buckingham; Rt 623, Chellowe **GS:** Y **SP:** mar Mary (-----), b 1785, d 1825 aged 45 **VI:** Lanearus Bolling, Esquire. Obelisk Monument **P:** None **BLW:** No **PH:** N **SS:** A rec 415 **BS:** 209; 66 pg 82.

BOLLING, William; b 26 May 1777; d 16 Jul 1845, Old Point Comfort **RU:** Captain, 38th VMR, Company Commander, Goochland Co **CEM:** Bolling Hall; Goochland; off Rt 6 on Rt 600 **GS:** Y **SP:** mar Mary Randolph, b 05 Jul 1774, d 08 Aug 1863 **VI:** Son of Maj Thomas Bolling and Elizabeth Gray **P:** None **BLW:** No **PH:** N **SS:** B pg 85 **BS:** 78 pg 102; 31.

BOLLINGER, Peter; b 06 Dec 1771; d 22 Mar 1835 **RU:** 2nd Lieutenant, 2nd VMR (Ballowe) **CEM:** Peaked Mountain Church; Rockingham; McGheysville Rd (Rt 966), McGheysville **GS:** Y **SP:** No spouse information **VI:** No further data **P:** None **BLW:** No **PH:** N **SS:** A rec 361 **BS:** 262.

BOLON, William; b UNK; d 1844 **RU:** Private, 57th VMR, Loudoun Co **CEM:** Goose Creek Burying Ground; Loudoun; Rt 722, Lincoln **GS:** Y **SP:** No spouse information **VI:** No further data **P:** None **BLW:** No **PH:** N **SS:** A rec 465 **BS:** 73 pg 31.

BOND, James; b 1778; d 13 Jun 1854, Norfolk **RU:** Private, 6th VMR, Capt Arthur Brockenborough, Essex Co, attached to 2nd VMR (Sharp) **CEM:** Carey Family; Norfolk City; Deep Creek **GS:** Y **SP:** mar 10 Jan 1818 Mary Tucker, Norfolk, d 07 Apr 1888, Deep Creek, Norfolk Co **VI:** No further data **P:** Spouse **BLW:** Yes **PH:** N **SS:** A rec 1501; BD pg 191; B pg 69 **BS:** 75 pg 114.

BOND, John, Sr; b 1754; d 1854 **RU:** Private, 56th VMR (Taylor), Loudoun Co **CEM:** Upper Ridge; Frederick; Apple Pie Ridge Rd (Rt 739), Nain **GS:** Y **SP:** mar Lydia (-----) 1775-1848 **VI:** No further data **P:** None **BLW:** No **PH:** N **SS:** A rec 773 **BS:** 79 pg 28.

BONDURANT, Thomas Moseley; b 1797; d 08 May 1862 **RU:** Private, 23rd VMR, Capt John Hewett, Chesterfield Co, attached to 2nd VMR (Ambler) **CEM:** Bondurant Family; Buckingham; "Variety Shade," Rt 649 **GS:** Y **SP:** mar 18 Nov 1823 to Maria Louisa Moseley, 2nd daughter of Arthur Moseley, Esq (marriage notice), LNR PO Buckingham Church 1878. No dates on the shared stone with her husband. Marriage notice in the "Richmond Examiner" 25 Nov 1823 pg 3, calls him Thomas M. Bondurant **VI:** "Soldier in the War of 1812" on his stone. He was a Private during the war, later achieving the rank (or title) of Colonel. Owner of the Richmond Whig. Member of Virginia Senate, Ruling Elder in Maysville Presbyterian Church. Son of William Bondurant who built "Variety Shade" in 1798. Col Thomas Mosely Bondurant was a large exporter of tobacco and travelled extensively abroad, on which trips he would bring back a variety of trees, hence the name "Variety Shade." The house no longer stands **P:** Yes **BLW:** No **PH:** N **SS:** K pg 74; BD pg 197; B pg 60 **BS:** 66 pg 90.

BONTZ, George; b 14 Jun 1792; d 22 Dec 1880 **RU:** Private, 1st Regiment DC Militia **CEM:** Methodist Protestant; Alexandria; Wilkes St **GS:** Y **SP:** mar Margaret (-----), b 30 Oct 1820, d 03 Apr 1880 **VI:** No further data **P:** None **BLW:** No **PH:** N **SS:** A rec 1303 **BS:** 33 pg 131.

BOOKER, Albert; b 06 Mar 1790; d 09 Oct 1816 **RU:** Private, 19th VMR (Ambler), Capt John R Jones, Richmond City, attached to 1st Corps d'Elite (Randolph) **CEM:** St John's Church; Richmond City; 24th & Broad, Church Hill **GS:** U **SP:** No spouse information **VI:** No further data **P:** None **BLW:** No **PH:** N **SS:** K pg 259 **BS:** 63 pg 417; 252 pg 54.

BOOKER, Edward Nash; b UNK; d 08 Mar 1882, Ridgeway, Henry Co **RU:** Private, 17th VMR, Capt John Miller, Troop of Cavalry, Cumberland Co **CEM:** Booker Family; Cumberland; Rt 641 **GS:** U **SP:** mar 06 Feb 1820, Elizabeth Anglin, d c1887, LNR Ridgeway, Henry Co, 1878 **VI:** No further data **P:** Both **BLW:** Yes **PH:** N **SS:** K pg 304; B pg 64; BD pg 199 **BS:** 80.

BOOKER, George; b 14 Nov 1785; d 03 Mar 1848 **RU:** Captain, 19th VMR (Ambler), Company Commander, Richmond City, transferred to 2nd VMR **CEM:** Booker / Main; Buckingham; Montrose, Rt. 653 **GS:** Y **SP:** Unknown wife is buried here **VI:** Wife, son Samuel Booker, and his son (another Samuel) are also known to be buried here. There are stones for them with no inscriptions **P:** None **BLW:** No **PH:** N **SS:** B pg 50 **BS:** 66 pg 66.

BOOKER, George; b UNK; d 1817 **RU:** Private, 21st VMR, Gloucester Co **CEM:** Sherwood; Hampton City; Langley AFB **GS:** N **SP:** No spouse information **VI:** Burial from "old records" of Sherwood Plot **P:** None **BLW:** No **PH:** N **SS:** A rec 1393 **BS:** 23 pg 184.

BOOKER, Lewis, Jr; b 15 May 1799; d 09 Mar 1832 **RU:** Private, 21st VMR, Gloucester Co **CEM:** Booker Family; Essex; Laurel Grove **GS:** Y **SP:** No spouse information **VI:** No further data **P:** None **BLW:** No **PH:** N **SS:** A rec 1428 **BS:** 249 pg 298.

BOOKER, Richard; b UNK; d 1826 (Will) **RU:** Private, 115th VMR, Elizabeth City Co, Warwick Co, York Co **CEM:** Sherwood; Hampton City; Langley AFB **GS:** N **SP:** No spouse information **VI:** Burial from "old records" of Sherwood Plot **P:** None **BLW:** No **PH:** N **SS:** A rec 1451 **BS:** 23 pg 184.

BOOKER, Richard Anderson; b 20 Dec 1786; d 22 Dec 1867 **RU:** Private, 100th VMR, Capt William Moseley, Buckingham Co, attached to 1st VMR Cavalry (Holcombe) **CEM:** Selden Family; Buckingham; 6.9 mi E of Sheppards on Rt 15 **GS:** Y **SP:** mar Eliza Davis(?) b 22 Oct 1786, d 14 Aug 1869. Tombstone says "Eliza Davis Booker, wife of R. A. Booker" **VI:** No further data **P:** None **BLW:** No **PH:** N **SS:** A rec 1445 **BS:** 209.

BOOKER, William; b 1789; d 15 Apr 1851 **RU:** Lieutenant, 1st VMR (Trueheart), Capt John Townes, Mounted Infantry Company, Amelia Co **CEM:** Grub Hill; Amelia; 11441 Grub Hill Church Rd **GS:** U **SP:** mar (1) in Amelia Co on 17 Dec 1812 (bond) to Sarah Blankenship, daughter of John Blankenship; (2) in Amelia Co on 30 Mar 1826 to Mary Chittenton **VI:** Source: US Daughters of 1812 **P:** Spouse **BLW:** No **PH:** N **SS:** BD pg 199; B pg 37 **BS:** 260.

BOOTH, Benjamin; b UNK; d 1834 **RU:** Private, 2nd Regiment DC Militia (Brent) **CEM:** Bothwell Family; Dinwiddie; Rt 613, 2 mi S of Ford, in woods **GS:** Y **SP:** mar Sarah H (-----), 1795-1879 **VI:** No further data **P:** None **BLW:** No **PH:** N **SS:** A rec 1675 **BS:** 210.

BOOTH, Isaac; b 01 Apr 1795; d 03 May 1855 **RU:** Lt Colonel, 107th VMR, Randolph Co (WV); 5th VMR **CEM:** White Oak Grove; Floyd; 9 mi NW of Floyd **GS:** Y **SP:** No spouse information **VI:** Lt Col of 107th VMR, Randolph Co, and one of seven Lt Colonels of the 5th VMR. Randolph Co. Sheriff in 1813, House of Delegates for much of the period 1810-1835 **P:** None **BLW:** No **PH:** N **SS:** A rec 1897; B pg 182, 235, 294 **BS:** 225.

BOOTH, Robert Cryer; b 03 Nov 1790; d 13 Nov 1850 **RU:** Private, 83rd VMR, Capt William B Thompson, Dinwiddie Co **CEM:** Bothwell Family; Dinwiddie; Rt 613, 2 mi S of Ford, in woods **GS:** Y **SP:** mar Elizabeth Hicks, daughter of Capt J Hicks, b 02 May 1792, d 10 Oct 1853 **VI:** No further data **P:** None **BLW:** No **PH:** N **SS:** L pg 772 **BS:** 210; 97 pg 89.

BOOTON, James C; b UNK; d aft Jul 1825 **RU:** Private, 82nd VMR, Madison Co **CEM:** Spitler Graveyard; Page; Rt 641 **GS:** Y **SP:** mar on 18 Feb 1830 in Shenandoah Co to Lucy (Marye) Modisett, widow of Rev James Modisett. Daughter of Peter Marye (1739-1810) & Eleanor Coleman Green (1753-c1824); granddaughter of Rev James Mayre of Rouen, Normandy, France and Letitia Staige of England. She mar (1) Rev James Modessitt (1787-1825) and (2) James C Booton; b Culpeper Co 18 Nov 1794, d Luray, Page Co, 09 Jul 1825 **VI:** No further data **P:** None **BLW:** No **PH:** N **SS:** A rec 1857 **BS:** 156.

BORDEN, Philip; b 23 May 1792; d 05 Jun 1868 **RU:** Private, 13th VMR, Capt William Newell, Troop of Cavalry, Shenandoah Co, attached to 2nd VMR (Ambler/Brown) **CEM:** Borden Family; Shenandoah; SW of Rt 55 on Rt 623 **GS:** Y **SP:** mar in Shenandoah Co on 08 Mar 1819 (Bond) to Mary Funkhouser, LNR Capon Rd, Shenandoah 1884 **VI:** No further data **P:** Spouse **BLW:** Yes **PH:** N **SS:** A rec 68; BD pg 202; B pg 185 **BS:** 86 pg 75.

BORUM, Edmond; b 1790; d 15 Jan 1853 **RU:** Private, 61st VMR, Capt Henry W Sale, Mathews Co **CEM:** Borum Family; Mathews; New Point **GS:** Y **SP:** mar Frances (-----), b 28 Feb 1797, d 08 Oct 1852 **VI:** No further data **P:** None **BLW:** No **PH:** N **SS:** L pg 688 **BS:** 54 pg 208.

BORUM, William; b 1774; d 15 Jun 1852 **RU:** Sergeant, 61st VMR (Gayle), Mathews Co **CEM:** Potato Neck; Mathews; Winter Harbor **GS:** Y **SP:** No spouse information **VI:** No further data **P:** None **BLW:** No **PH:** N **SS:** A rec 331 **BS:** 82 pg 135.

BOSHER, James; b 19 Jul 1791; d 30 Jun 1854 **RU:** Private, 19th VMR (Ambler), Capt Andrew Stevenson, Richmond City **CEM:** Shockoe Hill; Richmond City; 100 Hospital St **GS:** Y **SP:** mar in Richmond City on 2 Feb 1818 by Rev Bryce to Ann Hopkins, daughter of Walter & Abigail Hopkins of New Kent Co, VA, b 25 Sep 1791, d 03 Nov 1843. Marriage notice in the *Virginia Patriot*, 04 Feb 1813, pg 3 **VI:** No further data **P:** None **BLW:** No **PH:** N **SS:** L pg 740 **BS:** 199.

BOSHER, John G; b 16 Jul 1787, Cumberland Co; d 02 May 1859 **RU:** Private, 17th VMR, Cumberland Co **CEM:** Hollywood; Richmond City; 412 S Cherry St **GS:** Y **SP:** No spouse information **VI:** No further data **P:** None **BLW:** No **PH:** Y **SS:** K pg 43 **BS:** 31.

BOSWELL, John L, Sr; b 05 Mar 1789; d 15 May 1859 **RU:** Private, 5th VMR **CEM:** Cedar Hill; Alleghany; 1.25 mi S of Covington **GS:** Y **SP:** mar Martha A (-----), b 28 Dec 1790, d 29 Jul 1841 **VI:** No further data **P:** None **BLW:** No **PH:** N **SS:** A rec 656 **BS:** 99 pg 8; 197.

BOTT, John B; b May 1776; d 22 Aug 1824 **RU:** Lieutenant & Sergeant, 39th VMR, Capt John Hart, Petersburg **CEM:** Blandford; Petersburg; 111 Rochelle Ln **GS:** Y **SP:** No spouse information **VI:** Died on Sunday morning, age 48 **P:** None **BLW:** No **PH:** N **SS:** L pg 409 **BS:** 200.

RU=Rank/Unit   CEM=Cemetery   GS=Gravestone   SP=Spousal Information   VI=Other Veteran Info   P=Pension
BLW=Bounty/Land Warrant   PH=Photo   SS=Service Source   BS=Burial Source   VMR= VA Military Regt
LNR= Last Known Residence

BOUGHTON, Benjamin; b 1777; d 03 Jun 1842 **RU:** Private, 111th VMR (Parker), Westmoreland Co **CEM:** St George's Episcopal; Fredericksburg; 905 Princess Anne St **GS:** U **SP:** No spouse information **VI:** No further data **P:** None **BLW:** No **PH:** N **SS:** A rec 1091 **BS:** 37 pg 102.

BOULDIN, Thomas Tyler; b 1781 nr Charlotte Co Court House; d 11 Feb 1834, Washington, DC **RU:** Corporal, 64th VMR, Henry Co **CEM:** Golden Hills Estate; Charlotte; Drakes Branch **GS:** Y **SP:** No spouse information **VI:** Son of Wood & Joanna (Tyler) Bouldin. Judge of Circuit Court. US Congress 1829-1833. He died in Congress while giving a eulogy to John Randolph. A cenotaph to his memory is at the Congressional cemetery, in Washington, DC **P:** None **BLW:** No **PH:** N **SS:** A rec 1189-9 **BS:** 245.

BOULWARE, Turner; b UNK; d 03 Oct 1873 **RU:** Sergeant, 113th VMR, Capt William Prince, Wood Co [WV], attached to 1st VMR (Connell) **CEM:** Green Lawn; Caroline; Lakewood Rd, Bowling Green **GS:** Y **SP:** mar 28 May 1829 to Mary Ann Creel of Wood Co [WV], d 10 Oct 1892. LNR California House, Wirt Co, WV 1878 **VI:** No further data **P:** Both **BLW:** Yes **PH:** N **SS:** A rec 1269; BD pg 207; B pg 207 **BS:** 9 pg 55.

BOURN, Hezekiah; b 20 Dec 1777; d 31 Dec 1846 **RU:** Private, 52nd VMR (Christian), New Kent Co & Charles City Co **CEM:** Shockoe Hill; Richmond City; 100 Hospital St **GS:** Y **SP:** No spouse information **VI:** No further data **P:** None **BLW:** No **PH:** Y **SS:** A rec 1489 **BS:** 31.

BOUTWELL, John Thomas; b c1790; d aft 1850 **RU:** Private, 25th VMR, King George Co **CEM:** Boutwell / Smith; Caroline; 3.1 mi SE Port Royal off Rt 17 on dirt road **GS:** U **SP:** No spouse information **VI:** Enumerated in 1850 census of Caroline Co, age 60 **P:** None **BLW:** No **PH:** N **SS:** A rec 1613 **BS:** 146.

BOWDEN, Thomas; b 1782; d bur 23 Mar 1835 **RU:** Private, 1st VMR (Allen) **CEM:** Shockoe Hill; Richmond City; 100 Hospital St **GS:** U **SP:** No spouse information **VI:** No further data **P:** None **BLW:** No **PH:** N **SS:** A rec 1708 **BS:** 38 pg 14.

BOWDOIN, Peter Smith; b 26 Feb 1796; d 25 May 1875 **RU:** Private, 27th VMR (Pitt), Northampton Co **CEM:** Christ Church Episcopal; Northampton; Eastville **GS:** Y **SP:** mar in Northampton Co on 21 Oct 1818 (bond) to Susan M Jacobs **VI:** Son of Peter and Margaret Bowdoin **P:** None **BLW:** No **PH:** N **SS:** A rec 1747 **BS:** 20 pg 10; 245.

BOWEN, James; b 05 Sep 1787; d 12 Feb 1837 **RU:** Private, 1st VMR (Yancey) **CEM:** Pollard Family; Warren; jct Rts 12 & 608 **GS:** Y **SP:** mar Harriet M (-----) d 12 Oct 1858 in her 58th year **VI:** No further data **P:** None **BLW:** No **PH:** N **SS:** A rec 1869 **BS:** 150.

BOWEN, James M; b 29 Mar 1793; d 31 Mar 1880 **RU:** Sergeant, 85th VMR, Capt Edward Diggs, Fauquier Co, attached to Kemper's Command **CEM:** Emmanuel Episcopal Church; Albemarle; Greenwood **GS:** Y **SP:** mar Frances Stark, b 28 Jul 1803, d 10 Jan 1892 **VI:** No further data **P:** Both **BLW:** Yes **PH:** N **SS:** A rec 1874-5; BD pg 209; B pg 73 **BS:** 94 pg 106.

BOWEN, John G; b 1782; d 25 Sep 1854 **RU:** Private, 4th VMR (Beatty) **CEM:** Brucetown Methodist; Frederick; 2161 Brucetown Rd, Clear Brook **GS:** Y **SP:** mar Catherine (-----) **VI:** No further data **P:** None **BLW:** No **PH:** N **SS:** A rec 1896 **BS:** 79 pg 29.

BOWEN, Samuel; b UNK; d 1814 **RU:** Private, 1st DC Militia, Capt Charles McKnight's Co **CEM:** Old Presbyterian Meeting House; Alexandria; Wilkes & Hamilton **GS:** N **SP:** No spouse information **VI:** Killed in action, buried 06 Sep 1814 **P:** None **BLW:** No **PH:** N **SS:** G **BS:** 32 pg 111; 49.

BOWENS, John C; b UNK; d UNK **RU:** Private, 5th VMR (McDowell) **CEM:** Trinity Church; Augusta; Staunton **GS:** N **SP:** No spouse information **VI:** Named in the WPA report as with no stone but on a list of ex-servicemen in the War of 1812 buried here **P:** None **BLW:** No **PH:** N **SS:** A rec 2223 **BS:** 183.

BOWERS, Jacob; b 23 Dec 1788; d 07 Dec 1852 **RU:** Private, 31st VMR, Capt Thomas Robert, Winchester Rifles, Frederick Co, attached to 4th VMR (Beatty) **CEM:** Soloman Church; Shenandoah; Rt 727, 9 mi SW of Mt Jackson **GS:** Y **SP:** mar Mary (-----) **VI:** No futher data **P:** Spouse applied **BLW:** No **PH:** N **SS:** A rec 2191; B pg 79; BD pg 221; M pg 45 **BS:** 217.

BOWERS, John; b 1798; d bur 17 Aug 1823 **RU:** Private, 83rd VMR, Capt Robert Bevill, Dinwiddie Co **CEM:** Shockoe Hill; Richmond City; 100 Hospital St **GS:** U **SP:** No spouse information **VI:** No further data **P:** None **BLW:** No **PH:** N **SS:** L pg 139 **BS:** 38 pg 2.

RU=Rank/Unit CEM=Cemetery GS=Gravestone SP=Spousal Information VI=Other Veteran Info P=Pension
BLW=Bounty/Land Warrant PH=Photo SS=Service Source BS=Burial Source VMR= VA Military Regt
LNR= Last Known Residence

BOWERS, John; b 17 Dec 1794; d 01 Jun 1848 **RU:** Private, 6th VMR (Coleman) **CEM:** Soloman Church; Shenandoah; Rt 727, 9 mi SW of Mt Jackson **GS:** N **SP:** No spouse information **VI:** No further data **P:** None **BLW:** No **PH:** N **SS:** A rec 2226 **BS:** 217.

BOWLES, Benjamin; b 1766; d 1857 (Will) **RU:** Private, 7th VMR (Saunders) **CEM:** Bowles Family; Fluvanna; vic jct Rts 610 & 659 **GS:** U **SP:** mar 20 Jun 1795 to Mary Webber **VI:** Age 84 on 1850 census of Fluvanna Co **P:** None **BLW:** No **PH:** N **SS:** A rec 202 **BS:** 95 pg 8.

BOWLES, Edmond; b 1796; d 08 Jan 1846 **RU:** Private, 33rd VMR (Mayo), Henrico Co **CEM:** Shockoe Hill; Richmond City; 100 Hospital St **GS:** U **SP:** No spouse information **VI:** No further data **P:** None **BLW:** No **PH:** N **SS:** A rec 215 **BS:** 38 pg 34.

BOWLES, Pleasant; b c1789; d 18 Aug 1873 **RU:** Private, 23rd VMR, Capt Thomas Cheatham, Chesterfield Co, attached to 4th VMR **CEM:** Bowles Family; Chesterfield; Not given **GS:** N **SP:** mar Mary Hipajah Bowles **VI:** Son of Fleming & Priscilla Bowles. Member Mt Hermon Baptist Church. Died in his 84th year leaving a wife and several children and grandchildren (*Religious Herald*, 29 Jan 1874) **P:** Both **BLW:** Yes **PH:** N **SS:** B pg 226; BD pg 212; B pg 46 **BS:** 245.

BOWLES, William; b 1784; d 25 Nov 1832 **RU:** Private, 74th VMR, Capt Nathaniel Bowe, Hanover Co **CEM:** Shockoe Hill; Richmond City; 100 Hospital St **GS:** U **SP:** No spouse information **VI:** No further data **P:** None **BLW:** No **PH:** N **SS:** K pg 161 **BS:** 38 pg 11.

BOWMAN, George; b 26 Oct 1781; d 09 Nov 1851 **RU:** Private, 97th VMR, Capt George Shrum, Shenandoah Co **CEM:** Galladay Family; Shenandoah; Powell's Fort **GS:** Y **SP:** mar Rebecca (-----), buried at Bowman Cemetery. No stone **VI:** No further data **P:** None **BLW:** No **PH:** N **SS:** K pg 227 **BS:** 217.

BOWMAN, George A; b UNK; d UNK **RU:** Private, 4th VMR **CEM:** Flint Hill Cemetery; Fairfax; 2845 Chain Bridge Rd, Vienna **GS:** Y **SP:** No spouse information **VI:** No further data **P:** None **BLW:** No **PH:** N **SS:** A rec 565 **BS:** 89 v3 FX-38.

BOWMAN, John; b 1785; d 1871 **RU:** Private, 7th VMR (Saunders) **CEM:** Bowman Family; Franklin; vic jct Rts 635 & 691 **GS:** Y **SP:** mar Catherine (-----), b 10 Sep 1796, d 07 Apr 1878 **VI:** No further data **P:** None **BLW:** No **PH:** N **SS:** A rec 648 **BS:** 118 pg 47.

BOWMAN, John; b 24 Apr 1790; d 30 May 1873 **RU:** Private, Flying Camp McDowell **CEM:** Barber / Raish; Rockingham; Hidden Creek Ln, Harrisonburg **GS:** Y **SP:** mar Rebecca (------), b 17 Apr 1804, d 19 Sep 1872 **VI:** No further data **P:** None **BLW:** No **PH:** N **SS:** A rec 612 **BS:** 262.

BOWMAN, John; b 16 May 1790; d 17 Sep 1834 **RU:** Private, 4th VMR **CEM:** Bowman Family; Rockingham; War Branch Rd (Rt 726), vic Peaked Mountain **GS:** Y **SP:** mar Elizabeth (-----), b 1789, d 12 Aug 1870 aged 80 years, 11 months, 2 days, "wife of John" **VI:** No further data **P:** None **BLW:** No **PH:** N **SS:** A rec 644 **BS:** 262.

BOWMAN, Peter; b 1794; d 1833 **RU:** Private, 14th VMR (Van Meter), Hardy Co **CEM:** Early Family; Rockingham; 3588 Early Rd, Harrisonburg **GS:** Y **SP:** mar Elizabeth (-----) per his stone **VI:** Died age 39 **P:** None **BLW:** No **PH:** N **SS:** A rec 677 **BS:** 262.

BOWMAN, Samuel; b UNK; d 1862 (Inv) **RU:** Private, 6th VMR (Coleman) **CEM:** Bowman / Fariss / Martin; Carroll; jct Rts 670 & 608 **GS:** U **SP:** No spouse information **VI:** No further data **P:** None **BLW:** No **PH:** N **SS:** A rec 699 **BS:** 90 pg 579.

BOWYER, John; b 1766, Augusta Co; d 1853, Lexington **RU:** Trumpeter, 116th VMR, Capt William McMahon, Rockingham Co **CEM:** Stonewall Jackson Memorial; Lexington; S Main St **GS:** Y **SP:** mar Elizabeth Hubard, b 1779, Williamsburg, d 01 Dec 1857, Lexington **VI:** Son of Michael & Frances (Carpenter) Bowyer. Member Virginia legislature for 30 years and was several times a Presidential Elector. He recieved "Thorn Hill" from his uncle General John Bowyer **P:** None **BLW:** No **PH:** N **SS:** K pg 187 **BS:** 245.

BOWYER, John M; b 1795; d 26 Oct 1851 **RU:** Lieutenant, 48th VMR, Capt Andrew Hamilton, Botetourt Co **CEM:** Allen Family #1; Botetourt; Rt 11, 3 mi S of Buchanan **GS:** Y **SP:** mar Lucy (-----), d 10 Jan 1854 in her 56th year, "wife of Col John Bowyer" **VI:** Died in his 57th year **P:** None **BLW:** No **PH:** N **SS:** L pg 391 **BS:** 194; 155 pg 3.

RU=Rank/Unit   CEM=Cemetery   GS=Gravestone   SP=Spousal Information   VI=Other Veteran Info   P=Pension
BLW=Bounty/Land Warrant   PH=Photo   SS=Service Source   BS=Burial Source   VMR= VA Military Regt
LNR= Last Known Residence

BOYD, John; b Aug 1773; d 14 Oct 1838 **RU:** Major, 97th VMR (Carson), Staff Officer, Shenandoah Co **CEM:** Boyd Family; Warren; 1 mi E Browntown **GS:** U **SP:** mar Frances (-----) **VI:** No further data **P:** None **BLW:** No **PH:** N **SS:** C pg 194 **BS:** 150.

BOYER, John; b UNK; d 26 Oct 1851 **RU:** Private / Corporal, 5th VMR, Flying Camp McDowell **CEM:** Allen Family #2; Botetourt; 5.5 mi SW of Buchanan **GS:** U **SP:** mar Lucy M (-----), 1797-1851 **VI:** No further data **P:** None **BLW:** No **PH:** N **SS:** A rec 1513 **BS:** 155 pg 3.

BOYER, John; b Feb 1784, Alexandria; d 18 Nov 1865 **RU:** Sergeant, 1st Regiment DC Militia **CEM:** Union Cemetery; Alexandria; Hamilton Ln **GS:** Y **SP:** No spouse information **VI:** War of 1812 service on his stone **P:** None **BLW:** No **PH:** N **SS:** A rec 1522; G **BS:** 33 pg 22.

BOYKIN, John; b UNK; d 1858 (Inv) **RU:** Private, 65th VMR, Southampton Co **CEM:** Boykin Family; Southampton; off Rt 460, Zuni **GS:** U **SP:** No spouse information **VI:** No further data **P:** None **BLW:** No **PH:** N **SS:** A rec 1684 **BS:** 44 pg 34.

BOYKIN, John; b 1795; d 1855 **RU:** Private, 65th VMR, Capt Thomas Ridley, Troop of Cavalry, Southampton Co **CEM:** Boykin Family; Southampton; off Rt 460, Zuni **GS:** Y **SP:** mar Caroline Matilda Kello, b 1808 (age 42 on 1850 census) **VI:** Son of Simon Boykin (d 1834), grandson of Simon Boykin (d 1788), great-grandson of William Boykin (all on one stone). Age 55 on 1850 census of Southampton Co. Styled "Major" on stone **P:** None **BLW:** No **PH:** N **SS:** L pg 671; B pg 187 **BS:** 44 pg 33.

BOYKIN, William Henry; b UNK; d UNK **RU:** Private, 65th VMR, Capt Rice B Pierce, Southampton Co **CEM:** Boykin Family; Southampton; off Rt 460, Zuni **GS:** U **SP:** mar in Isle of Wight Co on 14 Mary 1798 to Wilmuth Jordan **VI:** No further data **P:** None **BLW:** No **PH:** N **SS:** L pg 637 **BS:** 44 pg 34.

BOYLE, David; b 1771; d 18 Jun 1818 **RU:** Paymaster, 36th VMR (Reno), Prince William Co **CEM:** Dumfries; Prince William; off Cameron St, SW of Dumfries Elementary School **GS:** Y **SP:** mar Jane (-----), d 10 Apr 1832 in her 61st year **VI:** No further data **P:** None **BLW:** No **PH:** N **SS:** L pg 16/17 **BS:** 11 pg 21.

BRADEN, Joseph; b UNK; d 12 Oct 1816 **RU:** Ensign, 5th VMR **CEM:** Catoctin Free Church; Loudoun; Charles Town Pike (Rt 9), Paeonian Springs **GS:** Y **SP:** No spouse information **VI:** Doctor **P:** None **BLW:** No **PH:** N **SS:** A rec 379 **BS:** 73 pg 34.

BRADEN, Robert; b 10 Jun 1765; d 14 Nov 1827 **RU:** Lt Colonel, 56th VMR, Commander, Loudoun Co **CEM:** Catoctin Free Church; Loudoun; Charles Town Pike (Rt 9), Paeonion Springs **GS:** Y **SP:** mar on 28 Jan 1795 to Elizabeth Stephens **VI:** Commissioned 25 May 1810 **P:** None **BLW:** No **PH:** on-line **SS:** B pg 119 **BS:** 245.

BRADFIELD, William; b 04 Dec 1790; d 04 Dec 1862 **RU:** Private, 56th VMR, Capt Nicholas Osburn, Mounted Infantry, Loudoun Co, attached to Hunton's Detachment **CEM:** Old Ebenezer Baptist; Loudoun; 20421 Airmont Rd, Bloomfield **GS:** Y **SP:** mar on 04 Apr 1816 to Elizabeth L Alder, b 07 Feb 1793, d 22 May 1881 **VI:** No further data **P:** Spouse **BLW:** Yes **PH:** N **SS:** A rec 429; BD pg 220; B pg 21 **BS:** 73 pg 34.

BRADFORD, Thomas A; b 12 Jan 1763; d 29 Mar 1825 **RU:** Musician, 2nd VMR (Bayley), Accomack Co **CEM:** Bradford/Burton; Accomack; 0.6 mi N of Quinby **GS:** Y **SP:** mar Elcy (-----) **VI:** No further data **P:** None **BLW:** No **PH:** N **SS:** A rec 603 **BS:** 21 pg 34.

BRADLEY, James C; b 1784; d 20 Apr 1836 **RU:** Sergeant, 19th VMR, Capt William Wrenn, Richmond City **CEM:** Shockoe Hill; Richmond City; 100 Hospital St **GS:** U **SP:** No spouse information **VI:** No further data **P:** None **BLW:** No **PH:** N **SS:** L pg 846 **BS:** 38 pg 14.

BRADLEY, Thomas H; b 1774; d 09 Jul 1826 **RU:** Private, 52nd VMR, Capt David Glass, Artillery, New Kent Co, attached to 1st VMR (Trueheart) **CEM:** St John's Episcopal; Hampton City; 100 W Queens Way **GS:** Y **SP:** No spouse information **VI:** No further data **P:** Applied **BLW:** No **PH:** N **SS:** A rec 1109; B pg 144; BD pg 222 **BS:** 160 pg 17.

BRADSHAW, Benjamin; b 1796; d 05 Jul 1872, Lovingston, VA **RU:** Private, 28th VMR, Capt Loving Lunsford, Nelson Co, attached to Cocke's Detachment **CEM:** Loving's Gap; Nelson; Rt 29, Horsley Farm, Lovingston **GS:** U **SP:** mar in Nelson Co on 14 Sep 1826 to Rhoda Ann Griffin, b 11 Apr 1804 in Albemarle Co, d 25 Jan 1903. LNR Montrail, Nelson Co, 1871 **VI:** Son of John and Mary (Loving) Bradshaw **P:** Spouse **BLW:** Yes **PH:** N **SS:** A rec 1161; M pg 48; B pg 142 **BS:** 49.

RU=Rank/Unit   CEM=Cemetery   GS=Gravestone   SP=Spousal Information   VI=Other Veteran Info   P=Pension
BLW=Bounty/Land Warrant   PH=Photo   SS=Service Source   BS=Burial Source   VMR= VA Military Regt
LNR= Last Known Residence

BRAGG, James; b UNK; d UNK **RU:** 3rd Corporal, 12 VMR, Capt Miles Cary, Artillery, Fluvanna Co, attached to 1st VMR (Yancey) **CEM:** Ross Family; Fluvanna; vic Rts 630 & 613, Bybee **GS:** U **SP:** mar Susannah (-----) **VI:** No further data **P:** Yes **BLW:** Yes **PH:** N **SS:** B pg 75; BD pg 224 **BS:** 95 pg 80.

BRAITHWAITE, John; b 08 May 1794; d 19 Jun 1864 **RU:** Private, 31st VMR, Capt Isaac Van Horn, Frederick Co, attached to 4th VMR (Boyd) **CEM:** Gainesboro; Frederick; 166 Siler Ln, Gainesboro **GS:** Y **SP:** mar in Frederick Co on 08 May to 1828 (bond) to Susan Farmer, d c1889. LNR PO Cross Junction, Frederick Co, 1878 **VI:** No further data **P:** Spouse **BLW:** Yes **PH:** N **SS:** BD pg 225; B pg 80 **BS:** 79 pg 33.

BRAMHAM, Nimrod; b 01 Jul 1776; d 06 Jul 1845 **RU:** Lt Colonel, 88th VMR, Commander, Albemarle Co **CEM:** Bramham Family; Albemarle; Cherry Ave, Charlottesville **GS:** Y **SP:** mar Peggy Marshall, b 28 Feb 1769, d 18 Jun 1845 **VI:** No further data **P:** None **BLW:** No **PH:** N **SS:** B pg 35 **BS:** 94 v1 pg 225; 49.

BRANCH, Edward; b 1797; d bur 17 Jul 1842 **RU:** Private, 1st VMR (Byrne) **CEM:** Shockoe Hill; Richmond City; 100 Hospital St **GS:** U **SP:** No spouse information **VI:** No further data **P:** None **BLW:** No **PH:** N **SS:** A rec 2002 **BS:** 38 pg 25.

BRANCH, Moses H; b 25 Nov 1795; d 08 Mar 1856 **RU:** Private, 23rd VMR, Capt David Weisinger, Chesterfield Co, attached to Cocke's Detachment **CEM:** Shockoe Hill; Richmond City; 100 Hospital St **GS:** Y **SP:** No spouse information **VI:** No further data **P:** None **BLW:** No **PH:** N **SS:** K pg 181 **BS:** 199.

BRANCH, Thomas; b 04 Apr 1767; d 10 Sep 1818 **RU:** Private, 23rd VMR, Capt Thomas Cheatham, Chesterfield Co **CEM:** Willow Hill; Chesterfield; jct Rts 664 & 602, Winterpack **GS:** Y **SP:** No spouse information **VI:** Son of Capt Benjamin Branch and Ann Bass. Stone erected in 1927 by Blythe Walker Branch, John Keer Branch, Margaret Branch Glasgow, children of John Patterson Branch, and great-grandchildren of Thomas Branch of Willow Hill **P:** None **BLW:** No **PH:** N **SS:** L pg 211 **BS:** 228; 245; 8 pg 177.

BRANDER, Alexander C; b 01 Nov 1792; d 06 Mar 1841 **RU:** Private, 19th VMR, Capt William McCabe, Richmond City **CEM:** Shockoe Hill; Richmond City; 100 Hospital St **GS:** Y **SP:** mar in Manchester, Chesterfield Co on 28 Jun 1837 to Mrs Louisiana Adkins. Marriage Notice in the *Richmond Compiler* 30 Jun 1837, pg 2 **VI:** Stone erected to him and an infant son by his widow **P:** None **BLW:** No **PH:** N **SS:** L pg 574 **BS:** 199; 63 pg 241.

BRANT, Jacob; b 05 Oct 1769; d 15 Jan 1845 **RU:** Matross, Andruss's Battallion, NJ Militia **CEM:** Old Lutheran Church; Frederick; Stephens City **GS:** U **SP:** No spouse information **VI:** No further data **P:** None **BLW:** No **PH:** N **SS:** A rec 2559 **BS:** 151.

BRATTON, Robert B; b 1797; d aft 1860 **RU:** Private, 32nd VMR, Capt James Kirk, Augusta Co, attached to 5th VMR (McDowell) **CEM:** Falling Springs Presbyterian; Rockbridge; Hickory Hill **GS:** Y **SP:** mar 25 Jul 1825, Hannah Otey of Rockbridge Co **VI:** Son of James and Rebecca (Hogshead) Bratton. LNR Calllaghan, Alleghany Co, 1871. Age 63 on on 1860 census of Alleghany Co **P:** Yes **BLW:** Yes **PH:** N **SS:** A rec 227; BD pg 230; B pg 40 **BS:** 31.

BRENT, George; b 1793; d Feb 1861 **RU:** Assistant Commissary, 92nd VMR (Chowning), Lancaster Co **CEM:** Brent Family; Lancaster; Irvington **GS:** Y **SP:** mar in Lancaster Co on 29 Aug 1816 (bond) to Catherine Tapscott, daughter of John & Mary Tapscott **VI:** Rank in: Commissary. Rank out: Assistant Commissary **P:** None **BLW:** No **PH:** N **SS:** A rec 1005 **BS:** 15 pg 3.

BRENT, John Heath; b 27 Aug 1794; d 20 Aug 1882, Mt Hope, Fauquier Co **RU:** Private, Hunton's Command of Cavalry **CEM:** Christ Church Episcopal; Alexandria; Wilkes & Hamilton **GS:** Y **SP:** mar 06 Mar 1833 to Lucy Page Baylor, b 1804 Warrenton, d 15 Jul 1898 Alexandria **VI:** No further data **P:** Yes **BLW:** Yes **PH:** N **SS:** A rec 1028; BD pg 232 **BS:** 34 pg 87.

BRIDGES, Benjamin A; b UNK; d 08 Aug 1859 **RU:** Private, 57th VMR, Capt Benjamin Shreve, Loudoun Co **CEM:** Lee Family #1; Loudoun; Leithtown **GS:** U **SP:** No spouse information **VI:** LNR PO Guilford, Loudoun Co, 1878 **P:** Yes **BLW:** Yes **PH:** N **SS:** A rec 2075; BD 236; B pg 121 **BS:** 73 pg 36.

RU=Rank/Unit CEM=Cemetery GS=Gravestone SP=Spousal Information VI=Other Veteran Info P=Pension
BLW=Bounty/Land Warrant PH=Photo SS=Service Source BS=Burial Source VMR= VA Military Regt
LNR= Last Known Residence

BRIGGS, Seth Sewell; b UNK; d 1812 **RU**: Private, 68th VMR, James City Co & York Co **CEM**: Bruton Parish; Williamsburg; 331 W Duke of Gloucester St **GS**: Y **SP**: No spouse information **VI**: Stone standing as of 1903 **P**: None **BLW**: No **PH**: N **SS**: A rec 359 **BS**: 64 pg 116.

BRITAIN, James; b UNK; d 1856 **RU**: Private, 5th VMR **CEM**: Oak Grove; Portsmouth; jct Peninsula Ave & London Blvd **GS**: U **SP**: No spouse information **VI**: No further data **P**: None **BLW**: No **PH**: N **SS**: A rec 1312 **BS**: 182.

BRITT, Jonathan T; b 1792; d 9 Feb 1867 **RU**: Private, 65th VMR, Capt John Critchlow, Artillery, Southampton Co, attached to 3rd VMR (Boykins) **CEM**: Britt Family; Southampton; nr Blackjack Cemetery on Marvin Whitley land on VA/NC border **GS**: Y **SP**: mar 28 Dec 1813, Margaret Ward, b 1792, LNR Hertford Co, NC, 1880 **VI**: No further data **P**: Spouse **BLW**: Yes **PH**: N **SS**: A rec 1404; BD pg 246; B pg 119 **BS**: 43 pg 23.

BRITTON, William B; b 39 Aug 1780, Cornwall County, England; d 11 Mar 1861 **RU**: Private, 23rd VMR (Brown), Chesterfield Co **CEM**: Blandford; Petersburg; 111 Rochelle Ln **GS**: Y **SP**: No spouse information **VI**: Tombstone erected "to our father" **P**: None **BLW**: No **PH**: N **SS**: A rec 1634 **BS**: 200.

BROADUS, Edmond; b 05 May 1793; d 27 Jun 1850, Charlottesville, VA **RU**: Sergeant, 4th VMR (Beatty) **CEM**: University of VA; Albemarle; Cemetery Rd off Rt 302, Charlottesville **GS**: Y **SP**: mar (1) in Madison Co on 18 Feb 1812 to Nancy Sims, daughter of Edward & Amy Sims; (2) in Culpeper Co on 12 Dec 1848 to Somerville Ward **VI**: Farmer, Teacher, Attorney. Almost 20 years in House of Delegates from Culpeper Co. Died at the University of Virginia **P**: None **BLW**: No **PH**: N **SS**: A rec 1778 **BS**: 31.

BROADWATER, Charles Guy; b 09 Jan 1786, Vienna; d 20 Aug 1827, Vienna **RU**: Lieutenant, 60th VMR, Capt George W Gunnell, Fairfax Co **CEM**: Broadwater Family; Fairfax; jct Tapawingo & Frederick Sts, Vienna **GS**: Y **SP**: mar Catherine Gunnell, b 1792, d 23 Oct 1826 **VI**: Son of Charles Lewis and Betheland (Sebastian) Broadwater. Died with rank of Major. Government stone **P**: None **BLW**: No **PH**: N **SS**: A rec 1783 **BS**: 80; 49; 245.

BROCK, John; b 1776; d c1850 **RU**: Corporal, 17th KY Militia (Francesco) **CEM**: Patrick Davis Family; Henry; Not given **GS**: U **SP**: mar Martha Harbard (source: US Daughters of 1812) **VI**: No further data **P**: None **BLW**: No **PH**: N **SS**: A rec 1926 **BS**: 260.

BROCK, John Christian; b 1788; d 1867 **RU**: Private, 74th VMR (Trueheart), Hanover Co **CEM**: Brock Spring; Hanover; Old Telegraph Rd **GS**: Y **SP**: mar Lucy G Wingfield, "wife of John Christian Brock," No dates on stone **VI**: Son of John P Brock who is also buried here (no dates on stone) **P**: None **BLW**: No **PH**: N **SS**: A rec 1927 **BS**: 71 pg 101.

BROCK, Robert; b 1751; d 29 Mar 1829 **RU**: Ensign, 1st Regiment DC Militia, Capt James McGuire **CEM**: Old Presbyterian Meeting House; Alexandria; Wilkes & Hamilton **GS**: Y **SP**: mar (1) Anabella Burnett,1754-1808; (2) 14 Dec 1815 to Elizabeth Longden (pensioned). LNR Alexandria 1878 **VI**: No further data **P**: Spouse **BLW**: Yes **PH**: N **SS**: BD pg 244 **BS**: 32 pg 16.

BROCKENBROUGH, Austin; b 09 Oct 1782; d 31 Dec 1858 **RU**: Surgeon, 6th VMR, Essex Co **CEM**: Blake / Brockenbrobough; Essex; Walter Ln by Museum Tappahannock **GS**: Y **SP**: No spouse information **VI**: Son of Dr John & Sarah (Roane) Brockenbrough: Physician; Magistrate of Essex County **P**: none **BLW**: No **PH**: N **SS**: A rec 1989 **BS**: 291 pg 122.

BROCKWELL, Daniel; b 1786; d 20 Oct 1834 **RU**: Private, 62nd VMR, Capt Ephraim Raines, Prince George Co **CEM**: Blandford; Petersburg; 111 Rochelle Ln **GS**: Y **SP**: No spouse information **VI**: No further data **P**: None **BLW**: No **PH**: N **SS**: L pg 660 **BS**: 200.

BRODNAX, William Henry; b UNK; d 23 Oct 1834 **RU**: Top Engineer, Maj Gen John Pegram's Division **CEM**: Locust Grove; Dinwiddie; Rt 1, 1 to 2 mi N of McKenney on private road **GS**: Y **SP**: mar 1814 Anne Eliza Withers, b 04 Dec 1795, d 23 May 1867, daughter of Thomas & Ann (Walker) Withers. She mar (2) General Samuel Pryor **VI**: Commanded the militia during the 1831 Nat Turner slave insurrection. Son of William Broadnax (1762-1799) & Mary Walker. Six children. He died of cholera **P**: None **BLW**: No **PH**: N **SS**: A rec 2189- 2191 **BS**: 210; 49.

BRONAUGH, William John; b 1795; d 19 Feb 1879 **RU**: Private, 57th VMR, Capt George Washington Ball, Loudoun Co, attached to Green's Mounted Infantry Regiment **CEM**: Bronaugh Family; Prince William; Mountain Rd **GS**: Y **SP**: mar in Georgetown, DC, on 25 Jan 1817 to Mary Chesley Mitchell, b 07 Dec 1796, d 09 Mar 1889. LNR PO Waterfall, Prince William Co, 1879 **VI**: No further data **P**: Both **BLW**: Yes **PH**: N **SS**: L pg 222; BD pg 246; B pg 119; M pg 54 **BS**: 59 pg 47; 248 pg 44.

RU=Rank/Unit CEM=Cemetery GS=Gravestone SP=Spousal Information VI=Other Veteran Info P=Pension
BLW=Bounty/Land Warrant PH=Photo SS=Service Source BS=Burial Source VMR= VA Military Regt
LNR= Last Known Residence

BROOKE, George W; b UNK; d May 1864 **RU**: Private, 111th VMR, Capt William Waring, Westmoreland Co **CEM**: Brooke Family; Rappahannock; Rt 211 btw Washington and Amissville **GS**: Y **SP**: No spouse information **VI**: Son of Reuben and Ann Brooke **P**: None **BLW**: No **PH**: N **SS**: D pg 812 **BS**: 203.

BROOKE, John Henry; b 1789; d 26 Feb 1834 **RU**: Private, 6th VMR **CEM**: Methodist Protestant; Alexandria; Wilkes St **GS**: Y **SP**: mar Jane Ann Nash, d 05 Aug 1845 in 36th year **VI**: "My father sleepeth" **P**: None **BLW**: No **PH**: N **SS**: A rec 87 **BS**: 33 pg 132.

BROOKE, Reubin; b UNK; d Oct 1854 **RU**: Private, 111th VMR, Capt William Waring, Westmoreland Co **CEM**: Brooke Family; Rappahannock; Rt 211 btw Washington and Amissville **GS**: Y **SP**: No spouse information **VI**: Son of William Brooke and Mary Beale **P**: None **BLW**: No **PH**: N **SS**: D pg 812 **BS**: 203.

BROOKE, William; b UNK; d 1861 **RU**: Private, 45th VMR, Capt Lewis Alexander, Stafford Co **CEM**: Brooke Family; Rappahannock; Rt 211 btw Washington and Amissville **GS**: Y **SP**: mar Mary Beale (tombstone) **VI**: Son of Reuben and Ann Brooke **P**: None **BLW**: No **PH**: N **SS**: D pg 82 **BS**: 203.

BROOKS, George K; b 1792; d 15 Feb 1851 **RU**: Private, 61st VMR, Capt Bailey Digges, Mathews Co **CEM**: Pear Tree; Mathews; Rt 609, Onemo Post Office **GS**: Y **SP**: mar in Matthews Co on 07 Jan 1813 to Elizabeth Miller, d 13 Nov 1872 **VI**: No further data. Widow's pension file gives date of death as 04 Mar 1849 **P**: Spouse **BLW**: No **PH**: N **SS**: K pg 287; BD pg 248; B pg 128 **BS**: 171 pg 11.

BROOKS, Moses; b UNK; d UNK **RU**: Sergeant, Lt Col Abraham Bradley's Regiment, 17th Brigade **CEM**: Sulphur Spring; Smyth; Rt 107, Chilhowie **GS**: U **SP**: mar in Washington Co on 24 Sep 1807 to Susan Millan **VI**: No further data **P**: None **BLW**: No **PH**: N **SS**: A rec 646 **BS**: 131 v1 pg 178.

BROOKS, Thomas; b 17 Nov 1768; d 02 Mar 1857 **RU**: Private, Battalion of Artillery **CEM**: Brentwood; Chesapeake City; St Julian's Creek **GS**: Y **SP**: mar (1) Frances Butts, daughter of Sophia Etheredge, b 03 Oct 1773, d 17 Nov 1829; (2) Mary Kidd, b Norfolk Co 3 Sep 1788, d 08 Dec 1844, "wife of Thomas Brooks" age 56 **VI**: Born in Norfolk, son of George Brooks **P**: None **BLW**: No **PH**: N **SS**: A rec 750 **BS**: 75 pg 155.

BROUN, Thomas; b 10 Jun 1777; d 10 Feb 1834 **RU**: Sergeant, 37th VMR (Downing), Northumberland Co **CEM**: Broun Family; Northumberland; Easton Farm nr Brown's Store **GS**: Y **SP**: mar Elizabeth (-----), b 12 Nov 1779, d 10 Mar 1839 **VI**: No further data **P**: None **BLW**: No **PH**: N **SS**: A rec 296 **BS**: 61 v6 pg 21; 269 pg 55.

BROWN, Burwell; b 1777; d UNK **RU**: Private, 83rd VMR, Capt Thomas Bevill, Dinwiddie Co **CEM**: Moore Family; Dinwiddie; Rt 606 **GS**: Y **SP**: No spouse information **VI**: Son of Hezekiah and Sarah Brown. No death date on stone **P**: None **BLW**: No **PH**: N **SS**: L pg 138 **BS**: 210; 97 pg 44.

BROWN, Edward Isaac; b 1787; d 1852 **RU**: Sergeant, 8th VMR, Capt John Gannaway, Buckingham Co **CEM**: St John's Episcopal; Fluvanna; Washington St, Columbia **GS**: Y **SP**: Possibly mar the Martha Rucker Brown b 1793 d 1847 who is also buried here **VI**: No further data **P**: None **BLW**: No **PH**: N **SS**: K pg 96 **BS**: 234.

BROWN, Garrett; b 1790; d bur 23 Sep 1840 **RU**: Ensign, 42nd Regiment MD Militia (Smith) **CEM**: Shockoe Hill; Richmond City; 100 Hospital St **GS**: U **SP**: No spouse information **VI**: No further data **P**: None **BLW**: No **PH**: N **SS**: A rec 2220 **BS**: 38 pg 21.

BROWN, George C; b 1794; d 25 Oct 1821 **RU**: Private, 39th VMR, Capt Edward Pescaud, Petersburg **CEM**: St John's Church; Richmond City; 24th & Broad, Church Hill **GS**: U **SP**: No spouse information **VI**: No further data **P**: None **BLW**: No **PH**: N **SS**: L pg 635 **BS**: 63 pg 418; 252 pg 54.

BROWN, James; b 17 Jun 1780, Mecklenburg Co; d 13 Mar 1841 **RU**: Captain, 98th VMR, Company Commander, Mecklenburg Co **CEM**: Shockoe Hill; Richmond City; 100 Hospital St **GS**: Y **SP**: mar Frances Goosley, b 29 Dec 1783, d 19 Jan 1849 in Richmond **VI**: No further data **P**: None **BLW**: No **PH**: N **SS**: B pg 130 **BS**: 199.

BROWN, James; b 1778; d 24 Jun 1856 **RU**: Private, Flying Camp McDowell **CEM**: Hebron Presbyterian; Augusta; Rt 703, 4.5 mi fr Staunton **GS**: U **SP**: No spouse information **VI**: No further data **P**: None **BLW**: No **PH**: N **SS**: A rec 93 **BS**: 1 pg 50.

BROWN, James; b 06 Sep 1782; d 13 Mar 1841 **RU**: Private, 19th VMR (Ambler), Richmond City **CEM**: St John's Church; Richmond City; 24th & Broad, Church Hill **GS**: U **SP**: No spouse information **VI**: No further data **P**: None **BLW**: No **PH**: N **SS**: A rec 214 **BS**: 252 pg 54.

RU=Rank/Unit   CEM=Cemetery   GS=Gravestone   SP=Spousal Information   VI=Other Veteran Info   P=Pension
BLW=Bounty/Land Warrant   PH=Photo   SS=Service Source   BS=Burial Source   VMR= VA Military Regt
LNR= Last Known Residence

BROWN, James; b 1768; d 15 Oct 1815 **RU:** Sergeant, 2nd Corps d'Elite VA (Green) **CEM:** Glebe Burying Ground; Augusta; Rt 876, Swoope **GS:** Y **SP:** No spouse information **VI:** Styled "Major" on stone. Died age 47 years **P:** None **BLW:** No **PH:** N **SS:** A rec 153 **BS:** 1 pg 5; 245.

BROWN, James T; b 21 May 1786; d 28 Oct 1859 **RU:** Private, 2nd VMR **CEM:** Brown / Miller; Rappahannock; Rt 622 at "Greenwood" **GS:** Y **SP:** mar Cassandra Johnston, daughter of Henry Johnston & Mary Menifee, b 30 Nov 1788, d 04 Aug 1859 **VI:** No further data **P:** None **BLW:** No **PH:** N **SS:** K pg 72; A rec 262 **BS:** 74 BRM; 270.

BROWN, Jesse; b 05 Apr 1774; d 22 Dec 1866 **RU:** Private, 23rd VMR (Brown), Chesterfield Co **CEM:** Brown Memorial; Fairfax; 10416 Leesburg Pike **GS:** Y **SP:** mar Abigail (-----), 1774-1861 **VI:** Styled "Reverend" on tombstone. Cemetery fenced and reserved for family members. Memorial erected November 1966 by Historic Vienna, Inc. **P:** None **BLW:** No **PH:** N **SS:** C pg 23 **BS:** 80.

BROWN, John; b 28 Nov 1780; d 14 Jan 1859 **RU:** Lieutenant, Indian Volunteer Corps **CEM:** Jones Chapel; Tazewell; Rt 631, Cedar Bluff **GS:** U **SP:** No spouse information **VI:** No further data **P:** None **BLW:** No **PH:** N **SS:** A rec 352 **BS:** 172 v1 pg 44.

BROWN, John; b UNK; d 08 Dec 1866 **RU:** Private, DC Militia, Major King's Detachment **CEM:** St Paul's Episcopal; Alexandria; 228 S Pitt St **GS:** U **SP:** No spouse information **VI:** Death date from the *Alexandria Gazette* **P:** None **BLW:** No **PH:** N **SS:** A rec 423 **BS:** 49.

BROWN, John; b 1795; d 1875 **RU:** Private, 4th VMR (Boyd) **CEM:** Wolf / Jamison Family; Alleghany; 15 mi SW of Covington **GS:** Y **SP:** No spouse information **VI:** No further data **P:** None **BLW:** No **PH:** N **SS:** A rec 633 **BS:** 197.

BROWN, John; b 1781; d 05 Jun 1849 **RU:** Private, 41st VMR, Richmond Co **CEM:** Hunton Family #2; Fauquier; Rt 29, New Baltimore **GS:** Y **SP:** No spouse information **VI:** No further data **P:** None **BLW:** No **PH:** N **SS:** A rec 728 **BS:** 4 pg 80.

BROWN, John; b 11 Aug 1770; d 1837 **RU:** Private, 1st VMR (Taylor) **CEM:** Upper Ridge; Frederick; Apple Pie Ridge Rd (Rt 739), Nain **GS:** Y **SP:** No spouse information **VI:** No further data **P:** None **BLW:** No **PH:** N **SS:** A rec 538 **BS:** 79 pg 41.

BROWN, John; b UNK; d UNK **RU:** Private, 33rd VMR, Capt Dabney Williamson, Henrico Co **CEM:** St John's Church; Richmond City; 24th & Broad, Church Hill **GS:** U **SP:** No spouse information **VI:** No further data **P:** None **BLW:** No **PH:** N **SS:** L pg 836 **BS:** 63 pg 418.

BROWN, John; b UNK; d UNK **RU:** Sergeant, 74th VMR, Capt Robert Mallory, Hanover Co, attached to 1st VMR (Crutchfield) **CEM:** St John's Church; Richmond City; 24th & Broad, Church Hill **GS:** U **SP:** No spouse information **VI:** No further data **P:** None **BLW:** No **PH:** N **SS:** L pg 558 **BS:** 63 pg 418.

BROWN, John D G; b 1789; d 24 Jan 1867 **RU:** Private, 33rd VMR, Capt William Byrd Chamberlayne, Artillery, Henrico Co, attached to 1st VMR (Trueheart) **CEM:** Brown Family; Hanover; Rt 671 **GS:** U **SP:** mar at Scotchtown, Hanover Co on 14 Oct 1824 to Harriet Isabelle Shepard, daughter of the "late Mr John M Shephard," b 1799, d 1880. LNR PO Negro-foot, Hanover Co, 1878. Marriage notice in the *Richmond Examiner*, 02 Nov 1824, pg 3 **VI:** He is "of Caroline Co" in the marriage notice **P:** Spouse **BLW:** Yes **PH:** N **SS:** BD pg 261; B pg 99 **BS:** 72 pg 57.

BROWN, John E; b 1783; d 09 Sep 1843 **RU:** Private, 3rd VMR (Dickinson) **CEM:** Tate Family; Pittsylvania; 6 mi E of Gretna **GS:** U **SP:** No spouse information **VI:** Died aged 60 yrs **P:** None **BLW:** No **PH:** N **SS:** A rec 789 **BS:** 149.

BROWN, John H; b UNK; d 1834 **RU:** Quartermaster, 1st VMR (Byrne) **CEM:** Goose Creek Burying Ground; Loudoun; Rt 722, Lincoln **GS:** Y **SP:** No spouse information **VI:** No further data **P:** None **BLW:** No **PH:** N **SS:** A rec 801 **BS:** 73 pg 38.

BROWN, John, Jr; b UNK; d UNK **RU:** Lieutenant, 5th VMR **CEM:** Upper Ridge; Frederick; Apple Pie Ridge Rd (Rt 739), Nain **GS:** U **SP:** No spouse information **VI:** No further data **P:** None **BLW:** No **PH:** N **SS:** A rec 651 **BS:** 79 pg 41.

BROWN, Joseph; b 24 Dec 1780; d 03 Jul 1845 **RU:** Private, 33rd VMR, Capt Dabney Williamson, Henrico Co **CEM:** Shockoe Hill; Richmond City; 100 Hospital St **GS:** Y **SP:** No spouse information **VI:** No further data **P:** None **BLW:** No **PH:** N **SS:** L pg 836 **BS:** 199.

RU=Rank/Unit CEM=Cemetery GS=Gravestone SP=Spousal Information VI=Other Veteran Info P=Pension
BLW=Bounty/Land Warrant PH=Photo SS=Service Source BS=Burial Source VMR= VA Military Regt
LNR= Last Known Residence

BROWN, Mathew; b Dec 1785; d 31 Jul 1835 **RU**: Lieutenant, 106th VMR, Mason Co [WV] **CEM**: Green Springs; Washington; Rt 75, 5 mi S of I-81 **GS**: Y **SP**: mar Jane (-----), d 05 Feb 1858. No birth date on stone **VI**: Died age 59 yrs, 6 mos **P**: None **BLW**: No **PH**: N **SS**: A rec 1155 **BS**: 116 pg 270.

BROWN, Michael; b 06 May 1770; d 18 Mar 1862 **RU**: Sergeant, 75th VMR, Montgomery Co **CEM**: Brown Family; Pulaski; 1 mi NW of Belspring **GS**: Y **SP**: mar Catherine (-----), b 13 Feb 1781, d 02 Feb 1859 **VI**: No further data **P**: None **BLW**: No **PH**: N **SS**: A rec 1174 **BS**: 234.

BROWN, Richard; b UNK; d 1868 **RU**: Private, 5th VMR **CEM**: Goose Creek Burying Ground; Loudoun; Rt 722, Lincoln **GS**: Y **SP**: No spouse information **VI**: No further data **P**: None **BLW**: No **PH**: N **SS**: A rec 1453 **BS**: 73 pg 40.

BROWN, Samuel; b 1790; d 10 Aug 1852 **RU**: Private, 4th VMR (Boyd) **CEM**: Hopewell Meeting House; Frederick; jct Hopewell Rd (Rt 672) & Waverly Rd, Clear Brook **GS**: U **SP**: No spouse information **VI**: No further data **P**: None **BLW**: No **PH**: N **SS**: A rec 1658 **BS**: 79 pg 42.

BROWN, Samuel; b 18 Apr 1796; d 14 Jun 1858 **RU**: Sergeant, 2nd VMR (Sharp) **CEM**: Bart / Brown; Norfolk City; Eason Rd **GS**: Y **SP**: mar Fanny (-----) **VI**: No further data **P**: None **BLW**: No **PH**: N **SS**: A rec 1676 **BS**: 75 pg 98.

BROWN, Samuel, Sr; b 1778; d 1865 **RU**: Private, 4th VMR (Boyd) **CEM**: Brown Family; Alleghany; Moss Run, Rt 159 **GS**: Y **SP**: mar Frances Crow, 1785-1857 **VI**: No further data **P**: None **BLW**: No **PH**: N **SS**: A rec 1658 **BS**: 100 v2 pg 143.

BROWN, Solomon James Slaughter; b 24 Nov 1782, Sunnyside; d 29 Jul 1862 **RU**: Private, 25th VMR, Capt Thomas Pollard, King George Co **CEM**: Middleborough Family; King George; Rt 205, 2.9 mi past Rt 301 on right **GS**: Y **SP**: mar 1818, Lucy W Saunders, b 03 May 1801, d 28 Aug 1840 **VI**: Son of William & Sarah (Solomon) Brown **P**: None **BLW**: No **PH**: N **SS**: L pg 644 **BS**: 49.

BROWN, Thomas C; b 10 Nov 1789; d 26 Oct 1857 **RU**: Adjutant / Lieutenant, 93rd VMR, Capt Jesse Dold Cavalry, Augusta Co **CEM**: Brown Family #2; Culpeper; "LaGrange," Rt 606, Slate Mills nr Madison Co line **GS**: Y **SP**: No spouse information **VI**: No further data **P**: None **BLW**: No **PH**: N **SS**: A rec 1863; L pg 282 **BS**: 12 pg 25, 74; 49; 196.

BROWN, William; b 1773; d 07 Oct 1850 **RU**: Captain, 32nd VMR, Capt Alexander Givens, Augusta Co, attached to 5th VMR (McDowell) **CEM**: Trinity Church; Augusta; Staunton **GS**: U **SP**: mar in Waynesboro on 25 Apr 1811 to Martha Hillhouse, who pre-deceased her husband **VI**: Resided in Waynesboro **P**: Yes **BLW**: No **PH**: N **SS**: A rec 2110; BD pg 268; B pg 59 **BS**: 1 pg 193.

BROWN, William; b 02 Jan 1789; d 12 Feb 1825 **RU**: Private, 41st VMR, Richmond Co **CEM**: Brown Family #1; Culpeper; Buena Vista, 4 mi NW of Rixeyville Rt 640, E 0.4 mi to home **GS**: Y **SP**: No spouse information **VI**: No further data **P**: None **BLW**: No **PH**: N **SS**: G **BS**: 49.

BROWN, William; b UNK; d 10 Jun 1834 **RU**: Private, 56th VMR (Lynn), Loudoun Co **CEM**: Goose Creek Burying Ground; Loudoun; Rt 722, Lincoln **GS**: U **SP**: No spouse information **VI**: Death date from the *Alexandria Gazette* **P**: None **BLW**: No **PH**: N **SS**: A rec 2375 **BS**: 73 pg 40.

BROWN, William; b 02 Jan 1789; d 12 Feb 1825 **RU**: Private, 1st VMR (Crutchfield) **CEM**: Brown Family; Rappahannock; Rt 640 **GS**: U **SP**: No spouse information **VI**: No further data **P**: None **BLW**: No **PH**: N **SS**: A rec 2166 **BS**: 74 pg BBV.

BROWN, William H; b 02 Feb 1793; d 04 Apr 1879 **RU**: Private, 2nd VMR (Ballowe) **CEM**: Wright Family; Giles; Rt 42, 4 mi W of Poplar Hill **GS**: Y **SP**: No spouse information **VI**: No further data **P**: None **BLW**: No **PH**: N **SS**: A rec 2396 **BS**: 14 pg 167.

BROWNE, Samuel; b 01 Dec 1788; d 03 Jan 1829 **RU**: Private, 4th VMR, Capt William Parson, Nansemond Co **CEM**: Browne / Minton; Suffolk City; Nansemond Parkway, "Mintonville," Suffolk **GS**: Y **SP**: No spouse information **VI**: Doctor. Died leaving three children **P**: None **BLW**: No **PH**: N **SS**: A rec 2551 **BS**: B pg 227, 231 **BS**: 46 v1.

BROWNE, Samuel B; b 09 Feb 1798; d 10 Jul 1848 **RU**: Private, 4th VMR (Boyd) **CEM**: Cedar Grove; Portsmouth; Effington St & Fort Ln **GS**: Y **SP**: No spouse information **VI**: Enumerated in 1840 census of Portsmouth **P**: None **BLW**: No **PH**: N **SS**: A rec 2551 **BS**: 65 pg 59; 182.

RU=Rank/Unit   CEM=Cemetery   GS=Gravestone   SP=Spousal Information   VI=Other Veteran Info   P=Pension
BLW=Bounty/Land Warrant   PH=Photo   SS=Service Source   BS=Burial Source   VMR= VA Military Regt
LNR= Last Known Residence

BROWNLEY, James; b 1789; d 20 Dec 1857 **RU:** Corporal, 61st VMR, Capt Henry Digges, Mathews Co **CEM:** Brownley Family; Mathews; nr Miles Post Office **GS:** Y **SP:** mar Mary F (-----), b 24 Oct 1789 **VI:** No further data **P:** None **BLW:** No **PH:** N **SS:** K pg 288 **BS:** 171 pg 17.

BROWNLEY, John; b 1780; d 08 Oct 1853 **RU:** Sergeant, 61st VMR (Gayle), Mathews Co **CEM:** Old Dominion Church; Virginia Beach; 4449 N Witchduck Rd **GS:** U **SP:** mar in Princess Anne Co on 31 Aug 1809 (return by Anthony Walke) to Anne Whitehurst **VI:** No further data **P:** None **BLW:** No **PH:** N **SS:** A rec 2775 **BS:** 125.

BRUBAKER, Henry; b 01 Oct 1775; d 18 Nov 1848 **RU:** Private, Hamilton's Rifle Regiment, PA Militia **CEM:** Brubaker Family; Roanoke; nr jct Rts 628 & 805 **GS:** U **SP:** No spouse information **VI:** No further data **P:** None **BLW:** No **PH:** N **SS:** A rec 270-1 **BS:** 80 Norfolk.

BRUCE, Charles; b 1768; d 18 Sep 1845 **RU:** Private, 2nd Corps d'Elite **CEM:** William's Family #1; Stafford; vic Bethleham Baptist Church **GS:** Y **SP:** mar Sarah Jane (-----), b 1787, d 11 Jan 1839, age 52 years **VI:** No further data **P:** None **BLW:** No **PH:** N **SS:** A rec 59 **BS:** 26 pg 397.

BRUCE, William; b 1787; d 10 Oct 1832 **RU:** Sergeant, 9th VMR, Capt William Wright, King & Queen Co **CEM:** Shockoe Hill; Richmond City; 100 Hospital St **GS:** U **SP:** No spouse information **VI:** No further data **P:** None **BLW:** No **PH:** N **SS:** K pg 493 **BS:** 38 pg 11.

BRUGH, John, Sr; b 11 Mar 1787; d 03 Feb 1873 **RU:** Private, 48th VMR, Capt Andrew Hamilton, Troop of Cavalry, Botetourt Co **CEM:** Brugh Family; Botetourt; Troutville **GS:** Y **SP:** mar Catherine Peters, d 22 Mar 1851 age 58 yrs 11 mos 17 days **VI:** No further data **P:** None **BLW:** Yes **PH:** N **SS:** M pg 59; BD pg 272; B pg 45 **BS:** 102 pg 1; 155 pg 4.

BRUMFIELD, Isaac; b UNK; d 11 Jan 1849 **RU:** Private, 71st VMR, Capt Isaac Holt, Surry Co **CEM:** Old Brumfield Farm; Pittsylvania; 4 mi N of Gretna on Rt 29 **GS:** Y **SP:** mar in Pittsylvania Co on 5 Dec 1818 to Leticia "Letty" Mayhue, Henry Mayhue surety. Marriage performed by Rev Griffith Dickinson. LNR PO Chatham, Pittsylvania Co **VI:** No further data **P:** Spouse **BLW:** Yes **PH:** Y **SS:** A rec 342; G; B pg 192; BD pg 273 **BS:** 31.

BRUMLEY, Larkin; b 1787; d 23 Oct 1861 **RU:** Private, 9th VMR, Lt George Wyatt, King & Queen Co **CEM:** Blandford; Petersburg; 111 Rochelle Ln **GS:** Y **SP:** mar Sarah (-----) **VI:** Tombstone: "He served faithfully in the 12 Va Regiment during the whole war, and was twice wounded." Note: Service in the 12th VMR or 12th US Army Regiment not found. Spouse's pension records prove service as 9th VMR **P:** Spouse **BLW:** No **PH:** N **SS:** A rec 339; BD pg 273; B pg 114 **BS:** 200.

BRUMLEY, Robert; b 05 May 1787; d 08 Jan 1859 **RU:** Private, 21st VMR, Capt Thomas Cary, Gloucester Co **CEM:** Bruington Cemetery; King & Queen; Bruington **GS:** Y **SP:** No spouse information **VI:** No further data **P:** None **BLW:** No **PH:** N **SS:** K pg 266; B pg 82 **BS:** 245.

BRUNET, Peter; b 1798; d 11 Sep 1830, Norfolk **RU:** Private, 54th VMR, Ensign George Kelly, Company of Light Infantry, Norfolk Borough, attached to 9th VMR (Sharp) **CEM:** St Paul's Episcopal; Norfolk City; 201 St Paul's Blvd **GS:** N **SP:** Died leaving a wife and four children (names unknown) **VI:** Death notices in *American Beacon* and *North Carolina Gazette* as Peter Brunet, 14 Sep 1830, age 32, which says he was interred at the "Old Church Yard." A notary public, member of Junior and Independent Volunteers and Norfolk Artillery Blues, and Brethren of Lodges No 1 and No 56, the latter of which he was secretary and Lodge No. 100 of Portsmouth. Died age 32 leaving a wife and four children. His compiled military record at NARA spells the name as Brunett. No stone **P:** None **BLW:** No **PH:** N **SS:** P **BS:** 240.

BRYAN, William; b 1795; d 07 Feb 1825 **RU:** Private, 2nd VMR (Ballowe) **CEM:** Shockoe Hill; Richmond City; 100 Hospital St **GS:** Y **SP:** No spouse information **VI:** No further data **P:** None **BLW:** No **PH:** N **SS:** A rec 1086 **BS:** 38 pg 3.

BRYANT, Thomas B; b 1779; d 31 Mar 1841 **RU:** Fifer, 4th VMR; 62nd VMR, Capt Allen Temple, Prince George Co **CEM:** Bryant Family; Prince George; Rt 616, Waverly **GS:** Y **SP:** mar Sarah (-----), b 28 Sep 1779, d 09 Dec 1823 **VI:** "In Memory of Rev Thos. B. Bryant, died in the 63rd year of his age." Methodist Episcopal minister for 39 years **P:** None **BLW:** No **PH:** N **SS:** A rec 1421 **BS:** 148.

BRYSON, Andrew; b 1778; d 07 Oct 1813 **RU:** Private, 19th VMR (Ambler), Capt John R Jones, Richmond City **CEM:** St John's Church; Richmond City; 24th & Broad, Church Hill **GS:** U **SP:** No spouse information **VI:** No further data **P:** None **BLW:** No **PH:** N **SS:** L pg 497 **BS:** 63 pg 417; 252 pg 55.

RU=Rank/Unit CEM=Cemetery GS=Gravestone SP=Spousal Information VI=Other Veteran Info P=Pension
BLW=Bounty/Land Warrant PH=Photo SS=Service Source BS=Burial Source VMR= VA Military Regt
LNR= Last Known Residence

BUCHANAN, Alexander; b 1796; d 15 Apr 1833 **RU**: Private, PA Militia, Capt Buchanan **CEM**: Shockoe Hill; Richmond City; 100 Hospital St **GS**: U **SP**: No spouse information **VI**: No further data **P**: None **BLW**: No **PH**: N **SS**: A rec 1760 **BS**: 38 pg 11.

BUCHANAN, George; b 1795; d Oct 1847 **RU**: Private, 35th VMR (Kent), Wythe Co **CEM**: Buchanan (Rock Wall), Ferguson Farm; Smyth; Rt 42, Rich Valley **GS**: Y **SP**: No spouse information **VI**: No further data **P**: None **BLW**: No **PH**: N **SS**: A rec 1729 **BS**: 131 v1 pg 14; 49.

BUCHANAN, James; b 27 Aug 1789; d 01 Jun 1873 **RU**: Private, Lt Col Abraham Bradley's Regiment, 17th Brigade **CEM**: Buchanan Cemetery; Washington; 6 mi N Glade Springs **GS**: Y **SP**: No spouse information **VI**: No further data **P**: None **BLW**: No **PH**: N **SS**: A rec 1732 **BS**: 116 pg 150.

BUCHANAN, John; b UNK; d 19 Dec 1822 **RU**: Private, Cocke's Detachment **CEM**: St John's Church; Richmond City; 24th & Broad, Church Hill **GS**: U **SP**: No spouse information **VI**: No further data **P**: None **BLW**: No **PH**: N **SS**: A rec 1649 **BS**: 63 pg 415.

BUCHANAN, Mathew; b 10 Jan 1783; d 20 Sep 1872 **RU**: Private, Bradley's Regiment **CEM**: Buchanan Family; Washington; 6 mi N Glade Springs **GS**: Y **SP**: mar Mary (-----), d 05 May 1858, age 75 yrs 1 mo 13 days **VI**: No further data **P**: None **BLW**: No **PH**: N **SS**: A rec 1672 **BS**: 116 pg 150.

BUCHANAN, Robert; b 10 May 1793; d 06 Nov 1873 **RU**: Private, TN Militia (Dyer), Regiment of Cavalry & Mounted Guns **CEM**: Buchanan Family; Washington; 6 mi N Glade Springs **GS**: Y **SP**: mar Jane B (-----), d 21 Aug 1814, age 19 yrs 1 mo 19 days **VI**: No further data **P**: None **BLW**: No **PH**: N **SS**: A rec 1678 **BS**: 116 pg 150.

BUCHANAN, William; b 24 Sep 1787; d 29 Mar 1846 **RU**: Private, 30th Regiment East TN Militia **CEM**: Moore Cemetery; Washington; Edmondson Ln, Glade Spring **GS**: Y **SP**: mar Jane (-----), b 15 Feb 1786, d 09 Apr 1871 **VI**: There are two stones for him in this cemetery with identical dates **P**: None **BLW**: No **PH**: N **SS**: A rec 1714 **BS**: 116 pg 211-212.

BUCHANAN, William; b 12 Apr 1777; d 09 Nov 1845 **RU**: Private, 5th VMR **CEM**: Rock Spring; Washington; vic jct Rts 803 & 91 **GS**: Y **SP**: mar Margaret (-----), d 25 Mar 1855, age 73 yrs, 5 mos, 14 days **VI**: No further data **P**: None **BLW**: No **PH**: N **SS**: A rec 1710 **BS**: 116 pg 206.

BUCHER, John; b 21 Dec 1770; d 04 Feb 1825 **RU**: Sergeant, 56th VMR (Taylor), Loudoun Co **CEM**: Trinity Lutheran; Frederick; 810 Fairfax Pike, Stephens City **GS**: Y **SP**: mar in Frederick Co on 25 Oct 1804 (return) to Mary Schneider by Christian Streit, b 12 Mar 1778, d 28 Nov 1842 **VI**: No further data **P**: None **BLW**: No **PH**: N **SS**: A rec 1866 **BS**: 86 pg 77; 151; 79 pg 45.

BUCK, Charles; b UNK; d 1824 (Inv) **RU**: Private, Battallion of Artillery **CEM**: Presbyterian Church; Clarke; Ninevah **GS**: Y **SP**: mar Sarah (-----). No dates on stone **VI**: No dates on stone **P**: None **BLW**: No **PH**: N **SS**: A rec 1917 **BS**: 86 pg 22.

BUCK, Francis; b 1791; d 22 Jun 1816 **RU**: Private, 5th Regiment NY Militia (Colden) **CEM**: Shockoe Hill; Richmond City; 100 Hospital St **GS**: Y **SP**: No spouse information **VI**: Francis Buck, Esquire. Professor of Music, died age 27 **P**: None **BLW**: No **PH**: N **SS**: A rec 1941 **BS**: 199.

BUCK, John; b 1797; d 28 Nov 1851 **RU**: Captain, 38th US Infantry, Company Commander **CEM**: Masonic Cemetery; Fredericksburg; 900 Block, Charles St **GS**: Y **SP**: mar Mary Conway **VI**: Pew owner at St George's Church in 1832 **P**: None **BLW**: No **PH**: N **SS**: Al pg 233 **BS**: 52.

BUCK, William C; b 28 Feb 1776; d 27 Oct 1823 **RU**: 1st Lieutenant, 13th VMR, Capt William Newell, Artillery, Shenandoah Co, attached to 2nd VMR (Ambler) **CEM**: Buck Family; Warren; 1 mi W Buckton Station **GS**: U **SP**: No spouse information **VI**: No further data **P**: None **BLW**: No **PH**: N **SS**: K pg 79 **BS**: 150.

BUCKINGHAM, Isaac; b 1798; d 05 Apr 1864 **RU**: Private, PA Militia **CEM**: United Methodist; Alexandria; Hamilton Ln **GS**: Y **SP**: mar Mary W (-----), b 1801, d 1885 **VI**: No further data **P**: None **BLW**: No **PH**: N **SS**: A rec 2349 **BS**: 32 pg 24.

BUCKNER, Bayley Hampson; b c1791; d 1834 **RU**: Sergeant, Cocke's Detachment **CEM**: Strother Family; Rappahannock; Rock Mills Rd, off Rt 211, Wadefield **GS**: Y **SP**: mar Mildred Strother, b 09 Feb 1796, d 06 Feb 1875. Daughter of John & Helena Strother **VI**: No further data **P**: None **BLW**: No **PH**: N **SS**: A rec 2642 **BS**: 270.

RU=Rank/Unit   CEM=Cemetery   GS=Gravestone   SP=Spousal Information   VI=Other Veteran Info   P=Pension
BLW=Bounty/Land Warrant   PH=Photo   SS=Service Source   BS=Burial Source   VMR= VA Military Regt
LNR= Last Known Residence

BUDD, William; b 06 Oct 1779; d 30 Nov 1848 **RU**: Private, 2nd VMR, Capt Thomas Joynes, Accomack Co **CEM**: Budd Family; Accomack; Melfa **GS**: Y **SP**: mar Elizabeth (-----), d 16 Jul 1847, age 64 **VI**: No further data **P**: None **BLW**: No **PH**: N **SS**: K pg 316 **BS**: 21 pg 38.

BUFORD, Paschal G; b 14 Feb 1791; d 23 Jul 1875 **RU**: Sergeant, 64th VMR, Capt John Dillard, Artillery, Henry Co **CEM**: Buford Family; Bedford; Bufordsville **GS**: Y **SP**: mar in Bedford Co on 25 Oct 1820 to Frances A Otey, b 17 Mar 1798, d 05 Feb 1882. Daughter of Isaac Otey & Elizabeth Mathew **VI**: Served in the battle at Craney Island. Son of Henry Buford and Mildred Blackburn **P**: Spouse **BLW**: Yes **PH**: N **SS**: A rec 244; B pg 79; M pg 61; BD pg 293 **BS**: 121 pg 65.

BULL, Edward; b UNK; d 28 Mar 1867 **RU**: Private, MD Militia 49th Regiment (Veazey) **CEM**: Bull Family; Accomack; 0.5 mi E of Pennyville **GS**: U **SP**: No spouse information **VI**: No further data **P**: None **BLW**: No **PH**: N **SS**: A rec 456 **BS**: 178.

BULLOCK, John; b 01 Jul 1779; d 30 Apr 1858 **RU**: Private, 5th VMR **CEM**: St Stephens Episcopal; Bedford; Jefferson HS parking lot, Forest **GS**: Y **SP**: mar on 19 Jul 1810 to Lucy (-----), b 27 Feb 1787, d 29 Jan 1865 **VI**: No further data **P**: None **BLW**: No **PH**: N **SS**: A rec 802 **BS**: 121 pg 65.

BULLOCK, William; b 1795; d 24 Dec 1851 **RU**: Private, 29th VMR, Capt Robert Tynes, Isle of Wight Co **CEM**: Bullock Family; Isle of Wight; 4 mi SW Benn's Church on Rt 602 **GS**: U **SP**: mar Lucinda D (-----) 1814-1849, d age 35 **VI**: Died age 56 **P**: None **BLW**: No **PH**: N **SS**: L pg 794 **BS**: 186.

BUMGARDENER, Jacob; b 08 Feb 1767; d 25 Aug 1857 **RU**: Ensign, 93rd VMR, Capt Samuel Steele, Augusta Co **CEM**: Bethel Church; Augusta; 11 mi SW Staunton **GS**: U **SP**: mar Mary M (-----), b 23 Nov 1768, d 04 Dec 1849 **VI**: Died age 90 years, 6 mos, 17 days **P**: None **BLW**: No **PH**: N **SS**: K pg 178 **BS**: 183.

BUNDICK, John S; b 01 Feb 1785; d 03 May 1821 **RU**: Lieutenant, 99th VMR (Bagwell), Accomack Co **CEM**: Bundick Family; Accomack; Rt 13 nr Pastoria **GS**: U **SP**: No spouse information **VI**: No further data **P**: None **BLW**: No **PH**: N **SS**: A rec 1182; L pg 280 **BS**: 178.

BUNDICK, William; b 1780; d Aug 1860 **RU**: Sergeant, 99th VMR (Bagwell), Capt Levi Dix, Accomack Co **CEM**: Bundick Family; Accomack; nr Parksley **GS**: Y **SP**: mar Polly (-----), d 1861 **VI**: Son of George Bundick. Died age 80 **P**: None **BLW**: No **PH**: N **SS**: A rec 1184; L pg 280 **BS**: 6 pg 65, 66.

BUNTING, George S; b UNK; d 30 Sep 1851 **RU**: Sergeant, 99th VMR (Bagwell), Accomack Co **CEM**: Bunting Family; Accomack; nr Pickpenny **GS**: U **SP**: No spouse information **VI**: No further data **P**: None **BLW**: No **PH**: N **SS**: A rec 1434 **BS**: 178.

BUNTING, Solomon S; b 1786; d 11 Jul 1850 **RU**: Private, 2nd VMR (Bayley), Accomack Co **CEM**: Bunting Family; Accomack; nr Pickpenny **GS**: U **SP**: No spouse information **VI**: No further data **P**: None **BLW**: No **PH**: N **SS**: A rec 1454 **BS**: 178.

BURCHELL, John B; b UNK; d c1860 (Inv) **RU**: Private, 25th VMR, Capt Moore Lurtey, King George Co **CEM**: Burchell / Forster; Clarke; Rt 621, Rose Hill **GS**: U **SP**: No spouse information **VI**: No further data **P**: None **BLW**: No **PH**: N **SS**: K pg 411 **BS**: 92 pg 5.

BURCHETT, Drury; b 23 Jul 1762; d 10 Dec 1836 **RU**: Captain, 62nd VMR, Company Commander, Prince George Co **CEM**: Drury Burchett Family; Prince George; 2 mi S of jct Rts 460 & 603 on Rt 603 **GS**: Y **SP**: mar Catherine (----) **VI**: **P**: None **BLW**: No **PH**: N **SS**: A rec 1447; B, pg 169 **BS**: 148.

BURFOOT, Thomas; b UNK; d UNK **RU**: Captain, 23rd VMR (Brown), Company Commander, Chesterfield Co **CEM**: Hollywood; Richmond City; 412 S Cherry St **GS**: U **SP**: mar in Manchester, Chesterfield Co on 04 Dec 1826 to Mary Elizabeth Clarke **VI**: No further data **P**: None **BLW**: No **PH**: N **SS**: A rec 2158 **BS**: 260; 63 pg 239.

BURK, John A; b UNK; d UNK **RU**: Major, 86thVMR, Staff Officer, Giles Co **CEM**: History Memorial; King George; Rt 301, in woods at back of cemetery **GS**: U **SP**: No spouse information **VI**: Died at Hagley. Reinterred from Hagley **P**: None **BLW**: No **PH**: N **SS**: B pg 81 **BS**: 49.

RU=Rank/Unit CEM=Cemetery GS=Gravestone SP=Spousal Information VI=Other Veteran Info P=Pension
BLW=Bounty/Land Warrant PH=Photo SS=Service Source BS=Burial Source VMR= VA Military Regt
LNR= Last Known Residence

BURK, William; b UNK; d 25 Nov 1858 **RU:** Private, 5th VMR **CEM:** North Fork Baptist; Loudoun; 38139 N Fork Rd, Purcellville **GS:** Y **SP:** mar Elizabeth (-----), b 05 Apr 1810, d 10 Apr 1849 **VI:** No further data **P:** None **BLW:** No **PH:** N **SS:** A rec 747 **BS:** 73 pg 41.

BURKE, John; b 1791, Ireland; d 29 Nov 1878 **RU:** Private, 5th VMR **CEM:** Cedar Grove; Portsmouth; Effington St & Fort Ln **GS:** Y **SP:** mar Elizabeth Keenan **VI:** Enumerated in 1870 census of Portsmouth **P:** None **BLW:** No **PH:** N **SS:** A rec 810 **BS:** 65 pg 75.

BURKE, Samuel D; b c1795; d aft 1870 **RU:** Private, 4th VMR (Boyd) **CEM:** Burke's Tavern; Nottoway; 2.5 mi fr Burkesville, on Old Farmville Rd **GS:** Y **SP:** mar Edith D (-----). No dates on stone **VI:** No dates on stone. Age 75 on the 1870 census of Prince Edward Co **P:** None **BLW:** No **PH:** N **SS:** A rec 853 **BS:** 220.

BURKETT, George; b 28 Mar 1792; d 17 Jun 1876 **RU:** Private, 5th Regiment East TN Militia (Booth) **CEM:** Kimberlin Church; Wythe; Rt 682,12 mi N of Wytheville **GS:** Y **SP:** mar Polly (-----), b 20 Jul 1796, d 06 Apr 1874 **VI:** Age 84 yrs, 2 mos, 11 days **P:** None **BLW:** No **PH:** N **SS:** A rec 921 **BS:** 213.

BURKS, Arthur Landon; b 30 Sep 1790; d 17 Jun 1878 **RU:** Private, 51st VMR, Capt John Gilkerson, Frederick Co, attached to 4th VMR **CEM:** Burks Family; Botetourt; 5 mi SE Eagle Rock **GS:** Y **SP:** mar 03 Nov 1825, Demaris Wilson. LNR PO Salt Peter Cave, Botetourt Co, 1878 **VI:** No further data **P:** Both **BLW:** Yes **PH:** N **SS:** A rec 1011; BD pg 293; B pg 79 **BS:** 155 pg 55.

BURNETT, James E; b c1790; d aft 1860 **RU:** Captain, 23rd VMR (Brown), Company Commander, Chesterfield Co **CEM:** Hollywood; Richmond City; 412 S Cherry St **GS:** U **SP:** No spouse information **VI:** Age 70 on the 1860 census of Henrico Co **P:** None **BLW:** No **PH:** N **SS:** A rec 2158 **BS:** 260.

BURNETT, John; b 30 Jun 1778; d 02 Jun 1842 **RU:** Corporal, 7th VMR Saunders **CEM:** John Pilson Family; Patrick; 1 mi W of Elamsville **GS:** Y **SP:** No spouse information **VI:** No further data **P:** None **BLW:** No **PH:** N **SS:** A rec 1573 **BS:** 154 pg 181.

BURNHAM, James D; b 1799; d 03 Nov 1828 **RU:** 2nd Lieutenant, US Marines, Fort Monroe, 3rd Regt U.S. Artillery **CEM:** St John's Episcopal; Hampton City; 100 W Queens Way **GS:** U **SP:** No spouse information **VI:** Resided at Fortress Monroe from 1826 until his death. Transferred to US Army from US Marines in 1825. Inscription on grave stone indicates his unit **P:** None **BLW:** No **PH:** N **SS:** G; BG **BS:** 290.

BURR, David J; b 01 Jun 1788; d 17 Jul 1838 **RU:** Lieutenant, 19th VMR, Capt William Murphy, Light Infantry Blues, Richmond City, attached to 1st Corps d'Elite (Randolph) **CEM:** Shockoe Hill; Richmond City; 100 Hospital St **GS:** Y **SP:** mar Annabelle Sheddon, b 14 Nov 1789, d 11 Jan 1840 **VI:** No further data **P:** None **BLW:** No **PH:** N **SS:** L pg 607 **BS:** 38 pg 16; 199.

BURTON, James; b 1770; d 08 Oct 1823 **RU:** Private, 38th VMR, Capt William Bolling, Troop of Cavalry, Goochland Co **CEM:** St John's Church; Richmond City; 24th & Broad, Church Hill **GS:** U **SP:** No spouse information **VI:** No further data **P:** None **BLW:** No **PH:** N **SS:** L pg 151 **BS:** 63 pg 420; 252 pg 55.

BURTON, John P; b UNK; d 30 Dec 1828 (Obit) **RU:** Private, 33rd VMR (Ambler), Capt Benjamin Goode, Chesterfield Co, attached to 2nd VMR (Ambler) **CEM:** St John's Church; Richmond City; 24th & Broad, Church Hill **GS:** U **SP:** No spouse information **VI:** No further data **P:** None **BLW:** No **PH:** N **SS:** K pg 69 **BS:** 63 pg 351.

BURTON, Joshua; b 08 Dec 1783; d 15 Feb 1859 **RU:** Private, 2nd VMR (Bayley), Accomack Co **CEM:** Bradford / Burton; Accomack; 0.6 mi N of Quinby **GS:** Y **SP:** mar in Accomack Co on 29 Apr 1822 to Polly Bradford, daughter of Thomas & Alicia Bradford, b 27 Jul 1786, d 18 Nov 1832 **VI:** No further data **P:** None **BLW:** No **PH:** N **SS:** A rec 405 **BS:** 21 pg 46.

BURTON, William Herbert; b 1795; d 1849 **RU:** Private, 7th VMR, Capt Arthur Emmerson, Portsmouth Artillery, Norfolk Co, attached to 6th VMR (Reade) **CEM:** Cedar Grove; Portsmouth; Effington St & Fort Ln **GS:** Y **SP:** mar on 01 Oct 1797 to Sarah Toomer Herbert, d 01 Sep 1869 **VI:** Enumerated in 1840 census of Henrico Co **P:** None **BLW:** No **PH:** N **SS:** A rec 494 **BS:** 65 pg 69.

BURTON, William P; b 1791; d 10 Apr 1848 **RU:** Private, Petersburg Volunteers **CEM:** Blandford; Petersburg; 111 Rochelle Ln **GS:** Y **SP:** No spouse information **VI:** "For many years a citizen of Petersburg" and "a member of that gallant band The Petersburg Canada Volunteers" and in later years a Deacon of Market Street Baptist Church **P:** None **BLW:** No **PH:** N **SS:** AK pg 138 **BS:** 200.

RU=Rank/Unit CEM=Cemetery GS=Gravestone SP=Spousal Information VI=Other Veteran Info P=Pension
BLW=Bounty/Land Warrant PH=Photo SS=Service Source BS=Burial Source VMR= VA Military Regt
LNR= Last Known Residence

BURWELL, Armistead; b 26 Jun 1770; d 28 Jan 1820 **RU**: Major, 3rd VMR **CEM**: Burwell / Hamlin; Mecklenburg; Mecklenburg **GS**: Y **SP**: mar in Mecklenburg Co on 14 Nov 1791 (bond, Robert Crawley surety) to Lucy Crawley, b 30 Dec 1775, d 14 Nov 1825 **VI**: Had been Captain of the 83rd VMR in Dinwiddie Co. Promoted to Major of the 3rd VMR on 20 Mar 1813 **P**: None **BLW**: No **PH**: N **SS**: A rec 568; C pg 74 **BS**: 24 pg 174.

BURWELL, Armistead; b 15 Dec 1777; d 17 Mar 1841, Mansfield **RU**: Major, 83rd VMR (Scott), Dinwiddie Co **CEM**: Blandford; Petersburg; 111 Rochelle Ln **GS**: Y **SP**: No spouse information **VI**: Styled "Colonel" on his tombstone, service during was as Major **P**: None **BLW**: No **PH**: N **SS**: L pg 28 **BS**: 200.

BURWELL, Blair; b c1787; d aft 1850 **RU**: Private, 23rd VMR (Brown), Capt Edward Johnson, Chesterfield Co, attached to 2nd VMR (Ambler/Brown) **CEM**: Hollywood; Richmond City; 412 S Cherry St **GS**: U **SP**: mar in Chesterfield Co on 01 Mar 1827 to Delie Harris **VI**: Age 63 on the 1850 census of Henrico Coounty **P**: Yes **BLW**: No **PH**: N **SS**: B pg 61; BD pg 303 **BS**: 260; 63 pg 240.

BURWELL, Lewis; b 1797; d bur 16 Jun 1840 **RU**: Private, 98th VMR (Green), Mecklenburg Co **CEM**: Shockoe Hill; Richmond City; 100 Hospital St **GS**: U **SP**: No spouse information **VI**: No further data **P**: None **BLW**: No **PH**: N **SS**: A rec 588 **BS**: 38 pg 20.

BURWELL, Nathaniel; b 1785; d 21 Jul 1866 **RU**: Lieutenant, 48th VMR, Capt Andrew Hamilton, Troop of Cavalry, Botetourt Co **CEM**: Burwell Family (moved); Roanoke; East Hill Cemetery, Salem **GS**: U **SP**: mar Lucy Carter, d 1845 **VI**: No further data **P**: None **BLW**: No **PH**: N **SS**: L pg 391 **BS**: 157 pg 33.

BURWELL, Thomas Hugh Nelson; b UNK; d 1841 **RU**: Captain, 121st VMR, Company Commander, Botetourt Co, attached to 5th VMR (McDowell) **CEM**: Bruton Parish; Williamsburg; 331 W Duke of Gloucester St **GS**: Y **SP**: No spouse information **VI**: Stone standing as of 1903 **P**: None **BLW**: No **PH**: N **SS**: B pg 45 **BS**: 64 pg 118.

BUSH, Andrew; b UNK; d 1839 (Inv) **RU**: Corporal, 4th VMR (Boyd) **CEM**: Mt Hebron; Frederick; 305 E Boscawen St, Winchester **GS**: U **SP**: mar in Frederick Co on 13 Sep 1815 (return) to Mary Currell by George M Frye **VI**: No further data **P**: None **BLW**: No **PH**: N **SS**: A rec 713; B pg 79-80 **BS**: 68 pg 55.

BUSH, David S; b Jul 1777; d 02 Sep 1856 **RU**: Private, 20th US Infantry, Capt Lewis B Willis **CEM**: Old Presbyterian Church; Augusta; Waynesboro **GS**: Y **SP**: mar Mary (-----), d 25 Jul 1863 aged 78 yrs 9 mos 27 days **VI**: No further data **P**: None **BLW**: Yes **PH**: N **SS**: BD pg 304 **BS**: 183; 93.

BUSH, Thomas J; b 18 Jan 1797; d 26 Dec 1865 **RU**: Private, 7th VMR **CEM**: Blue Ridge Meeting House; Roanoke; Roanoke City **GS**: Y **SP**: No spouse information **VI**: No further data **P**: None **BLW**: No **PH**: N **SS**: A rec 906 **BS**: 105 pg 1; WPA.

BUSH, William; b 1780; d Jan 1848 **RU**: Private, 51st VMR, Capt John Gilkerson, Frederick Co **CEM**: Mt Hebron; Frederick; 305 E Boscawen St, Winchester **GS**: Y **SP**: mar in Frederick Co on 24 Jun 1802 (return) to Eve Maria Barley by Christian Streit **VI**: Died in his 69th year **P**: None **BLW**: No **PH**: N **SS**: K pg 9 **BS**: 86 pg 51.

BUSHONG, Jacob; b bef 1776; d 1814 (Admin) **RU**: Private, 5th VMR (McDowell) **CEM**: Lutheran Church; Augusta; Churchville **GS**: U **SP**: mar Julia (-----) **VI**: No further data **P**: None **BLW**: No **PH**: N **SS**: A rec 1045 **BS**: 183.

BUSSELL, Charles; b 20 May 1799; d 16 or 18 Nov 1875 **RU**: Private, 36th US Infantry, Capt Randolph **CEM**: Wine Family; Stafford; Mountain View Rd (Rt 627) past jct Kellog Mill Rd & Rt. 651, in woods **GS**: Y **SP**: mar (1) Mary Black; (2) 18 Jan 1867 to Lucy Ann Wine, d 08 Nov 1903, Staunton, Augusta Co. LNR Mountain View, Stafford Co, 1878 **VI**: No further data **P**: Spouse **BLW**: Yes **PH**: N **SS**: C pg 26; BD pg 306 **BS**: 26 pg 399.

BUTLER, Isaac; b 12 Jul 1790; d 01 Jul 1877 **RU**: Private, 74th VMR (Trueheart), Capt Reuben Tankersley, Caroline Co **CEM**: Hollywood; Richmond City; 412 S Cherry St **GS**: Y **SP**: mar in Caroline Co on 24 Dec 1816 to Nancy Childs **VI**: Resided in Hanover Co **P**: Yes **BLW**: Yes **PH**: Y **SS**: A rec 1541; BD pg 308; B pg 56 **BS**: 31.

BUTLER, Isham, Sr; b c1780; d 01 Apr 1869 **RU**: Corporal, 59th VMR, Capt Richard Brothers, Nansemond Co **CEM**: Butler Cemetery; Suffolk City; 1801 Buckhorn Dr, Suffolk **GS**: Y **SP**: mar Mary Elizabeth Hedgebeth, b c1792, d 08 Aug 1857, daughter of Elisha Hedgebeth **VI**: Son of Nathan Butler **P**: None **BLW**: No **PH**: N **SS**: L pg 169; B pg 139 **BS**: 46 v1.

RU=Rank/Unit CEM=Cemetery GS=Gravestone SP=Spousal Information VI=Other Veteran Info P=Pension
BLW=Bounty/Land Warrant PH=Photo SS=Service Source BS=Burial Source VMR= VA Military Regt
LNR= Last Known Residence

BUTLER, James; b 1795; d 08 Mar 1825 **RU**: Private, 68th VMR, Capt John Browne, York Co, attached to 1st VMR (Clarke) **CEM**: Shockoe Hill; Richmond City; 100 Hospital St **GS**: Y **SP**: No spouse information **VI**: No further data **P**: None **BLW**: No **PH**: N **SS**: L pg 175 **BS**: 38 pg 3.

BUTLER, Robert; b Aug 1784; d 14 Aug 1853 **RU**: Private, 29th VMR (Darden), Capt John Blunt, Isle of Wight Co **CEM**: St Lukes Church; Isle of Wight; 14477 Benn's Church Rd, Smithfield **GS**: Y **SP**: mar Otellia Voinard, b Mar 1803, d 14 Aug 1853 **VI**: No further data **P**: None **BLW**: No **PH**: Y **SS**: L pg 148, 270 **BS**: 76 pg 14; 49.

BUTLER, Willis; b UNK; d UNK **RU**: Private, 1st NC Militia (McDonald) **CEM**: Old City Cemetery; Lynchburg; 401 Taylor St **GS**: U **SP**: No spouse information **VI**: No further data **P**: None **BLW**: No **PH**: N **SS**: A rec 1996 **BS**: 87 pg 94.

BYARS, William; b 13 Nov 1776; d 14 Feb 1866 **RU**: Sergeant, Lt Col Abraham Bradley's Regiment, 17th Brigade **CEM**: Glade Spring Presbyterian; Washington; 33234 Lee St, Glade Springs **GS**: Y **SP**: mar Elizabeth (-----), b 26 Dec 1784, d age 50 years 11 mos **VI**: No further data **P**: None **BLW**: No **PH**: No **SS**: A rec 2598 **BS**: 261 v15 pg 151.

BYRAM, John M; b UNK; d UNK **RU**: Private, 16th VMR, Capt Claiborne Wigglesworth, Spotsylvania Co **CEM**: Byram Family; Stafford; jct Rts 672 & 630 **GS**: U **SP**: mar in Spotsylvania Co on 30 Sep 1830 to Frances Bell **VI**: No further data **P**: None **BLW**: No **PH**: N **SS**: L pg 832 **BS**: 26 pg 161.

BYRD, Andrew Hamilton; b 19 Oct 1780, Bath Co; d 16 Sep 1862, Highland Co **RU**: Private, 81st VMR, Capt John Dickinson, Cavalry, Bath Co **CEM**: Wallace Family; Bath; Williamsville **GS**: Y **SP**: mar Elizabeth Isabella Capito **VI**: Member House of Delegates, sponsored bill creating Highland Co, where he served as Sheriff and Justice. Final military rank was Major, Virginia Militia, commissioned in 1826 **P**: Spouse **BLW**: No **PH**: N **SS**: A rec 2788; BD pg 314; B pg 41 **BS**: 245.

BYRD, Lewis; b UNK; d 18 Jan 1838 **RU**: Private, 58th VMR, Capt John Snapp, Troop of Cavalry, Rockingham Co **CEM**: Byrd Family; Rockingham; Judge Paul Rd (Rt 775), Ottobine **GS**: N **SP**: No spouse information **VI**: No stone as of 2002. Dates from notes of Robert Swank in 1967 **P**: None **BLW**: No **PH**: N **SS**: A rec 2828; B pg 182 **BS**: 262.

BYRNE, William; b 07 Oct 1787; d 22 Mar 1861 **RU**: Corporal, 85th VMR, Fauquier Co **CEM**: Byrne Family; Fauquier; "Byrnley," Rt 704, The Plains **GS**: Y **SP**: mar Ann (-----), b 22 Aug 1789, d 24 Feb 1881 **VI**: No further data **P**: None **BLW**: No **PH**: N **SS**: A rec 2932 **BS**: 3 pg 5.

BYWATERS, William; b UNK; d 1856 (Inv) **RU**: Private, 1st VMR (Crutchfield) **CEM**: Bywaters Family; Frederick; Gore **GS**: U **SP**: No spouse information **VI**: No further data **P**: None **BLW**: No **PH**: N **SS**: A rec 3008 **BS**: 79 pg 48.

CABELL, Benjamin William Sheridan; b 10 May 1793; d 19 Apr 1862 **RU**: Ensign, 117th VMR, Capt John Fariss, Campbell Co, attached to 3rd VMR (Dickinson) **CEM**: Grove Street; Danville City; 940 Grove St **GS**: Y **SP**: No spouse information **VI**: Established the Roanoke Navigational Canal which opened in 1824. Served in U.S. Army during War of 1812; member VA legislature. Tombstone says General Benjamin W. S. Cabell, died at Bridgewater, "An old Virginia gentleman, a true Southern Patriot" **P**: None **BLW**: No **PH**: Y **SS**: L pg 313; A rec 43 **BS**: 149; 168; 49.

CABINESS, James; b UNK; d 24 Apr 1837 **RU**: Private, Petersburg Volunteers, Capt Richard McRae **CEM**: Bruton Parish; Williamsburg; 331 W Duke of Gloucester St **GS**: Y **SP**: No spouse information **VI**: Clerk of Superior Court in James City Co **P**: None **BLW**: No **PH**: N **SS**: D pg 138 **BS**: 64 Pg 117.

CALDWELL, John; b 1779; d 29 Oct 1823 **RU**: Private, 93rd VMR, Cavalry, Capt Jesse Dold, Augusta Co **CEM**: Tinkling Spring; Augusta; 11 mi NE of Staunton **GS**: U **SP**: No spouse information **VI**: Died age 54 **P**: None **BLW**: No **PH**: N **SS**: L pg 282 **BS**: 183.

CALLAGHAN, Charles; b 15 Mar 1789; d 20 May 1868 **RU**: Private, 111th VMR, (Parker), Capt George Wright, Westmoreland Co **CEM**: Callaghan / Dickson Family; Alleghany; I-64 Exit 10 off Rt 149 **GS**: U **SP**: No spouse information **VI**: Court Justice, Alleghany County, 1839 **P**: None **BLW**: No **PH**: N **SS**: L pg 849 **BS**: 197.

CALLAHAN, John B; b 1793; d 17 Jul 1829 **RU**: Private, 69th VMR, Capt John Royall, Troop of Cavalry, Halifax Co, attached to 1st VMR (Holcombe) **CEM**: Shockoe Hill; Richmond City; 100 Hospital St **GS**: U **SP**: No spouse information **VI**: No further data **P**: None **BLW**: No **PH**: N **SS**: L pg 682 **BS**: 38 pg 7.

RU=Rank/Unit CEM=Cemetery GS=Gravestone SP=Spousal Information VI=Other Veteran Info P=Pension
BLW=Bounty/Land Warrant PH=Photo SS=Service Source BS=Burial Source VMR= VA Military Regt
LNR= Last Known Residence

CALLAND, Samuel; b 1768; d 22 Mar 1818 **RU:** Captain, 42nd VMR, Artillery, Company Commander, Pittsylvania Co, attached to 6th Artillery (Reade) and 1st VMR (Clarke) **CEM:** Calland Family; Pittsylvania; 2332 Mountain Dr, Chatham **GS:** Y **SP:** No spouse information **VI:** Son of Samuel Calland, (b 1850, Scotland) & Elizabeth Smith (d. 1828) **P:** None **BLW:** No **PH:** Y **SS:** B pg 161 **BS:** 246.

CALLAWAY, John; b 01 Aug 1781; d 08 Jan 1865 **RU:** Private, Battalion of Artillery **CEM:** Hairston Family; Henry; Beaver Creek Plantation **GS:** Y **SP:** mar in Henry Co on 13 Jan 1821 (bond) to America Hairston, daughter of George Hariston, b 1801, d 1826 **VI:** Son of Col James & Elizabeth Early Callaway. Member of the House of Delegates **P:** None **BLW:** No **PH:** N **SS:** A pg 1582 **BS:** .

CALLOWAY, James; b 1792; d 05 Mar 1817 **RU:** Private, 7th VMR (Gray) **CEM:** Calloway Family; Franklin; Rt 619, 4 mi NE of Saco **GS:** Y **SP:** No spouse information **VI:** No further data **P:** None **BLW:** No **PH:** N **SS:** A rec 1577, 1801 **BS:** 226.

CALLOWAY, William; b 1787; d 22 Mar 1818 **RU:** Private, 7th VMR (Saunders) **CEM:** Calloway Family; Franklin; Rt 619, 4 mi NE of Saco **GS:** Y **SP:** No spouse information **VI:** Died age 31 years **P:** None **BLW:** No **PH:** N **SS:** A rec 1822 **BS:** 226.

CAMDEN, Washington; b 15 Oct 1772; d 12 May 1851 **RU:** Private, 4th VMR (Boyd) **CEM:** Neriah; Rockbridge; 5 mi fr Lexington on road to Buena Vista **GS:** Y **SP:** mar Nancy (-----), b 02 Jan 1775, d 12 Sep 1852 **VI:** Son of Benjamin & Elizabeth (Wright) Camden **P:** None **BLW:** No **PH:** N **SS:** A rec 2167 **BS:** 193.

CAMP, George; b 1793; d 09 Mar1879, Franklin, Southampton Co **RU:** Ensign, 71st VMR, Capt John Galt, Artillery, Surry Co, attached to Battalion of Artillery **CEM:** Poplar Springs; Southampton; Franklin **GS:** U **SP:** mar Sallie Cutchins **VI:** Son of George & Hannah (Wright) Camp **P:** None **BLW:** No **PH:** N **SS:** A rec 50 **BS:** 45 pg 49.

CAMP, George Washington; b 1780; d 07 Dec 1823 **RU:** Brigadier Major, 1st Brigade (Taylor), VA Militia **CEM:** Cedar Grove; Norfolk City; 238 E Princess Anne Rd **GS:** Y **SP:** mar Mary (-----), d 26 Jan 1845, aged 60 **VI:** Recorder for the Norfolk Borough and member of the city council. Shared stone with wife and son William Sharp Camp who died 19 Apr 1832, age 10. Died age 47 **P:** None **BLW:** No **PH:** Y **SS:** A rec 51 **BS:** 49.

CAMPBELL, Ambrose; b 1782; d 16 Jul 1857, Cove Pasture Bridge, Alleghany Co **RU:** Private, 8th VMR, Capt Archibald Lyles, Troop of Cavalry, Rockbridge Co, attached to 5th VMR (McDonnell) **CEM:** Haines Chapel; Rockbridge; jct Rt 56 & Blue Ridge Parkway, Vesuvius **GS:** Y **SP:** mar Jun 1811 in Rockbridge Co to Dorcus Etzel, b Mar 1794, d Aug 1885 **VI:** Son of Edward Campbell **P:** Spouse **BLW:** Yes **PH:** N **SS:** BD pg 325; B pg 179 **BS:** 245.

CAMPBELL, David; b 07 Aug 1779; d 19 Mar 1859 **RU:** Lieutenant, 20th US Infantry **CEM:** Sinking Spring Presbyterian; Washington; Blackfield Rd, one block fr Main St, Abingdon **GS:** Y **SP:** mar Mary Hamilton, b 22 Feb 1783, d 06 Oct 1859 **VI:** 27th Governor of Virginia, 1837-40. Merchant. Steered the General Assembly through the national Financial Panic of 1837. Brother John Campbell was US Treasurer 1829-39. Brother Edward V Campbell was a member of the State 1829-1830 Constitutional Convention **P:** None **BLW:** No **PH:** N **SS:** BE **BS:** 261 v16 pg 12.

CAMPBELL, David; b 10 Aug 1793; d 13 Sep 1853 **RU:** Lieutenant, Artillery Battalion **CEM:** Sinking Spring Presbyterian; Washington; Blackfield Rd, one block fr Main St, Abingdon **GS:** Y **SP:** No spouse information **VI:** No further data **P:** None **BLW:** Yes **PH:** N **SS:** A rec 336 **BS:** 116 pg 79.

CAMPBELL, David; b 02 Aug 1779; d 03 Sep 1854, Washington Co **RU:** Private, 105th VMR, Capt William Smith, Artillery, Washington Co, attached to Battalion of Artillery **CEM:** Sinking Spring Presbyterian; Washington; Blackfield Rd, one block fr Main St, Abingdon **GS:** Y **SP:** mar in Washington Co on 25 Jun 1816 to Ann Ryburn, d 03 Jan 1883, Abingdon, VA **VI:** Clerk of Washington Co **P:** Spouse **BLW:** Yes **PH:** N **SS:** BD pg 325 **BS:** 116 pg 70; 168.

CAMPBELL, Henry; b 1766; d 1844 **RU:** Private, 91st VMR, Capt John Gray, Russell Co, attached to 2nd VMR (Ambler/Brown) **CEM:** Campbell Family; Russell; Mountain Rd **GS:** Y **SP:** mar Sarah (-----) **VI:** No further data **P:** Spouse app **BLW:** No **PH:** N **SS:** A rec 422: B pg 42: BD pg 326; M pg 70 **BS:** 245.

CAMPBELL, Hugh, Jr; b 08 May 1787; d 09 Apr 1871 **RU:** Ensign, 9th VMR (Boyd) **CEM:** Glencairn; Hanover; Scotchtown Rd, Scotchtown **GS:** Y **SP:** mar (1) Unknown; (2) Mary Hill Fleet, b 1800, d 1841 **VI:** He was from Fauquier Co **P:** None **BLW:** No **PH:** N **SS:** A rec 459 **BS:** 72 pg 98.

RU=Rank/Unit CEM=Cemetery GS=Gravestone SP=Spousal Information VI=Other Veteran Info P=Pension
BLW=Bounty/Land Warrant PH=Photo SS=Service Source BS=Burial Source VMR= VA Military Regt
LNR= Last Known Residence

CAMPBELL, James; b 22 Jul 1792; d 11 Jul 1855 **RU:** Sergeant, 8th VMR, Capt John McMullins, Rockbridge Co, attached to 4th VMR (Boyd) **CEM:** Timber Ridge; Rockbridge; Rt 11, 6.5 mi N of Lexington **GS:** Y **SP:** mar Margaret D (-----), b 01 Sep1801, d 09 May 1836 **VI:** No further data **P:** None **BLW:** No **PH:** N **SS:** A rec 547 **BS:** 193.

CAMPBELL, John; b 23 Jul 1775; d 10 Sep 1863 **RU:** Private, 48th VMR, Capt James Cartmill, Botetourt Co **CEM:** Campbell Fam #1 (moved); Roanoke; Fairview Cemetery **GS:** U **SP:** No spouse information **VI:** No further data **P:** None **BLW:** No **PH:** N **SS:** K pg 7 **BS:** 157 pg 38.

CAMPBELL, John H; b 01 Aug 1778; d 02 Jan 1850 **RU:** Private, Flying Camp McDowell **CEM:** Cooks Creek Presbyterian; Rockingham; 4222 Mt Clinton Pike, Harrisonburg **GS:** Y **SP:** No spouse information **VI:** No further data **P:** None **BLW:** No **PH:** N **SS:** A rec 650 **BS:** 262.

CAMPBELL, Robert; b Apr 1789; d 26 Feb 1839 **RU:** Sergeant Major, 7th VMR (Saunders) **CEM:** Zion Methodist; Washington; 29249 Zion Church Rd, Damascus **GS:** Y **SP:** mar Annabelle (-----), d 03 Aug 1860 age 72 yrs 4 days **VI:** Died age 49 yrs, 10 mos, 1 day **P:** None **BLW:** No **PH:** N **SS:** A rec 932 **BS:** 116 pg 253.

CAMPBELL, Wiley; b 1773; d 02 Feb 1842 **RU:** Major, 7th VMR (Saunders); 9th VMR (Boyd) **CEM:** Campbell Family; Amherst; Rt 659 **GS:** Y **SP:** mar in Amherst Co on 18 Nov 1800 (bond) to Elizabeth M Sale, spinster, d 01 Mar 1843 age 65 **VI:** Died age 69 "in his 70th year" **P:** None **BLW:** No **PH:** N **SS:** B pg 142 **BS:** 5 pg 83.

CAMPBELL, William; b 26 Apr 1774; d 15 Mar 1840 **RU:** Lieutenant, 5th VMR **CEM:** Gollehon; Smyth; Broadford E of Saltville **GS:** Y **SP:** No spouse information **VI:** No further data **P:** None **BLW:** No **PH:** N **SS:** A rec 1133 **BS:** 131 v1 pg 28.

CANNON, Henry; b 08 Jul 1797; d 01 Apr 1880 **RU:** Private, 20th VMR, Capt Edward James Co, Princess Anne Co **CEM:** Hollywood; Richmond City; 412 S Cherry St **GS:** Y **SP:** mar Elizabeth (-----) **VI:** No further data **P:** None **BLW:** No **PH:** Y **SS:** K pg 454 **BS:** 31.

CARDWELL, Richard Lee; b 1779; d 14 Nov 1833, Richmond City **RU:** Private, 98th VMR, Capt Samuel Thomas, Mecklenburg Co **CEM:** Shockoe Hill; Richmond City; 100 Hospital St **GS:** U **SP:** mar 19 Mar 1804 to Lucy Adams Dinwiddie, d 23 Jan 1874. LNR Richmond City, 1871 **VI:** Son of Francis & Theodosha (Wager) Cardwell **P:** Spouse **BLW:** Yes **PH:** N **SS:** B pg 131; BD pg 325 **BS:** 38 pg 13.

CARLIN, William; b UNK; d 1820 **RU:** Sergeant, 42nd Regiment MD Militia (Smith) **CEM:** Ball / Carlin; Arlington; S Kensington & 3rd **GS:** Y **SP:** No spouse information **VI:** No further data **P:** None **BLW:** No **PH:** N **SS:** A rec 759 **BS:** 96 pg 2.

CARLISLE, Samuel; b 1787; d 30 Nov 1827 **RU:** Private, 33rd VMR, Capt Thomas Prosser, Troop of Cavalry, Henrico Co **CEM:** Shockoe Hill; Richmond City; 100 Hospital St **GS:** U **SP:** mar Rachel C. Moore , b 1786 of Goochland Co **VI:** No further data **P:** None **BLW:** No **PH:** N **SS:** L pg 651 **BS:** 38 pg 5.

CARMINES, William; b 1784; d 04 Jul 1869 **RU:** Private, 2nd VMR, Capt Levin S Jones, Accomack Co **CEM:** Smith Family; York; Yorktown **GS:** Y **SP:** mar Lucy (-----), b 21 Apr 1833, d 18 Apr 1912 (buried next to William with inscription "MOTHER") **VI:** Inscription on stone reads "FATHER," buried next to Lucy (1833-1912) who was apparently much his junior **P:** None **BLW:** No **PH:** N **SS:** K pg 316; L pg 510 **BS:** 49.

CARNALL, John; b 1791; d 26 Feb 1871 **RU:** Private, 16th VMR, Capt Claiborne Wigglesworth, Spotsylvania Co **CEM:** Armstrong / Leach; Fauquier; Rt 628, Warrenton **GS:** Y **SP:** mar (1) Unknown; (2) 21 Feb 1854, Hannah Norris who d 25 Jun 1887, LNR PO New Baltimore, Fauquier Co, 1878. No stone **VI:** Died age 80. Pension record gives date of death as 28 Feb 1871 **P:** Spouse **BLW:** Yes **PH:** N **SS:** B pg 189; BD pg 340 **BS:** 4 pg 3.

CARNEY, Richard; b 1784; d bur 21 Sep 1839 **RU:** Sergeant, 9th VMR (Sharp) **CEM:** Shockoe Hill; Richmond City; 100 Hospital St **GS:** U **SP:** No spouse information **VI:** No further data **P:** None **BLW:** No **PH:** N **SS:** A rec 1443 **BS:** 38 pg 19.

CARPENTER, Jonathan; b 10 Mar 1785; d 17 Mar 1882 **RU:** Private, NY Militia, Capt Stafford's Co **CEM:** Carpenter Family; Rappahannock; Rudasill Mill Rd (Rt 621), Woodville **GS:** Y **SP:** mar in Culpeper Co on 20 Dec 1832 (bond) to Ann Waters, minister William F Broadus, b 02 May 1806, d 04 Feb 1893 **VI:** No further data **P:** Both applied **BLW:** No **PH:** N **SS:** BD pg 342; M pg 73 **BS:** 270.

RU=Rank/Unit CEM=Cemetery GS=Gravestone SP=Spousal Information VI=Other Veteran Info P=Pension
BLW=Bounty/Land Warrant PH=Photo SS=Service Source BS=Burial Source VMR= VA Military Regt
LNR= Last Known Residence

CARPENTER, William; b 28 May 1775; d 03 Apr 1837 **RU:** Private, 5th VMR **CEM:** Friedens Church; Rockingham; Friedens Church Rd (Rt 257), Mt Crawford **GS:** Y **SP:** No spouse information **VI:** No further data **P:** None **BLW:** No **PH:** N **SS:** A rec 2028 **BS:** 262.

CARPER, Isaac; b 1794; d 1860 **RU:** Sergeant, 5th VMR **CEM:** Carper Family; Craig; Rt 42, 1 mi W of New Castle **GS:** Y **SP:** mar Botetourt Co, 24 May 1815, Elizabeth Nutter, b 1795 **VI:** Son of Isaac Carper (1775-1826) & Susannah Sovain (1774-1805) **P:** None **BLW:** No **PH:** N **SS:** A rec 2065 **BS:** 229.

CARPER, John; b 09 Sep 1788; d 25 Feb 1856 **RU:** Sergeant, 4th VMR **CEM:** Carper Family; Frederick; Stephens City **GS:** Y **SP:** mar 12 Mar 1816, Christiana Lawyer **VI:** No further data **P:** None **BLW:** No **PH:** N **SS:** A rec 2068 **BS:** 79 pg 53.

CARPER, John; b 1785; d 1869 **RU:** Sergeant, 5th VMR (McDowell), Flying Camp **CEM:** Macedonia United Methodist; Frederick; 1941 Macedonia Church Rd, White Post **GS:** Y **SP:** No spouse information **VI:** No further data **P:** None **BLW:** No **PH:** N **SS:** A rec 2067 **BS:** 79 pg 53.

CARPER, William; b UNK; d after 1871 **RU:** Corporal, 51st VMR, Capt James Sowers, Frederick Co, attached to 5th VMR (McDowell) **CEM:** Macedonia United Methodist; Frederick; 1941 Macedonia Church Rd, White Post **GS:** Y **SP:** mar 01 Jul 1815 in Hagerstown, MD to Kitty Drake **VI:** LNR Winchester, Frederick Co, 1871 **P:** Yes **BLW:** Yes **PH:** N **SS:** A rec 2073; BD pg 344; B pg 80 **BS:** 79 pg 54.

CARR, Dabney; b 27 Apr 1773; d 18 Jan 1837 **RU:** Private, 47th VMR, Capt Samuel Leake, Albemarle Co, attached to 2nd VMR (Ballowe) **CEM:** Shockoe Hill; Richmond City; 100 Hospital St **GS:** Y **SP:** mar Elizabeth Carr, b 1770, d 28 May 1838 age 58 yrs 1 mo 28 days **VI:** Son of Dabney Carr and Martha Jefferson. Atttorney, Virginia Court of Appeals (1824 until his death) **P:** Apppplied **BLW:** No **PH:** N **SS:** A rec 43; BD pg 344; B pg 76 **BS:** 199.

CARR, John; b UNK; d UNK **RU:** Sergeant, 6th VMR (Coleman) **CEM:** Bushrod Carr Family; Dinwiddie; Rt 625, 3 mi W of Hebron private lane to house site, no road to cemetery **GS:** N **SP:** mar in Chesterfield Co on 30 Sep 1830 to Susannah Stith Coghill **VI:** John Carr "supposed to be buried here but his grave is only a mound-marker" **P:** None **BLW:** No **PH:** N **SS:** A rec 200 **BS:** 210; 97 pg 41.

CARR, Richard; b 1792; d bur 05 Jan 1842 **RU:** Private, 4th VMR (Boyd) **CEM:** Shockoe Hill; Richmond City; 100 Hospital St **GS:** U **SP:** No spouse information **VI:** No further data **P:** None **BLW:** No **PH:** N **SS:** A rec 292 **BS:** 38 pg 24.

CARR, Robert W; b 1777, Ireland; d 29 Sep 1822 **RU:** 1st Sergeant, Battallion of Artillery **CEM:** Shockoe Hill; Richmond City; 100 Hospital St **GS:** Y **SP:** No spouse information **VI:** No further data **P:** None **BLW:** No **PH:** N **SS:** A rec 304 **BS:** 38 pg 1.

CARR, Samuel; b 09 Oct 1771; d 25 Jul 1855 **RU:** Captain, 88th VMR, Company Commander, Troop of Cavalry, Albemarle Co, attached to Detachment of Cavalry **CEM:** Monticello Graveyard; Albemarle; 931 Thomas Jefferson Pkwy, Charlottesville **GS:** Y **SP:** mar in Albemarle Co on 01 Dec 1818 to Sarah Dabney, daughter of William Dabney, dec'd. She wrote her own consent. Returned by Martin Dawson **VI:** 2nd son of Dabney Carr of the Revolution and of Martha Jefferson, sister of Thomas Jefferson **P:** None **BLW:** No **PH:** N **SS:** B pg 35 **BS:** 93; 94 v3 pg 158.

CARRINGTON, George Mayo; b 09 Apr 1792; d 28 Jun 1855 **RU:** Ensign, 19th VMR (Ambler), Capt Anthony Turner, Richmond City **CEM:** Adams Family (no longer exists); Richmond City; Church Hill, Richmond **GS:** N **SP:** mar in Richmond City on 25 Oct 1827 to Margaret (Adams) Pickett, widow of Charles Pickett, d 04 Oct 1840 **VI:** Son of William A Carrington & Eliza C Adams. He was a communicant of St John's Church in Richmond. In January 1840 and was called Colonel **P:** None **BLW:** No **PH:** N **SS:** B pg 174 **BS:** 63 pg 240, 356.

CARRINGTON, John B; b 1793; d 24 Apr 1864 **RU:** Private, 71st VMR, Capt Edward Holts, Surry Co, attached to 6th VMR (Coleman) **CEM:** Bellevue; Halifax; Rt 729, South Boston **GS:** U **SP:** mar in Halifax Co on 11 Sep 1828 to Judith A Wimbish, daughter of Charles Wimbish, d 31 Aug 1878, LNR Wolftrap, Halifax Co. She gave her own consent to the marriage bond, which was dated 09 Sep 1828. Marriage notice in the *Richmond Examiner*, 26 Sep 1828, pg 3 **VI:** Marriage notice states he was a former Delegate from Halifax Co **P:** Spouse **BLW:** Yes **PH:** N **SS:** B pg192; BD pg 347; M pg 74 **BS:** 245.

CARROLL, Charles; b 1795, MD; d 17 Jan 1874, Springvale **RU:** Private, MD Militia 34th Regiment, Capt James Vetch **CEM:** Springvale; Fairfax; Springvale Rd **GS:** Y **SP:** mar (1) Susan Vermillion; (2) 25 Nov 1856 in Vienna,

Fairfax Co, to Ann Follin Pearson, d 05 May 1886, Great Falls, LNR Springvale, Fairfax Co **VI**: Resided in Fairfax Co **P**: Both applied **BLW**: Yes **PH**: N **SS**: BD pg 347 **BS**: 49.

CARROLL, Gray; b 1773; d 06 Nov 1843 **RU**: Private, 111th VMR, Capt George Wright, Westmoreland Co **CEM**: Carroll Family; Isle of Wight; 6.5 mi W of Smithfield **GS**: U **SP**: mar (-----) Jones, daughter of David Jones **VI**: No further data **P**: None **BLW**: No **PH**: N **SS**: L pg 845 **BS**: 186.

CARROLL, James Nooland; b 24 Jan 1790; d 25 Jun 1813 **RU**: Private, 4th VMR (Beatty) **CEM**: Cedar Flats; Lee; Woodway **GS**: Y **SP**: No spouse information **VI**: Minister of the Methodist Protestant Church **P**: None **BLW**: No **PH**: N **SS**: A rec 890 **BS**: 253 pg 17.

CARROLL, John; b 22 Jul 1784; d 26 May 1861 **RU**: Sergeant, Cocke's Detachment VA Militia **CEM**: Carroll Graveyard; Louisa; Rt 649, Trevilians **GS**: Y **SP**: mar in Louisa Co on 17 Mar 1815 (return by John Lasley) to Mary Perkins, daughter of Elizabeth Perkins, b 27 Aug 1790, d 16 Sep 1853. Hardin Perkins was surety to the marriage bond **VI**: No further data **P**: None **BLW**: No **PH**: N **SS**: A rec 797 **BS**: 181.

CARSON, David Alexander; b 06 Nov 1777; d 07 Nov 1836 **RU**: Sergeant, 6th VMR **CEM**: Old Providence Church; Augusta; 1005 Spottswood Rd, Spottswood **GS**: Y **SP**: mar Christiana (-----), b 1770, d 1851 **VI**: Son of Rev War veteran Samuel Carson & wife Sarah Gibson **P**: None **BLW**: No **PH**: Y **SS**: A rec 1006 **BS**: 165 #108; 31.

CARSON, Elijah; b 12 Jan 1789; d 26 Mar 1860 **RU**: Private, 32nd VMR, Capt Abraham Lange, Augusta Co, attached to 5th VMR **CEM**: Old Providence Church; Augusta; 1005 Spottswood Rd, Spottswood **GS**: Y **SP**: mar (1) Polly Hawpe; (2) Jan 1841, Margaret Rowan, LNR PO Middlebrook, Augusta Co, 1878 **VI**: Son of Rev War veteran Samuel Carson & wife Sarah Gibson **P**: Spouse **BLW**: Yes **PH**: Y **SS**: A rec 1011; BD pg 348; B pg 179 **BS**: 2 pg 59; 31.

CARSON, James; b 1773, County Armagh, Ireland; d 09 Sep 1855 **RU**: 1st Lieutenant, 1st DC Regiment of Militia **CEM**: Christ Church Episcopal; Alexandria; Wilkes & Hamilton **GS**: Y **SP**: mar Ursula (-----), b County Armagh, Ireland, d 03 Jun 1835 in her 53rd year **VI**: Doctor and shipping merchant. Member of Brooke Lodge No. 47 **P**: None **BLW**: No **PH**: N **SS**: A rec 1032 **BS**: 113 pg 2; 34 pg 89.

CARSON, John; b 06 Dec 1794; d 24 Oct 1852, Rockbridge **RU**: Private, 8th VMR, Capt Isaiah McBride, Rockbridge Co, attached to 5th VMR (McDowell) **CEM**: Old Providence Church; Augusta; 1005 Spottswood Rd, Spottswood **GS**: Y **SP**: mar in Augusta Co on 10 Sep 1818 to Margaret K McKee, LNR Ruther Glen, Caroline Co, 1878 **VI**: Son of Samuel & Christiana (Archibald) Carson **P**: Spouse **BLW**: Yes **PH**: N **SS**: A rec 1038; BD pg 349; B pg 179 **BS**: 2 pg 59; 31.

CARSON, Joseph; b 1785; d 1875 **RU**: Lieutenant, 1st VMR (Trueheart) **CEM**: Bleak Hill; Culpeper; Near Alanthus **GS**: Y **SP**: No spouse information **VI**: No further data **P**: None **BLW**: No **PH**: N **SS**: A rec 1078 **BS**: 12 pg 26.

CARSON, Samuel, Sr; b 24 Dec 1771; d 20 Mar 1839 **RU**: Lieutenant, 5th VMR (McDowell) **CEM**: Old Providence Church; Augusta; 1005 Spottswood Rd, Spottswood **GS**: Y **SP**: mar Christina Archibald **VI**: Father of John Carson who also had War of 1812 service **P**: None **BLW**: No **PH**: Y **SS**: A rec 1128 **BS**: 141 pg 464; 31.

CARSON, Simon; b 19 Aug 1769; d 27 May 1856 **RU**: Lieutenant, 1st VMR (Taylor) **CEM**: Carson Family; Frederick; Stephens City **GS**: U **SP**: mar in Frederick Co on 22 May 1822 (return) to Jane Anderson, by John B Tilden **VI**: No further data **P**: None **BLW**: No **PH**: N **SS**: A rec 1131 **BS**: 79 pg 54.

CARSON, Thomas H; b 1794; d 09 Jul 1827 **RU**: Sergeant, 8th VMR (Magnien) **CEM**: Shockoe Hill; Richmond City; 100 Hospital St **GS**: Y **SP**: No spouse information **VI**: No further data **P**: None **BLW**: No **PH**: N **SS**: A rec 1142 **BS**: 38 pg 5.

CARSON, William; b 17 Dec 1774; d 21 Dec 1855 **RU**: Lt Colonel, 97th VMR, Commander, Shenandoah Co **CEM**: Carson Family; Frederick; Stephens City **GS**: Y **SP**: mar Martha (-----), b 06 Feb 1773, d 15 May 1851 **VI**: Commissioned Lt Colonel 21 Jan 1811 **P**: None **BLW**: No **PH**: N **SS**: A rec 1155 **BS**: 79 pg 54, 245.

CARTER, Charles; b 1796; d 27 Feb 1831 **RU**: Private, 6th VMR (Coleman) **CEM**: Shockoe Hill; Richmond City; 100 Hospital St **GS**: U **SP**: No spouse information **VI**: No further data **P**: None **BLW**: No **PH**: N **SS**: A rec 1311 **BS**: 38 pg 9.

RU=Rank/Unit   CEM=Cemetery   GS=Gravestone   SP=Spousal Information   VI=Other Veteran Info   P=Pension
BLW=Bounty/Land Warrant   PH=Photo   SS=Service Source   BS=Burial Source   VMR= VA Military Regt
LNR= Last Known Residence

CARTER, Charles Landon; b 21 May 1774; d 21 Sep 1822 **RU:** Surgeon's Mate, 92nd VMR, (Chowning), Lancaster Co **CEM:** Masonic Cemetery; Fredericksburg; 900 Block, Charles St **GS:** Y **SP:** mar Mary Randolph Thornton, daughter of John Thornton, b 19 Oct 1780, d 01 Oct 1861 **VI:** Native of Lancaster Co. Studied medicine in Philadelphia. Vestryman of St George's Parish but at his death was a member of the Presbyterian Church. Twice Mayor of Fredericksburg **P:** None **BLW:** No **PH:** N **SS:** A rec 1320 **BS:** 52.

CARTER, David Norfleet; b 1796; d 1885 **RU:** Private, 22nd VMR, Capt Stephen Pool, Mecklenburg Co, attached to 6th VMR (Sharp) **CEM:** Wright / Wootton; Mecklenburg; Rt 58, Boydton **GS:** Y **SP:** mar in Mecklenburg Co on 13 Jan 1824 to Cary Happy Brame. Marriage performed by Rev William Richards. Surety by Melchizedoec Brame. Her name also given as "Kerrenhappuck" **VI:** LNR Boydton, Mecklenburg Co, 1872 **P:** Yes **BLW:** Yes **PH:** N **SS:** A rec 1357; BD pg 350; B pg 131 **BS:** 24 pg 48.

CARTER, Edward; b 1786; d 16 Jun 1843, "Meadow Grove" **RU:** Private, 44th VMR, Capt Nathaniel Grigsby,Troop of Cavalry, Fauquier Co **CEM:** Carter / Cassell; Fauquier; Rt 17 one mi S of Marshall **GS:** Y **SP:** mar Fanny Toy, d at Meadow Grove on 21 Apr 1864, in her 66th year **VI:** Son of John Carter of Sudley Plantation. Was of "Meadow Grove" **P:** None **BLW:** No **PH:** N **SS:** A rec 1371 **BS:** 175; 4 pg 15.

CARTER, Edward; b UNK; d 1864 **RU:** Private, 6th VMR Artillery (Read) **CEM:** St Paul's Catholic Church; Portsmouth; 518 High St **GS:** U **SP:** No spouse information **VI:** Called a hero by Father Brady **P:** None **BLW:** No **PH:** N **SS:** A rec 1377 **BS:** 49.

CARTER, Francis; b 1795; d 26 Jul 1875 **RU:** Private, 49th VMR, Capt Edward Roberton, Troop of Cavalry, Nottoway Co **CEM:** Carter Family; Nottoway; Burkeville **GS:** U **SP:** mar (1) Martha K Farmer; (2) Amelia Hatchett; (3) Sarah Jane Leigh, d 29 Oct 1898 **VI:** No further data **P:** Spouse **BLW:** No **PH:** N **SS:** A rec 1406; BD pg 350 **BS:** 260.

CARTER, George; b UNK; d 16 Dec 1856 **RU:** Lieutenant, 6th VMR (Sharp) **CEM:** Carter / Wilkinson; Carroll; Hillsville, Mountain Meadow Preserve **GS:** Y **SP:** mar Elizabeth Calfee, b 10 Oct 1794, d 25 Dec 1869 **VI:** No further data **P:** None **BLW:** No **PH:** N **SS:** A rec 1429 **BS:** 90 pg 184.

CARTER, George; b 1774; d 23 Nov 1847, Bowling Green, Caroline Co **RU:** Private, 19th VMR (Ambler), Richmond City **CEM:** Shockoe Hill; Richmond City; 100 Hospital St **GS:** U **SP:** No spouse information **VI:** Death notice in the *Richmond Whig*, 27 Nov 1847, pg 4 **P:** None **BLW:** No **PH:** N **SS:** A rec 1116 **BS:** 38 pg 40.

CARTER, Henry H "Harry"; b 1793; d 1866 **RU:** Private, 44th VMR, Capt George Love, Fauquier Co, attached to 2nd VMR (Ballowe) **CEM:** Poorhouse Cemetery; Fauquier; off Free State Rd, Vernon Mills **GS:** U **SP:** mar on 22 Dec 1819 to Susan Redmond, d c1886, LNR Poolesville, Montgomery Co., MD **VI:** No further data **P:** Spouse **BLW:** Yes **PH:** N **SS:** BD pg 35; M pg 75; B pg 74 **BS:** 245.

CARTER, Henry L; b 1797; d 01 Feb 1844, "Strawberry Hill," Henrico Co **RU:** Private, 2nd VMR (Ballowe) **CEM:** Shockoe Hill; Richmond City; 100 Hospital St **GS:** U **SP:** No spouse information **VI:** Henry L Carter, Esquire. Death date from *Richmond Compiler*, 03 Feb 1843, pg 3, age 47. Funeral was held at his residence at "Strawberry Hill" **P:** None **BLW:** No **PH:** N **SS:** A rec 1461 **BS:** 38 pg 30.

CARTER, Hill; b 1796; d 1875 **RU:** Midshipman, USS *Peacock* **CEM:** Shirley Plantation; Charles City; Rt 5 **GS:** U **SP:** mar Mary Braxton Randolph **VI:** Son of Robert Hill Carter and Mary Nelson. Enlisted 09 Nov 1813, resigned 11 Mar 1816. Was in the encounter with the HMS *Epervier* in 1814, where he led the boarding party with his sword clinched between his jaws. Also described as "the little red-headed midshipman with his cutlass between his teeth." He was awarded an inscribed sword by the US Congress, which is now at Shirley Plantation **P:** None **BLW:** No **PH:** N **SS:** AT pg 320 **BS:** 49.

CARTER, James S; b UNK; d UNK **RU:** Private, 4th VMR (Beatty) **CEM:** Sharon; Loudoun; Jay & Federal Sts, Middleburg **GS:** U **SP:** mar in Loudoun Co on 31 May 1825 to Jemima Leath **VI:** No further data **P:** None **BLW:** No **PH:** N **SS:** A rec 1523 **BS:** 7 pg 166.

CARTER, John; b 1773; d 02 Mar 1838 **RU:** Private, 57th VMR, Loudoun Co **CEM:** Taliaferro / Carter; Fairfax; 16850 Sudley Rd, Centreville **GS:** Y **SP:** No spouse information **VI:** No further data **P:** None **BLW:** No **PH:** N **SS:** A rec 1665 **BS:** 89 v4 CN-45.

CARTER, John; b 1787; d 1842 **RU:** Private, 1st VMR (Taylor) **CEM:** Mt Hebron; Frederick; 305 E Boscawen St, Winchester **GS:** Y **SP:** No spouse information **VI:** No further data **P:** None **BLW:** No **PH:** N **SS:** A rec 1618 **BS:** 93.

RU=Rank/Unit   CEM=Cemetery   GS=Gravestone   SP=Spousal Information   VI=Other Veteran Info   P=Pension
BLW=Bounty/Land Warrant   PH=Photo   SS=Service Source   BS=Burial Source   VMR= VA Military Regt
LNR= Last Known Residence

CARTER, John; b 08 Jun 1773; d 17 Oct 1853 **RU:** Private, 19th VMR, Capt Wilson Bryan, Richmond City **CEM:** Carter Family; Henrico; historic directions: 1 mi NE of Richmond on Forest Lawn Cemetery Rd, 75 yds N of road **GS:** Y **SP:** No spouse information **VI:** No further data **P:** None **BLW:** No **PH:** N **SS:** K pg 359 **BS:** 198.

CARTER, John; b 1773; d 02 Mar 1838 **RU:** Private, 36th VMR (Reno), Capt George Jackson, Prince William Co **CEM:** Sudley House; Prince William; Rt 621, 3 mi W of Rt 29 **GS:** Y **SP:** mar in Fairfax Co on 04 May 1811 to Jane Thomas **VI:** LNR PO Brentsville, Prince William Co, 1871 **P:** Yes **BLW:** Yes **PH:** N **SS:** A rec 1662; BD pg 351; B pg 172 **BS:** 130; 248 Part 1 pg 58.

CARTER, Jonathan; b UNK; d c1850 (Sale) **RU:** Private, 5th VMR **CEM:** Sharon; Loudoun; Jay & Federal Sts, Middleburg **GS:** U **SP:** mar in Loudoun Co on 19 Mar 1818 to Nancy Ball **VI:** No further data **P:** None **BLW:** No **PH:** Y **SS:** A rec 1692 **BS:** 7 pg 99.

CARTER, Joseph Addison; b 1795; d 26 Jan 1838 **RU:** Private, 45th VMR, Capt Thomas Alexander, Stafford Co **CEM:** St Mary's White Chapel; Lancaster; White Chapel Rd & River Rd, Lively **GS:** Y **SP:** mar in Lancaster Co on 28 Oct 1817 (bond) to Elizabeth Chinn Nutt, daughter of William O Nutt and Elizabeth Chinn, d 1844, Lancaster Co. Her will is recorded in WB 29, pg 48 **VI:** Son of Joseph Carter & Sarah Chilton. The epithet on his tombsone reads "Joseph A Carter, died 26 January 1838, in his 44th year." His full name is given in his estate papers **P:** None **BLW:** No **PH:** Y **SS:** L pg 84 **BS:** 31.

CARTER, Joseph C; b 1780; d 13 Jul 1855 **RU:** Private, 1st VMR (Taylor) **CEM:** Hopewell Meeting House; Frederick; jct Hopewell Rd (Rt 672) & Waverly Rd, Clear Brook **GS:** Y **SP:** No spouse information **VI:** No further data **P:** None **BLW:** No **PH:** N **SS:** A rec 1703 **BS:** 79 pg 55.

CARTER, Lawson H; b 15 Jun 1781; d 28 Jun 1848 **RU:** Private, 42nd VMR, Capt James Lanier, Troop of Cavalry, Pittsylvania Co, attached to Sale's Battalion of Cavalry **CEM:** Carter Family; Pittsylvania; 1108 W Giles Rd, Chatham **GS:** Y **SP:** No spouse information **VI:** No further data **P:** None **BLW:** No **PH:** Y **SS:** A rec 1732 **BS:** 149; 246.

CARTER, Rawley W; b 08 Feb 1788; d 18 Oct 1847 **RU:** Sergeant, 101st VMR, Capt Edward Carter, Troop of Cavalry, Pittsylvania Co, attached to 1st VMR (Holcombe) **CEM:** Carter Family; Pittsyvania; 1108 W Giles Rd, Chatham **GS:** Y **SP:** mar in Pittsylvania Co on 28 Nov 1829 (bond) to Nancy M Walton, daughter of Jesse Walton **VI:** No further data **P:** None **BLW:** No **PH:** Y **SS:** L pg 200 **BS:** 149; 246.

CARTER, Richard; b 26 Aug 1790; d 05 Oct 1866 **RU:** Corporal, 56th VMR (Taylor), Loudoun Co **CEM:** South Fork Meeting House; Loudoun; Unison Rd (Rt 630), Unison **GS:** Y **SP:** No spouse information **VI:** No further data **P:** None **BLW:** No **PH:** N **SS:** A rec 1849 **BS:** 73 pg 49.

CARTER, Robert Wormley; b UNK; d UNK **RU:** Private, 41st VMR, Capt Vincent Shackleford, Artillery, Richmond Co **CEM:** Wellford Family; Richmond County; "Sabine Hall," Warsaw **GS:** U **SP:** No spouse information **VI:** No further data **P:** None **BLW:** No **PH:** N **SS:** L pg 706 **BS:** 58 v20 pg 2184.

CARTER, Samuel Smith; b 27 Nov 1789; d 13 Apr 1832 **RU:** Private, 5th VMR **CEM:** Carter Family; Henrico; historic directions: 1 mi NE of Richmond on Forest Lawn Cemetery Rd, 75 yds N of road **GS:** Y **SP:** mar in Henrico Co on 16 Jan 1811 (bond) to Annie Heister Douglass, b 29 Dec 1785, d 30 Jan 1870 **VI:** No further data **P:** None **BLW:** No **PH:** N **SS:** A rec 1898 **BS:** 198.

CARTER, Sanford, Jr; b 1785; d Oct 1873 **RU:** Private, 45th VMR (Peyton), Capt John Edrington, Stafford Co **CEM:** Carter Family; Stafford; Ruby, formerly Tackett's Mill, Locust Hills **GS:** N **SP:** mar Hannah Read **VI:** Son of James and Milender Carter. LNR PO Stafford Church, 1871 **P:** Yes **BLW:** Yes **PH:** N **SS:** A rec 1909; BD pg 353; B pg 190 **BS:** 49.

CARTER, William; b 30 Oct 1782; d 06 Aug 1864 **RU:** Private, 33rd VMR, Capt William Allen, Henrico Co **CEM:** St John's Church; Richmond City; 24th & Broad, Church Hill **GS:** U **SP:** No spouse information **VI:** Judge **P:** None **BLW:** No **PH:** N **SS:** K pg 90 **BS:** 63 pg 360; 252 pg 55.

CARTER, William F; b 16 Aug 1783, Sudley; d 27 Aug 1836, Mountain View **RU:** Private, 60th VMR, Capt Charles F Ford, Fairfax Co **CEM:** Taliaferro / Carter; Fairfax; 16850 Sudley Rd, Centreville **GS:** Y **SP:** mar Lucy Ball **VI:** Son of John Carter of Sudley **P:** None **BLW:** No **PH:** N **SS:** A rec 2074 **BS:** 89 v4 CN-46.

RU=Rank/Unit CEM=Cemetery GS=Gravestone SP=Spousal Information VI=Other Veteran Info P=Pension
BLW=Bounty/Land Warrant PH=Photo SS=Service Source BS=Burial Source VMR= VA Military Regt
LNR= Last Known Residence

CARTER, William F; b 16 Aug 1788; d 27 Aug 1836 **RU:** Private, 36th VMR (Reno), Capt Joseph R Gilbert, Prince William Co **CEM:** Bell / Cornwell; Prince William; Forest Park **GS:** U **SP:** No spouse information **VI:** No further data **P:** None **BLW:** No **PH:** N **SS:** L pg 357 **BS:** 59 pg 66.

CARTER, William Fitzhugh; b UNK; d 1855 (Inv) **RU:** Private, 16th VMR, Capt James H Fox, Spotsylvania Co **CEM:** City Cemetery; Fredericksburg; William St & Washington Ave **GS:** Y **SP:** No spouse information **VI:** No further data **P:** None **BLW:** No **PH:** N **SS:** L pg 335 **BS:** 18 pg 6.

CARUTHERS, James; b 1796; d 1873 **RU:** Sergeant, 49th VMR (Veazy), Nottoway Co **CEM:** Stonewall Jackson Memorial; Lexington; S Main St **GS:** Y **SP:** No spouse information **VI:** No further data **P:** None **BLW:** No **PH:** N **SS:** A rec 2308 **BS:** 31.

CARUTHERS, William; b 1771; d 1817 **RU:** Corporal, 5th VMR (McDowell) **CEM:** Stonewall Jackson Memorial; Lexington; S Main St **GS:** Y **SP:** No spouse information **VI:** No further data **P:** None **BLW:** No **PH:** N **SS:** A rec 2327 **BS:** 31.

CARY, Gill Armistead; b 18 Mar 1783; d 25 Mar 1843 **RU:** Lieutenant, 115th VMR, Capt Miles Cary, Elizabeth City Co, Warwick Co, York Co **CEM:** Peartree Hall, Cary Family; Newport News; Tabb Ln & Raymond Dr **GS:** Y **SP:** mar on 18 Nov 1818, Sarah Elizabeth Smith Baytop, daughter of Maj James Baytop of Gloucester Co, d 15 Apr 1879 in Richmond City **VI:** Son of John & Susannah (Armistead) Cary. Later held rank of Colonel. Was of "Elmwood," Back River **P:** Spouse **BLW:** Yes **PH:** N **SS:** BD pg 354; L pg 205; M pg 77 **BS:** 22 pg 18.

CARY, Willis Jefferson; b 06 Feb 1784, Richneck, Warwick Co, VA; d 05 Sep 1828, Carysbrook, Fluvanna Co, VA **RU:** Private, 16th VMR (Waller), Spotsylvania Co **CEM:** Monticello Graveyard; Albemarle; 931 Thomas Jefferson Pkwy, Charlottesville **GS:** Y **SP:** No spouse information **VI:** Son of Wilson Cary of Warwick Co by his wife Jane Barbara Carr, eldest daughter of Dabney Carr and Martha Jefferson **P:** None **BLW:** No **PH:** N **SS:** A rec 2650 **BS:** 94 vol 3 pg 158.

CASKIE, James; b 1792; d 1866 **RU:** Corporal, 23rd VMR (Brown), Chesterfield Co **CEM:** Shockoe Hill; Richmond City; 100 Hospital St **GS:** U **SP:** No spouse information **VI:** No further data **P:** None **BLW:** No **PH:** No **SS:** A rec 590 **BS:** 260.

CASKIE, John; b Feb 1790, Stewarton, Ayshire, Scotland; d 13 Sep 1867, Richmond City **RU:** Private, 2nd VMR, Capt Edward Johnson, Chesterfield Co **CEM:** Shockoe Hill; Richmond City; 100 Hospital St **GS:** Y **SP:** mar Martha Jane (-----), b 16 Jan 1798, d 02 Dec 1844 **VI:** No further data **P:** None **BLW:** No **PH:** N **SS:** K pg 76 **BS:** 199.

CASSELL, Charles; b 26 Sep 1793, Genoa, Italy; d 03 Sep 1855, Portsmouth **RU:** Private, DC Militia 2nd Regiment (Brent) **CEM:** Cedar Grove; Portsmouth; Effington St & Fort Ln **GS:** Y **SP:** mar on 09 Dec 1805 to Sarah Murrey, d 18 Jun 1867 **VI:** Member VA Soldiers of 1812 Society, residing in Portsmouth. Son of Warrant Officer Charles Cassell who worked at Washington Navy Yard. Captain of Portsmouth Light Artillery Blues 1828-1839, and Lt Colonel of 4th Regiment of Artillery in Portsmouth in 1851. Died of Yellow Fever **P:** None **BLW:** No **PH:** N **SS:** A rec 831 **BS:** 65 pg 89.

CASSELL, John; b 22 Nov 1798; d 15 Nov 1829 **RU:** Private, 46th VMR (Hopkins), Pendleton Co **CEM:** Kimberlin Church; Wythe; Rt 682,12 mi N of Wytheville **GS:** Y **SP:** mar Mary (-----), b 15 Aug 1804, d 22 Nov 1820 **VI:** No further data **P:** None **BLW:** No **PH:** N **SS:** A rec 854 **BS:** 213.

CASSELL, John C, Sr; b 17 Oct 1779; d 13 Jun 1871 **RU:** Private, 110th VMR, Capt Robert Hairston, Franklin Co **CEM:** Pleasant Hill Methodist; Franklin; vic jct Rts 756 & 619 **GS:** Y **SP:** mar on 04 Jan 1813 (bond), Lucy Dent, Walter McGregor, surety. LNR PO Rocky Mount, Franlkin Co, 1882 **VI:** No further data **P:** Spouse **BLW:** Yes **PH:** N **SS:** M pg 78; BD pg 358; B pg 76 **BS:** 118 pg 70.

CASTLEMAN, David; b 1775; d 02 Nov 1831, Cool Spring, Frederick Co **RU:** Private, 31st VMR, Capt Eben Taylor, Troop of Cavalry, Frederick Co, attached to 1st VMR (Taylor) **CEM:** Castleman Family; Clarke; Rt 612 **GS:** Y **SP:** No spouse information **VI:** Died age 56. Styled as "Major" on tombstone. Magistrate of Frederick Co **P:** None **BLW:** No **PH:** N **SS:** A rec 1255 **BS:** 92 pg 6.

CATLETT, John; b 1794; d 09 Mar 1847 **RU:** Private, 87th VMR, Maj Thomas Hill's Detachment, King William Co **CEM:** Springfield; Mathews; Ark Baytop Home **GS:** Y **SP:** mar on19 Feb 1818 to Martha H Baitup [Baytop] of Gloucester Co, b 24 May 1792, d 17 Jan 1856. Marriage notice in the *Richmond Examiner*, 28 Feb 1818, pg 3 **VI:** Was of King William County in the marriage notice **P:** None **BLW:** No **PH:** N **SS:** K pg 48 **BS:** 82 pg 63.

RU=Rank/Unit   CEM=Cemetery   GS=Gravestone   SP=Spousal Information   VI=Other Veteran Info   P=Pension
BLW=Bounty/Land Warrant   PH=Photo   SS=Service Source   BS=Burial Source   VMR= VA Military Regt
LNR= Last Known Residence

CATLETT, John James; b UNK; d 27 Apr 1823 **RU**: Private, 30th VMR, Capt John Sizer, Caroline Co **CEM**: Catlett Family; Caroline; Rt 301 nr Rt 17 **GS**: Y **SP**: No spouse information **VI**: No further data **P**: None **BLW**: No **PH**: N **SS**: K pg 202 **BS**: 10 pg 38.

CATLETT, Thomas K; b 05 Apr 1795; d 21 Feb 1867 **RU**: Private, 16th VMR (Waller), Spotsylvania Co **CEM**: Sinking Spring Presbyterian; Washington; Blackfield Rd, one block from Main St, Abingdon **GS**: Y **SP**: No spouse information **VI**: Reverend **P**: None **BLW**: No **PH**: N **SS**: A rec 1651 **BS**: 116 pg 80.

CAUTHORN, Leroy; b 1793; d 24 Jan 1859 **RU**: Private, 6th VMR, Capt Joseph Tanney, Essex Co **CEM**: Montague / Cauthorn; Middlesex; Rt 17 nr Essex line **GS**: U **SP**: mar Maria (-----), d 1843. She may have been a 2nd wife, as Leroy Cauthorn mar in Middlesex on 16 Feb 1807 (bond) to Amy Y Montague. Catherine Montague gave her consent **VI**: No further data **P**: None **BLW**: No **PH**: N **SS**: L pg 756; B pg 70 **BS**: 128 pg 2; 245.

CAWOOD, Daniel; b 06 Oct 1789; d 12 Feb 1872 **RU**: Private, 1st DC Regiment of Militia, Capt Charles McKnight **CEM**: Trinity United Methodist; Alexandria; Wilkes St **GS**: Y **SP**: mar on 18 Mar 1816 to Mary McFee, b 1800, d Mar 1888, LNR Alexandria, 1887 **VI**: No further data **P**: Spouse **BLW**: Yes **PH**: N **SS**: BD pg 363 **BS**: 32 pg120.

CAWOOD, Moses O B; b 1797; d 29 Jan 1860, Alexandria **RU**: Matross, Capt Maddox's Detachment, MD Artillery **CEM**: Trinity United Methodist; Alexandria; Wilkes St **GS**: Y **SP**: mar Delilah Robinson, d 09 Apr 1860 age 53 **VI**: No further data **P**: None **BLW**: No **PH**: N **SS**: A rec 2353 **BS**: 32 pg120.

CECIL, John; b 20 Mar 1777; d 10 Apr 1863 **RU**: Private, 9th VMR (Boyd) **CEM**: Baylor Family; Tazewell; Rt 609 **GS**: U **SP**: No spouse information **VI**: No further data **P**: None **BLW**: No **PH**: N **SS**: A rec 2048 **BS**: 172 v1 pg 54.

CECIL, Zachariah W; b 01 Aug 1793; d 01 Jun 1870 **RU**: Private, 1st DC Regiment of Militia **CEM**: Cecil Family; Giles; Prospect Dale **GS**: Y **SP**: mar Julia (-----), b 03 Jun 1795, d 06 May 1865 **VI**: No further data **P**: None **BLW**: No **PH**: N **SS**: A rec 48 **BS**: 14 pg 156.

CHAMBERLAIN, Luther; b 1799; d 04 Dec 1828 **RU**: Private, Darrow's Odd Battalion, OH Militia **CEM**: Old Presbyterian Meeting House; Alexandria; Wilkes & Hamilton **GS**: Y **SP**: mar Jane Lelina (-----), named in his will **VI**: Admonished his "survivors" to "prepare to meet God" ([tombstone) **P**: None **BLW**: No **PH**: N **SS**: A rec 923 **BS**: 32 pg 19.

CHAMBERLAIN, Nathaniel; b 22 Aug 1784, Salem MA; d 29 Feb 1848, Albemarle Co **RU**: Corporal, 2nd Regiment PA Militia (Bache) **CEM**: Lewis Family; Albemarle; Rt 250 West **GS**: Y **SP**: mar in Albemarle Co on 02 Mar 1825 to Margaret Marshall. returned by F W Hatch **VI**: Died at the home of Jesse Lewis (tombstone) **P**: None **BLW**: No **PH**: N **SS**: A rec 929 **BS**: 94 v3 pg 152.

CHAMBERLAYNE, William Byrd; b 1764; d 2 Sep 1836 **RU**: Brigadier General, 1st Brigade Commander **CEM**: St John's Church; Richmond City; 24th & Broad, Church Hill **GS**: Y **SP**: No spouse information **VI**: Son of Richard and Mary Chamberlayne of New Kent Co. Elected Brigadier General of the Virginia Militia in 1807. Served in the General Assembly for 30 years **P**: None **BLW**: No **PH**: N **SS**: K pg 42 **BS**: 63 pg 350.

CHAMBERS, Edward R; b 1785; d 20 Mar 1872 **RU**: Private, 73rd VMR, Capt Charles Bett's Troop of Cavalry, Lunenburg Co, attached to 1st VMR (Holcombe) **CEM**: Boydton Presbyterian; Mecklenburg; Boydton **GS**: Y **SP**: mar Lucy G Tucker, d 20 May 1854 age 49 **VI**: No further data **P**: None **BLW**: No **PH**: N **SS**: L pg 186 **BS**: 24 pg 26.

CHAMBERS, William; b 07 Jan 1773; d 11 Nov 1867 **RU**: Private, 7th VMR (Saunders) **CEM**: Chambers Family; Franklin; Rt 815 **GS**: Y **SP**: No spouse information **VI**: No further data **P**: None **BLW**: No **PH**: N **SS**: A rec 1383 **BS**: 118 pg 71.

CHANCELLOR, John; b UNK; d UNK **RU**: Private, 41st VMR (Bramham), Richmond Co **CEM**: Fairview *aka* Chanceloor Family; Spotsylvania; Rt 3, Chancellorsville **GS**: Y **SP**: mar in Fauquier Co on 20 Dec 1823 to Elizabeth Rogers **VI**: No further data **P**: None **BLW**: No **PH**: N **SS**: A rec 1665 **BS**: 18 pg 82.

CHANCELLOR, Sanford; b 08 Jan 1791; d 25 Feb 1860, Forest Hills, Spotsylvania Co **RU**: Private, 44th VMR, Capt William Smith, Troop of Cavalry, Fauquier Co, attached to Hunter's Command **CEM**: Fairview aka Chancellor Family; Spotsylvania; Rt 3, Chancellorsville **GS**: Y **SP**: mar 07 Jan 1823, Fannie Longwell Pound, d c1892, LNR PO Fredericksburg, 1878 **VI**: Son of John and Elizabeth (Edwards) Chancellor. Styled "Major" on his tombstone and that he served on the staff of General Madison in the War of 1812 **P**: Spouse **BLW**: Yes **PH**: N **SS**: A rec 1670; BD pg 370; B pg 74 **BS**: 18 pg 82; 245.

RU=Rank/Unit   CEM=Cemetery   GS=Gravestone   SP=Spousal Information   VI=Other Veteran Info   P=Pension
BLW=Bounty/Land Warrant   PH=Photo   SS=Service Source   BS=Burial Source   VMR= VA Military Regt
LNR= Last Known Residence

CHANDLER, John; b 1772; d 1852 **RU**: Private, 7th VMR (Sharp) **CEM**: Stonewall Jackson Memorial; Lexington; S Main St **GS**: Y **SP**: No spouse information **VI**: No further data **P**: None **BLW**: No **PH**: N **SS**: A rec 1848 **BS**: 31; 245.

CHANDLER, John Adams; b 28 Aug 1795, Norfolk; d 31 Mar 1848, Portsmouth **RU**: Private, 9th VMR (Sharp) **CEM**: Cedar Grove; Portsmouth; Effington St & Fort Ln **GS**: Y **SP**: Sarah (-----), b 10 Sep 1801, d 03 Jul 1876 **VI**: Enumerated on 1840 census of Portsmouth **P**: None **BLW**: No **PH**: N **SS**: A rec 1849 **BS**: 65 pg 106.

CHANDLER, Samuel T; b 1793; d aft 1840 **RU**: Private, 1st Corps d'Elite (Randolph) **CEM**: Stonewall Jackson Memorial; Lexington; S Main St **GS**: Y **SP**: mar in Rockbridge Co on 21 Oct 1819 to Lucy (-----) **VI**: No further data **P**: None **BLW**: No **PH**: N **SS**: A rec 1939 **BS**: 31.

CHANDLER, Thomas C; b 1798; d 1880 **RU**: Private, 1st VMR (Clarke) **CEM**: Berea Baptist; Spotsylvania; 8956 Courthouse Rd **GS**: Y **SP**: mar Mary (-----) **VI**: No further data **P**: None **BLW**: No **PH**: N **SS**: A rec 1959 **BS**: 18 pg 67, 80.

CHANDLER, William D; b 1795; d 01 Feb 1834 **RU**: Private, 39th VMR, Capt Charles Kent, Petersburg **CEM**: Chandler Family; Accomack; vic jct Rts 638 & 641 Cashville **GS**: Y **SP**: No spouse information **VI**: No further data **P**: None **BLW**: No **PH**: N **SS**: K pg 135 **BS**: 21 pg 53.

CHANEY, William; b 20 Sep 1792; d 29 Feb 1876 **RU**: Private, 42nd VMR, Capt Doctor Williams, Pittsylvania Co, attached to 6th VMR **CEM**: Chaney Family; Pittsylvania; Rt 65 (Milam Farm Rd), Laurel Grove **GS**: Y **SP**: mar (1) Mary (-----); (2) on 30 Apr 1822 in Pittsylvania Co by Rev William Blair to Elizabeth Bradley, d 28 Aug 1883 **VI**: V.A. stone on grave **P**: Spouse **BLW**: Yes **PH**: Y **SS**: P; BD pg 372; B pg 162 **BS**: 49.

CHANNELL, Arthur; b 18 Feb 1782; d 05 Jun 1858 **RU**: Sergeant, 29th VMR, Capt Richard Bigood, Isle of Wight Co **CEM**: Channell Family; Isle of Wight; Smithfield **GS**: Y **SP**: mar Mary Diver Gibbs (1797-1862) **VI**: No further data **P**: None **BLW**: No **PH**: N **SS**: K pg 365; B pg 102; A rec 2117 **BS**: 245.

CHAPMAN, Charles Hammel; b UNK, England; d 25 Apr 1850 **RU**: Private, 29th VMR, Capt Richard Bidgood, Isle of Wight Co **CEM**: St Lukes Church; Isle of Wight; 14477 Benn's Church Rd, Smithfield **GS**: Y **SP**: mar in Isle of Wight Co on 05 Jan 1838 to Nancy Roberts **VI**: No further data **P**: None **BLW**: No **PH**: Y **SS**: K pg 385 **BS**: 158 pg 35; 49.

CHAPMAN, George, Jr; b 1780; d UNK **RU**: Private, 4th VMR **CEM**: Pohick Episcopal Church; Fairfax; 9301 Richmond Hwy, Lorton **GS**: Y **SP**: No spouse information **VI**: Reinterred from "Summer Hill" plantation in 1940 **P**: None **BLW**: No **PH**: N **SS**: A rec 407 **BS**: 34 pg 47; 89 v4 pg LR-55.

CHAPMAN, Isaac; b 19 Apr 1764; d 29 May 1836 **RU**: Sergeant, 86th VMR, Giles Co **CEM**: Chapman Family; Giles; Rt 634, Ripplemead **GS**: Y **SP**: No spouse information **VI**: Eldest son of John & Sally Chapman **P**: None **BLW**: No **PH**: N **SS**: A rec 446 **BS**: 14 pg 156.

CHAPMAN, Thomas; b 27 May 1769; d 11 Sep 1827 **RU**: Major, 36th VMR (Reno), Prince William Co **CEM**: Abel Cemetery; Prince William; Quantico **GS**: Y **SP**: No spouse information **VI**: Occupation Miller. Cemetery is at the former mill site **P**: None **BLW**: No **PH**: N **SS**: A rec 699; L pg 16 **BS**: 36; 238 Part 1 pg 62.

CHAPPELL, Jacob; b UNK; d UNK **RU**: Private, 20th VMR, Capt James Warden, Princess Anne Co **CEM**: Chappell Family; Dinwiddie; off Rt 141 near Dinwiddie Church **GS**: N **SP**: mar Maria Wrenn (per WPA, no stone) **VI**: No further data **P**: None **BLW**: No **PH**: N **SS**: L pg 810 **BS**: 210.

CHARLTON, Francis David; b 18 Jan 1794; d 28 Feb 1844 **RU**: Sergeant, 2nd VMR (Sharp) **CEM**: Cedar Hill; Suffolk City; Constance Rd & E Manhan St, Block D lot 33 **GS**: U **SP**: mar Mary Anne Flynn, b 1802, d 30 Jan 1882, daughter of Owen & Ann (Riddick) Flynn. She mar (2) Thomas F Lewis **VI**: Son of Jasper & Elizabeth (Stone) Charlton **P**: None **BLW**: No **PH**: N **SS**: A rec 1038 **BS**: 46 pg 1.

CHARLTON, Thomas P; b 1785; d 03 Jan 1830 **RU**: Private, 3rd VMR (Boykin) **CEM**: Shockoe Hill; Richmond City; 100 Hospital St **GS**: U **SP**: No spouse information **VI**: No further data **P**: None **BLW**: No **PH**: N **SS**: A rec 1701 **BS**: 38 pg 8.

CHASE, Peter; b 25 Mar 1795, Newport, RI; d 09 Apr 1860 **RU**: Private, 3rd Regiment, MA Militia (Clark) **CEM**: Historic Christ Church; Lancaster; Rt 646, Irvington **GS**: Y **SP**: mar Ann Hazard Bush, b 18 Nov 1797, d 24 Apr 1864, Lancaster Co **VI**: No further data **P**: None **BLW**: No **PH**: N **SS**: A rec 1381 **BS**: 15 pg 67.

RU=Rank/Unit   CEM=Cemetery   GS=Gravestone   SP=Spousal Information   VI=Other Veteran Info   P=Pension
BLW=Bounty/Land Warrant   PH=Photo   SS=Service Source   BS=Burial Source   VMR= VA Military Regt
LNR= Last Known Residence

CHATHAM, Henry; b 1780; d 30 Dec 1865 RU: Private, 1st DC Regiment of Militia CEM: Old Presbyterian Meeting House; Alexandria; Wilkes & Hamilton GS: Y SP: Pre-deceased her husband VI: Three daughters: Mary wife of John Graham, Jane wife of Nathaniel Boush, Fanny wife of John A Dixon P: None BLW: No PH: N SS: A rec 410 BS: 32 pg 19.

CHEATHAM, Branch; b 1799; d 14 Aug 1853 RU: 1st Lieutenant, 23rd VMR (Brown), Chesterfield Co CEM: Brooks / Cheatham; Chesterfield; Chesterfield GS: Y SP: No spouse information VI: Stone erected by "wife and children" P: None BLW: No PH: N SS: A rec 1727 BS: 8 pg 2.

CHENAULT, John; b Feb 1798; d 09 May 1875 RU: Private, 5th VMR CEM: Chenault Family; Amherst; Madison Heights GS: Y SP: No spouse information VI: No further data P: None BLW: No PH: N SS: A rec 2058 BS: 5 pg 89.

CHERRY, Gisbourne; b UNK; d 01 Oct 1836 RU: Private, 8th VMR (Magnien) CEM: Cherry Family; Chesapeake City; Rt 17, Deep Creek 7 mi from Portsmouth GS: U SP: mar Polly G (-----), b 1799, d Sep1832 VI: No further data P: None BLW: No PH: N SS: A rec 2283 BS: 93.

CHEVERS, Mark L; b 1795; d 13 Sep 1875 RU: Sergeant Major, 1st Regiment, NY Militia CEM: St John's Episcopal; Hampton City; 100 W Queens Way GS: Y SP: mar Mary D (-----), d 1876 VI: No further data P: None BLW: No PH: N SS: A rec 2676 BS: 160 pg 29.

CHEVES, William R; b 22 Feb 1789; d 20 Jan 1848 RU: Private, Petersburg Volunteers CEM: Blandford; Petersburg; 111 Rochelle Ln GS: Y SP: No spouse information VI: Inscription on stone: "Was one of the Petersburg Canada Volunteers, and in the battle of Fort Meig, May 5, 1813, was severely wounded, a ball entering his breast and passing through him" P: None BLW: No PH: N SS: AK pg 138 BS: 200.

CHEW, John W; b 1773; d 1837 RU: Corporal, 1st VMR (Crutchfield) CEM: Masonic Cemetery; Fredericksburg; 900 Block, Charles St GS: Y SP: Never married VI: One of 12 children of John Chew, Esq. & Anne Fox. Memorial slab has War of 1812 marker P: None BLW: No PH: Y SS: A rec 2708 BS: 49; 52.

CHEW, Robert Smith; b 1779; d 02 Nov 1826 RU: Sergeant, 16th VMR, Spotsylvania Co, attached to 1st VMR (Crutchfield) CEM: Masonic Cemetery; Fredericksburg; 900 Block, Charles St GS: Y SP: No spouse information VI: Son of John Chew and succeeded his father as Clerk of Hustings Court, later the Corporation Court P: None BLW: No PH: N SS: A rec 2719 BS: 52.

CHEWNING, Reuben; b 04 May 1773; d 09 Jul 1837 RU: Captain, 7th VMR CEM: Mountain View Farm; Louisa; Greens Springs area GS: N SP: mar in Louisa Co on 24 Oct 1816 (return by William Cooke) to Louisa Anderson. Tarleton Henley was surety to the bond, witnessed by Nathaniel Thompson, Jr. VI: He was also styled "Captain" on his marriage bond P: None BLW: No PH: N SS: B pg 123 BS: 49.

CHILDRESS, Charles; b 1792; d 25 Sep 1832 RU: Private, 74th VMR, Capt James Underwood, Troop of Cavalry, Hanover Co CEM: Shockoe Hill; Richmond City; 100 Hospital St GS: U SP: No spouse information VI: No further data P: None BLW: No PH: N SS: L pg 795 BS: 38 pg 11.

CHILDRESS, Charles W; b UNK; d 30 Mar 1872 RU: Private, 74th VMR (Trueheart), Capt Nathaniel Bowe, Hanover Co, attached to Cocke's detachment CEM: Goldmine Farm; Hanover; Rockville GS: Y SP: mar on 16 Jun 1862 in Hanover Co to Sarah Apperson, d 12 Apr 1881, Auburn Mills VI: No dates on stone. Death date from pension files P: Spouse BLW: Yes PH: N SS: A rec 267; BD pg 385; B pg 94 BS: 71 pg 3.

CHILDRESS, Francis M; b 13 Oct 1789; d 30 Oct 1854 RU: Private, 19th VMR (Ambler), Capt Samuel Adam, Richmond City, attached to 2nd VMR (Ballowe) CEM: Shockoe Hill; Richmond City; 100 Hospital St GS: Y SP: Stone erected by widow (not named) VI: No further data P: None BLW: No PH: N SS: M pg 79 BS: 199 pg 199.

CHILDRESS, Joseph; b 1795; d bur 02 Dec 1833 RU: Private, 74th VMR (Trueheart), Hanover Co CEM: Shockoe Hill; Richmond City; 100 Hospital St GS: U SP: No spouse information VI: No further data P: None BLW: No PH: N SS: C pg 33 BS: 38 pg 12.

CHILDRESS, Thomas; b UNK; d 25 Dec 1870 or 1875, Goochland Co RU: Private, 24th VMR, Capt William Holson, Buckingham Co, attached to 7th VMR (Gray) CEM: Shockoe Hill; Richmond City; 100 Hospital St GS: U SP: mar 28 Nov 1821 in Goochland Co, to Jane M Birch, d c1890, LNR PO Columbia, Fluvanna Co VI: No further data P: Spouse BLW: Yes PH: N SS: A rec 334; BD pg 385; B pg 51 BS: 38 pg 12.

RU=Rank/Unit CEM=Cemetery GS=Gravestone SP=Spousal Information VI=Other Veteran Info P=Pension
BLW=Bounty/Land Warrant PH=Photo SS=Service Source BS=Burial Source VMR= VA Military Regt
LNR= Last Known Residence

CHINN, John L; b 1795; d 06 Nov 1854 **RU:** Corporal, 37th VMR (Downing), Northumberland Co **CEM:** City Cemetery; Fredericksburg; William St & Washington Ave **GS:** Y **SP:** mar (1) on 11 Jul 1816, Northumberland Co, to Margaret S Ball; (2) on 12 Feb 1821, Northumberland Co, to Lucy Leland, age 47 on 1850 census in this household; age 56 on 1860 census of Fredericksburg **VI:** Death date from "Virginia Deaths and Burials, 1853-1912." No age given (familysearch.org). Age 55 as John L Chinn, 1850 census of Stafford Co. He is enumerated on the 1830 census in Lancaster Co and the 1840 census of Richmond Co **P:** None **BLW:** No **PH:** N **SS:** A rec 597 **BS:** 18 pg 6.

CHINN, Samuel; b 1779; d 25 Jan 1854 **RU:** 1st Lieutenant, 56th VMR (Taylor), Loudoun Co **CEM:** Sharon; Loudoun; Jay & Federal Sts, Middleburg **GS:** Y **SP:** mar in Loudoun Co on 31 Oct 1816 to Amelia "Milly" Myres, b c1796, d 27 Jul 1846, age 50 **VI:** **P:** None **BLW:** No **PH:** Y **SS:** A rec 613 **BS:** 7 pg 94.

CHOWNING, James; b 1781; d 24 Sep 1853 **RU:** Lieutenant, 109th VMR, Capt Carter Berkeley, Middlesex Co **CEM:** Chowning Ferry Farm; Lancaster; Western Branch Rd off River Rd (Rt 624) **GS:** Y **SP:** mar Roberta (-----) per stone of son James L W Chowning who died in infancy **VI:** No further data **P:** None **BLW:** No **PH:** N **SS:** K pg 237 **BS:** 15 pg 6.

CHOWNING, John, Jr; b 1776; d 06 Oct 1851 **RU:** Lt Colonel, 92nd VMR, Lancaster Co **CEM:** Chowning Ferry Farm; Lancaster; Western Branch Rd off River Rd (Rt 624) **GS:** Y **SP:** mar (1) Catherine Blakey, d 27 Mar 1843 in her 60th year; (2) Cordelia (-----) **VI:** Styled Colonel on his tombstone **P:** Spouse **BLW:** Yes **PH:** N **SS:** A rec 1087; BD pg 387; B pg 116 **BS:** 15 pg 6.

CHRISTIAN, Henry A; b 1785; d aft 1850 **RU:** Private, 90th VMR, Capt Cornelius Sale, Amherst Co, attached 8th VMR (Wall) **CEM:** Old City Cemetery; Lynchburg; 401 Taylor St **GS:** U **SP:** No spouse information **VI:** As H A Christian, age 65 on 1850 census of Lynchburg, Campbell Co **P:** None **BLW:** No **PH:** N **SS:** K pg 102 **BS:** 87 pg 98.

CHRISTIAN, John Beverley; b 1797; d 21 Feb 1856 **RU:** Private, 52nd VMR (Christian), New Kent Co & Charles City Co **CEM:** Cedar Grove Farm; New Kent; 5 mi W of Providence Forge **GS:** Y **SP:** mar Eliza Sample **VI:** Son of Robert and Mary (Browne) Christian. Brother-in-law of President John Tyler. Member of the General Assembly 1820-1830, and Council of State 1830-1831 **P:** None **BLW:** No **PH:** N **SS:** A rec 1288 **BS:** 138 pg 364.

CHRISTIAN, Robert; b 20 Sep 1781; d 26 Oct 1859 **RU:** Private, 52nd VMR (Christian), New Kent Co & Charles City Co **CEM:** Hebron Presbyterian; Augusta; Rt 703, 4.5 mi fr Staunton **GS:** U **SP:** mar Sally (-----), b 1787, d 1853 **VI:** No further data **P:** None **BLW:** No **PH:** N **SS:** A rec 1320 **BS:** 1 pg 53.

CHRISTIAN, Robert, Jr; b UNK; d UNK **RU:** Paymaster, 52nd VMR (Christian), New Kent Co & Charles City Co **CEM:** Cedar Grove Farm; New Kent; 5 mi W of Providence Forge **GS:** Y **SP:** No spouse information **VI:** No further data **P:** None **BLW:** No **PH:** N **SS:** A rec 1318 **BS:** 138 pg 364.

CHURCHMAN, John; b 1790; d 09 Apr 1865 **RU:** Private, DC Volunteers, Capt McGuire **CEM:** Union Cemetery; Alexandria; Hamilton Ln **GS:** Y **SP:** mar Elizabeth (-----), d 10 Dec 1844 age 58 **VI:** "Resident of Alexandria for over 50 years" **P:** None **BLW:** No **PH:** N **SS:** A rec 1990 **BS:** 33 pg 27.

CIRCLE, John L; b 13 Oct 1786; d 19 Apr 1875 **RU:** Private, 51st VMR, Capt John Pitman, Frederick Co, attached to 1st VMR (Taylor) **CEM:** Pettigrew; Botetourt; nr Bessemier **GS:** Y **SP:** mar Martha Lee Hook, d 17 Sep 1869 age 76 years **VI:** Died age 90 yrs, 7 mos, 6 days. At the time of his Bounty Land Warrant he was a resident of Botetourt Co **P:** None **BLW:** Yes **PH:** N **SS:** A rec 2130; BD pg 392; B pg 79 **BS:** 155 pg 11.

CLAIBORNE, Herbert Augustine; b 05 Mar 1784; d 05 Aug 1841 **RU:** Sergeant, 1st VMR Cavalry (Holcombe) **CEM:** Shockoe Hill; Richmond City; 100 Hospital St **GS:** Y **SP:** mar Delia Hayes, b 27 Dec 1794, d 02 Aug 1838. "Delia Hayes, wife of Herbert A Claiborne" on stone **VI:** Son of Herbert Claiborne and Mary Burnet Browne. Attorney. Member of House of Delegates. Died aged 57 yrs **P:** None **BLW:** No **PH:** N **SS:** A rec 2326 **BS:** 38 pg 23; 199.

CLAIBORNE, John Gregory; b 14 Aug 1798, Dinwiddie Co; d 26 Apr 1887, Petersburg **RU:** Private, Detachment of VA Militia **CEM:** Blandford; Petersburg; 111 Rochelle Ln **GS:** Y **SP:** mar (1) Mary Elizabeth Weldon, b 26 Feb 1803, d 17 Feb 1857; (2) Mary Elizabeth Claiborne, b 19 Jun 1802, d 30 May 1886 **VI:** Son of John Herbert Claiborne and Maria Cole Gregory. Reverend of Brunswick Co **P:** None **BLW:** No **PH:** N **SS:** A rec 2338 **BS:** 245.

CLAIBORNE, Richard Henry; b 1790; d 26 Jun 1815 **RU:** Private, 93rd VMR (Scott) **CEM:** Green Hill; Danville City; 761 Lee St **GS:** U **SP:** No spouse information **VI:** No further data **P:** None **BLW:** No **PH:** N **SS:** A rec 2330 **BS:** 277.

RU=Rank/Unit CEM=Cemetery GS=Gravestone SP=Spousal Information VI=Other Veteran Info P=Pension
BLW=Bounty/Land Warrant PH=Photo SS=Service Source BS=Burial Source VMR= VA Military Regt
LNR= Last Known Residence

CLARK, Charles; b 1790, Scotland; d 01 Aug 1855 **RU:** Private, 2nd VMR (Sharp) **CEM:** Cedar Grove; Portsmouth; Effington St & Fort Ln **GS:** Y **SP:** mar Dinah (-----), d Jun 1852 **VI:** Member VA Soldiers of 1812 Society, Portsmouth. Living in Portsmouth on 1850 census **P:** None **BLW:** No **PH:** N **SS:** A rec 350 **BS:** 65 pg 43.

CLARK, Christopher Henderson; b 1767, Albemarle Co; d 21 Nov 1828, Bedford Springs, Campbell Co **RU:** Corporal, 53rd VMR, Capt James Dunnington, Artillery, Campbell Co, attached to Cocke's Detachment **CEM:** Old Lawyers Station; Campbell; New London **GS:** Y **SP:** No spouse information **VI:** Son of Capt Robert & Susan (Henderson) Clark; Commonwealth Attorney, Bedford Co; member House of Delegates,1790; US Congress 1804 & 1806 **P:** None **BLW:** No **PH:** N **SS:** AE pg 279 **BS:** 245.

CLARK, Clement; b 15 Sep 1792; d 25 Jan 1866 **RU:** Private, 5th VMR **CEM:** Clement Clark Cem # 604; Campbell; bet Rts 745 & 40, Brookneal **GS:** Y **SP:** No spouse information **VI:** No further information **P:** None **BLW:** No **PH:** N **SS:** A rec 379 **BS:** 245.

CLARK, Henry; b UNK; d 1859 **RU:** Private, 5th VMR **CEM:** Old City Cemetery; Lynchburg; 401 Taylor St **GS:** Y **SP:** No spouse information **VI:** No further data **P:** None **BLW:** No **PH:** N **SS:** A rec 681 **BS:** 87 pg 99.

CLARK, James; b UNK; d aft 1817 **RU:** Private, 64th VMR, Capt Brice Edwards, Henry Co **CEM:** Clark Family; Henry; Horse Pasture **GS:** U **SP:** mar in Henry Co on 02 Jan 1817 (bond) to Mourning Martin **VI:** No further data **P:** None **BLW:** No **PH:** N **SS:** B pg 101, L pg 304 **BS:** 245.

CLARK, James; b 30 Dec 1789; d 30 Dec 1847 **RU:** Private, Lt Col Abraham Bradley's Regiment, 17th Brigade **CEM:** Glade Spring Presbyterian; Washington; 33234 Lee St, Glade Springs **GS:** Y **SP:** mar Eleanor (-----), d 28 Mar 1846 age 56 yrs, 11 mos, 26 days **VI:** No further data **P:** None **BLW:** No **PH:** N **SS:** A rec 787 **BS:** 116 pg 177.

CLARK, James; b 27 July 1791; d 1821 **RU:** Private, Artillery Battalion **CEM:** Glade Spring Presbyterian; Washington; 33234 Lee St, Glade Springs **GS:** Y **SP:** No spouse information **VI:** No further data **P:** None **BLW:** No **PH:** N **SS:** A rec 784 **BS:** 116 pg 178.

CLARK, James; b 1771; d 07 Jun 1857 **RU:** Private, Artillery Battalion **CEM:** Mount Solon; Augusta; N of Mt Solon **GS:** U **SP:** No spouse information **VI:** No further data **P:** None **BLW:** No **PH:** N **SS:** A rec 784 **BS:** 183.

CLARK, James, Sr; b 21 Mar 1789; d 06 Aug 1871 **RU:** Private, 5th VMR **CEM:** Glade Spring Presbyterian; Washington; 33234 Lee St, Glade Springs **GS:** Y **SP:** mar Anna (-----), b 04 Oct 1792, d 21 Dec 1869 **VI:** No further data **P:** None **BLW:** No **PH:** N **SS:** A rec 862 **BS:** 116 pg 177.

CLARK, John; b UNK; d 1861 (Inv) **RU:** 1st Sergeant, Artillery Battalion **CEM:** Clark's Tavern; Pulaski; 7 mi W of Wytheville **GS:** U **SP:** mar (1) Rebecca Seybert, daughter of Christian Seybert; (2) Mary (-----) **VI:** No further data **P:** None **BLW:** No **PH:** N **SS:** A rec 948 **BS:** 234.

CLARK, John; b 1761; d 13 Dec 1826 **RU:** 2nd Lieutenant, Lt Col Abraham Bradley's Regiment, 17th Brigade **CEM:** Glade Spring Presbyterian; Washington; 33234 Lee St, Glade Springs **GS:** Y **SP:** No spouse information **VI:** No further data **P:** None **BLW:** No **PH:** N **SS:** A rec 955 **BS:** 116 pg 177.

CLARK, John; b 09 Aug 1785, York Co, PA; d 10 Feb 1869 **RU:** Sergeant, Barney's Battalion of PA Militia **CEM:** Glade Spring Presbyterian; Washington; 33234 Lee St, Glade Springs **GS:** Y **SP:** mar Mary (-----), b 10 Nov 1794, d 30 Jun 1885 **VI:** No further data **P:** None **BLW:** No **PH:** N **SS:** A rec 953 **BS:** 261 v 15 pg 153.

CLARK, Micajah; b 1788; d 19 Aug 1849 **RU:** Sergeant, Nash's Regiment of SC Militia **CEM:** Shockoe Hill; Richmond City; 100 Hospital St **GS:** U **SP:** mar in Richmond City on 29 Dec 1819 by Rev John Bryce to Caroline Virginia Harris, daughter of Benjamin James Harris of Richmond. Marriage notice in the *Richmond Compiler*, 31 Dec 1819, pg 3 **VI:** He is styled Doctor in both his marriage and death noitices. Death notice in the *Richmond Whig*, 21 Aug 1849, pg 2. Interred 24 August 1848 **P:** None **BLW:** No **PH:** N **SS:** A rec 1430 **BS:** 38 pg 48.

CLARK, Peter; b UNK; d Sep 1821 **RU:** Private, 49th, VMR, Capt Samuel Jeter, Artillery, Nottoway Co, attached to 7th VMR (Gray) **CEM:** Glade Spring Presbyterian; Washington; 33234 Lee St, Glade Springs **GS:** Y **SP:** No spouse information **VI:** No further data **P:** None **BLW:** No **PH:** N **SS:** K pg 341 **BS:** 261 v15 pg 153.

CLARK, Pleasant; b 15 Oct 1790; d 21 Dec 1867 **RU:** Private, 38th VMR, Capt William Bolling, Troop of Cavalry, Goochland Co, attached to Detachment of Cavalry **CEM:** Pleasant Clark Family; Campbell; Hat Creek **GS:** Y **SP:** mar

Nancy Paulette, b 16 Dec 1802, d 16 Apr 1871 **VI:** Son of John Edward Clark & Penelope J Legrand **P:** None **BLW:** No **PH:** N **SS:** A rec 1552: B pg 58; L pg 151 **BS:** 245.

CLARK, Robert; b 21 Nov 1796; d 12 Nov 1886 **RU:** Corporal, 5th VMR **CEM:** Glade Spring Presbyterian; Washington; 33234 Lee St, Glade Springs **GS:** Y **SP:** mar Catherine (-----), b 05 Aug 1797, d 11 May 1888 **VI:** No further data **P:** None **BLW:** No **PH:** N **SS:** A rec 1619 **BS:** 116 pg 178.

CLARK, Robert; b 16 Mar 1797; d 06 Mar 1819 **RU:** Private, 5th VMR (McDowell) **CEM:** Glade Spring Presbyterian; Washington; 33234 Lee St, Glade Springs **GS:** Y **SP:** mar Jane (-----), b 19 Jan 1806, d 17 Aug 1862 **VI:** No further data **P:** None **BLW:** No **PH:** N **SS:** A rec 1620 **BS:** 116 pg 178.

CLARK, Thomas H; b 03 Dec 1786; d 09 Nov 1829 **RU:** Captain, 7th VMR (Saunders) **CEM:** Clark Family; Pittsylvania; Rts 691 & 649, Pineville **GS:** Y **SP:** No spouse information **VI:** Tombstone styles him "General" **P:** None **BLW:** No **PH:** N **SS:** B pg 161 **BS:** 149.

CLARK, Thompson; b 1791; d 08 Mar 1842 **RU:** Private, 60th VMR, Capt George Mason, Fairfax Co **CEM:** Cranford Family; Fairfax; 9621 Richmond Rd, Lorton **GS:** Y **SP:** No spouse information **VI:** Member of the Baptist Church for 16 years **P:** None **BLW:** No **PH:** N **SS:** A rec 1910 **BS:** 89 v5 LR-11.

CLARK, William; b UNK; d 1857 **RU:** Lieutenant, 3rd VMR (Dickinson) **CEM:** Old City Cemetery; Lynchburg; 401 Taylor St **GS:** Y **SP:** No spouse information **VI:** No further data **P:** None **BLW:** No **PH:** N **SS:** A rec 2033 **BS:** 87 pg 99.

CLARK, William; b 24 Jan 1790; d 14 Feb 1822, Richmond **RU:** Lieutenant & Adjutant, 53rd VMR, Capt Samuel Johnson, Campbell Co, attached to 3rd VMR (Dickinson) **CEM:** Clark Family; Campbell; crn Lawyers & Missionary Manor Rds **GS:** Y **SP:** mar on 10 Nov 1818 to Elizabeth H Winston of Richmond City, LNR Maysville, Blount County, TN, 1878 **VI:** Son of John (1745-1819) & Mary (Moore) (1748-1830) Clark. Was appointed Lt Colonel of the 53rd VMR in 1821. House of Delegates 1817-1819 and from 1821 until his death **P:** Spouse **BLW:** yes **PH:** N **SS:** A rec 2033; B pg 54; BD pg 404; M pg 86 **BS:** 245.

CLARK, William; b 15 Oct 1786; d 28 Oct 1871 **RU:** Private, 31st VMR, Capt Charles Brent, Frederick Co, attached to 4th VMR (Beatty) **CEM:** Little Mountain United Methodist; Frederick; 259 Little Mountain Church Rd, Cedar Grove **GS:** U **SP:** No spouse information **VI:** No further data **P:** Yes **BLW:** No **PH:** N **SS:** BD pg 404; B pg 78 **BS:** 79 pg 64.

CLARK, William H; b 31 Mar 1794; d 05 May 1869 **RU:** Corporal, Bradley's Regiment, Virginia Militia **CEM:** Glade Spring Presbyterian; Washington; 33234 Lee St, Glade Springs **GS:** Y **SP:** No spouse information **VI:** No further data **P:** None **BLW:** No **PH:** N **SS:** A rec 1954 **BS:** 116 pg 177.

CLARK, William S; b 22 Jan 1791; d 26 Nov 1820 **RU:** Lieutenant, 3rd VMR (Dickinson) **CEM:** Clark Family; Pittsylvania; 1428 Motley Rd, Chatham **GS:** Y **SP:** mar Maud W (-----), named on stone of infant son William David Clark (d 1819) **VI:** No further data **P:** None **BLW:** No **PH:** Y **SS:** A rec 2033 **BS:** 149; 246.

CLARKE, George; b 1787; d Oct 1822 **RU:** Corporal, Battalion of Artillery **CEM:** Blandfield; Essex; Rt 17 N of Tappahannock **GS:** Y **SP:** mar Maria (-----) **VI:** Died at his "dwelling house" at Blandfield **P:** None **BLW:** No **PH:** N **SS:** A rec 2276 **BS:** 277.

CLARKE, George; b UNK; d UNK **RU:** Private, 19th VMR (Ambler), Richmond City **CEM:** Pleasant Level; Hanover; Mechanicsville **GS:** U **SP:** No spouse information **VI:** No further data **P:** None **BLW:** No **PH:** N **SS:** A rec 2279 **BS:** 71 pg 41.

CLARKE, James, Jr; b UNK; d UNK **RU:** Lieutenant, 23rd VMR, Capt David Weisiger, Chesterfield Co **CEM:** Shockoe Hill; Richmond City; 100 Hospital St **GS:** U **SP:** No spouse information **VI:** No further data **P:** None **BLW:** No **PH:** N **SS:** L pg 823 **BS:** 260.

CLARKE, John; b 14 Jul 1772; d 30 Sep 1836 **RU:** Private, 5th VMR (McDowell) **CEM:** Trinity Church; Augusta; Staunton **GS:** U **SP:** No spouse information **VI:** No further data **P:** None **BLW:** No **PH:** N **SS:** A rec 2411 **BS:** 1 pg 190.

CLARKE, Nathan B, Jr; b UNK; d UNK **RU:** Private, 6th VMR **CEM:** Hollywood; Richmond City; 412 S Cherry St **GS:** Y **SP:** mar Martha B (-----) **VI:** Reinterred from "Pleasant Level," Hanover Co in Mechanicsville at cloverleaf of Rt 360 and I-295. Inscription taken from stone before re-interment. No dates on stone at that time **P:** None **BLW:** No **PH:** N **SS:** A rec 2545 **BS:** 71 pg 41.

CLARKE, Pleasant A; b 02 Oct 1791, Goochland Co; d 24 Mar 1877 **RU:** Private, Detachment of Artillery **CEM:** Northern Methodist; Rockingham; Old Bridgewater Rd (Rt 867), Mt Crawford **GS:** Y **SP:** mar Isabella (-----), b 15 Mar 1793, Greencastle, PA, d 11 Feb 1852, Mt Crawford. On same stone as Pleasant A Clarke **VI:** Descendant of Joseph Clarke, "an early English colonist who settled at Williamsburg & removed to Charles City Co, VA in 1742" **P:** None **BLW:** No **PH:** N **SS:** A rec 2574 **BS:** 262.

CLARKE, Thomas E; b UNK; d 25 Dec 1870 **RU:** Private, 66thVMR, Capt Philip Pryor, Troop of Cavalry, Brunswick Co, attached to 1st VMR (Byrne) **CEM:** Clarke Family; Dinwiddie; Private Lane off Rt 623 nr Sutherland **GS:** Y **SP:** mar Ann Jackson, b 19 Sep 1797, d 12 Jul 1858 **VI:** No further data **P:** None **BLW:** No **PH:** N **SS:** K pg 155 **BS:** 210.

CLARKE, Thomas G; b 18 Oct 1786; d 19 Mar 1857 **RU:** Sergeant, 19th VMR (Ambler), Richmond City **CEM:** Hollywood; Richmond City; 412 S Cherry St **GS:** Y **SP:** mar Rebecca A Bell, daughter of Nathan and Sarah Bell [tombstone], d 05 May 1835 aged 46 years **VI:** No further data **P:** None **BLW:** No **PH:** N **SS:** A rec 2682 **BS:** 71 pg 40.

CLARKE, William; b 28 Jan 1762; d 12 Sep 1846 **RU:** Private, 23rd VMR (Brown), Chesterfield Co **CEM:** Clarke Family; Chesterfield; Hickory Rd, Chesterfield **GS:** Y **SP:** mar Martha (-----), b 28 Dec 1761, d 14 Aug 1809 **VI:** No further data **P:** None **BLW:** No **PH:** N **SS:** A rec 2774 **BS:** 8 pg 2.

CLARKE, Wilson B; b 09 Apr 1789; d 25 Jul 1859 **RU:** Matross, 1st VMR (Clarke) **CEM:** Clarke Family; Hanover; Richardson House, Rt 656 nr Sliding Hill Rd **GS:** Y **SP:** mar Elizabeth (-----). Named on stone of infant daughter Ann Elvina (1824-1825), called "only child" **VI:** No further data **P:** None **BLW:** No **PH:** N **SS:** A rec 1987 **BS:** 71 pg 38; 261.

CLAY, Phineas; b 14 Mar 1781; d 10 Mar 1855 **RU:** Private, 23rd VMR, Capt Daniel Flourney, Chesterfield Co **CEM:** Clay Family #1; Chesterfield; Subdivision off Hull St **GS:** Y **SP:** mar in Chesterfield Co on 21 Jan 1813 by Rev Thomas Lafon, Church of Christ, to Frances Williamson Turpin, b 04 Feb 1796, d 23 Apr 1853. **VI:** Son of Eleazar Clay. Age 69 on 1850 census of Chesterfield Co. "Removed to an undisclosed Richmond cemetery in 1958." Obituary in the *Religious Herald*, 12 Apr 1855 **P:** None **BLW:** No **PH:** N **SS:** L pg 328 **BS:** 8 pg 2; 245.

CLAY, Samuel; b 18 Oct 1779; d 21 Jan 1831 **RU:** Lieutenant, 23rd VMR, Capt Benjamin Goode, Chesterfield Co, attached to 2nd VMR (Ambler) **CEM:** Clay Family #2; Chesterfield; Rt 360, 10 mi E of Bailey **GS:** Y **SP:** mar Martha Burfoot **VI:** Son of Eleazar and Jane (Apperson) Clay. Justice of the Peace. Retired with rank of Colonel **P:** None **BLW:** No **PH:** N **SS:** K pg 69 **BS:** 228; 245.

CLAYTON, Thomas; b 28 Oct 1793; d 01 Mar 1863 **RU:** Private, 5th VMR (McDowell) **CEM:** Rocky Spring Presyterian; Augusta; 1 mi S of Deerfield **GS:** Y **SP:** No spouse information **VI:** No further data **P:** None **BLW:** No **PH:** on-line **SS:** A rec 446 **BS:** 245.

CLEEK, John; b 1777, Rockbridge Co; d 16 or 26 Apr 1848, Bath Co **RU:** Private, PA Militia, 2nd Regiment **CEM:** Cleek Family; Bath; Rt 220 12.5 mi N of Warm Springs **GS:** Y **SP:** mar Jane Gwin, b 01 Jul 178x, d 16 Oct 1856. Born & died in Bath Co **VI:** War of 1812 service inscribed on stone. **P:** None **BLW:** No **PH:** N **SS:** G **BS:** 212.

CLEMENT, Adam; b 25 May 1785; d 01 Jan 1858 **RU:** Captain, 53rd VMR, Commander, Troop of Cavalry, Campbell Co **CEM:** Oakdale; Campbell; Mollies Creek Rd, Gladys **GS:** Y **SP:** mar Nancy Alexander, b 08 May 1784, d 15 Nov 1854 **VI:** Son of Adam(1738-1811) & Agnes (Johnson) Clement **P:** None **BLW:** No **PH:** N **SS:** A rec 838; B pg 53 **BS:** 245.

CLEMENTS, Michael; b 1773; d 21 Feb 1846 **RU:** Private, PA Militia, 1st Regiment **CEM:** Western Augusta; Augusta; 8 mi N of Staunton **GS:** Y **SP:** No spouse information **VI:** No further data **P:** None **BLW:** No **PH:** N **SS:** A rec 1019 **BS:** 183.

CLEMENTS, Reuben; b 1790, Dinwiddie Co; d 01 Oct 1881 **RU:** Private, Petersburg Volunteers, Capt Richard McRae **CEM:** Blandford; Petersburg; 111 Rochelle Ln **GS:** Y **SP:** mar on 31 Dec 1829 in Petersburg to Virginia Minitree, d 17 Feb 1849 **VI:** Son of John & Elizabeth Clements. Occupation grocer; brother of Nicholas Clements; enlisted for one year at age 22 in 1812. His father fought in the Rev War. Grave site has been marked by the US Daughters of 1812 **P:** Yes **BLW:** Yes **PH:** N **SS:** A rec 1035; BD pg 410 **BS:** 25; 260.

RU=Rank/Unit CEM=Cemetery GS=Gravestone SP=Spousal Information VI=Other Veteran Info P=Pension
BLW=Bounty/Land Warrant PH=Photo SS=Service Source BS=Burial Source VMR= VA Military Regt
LNR= Last Known Residence

CLENDENING, Samuel; b 03 Mar 1786; d 24 Nov 1873 **RU**: Private, Green's Regiment, Mounted Infantry **CEM**: Arnold Grove Methodist Episcopal; Loudoun; jct Rts 9 & 690, Hillsboro **GS**: Y **SP**: mar Mary (-----), b 02 Sep 1775, d 17 Jun 1859 **VI**: No further data **P**: None **BLW**: No **PH**: N **SS**: A rec 1287 **BS**: 73 pg 56.

CLENDENING, William; b 10 Nov 1784; d 04 Apr 1855 **RU**: Private, Green's Regiment, Mounted Infantry **CEM**: Hillsboro City Cemetery; Loudoun; Hillsboro **GS**: Y **SP**: mar in Loudoun Co on 20 Mar 1809 (bond) to Ruth Russell, daughter of William Russell. Thomas Russell attested to her age and was surety **VI**: No further data **P**: None **BLW**: No **PH**: N **SS**: A rec 1289 **BS**: 73 pg 56.

CLINE, John W; b 09 Jan 1796; d 11 Jul 1878 **RU**: Corporal, 5th VMR **CEM**: Wampler Family; Rockingham; Wampler Rd (Rt 809), Broadway area **GS**: Y **SP**: No spouse information **VI**: Current stone is newer, and was erected by his great-grandson Carson F Holsinger, which only gives years of birth and death. The older stone was transcribed by Robert Swank in 1967 and included dates. The new stone calls him John W "Apple John" Cline **P**: None **BLW**: No **PH**: N **SS**: A rec 1931 **BS**: 262.

CLOYD, Gordon; b 1771; d 1833 **RU**: Brigadier General, 19th Brigade Commander **CEM**: Cloyd Family; Pulaski; Dublin **GS**: Y **SP**: Elizabeth McGavock, b 1776, d 1830 **VI**: Son of Joseph Cloyd & Mary Gordon. He resided in Montgomery Co **P**: None **BLW**: No **PH**: N **SS**: B pg 249 **BS**: 245.

CLOYD, Thomas; b 21 Aug 1774; d 27 Jul 1849 **RU**: Private, 1st VMR (Connell), Leftwich's Brigade **CEM**: New Dublin Presbyterian; Pulaski; 5331 New Dublin Church Rd, Dublin **GS**: Y **SP**: No spouse information **VI**: Service is indexed as LLOYD **P**: None **BLW**: No **PH**: N **SS**: A rec 22261 **BS**: 254 pg 196.

COAKLEY, James W; b 1796; d 16 Oct 1846 **RU**: Private, 45th VMR, Capt William Fitzhugh, Stafford Co **CEM**: United Methodist; Alexandria; Hamilton Ln **GS**: Y **SP**: mar Catherine C (-----), d 03 Sep 1863 age 54 **VI**: No further data **P**: None **BLW**: No **PH**: N **SS**: K pg 126 **BS**: 33 pg 29.

COBB, Jeremiah; b 13 Sep 1759, Southampton Co; d 07 May 1849 **RU**: 2nd Lieutenant, 65th VMR, Capt John Critchlow, Artillery, Southampton Co, attached to 3rd VMR (Boykin) **CEM**: Cobb Family; Southampton; Cabin Point Rd abt 2 mi from Plank Rd **GS**: Y **SP**: mar Ann Briggs, b 1786, d 30 Mar 1834 **VI**: Member of Virginia legislature. "This monument is Erected by His Children as a a Memorial of Exalted Respect and Love for the Memory of the Noblest of Fathers." A large portion of the top part of this monument has fallen off **P**: None **BLW**: No **PH**: N **SS**: A rec 451; 452 **BS**: 42 pg 5.

COBBS, Charles Gwatkins; b UNK; d 26 Dec 1826 **RU**: Matross, 53rd VMR, Capt James Dunington, Artillery, Campbell Co, attached to Cocke's Detachment **CEM**: Old City Cemetery; Lynchburg; 401 Taylor St **GS**: U **SP**: No spouse information **VI**: Death date from tombstone. Obituary in *The Lynchburg Press* says he died "very suddenly" on 26 Dec 1826. Issue of 11 Jan 1827, pg 3 **P**: None **BLW**: No **PH**: N **SS**: A rec 608; L pg 294; B pg 53 **BS**: 88 pg 1.

COBBS, William; b 02 Mar 1792; d 6 Sep 1852, Bedford Co **RU**: Private, 4th VMR **CEM**: St Stephens Episcopal; Bedford; Jefferson HS parking lot, Forest **GS**: Y **SP**: mar 01 nov 1821, Marrianne Stannard Scott, daughter of Maj Samuel Scott **VI**: Fell ill early in life. He purchased "Poplar Forest" which had been the home of Thomas Jefferson in Bedford Co. He attended Hampden-Sydney College **P**: None **BLW**: No **PH**: N **SS**: A rec 653 **BS**: 245; 49.

COCHRAN, James; b 01 Mar 1774; d 05 Aug 1851 **RU**: Captain, 56th VMR (Taylor), Company Commander, Loudoun Co **CEM**: Ketoctin Baptist; Loudoun; Alder School Rd (Rt 711), Eubanks **GS**: Y **SP**: No spouse information **VI**: No further data **P**: None **BLW**: No **PH**: N **SS**: A rec 951 **BS**: 73 pg 57.

COCHRAN, John; b 23 Dec 1781; d 21 Nov 1856 **RU**: Private, 1st VMR (Taylor) **CEM**: Cochran Family; Fauquier; Middleburg **GS**: Y **SP**: mar Ellen (-----), d 07 Jan 1844 age 57 yrs, 10 mos, 6 days **VI**: No further data **P**: None **BLW**: No **PH**: N **SS**: A rec 988 **BS**: 4 pg 44.

COCKE, Buller; b 09 Jul 1777; d 09 May 1838 **RU**: Private, 2nd Regiment DC Cavalry (Tayloe) **CEM**: Cedar Grove; Portsmouth; Effington St & Fort Ln **GS**: Y **SP**: mar Elizabeth Barron **VI**: Son of Richard and Anne (Claiborne) Cocke of Surry Co Was also a US Navy Purser **P**: None **BLW**: No **PH**: N **SS**: A rec 1226 **BS**: 65 pg 91.

RU=Rank/Unit CEM=Cemetery GS=Gravestone SP=Spousal Information VI=Other Veteran Info P=Pension
BLW=Bounty/Land Warrant PH=Photo SS=Service Source BS=Burial Source VMR= VA Military Regt
LNR= Last Known Residence

COCKE, Harrison H; b 10 May 1794, Surry Co; d 12 Oct 1873 **RU:** Midshipman, US Navy **CEM:** Blandford; Petersburg; 111 Rochelle Ln **GS:** Y **SP:** mar (1) Elizabeth Ruffin, (2) Emily Banister **VI:** Continued his naval career rising to rank of Captain, resigning his commission at outbreak of Civil War, whereupon he served in the Virginia Navy. Son of Walter Cocke & Anne Carter Harrison **P:** None **BLW:** No **PH:** N **SS:** AQ **BS:** 200.

COCKE, James E; b UNK; d 1846 **RU:** Private, 38th VMR, Capt Charles Hopkins, Goochland Co, attached to 1st VMR (Clarke) **CEM:** Taylor Cemetery; Amelia; Rt 612, 2 mi fr Rt 602 **GS:** Y **SP:** mar Mary Lewis, b 1794, d UNK **VI:** No further data **P:** None **BLW:** No **PH:** N **SS:** K pg 485; B pg 85 **BS:** 266, p 301.

COCKE, John Hartwell; b 19 Sep 1780, Surry Co; d 01 Jul 1866, Fluvanna Co **RU:** Brigadier General, 4th Brigade (Cocke), VA Militia **CEM:** Cocke Family; Fluvanna; Lower Bremo **GS:** Y **SP:** mar 25 Dec 1802, Ann Blaus Barraud of Norfolk **VI:** Son of John Hartwell Cocke & Elizabeth Kennon of Surry Co. Attended William & Mary College (1794-1799), moved to Fluvanna in 1803 and established "Bremo." Vice President of the American Colonization Society. Board of Visitors at University of Virginia for 33 years **P:** None **BLW:** No **PH:** N **SS:** B pg 17 **BS:** 95 pg 19.

COCKE, Nathaniel; b 1787; d 04 Mar 1837 **RU:** Sergeant, 29th VMR, Ensign Archibald Atkinson, Troop of Cavalry, Isle of Wight Co, attached to Detachment of Cavalry **CEM:** Cedar Grove; Portsmouth; Effington St & Fort Ln **GS:** Y **SP:** No spouse information **VI:** Son of Richard Thompson Cocke of Surry Co. Residing in Princess Anne Co in 1820 census **P:** None **BLW:** No **PH:** N **SS:** A rec 1262; K pg 476 **BS:** 65 pg 91.

COCKE, William Henry; b 1791; d 06 Mar 1829 **RU:** Lt Commander, Brig *Stark*, US Navy **CEM:** Cedar Grove; Portsmouth; Effington St & Fort Ln **GS:** Y **SP:** mar Elizabeth Waddrop Johnston, daughter of James Johnston of James City Co **VI:** Son of Col Richard Cocke and Theodosia (Cowley) White. He was in command of the USS *Fox* when killed by a cannon ball fired from the *Moro* at St John's, Puerto Rico The Navy had his body disinterred and brought to Cedar Grove on 25 Jul 1832. Was a Lt Commander from 1804-1829. Widow recieved pension from Old Navy Accounts **P:** Spouse **BLW:** No **PH:** N **SS:** G; BD pg 420 **BS:** 65 pg 91; 182.

COE, Almzi; b 26 Mar 1796; d 01 Jun 1866, Fall's Church, Fairfax Co **RU:** Private, 83rd Regiment (Gurnee), Capt George Sweden, NY Militia **CEM:** Trammell Family; Fairfax; Rt 7, Falls Church **GS:** Y **SP:** mar on 23 Dec 1829 in Rockland Co, NY to Anna Sherwood, d 26 Jun 1884 **VI:** No further data **P:** Spouse **BLW:** Yes **PH:** N **SS:** A rec 1624; BD pg 421; M pg 90 **BS:** 89 v3 FC -12.

COE, Robert; b 20 Dec 1798; d 26 Sep 1856 **RU:** Private, 57th VMR, Loudoun Co **CEM:** Mt Zion Baptist; Loudoun; Rt 50 & 860, Aldie **GS:** Y **SP:** mar in Loudoun Co on 28 Dec 1813 (bond) to Elizabeth Coe, b 30 May 1794, d 20 Oct 1869 **VI:** No further data **P:** None **BLW:** No **PH:** N **SS:** A rec 1704 **BS:** 73 pg 59.

COFFMAN, Benjamin; b 11 Oct 1797; d 15 Mar 1865 **RU:** Private, 5th VMR **CEM:** Early Family; Rockingham; 3588 Early Rd, Harrisonburg **GS:** Y **SP:** mar Elizabeth (-----), d 24 Jan 1874, age 74 years, 10 months, 26 days, "wife of Benjamin Coffman" **VI:** No further data **P:** None **BLW:** No **PH:** N **SS:** A rec 1964 **BS:** 262.

COFFMAN, Jacob; b 23 Nov 1792; d 22 Mar 1869 **RU:** Private, 2nd VMR (Ballowe) **CEM:** Coffman Family; Augusta; Barren Ridge **GS:** U **SP:** mar Elizabeth (-----), b 1790, d 1861 **VI:** Son of Christian Coffman & Barbara Fry **P:** None **BLW:** No **PH:** N **SS:** A rec 1995 **BS:** 2 pg 18; 93.

COFFMAN, Jacob; b Jan 1775; d 29 Sep 1838 **RU:** Private, 5th VMR (McDowell) **CEM:** Dalesville; Botetourt; Rt 200, Dalesville **GS:** Y **SP:** No spouse information **VI:** Died age 63 yrs, 9 mos **P:** None **BLW:** No **PH:** N **SS:** A rec 1998 **BS:** 121 pg 67; 155 pg 68.

COFFMAN, Joseph M; b 18 Dec 1791; d 15 Oct 1861 **RU:** Fifer, 6th VMR (Coleman) **CEM:** Coffman Family; Shenandoah; Rt 611, Jerome **GS:** Y **SP:** No spouse information **VI:** No further data **P:** None **BLW:** No **PH:** N **SS:** A rec 2014 **BS:** 115 pg 29.

COGHILL, Thomas; b UNK; d UNK **RU:** Private, 6th VMR, Capt Thomas Evan, Troop of Cavalry, Essex Co **CEM:** Shockoe Hill; Richmond City; 100 Hospital St **GS:** U **SP:** mar in Powhatan Co on 28 Sep 1824 to Elizabeth S Hickman **VI:** No further data **P:** None **BLW:** No **PH:** N **SS:** L pg 309 **BS:** 38 pg 7.

COHAGEN, John; b 1774; d 29 Aug 1861 **RU:** Private, 1st Regiment, 4th Brigade, OH Militia **CEM:** St Paul's Episcopal; Alexandria; 228 S Pitt St **GS:** Y **SP:** No spouse information **VI:** Styled "Captain" in his obituary, death date from *Alexandria Gazette*. Age 86 on 1860 census of Alexandria City **P:** None **BLW:** No **PH:** N **SS:** A rec 2266 **BS:** 31.

RU=Rank/Unit CEM=Cemetery GS=Gravestone SP=Spousal Information VI=Other Veteran Info P=Pension
BLW=Bounty/Land Warrant PH=Photo SS=Service Source BS=Burial Source VMR= VA Military Regt
LNR= Last Known Residence

COINER / KOINER, John; b 14 Jun 1792; d 29 Jan 1852 **RU:** Private, 2nd Corps d'Elite (Green) **CEM:** Trinity Lutheran; Augusta; River Rd (Rt 12), Crimora **GS:** U **SP:** mar Jane (-----), 1802-1830 **VI:** No further data **P:** None **BLW:** No **PH:** N **SS:** A rec 2390 **BS:** 183.

COKE, Richard; b 16 Nov 1790, Williamsburg; d 31 Mar 1851 **RU:** Private, 99th VMR, Capt John Staton, Accomack Co **CEM:** Abingdon Plantation; Gloucester; 1/4 mile N of Abington Church **GS:** Y **SP:** mar (1) Mary Willing Byrd, d 07 Oct 1831, Williamsburg; (2) Eglantine Cochran **VI:** Son of John Coke and Rebecca (Lawson) Shields. Educated at William & Mary College. Practiced law in Gloucester Co. Member of Congress 1832-1833 **P:** None **BLW:** No **PH:** N **SS:** L pg 738 **BS:** 82 pg 18.

COLE, James; b 1774; d 30 Nov 1852 **RU:** Private, Lt Col Abraham Bradley's Regiment, 17th Brigade **CEM:** St Clair Bottom; Smyth; Rt 762 **GS:** Y **SP:** No spouse information **VI:** No further data **P:** None **BLW:** No **PH:** N **SS:** A rec 397 **BS:** 116 pg 197.

COLE, John; b Dec 1774; d Sep 1850 **RU:** Private, 4th VMR **CEM:** Sinclairs Bottom Baptist; Smyth; jct Rts 600 & 660, Chilhowie **GS:** Y **SP:** mar Sarah (-----), b 1826, d 07 Jul 1876 **VI:** No further data **P:** None **BLW:** No **PH:** N **SS:** A rec 498 **BS:** 131 v1 pg 146; 59c.

COLE, Peleg; b 05 Mar 1795; d 15 Aug 1859 **RU:** Private, 64th VMR, Capt James Shelton, Henry Co, attached to 5th VMR **CEM:** Ebbing Spring; Washington; Rt 714 **GS:** Y **SP:** mar (1) Polly Todd; (2) 27 Sep 1832, Martha Ketchum, LNR PO Loves Mills, Washington Co 1878 **VI:** No further data **P:** Spouse **BLW:** Yes **PH:** N **SS:** A rec 629; BD pg 430; B pg 101 **BS:** 116 pg 174.

COLEBURN, Thomas S; b 01 Mar 1785; d 10 Aug 1840 **RU:** Private, 2nd VMR, Capt David Ashby, Accomack Co **CEM:** Mount Holly; Accomack; Hill St, Onancock adj Fairview Lawn **GS:** Y **SP:** mar in Accomack Co on 28 Dec 1825 to Tabitha S Phillips, alias Gileous, b 11 Sep 1790, d 10 Aug 1840 **VI:** No further data **P:** None **BLW:** No **PH:** N **SS:** K pg 309 **BS:** 21 pg 56.

COLEMAN, Daniel; b 07 Jun 1768; d 08 Apr 1860 **RU:** Lt Colonel, 42nd VMR, Pittsylvania Co, attached to 6th VMR **CEM:** Coleman Family; Pittsylvania; 572 Yeatt's Store Rd, Java **GS:** Y **SP:** mar in Pittsylvania Co on 21 Nov 1798 to Anna Payne Harrison, b 01 Mar 1778, d 01 Feb 1858, daughter of William Harrison. **VI:** Son of Stephen Coleman. Served as a messenger during the Revolutionary War for General Nathaniel Greene. Served in the House of Delegates 1803-1812 **P:** None **BLW:** No **PH:** Y **SS:** B pg 161; W pg 875 **BS:** 149.

COLEMAN, Francis W; b 1787; d 25 Nov 1845 **RU:** Private, 19th VMR, Capt John Jones, Richmond City **CEM:** Shockoe Hill; Richmond City; 100 Hospital St **GS:** U **SP:** No spouse information **VI:** Died from "wounds & exposure." Death notice in the *Daily Richmond Whig*, 26 Nov 1847, pg 4. "Age 57 or 59." Funeral held at residence of R. L. Coleman **P:** None **BLW:** No **PH:** N **SS:** A rec 977, Muster Vol 2 pg 497 **BS:** 38 pg 34.

COLEMAN, Hawes N; b 01 Jan 1757; d 1840 **RU:** Private, 9th VMR (Boyd) **CEM:** Wintergreen; Nelson; Rt 151, Wintergreen **GS:** N **SP:** mar (1) (-----) Goodwin; (2) in Nelson Co on 04 Apr 1836 (bond) to Mary Ann E Harris; (3) Ann Overton **VI:** Son of John Coleman and Eunice Hawes. There is a large arrowhead-shaped stone atop his grave, hauled there at his request upon his death. No inscription. Date of death from WPA survey **P:** None **BLW:** No **PH:** N **SS:** A rec 995 **BS:** 153.

COLEMAN, Henry Embry; b 27 Apr 1768; d 16 Dec 1837 **RU:** Lt Colonel, 84th VMR, Commander, Halifax Co **CEM:** Coleman Family; Halifax; Woodlawn Plantation, Clover **GS:** Y **SP:** mar 13 Jun 1795, Ann Gordon, daughter of Thomas Gordon and Margaret Murry, b 1776, d 1824 **VI:** Son of Col John Coleman and Mary Embry of Woodlawn Plantation, Halifax Co. Educated at Hampden-Sydney and the College of New Jersey. Served in the General Assembly and as a juror at the trial of Aaron Burr. Also commanded 6th VMR in Norfolk **P:** None **BLW:** No **PH:** N **SS:** A rec 1005; B pgs 89, 231 **BS:** 201.

COLEMAN, James; b UNK; d 23 Feb 1861 **RU:** Private, 4th & 5th VMR **CEM:** Dranesville United Methodist; Fairfax; 1089 Liberty Meeting Ct Herndon **GS:** Y **SP:** No spouse information **VI:** No further data **P:** None **BLW:** No **PH:** N **SS:** A rec 1039-42 **BS:** 89 v4 HN-262.

COLEMAN, James; b UNK; d 20 Mar 1857 **RU:** Private, 1st VMR, Capt William Moseley, Buckingham Co **CEM:** Presbyterian Cemetery; Lynchburg; Grace & Bailey Sts **GS:** Y **SP:** Margaret (-----), d 31 Aug 1869, 77 yrs **VI:** Died age 72 yrs **P:** None **BLW:** No **PH:** N **SS:** L pg 602 **BS:** 207.

COLEMAN, Robert; b 19 Jun 1780; d 29 Apr 1854 **RU**: Private, 74th VMR (Trueheart), Hanover Co **CEM**: Church of Our Savior; Hanover; 17102 Mountain Rd (Rt 33), Montpelier **GS**: Y **SP**: mar 24 Dec 1807 to Matilda Minor, b 24 Nov 1791, d 05 May 1873 **VI**: Perhaps reinterred to Our Savior from Chantilly. Two records for same persons **P**: None **BLW**: No **PH**: N **SS**: A rec 1205 **BS**: 71 pg 50; 69 pg 25-26.

COLEMAN, Robert; b 09 Mar 1782; d 09 Mar 1879 **RU**: Private, 84th VMR, Capt Thomas Davenport, Halifax Co, attached to 5th VMR **CEM**: Coleman; Patrick; Knoll above jct Rts103 & 645 **GS**: Y **SP**: mar (1) Mary King; (2) Sally Mills; (3) Sarah Cruise; (4) on 03 Dec 1863 Mary Headen. LNR Bateman, Patrick Co, 1899 **VI**: No further data **P**: Both **BLW**: Yes **PH**: N **SS**: A rec 1201; M pg 91/92; BD pg 433; B pg 89 **BS**: 154 pg 317.

COLEMAN, Thomas; b UNK; d 27 Nov 1861 **RU**: Private, 5th VMR (McDowell) **CEM**: Dranesville United Methodist; Fairfax; 1089 Liberty Meeting Ct Herndon **GS**: U **SP**: No spouse information **VI**: No further data **P**: None **BLW**: No **PH**: N **SS**: A rec 1255 **BS**: 80.

COLEMAN, Thomas; b UNK; d 07 Mar 1833 **RU**: Private, 1st VMR (Crutchfield) **CEM**: Lewis Family; King George; Rt 649, Osso **GS**: N **SP**: No spouse information **VI**: Grave site has only a funeral home marker **P**: None **BLW**: No **PH**: N **SS**: A rec 1248 **BS**: 80.

COLEMAN, William Baptist Burwell, Sr; b 31 Mar 1776; d 13 Jan 1827 **RU**: Private, 16th VMR, Capt Joseph Holladay, Spotsylvania Co, attached to 1st VMR (Crutchfield) **CEM**: Coleman Family; Spotsylvania; 2.2 mi off Rt 61, 10.3 mi S of Spotsylvania C. H. **GS**: Y **SP**: mar Matilda Baptist, daughter of William G Baptist of Mecklenburg Co, b 03 Jun 1780, d 26 Apr 1825 **VI**: Son of Clayton and Mary (Baptist) Coleman. Survey made 08 Dec 1936 by Mildred Barnum **P**: None **BLW**: No **PH**: N **SS**: L pg 435; B pg 188 **BS**: 51.,

COLES, Edward; b 20 Sep 1789; d 19 May 1842 **RU**: Lieutenant, 37th VMR (Downing), Northumberland Co **CEM**: Sherwood Forest; Northumberland; Sherwood Forest Community **GS**: Y **SP**: mar in Northumberland Co on 18 Feb 1820 (bond) to Elizabeth Harding, daughter of William Harding, b 17 May 1801, d Jul 1862 **VI**: Son of Edward Coles and Rhoda Nelms. Justice of the Peace and father of 10 children **P**: None **BLW**: No **PH**: N **SS**: A rec 1370 **BS**: 61 v6 pg 37; 269 pg 55.

COLES, Tucker; b 02 May 1782; d 04 Mar 1861, "Tallwood" **RU**: 2nd Master, 1st VMR (Yancey) **CEM**: Enniscorthy; Albemarle; Esmont **GS**: Y **SP**: mar Helen Skipwith on 04 May 1861 (on tombstone) **VI**: Joint tombstone **P**: None **BLW**: No **PH**: N **SS**: A rec 1419 **BS**: 245.

COLES, Walter; b 08 Dec 1790; d 09 Nov 1857 **RU**: 2nd Lieutenant / Captain, US Army, 2nd Regiment Light Dragoons; 3rd Rifle Regiment **CEM**: Coles Family; Pittsylvania; 1040 County Rd 690, Chatham **GS**: Y **SP**: mar Lettice P Carrington, daughter of Paul & Priscilla Carrington, wife of Water Coles (stone), b 31 Aug 1790, d 07 Aug 1875 **VI**: Son of Isaac & Catherine Coles. Commissioned by President James Madison. Member of General Assembly and U. S. Congress from 1835-1845 **P**: None **BLW**: No **PH**: Y **SS**: AF **BS**: 149; 246.

COLLARD, Samuel; b 1773; d 08 Jun 1852 **RU**: Sergeant, 60th VMR, Capt Fleming Terrell, Fairfax Co **CEM**: Collard Family; Fairfax; Groveton **GS**: Y **SP**: No spouse information **VI**: Died in his 80th year **P**: None **BLW**: No **PH**: N **SS**: A rec 1644 **BS**: 80.

COLLIER, Shadrick, Sr; b UNK; d 15 Feb 1872 **RU**: Sergeant, 32nd VMR, Capt John Trimble, Augusta Co, attached to 7th VMR (Saunders) **CEM**: Collier Family; Carroll; jct Rts 662 & 624 **GS**: Y **SP**: mar on 08 Feb 1803 to Lucy Bobbit, Grayson Co, died before her husband **VI**: LNR Hillsville, Carroll Co, 1871. Tombstones inscription, "Sergeant War of 1812" **P**: Yes **BLW**: Yes **PH**: N **SS**: A rec 1937; G; BD pg 435; B pg 40 **BS**: 90 pg 239.

COLLINS, Charles; b UNK; d 1859 **RU**: Captain, 30th VMR, Capt William Craig, Caroline Co **CEM**: Collins Family; Caroline; Rt 638 **GS**: Y **SP**: mar in Caroline Co on 21 Feb 1832 to Catherine Jesse, daughter of John Jesse & Mary Todd, b c1810, d May 1887 **VI**: Son of James & Clarissa (Todd) Collins **P**: Spouse **BLW**: Yes **PH**: N **SS**: G; L pg 32; BD pg 435; B pg 55 **BS**: 10 pg 44.

COLLINS, John; b 1784; d bur 11 May 1841 **RU**: Ensign, 1st VMR (Clarke) **CEM**: Shockoe Hill; Richmond City; 100 Hospital St **GS**: U **SP**: No spouse information **VI**: No further data **P**: None **BLW**: No **PH**: N **SS**: A rec 2335 **BS**: 38 pg 22.

COLLINS, Joseph; b 1779; d 1871 **RU**: Private, 9th VMR (Boyd) **CEM**: Mt Hebron; Frederick; 305 E Boscawen St, Winchester **GS**: Y **SP**: No spouse information **VI**: Reverend **P**: None **BLW**: No **PH**: N **SS**: A rec 2437 **BS**: 93.

RU=Rank/Unit CEM=Cemetery GS=Gravestone SP=Spousal Information VI=Other Veteran Info P=Pension
BLW=Bounty/Land Warrant PH=Photo SS=Service Source BS=Burial Source VMR= VA Military Regt
LNR= Last Known Residence

COLLINS, William; b 1781; d 09 Sep 1821 **RU:** Gunner, 1st VMR (Holcombe) **CEM:** St John's Church; Richmond City; 24th & Broad, Church Hill **GS:** U **SP:** No spouse information **VI:** No further data **P:** None **BLW:** No **PH:** N **SS:** A rec 2661 **BS:** 63 pg 428; 252 pg 56.

COLONNA, Benjamin; b 10 Feb 1763; d 02 Jul 1851 **RU:** Private, 2nd VMR (Bayley), Accomack Co **CEM:** Waterfield Farm aka Collona Family; Accomack; SE of Pennyville, jct Rts 614 & 617 **GS:** Y **SP:** mar Elizabeth Beach, daughter of Reuben & Molly Beach, b 17 Oct 1784, d 18 Jan 1848 **VI:** Son of Major Collona & Joice Hutchison, a Rev War soldier ("Major" is the given name, not a rank) **P:** None **BLW:** No **PH:** N **SS:** G; A rec 103 **BS:** 21 pg 57.

COLONNA, Samuel; b 02 Jan 1796; d 09 Oct 1835 **RU:** Private, 2nd VMR, Capt Isaac Smith, Accomack Co **CEM:** Colonna Family (2); Accomack; Hack's Neck at end of Rt 630 South **GS:** Y **SP:** No spouse information **VI:** Son of William & Elizabeth Colonna **P:** None **BLW:** No **PH:** N **SS:** L pg 724 **BS:** 21 pg 58.

COLONNA, William; b UNK; d 1832 (Will) **RU:** Private, 2nd VMR, Capt Isaac Smith, Accomack Co **CEM:** Colonna Family (1); Accomack; Rt 13 Business, Boggs Wharf **GS:** Y **SP:** No spouse information **VI:** No further data **P:** None **BLW:** No **PH:** N **SS:** L pg 724 **BS:** 21 pg 58.

COLQUITT, John; b 1773; d 19 Jun 1847, "Roseheath", Henrico Co **RU:** Corporal, 2nd Regiment, GA Militia (Thomas) **CEM:** St John's Church; Richmond City; 24th & Broad, Church Hill **GS:** U **SP:** mar (1) Judith Hobson; (2) Rebecca Davenport **VI:** Reinterred from Shockoe Hill, where he was first buried 20 Jun 1847 **P:** None **BLW:** No **PH:** N **SS:** A rec 12936 **BS:** 63 pg 351; 38 pg 39; 252 pg 56.

COLVIN, Richard; b UNK; d 29 Jul 1825 **RU:** Private, 41st VMR, Richmond Co **CEM:** Colvin Family; Fauquier; Rt 806, Catlett **GS:** Y **SP:** mar Leah Marie Williams, b 08 Dec 1819, d 28 Apr 1885 **VI:** No further data **P:** None **BLW:** No **PH:** N **SS:** A rec 409 **BS:** 4 pg 45.

COMBS, John; b UNK; d 16 Jan 1849 **RU:** Private, 56th VMR (Taylor), Loudoun Co **CEM:** North Fork Baptist; Loudoun; 38139 N Fork Rd, Purcellville **GS:** Y **SP:** No spouse information **VI:** No further data **P:** None **BLW:** No **PH:** N **SS:** A rec 623 **BS:** 73 pg 61.

COMBS, Seth; b UNK; d c1847 (Inv) **RU:** Captain, 85th VMR, Company Commander, Fauquier Co **CEM:** Combs Family; Fauquier; Rt 609, Blistersburg **GS:** Y **SP:** No spouse information **VI:** No further data **P:** None **BLW:** No **PH:** N **SS:** B pg 82 **BS:** 4 pg 45.

CONARD, David; b UNK; d UNK **RU:** Private, 56th VMR (Taylor), Loudoun Co **CEM:** Rehobeth United Methodist; Loudoun; jct Rt 691 & Bollington Rd (Rt 692), Morrisonville **GS:** U **SP:** No spouse information **VI:** No further data **P:** None **BLW:** No **PH:** N **SS:** A rec 1250 **BS:** 73 pg 61.

CONNER, Frederick; b 15 Jan 1787; d 08 Jul 1868 **RU:** Private, 99th VMR (Bagwell), Accomack Co **CEM:** Conner; Accomack; Upper Accomack, E side of US 13 **GS:** Y **SP:** No spouse information **VI:** No further data **P:** None **BLW:** No **PH:** N **SS:** A rec 2345 **BS:** 6 pg 86.

CONNER, John; b 1774; d 17 Mar 1855 **RU:** Corporal, 5th VMR **CEM:** Conner Family; Patrick; jct Rts 616 & 826 **GS:** Y **SP:** mar in Patrick Co on 16 Dec 1794 (bond and return) to Lucy Robertson, daughter of David Robertson, Sr, b 1773, d 1850 **VI:** No further data **P:** None **BLW:** No **PH:** N **SS:** A rec 2445 **BS:** 154 pg 219.

CONNER, John; b c1770; d 25 Apr 1815 **RU:** Major, 5th VMR, Staff Officer, Fauquier Co **CEM:** Conner Family; Rappahannock; Rt 211, 1 mi N of Woodville **GS:** Y **SP:** No spouse information **VI:** Died age 45 years "rejoicing in the Lord" **P:** None **BLW:** No **PH:** N **SS:** B pg 62; A rec 2443 **BS:** 277.

CONNER, John; b 1797, Dingle, County Kerry, Ireland; d 24 Aug 1851 **RU:** Private, 5th VMR **CEM:** Old City Cemetery; Lynchburg; 401 Taylor St **GS:** Y **SP:** No spouse information **VI:** No further data **P:** None **BLW:** No **PH:** N **SS:** A rec 2447 **BS:** 207.

CONNER, William; b 04 Dec 1795; d 02 Jun 1879 **RU:** Private, 6th VMR (Coleman) **CEM:** Conner Family; Patrick; 1 mi SE of Bowling Store **GS:** Y **SP:** mar in Patrick Co on 17 Sep 1819 (return) to Annie Ross, b 1802, d 1876. Her name is given as "Exonery" on her stone **VI:** No further data **P:** None **BLW:** No **PH:** N **SS:** A rec 2533 **BS:** 154 pg 210.

CONRAD, Charles; b 02 Feb 1789; d 17 Dec 1837 **RU:** Private, 31st VMR, Capt Thomas Roberts, Frederick Co, attached to 4th VMR (Beatty) **CEM:** Mt. Hebron; Frederick; 305 Boscawen St, Winchester **GS:** Y **SP:** mar in

Hagerstown, MD on 10 Aug 1811 to Elizabeth Copenhaver, b 18 Nov 1791, d 03 Jan 1874 **VI:** No further data **P:** Spouse **BLW:** Yes **PH:** N **SS:** A rec 100; B pg 451; B pg 79 **BS:** 86 pg 46.

CONRAD, Henry; b 20 Jun 1789; d 03 Jan 1849 **RU:** Corporal, 6th VMR (Coleman) **CEM:** Elk Run Methodist Episcopal; Augusta; 1/2 mi E of Elkton **GS:** Y **SP:** No spouse information **VI:** Age 50 yrs, 6 mos, 14 days **P:** None **BLW:** No **PH:** N **SS:** A rec 106 **BS:** 183.

CONWAY, Christopher; b 1772; d 12 Apr 1854 **RU:** Private, 1st Regiment West TN Militia (Pecker) **CEM:** Conway Family; Pittsylvania; Rt 29 13 mi S of Chatham **GS:** Y **SP:** mar on 17 Jan 1788 Annie (-----). d Aug 1837, age unknown. Data from his stone **VI:** Age 78 on 1850 census of Pittyslvania Co. **P:** None **BLW:** No **PH:** N **SS:** A rec 357 **BS:** 149.

CONWAY, John; b UNK; d 22 Mar 1865 **RU:** Private, 30th VMR (Tankersley), Capt Armistead Holmes, Troop of Cavalry, Caroline Co, attached to Cocke's Detachment **CEM:** Conway Family; Caroline; Rt 673 **GS:** U **SP:** mar in Caroline Co on 16 Mar 1815 to Harriet E Thornton, d 17 Nov 1879, Caroline Co **VI:** No further data **P:** Spouse **BLW:** Yes **PH:** N **SS:** A rec 389; BD pg 452; B pg 56 **BS:** 10 pg 46.

CONWAY, John Moncure; b 23 Nov 1779; d 24 May 1864 **RU:** Lieutenant, 39th VMR, Capt Archer Conway, Petersburg **CEM:** Glencairn; Stafford; US Rt 1, Glencairn Estate **GS:** Y **SP:** mar on 29 Dec 1802 to Catherine Storke, b 20 Jul 1786, d 10 Apr 1865 **VI:** Clerk of Stafford Co, Postmaster at Stafford Co in 1832 **P:** None **BLW:** No **PH:** N **SS:** K pg 137 **BS:** 26 pg 216.

CONWAY, Reuben; b 11 Mar 1788; d 03 Jan 1838 **RU:** UNK, 3rd VMR, 2nd Battalion, Capt Winstone, Orange Co **CEM:** Madison Family; Orange; Montpelier **GS:** Y **SP:** mar Lucy H Macon, b 21 Feb 1794, d 13 May 1871. "Wife of Reuben Conway" buried at President Madison Cemetery. **VI:** Fined for absence from militia duty of 3rd VMR, 2nd Batallion on 03 Nov 1814 **P:** None **BLW:** No **PH:** N **SS:** BN pg 11 **BS:** 28 pg 73.

CONWAY, Robert; b UNK; d 01 Jan 1837 **RU:** Private, 2nd Regiment of Cavalry, DC Militia (Tayloe) **CEM:** Old Presbyterian Meeting House; Alexandria; Wilkes & Hamilton **GS:** Y **SP:** mar Margaret (-----), d 22 Sep 1832 **VI:** No further data **P:** None **BLW:** No **PH:** N **SS:** A rec 410 **BS:** 32 pg 21.

CONWAY, Thomas B; b 16 Sep 1779; d 01 Dec 1825 **RU:** Ensign, 19th VMR, Capt Wilson Bryan, Richmond City **CEM:** Norman Family #1; Stafford; Rt 692 nr 98 Quarry Rd **GS:** U **SP:** No spouse information **VI:** No further data **P:** None **BLW:** No **PH:** N **SS:** K pg 359 **BS:** 26 pg 276.

COOK, Jacob; b UNK; d UNK **RU:** Sergeant, VMR, Battalion of Artillery **CEM:** Sangersville; Augusta; nr Sangersville **GS:** Y **SP:** See Appendix G **VI:** Died age 79 yrs, 1 mo, 8 days **P:** None **BLW:** No **PH:** N **SS:** A rec 67 **BS:** 183.

COOK, John; b 02 Aug 1785; d 31 Aug 1839 **RU:** Private, 8th VMR, Capt Hugh Stuart, Rockbridge Co, attached to McDowell's Flying Camp **CEM:** Old Salem Lutheran; Augusta; Mt Sidney **GS:** Y **SP:** mar Elizabeth (-----), b 1790, d 18 Apr 1827 **VI:** No further data **P:** None **BLW:** No **PH:** N **SS:** K, pg 35 **BS:** 1 pg 124.

COOK, John; b 1791; d Feb 1854 **RU:** Private, 4th VMR **CEM:** Cook Family; Shenandoah; Rt 652, Woodstock **GS:** Y **SP:** No spouse information **VI:** No further data **P:** None **BLW:** No **PH:** N **SS:** A rec 1004 **BS:** 115 pg 155.

COOK, John L; b 16 Nov 178?, Hanover Co; d 22 Apr 1836 **RU:** Quartermaster Sergeant, 7th MD Militia **CEM:** Shockoe Hill; Richmond City; 100 Hospital St **GS:** Y **SP:** mar in Richmond City on 15 Nov 1806 by Rev John Buchanan to Elizabeth O Darrows. Marriage notice in the *Richmond Examiner* on 18 Nov 1806, pg 3, calls her Miss Eliza Darrous. **VI:** No further data **P:** Spouse **BLW:** Yes **PH:** N **SS:** L pg 318; BD pg 456 **BS:** 199.

COOK, Peter; b 1782, Perthshire, Scotland; d bur 23 Jun 1842 **RU:** Private, 58th VMR, Capt John Snapp, Rockingham Co **CEM:** Shockoe Hill; Richmond City; 100 Hospital St **GS:** U **SP:** No spouse information **VI:** No further data **P:** None **BLW:** No **PH:** N **SS:** A rec 1201 **BS:** 38 pg 25.

COOK, Samuel; b 17 May 1790; d 1829 **RU:** Sergeant, 5th VMR (McDowell) **CEM:** Cook Family; Franklin; Air Port Rd **GS:** Y **SP:** mar in 1822 to Sarah Turner. She mar (2) Dr George Washington Clement **VI:** Son of Benjamin Cook **P:** None **BLW:** No **PH:** N **SS:** P **BS:** 31.

COOK, Theodore; b 1793; d 1857 **RU:** Private, DC Militia, Capt Dunlap **CEM:** Methodist Protestant; Alexandria; Wilkes St **GS:** Y **SP:** mar Nellie (-----), 1793-1883 **VI:** Only service record is from his pension **P:** Applied **BLW:** No **PH:** N **SS:** M pg 96 **BS:** 32 pg 137.

RU=Rank/Unit CEM=Cemetery GS=Gravestone SP=Spousal Information VI=Other Veteran Info P=Pension
BLW=Bounty/Land Warrant PH=Photo SS=Service Source BS=Burial Source VMR= VA Military Regt
LNR= Last Known Residence

COOK, William; b 1789; d 1847 RU: Private, 5th VMR CEM: Cook Family; Bedford; N end of Resinview St GS: Y SP: mar Sarah (-----), 1789-1832 VI: No further data P: None BLW: No PH: N SS: A rec 1429 BS: 251 pg 647.

COOKE, James M; b 1796; d aft 1850 RU: Private, 16th VMR, Capt Peter Lucas, Spotsylvania Co CEM: City Cemetery; Fredericksburg; William St & Washington Ave GS: Y SP: No spouse information VI: Age 53 on 1850 census of Fredericksburg P: None BLW: No PH: N SS: L pg 552 BS: 18 pg 79.

COOKE, James Powell; b UNK; d 13 Jan 1829 RU: Private, Richmond -Washington Volunteers, Capt Richard Booker CEM: Edgemont; Albemarle; 4 mi N of Keene on Rt 712 GS: Y SP: No spouse information VI: No further data P: None BLW: No PH: N SS: AK pg 894 BS: 176.

COOKE, John A; b UNK; d 1851 RU: Private, 2nd VMR (Sharp) CEM: Shockoe Hill; Richmond City; 100 Hospital St GS: Y SP: No spouse information VI: No further data P: None BLW: No PH: N SS: A rec 1558 BS: 199.

COOKE, Mordecai; b 19 Apr 1785, Gloucester Co; d 29 Apr 1845, Portsmouth RU: Private, 2nd VMR (Sharp) CEM: Cedar Grove; Portsmouth; Effington St & Fort Ln GS: Y SP: mar Margaret Kearns VI: Son of Rev War Lt Mordecai & Elizabeth (Scrosby) Cooke. He was a prominent Mason and his portrait adorns the hall of the Grand Lodge in Richmond. Also served in the House of Delegates. Styled "Colonel" on his tombstone P: None BLW: No PH: N SS: A rec 1583 BS: 65 pg 98.

COOKE, William; b 1782, Ireland; d 08 Aug 1837 RU: Private, 1st VMR (Byrne) CEM: Blandford; Petersburg; 111 Rochelle Ln GS: Y SP: No spouse information VI: Died aged 55 years P: None BLW: No PH: N SS: A rec 1403 BS: 200.

COOKSEY, Elias; b 07 Jan 1794/95; d 06/09 Feb 1861 RU: Private, Maj John Kemper's Detachment CEM: Cooksey Family; Rappahannock; Rt 647, Flint Hill GS: Y SP: mar Martha Ann (-----), b 13 Aug 1795, d 08 Jun 1865 VI: No further data P: None BLW: No PH: N SS: A rec 1655 BS: 270.

COOKSEY, Thomas S, Sr; b 1798; d 05 Oct 1857 RU: Private, 1st VMR (Byrne) CEM: Andrew Chapel; Fairfax; 9201 Leesburg Pike, Vienna GS: Y SP: mar Sallie (-----), b 1793, d 1858 VI: No further data P: None BLW: No PH: N SS: A rec 1679 BS: 89 v1 pg VN-3.

COOLEY, Peter; b 1794; d 28 Sep 1830 RU: Private, 4th VMR (Boyd) CEM: Sinking Spring Presbyterian; Washington; Blackfield Rd, one block fr Main St, Abingdon GS: Y SP: No spouse information VI: No further data P: None BLW: No PH: N SS: A rec 1873 BS: 116 pg 73.

COOPER, Daniel; b 01 Jun 1787; d 12 Sep 1854 RU: Private, 56th VMR (Taylor), Loudoun Co CEM: St James's United Church of Christ; Loudoun; 10 E Broad Way, Lovettsville GS: Y SP: mar in Loudoun Co on 12 Aug 1809 to Elizabeth Sanders, b 03 Jun 1785, d 11 Aug 1843. James Bumerouts attested to both of their ages on the marriage bond VI: No further data P: None BLW: No PH: N SS: A rec 102 BS: 73 pg 63.

COOPER, George W, Sr; b UNK; d 29 Nov 1856 RU: Corporal, 9th VMR (Sharp), Capt James Nimmo, Norfolk Borough CEM: Cooper Family; Franklin; vic jct Rts 619 & 996 GS: U SP: mar in Franklin Co on 23 Sep 1824 (bond) to Mary H Wingfield, Austin Wingfield surety; d c1897. LNR PO Snow Creek, Franklin Co, 1878 VI: No further data P: Spouse BLW: No PH: N SS: A rec 175; BD pg 462; B pg 233 BS: 118 pg 80.

COOPER, Jacob; b by 1799; d aft Feb 1815 RU: Private, 47th VMR, Capt Robert McCulloch, Albemarle Co, attached to 7th VMR (Gray) CEM: Cooper / Kent / Heslep; Roanoke; W of Salem GS: U SP: mar Rebecca (-----), d 1850 VI: No further data P: None BLW: No PH: N SS: K pg 343; A rec 233 BS: 157 pg 98.

COOPER, John; b 1761; d 01 Mar 1828 RU: Private, Battalion of Artillery CEM: Old Providence Church; Augusta; 1005 Spottswood Rd, Spotswood GS: Y SP: mar Margaret (-----), 1774-1847 VI: Son of Robert & Susannah (Blair) Cooper P: None BLW: No PH: N SS: A rec 310 BS: 2 pg 57; 31.

COOPER, Leonard; b UNK; d 1814 RU: Private, 106th VMR, Capt Anthony Van Sickle, Mason Co [WV], attached to 2nd VMR (Evans) CEM: Cooper Family; Rockingham; off Rt 33, E side of Cooper's Mountain, Hinton area nr Rawley Springs GS: Y SP: mar Elizabeth (-----) VI: He is actually buried in Norfolk, where this unit served. Memorial stone in this cemetery erected by L. C. Cooper on 04 Jul 1907 P: Spouse app BLW: No PH: N SS: A rec 493; B pg 127; BD pg 464 BS: 262.

COOPER, Samuel; b 1798; d 03 Dec 1876 **RU**: Private, Major Phillip Alexander's Independent Battalion of VA Volunteers **CEM**: Christ Church Episcopal; Alexandria; Wilkes & Hamilton **GS**: Y **SP**: No spouse information **VI**: Adjutant General in USA and CSA **P**: None **BLW**: No **PH**: N **SS**: A rec 585 **BS**: 34 pg 92.

COPELAND, Andrew; b 01 Jun 1791; d 02 Jan 1855 **RU**: Corporal, 56th VMR, Capt Thomas Leslie, Loudoun Co **CEM**: Ketoctin Baptist; Loudoun; Alder School Rd (Rt 711); Eubanks **GS**: Y **SP**: mar in Loudoun Co on 17 Mar 1825 (bond) to Jane Copeland, b 08 Jun 1793, d 25 Mar 1888, LNR PO Hillsborough, Loudoun Co, 1887 **VI**: No further data **P**: Spouse **BLW**: Yes **PH**: N **SS**: A rec 879; BD pg 466; B pg 121 **BS**: 73 pg 65.

COPENHAVER, George; b 06 May 1792; d 14 Mar 1822 **RU**: Private, 4th VMR (Boyd) **CEM**: Mt Hebron; Frederick; 305 E Boscawen St, Winchester **GS**: Y **SP**: No spouse information **VI**: No further data **P**: None **BLW**: No **PH**: N **SS**: A rec 1008, 1025 **BS**: 87 pg 46.

COPENHAVER, Henry; b UNK; d 20 Jul 1869 **RU**: Private, 70th VMR, Capt James Meek, Washington Co, attached to Bradley's Command **CEM**: Ebenezer Church; Smyth; Rt 665, Marion **GS**: U **SP**: mar on 08 Oct 1818 in Wythe Co, to Barbara Philipy, LNR Smyth Co, 1878 **VI**: No further data **P**: Spouse **BLW**: Yes **PH**: N **SS**: A rec 1009,1026; BD pg 466; B g 199 **BS**: 131 v1 pg 22.

COPENHAVER, John; b 1792; d 25 Mar 1866, Clarke Co **RU**: Private, 4th VMR (Boyd) **CEM**: Mt Hebron; Frederick; 305 E Boscawen St, Winchester **GS**: Y **SP**: mar Sarah (-----) **VI**: Son of John and Margaret Copenhaver, Farmer, married at time of death ("Virginia Deaths and Burials, 1853-1912," familysearch.org) **P**: None **BLW**: No **PH**: N **SS**: A rec 1030 **BS**: 86 pg 46.

CORBIN, Isaiah (Isia); b 12 Dec 1798; d 25 Dec 1854 **RU**: Private, 114th VMR (Poston), Hampshire Co, (WV) **CEM**: Major / Corbin Family; Rappahannock; Rt 642 off Rt 211, Amissville **GS**: Y **SP**: No spouse information **VI**: No further data **P**: None **BLW**: No **PH**: N **SS**: A rec 1408 **BS**: 74 pg MAJ.

CORBIN, Jameson; b 1788; d 1878 **RU**: Private, 42th VMR, Capt Doctor Williams, Pittsylvania Co, attached to 6th VMR (Coleman) **CEM**: Jameson Corbin Family; Pittsylvania; Old Hickory Ln **GS**: Y **SP**: mar in Pittsylvania Co, on 09 Oct 1816 to Sarah Davis **VI**: LNR P.O. Pittsylvania Courthouse, 1871 **P**: Yes **BLW**: Yes **PH**: N **SS**: B pg 162, BD pg 468, M pg 98 **BS**: 49.

CORLING, Charles; b 1771, Ashford, Kent Co, England; d 14 Jan 1814 **RU**: Doctor Master, 30th VMR, Caroline Co **CEM**: Blandford; Petersburg; 111 Rochelle Ln **GS**: Y **SP**: No spouse information **VI**: Native of Ashford, Kent Co, England. Came to Virginia in 1785. Left a wife and 3 children William, Charles & Eliza **P**: None **BLW**: No **PH**: N **SS**: A rec 1837 **BS**: 134 pg 29; 200.

CORSE, John; b UNK; d 05 Dec 1842 **RU**: 2nd Lieutenant, 1st DC Regiment of Militia **CEM**: St Paul's Episcopal; Alexandria; 228 S Pitt St **GS**: Y **SP**: No spouse information **VI**: Death date from the *Alexandria Gazette* **P**: None **BLW**: No **PH**: N **SS**: A rec 2501 **BS**: 31.

COSBY, James; b 1797, King & Queen Co; d bur 21 Nov 1837 **RU**: Private, 20th US Army Infantry **CEM**: Shockoe Hill; Richmond City; 100 Hospital St **GS**: U **SP**: No spouse information **VI**: Enlisted 26 Nov 1812, occupation carpenter, resident King & Queen Co, discharged at Craney Island 19 Jul 1815 **P**: None **BLW**: No **PH**: N **SS**: C pg 39 **BS**: 38 pg 14.

COSBY, John; b 20 Jul 1789; d 11 May 1850 **RU**: Private, 19th VMR, Capt William Richardson, Richmond City, attached to 1st Corp d'Elite (Randolph) **CEM**: Shockoe Hill; Richmond City; 100 Hospital St **GS**: Y **SP**: No spouse information **VI**: No further data **P**: None **BLW**: No **PH**: N **SS**: K pg 262 **BS**: 199.

COSBY, John H; b 16 Mar 1789; d 11 Oct 1830 **RU**: Private, 19th VMR, Capt Edmund Taylor, Troop of Cavalry, Richmond City, attached to 2nd VMR (Sharp) **CEM**: Shockoe Hill; Richmond City; 100 Hospital St **GS**: Y **SP**: No spouse information **VI**: No further data **P**: None **BLW**: No **PH**: N **SS**: K pg 494 **BS**: 63 pg 357.

COST, Peter; b 19 Oct 1777; d 10 May 1859 **RU**: Private, 58th VMR (Taylor), Rockingham Co **CEM**: St James's United Church of Christ; Loudoun; 10 E Broad Way, Lovettsville **GS**: Y **SP**: mar in Loudoun Co on 13 Jun 1808 to Mary Gross, d 01 Nov 1848 **VI**: No further data **P**: None **BLW**: No **PH**: N **SS**: A rec 175 **BS**: 73 pg 67.

COTTRELL, Thomas; b UNK; d 01 Apr 1824 **RU**: Private, 5th VMR **CEM**: Shockoe Hill; Richmond City; 100 Hospital St **GS**: Y **SP**: No spouse information **VI**: No further data **P**: None **BLW**: No **PH**: N **SS**: A rec 702 **BS**: 38 pg 2.

RU=Rank/Unit CEM=Cemetery GS=Gravestone SP=Spousal Information VI=Other Veteran Info P=Pension
BLW=Bounty/Land Warrant PH=Photo SS=Service Source BS=Burial Source VMR= VA Military Regt
LNR= Last Known Residence

COURTNEY, Phillip F; b 1785; d bur 03 Oct 1840 **RU:** Private, 1st VMR (Yancey) **CEM:** Shockoe Hill; Richmond City; 100 Hospital St **GS:** U **SP:** No spouse information **VI:** No further data **P:** None **BLW:** No **PH:** N **SS:** A rec 1284 **BS:** 38 pg 21.

COURTNEY, Robert; b 1770; d 1852 **RU:** Captain, 9th VMR (Boyd), Company Commander, King & Queen Co, attached to 2nd VMR (Sharp) **CEM:** Bagby Family; King & Queen; Stevensville **GS:** U **SP:** mar Priscilla (-----) **VI:** No further data **P:** None **BLW:** No **PH:** N **SS:** B pg 112 **BS:** 260.

COVINGTON, John; b 1785; d 1867 **RU:** Private, 2nd VMR **CEM:** Covington Family; Culpeper; Culpeper **GS:** Y **SP:** mar in Culpeper Co on 30 Sep 1819 to Elizabeth Griffin by William Mason (Baptist), b 1790, d 1881 **VI:** No further data **P:** None **BLW:** No **PH:** N **SS:** A rec 1673 **BS:** 12 pg 26; 196.

COWAN, James; b 18 Jul 1786; d 29 Aug 1842 **RU:** Private, Russell's Separate Battalion, Mounted Gunmen, TN Volunteers **CEM:** Old Hagy; Washington; vic jct Rts 740 & 609 **GS:** Y **SP:** No spouse information **VI:** No further data **P:** None **BLW:** No **PH:** N **SS:** A rec 1770 **BS:** 116 pg 115.

COWLES, Nathaniel; b UNK; d UNK **RU:** Corporal, 52nd VMR, Capt Christian Jones, Charles City Co **CEM:** Mount Pleasant Church; Charles City; Rt 615, Holdcroft **GS:** Y **SP:** No spouse information **VI:** Enumerated in the 1810 US Census in Charles City County **P:** None **BLW:** No **PH:** N **SS:** K pg 130 **BS:** 93.

COWLES, William; b 1777; d 21 Aug 1826 **RU:** Private, 68th VMR, Light Infantry, Capt John E Browne, York Co **CEM:** Shockoe Hill; Richmond City; 100 Hospital St **GS:** Y **SP:** No spouse information **VI:** No further data **P:** None **BLW:** No **PH:** N **SS:** K pg 370 **BS:** 38 pg 4.

COWLING, Thomas; b Jan 1797; d Apr 1864 **RU:** Corporal, 9th VMR (Sharp) **CEM:** Summers Family; Fairfax; Deming Ave & Rt 613, Lincolnia **GS:** Y **SP:** mar Mary C (-----), b Mar 1796, d Aug 1877 **VI:** No further data **P:** None **BLW:** No **PH:** N **SS:** A rec 2196 **BS:** 89 v4 LN-24.

COWLING, Thomas Montgomery; b 26 Feb 1774; d 28 Nov 1832 **RU:** Sergeant, 59th VMR (Riddick), Capt John Hodge, Nansemond Co **CEM:** Cedar Hill; Suffolk City; Hill St **GS:** Y **SP:** mar Mary Bayley, b 16 Apr 1780, d 22 Apr 1825 **VI:** Enumerated in 1830 Census in Nansemond County **P:** None **BLW:** No **PH:** N **SS:** L pg 432 **BS:** 46.

COWLING, Willis; b 1788; d 17 Aug 1828 **RU:** Sergeant, 59th VMR , Capt Mills Riddick,Troop of Cavalry, Nansemond Co **CEM:** Shockoe Hill; Richmond City; 100 Hospital St **GS:** Y **SP:** mar bef 1820, Euphan Fannie N. Shepard **VI:** Son of Josiah & Urania (Monro) Cowling. A cabinet maker **P:** None **BLW:** No **PH:** N **SS:** K pg 670 **BS:** 38 pg 6.

COX, Berryman; b UNK; d 04 Jan 1866/67 **RU:** Private, 45th VMR, Capt Thomas Alexander, Stafford Co **CEM:** Bloxton Family #2; Stafford; White Oak **GS:** U **SP:** mar in Falmouth on Jan 1818, Delila Payne, LNR Stafford Co, 1878 **VI:** No further data **P:** Spouse **BLW:** Yes **PH:** N **SS:** BD pg 482; B pg 190; K pg 124 **BS:** 26 pg A17; 49.

COX, Charles A; b 1792; d 08 Jul 1827 **RU:** Private, 19th VMR, Capt George Booker, Richmond City **CEM:** Shockoe Hill; Richmond City; 100 Hospital St **GS:** Y **SP:** No spouse information **VI:** No further data **P:** None **BLW:** No **PH:** N **SS:** L pg 156 **BS:** 38 pg 5.

COX, George; b 19 Mar 1796; d 15 Jun 1845 **RU:** Ensign, 23rd VMR (Brown), Chesterfield Co **CEM:** Gregory Family; Chesterfield; Bellwood **GS:** Y **SP:** mar Margaret Cole, b 03 Jun 1796, d Mar 1845 **VI:** No further data **P:** None **BLW:** No **PH:** N **SS:** A rec 197 **BS:** 8 pg 4.

COX, Jacob; b 14 May 1791; d 30 Oct 1877 **RU:** Private, 32nd VMR, Capt Abraham Lange, Augusta Co, attached to 5th VMR (McDowell) **CEM:** Old Providence Church; Augusta; 1005 Spottswood Rd, Spottswood **GS:** Y **SP:** mar on 13 Mar 1813 Ann Eve Stoner **VI:** Son of Philip & Ann Mary (Wiseman) Cox of Raphine, VA. LNR Old Providence Church **P:** Yes **BLW:** Yes **PH:** Y **SS:** A rec 256; BD pg 483; B pg 40 **BS:** 165 #42; 31.

COX, John; b UNK; d 17 Nov 1864 **RU:** Sergeant, 4th VMR **CEM:** Memorial Park; Floyd; Indian Valley **GS:** Y **SP:** mar Demaris (-----), d 01 Oct 1863 **VI:** No further data **P:** None **BLW:** No **PH:** N **SS:** A rec 380 **BS:** 254 pg 63.

COX, Ross; b c1789; d 06 Nov 1851 **RU:** Private, 75th VMR, Montgomery Co **CEM:** Duncan Family; Montgomery; Rt 730, Willis **GS:** Y **SP:** mar in Montgomery Co on 08 Dec 1810 (bond) to Ann Wade, daughter of John Wade **VI:** Son of Carter Cox (marriage bond) **P:** None **BLW:** No **PH:** N **SS:** A rec 556 **BS:** 254 pg 96.

RU=Rank/Unit   CEM=Cemetery   GS=Gravestone   SP=Spousal Information   VI=Other Veteran Info   P=Pension
BLW=Bounty/Land Warrant   PH=Photo   SS=Service Source   BS=Burial Source   VMR= VA Military Regt
LNR= Last Known Residence

COX, Samuel; b 1799; d 1873 **RU**: Private, 45th VMR (Peyton), Stafford Co **CEM**: Sharon; Loudoun; Jay & Federal Sts, Middleburg, Lot 216 **GS**: Y **SP**: mar in Loudoun Co on 09 Jan 1823 to Sarah Chamblin, b 1796, d 1893 **VI**: No further data **P**: None **BLW**: No **PH**: Y **SS**: A rec 572 **BS**: 7 pg 132.

COX, Samuel; b 1787; d 1862 **RU**: Private, 1st VMR (Crutchfield) **CEM**: Old City Cemetery; Lynchburg; 401 Taylor St **GS**: Y **SP**: No spouse information **VI**: No further data **P**: None **BLW**: No **PH**: N **SS**: A rec 562 **BS**: 87 pg 102.

COYNER, Jacob; b 1789; d 28 Aug 1874, South River **RU**: Ensign, 32nd VMR, Capt Alexander Givens, Augusta Co, attached to 5th VMR (McDowell) **CEM**: Trinity Lutheran; Augusta; River Rd (Rt 12), Crimora **GS**: U **SP**: mar on 21 Dec 1815, to Elizabeth Michae. LNR PO Waynesborough, Augusta Co, 1887 **VI**: No further data **P**: Both **BLW**: Yes **PH**: N **SS**: A rec 772; BD pg 486; B pg 39 **BS**: 2 pg 117.

COYNER / KOINER, John; b 14 Jun 1792; d 29 Jan 1852 **RU**: Corporal, 5th VMR (McDowell) **CEM**: Trinity Lutheran; Augusta; River Rd (Rt 12), Crimora **GS**: U **SP**: mar Jane (-----), b 08 Apr 1802, d 17 Jan 1830 **VI**: No further data **P**: None **BLW**: No **PH**: N **SS**: A rec 773 **BS**: 2 pg 122.

COYNER / KOINER, Philip, Sr; b 1777; d 1849 **RU**: Ensign, 5th VMR (McDowell) **CEM**: Trinity Lutheran; Augusta; River Rd (Rt 12), Crimora **GS**: U **SP**: mar Catherine Faber **VI**: No further data **P**: None **BLW**: No **PH**: N **SS**: A rec 774 **BS**: 2 pg 122.

CRABTREE, John; b 19 Apr 1798; d 01 Sep 1871 **RU**: Private, 101st VMR, Capt Edward Carter, Troop of Cavalry, Pittsylvania Co, attached to 1st VMR (Holcombe) **CEM**: Sharon Lutheran; Bedford; Rt 42, Ceres **GS**: Y **SP**: mar Mary Umbarger, daughter of Leonard Umbarger, "wife of John Crabtree" (tombstone), b 20 Mar 1808, d 28 Nov 1867. **VI**: Received Old War Pension (disabled or died during the war) **P**: Yes **BLW**: No **PH**: N **SS**: A rec 897; BD pg 487; B pg 161 **BS**: 80.

CRAFFORD, Henry; b 25 Mar 1792; d 18 Apr 1824 **RU**: Private, 4th VMR **CEM**: Mulberry Island; York; Fort Eustis **GS**: N **SP**: mar Mary Adderline Shield, d 14 Mar 1824 age 26 yrs, 7 days. **VI**: Data from Crafford family bible **P**: None **BLW**: No **PH**: N **SS**: A rec 1010 **BS**: 22 pg 105.

CRAIG, James; b Sep 1770; d 19 Nov 1822 **RU**: Private, 5th VMR **CEM**: North Fork Baptist; Loudoun; 38139 N Fork Rd, Purcellville **GS**: Y **SP**: mar in Loudoun Co on 21 Mar 1803 to Rebecca Titus, b Jun 1781, d 08 Aug 1848 **VI**: No further data **P**: None **BLW**: No **PH**: N **SS**: A rec 1300 **BS**: 73 pg 68.

CRAIG, James, Jr; b 11 Apr 1781; d 27 Mar 1863 **RU**: Private, 116th VMR, Capt Thomas Hopkins, Rockingham Co, attached to McDowell's Flying Camp **CEM**: Old Stone Presbyterian; Augusta; Rt 11, Fort Defiance **GS**: Y **SP**: mar Martha (-----), b 31 May 1794, d 01 Jan 1851 **VI**: No further data **P**: Yes **BLW**: No **PH**: N **SS**: A rec 1300; BD pg 488; B pg 182 **BS**: 1 Pt 2 pg 6.

CRAIG, John; b 25 Apr 1794; d 27 Aug 1852 **RU**: Private, 58th VMR, Capt William Woodward, Rockingham Co, attached to 2nd Corps d'Elite (Greene) **CEM**: Craig; Montgomery; 401 S Franklin St, Christiansburg **GS**: Y **SP**: No spouse information **VI**: No further data **P**: None **BLW**: No **PH**: N **SS**: K pg 230 **BS**: 245.

CRAIG, Robert; b 1791; d 24 Jan 1872 **RU**: Private, 32nd VMR, Capt Hugh Young, Augusta Co, attached to 2nd VMR (Ballowe) **CEM**: Old Lebanon; Augusta; Craigsville **GS**: Y **SP**: mar on 10 Jun 1819 in Middlebrook to Margaret McCutchen, b 02 Dec 1783, d Aug 1855 **VI**: No further data **P**: Yes **BLW**: Yes **PH**: N **SS**: A rec 1399; BD pg 488; B pg 40; M pg 101 **BS**: 93.

CRAIG, Robert; b 1792; d 1852 **RU**: Sergeant, 5th VMR **CEM**: Craig Family; Roanoke; nr Roanoke City **GS**: Y **SP**: No spouse information **VI**: No further data **P**: None **BLW**: No **PH**: N **SS**: A rec 1402 **BS**: 121 pg 68.

CRAIN, James; b UNK; d UNK **RU**: Private, 5th VMR **CEM**: Sharon; Loudoun; Jay & Federal Sts, Middleburg **GS**: U **SP**: No spouse information **VI**: No further data **P**: None **BLW**: No **PH**: N **SS**: A rec 1565 **BS**: 7 pg 100.

CRANFORD, James; b 1793; d 1873 **RU**: Private, 60th VMR (Hunter), Fairfax Co **CEM**: Cranford Family; Fairfax; 9621 Richmond Hwy, Lorton **GS**: Y **SP**: mar Susan (-----), 1808-1850 **VI**: No further data **P**: None **BLW**: No **PH**: N **SS**: A rec 2239 **BS**: 89 v5 LR-8.

CRAVEN, Joel; b UNK; d 08 Dec 1867 **RU**: Private, Lt Col John Green's Regiment of Mounted Infantry **CEM**: Goose Creek Burying Ground; Loudoun; Rt 722, Lincoln **GS**: Y **SP**: No spouse information **VI**: No further data **P**: None **BLW**: No **PH**: N **SS**: A rec 2438 **BS**: 73 pg 69.

RU=Rank/Unit   CEM=Cemetery   GS=Gravestone   SP=Spousal Information   VI=Other Veteran Info   P=Pension
BLW=Bounty/Land Warrant   PH=Photo   SS=Service Source   BS=Burial Source   VMR= VA Military Regt
LNR= Last Known Residence

CRAVEN, John H; b 19 Mar 1774; d 07 Feb 1845 **RU:** Lieutenant, 88th VMR, Capt Samuel Carr, Troop of Cavalry, Albemarle Co, attached to Detachment of Cavalry **CEM:** Gilmer Family; Albemarle; Rio Rd, Charlottesville **GS:** U **SP:** mar in Albemarle Co on 17 Oct 1820 to Mary Clarkson. returned by W Hatch **VI:** No further data **P:** None **BLW:** No **PH:** N **SS:** L pg 196 **BS:** 94 v1 pg 234.

CRAWFORD, George; b 01 Oct 1775; d 17 Sep 1824 **RU:** Private, 8th VMR, Capt James Paxton, Rockbridge Co, attached to 2nd Corps d'Elite **CEM:** Old Stone Presbyterian; Augusta; Rt 11, Fort Defiance **GS:** U **SP:** mar Nancy (-----), b 27 Oct 1770, d 23 Jan 1834 **VI:** No further data **P:** None **BLW:** No **PH:** N **SS:** A rec 113; K pg 222 **BS:** 2 pg 7; 98 pg 6.

CRAWFORD, James; b 1777; d 12 Feb 1831 **RU:** Private, 5th VMR (McDowell) **CEM:** Old Stone Presbyterian; Augusta; Rt 11, Fort Defiance **GS:** U **SP:** No spouse information **VI:** No further data **P:** None **BLW:** No **PH:** N **SS:** A rec 187 **BS:** 2 pg 8.

CRAWFORD, James; b c1788 (1850 census); d 11 May 1855 **RU:** Private, 8th VMR, Capt Archibald Lyles, Troop of Cavalry, Rockbridge Co, attached to 5th VMR (McDowell) **CEM:** Thornrose; Augusta; Staunton **GS:** Y **SP:** mar (1) Mary Stribling; (2) on 12 Apr 1823 to Margaret Bell, d 23 Oct 1886, LNR Staunton, VA **VI:** Obtained the rank of Colonel after the war, and so styled on his tombstone **P:** Spouse **BLW:** Yes **PH:** on-line **SS:** BD pg 495; M pg 102-103; B pg 179; A rec 187 **BS:** 245.

CRAWFORD, James E; b 15 Feb 1789; d 13 Sep 1867 **RU:** Private, Cocke's Detachment **CEM:** Rocky Spring Presyterian; Augusta; 1 mi S of Deerfield **GS:** Y **SP:** mar Jane C (-----), b 28 Jul 1794, d 01 Jan 1868 **VI:** No further data **P:** None **BLW:** No **PH:** on-line **SS:** A rec149 **BS:** 245.

CRAWFORD, John; b UNK; d 06 Apr 1845 **RU:** Private, 5th VMR (McDowell) **CEM:** Bethel Church; Augusta; 11 mi SW Staunton **GS:** U **SP:** No spouse information **VI:** Died age 80 **P:** None **BLW:** No **PH:** N **SS:** A rec 259 **BS:** 183.

CRAWFORD, Samuel Leake; b 17 Nov 1778; d 07 Apr 1865, New London, Augusta Co **RU:** Quartermaster, 48th VMR, (Pooge), Botetourt Co **CEM:** Gravelly Green; Bedford; Rt. 711 2 mi off Rt 460 **GS:** Y **SP:** mar in Bedford Co on 19 Jul 1800 to Charlotte Austin, daughter of William W Austin and Esther Alexander, b 20 Oct 1781, d 05 Jul 1870 (tombstone) **VI:** Son of Rev Edward Crawford and Lucy Morris. He was an attorney in Bedford Co. He was also an Aide-de-camp **P:** Spouse **BLW:** No **PH:** N **SS:** B pg 45; BD pg 496 **BS:** 261 v12 pg 26-28.

CRAWFORD, Samuel, Sr; b 1787; d 13 Feb 1846 **RU:** Lieutenant, 32nd VMR, Augusta Co, attached to 5th VMR (McDowell) Flying Camp **CEM:** Old Stone Presbyterian; Augusta; Rt 11, Fort Defiance **GS:** Y **SP:** mar Sarah (-----), d 19 Feb 1841 age 60 **VI:** Syled "Captain" on stone **P:** None **BLW:** No **PH:** N **SS:** B pg 39 **BS:** 2 pg 8.

CRAWFORD, William; b 21 Dec 1793; d 20 May 1853 **RU:** Private, 5th VMR (McDowell) **CEM:** Hebron Presbyterian; Augusta; Rt 703, 4.5 mi fr Staunton **GS:** U **SP:** mar Nancy (-----), 1795-1855 **VI:** No further data **P:** None **BLW:** No **PH:** N **SS:** A rec 460 **BS:** 2 pg 54.

CRAWLEY, William; b 1780; d 08 Apr 1852, Charlotte Co **RU:** Private, 52nd VMR, Capt William Taylor, New Kent Co **CEM:** Crawley Family; Charlotte; Randolph **GS:** U **SP:** mar in Charlotte Co on 15 Nov 1803 (bond) to Sarah E Davis, daughter of James Davis, b 1782, d 10 Apr 1852 **VI:** No further data **P:** None **BLW:** No **PH:** N **SS:** M pg 762 **BS:** 245.

CRENSHAW, Charles; b 18 Apr 1769; d 21 Oct 1825 **RU:** Private, 74th VMR (Trueheart), Hanover Co **CEM:** The Grove; Hanover; Rt 33 **GS:** Y **SP:** mar Sarah (-----), from tombstone of their son Charlie "son of Charles and Sarah Crenshaw" **VI:** Had son Charlie b 18 Apr 1807, d 21 Oct 1823, age 16 years. **P:** None **BLW:** No **PH:** N **SS:** A rec 1116 **BS:** 71 pg 15.

CRENSHAW, Edmund B; b 1786; d 27 Aug 1845 **RU:** Private, 74th VMR (Trueheart), Hanover Co **CEM:** Shrubbery Hill; Hanover; Old Mountain Rd **GS:** U **SP:** No spouse information **VI:** High Sheriff of Hanover Co. Died in his 59th year **P:** None **BLW:** No **PH:** N **SS:** A rec 1127 **BS:** 71 pg 24.

CRENSHAW, Freeman Garretson; b 1783; d 17 Feb 1826, Richmond City **RU:** Sergeant, 19th VMR (Ambler), Capt Anderson Miller, Richmond City **CEM:** Shockoe Hill; Richmond City; 100 Hospital St **GS:** Y **SP:** mar (1) Mary Cornick (tombstone); (2) 14 Jan 1811 in Charlotte Co, NC to Elizabeth Crenshaw **VI:** Tobacconist. He also served in Capt Carrington's Company **P:** Spouse **BLW:** Yes **PH:** N **SS:** L pg 590; BD pg 498; B pg 174 **BS:** 38 pg 4; 199.

RU=Rank/Unit CEM=Cemetery GS=Gravestone SP=Spousal Information VI=Other Veteran Info P=Pension
BLW=Bounty/Land Warrant PH=Photo SS=Service Source BS=Burial Source VMR= VA Military Regt
LNR= Last Known Residence

CRENSHAW, Nathaniel C; b 02 Jul 1791; d 22 May 1866 **RU**: Private, 74th VMR (Trueheart), Hanover Co **CEM**: Shrubbery Hill; Hanover; Old Mountain Rd **GS**: Y **SP**: No spouse information **VI**: No further data **P**: None **BLW**: No **PH**: N **SS**: A rec 1153 **BS**: 71 pg 24.

CRIDLER, John; b UNK; d 16 Nov 1854 **RU**: Private, 6th VMR (Read), Artillery **CEM**: Old Stone Methodist; Loudoun; 110 Cornwall St, Leesburg **GS**: Y **SP**: mar Elizabeth (-----), d 14 Dec 1852. A John Crider married Elizabeth Taylor in Loudoun Co on 19 Nov 1812 **VI**: No further data **P**: None **BLW**: No **PH**: N **SS**: A rec 1448 **BS**: 73 pg 70.

CRIGLER, Christopher; b Sep 1772; d 20 Feb 1822 **RU**: Private, 82nd VMR, Madison Co **CEM**: Old Chapel; Clarke; Millwood **GS**: Y **SP**: mar Anna (-----), b 13 Apr 1775, d 09 Aug 1825 **VI**: No further data **P**: None **BLW**: No **PH**: N **SS**: A rec 1464 **BS**: 86 pg 10.

CRIST, Henry; b 1794; d 24 Jan 1821 **RU**: Private, 5th VMR (McDowell) **CEM**: Pilson Cemetery; Augusta; Rt 694 **GS**: U **SP**: mar Barbara Fix **VI**: Son of Andrew & Elizabeth (Reid) Crist **P**: None **BLW**: No **PH**: N **SS**: A rec 1691 **BS**: 2 pg 112.

CROCKETT, Wittington / Wheaton / Whealton; b 08 May 1791, Accomack Co; d 19 Jun 1876 **RU**: Private, 115th VMR, Capt Samuel Shields, Elizabeth City Co, attached to 1st VMR (Clarke) **CEM**: Crockett Family; York; Seaford, on Crockett Rd **GS**: Y **SP**: mar in York Co on 05 Feb 1848 to Mary Hogge **VI**: Son of Joseph and Sarah Crockett. He was 6 ft tall, occupation laborer when he enlisted **P**: Yes **BLW**: Yes **PH**: N **SS**: BD pg 502; B pg 58 **BS**: 49; 31.

CROFT, Jacob; b 07 Feb 1793; d 10 Jan 1864 **RU**: Private, 23rd VMR, Capt Samuel Crawford, Augusta Co, attached to 5th VMR (McDowell) **CEM**: Croft Family; Augusta; Rt 254 **GS**: U **SP**: mar (1) Sarah Miller; (2) Lydia Brower; (3) Catherine Sanger, 1802-1892 **VI**: No further data **P**: Spouse **BLW**: Yes **PH**: N **SS**: BD pg 502, B pg 39 **BS**: 1 pg 20.

CROSS, Hardy; b 15 Sep 1777; d 29 Sep 1858 **RU**: Captain, 3rd VMR (Boykin) **CEM**: Cross Family; Southampton; Gates Rd between Camp Pond Rd & Corinth Chapel Rd **GS**: Y **SP**: mar (1) Mary Ann Brownerig, b 29 Jun 1796, d 22 Mar 1858; (2) Martha Nicholson Dillard, b 30 Jan 1800. d 16 Oct 1873 **VI**: No further data **P**: None **BLW**: No **PH**: N **SS**: A rec 349 **BS**: 40 v2.

CROSS, Thomas; b 29 Mar 1781; d 24 Feb 1854 **RU**: Private, 6th VMR (Sharp), Norfolk **CEM**: High Bridge; Rockbridge; Rt 11, 15 mi S of Lexington, **GS**: U **SP**: mar Elizabeth (-----), b 20 Oct 1777, d 20 Mar 1869 **VI**: No further data **P**: None **BLW**: No **PH**: N **SS**: A rec 526 **BS**: 193.

CROUCH, John G; b 25 Nov 1792, Goochland Co; d 11 Jun 1835 **RU**: Corporal, 19th VMR (Ambler), Capt Anderson Miller, Richmond City **CEM**: Shockoe Hill; Richmond City; 100 Hospital St **GS**: Y **SP**: mar on 08 May 1829 to Virginia Hudgins, daughter of Col Thomas Hudgins of Mathews Co (tombstone) **VI**: Doctor. Son of John & Lucy Crouch of Goochland Co **P**: None **BLW**: No **PH**: N **SS**: L pg 590 **BS**: 199.

CROUCH, Richard; b 1790; d 20 Aug 1859 **RU**: Sergeant, 19th VMR (Ambler), Richmond City **CEM**: Shockoe Hill; Richmond City; 100 Hospital St **GS**: Y **SP**: mar Susan A (-----) **VI**: No further data **P**: None **BLW**: No **PH**: N **SS**: AK pg 894; L pg 573 **BS**: 199; 260.

CROW, James; b 08 Oct 1781; d 12 Jan 1848 **RU**: Private, Brown's Regiment, East TN Volunteers **CEM**: Rock Spring; Washington; vic jct Rts 803 & 91 **GS**: Y **SP**: mar Sarah (-----), b 22 Mar 1781, d 30 Jan 1851 **VI**: No further data **P**: None **BLW**: No **PH**: N **SS**: A rec 950 **BS**: 116 pg 206.

CROW, John; b 1788; d 14 Sep 1861 **RU**: Private, 1st Corp d'Elite (Randolph) **CEM**: Crow Family; Alleghany; Rt 311, Crows **GS**: Y **SP**: mar Amanda (-----), age 47, 1850 Census, Alleghany Co **VI**: Styled "Colonel" on tombstone. Age 66 in 1850 Census, Alleghany County **P**: None **BLW**: No **PH**: N **SS**: A rec 16 **BS**: 100 v2 pg 117.

CROWDER, Ethiel; b 26 Dec 1792; d 14 Oct 1856 **RU**: Private, 83rd VMR, Capt Thomas Bevill, Dinwiddie Co **CEM**: Blandford; Petersburg; 111 Rochelle Ln **GS**: Y **SP**: mar Mary (-----) **VI**: Merchant of Petersburg **P**: None **BLW**: No **PH**: N **SS**: L pg 138 **BS**: 200.

CROWDER, Thomas Wilson; b UNK; d 08 Jan 1859 **RU**: Private, 37th VMR, Capt James Hurst, Northumberland Co **CEM**: Locust Grove; Cumberland; 5 mi N of Farmville **GS**: U **SP**: No spouse information **VI**: Listed in 1850 Slave Schedule, Cumberland County **P**: None **BLW**: No **PH**: N **SS**: L pg 71 **BS**: 215.

CROXTON, James; b 1783; d 07 Jul 1837 **RU**: Private, 111th VMR, Capt William Waring, Westmoreland Co **CEM**: Broadneck Farm; King William; Acquinton Church Rd (Rt 618) West of Jack's Rd (Rt 629) **GS**: Y **SP**: No spouse information **VI**: Owned 24 slaves in King William County in 1830 (Slave Schedule) **P**: None **BLW**: No **PH**: N **SS**: L pg 812 **BS**: 126 pg 10.

CROXTON, Richard; b 15 Jan 1788; d 15 Oct 1848 **RU**: Quartermaster Sergeant, 6th VMR (Dangerfield), Capt Joseph Tarney, Essex Co **CEM**: Croxton Family; Essex; Queen St, W of Church Lane, Tappahannock **GS**: Y **SP**: mar (1) Mary Clements, (2) 15 Mar 1826, Tappahannnock, Frances G. Ware, d 28 Mar 1883, LNR Tappahannock 1879 **VI**: Son of William & Caty (Crutcher) Croxton **P**: Spouse **BLW**: Yes **PH**: N **SS**: A rec 1421; B pg 70; BD pg 510; M pg 106 **BS**: 291 pg 130.

CRUMP, Abner; b 05 Jul 1789; d 10 Oct 1852 **RU**: Private, 52th VMR, Capt David Glass, New Kent Co, attached to 1st VMR (Trueheart) **CEM**: Sinking Spring Presbyterian; Washington; Blackfield Rd, one block fr Main St, Abingdon **GS**: Y **SP**: No spouse information **VI**: Doctor **P**: None **BLW**: No **PH**: N **SS**: K pg 47 **BS**: 116 pg 80.

CRUMP, John; b UNK; d 1847 (Admin) **RU**: Private, 16th VMR (Waller), Spotsylvania Co **CEM**: City Cemetery; Fredericksburg; William St & Washington Ave **GS**: Y **SP**: No spouse information **VI**: Enumerated in 1840 Census in Fredericksburg **P**: None **BLW**: No **PH**: N **SS**: A rec 1717 **BS**: 18 pg 8.

CRUMP, Robert W; b 1785; d 12 Oct 1816, Woodville, Henrico Co **RU**: Private, 52nd VMR (Christian), Capt Edmund Graves, New Kent Co, attached 2nd VMR Sharp) **CEM**: Shockoe Hill; Richmond City; Hospital St **GS**: Y **SP**: No spouse information **VI**: Doctor. Died age 29. Son of Sterling I Crump (d 05 Jan 1847), at whose home at 6th & Clay Sts the funeral was held. *Richmond Daily Whig*, 11 Oct 1846, pg 2 **P**: None **BLW**: No **PH**: N **SS**: L pg 374 **BS**: 199.

CRUMP, Sterling J; b 1783; d bur 01 Feb 1847 **RU**: Private, 52nd VMR (Christian), New Kent Co & Charles City Co **CEM**: Shockoe Hill; Richmond City; 100 Hospital St **GS**: U **SP**: mar Elizabeth Wood, daughter of Basil Wood & Elizabeth Richardson, b 1791, d 26 Jun 1855 age 64 **VI**: Probably son of Sterling Crump, Esq (d 05 Jan 1847) **P**: None **BLW**: No **PH**: N **SS**: A rec 1751 **BS**: 38 pg 38; 199.

CRUTCHFIELD, John; b 1798; d bur 17 Jul 1834 **RU**: Private, 74th VMR, Capt Thomas Jones, Hanover Co **CEM**: Shockoe Hill; Richmond City; 100 Hospital St **GS**: U **SP**: No spouse information **VI**: No further data **P**: None **BLW**: No **PH**: N **SS**: L pg 505 **BS**: 38 pg 12.

CRUTCHFIELD, Stapleton; b 1775; d 1818 **RU**: Major, 16th VMR, Spotsylvania Co **CEM**: Spring Forest (in ruins); Spotsylvania; Rt 208, Snell **GS**: U **SP**: No spouse information **VI**: Son of Stapleton Crutchfield II (d Sep 1789) and Elizabeth Lewis Minor (1773-1839) of Louisa Co. Clerk of Spotsylvania County Court 1836-1848, House of Burgesses 1807-1811, 1817-1818 **P**: None **BLW**: No **PH**: N **SS**: L pg 8; B pg 188, 233 **BS**: 77 grid 61.

CULLOP, Frederick; b 1772; d 12 Nov 1825 **RU**: Drummer, 40th VMR, Capt Thomas Bibb, Louisa Co, attached to 6th VMR (Coleman) **CEM**: Cullop Family; Smyth; Atkins, Exit 50 off I-81 **GS**: Y **SP**: mar Nancy (-----), d 05 Apr 1833 age about 53 years **VI**: No further data **P**: None **BLW**: No **PH**: N **SS**: A rec 2414 **BS**: 131 v2 pg 15.

CUMMINGS, James; b 1773; d 01 Aug 1840 **RU**: Private, Williams Mounted Regiment, East TN Volunteers **CEM**: Sinking Spring Presbyterian; Washington; Blackfield Rd, one block fr Main St, Abingdon **GS**: Y **SP**: mar Mary Campbell, daughter of John Campbell & Elizabeth McDonald of Hall's Bottom, b 1773, d 15 Oct 1829 **VI**: Son of Rev Charles Cummings and Mildred Carter **P**: None **BLW**: No **PH**: N **SS**: A rec 2144 **BS**: 116 pg 73.

CUNARD, Edward; b 09 Dec 1779; d 19 Nov 1846 **RU**: Lieutenant, 57th VMR, Loudoun Co **CEM**: Old Ebenezer Baptist; Loudoun; 20421 Airmont Rd, Bloomfield **GS**: Y **SP**: mar Adah (-----), b 13 Mar 1781, d 29 Sep 1868 **VI**: No further data **P**: None **BLW**: No **PH**: N **SS**: A rec 554 **BS**: 73 pg 73.

CUNDIFF, Jonathan; b 1774; d 1839 **RU**: Corporal, 2nd VMR **CEM**: Cundiff / Reese / Sellers; Bedford; jct Rts 732 S & 626 W **GS**: U **SP**: mar Mary S (-----), b 1777, d 1887 **VI**: No further data **P**: None **BLW**: No **PH**: N **SS**: A rec 573 **BS**: 164.

CUNLIFFE, Charles; b 08 Jun 1793; d 19 Jul 1839 **RU**: Private, 23rd VMR, Capt John Hix, Chesterfield Co **CEM**: Contention; Goochland; Rt 638, 300 yds in front of the house **GS**: Y **SP**: No spouse information **VI**: No further data **P**: None **BLW**: No **PH**: N **SS**: L pg 430 **BS**: 78 pg 114.

CUNNINGHAM, Alexander; b 15 Apr 1776, SC; d 23 Apr 1856 **RU**: Seaman, Sea Fencibles **CEM**: Cedar Grove; Portsmouth; Effington St & Fort Ln **GS**: Y **SP**: mar in Prince Edward Co on 01 Dec 1796, Sarah Meadows, daughter of Jeremiah Meadows **VI**: Member VA Soldiers of 1812 Society from Portsmouth. Listed as a Sea Captain residing in

Portsmouth ca 1820-1830. Was a US Navy Sailing Master according to his gravestone. He received that rank on 15 Nov 1815 **P:** None **BLW:** No **PH:** N **SS:** AQ **BS:** 65 pg 23.

CUNNINGHAM, Edward; b 09 Aug 1771; d 14 Mar 1836 **RU:** Private, 19th VMR, Capt William McCabe, Richmond City **CEM:** Cunningham Family; Goochland; Rt 45, Howard's Neck Farm, Pemberton **GS:** Y **SP:** mar on 18 Aug 1796 to Ariana McCartney of Richmond City, b 25 Mar 1770, d 02 Mar 1838. Marriage notice in the *Virginia Patriot* and *Richmond Daily Mercantile Advertiser*, 03 Sep 1796, pg 3.. **VI:** Merchant of Cumberland Co in the marriage notice **P:** None **BLW:** No **PH:** N **SS:** L pg 573 **BS:** 78 pg 124.

CUNNINGHAM, Richard M; b 1787; d 05 Jul 1831 **RU:** Private, 66th VMR, Capt Phillip Pryor, Troop of Cavalry, Brunswick Co, attached to 1st VMR (Byrne) **CEM:** Shockoe Hill; Richmond City; 100 Hospital St **GS:** U **SP:** No spouse information **VI:** of Petersburg and "for sometime past resident of Louisiana." Obituary in *Richmond Constitutional Whig*, 07 Jul 1831, p. 3 **P:** None **BLW:** No **PH:** N **SS:** K pg 155 **BS:** 38 pg 9.

CUNNINGHAM, William; b 23 Jun 1780; d 29 Apr 1840 **RU:** Sergeant, 8th VMR, Capt Robert Davidson, Rockbridge Co, attached to 6th VMR **CEM:** Hebron Presbyterian; Augusta; Rt 703, 4.5 mi fr Staunton **GS:** U **SP:** mar Agnes Young, 1787-1812 **VI:** Resided at McKenny's Mill, Rockbridge Co **P:** Yes **BLW:** Yes **PH:** N **SS:** A rec 1077; BD pg 519; B pg 179 **BS:** 1 pg 54.

CUPP, Jacob; b 14 Dec 1767, Lancaster, PA; d 12 Jan 1852 **RU:** Private, 121st VMR, Capt Joseph Hannah, Botetourt Co, attached to Flying Camp McDowell **CEM:** Port Republic Methodist-- Abandoned Cemetery aka Riverside Cemetery; Rockingham; River Rd, Port Republic **GS:** Y **SP:** No spouse information **VI:** No further data **P:** None **BLW:** No **PH:** N **SS:** K pg 11; B pg 45 **BS:** 262.

CURRIE, James; b 1792, Scotland; d 09 Apr 1850 **RU:** Sergeant, 19th VMR (Ambler), Capt Robert Gamble, Troop of Cavalry, Richmond City **CEM:** St John's Church; Richmond City; 24th & Broad, Church Hill **GS:** U **SP:** No spouse information **VI:** No further data **P:** None **BLW:** No **PH:** N **SS:** L pg 344 **BS:** 63 pg 352; 252 pg 56.

CURRY, Samuel; b 17 Apr 1770; d 15 Apr 1845 **RU:** Corporal, 32nd VMR, Capt James Kirk, Augusta Co, attached to 5th VMR (McDowell) **CEM:** Old Stone Presbyterian; Augusta; Rt 11, Fort Defiance **GS:** Y **SP:** mar Mary Glenn, daughter of James Glenn, b 15 Nov 1774, d 23 Apr 1863 **VI:** Son of Dr Robert Curry (1717-1800) and Ann (-----) (b 1727 in Ulster, Ireland, d 1819). Ruling Elder of Augusta Church **P:** None **BLW:** Yes **PH:** N **SS:** A rec 1734; BD pg 521; B pg 40 **BS:** 2 pg 9.

CURTIS, Daniel; b 1783; d bur 06 Jul 1838 **RU:** Surgeon, US Ranger Volunteers **CEM:** Shockoe Hill; Richmond City; 100 Hospital St **GS:** U **SP:** No spouse information **VI:** No further data **P:** None **BLW:** No **PH:** N **SS:** A rec 1834 **BS:** 38 pg 15.

CURTIS, Edmund; b 1784; d 1857 **RU:** Sergeant, 115th VMR, Capt Henry Howard, York Co **CEM:** Curtis / Wynne; York; Wynne Rd off Railway Road **GS:** Y **SP:** No spouse information **VI:** Will in York Co WB 13 pg 352-353, Stone was replaced in 2003 by the John Wynne Society **P:** None **BLW:** No **PH:** Y **SS:** L pg 450; G **BS:** 49.

CURTIS, George; b UNK; d abt 1845 **RU:** Sergeant, 45th VMR (Peyton), Stafford Co **CEM:** Curtis Family #3; Stafford; Stefaniga Rd (Rt 648) **GS:** U **SP:** No spouse information **VI:** No further data **P:** None **BLW:** No **PH:** N **SS:** A rec 2003 **BS:** 26 pg 187.

CURTIS, Jacob; b 1772; d 11 Jan 1852 **RU:** Seaman, US Navy **CEM:** Christ Church Episcopal; Alexandria; Wilkes & Hamilton **GS:** Y **SP:** No spouse information **VI:** No further data **P:** None **BLW:** No **PH:** N **SS:** G **BS:** 34 pg 93.

CUSTER, Richard, Jr; b Dec 1788; d 14 Jan 1857 **RU:** Ensign, 116th VMR, Capt Thomas Hopkins, Rockingham Co, attached to 6th VMR (Coleman) **CEM:** Custer Family; Rockingham; Little Dry River Rd (Rt 818), Fulks Run **GS:** Y **SP:** mar Elizabeth Trumbo, b 21 Aug 1791, d 03 Dec 1873. Daughter of Jacob Trumbo & Hannah Hawes Cowger **VI:** Son of Richard Custer, Sr (01 Jun 1757-14 Feb 1837) who had Rev War service, and Jane Humble, d aft 1850, daughter of Conrad and Hannah Humble (stone) **P:** Spouse **BLW:** Yes **PH:** N **SS:** A rec 259; BD pg 526; B pg 182 **BS:** 262.

CUSTIS, Edmund R; b 22 Jul 1791; d 02 Feb 1837 **RU:** Sergeant, 2nd VMR, Capt Henry Custis, Accomack Co **CEM:** Custis Family; Accomack; nr jct Rts 658 & 666, Savageville **GS:** Y **SP:** mar Tabitha Wise **VI:** Son of Robinson Custis and Frances West **P:** None **BLW:** No **PH:** N **SS:** M, 259 **BS:** 21 pg 66.

CUSTIS, George Washington Parke; b UNK; d c1857 (Inv) **RU**: Private, 2nd Regiment, West TN Militia **CEM**: Custis Family; Arlington; SW Arlington House **GS**: U **SP**: No spouse information **VI**: No further data **P**: None **BLW**: No **PH**: N **SS**: A rec 2005 **BS**: 96 pg 71.

CUSTIS, William P; b 07 May 1778; d 06 Nov 1836 **RU**: Captain, 2nd VMR , Company Commander, Accomack Co **CEM**: Custis Family; Accomack; nr jct Rts 658 & 666, Savageville **GS**: Y **SP**: mar in Accomack Co on 16 Apr 1816 to Elizabeth Fisher **VI**: Son of John & Catherine Custis **P**: None **BLW**: No **PH**: N **SS**: B, pg 32 **BS**: 21 pg 69.

CUSTIS, William Robinson; b 1773; d 1839 **RU**: Major, 2nd VMR , Staff Officer, Accomack Co **CEM**: The Folly; Accomack; 1.1 mi S of Accomac off Rt 605 **GS**: N **SP**: mar (1) Sarah Coleburns; (2) in Accomack Co on 27 Jun 1814 to Elizabeth Custis; (3) Elizabeth Fletcher **VI**: Son of Thomas Custis and Elizabeth Smith **P**: None **BLW**: No **PH**: N **SS**: L pg 2 **BS**: 21 pg 69.

CUTLER, Peter; b 07 Sep 1784; d 07 Oct 1845 **RU**: Private, 27th VMR, Capt Jeptha Johnson, Northampton Co **CEM**: Cutler Family; Accomack; Hack's Neck off Rt 633 **GS**: Y **SP**: No spouse information **VI**: Son of John & Polly Cutler **P**: None **BLW**: No **PH**: N **SS**: K pg 15 **BS**: 21 pg 69.

CUTLER, Richard; b 22 Sep 1778; d 10 Jan 1862 **RU**: Private, 2nd VMR (Bayley), Accomack Co **CEM**: Cutler Family; Accomack; Hack's Neck off Rt 633 **GS**: Y **SP**: No spouse information **VI**: Son of John & Polly Cutler **P**: None **BLW**: No **PH**: N **SS**: A rec 432 **BS**: 21 pg 69.

CUTLER, William W; b 1777; d 11 Jun 1856 **RU**: Fifer, 65th VMR, Southampton Co **CEM**: Curtis / Cutler; Southampton; Newsoms **GS**: U **SP**: No spouse information **VI**: Father of Goodwin D Cutler, Norfleet Cutler and James Monroe Cutler **P**: None **BLW**: No **PH**: N **SS**: A rec 602 **BS**: 49.

DABNEY, Francis; b 01 Jul 1781; d 21 Mar 1855 **RU**: Corporal, 83rd VMR, Capt John Fraser, Dinwiddie Co **CEM**: Dabney Home; Louisa; Rt 661, 4.3 mi NE of Orchid **GS**: Y **SP**: No spouse information **VI**: Shared family monument **P**: None **BLW**: No **PH**: N **SS**: A rec 705; L pg 338 **BS**: 181.

DABNEY, Thomas Smith; b 04 Jan 1798, Bellevue; d 28 Feb 1885 **RU**: Private, 21st VMR, Capt John Pryor, Troop of Cavalry, Gloucester Co **CEM**: Ware Episcopal Church; Gloucester; 7825 John Clayton Memorial Rd, Gloucester **GS**: Y **SP**: mar on 06 Jun 1820 to Mary A Tyler, both of Williamsburg. Marriage notice in the *Richmond Examiner*, 23 Jun 1820, pg 3 and the *Richmond Compiler*, 13 Jun 1820 **VI**: Son of Benjamin & Sarah (Smith) Dabney **P**: Applied **BLW**: No **PH**: N **SS**: BD pg 527; B pg 83 **BS**: 31.

DABNEY, William; b 1772; d 1858 **RU**: Private, Cocke's Detachment **CEM**: Old City Cemetery; Lynchburg; 401 Taylor St **GS**: Y **SP**: No spouse information **VI**: No further data **P**: None **BLW**: No **PH**: N **SS**: A rec 727 **BS**: 87 pg 103.

DADE, William Alexander G; b 1783; d 1829 **RU**: Fifer, 1st DC Regiment of Militia **CEM**: Bethel Lutheran; Prince William; 5 mi E of Rt 233, 10 mi fr Manassas **GS**: Y **SP**: No spouse information **VI**: Obituary *Daily Constituional Whig*, Richmond, 22 Oct 1829 at Prince William County **P**: None **BLW**: No **PH**: N **SS**: A rec 774 **BS**: 130; 248 Part 1 pg 79.

DAFFIN, William; b 1777; d 02 Apr 1855 **RU**: Private, 16th VMR (Waller), Spotsylvania Co **CEM**: Daffan Family; Stafford; rt 625 nr railroad tracks **GS**: U **SP**: mar Ann (-----) b 1795 **VI**: Enumerated in 1850 Census, Eastern District Stafford County at age 70 **P**: None **BLW**: No **PH**: N **SS**: A rec 804 **BS**: 26 pg 188.

DALBY, Hezekiah; b 07 Oct 1790; d 22 Mar 1860 **RU**: Drummer, 27th VMR, Capt Matthew H Dunton, Northampton Co **CEM**: Dalby Place; Northampton; 0.7 mile N of Rt 636, W of the railroad tracks in woods nr creek **GS**: Y **SP**: mar in Northampton Co on 28 Dec 1815 to Nancy Nottingham, daughter of Richard Nottingham (bond dated 20 Dec 1815) **VI**: No further data **P**: None **BLW**: No **PH**: N **SS**: K pg 111 **BS**: 20 pg 21.

DAMRON, William, Sr; b UNK; d 1850 **RU**: Private, 37th VMR, Capt William Henderson, Northumberland Co **CEM**: Damron Family; Alleghany; 20 mi W of Covington **GS**: N **SP**: mar Mary Allen **VI**: Son of John and Mary (Hardy) Dameron **P**: None **BLW**: No **PH**: N **SS**: K pg 391 **BS**: 197.

DANCE, John Willis; b 10 Sep 1794; d 03 Feb 1846 **RU**: Private, 19th VMR (Ambler), Capt Anderson Miller, Richmond City **CEM**: Dance Family; Powhatan; "Homestead," Powhatan Village **GS**: Y **SP**: No spouse information **VI**: Stone erected by his only brother William S Dance **P**: None **BLW**: No **PH**: N **SS**: L pg 590 **BS**: 261 v20 pg 154.

RU=Rank/Unit CEM=Cemetery GS=Gravestone SP=Spousal Information VI=Other Veteran Info P=Pension
BLW=Bounty/Land Warrant PH=Photo SS=Service Source BS=Burial Source VMR= VA Military Regt
LNR= Last Known Residence

DANCE, William Spencer; b 13 Jul 1788; d 11 Feb 1858 **RU**: Corporal, 2nd VMR, Capt Alexander Gibbs, Chesterfield Co **CEM**: Dance Family; Powhatan; "Homestead," Powhatan Village **GS**: Y **SP**: mar (1) Lucy Hobson Winfree; (2) in 1817, Mary Page Finney Branch of Amelia Co. A stone to "Mrs William S. Dance" reads that she was born 02 Feb 1796 and died 25 Sep 1875. The house was built for the 2nd wife, and the stone is probably for her **VI**: Clerk of Powhatan Co **P**: None **BLW**: No **PH**: N **SS**: K pg 67 **BS**: 261 v20 pg 154.

DANDRIDGE, Archibald B; b UNK; d 20 Oct 1838 **RU**: Private, 74th VMR, Capt James Underwood, Troop of Cavalry, Hanover Co **CEM**: Shockoe Hill; Richmond City; 100 Hospital St **GS**: Y **SP**: No spouse information **VI**: Member of 1st Baptist Church of Richmond **P**: None **BLW**: No **PH**: N **SS**: L pg 795 **BS**: 199.

DANFORTH, Joseph; b 11 Mar 1787; d 11 Nov 1844 **RU**: Private, 19th VMR (Ambler), Richmond City **CEM**: Shockoe Hill; Richmond City; 100 Hospital St **GS**: Y **SP**: mar (1) Frances (-----); (2) Mary (-----) **VI**: Keeper of the state Capitol building. Reinterred from St John's Episcopal in Richmond City **P**: None **BLW**: No **PH**: N **SS**: A rec 1175 **BS**: 63 pg 433; 199.

DANIEL, James M, Jr; b 1799; d 22 Apr 1848 **RU**: Private, 53rd VMR, Capt William Cocke, Troop of Cavalry, Campbell Co, attached to 1st VMR (Holcombe) **CEM**: Shelton / Ellis / Watts; Amherst; Rt 675 **GS**: Y **SP**: mar in Amherst Co on 10 Mar 1821 (bond) to Mary C Shelton, consent by her father William Shelton who calls her Mary L Shelton **VI**: Died in his 50th year **P**: None **BLW**: No **PH**: N **SS**: L pg 235 **BS**: 5 pg 161.

DANIEL, Walter Raleigh; b 1772; d 11 Sep 1828, Stafford Co **RU**: Private, 45th VMR, Capt William H Fitzhugh, Stafford Co **CEM**: Bel Air; Spotsylvania; 1.3 mi NW of Lewiston **GS**: Y **SP**: mar in Spotsylvania Co on 07 Nov 1815 to Eliza Lewis **VI**: No further data **P**: None **BLW**: No **PH**: N **SS**: K pg 324 **BS**: 52.

DANIEL, William, Sr; b 1770; d 1839 **RU**: Private, 24th VMR, Capt William M Holman, Buckingham Co, attached to 7th VMR (Gray) **CEM**: Old City Cemetery; Lynchburg; 401 Taylor St **GS**: Y **SP**: No spouse information **VI**: Member of General Assembly **P**: None **BLW**: No **PH**: N **SS**: K pg 336 **BS**: 87 pg 43.

DARDEN, Thomas, Jr; b 1773; d 10 May 1852 **RU**: Private, 7thVMR, Capt John Thompson, Norfolk Co, attached to 2nd VMR (Sharp) **CEM**: Darden Family; Isle of Wight; 4 mi SE of Smithfield **GS**: Y **SP**: No spouse information **VI**: Died age 79 **P**: None **BLW**: No **PH**: N **SS**: K pg 470 **BS**: 186.

DARDEN, William H; b UNK; d UNK **RU**: Lieutenant, 29th VMR, Company Commander, Isle of Wight Co **CEM**: Darden Family; Isle of Wight; 4 mi SE of Smithfield **GS**: U **SP**: mar Betsey Cowper, died before Apr 1840 **VI**: No further data **P**: None **BLW**: No **PH**: N **SS**: B pg 103; L pg 270 **BS**: 186.

DARNE, Nicholas; b 07 May 1776; d 04 Apr 1840 **RU**: Captain, 60th VMR, Company Commander, Fairfax Co **CEM**: Falls Church Episcopal; Fairfax; 115 E Fairfax St, Falls Church **GS**: Y **SP**: mar Amelia Trammell **VI**: Son of Henry Darne and Penelope Minor. Styled "Captain" on his stone **P**: None **BLW**: No **PH**: N **SS**: B pg 71 **BS**: 89 v3 FC-5.

DARNE, Thomas; b UNK; d 1853 **RU**: Private, 60th VMR, Capt William Chick, Fairfax Co **CEM**: Ball Family; Arlington; 3427 Washington Blvd **GS**: Y **SP**: No spouse information **VI**: No further data **P**: None **BLW**: No **PH**: N **SS**: A rec 408 **BS**: 96 pg 58.

DAUGHERTY, Nathaniel; b 15 Jan 1781; d 14 Jan 1853 **RU**: Sergeant, 2nd Regiment NC Militia **CEM**: Cedar Flats; Lee; Woodway **GS**: Y **SP**: No spouse information **VI**: No further data **P**: None **BLW**: No **PH**: N **SS**: A rec 817 **BS**: 253 pg 16.

DAUGHTREY, Jacob Kadar; b 09 Feb 1798; d 04 Oct 1868 **RU**: Sergeant, 8th VMR (Magnien) **CEM**: Daughtrey Family; Southampton; W side of Barnes Rd, Suffolk **GS**: Y **SP**: mar Anne Lester, d 01 Jul 1875 age 72 yrs **VI**: No further data **P**: None **BLW**: No **PH**: N **SS**: A rec 858 **BS**: 40 pg v2-18.

DAVAULT, Jacob G; b 31 Jan 1797; d 19 May 1875 **RU**: Sergeant, 4th VMR (Bayles) **CEM**: Clark Cemetery; Lee; Wallen's Creek **GS**: Y **SP**: mar Darcus (-----), b 10 May 1801, d 02 Feb 1861 **VI**: No further data **P**: None **BLW**: No **PH**: N **SS**: A rec 1096 **BS**: 145 pg 183.

DAVENPORT, Edward; b 1785; d 06 Aug 1831 **RU**: Corporal, 62nd VMR, Capt Edward Marks, Prince George Co **CEM**: Blandford; Petersburg; 111 Rochelle Ln **GS**: Y **SP**: No spouse information **VI**: Officer of his church, died leaving wife and three children (tombstone, no names) **P**: None **BLW**: No **PH**: N **SS**: L pg 562 **BS**: 200.

RU=Rank/Unit CEM=Cemetery GS=Gravestone SP=Spousal Information VI=Other Veteran Info P=Pension
BLW=Bounty/Land Warrant PH=Photo SS=Service Source BS=Burial Source VMR= VA Military Regt
LNR= Last Known Residence

DAVENPORT, John L; b 1770; d 13 Mar 1830 **RU:** Private, 90th VMR, Capt Cornelius Sale, Amherst Co, attached to 8th VMR,(Wall) **CEM:** St John's Church; Richmond City; 24th & Broad, Church Hill **GS:** Y **SP:** No spouse information **VI:** Clerk of Virginia Land Office **P:** None **BLW:** No **PH:** N **SS:** K pg 102 **BS:** 63 pg 436.

DAVIDSON, Joseph; b 21 Feb 1796; d 09 Apr 1854 **RU:** Private, 17th VMR, Capt Allen Wilson, Cumberland Co, attached to 1st VMR (Trueheart) **CEM:** South River Meeting House; Lynchburg; Lynchburg **GS:** Y **SP:** No spouse information **VI:** No further data **P:** None **BLW:** No **PH:** N **SS:** K pg 58; B pg 64 **BS:** 245.

DAVIE, John; b bef 1765, England; d 04 Sep 1817 **RU:** Private, 54th VMR, Capt Miles King, Norfolk Light Artillery, attached to Lt Col William Lindsay Corps of Artillery **CEM:** St Paul's Episcopal; Norfolk City; 201 St Paul's Blvd **GS:** Y **SP:** mar Margaret (-----). She mar (2) Mr. David Gourlay. Marriage notice in the *American Beacon*, 09 Mar 1819 as "widow of John Davie, deceased, former grocer of this Borough" **VI:** Grocer of Norfolk Borough. Death notice in *American Beacon*, 05 Sep 1817. Enumerated on the 1810 census of that place as age 26-44, two females age 26-44, no others **P:** None **BLW:** No **PH:** N **SS:** A rec 1744; P **BS:** 174 pg 99; 239 No. 195.

DAVIS, Adam; b 10 Mar 1785; d 20 Mar 1854 **RU:** Private, 60th VMR, Capt George W Gunnell, Fairfax Co **CEM:** Fairfax Memorial Park; Fairfax; 9900 Braddock Rd, Fairfax **GS:** Y **SP:** mar Elizabeth (-----), b 07 Aug 1783, d Aug 1868 **VI:** Stone removed to Fairfax Memorial Gardens in April 1987 **P:** None **BLW:** No **PH:** N **SS:** A rec 1883 **BS:** 89 v3 FX-5.

DAVIS, Braxton; b 1794; d 12 Oct 1868 **RU:** Private, 7th VMR (Gray) **CEM:** Waynesboro Presbyterian; Augusta; 203 New Hope Rd **GS:** Y **SP:** mar Elizabeth (-----), d 45 yrs "1st" and wife of Braxton Davis **VI:** No further data **P:** None **BLW:** No **PH:** N **SS:** A rec 2086 **BS:** 93.

DAVIS, Elijah Kirtley; b 02 Aug 1798; d 10 Apr 1851 **RU:** Corporal, 8th VMR (Wall) **CEM:** Davis Family; Greene; Rt 641, Locust Grove Farm **GS:** Y **SP:** No spouse information **VI:** Son of Isaac Davis and Elizabeth Kirtley **P:** None **BLW:** No **PH:** N **SS:** A rec 2375 **BS:** 163 v2.

DAVIS, George R; b 1775; d aft 1860 **RU:** Private, 8th VMR, (Wall) **CEM:** Old City Cemetery; Lynchburg; 401 Taylor St **GS:** Y **SP:** No spouse information **VI:** Age 85 in 1860 Census **P:** None **BLW:** No **PH:** N **SS:** A rec 91 **BS:** 87 pg 104.

DAVIS, Isaac; b UNK; d UNK **RU:** Private, 12th US Infantry, Capt Thomas Post **CEM:** Shockoe Hill; Richmond City; 100 Hospital St **GS:** U **SP:** No spouse information **VI:** Widow received an Old War Pension **P:** Spouse **BLW:** No **PH:** N **SS:** BD pg 546 **BS:** 31.

DAVIS, James; b 04 Feb 1785; d 18 Mar 1823 **RU:** Captain, 7th VMR (Magnien), Norfolk **CEM:** Wilkins Plantation; Chesapeake City; 2 mi E of Deep Creek on Cedar Rd (Rt 166) **GS:** Y **SP:** mar in Camden Co, NC on 06 Apr 1808 to Sarah Wilkins, d 14 Jan 1884, age 93; LNR Portsmouth, 1878 **VI:** No further data **P:** Spouse **BLW:** Yes **PH:** N **SS:** A rec 460; M pg 113; BD pg 548; B pg 147 **BS:** 267.

DAVIS, James (Jimmy); b 1767; d 1832 **RU:** Private, 8th VMR (Magnien) **CEM:** Snead Family; Hanover; Rt 779 **GS:** N **SP:** mar c1790 to Mildred England, b c1769, d 1837 **VI:** No stones remain in this cemetery. Photo of these stones sent by the widow of Charles Edward Stone to the Hanover Co Historical Society **P:** None **BLW:** No **PH:** N **SS:** A rec 465 **BS:** 71 pg 81.

DAVIS, John; b 1779., England; d 31 Jan 1818 **RU:** Sailing Master, USS *Constellation* **CEM:** St Paul's Episcopal; Norfolk City; 201 St Paul's Blvd **GS:** Y **SP:** No spouse information **VI:** Died age 39 years and a "native of England" (tombstone) **P:** None **BLW:** No **PH:** N **SS:** AQ **BS:** 268 pg 66q.

DAVIS, John D; b UNK; d UNK **RU:** Private, 52nd VMR, Capt John Merry, New Kent Co **CEM:** Shady Acre Farm; Hanover; Rt 727 off Rt 623, near "End of Maintenance" sign **GS:** U **SP:** No spouse information **VI:** No further data **P:** None **BLW:** No **PH:** N **SS:** L pg 584 **BS:** 71 pg 79.

DAVIS, Joseph W; b 25 Dec 1798, Wythe Co; d 01 Dec 1877 **RU:** Private, 7th VMR (Saunders) **CEM:** Emory; Washington; Emory **GS:** Y **SP:** mar Lucy E Armstrong, b 11 Feb 1805, d 09 Aug 1876 **VI:** Styled "Major" on his tombstone **P:** None **BLW:** No **PH:** N **SS:** A rec 1084 **BS:** 116 pg 155.

DAVIS, Josiah H; b 31 Dec 1783; d 30 Apr 1862 **RU:** Private, 34th US Infantry, Capt Poland **CEM:** Old Presbyterian Meeting House; Alexandria; Wilkes & Hamilton **GS:** Y **SP:** mar Sally M (-----), b 1786, d 1844 **VI:** Had Old War Pension (disabled or died in service) **P:** Yes **BLW:** No **PH:** N **SS:** BD pg 551 **BS:** 32 pg 24.

RU=Rank/Unit   CEM=Cemetery   GS=Gravestone   SP=Spousal Information   VI=Other Veteran Info   P=Pension
BLW=Bounty/Land Warrant   PH=Photo   SS=Service Source   BS=Burial Source   VMR= VA Military Regt
LNR= Last Known Residence

DAVIS, Peter; b 13 Aug 1786, Charles Co, MD; d 18 Apr 1857 **RU**: Sergeant, 83rd VMR, Capt William Thompson, Dinwiddie Co **CEM**: Davis Family #2; Henry; Reed Creek Village **GS**: Y **SP**: mar in Henry Co on 06 Dec 1807 (bond) to Mary Hickey Heard, b 1791, d 1877 **VI**: Son of Charles Davis & Ann Dent **P**: None **BLW**: No **PH**: N **SS**: L pg 772: B pg 66 **BS**: 245.

DAVIS, Samuel; b 1770; d 22 Nov 1847 **RU**: Fifer, 4th VMR **CEM**: Shockoe Hill; Richmond City; 100 Hospital St **GS**: U **SP**: No spouse information **VI**: Death date from the *Richmond Whig*, 23 Nov 1847 pg 2 which adds "formerly of Powhatan Co in his 78th year" **P**: None **BLW**: No **PH**: N **SS**: A rec 1632 **BS**: 38 pg 40.

DAVIS, Samuel; b UNK; d 07 Apr 1819 **RU**: Lieutenant, 2nd VMR (Sharp) **CEM**: Cedar Grove; Portsmouth; Effington St & Fort Ln **GS**: Y **SP**: mar Lydia (-----), d 1823 and/or Caroline (-----) **VI**: No further data **P**: None **BLW**: No **PH**: N **SS**: A rec 1619 **BS**: 65 pg 108.

DAVIS, Stephen; b 20 Dec 1779; d 29 Jan 1854 **RU**: Private, 1st VMR (Byrne) **CEM**: Opequon Presbyterian; Frederick; 217 Opequon Church Ln., Kernstown **GS**: Y **SP**: mar in Frederick Co on 27 Dec 1808 (bond) to Nancy Gilkerson, d 23 Nov 1848 in her 61st year **VI**: No further data **P**: None **BLW**: No **PH**: N **SS**: A rec 1755 **BS**: 151.

DAVIS, Travis; b 1785; d 02 Jun 1851 **RU**: Lieutenant, 36th VMR, Prince William Co **CEM**: Kincheloe Family; Fauquier; Rt 116, Rectortown **GS**: Y **SP**: No spouse information **VI**: No further data **P**: None **BLW**: No **PH**: N **SS**: A rec 1958 **BS**: 4 pg 134.

DAVIS, William; b 1792; d bur 23 Apr 1849 **RU**: Corporal, Detachment of Cavalry **CEM**: Shockoe Hill; Richmond City; 100 Hospital St **GS**: U **SP**: No spouse information **VI**: No further data **P**: None **BLW**: No **PH**: N **SS**: A rec 2014; B pg 235-6 **BS**: 38 pg 45.

DAVIS, William; b Dec 1766; d 09 Feb 1852 **RU**: Private, 93rd VMR, Lt James Todd, Augusta Co **CEM**: Tinkling Spring; Augusta; 11 mi NE of Staunton **GS**: U **SP**: mar Annis (-----) b 1764, d 24 Apr 1837, age 73 **VI**: Died age 86 yrs, 1 mo, 24 days **P**: None **BLW**: No **PH**: N **SS**: K pg 40 **BS**: 183.

DAVIS, William; b 1770; d 09 Mar 1849 **RU**: Private, 4th & 5th VMR **CEM**: Gooding / Seaton; Fairfax; Little River Turnpike, Annandale **GS**: Y **SP**: No spouse information **VI**: No further data **P**: None **BLW**: No **PH**: N **SS**: A rec 2131, 2140 **BS**: 89 v3 AN-16.

DAVIS, William; b 23 Aug 1770, MD; d 13 Aug 1836, Henry Co **RU**: Private, 5th VMR **CEM**: Davis Family #1; Henry; Axton **GS**: U **SP**: No spouse information **VI**: No further data **P**: None **BLW**: No **PH**: N **SS**: A re 2140-3 **BS**: .

DAVIS, William; b 01 Feb 1787; d 26 Mar 1850 **RU**: Private, Bradley's VA Regiment **CEM**: Davis / Jameson; Washington; Rt 700 E **GS**: Y **SP**: mar Sarah (-----), d 25 Jul 1850 age 61 years **VI**: No further data **P**: None **BLW**: No **PH**: N **SS**: A rec 2004 **BS**: 116 pg 110.

DAVIS, William E; b 16 Mar 1780, Isle of Wight Co; d 30 Mar 1857, Norfolk Co **RU**: Private, 21st VMR, Capt Catesby Jones Co, Gloucester Co **CEM**: Blandford; Petersburg; 111 Rochelle Ln **GS**: Y **SP**: mar Mary (-----), b Spotsylvania Co, 11 Sep 1785, d 26 Feb 1858 in Petersburg **VI**: No further data **P**: None **BLW**: No **PH**: N **SS**: K pg 468 **BS**: 200.

DAVIS, William N; b 1798; d 01 Nov 1877 **RU**: Private, Major Nathaniel Perkins' Garrison **CEM**: Davis / Lewis; Fairfax; Fountainhead Regional Park, Fairfax Station **GS**: Y **SP**: No spouse information **VI**: No further data **P**: None **BLW**: No **PH**: N **SS**: A rec 2241; B pg 141 **BS**: 245.

DAVIS, William T; b 05 Nov 1785; d 27 Jul 1858 **RU**: Private, 4th VMR **CEM**: Maplewood / Dunn; Orange; Rt 33, Gordonsville **GS**: Y **SP**: mar Sarah (-----), b 14 Nov 1791, d 17 Jul 1880 **VI**: No further data **P**: None **BLW**: No **PH**: N **SS**: A rec 2251 **BS**: 28 pg 18.

DAVISON, William; b 1797; d 13 Dec 1849 **RU**: Private, 5th VMR (McDowell) **CEM**: Old Stone Church; Frederick; Rt 671, Green Spring **GS**: Y **SP**: mar in Frederick Co on 20 July 1819 (bond) to Mary Fries, b 17 Nov 1802, d 14 Dec 1874. Michael Fries was surety **VI**: No further data **P**: None **BLW**: No **PH**: N **SS**: A rec 1706 **BS**: 79 pg 84.

DAWSON, James; b 25 Jan 1782; d 10 Feb 1830 **RU**: Private, 1st Corps d'Elite (Randolph) **CEM**: Lewis Chapel, Cranford United Methodist; Fairfax; 9912 Old Colchester Rd, Lorton **GS**: Y **SP**: mar Margaret L (-----), b 03 Oct 1792, d 21 Dec 1885 **VI**: No further data **P**: None **BLW**: No **PH**: N **SS**: A rec 246 **BS**: 89 v5 pg LR-12.

DAWSON, James E; b UNK; d 10 Feb 1830, Laurel Hill **RU**: Private, 60th VMR, Capt George Graham, Troop of Calvary Fairfax Co, attached to 1st Corps d'Elite **CEM**: Lewis Chapel, Cranford United Methodist; Fairfax; 9912 Old

Colchester Rd, Lorton **GS:** Y **SP:** mar in Lebanon, Fairfax Co on 10 Jun 1810 to Margaret L Bates, LNR PO Lorton Valley, Fairfax Co, 1878 **VI:** No further data **P:** Spouse **BLW:** Yes **PH:** N **SS:** M pg 116; BD pg 558; B pg 71 **BS:** 89 v5 pg LR-12.

DAY, Horatio; b UNK, New London, CT; d aft 1822 **RU:** Private, Capt Samuel Waugh's Co, New London, CT **CEM:** St Paul's Episcopal; Alexandria; 228 S Pitt St **GS:** Y **SP:** mar (1) on 23 Dec 1813 in Washington, DC, Rebecca Pittinger; (2) in Alexandria on 18 May 1815, Martha Dunnington; (3) in Washington, DC on 06 Jan 1822, Mrs Elizabeth Anderson [widow] **VI:** No further data **P:** None **BLW:** No **PH:** N **SS:** BB pg 44 **BS:** 31.

DAY, Walter C; b 1794; d bur 16 Jan 1845 **RU:** Private, 74th VMR (Trueheart), Capt Joseph Price, Hanover Co **CEM:** Shockoe Hill; Richmond City; 100 Hospital St **GS:** U **SP:** No spouse information **VI:** No further data **P:** None **BLW:** No **PH:** N **SS:** L pg 649 **BS:** 38 pg 32.

DAY, William O; b 15 Oct 1795; d 02 Mar 1878 **RU:** Lieutenant, 74th VMR, Capt Joseph Price, Hanover Co **CEM:** Day Family; Hanover; Rt 685 **GS:** Y **SP:** mar Emily (-----), b 17 Jan 1793, d 07 Sep 1859 **VI:** No further data **P:** None **BLW:** No **PH:** N **SS:** L pg 649 **BS:** 71 pg 82.

DEANE, Francis Brown, Jr; b 25 Sep 1796, Cartersville, VA; d 26 Nov 1868, Lynchburg **RU:** Private, 17th VMR, Capt John Miller, Troop of Cavalry, Cumberland Co, attached to 1st Corps d'Elite (Randolph) **CEM:** Deanery; Cumberland; Rt 45, Cartersville **GS:** Y **SP:** mar on 16 Jan 1827 to Arianna (-----), b Cunningham in Goochland Co, d 18 Dec 1886, Lynchburg **VI:** Son of Francis B & Ann H (-----) Deane **P:** Spouse **BLW:** Yes **PH:** N **SS:** BD pg 564; B pg 64 **BS:** 215.

DEARING, Alfred; b 22 Mar 1791; d 18 Mar 1856 **RU:** Private, 34th VMR, Capt Charles Shackleford, Culpeper Co, attached to 1st VMR (Crutchfield) **CEM:** Dearing Graveyard; Rappahannock; Rt 630 **GS:** Y **SP:** mar in Culpeper Co on 17 Apr 1817 to Anne Jackson, LNR Flint Hill, Rappahannock Co **VI:** Died near Flint Hill, Rappahannock Co **P:** Spouse **BLW:** Yes **PH:** N **SS:** BD pg 564; B pg 63 **BS:** 74 pg 51.

DEATON, James; b UNK; d UNK **RU:** Private, 15th VMR, Capt Nicholas Massenburg, Sussex Co **CEM:** Blandford; Petersburg; 111 Rochelle Ln **GS:** Y **SP:** No spouse information **VI:** No further data **P:** None **BLW:** No **PH:** N **SS:** L pg 569 **BS:** 200.

DEHAVEN, Henry D; b UNK; d UNK **RU:** Private, 1st VMR (Taylor) **CEM:** Chestnut Grove; Frederick; 140 Light Rd, Siler **GS:** U **SP:** mar Sarah Littlejohn **VI:** No further data **P:** None **BLW:** No **PH:** N **SS:** A rec 575 **BS:** 79 pg 87.

DEHAVEN, Isaac; b 1794; d 18 Mar 1868 **RU:** Private, 4th VMR, (Boyd) **CEM:** Chestnut Grove; Frederick; 140 Light Rd, Siler **GS:** U **SP:** No spouse information **VI:** No further data **P:** None **BLW:** No **PH:** N **SS:** A rec 5806 **BS:** 79 pg 88.

DEHAVEN, Job; b 29 Aug 1792; d 12 Aug 1853 **RU:** Private, 31st VMR, Capt Isaac Vanhorn, Frederick Co, attached to 4th VMR (Boyd) **CEM:** Chestnut Grove; Frederick; 140 Light Rd, Siler **GS:** Y **SP:** mar Sarah Littlejohn, daughter of Isaac Littlejohn & Susannah Branaway **VI:** No further data **P:** None **BLW:** No **PH:** Y **SS:** P **BS:** 31.

DEJARNATT, Elliott; b 09 Dec 1788, Spring Grove, Caroline Co; d 07 Sep 1857, Pine Forest **RU:** Captain, 30th VMR, Capt Elliott Dejarnett, Caroline Co **CEM:** Pine Forest Estate; Spotsylvania; Spotsylvania C. H. **GS:** Y **SP:** mar Elizabeth Coleman, b 08 Jan 1796, d 05 Aug 1863 **VI:** DeJarnette Family Monument erected at Spring Grove, Caroline Co in 1979 **P:** None **BLW:** No **PH:** N **SS:** L pg 273; G **BS:** 25; 10 pg 53.

DELANEY, Edward, Sr; b 1787; d 1839 **RU:** Sergeant, 9th VMR (Sharp) **CEM:** Cedar Grove; Norfolk City; 238 E Princess Anne Rd **GS:** U **SP:** No spouse information **VI:** No further data **P:** None **BLW:** No **PH:** N **SS:** A rec 955 **BS:** 49.

DENEGRE(E), John W; b UNK, Scotland; d 20 Apr 1837 **RU:** Sergeant, 65th VMR, Capt John Critchlaw, Southampton Co **CEM:** St John's Church; Richmond City; 24th & Broad, Church Hill **GS:** U **SP:** No spouse information **VI:** No further data **P:** None **BLW:** No **PH:** N **SS:** K pg 253 **BS:** 189.

DENT, George; b 1772; d 18 Oct 1847, Mannikin Iron Works, Goochland Co **RU**: Private, 45th VMR (Peyton), Stafford Co **CEM**: Shockoe Hill; Richmond City; 100 Hospital St **GS**: U **SP**: No spouse information **VI**: Dates and circumstances from death notice in the *Richmond Times & Compiler*, 20 Oct 1847, pg 2. Funeral held at the Armory Bridge **P**: None **BLW**: No **PH**: N **SS**: A rec 101 **BS**: 38 pg 40.

DENTON, David; b 1767; d 02 Mar 1845 **RU**: Private, 1st VMR (Yancey) **CEM**: Riverbend; Smyth; nr jct Rts 660 & 650 **GS**: Y **SP**: No spouse information **VI**: No further data **P**: None **BLW**: No **PH**: N **SS**: A rec 172 **BS**: 131 v1 pg 120.

DENTON, John; b 06 Aug 1794; d UNK **RU**: Private, 21st VMR, Gloucester Co **CEM**: Denton Family; Roanoke; Rt 11, Hollins College **GS**: Y **SP**: No spouse information **VI**: Memorial stone said to have been made by Lawrence Krone **P**: None **BLW**: No **PH**: N **SS**: D pg 24 **BS**: 218.

DEPRIEST, William; b 1784; d 09 Aug 1829 **RU**: Private, 19th VMR, Capt Anthony Turner, Richmond City **CEM**: William Depriest Family; Henrico; Rt 5 to McCoull St **GS**: Y **SP**: mar in Henrico Co on 21 Dec 1808 (bond) to Eliza Lewis, ward of Witshire Lewis, who was also surety. Marriage notice in the *Richmond Argus*, 30 Dec 1808 which gives the date of marriage as 24 Dec 1808, performed by Rev John D Blair **VI**: Both bride and groom were from Henrico County at the time of their marraige **P**: None **BLW**: No **PH**: N **SS**: 198; B pg 175 **BS**: .

DERRY, Christian; b 25 Dec 1795; d 27 May 1858 **RU**: Private, 56th VMR, Capt Samuel Young, Loudoun Co **CEM**: Old Ebenezer Methodist Episcopal; Loudoun; Neersville **GS**: U **SP**: mar on 21 Oct 1819 in Frederick Co, MD to Susannah Karn, d 22 Jan 1884, LNR PO Neersville, Loudoun Co, 1878 **VI**: No further data **P**: Spouse **BLW**: Yes **PH**: N **SS**: A rec 720; BD pg 581; B pg 122 **BS**: 73 pg 79.

DESHIELDS, Joseph; b c1770; d 15 Jul 1854 **RU**: Captain, 37th VMR, Company Commander, Artillery, Northumberland Co **CEM**: St Stephens Episcopal; Northumberland; Heathsville **GS**: Y **SP**: mar (1) Mary Martin; (2) Matilda Wade; (3) on 06 Apr 1828, Emily C Crewdson, daughter of Henry Crewson & Sophia Garland. LNR Warsaw, Richmond Co, VA. Resident of Heathsville in 1878 **VI**: No further data **P**: Spouse **BLW**: No **PH**: N **SS**: M pg 119;p BD pg 581; B pg 152; K pg 403 **BS**: 269 pg 109.

DEVAUGHN, John; b 1792; d 11 Aug 1837 **RU**: Private, Capt Greenberry Griffith's Company VA Militia **CEM**: Methodist Protestant; Alexandria; Wilkes St **GS**: Y **SP**: mar 21 Mar 1816, Nancy Coddy, 1799-1890, LNR Alexandria, 1878 **VI**: Resided in Alexandria **P**: Spouse **BLW**: Yes **PH**: N **SS**: A rec 1071, BD pg 582; M pg 19 **BS**: 32 pg 141.

DEW, William; b 1778; d 27 Aug 1846 **RU**: Private, 9th VMR (Boyd) **CEM**: Dew Family; Alleghany; 15 mi SW Covington **GS**: Y **SP**: mar Mary (-----), d 12 Apr 1846 **VI**: No further data **P**: None **BLW**: No **PH**: N **SS**: A rec 1159 **BS**: 197.

DICK, David; b 1766, Ireland; d 20 Mar 1833 **RU**: Private, 1st DC Regiment of Militia (Hawkins) **CEM**: Old Presbyterian Meeting House; Alexandria; Wilkes & Hamilton **GS**: Y **SP**: No spouse information **VI**: A native of Ireland, died in his 67th year, a resident of Alexandria for 34 years **P**: None **BLW**: No **PH**: N **SS**: A rec 31 & 32 **BS**: 32 pg 26.

DICKINSON, John; b UNK; d 08 Dec 1835 **RU**: Corporal, 5th VMR (McDowell) **CEM**: Dickinson Family; Caroline; Rt 2 **GS**: Y **SP**: No spouse information **VI**: No further data **P**: None **BLW**: No **PH**: N **SS**: A rec 658 **BS**: 10 pg 57.

DICKINSON, John Cole, Jr; b 25 Dec 1781; d 18 Sep 1844 **RU**: Captain, 81st VMR, Company Commander, Bath Co **CEM**: Belle Isle; Louisa; Rt 614, 7.2 mi N of Mineral **GS**: Y **SP**: mar Mary (-----), b 01 Dec 1784, d 03 Jan 1851 or 58 **VI**: No further data **P**: None **BLW**: No **PH**: N **SS**: B pg 41 **BS**: 181.

DICKINSON, Martin; b 21 Dec 1773; d 26 Jul 1834 **RU**: Lt Colonel, 78th VMR, Grayson Co **CEM**: Oldtown; Grayson; vic jct Rts 634 & 640 **GS**: Y **SP**: mar Mary Bourne, b 06 Jan 1782, d 24 Aug 1860. Daughter of William and Rosamond (Jones) Bourne **VI**: Dates and burial are by tradition. Stone is illegible. Son of James & Mary Dickenson **P**: None **BLW**: No **PH**: N **SS**: B pg 86 **BS**: 114 pg 5.

DICKINSON, William A; b 1784; d bur 17 Apr 1847 **RU**: Lt Colonel, 3rd VMR **CEM**: Shockoe Hill; Richmond City; 100 Hospital St **GS**: U **SP**: No spouse information **VI**: No further data **P**: None **BLW**: No **PH**: N **SS**: B pg 240 **BS**: 38 pg 39.

DICKSON, Henry; b UNK; d 1813 **RU**: Private, 7th VMR (Magnien) **CEM**: Trinity Episcopal; Portsmouth; 500 Court St **GS**: U **SP**: mar Hannah (-----), d 1813 **VI**: Husband & wife died in 1813 **P**: None **BLW**: No **PH**: N **SS**: A rec 858 **BS**: 182.

RU=Rank/Unit CEM=Cemetery GS=Gravestone SP=Spousal Information VI=Other Veteran Info P=Pension
BLW=Bounty/Land Warrant PH=Photo SS=Service Source BS=Burial Source VMR= VA Military Regt
LNR= Last Known Residence

DICKSON, Thomas; b 1785; d 1832 **RU:** Private, 8th VMR (Magnien) **CEM:** Cedar Grove; Norfolk City; 238 E Princess Anne Rd **GS:** U **SP:** No spouse information **VI:** No further data **P:** None **BLW:** No **PH:** N **SS:** A rec 997 **BS:** 49.

DICKSON, William; b 19 Jun 1771; d 02 Nov 1822 **RU:** Lieutenant, 7th VMR (Magnien) **CEM:** Trinity Episcopal; Portsmouth; 500 Court St **GS:** U **SP:** No spouse information **VI:** No further data **P:** None **BLW:** No **PH:** Y **SS:** A rec 1018 **BS:** 124 Stone #71.

DIDDEP, Thomas; b 1780; d 19 Sep 1840 **RU:** Ensign, 19th VMR (Ambler), Richmond City **CEM:** Shockoe Hill; Richmond City; 100 Hospital St **GS:** Y **SP:** mar Clara W (-----) **VI:** Died age 60 **P:** None **BLW:** No **PH:** Y **SS:** A rec 1069 **BS:** 31.

DIDDLE, David; b Nov 1786; d 15 Dec 1854 **RU:** Corporal, 93rd VMR, Capt Samuel Steele, Augusta Co **CEM:** Peterstown; Giles; Peterstown Cemetery Rd, Peterstown **GS:** Y **SP:** mar Catherine (-----), d 12 Sep 1861, age 73 yrs, 6 mos, 8 days **VI:** No further data **P:** None **BLW:** No **PH:** N **SS:** K pg 178 **BS:** 14 pg 189.

DIGGES, Dudley; b 1765; d 04 Apr 1839 **RU:** Sergeant, 9th VMR (Boyd) **CEM:** Fork Church Episcopal; Hanover; 12566 Old Ridge Rd, Doswell **GS:** Y **SP:** No spouse information **VI:** Also served as a Private in the 6th VMR Artillery **P:** None **BLW:** No **PH:** N **SS:** A rec 1216, 1217 **BS:** 143 pg 570; 195.

DIGGES, George; b bef 1794; d aft 1830 **RU:** Corporal, 61st VMR, Capt Bailey Digges, Mathews Co **CEM:** Pear Tree; Mathews; Rt 609, Onemo Post Office **GS:** Y **SP:** No spouse information **VI:** Died age 50, no other dates. On 1820 and 1830 census of Mathews co **P:** None **BLW:** No **PH:** N **SS:** K pg 287 **BS:** 171 pg 11.

DIGGES, George T; b UNK; d UNK **RU:** Corporal, 61st VMR (Gayle), Mathews Co **CEM:** Christ Church; Mathews; William Wharf Rd off Rt 14 **GS:** Y **SP:** No spouse information **VI:** Nor further data **P:** None **BLW:** No **PH:** N **SS:** A rec 414; K pg 287 **BS:** 54 pg 171.

DIGGS, Anthony; b 29 Dec 1789; d 23 Jan 1854 **RU:** Sergeant, 115th VMR, Capt Brazure Pryor, Detachment of Artillery, Elizabeth City attached to 1st VMR (Clarke) **CEM:** Diggs Family; Mathews; Diggs **GS:** Y **SP:** No spouse information **VI:** No further data **P:** None **BLW:** No **PH:** N **SS:** A rec 1233 **BS:** 82 pg 126.

DIGGS, John; b UNK; d 08 or 18 Jan 1864 **RU:** Private, 61st VMR, Capt John Billup, Mathews Co **CEM:** Christ Church; Mathews; William Wharf Rd off Rt 14 **GS:** Y **SP:** mar on Sep 1812 to Susan Treacle, d 12 Jul 1874, LNR PO Mathews Courthouse, 1871 **VI:** No further data **P:** Yes **BLW:** Yes **PH:** N **SS:** BD pg 591; B pg 128 **BS:** 54 pg 171.

DIGGS, John, Jr; b UNK; d 30 May 1851 **RU:** Private, Cocke's Detachment **CEM:** Old Episcopal; Loudoun; Church St, Leesburg **GS:** Y **SP:** No spouse information **VI:** No further data **P:** None **BLW:** No **PH:** N **SS:** A rec 1247 **BS:** 73 pg 80.

DIGGS, William; b 27 Dec 1783; d 08 Dec 1867, Dinwiddie Co **RU:** Corporal, 115th VMR, Capt John Dunn, Warwick Co **CEM:** Hollywood; Dinwiddie; Woodpecker Rd & Matoaca Rd, near Matoaco High School **GS:** Y **SP:** No spouse information **VI:** Died age 84 years **P:** None **BLW:** No **PH:** N **SS:** L pg 292 **BS:** 97 pg 21.

DIGGS, William H; b UNK; d 08 Nov 1849 **RU:** Private, Cocke's Detachment **CEM:** Diggs Family; Nelson; 1/2 mi N of Arrington **GS:** Y **SP:** No spouse information **VI:** Son of Capt John Diggs of the Rev War, a descendant of Colonial Governor Diggs. Sheriff of Nelson Co 1817-1818, and 1843-1845 **P:** None **BLW:** No **PH:** N **SS:** A rec 1247 **BS:** 153.

DILLARD, John; b 23 Dec 1783; d 08 Jan 1847 **RU:** Captain, 64th VMR, Commander Commander, Artillery, Henry Co, attached to Battalion of Artillery **CEM:** Font Hill; Henry; Irisburg **GS:** U **SP:** mar Matilda Hughes, b 1786, d 1875 **VI:** Member House of Delegates who conferred on him the rank of Brigadier General of Militia. Magistrate & Sheriff of Henry Co **P:** None **BLW:** No **PH:** N **SS:** B pg 101 **BS:** 245.

DILLARD, John, Jr; b bef 1770, Spotsylvania Co; d 1846, Amherst Co **RU:** Private, 16th VMR (Waller), Spotsylvania **CEM:** Dillard / Hylton; Amherst; Rt 739 **GS:** Y **SP:** mar Elizabeth Dillard, daughter of Capt John & Sarah (Stovall) Dillard, b 178x, d 1868 **VI:** No further data **P:** None **BLW:** No **PH:** N **SS:** A rec 1502 **BS:** 5 pg 99.

DILLARD, William; b 04 Mar 1797; d 1880 **RU:** Corporal, 30th VMR (Tankersley), Caroline Co **CEM:** Dillard Family; Amherst; Rt 600 **GS:** Y **SP:** No spouse information **VI:** Son of Capt James Dillard (1755-1832) & Jane Starke **P:** None **BLW:** No **PH:** N **SS:** A rec 1531 **BS:** 5 pg 98.

DINGES, David; b UNK; d UNK **RU**: Corporal, 38th VMR, Capt Nathaniel Perkins, Artillery, Goochland Co, attached to Battalion of Artillery **CEM**: Dinges Family; Frederick; Middletown **GS**: U **SP**: No spouse information **VI**: No further data **P**: None **BLW**: No **PH**: N **SS**: A rec 1986 **BS**: 79 pg 93.

DINWIDDIE, Joseph; b 1775; d 1861 **RU**: Major, 117th VMR, Campbell Co **CEM**: Lebanon Presbyterian; Albemarle; Rt 250 West **GS**: Y **SP**: No spouse information **VI**: Service engraved on tombstone which is the only source for service found **P**: None **BLW**: No **PH**: N **SS**: G **BS**: 94 v3 pg 122.

DISHMAN, James Andrew; b 1798; d 17 Feb 1859 **RU**: Corporal, 25th VMR, Capt John Arnold, King George Co **CEM**: Dishman Family; Westmoreland; Rt 637, Forest Glen **GS**: Y **SP**: No spouse information **VI**: No further data **P**: None **BLW**: No **PH**: N **SS**: L pg 108 **BS**: 219 pg 47.

DISHMAN, James T; b 1788; d 07 Dec 1851 **RU**: Private, 5th VMR (McDowell) **CEM**: Dishman Family; Loudoun; Glenwood Racetrack **GS**: Y **SP**: No spouse information **VI**: No further data **P**: None **BLW**: No **PH**: N **SS**: A rec 2267 **BS**: 73 pg 81.

DISHMAN, John; b 1793; d 1843 **RU**: Sergeant, 25th VMR, Capt Caldwell Dade, King George Co **CEM**: Dishman Family; King George; Pine Hill Hunt Club Rd, Carruthers Corner **GS**: Y **SP**: mar Anne Edmond Jones, b 1799, d 1845, "wife of John Dishman" (stone) **VI**: No further data **P**: None **BLW**: No **PH**: N **SS**: K pg 265; A rec 2276 **BS**: 50; 80.

DISHMAN, William Triplett; b 1768; d 1883 **RU**: Private, 30th VMR, Capt Armistead Hoome, Troop of Cavalry, Caroline Co, attached to Cocke's Detachment **CEM**: Dishman Family; Westmoreland; Rt 637, Forest Glen **GS**: Y **SP**: mar (1) in Westmoreland Co on 27 Dec 1786 (bond) to Elizabeth Morrel; (2) in Westmoreland Co on 01 Mar 1810 (bond) to Elizabeth White **VI**: Son of Rev War veteran, John Dishman (1730-1791) and Ann Triplett (1737-1791) **P**: None **BLW**: No **PH**: N **SS**: K pg 172 **BS**: 219 pg 47.

DIVERS, Thomas; b 14 Mar 1796; d 12 Nov 1848 **RU**: Private, 43rd VMR, Capt Eli Ferguson, Cavalry, Franklin Co, attached to 7th VMR (Saunders) **CEM**: Divers Family; Franklin; Rt 672 (Olyer Rd) **GS**: Y **SP**: mar in Franklin Co, on 12 Oct 1830 (bond) to Lydia Plyborne, John Starkey, surety, LNR PO Taylor's Store, Franklin, 1878 **VI**: No further data **P**: Spouse **BLW**: Yes **PH**: N **SS**: A rec 2469; BD pg 595; B pg 76 **BS**: 118 pg 101.

DIX, James; b UNK; d 1861 **RU**: Private, 6th VMR, Capt Joseph Turney, Essex Co **CEM**: Bruton Parish; Williamsburg; 331 W Duke of Gloucester St **GS**: Y **SP**: No spouse information **VI**: stone was standing in 1903 **P**: None **BLW**: No **PH**: N **SS**: L pgs 309, 756 **BS**: 64 pg 116.

DIXON, James; b UNK; d UNK **RU**: Private, 52nd VMR, Capt David Glass, New Kent Co, attached to 1st VMR (Trueheart) **CEM**: Bruton Parish; Williamsburg; 331 W Duke of Gloucester St **GS**: U **SP**: No spouse information **VI**: No further data **P**: None **BLW**: No **PH**: N **SS**: K pg 47 **BS**: 64 pg 116.

DIXON, James; b 1776, Castle Douglas, Scotland; d 20 Dec 1833 **RU**: Sgt Major, 1st VMR (Crutchfield) **CEM**: Masonic Cemetery; Fredericksburg; 900 Block, Charles St **GS**: Y **SP**: Never married **VI**: Attorney **P**: None **BLW**: No **PH**: N **SS**: A rec 2681 **BS**: 51 pg 36; 52.

DIXON, John; b 1787; d 05 Sep 1830 **RU**: Quartermaster, 21st VMR, Staff Officer, Gloucester Co **CEM**: Ware Episcopal Church; Gloucester; 7825 John Clayton Memorial Rd, Gloucester **GS**: Y **SP**: mar Sally Throckmorton of Airville, d 24 Jun 1835 in her 23rd year **VI**: Only son of John Dixon and Elizabeth Peyton of Mount Pleasant **P**: None **BLW**: No **PH**: N **SS**: L pg 11 **BS**: 82 pg 75.

DIXON, John B; b 1782; d 12 Jul 1818 **RU**: Matross, 1st DC Regiment of Militia **CEM**: Christ Church Episcopal; Alexandria; Wilkes & Hamilton **GS**: Y **SP**: No spouse information **VI**: Occupation baker **P**: None **BLW**: No **PH**: N **SS**: A rec 2719 **BS**: 34 pg 94.

DIXON, Thomas; b 02 May 1776; d 13 Apr 1854 **RU**: Private, 5th VMR **CEM**: Old Timber Grove; Rockbridge; Between Fairfield & Timber Ridge **GS**: Y **SP**: No spouse information **VI**: No further data **P**: None **BLW**: No **PH**: N **SS**: A rec 2847 **BS**: 261 v10 pg 113.

DOAK, John; b 24 Aug 1780; d 18 Nov 1845 **RU**: Private, 5th VMR (McDowell) **CEM**: Bethel Church; Augusta; 11 mi SW Staunton **GS**: U **SP**: No spouse information **VI**: No further data **P**: None **BLW**: No **PH**: N **SS**: A rec 22 **BS**: 183.

RU=Rank/Unit CEM=Cemetery GS=Gravestone SP=Spousal Information VI=Other Veteran Info P=Pension
BLW=Bounty/Land Warrant PH=Photo SS=Service Source BS=Burial Source VMR= VA Military Regt
LNR= Last Known Residence

DODD, John; b 11 Jan 1777; d 11 Apr 1850 **RU**: Private, Flying Camp, McDowell **CEM**: Harmony United Methodist; Loudoun; Rts 704 & 7, Hamilton **GS**: Y **SP**: No spouse information **VI**: No further data **P**: None **BLW**: No **PH**: N **SS**: A rec 440 **BS**: 73 pg 82.

DOGGETT, Armistead; b UNK; d UNK **RU**: 2nd Corporal, 48th VMR, Capt John Lamkin, Botetourt Co, attached to 5th VMR **CEM**: Doggett Family; Highland; Hillsboro **GS**: U **SP**: mar Mary "Polly" (-----) **VI**: No further data **P**: Spouse app **BLW**: No **PH**: N **SS**: A rec 924; BD pg 601; B pg 46 **BS**: 235.

DOGGETT, Lemuel; b UNK; d 20 Aug 1870 **RU**: Private, 16th VMR (Waller), Spotsylvania Co **CEM**: City Cemetery; Fredericksburg; William St & Washington Ave **GS**: Y **SP**: No spouse information **VI**: Death date from *Alexandria Gazette* **P**: None **BLW**: No **PH**: N **SS**: A rec 947 **BS**: 18 pg 9.

DOING, Joshua; b 1767; d 1846 **RU**: Private, 19th VMR, (Ambler), Richmond City **CEM**: Shockoe Hill; Richmond City; 100 Hospital St **GS**: U **SP**: No spouse information **VI**: No further data **P**: None **BLW**: No **PH**: N **SS**: A rec 1035 **BS**: 38 pg 36.

DOLD, William; b 1771; d 03 Jul 1856 **RU**: Private, 5th VMR (McDowell) **CEM**: Tinkling Spring; Augusta; 11 mi NE of Staunton **GS**: U **SP**: No spouse information **VI**: No further data **P**: None **BLW**: No **PH**: N **SS**: A rec 1108 **BS**: 183.

DONALDSON, Charles; b 13 Mar 1770, Perthshire, Scotland; d 23 Nov 1825 **RU**: Private, 54th VMR (Sharp), Lt William Seymour, Norfolk Borough **CEM**: St Paul's Episcopal; Norfolk City; 201 St Paul's Blvd **GS**: Y **SP**: No spouse information **VI**: Birthplace from tombstone. "Many years the proprietor of a Beer and Porter Cellar in Norfolk" per death notice in the *American Commercial Beacon*, 28 Nov 1825 **P**: None **BLW**: No **PH**: N **SS**: A rec 1492; B pg **BS**: 119 pg 26; 238.

DORNIN, Thomas Alysius; b c1800, Ireland; d 22 Apr 1874, Norfolk **RU**: Midshipman, US Navy **CEM**: Cedar Grove; Norfolk City; 238 E Princess Anne Rd **GS**: Y **SP**: mar in Cedar Grove Church, Portsmouth, on 29 Jul 1837, (-----) Thornburn **VI**: See Appendix G **P**: None **BLW**: None **PH**: N **SS**: AQ **BS**: 49.

DORRINGTON, David; b 6 May 1788, Essex Co, England; d 29 Jul 1858, Richmond **RU**: Private, 19th VMR (Ambler), Capt Robert Gamble, Troop of Cavalry, Richmond City **CEM**: Shockoe Hill; Richmond City; 100 Hospital St **GS**: Y **SP**: Possibly married. Not clear from tombstone **VI**: No further data **P**: None **BLW**: No **PH**: N **SS**: L pg 345 **BS**: 199.

DORSEY, Thomas; b 1798; d 03 Jun 1838, Baltimore **RU**: Private, 3rd MD Regiment of Cavalry **CEM**: Triniity United Methodist; Alexandria; Wilkes St **GS**: Y **SP**: mar Jane Prince Robbins, d 14 Mar 1843, age 58 **VI**: Reverend **P**: None **BLW**: No **PH**: N **SS**: A rec 2671 **BS**: 32 pg 124.

DOUGHERTY, Daniel; b 1788; d 22 Dec 1822 **RU**: Corporal, 138th PA Regiment of Militia **CEM**: St Mary's Catholic Church; Alexandria; 310 S Royal **GS**: Y **SP**: No spouse information **VI**: No further data **P**: None **BLW**: No **PH**: N **SS**: A rec 333 **BS**: 238 pg 123.

DOUGLAS, Hugh; b 1760; d 1815 **RU**: Brigadier General, 6th VA Brigade **CEM**: St James's United Church of Christ; Loudoun; 10 E Broad Way, Lovettsville **GS**: U **SP**: No spouse information **VI**: Son of William Douglas of Loudoun Co. Served as a soldier in the Revolution **P**: None **BLW**: No **PH**: N **SS**: B pg 245 **BS**: 73 pg 83.

DOUGLAS, James; b 1785; d 02 Nov 1847 **RU**: Private, 1st DC Regiment of Militia **CEM**: Old Presbyterian Meeting House; Alexandria; Wilkes & Hamilton **GS**: Y **SP**: mar Eliza Kincaid, b 1791, d 1876 **VI**: No further data **P**: None **BLW**: No **PH**: N **SS**: A rec 746 **BS**: 32, pg 27.

DOUGLASS, John A; b 20 Nov 1785; d 11 Jun 1833 **RU**: Major, 88th VMR, Albemarle Co **CEM**: Bethel Presbyterian; Augusta; Middlebrook **GS**: Y **SP**: No spouse information **VI**: Both the WPA survey and Dorothy Weaver's 1987 book *Here Lyeth* incorrectly read this stone as being for "Jane" Douglass. (findagrave.com) **P**: None **BLW**: No **PH**: on-line **SS**: B pg 35 **BS**: 245.

DOVE, James; b UNK; d 23 Apr 1878 **RU**: Private, 116th VMR, Capt Thomas Hopkins, Rockingham Co, attached to 6th VMR (Coleman) **CEM**: Old Criders; Rockingham; Crider's Rd (Rt 826), Criders **GS**: N **SP**: mar (1) Catharine Fitzwaters, d Jan 1838; (2) on 28 Oct 1838 Margaret Dove who received pension, LNR Dovesville, Rockingham Co **VI**: Son of George & Elizabeth (Bean) Dove. Grave has a military marker **P**: Both **BLW**: Yes **PH**: N **SS**: A rec 1024; BD pg 611; M pg 125 **BS**: 262.

RU=Rank/Unit   CEM=Cemetery   GS=Gravestone   SP=Spousal Information   VI=Other Veteran Info   P=Pension
BLW=Bounty/Land Warrant   PH=Photo   SS=Service Source   BS=Burial Source   VMR= VA Military Regt
LNR= Last Known Residence

DOVE, John; b 02 Sep 1792 Richmond City; d 16 Nov 1876, Richmond City **RU**: Private, 19th VMR Cavalry, Troop of Calvary, Capt Robert Gamble, Richmond City **CEM**: St John's Church; Richmond City; 24th & Broad, Church Hill **GS**: Y **SP**: mar in Richmond City on 28 Nov 1814, Ann Eliza Ege, daughter of Samuel Ege and Elizabeth, b 20 Aug 1789, d 12 Oct 1865. Marriage performed by Rev John Buchanan and announced in the *Richmond Compliler*, 01 Dec 1814, pg 5 **VI**: Doctor. Received medical degree from University of Pennsylvania. Member of Richmond City Council, Richmond Board of Education and Freemason. Grand Secretary from 1834 until his death, and Grand Recorder in1845. Noted writer, editor and scholar. In 1878, the Masonic Brethren of Virginia erected a large monument to his honor at Hollywood Cemetery adorned with much Masonic and whimsical symbolism **P**: Applied **BLW**: No **PH**: Y **SS**: L pg 344; BD pg 611; M pg 345 **BS**: 31; 63 pg 367, 435; 252 pg 20; 31.

DOWELL, Jesse D; b 15 Dec 1798; d 27 Dec 1867 **RU**: Private, 36th VMR, Prince William Co **CEM**: Ketoctin Baptist; Loudoun; Alder School Rd (Rt 711), Eubanks **GS**: Y **SP**: mar Mary (-----), b 10 Nov 1800, d 02 Aug 1895 **VI**: No further data **P**: None **BLW**: No **PH**: N **SS**: A rec 1324 **BS**: 73 pg 85.

DOWELL, John; b UNK; d UNK **RU**: Private, 4th VMR (Greenhill) **CEM**: Old Dourell; Greene; 12 mi N of Charlottesville **GS**: N **SP**: mar (1) in Orange Co on 14 Jan 1819 to Elizabeth Garlston; (2) in Greene Co on 10 Nov 1838 to Mary Riddle **VI**: No further data **P**: None **BLW**: No **PH**: N **SS**: A rec 1328 **BS**: 192.

DOWNING, John; b 09 May 1796; d 07 Dec 1858 **RU**: Private, 2nd VMR, Capt David Ashby, Accomack Co **CEM**: Downing Family; Accomack; Rt 621 **GS**: Y **SP**: mar in Accomack Co on 11 Dec 1827 to Mary Mears, daughter of John & Mary Mears, b 19 Jun 1796, d 19 Oct 1840 **VI**: Son of John R & Sally Downing **P**: None **BLW**: No **PH**: N **SS**: K pg 309 **BS**: 21 pg 77.

DOWNS, James; b UNK; d 12 Mar 1849 **RU**: Private, 57th VMR, Loudoun Co **CEM**: Leesburg Presbyterian; Loudoun; 307 W Market St, Leesburg **GS**: U **SP**: No spouse information **VI**: No further data **P**: None **BLW**: No **PH**: N **SS**: A rec 1758 **BS**: 73 pg 85.

DOYLE, John; b 1799; d bur 15 Jul 1849 **RU**: Private, 1st VMR (Taylor) **CEM**: Shockoe Hill; Richmond City; 100 Hospital St **GS**: U **SP**: No spouse information **VI**: No further data **P**: None **BLW**: No **PH**: N **SS**: A rec 19097 **BS**: 38 pg 47.

DRAPER, Joseph; b 25 Dec 1794 Draper Valley, Pulaski Co; d 10 Jun 1834, Wytheville, Wythe Co **RU**: 1st Sergeant, 35th VMR (Kent), Wythe Co **CEM**: Oglesbies; Pulaski; Draper Valley **GS**: U **SP**: No spouse information **VI**: Lawyer, member of VA State Senate, 1828-30, U.S. Congress 1830-31, 1832-33 **P**: None **BLW**: No **PH**: N **SS**: A rec 2580 **BS**: 168.

DRAPER, William D; b 1785, Person Co, NC; d 04 Jul 1863 **RU**: Private, 4th VMR **CEM**: Draper Family; Henry; Not given **GS**: U **SP**: mar in Henry Co on 30 Sep 1805 (bond) to Lucy Meredith, b 1788 **VI**: Son of William & Frances (Estes) Draper. Operated a grist mill **P**: None **BLW**: No **PH**: N **SS**: A rec 2609 **BS**: 245.

DRAYTON, Glenn; b 1786, Charleston, SC; d 04 Sep 1814, Portsmouth **RU**: 2nd Lieutenant, USS *Constellation* **CEM**: St Paul's Episcopal; Norfolk City; 201 St Paul's Blvd **GS**: N **SP**: Never married **VI**: Glen Drayton, Esquire. Letter from Capt Charles Gordon of the *Constellation* to Secretary of Navy dated Wednesday, 07 Sep 1814 stating that Lt Drayton had died the previous Sunday after a lingering illness the previous January, and that his effects & accounts would be settled and sent to his friends in South Carolina, and that he had been buried "in the church yard at Norfolk with the honors due his rank." Obituary in the *Norfolk Herald*, 06 Sep 1814 **P**: None **BLW**: No **PH**: N **SS**: AM pg 305 **BS**: 239.

DREWRY / DRURY, Humphrey; b 1760; d 17 Oct 1844 **RU**: Private, 65th VMR, Southampton Co **CEM**: Drewry Farm; Southampton; 2 mi SE of Drewryville **GS**: U **SP**: mar in Southampton Co on 15 Feb 1787 by Rev George Gurley of St. Luke's Parish (Episcopal) to Frances Simmons. John Simmons was surety to the marriage bond **VI**: No further data **P**: None **BLW**: No **PH**: N **SS**: A rec 313 **BS**: 179.

DRUMMOND, George; b 1765; d 1817 **RU**: Lieutenant, 115th VMR, Capt Richard Servant, Elizabeth City Co **CEM**: Cedar Island aka Roundtree; Hampton City; Harris Creek Rd **GS**: Y **SP**: mar Susan Howell, b 1765, d 1819 **VI**: No further data **P**: None **BLW**: No **PH**: N **SS**: K pg 200 **BS**: 23 pg 173.

RU=Rank/Unit   CEM=Cemetery   GS=Gravestone   SP=Spousal Information   VI=Other Veteran Info   P=Pension
BLW=Bounty/Land Warrant   PH=Photo   SS=Service Source   BS=Burial Source   VMR= VA Military Regt
LNR= Last Known Residence

DRUMMOND, Grief; b UNK, Sterlingshire, Scotland; d 07 Nov 1844, Petersburg **RU**: Private, Petersburg Volunteers, Capt Richard McRae **CEM**: Blandford; Petersburg; 111 Rochelle Ln **GS**: Y **SP**: mar (1) Elizabeth Starke; (2) on 29 Sep 1836 to Margaret Henderson, b Scotland **VI**: Came to America "in early life." Died age 67. Tombstone erected by his widow. Wounded during the war. Widow received Old War Pension. Resided in Dinwiddie Co **P**: Spouse **BLW**: Yes **PH**: N **SS**: AK pg 138; BD pg 628 **BS**: 200.

DRUMMOND, Zachariah; b 09 Jul 1790; d 24 Mar 1860 **RU**: Private, 2nd VMR (Williams) **CEM**: Drummond Family; Amherst; Rt 60 **GS**: Y **SP**: mar Isabella McCullough, b 16 Oct 1800, d 19 Dec 1830 **VI**: Stone made by J. B. Geddes Co. of Lynchburg, VA **P**: None **BLW**: No **PH**: N **SS**: A rec 703 **BS**: 5 pg 102.

DUDLEY, Joseph; b 14 Mar 1790, Sutton, Worcester Co, MA; d 24 Sep 1831 **RU**: Private, 23rd VMR, Capt Edward Archer, Chesterfield Co, attached to 1st VMR (Yancey) **CEM**: Valley Farm; Chesterfield; Enon Church Rd, 8 mi N of Petersburg **GS**: Y **SP**: mar Elizabeth E Archer, daughter of Col Edward & Ann Archer, b 21 May 1810, d 03 Jul 1879 **VI**: Doctor. Tombstone in Valley Farm Graveyard in Chesterfield Co. Body was reinterred to Blandford Cemetery in Petersburg **P**: Spouse app **BLW**: No **PH**: N **SS**: L pg 101; B pg 59; BD pg 624 **BS**: 228.

DUDLEY, Trueworthy; b c1796, MA; d bur 19 Oct 1866 **RU**: Private, 1st NH Militia (Davis) **CEM**: Hollywood; Richmond City; 412 S Cherry St **GS**: U **SP**: No spouse information **VI**: No further data **P**: None **BLW**: No **PH**: N **SS**: A rec 1374 **BS**: 263.

DUDLEY, William Guilford; b UNK; d 11 Sep 1838, Staunton **RU**: Lieutenant, 32nd VMR, Capt James Kirk, Augusta Co, attached to 5th VMR (McDowell) **CEM**: Hogshead Family; Augusta; Parnassus **GS**: Y **SP**: mar on 27 Jun 1809 in Hagerstown, MD to Nancy Rankin, b 1792, d 1874, LNR PO Churchville, Augusta Co, 1871 **VI**: No further data **P**: Spouse **BLW**: Yes **PH**: N **SS**: A rec 1386; BD pg 624; B pg 40 **BS**: 1 pg 73.

DUFF, Robert; b 23 Jun 1759, Ireland; d 20 Jun 1820 **RU**: Major, 94th VMR, Staff Officer, Lee Co **CEM**: Duff Family; Lee; Stickleyville **GS**: Y **SP**: mar to Mary Powell Dickinson, b 1770, d 1859 **VI**: No further data **P**: None **BLW**: No **PH**: N **SS**: B pg 118 **BS**: 245.

DUFF, William; b 25 Jul 1770; d 25 Jan 1857 **RU**: Private, Battalion of Artillery, VA Militia **CEM**: Green Springs; Washington; Rt 75, 5 mi S of I-81 **GS**: Y **SP**: mar Nelly (-----), d 07 Nov 1841, age 61 yrs, 3 mos, 5 days **VI**: No further data **P**: None **BLW**: No **PH**: N **SS**: A rec 1563 **BS**: 116 pg 271.

DULL, Jacob; b 1779; d 10 Dec 1858 **RU**: Private, 5th VMR (McDowell) **CEM**: St John's Church; Augusta; 1 mi E Middlebrook Rd **GS**: U **SP**: mar Magdelena (-----), b Nov 1786, d 27 Jul 1843 **VI**: No further data **P**: None **BLW**: No **PH**: N **SS**: A rec 2228 **BS**: 183.

DUNBAR, Peter; b 1787; d 27 Jun 1821 **RU**: Corporal, 1st DC Regiment of Militia **CEM**: Christ Church Episcopal; Alexandria; Wilkes & Hamilton **GS**: Y **SP**: Name unknown, b 1792, d 1874 **VI**: Merchant. Died age 34. "suddenly killed by a wad inadvertently fired on the occasion of a Salute from the water" **P**: None **BLW**: No **PH**: N **SS**: A rec 162 **BS**: 34 pg 95.

DUNCAN, John Robert; b 1768; d 1846 **RU**: Corporal, 4th VMR **CEM**: St Clair Bottom; Smyth; Rt 762 **GS**: Y **SP**: mar Frances Gaskins, b 1778, d 1809 **VI**: No further data **P**: None **BLW**: No **PH**: N **SS**: A rec 367 **BS**: 116 pg 197.

DUNDORE, Elijah; b 09 Sep 1791; d 27 May 1860 **RU**: Private, 58th VMR, Capt William McMahon, Troop of Cavalry, Rockingham Co, attached to Woodford's Cavalry Squadron **CEM**: Blosser Family; Rockingham; "Sunny Slope," Rt 42 S, Dayton **GS**: Y **SP**: mar on 16 Jun 1834 to Nancy Grove **VI**: No further data **P**: Spouse app **BLW**: No **PH**: N **SS**: BD pg 630; B pg 182 **BS**: 262.

DUNLAP, James; b UNK; d UNK **RU**: Private, 60th VMR, Capt Charles Ford, Fairfax Co **CEM**: Old Presbyterian Meeting House; Alexandria; Wilkes & Hamilton **GS**: Y **SP**: mar Hannah (-----) who, as widow of Barton Hawley, applied for pension **VI**: No further data **P**: Spouse app **BLW**: Yes **PH**: N **SS**: A rec 1069; BD pg 632; B pg 71 **BS**: 32 pg 29.

DUNLAP, Robert; b 26 Apr 1772; d 26 Oct 1856 **RU**: Private, 7th VMR (Saunders) **CEM**: Rocky Spring Presbyterian; Augusta; 1 mi S of Deerfield **GS**: U **SP**: mar in Augusta Co on 14 May 1793 to Martha B Graham, d 1833 **VI**: Son of Robert Dunlap & Mary Elizabeth Gay **P**: None **BLW**: No **PH**: N **SS**: A rec 1136 **BS**: 183; 49; 245.

RU=Rank/Unit CEM=Cemetery GS=Gravestone SP=Spousal Information VI=Other Veteran Info P=Pension
BLW=Bounty/Land Warrant PH=Photo SS=Service Source BS=Burial Source VMR= VA Military Regt
LNR= Last Known Residence

DUNLAP, William; b UNK; d 13 Jul 1827 **RU**: Private, 4th VMR (Boyd) **CEM**: Old Presbyterian Meeting House; Alexandria; Wilkes & Hamilton **GS**: Y **SP**: No spouse information **VI**: Death date from the *Alexandria Gazette* **P**: None **BLW**: No **PH**: N **SS**: A rec 1175 **BS**: 32 pg 29.

DUNLOP, Nathaniel; b 1793; d 21 Jul 1838 **RU**: Private, 19th VMR, Capt Samuel Jones, Richmond City **CEM**: St John's Church; Richmond City; 24th & Broad, Church Hill **GS**: U **SP**: No spouse information **VI**: No further data **P**: None **BLW**: No **PH**: N **SS**: L pg 502 **BS**: 63 pg 436; 252 pg 57.

DUNN, John, Jr; b 01 Mar 1795; d 22 Aug 1845 **RU**: Private, Lt Col Abraham Bradley's Regiment, 17th Brigade **CEM**: McCulloch / Cuddy; Washington; nr jct Rts 611 & 269 **GS**: Y **SP**: mar Mary (-----), b 12 Jun 1805, d 17 Mar 1891 **VI**: No further data **P**: None **BLW**: No **PH**: N **SS**: A rec 1403 **BS**: 116 pg 51.

DUNN, John, Sr; b 02 Jun 1789; d 10 Apr 1853 **RU**: Private, Lt Col Abraham Bradley's Regiment, 17th Brigade **CEM**: Sinking Spring Presbyterian; Washington; Blackfield Rd, one block fr Main St, Abingdon **GS**: Y **SP**: mar Mary A (-----), d 15 Feb 1859, age 63 yrs **VI**: No further data **P**: None **BLW**: No **PH**: N **SS**: A rec 1402 **BS**: 116 pg 81.

DUNNINGTON, Francis H; b 1781; d 28 Apr 1827 **RU**: Private, 19th VMR, Richmond City **CEM**: Dumfries; Prince William; off Cameron St, SW of Dumfries Elementary School **GS**: Y **SP**: mar Elizabeth (-----), d 27 Nov 1841 aged 51 yrs, 9 mos, 28 days **VI**: No further data **P**: None **BLW**: No **PH**: N **SS**: A rec 1783 **BS**: 11 pg 18.

DUNTON, Benjamin; b UNK; d UNK **RU**: Private, 27th VMR, Capt Jeptha Johnson, Northampton Co **CEM**: Dunton Family; Northampton; Rt 600, 0.4 mi N of Rt 617, in field, Dunton **GS**: Y **SP**: No spouse information **VI**: Was age 40-50 in 1840 Census **P**: None **BLW**: No **PH**: N **SS**: L pg 489 **BS**: 20 pg 25.

DUPUY, Anthony; b 21 Dec 1791; d 19 Dec 1869 **RU**: Quartermaster, 1st VMR (Clarke) **CEM**: Redd Family; Henry; Fontaine **GS**: Y **SP**: No spouse information **VI**: Clerk of Court, Henry Co 1834 **P**: None **BLW**: No **PH**: N **SS**: A rec 2198 **BS**: 245.

DUVAL, Philip; b 1788; d bur 04 Dec 1847 **RU**: Quartermaster Sergeant, 1st Corps d'Elite (Randolph) **CEM**: Shockoe Hill; Richmond City; 100 Hospital St **GS**: U **SP**: mar on 17 Feb 1814 by Rev Bracken to Mary Randolph of York Co. Marriage notice in the *Richmond Examiner*, 09 Mar 1814, pg 3 **VI**: Styled "Doctor" in the marriage notice **P**: None **BLW**: No **PH**: N **SS**: A rec 886 **BS**: 38 pg 41.

DUVAL, Stephen; b 03 Nov 1782; d 30 Jul 1850, Chesterfield Co **RU**: Private, 33rd VMR, Henrico Co **CEM**: Cedar Grove; Chesterfield; Cedar Grove Plantaion **GS**: Y **SP**: mar (1) Lucy (-----), b 01 Apr 1779, d 19 Dec 1842; (2) Susan Halsey Cottrell **VI**: No death date on stone. Death date from the *Richmond Examiner*, 02 Aug 1850, pg 4. "An old and respected citizen" age 68. Died at his home **P**: None **BLW**: No **PH**: N **SS**: A rec 893 **BS**: 8 pg 2.

DYE, John H; b 1785; d 26 Sep 1826 **RU**: Lieutenant, 60th VMR, Fairfax Co **CEM**: Clover Hill; Prince William; Manassas **GS**: Y **SP**: mar Ann H (-----), d 21 Sep 1861, age 65 years **VI**: No further data **P**: None **BLW**: No **PH**: N **SS**: A rec 1204 **BS**: 11 pg 107; 248 Part 1 pg 95.

DYE, Reuben; b 1780; d 06 Nov 1815 **RU**: Sergeant, 1st Corps d'Elite (Randolph) **CEM**: Falls Church Episcopal; Fairfax; 115 E Fairfax St, Falls Church **GS**: Y **SP**: Was married, wife's name not known **VI**: Died age 35 leaving a wife and five small children (stone) **P**: None **BLW**: No **PH**: N **SS**: A rec 1211 **BS**: 89 v3 FC-5.

DYER, Benjamin F; b 1778; d 12 Jul 1823 **RU**: Captain, 64th VMR, Company Commander, Henry Co, attached to 5th VMR **CEM**: Dyer Family; Henry; Foxtail Rd, Axton **GS**: U **SP**: mar in Henry Co on 04 Jul 1801 (bond) to Mary "Polly" Gravely, LNR Dyers Store, Henry Co, 1871 **VI**: Government stone pictured with his 1812 Shacko hat & sword; member General Assembly 1819-1823; son of Rev War soldier George Dyer & Rachel Dalton **P**: Spouse **BLW**: Yes **PH**: N **SS**: B pg 101; BD pg 651; **BS**: 49, 245.

DYSON, William; b UNK; d 18 Dec 1836 **RU**: Captain, 23rd VMR, Capt Lawson Burfoot, Chesterfield Co, attached to 1st VMR (Yancey) **CEM**: Dyson Family; Chesterfield; 3 mi W of Matoaca **GS**: U **SP**: mar in Chesterfield Co, on 14 Aug 1817, Martha C Howlett, LNR Petersburg, Dinwiddie Co, 1878 **VI**: No further data **P**: Spouse **BLW**: Yes **PH**: N **SS**: A rec 1674; BD pg 643; B pg 54 **BS**: 8.

EADS / EADES, William Laven; b 1783; d 1871 **RU**: Sergeant, US Mounted Rangers, Capt Short **CEM**: Union Cemetery; Bedford; Union **GS**: U **SP**: mar Elizabeth Douglas **VI**: No further data **P**: None **BLW**: Yes **PH**: N **SS**: BD pg 643; A rec 1722 **BS**: 260.

EAGLEMAN, Peter; b UNK; d UNK **RU:** Private, 93rd VMR, Capt Jesse Dold, Troop of Cavalry, Augusta Co, attached to Major Woodford's Calvary Squadron (Dragoons) **CEM:** St John's Church; Augusta; 1 mi E of Middlebrook Rd **GS:** U **SP:** No spouse information **VI:** No further data **P:** None **BLW:** No **PH:** N **SS:** L pg 282 **BS:** 183.

EALEY, John; b UNK; d UNK **RU:** Private, 59th VMR (Riddick), Nansemond Co **CEM:** Eastern State Hospital; Williamsburg; Newport Ave **GS:** Y **SP:** No spouse information **VI:** Is listed in 1783 Census **P:** None **BLW:** No **PH:** N **SS:** A rec 1904 **BS:** 93.

EARLE, John B; b 14 Apr 1787; d 11 Aug 1860 **RU:** Lieutenant, 51st VMR, Capt James Sowers, Frederick Co **CEM:** Silver Ridge; Clarke; White Post **GS:** Y **SP:** mar Maria (-----), d 25 Sep 1834 in her 37th year, "wife of John B Earle" **VI:** No further data **P:** None **BLW:** None **PH:** N **SS:** K pg 33 **BS:** 86 pg 24; 92 pg 8.

EARLY, Jacob; b 1778; d 1869 **RU:** Private, 53rd VMR, Capt James Haden, Grenadiers, Campbell Co, attached to 3rd VMR (Dickinson) **CEM:** Early Family; Rockingham; 3588 Early Rd,, Harrisonburg **GS:** Y **SP:** mar Magdalene (-----), b 1781, d 1863 **VI:** No further data **P:** Yes **BLW:** No **PH:** N **SS:** A rec 2765; BD pg 645; M pg 132 **BS:** 262.

EARLY, John; b 1785, Bedford Co; d 05 Nov 1873, Lynchburg **RU:** Sergeant, 4th VMR **CEM:** Spring Hill; Frederick; 3000 Fort Ave, Winchester **GS:** U **SP:** No spouse information **VI:** Early Methodist preacher eventually becoming Bishop in 1854. Instrumental in founding Randolph-Macon College **P:** No **BLW:** No **PH:** N **SS:** A rec 2275 **BS:** 245.

EASTIN, Stephen; b 1798; d 19 Feb 1870 **RU:** Private, 1st VMR (Yancey) **CEM:** Eastin Family; Fluvanna; Venable Rd **GS:** Y **SP:** A man by this name mar in Fluvanna Co on 27 Jun 1843 by Rev. Robert Lilley to Mary Farrar. If this is the same man, it was a late marriage for him **VI:** Died age 78 years **P:** None **BLW:** No **PH:** N **SS:** A rec 461 **BS:** 95 pg 26.

EATON, John; b 1783; d 18 Oct 1826 **RU:** Private, 4th VMR **CEM:** Shockoe Hill; Richmond City; 100 Hospital St **GS:** Y **SP:** No spouse information **VI:** No further data **P:** None **BLW:** No **PH:** N **SS:** A rec 697 **BS:** 38 pg 4.

EDLOE, John; b 1765; d Aug 1816 **RU:** Sergeant, 52nd VMR, Capt John Merry, New Kent Co & Charles City Co **CEM:** Claremont Manor; Surry; Bailey Ave, Claremont **GS:** Y **SP:** mar Anne Armstead, d 27 Apr 1833, age 56 yrs, 32 days **VI:** Died age 51 **P:** None **BLW:** No **PH:** N **SS:** L pg 584 **BS:** 187.

EDMISTON, John; b 1778; d 1838 **RU:** Private, 5th Regiment East TN Militia (Booth) **CEM:** St Clair Bottom; Smyth; Rt 762 **GS:** Y **SP:** No spouse information **VI:** Son of Mary Edmiston **P:** None **BLW:** No **PH:** N **SS:** A rec 1938 **BS:** 116 pg 197.

EDMISTON, Thomas; b 04 Aug 1773; d 25 Oct 1822 **RU:** Major, 70th VMR, Staff Officer, Washington Co **CEM:** Glade Springs Presbyterian; Washington; 33234 Lee St, Glade Springs **GS:** Y **SP:** mar Margaret Buchanan, b 1778, d 1833 **VI:** Commissioned as Major on 17 Jul 1807 **P:** None **BLW:** No **PH:** N **SS:** B pg 198 **BS:** 245.

EDMONDS, Alexander; b UNK; d c1824 (Inv) **RU:** Private, 44th VMR, Capt William R Smith, Troop of Cavalry, Fauquier Co, attached to Hunton's Command **CEM:** Edmonds / Blackwell; Fauquier; Warrenton **GS:** Y **SP:** No spouse information **VI:** No further data **P:** None **BLW:** No **PH:** N **SS:** A rec 1957 **BS:** 3 pg 9.

EDMONDS, Elias; b 1778; d 1871 **RU:** Lieutenant, Maj Kemper's Command **CEM:** Ivy Hill; Fauquier; Warrenton **GS:** Y **SP:** mar Adeline (-----) b 180x, d 1837 **VI:** Father of Elias Edmonds (1832-1900) **P:** None **BLW:** No **PH:** N **SS:** A rec 1974 **BS:** 3 pg 17.

EDMONDS, Richard Corbin; b UNK; d 1827 **RU:** Lieutenant, US Army Artillery **CEM:** Edmonds / Blackwell; Fauquier; Warrenton **GS:** Y **SP:** No spouse information **VI:** No further data **P:** None **BLW:** No **PH:** N **SS:** C pg 55 **BS:** 3 pg 9.

EDMONDS, William; b UNK; d c1816 (Inv) **RU:** Captain, 1st VMR (Byrne) **CEM:** Edmonds / Blackwell; Fauquier; Warrenton **GS:** Y **SP:** No spouse information **VI:** No further data **P:** None **BLW:** No **PH:** N **SS:** G; A rec 2041 **BS:** 3 pg 9.

EDMONDSON, Andrew; b 25 Jan 1794; d 18 Jul 1852 **RU:** Sergeant, Bradley's Regiment **CEM:** Rock Spring; Washington; vic jct Rts 803 & 91 **GS:** Y **SP:** No spouse information **VI:** No further data **P:** None **BLW:** No **PH:** N **SS:** A rec 2045 **BS:** 116 pg 206.

RU=Rank/Unit CEM=Cemetery GS=Gravestone SP=Spousal Information VI=Other Veteran Info P=Pension
BLW=Bounty/Land Warrant PH=Photo SS=Service Source BS=Burial Source VMR= VA Military Regt
LNR= Last Known Residence

EDMONDSON, David; b UNK; d 1821 (Will) **RU:** Lieutenant, 8th VMR, Capt John Paxton's Co, Rockbridge Co, attached to 2nd Corps d'Elite **CEM:** Falling Springs Presbyterian; Rockbridge; Hickory Hill **GS:** Y **SP:** No spouse information **VI:** No further data **P:** None **BLW:** No **PH:** N **SS:** K pg 222 **BS:** 31.

EDMONDSON, James; b 22 Sep 1794; d 16 May 1865 **RU:** Ensign, 7th VMR (Saunders) **CEM:** Zion Methodist; Washington; 29249 Zion Church Rd, Damascus **GS:** Y **SP:** No spouse information **VI:** Styled "Colonel" on tombstone **P:** None **BLW:** No **PH:** N **SS:** A rec 2064 **BS:** 116 pg 212.

EDMONDSON, Robert; b 1771; d 28 Jan 1823 **RU:** Lieutenant, Russell's Brigade of Mounted Riflemen, TN Volunteers **CEM:** Zion Methodist; Washington; 29249 Zion Church Rd, Damascus **GS:** Y **SP:** No spouse information **VI:** Styled "Captain" on tombstone. Member of Virginia General Assembly from Washington Co **P:** None **BLW:** No **PH:** N **SS:** A rec 2076 **BS:** 116 pg 212.

EDMONDSON, William G; b UNK; d 1836 **RU:** Corporal, 5th VMR **CEM:** Zion Methodist; Washington; 29249 Zion Church Rd, Damascus **GS:** U **SP:** No spouse information **VI:** No further data **P:** None **BLW:** No **PH:** N **SS:** A rec 2093 **BS:** 116 pg 86c.

EDMUNDS, James; b 1774; d 09 Sep 1844 **RU:** Corporal, 2nd VMR, Capt David Ashby, Accomack Co **CEM:** Edmunds Family; Accomack; Grangeville **GS:** U **SP:** mar Anne Wharton, d 1837 **VI:** No further data **P:** None **BLW:** No **PH:** N **SS:** K pg 309 **BS:** 178.

EDWARDS, Ambrose; b 1757; d aft Aug 1812 **RU:** UNK, Volunteer Company, King William Co **CEM:** Cherry Grove; King William; nr Court House & "Homestead" **GS:** U **SP:** mar Wealthean Butler **VI:** Son of Ambrose Edwards, Sr **P:** None **BLW:** No **PH:** N **SS:** D pg 199 **BS:** 126 pg 11.

EDWARDS, Amos W, Sr; b UNK; d 03 Nov 1864 **RU:** Private, 7thVMR, Capt Richard Kelsick, Norfolk Co, attached to 9th VMR (Sharp) **CEM:** Oak Grove; Portsmouth; jct Peninsula Ave & London Blvd **GS:** U **SP:** mar on 10 May 1817 to Mary Ann Waughop, d 08 Nov 1887, Portsmouth, Norfolk Co **VI:** No further data **P:** Spouse **BLW:** Yes **PH:** N **SS:** K pg 486; BD pg 656 **BS:** 49.

EDWARDS, Anderson; b 22 Mar 1795; d 11 Jul 1864 **RU:** Private, 23rd VMR, Capt Henry Heth ,Troop of Cavalry, Chesterfield Co, attached to Gen Portersfield's Brigade **CEM:** Edwards; Chesterfield; General loc not given in burial source **GS:** Y **SP:** No spouse information **VI:** Sheriff of Chesterfield Co **P:** None **BLW:** No **PH:** N **SS:** A rec 65 **BS:** 8 pg 3.

EDWARDS, Enoch; b Apr 1786, King George Co; d 12 Sep 1875 **RU:** Sergeant, 25th VMR, Capt Thomas Pollard, King George Co **CEM:** Racket Hall; King George; King George C. H. **GS:** U **SP:** mar in King George Co on 01Jan 1817 (bond) to Ann M Massey **VI:** No further data **P:** Applied **BLW:** No **PH:** N **SS:** A rec 207, BD pg 656 **BS:** 19.

EDWARDS, Isaac; b 25 Feb 1772; d 02 Jul 1825 **RU:** Private, 5th VMR (McDowell) **CEM:** Worrell Family; Carroll; Rt 808 vic jct Rts 58 & 221 **GS:** U **SP:** No spouse information **VI:** No further data **P:** None **BLW:** No **PH:** N **SS:** A rec 260 **BS:** 90 pg 401; 121.

EDWARDS, John; b 1795; d 18 Feb 1832 **RU:** Private, 2nd VMR, Capt James Garrison, Accomack Co **CEM:** Edwards Family; Accomack; Onley **GS:** U **SP:** mar Ann S (-----), b 1793, d 1850 **VI:** No further data **P:** None **BLW:** No **PH:** N **SS:** L pg 353 **BS:** 178.

EDWARDS, John; b 19 Feb 1791, Grayson co; d 17 Nov 1873, Carroll Co **RU:** Private, 32nd VMR, Capt John Trimble, Augusta Co, attached to 7th VMR (Saunders) **CEM:** Worrell Family; Carroll; Rt 808 vic jct Rts 58 & 221 **GS:** Y **SP:** mar on 13 Jun 1813 to Mary Hague, b 05 Sep 1795, d 26 Mar 1881, daughter of Samuel & Ellen Hague **VI:** Son of Alexander Edwards (1747-1825) & Catherine Rosanne Boone (1755-1835) **P:** Both **BLW:** Yes **PH:** on-line **SS:** B pg 40; BD pg 657; M pg 134 **BS:** 245.

EDWARDS, John; b 1788; d 31 Dec 1862 **RU:** Sergeant, 7th VMR (Saunders) **CEM:** Sulphur Spring; Smyth; Rt 107 , Chilhowie **GS:** Y **SP:** No spouse information **VI:** No further data **P:** None **BLW:** No **PH:** N **SS:** A rec 393 **BS:** 131 v1 pg 178.

EDWARDS, John "Mountain John"; b 1794, Grayson Co; d 9 Jan 1880, Carroll Co **RU:** Private, 32nd VMR, Capt John Trimble, Augusta Co, attached to 7th VMR (Saunders) **CEM:** Edwards Family; Carroll; Fancy Gap **GS:** U **SP:** mar (1) Nancy Mankins, b 1795, d 1839; (2) in Mt. Airy, Surry Co., NC on 05 Feb 1840 to Roan King, b 1824, d 1881 and who received pension **VI:** Son of William Edwards (1788-1851). Called "Mountain John" to distinguish him from

John Edwards of the same name in the same county **P:** Both **BLW:** Yes **PH:** N **SS:** BD pg 657; M pg 134, B pg 40 **BS:** 245.

EDWARDS, John Arnold; b 1777, King George Co; d 01 Feb 1853 **RU:** Private, 25th VMR, King George Co **CEM:** Walnut Hill; King George; King George C. H. **GS:** U **SP:** mar in King George Co on 10 Jan 1808 (bond) to Betsy Balthrop **VI:** He was styled John A Edwards on his marriage bond **P:** None **BLW:** No **PH:** N **SS:** A rec 412 **BS:** 19.

EDWARDS, Peter; b 10 Feb 1792; d 22 Jul 1859 **RU:** Lieutenant, 8th VMR (Magnien) **CEM:** Edwards Family; Southampton; Old Edwards Plantation **GS:** Y **SP:** No spouse information **VI:** No further data **P:** None **BLW:** No **PH:** N **SS:** A rec 541 **BS:** 40 pg 35.

EDWARDS, Thomas; b 1768, NC; d Oct 1851 **RU:** Corporal, 7th VMR (Saunders) **CEM:** William / Jenkins; Carroll; Rt 701, Hillsville **GS:** Y **SP:** mar Mary (-----), b 1776, d 1867 **VI:** Son of John "Elks Spur" Edwards & Henrietta Ayres **P:** None **BLW:** No **PH:** N **SS:** A rec 663 **BS:** 90 pg 406; 245.

EDWARDS, Thomas; b 13 Jan 1792; d 23 Oct 1857 **RU:** Private, 109th VMR, Capt Carter Berkeley, Artillery, Middlesex Co **CEM:** Billups Family; Mathews; Rt 643, Moon **GS:** Y **SP:** mar (1) Lucy Ann Respress, d 21 Oct 1821 age 24; (2) Martha P (-----), d 21 Dec 1833 in her 41st year **VI:** Son of Charles & Sarah Edwards. LNR Upton, Gloucester Co **P:** Yes **BLW:** Yes **PH:** N **SS:** L pg 622; BD pg 658 **BS:** 54 pg 128; 82 pg 123; 245.

EHART / EHEART, Michael; b c1791; d 1837 **RU:** Private, Nalley's Company of Eheart's Virginia Militia **CEM:** Eheart's Corner; Orange; 12421 Albano Rd, Barboursville **GS:** Y **SP:** mar (1) in Orange Co on 26 Jan 1814 (bond) to Sarah Eheart, Hamilton Goss, minister; (2) in Orange Co on 24 Mar 1823 (bond) to Lavinia B Cave, daughter of Robert Cave **VI:** Enumerated on 1830 census of Orange Co, age 30-40. "War of 1812, Virginia Militia, Nalle's Company of Eheart." Grave has been marked by the Society **P:** None **BLW:** No **PH:** Y **SS:** G **BS:** 49.

EIDSON, Henry; b 1780; d 07 Sep 1855 **RU:** Private, 5th VMR (McDowell) **CEM:** Hebron Presbyterian; Augusta; Rt 703, 4.5 mi fr Staunton **GS:** Y **SP:** mar Ellen R (------), d 23 Jan 1892 in her 76th year **VI:** No further data **P:** None **BLW:** No **PH:** N **SS:** A rec 1140 **BS:** 1 pg 56.

ELAM, James; b 23 Sep 1780; d 14 Apr 1864 **RU:** Private, 23rd VMR, Chesterfield Co **CEM:** Montevideo; Chesterfield; Stonewall **GS:** Y **SP:** No spouse information **VI:** No further data **P:** None **BLW:** No **PH:** N **SS:** A rec 1258 **BS:** 8 pg 5.

ELAM, John; b 1769; d 11 Jun 1847 **RU:** Private, 98thVMR (Green), Mecklenburg Co **CEM:** Elam / Henry; Charlotte; "Aspen Wall," Brookneal **GS:** Y **SP:** mar Martha Jane Davis, b 1796, d 29 Nov 1873 **VI:** No further data **P:** None **BLW:** No **PH:** N **SS:** A rec 1272 **BS:** 93.

ELDER, John S; b 1797; d bur 05 Jan 1841 **RU:** Private, 5th VMR **CEM:** Shockoe Hill; Richmond City; 100 Hospital St **GS:** U **SP:** No spouse information **VI:** No further data **P:** None **BLW:** No **PH:** N **SS:** A rec 1403 **BS:** 38 pg 22.

ELEY, Josiah; b 22 Oct 1795; d 21 Feb 1861 **RU:** Private, 65th VMR, Capt Thomas Ridley, Southampton Co **CEM:** Eley Family; Isle of Wight; Rt 626 off Rt 640, Windsor **GS:** U **SP:** No spouse information **VI:** No further data **P:** None **BLW:** No **PH:** N **SS:** L pg 671 **BS:** 186.

ELLETT, Robert Temple; b UNK; d 07 May 1832 **RU:** Private, 74th VMR, Hanover Co **CEM:** Ellett / McMinn; Hanover; Hopewell Rd **GS:** N **SP:** mar in Essex Co on 07 Feb 1815 to Jane Clarke **VI:** Son of Temple & Mary W Ellett. This cemetery no longer exists and the data is from "the family Bible and family knowledge" **P:** None **BLW:** No **PH:** N **SS:** A rec 101 **BS:** 71 pg 93.

ELLETT, Wiliam Peyton; b UNK; d 14 Feb 1849 **RU:** Lieutenant, 74th VMR, Hanover Co **CEM:** Ellett / McMinn; Hanover; Hopewell Rd **GS:** N **SP:** No spouse information **VI:** Son of Temple & Mary W Ellett. This cemetery no longer exists and the data is from "the family Bible and family knowledge" **P:** None **BLW:** No **PH:** N **SS:** A rec 107 **BS:** 71 pg 93.

ELLIOTT, John M; b UNK; d 1847 (Admin) **RU:** Private, 4th VMR (Boyd) **CEM:** Walnut Grove; Clarke; White Post **GS:** Y **SP:** No spouse information **VI:** No further data **P:** None **BLW:** No **PH:** N **SS:** A rec 561 **BS:** 86 pg 19.

ELLIOTT, John T; b 12 Aug 1788; d 30 Dec 1825 **RU:** Private, 27th VMR (Pitts), Cornet George Powell, Troop of Cavalry, Northampton Co **CEM:** Vaucluse Family; Northampton; end of Rt 619, 4.5 miles into Church Neck **GS:** Y **SP:** No spouse information **VI:** No further data **P:** None **BLW:** No **PH:** N **SS:** L pg 647 **BS:** 20 pg 27.

RU=Rank/Unit   CEM=Cemetery   GS=Gravestone   SP=Spousal Information   VI=Other Veteran Info   P=Pension
BLW=Bounty/Land Warrant   PH=Photo   SS=Service Source   BS=Burial Source   VMR= VA Military Regt
LNR= Last Known Residence

ELLIOTT, Thomas A; b 1782; d 11 May 1815 **RU**: Private, 2nd VMR (Bayley), Accomack Co **CEM**: Oak Grove Methodist; Accomack; jct Rts 624 & 600 **GS**: Y **SP**: mar Ann B Bull, d 05 Jul 1828, age 41 years **VI**: Reverend **P**: None **BLW**: No **PH**: N **SS**: A rec 690 **BS**: 21 pg 86.

ELLIOTT, William; b 29 Jul 1795; d 02 Dec 1836 **RU**: Private, 2nd VMR (Bayley), Accomack Co **CEM**: Elliot / Floyd; Accomack; jct Rts 647 & 605, Locustville **GS**: Y **SP**: No spouse information **VI**: Son of Teakle & Margaret Elliott **P**: None **BLW**: No **PH**: N **SS**: A rec 733 **BS**: 21 pg 86.

ELLIOTT, William; b 1785; d 1865 **RU**: Private, 56th VMR, Loudoun Co **CEM**: Elliot Family; Frederick; Hayfield **GS**: Y **SP**: No spouse information **VI**: No further data **P**: None **BLW**: No **PH**: N **SS**: A rec 343 **BS**: 79 pg 103.

ELLIOTT, William; b 1788; d bur 19 Feb 1838 **RU**: Private, 19th VMR (Ambler), Richmond City **CEM**: Shockoe Hill; Richmond City; 100 Hospital St **GS**: U **SP**: No spouse information **VI**: No further data **P**: None **BLW**: No **PH**: N **SS**: A rec 747 **BS**: 38 pg 15.

ELLIS, Augustine; b 1775; d 16 Mar 1826 **RU**: Private / Captain, 39th VMR, Capt Charles Kent, Petersburg **CEM**: Billups / Ellis; Dinwiddie; Rt 669, 6.8 mi S of Petersburg **GS**: Y **SP**: Wife (not named) erected his stone **VI**: Called "Captain" on gravestone, and merchant of Petersburg. Died in his 52nd year. Four children (not named) are buried here who died in infancy **P**: None **BLW**: No **PH**: N **SS**: A rec 807; L pg 523 **BS**: 210; 97 pg 39.

ELLIS, Charles; b 1771; d bur 23 Nov 1840 **RU**: Private, 19th VMR (Ambler), Richmond City **CEM**: Shockoe Hill; Richmond City; 100 Hospital St **GS**: U **SP**: No spouse information **VI**: No further data **P**: None **BLW**: No **PH**: N **SS**: A rec 836 **BS**: 38 pg 21.

ELLIS, John; b 1768; d 1826 **RU**: Private, 10th VMR, Capt William Gaines, Bedford Co, attached to 4th VMR **CEM**: Red Hill Farm; Amherst; Rt 647 **GS**: Y **SP**: mar Ann Newman (Eubank) Talliaferro, widow **VI**: No further data **P**: None **BLW**: Yes **PH**: N **SS**: K pg 363; BD pg 668; B pg 42 **BS**: 5 pg 104.

ELLIS, Robert T; b 1781; d 21 Jan 1843 **RU**: Sergeant, 25th VMR, King George Co **CEM**: Masonic Cemetery; Fredericksburg; 900 Block, Charles St **GS**: Y **SP**: mar Mary (-----) **VI**: Was a miller by occupation, and also in the lumber and brick business. **P**: None **BLW**: No **PH**: Y **SS**: A rec 1166 **BS**: 51 pg 39; 52; 49.

ELLIS, William; b 1771; d bur 14 Mar 1835 **RU**: Ensign, 23rd VMR (Brown), Chesterfield Co **CEM**: Shockoe Hill; Richmond City; 100 Hospital St **GS**: U **SP**: No spouse information **VI**: No further data **P**: None **BLW**: No **PH**: N **SS**: A rec 1279 **BS**: 38 pg 14.

EMBREY, Robert; b UNK; d 1852 **RU**: Sergeant, 44th VMR, Capt William O'Bannon, Fauquier Co, attached to 36th VMR (Reno) **CEM**: Embrey Family; Fauquier; 1 mi NE of Summerduck **GS**: U **SP**: No spouse information **VI**: No further data **P**: None **BLW**: No **PH**: N **SS**: A rec 2144 **BS**: 105.

EMMERSON, Arthur III; b 31 Jan 1778, Brunswick Co; d 06 Jun 1842, Portsmouth **RU**: Captain, 7th VMR, Company Commander, Portsmouth Light Artillery Blues, Norfolk Co, attached to 6th VMR (Reade) **CEM**: Cedar Grove; Portsmouth; Effington St & Fort Ln **GS**: Y **SP**: mar Mary Ann Herbert at her parents home in Gosport **VI**: A Merchant sea captain, son of Arther Emmerson II, grandson of Rev Arthur Emmerson, Sr. Was Captain of the schooner *Rebecca* which was taken as a prize in 1798 by a French warship, and imprisoned in Marseille. Led his troops to victory at the Battle of Craney Island. Helped found the Portsmouth Branch of the Bank of Virginia and the Portsmouth & Roanoke Railroad **P**: None **BLW**: No **PH**: N **SS**: A rec 2563 **BS**: 182; 49.

ENDERS, John; b 16 Jul 1776, York Co, PA; d 20 Oct 1851 **RU**: Private, 19th VMR (Ambler), Capt Wilson Bryan, Richmond City **CEM**: St John's Church; Richmond City; 24th & Broad, Church Hill **GS**: Y **SP**: mar in Richmond on 05 Mar 1814 by Rev John Buchanan to Sarah Lambert Ege, granddaughter of Jacob Ege, b 10 Aug 1785, d 27 Feb 1853. Marriage notice in the *Richmond Compiler*, 08 Mar 1814, pg 3 **VI**: Son of German immigrants. Came to Richmond as a young man. After the war he became a successful tobacco merchant, banker and also involved in real estate and construction. He died falling off a ladder. After his death, one of his warehouses was leased to Capt Luther Libby for use as a ships' chandlery and grocery business. This became the infamous Libby Prison during the Civil War **P**: None **BLW**: No **PH**: N **SS**: L pg 180 **BS**: 63 pg 440; 252 pg 21.

ENGLEMAN, Peter; b 01 Apr 1760; d 04 Dec 1825 **RU**: Private, 93rd VMR, Capt Jesse Dold, Augusta Co **CEM**: St John's Church; Augusta; 1 mi E of Middlebrook Rd **GS**: U **SP**: No spouse information **VI**: No further data **P**: None **BLW**: No **PH**: N **SS**: L pg 282 **BS**: 183.

RU=Rank/Unit   CEM=Cemetery   GS=Gravestone   SP=Spousal Information   VI=Other Veteran Info   P=Pension
BLW=Bounty/Land Warrant   PH=Photo   SS=Service Source   BS=Burial Source   VMR= VA Military Regt
LNR= Last Known Residence

ENNISS, Jamie S; b 01 Mar 1795; d 22 Dec 1825 **RU**: Private, 39th VMR. Capt Thomas Claiborne, Petersburg **CEM**: Blandford; Petersburg; 111 Rochelle Ln **GS**: Y **SP**: No spouse information **VI**: Merchant of Petersburg **P**: None **BLW**: No **PH**: N **SS**: L pg 220 **BS**: 200.

EPPERLY, John M; b 11 Jan 1791; d 25 Aug 1858 **RU**: Private, 75th VMR, Capt James Hoge, Montgomery Co, attached to 4th VMR **CEM**: Epperly Eastview Cemetery; Floyd; 4.4 mi S of Floyd off Rt 714 **GS**: Y **SP**: mar on 10 Mar 1814 in Montgomery Co to Nancy Phares; b 13 May 1794, d 21 Jan 1881, LNR PO Floyd Church, Floyd Co, 1871 **VI**: Government issued stone for him and his wife **P**: Spouse **BLW**: Yes **PH**: N **SS**: O; P; G; BD pg 685 **BS**: 31.

EPPERSON, William; b bef 1799; d UNK **RU**: Private, 69th VMR, Capt Isaac Medley, Halifax Co, attached to 4th VMR **CEM**: Epperson Family; Patrick; end of Rt 748 **GS**: Y **SP**: No spouse information **VI**: No further data **P**: None **BLW**: No **PH**: N **SS**: A rec 772 **BS**: 154 pg 299.

EPPES, Francis Alexander; b 08 Jun 1773; d 13 May 1844 **RU**: Private, 62nd VMR, Capt William Harrison, Prince George Co **CEM**: Lewis / Bland; Prince George; Rt 625, 3.2 mi S of Disputanta **GS**: U **SP**: mar (1) Mildred Warmark, d 1823; (2) Ann (-----); (3) unknown **VI**: No further data **P**: None **BLW**: No **PH**: N **SS**: A rec 783 **BS**: 148.

EPPES, Hamlin Lee; b 13 Apr 1794, Prince George Co; d 06 Dec 1870, Nansemond Co **RU**: Private, 62nd VMR, Capt Daniel Eppes, Prince George Co **CEM**: Saunders; Suffolk City; Desert Rd off White Marsh Rd **GS**: Y **SP**: No spouse information **VI**: No further data **P**: None **BLW**: No **PH**: N **SS**: L pg 306; B pg 169 **BS**: 46 v1.

EPPES, John Spooner; b 15 Dec 1796; d 24 Jun 1868 **RU**: Corporal, 5th VMR **CEM**: Blandford; Petersburg; 111 Rochelle Ln **GS**: Y **SP**: No spouse information **VI**: Doctor **P**: None **BLW**: No **PH**: N **SS**: A rec 694 **BS**: 200.

ESTILL, John Mat; b 11 Sep 1776; d 01 Jun 1850 **RU**: 1st Corporal, Richmond Washington Volunteers, Capt Richard Booker **CEM**: Mossy Creek; Bath; Ferrer Farm, Warm Springs **GS**: Y **SP**: mar Patsy (-----), b 11 Jul 1784, d 15 Sep 1852 **VI**: No further data **P**: None **BLW**: No **PH**: N **SS**: C pg 894; D pg 891 **BS**: 212.

ETHEREDGE, Alexander M; b UNK; d 17 Oct 1846 **RU**: Sergeant, Youngblood's Regiment, SC Militia **CEM**: Old Massenburgh; Norfolk City; South Norfolk **GS**: Y **SP**: No spouse information **VI**: No further data **P**: None **BLW**: No **PH**: N **SS**: A rec 1764 **BS**: 75 pg 110.

EUBANK, Johnson Cellers; b 1783, Goochland Co; d 17 Aug 1865 **RU**: Private, 19th (Ambler), Capt Anderson Miller, Richmond City **CEM**: Hollywood; Richmond City; 412 S Cherry St, Sec B lot 27 **GS**: Y **SP**: mar Martha (-----) **VI**: His grave is marked by the Society **P**: Spouse app **BLW**: No **PH**: Y **SS**: A rec 2043; BD pg 684; B pg 175 **BS**: 31.

EUSTACE, John; b 13 Nov 1781; d 04 Mar 1815 **RU**: Private, 37th VMR, Northumberland Co **CEM**: Wingfield Family; Lancaster; Church St, Kilmarnock **GS**: Y **SP**: No spouse information **VI**: Eldest son of William & Mary (Leland) Eustace **P**: None **BLW**: No **PH**: N **SS**: A rec 2163 **BS**: 15 pg 40.

EUSTACE, William; b 03 Dec 1789; d 08 Mar 1815 **RU**: Private, 92nd VMR, Capt Hugh Brent, Lancaster Co **CEM**: Wingfield Family; Lancaster; Church St, Kilmarnock **GS**: Y **SP**: No spouse information **VI**: No further data **P**: None **BLW**: No **PH**: N **SS**: K pg 418 **BS**: 15 pg 40.

EUSTACE, William G; b UNK; d c1822 (Inv) **RU**: Sergeant, 41st VMR, Richmond Co **CEM**: Eustace Family; Fauquier; "Midland" on Elk Run Road **GS**: N **SP**: No spouse information **VI**: Unmarked grave, oral history from property owner **P**: None **BLW**: No **PH**: N **SS**: A rec 2166 **BS**: 31.

EVANS, Benjamin; b 16 Oct 1777; d 13 Mar 1859 **RU**: Private, 66th VMR, Capt William Griggs, Brunswick Co, attached to 1st VMR (Byrne) **CEM**: Evans / Cleaton; Mecklenburg; vic South Hill **GS**: Y **SP**: mar on Jun 1811 to Sarah Walker, b 31 Aug 1794, d 22 Jul 1875, LNR PO Lombardy Grove, Mecklenburg Co, 1871 **VI**: Son of Anthony & Mary Evans **P**: Spouse **BLW**: Yes **PH**: N **SS**: K pg 145; BD pg 684; B pg 48 **BS**: 24 pg 298.

EVANS, Isaac P; b 1793; d bur 04 Dec 1833 **RU**: Private, 1st VMR (Yancey) **CEM**: Shockoe Hill; Richmond City; 100 Hospital St **GS**: U **SP**: No spouse information **VI**: No further data **P**: None **BLW**: No **PH**: N **SS**: A rec 2408 **BS**: 38 pg 12.

EVANS, James G; b 06 Dec 1785; d 02 Oct 1816 **RU**: Private, 6th VMR (Dangerfield) **CEM**: Dulin / Evans; Prince William; Van Doren **GS**: U **SP**: No spouse information **VI**: No further data **P**: None **BLW**: No **PH**: N **SS**: A rec 282 **BS**: 59 pg 114.

RU=Rank/Unit CEM=Cemetery GS=Gravestone SP=Spousal Information VI=Other Veteran Info P=Pension
BLW=Bounty/Land Warrant PH=Photo SS=Service Source BS=Burial Source VMR= VA Military Regt
LNR= Last Known Residence

EVANS, John; b c1771; d 28 Mar 1850 **RU:** Sergeant, 4th VMR (Beatty) **CEM:** Bethel Church; Frederick; Bethel Church Rd (Rt 610), Gore **GS:** N **SP:** No spouse information **VI:** No further data **P:** None **BLW:** No **PH:** N **SS:** A rec 384 **BS:** 79 pg 104.

EVANS, Kemp; b 1788; d bur 06 Jun 1823 **RU:** Corporal, 111th VMR, Capt Joseph Janey, Westmoreland Co **CEM:** Shockoe Hill; Richmond City; 100 Hospital St **GS:** U **SP:** No spouse information **VI:** No further data **P:** None **BLW:** No **PH:** N **SS:** L pg 478 **BS:** 38 pg 1.

EVANS, William; b Sep 1789; d 23 May 1854 **RU:** 1st Sergeant, 23rd VMR, Capt John Gill, Chesterfield Co **CEM:** Shockoe Hill; Richmond City; 100 Hospital St **GS:** Y **SP:** mar (1) on 19 Jul 1819 to Elizaabeth Minfue, Richmond City; (2) Margaret Patrick in Richmond City on 6 Nov 1844 **VI:** No further data **P:** None **BLW:** No **PH:** Y **SS:** A rec 774; L pg 361 **BS:** 31.

EVANS, William; b 08 Jun 1787; d 13 Apr 1860 **RU:** Sergeant, 5th VMR **CEM:** Dixon Family; Campbell; Concord **GS:** Y **SP:** mar Mary R Gibson, b 16 Jan 1797, d 08 Aug 1878 **VI:** Son of Sampson (1752-1842) & Bridget (-----) **P:** None **BLW:** No **PH:** N **SS:** A rec 789 **BS:** 245.

EVANS, William D; b UNK; d 20 Jul 1851 **RU:** Private, 57th VMR, Loudoun Co **CEM:** Chinn Family; Loudoun; Middleburg **GS:** Y **SP:** No spouse information **VI:** Son of W L P & Jane E Evans **P:** None **BLW:** No **PH:** N **SS:** A rec 786 **BS:** 2245.

EVERETT, Thomas Ewell; b 31 Jul 1776; d 01 Mar 1844 **RU:** Lieutenant, 23rd VMR, Capt John Hewett, Chesterfield Co, attached to 2nd VMR **CEM:** Price / Everett Family; Bedford; Forest **GS:** Y **SP:** No spouse information **VI:** No further data **P:** None **BLW:** No **PH:** N **SS:** K pg 84; B pg 60 **BS:** 245.

EVERHART, Daniel; b 12 Aug 1795; d 25 Feb 1842 **RU:** Private, 56th VMR, Loudoun Co **CEM:** St James's United Church of Christ; Loudoun; 10 E Broad Way, Lovettsville **GS:** U **SP:** No spouse information **VI:** No further data **P:** None **BLW:** No **PH:** N **SS:** A rec 1158 **BS:** 73 pg 91.

EVERS, George; b 31 Mar 1783; d 26 Jul 1849 **RU:** Private, 1st VMR (Yancey) **CEM:** St John's Lutheran; Rockingham; Rt 613, Singers Glen **GS:** Y **SP:** mar Margaret (-----), d Jun 1875, age 83 yrs 9 mos 11 days **VI:** The church no longer stands, but the cemetery remains. According to Robert Shank, writing in 1967, George Evers was originally buried on his farm **P:** None **BLW:** No **PH:** N **SS:** A rec 1312 **BS:** 262.

EWELL, James S; b 17 Sep 1789; d 15 Apr 1878 **RU:** Private, 92nd VMR, Capt Hugh Brent, Lancaster Co **CEM:** St Mary's White Chapel; Lancaster; White Chapel Rd & River Rd, Lively **GS:** Y **SP:** mar Ann Lee, daughter of James and Ann Lee **VI:** No further data **P:** Yes **BLW:** No **PH:** Y **SS:** K pg 418; BD pg 690; B pg 116 **BS:** 15 pg 140.

EWELL, Jesse, Jr; b 1772, Prince William Co; d 27 Jul 1847 **RU:** Private, US Army Dragoons **CEM:** Edge Hill Farm; Prince William; Rt 625,10.5 mi Haymarket **GS:** Y **SP:** mar Mildred (-----), d 08 Sep 1846, age 71 years **VI:** Enlisted 03 Feb 1814 at Alexandria, age 33, farmer, discharged at Carlisle Barracks, PA on 07 Jun 1815. Died age 75 years **P:** None **BLW:** No **PH:** N **SS:** C pg 59 **BS:** 130; 248 Part 1 pg 101.

EWING, John; b 1784, Scotland; d 23 Aug 1829 **RU:** Private, 27th VMR, Capt Henry Scarborough, Northampton Co **CEM:** Shockoe Hill; Richmond City; 100 Hospital St **GS:** U **SP:** No spouse information **VI:** No further data **P:** None **BLW:** No **PH:** N **SS:** L pg 696 **BS:** 38 pg 7.

EWING, Joseph D; b UNK; d UNK **RU:** Private, 5th VMR **CEM:** Falling Springs Presbyterian; Rockbridge; Hickory Hill **GS:** Y **SP:** No spouse information **VI:** He was enumerated in 1820 Census between ages 26-44 **P:** None **BLW:** No **PH:** N **SS:** A rec 1843 **BS:** 31.

EWING, Joseph L; b 12 Oct 1775; d 22 Sep 1835 **RU:** Private, 5th VMR (McDowell) **CEM:** Old Glebe Burying Ground; Augusta; Rt 867, 1.8 mi fr Trimbles Mill nr Staunton **GS:** Y **SP:** mar Nancy (-----), b 24 Jul 1780, d 22 Jun 1798 **VI:** No further data **P:** None **BLW:** No **PH:** N **SS:** A rec 1844 **BS:** 1 pg 4.

EWING, William; b 15 Aug 1780; d 14 Jan 1857 **RU:** Ensign, 5th VMR **CEM:** Cooks Creek Presbyterian; Rockingham; 4222 Mt Clinton Pike, Harrisonburg **GS:** Y **SP:** No spouse information **VI:** No further data **P:** None **BLW:** No **PH:** N **SS:** A rec 1900 **BS:** 262.

FACE, William; b 1770; d 1855 **RU:** Sergeant, 115th VMR, Capt Richard B Servant, Elizabeth City Co, attached to 1st VMR (Clarke) **CEM:** St John's Episcopal; Hampton City; 100 W Queens Way **GS:** Y **SP:** mar Eliza Presson, d 1866 **VI:** No further data **P:** None **BLW:** No **PH:** N **SS:** L pg 699 **BS:** 160 pg 50.

FADELY, Jacob; b 1772; d 24 Jul 1842, Loudoun Co **RU:** Private, 57th VMR, Loudoun Co **CEM:** Old Stone Methodist; Loudoun; 110 Cornwall St, Leesburg **GS:** Y **SP:** mar in Loudoun Co on 05 Jan 1799, Mary McNedledge **VI:** Death notice in *Richmond Daily Whig*, 04 Aug 1842, pg 2. Aged 70 years. **P:** None **BLW:** No **PH:** N **SS:** A rec 55 **BS:** 73 pg 93.

FAIRBANK, Noah; b UNK; d 01 Dec 1883, Fredericksburg **RU:** Captain, MD Militia, Capt John Mathews Co **CEM:** City Cemetery; Fredericksburg; William St & Washington Ave **GS:** Y **SP:** mar in Philadephia, PA on 04 July 1845, Julia Ann Smith **VI:** LNR Caroline Co, 1878 **P:** Yes **BLW:** Yes **PH:** N **SS:** BD pg 693 **BS:** 18 pg 6.

FANNON, Bryant; b UNK; d 16 Apr 1872 **RU:** Private, 64th VMR, Capt Jesse Carter, Henry Co, attached to 4th VMR **CEM:** Rasnick Family; Lee; Lee **GS:** U **SP:** mar 18 Feb 1812 in Giles Co, to Abigail Muncy, LNR, PO Stickleyville, Lee Co, 1872 **VI:** No further data **P:** Both **BLW:** Yes **PH:** N **SS:** BD pg 695; B pg 101 **BS:** 25.

FANT, John L; b 18 Feb 1789; d 08 Jun 1874, Warrenton **RU:** Major, 45th VMR, Staff Officer, Stafford Co **CEM:** Warrenton Cemetery; Fauquier; Chestnut St, Warrenton **GS:** Y **SP:** mar on 14 Jun 1811 to Lucy E D M Phillips. Resided at Travelers' Rest, Stafford Co, LNR Warrenton, Fauquier Co, 1874 **VI:** No further data **P:** Both **BLW:** Yes **PH:** N **SS:** K pg 123; BD pg 695 **BS:** 3 pg 153.

FANT, Lovel E D M; b 11 Feb 1793; d Mar 1875 **RU:** Private, 45th VMR, Capt Levi Swetham, Stafford Co **CEM:** Warrenton Cemetery; Fauquier; Chestnut St, Warrenton **GS:** Y **SP:** No spouse information **VI:** Stone broken **P:** None **BLW:** No **PH:** N **SS:** D pg 750 **BS:** 3 pg 152.

FARISH, William P; b UNK; d UNK **RU:** Private, 16th VMR (Waller), Capt Curtis Waller, Spotsylvania Co **CEM:** Riverview; Albemarle; Charlottesville **GS:** Y **SP:** mar in Caroline Co on 09 Nov 1818 to Millicent W Laughlin **VI:** No further data **P:** None **BLW:** No **PH:** N **SS:** K pg 386 **BS:** 31.

FARLEY, William N; b 15 Jan 1781; d 21 May 1846 **RU:** Private, 49th VMR, Capt Samuel B Jeter, Artillery, Nottoway Co, attached to 7th VMR (Gray) **CEM:** Farley Family; Roanoke; Old Hollins Rd **GS:** Y **SP:** mar Fannie W. Baldwin, b 23 Nov 1801, d 06 Nov 1869 **VI:** No further data **P:** None **BLW:** No **PH:** N **SS:** K pg 341 **BS:** 157 pg 116.

FARMER, William; b 1774; d 11 Sep 1869 **RU:** Sergeant, 53rd VMR, Capt James Haden, Grenadiers, Campbell Co, attached to 3rd VMR (Dickinson) **CEM:** Farmer Family; Campbell; Evington **GS:** U **SP:** mar c1835 to Martha Willard **VI:** LNR PO Yellow Branch, Campbell Co, 1871 **P:** Yes **BLW:** Yes **PH:** N **SS:** BD pg 696; B pg 54 **BS:** 49.

FARR, Nicholas; b 05 Feb 1780; d 19 Dec 1851 **RU:** Private, 60th VMR, Capt William Chick, Fairfax Co **CEM:** Dranesville United Methodist; Fairfax; 1089 Liberty Meeting Ct Herndon **GS:** Y **SP:** mar Jane (-----), 1790-1856 **VI:** No further data **P:** None **BLW:** No **PH:** N **SS:** X **BS:** 89 v4 HR-262.

FAULCONER, Thomas Morrison; b 12 Nov 1784, Orange Co; d 08 Mar 1815 **RU:** Private, 1st VMR (Crutchfield) **CEM:** Broce / Kinser; Montgomery; Blacksburg **GS:** Y **SP:** mar in Orange Co on 24 Oct 1811 to Elizabeth "Betsy" Jones, b 23 Jul 1788, Orange Co, d 1855 Montgomery Co **VI:** No further data **P:** None **BLW:** No **PH:** N **SS:** A rec 89 **BS:** 245.

FAUNTLEROY, Moore Gardner; b 02 Mar 1787; d 28 Apr 1858 **RU:** Surgeon's Mate, 9th VMR (Boyd), Staff Officer, King & Queen Co **CEM:** Glenwood Farmer's Mountain; King & Queen; nr Mattaponi River **GS:** Y **SP:** mar "A. R. C.", b 1789, d 1868 **VI:** No further data **P:** None **BLW:** No **PH:** N **SS:** L pg 7 **BS:** 161 pg 479.

FAUNTLEROY, Samuel T G; b 11 May 1791; d 09 Jun 1857 **RU:** Private, 21st VMR, Capt Matthew Gibbs, Gloucester Co **CEM:** Glenwood Farmer's Mountain; King & Queen; nr Mattaponi River **GS:** Y **SP:** mar Sarah Elizabeth (-----), b 1822, d 1842 **VI:** No further data **P:** None **BLW:** No **PH:** N **SS:** L pg 356 **BS:** 161 pg 479.

FAUVER / FAUBER, David; b 13 Oct 1783; d 13 Jul 1855 **RU:** Private, 32nd VMR, Capt John Link Co, Augusta Co, attached to 2nd Corps d'Elite **CEM:** St John's Church; Augusta; 1 mi E Middlebrook Rd **GS:** U **SP:** No spouse information **VI:** No further data **P:** None **BLW:** No **PH:** N **SS:** K pg 220 **BS:** 183.

RU=Rank/Unit CEM=Cemetery GS=Gravestone SP=Spousal Information VI=Other Veteran Info P=Pension
BLW=Bounty/Land Warrant PH=Photo SS=Service Source BS=Burial Source VMR= VA Military Regt
LNR= Last Known Residence

FAWLEY, Anthony; b UNK; d 1815 **RU**: Private, 6th VMR (Coleman) **CEM**: Fawley / Fulk; Rockingham; Brocks Gap Rd (Rt 259), Fulks Run **GS**: N **SP**: mar Catherine Snuffs **VI**: Son of John & Anna Maria Fawley; "data from Pat Ritchie's book" **P**: None **BLW**: No **PH**: N **SS**: A rec 432 **BS**: 262.

FELTS, William Hines; b 1796; d 1870 **RU**: Private, 65th VMR, Southampton Co **CEM**: Felts Family; Southampton; Ivor **GS**: Y **SP**: mar Winnie Onley **VI**: The family owns a gourd powder horn with "1812" on it **P**: None **BLW**: No **PH**: N **SS**: A rec 1170 **BS**: 31.

FENDALL, Phillip Richard; b 18 Dec 1794; d 16 Feb 1868 **RU**: Lieutenant, 4th Regiment MD Militia **CEM**: Old Presbyterian Meeting House; Alexandria; Wilkes & Hamilton **GS**: Y **SP**: mar Elizabeth Mary (-----), b 07 Oct 1804, d 07 Oct 1859 **VI**: No further data **P**: None **BLW**: No **PH**: N **SS**: A rec 1207 **BS**: 32 pg 31.

FERGUSON, David Kyle; b UNK; d 09 Sep 1846 **RU**: Private, 48th VMR, Capt William Fleming, 3rd Cavalry, Botetourt Co **CEM**: Fincastle Presbyterian; Botetourt; 108 E Back St, Fincastle **GS**: Y **SP**: No spouse information **VI**: No further data **P**: None **BLW**: No **PH**: N **SS**: K pg 326; B pg 45 **BS**: 245.

FERGUSON, George; b 1795; d 1864 **RU**: Private, 19th VMR (Ambler), Richmond City **CEM**: St John's Church; Richmond City; 24th & Broad, Church Hill **GS**: Y **SP**: mar Ursula Ann Richardson, b 1798, d 1869 **VI**: No further data **P**: None **BLW**: No **PH**: Y **SS**: A rec 1740 **BS**: 31; 252 pg 57.

FERGUSON, John; b 01 Feb 1799; d 26 Apr 1891 **RU**: Private, 4th VMR **CEM**: Peterson Family; Giles; Peterson **GS**: Y **SP**: mar Annie (-----), d 03 Apr 1883, age 77 yrs, 2 mos, 11 days **VI**: Died age 92 yrs, 3 mos, 26 days **P**: None **BLW**: No **PH**: N **SS**: A rec 222 **BS**: 14 pg 180.

FERGUSON, John; b 1769; d 01 Oct 1824 **RU**: Sergeant, 41st VMR, Capt Vincent Shackleford, Artillery, Richmond City **CEM**: Shockoe Hill; Richmond City; 100 Hospital St **GS**: Y **SP**: mar Jane (-----) **VI**: No further data **P**: Spouse app **BLW**: No **PH**: N **SS**: A rec 1849; BD pg 708; B pg 178 **BS**: 38 pg 2.

FERGUSON, Josias; b 15 Feb 1775, Prince William Co; d 14 Dec 1849, Fauquier Co **RU**: Sergeant, 57th VMR, Loudoun Co **CEM**: Ferguson Cemetery; Fauquier; Delaplane **GS**: Y **SP**: mar Elizabeth (-----), b 21 Oct 1784, d 26 Mar 1846 **VI**: "Died having no confidence in the flesh" **P**: None **BLW**: No **PH**: N **SS**: A rec 1870 **BS**: 4 pg 62.

FERGUSON, Robert B; b 1795; d bur 04 1840 **RU**: Private, 6th VMR **CEM**: Shockoe Hill; Richmond City; 100 Hospital St **GS**: U **SP**: No spouse information **VI**: No further data **P**: None **BLW**: No **PH**: N **SS**: A rec 1899 **BS**: 38 pg 20.

FERGUSON, Thomas B; b 1768; d 29 Aug 1872 **RU**: Lieutenant, 43rd VMR, Capt Eli Ferguson, Troop of Cavalry, Franklin Co, attached to 7th VMR (Saunders) **CEM**: Clayborn Family; Franklin; vic rt 657 **GS**: U **SP**: mar (1) in Franklin Co on 29 Jan 181x to Sarah Hambrick; (2) on Sep 1817, Elizabeth Maxey **VI**: Lived in Lynchburg and Buckingham Co, was 82 years old in 1850 Census. **P**: Yes **BLW**: Yes **PH**: N **SS**: A rec 1936; BD pg 709 **BS**: 118 pg 118.

FERGUSON, William H; b 01 Oct 1789; d 28 Nov 1847 **RU**: Private, 23rd VMR, Capt Thomas Burfoot, Troop of Cavalry, Chesterfield Co, attached to 4th VMR **CEM**: Aspen Lawn; Dinwiddie; off Rt 40, 9 mi W of McKenney. Off private road. Surrounded by rock wall **GS**: Y **SP**: mar (1) 1823, Elizabeth Davis; (2) Martha Stith, b 03 Mar 1810, d 08 Mar 1855 **VI**: LNR PO Winterpick, Chesterfield Co, 1871. Died "leaving affectionate wife & 7 children" **P**: Yes **BLW**: Yes **PH**: N **SS**: L pg 722; BD pg 709; B pg 59 **BS**: 210; 97 pg 22.

FERNEYHOUGH, John, Jr; b UNK; d 1860 (Exec Bond) **RU**: Private, 16thVMR, Capt George Hamilton, Spotsylvania Co, attached to 1st VMR (Crutchfield) **CEM**: City Cemetery; Fredericksburg; William St & Washington Ave **GS**: Y **SP**: No spouse information **VI**: No further data **P**: None **BLW**: No **PH**: N **SS**: L pg 18 **BS**: 18 pg 11.

FERRILL, William; b UNK; d 1827 **RU**: Private, 7th VMR (Saunders) **CEM**: Ferrell Family; Halifax; Rt 662 15 mi W of Halifax Church **GS**: N **SP**: No spouse information **VI**: No further data **P**: None **BLW**: No **PH**: N **SS**: A rec 2204 **BS**: 201.

FERTE, Felix; b 1790, Haiti; d 08 Jan 1837 **RU**: Private, 2nd VMR, Battalion of Artillery (Sharp) **CEM**: Cherry Family; Chesapeake City; Rt 17, Deep Creek 7 mi from Portsmouth **GS**: Y **SP**: mar a "Miss Cherry" **VI**: Was a French refugee from the West Indies, married a Miss Cherry, kept a store and was Justice of the Norfolk Co Court **P**: None **BLW**: No **PH**: N **SS**: A rec 602 **BS**: 267; 93.

RU=Rank/Unit   CEM=Cemetery   GS=Gravestone   SP=Spousal Information   VI=Other Veteran Info   P=Pension
BLW=Bounty/Land Warrant   PH=Photo   SS=Service Source   BS=Burial Source   VMR= VA Military Regt
LNR= Last Known Residence

FIELD, James; b 02 May 1788, Loudoun Co; d 15 Jun 1854 **RU:** Sergeant, 10th VMR, Lt William Settle, Bedford Co, attached to Capt Julian Maganos's Co, 5th VMR **CEM:** Field / Hubbard; Bedford; Hubbard Rd **GS:** Y **SP:** mar in Bedford Co on13 Oct 1814, Elizabeth Buford, b 28 Feb 1788, d 03 Dec 1872, daughter of John & Rhoda (Shrewsbury) Buford, LNR P.O. Fancy Grove, Bedford Co, 1781 **VI:** Son of John (1745-1823) & Jane (_____) (1750-1842) Field; farmer **P:** Spouse **BLW:** Yes **PH:** N **SS:** A rec 169; B pg 43; BD pg 712; M pg 147 **BS:** 49.

FIELD, Richard; b 1767, Petersburg; d 23 May 1829 **RU:** Private, 22nd VMR, Capt William Burchett, Light Dragoons, Mechlenburg Co **CEM:** Hobson's choice; Brunswick; Lawrenceville **GS:** Y **SP:** mar in Brunswick Co on 17 Feb 1794 (bond) to Ann Meade, daughter of Andrew Meade, b 1775, d 28 Feb 1805: (2) in Brunswick Co on 03 Jun 1807 (bond) to Sarah Edmunds **VI:** Son of Theophilus & Ann (Taylor) Field. Styled "Doctor" on both marriage bonds. **P:** None **BLW:** No **PH:** N **SS:** B pg 130; L pg 143 **BS:** 245.

FIELD, William; b 1785; d 14 Mar 1837 **RU:** Captain, 21st VMR, Company Commander, Gloucester Co **CEM:** Marlfield Plantation aka Buckner Plantation; Gloucester; 3780 Pebble Ln, Marlfield **GS:** Y **SP:** mar Lucy (-----). No stone. She is named on stones of two children also buried here **VI:** No further data **P:** None **BLW:** No **PH:** N **SS:** A rec 256; K pg 270 **BS:** 82 pg 48.

FIELDS, Major; b 27 Aug 1787; d 02 Feb 1873 **RU:** Private, 2nd Regiment NC Militia, Capt James Cox **CEM:** Zion Methodist; Washington; 29249 Zion Church Rd, Damascus **GS:** Y **SP:** mar in Washington Co, 11 Sep 1817 to Sarah Wilder, d 09 Feb 1884 **VI:** No further data **P:** Spouse **BLW:** No **PH:** N **SS:** A rec 438; M pg 147 **BS:** 116 pg 254.

FIELDS, William; b 1781; d 21 Jan 1829 **RU:** Private, 5th VMR **CEM:** Sinking Spring Presbyterian; Washington; Blackfield Rd, one block fr Main St, Abingdon **GS:** Y **SP:** mar Elizabeth (-----), d 14 May 1851, age 65 years **VI:** Died age 48 years **P:** None **BLW:** No **PH:** N **SS:** A rec 496 **BS:** 116 pg 74.

FINDLAY, Thomas; b 1795, Ireland; d 15 May 1872 **RU:** Sergeant, Battalion of Artillery **CEM:** Sinking Spring Presbyterian; Washington; Blackfield Rd, one block fr Main St, Abingdon **GS:** Y **SP:** mar Theodosia (-----), d 16 Jul 1862, age 70 yrs **VI:** No further data **P:** None **BLW:** No **PH:** N **SS:** A rec 1128 **BS:** 116 pg 81.

FINKS, Fielding; b 1789; d 1874 **RU:** Private, 4th VMR (Beatty), Capt Stephen Lacy, Albemarle Co **CEM:** Union Gorge Methodist; Shenandoah; Edinburg **GS:** U **SP:** mar in Culpeper Co on 27 Mar 1817, Frances B Triplett **VI:** Was a resident of Woodstock, Shenandoah Co per BLW application **P:** None **BLW:** Yes **PH:** N **SS:** BD pg 717; B pg 36 **BS:** 260.

FINLEY, Samuel; b Jun 1777; d 05 May 1849 **RU:** Private, 2nd VMR (Ballowe) **CEM:** Bethel Church; Augusta; 11 mi SW Staunton **GS:** Y **SP:** mar Mary (-----), b Jan 1773, d 25 Aug 1829, age 56 yrs, 7 mos **VI:** Died age 73 yrs, 10 mos, 26 days **P:** None **BLW:** No **PH:** N **SS:** A rec 1439 **BS:** 183.

FINNEL / FINNALL, Jonathan; b 1782; d 18 Nov 1852 **RU:** Private, 45th VMR, Capt John C Edrington, Stafford Co **CEM:** Finnall Family; Stafford; Stafford C. H. **GS:** U **SP:** No spouse information **VI:** No further data **P:** None **BLW:** No **PH:** N **SS:** L pg 301 **BS:** 26 pg 199.

FINNELL, John A; b 11 Mar 1779; d 17 Sep 1862, Flint Hill, Rappahanock Co **RU:** Private, 34th VMR, Capt Charles Shackleford, Culpeper Co, attached to 1st VMR (Crutchfield) **CEM:** Wakefield Manor aka Gordon Manor; Rappahannock; Flint Hill **GS:** Y **SP:** mar in 1804 to Elizabeth Burch Thorn b 1784, d 1874) **VI:** Son of Rev Reuben Finnell and Henriett Thorn. Farmer and surveyor of roads. Methodist **P:** Spouse **BLW:** Yes **PH:** N **SS:** B pg 63; BD pg 718; A rec 1557 **BS:** 245; 270.

FINNEY, John; b 15 Jan 1778; d 23 Oct 1848 **RU:** Major, 2nd VMR, Staff Oficer, Accomack Co **CEM:** Meadville; Accomack; end of Rt 778 btw Onancock & Cashville **GS:** Y **SP:** mar Margaret (-----), b 25 Feb 1782, d 29 Jun 1845 **VI:** Son of John & Margaret Finney **P:** None **BLW:** No **PH:** N **SS:** L pg 2, B pg 31 **BS:** 21 pg 93.

FINNEY, John, Jr; b UNK, OH; d UNK **RU:** Private, 12th US Infantry **CEM:** Finney Family; Henry; nr Mt Bethel Church **GS:** U **SP:** mar (1) in Franklin Co on 18 Jan 1802 to Polly Prentis; (2) in Franklin Co on 02 Sep 1805 to Ruth Smith; (3) in Franklin Co on 17 Oct 1832 to Cynthia Mitchell **VI:** No further data **P:** None **BLW:** No **PH:** N **SS:** A rec 1606 **BS:** 123 v8 pg 83.

FINNEY, Thomas Watts; b 07 Sep 1784; d 04 Oct 1873 **RU:** Lieutenant, 2nd VMR, Capt John Joynes, Accomack Co **CEM:** Finney Place; Accomack; nr Pastoria nr jct of Rts 661 & 13 **GS:** Y **SP:** mar on 25 Dec 1819 to Sarah Fletcher, daughter of Thomas & Elishea Fletcher, b 10 Sep 1797, d 10 Aug 1886. LNR PO Onancock, Accomac Co, 1878 **VI:** No further data **P:** Spouse **BLW:** Yes **PH:** N **SS:** A rec 1634; BD pg 718; B pg 33 **BS:** 21 pg 94.

RU=Rank/Unit   CEM=Cemetery   GS=Gravestone   SP=Spousal Information   VI=Other Veteran Info   P=Pension
BLW=Bounty/Land Warrant   PH=Photo   SS=Service Source   BS=Burial Source   VMR= VA Military Regt
LNR= Last Known Residence

FINNEY, William; b 10 Mar 1783; d 06 Apr 1853 **RU**: Private, 2nd VMR, Capt Thomas Custis, Accomack Co **CEM**: Georges Point; Accomack; nr jct Rts 638 & 642, Cashville, in woods **GS**: Y **SP**: Was married, wife's name not known **VI**: Son of William & Euphumey Finney. Stone erected by his two daughters **P**: None **BLW**: No **PH**: N **SS**: L pg 259 **BS**: 21 pg 94.

FISHBACK, Martin; b 12 Oct 1763; d 24 Jan 1842 **RU**: 2nd Lieutenant, US Army, 5th Regiment **CEM**: Fleetwood; Culpeper; Jeffersonton **GS**: Y **SP**: mar 23 Mar 1783 to Lucy Amiss, daughter of William & Annie Amiss. See more in Appendix G **VI**: Son of Johann Freidrich Fishback and Eve Martin. Served 02 Jul 1813 to 15 Jun 1815. Furnished land and buildings for Jeffersonton Academy. Also served as private in the Rev War (stone marked by SAR). See more in Appendix G **P**: None **BLW**: No **PH**: Y **SS**: AF; D pg 421 **BS**: 31.

FISHER, George; b 06 May 1775; d 25 Mar 1857 **RU**: Sergeant, 19th VMR (Ambler), Richmond City **CEM**: Shockoe Hill; Richmond City; 100 Hospital St **GS**: Y **SP**: mar Anna (-----) **VI**: No further data **P**: None **BLW**: No **PH**: N **SS**: A rec 2192 **BS**: 38 pg viii.

FISHER, James, Sr; b 1774; d bur 11 Oct 1844 **RU**: Private, 19th VMR (Ambler), Richmond City **CEM**: Shockoe Hill; Richmond City; 100 Hospital St **GS**: U **SP**: No spouse information **VI**: No further data **P**: None **BLW**: No **PH**: N **SS**: A rec 2292 **BS**: 38 pg 31.

FISHER, John; b UNK; d 31 Jan 1816 **RU**: Corporal, Battalion of Artillery **CEM**: Gainesboro; Frederick; 166 Siler Ln, Gainesboro **GS**: Y **SP**: No spouse information **VI**: No further data **P**: None **BLW**: No **PH**: N **SS**: A rec 2310 **BS**: 79 pg 110.

FISHER, John; b 1799; d bur 18 Aug 1865 **RU**: Private, 1st VMR (Truehart) **CEM**: Hollywood; Richmond City; 412 S Cherry St, Sec B lot 139 **GS**: U **SP**: No spouse information **VI**: Died age 66 **P**: None **BLW**: No **PH**: N **SS**: A rec 2351 **BS**: 237.

FISHER, John R; b 22 Jan 1796; d 01 May 1857 **RU**: Private, 27th VMR (Pitt), Capt William Christian, Northampton Co **CEM**: Home Place; Northampton; off Rt 617, 1 mi W of Rt 618, 0.6 mi on lane to house, Elliott's Neck, Bayford **GS**: Y **SP**: mar (1) in Northampton Co on 08 Feb 1818 (bond) to Melinda D Heath, b 27 Apr 1800, d 10 Nov 1837; (2) in Northampton Co on 04 Jan 1840 to Edney Henderson **VI**: Son of George & Susan Fisher **P**: None **BLW**: No **PH**: N **SS**: K pg 109 **BS**: 20 pg 29.

FISHER, Thomas R; b 19 Jan 1792; d 28 Mar 1820 **RU**: Surgeon's Mate, 2nd VMR, Staff Officer, Accomack Co **CEM**: Seymour / Ross House; Accomack; Onancock **GS**: Y **SP**: No spouse information **VI**: Son of Dr Fenwick & Rosannah Fisher **P**: None **BLW**: No **PH**: N **SS**: L pg 2 **BS**: 21 pg 95.

FITCHETT, Thomas; b 08 Aug 1789; d 05 Feb 1856 **RU**: Private, 27th VMR, Capt Southy Coffigon, Northampton Co **CEM**: Fort Custis (Old Douglas Fitchett Farm); Northampton; 7 mile S of the main gate of Fort Custis **GS**: Y **SP**: No spouse information **VI**: No further data **P**: None **BLW**: No **PH**: N **SS**: K pg 112 **BS**: 20 pg 30.

FITCHETT, Thomas; b Mar 1782; d 07 Dec 1849 **RU**: Private, 36th VMR, Capt Alexander Howison, Prince William Co **CEM**: Shirley; Northampton; Rt 600, 0.7 mi N of Rt 639, on dirt lane to site of an old house **GS**: Y **SP**: mar in Northamptpon Co on 14 Sep 1805 (bond) to Hannah H Powell, daughter of George & Mary Powell, d 08 Nov 1834, age 51 years **VI**: No further data **P**: None **BLW**: No **PH**: N **SS**: L pg 452 **BS**: 20 pg 30.

FITCHETT, Thomas, Jr; b 17 Jan 1791; d 01 Jan 1837 **RU**: Private, 27th VMR (Pitt), Northampton Co **CEM**: Magotha Church; Northampton; nr jct Rts 644 & 13, wooded area behind house **GS**: Y **SP**: No spouse information **VI**: No further data **P**: None **BLW**: No **PH**: N **SS**: A rec 143; K pg 112 **BS**: 20 pg 30.

FITCHETT, William; b 1796; d 10 Jan 1815 **RU**: Ensign, 27th VMR, Capt Southy Goffigon, Northampton Co **CEM**: Magotha Church; Northampton; nr jct Rts 644 & 13, wooded area behind house **GS**: Y **SP**: No spouse information **VI**: Son of Robert Fitchett (per stone) **P**: None **BLW**: No **PH**: N **SS**: K pg 112 **BS**: 20 pg 30.

FITTS, Tandy Walker; b 1788; d 1863 **RU**: Private, 4th VMR (Greenhill) **CEM**: Fitts Cemetery; Henry; Aiken Summit **GS**: U **SP**: mar Eddie Jones **VI**: No further data **P**: None **BLW**: No **PH**: N **SS**: A rec 251 **BS**: 260.

FITZGERALD, Edmund; b 01 May 1788; d 05 Apr 1869 **RU**: Private, 101st VMR, Capt Edward Carter, Troop of Calvary, Pittsylvania Co, attached to 1st VMR (Holcombe) **CEM**: Fittsgerald / Stone; Pittsylvania; White Fall Rd **GS**: Y **SP**: No spouse information **VI**: No further data **P**: None **BLW**: No **PH**: N **SS**: B pg 161; L pg 200 **BS**: 49.

RU=Rank/Unit CEM=Cemetery GS=Gravestone SP=Spousal Information VI=Other Veteran Info P=Pension
BLW=Bounty/Land Warrant PH=Photo SS=Service Source BS=Burial Source VMR= VA Military Regt
LNR= Last Known Residence

FITZGERALD, James Clarkson "Jackie"; b 07 Jul 1782, Amherst Co; d 23 Aug 1877, Nelson Co **RU:** Aide-de-camp, 1st Division, VA Militia, Maj Gen John Pegram **CEM:** Averill / Campbell; Nelson; Montebello **GS:** Y **SP:** No spouse information **VI:** No further data **P:** None **BLW:** No **PH:** N **SS:** A rec 340 **BS:** 245.

FITZGERALD, James Henderson; b Dec 1793, Nottoway; d 06 May 1852, City of Paris **RU:** See Appendix G **CEM:** Thornton / Forbes / Washington; Fredericksburg; off Hunter St behind Mary Washington Hospital Home Health Agency **GS:** Y **SP:** See Appendix G **VI:** See Appendix G **P:** None **BLW:** No **PH:** Y **SS:** B pg 154 **BS:** 26 pg 371.

FITZGERALD, William; b 21 May 1794; d 20 Jun 1866 **RU:** Private, 6th VMR (Coleman) **CEM:** Fitzgerald Family; Pittsylvania; 5 mi E of Chatham off Rt 649 **GS:** Y **SP:** mar Sarah Jane (-----), b 26 Aug 1820, d 18 Aug 1868 **VI:** No further data **P:** None **BLW:** No **PH:** N **SS:** A rec 373 **BS:** 149.

FITZHUGH, Augustine Washington; b 13 Jan 1789; d 22 May 1875 **RU:** Private, 1st Corp d'Elite (Randolph) **CEM:** Fitzhugh Family; King George; Dogue **GS:** Y **SP:** No spouse information **VI:** No further data **P:** None **BLW:** No **PH:** N **SS:** A rec 414 **BS:** 50.

FITZHUGH, Henry; b 11 Jul 1773; d 10 Aug 1850 **RU:** Private, 45th VMR, Capt John C Edrington, Stafford Co **CEM:** St Paul's Episcopal; King George; 5486 St Paul's Rd, King George **GS:** U **SP:** No spouse information **VI:** Son of Henry and Elizabeth Fitzhugh. Reinterred from Bedford Cemetery to St Paul's Episcopal **P:** None **BLW:** No **PH:** N **SS:** L pg 301 **BS:** 50 pg 107; 26 pg 138.

FITZHUGH, Henry W; b UNK; d 10 Jun 1876 **RU:** Captain, Corps of US Artillery **CEM:** St Paul's Episcopal; Rappahannock; Hawlin Rd off Rt 522, Woodville **GS:** Y **SP:** mar in Baltimore MD on 21 Sep 1852 to Augusta Jane Grundy, b Baltimore c1808, d 04 Sep 1808 **VI:** Son of Judge Nicholas Fitzhugh **P:** Yes **BLW:** Yes **PH:** N **SS:** BD pg 225; M pg 149 **BS:** 270.

FITZHUGH, John Bowling, Sr; b 1778; d aft 1840 **RU:** Private, 45th VMR, Capt William Fitzhugh, Stafford Co **CEM:** City Cemetery; Fredericksburg; William St & Washington Ave **GS:** Y **SP:** mar in 1807 to Frances Tabb, b 1794 **VI:** Enumerated on 1840 Stafford Co census **P:** Yes **BLW:** Yes **PH:** N **SS:** A rec 430; BD pg 725; B pg 190 **BS:** 18 pg 11.

FITZHUGH, William H; b 1783; d 15 Apr 1854 **RU:** Captain, 45th VMR, Company Commander, Stafford Co **CEM:** Fitzhugh Family; Stafford; 37 King George Grant Rd (Rt 608), Falmouth **GS:** Y **SP:** mar Eliza Churchill, d 31 Jan 1850, age 63, "consort of William H Fitzhugh" **VI:** Died age 71 years **P:** None **BLW:** No **PH:** N **SS:** A rec 442 **BS:** 80; 26 pg 200.

FITZHUGH, William Henry; b 09 Mar 1792; d 21 May 1830 **RU:** Private, 1st Corps d'Elite (Randolph) **CEM:** Pohick Episcopal Church; Fairfax; 9301 Richmond Hwy, Lorton **GS:** Y **SP:** mar Anna Maria Sarah (-----), b 15 Nov 1796, d 17 Apr 1874 **VI:** No further data **P:** None **BLW:** No **PH:** Y **SS:** A rec 441 **BS:** 89 v3 AN-22.

FITZWATER, William; b c1779; d c1863 **RU:** Private, 116th VMR, Capt Thomas Hopkins, Rockingham Co, attached to Flying Camp McDowell **CEM:** Fitzwater Family; Rockingham; 1 mi from Riverside United Methodist **GS:** Y **SP:** mar Elizabeth Draise, b c1780, Hardy Co, VA, daughter of Jacob & Magdalene Draise, d bef 1850 **VI:** Military stone placed here in 2000. Son of William Fitzwater **P:** None **BLW:** No **PH:** N **SS:** K pg 19 **BS:** 262, 245.

FLANAGAN, William; b UNK; d 24 Aug 1873 **RU:** Private, 10th VMR, Capt Abraham Buford, Bedord Co **CEM:** Flannagan Family; Fluvanna; Wildwood **GS:** U **SP:** mar (1) in Fluvanna Co on 14 Dec 1809 by William Baskett to Sarah C Johnson; (2) 10 May 1859 Ann E Hughson, d c1889, LNR PO Palmyra, Fluvanna Co, 1878 **VI:** No further data **P:** Both **BLW:** Yes **PH:** N **SS:** A rec 944; BD pg 727; B pg 239 **BS:** 95 pg 27.

FLEAGER / FLEGER, Jacob; b 24 Dec 1791; d 24 Sep 1873 **RU:** Private, 48th VMR, Capt Andrew Hamilton, Botetourt Co, attached to McDowell's Flying Camp **CEM:** Fincastle Presbyterian; Botetourt; 108 E Back St, Fincastle **GS:** Y **SP:** No spouse information **VI:** No further data **P:** None **BLW:** No **PH:** N **SS:** L pg 391 **BS:** 194.

FLEISHER, William; b 19 Jan 1783; d 30 Mar 1815 **RU:** Private, 5th VMR **CEM:** St John's Church; Richmond City; 24th & Broad, Church Hill **GS:** Y **SP:** No spouse information **VI:** Son of Caspar & Hannah Fleisher, on same stone **P:** None **BLW:** No **PH:** N **SS:** A rec 1551 **BS:** 63; 252 pg 23.

FLEMING, John S; b UNK; d bur 21 May 1877 **RU:** Corporal, 26th VMR, Capt John Pollock, Charlotte Co, attached to 7th VMR (Cocke) **CEM:** Hollywood; Richmond City; 412 S Cherry St, Sec RS, lot 7 **GS:** U **SP:** No spouse information **VI:** No further data **P:** None **BLW:** No **PH:** N **SS:** K pg 349 **BS:** 237.

RU=Rank/Unit   CEM=Cemetery   GS=Gravestone   SP=Spousal Information   VI=Other Veteran Info   P=Pension
BLW=Bounty/Land Warrant   PH=Photo   SS=Service Source   BS=Burial Source   VMR= VA Military Regt
LNR= Last Known Residence

FLEMING, Tarlton; b 12 Aug 1795; d 27 Jul 1859 **RU**: Private, 38th VMR, Capt William Bolling, Troop of Cavalry, Goochland Co **CEM**: "Mannsville"; Goochland; Rt 616 near jct with Rt 625 **GS**: Y **SP**: No spouse information **VI**: No further data **P**: None **BLW**: No **PH**: N **SS**: A rec 1325; L pg 151 **BS**: 78 pg 180; 49.

FLETCHER, Elijah; b 18 Jul 1789, Ludlow, VT; d 13 Feb 1858 **RU**: Private, 36th VMR (Reno), Prince William Co **CEM**: Sweet Briar; Amherst; Rt 663 **GS**: Y **SP**: No spouse information **VI**: White marble stone cut in Fairhaven, VT **P**: None **BLW**: No **PH**: N **SS**: A rec 1602 **BS**: 5 pg 167.

FLETCHER, John; b UNK; d 01 May 1862 **RU**: Private, 6th VMR **CEM**: Fletcher Family #1; Fauquier; Paris **GS**: Y **SP**: No spouse information **VI**: No further data **P**: None **BLW**: No **PH**: N **SS**: A rec 1674 **BS**: 4 pg 213.

FLETCHER, John; b 12 Jan 1797; d 05 Mar 1853 **RU**: Private, 4th VMR **CEM**: Mt. Hebron; Frederick; 305 Boscawen St, Winchester **GS**: Y **SP**: No spouse information **VI**: No further data **P**: None **BLW**: No **PH**: N **SS**: A rec 1671 **BS**: 86 pg 43.

FLETCHER, Joseph; b 1790; d 1865 **RU**: Private, 44th VMR Capt William O'Bannon, Fauquier Co, attached to 36th VMR (Reno) **CEM**: Little Georgetown Cemetery; Fauquier; Blantyre Rd, Broad Run **GS**: Y **SP**: No spouse information **VI**: Died age 75 (tombstone) **P**: None **BLW**: No **PH**: N **SS**: A rec 1700 **BS**: 93.

FLETCHER, Joshua, Sr; b UNK; d 21 May 1862 **RU**: Private, 44th, VMR, Capt Nathaniel Grigsby, Troop of Cavalry, Fauquier Co **CEM**: Upperville Baptist; Fauquier; 9070 John Mosby Rd, Upperville **GS**: U **SP**: mar Eliza A (-----,) b 02 May 1819, d 21 Jan 1893 **VI**: No further data **P**: None **BLW**: No **PH**: N **SS**: A rec 1702 **BS**: 175.

FLETCHER, William; b 13 Jul 1784; d 06 Oct 1834 **RU**: Private, 85th VMR, Capt William Dulin, Fauquier Co, attached to 36th VMR, Prince William Co **CEM**: Fletcher Family #2; Fauquier; Upperville **GS**: Y **SP**: mar 29 Sep 1808, Nancy Caynor, d 03 Mar 1873, LNR PO Warrenton, Fauquier Co,1871 **VI**: Widow's pension file gives his date of death as 06 Oct 1834 **P**: Spouse **BLW**: Yes **PH**: N **SS**: A rec 1804; BD pg 730; B pg 73 **BS**: 4 pg 62.

FLETCHER, William; b 25 Dec 1791; d 18 Jul 1857 **RU**: Private, 16th VMR, Capt Thomas Magee, Spotsylvania Co **CEM**: Fletcher Family; Rappahannock; Rt 641, Washington **GS**: Y **SP**: No spouse information **VI**: No further data **P**: None **BLW**: No **PH**: N **SS**: D pg 555 **BS**: 74 pg 203.

FLOOD, John; b 30 Oct 1786; d UNK **RU**: Lieutenant, 100th VMR, Capt William Freeland, Buckingham Co, attached to 7th VMR (Cocke) **CEM**: Flood / Lewis Family; Buckingham; "Toga," Rt 24 **GS**: N **SP**: Was married, wife's name not known **VI**: Son of Noah Flood. It is assumed he is buried here since he was born here and lived here with his wife, though neither have stones **P**: None **BLW**: No **PH**: N **SS**: K pg 332 **BS**: 66 pg 260.

FLORA, John; b 14 Jun 1794; d 30 Mar 1882 **RU**: Private, 5th VMR (McDowell), Flying Camp **CEM**: Peters / Flora; Franklin; vic jct Rts 691 & 220 **GS**: Y **SP**: No spouse information **VI**: No further data **P**: None **BLW**: No **PH**: N **SS**: A rec 2210 **BS**: 118 pg 123.

FLOYD, Benjamin Rush; b UNK; d 1860 **RU**: Colonel, 2nd VMR (Bayley) **CEM**: St Mary's Catholic; Wythe; 370 E Main, Wytheville **GS**: Y **SP**: No spouse information **VI**: Member VA House of Delegates 1847-48, State Senator 1857-58, Member Constitutional Convention 1850-51. Lawyer of Wytheville, built "Lorette" mansion. At his funeral the "Wythe Grays" acted as Guard of Honor **P**: None **BLW**: No **PH**: N **SS**: A rec 2480 **BS**: 213.

FLOYD, Elijah; b 05 Sep 1793; d 01 May 1837 **RU**: Corporal, 2nd VMR, Capt William Henderson, Accomack Co **CEM**: Floyd Family; Accomack; Rt 647, 7.1 mi E of Locustville **GS**: Y **SP**: mar in Accomack Co on 27 Mar 1816 to Rachel Garrison, daughter of James Garrison **VI**: No further data **P**: None **BLW**: No **PH**: N **SS**: A rec 2488 **BS**: 21 pg 96.

FLOYD, John; b 1773; d 1843 **RU**: Private, 2nd VMR, Capt William Henderson, Accomack Co **CEM**: Lecato Graveyard; Accomack; Bradford's Neck **GS**: U **SP**: No spouse information **VI**: No further data **P**: None **BLW**: No **PH**: N **SS**: K pg 313 **BS**: 178.

FLOYD, Thomas B; b 1798; d 31 Jan 1879, Locustville, Accomack Co **RU**: Corporal, 2nd VMR (Bayley), Capt James Garrison, Accomack Co **CEM**: Floyd Family; Accomack; Rt 647, 7.1 mi E of Locustville **GS**: Y **SP**: mar in Accomack Co on 26 Apr 1819 to Sallie Ashby, daughter of John Ashby **VI**: Son of William Floyd. LNR PO Locustville, Accomac, 1878; died 1879 age 81 years (tombstone) **P**: Yes **BLW**: Yes **PH**: N **SS**: A rec 2583; B pg 3; BD pg 733 **BS**: 21 pg 97.

FOLLIN, James; b 15 Dec 1794; d 11 Oct 1870 **RU**: Private, VA forces in Battle of Bladensburg **CEM**: Andrew Chapel; Fairfax; 9201 Leesburg Pike, Vienna **GS**: Y **SP**: No spouse information **VI**: No further data **P**: None **BLW**: No **PH**: N **SS**: X **BS**: 245

FOLTZ, John; b 15 May 1793; d 24 Dec 1869 **RU**: Private, 6th VMR (Coleman) **CEM**: Old Bethel Church; Shenandoah; Rt 700, Edinburg **GS**: Y **SP**: mar on 14 May 1815 to Mary Margaret Pence, b 17 Nov 1797, d 05 Nov 1874 **VI**: No further data **P**: None **BLW**: No **PH**: N **SS**: A rec 614 **BS**: 115 pg 91.

FONTAINE, James; b 1799; d Jan 1875 **RU**: Corporal, 2nd VMR (Sharp) **CEM**: Beaver Dam; Hanover; Rt 738 **GS**: Y **SP**: mar Juliet (-----), b 21 Nov 1816, d 31 May 1907 **VI**: Rank in was Corporal, rank out was Private. **P**: None **BLW**: No **PH**: N **SS**: A rec 694 **BS**: 71 pg 6.

FONTAINE, John James; b 1788, Rock Castle Plantation, Hanover Co; d 03 Jan 1852 **RU**: Private, 1st VMR (Clarke) **CEM**: Redd Family; Henry; Fontaine **GS**: Y **SP**: mar Mary Carr, b 1794, d 1837 **VI**: Reverend. Son of John Winston Fontaine (1750-1792) & Martha Henry (1755-1818) **P**: None **BLW**: No **PH**: N **SS**: A rec 1197 **BS**: 245.

FOOTE, William Haywood; b 1781; d 20 Nov 1846 **RU**: 1st Lieutenant, 1st Corps d'Elite (Randolph) **CEM**: Washington / Foote; Alexandria; Hayfield Rd **GS**: Y **SP**: mar Mary Marshall, d 24 Oct 1880 **VI**: No further data **P**: None **BLW**: No **PH**: N **SS**: A rec 943 **BS**: 34 pg 96.

FORBES, Murray; b 04 Jul 1782, Dumfries; d 30 Jul 1863, Orange Co **RU**: Private, 45th VMR, Capt Thomas C Alexander, Stafford Co **CEM**: Thornton / Forbes / Washington; Fredericksburg; off Hunter St, behind Mary Washington Hospital Home Health Agency **GS**: Y **SP**: mar on 22 Jun 1815 to Sally Innes Thornton, b 11 Jan 1799, d 07 Feb 1886 **VI**: Son of Dr David & Margaret (Sterling) Forbes. "His mother was the daughter of the last Laird of Hebershire" **P**: Both **BLW**: Yes **PH**: Y **SS**: L pg 82; M pg 152; BD pg 738 **BS**: 18 pg 93; 26 pg 372.

FORD, Hezekiah, Jr; b 1788; d 1859 (Will) **RU**: Private, 7th VMR (Trueheart) **CEM**: Woodlawn Cemetery; Cumberland; nr Cumberland C. H. **GS**: N **SP**: mar in Cumberland Co on 16 Dec 1812 (bond) to Elizabeth G Ballow. Consent dated 14 Dec 1812 by Elizabeth S Ballow, surety by John Ballow **VI**: Age 62 on 1850 census of Campbell Co, VA (as "Hez" Ford) **P**: None **BLW**: No **PH**: N **SS**: A rec 1331 **BS**: 215.

FORD, William; b 1788; d 11 Sep 1834 **RU**: Aide-de-camp, General Moses Porter at Norfolk **CEM**: Cedar Run; Prince William; Rt 611 **GS**: Y **SP**: mar (1) on 17 Sep 1811, Deborah Thompson Duncan, d 06 Mar 1813; (2) Elizabeth Allen Hore, daughter of Elias & Theodosia (Waller) Hore, d 09 Sep 1822 **VI**: Aide to General Moses Porter during War of 1812 (obituary). Styled Captain on his tombstone. **P**: None **BLW**: No **PH**: Y **SS**: J; AZ pg 107; B pg 208 **BS**: 26 pg 169; 3I; 248 Part 1 pg 109.

FORD, William; b 10 Jun 1793, Buckingham Co; d 03 Dec 1835, Richmond **RU**: Private, 19th VMR, Capt George Booker, Richmond City **CEM**: Shockoe Hill; Richmond City; 100 Hospital St **GS**: Y **SP**: No spouse information **VI**: Son of Boaz Ford, Sr **P**: None **BLW**: No **PH**: N **SS**: L pg 156 **BS**: 199.

FORD, William; b 06 Jun 1796; d bur 08 Apr 1872 **RU**: Private, 33rd VMR, Capt William Chamberlayne, Artillery, Henrico Co, attached to 1st VMR (Trueheart) **CEM**: Hollywood; Richmond City; 412 S Cherry St, Sec D, lot 33 **GS**: U **SP**: mar in Richmond City on 19 Nov 1818 to Martha Toddy **VI**: No further data **P**: Yes **BLW**: Yes **PH**: N **SS**: L pg 156; BD pg 741; M pg 152; B pg 99 **BS**: 237.

FORE, Henry; b 1785; d bur 22 Jul 1864 **RU**: Sergeant, 19th VMR, Capt William Wrenn, Richmond City **CEM**: Hollywood; Richmond City; 412 S Cherry St, Sec F, lot 75 **GS**: U **SP**: mar in Richmond on 14 Mar 1816 to Mary Davenport, both of Richmond. Marriage notice in the Virginia Patriot, 16 Mar 1816, pg 3 **VI**: Died age 75 yrs, 0 mos, 2 days **P**: None **BLW**: No **PH**: N **SS**: L pg 846 **BS**: 237.

FOREMAN, Israel; b UNK; d 21 Jan (or June) 1838 **RU**: Sergeant, 95th VMR (Lee) **CEM**: White House Field; Chesapeake City; Cornland **GS**: Y **SP**: No spouse information **VI**: No further data **P**: None **BLW**: No **PH**: N **SS**: A rec 1870 **BS**: 75 pg 101.

FOSTER, George; b 22 May 1768, Charlotte Co; d 31 Jan 1871, Charlotte Co **RU**: Private, 1st VMR, Capt Samuel Allen, Amelia Co, attached to Flying Camp (McDowell) **CEM**: Foster Family; Charlotte; Keysville **GS**: U **SP**: mar in Charlotte Co on 22 Dec 1791 to Sarah Hankins, b 16 Oct 1773, d 12 Jul 1858. Marriage bond was dated 21 Dec 1719, John Hankins, surety, marriage performed by Rev Drury Lacy **VI**: Son of Josiah & Elizabeth (Johnson) Foster **P**: None **BLW**: No **PH**: N **SS**: K pg 1 **BS**: 245.

RU=Rank/Unit CEM=Cemetery GS=Gravestone SP=Spousal Information VI=Other Veteran Info P=Pension
BLW=Bounty/Land Warrant PH=Photo SS=Service Source BS=Burial Source VMR= VA Military Regt
LNR= Last Known Residence

FOSTER, Isaac; b 1778; d 07 Feb 1837, "Whitewood" **RU**: Lieutenant, Battalion of Mounted Infantry (Believed to be Major Kemper's Command) **CEM**: Foster Family; Fauquier; The Plains **GS**: Y **SP**: mar in Fauquier Co on 08 Feb 1805 to Priscilla Hunton, b 1779, d 1859 **VI**: No further data **P**: None **BLW**: No **PH**: N **SS**: A rec 428 **BS**: 3 pg10.

FOSTER, Isaac; b 1786; d 26 Sep 1854 **RU**: Sergeant, 61st VMR, Lt Thomas Tabb, Mathews Co **CEM**: Pear Tree; Mathews; Rt 609, Onemo Post Office **GS**: Y **SP**: No spouse information **VI**: No further data **P**: None **BLW**: No **PH**: N **SS**: K pg 304 **BS**: 54 pg 4.

FOSTER, John; b 23 May1787; d 08 Dec 1874 **RU**: Ensign, 63rd VMR, Capt Josiah Penick, Prince Edward Co, attached to 7th VMR (Gray) **CEM**: Foster Family; Prince Edward; Rt 638 N of Farmville **GS**: N **SP**: mar (1) Mary K (-----), b 27 May 1806, d 21 Dec 1834; (2) Elizabeth (-----) b 16 Sep 1801, d 19 Jul 1851 **VI**: LNR PO Rices Depot, Prince Edward Co, 1873 **P**: Yes **BLW**: Yes **PH**: N **SS**: K pg 346; M pg 154; BD pg 747; B pg 167 **BS**: 232.

FOSTER, John Montgomery; b 28 AUG 1784, Middleborough, MA; d 07 Dec 1852 **RU**: Private, 6th VMR (Sharp) **CEM**: Cedar Grove; Portsmouth; Effington St & Fort Ln **GS**: Y **SP**: mar in Norfolk Co on 04 Apr 1818, Sarah Brooks, b 1798, d 1874 **VI**: Styled Captain on tombstone. Sea Captain. Harbor Master on 1850 Portsmouth census **P**: None **BLW**: No **PH**: N **SS**: A rec 594 **BS**: 65 pg 80.

FOSTER, Joseph; b 1765; d bur 17 Apr 1835 **RU**: Quartermaster, 6th VMR (Coleman) **CEM**: Shockoe Hill; Richmond City; 100 Hospital St **GS**: U **SP**: No spouse information **VI**: Also had Rev War service **P**: None **BLW**: No **PH**: N **SS**: A rec 667 **BS**: 38 pg 14.

FOSTER, Peter B; b 1770; d 17 Jan 1879 **RU**: Private, 26th VMR, Lt Henry Watkins, Charlotte Co, attached to 6th VMR **CEM**: Foster Family; Cumberland; 5 mi S of Cumberland C.H. off Rt 60 by Lanhgorne's Tavern **GS**: N **SP**: mar (1) Eliza S (-----); (2) in Cumberland Co on 05 Feb 1834 (bond, William B Hobson surety) to Martha H Hobson; (3) in Cumberland Co on 16 Mar 1837 to Courtney C Thornton, d 10 Jul 1883. Bond was dated 15 Mar 1837, Mauice L Hobson, surety **VI**: Was 80 years old in 1850 Census **P**: Spouse **BLW**: Yes **PH**: N **SS**: L pg 88; BD pg 748; B pg 58 **BS**: 215.

FOSTER, Richard; b 1784; d 02 Aug 1851 **RU**: Sergeant, 61st VMR, Capt Henry Digges, Mathews Co **CEM**: Foster / Minter; Mathews; Rt 650, Mobjack **GS**: Y **SP**: mar Priscilla B (-----), d 13 Nov 1850 in her 64th year **VI**: No further data **P**: None **BLW**: No **PH**: N **SS**: L pg 334; K pg 288 **BS**: 54 pg 153; 82 pg 147.

FOSTER, Robert Dudley; b 1795, Spotsylvania Co; d 06 Aug 1868, Richardsville, Culpeper Co **RU**: Private, 16th VMR, Capt Gulliemus Smith, Spotsylvania Co, attached to 1st VMR (Crutchfield) **CEM**: Aspen Hill Church; Campbell; Brookneal **GS**: Y **SP**: mar 27 Dec 1820, Elizabeth Mitchell of Spotsylvania Co, d 1900, LNR PO Ozark, Christian Co, MO **VI**: No further data **P**: Spouse **BLW**: Yes **PH**: N **SS**: B pg 189; BD pg 748; M pg 154 **BS**: 245.

FOSTER, Thomas; b UNK; d 04 Nov 1865 **RU**: Private, 7th VMR (Magnien) **CEM**: Whitewood; Fauquier; The Plains **GS**: Y **SP**: No spouse information **VI**: No further data **P**: None **BLW**: No **PH**: N **SS**: A rec 912 **BS**: 3 pg 10.

FOSTER, Thomas; b 09 Jul 1781; d bur 09 Jan 1873 **RU**: Private, 19th VMR (Ambler), Capt Robert Gamble, Troop of Cavalry, Richmond City **CEM**: Hollywood; Richmond City; 412 S Cherry St, Sec R lot 228 **GS**: U **SP**: No spouse information **VI**: No further data **P**: None **BLW**: No **PH**: N **SS**: L pg 345 **BS**: 237.

FOSTER, William C; b 1796; d 09 Sep 1822 **RU**: Private, 19th VMR, Capt George Booker, Richmond City **CEM**: Shockoe Hill; Richmond City; 100 Hospital St **GS**: Y **SP**: No spouse information **VI**: Son of Joseph & Ruth Foster **P**: None **BLW**: No **PH**: N **SS**: A rec 981 **BS**: 38 pg 1.

FOUTS, Jacob; b 11 Jan 1790; d 22 Apr 1836 **RU**: Sergeant, 94th VMR, Capt Jeremiah Neill, Lee Co, attached to 7th VMR (Saunders) **CEM**: Old Glade Creek; Botetourt; nr Blue Ridge **GS**: Y **SP**: mar 23 Dec 1824, Hetty Spickard, d bef Sep 1887, LNR PO Blue Ridge Springs, Botetourt Co 1878 **VI**: No further data **P**: Spouse **BLW**: Yes **PH**: N **SS**: A rec 1334; M pg 155; BD pg 750; B pg 118 **BS**: 155 pg 28; 103.

FOWLER, Samuel; b 1786; d 31 Jul 1814 **RU**: Ensign, 4th VMR (Evans) **CEM**: Trinity Episcopal; Portsmouth; 500 Court St **GS**: Y **SP**: No spouse information **VI**: No further data **P**: None **BLW**: No **PH**: N **SS**: A rec 1747 **BS**: 124 Stone #66.

FOWLER, William; b 1799; d bur 11 Dec 1849 **RU**: Private, 8th VMR (Magnien) **CEM**: Shockoe Hill; Richmond City; 100 Hospital St **GS**: U **SP**: No spouse information **VI**: No further data **P**: None **BLW**: No **PH**: N **SS**: A rec 1822 **BS**: 38 pg 49.

RU=Rank/Unit CEM=Cemetery GS=Gravestone SP=Spousal Information VI=Other Veteran Info P=Pension
BLW=Bounty/Land Warrant PH=Photo SS=Service Source BS=Burial Source VMR= VA Military Regt
LNR= Last Known Residence

FOWLKES, John W; b UNK; d 1858 **RU:** Private, Sales' Battalion of Cavalry **CEM:** Rural Retreat; Nottoway; 2 mi SW of Crewe **GS:** Y **SP:** also buried here are Mary Coleman Fowlkes, d 1853 and Elizabeth Jane Fowlkes, d 1855 **VI:** No further data **P:** None **BLW:** No **PH:** N **SS:** A rec 1869 **BS:** 220.

FOX, Charles J; b 1791; d bur 10 Nov 1838 **RU:** Private, 19th VMR, Capt William Murphy, Light Infantry Blues, Richmond City, attached to 1st Corps d'Elite (Randolph) **CEM:** Shockoe Hill; Richmond City; 100 Hospital St **GS:** U **SP:** No spouse information **VI:** No further data **P:** None **BLW:** No **PH:** N **SS:** L pg 607 **BS:** 38 pg 17.

FOX, James; b UNK; d 1840 **RU:** Private, 87th VMR, King William Co **CEM:** Retreat; King William; Aylett **GS:** N **SP:** mar Mary Burton b 1788, d 1867 **VI:** No further data **P:** None **BLW:** No **PH:** N **SS:** A rec 2083; B pg 115 **BS:** 245.

FOX, James M; b UNK; d bur 08 Jun 1862 **RU:** Private, 4th VMR **CEM:** Hollywood; Richmond City; 412 S Cherry St, Sec R, lot 66 **GS:** U **SP:** No spouse information **VI:** No further data **P:** None **BLW:** No **PH:** N **SS:** A rec 2076 **BS:** 237.

FOX, John; b UNK; d UNK **RU:** Private, 19th VMR, Richmond City, company attached to 1st Corps d'Elite (Randolph) **CEM:** Shockoe Hill; Richmond City; 100 Hospital St **GS:** U **SP:** No spouse information **VI:** Was age 30-39 in 1830 Census **P:** None **BLW:** No **PH:** N **SS:** A rec 2114 **BS:** 38 pg 1.

FOX, John F; b 24 Nov 1795; d 06 Apr 1877 **RU:** Sergeant, 4th VMR **CEM:** Fox Family; Fairfax; Full Cry Ct, Oakton **GS:** Y **SP:** mar Jane H (-----), b 1821, d 1883 **VI:** No further data **P:** None **BLW:** No **PH:** N **SS:** A rec 2125 **BS:** 89 v3 FX 122.

FOX, Joseph; b 1785; d 22 May 1837 **RU:** Private, 87th VMR, King William Co **CEM:** Retreat; King William; Aylett **GS:** N **SP:** mar Elizabeth Darrell **VI:** No further data **P:** None **BLW:** No **PH:** N **SS:** A rec 2153 **BS:** 245.

FOX, Meredith; b 04 Oct 1786; d 09 Jan 1850 **RU:** Surgeon (Hospital), Staff Officer to Governor Barbour **CEM:** Fox Family; Louisa; "Westland." Rt 636, Ragland Field 3.6 mi W of Trevilians **GS:** Y **SP:** mar Malinda Ragland, b 02 Nov 1797, d 05 May 1827 **VI:** Doctor **P:** None **BLW:** No **PH:** N **SS:** L pg 42 **BS:** 181.

FOX, William; b 09 Nov 1780; d 27 Apr 1835 **RU:** Private, 2nd VMR, Capt Henry Custis, Accomack Co **CEM:** Fox / Poolman; Accomack; nr Jct Rts 13 & Business 13, Accomac **GS:** Y **SP:** mar in Accomack Co on 20 Aug 1807 to Polly Dunton, b 1785, d 1852 **VI:** Son of Golden Fox **P:** None **BLW:** No **PH:** N **SS:** L pg 263 **BS:** 21 pg 99.

FRANCIS, Henry M; b 11 Mar 1794; d 13 Jun 1845 **RU:** Private, 108th VMR, Capt Andrew Blevin, Monroe Co [WV] **CEM:** Frantz / Keagy; Roanoke; Alpine Rd, off Rt 117 **GS:** U **SP:** mar in Monroe Co [WV] on 31 Mar 1809 to Phoebe F Morgan, d before 10 Mar 1871 **VI:** LNR Salem, Roanoke Co, 1871 **P:** Yes **BLW:** Yes **PH:** N **SS:** A rec 199; M pg 156; BD pg 756; B pg 137, 156 **BS:** 157 pg 118.

FRANCISCO, James Anderson; b 1787; d bef 03 Nov 1839 (USD marker) **RU:** Private, 17th VMR, Capt John Miller, Troop of Cavalry, Cumberland Co, attached to 1st Corps d'Elite (Randolph) **CEM:** Sinking Spring Presbyterian; Washington; Blackfield Rd, one block fr Main St, Abingdon **GS:** Y **SP:** mar Judith Michaux (per US Daughters War of 1812) **VI:** Marker reads "N.S.U.S.D. 1812, Pri. Miller's Co 17th Va Mil. War of 1812, Nov 3 1839" **P:** None **BLW:** No **PH:** N **SS:** K pg 30; A rec 434 **BS:** 116 pg 82; 260.

FRANKLIN, Jesse; b 1780; d 25 Jan 1852 **RU:** Private, 19th VMR, Capt Anthony Turner, Richmond City **CEM:** Shockoe Hill; Richmond City; 100 Hospital St **GS:** Y **SP:** mar Sarah Tinsley, daughter of David & Ann Tinsley, b 27 Sep 1786, d 23 Jun 1842 **VI:** No further data **P:** None **BLW:** No **PH:** N **SS:** K pg 361 **BS:** 199.

FRANKLIN, Thomas; b 1797; d bur 27 Mar 1841 **RU:** Drummer, 4th VMR **CEM:** Shockoe Hill; Richmond City; 100 Hospital St **GS:** U **SP:** No spouse information **VI:** No further data **P:** None **BLW:** No **PH:** N **SS:** A rec 763 **BS:** 38 pg 22.

FRASER, Alexander; b UNK; d aft 1820 & bef 1830 **RU:** Private, 83rd VMR, Capt William Thompson, Dinwiddie Co **CEM:** Fraser Family; Dinwiddie; Rt 630 **GS:** N **SP:** No spouse information **VI:** Said to be buried here. He is on the 1820 census but not found on the 1830 census **P:** None **BLW:** No **PH:** N **SS:** L pg 722 **BS:** 97 pg 45.

FRASER, Anthony R; b 12 Nov 1794; d 01 Feb 1881 **RU:** Private, DC Militia, Capt Thomas Peyton **CEM:** Fraser Family; Arlington; Army-Navy Country Club **GS:** Y **SP:** mar on 23 Oct 1823 to Presha Lee of Leesboro, Montgomery Co, MD, b 23 Dec 1799, d 26 Sep 1859 **VI:** LNR Alexandria, 1878 **P:** None **BLW:** No **PH:** N **SS:** BD pg 759 **BS:** 96 pg 79.

RU=Rank/Unit   CEM=Cemetery   GS=Gravestone   SP=Spousal Information   VI=Other Veteran Info   P=Pension
BLW=Bounty/Land Warrant   PH=Photo   SS=Service Source   BS=Burial Source   VMR= VA Military Regt
LNR= Last Known Residence

FRAYSER, Simon; b 1794; d bur 04 Dec 1834 **RU**: Private, 19th VMR, Capt John Jones, Richmond City **CEM**: Shockoe Hill; Richmond City; 100 Hospital St **GS**: U **SP**: No spouse information **VI**: No further data **P**: None **BLW**: No **PH**: N **SS**: L pg 498 **BS**: 38 pg 13.

FRAZER, Herndon; b 1792; d 10 Jul 1877 **RU**: Private, 8th VMR, Capt James Elliott, Rockbridge Co, attached to 6th VMR **CEM**: North Pamunkey Church; Orange; Rt 668, Orange **GS**: Y **SP**: mar in Orange Co on 23 May 1848 (bond) to Martha Lucretta Rawlings, daughter of Richard Rawlings, b 24 Jun 1812, d 28 Nov 1888 **VI**: Died age 85 yrs **P**: Both **BLW**: Yes **PH**: N **SS**: A rec 1168; M pg 157; BD pg 760; B pg 179 **BS**: 28 pg 37.

FRAZIER, James; b UNK; d 18 Apr 1842 **RU**: Private, 16th VMR, Capt Anthony Thornton, Spotsylvania Co **CEM**: Cedar Run; Prince William; Rt 611 **GS**: U **SP**: mar in Spotsylvania Co on 03 Jun 1818 to Sarah Long, d 15 Apr 1881, Washington, DC **VI**: No further data **P**: Spouse **BLW**: Yes **PH**: N **SS**: L pg 774; B pg 189; BD pg 769 **BS**: 26 pg 22.

FRAZIER, Joseph; b 1789; d 26 Apr 1858 **RU**: Corporal, 4th Regiment MD Militia **CEM**: Methodist Protestant; Alexandria; Wilkes St **GS**: Y **SP**: mar Letty (-----), d 23 Dec 1853, age 65 **VI**: Laborer **P**: None **BLW**: No **PH**: N **SS**: A rec 1342 **BS**: 33 pg 147.

FRAZIER, Thomas; b 14 Sep 1794; d 02 Sep 1849 **RU**: Private, 44th VMR, Capt Enoch Jeffries, Fauquier Co, attached to 1st VMR (Clarke) **CEM**: Upperville United Methodist; Fauquier; Upperville **GS**: Y **SP**: mar Catherine Kitty Kerfoot, b 04 Apr 1804, d 01Jul 1896 **VI**: No further data **P**: None **BLW**: No **PH**: N **SS**: A rec 1370 **BS**: 93; 4 pg 91.

FREEMAN, John F; b UNK; d UNK **RU**: Private, Cavalry Detachment **CEM**: City Cemetery; Fredericksburg; William St & Washington Ave **GS**: Y **SP**: No spouse information **VI**: No further data **P**: None **BLW**: No **PH**: N **SS**: A rec 1991 **BS**: 18 pg 12.

FREEMAN, Royall; b 02 Jun 1788; d 30 Jun 1822 **RU**: Private, 19th VMR (Ambler), Capt Anthony Turner, Richmond City **CEM**: Shockoe Hill; Richmond City; 100 Hospital St **GS**: Y **SP**: mar Mary (-----), d Feb 1843 in her 46th year **VI**: Died age 34 **P**: None **BLW**: No **PH**: N **SS**: L pg 789 **BS**: 199 pg 154.

FRENCH, David; b 1772; d 1833 **RU**: Corporal, Major Woodford's Squadron of Cavalry (Dragoons) **CEM**: French / Mason; Giles; off Rt 460 (Wenahah Ave), Pearisburg **GS**: Y **SP**: mar Mary Dingess, b 30 Sep 1780, d 05 Jun 1829 **VI**: No further data **P**: None **BLW**: No **PH**: N **SS**: A rec 2444 **BS**: 14 pg 159.

FRENCH, George; b 1799, Canton, MA; d bur 20 Dec 1840 **RU**: Private, 1st VMR (Taylor) **CEM**: Shockoe Hill; Richmond City; 100 Hospital St **GS**: U **SP**: No spouse information **VI**: No further data **P**: None **BLW**: No **PH**: N **SS**: A rec 2485 **BS**: 38 pg 22.

FRENGER, George; b 29 Sep 1789; d 13 Mar 1860 **RU**: Ensign, 6th VMR **CEM**: St John's Church; Augusta; 1 mi E Middlebrook Rd **GS**: U **SP**: No spouse information **VI**: No further data **P**: None **BLW**: No **PH**: N **SS**: A rec 2779 **BS**: 183.

FRETWELL, John; b 08 Oct 1773; d 26 Jun 1837 **RU**: Private, 4th VMR **CEM**: Garth Chapel; Albemarle; nr jct Rts 601 & 29 **GS**: Y **SP**: mar in Albemarle Co on 18 Mar 1799 (bond) to Mildren "Millie" Garth, b 28 Feb 1779, d 22 Oct 1832 **VI**: No further data **P**: None **BLW**: No **PH**: N **SS**: A rec 2828 **BS**: 94 v3, pg 109.

FRIEND, Thomas C; b 1798; d 1858 **RU**: Captain, 33rd VMR (Mayo), Company Commander, Henrico Co **CEM**: Friend Cemetery; Chesterfield; Chester, in the woods **GS**: Y **SP**: mar (1) Susan F Cox, b 1811, d 1838; (2) Elizabeth R. Rowlett b 1830, d1877 **VI**: No further data **P**: None **BLW**: No **PH**: N **SS**: A rec 118 **BS**: 8 pg 4.

FRITH, Edward; b UNK; d UNK **RU**: Private, 54th VMR (Sharp), Norfolk Borough **CEM**: Trinity Episcopal; Portsmouth; 500 Court St **GS**: Y **SP**: mar Mary W (-----), b 28 Dec 1820, age 36 **VI**: Probably son of Capt Judon Frith of Nansemond Co **P**: None **BLW**: No **PH**: N **SS**: A rec 368 **BS**: 124 Stone 56.

FRITTER, Barnett; b 27 May 1792; d 23 Apr 1872 **RU**: Private, 45th VMR, Capt Daniel Mason & Capt Elijah Hardin, Stafford Co **CEM**: Fritter Family; Stafford; jct Rts 627 & 648, outside wall of Master's Cemetery **GS**: U **SP**: mar on 12 Aug 1820 to Betsy Faut **VI**: LNR PO Stafford Courthouse, 1871 **P**: Yes **BLW**: Yes **PH**: N **SS**: A rec 386; BD pg 768 **BS**: 26 pg 212; 49.

FRY, Jacob; b 1768; d 23 Dec 1838 **RU**: Captain, 4th VMR **CEM**: St John's Lutheran; Frederick; 3623 Back Mountain Rd, Winchester **GS**: Y **SP**: mar in Frederick Co on 06 Jan 1799 to Elizabeth Linn, d 16 Mar 1838 age 61 yrs, 10 mos, 21 days. Stone styles her "consort of Jacob Fry" **VI:** Age 69 yrs, 9 mos,13 days **P:** None **BLW:** No **PH:** N **SS:** A rec 878 **BS:** 79 pg 117; 151.

FRY, John; b 11 Jun 1775, Madison Co; d UNK, Charlottesville **RU:** Private, 4th VMR (Beatty) **CEM:** Minor Family; Albemarle; Ridgeway Farm Rt 20 N of Charlottesville **GS:** U **SP:** mar 05 Aug 1795, Deborah Haywood **VI:** Son of Henry & Susan (-----) Fry **P:** None **BLW:** No **PH:** N **SS:** A rec 906 **BS:** 245.

FRY, John; b 04 Jan 1794; d 31 Mar 1873 **RU:** Private, 13th VMR, Capt Moses Walton, Shenandoah Co, attached to 5th VMR (Mason & Preston) **CEM:** Cedarwood; Shenandoah; Edinwood **GS:** Y **SP:** mar 10 Jun 1815, Shenandoah Co, Catherine Grandstaff, b 1799, d 1878 **VI:** Burial source indicates he was a Colonel in the War of 1812 but being born in 1794 this can not be true. The pension applications confirm this **P:** Both **BLW:** Yes **PH:** N **SS:** A rec 907, BD pg 771; M pg 159 **BS:** 245.

FRY, John N; b UNK; d 27 Sep 1860 **RU:** Private, 57th VMR, Loudoun Co **CEM:** St James's United Church of Christ; Loudoun; 10 E Broad Way, Lovettsville **GS:** Y **SP:** No spouse information **VI:** No further data **P:** None **BLW:** No **PH:** N **SS:** A rec 915 **BS:** 73 pg 103.

FRY, Joseph L; b 07 Jan 1788; d 25 Jun 1866 **RU:** Private, 51st VMR, Capt James Sowers, Frederick Co, attached to 4th VMR **CEM:** St John's Lutheran; Frederick; 3623 Back Mountain Rd, Winchester **GS:** Y **SP:** mar Elizabeth A (-----) **VI:** No further data **P:** Spouse App **BLW:** No **PH:** N **SS:** A rec 926; B pg 72; BD pg 772 **BS:** 79 pg 117.

FRYE, John; b 18 Mar 1772; d 30 May 1872 **RU:** Private, 5th VMR **CEM:** Frye Family; Shenandoah; Rt 710, Mt Jackson **GS:** Y **SP:** mar on 17 Oct 1815 to Phebe Ann Painter, daughter of John Painter, b 28 Jun 1795, d 04 Jan 1874 **VI:** No further data **P:** None **BLW:** No **PH:** N **SS:** A rec 1024 **BS:** 115 pg 63.

FRYE, John Morgan; b 24 Aug 1793; d 16 Feb 1867, Salem, Fauquier Co **RU:** Private, 44th VMR, Capt Enoch Jeffries, Fauquier Co, attached to 4th VMR (Beatty) **CEM:** Marshall Cemetery; Fauquier; E Main St, Marshall **GS:** Y **SP:** mar in Middledburg, Loudoun Co on 11 Feb 1819 to Emily B Crider, b 12 Oct 1800, d 3 May 1886, LNR Salem, Fauquier Co, 1878 **VI:** No further data **P:** Spouse **BLW:** Yes **PH:** N **SS:** A rec 102; M pg 158; BD pg 771; B pg 74 **BS:** 3 pg 41.

FUGATE, Colbert; b 1760; d 1819 **RU:** Lieutenant, 72nd VMR **CEM:** Fugate Family; Russell; Rt 613, Tumbez **GS:** Y **SP:** No spouse information **VI:** No further data **P:** None **BLW:** No **PH:** N **SS:** G **BS:** 49; 260.

FUGITT, Gustavus; b 1791; d 17 Jun 1868 **RU:** Private, 60th VMR, Capt James Sangster, Fairfax Co **CEM:** Trinity United Methodist; Alexandria; Wilkes St **GS:** N **SP:** mar (1) Catherine (-----), b 22 Feb 1800, d 31 Dec 1851, (2) on 01 Jun 1858, Ann Jordan, d 26 Dec 1883, LNR Alexandria,1878 **VI:** Died in his 77th year **P:** Spouse **BLW:** Yes **PH:** N **SS:** B pg 72; BD pg 772 **BS:** 32 pg 125.

FULK, John; b bef 1765; d 1820 **RU:** Fifer, 5th VMR **CEM:** Fawley / Faulk Family; Rockingham; Brocks Gap Rd (Rt 259), Fulks Run **GS:** Y **SP:** No spouse information **VI:** No further data **P:** None **BLW:** No **PH:** N **SS:** A rec 1305 **BS:** 262.

FULKERSON, Abram; b 03 Apr 1789; d 02 Oct 1859 **RU:** Captain, 70th VMR, Company Commander, Washington Co, attached to 5th VMR **CEM:** Sinking Spring Presbyterian; Washington; Blackfield Rd, one block fr Main St, Abingdon **GS:** Y **SP:** mar Margaret L (-----), b 12 Sep 1794, d 22 Jun 1864 **VI:** No further data **P:** None **BLW:** No **PH:** N **SS:** B pg 198 **BS:** 116 pg 82.

FULKERSON, John; b 06 Jan 1771; d 29 Jan 1846 **RU:** 1st Lieutenant, 3rd Regiment, East TN Militia (Johnson) **CEM:** Rose Hill; Lee; Rose Hill **GS:** Y **SP:** mar Jeaney (-----), b 16 Jun 1781, d 05 Jul 1870 **VI:** No further data **P:** None **BLW:** No **PH:** N **SS:** A rec 1332 **BS:** 253 pg 65.

FULLEN, Whitley; b 11 Nov 1792; d 14 Feb 1876 **RU:** Private, Bradley's Regiment **CEM:** Henderson / Fullen; Washington; 1 mi E jct Rts 80 & 613 **GS:** Y **SP:** No spouse information **VI:** No further data **P:** None **BLW:** No **PH:** N **SS:** A rec 1418 **BS:** 145.

FULLER, Steven; b c1777; d 1863 (Inv) **RU:** Private, 4th VMR (Boyd) **CEM:** Fuller Family; Russell; 2 mi N of Honaker **GS:** U **SP:** mar Mary (-----) **VI:** No further data **P:** None **BLW:** No **PH:** N **SS:** A rec 1839 **BS:** 177.

RU=Rank/Unit CEM=Cemetery GS=Gravestone SP=Spousal Information VI=Other Veteran Info P=Pension
BLW=Bounty/Land Warrant PH=Photo SS=Service Source BS=Burial Source VMR= VA Military Regt
LNR= Last Known Residence

FUNK, Jacob; b 02 Apr 1795; d 15 Mar 1872 **RU:** Private, 2nd VMR (Ballowe) **CEM:** Stoner Family; Shenandoah; Rt 601, Fishers Hill **GS:** Y **SP:** mar Elizabeth (-----), b 17 Nov 1795, d 30 May 1876 **VI:** No further data **P:** None **BLW:** No **PH:** N **SS:** A rec 2255 **BS:** 115 pg 120.

FUNKHOUSER, Jacob; b 10 Aug 1766; d 16 Aug 1846 **RU:** Private, 13th VMR, Capt William Newell, Shenandoah Co, attached to 2nd VMR **CEM:** Funkhouser Family; Shenandoah; Bayse **GS:** Y **SP:** mar on 19 Mar 1791 to Margaret Baker, daughter of Backie Baker, b 01 Nov 1770, d 01 Oct 1841 **VI:** No further data **P:** None **BLW:** No **PH:** N **SS:** K pg 79 **BS:** 115 pg 72.

FUNKHOUSER, Jacob; b 27 Aug 1784; d 15 Apr 1856 **RU:** Private, 13th VMR, Capt William Newell, Shenandoah Co, attached to 2nd VMR **CEM:** Otterbein Family; Shenandoah; Rt 263, Rinkertown **GS:** Y **SP:** mar Catharine (-----), b 10 Dec 1784, d 02 Mar 1856 **VI:** No further data **P:** None **BLW:** No **PH:** N **SS:** K pg 79 **BS:** 115 pg 34.

GAINES, John; b 1787; d 30 Sep 1848 **RU:** Paymaster, 9th VMR (Boyd) **CEM:** Mount Providence; King & Queen; nr Mattaponi River **GS:** U **SP:** No spouse information **VI:** No further data **P:** None **BLW:** No **PH:** N **SS:** A rec 1020 **BS:** 161 pg 442.

GAINES, William Edward; b 1798; d 1875 **RU:** Private, 93rd VMR, Lt James Todd, Augusta Co, attached to Flying Camp McDowell **CEM:** Greenwood Family; Rockingham; 4945 East Point Rd, Runkles Gap **GS:** Y **SP:** mar Elizabeth Shotwell, b 1803, d 1884 **VI:** Plaque erected by Edward Christian Gaines in 1935. "Records show this is a negro cemetery." If so, William Edward Gaines was a free black **P:** None **BLW:** No **PH:** N **SS:** K pg 40 **BS:** 262.

GALLAGHER, James S; b 28 Aug 1788; d 10 Apr 1826 **RU:** Private, 77th VMR, Hampshire Co [WV] **CEM:** Dumfries; Prince William; off Cameron St, SW of Dumfries Elementary School **GS:** Y **SP:** No spouse information **VI:** No further data **P:** None **BLW:** No **PH:** N **SS:** A rec 1552 **BS:** 130; 248 Part 1 pg 114.

GALLAHER, William, Sr; b UNK; d 20 Aug 1815 **RU:** Private, 56th VMR (Taylor), Loudoun Co **CEM:** Old Bethesda Methodist; Loudoun; Foxcroft Rd, Unison **GS:** Y **SP:** mar in Loudoun Co on 28 Sep 1799 to Polly Clarke. John Donohue attested to the bride's age. Alexander Waugh, surety **VI:** No further data **P:** None **BLW:** No **PH:** N **SS:** A rec 1672 **BS:** 73 pg 107.

GAMBLE, John Grattan; b 1797; d bur 03 Aug 1823 **RU:** Lieutenant, 19th VMR, Capt William Murphy, Light Infantry Blues, Richmond City, attached to 1st Corps d'Elite (Randolph) **CEM:** Shockoe Hill; Richmond City; 100 Hospital St **GS:** U **SP:** No spouse information **VI:** Also served as a Prvate in 19th VMR, Capt William Murphy, Richmond City **P:** None **BLW:** No **PH:** N **SS:** K pg 259 **BS:** 38 pg 1.

GAMBLE, William; b 01 Jun 1793; d 05 Nov 1856 **RU:** Corporal, 47th VMR, Capt Triplett Estis, Albemarle Co, attached to 8th VMR (Wall) **CEM:** Western Augusta; Augusta; 8 mi N of Staunton **GS:** U **SP:** No spouse information **VI:** No further data **P:** None **BLW:** No **PH:** N **SS:** K pg 88 **BS:** 183.

GANAWAY, Robertson; b 07 Jul 1780; d 12 Jan 1859 **RU:** Ensign, 5th VMR **CEM:** Sulphur Spring; Smyth; Rt 107, Chilhowie **GS:** Y **SP:** No spouse information **VI:** Reverend **P:** None **BLW:** No **PH:** N **SS:** A rec 2280 **BS:** 131 v1 pg 178.

GANNOWAY, John; b 30 Sep 1778; d 19 Sep 1835, Buckingham Co **RU:** Private, 24th VMR, Capt Jesse Woodson, Buckingham Co, attached to 1st VMR (Yancey) **CEM:** Evans Family; Buckingham; 1.9 mi SE of Curdsville **GS:** Y **SP:** Prob mar Catherine (-----) b 12 Oct 1797, d 29 Jan 1827 who is also buried here **VI:** Death date from the *Richmond Whig*, 25 Sep 1833, pg 1, which styles him "Colonel" and that he died at his residence, age 56. Transcript of grave stone gives death date as 09 Sep 1833 **P:** None **BLW:** No **PH:** N **SS:** A rec 2398 **BS:** 209.

GARDINER, Francis; b 1761; d 26 Jul 1842 **RU:** Corporal, 7th Regiment NC Militia **CEM:** Hebron Presbyterian; Augusta; Rt 703, 4.5 mi fr Staunton **GS:** U **SP:** No spouse information **VI:** Died age 81years **P:** None **BLW:** No **PH:** N **SS:** A rec 180 **BS:** 183.

GARDINER, William C; b 1789, Newport, RI; d 20 Nov 1844 **RU:** Private, 60th VMR (Minor), Fairfax Co **CEM:** Old Presbyterian Meeting House; Alexandria; Wilkes & Hamilton **GS:** Y **SP:** mar Eliza Frances (-----), d 02 Feb 1857, in her 59th year **VI:** Died age 55, "many years a resident of Alexandria." Vestryman of St Paul's Church **P:** None **BLW:** No **PH:** N **SS:** A rec 793 **BS:** 32 pg 34.

GARDNER, James H; b 1796; d bur 11 Sep 1877 **RU**: Private, 1st VMR (Crutchfield) **CEM**: Hollywood; Richmond City; 412 S Cherry St, Sec E, lot 115 **GS**: U **SP**: mar Phebe P (-----), bur 01 Aug 1875 age 76 yrs, 8 mos, 27 days. Sec E, lot 115 **VI**: No further data **P**: None **BLW**: No **PH**: N **SS**: A rec 466 **BS**: 237.

GARDNER, John; b UNK; d bur 07 Dec 1852 **RU**: Private, Detachment of Cavalry **CEM**: Hollywood; Richmond City; 412 S Cherry St, Sec E, lot 109 **GS**: U **SP**: No spouse information **VI**: No further data **P**: None **BLW**: No **PH**: N **SS**: A rec 507 **BS**: 237.

GARDNER, John; b 21 Dec 1798; d 21 Feb 1871 **RU**: Private, 5th VMR **CEM**: Flat Rock Brethren; Shenandoah; Forestville **GS**: Y **SP**: No spouse information **VI**: No further data **P**: None **BLW**: No **PH**: N **SS**: A rec 550 **BS**: 115 pg 46.

GARDNER, William H H; b UNK; d bur 17 Feb 1855 **RU**: Private, 74th VMR, Hanover Co **CEM**: Hollywood; Richmond City; 412 S Cherry St, Sec E, lot 116 **GS**: U **SP**: No spouse information **VI**: No further data **P**: None **BLW**: No **PH**: N **SS**: A rec 794 **BS**: 237.

GARLAND, David Shepperd; b 1769; d 1841 **RU**: Private, 6th VMR (Sharp) **CEM**: Winton; Amherst; Rt 151, Winton Grounds **GS**: Y **SP**: mar in Amherst Co on 04 Mar 1795 (bond) to Jane H Meredith daughter of Col Samuel and Jane (Henry) Meredith. Her father gave consent **VI**: Member of Congress **P**: None **BLW**: No **PH**: N **SS**: A rec 936 **BS**: 5 pg 189; 261.

GARLAND, James; b 06 Jun 1791, Ivy Depot, Albemarle Co; d 08 Aug 1885, Lynchburg **RU**: 1st Lieutenant, 1st VMR (Holcombe) **CEM**: Spring Hill; Lynchburg; 3000 Fort Ave **GS**: U **SP**: No spouse information **VI**: Lawyer, member VA House of Delegates 1829-31; U.S. Congress 1835-1841 **P**: None **BLW**: No **PH**: N **SS**: A rec 958 **BS**: 168.

GARLAND, James; b 1774; d 1815 **RU**: Lieutenant, 28th VMR, Capt Thomas Fortune, Artillery, Nelson Co **CEM**: Winton; Amherst; Rt 151, Winton Grounds **GS**: Y **SP**: mar Sarah J Burle **VI**: No further data **P**: Yes **BLW**: Yes **PH**: N **SS**: BD pg 791; B pg 142 **BS**: 5 pg 189.

GARLAND, Samuel; b 05 May 1789, Albemarle Co; d 10 Nov 1861, Coahoma Co, MS **RU**: Sergeant, 53rd VMR Capt James Dunnington, Artillery, Campbell Co, attached to Cocke's Detachment **CEM**: Presbyterian Cemetery; Lynchburg; Grace & Bailey Sts **GS**: Y **SP**: mar 24 Aug 1818 in Bedford Co to Mary Lightfoot Anderson, b in Bedford Co, 26 Dec 1800, d 10 Mar 1898. Daughter of Jesse & Elizabeth (Jones) Anderson **VI**: Residence was "Oakley." Died in Mississippi but is buried in this cemetery **P**: Spouse **BLW**: Yes **PH**: Y **SS**: A rec 994; BD pg 791 **BS**: 49.

GARLAND, William Griffin; b 1793; d 01 Jun 1839 **RU**: Corporal, 41st VMR, Capt Clement Shackleford, Richmond Co **CEM**: Garland Family; Richmond County; "Woodlawn," Warsaw **GS**: Y **SP**: mar Mary Brockenbrough Leckie, b 20 Mar 1798, d 18 Sep 1888, resided in Warsaw, Richmond Co **VI**: No further data **P**: Spouse **BLW**: Yes **PH**: N **SS**: L pg 706; BD pg 791; B pg 178 **BS**: 230 v19 1895.

GARNER, James E; b UNK; d 06 Sep 1849 **RU**: Private, 57th VMR, Loudoun Co **CEM**: Leesburg Presbyterian; Loudoun; 307 W Market St, Leesburg **GS**: Y **SP**: mar Margaret (-----), d 13 Mar 1839 **VI**: No further data **P**: None **BLW**: No **PH**: N **SS**: A rec 1171 **BS**: 73 pg 107.

GARNER, William; b 21 Nov 1775; d Feb 1815 **RU**: Private, 3rd VMR (Dickinson) **CEM**: Jointee Church; Bedford; Chamblissburg **GS**: Y **SP**: No spouse information **VI**: No further data **P**: None **BLW**: No **PH**: N **SS**: A rec 1334 **BS**: 251 pg 803.

GARNETT, Robert; b 16 Jun 1770; d 11 Sep 1854 **RU**: Private, 87th VMR, Essex Co **CEM**: Old Garnett; Madison; Rt 600, nr Syria P.O. **GS**: Y **SP**: mar Rhoda (-----), d 28 Apr 1855, age 82 yrs and 4 days **VI**: An Elder in the Church **P**: None **BLW**: No **PH**: N **SS**: A rec 1356 **BS**: 191.

GARNETT, Thomas; b UNK; d 05 Apr 1826 **RU**: Private, 24th VMR, Capt John Gannaway, Buckingham Co, attached to 8th VMR (Wall) **CEM**: Garnett Family; Buckingham; Rt 15, Willis **GS**: Y **SP**: No spouse information **VI**: Handmade stone made of "green stone" probably from Willis Mountain **P**: None **BLW**: No **PH**: N **SS**: K pg 96-7 **BS**: 66 pg 266.

GARRET, Henry; b 05 Apr 1781; d 16 Jan 1866 **RU**: Private, 7th VMR (Magnien) **CEM**: Zion Methodist; Washington; 29249 Zion Church Rd, Damascus **GS**: Y **SP**: No spouse information **VI**: No further data **P**: None **BLW**: No **PH**: N **SS**: A rec 1501 **BS**: 116 pg 254.

RU=Rank/Unit CEM=Cemetery GS=Gravestone SP=Spousal Information VI=Other Veteran Info P=Pension
BLW=Bounty/Land Warrant PH=Photo SS=Service Source BS=Burial Source VMR= VA Military Regt
LNR= Last Known Residence

GARRETT, Henry; b 1781; d 01 Aug 1855 **RU:** Private, 7th VMR (Magnien) **CEM:** Ed Jones Farm; Chesapeake City; Rt 17 **GS:** Y **SP:** mar Rebecca (-----), d 14 Jan 1852, age 53 **VI:** No further data **P:** None **BLW:** No **PH:** N **SS:** A rec 1501 **BS:** 75 pg 114.

GARRETT, Henry Winder; b UNK; d 1879 **RU:** Private, 1st VMR (Trueheart) **CEM:** Bruton Parish; Williamsburg; 331 W Duke of Gloucester St **GS:** Y **SP:** No spouse information **VI:** Stone was standing in 1903 **P:** None **BLW:** No **PH:** N **SS:** A rec 1022 **BS:** 64 pg 119.

GARRETT, John C; b 1798, King & Queen Co; d bur 27 Mar 1835 **RU:** Private, US Artillery, Capt Russell **CEM:** Shockoe Hill; Richmond City; 100 Hospital St **GS:** U **SP:** No spouse information **VI:** Enlisted at Petersburg on 29 Jan 1814 and again at Ft Nelson on 29 Nov 1819. Was promoted to Sergeant in May of 1818 **P:** None **BLW:** No **PH:** N **SS:** C pg 69; P **BS:** 38 pg 14.

GARRETT, Robert Winder; b UNK; d 1838 **RU:** Private, 9th VMR (Boyd), King & Queen Co **CEM:** Bruton Parish; Williamsburg; 331 W Duke of Gloucester St **GS:** Y **SP:** No spouse information **VI:** stone standing in 1903 **P:** None **BLW:** No **PH:** N **SS:** A rec 1702 **BS:** 64 pg 119.

GARRETT, Thomas W; b UNK; d UNK **RU:** Private, 9th VMR, Capt John Bagby, Troop of Cavalry, King & Queen Co **CEM:** Bruton Parish; Williamsburg; 331 W Duke of Gloucester St **GS:** U **SP:** No spouse information **VI:** No further data **P:** None **BLW:** No **PH:** N **SS:** K pg 96 **BS:** 64 pg 116.

GARRISON, Edmund; b UNK; d 1841 (Will) **RU:** Private, 2nd VMR, Capt Samuel Henderson, Accomack **CEM:** Mount Holly; Accomack; Hill St, Onancock adj Fairview Lawn **GS:** Y **SP:** No spouse information **VI:** No further data **P:** None **BLW:** No **PH:** N **SS:** L pg 419 **BS:** 21 pg 101.

GARRISON, George; b UNK; d UNK **RU:** Private, 36th VMR (Reno), Prince William Co **CEM:** Fairfax City Cemetery; Fairfax; 10567 Main St, Section 2 **GS:** N **SP:** No spouse information **VI:** No further data **P:** None **BLW:** No **PH:** N **SS:** A rec 1854 **BS:** 89 v3 FX 153.

GARRISON, James; b 18 Apr 1773; d 01 Oct 1820 **RU:** Captain, 2nd VMR (Bayley), Accomack Co **CEM:** Garrison Plot; Accomack; 1.2 mi N of Quinby **GS:** U **SP:** mar Sarah (-----), d 13 Nov 1812 **VI:** No further data **P:** None **BLW:** No **PH:** N **SS:** A rec 1871 **BS:** 178.

GARTH, Jesse; b c1775 (1850 & 1860 census of Albemarle Co); d aft 1860 **RU:** Major, 88th VMR, Staff Officer, Albemarle Co **CEM:** Douglas Family; Albemarle; Rt 601, Hamilton Farm **GS:** N **SP:** Elizabeth (-----), age 69, was the only member living in this household in the 1850 census of Albemarle Co **VI:** Commissioned as Major on 19 Mar 1814 **P:** None **BLW:** No **PH:** N **SS:** B pg 35 **BS:** 245.

GARTH, Willis D; b 10 Oct 1790; d 06 Jan 1851 **RU:** Private, 47th VMR, Capt Robert McCulloch, Albemarle Co, attached to 7th VMR (Gray) **CEM:** Garth Chapel; Albemarle; nr jct Rts 601 & 29 **GS:** Y **SP:** No spouse information **VI:** No further data **P:** None **BLW:** No **PH:** N **SS:** K pg 344 **BS:** 94 v3 pg 108.

GARY, Thomas E; b UNK; d 1824 **RU:** Private, 39th VMR, Petersburg **CEM:** Glebe Church; Suffolk City; Bennett Creek **GS:** Y **SP:** No Spouse information **VI:** Inscription reads "In memory of Capt Thos. E. Gary died in the year 1824 aged [35?] years" **P:** None **BLW:** No **PH:** N **SS:** A rec 2259 **BS:** 245.

GASKINS, John; b 01 Mar 1791; d 05 Apr 1860 **RU:** Private, 59th VMR, Capt Ezekiel Powell, Nansemond Co, attached to 2nd VMR (Sharp) **CEM:** Gaskins / Lee; Suffolk City; Lee Property, Bennett's Creek **GS:** Y **SP:** mar Lovey Bruce Carney (his third wife), b 05 Nov 1812, d 15 Aug 1874 **VI:** First two wives have no stones **P:** None **BLW:** No **PH:** N **SS:** K pg 462; B pg 140 **BS:** 46 v1.

GASSOWAY, Charles; b UNK; d 27 Mar 1848 **RU:** Private, 32nd Regiment MD Militia (Hood) **CEM:** St James Episcopal; Loudoun; 14 Cornwall St, Leesburg **GS:** Y **SP:** mar (1) in Loudoun Co on 09 Jun 1825 to Catherine Noland; (2) to Henrietta (-----), d 02 Dec 1860 **VI:** No further data **P:** None **BLW:** No **PH:** N **SS:** A rec 2465 **BS:** 73 pg 108.

GATEWOOD, James; b UNK; d 1831 **RU:** Captain, 90th VA, Company Commander, Amherst Co **CEM:** Gatewood / Moncure; Caroline; Rt 716 **GS:** Y **SP:** No spouse information **VI:** No further data **P:** None **BLW:** No **PH:** N **SS:** B pg 64; G **BS:** 10 pg 73.

RU=Rank/Unit   CEM=Cemetery   GS=Gravestone   SP=Spousal Information   VI=Other Veteran Info   P=Pension
BLW=Bounty/Land Warrant   PH=Photo   SS=Service Source   BS=Burial Source   VMR= VA Military Regt
LNR= Last Known Residence

GAY, Edward S; b 1795; d 11 Aug 1874, Staunton **RU:** Private, 38th VMR, Capt William Bolling, Troop of Cavalry, Goochland Co **CEM:** Hollywood; Richmond City; 412 S Cherry St, Sec I, lot 79 **GS:** U **SP:** mar in Richmond City on 15 Dec 1840 to Catherine Tazewell, resided in Henrico Co **VI:** No further data **P:** Spouse **BLW:** No **PH:** N **SS:** A rec 739; BD pg 799; B pg 85 **BS:** 237.

GAYLE, Thomas; b 27 Jul 1796; d 04 Feb 1856 **RU:** Private, 61st VMR (Gayles), Capt Thomas James, Mathews Co **CEM:** Burwell Family; Mecklenburg; Rt 632, Chase City **GS:** Y **SP:** mar in Mecklenburg Co on 08 Dec 1819 (bond) to Elizabeth Coleman, b 20 Aug 1796, d 04 Jan 1868 **VI:** Also buried here is Jordan C Gayle, b 19 Apr 1824, d 01 Sep 1847 **P:** None **BLW:** No **PH:** N **SS:** M pg 476 **BS:** 24 pg 162.

GEDDY, William R; b 1781; d bur 28 May 1839 **RU:** Private, 19th VMR (Ambler), Richmond City **CEM:** Shockoe Hill; Richmond City; 100 Hospital St **GS:** U **SP:** No spouse information **VI:** No further data **P:** None **BLW:** No **PH:** N **SS:** A rec 1064 **BS:** 38 pg 18.

GEE, Benjamin; b 01 Jan 1780; d 02 Nov 1852, Brunswick Co **RU:** Private, 66th VMR, Capt William Griggs, Brunswick Co, attached to 1st VMR (Byrne) **CEM:** Canaan; Mecklenburg; jct Rts 626 & 624 **GS:** Y **SP:** mar in Mecklenburg Co on 23 Dec 1812 to Frances W Harper, daughter of John Harper, b 07 Apr 1792, d 24 Sep 1874, LNR Charlie's Hope, Brunswick Co, 1872 **VI:** No further data **P:** Spouse **BLW:** Yes **PH:** N **SS:** K pg 145; M pg 165; BD pg 800 **BS:** 24 pg 287.

GEE, Charles; b UNK; d c1848 **RU:** Private, 6th VMR (Sharp) **CEM:** Gee Family; Prince George; Rt 619, 2.5 miles SW Disputanta **GS:** N **SP:** No spouse information **VI:** No further data **P:** None **BLW:** No **PH:** N **SS:** A rec 1100 **BS:** 148.

GEE, Henry; b UNK; d 27 Apr 1845, Prince George Co **RU:** Sergeant, 62nd VMR, Capt Daniel Eppes, Prince George Co **CEM:** Blandford; Petersburg; 111 Rochelle Ln **GS:** Y **SP:** mar in Prince George Co on 30 Nov 1826 to Mahala A Sturdivant, d 18 Apr 1887 in Petersburg **VI:** No dates on stone, says only "62 Va Mil War 1812." Death date from widow's pension file **P:** Spouse **BLW:** No **PH:** N **SS:** K pg 212; BD pg 800 **BS:** 200.

GENTRY, Fleming P; b 1797; d 01 May 1857 **RU:** Private, 33rd VMR, Henrico Co **CEM:** Shockoe Hill; Richmond City; 100 Hospital St **GS:** U **SP:** mar Elizabeth (-----) **VI:** Plasterer. Son of A. Gentry **P:** None **BLW:** No **PH:** N **SS:** L pg 836 **BS:** 260.

GENTRY, John; b 1791; d bur 10 Sep 1850 **RU:** Private, 19th VMR (Ambler), Capt William Richards, Richmond City, attached to 1st Corps d'Elite (Randolph) **CEM:** Shockoe Hill; Richmond City; 100 Hospital St **GS:** U **SP:** mar (1) ----- Foulkes; (2) on 01 Apr 1834 to Mary Ann Willis, d 28 Jun 1889, LNR Richmond, Henrico Co, 1887 **VI:** No further data **P:** Spouse **BLW:** Yes **PH:** N **SS:** A rec 1591; M pg 166; BD pg 802; B pg 175 **BS:** 38 pg 52.

GEORGE, Bernard; b UNK; d 01 Apr 1863 **RU:** Private, 36th VMR, Prince William Co **CEM:** Cedar Hill; Fauquier; 4 mi NE of Bristersburg **GS:** U **SP:** mar Sarah Stark, 1797-1854 **VI:** No further data **P:** None **BLW:** No **PH:** N **SS:** A rec 1690 **BS:** 105.

GEORGE, Byrd; b 17 May 1768, Caroline Co; d 07 Dec 1836, Henrico Co **RU:** Major, 33rd VMR, Staff Officer, Henrico Co **CEM:** Byrd George Family; Henrico; Rt 60, 9.7 mi E of Richmond Rd, 4mi N on W side Briel's Farm Rd **GS:** Y **SP:** mar (1) Mary Crutchfield, b 30 May 1777, d 27 Sep 1807; (2) in Caroline Co on 08 Mar 1810 to Catherine Wilson. Marriage notice to "Miss Wilson of Caroline" in the *Visitor*, 17 Mar 1810, pg 27 **VI:** Commissioned 19 Mar 1811. He reserved 1/4 acre as a cemetery in 1814 **P:** None **BLW:** No **PH:** on-line **SS:** B pg 99 **BS:** 198; 245.

GEORGE, Issac; b 1789; d 11 Sep 1862 **RU:** Private, 92nd VMR (Chowning), Lancaster Co **CEM:** Christ Church Episcopal; Alexandria; Wilkes & Hamilton **GS:** Y **SP:** mar Elizabeth (-----), b 1792, d 1837 **VI:** Owned a soap and candle factory **P:** None **BLW:** No **PH:** N **SS:** A rec 1751 **BS:** 34 pg 97.

GEORGE, John B; b 30 Jul 1795; d 10 Nov 1854 **RU:** Sergeant, 4th VMR (Wood) **CEM:** Watts Family; Tazewell; Joshua St **GS:** U **SP:** No spouse information **VI:** No further data **P:** None **BLW:** No **PH:** N **SS:** A rec 1789 **BS:** 172 v3 pg 52.

GEORGE, William; b UNK; d 18 Aug 1836 **RU:** Private, 33rd VMR, Capt William Henley, Henrico Co **CEM:** Friendship Rest; Goochland; Rt 623 , 0.7 mi fr SW Rt 27 **GS:** Y **SP:** mar on 14 Oct 1819 to Susan Winn Holeman, b 16 May 1798, d 30 Jun 1886, LNR Goochland Co, 1878 **VI:** No further data **P:** Spouse **BLW:** Yes **PH:** N **SS:** A rec 1895; BD pg 803; B pg 99 **BS:** 78 pg 150.

RU=Rank/Unit CEM=Cemetery GS=Gravestone SP=Spousal Information VI=Other Veteran Info P=Pension
BLW=Bounty/Land Warrant PH=Photo SS=Service Source BS=Burial Source VMR= VA Military Regt
LNR= Last Known Residence

GETZ, Samuel; b 16 Apr 1793; d 25 Sep 1854 **RU**: Private, 6th VMR (Coleman) **CEM**: Soloman Church; Shenandoah; Rt 727, 9 mi SW of Mt Jackson **GS**: Y **SP**: mar Lydia Pence, b 04 May 1796, d 23 apr 1848, daughter of Conrad & Eve (-----) Pence **VI**: No further data **P**: None **BLW**: No **PH**: N **SS**: A rec 175 **BS**: 217.

GHOLSON, Thomas, Jr; b c1780, Orange Co; d 04 Jul 1816 **RU**: Private 5th VMR **CEM**: Gholson Family; Brunswick; Brunswick **GS**: N **SP**: mar Mrs Elizabeth Yates, nee Booth **VI**: Died from wounds received during the War in Washington, D.C. US Congressman and member of House of Delegates **P**: None **BLW**: No **PH**: N **SS**: A rec 602 **BS**: 245.

GIBBON, Frederick S; b 1789; d bur 04 Dec 1825 **RU**: Midshipman, US Navy **CEM**: Shockoe Hill; Richmond City; 100 Hospital St **GS**: U **SP**: No spouse information **VI**: Son of Maj James Gibbon. Achieved rank of Lieutenant on 01 Apr 1818 **P**: None **BLW**: No **PH**: N **SS**: AQ **BS**: 38 pg 3.

GIBBS, Richard; b 23 Mar 1788; d 10 May 1858 **RU**: Private, Battalion of Artillery **CEM**: Old Providence Church; Augusta; 1005 Spottswood Rd, Spottswood **GS**: Y **SP**: mar Isabella Gibbs Polllock Poague, b 1792, d 1855 **VI**: Son of Edward & Ruth (Harpin) Gibbs **P**: None **BLW**: No **PH**: Y **SS**: A rec 633 **BS**: 2 pg 55; 31.

GIBBS, Theodore; b 1791; d 04 Feb 1830 **RU**: Private, 5th VMR **CEM**: Trinity United Methodist; Alexandria; Wilkes St **GS**: Y **SP**: No spouse information **VI**: No further data **P**: None **BLW**: No **PH**: N **SS**: A rec 682 **BS**: 32 pg126.

GIBBS, William C; b 1786; d 19 Dec 1845 **RU**: Private, 2nd VMR (Ballowe) **CEM**: Old Presbyterian Church; Augusta; Waynesboro **GS**: U **SP**: No spouse information **VI**: No further data **P**: None **BLW**: No **PH**: N **SS**: A rec 718 **BS**: 183.

GIBSON, George; b UNK; d bur 23 Feb 1857 **RU**: Private, Battalion of Artillery **CEM**: Hollywood; Richmond City; 412 S Cherry St, Sec B, lot 75 **GS**: U **SP**: mar Elizabeth (-----), bur 23 Feb 1857, same day as husband, probably reinterred **VI**: Buried same day as wife, probably reinterred **P**: None **BLW**: No **PH**: N **SS**: A rec 870 **BS**: 237.

GIBSON, George M; b 1792; d 31 Dec 1853 **RU**: Private, 4th VMR (Beatty) **CEM**: Methodist Protestant; Alexandria; Wilkes St **GS**: Y **SP**: No spouse information **VI**: No further data **P**: None **BLW**: No **PH**: N **SS**: A rec 882 **BS**: 33 pg 149.

GIBSON, John; b 1794; d 21 Sep 1846 **RU**: Lieutenant, 36th VMR, Capt John Linton, Prince William Co **CEM**: Fleetwood Estate; Prince William; Rt 645, 3 mi S of Nokesville **GS**: Y **SP**: mar "Fanny" Muschett **VI**: Son of John & Ann Gibson of Orange Co. Died age 52 **P**: None **BLW**: No **PH**: N **SS**: L pg 548 **BS**: 130.

GIBSON, John; b 01 Jan 1775; d 26 Aug 1863 **RU**: Private, 70th VMR, attached to Bradley's Regiment **CEM**: Sinking Spring Presbyterian; Washington; Blackfield Rd, one block fr Main St, Abingdon **GS**: Y **SP**: mar Amelia (-----), b 27 Jan 1778, d 09 Oct 1857 **VI**: No further data **P**: None **BLW**: No **PH**: N **SS**: A rec 1074 **BS**: 116 pg 82.

GIBSON, Jonathan Cattlett; b 1793; d 09 Dec 1849 **RU**: Colonel, 36th VMR (Reno), Capt Joseph Gilbert, Prince William Co **CEM**: St Marks; Culpeper; Culpeper **GS**: Y **SP**: mar (1) Mary Dandridge Ball, b 1779, d 1822; (2) on 28 Dec 1824 to Mary Williams Shackelford, b 1798, d 1892, LNR PO Culpeper, 1879 **VI**: Attorney **P**: Spouse **BLW**: Yes **PH**: N **SS**: A rec 1085; M pg 167; BD pg 809; B pg 171 **BS**: 12 pg 26.

GIBSON, William E; b 1793; d bur 24 Apr 1858 **RU**: Private, 16th VMR, Capt Gullidemus Smith, Spotsylvania Co, attached to 1st VMR (Crutchfield) **CEM**: Hollywood; Richmond City; 412 S Cherry St, Sec C, lot 31 **GS**: Y **SP**: mar in 1817, King & Queen Co, to Nancy V Logest, d c1890, LNR Henrico Co **VI**: Grave is marked by US Daughters of 1812 **P**: Spouse **BLW**: No **PH**: N **SS**: A rec 1227; BD pg 809; B pg 171 **BS**: 237; 260.

GILBERT, Samuel; b 15 Nov 1796; d 29 Oct 1877 **RU**: Private, 18th VMR, Capt Abraham Staples, Patrick Co, attached to 6th VMR **CEM**: Wayside Church; Patrick; Wayside Rd, Stuart **GS**: Y **SP**: mar in Patrick Co, 05 Mar 1823 to Lucy Sharp, b 1799, d 1879, LNR PO Patrick Co Courthouse, 1878 **VI**: No further data **P**: Both **BLW**: Yes **PH**: N **SS**: A rec 1889; BD pg 813; B pg 157 **BS**: 154 pg 22.

GILES, William; b 1793; d bur 29 Mar 1833 **RU**: Corporal, 1st VMR (Trueheart) **CEM**: Shockoe Hill; Richmond City; 100 Hospital St **GS**: U **SP**: No spouse information **VI**: No further data **P**: None **BLW**: No **PH**: N **SS**: A rec 2212 **BS**: 38 pg 12.

GILKESON, John; b 15 Sep 1783; d 27 Feb 1856 **RU**: Captain, 51st VMR, Capt John Gilkerson, Frederick Co **CEM**: Opequon Presbyterian; Frederick; 217 Opequon Church Ln, Kernstown **GS**: Y **SP**: mar Susan L (-----), b 21 Aug 1781, d 30 May 1847 **VI**: Died in his 73rd year **P**: None **BLW**: No **PH**: N **SS**: L pg 359 **BS**: 79 pg 124; 151.

RU=Rank/Unit   CEM=Cemetery   GS=Gravestone   SP=Spousal Information   VI=Other Veteran Info   P=Pension
BLW=Bounty/Land Warrant   PH=Photo   SS=Service Source   BS=Burial Source   VMR= VA Military Regt
LNR= Last Known Residence

GILL, Peter K; b UNK; d bur 28 May 1852 **RU:** Lieutenant, 23rd VMR, Capt Alexander Gibbs, Chesterfield Co, attached to 2nd VMR (Ambler) **CEM:** Hollywood; Richmond City; 412 S Cherry St, Sec A, lot 5G **GS:** U **SP:** No spouse information **VI:** No further data **P:** None **BLW:** No **PH:** N **SS:** L pg 354 **BS:** 237.

GILL, Richard H; b 06 Mar 1798; d Jan 1852 **RU:** Private, 6th VMR (Sharp) **CEM:** Sunnybank; Northumberland; Oyster Point **GS:** Y **SP:** mar in Northumberland Co on 23 Dec 1822 (bond) to Polly Wise. In 1850 a female named Rebecca, age 35 is in this household (census) **VI:** No further data **P:** None **BLW:** No **PH:** N **SS:** A rec 157 **BS:** 269 pg 155.

GILL, William; b 10 Nov 1787; d 27 Sep 1852 **RU:** Private, 23rd VMR, Capt Alexander Gibbs, Chesterfield Co, attached to 2nd VMR (Ambler) **CEM:** Gill Family; Chesterfield; River Rd, 10 mi W of Petersburg **GS:** Y **SP:** mar Jane (-----) **VI:** Stone was in bad repair during WPA survey. Also buried there was James T. Gill, b 21 Aug 1826, d 19 Feb 1856 **P:** Spouse **BLW:** Yes **PH:** N **SS:** A rec 234; BD pg pg 815; B pg 60; M pg 169 **BS:** 228; 8 pg 4.

GILLESPIE, James; b 26 Apr 1796; d 10 Feb 1855 **RU:** Private, Flying Camp McDowell **CEM:** Duckwiler Family #2; Roanoke; Rt 639 across River **GS:** U **SP:** No spouse information **VI:** No further data **P:** None **BLW:** No **PH:** N **SS:** A rec 613 **BS:** 157 pg 115.

GILLESPIE, Robert J; b 1792, Prince Edward Co; d aft 1860 **RU:** Private, Maj Woodford's Cavalry Squadron (Dragoons) **CEM:** Gillespie Family; Buckingham; "Fool's Corner," Rt 601 **GS:** N **SP:** mar Maranda (-----) **VI:** No stone for either, but "known to be buried here." Age 68 on 1860 census of Buckingham Co **P:** None **BLW:** No **PH:** N **SS:** A rec 540 **BS:** 66 pg 268.

GILLESPIE, William; b 1784; d 1875 **RU:** Lt Colonel, 112th VMR, Tazewell Co **CEM:** Gillespie Family; Tazewell; Fairmont Subdivision **GS:** U **SP:** mar Jennie Draper Crockett **VI:** No further data **P:** None **BLW:** No **PH:** N **SS:** B pg 196 **BS:** 172 v2 pg 32.

GILLIAM, Isham; b UNK; d 10 Nov 1859 **RU:** Private, 24th VMR, Capt John Gannaway, Buckingham Co, attached to 8th VMR (Wall) **CEM:** Gilliam Family #1; Buckingham; Rt 636, 0.75 W of New Store **GS:** Y **SP:** No spouse information **VI:** Died age 85 **P:** None **BLW:** No **PH:** N **SS:** K pg 96 **BS:** 209.

GILLIAM, John; b UNK; d 1828 **RU:** Private, 5th VMR (McDowell) **CEM:** Gills Home Graveyard; Buckingham; nr jct Rts 636 & 608 on private road **GS:** Y **SP:** Was married, wife's name not known **VI:** Legend tells us that he was so mean to his wife that she buried him face down and covered his grave with a 3 foot wall of stone and placed one huge stone on top of that to ensure he would never return to this earth **P:** None **BLW:** No **PH:** N **SS:** A rec 755 **BS:** 209.

GILLIAM, John; b 24 Feb 1776, Cumberland Co; d 26 Jun 1851, Maidens Adventure, Powhatan Co **RU:** Private, 5th VMR **CEM:** St Luke's Church; Powhatan; 1.3 mi E of Fine Creek **GS:** Y **SP:** mar Mary Jefferson James, daughter of Col Richard James of Cumberland Co, b 09 Dec 1781, d 11 Feb 1851 **VI:** No further data **P:** None **BLW:** No **PH:** N **SS:** A rec 755 **BS:** 233.

GILLIAM, John; b 09 Apr 1790; d 15 Aug 1843 **RU:** Surgeon's Mate, 39th VMR, Petersburg **CEM:** Violet Bank; Chesterfield; Richmond Tpk, 0.5 mi N of Petersburg **GS:** Y **SP:** mar Elizabeth Shore, b 26 Jan 1797, d 26 Mar 1858, daughter of Thomas Shore, Esq of Violet Bank **VI:** Doctor of Petersburg. Son of Dr James Skelton Gilliam **P:** None **BLW:** No **PH:** N **SS:** A rec 758 **BS:** 200; 8 pg 174.

GILLIAM, John R; b UNK; d 02 Mar 1857 **RU:** Private, 24th VMR, Capt William Holman, Buckingham Co, attached to 7th VMR (Gray) **CEM:** Gilliam Family #2; Buckingham; Rt 609, "Ossie Ola" **GS:** Y **SP:** mar (1) Judith (-----), d 16 Jun 1852 age 58 yrs, 16 days; (2) Martha (-----), b 02 Jun 1807, d 19 Feb 1860, "consort of John R. Gilliiam" **VI:** In 1997, this cemetery was being used by the owners as a livestock yard and the stones were being destroyed **P:** None **BLW:** No **PH:** N **SS:** K pg 335-356 **BS:** 66 pg 269; 209.

GILLIAM, Richard Clements; b 30 Dec 1787; d 20 Aug 1835 **RU:** Lieutenant, 33rd VMR, Henrico Co **CEM:** Patteson Family; Chesterfield; Laurel Meadows **GS:** Y **SP:** No spouse information **VI:** No further data **P:** None **BLW:** No **PH:** N **SS:** A rec 774 **BS:** 8 pg 6.

GILMER, Francis Walker; b 09 Oct 1790; d 25 Feb 1826 **RU:** Private, 88th VMR, Capt Samuel Carr, Troop of Cavalry, Albemarle Co **CEM:** Gilmer Family; Albemarle; Rio Rd, Charlottesville **GS:** Y **SP:** No spouse information **VI:** President-elect of law in the University of Virginia **P:** None **BLW:** No **PH:** N **SS:** L pg 196 **BS:** 94 v1 pg 235.

RU=Rank/Unit	CEM=Cemetery	GS=Gravestone	SP=Spousal Information	VI=Other Veteran Info	P=Pension
BLW=Bounty/Land Warrant	PH=Photo	SS=Service Source	BS=Burial Source	VMR= VA Military Regt	
LNR= Last Known Residence					

GLADDEN, James; b 1784; d 1862 **RU:** Private, Capt Black's Company **CEM:** Mount Crawford; Rockingham; Mt Crawford **GS:** Y **SP:** mar Elizabeth (-----), b 1787, d 1872 **VI:** No service record other than widow's rejected pension application **P:** Spouse App **BLW:** No **PH:** N **SS:** BD pg 823 **BS:** 262.

GLADSTON, Daniel; b c1791; d 17 Aug 1886 **RU:** Private, 44th VMR, Capt James Payne, Fauquier Co **CEM:** Amissville Baptist; Rappahannock; 766 Viewton Rd, Amissville **GS:** N **SP:** mar (1) Mary Heflin; (2) Elizabeth Creel; (3) on 25 Oct 1869 to Edna Goff, b c1820, d Aug 1904, buried at Amissville Baptist Church **VI:** No further data **P:** Both **BLW:** Yes **PH:** N **SS:** Bd pg 823; B pg 74; M pg 171 **BS:** 270.

GLASCOCK, Benjamin; b 1779; d after 186o **RU:** Private, 44th VMR, Capt Nathaniel Grigsby, Troop of Calvary **CEM:** Glascock Family; Fauquier; Rt 55, Belvoir **GS:** Y **SP:** No spouse information **VI:** Son of Lt Thomas Glascock and Agnes / Agatha Rector **P:** None **BLW:** No **PH:** N **SS:** A rec 2610 **BS:** 4 pg 68.

GLASCOCK, Henry; b 16 Jun 1790, Harrison Co, WVA; d 20 Feb 1880 **RU:** Private, 44th VMR, Capt Nathaniel Grigsby, Troop of Calvary; **CEM:** O'Bannon / Glascock; Fauquier; Rt 698 (O'Bannon Rd) **GS:** Y **SP:** mar Jane Linton Combs, b 1794 **VI:** Son of Thomas and Agnes (Rector) Glascock **P:** None **BLW:** No **PH:** N **SS:** A rec 2623 **BS:** 4 pg 154.

GLASCOCK, John; b UNK; d 29 Jan 1871 **RU:** See Appendix G **CEM:** Rectortown; Fauquier; Rt 624 NE Rectortown **GS:** Y **SP:** No spouse information **VI:** No further data **P:** None **BLW:** No **PH:** N **SS:** A rec 2389; B pg 74 **BS:** 4 pg 67.

GLASCOCK, John Thomas; b c1796; d 05 Oct 1856 **RU:** Private, 44th VMR, Capt Nathaniel Grigsby, Troop of Calvary; **CEM:** Glascock Family; Fauquier; Rt 55, Belvoir **GS:** Y **SP:** No spouse information **VI:** Son of Thomas Glascock; **P:** None **BLW:** No **PH:** N **SS:** A rec 2626 **BS:** 4 pg 68.

GLASCOCK, William; b 20 May 1785; d 17 Feb 1857 **RU:** Fifer, 44th VMR, Capt Nathaniel Grigsby, Troop of Cavalry, Fauquier Co **CEM:** Glascock Family; Fauquier; "Glenmore," Rt 624 NE of Rectortown **GS:** Y **SP:** mar 14 Mar 1798, Fauquier Co, Mahala Alice Cole **VI:** Appendix G **P:** None **BLW:** No **PH:** N **SS:** A rec 2654 **BS:** 4 pg 67.

GLASGOW, John; b 1785; d 1880 **RU:** Private, 8th VMR (Magnien) **CEM:** Stonewall Jackson Memorial; Lexington; S Main St **GS:** Y **SP:** No spouse information **VI:** No further data **P:** None **BLW:** No **PH:** N **SS:** A rec 2445 **BS:** 31.

GLASS, Thomas; b 12 Mar 1792, Frederick Co; d 13 Nov 1862, Frederick Co **RU:** Lieutenant, 51st VMR, Capt Francis Martin, Frederick Co, attached to 1st VMR (Taylor) **CEM:** Glen Burnie; Frederick; Winchester **GS:** U **SP:** mar (1) in Frederick Co on 17 Dec 1832 (bond) to Catherine Wood; (2) in Mercer Co [WV] on 09 Nov 1840, Margaret Kramer (Cramer), d c1896 **VI:** Grave is marked by US Daughters of 1812 **P:** Spouse **BLW:** No **PH:** N **SS:** A rec 2580; BD pg 825 **BS:** 25; 260.

GLASS, Willis; b 23 Feb 1780; d 18 Dec 1831 **RU:** UNK, UNK **CEM:** Farson Family; Pittsylvania; 5 mi NE of Java **GS:** U **SP:** mar Nancy (-----), b 23 Feb 1780, d 24 Mar 1855 **VI:** Styled "Captain" on tombstone. No other source for service has been found **P:** None **BLW:** No **PH:** N **SS:** G **BS:** 149.

GLASSELL, James M; b 1790; d 3 Nov 1838 **RU:** 1st Lieutenant, US Army, Capt Thornton's Co **CEM:** St John's Episcopal; Hampton City; 100 W Queens Way **GS:** U **SP:** mar Eudora Swartwout **VI:** Commissioned 1st Lt on 12 July 1814 and Adjutant in January 1815. Served in Baltimore **P:** None **BLW:** No **PH:** Y **SS:** AF **BS:** 31

GLENN, James; b 14 Oct 1781; d 14 Nov 1847 **RU:** Corporal, 2nd VMR (Bayley), Accomack Co **CEM:** Garrison Plot #2; Accomack; jct Rts 600 & 182 **GS:** Y **SP:** mar in Accomack Co on 01 Jun 1801 to Kiturah Garrison, b 1790, d 1872 **VI:** No further data **P:** None **BLW:** No **PH:** N **SS:** A rec 151 **BS:** 21 pg 105.

GLENN, John; b 21 Jun 1771; d 11 Feb 1825 **RU:** Corporal, 3rd VMR (Dickensen) **CEM:** Blackford Family; Page; Old Furnace Rd, Luray **GS:** Y **SP:** No spouse information **VI:** No further data **P:** None **BLW:** No **PH:** N **SS:** A rec 182 **BS:** 156.

GLENN, John P; b UNK; d bur 07 Jul 1862 **RU:** Private, 74rh VMR (Trueheart), Capt Thomas Jones, Hanover Co **CEM:** Hollywood; Richmond City; 412 S Cherry St, Sec R, lot 104 **GS:** U **SP:** No spouse information **VI:** No further data **P:** None **BLW:** No **PH:** N **SS:** L pg 505 **BS:** 237.

GLENN, Thomas; b 1767; d 1832 **RU:** Private, Cavalry Detachment **CEM:** Cedar Grove; Norfolk City; 238 E Princess Anne Rd **GS:** U **SP:** No spouse information **VI:** No further data **P:** None **BLW:** No **PH:** N **SS:** A rec 223 **BS:** 49 Nov 09.

RU=Rank/Unit CEM=Cemetery GS=Gravestone SP=Spousal Information VI=Other Veteran Info P=Pension
BLW=Bounty/Land Warrant PH=Photo SS=Service Source BS=Burial Source VMR= VA Military Regt
LNR= Last Known Residence

GLENN, William; b 1795; d bur 24 Jul 1873 **RU**: Private, 74th VMR (Trueheart), Capt Thomas Jones, Hanover Co **CEM**: Hollywood; Richmond City; 412 S Cherry St, Sec R, lot 104 **GS**: U **SP**: No spouse information **VI**: No further data **P**: None **BLW**: No **PH**: N **SS**: L pg 505 **BS**: 237.

GLOVER, John; b 1773; d 23 May 1861 **RU**: Private, 24th VMR, Capt John Gannaway, Buckingham Co, attached to 8th VMR (Wall) **CEM**: Maysville Presbyterian; Buckingham; Rt 60 **GS**: N **SP**: mar Martha Glover **VI**: Son of Chapman and Emma G Glover. He was a blacksmith. Death and spouse data from familysearch.org **P**: None **BLW**: No **PH**: N **SS**: K pg 97 **BS**: 66 pg 353.

GLOVER, John Anthony; b UNK; d 11 Apr 1832 **RU**: Private, 2nd VMR (Ballowes) **CEM**: Glover Family; Buckingham; 0.2 mi NE of Alcoma off Rt 60 **GS**: Y **SP**: mar Susan Tindal, b 24 Apr 1796, d 18 Jan ----- **VI**: No further data **P**: None **BLW**: No **PH**: N **SS**: A rec 466 **BS**: 209.

GOAD, Aaron; b 1784; d 09 Dec 1858 **RU**: Private, 75th VMR, Capt James Hoge, Montgomery Co, attached to 4th VMR **CEM**: Henderson / Goad; Carroll; Carroll **GS**: Y **SP**: mar in Grayson Co on 26 Mar 1823 to Eleanor Cook, d 05 Mar 1888 in Dugspur, Montgomery Co **VI**: No further data **P**: Spouse **BLW**: Yes **PH**: N **SS**: BD pg 828; B pg 183; M pg 172 **BS**: 90 pg 161.

GOBBLE, Abraham; b 10 Feb 1775; d 16 Jun 1864 **RU**: Private, 7th VMR (Saunders) **CEM**: Gobble Family; Washington; Rt 614, vic Hiltons **GS**: Y **SP**: mar Mary Ann (-----), b 10 Sep 1771, d 09 Aug 1810 **VI**: No further data **P**: None **BLW**: No **PH**: N **SS**: A rec 624 **BS**: 116 pg 5.

GODDIN, John; b 1788; d bur 23 Feb 1864 **RU**: Sergeant, 19th VMR (Ambler), Richmond City **CEM**: Hollywood; Richmond City; 412 S Cherry St, Sec E, lot 72 **GS**: U **SP**: No spouse information **VI**: No further data **P**: None **BLW**: No **PH**: N **SS**: A rec 812 **BS**: 237.

GODFREY, William D; b 1786; d 01 Apr 1831 **RU**: Private, 39thVMR, Capt Alexander Taylor, Petersburg Republican Light Infantry, Petersburg, attached to 2nd VMR (Sharp) **CEM**: Shockoe Hill; Richmond City; 100 Hospital St **GS**: U **SP**: No spouse information **VI**: "Formerly of Petersburg" (obituary) **P**: None **BLW**: No **PH**: N **SS**: K pg 160 **BS**: 38 pg 9.

GOFF, George William; b UNK; d UNK **RU**: Captain, 23rd VMR (Brown), Company Commander, Manchester Republican Blues, Chesterfield Co **CEM**: Hollywood; Richmond City; 412 S Cherry St **GS**: U **SP**: No spouse information **VI**: No further data **P**: None **BLW**: No **PH**: N **SS**: B pg 60 **BS**: 260.

GOFFIGON, James; b UNK; d 1839 (Will) **RU**: Private, 27th VMR, Capt Southy Goffigon, Northampton Co **CEM**: Farmers Delight; Northampton; E of Rt 13, 0.1 mi south of Rt 643, NE of house **GS**: Y **SP**: mar in Northampton Co on 21 Dec 1802 (bond) to Polly Goffingon, daughter of Nathaniel Goffingon who gave consent **VI**: No further data **P**: None **BLW**: No **PH**: N **SS**: K pg 112 **BS**: 20 pg 34.

GOFFIGON, John; b 1772; d 20 Jan 1838 **RU**: Private, 27th VMR, Capt Southy Goffigon, Northampton Co **CEM**: Bayview; Northampton; E of Rt 13, 2.9 mi S of Rt 184; on dirt lane 1.2 mi, Dalby **GS**: Y **SP**: mar in Northampton Co on 19 Apr 1796 to Sarah Goffingon, d 17 Oct 1831, age 58 **VI**: John Goffigon, Esquire **P**: None **BLW**: No **PH**: N **SS**: K pg 112 **BS**: 20 pg 34.

GOOCH, Claiborne Watts; b 1788; d bur 22 Apr 1844 **RU**: Asst Adjutant General, Staff of Governor James Barbour **CEM**: Shockoe Hill; Richmond City; 100 Hospital St **GS**: U **SP**: mar at Tappahannock, 14 Oct 1818, Maria Barnes, daughter of Richard Barnes **VI**: Was a half owner and editor of the *Richmond Enquirer*, was appointed Postmaster at Richmond before 1841 **P**: None **BLW**: No **PH**: N **SS**: A rec 1969 **BS**: 38 pg 30.

GOOD, Felix; b 30 Aug 1794; d 26 Sep 1875 **RU**: Captain, 31st VMR, Capt Isaac Van Horn, Frederick Co, attached to 4th VMR (Boyd) **CEM**: Good Family; Frederick; Pinetop Rd **GS**: U **SP**: mar in Frederick Co on 14 Dec 1820 to Rachel Orndorff **VI**: LNR Back Creek, Frederick Co **P**: Yes **BLW**: Yes **PH**: N **SS**: BD pg 833; B pg 80 **BS**: 79 pg 126.

GOOD, Jacob; b 06 Apr 1799; d 12 Mar 1881 **RU**: Fifer, 4th VMR **CEM**: Gainesboro; Frederick; 166 Siler Ln, Gainesboro **GS**: Y **SP**: mar in Frederick Co on 05 Jan 1829 (bond) to Lucy Wigginton. James Walls surety **VI**: No further data **P**: None **BLW**: No **PH**: N **SS**: A rec 37 **BS**: 79 pg 126.

GOOD, John; b UNK; d bur 17 May 1867 **RU**: Private, 6th VMR (Coleman) **CEM**: Hollywood; Richmond City; 412 S Cherry St, Sec 6G, lot 10 **GS**: U **SP**: No spouse information **VI**: No further data **P**: None **BLW**: No **PH**: N **SS**: A rec 27 **BS**: 237.

RU=Rank/Unit CEM=Cemetery GS=Gravestone SP=Spousal Information VI=Other Veteran Info P=Pension
BLW=Bounty/Land Warrant PH=Photo SS=Service Source BS=Burial Source VMR= VA Military Regt
LNR= Last Known Residence

GOOD, Peter; b 19 Aug 1795; d 06 Jun 1856 **RU**: Private, 6th VMR (Coleman) **CEM**: Mt Pleasant Meeting House; Frederick; jct Rts 622-629 **GS**: Y **SP**: No spouse information **VI**: No further data **P**: None **BLW**: No **PH**: N **SS**: A rec 77 **BS**: 79 pg 127.

GOOD, Samuel; b 15 Apr 1794; d 30 Mar 1865 **RU**: Private, 6th VMR (Coleman) **CEM**: Flat Rock Brethren; Shenandoah; Forestville **GS**: Y **SP**: No spouse information **VI**: No further data **P**: None **BLW**: No **PH**: N **SS**: A rec 82 **BS**: 115 pg 47.

GOODALL, Charles Parke; b 1784; d 1855 **RU**: Captain, 74th VMR (Trueheart), Company Commander, Hanover Co **CEM**: Goodall's Tavern; Hanover; Rt 623 nr Rt 33 **GS**: N **SP**: mar Elizabeth (-----), b 1795, d 1880, "wife of Charles Parke Goodall" **VI**: No stones in this cemetery. Information provided by Ray K. Erhardt of Glen Allen (1995) **P**: None **BLW**: No **PH**: N **SS**: A rec 145 **BS**: 71 pg 75.

GOODE, Thomas; b 31 Sep 1787, Mecklenburg Co; d 02 Apr 1858 **RU**: Private, 48th VMR, Capt James Cartmill, Botetourt Co, attached to Flying Camp McDowell **CEM**: Manse Yard; Bath; Presbyterian Church, Hot Springs **GS**: Y **SP**: mar Mary A Knox **VI**: Purchased the hotel in Hot Springs in 1832. Physician **P**: None **BLW**: No **PH**: N **SS**: K pg 7; B pg 45 **BS**: 245.

GOODE, William O; b 16 Sep 1798; d 03 Jul 1859 **RU**: Private, 2nd VMR **CEM**: Wheatland Cemetery; Mecklenburg; Wheatland **GS**: Y **SP**: mar (1) at Dover Mills, Goochland Co, to Sarah Tazewell, d 09 Jul 1825, age 25; (2) Sarah (---) d 14 Apr 1844, age 33 **VI**: No further data **P**: None **BLW**: No **PH**: N **SS**: A rec 266 **BS**: 24 pg 107.

GOODING, William; b 1768; d 18 Jan 1861 **RU**: Private, 36th VMR (Reno), Prince William Co **CEM**: Gooding / Seaton; Fairfax; Little River Turnpike, Annandale **GS**: Y **SP**: mar Jane (-----), b 1753, d 1837 **VI**: No further data **P**: None **BLW**: No **PH**: N **SS**: A rec 423 **BS**: 89 v3; AN-16.

GOODRICH, Benjamin; b UNK; d UNK **RU**: Private, 29th VMR, Capt James Atkinson, Isle of Wight Co **CEM**: Goodrich Farm; Surry; Otterdam Rd **GS**: Y **SP**: mar in Isle of Wight Co on 06 Jan 1817 to Elizabeth Baccos **VI**: No dates on stone **P**: None **BLW**: No **PH**: N **SS**: K pg 474 **BS**: 169.

GOODSON, Samuel; b 07 Oct 1793; d 31 Jan 1820 **RU**: Private, Detachment of Cavalry **CEM**: Bristol Cemetery; Washington; Bristol, VA on NC state line **GS**: Y **SP**: No spouse information **VI**: No further data **P**: None **BLW**: No **PH**: N **SS**: Anc rec 969 **BS**: 145; 223.

GOODSON, Thomas; b 1789; d 15 Mar 1815 **RU**: Private, 8th VMR (Magnein) **CEM**: Pine Creek Primitive Baptist; Floyd; Spangler Mill Rd, Floyd **GS**: Y **SP**: No spouse information **VI**: No further data **P**: None **BLW**: No **PH**: N **SS**: A rec 972 **BS**: 91 pg 116.

GOODSON, William; b 11 Apr 1793; d 24 Oct 1852 **RU**: Private, 60th VMR, Capt George Graham, Troop of Cavalry, Fairfax Co, attached to 1st Corps d'Elite (Randolph) **CEM**: Pine Creek Primitive Baptist; Floyd; Spangler Mill Rd, Floyd **GS**: Y **SP**: mar in Patrick Co on 08 Jan 1837 America Sandefur, d c1891, LNR PO Turtle Rock, Floyd Co, 1878 **VI**: No further data **P**: Spouse **BLW**: Yes **PH**: Y **SS**: M pg 174; BD pg 838; B pg 71 **BS**: 25.

GOODWIN, Thomas; b 09 Oct 1770; d 14 Jan 1836 **RU**: Private, 4th VMR **CEM**: St George's Episcopal; Fredericksburg; 905 Princess Anne St **GS**: Y **SP**: mar Ann Maria Smith, daughter of William and Mary Smith, b 18 Feb 1775, d 18 Mar 1849. **VI**: No further data **P**: None **BLW**: No **PH**: N **SS**: A rec 1268 **BS**: 36 og 107.

GOODWYN, William B; b 1787; d 18 May 1848 **RU**: Private, 23rd VMR, Chesterfield Co **CEM**: Blandford; Petersburg; 111 Rochelle Ln **GS**: Y **SP**: mar Eliza N (-----), d 05 Nov 1857 in Southampton Co **VI**: Doctor. Died in Petersburg, age 61 **P**: None **BLW**: No **PH**: N **SS**: A rec 1331 **BS**: 200.

GORDON, Basil; b 16 May 1768, Dumfries, Scotland; d 20 Apr 1847, Falmouth, Stafford Co **RU**: Private, Key's Regiment Ohio Militia **CEM**: Masonic Cemetery; Fredericksburg; 900 Block, Charles St **GS**: Y **SP**: mar Annie C (-----) **VI**: Born near Kirkoudbrith, Scotland. Death notice says he was born at Dumfries, Scotland. Died at Falmouth. First millionaire in the United States **P**: None **BLW**: No **PH**: N **SS**: A rec 1738 **BS**: 52.

GORDON, John E; b UNK; d bur 07 Jul 1862 **RU**: Private, 1st Corps d'Elite (Randolph) **CEM**: Hollywood; Richmond City; 412 S Cherry St, Sec R, lot 90 **GS**: U **SP**: No spouse information **VI**: No further data **P**: None **BLW**: No **PH**: N **SS**: A rec 1888 **BS**: 237.

RU=Rank/Unit   CEM=Cemetery   GS=Gravestone   SP=Spousal Information   VI=Other Veteran Info   P=Pension
BLW=Bounty/Land Warrant   PH=Photo   SS=Service Source   BS=Burial Source   VMR= VA Military Regt
LNR= Last Known Residence

GORDON, John N; b 1793; d bur 04 Oct 1870 **RU:** Private, 6th VMR (Sharp) **CEM:** Hollywood; Richmond City; 412 S Cherry St, Sec K, lot 47 **GS:** U **SP:** No spouse information **VI:** No further data **P:** None **BLW:** No **PH:** N **SS:** A rec 1906 **BS:** 237.

GORDON, Robert; b 1789; d bur 20 Dec 1861 **RU:** Private, 19th VMR (Ambler), Richmond City **CEM:** Hollywood; Richmond City; 412 S Cherry St, Sec M, lot 14 **GS:** U **SP:** No spouse information **VI:** No further data **P:** None **BLW:** No **PH:** N **SS:** A rec 1986 **BS:** 237.

GORDON, Robert Dunbar; b 26 Apr 1785, Bermuda Hundred; d 04 Jun 1847 **RU:** Private, 19th VMR, (Ambler), Capt Anderson Miller, Richmond City **CEM:** Gordon Family; Buckingham; "Fair Oaks" 3.5 mi SE Andersonville on Rt 637 **GS:** Y **SP:** No spouse information **VI:** Doctor. Died at his residence. Only marked grave in cemetery. A story handed down is that Dr Gordon gathered all of his slaves in front of his house and committed suicide by slitting his throat **P:** None **BLW:** No **PH:** N **SS:** L pg 590 **BS:** 209; 66 pg 275.

GORDON, William Richards; b 1780; d 1855 **RU:** Private, 36th VMR (Reno), Prince William Co **CEM:** Gordon / Montague; Stafford; Rosepetal St (Rt 266) **GS:** Y **SP:** mar Mary A M (-----), d 1874 **VI:** No further data **P:** None **BLW:** No **PH:** N **SS:** A rec 2077 **BS:** 26 pg 221.

GORE, Joseph A; b UNK; d 1841 **RU:** Private, 56th VMR (Taylor), Loudoun Co **CEM:** Goose Creek Burying Ground; Loudoun; Rt 722, Lincoln **GS:** Y **SP:** No spouse information **VI:** No further data **P:** None **BLW:** No **PH:** N **SS:** A rec 2142 **BS:** 73 pg 115.

GOUGH, John M; b 04 Aug 1794; d 02 Aug 1862 **RU:** Private, 45th VMR (Peyton), Stafford Co **CEM:** Gough / Smith; Frederick; Mt Pleasant **GS:** Y **SP:** mar in Frederick Co on 14 May 1840 (returned by Robert P Ferguson) to Mary Ann Bouman, b 08 Dec 1813, d 18 Dec 1885 **VI:** No further data **P:** None **BLW:** No **PH:** N **SS:** A rec 77 **BS:** 79 pg 127.

GOUL, Christian; b 1788; d 13 Feb 1839 **RU:** Corporal, 58th VMR, Rockingham Co **CEM:** Old Monmouth; Rockbridge; 3.5 mi W of Lexington **GS:** Y **SP:** No spouse information **VI:** No further data **P:** None **BLW:** Yes **PH:** N **SS:** A rec 95; BD pg 845; B p. 182 **BS:** 193.

GOVAN, James, Jr; b 1791; d 08 Apr 1852 **RU:** Ensign, 74th VMR (Trueheart), Hanover Co **CEM:** Glenwood Farmer's Mountain; King & Queen; nr Mattaponi River **GS:** U **SP:** mar Lucy Garnett **VI:** No further data **P:** None **BLW:** No **PH:** N **SS:** A rec 491 **BS:** 161 pg 480.

GOVER, Samuel; b 11 Jun 1795; d 26 Jun 1875 **RU:** Private, MD Militia **CEM:** Old Stone Methodist; Loudoun; 110 Cornwall St, Leesburg **GS:** Y **SP:** mar Susan H (-----), 1804-1854 **VI:** No further data **P:** None **BLW:** No **PH:** N **SS:** A rec 469 **BS:** 80.

GRAHAM, Andrew; b 16 Feb 1773; d 09 Feb 1862 **RU:** Private, 56th VMR (Taylor), Loudoun Co **CEM:** Ketoctin Baptist; Loudoun; Alder School Rd (Rt 711), Eubanks **GS:** Y **SP:** No spouse information **VI:** No further data **P:** None **BLW:** No **PH:** N **SS:** A rec 986 **BS:** 73 pg 116.

GRAHAM, John; b 1772; d 28 Jan 1854 **RU:** Lieutenant, 5th VMR **CEM:** Wayside; Prince William; Rt 629 N of Haymarket **GS:** U **SP:** mar Frances Graham, b c1776, d 18 Jan 1859 **VI:** No further data **P:** None **BLW:** No **PH:** N **SS:** A rec 1172 **BS:** 130.

GRAHAM, John; b 11 May 1784; d 1861 **RU:** Lieutenant, 72th VMR, Capt George W Camp, Russell Co **CEM:** Graham Family; Wythe; Max Meadows **GS:** U **SP:** No spouse information **VI:** No further data **P:** None **BLW:** No **PH:** N **SS:** B pg 118 **BS:** 213.

GRAHAM, John; b 07 Apr 1793, Shaborne, Ireland; d 11 Jul 1848 **RU:** Private, 60th VMR (Minor), Fairfax Co **CEM:** Methodist Protestant; Alexandria; Wilkes St **GS:** Y **SP:** mar Sarah (-----), b 1795, d 1851 **VI:** No further data **P:** None **BLW:** No **PH:** N **SS:** A rec 1188 **BS:** 33 pg 150.

GRAHAM, John; b 1786; d bur 02 Jan 1853 **RU:** Private, 2nd VMR (Ballowe) **CEM:** Hollywood; Richmond City; 412 S Cherry St, Sec 16, Vault 1 **GS:** N **SP:** No spouse information **VI:** Possibly reinterred from Shockoe Hill Cemetery. Birth years agree, death dates do not **P:** None **BLW:** No **PH:** N **SS:** A rec 1161 **BS:** 38 pg 9; 237.

GRAHAM, Samuel; b 27 Aug 1774; d 02 Dec 1835 **RU:** Captain, 35th VMR, Company Commander, Wythe Co, attached to 4th VMR **CEM:** Old Bethel Church; Smyth; Rt 627 **GS:** Y **SP:** mar Rachel (-----), b 02 Oct 1779, d 11 Oct 1843 **VI:** "Pioneer" is inscribed on both stones **P:** None **BLW:** No **PH:** N **SS:** B 204 **BS:** 131 v2 pg 147.

RU=Rank/Unit CEM=Cemetery GS=Gravestone SP=Spousal Information VI=Other Veteran Info P=Pension
BLW=Bounty/Land Warrant PH=Photo SS=Service Source BS=Burial Source VMR= VA Military Regt
LNR= Last Known Residence

GRAHAM, William; b 13 Apr 1788; d 23 Dec 1866 **RU:** Private, 4th VMR **CEM:** Rock Spring; Washington; vic jct Rts 803 & 91 **GS:** Y **SP:** mar Isabella (-----), d 29 Jul 1860 age 66 yrs 4 mos 25 days **VI:** No further data **P:** None **BLW:** No **PH:** N **SS:** A rec 1332 **BS:** 116 pg 207.

GRAHAM, William; b 08 Nov 1793; d 26 Jul 1819 **RU:** Private, 4th VMR **CEM:** Graham Family; Wythe; Max Meadows **GS:** Y **SP:** No spouse information **VI:** No further data **P:** None **BLW:** No **PH:** N **SS:** A rec 1350 **BS:** 213.

GRANDSTAFF, George; b 22 Apr 1787; d 26 Apr 1878 **RU:** Ensign, 13th VMR, Capt George Shrum, Shenandoah Co, attached to Major Nathaniel Perkins' Garrison **CEM:** Old Edinburg Cemetery; Shenandoah; Edinburg **GS:** Y **SP:** mar 18 Mar 1810, Mary Reedy **VI:** Owned large mill and bore works around which the town of Edinburg arose **P:** Yes **BLW:** Yes **PH:** N **SS:** A rec 1496; B pg 185; BD pg 852; M pg 177 **BS:** 217, 245.

GRANT, Alexander; b 1778; d bur 13 Aug 1846 **RU:** Private, 19th VMR, Capt Wilson Bryan, Richmond City **CEM:** Shockoe Hill; Richmond City; 100 Hospital St **GS:** U **SP:** No spouse information **VI:** No further data **P:** None **BLW:** No **PH:** N **SS:** L pg 180 **BS:** 38 pg 36.

GRANT, James A; b 1776; d bur 06 Feb 1849 **RU:** Private, 2nd VMR (Ballowe) **CEM:** Shockoe Hill; Richmond City; 100 Hospital St **GS:** U **SP:** No spouse information **VI:** No further data **P:** None **BLW:** No **PH:** N **SS:** A rec 1743 **BS:** 38 pg 44.

GRANT, James H; b 1795; d 17 Mar 1837 **RU:** Private, 2nd Corps d'Elite (Greene) **CEM:** Sim / Pearson; Brunswick; Rt 603 **GS:** Y **SP:** No spouse information **VI:** No further data **P:** None **BLW:** No **PH:** N **SS:** A rec 1735 **BS:** 245.

GRANT, James S; b UNK; d UNK **RU:** Private, 3rd Regiment, East TN Militia (Johnson) **CEM:** Grant Family; Washington; Rt 720 **GS:** N **SP:** mar Jeannette (-----), b 13 Dec 1781, d 08 Jun 185x. Burial source: "Mr. Lacy Grant's grandmother" **VI:** Burial source: "Stone is worn with no dates, Mr. Grant's grandfather" **P:** None **BLW:** No **PH:** N **SS:** A rec 1738 **BS:** 116 pg 244.

GRANTLAND, John; b 1788; d 08 Feb 1824 **RU:** Private, 19th VMR, Capt Anderson Miller, Richmond City **CEM:** Shockoe Hill; Richmond City; 100 Hospital St **GS:** Y **SP:** No spouse information **VI:** Attorney **P:** None **BLW:** No **PH:** N **SS:** L pg 591 **BS:** 38 pg 2.

GRAVES, Benjamin F; b UNK; d UNK **RU:** Private, 1st VMR (Yancey) **CEM:** Graves Family; Spotsylvania; Rt 652 **GS:** Y **SP:** No spouse information **VI:** No further data **P:** None **BLW:** No **PH:** N **SS:** A rec 2117 **BS:** 18 pg 82.

GRAVES, Charles; b UNK; d UNK **RU:** Private, 2nd VMR, Capt Edward Johnson, Chesterfield Co **CEM:** Hollywood; Richmond City; 412 S Cherry St **GS:** U **SP:** mar in Chesterfield Co on 02 Oct 1819 to Mary Cox **VI:** No further data **P:** None **BLW:** No **PH:** N **SS:** K pg 76 **BS:** 260.

GRAVES, George; b 22 May 1796; d 19 Feb 1845 **RU:** Private, 1st VMR (Allen) **CEM:** Graves Family; Dinwiddie; Rt 633 about 12 mi SE of Dinwiddie Church **GS:** Y **SP:** mar Ann S (-----), d 28 May 1853 **VI:** Son of Richard & Dolly Graves, "aged 48 years, 8 months & 19 days" **P:** None **BLW:** No **PH:** N **SS:** A rec 2180 **BS:** 210; 97 pg 130.

GRAVES, George; b UNK; d UNK **RU:** Private, 15th VMR, Capt Isaac Mitchell, Sussex Co **CEM:** Shockoe Hill; Richmond City; 100 Hospital St **GS:** U **SP:** No spouse information **VI:** No further data **P:** None **BLW:** No **PH:** N **SS:** L pg 594 **BS:** 38 pg 1.

GRAVES, Robert; b 01 Sep 1781; d 15 Dec 1844 **RU:** Private, 7th VMR (Magnein) Major Dempsey Veale, Norfolk Co **CEM:** Graves Family; Dinwiddie; Rt 633 about 12 mi SE of Dinwiddie Church **GS:** Y **SP:** No spouse information **VI:** Son of Richard & Dolly Graves. Died aged 53 years, 3 months & 15 days" **P:** None **BLW:** No **PH:** N **SS:** A rec 2358 **BS:** 210; 97 pg 125.

GRAY, Alexander; b 14 Mar 1788; d 12 Jun 1859 **RU:** Private, TN Miliia, Capt Jesse Bean **CEM:** Gray Cemetery; Scott; Wood **GS:** Y **SP:** mar Harriet Mason, who drew pension, LNR Osborn's Ford, Scott Co **VI:** Was a volunteer in General Coffey's Brigade and was wounded and taken prisoner by the British at the battle of New Orleans on 09 January 1813 **P:** None **BLW:** No **PH:** N **SS:** BD pg 858; M pg 178 **BS:** 245.

GRAY, Benjamin; b UNK; d bur 22 Oct 1858 **RU:** Private, 6th VMR **CEM:** Hollywood; Richmond City; 412 S Cherry St, Sec C, lot 13 **GS:** U **SP:** No spouse information **VI:** No further data **P:** None **BLW:** No **PH:** N **SS:** A rec 60 **BS:** 237.

RU=Rank/Unit CEM=Cemetery GS=Gravestone SP=Spousal Information VI=Other Veteran Info P=Pension
BLW=Bounty/Land Warrant PH=Photo SS=Service Source BS=Burial Source VMR= VA Military Regt
LNR= Last Known Residence

GRAY, Daniel L; b 18 Jan 1792; d 08 Oct 1880 **RU:** Private, 18th VMR, Lt John Coon, Patrick Co **CEM:** Loggins Family; Patrick; Rt 8 one mi N of NC state line **GS:** Y **SP:** mar Winifred Webb **VI:** LNR Patrick Co C.H., 1878 **P:** Yes **BLW:** Yes **PH:** N **SS:** A rec 987; BD pg 858; B pg 157 **BS:** 154 pg 26.

GRAY, French Strother; b 1790; d 1820 **RU:** Private, 53rd VMR, Capt James Dunington, Artillery, Campbell Co, attached to Cocke's Detachment **CEM:** Old City Cemetery; Lynchburg; 401 Taylor St, Sec 102 W **GS:** U **SP:** No spouse information **VI:** No further data **P:** None **BLW:** No **PH:** N **SS:** L pg 293 **BS:** 49.

GRAY, James; b 1788; d aft 1850 **RU:** Private, 19th VMR (Ambler), Richmond City **CEM:** Hollywood; Richmond City; 412 S Cherry St **GS:** U **SP:** No spouse information **VI:** Age 62 on 1850 census of Richmond City **P:** None **BLW:** No **PH:** N **SS:** A rec 314 **BS:** 260.

GRAY, John; b 29 Jul 1788; d 23 Mar 1878 **RU:** Private, 5th VMR (McDowell) **CEM:** Fincastle Presbyterian; Botetourt; 108 E Back St, Fincastle **GS:** Y **SP:** mar Sarah Brigit Moore, b 16 Feb 1799, d 09 Sep 1838 **VI:** Tombstone reads "Father & Mother" **P:** None **BLW:** No **PH:** N **SS:** A rec 417 **BS:** 194.

GRAY, John; b 04 Mar 1769; d 18 Jul 1848, Stafford Co **RU:** Sergeant, 6th VMR (Ritchie) **CEM:** Traveller's Rest Farm; Stafford; 4.8 mi NW of Stafford **GS:** Y **SP:** Also buried here is Lucy Gray, d 08 May 1851, age 78 **VI:** No further data **P:** None **BLW:** No **PH:** N **SS:** A rec 421 **BS:** 57; 26 pg 374.

GRAY, John D; b 11 Jan 1799; d 27 Feb 1875 **RU:** Musician, 105th VMR, Lt John Gray, Washington Co, attached to Bradley's Command **CEM:** Green Springs; Washington; Rt 75, 5 mi S of I-81 **GS:** Y **SP:** mar Mary M (-----), b 06 May 1802, d 01 Jun 1867 **VI:** No further data **P:** Spouse **BLW:** No **PH:** N **SS:** B pg 198; BD pg 859 **BS:** 116 pg 272.

GRAY, John P; b UNK; d aft 1840 **RU:** Captain, 10th & 91st VMR, Company Commander, Bedford Co **CEM:** McCabe Family; Bedford; Thaxton **GS:** Y **SP:** No spouse information **VI:** Enumerated on 1840 census of Bedford Co **P:** None **BLW:** No **PH:** N **SS:** B pg 42 **BS:** 107 pg 1.

GRAY, Nathaniel; b UNK; d 1863 **RU:** Sergeant, 39th VMR, Capt Thomas S Booth, Petersburg **CEM:** St Lukes Church; Isle of Wight; 14477 Benn's Church Rd, Smithfield **GS:** Y **SP:** mar Sarah Nelms, d 1850 **VI:** No further data **P:** None **BLW:** No **PH:** Y **SS:** A rec 524 **BS:** 76 pg 54.

GRAY, Robert Hening; b 1792; d 1865 **RU:** Corporal, 29th VMR, Capt Charles Wrenn, Isle of Wight Co **CEM:** Old City Cemetery; Lynchburg; 401 Taylor St, sec 102 W **GS:** Y **SP:** No spouse information **VI:** Son of Francis Gray who had Rev War service **P:** None **BLW:** No **PH:** N **SS:** L pg 293 **BS:** 88 pg 2.

GRAY, William; b bef 1775; d 1820 **RU:** Private, 4th VMR **CEM:** Gray Family; Halifax; Mayo **GS:** U **SP:** mar Mary Powell **VI:** No further data **P:** None **BLW:** No **PH:** N **SS:** A rec 728 **BS:** 260.

GRAY, William; b 27 Aug 1793; d 28 Nov 1873 **RU:** Private, 68th VMR, James City Co & York Co **CEM:** Hollywood; Richmond City; 412 S Cherry St **GS:** Y **SP:** mar Susan (-----), b 02 May 1811, d 04 Nov 1844 **VI:** No further data **P:** None **BLW:** No **PH:** Y **SS:** A rec 752 **BS:** 31.

GRAY, William Fitzhugh; b UNK; d UNK **RU:** Captain, 30th VMR, Company Commander, Caroline Co, attached to 16th VMR, Spotsylvania Co **CEM:** Edmonds Family; Fauquier; Rt 734 nr Warrenton **GS:** Y **SP:** No spouse information **VI:** No further data **P:** None **BLW:** No **PH:** N **SS:** B pg 55 **BS:** 4 pg 54.

GRAY, William Waller; b 1788; d UNK **RU:** Private, Cocke's Detachment **CEM:** Old City Cemetery; Lynchburg; 401 Taylor St **GS:** Y **SP:** mar on 25 Jan 1816 by Rev Bryce to Mary (-----) of Richmond. Marriage notice in the *Richmond Examiner*, 30 Jan 1816, pg 3, does not give her maiden name **VI:** Styled as "William W. Gray, printer of Lynchburg" in his marriage notice **P:** None **BLW:** No **PH:** N **SS:** A rec 675 **BS:** 87 pg 260.

GREEN, Duff; b 1792; d 24 Aug 1854 **RU:** 1st Sergeant, KY Militia 8th Regiment, Capt W. P. Duvall **CEM:** Green Family #1; Stafford; vic Stafford HS **GS:** U **SP:** mar Eliza Ann (-----), b 1805, d 1876 **VI:** No further data **P:** Yes **BLW:** No **PH:** N **SS:** A rec 1247; BD pg 863 **BS:** 26 pg 231.

GREEN, George D; b 02 Jan 1797; d 05 Jan 1862 **RU:** Private, 6th VMR (Coleman) **CEM:** Blackford Family; Page; Old Furnace Rd, Luray **GS:** U **SP:** No spouse information **VI:** No further data **P:** None **BLW:** No **PH:** N **SS:** A rec 1353 **BS:** 156.

RU=Rank/Unit   CEM=Cemetery   GS=Gravestone   SP=Spousal Information   VI=Other Veteran Info   P=Pension
BLW=Bounty/Land Warrant   PH=Photo   SS=Service Source   BS=Burial Source   VMR= VA Military Regt
LNR= Last Known Residence

GREEN, James P; b 1776; d aft 1850 **RU**: Private, 20th VMR, Capt John Reade, Artillery, Princess Anne Co **CEM**: Goose Creek Burying Ground; Loudoun; Rt 722, Lincoln **GS**: U **SP**: No spouse information **VI**: Age 74 on the 1850 census of Clarke Co **P**: None **BLW**: No **PH**: N **SS**: A rec 1498 **BS**: 73 pg 120.

GREEN, James, Jr; b 1790; d 03 Nov 1832 **RU**: Private, 45th VMR, Capt William Fitzhugh, Stafford Co **CEM**: Lane / Green Family; Rappahannock; Rt. 622, Washington **GS**: Y **SP**: No spouse information **VI**: No further data **P**: None **BLW**: No **PH**: N **SS**: D pg 324 **BS**: 74 pg 33.

GREEN, John; b 21 Jun 1771; d 11 Feb 1825 **RU**: Private, 4th VMR (Boyd) **CEM**: Blackford Family; Page; Old Furnace Rd, Luray **GS**: U **SP**: No spouse information **VI**: No further data **P**: None **BLW**: No **PH**: N **SS**: A rec 1638 **BS**: 156.

GREEN, John C; b 1785; d 15 Mar 1845 **RU**: Private, 4th VMR (Beatty) **CEM**: Brucetown Methodist; Frederick; 2161 Brucetown Rd, Clear Brook **GS**: Y **SP**: No spouse information **VI**: Reverend **P**: None **BLW**: No **PH**: N **SS**: A rec 1637 **BS**: 79 pg 129.

GREEN, John C; b UNK; d 01 Oct 1875 **RU**: Private, 4th VMR (Beatty) **CEM**: Goose Creek Burying Ground; Loudoun; Rt 722, Lincoln **GS**: Y **SP**: No spouse information **VI**: No further data **P**: None **BLW**: No **PH**: N **SS**: A rec 2068 **BS**: 73 pg 120.

GREEN, John W; b UNK; d 11 May 1823 **RU**: Private, 83rd VMR, Capt Baker Pegram, Artillery, Dinwiddie Co, attached to 1st VMR (Byrne) **CEM**: Shockoe Hill; Richmond City; 100 Hospital St **GS**: U **SP**: No spouse information **VI**: Manager of Richmond Southern Theaters **P**: None **BLW**: No **PH**: N **SS**: K pg 379 **BS**: 38 pg 1.

GREEN, John Williams; b 1781; d 04 Feb 1834 **RU**: Captain, 16th VMR, Company Commander, Mounted Infantry, Spotsylvania Co, attached to Green's Mounted Infantry Regiment **CEM**: Fairview; Culpeper; Rt 522, Culpeper **GS**: Y **SP**: mar (1) on 09 Oct 1817 to Million Cooke, b 23 Aug 1785, d 11 Oct 1842, granddaughter of George Mason of Gunston Hall. She is buried at the Williams / Green plot at Cedar Farm; (2) on 24 Dec 1850 to Mary Brown, b 24 Dec 1805, daughter of of John Brown & Hannah Ball **VI**: Son of William and Lucy (Williams) Green. Judge, Justice & Chancellor of VA Supreme Court of Appeals (1822-1834). Home in Culpeper Co was called "Greenwood" **P**: None **BLW**: No **PH**: N **SS**: A rec 1703; K pg 48, 379 **BS**: 12 pg 56; 49.

GREEN, Macon M; b 1776; d bur 23 Mar 1843 **RU**: Corporal, 19th VMR (Ambler), Richmond City **CEM**: Shockoe Hill; Richmond City; 100 Hospital St **GS**: U **SP**: mar Mary E Tinsley, d Hanover Co, 23 Aug 1838, daughter of William Tinsley **VI**: No further data **P**: None **BLW**: No **PH**: N **SS**: A rec 1812 **BS**: 38 pg 27.

GREEN, Moses; b 1770; d 1856 **RU**: Adjutant General, Lt Colonel, 2nd Corps d'Elite **CEM**: Liberty Hall; Culpeper; Jeffersonton **GS**: N **SP**: mar Fanny Richards **VI**: Son of Col John Green & Susannah Blackwell, grandson of Robert Green & Eleanor Dunn, great grandson of William Green & Eleanor Duff, the latter of whom were Quaker emigrants from either Ireland or England. Eleanor Duff was the sister William Duff of King George Co, a prominent Quaker. During the War of 1812, he began as Captain in the 1st VMR, Colonel in the 6th & 10th VMR and eventually rising to the rank of Adjutant General for the Virginia State Militia, a position he resigned when the legislation required residency in Richmond. He also served in the House of Delegates from 1799-1802 & 1808-1811 **P**: None **BLW**: No **PH**: N **SS**: B pg 243 **BS**: 12 pg 58.

GREEN, Richard P; b 15 Nov 1794; d 10 Nov 1829 **RU**: Private, 74th VMR (Trueheart), Hanover Co **CEM**: Greenlands; Hanover; Rt 667 **GS**: Y **SP**: No spouse information **VI**: No further data **P**: None **BLW**: No **PH**: N **SS**: A rec 1910 **BS**: 71 pg 16.

GREEN, Thomas; b UNK; d 1858 **RU**: Private, 4th VMR (Beatty) **CEM**: Goose Creek Burying Ground; Loudoun; Rt 722, Lincoln **GS**: Y **SP**: No spouse information **VI**: No further data **P**: None **BLW**: No **PH**: N **SS**: A rec 2068 **BS**: 73 pg 121.

GREEN, Timothy; b 1782; d 23 Dec 1847 **RU**: 1st Sergeant, NY Militia Capt McMath, Volunteer Company **CEM**: St John's Episcopal; Hampton City; 100 W Queens Way **GS**: Y **SP**: No spouse information **VI**: Gravestone styles him "Captain" **P**: None **BLW**: No **PH**: N **SS**: A rec 2074 **BS**: 160 pg 58; 188.

GREEN, Wilford; b UNK; d UNK **RU**: Private, 40th Regiment, MD Militia **CEM**: Goose Creek Burying Ground; Loudoun; Rt 722, Lincoln **GS**: U **SP**: No spouse information **VI**: No further data **P**: None **BLW**: No **PH**: N **SS**: A rec 2092 **BS**: 73 pg 121.

RU=Rank/Unit CEM=Cemetery GS=Gravestone SP=Spousal Information VI=Other Veteran Info P=Pension
BLW=Bounty/Land Warrant PH=Photo SS=Service Source BS=Burial Source VMR= VA Military Regt
LNR= Last Known Residence

GREEN, William; b UNK; d 30 Dec 1856 **RU:** Sergeant, 29th VMR, Capt Arthur Smith, Isle of Wight Co **CEM:** Green Family; Isle of Wight; 2 mi S of Benn's Church on Rt 10, 1 mi on Rt 660, then 1/2 mi NE **GS:** U **SP:** No spouse information **VI:** Died age 71 **P:** None **BLW:** No **PH:** N **SS:** K pg 366 **BS:** 186.

GREENHILL, William C; b 1785; d 27 Oct 1834 **RU:** Lt Colonel, 49th VMR, Commander, Nottoway Co **CEM:** Blandford; Petersburg; 111 Rochelle Ln **GS:** Y **SP:** No spouse information **VI:** Commissioned Lt Colonel on 05 May 1812 **P:** None **BLW:** No **PH:** N **SS:** B pg 154; AF **BS:** 200.

GREENHOW, George; b 1775; d 29 Jul 1839 **RU:** Corporal, 2nd VMR (Ballowe) **CEM:** Shockoe Hill; Richmond City; 100 Hospital St **GS:** U **SP:** No spouse information **VI:** No further data **P:** None **BLW:** No **PH:** N **SS:** A rec 2408 **BS:** 38 pg 18.

GREENLAW, William P; b UNK; d UNK **RU:** Private, 25th VMR, Capt John Ashton, King George Co **CEM:** Hollywood; Stafford; Hollywood Farm, Rt 601 **GS:** Y **SP:** No spouse information **VI:** No dates on stone **P:** None **BLW:** No **PH:** N **SS:** L pg 111 **BS:** 26 pg 248.

GREENWAY, Robert; b 1780; d 25 Nov 1837 **RU:** Private, 83rd VMR, Capt Theodrick Walker, Dinwiddie Co **CEM:** Greenway Family; Dinwiddie; Rt 662 abt 13 mi SE of Dinwiddie Church **GS:** Y **SP:** mar Ann Elizabeth Kennon, d 05 Mar 1838 **VI:** Eldest and only surviving son of Dr James Greenway (d 1797) **P:** None **BLW:** No **PH:** N **SS:** L pg 803 **BS:** 210; 97 pg 147.

GREENWOOD, Benjamin; b 1794; d 23 Apr 1850 **RU:** Drummer, 1st Regiment DC Militia **CEM:** Christ Church Episcopal; Alexandria; Wilkes & Hamilton **GS:** Y **SP:** No spouse information **VI:** Carpenter. Died age 56 **P:** None **BLW:** No **PH:** N **SS:** A rec 2632 **BS:** 34 pg 98.

GREGG, George Y; b UNK; d 1840 **RU:** Private, 57th VMR, Loudoun Co **CEM:** Goose Creek Burying Ground; Loudoun; Rt 722, Lincoln **GS:** Y **SP:** No spouse information **VI:** No further data **P:** None **BLW:** No **PH:** N **SS:** A rec 2763 **BS:** 73 pg 119.

GREGORY, Edmund D; b 1791; d 26 Aug 1826 **RU:** Private, 2nd VMR (Ballowe) **CEM:** Shockoe Hill; Richmond City; 100 Hospital St **GS:** Y **SP:** No spouse information **VI:** No further data **P:** None **BLW:** No **PH:** N **SS:** A rec 2636 **BS:** 38 pg 4.

GREGORY, Herbert; b 03 Apr 1777; d 02 Oct 1821 **RU:** Quartermaster Sergeant, 83rd VMR (Scott), Dinwiddie Co **CEM:** Gregory Family; Mecklenburg; jct Rts 655 & 657 **GS:** Y **SP:** mar Lucy Osborne Thweatt, d 04 Sep 1824, age 45 **VI:** Son of Roger & Fanny Gregory **P:** None **BLW:** No **PH:** N **SS:** L pg 28 **BS:** 24 pg 255.

GREGORY, James; b 1777; d 03 Nov 1825 **RU:** Sergeant, 111th VMR, Capt John Brown, Westmoreland Co **CEM:** Shockoe Hill; Richmond City; 100 Hospital St **GS:** Y **SP:** No spouse information **VI:** No further data **P:** None **BLW:** No **PH:** N **SS:** L pg 173; A rec 2579 **BS:** 38 pg 3.

GREGORY, John; b 1777; d 09 Oct 1836 **RU:** Captain, 23rd VMR, Company Commander, Chesterfield Co **CEM:** Gregory Family; Chesterfield; jct Rt 360 & Church Rd, Bellwood **GS:** U **SP:** No spouse information **VI:** Death date from obituary **P:** None **BLW:** No **PH:** N **SS:** L pg 382 **BS:** 49.

GREGORY, Peter Mallord; b 1798, Kilmarnock, Scotland; d 17 Mar 1817 **RU:** Private, 56th VMR, Loudoun Co **CEM:** Old Presbyterian Meeting House; Alexandria; Wilkes & Hamilton **GS:** Y **SP:** No spouse information **VI:** Died in his 20th year **P:** None **BLW:** No **PH:** N **SS:** A rec 2508 **BS:** 32 pg 36.

GREGORY, Richard Augustus; b 1795; d 1835 **RU:** Private, 5th VMR **CEM:** Gregory Family; Chesterfield; jct Rt 360 & Church Rd, Bellwood **GS:** Y **SP:** No spouse information **VI:** Son of Richard Gregory (1766-1844) **P:** None **BLW:** No **PH:** N **SS:** A rec 2499 **BS:** 8 pg 147.

GREGORY, William; b 12 May 1767, King William Co; d 21 Jan 1840 **RU:** Captain, 4th VMR (Boyd) **CEM:** Elsing Green; King William; Elsing Green Plantation, Pamunkey River **GS:** Y **SP:** mar Anne Southerland, d 28 Oct 1841 in her 74th year **VI:** Son of Roger Gregory (1729-1803) and Mary Cole Claiborne (1729-1771). Justice and Delegate of King William Co. An alternate source (findagrave.com) gives place of burial as "Chericoke" on "Carter Family Estate" with same dates **P:** None **BLW:** No **PH:** N **SS:** A rec 2438 **BS:** 126 pg 14; 245.

RU=Rank/Unit   CEM=Cemetery   GS=Gravestone   SP=Spousal Information   VI=Other Veteran Info   P=Pension
BLW=Bounty/Land Warrant   PH=Photo   SS=Service Source   BS=Burial Source   VMR= VA Military Regt
LNR= Last Known Residence

GRESHAM, John F, Jr; b UNK; d 1849 **RU**: Private, 92nd VMR (Chowning), Lancaster Co **CEM**: Hughlett Family; Lancaster; Rt 3, nr Lancaster C. H. **GS**: Y **SP**: mar Margaret Mitchell, b 1812, d 1860 [from plaque] **VI**: Memorial plaque erected March 1963. No stone. Dates from plaque **P**: None **BLW**: No **PH**: N **SS**: A rec 2250 **BS**: 15 pg 18.

GRICE, Charles A; b 26 Oct 1792; d 22 Jul 1870 **RU**: Private, 1st Regiment PA Militia, Capt Kuhn **CEM**: Cedar Grove; Portsmouth; Effington St & Fort Ln **GS**: Y **SP**: mar on 22 Jul 1847 Elizabeth Davis Edwards, b 10 Sep 1803, LNR Portsmouth, Norfolk Co,1878 **VI**: Member VA Soldiers of 1812 Society from Portsmouth and its Secretary 1854-1865. Organized the first fire company in the City. Grand Master of Masons. Founding member of St John's Episcopal Church **P**: Spouse **BLW**: Yes **PH**: N **SS**: M pg 181; BD pg 874 **BS**: 65 pg 108.

GRICE, George W; b 1791; d 14 Jun 1823 **RU**: Private, 1st Regiment MD Militia (Miller) **CEM**: Trinity Episcopal; Portsmouth; 500 Court St **GS**: Y **SP**: No spouse information **VI**: Son of Joseph Grice (1759-1820) & Mary (-----) **P**: None **BLW**: No **PH**: N **SS**: A rec 2043 **BS**: 124 stone 52.

GRIFFIN, James; b 1795; d bur 04 Jul 1854 **RU**: Private, 33rd VMR (Mayo), Henrico Co **CEM**: Hollywood; Richmond City; 412 S Cherry St, Sec D, lot 144 **GS**: U **SP**: No spouse information **VI**: No further data **P**: None **BLW**: No **PH**: N **SS**: A rec 1616 **BS**: 237.

GRIFFIN, Thomas; b UNK; d bur 25 Oct 1843 **RU**: Major, 68th VMR, James City Co & York Co **CEM**: Shockoe Hill; Richmond City; 100 Hospital St **GS**: N **SP**: No spouse information **VI**: No further data **P**: None **BLW**: No **PH**: N **SS**: B pg 105; K pg 367 **BS**: 245.

GRIFFIN, William; b 1782; d 29 Nov 1824 **RU**: Sergeant, 6th VMR **CEM**: Shockoe Hill; Richmond City; 100 Hospital St **GS**: Y **SP**: No spouse information **VI**: No further data **P**: None **BLW**: No **PH**: N **SS**: A rec 1394 **BS**: 38 pg 3.

GRIFFITH, Benjamin E; b 1785, Philadelphia, PA; d 04 Oct 1815 **RU**: Private, PA Militia, Capt Sample **CEM**: Blandford; Petersburg; 111 Rochelle Ln **GS**: Y **SP**: No spouse information **VI**: Native of Philadelphia, died age 30 [tombstone] **P**: None **BLW**: No **PH**: N **SS**: A rec 1268 **BS**: 200.

GRIFFITH, John; b 1779; d 18 Mar 1870 **RU**: Private, 31st VMR, Frederick Co **CEM**: Hopewell Meeting House; Frederick; jct Hopewell Rd (Rt 672) & Waverly Rd, Clear Brook **GS**: Y **SP**: Also buried here is Rachel Griffith, b 1780, d 1863. No marriage bond in Frederick County for this couple **VI**: No further data **P**: None **BLW**: No **PH**: N **SS**: A rec 1148 **BS**: 79 pg 129.

GRIFFITH, Kinzey; b 1787; d 27 May 1846 **RU**: Private, 2nd Regiment DC Militia (Brent) **CEM**: Trinity United Methodist; Alexandria; Wilkes St **GS**: Y **SP**: mar Elizabeth (-----), d 01 Sep 1829, age 41 **VI**: No further data **P**: None **BLW**: No **PH**: N **SS**: A rec 1119 **BS**: 32 pg 126.

GRIFFITH, Moses; b UNK; d 1842 (Will) **RU**: Ensign, 27th VMR, Capt William Jarvis, Northampton Co **CEM**: Griffith Family; Northampton; jct Rts 600 & 683, Capeville **GS**: Y **SP**: No spouse information **VI**: No dates on stone **P**: None **BLW**: No **PH**: N **SS**: K pg 113 **BS**: 20 pg 35.

GRIGGS, Peter; b UNK; d aft 1844 **RU**: Corporal, 1st VMR of Cavalry (Holcombe) **CEM**: Griggs Family; Henry; Fieldale **GS**: U **SP**: mar in Henry Co on 11 Apr 1836 (bond) to Lucy Gilley **VI**: Son's obituary indicates father was in War of 1812 **P**: None **BLW**: No **PH**: N **SS**: A rec 865 **BS**: 245.

GRIGGS, Thomas W; b UNK; d 1853 **RU**: Private, 1st VMR (Clarke) **CEM**: Griggs Family; Virginia Beach; Rock Creek Recreational Area **GS**: U **SP**: No spouse information **VI**: No further data **P**: None **BLW**: No **PH**: N **SS**: A rec 854 **BS**: 125.

GRIGGS, William; b 1795; d 22 Jan 1868 **RU**: Private, 20th VMR, Ensign Thomas Keeling, Princess Anne Co **CEM**: Griggs Family; Virginia Beach; Rock Creek Recreational Area **GS**: U **SP**: mar in Princess Anne on 18 Feb 1818 (return by Rev George Norris) to Elizabeth Shipp **VI**: No further data **P**: None **BLW**: No **PH**: N **SS**: L pg 516 **BS**: 125.

GRIGSBY, Enoch; b 1775; d 1871 **RU**: Private, 57th VMR, Capt Daniel Stricker, Loudoun Co **CEM**: Old Pine Church; Warren; Chester **GS**: Y **SP**: No spouse information **VI**: No further data **P**: None **BLW**: No **PH**: N **SS**: A rec 805 **BS**: 31.

GRIGSBY, James; b 1794; d 10 Jun 1822 **RU**: Private, 1st DC Regiment of Militia **CEM**: Trinity United Methodist; Alexandria; Wilkes St **GS**: Y **SP**: No spouse information **VI**: No further data **P**: None **BLW**: No **PH**: N **SS**: A rec 800 **BS**: 32 pg 126.

RU=Rank/Unit CEM=Cemetery GS=Gravestone SP=Spousal Information VI=Other Veteran Info P=Pension
BLW=Bounty/Land Warrant PH=Photo SS=Service Source BS=Burial Source VMR= VA Military Regt
LNR= Last Known Residence

GRIGSBY, Redmond; b UNK; d after 1871 **RU:** Private, 13th VMR, Capt Daniel Strickler, Shenandoah Co, attached to 6th VMR (Coleman) **CEM:** Grigsby Family; Warren; Chester Gap **GS:** Y **SP:** mar 18 Mar 1803, Catharine Weekley **VI:** LNR Chester Gap, Warren Co **P:** Yes **BLW:** Yes **PH:** N **SS:** A rec 784; M pg 182; BD pg 879; B pg 185 **BS:** 31.

GRIGSBY, Reuben; b 06 Jun 1780, Fruit Hill, Rockbridge Co; d 06 Feb 1863 **RU:** Lieutenant, 5th VMR (McDowell) **CEM:** Falling Springs Presbyterian; Rockbridge; Hickory Hill **GS:** Y **SP:** mar Verlinda A Porter, daughter of Benjamin Porter **VI:** Member House of Delegates 1811-1816, Trustee of Washington College (now Washington & Lee University) 1830-1843 [tombstone] **P:** None **BLW:** No **PH:** N **SS:** A rec 783 **BS:** 31.

GRINNAN, Daniel; b 1771, Culpeper Co; d 26 Mar 1839 **RU:** Private, 25th VMR, (Smith), King George Co **CEM:** Masonic Cemetery; Fredericksburg; 900 Block, Charles St **GS:** Y **SP:** mar in Fredericksburg on 09 Jul 1804 to Eliza Green **VI:** Stone erected by widow in honor of her husband and her two sons Daniel (Jr) and Walter. Native of Culpeper Co. As a boy in about 1792, he was employed by James Sommerville, a merchant. Later a partner in the firm of Murray, Grinnan & Mundell. Elder in Presbyterian Church **P:** None **BLW:** No **PH:** Y **SS:** A rec 368 **BS:** 51 pg 51; 52.

GROSE, William A; b UNK; d 25 Oct 1822 **RU:** Private, 6th Regiment of Artillery (Read) **CEM:** Falling Spring Presbyterian; Alleghany; Falling Spring **GS:** Y **SP:** No spouse information **VI:** No further data **P:** None **BLW:** No **PH:** N **SS:** A rec 343 **BS:** 100 v2 pg 73.

GROVE, Abraham; b 1796; d 12 Jul 1859 **RU:** Private, 13th VMR, Capt Samuel Colville, Shenandoah Co, attached to 6th VMR (Coleman) **CEM:** Heironimus; Frederick; Old Mill Ln, Whitacre **GS:** Y **SP:** mar in Shenandoah Co on 05 Dec 1815 to Elizabeth Coffman, b 31 Aug 1831, bur Heironimus Cemetery, Frederick Co. See: her pension application. Not the same Abraham Grove who married Sidney Mercer on 26 Sep 1819. **VI:** LNR PO Woodstock, Shenandoah Co, 1871 **P:** Yes **BLW:** Yes **PH:** N **SS:** A rec 430; BD pg 884; B pg 184 **BS:** 79 pg 132.

GROVE, Adam; b 1786; d 08 Feb 1842 **RU:** Corporal, 93rd VMR, Capt Jesse Dold, Artillery, Augusta Co **CEM:** Bethel Church; Augusta; 11 mi SW Staunton **GS:** U **SP:** mar Anne S (-----), d 24 Mar 1831, age 28 **VI:** Died age 56 **P:** None **BLW:** No **PH:** N **SS:** L pg 282 **BS:** 183.

GROVE, Daniel; b 1794; d 02 Mar 1858 **RU:** Private, 1st VMR (Taylor) **CEM:** Grove Family; Page; Rt 615, Luray **GS:** Y **SP:** mar Catherine (-----), d 03 May 1891 **VI:** Received an Old War Pension (disabled) **P:** Yes **BLW:** No **PH:** N **SS:** A rec 437; BD pg 884 **BS:** 115 pg 186.

GROVE, David; b UNK; d 23 Sep 1824 **RU:** Private, 5th VMR (McDowell) **CEM:** Stone's Chapel Presbyterian; Clarke; Rt 632, Arabia **GS:** Y **SP:** mar Catherine Wolfe, d 06 Aug 1886 **VI:** No further data **P:** None **BLW:** No **PH:** N **SS:** A rec 438 **BS:** 92 pg 92.

GROVE, John; b 28 May 1796; d 24 Jun 1865 **RU:** Private, 4th VMR (Boyd) **CEM:** Martin Grove; Augusta; nr Madrid **GS:** Y **SP:** mar Elizabeth (-----), d 14 Aug 1859, age 59 yrs, 2 mos, 4 days "wife of John Grove" **VI:** Son of Martin & Nancy (-----) Grove **P:** None **BLW:** No **PH:** N **SS:** A rec 462 **BS:** 93.

GROVE, John W; b 1787; d 08 Mar1863 **RU:** 1st Sergeant, 51st VMR, Capt John Gilkerson, Frederick Co, attached to McDowell's Flying Camp **CEM:** Heironimus; Frederick; Old Mill Ln, Whitacre **GS:** U **SP:** mar in Frederick Co on 31 Jan 1813 (return by John B Tilden) to Jane Young, d before 09 Sep 1882, LNR PO New Town Stevensburg, Frederick Co, 1879 **VI:** No further data **P:** Spouse **BLW:** No **PH:** N **SS:** BD pg 884; B pg 79 **BS:** 79 pg 132.

GROVE, John, Sr; b UNK; d 1828 (Admin) **RU:** Private, 4th VMR (Beatty) **CEM:** Green Hill; Frederick; Fairfax St, Stephens City **GS:** U **SP:** No spouse information **VI:** No further data **P:** None **BLW:** No **PH:** N **SS:** A rec 461 **BS:** 79 pg 132.

GROVES, Henley; b 04 Oct 1784; d 26 Oct 1865 **RU:** Private, 36th VMR (Reno), Prince William Co **CEM:** Triangle; Prince William; Triangle **GS:** Y **SP:** mar Patsey (-----), d 03 Jan 1815, age 26 years **VI:** No further data **P:** None **BLW:** No **PH:** N **SS:** A rec 639 **BS:** 11 pg 43; 248 Part 1 pg 128.

GRUBB, Andrew D; b 1797; d 1858 **RU:** Private, 5th VMR **CEM:** Grubb Family; Washington; Rt 792 **GS:** Y **SP:** mar in Abingdon, Washington Co to Elizabeth Hagy of "Fairview" **VI:** No further data **P:** None **BLW:** No **PH:** N **SS:** A rec 749 **BS:** 116 pg 112.

GRUBB, Ebenezer; b UNK; d 12 Jan 1835 **RU:** Quartermaster, 56th VMR, Capt Samuel W Young, Loudoun Co **CEM:** Grubb Family; Loudoun; Hillsboro **GS:** Y **SP:** mar in Loudoun Co on 22 Jul 1820 to Leah Wertz, d bef Apr

---

RU=Rank/Unit   CEM=Cemetery   GS=Gravestone   SP=Spousal Information   VI=Other Veteran Info   P=Pension
BLW=Bounty/Land Warrant   PH=Photo   SS=Service Source   BS=Burial Source   VMR= VA Military Regt
LNR= Last Known Residence

1871, daughter of Jacob Wertz. Both were single at the time of marriage **VI**: LNR PO Waterford, Loudoun Co, 1871 **P**: Yes **BLW**: Yes **PH**: N **SS**: A rec 775; M pg 183; BD pg 886; B pg122 **BS**: 73 pg 123.

GRUBB, John; b 01 Jan 1790; d 29 Mar 1875 **RU**: Sergeant, 56th VMR, Capt Thomas Leslie, Loudoun Co **CEM**: Rehobeth United Methodist; Loudoun; jct Rt 691 & Bollington Rd (Rt 692,) Morrisonville **GS**: Y **SP**: mar in Loudoun Co on 28 Nov 1816 to Elizabeth Jackson, b 11 Apr 1799, d 28 Jun 1876 **VI**: LNR Lovettsville, Loudoun Co, 1871 **P**: Yes **BLW**: Yes **PH**: N **SS**: A rec 775; BD pg 886; B pg 122 **BS**: 73 pg 123.

GRUBB, Richard; b UNK; d 03 May 1846 **RU**: Private, Lt Col John Green's Mounted Infantry **CEM**: Grubb Family; Loudoun; Hillsboro **GS**: Y **SP**: mar in Loudoun Co, c1807 to Charity Morrison **VI**: No further data **P**: None **BLW**: No **PH**: N **SS**: A rec 785 **BS**: 73 pg 124.

GRUVER, John; b 1784; d 01 Dec 1829 **RU**: Private, 1st DC Rifle Battalion (Pinkey) **CEM**: Trinity United Methodist; Alexandria; Wilkes St **GS**: Y **SP**: mar Elizabeth M (-----), 1800-1828 **VI**: No further data **P**: None **BLW**: No **PH**: N **SS**: A rec 937 **BS**: 32 pg 126.

GRYMES, George N; b 09 Oct 1785; d 15 Nov 1864 **RU**: Corporal, 25th VMR, Capt John Stuart, King George Co **CEM**: St Paul's Episcopal; King George; 5486 St Paul's Rd, King George **GS**: Y **SP**: No spouse information **VI**: Son of Benjamin Grymes **P**: None **BLW**: No **PH**: N **SS**: L pg 744 **BS**: 50; 16 pg 244.

GRYMES, William Fitzhugh; b UNK; d 03 Jun 1830 **RU**: 1st Lieutenant, 25th VMR, Capt John Stuart, King George Co **CEM**: Eagles Nest; King George; King George C. H. **GS**: Y **SP**: No spouse information **VI**: No birth data on stone. Probably son of Benjamin Grymes b 02 Jan 1756, d 13 Feb 1804, who is buried here and who had Rev War service **P**: None **BLW**: No **PH**: N **SS**: K pg 413 **BS**: 17 pg 37; 80.

GUARD, Jacob; b 1790; d 1848 **RU**: Private, 1st VMR (Taylor) **CEM**: Trinity Lutheran; Frederick; 810 Fairfax Pike, Stephens City **GS**: Y **SP**: mar Margaret Lemley, b 1790, d 1865 **VI**: No further data **P**: None **BLW**: No **PH**: N **SS**: A rec 986 **BS**: 79 pg 134.

GUERRANT, John R; b 12 Apr 1794; d 30 Nov 1858 **RU**: Private, 5th VMR **CEM**: Guerrant / Callaway; Franklin; Rt 602, Algoma **GS**: Y **SP**: No spouse information **VI**: No further data **P**: None **BLW**: No **PH**: N **SS**: A rec 1139 **BS**: 118 pg 140.

GUINN, John; b 1780; d 1852 **RU**: Private, 4th VMR **CEM**: Guinn Family; Culpeper; 2 mi NE of Winston, Rt 49 W of rd 300 yds **GS**: Y **SP**: mar Sarah (-----), b 1824, d 1848 **VI**: Four family inscriptions on one stone **P**: Yes **BLW**: No **PH**: N **SS**: A rec 1487; BD pg 889 **BS**: 196.

GULICK, George; b UNK; d c1856 (Inv) **RU**: Private, 57th VMR, Loudoun Co **CEM**: Gulick Family; Loudoun; Aldie **GS**: Y **SP**: mar Sarah (-----), b 12 Mar 1780, d 04 Feb 1854 **VI**: No dates on stone **P**: None **BLW**: No **PH**: N **SS**: A rec 1637 **BS**: 73 pg 125.

GUNNELL, John; b 07 Mar 1793; d 22 Jun 1874 **RU**: Private, 60th VMR, Troop of Cavalry, Capt George Graham, Fairfax Co **CEM**: Andrew Chapel; Fairfax; 9201 Leesburg Pike, Vienna **GS**: Y **SP**: No spouse information **VI**: No further data **P**: Applied **BLW**: No **PH**: N **SS**: A rec 1876; BD pg 890 **BS**: 89 v1 pg VN-4.

GUNNELL, William H; b 05 Jul 1786; d 29 Sep 1834 **RU**: 1st Surgeon's Mate, 60th VMR, Capt James Sangster, Fairfax Co **CEM**: Gunnell Family; Fairfax; 600 Innsbruck Ave, Great Falls **GS**: Y **SP**: No spouse information **VI**: Doctor. Son of William Gunnell (1750-1820) & Sarah Coleman (1761-1812) **P**: None **BLW**: No **PH**: N **SS**: A rec 1883 **BS**: 89 v6 MI-72.

GUNTER, Joseph; b 19 Aug 1768; d 06 Oct 1840 **RU**: Private, 2nd VMR (Bayley), Accomack Co **CEM**: Onancock Cemetery; Accomack; Hill St, Ononacock **GS**: Y **SP**: mar Rachel (-----), b 17 Jul 1767, d 04 Feb 1828 **VI**: No further data **P**: None **BLW**: No **PH**: N **SS**: A rec 1965 **BS**: 21 pg 110.

GUNTER, Stephen S; b 1792, Quinby, Accomack Co; d 01 Oct 1835 **RU**: Sergeant, 27th VMR, Northampton Co **CEM**: Hungers Church; Northampton; Bayside Rd **GS**: Y **SP**: mar in Northampton Co on 07 Jan 1814 (bond) to Tamar Pearson, daughter of John Pearson, who was deceased the time of the bond. Consent given by her mother Adah Stott, "now wife" of Jonathan Stott. Tamar was 18 yrs old at the time of the marriage **VI**: Chosen as rector of Hungar's Parish in 1823 **P**: None **BLW**: No **PH**: N **SS**: A rec 1974 **BS**: 20 pg 36.

RU=Rank/Unit   CEM=Cemetery   GS=Gravestone   SP=Spousal Information   VI=Other Veteran Info   P=Pension
BLW=Bounty/Land Warrant   PH=Photo   SS=Service Source   BS=Burial Source   VMR= VA Military Regt
LNR= Last Known Residence

GUTHRIE, Alexander; b 22 Feb 1775, Norfolk; d 07 Feb 1820, Norfolk **RU:** Private, 54th VMR, Capt Miles King, Artillery, Norfolk Co, attached to Lt Col William Lindsay, Artillery, US Army **CEM:** St Paul's Episcopal; Norfolk City; 201 St Paul's Blvd **GS:** Y **SP:** No spouse information **VI:** Death notice in *The Herald*, 09 Feb 1820. Tombstone indicates he was born "in this borough" and death notice styles him "Captain" and a resident "of this borough" **P:** None **BLW:** No **PH:** N **SS:** A rec 2296; B pg 145 **BS:** 174 pg 104; 239 # 222.

GUY, George M; b 1790; d 15 Apr 1830 **RU:** Lieutenant, 9th VMR (Boyd) **CEM:** Shockoe Hill; Richmond City; 100 Hospital St **GS:** U **SP:** No spouse information **VI:** No further data **P:** None **BLW:** No **PH:** N **SS:** A rec 2522 **BS:** 38 pg 8.

GUY, John B; b 07 Dec 1791; d 01 May 1839 **RU:** Private, 2nd VMR (Bayley), Accomack Co **CEM:** Poulson Family; Accomack; Near jct Rts 605 & 622, Old Trower **GS:** Y **SP:** No spouse information **VI:** No further data **P:** None **BLW:** No **PH:** N **SS:** A rec 2541 **BS:** 21 pg 111.

GUY, Thomas H; b 21 Sep 1795; d 01 Jun 1828 **RU:** 1st Sergeant, 2nd VMR (Bayley), Accomack Co **CEM:** Willis Farm; Northampton; Rt 1901, 0.9 mi W of Rt 645 in field **GS:** Y **SP:** No spouse information **VI:** No further data **P:** None **BLW:** No **PH:** N **SS:** A rec 2580 **BS:** 20 pg 36.

GWATHEMY, Richard; b 06 Mar 1789; d 01 Jan 1866 **RU:** Private, 6th VMR (Coleman) **CEM:** Bear Island; Hanover; Rt 738 **GS:** Y **SP:** No spouse information **VI:** No further data **P:** None **BLW:** No **PH:** N **SS:** A rec 2703 **BS:** 71 pg 12.

GWATHEMY, Richard; b 10 Sep 1778; d 18 Mar 1855 **RU:** Private, 23rd VMR, Capt Benjamin Green, Chesterfield Co, attached to 4th VMR **CEM:** Shockoe Hill; Richmond City; 100 Hospital St **GS:** U **SP:** mar (1) Margaret T (-----), d 09 Aug 1821 age 34; (2) Lucy Ann (-----) **VI:** No further data **P:** Spouse App **BLW:** No **PH:** N **SS:** BD pg 893; B pg 60 **BS:** 199.

HACK, Peter T; b UNK; d 1844 **RU:** Surgeon's Mate, 99th VMR (Bagwell), Accomack Co **CEM:** Fairview Lane; Accomack; nr Craddocksville, Lower Accomack **GS:** Y **SP:** mar Elizabeth Robinson **VI:** No further data **P:** None **BLW:** No **PH:** N **SS:** A rec 60 **BS:** 21 pg 112.

HACKNEY, James; b UNK; d 26 Feb 1831 **RU:** Sergeant, 4th VMR **CEM:** Upper Ridge; Frederick; Apple Pie Ridge Rd (Rt 739), Nain **GS:** Y **SP:** mar in Frederick Co on 17 Jun 1806 (return by William Hill) to Jane Boyd. No dates on her stone **VI:** No further data **P:** None **BLW:** No **PH:** N **SS:** A rec 202 **BS:** 79 pg 134.

HADEN, Richard C; b 1798; d 17 Oct 1869 **RU:** Private, 3rd VMR (Dickinson) **CEM:** Haden Family; Botetourt; btw Glen Wilton and Gala **GS:** Y **SP:** mar Eloise C (-----), b 1810, d 10 Dec 1879 **VI:** No further data **P:** None **BLW:** No **PH:** N **SS:** A rec 384 **BS:** 155 pg 69.

HAGA / HAGUE, David; b 15 Jun 1785; d 06 Dec 1851 **RU:** Private, 78th VMR, Capt Timothy Dalton, Grayson Co, attached to 4th VMR **CEM:** Andrew Jackson Haga Family; Grayson; Penn Ford Ln **GS:** Y **SP:** mar (1) on 18 Sep 1806 to Margaret Delp; (2) in 1839 to Sarah Bonham **VI:** Surname HAGUE on 1806 marriage record; son of John George & Rosannah Elizabeth (Long) Haga; War of 1812 grave marker on gravesite **P:** Spouse **BLW:** No **PH:** N **SS:** B pg 86; BD pg 895; M pg 185 **BS:** 245.

HAIRSTON, George R, Jr; b 1776; d 1863 **RU:** Lt Colonel, 64th VMR Commander, Henry Co **CEM:** Hairston Family; Henry; Standleytown **GS:** U **SP:** mar Louisa Hardyman, b 1787, d 1847 **VI:** Son of George Hairston & Elizabeth Perkins Letcher. Graduated from Princeton in 1805. Member VA Legislature. Owned Union Furnace Iron Works in Patrick Co **P:** None **BLW:** No **PH:** N **SS:** A rec 1692; B pg 101 **BS:** 245.

HALE, Isaac; b 27 Apr 1795; d 11 Feb 1869 **RU:** Private, 86th VMR, Capt Andrew Johnson, Giles Co **CEM:** Hale Family; Giles; off Rt 61, Narrows **GS:** Y **SP:** mar Nancy Lucas, b 27 Jul 1799, d 24 Jun 1884 **VI:** No further data **P:** Spouse **BLW:** No **PH:** N **SS:** A rec 1962;BD pg 899; B pg 86 **BS:** 14 pg 168.

HALE, John L; b 24 Sep 1795, Grayson Co; d 12 Dec 1843, Grayson Co **RU:** Private, 4th VMR **CEM:** Hale Family; Grayson; Flat Rock Rd **GS:** U **SP:** mar Rosamond Bourne Blair, b 17 Oct 1797, d 22 Sep 1875 **VI:** son of William & Lucy (Stone) Hale **P:** none **BLW:** no **PH:** N **SS:** A rec 2003 **BS:** 245.

HALE, Richard; b UNK; d UNK **RU:** Private, 6th VMR, Capt William Garnett, Essex Co **CEM:** Hale Family; Grayson; Elk Creek **GS:** U **SP:** mar in Essex Co on 17 Dec 1816 to Mahaley Alexander **VI:** No further data **P:** None **BLW:** No **PH:** N **SS:** L pg 351 **BS:** 25.

RU=Rank/Unit   CEM=Cemetery   GS=Gravestone   SP=Spousal Information   VI=Other Veteran Info   P=Pension
BLW=Bounty/Land Warrant   PH=Photo   SS=Service Source   BS=Burial Source   VMR= VA Military Regt
LNR= Last Known Residence

HALE, Stephen; b 24 Jul 1784; d 16 Feb 1854, Grayson Co **RU:** Private, 2nd Regiment MD Militia (Schught) **CEM:** Hale Family; Grayson; Elk Creek **GS:** U **SP:** mar Frances Bourne b 1778, d 1878 **VI:** Son of Lewis & Mary (Burwell) Hale; Grave was marked by Elizabeh Livingston Chapter of US Daughters War of 1812. Farmer. Death and marriage data from "Virginia Deaths & Burials 1853-1912" (familysearch.org) **P:** None **BLW:** No **PH:** N **SS:** A rec 2096 **BS:** 49; 245.

HALE, Thomas L; b 16 May 1787; d 15 May 1853 **RU:** Private, 78th VMR, Capt Lewis Hale, Grayson Co, attached to 4th VMR **CEM:** Hale Family; Giles; off Rt 61, Narrows **GS:** Y **SP:** mar Agnes (-----), b 1786, d 26 Feb 1869 **VI:** No further data **P:** Applied **BLW:** No **PH:** N **SS:** A rec 2109; BD pg 899; B pg 86 **BS:** 14 pg 186.

HALES, Peter; b UNK; d 11 Mar 1885 **RU:** Private, 24th VMR, Capt William Moseley, Cavalry, Buckingham Co, attached to 1st VMR (Holcombe) **CEM:** Chappell Family; Buckingham; Rt 609 **GS:** Y **SP:** No spouse information **VI:** No further data **P:** Yes **BLW:** Yes **PH:** N **SS:** L pg 602; BD pg 899; B pg 51 **BS:** 66 pg 208.

HALL, Aaron; b 1772; d 18 Oct 1844 **RU:** Quartermaster, 7th VMR (Trueheart) **CEM:** Riverside; Hanover; Rt 608 nr Rt 680 **GS:** Y **SP:** No spouse information **VI:** Founder of Hall's Free School **P:** None **BLW:** No **PH:** N **SS:** A rec 3 **BS:** 71 pg 1.

HALL, Addison; b 09 Sep 1797, Northumberland Co; d 02 Apr 1871, Kilmarnock, Lancaster Co **RU:** Private, 92nd VMR, Capt Thomas Armstrong, Artillery, Lancaster Co **CEM:** Morattico Baptist; Lancaster; Rt 200, Kilmarnock **GS:** Y **SP:** mar (1) in Lancaster Co on 01 Jan 1817 (bond) to Susan Edmonds, d 26 Dec 1831; (2) Catherine Cordelia Crittendon, daughter of Zachariah V Crittendon of Middlesex Co, d 1849 **VI:** Son of John Hall & Clarissa Pollard, Father was an Ordinary Keeper of Heathsville and later merchant of Kilmarock in Lancaster Co. Attorney, Reverend of Morattico Baptist and Coan Baptist Churches in Northumberland Co, Secretary of the Virginia American Colonization Society. Special Commissioner of Lancaster Co and member House of Delegates from Lancaster Co **P:** None **BLW:** No **PH:** N **SS:** A rec 24; K pg 424 **BS:** 15 pg 113; 61 v 8 pg 34.

HALL, Ambrose; b UNK; d Mar 1861 **RU:** Private, 1st VMR (Yancey) **CEM:** Brown / Hall; Tazewell; Burke's Garden **GS:** Y **SP:** mar Margaret Peery, d 10 Mar 1860[?], age 60 yrs, 8 mos, 4 days **VI:** No further data **P:** None **BLW:** No **PH:** N **SS:** A rec 49 **BS:** 277.

HALL, Daniel; b 1768; d 19 Oct 1841 **RU:** Private, 6th VMR Artillery (Reed) **CEM:** Cedar Grove; Portsmouth; Effington St & Fort Ln **GS:** Y **SP:** mar Nancy (-----) **VI:** Reverend and minister of M. E. Church for 50 years **P:** None **BLW:** No **PH:** N **SS:** A rec 215 **BS:** 65 pg 89; 182.

HALL, David; b 1777; d 1849 **RU:** Corporal, 12th VMR of Cav Boughton, NY Militia **CEM:** Hall Family; Pulaski; Mack Creek Village, Little Dam Rd **GS:** Y **SP:** No spouse information **VI:** Son of Asa Hall of Dutchess Co, NY, a Rev War soldier **P:** None **BLW:** No **PH:** N **SS:** A rec 243 **BS:** 245.

HALL, Francis; b 1775; d 18 Aug 1845 **RU:** Private, 1st Regiment DC Militia **CEM:** Penny Hill Cemetery; Alexandria; S Payne St **GS:** Y **SP:** No spouse information **VI:** No further data **P:** None **BLW:** No **PH:** N **SS:** A rec 375 **BS:** 32 pg 168.

HALL, George; b 06 Feb 1785; d 11 Feb 1831 **RU:** Private, 29th VMR, Capt Hamilton Shield, Isle of Wight Co **CEM:** Hall Family; Isle of Wight; 6.5 mi SW of Smithfield **GS:** Y **SP:** mar Mary (-----), b 08 Feb 1786, d 05 Oct 1822 **VI:** No further data **P:** None **BLW:** No **PH:** N **SS:** K pg 467 **BS:** 186.

HALL, James B; b 28 Jun 1797; d 01 Oct 1853 **RU:** Private, 56th VMR, Capt Thomas Smith, Loudoun Co **CEM:** Hall Family; Frederick; Rosenberger **GS:** Y **SP:** mar in Frederick Co on 07 Aug 1822 (return by George Reed) to Margaret Rozenburger, b 11 Jan 1803, d 12 Feb 1877 **VI:** No further data **P:** Yes **BLW:** Yes **PH:** N **SS:** A rec 658; BD pg 902; B pg 121 **BS:** 86 pg 74.

HALL, Jeremiah; b 1768; d 24 Sep 1840 **RU:** Private, Capt Griggs, Middle Creek Co, NC Militia **CEM:** Hall Family; Culpeper; Rt 656 nr Winston **GS:** Y **SP:** No spouse information **VI:** Died at Culpeper Court House aged 72. "affectionate husband and kind father" **P:** None **BLW:** No **PH:** N **SS:** A rec 672 **BS:** 196.

HALL, John; b 1792; d bur 02 Nov 1837 **RU:** Private, 1st VMR (Yancy) **CEM:** Shockoe Hill; Richmond City; 100 Hospital St **GS:** U **SP:** No spouse information **VI:** Occupation carpenter **P:** None **BLW:** No **PH:** N **SS:** A rec 757 **BS:** 38 pg 14.

RU=Rank/Unit CEM=Cemetery GS=Gravestone SP=Spousal Information VI=Other Veteran Info P=Pension
BLW=Bounty/Land Warrant PH=Photo SS=Service Source BS=Burial Source VMR= VA Military Regt
LNR= Last Known Residence

HALL, Richard; b 1786; d 28 Jul 1826 **RU:** Private, 4th VMR **CEM:** Cloud Graveyard; Warren; Front Royal, on the Kendrick Road **GS:** Y **SP:** No spouse information **VI:** No further data **P:** None **BLW:** No **PH:** N **SS:** A rec 1153 **BS:** 79 pg 136.

HALL, Robert; b 1784; d 1824 **RU:** Private, Cocke's Detachment **CEM:** Old Providence Church; Augusta; 1005 Spottswood Rd, Spottswood **GS:** Y **SP:** No spouse information **VI:** Son of Patrick & Susanna (McChesney) Hall **P:** None **BLW:** No **PH:** Y **SS:** A rec 1174 **BS:** 2 pg 57; 31.

HALL, Thomas; b 1771; d UNK **RU:** Captain, 5th VMR, Company Commander, Culpeper Co **CEM:** Hall / Norris; Culpeper; Mount Pony **GS:** Y **SP:** mar Elizabeth (-----), d 1825, age 26 **VI:** No further data **P:** None **BLW:** No **PH:** N **SS:** B pg 62 **BS:** 12 pg 28.

HALL, Thomas S; b 25 May 1791; d 16 Dec 1871 **RU:** Private, 99th VMR, Accomack Co **CEM:** Hall Cemetery; Accomack; Hallwood **GS:** Y **SP:** No spouse information **VI:** No further data **P:** None **BLW:** No **PH:** N **SS:** A rec 1393 **BS:** 6 pg 132.

HALL, William; b 1782; d Nov 1814 **RU:** Private, 5th VMR (McDowell) **CEM:** Old Providence Church; Augusta; 1005 Spottswood Rd, Spottswood **GS:** Y **SP:** Never married **VI:** Son of Patrick & Susanna (McChesney) Hall. Contracted yellow fever in Norfolk, and his parents caught the disease from him. All three died in November of 1814 **P:** None **BLW:** No **PH:** Y **SS:** A rec 1505 **BS:** 141 pg 462; 31.

HALL, William B; b 1797; d 1869 **RU:** Private, 41st VMR, Capt John Lomax, Richmond Co **CEM:** Omohundro Family; Westmoreland; "Fruit View" nr Nomini Grove **GS:** Y **SP:** mar in Westmoreland Co on 10 Oct 1825 (bond) to Mary Ann Omohundro, b 1807, daughter of Richard Omohundro. George C Mothershead was surety to the marriage bond **VI:** Son of William Henry Hall & Rebecca Bragg **P:** None **BLW:** No **PH:** N **SS:** L pg 549 **BS:** 219 pg 107.

HALL, William C; b UNK, Queen Ann Co, MD; d 09 Mar 1814 **RU:** Midshipman, USS *Constellation* **CEM:** St Paul's Episcopal; Norfolk City; 201 St Paul's Blvd **GS:** N **SP:** Never married **VI:** Fell from the mizen-topmast and died instantly. "This young gentleman was a promising officer, much esteemed by his commander and of the officers of the ship." Left "no parents and only one sister living." From Queen Ann Co, MD and "quite young." Buried "in the church yard at Norfolk" on 10 Mar 1814. Obituary in *The Publick Ledger*, 12 Mar 1814; Letter from Capt Charles Gordon at Crany Island to Secretary of the Navy, in the *National Intelligencer*, 17 Mar 1814 **P:** None **BLW:** No **PH:** N **SS:** Death Notices **BS:** 239.

HALLETT, Michael D; b 1787; d 26 Jan 1844 **RU:** Private, 27th VMR, Capt William Jarvis, Northampton Co **CEM:** Nottingham Farm; Northampton; Rt 646, 0.4 mi W of Rt 645, Cheapside **GS:** Y **SP:** mar in Northampton Co on 11 Oct 1824 (bond) to Eliza H Jacob, ward of John Simkins, b 20 Mar 1804, d 28 Oct 1859 **VI:** No further data **P:** None **BLW:** No **PH:** N **SS:** K pg 113 **BS:** 20 pg 36.

HALLETT, Thomas; b 08 Aug 1789; d 05 Feb 1856 **RU:** Private, 27th VMR, Capt William Jarvis, Northampton Co **CEM:** Hallett Family; Northampton; Cape Charles **GS:** Y **SP:** mar in Northammpton Co on 15 May 1822 (return by L. Dix) to Tamar Trower. Nelly Trower stated that Tamar was 22 yrs old on 12 Mar 1822, b 1800, d 1875 **VI:** No further data **P:** None **BLW:** No **PH:** N **SS:** K pg 113 **BS:** 245.

HAMILTON, Andrew; b UNK; d 1823 **RU:** Captain, 48th VMR, Commander, Troop of Cavalry, Botetourt Co **CEM:** Fincastle Presbyterian; Botetourt; 108 E Back St, Fincastle **GS:** U **SP:** No spouse information **VI:** No further data **P:** None **BLW:** No **PH:** N **SS:** A rec 74 **BS:** 245.

HAMILTON, Charles H; b UNK; d 12 Oct 1835 **RU:** Private, 57th VMR, Loudoun Co **CEM:** Fairfax Meeting House; Loudoun; Walter & Waterford Sts, Waterford **GS:** Y **SP:** possibly the Charles Hamilton who married Nancy Janney in Loudoun Co on 25 Apr 1822 **VI:** No further data **P:** None **BLW:** No **PH:** N **SS:** A rec 117 **BS:** 73 pg 127.

HAMILTON, Erasmus C; b UNK; d 07 Oct 1849 **RU:** Private, 57th VMR, Loudoun Co **CEM:** Old Stone Methodist; Loudoun; 110 Cornwall St, Leesburg **GS:** Y **SP:** No spouse information **VI:** No further data **P:** None **BLW:** No **PH:** N **SS:** A rec 160 **BS:** 73 pg 127.

HAMILTON, George; b 1773; d UNK **RU:** Captain, 37th VMR, Capt William Hudnall, Northumberland Co **CEM:** Hamilton Family; Spotsylvania; Rt 636 **GS:** Y **SP:** No spouse information **VI:** Age 77 on 1850 census of Spotsylvania Co **P:** None **BLW:** No **PH:** N **SS:** K pg 393 **BS:** 18 pg 83.

RU=Rank/Unit   CEM=Cemetery   GS=Gravestone   SP=Spousal Information   VI=Other Veteran Info   P=Pension
BLW=Bounty/Land Warrant   PH=Photo   SS=Service Source   BS=Burial Source   VMR= VA Military Regt
LNR= Last Known Residence

HAMILTON, George; b 1791; d 19 Oct 1822 **RU:** Private, 19th VMR (Ambler), Richmond City **CEM:** Shockoe Hill; Richmond City; 100 Hospital St **GS:** Y **SP:** No spouse information **VI:** No further data **P:** None **BLW:** No **PH:** N **SS:** A rec 184 **BS:** 38 pg 1.

HAMILTON, James Harvey; b UNK; d 30 Aug 1838 **RU:** Private, 57th VMR, Capt Van Bennett, Loudoun Co **CEM:** Old Ebenezer Baptist; Loudoun; 20421 Airmont Rd, Bloomfield **GS:** Y **SP:** mar in Loudoun Co on 30 Mar 1802 to Margaret McCout **VI:** No further data **P:** Yes **BLW:** No **PH:** N **SS:** A rec 274; BD pg 910; B pg 119 **BS:** 73 pg 127.

HAMILTON, John; b UNK; d 23 Sep 1830 **RU:** Private, 57th VMR, Loudoun Co **CEM:** Fairfax Meeting House; Loudoun; Walter & Waterford Sts, Waterford **GS:** Y **SP:** No spouse information **VI:** No further data **P:** None **BLW:** No **PH:** N **SS:** A rec 365 **BS:** 73 pg 127.

HAMILTON, Nathan; b 1780; d 1842 **RU:** Captain, 72nd VMR **CEM:** Hamilton Family; Russell; Rt 613, Tumbez **GS:** Y **SP:** No spouse information **VI:** No further data **P:** None **BLW:** No **PH:** N **SS:** G **BS:** 49; 260.

HAMILTON, Schuyler; b c1778; d 1861, Fairfax Co **RU:** Private, 94th VMR, Capt Jeremiah Neill, Lee Co, attached to 7th VMR (Saunders) **CEM:** Laurel Grove Cemetery; Fairfax; 992 Liberty Ave SE, Lorton **GS:** U **SP:** mar Susannah Dotson **VI:** Grave marked by US Daughters of War of 1812 **P:** None **BLW:** Yes **PH:** N **SS:** M pg 188; BD pg 911; B pg 118 **BS:** 25; 260.

HAMILTON, William; b 1779; d 08 Mar 1839 **RU:** Private, 48th VMR, Capt Andrew Hamilton, Troop of Cavalry, Botetourt Co **CEM:** Mount Zion; Rockbridge; Between Buffalo & Tinkersville **GS:** Y **SP:** mar Elizabeth (-----) **VI:** Died in his 61st year **P:** Spouse **BLW:** No **PH:** N **SS:** A rec 605; BD pg 912; B pg 45 **BS:** 193.

HAMILTON / HAMBLETON, Robert Mandeville; b 22 Mar 1788; d 09 Aug 1859, Warrenton, Fauquier Co **RU:** Sailing Master, US Navy, Chesapeake Flotilla **CEM:** Warrenton Cemetery; Fauquier; Chestnut St, Warrenton **GS:** Y **SP:** mar in Baltimore, MD on 06 May 1813 to Mary Ann Armitage, b 26 Aug 1792, Accomack Co, d 15 May 1891, Georgetown, DC **VI:** Was 99 years old **P:** Spouse **BLW:** Yes **PH:** N **SS:** M pg 187-188; BD pg 911 **BS:** 3 pg 135.

HAMLIN, John; b UNK; d 22 Apr 1824 **RU:** Major, 83rd VMR, Staff Officer, Dinwiddie Co **CEM:** Hamlin Family; Dinwiddie; 5.4 mi NW of Church Rd, W side of Rt 525 **GS:** N **SP:** mar Hannah E Browne, daughter of Henry & Elizabeth Browne, b 10 Aug 1784, d 05 Feb 1818 **VI:** Son of Stephen & Mary Hamlin. Commissioned Major 19 Mar 1810 **P:** None **BLW:** No **PH:** N **SS:** B pg 65 **BS:** 210.

HAMMAN, George; b 14 Dec 1780; d 15 Oct 1868 **RU:** Private, 116th VMR, Capt William Harrison, Rockingham Co, attached to 6th VMR (Coleman) **CEM:** St John's United Methodist; Shenandoah; jct Rts 42 & 720 **GS:** Y **SP:** mar (1) on 27 Dec 1810 to Lydia Painter, b 31 May 1793, d 18 Jul 1864; (2) Regina (-----) who was pensioned **VI:** No further data **P:** Both **BLW:** No **PH:** N **SS:** K pg 51; BD pg 913; B pg 181; M pg 188 **BS:** 115 pg 82.

HAMMAN, Jacob; b UNK; d 20 Feb 1853 **RU:** Private, 121st VMR, Capt Joseph Hannah, Botetourt Co, attached to 4th VMR **CEM:** Waugh Cemetery; Craig; bank of Craig Creek nr New Castle **GS:** Y **SP:** mar Anna (-----) **VI:** No further data **P:** Spouse **BLW:** No **PH:** N **SS:** K pg 11; BD pg 913; B pg 45 **BS:** 229.

HAMMERLY, William; b 10 May 1786; d 15 Oct 1855 **RU:** Private, 57th VMR, Loudoun Co **CEM:** Old Stone Methodist; Loudoun; 110 Cornwall St, Leesburg **GS:** Y **SP:** No spouse information **VI:** No further data **P:** Spouse **BLW:** No **PH:** N **SS:** A rec 940 **BS:** 73; 80.

HAMMERSLEY, James B; b 1793, Rough Creek, Charlotte Co; d aft 1850 **RU:** Private, 5th VMR **CEM:** Hammersley Family; Campbell; off Rt 642 behind Hat Creek Presbyterian Church **GS:** Y **SP:** No spouse information **VI:** Age 57 on the 1850 census of Campbell Co **P:** None **BLW:** No **PH:** N **SS:** A rec 946 **BS:** 245.

HAMMERSLEY, Richard; b 1781, Buffalo Springs, Mecklenburg Co; d UNK **RU:** Corporal, 4th VMR **CEM:** Hammersley Family; Campbell; off Rt 642 behind Hat Creek Presbyterian Church **GS:** Y **SP:** mar Lucy Hamlett, b 30 Mar 1789, Campbell Co, d 1835 **VI:** No further data **P:** None **BLW:** No **PH:** N **SS:** A rec 948 **BS:** 245.

HAMMOND, Peter; b 1794; d 22 Mar 1850 **RU:** Private, 1st VMR (Trueheart) **CEM:** Hammond / Henderson / Houson; Botetourt; Rt 630 nr Springwood **GS:** Y **SP:** mar Margaret (-----), b 27 Jul 1800, d 26 Jun 1889 **VI:** No further data **P:** Spouse **BLW:** No **PH:** N **SS:** A rec 1139 **BS:** 155 pg 70.

RU=Rank/Unit   CEM=Cemetery   GS=Gravestone   SP=Spousal Information   VI=Other Veteran Info   P=Pension
BLW=Bounty/Land Warrant   PH=Photo   SS=Service Source   BS=Burial Source   VMR= VA Military Regt
LNR= Last Known Residence

HANCOCK, Ammon; b 1788; d 1847 **RU:** Private, 4th Regiment, US Army, Capt Samuel J Wiatt **CEM:** Old City Cemetery; Lynchburg; 401 Taylor St **GS:** Y **SP:** No spouse information **VI:** Mayor of Lynchburg **P:** Spouse **BLW:** No **PH:** N **SS:** A rec 1878 **BS:** 49; 88 pg 2.

HANCOCK, Higgison; b 22 Sep 1792; d 26 Jan 1866, Richmond **RU:** Private, 23rd VMR, Capt Henry Heth, Troop of Cavalry, Chesterfield Co **CEM:** Bethel Baptist Church; Chesterfield; 1100 Huguenot Rd, Midlothian **GS:** Y **SP:** mar in Chesterfield Co on 20 Oct 1819 to Hannah Wooldridge Walthall, b Aug 1802, d 26 Aug 1880, LNR PO Newtown, King & Queen Co, 1878 **VI:** No further data **P:** Spouse **BLW:** Yes **PH:** N **SS:** L pg 422; BD pg 916; B pg 60 **BS:** 8 pg 7; 228.

HANCOCK, John B; b 1795; d 13 Aug 1876 **RU:** Private, 60th VMR (Minor), Fairfax Co **CEM:** Methodist Protestant; Alexandria; Wilkes St **GS:** Y **SP:** mar Mary Hull, b 1799, d 1866 **VI:** No further data **P:** None **BLW:** No **PH:** N **SS:** A rec 1985 **BS:** 33 pg 153.

HANCOCK, Michael W; b 1768; d bur 12 May 1849 **RU:** Private, 19th VMR (Ambler), Richmond City **CEM:** Shockoe Hill; Richmond City; 100 Hospital St **GS:** U **SP:** No spouse information **VI:** No further data **P:** None **BLW:** No **PH:** N **SS:** A rec 1997 **BS:** 38 pg 45.

HAND, Thomas; b c1796; d 11 Dec 1875 **RU:** Private, 1st VMR (Crutchfield) **CEM:** Hand Family; Rappahannock; Rt 607, off Jennie Dade Ln nr Hazel River **GS:** Y **SP:** mar in Culpeper Co on 25 Jun 1818 to Ann Eastham by Lewis Conner (Baptist) **VI:** Farmer **P:** None **BLW:** No **PH:** N **SS:** A rec 2166 **BS:** 270.

HANGER, Jacob H; b 10 May 1794; d 03 Jul 1875 **RU:** Private, 93rd VMR, Capt Jesse Dold, Troop of Cavalry, Augusta Co, attached to Maj Woodford's Cavalry Squadron (Dragoons) **CEM:** Hanger Family; Augusta; Rt 670, Dutch Hollow **GS:** Y **SP:** mar Susannah Ott, b 1796, d 06 Feb 1864 **VI:** Son of John & Catherine (Dull) Hanger. Brother of John Hanger **P:** None **BLW:** No **PH:** N **SS:** L pg 282 **BS:** 2 pg 42; 245.

HANKS, John; b UNK; d aft 1830 **RU:** Private, 109th VMR, Capt Carter Berkeley, Artillery, Middlesex Co **CEM:** Old Quaker Cemetery; Carroll; jct Rts 727 & 97, Galax **GS:** U **SP:** mar (1) on 19 Nov 1816 in Lancaster Co, Elizabeth Newgent; (2) 14 Apr 1818 in Botetourt Co, Mrs Mary Decks **VI:** A person of this name is enumerated on the 1810 census of Middlesex Co in Urbanna,1820 census in Lancaster Co, and 1830 in Grayson Co **P:** None **BLW:** No **PH:** N **SS:** L pg 133 **BS:** 90 pg 356.

HANKS, Thomas; b UNK; d 13 Feb 1840 **RU:** Private, 66th VMR. Capt John Rice, Brunswick Co, attached to 1st VMR (Byrne) **CEM:** Old Quaker Cemetery; Carroll; jct Rts 727 & 97, Galax **GS:** Y **SP:** mar Jennie (-----) b 1799, d 1852 **VI:** No further data **P:** None **BLW:** No **PH:** N **SS:** K pg 158 **BS:** 90 pg 356.

HANNAH, George; b 18 Jun 1780; d 12 Jun 1870 **RU:** Captain, 26th VMR, Company Commander, Troop of Cavalry, Charlotte Co **CEM:** Cub Creek Church; Charlotte; Rt 619, 0.7 mi NW of Rt 649 **GS:** U **SP:** mar (1) in Charlotte Co on 04 Nov 1806 (bond) to Patsy Brent, daughter of James Brent, John Patrick, security. Marriage performed by Rev John H Rice; (2) in Charlotte Co on 14 Dec 1816 to Lucy Morton, daughter of William Morton, Joseph Morton surety **VI:** No further data **P:** None **BLW:** No **PH:** N **SS:** B pg 57 **BS:** 260; 93.

HANNAH, Joseph; b 1787; d 1871 **RU:** Captain, 121st VMR, Company Commander, Boteourt Co, attached to McDowell's Flying Camp **CEM:** United Methodist; Botetourt; Fincastle **GS:** Y **SP:** mar Harriet Allen, b 1788, d 1865 **VI:** Gravestone indicates rank of Major **P:** Yes **BLW:** No **PH:** N **SS:** B pg 45; BD pg 919 **BS:** 194.

HANSBROUGH, Elijah; b 16 Aug 1774; d 22 Jul 1848 **RU:** Private, 36th VMR, Prince William Co **CEM:** Farrow / Hansborough Cem.; Fauquier; 2 mi S of Bristersburg **GS:** Y **SP:** mar Margaret Starke, b 18 Mar 1788, d 16 Jul 1835 **VI:** Minister of the Gospel of Jesus Christ **P:** None **BLW:** No **PH:** N **SS:** A rec 615 **BS:** 105; 4 pg 60.

HANSBROUGH, William; b UNK; d 1838 (Inv) **RU:** Private, 7th VMR (Gray) **CEM:** St Stephen's Baptist; Culpeper; 19075 York Rd, Stevensburg **GS:** U **SP:** No spouse information **VI:** No further data **P:** None **BLW:** No **PH:** N **SS:** A rec 611 **BS:** 12 pg 26.

HANSFORD, Thomas; b 1785; d aft 1850 **RU:** Private, 115th VMR (Howard), Elizabeth City Co, Warwick Co, York Co **CEM:** Hansford Family; Hampton City; Old Hospital site, Hampton **GS:** N **SP:** mar Hannah Davis **VI:** Enumerated in the 1850 census in Fox Hill, Elizabeth City, VA. Had son James Hansford who served in the Civil War **P:** None **BLW:** No **PH:** N **SS:** A rec 713 **BS:** 23 pg 90.

HARBOUR, Thomas; b 1791; d 06 Nov 1837 **RU**: Sergeant, 18th VMR, Lt Samuel Henby, Patrick Co, attached to 5thVMR **CEM**: Old Harbour; Patrick; vic jct Rts 57 & 843 **GS**: Y **SP**: mar in Patrick Co on 24 Aug 1820 (pension application) to Martha Slaughter, LNR PO Copeland, Surry Co, 1878. Marriage bond was dated 17 Aug 1820 **VI**: No further data **P**: Spouse **BLW**: Yes **PH**: N **SS**: A rec 1100; M pg 190; BD pg 922; B pg 157 **BS**: 154 pg 164.

HARDAWAY, Daniel; b 1783; d Jun 1832 **RU**: Private, 49th VMR, Capt Edward Robertson, Troop of Cavalry, Nottoway Co **CEM**: Hardaway Family; Amelia; Rt 607 **GS**: Y **SP**: mar in Amelia Co on 29 Aug 1811, to Sarah T. Jones, daughter of Ann Jones who gave consent, b 1790, d 14 Aug 1855 **VI**: No further data **P**: None **BLW**: No **PH**: N **SS**: L pg 673; B pg 154 **BS**: 266, pg 121.

HARDY, John; b 1771, Dinwiddie Co; d 25 Dec 1855, Chesterfield Co **RU**: Corporal, 12th US Infantry, Capt Moore **CEM**: St John's Church; Richmond City; 24th & Broad, Church Hill **GS**: U **SP**: mar Nancy (-----), who received Old War Pension (husband killed or disabled during the war) **VI**: Son of Patrick & Mary Hardy. Dates and parents from "Virginia Deaths and Burials, 1853-1912" (familysearch.org) **P**: Spouse **BLW**: No **PH**: N **SS**: BD pg 925 **BS**: 63 pg 458.

HARGROVE, William K; b 1785; d 05 Oct 1829 **RU**: Private, 19th VMR, Capt Samuel Adams, Richmond City **CEM**: Shockoe Hill; Richmond City; 100 Hospital St **GS**: U **SP**: mar on 15 May 1819 Martha G Mason, d before 05 Jan 1883, LNR Auburn Mills, Hanover Co, 1877 **VI**: No further data **P**: Spouse **BLW**: Yes **PH**: N **SS**: K pg 193; BD pg 926; B pg 174 **BS**: 38 pg 7.

HARLAN, Enor; b 1770, PA; d 13 Aug 1846 **RU**: Corporal, 39th VMR, Petersburg **CEM**: Shockoe Hill; Richmond City; 100 Hospital St **GS**: U **SP**: No spouse information **VI**: Birth & death information from death notice in Richmond papers **P**: None **BLW**: No **PH**: N **SS**: A rec 6 **BS**: 38 pg 36.

HARLOW, Joshua; b 1787; d bur 24 Sep 1848 **RU**: Private, Cocke's Detachment **CEM**: Shockoe Hill; Richmond City; 100 Hospital St **GS**: U **SP**: No spouse information **VI**: No further data **P**: None **BLW**: No **PH**: N **SS**: A rec 177 **BS**: 38 pg 43.

HARLOW, Thomas; b 1794; d 30 Jun 1869 **RU**: Private, 2nd VMR (Ballowe) **CEM**: Old Monmouth; Rockbridge; 3.5 mi W of Lexington **GS**: Y **SP**: No spouse information **VI**: No further data **P**: None **BLW**: No **PH**: N **SS**: A rec 199 **BS**: 193.

HARLOW, William H; b bef 1779; d aft 1830 **RU**: Private, 10th VMR, Capt Abraham Buford, Bedford Co, attached to 8th VMR (Wall) **CEM**: Mount Union; Botetourt; Rt 630, Haymakertown, 5 mi W of Fincastle **GS**: Y **SP**: mar Maria (-----) **VI**: No dates on stone. Enumerated in 1830 census **P**: Spouse **BLW**: No **PH**: N **SS**: A rec 210; BD pg 926; B pg 239 **BS**: 155 pg 34.

HARMAN, Anthony; b Oct 1791; d 21 Jan 1875 **RU**: Private, 48th VMR, Capt Rober Kyle, Botetourt Co, attached to McDowell's Flying Camp **CEM**: Harmon / Evans; Alleghany; Rt 616, Low Moor **GS**: Y **SP**: mar in Fincastle Co on 30 Dec 1815 to Sarah Warts (Weiks), b 1787, d c1860 **VI**: WPA survey says he served/enlisted in War of 1812 with brothers William and Christy Harman **P**: Yes **BLW**: No **PH**: N **SS**: M pg 191; BD pg 927 **BS**: 197.

HARMANSON, John Henry; b 31 Mar 1783; d 21 Aug 1825 **RU**: Private, 27th VMR, Cornet George Powell, Troop of Cavalry, Northampton Co **CEM**: Farmington; Northampton; S of Rt 620, 0.7 mi E of Rt 13, 0.3 mi into field **GS**: Y **SP**: mar in Northampton Co on 27 Feb 1806 (bond) to Catharine Coleburn, ward of George Coleburn of Accomack Co who gave consent **VI**: No further data **P**: None **BLW**: No **PH**: N **SS**: L pg 647 **BS**: 20 pg 38.

HARMANSON, William; b 04 Aug 1791; d 12 Nov 1876 **RU**: Private, 27th VMR, Capt Mathew H Dunton, Northampton Co **CEM**: Woodside; Northampton; Rt 600, nr Rt 628 **GS**: Y **SP**: mar in Northampton Co on 23 Dec 1825 (return by S. S. Gunter) to Margaret C Mapp, daughter of George & Margaret Mapp, b 06 Jan 1804, d 05 Apr 1887. Consent to marriage by her mother Margaret Mapp who stated her daughter was 21 yrs old. LNR PO Eastville, Northampton Co, 1878. **VI**: No further data **P**: Spouse **BLW**: Yes **PH**: N **SS**: K pg 111; M pg 191; BD pg 927; B pg 150 **BS**: 20 pg 38.

HARMON, Abel R; b 25 Nov 1795; d 04 Feb 1843 **RU**: Private, 2nd VMR (Bayley), Capt James Treakle, Accomack Co **CEM**: Old Harmon Graves; Accomack; Bayly's Neck 2.2 mi E of Rt 13 & S of Rt 622 **GS**: Y **SP**: mar Nancy (----), b 18 Aug 1801, d 15 Oct 1836 **VI**: No further data **P**: None **BLW**: No **PH**: N **SS**: K pg 324 **BS**: 21 pg 115, 117.

RU=Rank/Unit CEM=Cemetery GS=Gravestone SP=Spousal Information VI=Other Veteran Info P=Pension
BLW=Bounty/Land Warrant PH=Photo SS=Service Source BS=Burial Source VMR= VA Military Regt
LNR= Last Known Residence

HARMON, Henry; b 22 Feb 1797; d 09 Jul 1878 **RU:** Private, 5th VMR **CEM:** Harmon Family; Smyth; Rt 610 nr Bland Co line **GS:** Y **SP:** No spouse information **VI:** No further data **P:** None **BLW:** No **PH:** N **SS:** A rec 430 **BS:** 131 v1 pg 30.

HARMON, John; b 22 Jan 1774; d 25 Nov 1858 **RU:** Private, 2nd VMR, (Bayley), Accomack Co **CEM:** Old Harmon Graves; Accomack; Bayly's Neck 2.2 mi E of Rt 13 & S of Rt 622 **GS:** Y **SP:** No spouse information **VI:** No further data **P:** None **BLW:** No **PH:** N **SS:** A rec 476 **BS:** 21 pg 116.

HARPER, Charles; b 18 Oct 1796, Hancock Co, GA; d UNK **RU:** Private, GA Militia, Captain Hamilton, Artillery **CEM:** Locust Hill; Albemarle; Rt 678, Ivy Village **GS:** Y **SP:** mar Lucy (-----), d June 1851, age 75 **VI:** Son of William & Mary Harper of Dinwiddie Co, VA who had migrated to Georgia about 1795. No dates on stone. Data from "Virginia in the Revolution and War of 1812," pg 655 **P:** None **BLW:** No **PH:** N **SS:** A rec 775 **BS:** 94 v4 pg 208.

HARPER, George W S; b UNK; d 07 May 1865 **RU:** Private, MD Militia, Capt James Rampley **CEM:** Hickory Creek; Louisa; 1162 Hickory Creek Rd, Louisa **GS:** Y **SP:** mar (1) in Louisa Co on 23 Nov 1830 (bond) to Angelina McGehee, daughter of Nathaniel McGehee; (2) in Louisa Co on 20 Aug 1860 to Martha A Hester, d 23 May 1919, Louisa Co **VI:** No further data **P:** Spouse **BLW:** Yes **PH:** Y **SS:** G; BD pg 929 **BS:** 31.

HARPER, John; b 1783; d 19 Mar 1838 **RU:** Ensign, 9th VMR (Boyd) **CEM:** Old Presbyterian Meeting House; Alexandria; Wilkes & Hamilton **GS:** Y **SP:** mar Sarah (-----), b Mar 1786, d 22 Feb 1863 **VI:** Died in his 56th year **P:** None **BLW:** No **PH:** N **SS:** A rec 873 **BS:** 32 pg 39.

HARPER, William; b 23 Apr 1787, Alexandria; d 07 Oct 1852 **RU:** Private, 60th VMR (Minor), Fairfax Co **CEM:** Old Presbyterian Meeting House; Alexandria; Wilkes & Hamilton **GS:** Y **SP:** mar Mary T Newton, daughter of John & Mary T Newton of Little Falls Plantation, Stafford Co, b 16 Aug 1789, d 10 May 1841 **VI:** A ruling elder of 2nd Presbyterian Church of Alexandria **P:** None **BLW:** No **PH:** N **SS:** A rec 1030 **BS:** 32 pg 39.

HARRIS, Daniel; b 1798; d bur 14 Aug 1838 **RU:** Private, 6th VMR (Sharp) **CEM:** Shockoe Hill; Richmond City; 100 Hospital St **GS:** U **SP:** No spouse information **VI:** No further data **P:** None **BLW:** No **PH:** N **SS:** A rec 829 **BS:** 38 pg 16.

HARRIS, Frederick; b 14 Jan 1780; d 09 Apr 1842 **RU:** Captain, 40th VMR, Company Commander, Louisa Co **CEM:** Harris Family; Louisa; 0.6 mi SE Fredericks Hall **GS:** U **SP:** mar in Amelia Co on 10 Dec 1805 (bond) to Catherine S Smith, d 26 Dec 1848 **VI:** No further data **P:** None **BLW:** No **PH:** N **SS:** B pg 123 **BS:** 181.

HARRIS, Henry; b 02 Dec 1795; d 28 Aug 1872 **RU:** Corporal, 6th VMR **CEM:** Morven Family; Louisa; 9.5 mi NW of Louisa, off Rt 621 **GS:** Y **SP:** mar in Louisia Co on 27 Aug 1819 (bond) to Sarah Hart, daughter of Malcomb & Judith Hart, b 26 Aug 1799, d 18 Feb 1870. At the time of the marriage, Malcomb Hart was deceased and consent was granted by Judith Hart **VI:** No further data **P:** None **BLW:** No **PH:** N **SS:** A rec 1870 **BS:** 181.

HARRIS, Henry P; b UNK; d 1863 **RU:** Corporal, 4th VMR **CEM:** Ebenezer Church; Smyth; Rt 665, Marion **GS:** Y **SP:** No spouse information **VI:** No further data **P:** None **BLW:** No **PH:** N **SS:** A rec 1868 **BS:** 131 v1 pg 24.

HARRIS, James; b 1792; d 14 Nov 1865 **RU:** Private, 60th VMR, Fairfax Co **CEM:** Trinity United Methodist; Alexandria; Wilkes St **GS:** Y **SP:** mar Lucy A (-----), d 20 Nov 1873, age 80. Applied for widow's pension **VI:** Styled "Captain" on his tombstone **P:** None **BLW:** No **PH:** N **SS:** A rec 1991 **BS:** 32 pg 127.

HARRIS, James; b 1791; d 27 Oct 1840 **RU:** Private, 5th VMR **CEM:** Goode / Harris; Mecklenburg; jct Rts 903 & 615 **GS:** Y **SP:** mar in Mecklenburg Co on 31 Aug 1826 (bond) to Alice E Goode. Marriage performed by John B. Smith. Consent given by mother Mary A Goode and that "Alice will be 21 years of age in February next." James Harris was of Nottoway Co **VI:** Stone erected to the memory of Little Robert, son of James & Alice Harris, who d 06 Feb 1847 in his 8th year. **P:** None **BLW:** No **PH:** N **SS:** A rec 854 **BS:** 24 pg 279.

HARRIS, Jesse; b 1790; d Nov 1875 **RU:** Private, 4th VMR **CEM:** Cub Run Mememorial Garden; Fairfax; end of Naylor Rd, Centreville **GS:** Y **SP:** No spouse information **VI:** No further data **P:** None **BLW:** No **PH:** N **SS:** A rec 2018 **BS:** 89 v4 CN-3.

HARRIS, John; b 20 May 1792; d 14 Dec 1876 **RU:** Private, 7th VMR (Saunders) **CEM:** New Jacksonville Cemetery; Floyd; Rt 8, 0.25 mi S from Floyd **GS:** Y **SP:** No spouse information **VI:** Called "Col" on tombstone. The town of Floyd was once called Jacksonville **P:** None **BLW:** No **PH:** N **SS:** A rec 2138 **BS:** 225.

RU=Rank/Unit   CEM=Cemetery   GS=Gravestone   SP=Spousal Information   VI=Other Veteran Info   P=Pension
BLW=Bounty/Land Warrant   PH=Photo   SS=Service Source   BS=Burial Source   VMR= VA Military Regt
LNR= Last Known Residence

HARRIS, Joseph; b UNK; d 25 Apr 1848 **RU:** Private, 5th VMR **CEM:** Old Presbyterian Meeting House; Alexandria; Wilkes & Hamilton **GS:** Y **SP:** No spouse information **VI:** Stone generally illegible. Death date from the *Alexandria Gazette* **P:** None **BLW:** No **PH:** N **SS:** A rec 2222 **BS:** 32 pg 40.

HARRIS, Nathan; b 07 Jan 1771; d 20 Nov 1852 **RU:** Private, 10th VMR, Capt Joshua Early, Bedford Co, attached to 3rd VMR (Dickinson) **CEM:** Stonewall Jackson Memorial; Lexington; S Main St **GS:** Y **SP:** mar in 1791 to Ann Allen Anderson, b 10 May 1771, Buckingham Co, d 24 Sep 1852 **VI:** Son of James & Mary (-----) Harris **P:** Yes **BLW:** No **PH:** N **SS:** BD pg 934; B pg 42 **BS:** 245.

HARRIS, Newett; b UNK; d UNK **RU:** Captain, 65th VMR, Company Commander, Southampton Co, attached to 8th VMR (Magnien) **CEM:** Harris Family #2; Southampton; Rt 653 (Pinopolis Rd), 4 mi S of Carson **GS:** N **SP:** No spouse information **VI:** This site figured prominently in the 1831 Nat Turner slave revolt **P:** None **BLW:** No **PH:** N **SS:** B pg 187 **BS:** 41 pg 9.

HARRIS, Patrick H; b 04 Jul 1788; d 04 Oct 1844 **RU:** Private, 23rd VMR (Brown), Chesterfield Co **CEM:** Harris Family; Powhatan; 7 mi E of Pine Creek off Rt 614 **GS:** Y **SP:** mar in Powhatan Co on 20 Nov 1815 (bond) to Elizabeth Harris, daughter of John Harris of Buckingham Co, b 14 Oct 1796, d 12 Sep 1836 **VI:** No further data **P:** None **BLW:** No **PH:** N **SS:** A rec 2354 **BS:** 233.

HARRIS, Robert; b 1795; d 18 Jun 1867 **RU:** Private, 5th VMR (McDowell) **CEM:** Old Providence Church; Augusta; 1005 Spottswood Rd, Spottswood **GS:** Y **SP:** mar Sarah Carson, b 1794, d 1872 **VI:** Son of James & Mary Harris **P:** None **BLW:** No **PH:** Y **SS:** A rec 2421 **BS:** 165 Stone 65; 31.

HARRIS, Robert; b 1793; d 03 Mar 1825 **RU:** Sergeant, 23rd VMR, Capt Henry Heth, Troop of Cavalry, Chesterfield Co **CEM:** St John's Church; Richmond City; 24th & Broad, Church Hill **GS:** U **SP:** No spouse information **VI:** No further data **P:** None **BLW:** No **PH:** N **SS:** L pg 422 **BS:** 63 pg 455; 252 pg 59.

HARRIS, Samuel J; b 1787; d 03 Jan 1825 **RU:** Private, 47th VMR, Albemarle Co, company attached to 7th VMR (Gray) **CEM:** Rock Spring; Washington; vic jct Rts 803 & 91 **GS:** Y **SP:** mar Caroline (-----) **VI:** Died age "about 48 years" **P:** Spouse App **BLW:** No **PH:** N **SS:** K pg 344; B pg 36; BD pg 935 **BS:** 116 pg 207.

HARRIS, Solomon; b UNK; d UNK **RU:** Private, 1st Hanover Co, Cavalry **CEM:** Walnut Well; Hanover; Rt 17 nr James Cross Roads **GS:** Y **SP:** No spouse information **VI:** Stone gives war service, no dates **P:** None **BLW:** No **PH:** N **SS:** G **BS:** 71 pg 59.

HARRIS, Solomon King; b UNK; d UNK **RU:** Private, 74th VMR, Capt Joseph Price, Hanover Co **CEM:** Walnut Well; Hanover; Rt 17 nr James Cross Roads **GS:** N **SP:** No spouse information **VI:** Said to be buried here according to Mr A. L. Harris **P:** None **BLW:** No **PH:** N **SS:** L pg 648 **BS:** 71 pg 60.

HARRIS, Thomas F; b 15 Dec 1781; d 17 Jul 1854 **RU:** Private, 69th VMR, Capt Mathew Sims, Artillery, Halifax Co, attached to Battalion of Artillery **CEM:** Harris Family; Halifax; Rt 711, 12 mi SW of South Boston **GS:** Y **SP:** No spouse information **VI:** Doctor **P:** None **BLW:** No **PH:** N **SS:** A rec 1943 **BS:** 83 pg 15' 201.

HARRIS, Thomas F; b UNK; d 24 Jul 1851 **RU:** Private, 17th VMR, Capt Allen Wilson, Cumberland Co, attached to 1st VMR (Trueheart) **CEM:** Farmville Cemetery; Prince Edward; Rt 16, 1.5 mi W of Farmville **GS:** Y **SP:** No spouse information **VI:** Son of G. M. & W. Harris [tombstone] **P:** Applied **BLW:** No **PH:** N **SS:** K pg 352; BD pg 935; B pg 64 **BS:** 232.

HARRIS, Willie J; b UNK; d UNK **RU:** Lieutenant, 102nd VMR, Capt John Cocke, Powhatan Co **CEM:** Harris Family; Hanover; Rt 631 **GS:** Y **SP:** No spouse information **VI:** No further data **P:** None **BLW:** No **PH:** N **SS:** L pg 231 **BS:** 71 pg 60.

HARRISON, Burr; b UNK; d 1842 **RU:** Cornet, 44th VMR Capt William O'Bannon, Fauquier Co, attached to 36th VMR (Reno) **CEM:** Monterey Cemetery; Fauquier; Marshall **GS:** Y **SP:** No spouse information **VI:** No further data **P:** None **BLW:** No **PH:** N **SS:** A rec 217 **BS:** 4 pg 82.

HARRISON, Burr William; b 23 Apr 1793; d 05 Sep 1865 **RU:** Private, 57th VMR, Loudoun Co **CEM:** St James Episcopal; Loudoun; 14 Cornwall St, Leesburg **GS:** Y **SP:** mar in Loudoun Co on 03 Jan 1822 to Sarah Powell **VI:** No further data **P:** None **BLW:** No **PH:** N **SS:** A rec 219 **BS:** 73 pg 132.

RU=Rank/Unit CEM=Cemetery GS=Gravestone SP=Spousal Information VI=Other Veteran Info P=Pension
BLW=Bounty/Land Warrant PH=Photo SS=Service Source BS=Burial Source VMR= VA Military Regt
LNR= Last Known Residence

HARRISON, Carter L; b 1781; d 23 Oct 1843 **RU:** Private, 62nd VMR, Capt Robert Harrison, Prince George Co **CEM:** Clifton; Cumberland; Rt 16, Cartersville **GS:** Y **SP:** No spouse information **VI:** Born at Glentivar Plantation (Cartersville), died at Bremo (Death notice from Richmond Newspapers) **P:** None **BLW:** No **PH:** N **SS:** L pg 405 **BS:** 215.

HARRISON, David; b 20 Apr 1775; d 01 Mar 1851 **RU:** Sergeant, 83rd VMR, Capt Thomas Bevill, Dinwiddie Co **CEM:** Harrison Family; Rockingham; Valley Pike Rd (Rt 11), Long Pump **GS:** Y **SP:** mar Elizabeth Pickering, b 07 Apr 1781, d 23 Mar 1851 **VI:** No further data **P:** None **BLW:** No **PH:** N **SS:** L pg 138 **BS:** 262.

HARRISON, Elias; b 22 Jan 1790, Orange Co, NY; d 13 Feb 1863 **RU:** Private, Swift's Detachment of NY Militia **CEM:** Old Presbyterian Meeting House; Alexandria; Wilkes & Hamilton **GS:** Y **SP:** mar Elizabeth Veitch, b 1798, d 06 May 1824 **VI:** Served for 41 years as Pastor of 1st Presbyterian Church in Alexandria **P:** None **BLW:** No **PH:** N **SS:** A rec 295 **BS:** 32 pg 40.

HARRISON, George E; b UNK; d UNK **RU:** Private, 23rd VMR, Chesterfield Co **CEM:** Brandon Plantation; Prince George; nr jct Rts 10 & 611 **GS:** Y **SP:** mar in Chesterfield Co on 14 Jan 1819 to Sophia Franklin **VI:** No further data **P:** None **BLW:** No **PH:** N **SS:** A rec 330 **BS:** 139 pg 424.

HARRISON, George Evelyn; b 01 Sep 1797; d 19 Jan 1837 **RU:** Private, 4th VMR **CEM:** Harrison Family; Prince George; end of Rt 611, 5.5 mi NE Burrowsville, on James River **GS:** Y **SP:** mar Isabell Harmanson Richie **VI:** No further data **P:** None **BLW:** No **PH:** N **SS:** A rec 326 **BS:** 148.

HARRISON, George P; b 1797; d 1834 **RU:** Private, 44th VMR, Capt George Love, Fauquier Co, attached to 2nd VMR (Ballowe) **CEM:** "Monterey"; Fauquier; Marshall **GS:** Y **SP:** mar Leonora (-----) **VI:** No further data **P:** Spouse **BLW:** No **PH:** N **SS:** A rec 323; BD pg 936; B pg 74 **BS:** 4 pg 82.

HARRISON, James; b UNK; d c1832 (Account) **RU:** Private, 57th VMR, Capt Abraham Sullivan, Loudoun Co **CEM:** Fairfax City Cemetery; Fairfax; 10567 Main St, Section 2 **GS:** N **SP:** No spouse information **VI:** No further data **P:** Applied **BLW:** No **PH:** N **SS:** A rec 424; BD pg 936; B pg 121 **BS:** 89 v3 FX 153.

HARRISON, James W; b UNK; d UNK **RU:** Private, 92nd VMR, Capt Edward Marks, Lancaster Co **CEM:** Harrison Family; Dinwiddie; Rt 681 abt 10 mi S of Dinwiddie Church **GS:** N **SP:** No spouse information **VI:** Son of Robert and Sallie Harrison **P:** None **BLW:** No **PH:** N **SS:** K pg 258 **BS:** 97 pg 77.

HARRISON, John B; b 19 Jul 1780; d 05 Mar 1845 **RU:** Private, 1st VMR (Byrne), Brunswick Co **CEM:** Harrison Family; Brunswick; off Rt 683 in copse of pines **GS:** Y **SP:** No spouse information **VI:** No further data **P:** None **BLW:** No **PH:** N **SS:** A rec 464; B pg 48-49 **BS:** 247.

HARRISON, John D; b 09 Aug 1788, Fairfax Co; d 30 Jan 1853 **RU:** Private, 60th VMR (Minor), Fairfax Co **CEM:** Methodist Protestant; Alexandria; Wilkes St **GS:** Y **SP:** mar Elizabeth Carlin, b 04 Feb 1792, Alexandria, d 20 Nov 1877, Alexandria **VI:** Farmer and merchant. Resident of Alexandria in his last 25 years **P:** None **BLW:** No **PH:** N **SS:** A rec 500 **BS:** 33 pg 154.

HARRISON, Lewis; b Jan 1776; d 15 Jun 1854 **RU:** Private, Battallion of Artillery **CEM:** Harrison Family; Amherst; Madison Heights **GS:** Y **SP:** No spouse information **VI:** No further data **P:** None **BLW:** No **PH:** N **SS:** A rec 563 **BS:** 5 pg 120.

HARRISON, Philip; b 31 May 1761; d 04 Jan 1852 **RU:** Private, 36th VMR (Reno), Capt John Linton, Prince William Co **CEM:** Shockoe Hill; Richmond City; 100 Hospital St **GS:** Y **SP:** No spouse information **VI:** No further data **P:** None **BLW:** No **PH:** N **SS:** L pg 548 **BS:** 199.

HARRISON, Robert; b 27 Feb 1767; d 13 Jun 1844 **RU:** Captain, 62nd VMR, Company Commander, Prince George Co **CEM:** Harrison Family; Dinwiddie; Rt 681 abt 10 mi S of Dinwiddie Church **GS:** N **SP:** mar Salle E (-----), d 27 Jun 1828 **VI:** No further data **P:** None **BLW:** No **PH:** N **SS:** L pg 405 **BS:** 210; 97 pg 77.

HARRISON, Robert; b 04 Jun 1780; d UNK **RU:** Captain, 62nd VMR, Company Commander, Prince George Co **CEM:** Harrison / Racefield / Rosewood; Prince George; Rt 10, 3.8 mi E of Hopewell **GS:** Y **SP:** mar Charlotte Thomas Pretlow **VI:** No further data **P:** None **BLW:** No **PH:** N **SS:** B pg 170; G **BS:** 148.

HARRISON, Samuel Jordan; b 1796; d 1846 **RU:** Corporal, 4th VMR **CEM:** Old City Cemetery; Lynchburg; 401 Taylor St **GS:** Y **SP:** mar Sarah H. b (-----), d 1839, age 58 **VI:** No further data **P:** None **BLW:** No **PH:** N **SS:** A rec 663 **BS:** 87 pg 50, 119.

HARRISON, Thomas D; b 22 Feb 1796; d 29 Jan 1851 **RU:** Private, 45th VMR (Peyton), Capt Lewis Alexander, Stafford Co **CEM:** Forest Shade; Prince William; Government Rd, 6 mi fr Dumfries **GS:** Y **SP:** No spouse information **VI:** Uncle of President Benjamin Harrison **P:** None **BLW:** No **PH:** N **SS:** L pg 302 **BS:** 130.

HARRISON, Thomas Randolph; b 1792; d 03 Nov 1835 **RU:** Private, 5th VMR (McDowell) **CEM:** Clifton; Cumberland; Rt 16, Cartersville **GS:** Y **SP:** mar in Cumberland Co on 30 Nov 1812 (bond) to Eliza M Cunningham, consent by her guardian A. Taylor **VI:** Son of Randolph & Mary (Randolph) Harrison. Buried at Clifton, aged 45 years at death (tombstone). Memorialized at Shockoe Hill Cemetery in Richmond City. Died age 43 **P:** None **BLW:** No **PH:** N **SS:** A rec 5643 **BS:** 215; 199 pg 175.

HARRISON, William; b 1795; d 1833 **RU:** Private, 85th VMR, Fauquier Co **CEM:** "Monterey"; Fauquier; Marshall **GS:** Y **SP:** No spouse information **VI:** No further data **P:** None **BLW:** No **PH:** N **SS:** A rec 790 **BS:** 4 pg 82.

HARRISON, William; b 1781, MD; d 17 Jul 1859 **RU:** Private, 7th VMR (Saunders) **CEM:** Cedar Grove; Portsmouth; Effington St & Fort Ln **GS:** Y **SP:** mar Johannah (-----), d 23 Jul 1855, age 72 **VI:** Member of VA Soldiers of 1812 Society **P:** None **BLW:** No **PH:** N **SS:** A rec 781 **BS:** 65 pg 107.

HARRISON, William (Willie); b UNK; d UNK **RU:** Corporal, 39th VMR, Major Joseph Wilder, Petersburg **CEM:** Livesay Family; Prince George; Rt 46, 0.5 mi NW of Disputanta **GS:** N **SP:** No spouse information **VI:** No markers in this graveyard **P:** None **BLW:** No **PH:** N **SS:** D pg 119 **BS:** 148.

HARRISON, William C; b c1782; d UNK **RU:** Captain, 116th VM, Company Commander, Rockingham Co, attached to 6th VMR (Coleman) **CEM:** Harrison / Effinger; Rockingham; Federal St, Harrisonburg: see comments **GS:** N **SP:** mar Lelia (-----), b c1784. No stone **VI:** According to Maria G. Carr, writing in 1892 they were buried here. Later, writing in 1944, Tommy Bassford states these two were buried here. The remains in the cemetery were moved to Woodbine Cemetery, though no stones remain to mark their graves **P:** None **BLW:** No **PH:** N **SS:** K pg 51 **BS:** 262.

HARRISON, William H; b 29 Feb 1761; d 17 Jun 1817 **RU:** Lieutenant, 62nd VMR, Capt James Bonner, Prince George Co, attached to 1st VMR **CEM:** Harrison / Pinkard; Prince George; 4.5 mi E of Prince George C. H., 3.4 mi N on private road **GS:** U **SP:** mar Sally (-----) **VI:** Demoted from Captain to Lieutenant in this Company **P:** None **BLW:** Yes **PH:** N **SS:** B pg 170; BD pg 938 **BS:** 148.

HARSHBARGER, Daniel; b 03 Dec 1758; d 01 Nov 1841 **RU:** Corporal, 51st VMR, Capt John Gilkerson, Frederick Co **CEM:** Harshbarger Family; Rockingham; Rt 42, Dayton **GS:** Y **SP:** mar Barbara (-----), d 04 Jul 1823, age 60 years **VI:** No further data **P:** None **BLW:** No **PH:** N **SS:** L pg 359 **BS:** 262.

HART, Samuel; b 1768; d 1838 **RU:** Private, 51st VMR, Capt Francis Ireland, Frederick Co, attached to 1st VMR (Taylor) **CEM:** Gainesboro; Frederick; 166 Siler Ln, Gainesboro **GS:** Y **SP:** mar in Frederick Co on 10 Sep 1789 (return by Christian Streit) to Mary Farmer **VI:** No further data **P:** Yes **BLW:** No **PH:** N **SS:** A rec 1458; BD pg 940; B pg 79 **BS:** 79 pg 140.

HART, William; b 14 Jan 1795; d 26 Mar 1863 **RU:** Private, 32nd VMR, Capt Abraham Lange, Augusta Co, attached to 5th VMR (McDowell) **CEM:** Old Providence Church; Augusta; 1005 Spottswood Rd, Spottswood **GS:** Y **SP:** mar Rebecca A (-----), b 1808, d 1883 **VI:** No further data **P:** Spouse **BLW:** No **PH:** Y **SS:** A rec 1516; BD pg 940; B pg 40 **BS:** 165 Stone 66; 31.

HARTMAN, John N; b 23 Feb 1799; d 02 Mar 1884 **RU:** Private, 121st VMR, Botetourt Co **CEM:** Hartman family; Roanoke; Cave Spring Ln **GS:** U **SP:** mar Catherine (-----), b 1790, d 1850 **VI:** No further data **P:** None **BLW:** No **PH:** N **SS:** A rec 1781 **BS:** 157 pg 135.

HARVEY, Isham; b 1790; d 25 Dec1864, Harvey's Store, Charlotte Co **RU:** Private, 26th VMR, Capt Henry Watkins, Charlotte Co, attached to 6th VMR (Coleman) **CEM:** Harvey Family; Charlotte; Rt 755, 1/2 mi W of Rt 644 (Butterwood Rd) **GS:** Y **SP:** mar on 04 Sep 1812 to Elizabeth Harris, LNR Charlotte C.H., 1873 **VI:** No further data **P:** Spouse **BLW:** No **PH:** N **SS:** BD pg 942; B pg 58; M pg 194 **BS:** 93.

HARVEY, Jack; b 1780; d 1863 **RU:** Sergeant, 4th VMR **CEM:** Old City Cemetery; Lynchburg; 401 Taylor St **GS:** Y **SP:** No spouse information **VI:** No further data **P:** None **BLW:** No **PH:** N **SS:** A rec 2122 **BS:** 87 pg 119.

RU=Rank/Unit　　CEM=Cemetery　　GS=Gravestone　　SP=Spousal Information　　VI=Other Veteran Info　　P=Pension
BLW=Bounty/Land Warrant　　PH=Photo　　SS=Service Source　　BS=Burial Source　　VMR= VA Military Regt
LNR= Last Known Residence

HARVEY, Joseph H; b UNK; d 01 Mar 1862 **RU:** Corporal, Flying Camp McDowells **CEM:** Park Family; Westmoreland; Broadfield **GS:** N **SP:** No spouse information **VI:** Cemetery cannot be found today **P:** None **BLW:** No **PH:** N **SS:** A rec 2203 **BS:** 219 pg 109.

HARVEY, Lewis S; b 04 Nov 1783, Catawba Creek, Botetourt Co; d 14 Feb 1842, Back Creek, Roanoke Co **RU:** Private, 121st VMR, Botetourt Co **CEM:** "Speedwell"; Roanoke; Rt 904, Starkey **GS:** Y **SP:** mar Frances Thacker Burwell, b 28 Feb 1781, d 24 Nov 1864; "wife of Col Lewis Harvey" (tombstone) **VI:** No further data **P:** None **BLW:** No **PH:** N **SS:** A rec 2219 **BS:** 157 pg 225.

HARVIE, Jaquelin B; b 02 Oct 1788; d 08 Feb 1856 **RU:** Cornet, 19th VMR, Capt Gamble, Troop of Cavalry, Richmond City **CEM:** Hollywood; Richmond City; 412 S Cherry St **GS:** Y **SP:** mar on 18 Sep 1813 to Mary Marshall, b 1795, d 29 Apr 1841 **VI:** Son of John and Margaret (-----) Harvie. Death notice in Richmond Newspapers **P:** None **BLW:** No **PH:** Y **SS:** A rec 2315 **BS:** 31.

HASLIP / HAISLIP, Henry; b 28 Mar 1785; d 27 Jul 1830 **RU:** Private, 60th VMR, Capt George Simpson, Fairfax Co **CEM:** Haislip Family; Fairfax; 10612 Belmont Blvd, Lorton **GS:** Y **SP:** mar on 25 Aug 1812 to Silent Sudduth **VI:** Son of James & Abigail (Brawner) Haislip **P:** None **BLW:** No **PH:** N **SS:** A rec 1725; X **BS:** 89 v4 MN-17.

HATCHER, Benjamin; b 1767; d 13 Nov 1815 **RU:** Private, 23rd VMR (Brown), Chesterfield Co **CEM:** St John's Church; Richmond City; 24th & Broad, Church Hill **GS:** U **SP:** No spouse information **VI:** No further data **P:** None **BLW:** No **PH:** N **SS:** A rec 1119 **BS:** 63 pg 457.

HATCHER, John; b 1782; d 25 Jan 1852 **RU:** Ensign, 10th VMR, Capt Willie Jones, Bedford Co, attached to 5th VMR **CEM:** Hatcher Family; Franklin; Rt 122 ,19 mi NE Rocky Mount **GS:** Y **SP:** mar Martha (-----), b 25 Nov 1804, d 22 Jul 1908 **VI:** No further data **P:** Spouse **BLW:** No **PH:** N **SS:** A rec 1154; BD pg 947; B pg 43 **BS:** 226.

HATCHER, William; b 20 Jul 1789; d 28 Jan 1835 **RU:** Sergeant, 23rd VMR, Capt Thomas Cheatham, Chesterfield Co **CEM:** Hatcher Family; Chesterfield; Drewry's Bluff **GS:** Y **SP:** mar on 14 Jan 1823 to Sarah Cole Gregory, daughter of Richard Gregory & Elizabeth Wilkinson, b 03 Jan 1796, d 08 Aug 1871. She mar (2) John S Peers (1796-1871) **VI:** Son of Edward Hatcher and Lucy Bass. Owner and Innkeeper of Hatcher Halfway House **P:** None **BLW:** No **PH:** N **SS:** A rec 1190 **BS:** 228; 8 pg 151; 245.

HATCHETT, Haynie; b 31 Aug 1779; d 01 Nov 1843, Woodhill, Lunenburg Co **RU:** Private, 73rd VMR, Capt Charles Betts, Troop of Cavalry, Lunenburg Co, attached to 1st VMR (Holcombe) **CEM:** Hatchett Family; Lunenburg; vic jct Rts 653 & 651 **GS:** Y **SP:** mar in Lunenburg Co on 23 Apr 1816 (return by James Shelburne) to Frances Tanner Jones , b 08 Jan 1796, d 08 Jan 1856, daughter of Peter & Jane (Stokes) Jones **VI:** Died at his residence "Woodhilll." Son of William Hatchett of Lunenburg **P:** None **BLW:** No **PH:** N **SS:** A rec 1209; B pg 125 **BS:** 202.

HATCHETT, William R; b 29 Sep 1794; d 12 Oct 1878 **RU:** Corporal, 23rd VMR, Capt David Weisiger, Chesterfield Co, attached to Cocke's Detachment **CEM:** Briery Church; Prince Edward; 179 Briery Church Rd, Keysville **GS:** Y **SP:** No spouse information **VI:** No further data **P:** None **BLW:** No **PH:** N **SS:** K pg 181; B pg 61 **BS:** 245.

HATTEN / HATTIN, Thomas; b 01 Feb 1773; d 14 Oct 1846 **RU:** Private, Maj Woodford's Squadron of Cavalry (Dragoons) **CEM:** Sloan Family; Roanoke; Rt 690 nr Rt 221 **GS:** U **SP:** No spouse information **VI:** No futher data **P:** None **BLW:** No **PH:** N **SS:** A rec 1632 **BS:** 157 pg 223.

HAWES / HAWS, Christian; b 15 Dec 1784; d 14 Nov 1872 **RU:** Private, 58th VMR, Capt William McMahon, Troop of Calvary. Rockingham Co, attached to Maj Woodford's Squadron **CEM:** Reedy Family; Rockingham; Rt 878, Wengers Mill **GS:** Y **SP:** mar Susannah (-----), b 26 Feb 1789, d 24 Jul 1858 **VI:** First name also found as "Christey" **P:** Yes **BLW:** No **PH:** N **SS:** A rec 861; B pg 182; BD pg 963 **BS:** 262.

HAWKINS, Elijah; b 1777; d bur 08 Jul 1840 **RU:** Private, 4th VMR (Wood) **CEM:** Shockoe Hill; Richmond City; 100 Hospital St **GS:** U **SP:** No spouse information **VI:** No further data **P:** None **BLW:** No **PH:** N **SS:** A rec 281 **BS:** 38 pg 20.

HAWKINS, James; b 25 Jul 1791; d 18 Jan 1848 **RU:** Sergeant, 13th VMR, Capt Samuel Hawkins, Shenandoah Co, attached to 4th VMR (Boyd) **CEM:** Wendall / Orndorff; Shenandoah; Rt 642, Toms Brook **GS:** Y **SP:** mar 28 Sep 1819 to Christina Roof, daughter of Jacob Roof & Anna Kagey **VI:** No further data **P:** None **BLW:** Yes **PH:** N **SS:** A rec 333; BD pg 951; B pg 184 **BS:** 115 pg 139.

RU=Rank/Unit CEM=Cemetery GS=Gravestone SP=Spousal Information VI=Other Veteran Info P=Pension
BLW=Bounty/Land Warrant PH=Photo SS=Service Source BS=Burial Source VMR= VA Military Regt
LNR= Last Known Residence

HAWKINS, John; b 1773; d 28 Dec 1831 **RU:** Private, 6th VMR **CEM:** Shockoe Hill; Richmond City; 100 Hospital St **GS:** U **SP:** No spouse information **VI:** No further data **P:** None **BLW:** No **PH:** N **SS:** A rec 382 **BS:** 38 pg 10.

HAWKINS, Joseph; b 09 Aug 1787; d 28 Aug 1846 **RU:** Sergeant, 57th VMR, Loudoun Co **CEM:** Nixon Family; Loudoun; 19010 Woodburn Rd, Woodburn **GS:** Y **SP:** mar Sarah (-----), d 05 Mar 1845, age 48 years **VI:** No further data **P:** None **BLW:** No **PH:** N **SS:** A rec 407 **BS:** 80.

HAWKINS, Samuel; b 1788; d bur 13 Feb 1839 **RU:** Private, 19th VMR (Ambler), Richmond City **CEM:** Shockoe Hill; Richmond City; 100 Hospital St **GS:** U **SP:** mar Dorothy (-----), d 02 Jun 1828 **VI:** No further data **P:** None **BLW:** No **PH:** N **SS:** A rec 498 **BS:** 38 pg 17.

HAWLEY, James C; b 1773; d bur 26 Jun 1849 **RU:** Private, 36th VMR (Reno), Prince William Co **CEM:** Shockoe Hill; Richmond City; 100 Hospital St **GS:** U **SP:** No spouse information **VI:** No further data **P:** None **BLW:** No **PH:** N **SS:** A rec 689 **BS:** 38 pg 46.

HAWTHORN, Samuel; b 1783; d 12 Mar 1834 **RU:** Private, Artillery Battalion **CEM:** Rock Spring; Washington; vic jct Rts 803 & 91 **GS:** Y **SP:** No spouse information **VI:** Died age "about 51 years" **P:** None **BLW:** No **PH:** N **SS:** A rec 890 **BS:** 116 pg 207.

HAWTHORNE, William; b 19 Dec 1778; d 27 Jan 1856 **RU:** Corporal, 39th VMR, Capt Edwin Beasley, Petersburg **CEM:** Hawthorne Family; Lunenburg; **GS:** Y **SP:** mar Alice (-----) **VI:** No further data **P:** None **BLW:** No **PH:** N **SS:** L pg 128; A rec 896 **BS:** 25.

HAY, Philip T; b 10 Apr 1786; d 1856 **RU:** Lieutenant, 4th VMR **CEM:** Mullin / Hay; Henry; Rt 631 at Patrick Co line **GS:** Y **SP:** No spouse information **VI:** No further data **P:** None **BLW:** No **PH:** N **SS:** A rec 987 **BS:** 154 pg 1.

HAY, William; b 1784; d bur 15 Jan 1835 **RU:** Paymaster, 16th VMR, Capt John Quarles, Spotsylvania Co **CEM:** Shockoe Hill; Richmond City; 100 Hospital St **GS:** U **SP:** No spouse information **VI:** Member of the Richmond Bar **P:** None **BLW:** No **PH:** N **SS:** L pg 657 **BS:** 38 pg 13.

HAYDON, Abner; b 07 Jan 1792; d 02 Feb 1819 **RU:** Private, 92nd VMR, Capt Thomas Armstrong, Lancaster Co **CEM:** Haydon Family; Lancaster; Lewis Dr, off Morattico Church Rd nr Kilmarnock **GS:** Y **SP:** mar in Northumberland Co on 26 Jan 1816 (bond) to Nancy Haydon, Charles Haydon security **VI:** No further data **P:** None **BLW:** No **PH:** N **SS:** A rec 1176 **BS:** 15 pg 15.

HAYDON, Jarvis; b 01 Feb 1797, Spotsylvania Co; d 10 Feb 1852, Bedford Co **RU:** Private, 16th VMR, Capt James H Fox, Spotsylvania Co **CEM:** Sharon Union Baptist; Alleghany; Rt 633 **GS:** N **SP:** mar Hariett Mitchell **VI:** Veteran of Battle of New Orleans **P:** None **BLW:** No **PH:** N **SS:** K pg 380 **BS:** 100 v3 pg 102.

HAYES, George W; b 1798; d 31 Mar 1891 **RU:** Private, 37th VMR, Capt James Sutton, Northumberland Co **CEM:** Fletcher Chapel; Alleghany; 8 mi SW Covington **GS:** Y **SP:** No spouse information **VI:** 94 years old (tombstone) **P:** None **BLW:** No **PH:** N **SS:** K pg 399 **BS:** 197.

HAYES, James; b 1777; d bur 16 Dec 1845 **RU:** Corporal, 68th VMR, Artillery, Capt James Hubbard, York Co **CEM:** Shockoe Hill; Richmond City; 100 Hospital St **GS:** U **SP:** No spouse information **VI:** No further data **P:** None **BLW:** No **PH:** N **SS:** L pg 456 **BS:** 38 pg 34.

HAYNIE, Cyrus; b 17 Dec 1793; d 13 Mar 1880 **RU:** Private, 37th VMR, Capt James Sutton, Northumberland Co **CEM:** Haynie Family; Northumberland; Haynie's Point **GS:** Y **SP:** mar (1) in Northumberland Co on 30 Jul 1827 (bond) to Elizabeth Kent, d 03 Jun 1835; (2) in Northumberland Co on 12 Dec 1837 (bond) to Mrs Louisa McAdams; (3) in Northumberland Co on 09 Dec 1844 to Alice Straughn; (4) in Northumberland Co on 08 Dec 1847 to Elizabeth F Simmonds **VI:** No further data **P:** Yes **BLW:** No **PH:** N **SS:** K pg 399; M pg 197; BD pg 956; B pg 153 **BS:** 269 pg 105.

HAYTER, James C; b 20 Jun 1787; d 20 Dec 1859 **RU:** Private, Lt Col Abraham Bradley's Regiment, 17th Brigade **CEM:** Hayter Family; Washington; Hillman Rd **GS:** Y **SP:** mar Tabitha (-----), b 08 Mar 1781, d 04 Jan 1853 **VI:** No further data **P:** None **BLW:** No **PH:** N **SS:** A rec 2335 **BS:** 116 pg 116.

HAYTER, William; b 02 Nov 1789; d 11 Feb 1837 **RU:** Private, Lt Col Abraham Bradley's Regiment, 17th Brigade **CEM:** Hayter / Litton; Washington; Rts 613 & 80 **GS:** Y **SP:** mar Margaret (-----) **VI:** No further data **P:** None **BLW:** No **PH:** N **SS:** A rec 2362 **BS:** 116 pg 49.

RU=Rank/Unit   CEM=Cemetery   GS=Gravestone   SP=Spousal Information   VI=Other Veteran Info   P=Pension
BLW=Bounty/Land Warrant   PH=Photo   SS=Service Source   BS=Burial Source   VMR= VA Military Regt
LNR= Last Known Residence

HAZELGROVE, Benjamin; b 1787; d 19 Apr 1857 **RU**: 2nd Lieutenant, Richmond Washington Volunteers, Capt Richard Booker **CEM**: Hazelgrove / Stubbs; Hanover; Meadowbrook Rd **GS**: N **SP**: mar (1) Elizabeth Gross; (2) on 12 Jun 1844 in Hanover Co to Martha Archer **VI**: No further data **P**: Spouse **BLW**: Yes **PH**: N **SS**: AK pg 894; BD pg 959 **BS**: 71 pg 52.

HEAD, Uriah; b UNK; d UNK **RU**: Private, 2nd Regiment MA Militia (Lincoln) **CEM**: Jackson Family; Westmoreland; Rt 638 nr Oak Grove **GS**: U **SP**: Possibly the same man who mar in Westmoreland Co on 22 Jul 1830 (bond) to Mahala Ann Dameron, William Butler surety (Nottingham, 30) **VI**: No further data **P**: None **BLW**: No **PH**: N **SS**: A rec 91 **BS**: 219 pg 76.

HEADLEY, Griffin; b 177?; d 17 Jun 1859 **RU**: Private, 41st VMR, Capt Clement Shackleford, Richmond Co **CEM**: Old Headley Farm; Northumberland; Lottsburg **GS**: Y **SP**: mar in Northumberland Co on 12 Jan 1803 (bond) to Martha Hall Beacham, b 25 Jun 1778 **VI**: Living in Farnham Parish, Richmond Co in 1850 census **P**: None **BLW**: No **PH**: N **SS**: L pg 704; B pg 178 **BS**: 269 pg 121.

HEATH, Hartwell Peebles; b 21 Mar 1794; d 30 Jan 1837 **RU**: Private, 39th VMR, Capt Joseph Bragg, Petersburg **CEM**: Heath Family; Prince George; vic Blackwater Swamp, Petersburg **GS**: Y **SP**: mar Eliza Cureton Heaton who applied for widow's pension **VI**: Died at his home on Old Street. A Petersburg merchant **P**: Spouse applied **BLW**: No **PH**: N **SS**: L pg 142; BD pg 962; B pg 159 **BS**: 245.

HEATH, James E; b 1790; d bur 12 Aug 1838 **RU**: Lieutenant, 36th VMR, Capt John Linton, Prince William Co **CEM**: Shockoe Hill; Richmond City; 100 Hospital St **GS**: Y **SP**: mar at Fairfield, Hanover Co by Right Reverend Bishop Moore on 21 Sep 1820 to Elizabeth Ann Macon, daughter of Col William H Macon of New Kent Co. Marriage notice in the *Richmond Examiner*, 26 Sep 1820, pg 3 **VI**: Auditor of Public Accounts **P**: None **BLW**: No **PH**: N **SS**: L pg 548 **BS**: 38 pg 16.

HEATH, Jesse; b UNK; d UNK **RU**: Private, 39th VMR, Capt Edward O. Goodwin, Petersburg **CEM**: Blandford; Petersburg; 111 Rochelle Ln **GS**: Y **SP**: mar Agnes Peebles, "his cousin" **VI**: Son of William Heath (1751-177x.) & Margaret Bonner **P**: None **BLW**: No **PH**: N **SS**: L pg 371 **BS**: 200.

HEATH, William; b UNK; d UNK **RU**: Private, 62nd VMR, Capt Daniel Eppes, Prince George Co **CEM**: Heath Family; Prince George; vic Blackwater Swamp, Petersburg **GS**: U **SP**: No spouse information **VI**: Was age 30-39 in 1830 Census **P**: None **BLW**: No **PH**: N **SS**: K pg 212 **BS**: 140 pg 426.

HEAVNER, William; b 31 May 1787; d 18 Dec 1866 **RU**: Sergeant, 116th VMR, Rockingham Co, Company attached to Flying Camp McDowell **CEM**: Heavner Cemetery; Rockingham; Rt 269, Fulks Run **GS**: Y **SP**: mar Joanna Custer, daughter of Richard Custer, Sr and Jane Humble, d 19 Nov 1862. No birth data on stone **VI**: Son of Joseph & Elizabeth HEVINOR (spelling in death record of his brother) **P**: None **BLW**: No **PH**: N **SS**: K pg 19 **BS**: 262.

HEDGMAN, John Graves; b 1780; d bur 16 Mar 1844 **RU**: Private, 25th VMR, Capt Cadwell Dade, King George Co **CEM**: Shockoe Hill; Richmond City; 100 Hospital St **GS**: U **SP**: No spouse information **VI**: Member of House of Deleages, and a Justice of the Peace **P**: None **BLW**: No **PH**: N **SS**: K pg 265 **BS**: 38 pg 32.

HEFLIN, James; b 1775; d c1854 (Account) **RU**: Private, 45th VMR, Capt Thomas Hill, Stafford Co **CEM**: Union Church; Stafford; Falmouth **GS**: U **SP**: No spouse information **VI**: Age 75 on 1850 census of Stafford Co **P**: None **BLW**: No **PH**: N **SS**: K pg 127 **BS**: 26 pg 381.

HEFLIN, William James; b UNK; d bef 1850 **RU**: Private, 45th VMR, Capt Elijah Harding, Stafford Co **CEM**: Turkey Run Farm; Fauquier; Ashby **GS**: U **SP**: No spouse information **VI**: Not found on 1850 census. Division of estate recorded in 1855 **P**: None **BLW**: No **PH**: N **SS**: L pg 397 **BS**: 49.

HELSLEY, Jacob; b 15 May 1789; d 20 Apr 1872, Shenandoah Co **RU**: Private, 13th VMR, Capt Samuel Hawkins, Shenandoah Co, attached to 4th VMR (Boyd) **CEM**: Jacob's Lutheran; Shenandoah; Rt 42, Conicville **GS**: Y **SP**: mar on 04 Apr 1821 to Mary G Helzel, LNR PO Strasburg, Shenandoah Co, 1873 **VI**: Death date on this stone matches that in his pension file **P**: Both **BLW**: Yes **PH**: N **SS**: BD pg 968; B pg 184 **BS**: 115 pg 44.

HELVESTINE, Hiram; b 1795; d 28 Nov 1875 **RU**: Sergeant, 31st VMR, Capt Meredith Darlington, Frederick Co, attached to 4th VMR (Boyd) **CEM**: Brucetown Methodist; Frederick; 2161 Brucetown Rd, Clear Brook **GS**: Y **SP**: mar in Hagerstown, MD on 13 Apr 1818 to Nancy Caldwell, LNR Stephenson Depot, Frederick Co, d 17 Mar 1885 **VI**: No further data **P**: Both **BLW**: Yes **PH**: N **SS**: BD pg 966; B pg 79 **BS**: 79 pg 146.

RU=Rank/Unit CEM=Cemetery GS=Gravestone SP=Spousal Information VI=Other Veteran Info P=Pension
BLW=Bounty/Land Warrant PH=Photo SS=Service Source BS=Burial Source VMR= VA Military Regt
LNR= Last Known Residence

HENDERSON, Bennet; b 02 Nov 1771; d 31 Oct 1843 **RU**: Private, 47th VMR, Capt Jesse Key, Albemarle Co, attached to 1st VMR (Yancey) **CEM**: Elsom Family; Nelson; Rt 722, 7.5 mi NE of Shipman **GS**: Y **SP**: mar Catherine (-----) **VI**: No further data **P**: Spouse **BLW**: Yes **PH**: N **SS**: A rec 115; BD pg 968; B pg 36 **BS**: 153.

HENDERSON, George; b 1771; d 16 Feb 1818 **RU**: Private, 1st Regiment DC Militia **CEM**: Christ Church Episcopal; Alexandria; Wilkes & Hamilton **GS**: Y **SP**: No spouse information **VI**: No further data **P**: None **BLW**: No **PH**: N **SS**: A rec 182 **BS**: 34 pg 98.

HENDERSON, James; b UNK; d 1818 **RU**: Private, 9th VMR, Capt Thomas Faulkner, King & Queen Co **CEM**: Bruton Parish; Williamsburg; 331 W Duke of Gloucester St **GS**: Y **SP**: No spouse information **VI**: Stone was standing in 1903, which styles him "Reverend" **P**: None **BLW**: No **PH**: N **SS**: L pg 318 **BS**: 64 pg 119.

HENDERSON, John; b 11 Oct 1792; d 11 Oct 1852 **RU**: Corporal, 5th VMR (McDowell) **CEM**: Union Church; Augusta; 11 mi NE of Staunton **GS**: U **SP**: No spouse information **VI**: No further data **P**: None **BLW**: No **PH**: N **SS**: A rec 276 **BS**: 183.

HENDERSON, John; b 1768; d 1824 **RU**: Lt Colonel, 106th VMR, Commander, Mason Co **CEM**: Henderson Family; Washington; Henderson **GS**: Y **SP**: mar Elizabeth Stodghill (stone) **VI**: No further data **P**: None **BLW**: No **PH**: N **SS**: B pg 127 **BS**: 260.

HENDERSON, John; b 1781, Derry, Ireland; d 02 Apr 1817 **RU**: Private, 19th VMR, Ensign G M Carrington, Richmond City **CEM**: Shockoe Hill; Richmond City; 100 Hospital St **GS**: U **SP**: mar Margaret (-----), b 01 May 1796, d 28 Dec 1814 **VI**: St John's Church parish records give death date as 04 Apr 1817 **P**: None **BLW**: No **PH**: N **SS**: L pg 198 **BS**: 63 pg 456; 252 pg 59.

HENDERSON, John; b c1769; d Feb 1825 **RU**: Private, 20th VMR, Capt Richard Lawson, Princess Anne Co **CEM**: Old Dominion Church; Virginia Beach; 4449 Witchduck Rd **GS**: Y **SP**: No spouse information **VI**: Native of Northampton Co **P**: None **BLW**: No **PH**: on-line **SS**: B pg 165; L pg 539 **BS**: 245.

HENDERSON, Jonas; b 15 Apr 1764; d 16 Jul 1875 **RU**: Ensign, 4th VMR **CEM**: Henderson Family; Montgomery; Catawba Rd (Rt 785), Blacksburg **GS**: Y **SP**: mar in Montgomery Co on 16 Apr 1860 (bond) to Elizabeth Thomas, daughter of Giles Thomas, b 1788, d 1863 **VI**: Son of John Henderson (1740-1812) & Mary O'Brien Downard (d 1834) **P**: None **BLW**: No **PH**: N **SS**: A rec 334 **BS**: 245.

HENDERSON, Thomas; b 1789; d UNK **RU**: Private, 5th VMR **CEM**: Stonewall Jackson Memorial; Lexington; S Main St **GS**: Y **SP**: No spouse information **VI**: No further data **P**: None **BLW**: No **PH**: N **SS**: A rec 506 **BS**: 31.

HENDERSON, William; b 06 Jul 1776, Ireland; d 19 Feb 1834 **RU**: Captain, 37th VMR, Company Commander of Artillery, Northumberland Co **CEM**: Henderson United Methodist; Northumberland; 72 Henderson Dr (Rt 202), Callao **GS**: Y **SP**: mar 26 Jul 1809 to Magdalene Miskell **VI**: Arrived in America in 1798. Enemy burned his house & business. Leader in local government. Originally buried at Pleasant Hill, Farnham, Richmond Co; stone moved to Church, which is named for him. Honored for heroism in the war **P**: None **BLW**: No **PH**: Y **SS**: B pg 160 **BS**: 61 vol 1 pg 19.

HENDREE, George; b 26 Sep 1792, Portsmouth; d 08 Jul 1834, Richmond City **RU**: Private, 19th VMR (Ambler), Capt Robert Gamble, Richmond City **CEM**: Totomoi; Hanover; Rt 643 **GS**: Y **SP**: mar in Hanover Co on 05 Feb 1814 to Sarah A Tinsley, LNR Tuskegee, Macon Co, AL, 1871 **VI**: Stone erected by his children **P**: Spouse **BLW**: Yes **PH**: N **SS**: A rec 660; BD pg 969; B pg 174 **BS**: 71 pg 45.

HENERY, John; b 1791; d bur 06 Jan 1860 **RU**: Private, 1st VMR (Yancey) **CEM**: Hollywood; Richmond City; 412 S Cherry St, Sec B, lot 15 **GS**: U **SP**: No spouse information **VI**: No further data **P**: None **BLW**: No **PH**: N **SS**: A rec 1008 **BS**: 237.

HENING, David; b 04 Apr 1780; d 30 Jul 1847 **RU**: Private, 2nd Corps d'Elite (Green) **CEM**: Old Lutheran Church; Frederick; Stephens City **GS**: Y **SP**: mar in Frederick Co on 22 May 1808 to Leticia Rust, returned by John B Tilden **VI**: No further data **P**: None **BLW**: No **PH**: N **SS**: A rec 1248 **BS**: 151.

HENING, William Henry; b 1791, Albemarle Co; d 12 May 1848, Powhatan Co **RU**: Surgeon's Mate, 4th US Rifles Regiment **CEM**: Scott / Hening Family; Powhatan; jct Marion Harland Ln & Sigourny St, Powhatan C.H. **GS**: Y **SP**: mar in Powhatan Co on 04 May 1826 (bond) to Eliza Parke Scott, daughter of Thomas & Judith (Richardson) Scott,

LNR Powhatan C.H., Powhatan Co in 1878 **VI:** Son of William Waller & Agatha Matilda (Banks) Hening. Appointed to the 4th US Rifles **P:** spouse **BLW:** Yes **PH:** N **SS:** M pg 198, BD pg 970 **BS:** 49.

HENING, William Waller; b 1767; d 01 Apr 1828 **RU:** Deputy Adjutant General, Commonwealth of VA 1812, 1813 to Jan 1814 **CEM:** Shockoe Hill; Richmond City; 100 Hospital St **GS:** U **SP:** mar Anna (Agatha) Matilda Banks **VI:** An attorney in Richmond; Author of *Virginia Statutes at Large*. Clerk of Chancery Court of Richmond District; elected to House of delegates in 1806 but resigned to take a seat on the Council **P:** None **BLW:** No **PH:** N **SS:** B pg 2 **BS:** 38 pg 6.

HENLEY, Richardson; b 1795; d 10 Aug 1843 **RU:** Private, 90th VMR, Capt Cornelius Sales, Amherst Co, attached to 8th VMR (Wall) **CEM:** Henley / Drummond; Amherst; Rt 60 West **GS:** Y **SP:** mar Mary A M (-----) **VI:** Died in his 49th year **P:** None **BLW:** No **PH:** N **SS:** K pg 102; B pg 38 **BS:** 5 pg 123.

HENOP, Daniel; b 1781; d 29 Mar 1814, Norfolk **RU:** Private, 54th VMR (Sharp), Capt James R. Nimmo, Norfolk **CEM:** St Paul's Episcopal; Norfolk City; 201 St Paul's Blvd **GS:** Y **SP:** Probably never married **VI:** Son of Mary (-----) who died 19 Oct 1820 age 66. He was a merchant in Norfolk, and died suddenly in bed from asphyxiation due to a broken blood vessel. Died in his 49th year, *Norfolk Herald*, Friday 01 Apr 1814 stating he died the previous Tuesday [March 29th]. His tombstone was erected six years after his death, and gives an erroneous death date of 17 Apr 1814. **P:** None **BLW:** No **PH:** N **SS:** A rec 1302 **BS:** 119 pg 27; 239 No. 45.

HENRICK / HENDRICK, Elijah H; b UNK; d 09 Aug 1820 **RU:** Private, 5th VMR (McDowell) **CEM:** Evans Family; Buckingham; 1.9 me SE Curdsville **GS:** Y **SP:** mar on 19 Mar 1801 by Rev Mr Alexander to Kitty G Baker of Prince Edward Co. Marriage notice in the *Richmond Argus*, 07 Apr 1801, pg 3 **VI:** Styled "merchant of Buckingham" in his marriage notice **P:** None **BLW:** No **PH:** N **SS:** A rec 685 **BS:** 209.

HENRY, Samuel; b 1771; d 06 Apr 1819 **RU:** Sergeant, 33rd VMR, Capt Abraham Cowley, Henrico Co **CEM:** St John's Church; Richmond City; 24th & Broad, Church Hill **GS:** U **SP:** No spouse information **VI:** No further data **P:** None **BLW:** No **PH:** N **SS:** K pg 250 **BS:** 63 pg 454.

HENRY, William; b UNK; d 21 May 1830 **RU:** Private, 5th VMR (McDowell) **CEM:** Ravensworth; Fairfax; 2mi S of Annandale **GS:** U **SP:** No spouse information **VI:** No further data **P:** None **BLW:** No **PH:** N **SS:** A rec 1712 **BS:** 152.

HENSLEY, James; b 1780; d Aug 1864 **RU:** Private, US Rangers Volunteer **CEM:** Hensley Community; Rockingham; Thoroughfare Rd (Rt 625), Elkton **GS:** Y **SP:** mar Elizabeth (-----), b 1785, d 30 Sep 1864 **VI:** No further data **P:** None **BLW:** No **PH:** N **SS:** A rec 1826 **BS:** 262.

HENTON, Silas; b 16 Sep 1792; d 21 Apr 1852 **RU:** Private, 58th VMR, Capt Abraham Hamilton, Rockingham Co, attached to 6th VMR (Coleman) **CEM:** Old Stone Presbyterian; Augusta; Rt 11, Fort Defiance **GS:** Y **SP:** mar Susan H (-----), d 17 Feb 1853, age 46 yrs, 11 mos, 6 days **VI:** No further data **P:** Yes **BLW:** No **PH:** N **SS:** BD pg 973; B pg 181 **BS:** 1 pg 11.

HEPLER, Henry; b 1784; d 09 Apr 1863 **RU:** Private, 121st VMR, Capt Thomas Burwell, Botetourt Co, attached to 5th VMR (McDowell) **CEM:** Brick Union; Botetourt; near Troutville **GS:** Y **SP:** mar in Botetourt Co on 11 Dec 1809 to Elizabeth Kessler, d 23 Mar 1874, aged 84 years **VI:** No further data **P:** Spouse **BLW:** Yes **PH:** N **SS:** A rec 1992; BD pg 973; B pg 45 **BS:** 155 pg 23.

HERBERT, Thomas; b 1781; d 06 Dec 1853 **RU:** Private, 19th VMR (Ambler), Richmond City **CEM:** Herbert / Jordan; Henrico; Monethan Rd **GS:** Y **SP:** mar in Henrico Co on 28 Aug 1816 (bond) to Sarah Jordan, d 03 Aug 1871, age 82. Polly Jordan, surety, attested to her age and residence on the marriage bond. This is an unusual case of a female acting as surety to a marriage bond **VI:** No further data **P:** None **BLW:** No **PH:** N **SS:** A rec 2125 **BS:** 198.

HEREFORD, Francis; b 1767; d 16 Oct 1821 **RU:** Private, 56th VMR (Lynn), Loudoun Co **CEM:** Middleburg Baptist; Loudoun; Middleburg **GS:** Y **SP:** No spouse information **VI:** No further data **P:** None **BLW:** No **PH:** Y **SS:** A rec 2237 **BS:** 7 pg 12; 73 pg 139.

HERNDON, Jacob W; b UNK; d 1850 (Inv, Fredericksburg) **RU:** Quartermaster, 1st VMR (Crutchfield) **CEM:** Hazel Hill; Spotsylvania; Finchville **GS:** Y **SP:** mar Mary (-----) **VI:** Inventory recorded in Fredericksburg **P:** None **BLW:** Yes **PH:** N **SS:** BD pg 975; B pg 247 **BS:** 18 pg 84.

RU=Rank/Unit CEM=Cemetery GS=Gravestone SP=Spousal Information VI=Other Veteran Info P=Pension
BLW=Bounty/Land Warrant PH=Photo SS=Service Source BS=Burial Source VMR= VA Military Regt
LNR= Last Known Residence

HERNDON, William Albert; b UNK; d 02 Oct 1828 **RU**: Private, 16th VMR, Capt Gabriel Long, Spotsylvania Co **CEM**: Bell Family; Culpeper; Rt 15, Culpeper **GS**: Y **SP**: mar Mary (-----) **VI**: Doctor. Died age 45 years **P**: None **BLW**: Yes **PH**: N **SS**: K pg 382; BD pg 975; B pg 189 **BS**: 196.

HERSHBERGER, Jacob; b 10 Oct 1780, Botetourt Co; d 15 Sep 1860 **RU**: Blacksmith, US Army, 12th Infantry **CEM**: Hershberger Family; Rockingham; 1 mi E of Bridgewater **GS**: Y **SP**: mar Elizabeth (-----) **VI**: Birth place from service record. Enlisted at Botetourt 12 May 1812, dismissed 12 May 1817 at New Orleans **P**: None **BLW**: No **PH**: N **SS**: C pg 84 **BS**: 211.

HESS, Peter; b c1786, Shenandoah Co; d Jun 1857, Rockingham Co **RU**: Ensign, 6th VMR, Capt Reuben Moore, Culpeper Co **CEM**: Hess Family; Rockingham; Millertown Rd (Rt 972), Fulks Run **GS**: Y **SP**: mar in Shenandoah Co on 31 Mar 1826 to Elizabeth Romick, d 10 Mar 1888, LNR Coates Store, Rockingham Co **VI**: Son of Abraham and Mary Hess of Shenandoah Co. Family members listed on one large stone, no dates **P**: Spouse **BLW**: Yes **PH**: N **SS**: B pg 62; BD pg 978 **BS**: 262.

HESSER, John; b UNK; d 31 Oct 1861 **RU**: Private, Battalion of Artillery, VA Militia **CEM**: Bell Graveyard; Clarke; vic Waterloo at Pine Grove **GS**: Y **SP**: No spouse information **VI**: No further data **P**: None **BLW**: No **PH**: N **SS**: A rec 1105 **BS**: 92 pg 1.

HETH, Henry G; b 01 Jan 1794; d 27 Jan 1825 **RU**: Sergeant Major, 23rd VMR. Capt Henry Heth, Troop of Cavalry, Chesterfield Co, attached to Brig Gen Portersfield's Brigade **CEM**: St John's Church; Richmond City; 24th & Broad, Church Hill **GS**: U **SP**: No spouse information **VI**: No further data **P**: None **BLW**: No **PH**: N **SS**: A rec 1236 **BS**: 63 pg 458; 252 pg 59.

HEVENER / HEVNER, John; b 01 Jun 1780; d 09 Aug 1827 **RU**: Private, 116th VMR (McDowell), Capt Daniel Mathew, Rockingham Co, attached to McDowell's Flying Camp **CEM**: Hevener Family; Highland; 0.5 mi N of Hightown Church **GS**: Y **SP**: No spouse information **VI**: No further data **P**: None **BLW**: No **PH**: N **SS**: K pg 28 **BS**: 235.

HEWETT, John; b aft 1781; d UNK **RU**: Sergeant, 5th VMR **CEM**: Payne Family; Henry; Reservoir Rd off Rt 220 S of Ridgeway **GS**: N **SP**: mar 1803, Mary Payne, daughter of Reuben Payne, a Revolutionary War soldier, & Ann Rae **VI**: Cemetery has been moved to nearby Watkins cemetery **P**: None **BLW**: No **PH**: N **SS**: A rec1423 **BS**: 245.

HEWITT, Richard; b UNK; d 02 Oct 1814 **RU**: Corporal, DC Militia, Capt McGuire **CEM**: St Mary's Catholic Church; Alexandria; 310 S Royal **GS**: Y **SP**: No spouse information **VI**: No further data **P**: None **BLW**: No **PH**: N **SS**: A rec 1617 **BS**: 238 pg 99.

HICKERSON, Daniel; b UNK; d UNK **RU**: Private, 41st VMR, Richmond Co **CEM**: Locust Hill at Wamsley Place; Fauquier; abt 4 mi NE of Goldvein **GS**: U **SP**: No spouse information **VI**: No further data **P**: None **BLW**: No **PH**: N **SS**: A rec 2140 **BS**: 105.

HICKMAN, Adam; b 16 Aug 1791; d 18 May 1862 **RU**: Private, 4th VMR (Boyd) **CEM**: Sinking Spring Presbyterian; Washington; Blackfield Rd, one block fr Main St, Abingdon **GS**: Y **SP**: No spouse information **VI**: No further data **P**: None **BLW**: No **PH**: N **SS**: A rec 2236 **BS**: 116 pg 75.

HICKMAN, Jacob; b 1765; d 24 Nov 1848 **RU**: Private, 6th VMR **CEM**: Mount Zion; Rockbridge; Between Buffalo & Tinkersville **GS**: Y **SP**: No spouse information **VI**: No further data **P**: None **BLW**: No **PH**: N **SS**: A rec 2291 **BS**: 193.

HICKMAN, James; b UNK; d UNK **RU**: Private, 6th VMR (Coleman) **CEM**: Sinking Spring Presbyterian; Washington; Blackfield Rd, one block fr Main St, Abingdon **GS**: U **SP**: mar in Bath Co on 11 Jun 1795 to Margaret Bird **VI**: No further data **P**: None **BLW**: No **PH**: N **SS**: A rec 2293 **BS**: 116 pg 75.

HICKMAN, William, Sr; b 23 Nov 1777; d 07 Jun 1861 **RU**: Private, 115th VMR, Capt John Armistead, Hampton **CEM**: Latimer / Hickman; Hampton City; Harris Creek Rd **GS**: Y **SP**: No spouse information **VI**: No further data **P**: None **BLW**: No **PH**: N **SS**: L pg 105 **BS**: 245.

HICKOCK, Morris; b 05 Feb 1795, Amherst Co; d 05 May 1873, Fincastle **RU**: Private, 8th VMR (Coleman) **CEM**: Fincastle Presbyterian; Botetourt; 108 E Back St, Fincastle **GS**: Y **SP**: mar Sarah N (-----), b Fincastle, 05 Feb 1795, d 17 Feb 1871 **VI**: No further data **P**: None **BLW**: No **PH**: N **SS**: A rec 2417; K pg 86 **BS**: 155 pg 15; 194.

RU=Rank/Unit CEM=Cemetery GS=Gravestone SP=Spousal Information VI=Other Veteran Info P=Pension
BLW=Bounty/Land Warrant PH=Photo SS=Service Source BS=Burial Source VMR= VA Military Regt
LNR= Last Known Residence

HICKS, Eli; b UNK; d aft 1820 **RU:** Private, 1st VMR (Taylor) **CEM:** Bethel Church; Frederick; Bethel Church Rd (Rt 610), Gore **GS:** U **SP:** mar in Frederick Co on 14 Mar 1817 (bond) to Charity Anderson, Eli Anderson surety **VI:** Enumerated on 1820 census of Frederick Co, age 26-44. Not found on subsequent censuses **P:** None **BLW:** No **PH:** N **SS:** A rec 2503 **BS:** 79 pg 148.

HICKS, Isaiah; b 1769; d 12 Jul 1830 **RU:** Private, 56th VMR, Loudoun Co **CEM:** Hicks / Edmonds; Fauquier; Paris **GS:** Y **SP:** No spouse information **VI:** The 1937-1938 WPA survey called this site "Liberty Farm" **P:** None **BLW:** No **PH:** N **SS:** A rec 2546 **BS:** 175; 4 pg 87.

HICKS, Richard S; b 1793, Elizabeth City Co; d 18 Mar 1868 **RU:** Private, 35th Infantry, US Army, Capt F Waller **CEM:** St John's Episcopal; Hampton City; 100 W Queens Way **GS:** Y **SP:** mar Mary C (-----), d 1889 **VI:** Enlisted at Hampton on 7 Jul 1814, discharged at Norfolk 15 Mar 1815. Was a farmer at enlistment **P:** Yes **BLW:** No **PH:** N **SS:** C pg 89; BD pg 983 **BS:** 160 pg 68.

HICKS, Stephen; b 1788; d 01 Oct 1833 **RU:** Private, 2nd VMR **CEM:** Liberty Farm; Fauquier; Paris **GS:** Y **SP:** mar Emma (-----), b 1792, d 1856 **VI:** The 1937-1938 WPA survey called this site "Liberty Farm" **P:** None **BLW:** No **PH:** N **SS:** A rec 2719 **BS:** 175; 4 pg 87.

HICKSON, William; b 1772; d 27 Aug 1830 **RU:** Corporal, 60th VMR, Fairfax Co **CEM:** Shockoe Hill; Richmond City; 100 Hospital St **GS:** U **SP:** No spouse information **VI:** No further data **P:** None **BLW:** No **PH:** N **SS:** A rec 2812 **BS:** 38 pg 8.

HIGGINBOTHAM, Daniel; b 27 Mar 1791, Amherst Co; d 10 Aug 1845, Soldier's Joy, Nelson Co **RU:** Private, 19th VMR, Richmond City **CEM:** Soldier's Joy; Nelson; Wingina **GS:** Y **SP:** No spouse information **VI:** No further data **P:** None **BLW:** No **PH:** N **SS:** A rec 333 **BS:** 153.

HIGGINBOTHAM, George Washington; b 20 Dec 1783; d 30 Apr 1862 **RU:** Lieutenant, 90th VMR, Amherst Co **CEM:** Higginbotham Family; Amherst; Mt Pleasant **GS:** Y **SP:** No spouse information **VI:** Son of Col James Higginbotham (1729-1813). Government issued tombstone styles him "Colonel" **P:** None **BLW:** No **PH:** N **SS:** A rec 339-340 **BS:** 49; 5 pg 36.

HIGGINBOTHAM, Jesse; b 23 Dec 1779, Amherst Co; d 08 Jun 1836, Soldier's Joy, Nelson Co **RU:** Private, 19th VMR, Richmond City **CEM:** Soldier's Joy; Nelson; Wingina **GS:** Y **SP:** No spouse information **VI:** No further data **P:** None **BLW:** No **PH:** N **SS:** A rec 345 **BS:** 136 pg 349; 153.

HIGGINBOTHAM, Joseph Cabell; b 09 Aug 1782; d 18 Nov 1842 **RU:** Corporal, 5th VMR **CEM:** Higginbotham Family; Bedford; Montvale **GS:** N **SP:** mar Neville Wills. No stone **VI:** Dates from DAR index card **P:** None **BLW:** No **PH:** N **SS:** A rec 348 **BS:** 251 pgg 95.

HILDEBRAND, Henry; b UNK; d UNK **RU:** Private, 32nd VMR, Capt Alexander Givens, Augusta Co, attached to 5th VMR (McDowell) **CEM:** Hildebrand Mennonite; Augusta; Waynesboro **GS:** U **SP:** mar in Augusta Co on 09 Jun 1814 to Susan Grove **VI:** No further data **P:** Spouse App **BLW:** No **PH:** N **SS:** A rec 898; BD pg 987; B pg 39 **BS:** 80.

HILL, Ambrose Powell; b 13 Mar 1785; d 26 Feb 1858 **RU:** Private, 9th VMR (Sharp) **CEM:** St Stephen's Baptist; Culpeper; 19075 York Rd, Stevensburg **GS:** Y **SP:** mar (1) in Madison Co on 09 Feb 1807 to Frances Twyman, daughter of WilliamTwyman, d 19 Sep 1820, age 31; (2) Lucy (-----), d 11 Sep 1842, age 50 **VI:** No further data **P:** None **BLW:** No **PH:** N **SS:** A rec 1078 **BS:** 12 pg 27; 49; 196.

HILL, John C; b UNK; d UNK **RU:** Captain, 1st VMR, Company Commander, Amelia Co, attached to 1st VMR (Trueheart) **CEM:** Village View; Dinwiddie; Dinwiddie C. H. **GS:** U **SP:** No spouse information **VI:** No further data **P:** None **BLW:** No **PH:** N **SS:** K pg 49; B pg 37 **BS:** 97 pg 90.

HILL, Robert; b 1790, Springfield, King William Co; d 1844 **RU:** Sergeant, 87th VMR, Capt Blackwell Foster, King William Co, attached to 1st VMR (Clarke) and 2nd VMR (Sharpe) **CEM:** Forkland; King William; off Rt 621, 2 mi SW of King William C.H. **GS:** U **SP:** No spouse information **VI:** Son of James Hill and Mildred Clopton of "Springfield." One of the first Elders of Jerusalem Christian Church **P:** None **BLW:** No **PH:** N **SS:** B pg 115; K pg 447 **BS:** 245.

HILL, Thomas, Sr; b 03 Oct 1789; d 06 Jan 1857 **RU:** Private, 1st VMR (Clarke) **CEM:** Fairview; Culpeper; Rt 522, Culpeper **GS:** Y **SP:** mar Fannie Russell Baptist, b 1792, d 1855 **VI:** Dates are from findagrave.com, but only the years are on the stone **P:** None **BLW:** No **PH:** Y **SS:** A rec 1985 **BS:** 12 pg 27; 196; 245.

RU=Rank/Unit CEM=Cemetery GS=Gravestone SP=Spousal Information VI=Other Veteran Info P=Pension
BLW=Bounty/Land Warrant PH=Photo SS=Service Source BS=Burial Source VMR= VA Military Regt
LNR= Last Known Residence

HILLIARD, Joseph; b 24 Sep 1788; d 16 Sep 1853 **RU**: Private, 2nd VMR (Evans) **CEM**: Old Stone Methodist; Loudoun; 110 Cornwall St, Leesburg **GS**: Y **SP**: mar Sophia (-----), d 23 Mar 1823 **VI**: No further data **P**: None **BLW**: No **PH**: N **SS**: A rec 2326 **BS**: 73 pg 140.

HINES, John W; b 1799; d bur 09 Nov 1855 **RU**: Private, 52nd VMR, Capt John Richardson, Artillery, Charlotte Co, attached to 6th VMR (Reade) **CEM**: Hollywood; Richmond City; 412 S Cherry St, Sec K lot 37 **GS**: U **SP**: mar Aurora B (-----) **VI**: No further data **P**: Spouse App **BLW**: No **PH**: N **SS**: BD pg 98; B pg 57 **BS**: 237.

HINTON, Peter; b UNK; d UNK **RU**: Private, 116th VMR, Capt Daniel Matthew, Rockingham Co, attached to McDowell's Flying Camp **CEM**: Flook / Armentrout Family; Rockingham; Rt 934, Lacy Springs **GS**: Y **SP**: mar Polly (-----), b 31 Aug 1762, d 07 Aug 1834 **VI**: No further data **P**: Yes **BLW**: No **PH**: N **SS**: K pg 28; BD pg 986; B pg 182 **BS**: 262.

HISEY, Frederick; b 19 Feb 1792, Shenandoah Co; d 26 Jun 1862, Edinburg, Shenandoah Co **RU**: Private, Major Nathaniel Perkins' Command **CEM**: Old Edinburg Cemetery; Shenandoah; Edinburg **GS**: U **SP**: No spouse information **VI**: No further data **P**: None **BLW**: No **PH**: N **SS**: A rec 1005 **BS**: 25; 49.

HITCHCOCK, Heartwell; b UNK; d Nov 1835 **RU**: Private, 83rd VMR, Capt William Ross, Dinwiddie Co **CEM**: Hitchcock Family; Dinwiddie; Abt 10 mi S of Dinwiddie Church off Rt 655 **GS**: Y **SP**: mar Frances (-----), d Nov 1855 **VI**: No further data **P**: None **BLW**: No **PH**: N **SS**: L pg 679 **BS**: 210.

HITE, Vincent; b 1788; d 1861 (Will) **RU**: Private, 69th VMR, Capt John Wall, Halifax Co, attached to 5th VMR **CEM**: Hite Family; Halifax **GS**: U **SP**: mar Rebecca A (-----). There may have been other wives. Rebecca received pension **VI**: Age 62 on 1850 census of Halifax Co. Living with him then was Nancy Hite, age 62 **P**: Spouse **BLW**: No **PH**: N **SS**: A rec 1314; BD pg 986; B pg 182 **BS**: 25.

HITE, William Land, Sr; b 1785, Lochleven, Lunenburg Co; d 26 Dec 1823 **RU**: Private, 4th VMR (Boyd) **CEM**: Hite Family; Lunenburg; Lochleven **GS**: U **SP**: mar Elizabeth Mitchell b 1795, d 30 Jun 1828 **VI**: Son of Julius Hite, who had Rev War service **P**: None **BLW**: No **PH**: N **SS**: A rec 1316; B pg 125 **BS**: 245.

HITT, James; b c1781; d 13 Dec 1853 **RU**: Private, 2nd VMR, Culpeper Co **CEM**: Hitt Family; Rappahannock; Rt 615, Castleton **GS**: Y **SP**: mar (2) Melinda (-----), d 1871 **VI**: Son of John H Hitt **P**: None **BLW**: No **PH**: N **SS**: A rec 1351 **BS**: 74; 270.

HIX, Nathaniel; b 1770; d 01 Feb 1825 **RU**: Sergeant, 52nd VMR, New Kent & Charles City Co **CEM**: Shockoe Hill; Richmond City; 100 Hospital St **GS**: Y **SP**: No spouse information **VI**: No further data **P**: None **BLW**: No **PH**: N **SS**: A rec 1478 **BS**: 38 pg 3.

HOBBS, Edward T; b UNK; d 26 Aug 1863 **RU**: Private, 62nd VMR, Capt Samuel Baugh, Prince George Co **CEM**: Hobbs Family; Prince George; Rt 638 off Rt 621, 10 mi South Petersburg **GS**: U **SP**: No spouse information **VI**: No further data **P**: None **BLW**: No **PH**: N **SS**: D pg 124 **BS**: 148.

HOBBS, Peter Thomas; b UNK; d UNK **RU**: Private, 18th Regiment MD Militia **CEM**: Hobbs Family; Prince George; Rt 638 off Rt 621, 10 mi South Petersburg **GS**: U **SP**: mar Mary (-----) bef 1793 **VI**: No further data **P**: None **BLW**: No **PH**: N **SS**: A rec 1875 **BS**: 148.

HOBBS, Willie Jones; b 1798, Prince George Co; d 04 Jul 1860 **RU**: Private, 66th VMR, Capt William Griggs, Brunswick Co, attached to 1st VMR (Byrne) **CEM**: Hobbs Family; Brunswick; Ante **GS**: Y **SP**: mar Elizabeth Grizzard, b Sussex Co,1783, d 28 Aug 1859, daughter of William & Sarah (Northington) Grizzard **VI**: Son of Benjamin & Frances (-----) Hobbs **P**: None **BLW**: No **PH**: N **SS**: B pg 48; K pg 145 **BS**: 245.

HOBSON, John C; b 1791; d bur 12 Apr 1873 **RU**: Ensign, 17th VMR, Capt Parke Bailey, Cumberland Co, attached to 5th VMR **CEM**: Hollywood; Richmond City; 412 S Cherry St, Sec P, lot 8 **GS**: U **SP**: mar Louisa W (-----) **VI**: Age 82 at interment **P**: Spouse **BLW**: No **PH**: N **SS**: K pg 215; BD pg 1001; B pg 64 **BS**: 237.

HOBSON, Joseph; b 09 Aug 1780; d 1832 **RU**: Private, 23rd VMR, Capt David Weisiger, Chesterfield Co, attached to Cocke's Detachment **CEM**: Hobson Family; Powhatan; Blenheim, Rt 603, 0.2 mi W fr Ballsville **GS**: Y **SP**: mar Mary T (-----) b 1783 **VI**: Son of Joseph Calip Hobson (d Dec 1814) a Rev War soldier **P**: None **BLW**: No **PH**: N **SS**: L pg 823; B pg 61 **BS**: 277.

RU=Rank/Unit CEM=Cemetery GS=Gravestone SP=Spousal Information VI=Other Veteran Info P=Pension
BLW=Bounty/Land Warrant PH=Photo SS=Service Source BS=Burial Source VMR= VA Military Regt
LNR= Last Known Residence

HOBSON, Matthew; b 1822 (1860 Census); d 1861 (Will) **RU**: Private, 52nd VMR, New Kent Co & Charles City Co **CEM**: Hobson Family; Powhatan; 2.1 mi from Dorset Corner on Rt 610 **GS**: Y **SP**: No spouse information **VI**: No dates on stone **P**: None **BLW**: No **PH**: N **SS**: A rec 2045 **BS**: 233.

HODGE, John; b 31 Dec 1786; d 31 Jul 1855 **RU**: Brigadier General, 9th Brigade, VA Militia **CEM**: Pvt home; Chesapeake City; Watermill Grove St **GS**: U **SP**: mar (1) Ann Carney, d 1814; (2) Louise Harrison, d 1826; (3) 1828, Jane Adelaide Gregory **VI**: House of Delegates in 1826, Supervisor for Norfolk Co. Presidential Elector in 1832. Was also Postmaster of Portsmouth until his resignation in 1804 (Source: Hodge Family Papers, Old Dominion University, Norfolk) **P**: None **BLW**: No **PH**: N **SS**: BG **BS**: 49.

HODGES, Joab; b 1789; d 12 Oct 1855 **RU**: Private, 68th VMR, Capt Thomas Archer, James City Co & York Co **CEM**: Woody / Hodges; Franklin; nr Sontag School **GS**: Y **SP**: No spouse information **VI**: No further data **P**: None **BLW**: No **PH**: N **SS**: K pg 369 **BS**: 118 pg 164.

HODGES, John; b 1776; d 14 Apr 1832 **RU**: Captain, 7th VMR (Magnien), Norfolk, attached to 3rd VMR (Veale) **CEM**: Berea Christian Church; Chesapeake City; Chesapeake **GS**: Y **SP**: No spouse information **VI**: No further data **P**: None **BLW**: No **PH**: N **SS**: B pg 148 **BS**: 75 pg 163.

HODGKIN, Robert; b 26 Mar 1796; d 27 Mar 1876 **RU**: Private, 57th VMR, Capt Thomas Coffer, Loudoun Co, raised in Fairfax Co **CEM**: Trinity United Methodist; Alexandria; Wilkes St **GS**: Y **SP**: mar (1) Clara Taylor; (2) in Alexandria on 28 Jun 1831 to Elizabeth Fraser, LNR Washingon DC, 1879 **VI**: No further data **P**: Both **BLW**: Yes **PH**: N **SS**: M pg 204; BD pg 1002; B pg 120 **BS**: 32 pg 128.

HODGSON, William Ludwell; b 1799; d 27 Sep 1841 **RU**: Private, 2nd Regiment MD Militia **CEM**: Christ Church Episcopal; Alexandria; Wilkes & Hamilton **GS**: Y **SP**: No spouse information **VI**: Attorney. Son of William and Portia Hodgson of Alexandria **P**: None **BLW**: No **PH**: N **SS**: A rec 2791 **BS**: 34 pg 100.

HODSDEN, Joseph B; b 1775; d 15 Nov 1815 **RU**: Ensign, 29th VMR, Capt James Atkinson, Isle of Wight Co **CEM**: St Lukes Church; Isle of Wight; 14477 Benn's Church Rd, Smithfield **GS**: Y **SP**: mar Mary W (-----), b 12 Feb 1780, d 09 Oct 1837 **VI**: Served 18 Mar 1813 to 08 Apr 1813 at Burwell's Bay **P**: None **BLW**: No **PH**: Y **SS**: L pg 845 **BS**: 76 pg 45; 49.

HOFFMAN, William; b UNK; d 31 Jan 18x9 **RU**: Private, 5th VMR **CEM**: St John's Lutheran; Frederick; 3623 Back Mountain Rd, Winchester **GS**: Y **SP**: No spouse information **VI**: Year of death not fully legible **P**: None **BLW**: No **PH**: N **SS**: A rec 255 **BS**: 79 pg 153.

HOGE, James; b 20 Jul 1788; d 20 Jul 1862 **RU**: Captain, 75th VMR (Preston), Company Commander, Montgomery Co **CEM**: Maj John D Howe's Home; Pulaski; Rt 627, 4 mi NE of Dublin **GS**: Y **SP**: mar Eleanor Howe, b 01 Dec 1792, d 13 Jun 1856 **VI**: Called "General" on his tombstone **P**: None **BLW**: No **PH**: N **SS**: B pg 138 **BS**: 234.

HOGE, William; b UNK; d 1842 **RU**: Corporal, 4th VMR (Beatty) **CEM**: Goose Creek Burying Ground; Loudoun; Rt 722, Lincoln **GS**: Y **SP**: No spouse information **VI**: No further data **P**: None **BLW**: No **PH**: N **SS**: A rec 443 **BS**: 73 pg 144.

HOLBROOK, Josiah; b 1768, MA; d 17 Jun 1851 **RU**: Private, MA Militia (Chamberlin), Capt J Howland **CEM**: Methodist Cemetery; Lynchburg; Lynchburg **GS**: Y **SP**: No spouse information **VI**: Stone indicates he was born in Massachussets and "of unbounded philanthropy, an ardent lover of science and a general benefactor and a most exemplary Christian. He came to his death suddenly in his geological and mineralogical pursuits in the vicinity of Lynchburg" **P**: None **BLW**: No **PH**: N **SS**: AO pg 30 **BS**: 207.

HOLLADAY, John; b 10 Feb 1786; d 29 Jan 1826 **RU**: Private, 29th VMR, Capt Richard Bidgood, Isle of Wight Co **CEM**: Drivers Family; Isle of Wight; 1.5 mi W of Carrollton **GS**: Y **SP**: No spouse information **VI**: No further data **P**: None **BLW**: No **PH**: N **SS**: K pg 365 **BS**: 186.

HOLLADAY, John H; b 1799; d aft 1860 (census) **RU**: Private, 45th VMR (Peyton), Stafford Co **CEM**: Bellefonte; Spotsylvania; Rt 301, 3 mi W of Lewiston **GS**: N **SP**: No spouse information **VI**: Age 61 on 1860 Spotsylvania Co census **P**: None **BLW**: No **PH**: N **SS**: A rec 1860 **BS**: 52.

HOLLAND, Henry; b 1783; d 25 Jan 1832 **RU**: Sergeant, MD Militia, Watkin's Command **CEM**: Triangle; Prince William; Triangle **GS**: Y **SP**: mar Marl F L (-----), b 12 Feb 1809, d 21 Feb 1897 **VI**: No further data **P**: None **BLW**: No **PH**: N **SS**: A rec 1836 **BS**: 248 Part 1 pg 143.

RU=Rank/Unit CEM=Cemetery GS=Gravestone SP=Spousal Information VI=Other Veteran Info P=Pension
BLW=Bounty/Land Warrant PH=Photo SS=Service Source BS=Burial Source VMR= VA Military Regt
LNR= Last Known Residence

HOLLAND, John Major; b 05 Jan 1778; d 06 May 1845 **RU:** Captain, 43rd VMR, Company Commander, Franklin Co, attached to 7th VMR (Saunders) **CEM:** Major Holland Family; Franklin; Rt 674 **GS:** Y **SP:** No spouse information **VI:** Son of Peter Holland & Mary Diggins **P:** None **BLW:** No **PH:** N **SS:** B pg 76 **BS:** 118 pg 172.

HOLLAND, Zachariah; b 1797; d 06 Aug 1826 **RU:** Sergeant, 59th VMR, Capt Jeremiah Rawls, Nansemond Co **CEM:** Holland; Suffolk City; Rt 58 by-pass W of Holland **GS:** Y **SP:** mar Matilda Ann Howell, b 19 Sep 1799, d 22 Mar 1877, daughter of Edward & Ann (Phillips) Howell **VI:** No further data **P:** None **BLW:** No **PH:** N **SS:** K pg 427 **BS:** 46 v2 Holland 2 Cem.

HOLLIDAY, Samuel; b 10 Nov 1791; d 11 Nov 1857 **RU:** Private, 60th VMR, Capt William Chick, Fairfax Co **CEM:** Dranesville United Methodist; Fairfax; 1089 Liberty Meeting Ct Herndon **GS:** Y **SP:** mar on 17 Oct 1815 to Ann P McDonough, b 1797, d 1879, LNR PO Springvale, Fairfax Co, 1878 **VI:** No further data **P:** Spouse **BLW:** Yes **PH:** N **SS:** A rec 1624; BD pg 1010; B pg 71 **BS:** 89 v4 HR-261; 80.

HOLLOWAY, John; b 10 Feb 1771; d 04 Jun 1853 **RU:** Quartermaster Sergeant, 4th VMR **CEM:** Haynes Family; Alleghany; Rt 60, Clifton Forge **GS:** Y **SP:** No spouse information **VI:** No further data **P:** None **BLW:** No **PH:** N **SS:** A rec 2773 **BS:** 100 v3 pg 139.

HOLMES, Edward; b c1798; d c1824 **RU:** Private, 1st VMR (Crutchfield) **CEM:** Blandford; Petersburg; 111 Rochelle Ln **GS:** Y **SP:** No spouse information **VI:** Parents married in Mecklenburg Co in 1796. He died age 26 **P:** None **BLW:** No **PH:** N **SS:** A rec 138 **BS:** 134 pg 26.

HOLMES, James; b 25 Jul 1793; d 11 Sep 1876 **RU:** Private, 1st VMR (Crutchfield) **CEM:** Buchannan / Holmes; Hanover; off Rt 602 abt 0.07 mi W of Rt 688 **GS:** Y **SP:** No spouse information **VI:** No further data **P:** None **BLW:** No **PH:** N **SS:** A rec 408 **BS:** 72 pg 26.

HOLMES, Jeremiah; b 1788; d 1865 **RU:** Corporal, 1st VMR (Crutchfield) **CEM:** Rockhill Baptist; Stafford; jct Rts 644 & 671 **GS:** U **SP:** mar Lydia McIntire Patton **VI:** No further data **P:** None **BLW:** No **PH:** N **SS:** A rec 237 **BS:** 26 pg 338.

HOLMES, Joshua R; b 1791; d 1845 **RU:** Private, 52nd VMR, Capt Robert Perkins, New Kent Co **CEM:** Outside Old City Cemetery; Lynchburg; 401 Taylor St **GS:** Y **SP:** mar Martha (-----) **VI:** No further data **P:** None **BLW:** No **PH:** N **SS:** L pg 630 **BS:** 49.

HOLMES, William; b 19 Sep 1773; d 30 Oct 1830 **RU:** Sergeant, 1st VMR (Taylor) **CEM:** Holmes Family; Pulaski; Baptist Camp, Clayton Lake **GS:** U **SP:** mar Mary (-----), b 1786, d 1825 **VI:** No further data **P:** None **BLW:** No **PH:** N **SS:** A rec 461 **BS:** 173 pg 177.

HOLSTEAD, Matt B; b UNK; d 1827 (Will) **RU:** Private, 95th VMR, Norfolk Co **CEM:** Holstead Family; Chesapeake City; Pond Lane **GS:** N **SP:** No spouse information **VI:** Son of Matt Holstead (1760-1829) who had Rev War service, and wife Mary (1771-1832) **P:** None **BLW:** No **PH:** N **SS:** A rec 654 **BS:** 75 pg 175.

HOOD, Seaton R; b 1795; d 21 Mar 1828 **RU:** Private, Maj Stapleton Crutchfield's Detachment **CEM:** Shockoe Hill; Richmond City; 100 Hospital St **GS:** Y **SP:** No spouse information **VI:** No further data **P:** None **BLW:** No **PH:** N **SS:** A rec 1522 **BS:** 38 pg 6.

HOOE, Abram Barnes, Sr; b 04 Sep 1784; d 16 Jun 1841 **RU:** Private, 25th VMR, Capt John Stuart, King George Co **CEM:** St Paul's Episcopal; King George; 5486 St Paul's Rd, King George **GS:** Y **SP:** mar (1) in King George Co on 02 Jan 1804 (bond) to Lucy Fitzhugh Grymes, daughter of Capt Benjamin and Ann (Nicholas) Grymes, d 30 Jan 1806; (2) on 22 Aug 1809, Sarah Norwood Johnson, daughter of Horatio Johnson of Anne Arundel Co, MD, b 08 Jul 1789, d 02 Mar 1825 **VI:** Son of Gerard & Sarah (Barnes) Hooe, paternal grandson of Capt John Hooe (1733-1785) and wife Ann (1742-1805); maternal grandson of Capt Richard Barnes (d 1760) and Penelope Manly (d 1768) of Richmond Co, VA. Reinterred from "Barnsfield" plantation in King George Co **P:** None **BLW:** No **PH:** N **SS:** L pg 744 **BS:** 26 pg 135; 16 pg 242.

HOOE, John; b 1792; d 08 Jun 1873, Mayfield, Prince William Co **RU:** Private, 89th VMR, Capt Robert Brown, Prince William Co **CEM:** Mayfield / Hooe; Prince William; nr jct Buttres Ln & Battery Heights Blvd, Manassas **GS:** Y **SP:** mar Virginia (-----), d 06 Nov 1887 age 82. Widow Certificate 2576 **VI:** Died age 81. This cemetery is now part of the Mayfield Historic Site, owned by City of Manassas **P:** Spouse **BLW:** No **PH:** Y **SS:** R pg 1017; BD pg 1017; B pg 171 **BS:** 49; 248 Part 1 pg 145.

RU=Rank/Unit CEM=Cemetery GS=Gravestone SP=Spousal Information VI=Other Veteran Info P=Pension
BLW=Bounty/Land Warrant PH=Photo SS=Service Source BS=Burial Source VMR= VA Military Regt
LNR= Last Known Residence

HOOE, John T; b 1789; d 03 Nov 1842, King George Co **RU:** Lieutenant, 25th VMR, Capt Samuel Davis, King George Co **CEM:** Hooe Family; King George; Rt. 603 0.6 mi N of Sealston **GS:** U **SP:** Died leaving a "disconsolate widow," name not known **VI:** Member of General Assembly from King George Co. Death notice in the *Richmond Examiner,* 11 Nov 1842, pg 3. Died at his residence **P:** None **BLW:** No **PH:** N **SS:** K pg 408 **BS:** 50.

HOOFF, Lawrence, Jr; b UNK; d 09 Mar 1842 **RU:** Major, 2nd Brigade DC Militia (Young) **CEM:** St Paul's Episcopal; Alexandria; 288 S Pitt St **GS:** Y **SP:** No spouse information **VI:** Vestryman, St Paul's Church in 1810. Death date from the *Alexandria Gazette,* which styles him "Major". **P:** None **BLW:** No **PH:** N **SS:** A rec 1570 **BS:** 31.

HOOKE, Robert; b 05 Sep 1780; d 25 Jan 1858 **RU:** Lieutenant, 58th VMR, Capt Adam Harnsberger, Rockingham Co, attached to 1st VMR (Trueheart) **CEM:** Hooke Family; Rockingham; Port Republic Rd and Alumnae Dr **GS:** Y **SP:** mar in Port Republic, Elizabeth Fisher, b 21 Aug 1801, d 13 Dec 1882, "wife of Robert", age 81 yrs, 21 days **VI:** No further data **P:** Spouse **BLW:** No **PH:** N **SS:** BD pg 1018; B pg 181 **BS:** 262.

HOOKE, Robert, Sr; b 10 Oct 1776, Cross Keys, Rockingham Co; d 09 Oct 1852, Cross Keys, Rockingham Co **RU:** Captain, 58th VMR, Company Commander, Rockingham Co, attached to McDowell's Flying Camp **CEM:** Hooke Family; Rockingham; Cross Keys **GS:** Y **SP:** mar at Mill Creek, VA on 25 Dec 1821, Elizabeth Walker **VI:** No further data **P:** None **BLW:** No **PH:** N **SS:** A rec 1697 **BS:** 19; 260.

HOOKER, William; b 1779; d bur 28 Aug 1844 **RU:** Private, 33rd VMR, Henrico Co **CEM:** Shockoe Hill; Richmond City; 100 Hospital St **GS:** U **SP:** No spouse information **VI:** No further data **P:** None **BLW:** No **PH:** N **SS:** A rec 1770 **BS:** 38 pg 31.

HOOKS, Jacob; b 1768; d 20 Aug 1821 **RU:** Private, 1st VMR (Taylor) **CEM:** Old Presbyterian Meeting House; Alexandria; Wilkes & Hamilton **GS:** Y **SP:** mar Mary Ann (-----), b 1765, d 20 Aug 1829 in her 64th year **VI:** Died in his 53rd year **P:** None **BLW:** No **PH:** N **SS:** A rec 1639 **BS:** 32 pg 43.

HOOMES, Armistead; b 1786; d 02 Feb 1827 **RU:** Adjutant, Maj John Woodford's Squadron of Dragoons **CEM:** Hoomes Family; Caroline; Bowling Green **GS:** Y **SP:** No spouse information **VI:** "Only surviving son of Col John Hoomes" (d 1824), is on his tombstone which also styles him Colonel **P:** None **BLW:** No **PH:** N **SS:** B pg 65; L pg 47 **BS:** 10 pg 87.

HOOMES, Richard; b UNK; d 20 Dec 1823 **RU:** 2nd Lieutenant, 30th VMR, Capt Armistead Hoome, Troop of Cavalry, Caroline Co, attached to Cocke's Detachment **CEM:** Hoomes Family; Caroline; Bowling Green **GS:** Y **SP:** mar in Caroline Co on 17 Apr 1804 (bond) to Hanna Battaile, daughter of Hugh Battaile **VI:** Son of Col John Hoomes (d 1824) **P:** None **BLW:** No **PH:** N **SS:** A rec 1819; K pg 172 **BS:** 10 pg 87.

HOOMES, Thomas Claiborne; b 16 Jun 1781, King & Queen Co; d 06 Feb 1821 **RU:** Captain, 9th VMR, Company Commander of Artillery, King & Queen Co **CEM:** Hoomes Family; King & Queen; Rt 620, 1.1 mi N of Rt 14, Bruington **GS:** U **SP:** mar in King & Queen Co on 16 Dec 1817 by Rev Robert B Semple to Betsy Polllard, daughter of Robert Pollard of King & Queen Co. Marriage notice in the *Richmond Examiner,* 23 Dec 1817, pg 3 **VI:** No further data **P:** None **BLW:** No **PH:** N **SS:** L pg 446; B pg 113 **BS:** 277.

HOOPER, William; b 1796; d 05 Jul 1861 **RU:** Private, 19th VMR (Ambler), Richmond City **CEM:** Shockoe Hill; Richmond City; 100 Hospital St **GS:** Y **SP:** No spouse information **VI:** No further data **P:** None **BLW:** No **PH:** Y **SS:** A rec 1987 **BS:** 31.

HOOVER, John; b 27 Aug 1780; d 30 Jan 1830 **RU:** Private, Major Woodford's Squadron of Cavalry **CEM:** Timberville Cemetery; Rockingham; Timberville **GS:** Y **SP:** No spouse information **VI:** Stone illegible. Recorded by Robert Swank in 1967. Remains removed from Hoover Family plot to Timberville Cemetery **P:** None **BLW:** No **PH:** N **SS:** A rec 2156 **BS:** 262.

HOOVER, John Diden; b UNK; d 25 Sep 1864 **RU:** Private, 31st VMR, Capt Thomas Cramer, Frederick Co, attached to 4th VMR (Boyd) **CEM:** East Hill; Washington; W of Circles **GS:** Y **SP:** mar Elizabeth (-----) **VI:** Stone indicates "Private, Cramer's Va. Mil. War 1812" **P:** Spouse **BLW:** No **PH:** N **SS:** A rec 2168; BD pg 1019; B pg 79 **BS:** 116 pg 329.

HOOVER, Michael, Jr; b UNK; d 1834 (Admin) **RU:** Corporal, 48th VMR, Capt James Cartmill, Botetourt Co, attached to 5th VMR, McDowell's Flying Camp **CEM:** Hebron Presbyterian; Augusta; Rt 703, 4.5 mi fr Staunton **GS:** Y **SP:** No spouse information **VI:** No further data **P:** None **BLW:** No **PH:** N **SS:** K pg 7 **BS:** 1 pg 59.

RU=Rank/Unit   CEM=Cemetery   GS=Gravestone   SP=Spousal Information   VI=Other Veteran Info   P=Pension
BLW=Bounty/Land Warrant   PH=Photo   SS=Service Source   BS=Burial Source   VMR= VA Military Regt
LNR= Last Known Residence

HOOVER, Samuel; b 15 Oct 1784; d 17 Sep 1854 **RU**: Private, 46th VMR, Pendleton Co (WVA) **CEM**: Timberville Cemetery; Rockingham; Timberville **GS**: Y **SP**: mar Anna (-----), d 01 May 1868, age 84 yrs, 8 mos, 10 days. Recorded by Robert Swank in 1967. Remains removed to Timberville Cemetery **VI**: Stone illegible. Recorded by Swank in 1967. Remains removed from Hoover Family cemtery to Timberville Cemetery **P**: None **BLW**: No **PH**: N **SS**: A rec 2204 **BS**: 262.

HOPE, William P; b 1792; d 1845 **RU**: Private, 115th VMR, Capt Miles Cary, Elizabeth City Co **CEM**: St John's Episcopal; Hampton City; 100 W Queens Way **GS**: U **SP**: mar Maria A (-----) **VI**: No further data **P**: Spouse **BLW**: No **PH**: N **SS**: A rec 2292; BD pg 1019; B pg 67 **BS**: 25.

HOPKINS, Armistead; b 1794; d 14 May 1830 **RU**: Private, 2nd Regiment DC Militia (Brent) **CEM**: Shockoe Hill; Richmond City; 100 Hospital St **GS**: U **SP**: No spouse information **VI**: No further data **P**: None **BLW**: No **PH**: N **SS**: A rec 24 **BS**: 38 pg 8.

HOPKINS, Charles; b 1789; d 08 Aug 1839 **RU**: Private, 115th VMR, York Co **CEM**: Hopkins / Cook / Smith; York; Tabb **GS**: U **SP**: No spouse information **VI**: No further data **P**: None **BLW**: No **PH**: N **SS**: A rec 60 **BS**: 49.

HOPKINS, David; b 1790; d 1878 **RU**: Sergeant, 4th VMR (Boyd) **CEM**: Stonewall Jackson Memorial; Lexington; S Main St **GS**: Y **SP**: No spouse information **VI**: No further data **P**: None **BLW**: No **PH**: N **SS**: A rec 83 **BS**: 31.

HOPKINS, James M; b 1791; d bur 28 Mar 1863 **RU**: Private, 52nd VMR, Capt John Armistead, New Kent Co & Charles City Co **CEM**: Hollywood; Richmond City; 412 S Cherry St, Sec L, lot 132 **GS**: U **SP**: mar Ann E (-----) **VI**: No further data **P**: Spouse **BLW**: No **PH**: N **SS**: L pg 104; BD pg 1020; B pg 143 **BS**: 237.

HOPKINSON, James; b 1776; d 20 Feb 1842 **RU**: Private, 1st VMR (Spring) **CEM**: Hopkinson Family; Hanover; 3 mi NE of Richmond on Mechanicsville Turnpike, Hanover **GS**: Y **SP**: mar Mary (-----), d 29 Apr 1836 **VI**: Stone indicates "Erected to the memory of James Hopkinson and Mary his wife, who departed this life 29th of April, 1836, age 65 the 20th of February 1842" **P**: None **BLW**: No **PH**: N **SS**: A rec 466 **BS**: 195.

HOPPER, John; b 09 Oct 1789; d 09 Oct 1851 **RU**: Carpenter, VMR unknown, Capt Jerry Strother, widow applied under Carpenters' Artificers, Brigadier General Cocke **CEM**: Hopper Family; Rappahannock; Rt 246, Harris Hollow, 4 mi from Little Washington **GS**: U **SP**: mar Elizabeth B (-----) **VI**: No further data **P**: Spouse App **BLW**: No **PH**: N **SS**: L pg 56; BD pg 1022 **BS**: 74.

HORE, Elias; b 1788; d 22 Oct 1820 **RU**: Sergeant, 6th VMR (Coleman) **CEM**: Cedar Run; Prince William; Rt 611 **GS**: Y **SP**: No spouse information **VI**: Reinterred from Stafford Co on land that is now Quantico Marine Corps Base **P**: None **BLW**: No **PH**: N **SS**: A rec 691 **BS**: 26 pg 170.

HORE, George W; b 1793; d 24 May 1823 **RU**: Private, 45th VMR, Capt John C Edrington, Stafford Co **CEM**: Cedar Run; Prince William; Rt 611 **GS**: Y **SP**: No spouse information **VI**: Reinterred from Stafford Co on land that is now Quantico Marine Corps Base **P**: None **BLW**: No **PH**: N **SS**: L pg 310 **BS**: 26 pg 170; 238 Pt 1 pg 146.

HORE, Walter; b 1780; d 24 Sep 1858 **RU**: Sergeant, 45th VMR (Peyton), Stafford Co **CEM**: Cedar Run; Prince William; Rt 611 **GS**: Y **SP**: mar Margaret E (-----), d 1859 **VI**: Reinterred from Stafford Co on land that is now Quantico Marine Corps Base **P**: None **BLW**: No **PH**: N **SS**: A rec 696 **BS**: 26 pg 170.

HORNER, Ben Franklin; b UNK; d UNK **RU**: Private, 4th VMR (Greenhill) **CEM**: Warrenton Cemetery; Fauquier; Chestnut St, Warrenton **GS**: Y **SP**: No spouse information **VI**: No further data **P**: None **BLW**: No **PH**: N **SS**: A rec 997 **BS**: 3 pg 10.

HORSLEY, John; b UNK; d 19 Dec 1827 **RU**: 1st Sergeant, 17th VMR, Capt John Miller, Cumberland Co, attached to McDowell's Flying Camp **CEM**: Horsley / Yancey; Buckingham; "Travelers Rest," Rt 604 **GS**: Y **SP**: No spouse information **VI**: No further data **P**: None **BLW**: No **PH**: N **SS**: L pg 30 **BS**: 209.

HORSLEY, John; b 1790; d 06 Sep 1851 **RU**: Sergeant, 5th VMR (McDowell) **CEM**: Mountain Retreat; Nelson; Lovington **GS**: U **SP**: mar Mary M (-----), b 1802, d 1880 **VI**: No further data **P**: None **BLW**: No **PH**: N **SS**: A rec 1195 **BS**: 153.

HORTON, Joseph V; b UNK; d 1876 **RU**: Private, 7th VMR (Saunders) **CEM**: Thompson Family; Carroll; Rt 670 **GS**: Y **SP**: mar Mary (-----) b 1785, d 1876 **VI**: No further data **P**: None **BLW**: No **PH**: N **SS**: A rec 1422; G **BS**: 90 pg 473.

RU=Rank/Unit CEM=Cemetery GS=Gravestone SP=Spousal Information VI=Other Veteran Info P=Pension
BLW=Bounty/Land Warrant PH=Photo SS=Service Source BS=Burial Source VMR= VA Military Regt
LNR= Last Known Residence

HOUGH, Garrett; b UNK; d 27 Mar 1851 **RU:** Private, 56th VMR, Capt John Stevens, Loudoun Co, attached to 5th VMR **CEM:** Fairfax Meeting House; Loudoun; Walter & Waterford Sts, Waterford **GS:** Y **SP:** mar in Loudoun Co on 05 Jul 1841 to Mary Moore, LNR Frederick City, MD, 1878 **VI:** No further data **P:** Spouse **BLW:** Yes **PH:** N **SS:** A rec 2103; BD pg 1027; B pg 122 **BS:** 73 pg 148.

HOUGH, Samuel; b UNK; d UNK **RU:** Private, 5th VMR **CEM:** Union Waterford; Loudoun; Fairfax St, Waterford **GS:** Y **SP:** No spouse information **VI:** No dates on stone. Enumerated in 1810 census of Loudoun Co **P:** None **BLW:** No **PH:** N **SS:** A rec 2147 **BS:** 73 pg 149.

HOUSTON, Samuel; b UNK; d 20 Jan 1839 **RU:** Corporal, 7th VMR (Saunders) **CEM:** High Bridge; Rockbridge; Rt 11, 15 mi S of Lexington, **GS:** Y **SP:** No spouse information **VI:** Pastor of High Bridge Presbyterian Church 1788 - 1831 **P:** None **BLW:** No **PH:** N **SS:** A rec 2741 **BS:** 193.

HOUSTON, William; b 05 Aug 1781; d 27 Apr 1862 **RU:** Private, 8th VMR, Capt Daniel Hoffman, Rockbridge Co, attached to Flying Camp McDowell **CEM:** Houston Family; Rockingham; Stony Point Rd (Rt 986), Lacy Point **GS:** Y **SP:** mar Nancy (-----), d 03 May 1862. Stone is now broken and illegible, recorded by DAR in the 1960s **VI:** No further data **P:** None **BLW:** No **PH:** N **SS:** K pg 15 **BS:** 262.

HOWARD, Beal; b 1760; d 11 Nov 1820 **RU:** Private, DC Militia, Capt Charles McKnight **CEM:** Christ Church Episcopal; Alexandria; Wilkes & Hamilton **GS:** Y **SP:** No spouse information **VI:** No further data **P:** Yes **BLW:** No **PH:** N **SS:** A rec 278; BD pg 1030 **BS:** 34 pg 100.

HOWARD, Charles P; b 25 Nov 1765, Philadelphia; d 20 Mar 1856 **RU:** Private, 8th VMR (Wall) **CEM:** Greenfields; Orange; off Rt 201, Greenfield Subdivision. Orange C. H. **GS:** Y **SP:** mar in Orange Co on 11 Mar 1793 to Jane Taylor, b 02 Mar 1766, d 13 Jan 1849 **VI:** No further data **P:** None **BLW:** No **PH:** N **SS:** A rec 324 **BS:** 28 pg 64.

HOWARD, Henry; b 29 May 1791, Frederick Co, MD; d 01 Mar 1874 **RU:** Captain, 115th VMR, Company Commander, York Co **CEM:** University of VA; Albemarle; Cemetery Rd off Rt 302, Charlottesville **GS:** Y **SP:** No spouse information **VI:** Professor of Medicine at University of Virginia. President of Citizens National Bank until his death **P:** None **BLW:** No **PH:** N **SS:** L pg 450 **BS:** 31; 94 v3 pg 265.

HOWARD, John; b 1788; d 17 Dec 1821 **RU:** Coporal, DC Militia, Major King's Detachment **CEM:** Trinity United Methodist; Alexandria; Wilkes St **GS:** Y **SP:** No spouse information **VI:** No further data **P:** None **BLW:** No **PH:** N **SS:** A rec 538 **BS:** 32 pg 128.

HOWARD, Thomas Massie; b 26 Feb 1794; d 30 Mar 1875, Brookneal, Campbell Co **RU:** Private, 52nd VMR, Capt Grief Barksdale, Charlotte Co, attached to 4th VMR (Greenhill) **CEM:** Howard Family; Campbell; 3/4 mi W Hat Creek Presbyterian Church, Brookneal **GS:** Y **SP:** mar 19 Dec 1816, Mary Clark, b 01 Jul 1799,Charlotte Co, d 19 Sep 1883. **VI:** No further data **P:** Both **BLW:** Yes **PH:** N **SS:** A rec 842; B pg 57; BD pg 1032; M pg 208 **BS:** 245.

HOWELL, David; b UNK; d 25 Jan 1871 **RU:** Private, 4th VMR **CEM:** Goose Creek Burying Ground; Loudoun; Rt 722, Lincoln **GS:** Y **SP:** No spouse information **VI:** Death year from stone, death date from *Alexandria Gazette* **P:** None **BLW:** No **PH:** N **SS:** A rec 1231 **BS:** 73 pg 151.

HOWELL, James E; b 1793; d aft 1860 **RU:** Private, 59th VMR (Riddick) Nansemond Co **CEM:** Cedar Island aka Roundtree; Hampton City; Harris Creek Rd **GS:** U **SP:** No spouse information **VI:** Age 67 on 1860 census of York Co **P:** None **BLW:** No **PH:** N **SS:** A rec 1289 **BS:** 23 pg 173.

HOWELL, John F; b UNK, Philadelphia; d 11 Sep 1821, Norfolk **RU:** Midshipman, USS *Guerriere* **CEM:** St Paul's Episcopal; Norfolk City; 201 St Paul's Blvd **GS:** Y **SP:** Never married **VI:** Died of "prevailing fever" at the home of commanding officer J. D. Elliott. Son of Maj Reading Howell of Philadelphia. Tombstone calls him "a meritorious young officer, dutiful son and affectionate brother." Commissioned 01 Feb 1814. *American Beacon*, 13 Sep 1821 **P:** None **BLW:** No **PH:** N **SS:** G; AQ **BS:** 174 pg 68; 239 No. 27.

HOWISON, Samuel; b UNK; d 1845 (Will) **RU:** 1st Sergeant, 16th VMR (Waller), Spotsylvania Co **CEM:** City Cemetery; Fredericksburg; William St & Washington Ave **GS:** Y **SP:** No spouse information **VI:** No further data **P:** None **BLW:** No **PH:** N **SS:** A rec 1571 **BS:** 18 pg 16.

HOWISON, Stephen; b 08 Feb 1776; d 11 Mar 1862 **RU:** Private, 36th VMR (Reno), Prince William Co **CEM:** Barnes / Harrison; Prince William; nr Rt 640, 7 mi N Dumfries **GS:** Y **SP:** No spouse information **VI:** No further data **P:** None **BLW:** No **PH:** N **SS:** A rec 1572 **BS:** 130.

HOWLAND, William; b 1790; d 14 Oct 1832 **RU:** Private, 2nd VMR (Sharp) **CEM:** Shockoe Hill; Richmond City; 100 Hospital St **GS:** U **SP:** No spouse information **VI:** No further data **P:** None **BLW:** No **PH:** N **SS:** A rec 260 **BS:** 38 pg 11.

HOWLE, Thomas P; b UNK; d bur 09 Nov 1856 **RU:** Private, 52nd VMR, Capt Robert Perkins, New Kent Co **CEM:** Hollywood; Richmond City; 412 S Cherry St, Sec L, lot 73 **GS:** U **SP:** No spouse information **VI:** Doctor. No age at death on interment card **P:** None **BLW:** No **PH:** N **SS:** K pg 131 **BS:** 237.

HOWLE, Williamson; b 1789; d 24 Oct 1843 **RU:** Private, 15th VMR, Capt William P. Wyche, Sussex Co **CEM:** Adkins / Howle; Sussex; "Elm Shade," Rt. 641 4.5 mi SW of Sussex C. H. **GS:** Y **SP:** No spouse information **VI:** Died leaving a wife and one son **P:** None **BLW:** No **PH:** N **SS:** D pg 853 **BS:** 185; 261.

HOWLETT, James; b 30 May 1772; d 17 Jan 1838 **RU:** Private, 23rd VMR (Brown), Chesterfield Co **CEM:** Howlett Family; Chesterfield; General loc not given in burial source **GS:** Y **SP:** mar Lucy (-----), b 18 Feb 1776, d 22 May 1815 **VI:** "Departed this life on a Sunday morning" **P:** None **BLW:** No **PH:** N **SS:** A rec 1727 **BS:** 8 pg 4; 245.

HOY, Isaac; b 04 Apr 1785; d 23 Apr 1877 **RU:** Private, 7th VMR (Gray) **CEM:** Mount Sidney Methodist Church; Augusta; Mt Sidney **GS:** Y **SP:** mar Mildred (-----), b 04 May 1804, d 18 Sep 1869 **VI:** No further data **P:** None **BLW:** No **PH:** N **SS:** A rec 1842 **BS:** 1 pg 95.

HUBBARD, Jesse; b 11 Jan 1798; d 03 Jan 1876 **RU:** Private, 92nd VMR (Chowning), Lancaster Co **CEM:** White Hall United Methodist; Frederick; 3265 Apple Pie Ridge, White Hall **GS:** Y **SP:** No spouse information **VI:** No further data **P:** None **BLW:** No **PH:** N **SS:** A rec 2263 **BS:** 79 pg 158.

HUBBARD, Joel; b 21 Feb 1791; d 05 Jan 1884 **RU:** Private, 69th VMR, Capt John B Royall, Troop of Cavalry, Halifax Co, attached to Detachment of Cavalry **CEM:** Hubbard / Pendleton; Halifax; Rt 58 at Patrick Co line **GS:** Y **SP:** mar (1) Judah (-----), b 1795, d 187x; (2) Margaret H (-----) who drew pension **VI:** No further data **P:** Both **BLW:** No **PH:** Y **SS:** L pg 682; BD [g 1038; B pg 90 **BS:** 154 pg 380.

HUBBARD, Joel; b 08 Sep 1792; d 14 Oct 1880 **RU:** Trooper, 1st VMR of Cavalry (Holcombe) **CEM:** Hubbard Family; Halifax; 3228 Pumping Hill Rd, Nathalie **GS:** Y **SP:** No spouse information **VI:** Reverend **P:** None **BLW:** No **PH:** N **SS:** A rec 2264 **BS:** 246.

HUBBARD, John; b 16 Feb 1785; d 22 Jan 1856 **RU:** Sergeant, 18th VMR, Lt John Corn, Patrick Co **CEM:** Hubbard / Woolwine; Patrick; SW of Woolwine **GS:** Y **SP:** mar Mary (-----) b 1778, d 1869 **VI:** No further data **P:** None **BLW:** Yes **PH:** N **SS:** A rec 2285; BD pg 1038; B pg 157 **BS:** 154 pg 221.

HUBBARD, William H; b UNK; d UNK **RU:** Sergeant, 68th VMR, Lt William Lee, James City Co & York Co **CEM:** Hollywood; Richmond City; 412 S Cherry St **GS:** U **SP:** No spouse information **VI:** No further data **P:** None **BLW:** No **PH:** N **SS:** L pg 543 **BS:** 63 pg 361.

HUBER, George F; b 1785; d 26 Mar 1826 **RU:** Sergeant, 36th VMR (Reno), Prince William Co **CEM:** Dumfries; Prince William; off Cameron St, SW of Dumfries Elementary School **GS:** Y **SP:** No spouse information **VI:** Died age 41 years **P:** None **BLW:** No **PH:** N **SS:** A rec 2640 **BS:** 11 pg 21; 248 Pt 1 pg 148.

HUDGIN, Robert; b 09 Mar 1772; d 27 Mar 1821 **RU:** Private, 61st VMR, Capt Bailey Digges, Mathews Co **CEM:** Hudgins Family; Mathews; off Rt 617 North **GS:** U **SP:** mar Susannah Smith Buckner **VI:** Son of Wm & Sarah Hudgins. Died by drowning **P:** None **BLW:** No **PH:** Y **SS:** L pg 334 **BS:** 54 pg 179.

HUDGINS, John; b 1770; d 1830 **RU:** Private, 109th VMR, Capt George E Pace, Middlesex Co **CEM:** Hudgins Family; Mathews; Rt 14 **GS:** N **SP:** mar Mary A (-----), b 15 Jun 1783, d 07 Mar 1868 **VI:** No stones still stand in this cemetery. Dates from older sources **P:** None **BLW:** No **PH:** N **SS:** K pg 246 **BS:** 54 pg 214.

HUDGINS, William Houlder; b 12 Jun 1771, Clifton; d 05 Aug 1840 **RU:** Private, 109th VMR, Capt George E Pace, Middlesex Co **CEM:** Hudgins / Edwards; Mathews; Gwynn's Island **GS:** Y **SP:** Frances Gwynn b 1775, d 1838 **VI:** No further data **P:** None **BLW:** No **PH:** N **SS:** K pg 232 **BS:** 54 pg 96.

HUDGINS, William P; b 15 Apr 1784; d 06 Jan 1839 **RU:** Private / Substitute, 61st VMR, Capt Bailey Digges, Mathews Co **CEM:** Horn Harbor; Mathews; Peary Rd (Rt 649), Peary **GS:** Y **SP:** mar in Mathews Co on 18 Mar 1808 to Mary Pugh, b 11 Apr 1788, d 04 Jul 1875 **VI:** No further data **P:** Spouse **BLW:** Yes **PH:** N **SS:** L pg 689; BD pg 1040; B pg 157 **BS:** 54 pg 209; 82 pg 134.

RU=Rank/Unit   CEM=Cemetery   GS=Gravestone   SP=Spousal Information   VI=Other Veteran Info   P=Pension
BLW=Bounty/Land Warrant   PH=Photo   SS=Service Source   BS=Burial Source   VMR= VA Military Regt
LNR= Last Known Residence

HUDSON, Vincent; b 1763; d 27 Sep 1819 **RU**: Fifer, 21st VMR, Gloucester Co **CEM**: Union Baptist Church; Gloucester; 9254 Guinea Rd, Hayes **GS**: U **SP**: mar Mildred Shackelford **VI**: No further data **P**: None **BLW**: No **PH**: N **SS**: P **BS**: 49.

HUDSON, William R; b 1790, Charlotte Co; d aft Jan 1836 **RU**: Private, 28th VMR, Capt William Scott, Nelson Co **CEM**: Foster Family; Charlotte; Keysville **GS**: U **SP**: mar (1) in Charlotte Co on 02 Aug 1813 to Winefred R Webb, daughter of Thomas Webb; (2) in Charlotte Co on 14 Jan 1836 to Amy J Foster **VI**: No further data **P**: None **BLW**: No **PH**: N **SS**: L pg 702 **BS**: 345.

HUFFMAN, Andrew; b 09 Feb 1787; d 04 Apr 1847, Shenandoah Co **RU**: Private, 48th VMR, Capt Edmond Sherman, Botetourt Co, attached to 6th VMR **CEM**: Huffman Family; Craig; Broad Run **GS**: Y **SP**: No spouse information **VI**: Tombstone recites service in War of 1812, 6th VMR **P**: Yes **BLW**: No **PH**: N **SS**: G; BD pg 1042; B pg 46 **BS**: 106 pg 1.

HUFFMAN, John; b 30 Jul 1796; d 14 Jun 1864 **RU**: Private, 116th VMR, Capt William Harrison, Rockingham Co, attached to 1st VMR (Trueheart) **CEM**: Huffman Family; Rockingham; off Rt 620, Tenth Legion **GS**: Y **SP**: mar Catherine (-----), b 25 Mar 1800, d 03 Oct 1840 **VI**: Transcriptions made by Mary Marie Koontz Arrington in 1979, and taken from her book *Mountain Valley People* **P**: None **BLW**: No **PH**: N **SS**: K pg 51 **BS**: 262.

HUGHES, Anderson; b 1790; d 1870 **RU**: Private, 47th VMR, Capt Tripplett T Estis, Albemarle Co, attached to 8th VMR (Wall) **CEM**: Hughes Family; Fluvanna; vic Rts 601 & 631, Cloverdale **GS**: Y **SP**: mar (1) in Fluvanna Co on 01 Nov 1814 by John Goodman to Betsy B Crewdson; (2) Sophia (-----), d 1864 **VI**: No further data **P**: None **BLW**: No **PH**: N **SS**: K pg 89 **BS**: 234.

HUGHES, Richard; b UNK; d UNK **RU**: Private, 19th VMR, Capt Anthony Turner, Richmond City **CEM**: Herbert Family; Henrico; 4.8 mi SE Rickerstaff Rd **GS**: Y **SP**: mar in Henrico Co on 02 Feb 1812 to his ward, Elizabeth Herbert, Francis Wicker surety, b 11 Nov 1795, d 04 Apr 1820 **VI**: Stone is broken, unreadable, and only the initials show **P**: None **BLW**: No **PH**: N **SS**: K pg 361 **BS**: 198.

HUGHES, Samuel; b 1783; d 04 Mar 1850 **RU**: Private, 8th VMR, Capt John Paxton, Rockbridge Co, attached to 2nd Corps d'Elite (Green) **CEM**: Hughes Family; Patrick; Rt 731, 1.1 mi W of Henry County line **GS**: Y **SP**: No spouse information **VI**: Probably son of Col Archelaus Hughes (1743-1796) and wife Mary (1754-1841) for whom this cemetery is named **P**: Yes **BLW**: No **PH**: N **SS**: K pg 222; BD pg 1045; B pg 180 **BS**: 154 pg 2.

HUGHES, William; b UNK; d 1869 **RU**: Private, 47th VMR, Capt Tripplett T. Estis, Albemarle Co, attached to 8th VMR (Wall) **CEM**: Hughes Family; Fluvanna; vic Rts 601 & 631, Cloverdale **GS**: Y **SP**: mar S P (-----), d 1841 **VI**: No further data **P**: None **BLW**: No **PH**: N **SS**: K pg 88 **BS**: 234.

HULL, Daniel; b 02 Mar 1768; d 11 Jan 1854 **RU**: Private, US Rangers Volunteer **CEM**: St John's Church; Augusta; 1 mi E Middlebrook Rd **GS**: U **SP**: No spouse information **VI**: No further data **P**: None **BLW**: No **PH**: N **SS**: A rec 179 **BS**: 183.

HULL, Jacob; b 04 Jul 1776; d 1872 **RU**: Private, DC Militia, 2nd Regiment Cavalry **CEM**: St John's Church; Augusta; 1 mi E Middlebrook Rd **GS**: U **SP**: No spouse information **VI**: No further data **P**: None **BLW**: No **PH**: N **SS**: A rec 250 **BS**: 183.

HULL, Peter; b 11 Jan 1783; d 23 Sep 1834 **RU**: Major, 46th VMR, Staff Officer, Pendleton Co **CEM**: McDowell Cemetery; Highland; McDowell **GS**: Y **SP**: mar Rachel (-----), b 29 Nov 1784, d 13 Jan 1857 **VI**: No further data **P**: None **BLW**: No **PH**: N **SS**: B pg 167 **BS**: 235.

HUMBERT, Jacob; b 22 Jan 1786; d 11 Jan 1852 **RU**: Private, Major Alexander's Independent Battalion of VA Volunteers & Petersburg Volunteers **CEM**: Garber Farm; Augusta; 1/2 mi W of New Hope **GS**: Y **SP**: No spouse information **VI**: No further data **P**: None **BLW**: No **PH**: N **SS**: A rec 553 **BS**: 93.

HUME, William Waller; b 1781; d 1870 **RU**: Private, 5th VMR **CEM**: Kennedy / Hume; Orange; Rt 615 1 mi N of Orange C. H., Elmwood **GS**: Y **SP**: No spouse information **VI**: No further data **P**: None **BLW**: No **PH**: N **SS**: A rec 603 **BS**: 28 pg 69.

HUMPHREY, Marcus; b 31 May 1781; d 19 Nov 1839 **RU**: Private, Green's Mounted Infantry Virginia Militia **CEM**: Ketoctin Baptist; Loudoun; Alder School Rd (Rt 711), Eubanks **GS**: Y **SP**: mar in Loudoun Co on 05 Jun 1809 to

Margaret "Peggy" Marks, daughter of Abel Marks **VI**: No further data **P**: None **BLW**: No **PH**: N **SS**: A rec 867 **BS**: 73 pg 154.

HUMPHREY, Thomas H; b 1796; d 1869 **RU**: Private, 5th VMR **CEM**: South Fork Meeting House; Loudoun; Unison Rd (Rt 630), Unison **GS**: Y **SP**: No spouse information **VI**: No further data **P**: None **BLW**: No **PH**: N **SS**: A rec 901 **BS**: 73 pg 154.

HUMPHREYS, Samuel; b 04 Jun 1785; d 11 Jun 1860 **RU**: Corporal, 5th VMR (McDowell) **CEM**: Bethel Church; Augusta; 11 mi SW Staunton **GS**: Y **SP**: No spouse information **VI**: Died age 75 yrs, 7 days **P**: None **BLW**: No **PH**: N **SS**: A rec 1001 **BS**: 183.

HUMPHRIES, John S; b 09 Aug 1787, King George Co; d 30 Apr 1839 **RU**: Private, 25th VMR (Smith), King George Co **CEM**: Union Cemetery; Alexandria; Hamilton Ln **GS**: Y **SP**: mar Lucy H (-----), b 08 Aug 1800, King George Co, d 29 Apr 1876 **VI**: Both are buried in Benjamin F Price lot **P**: None **BLW**: No **PH**: N **SS**: A rec 1049 **BS**: 33 pg 65.

HUNDLEY, William; b 1791, Pittsylvania Co; d 27 Apr 1881, Pittsylvania Co **RU**: Private, 10th VMR, Capt Jesse Leftwich, Calvary, attached to Maj Woodford's squadron **CEM**: Palmer / Hundley / Jefferson; Pittsylvania; Chatham **GS**: U **SP**: mar Tabitha Fritzell **VI**: Son of Caleb Hundley & Sarah Walker **P**: Both **BLW**: Yes **PH**: N **SS**: BD pg 1050; M pg 312 **BS**: 245.

HUNGERFORD, Henry; b 15 Nov 1788; d 29 Apr 1866 **RU**: Captain, 111th VMR, Company Commander, Westmoreland Co **CEM**: Hungerford; Westmoreland; Leedstown off Rt 641 **GS**: Y **SP**: mar (1) in Westmoreland Co on 12 Mar 1818 (bond, Thomas Spence, surety) to Amelia Spence, b 1794, d 1831; (2) in Westmoreland Co on 11 Sep 1834 (bond) to Mary Ann Spence **VI**: Son of Lt Thomas Hungerford and Ann Washington. Obelisk family marker. In the marriage bond to his 2nd wife he is styled as "Major" **P**: None **BLW**: No **PH**: N **SS**: K pg 199 **BS**: 219 pg 68.

HUNGERFORD, John Pratt; b 02 Jan 1761; d 21 Dec 1833 **RU**: Brigadier General, 14th VA Brigade Commander **CEM**: Hungerford; Westmoreland; Leedstown off Rt 641 **GS**: Y **SP**: No spouse information **VI**: Son of Thomas Hungerford and Annie Birkett Pratt. Member VA General Assembly. U.S. Congress 1811, 1813-17. He also had Rev War Service **P**: None **BLW**: No **PH**: N **SS**: A rec 1289 **BS**: 105 pg 1; 219 pg 70.

HUNGERFORD, John Washington; b 25 Oct 1787; d 28 Nov 1850 **RU**: Asst Aide-de-camp, Brigadier General Hungerford's 14th VA Brigade **CEM**: Hungerford; Westmoreland; Leedstown off Rt 641 **GS**: Y **SP**: mar (1) in Westmoreland Co on 19 Nov 1810 (bond, Richart T Brown surety) to Sophie Muse, daughter of Walker Muse; (2) Eleanor Anne Hungerford **VI**: Son of Lt Thomas and Anne (Washington) Hungerford who were married 22 Jun 1780. Magistrate of Westmoreland Co **P**: None **BLW**: No **PH**: N **SS**: A rec 1290 **BS**: 105 pg 1; 219 pg 70.

HUNGERFORD, Thomas; b aft 1780, King George Co; d UNK **RU**: Private, 25th VMR, King George Co **CEM**: Hungerford; Westmoreland; Leedstown off Rt 641 **GS**: Y **SP**: mar Helen Sith **VI**: Son of Lt Thomas and Anne (Washington) Hungerford who were married 22 Jun 1780 **P**: None **BLW**: No **PH**: N **SS**: A rec 1296 **BS**: 219 pg 69.

HUNGERFORD, William; b 1795, Leedstown, Westmoreland Co, VA; d 08 Apr 1814, Norfolk **RU**: Lieutenant, 111th VMR (Hungerford), Capt Henry Hungerford, Westmoreland Co, attached to 4th VMR, Capt Andrew Baker **CEM**: St Paul's Episcopal; Norfolk City; 201 St Paul's Blvd **GS**: N **SP**: Never married **VI**: 4th and youngest son of Lt Thomas Hungerford --a Rev War officer--and Anne Washington. Both of his parents died when he was very young, and he was raised by his uncle Gen John Pratt Hungerford. His estate was probated in Westmoreland Co, Henry Hungerford, administrator. Obituary in the *Norfolk Herald*, 15 Apr 1814 **P**: None **BLW**: No **PH**: N **SS**: B pg 201; P **BS**: 119 pg 28; 239 No. 274.

HUNLEY, Robert; b 07 Aug 1775; d 19 May 1817 **RU**: Sergeant, 48th VMR, Capt James Cartmill, Botetourt Co **CEM**: Hunley Family; Mathews; Rt 605 **GS**: Y **SP**: No spouse information **VI**: No further data **P**: None **BLW**: No **PH**: N **SS**: K pg 8 **BS**: 54 pg 181.

HUNT, Elijah; b 06 Jun 1783; d 16 Nov 1879 **RU**: Private, 69th VMR, Capt Charles Harris, Halifax Co, attached to 5th VMR (Mason & Preston) **CEM**: Hunt Family; Pittsylvania; East Gretna Rd **GS**: Y **SP**: No spouse information **VI**: No further data **P**: Yes **BLW**: No **PH**: N **SS**: A rec 1604; B pg 89; BD pg 1051; M pg 212 **BS**: 49.

HUNT, Eustace; b 1789; d Sep 1845 **RU**: Ensign, 69th VMR, Capt James Howerton, Halifax Co, attached to 5th VMR (Mason-Preston) **CEM**: Eustace Hunt Family; Pittsylvania; Staton Dr **GS**: Y **SP**: mar 1818, Eliza Glenn who later mar (-----) Williamson **VI**: Also served in US Army **P**: None **BLW**: Yes **PH**: N **SS**: B pg 89; BD pg 1051; M pg 212 **BS**: 49.

HUNT, Horatio; b 1790, MD; d 1875 **RU**: Private, 1st Regiment MD Militia (Hawkins) **CEM**: Hunt Family; Carroll; Leesville **GS**: Y **SP**: mar Matilda Powell **VI**: Grave marked by US Daughters of 1812 **P**: None **BLW**: No **PH**: N **SS**: A rec 1655 **BS**: 260.

HUNT, James C; b UNK; d bur 21 Oct 1888 **RU**: Private, 6th VMR (Sharp) **CEM**: Hollywood; Richmond City; 412 S Cherry St, Sec Q, lot 23 **GS**: U **SP**: No spouse information **VI**: No further data **P**: None **BLW**: No **PH**: N **SS**: A rec 1691 **BS**: 237.

HUNT, John; b UNK; d 1869 **RU**: Private, 57th VMR, Capt John Payne, Loudoun Co **CEM**: Goose Creek Burying Ground; Loudoun; Rt 722, Lincoln **GS**: Y **SP**: mar Sarah L (-----) **VI**: No further data **P**: Spouse App **BLW**: No **PH**: N **SS**: A rec 1771; BD pg 1052; B pg 121 **BS**: 73 pg 155.

HUNT, Solomon; b 1782, Amsterdam, Holland; d 07 May 1846 **RU**: Sergeant, 111th VMR, Capt Allen Sozier, Westmoreland Co **CEM**: Hebrew Cemetery; Richmond City; 4th St, Shockoe Hill **GS**: Y **SP**: No spouse information **VI**: No further data **P**: None **BLW**: No **PH**: N **SS**: L pg 286 **BS**: 199.

HUNTER, Alexander; b 03 Jan1790; d 21 Jan 1849, Washington, DC **RU**: Adjutant, DC Militia 2nd Brigade (Young) **CEM**: Pohick Episcopal Church; Fairfax; 9301 Richmond Hwy, Lorton **GS**: Y **SP**: mar in 1816, Lousia Ann Chapman, daughter of George Chapman, and cousin of the groom **VI**: Reinterred from "Summer Hill" in 1940. Son of Nathaniel & Sarah Hunter. Was appointed by President Andrew Jackson as United States Marshall for DC., and General of the DC Milita. He was buried near his father at his "Summer Hill" farm in Alexandria, and later reinterred at Pohick Church in Lorton **P**: None **BLW**: No **PH**: N **SS**: A rec 2020 **BS**: 34 pg 47; 96 pg 83.

HUNTER, George W; b 1794; d 1856 **RU**: Acting Major, 60th VMR (Minor), Fairfax Co **CEM**: Pohick Episcopal Church; Fairfax; 9301 Richmond Hwy, Lorton **GS**: Y **SP**: mar Sarah Ann Tyler **VI**: Reinterred from "Summer Hill" in 1940 to Pohick church in Lorton **P**: None **BLW**: No **PH**: N **SS**: A rec 2118 **BS**: 34 pg 47.

HUNTER, John C; b 1762; d 1850 **RU**: Major, 60th VMR, Staff Officer, Fairfax Co **CEM**: Pohick Episcopal Church; Fairfax; 9301 Richmond Hwy, Lorton **GS**: Y **SP**: mar Sarah Dade Triplett, d 1845 **VI**: Commissioned Major 15 Jan 1807 **P**: None **BLW**: No **PH**: N **SS**: A rec 2262; B pg 71 **BS**: 49.

HUNTER, Robert Barron; b 11 Dec 1793, Norfolk; d 02 Apr 1814, Norfolk **RU**: Surgeon's Mate, 54th VMR (Sharp), Capt Julian Magagnos, Norfolk Borough **CEM**: St Paul's Episcopal; Norfolk City; 201 St Paul's Blvd **GS**: Y **SP**: Never married **VI**: Studied at the College of William and Mary. Obituary in the *Norfolk Gazette*, 06 Apr 1814. Service record shows he was promoted to Surgeon's Mate on 28 Jun 1813, muster roll at Crany Island **P**: None **BLW**: No **PH**: N **SS**: P; B pg 145 **BS**: 174 pg 107; 239 No. 236.

HUNTER, Robert W; b 1787; d 22 Sep 1858 **RU**: Private, 60th VMR, Fairfax Co **CEM**: Trinity United Methodist; Alexandria; Wilkes St **GS**: Y **SP**: mar Elizabeth (-----), b 1799, d 1885 **VI**: No further data **P**: None **BLW**: No **PH**: N **SS**: A rec 2341 **BS**: 32 pg 128.

HUNTER, William F; b 1791; d 14 Mar 1824 **RU**: Ensign, 54th VMR, Capt Peter Ferguson, Norfolk Borough attached to 5th VMR (Pollard) **CEM**: St Paul's Episcopal; Norfolk City; 201 St Paul's Blvd **GS**: N **SP**: mar Henrietta (-----), b c1789, d Norfolk, 14 Mar 1824; Her obituary in the *Norfolk & Petersburg Herald*, 15 Mar 1824 states that she had died the previous day age 35 after a 12 month pulmonary "affection" **VI**: On same stone: James Hunter d Mar 1821 age 59; Ann Hunter d Sep 1822 age 32 and Wm F Hunter d Mar 1824 age 33 (died same day as his wife from same illness.) Ann may have been a first wife **P**: None **BLW**: No **PH**: N **SS**: A rec 2444; P **BS**: 119 pg 28; 239 No. 32.

HUNTON, Charles; b 04 Jan 1787; d 16 Jun 1853 **RU**: Sergeant, 41st VMR, Richmond Co **CEM**: Hunton Family #3; Fauquier; Rt 975, New Baltimore **GS**: Y **SP**: mar Hannah B (-----), b 29 Mar 1789, d 24 Mar 1857 **VI**: No further data **P**: None **BLW**: No **PH**: N **SS**: A rec 1857 **BS**: 4 pg 90.

HUNTON, Eppa; b 31 Jan 1789; d 08 Apr 1830 **RU**: Lieutenant, Maj Hunton's Command **CEM**: Hunton Family #1; Fauquier; Rt 674, New Baltimore **GS**: Y **SP**: No spouse information **VI**: No further data **P**: None **BLW**: No **PH**: N **SS**: B pg 74 **BS**: 4 pg 90.

HURST, Thomas; b 10 Aug 1778; d 06 May 1854 **RU**: Private, 2nd VMR (Bayley), Accomack Co **CEM**: Onancock Cemetery; Accomack; Hill St, Ononacock **GS**: Y **SP**: mar in Accomack Co on 02 Oct 1809 to Susan C Millener, b 04 Oct 1789, d 13 Jun 1869 **VI**: Son of Thomas & Susan Hurst **P**: None **BLW**: No **PH**: N **SS**: A rec 459 **BS**: 21 pg 131.

RU=Rank/Unit CEM=Cemetery GS=Gravestone SP=Spousal Information VI=Other Veteran Info P=Pension
BLW=Bounty/Land Warrant PH=Photo SS=Service Source BS=Burial Source VMR= VA Military Regt
LNR= Last Known Residence

HUTCHERSON, John; b 19 Feb 1797; d 28 Feb 1857 **RU**: Sergeant, 13th VMR, Capt George Shrum, Shenandoah Co **CEM**: Shockoe Hill; Richmond City; 100 Hospital St **GS**: Y **SP**: mar Mary D (-----), d 03 Nov 1853, age 56 **VI**: Government stone **P**: None **BLW**: No **PH**: N **SS**: K pg 227; G **BS**: 38 pg 199; 199.

HUTCHERSON, Richard Waller; b UNK; d 05 Nov 1854 **RU**: Corporal, 9th VMR (Boyd) **CEM**: Hutcherson / Peatross; Caroline; Rt 654 **GS**: Y **SP**: mar in Caroline Co on 05 Jan 1818 to Mary Parnalia Chiles, daughter of Sarah Chiles, d 15 Dec 1866, age 69 **VI**: No further data **P**: None **BLW**: No **PH**: N **SS**: A rec 1625 **BS**: 10 pg 89.

HUTCHESON, Nelson S; b 08 Oct 1793; d 08 Nov 1825 **RU**: Private, 57th VMR, Loudoun Co **CEM**: Old Bethesda Methodist; Loudoun; Foxcroft Rd, Unison **GS**: Y **SP**: No spouse information **VI**: No further data **P**: None **BLW**: No **PH**: N **SS**: A rec 1756 **BS**: 73 pg 155.

HUTCHINSON, James E; b 1798; d 25 Sep 1820 **RU**: Private, 57th VMR, Loudoun Co **CEM**: Wrenn / Hutchinson; Fairfax; Walney Rd, Chantilly **GS**: Y **SP**: mar Gabriella (-----) **VI**: No further data **P**: None **BLW**: No **PH**: N **SS**: A rec 1730 **BS**: 89 v3 FX-207.

HUTCHINSON, Robert Mason; b 16 Mar 1772; d 24 Mar 1851 **RU**: Major, 86th VMR, Giles Co **CEM**: Hardwick Family; Craig; Rt 632 on Giles Co line **GS**: Y **SP**: mar (1) Elinor Jane Eakin. No stone; (2) Mary Elizabeth Tawney. No stone **VI**: His middle name of Mason is by tradition and should be verified by the researcher. His birth in 1772 predates the common use of middle names unless named for an ancestor, and then almost always only by the wealthier class. Son of Robert Hutchison **P**: None **BLW**: No **PH**: N **SS**: B pg 81 **BS**: 93.

HUTCHINSON, Zorobole; b 17 Mar 1771; d UNK **RU**: 1st Sergeant, 2nd VMR (Bayley) **CEM**: Hutchinson Family; Accomack; Pungoteague **GS**: U **SP**: mar Ann (-----) **VI**: No further data **P**: None **BLW**: No **PH**: N **SS**: A rec 1681 **BS**: 178.

HUTCHISON, John; b 1768; d 1843 **RU**: Sergeant, 60th VMR (Minor), Fairfax Co **CEM**: Prospect Hill; Prince William; Rt 624, 6 mi fr Haymarket **GS**: Y **SP**: mar Nancy (-----), b 1777, d 1864 **VI**: No further data **P**: None **BLW**: No **PH**: N **SS**: A rec 1746 **BS**: 248 Pt 1 pg 150.

HUTTER, George Christian; b 11 Nov 1793, Bethlehem, PA; d 31 Jul 1879, Lynchburg VA **RU**: Private, PA Militia Volunteers, Capt Peter Mausqusen, Col Darlington's Regiment **CEM**: Spring Hill; Lynchburg; 3000 Fort Ave **GS**: U **SP**: mar in St Louis, MO on 06 Jul 1830 to Harriet James Risque, daughter of Maj James Beverley Risque & Eliza Kennerly, b 06 Nov 1806 in Fincastle Co, d 09 Oct 1898, Lynchburg **VI**: Son of Christian Jacob Hutter & Maria Magdalene Huber. His claim for service indicates he served for six months and was discharged at Marcus Hook in the fall of 1814. In 1820 he was commissioned as a Lieutenant in the US Army. He moved to Virginia in 1861 **P**: Applied **BLW**: No **PH**: Y **SS**: O, Application for Service **BS**: 49.

HUTTON, John; b 05 Dec 1767; d 08 Nov 1838 **RU**: Private, Lt Col Abraham Bradley's Regiment, 17th Brigade **CEM**: Glade Spring Presbyterian; Washington; 33234 Lee St, Glade Springs **GS**: Y **SP**: mar Rebeccca (-----), d 30 Dec 1839 **VI**: No further data **P**: None **BLW**: No **PH**: N **SS**: A rec 2034 **BS**: 116 pg 181.

HUTTON, Moses; b 04 Dec 1784; d 27 Sep 1849 **RU**: Private, Lt Col Abraham Bradley's Regiment, 17th Brigade **CEM**: Glade Spring Presbyterian; Washington; 33234 Lee St, Glade Springs **GS**: Y **SP**: No spouse information **VI**: No further data **P**: None **BLW**: No **PH**: N **SS**: A rec 2052 **BS**: 116 pg 181.

HYDE, Charles H; b 1797; d 11 Mar 1847 **RU**: Private, 19th VMR, Capt William Murphy, Light Infantry Blues, Richmond City, attached to 1st Corps d'Elite (Randolph) **CEM**: Shockoe Hill; Richmond City; 100 Hospital St **GS**: Y **SP**: mar in Dec 1820 to Eliza S Fisher, daughter of Mrs. C. Fisher. Marriage notice in the *Richmond Examiner*, 21 Dec 1820, pg 3 and the *Richmond Compiler*, 21 Dec 1820, pg 3 **VI**: Son of Robert Hyde (marriage notice, *Richmond Compiler*) **P**: None **BLW**: No **PH**: N **SS**: K pg 259 **BS**: 199.

HYSLAP / HYSLOP, John Custis; b 15 Sep 1792; d 02 Aug 1874 **RU**: Private, 27th VMR (Pitt), Capt William Jarvis, Northampton Co **CEM**: Magnolia; Norfolk City; Lancaster St **GS**: Y **SP**: mar Ann (-----), b 22 Nov 1804, d 03 Jan 1877 **VI**: No further data **P**: Yes **BLW**: No **PH**: N **SS**: BD pg 1064; B pg 150 **BS**: 75 pg 33.

IDEN, Jonathan; b UNK; d 11 Dec 1875 **RU**: Private, 57th VMR, Capt Michael Everhart, Loudoun Co **CEM**: Wesley Chapel Church; Frederick; 620 Chapel Hill Rd, Cross Junction **GS**: Y **SP**: mar in Frederick Co on 19 Mar 1811 (returned by James Walls) to Catherine Jolly, d 19 Jan 1872 **VI**: No further data **P**: Yes **BLW**: No **PH**: N **SS**: A rec 51; BD pg 1064; B pg 120 **BS**: 79 pg 161.

INGRAM, Hiram; b 10 Nov 1793; d 22 May 1831 **RU:** Private, 37th VMR, Capt William Hudnall, Northumberland Co **CEM:** Ingram Family; Northumberland; Dickie Hall **GS:** Y **SP:** mar (1) in Northumberland Co on 04 Nov 1816 (bond) to Nancy (Ann) Goodridge, b 1796, d 22 Aug 1831; (2) in Northumberland Co on 12 Dec 1831 (bond) to Elizabeth (Hughlett) Goodridge, widow of Richard Goodridge **VI:** No further data **P:** None **BLW:** No **PH:** N **SS:** K pg 393 **BS:** 269 pg 74.

IRBY, Edmond; b 01 Nov 1781; d 19 Aug 1829 **RU:** Private, 73rd VMR, Capt Charles Betts, Troop of Cavalry, Lunenburg Co, attached to 1st VMR (Holcombe) **CEM:** Pleasant Hill; Nottoway; nr Jordan's Bridge **GS:** Y **SP:** mar on 19 Feb 1805 to Frances (-----), b 17 Mar 1788, d 18 Feb 1846 **VI:** Son of William & Jane (-----) Irby **P:** None **BLW:** No **PH:** N **SS:** L pg 136 **BS:** 220.

IRESON, James; b c1792; d aft 1860 **RU:** Private, 105th VMR, Capt S. J. Dixon, Washington Co, attached to 5th VMR **CEM:** Ireson / Swingle; Washington; Rt 824, 7 mi N of Abington **GS:** N **SP:** mar Mary A (-----) **VI:** Age 57 on 1850 census, age 69 on 1860 census. Not found on 1870 census **P:** Spouse **BLW:** No **PH:** N **SS:** A rec 1153; BD pg 1066; B pg 198 **BS:** 145.

IRVINE, David L; b 20 Apr 1794; d 25 Feb 1852 **RU:** Corporal, 69th VMR, Capt Joseph Sanford, Halifax Co **CEM:** Irvine Family; Halifax; Rt 601, 0.4 mi S of South Boston **GS:** Y **SP:** mar in Halifax Co on 13 Sep 1826 (bond) to Tabitha Brandson, who gave her own consent, b 16 Dec 1788, d 06 Nov 1865 **VI:** No further data **P:** None **BLW:** No **PH:** N **SS:** A rec 1423 **BS:** 201.

IRVING, Robert; b 15 Apr 1790; d 06 Feb 1850 **RU:** Private, 17th VMR, Capt John Miller, Cumberland Co **CEM:** Deanery; Cumberland; Rt 45, Cartersville **GS:** Y **SP:** mar in Cumberland Co on 25 Feb 1819 (bond) to Elizabeth H Deane, consent by T. B. Deane, d 18 Aug 1836, age 33 **VI:** No further data **P:** None **BLW:** No **PH:** N **SS:** K pg 30 **BS:** 215.

IRWIN, Thomas; b 1774; d 28 Jan 1827 (obit) **RU:** Sergeant, DC Militia, Capt McGuire **CEM:** Old Presbyterian Meeting House; Alexandria; Wilkes & Hamilton **GS:** U **SP:** No spouse information **VI:** No further data **P:** None **BLW:** No **PH:** N **SS:** A rec 1380 **BS:** 132 pg 131.

JACKSON, Benjamin; b 07 Jun 1780; d 12 Apr 1843 **RU:** Private, 56th VMR (Taylor), Loudoun Co **CEM:** New Valley Baptist; Loudoun; Lucketts **GS:** Y **SP:** mar in Loudoun Co on 11 Jan 1807 to Elizabeth Clapham, b Mar 1787, d 22 Jul 1843 **VI:** No further data **P:** None **BLW:** No **PH:** N **SS:** A rec 246 **BS:** 73 pg 157.

JACKSON, David; b 1795; d 14 Dec 1830 **RU:** Private, 1st VMR (Byrne) **CEM:** Shockoe Hill; Richmond City; 100 Hospital St **GS:** U **SP:** No spouse information **VI:** No further data **P:** None **BLW:** No **PH:** N **SS:** A rec 317 **BS:** 38 pg 9.

JACKSON, James; b 1793; d aft 1860 **RU:** Private, 4th VMR **CEM:** Post; Newport News; Naval Weapons Station **GS:** U **SP:** mar Kitty (-----) **VI:** Age 67 on 1860 census of James City Co. Son of William & Susan Jackson (familysearch.org) **P:** None **BLW:** No **PH:** N **SS:** A rec 575 **BS:** 49 e-mail.

JACKSON, James; b 1784, Yorktown; d 17 Mar 1871 **RU:** Private, 54th VMR (Sharp), Norfolk Borough **CEM:** Cedar Grove; Norfolk City; 238 E Princess Anne Rd **GS:** Y **SP:** mar Elizabeth (-----) b 1788, d 1838 **VI:** Member of VA Soldiers of 1812 Society in 1854 **P:** None **BLW:** No **PH:** N **SS:** A rec 572 **BS:** 49; 80.

JACKSON, James; b 1792; d 09 Mar 1826 **RU:** Private, 6th VMR (Coleman) **CEM:** St John's Church; Richmond City; 24th & Broad, Church Hill **GS:** U **SP:** No spouse information **VI:** No further data **P:** None **BLW:** No **PH:** N **SS:** A rec 561 **BS:** 63 pg 461; 252 pg 59.

JACKSON, John H; b 1798; d 1848 **RU:** Private, 23rd VMR, Capt Edward Archer, Chesterfield Co, attached to 1st VMR (Yancey) **CEM:** Jackson Family; Amelia; 6101 Buckskin Rd (Rt 640) **GS:** Y **SP:** No spouse information **VI:** No further data **P:** None **BLW:** No **PH:** N **SS:** L pg 100; B pg 59 **BS:** 266 pg 127.

JACKSON, Joseph; b Jan 1795; d bur 04 1874 **RU:** Private, 1st VMR (Trueheart) **CEM:** Hollywood; Richmond City; 412 Cherry St, Sec L, lot 92 **GS:** U **SP:** mar Jane (----), bur 12 Sep 1886, age 85, Sec L, lot 95 **VI:** Age 79 yrs, 3 mos, 21 days **P:** None **BLW:** No **PH:** N **SS:** A rec 109 **BS:** 237.

JACKSON, Richard; b 04 Sep 1788; d 13 Sep 1823 **RU:** Private, 60th VMR, Capt Nicholas Darne, Fairfax Co **CEM:** Jackson Family; Fairfax; 1157 Swinks Mill, McLean **GS:** Y **SP:** mar Jane Donaldson, b 22 Jun 1796, d 21 Mar 1821 **VI:** No further data **P:** None **BLW:** No **PH:** N **SS:** A rec 888 **BS:** 89 v6 MI-89.

RU=Rank/Unit CEM=Cemetery GS=Gravestone SP=Spousal Information VI=Other Veteran Info P=Pension
BLW=Bounty/Land Warrant PH=Photo SS=Service Source BS=Burial Source VMR= VA Military Regt
LNR= Last Known Residence

JACKSON, Thomas; b 1789; d 01 Dec 1821 **RU**: Private, 8th VMR (Wall) **CEM**: Old Providence Church; Augusta; 1005 Spottswood Rd, Spottswood **GS**: Y **SP**: mar Catherine Steele **VI**: Thomas Jackson, Esquire. Son of Thomas & Ann (Mills) Jackson **P**: None **BLW**: No **PH**: Y **SS**: A rec 1018 **BS**: 31.

JACKSON, Thomas, Jr; b Sep 1796; d 1843 (Admin) **RU**: Private, 5th VMR **CEM**: Jackson / Crampton; Clarke; Senseny Rd, Cherry Hill Plantation **GS**: U **SP**: No spouse information **VI**: No further data **P**: None **BLW**: No **PH**: N **SS**: A rec 1014 **BS**: 92 pg 11.

JACKSON, William; b 1780; d 30 Nov 1856 **RU**: Captain, 7th VMR (Gray) **CEM**: Catalpa; Louisa; Rt 522 **GS**: U **SP**: mar in Amelia Co on 28 Feb 1840 (bond) to Agnes A "Kitty" Jackson (1st cousins), daughter of Charles Jackson **VI**: Son of William & Susan Jackson. Death data from "Virginia Deaths and Burials 1853-1912" (familysearch.org) William was a Lieutenant in the Continental Line **P**: None **BLW**: No **PH**: N **SS**: B pg 123 **BS**: 49.

JACKSON, William; b UNK; d 1849 **RU**: Private, 4th VMR **CEM**: Jackson Family; Carroll; Rt 658 **GS**: Y **SP**: mar Jemima Burnett, b 1788 **VI**: Son of Carol Jackson **P**: None **BLW**: No **PH**: N **SS**: A rec 1093 **BS**: 90 pg 542.

JACOB, Thomas; b 1777; d 07 Mar 1831 **RU**: Quartermaster, 27th VMR (Pitt), Northampton Co **CEM**: Grape Valley; Northampton; E of Rt 618, 1.4 mi E of Hungar's Church **GS**: Y **SP**: No spouse information **VI**: No further data **P**: None **BLW**: No **PH**: N **SS**: A rec 1225 **BS**: 20 pg 43.

JACOB, Thomas; b 22 Apr 1792; d 20 Feb 1833 **RU**: Private, 6th VMR **CEM**: Flick Family; Rockingham; Kratzer Rd (Rt 753), Linville **GS**: N **SP**: No spouse information **VI**: Cemetery no longer exists. Was surveyed by J. Robert Swank in 1967 **P**: None **BLW**: No **PH**: N **SS**: A rec 1439 **BS**: 262.

JACOBS, Presley; b 1773; d 24 Aug 1852 **RU**: Private, 1st Regiment DC Militia **CEM**: Old Presbyterian Meeting House; Alexandria; Wilkes & Hamilton **GS**: Y **SP**: mar Elizabeth (-----), d 28 Nov 1832 in her 46th year **VI**: Died in his 79th year **P**: None **BLW**: No **PH**: N **SS**: A rec 1399 **BS**: 32 pg 44.

JACOBS, Solomon; b 1775; d 03 Nov 1827 **RU**: Private, 19th VMR (Ambler), Capt Samuel Jones, Richmond City **CEM**: Hebrew Cemetery; Richmond City; 4th St, Shockoe Hill **GS**: Y **SP**: No spouse information **VI**: Lengthy tombstone inscription of integrity & distinction, "born 12th day of Hesran, 5588" **P**: None **BLW**: No **PH**: N **SS**: L pg 503 & 789 **BS**: 199.

JACOBS, Thomas; b 1770; d 02 Apr 1855 **RU**: Private, 1st Regiment DC Militia **CEM**: Christ Church Episcopal; Alexandria; Wilkes & Hamilton **GS**: Y **SP**: mar Charlotte (-----), d 07 Jan 1875, age 93 **VI**: Tailor **P**: None **BLW**: No **PH**: N **SS**: A rec 1440 **BS**: 34 pg 101.

JACOBS, William H; b 1797, Alexandria, VA; d 07 Sep 1859, Loudoun Co **RU**: Corporal, 51st VMR, Capt Robert Burwell, Frederick Co **CEM**: Trenary Farm; Warren; Bayard **GS**: Y **SP**: mar Catherine (-----) **VI**: Son of Edward & Mary Jacobs, and brother of Edward Jacobs, and engraved on the Edward B and Mary A Jacobs family monument. No dates on stone. Birth and death data from "Virginia Deaths and Burials 1853-1912" (familysearch.org), occupation Tailor **P**: None **BLW**: No **PH**: N **SS**: K pg 5 **BS**: 86 pg 24.

JAMES, Edward, Jr; b UNK; d 1835 (Will) **RU**: Captain, 20th VMR, Company Commander, Princess Anne Co **CEM**: Red Mill Farm; Virginia Beach; Hedgelawn Rd **GS**: U **SP**: No spouse information **VI**: No further data **P**: None **BLW**: No **PH**: N **SS**: K pg 454 **BS**: 125.

JAMES, Ezekiel; b 18 Mar 1777; d 25 Apr 1838 **RU**: Sergeant, 99th VMR (Bagwell), Accomack Co **CEM**: James Family East; Smyth; Rt 601, Sugar Grove **GS**: Y **SP**: No spouse information **VI**: Died age 61 yrs, 1 mo, 7 days **P**: None **BLW**: No **PH**: N **SS**: A rec 1748 **BS**: 131 v1 pg 35.

JAMES, John; b 20 Nov 1790; d 23 Jun 1871 **RU**: Sergeant, 7th VMR (Saunders) **CEM**: James Family; Smyth; Rt 604, 6.5 mi S of Chilhowie **GS**: Y **SP**: mar Clarissa (-----), b 1793, d 23 Jun 1876 **VI**: No further data **P**: None **BLW**: No **PH**: N **SS**: A rec 1868 **BS**: 116 pg 199, 61c.

JAMES, Joseph Shepherd, Jr; b 21 Aug 1794; d 15 Mar 1839 **RU**: Sergeant, 19th VMR (Ambler), Capt William McCabe, Richmond City **CEM**: Shockoe Hill; Richmond City; 100 Hospital St **GS**: U **SP**: No spouse information **VI**: No further data **P**: Applied **BLW**: No **PH**: N **SS**: A rec 1917; BD pg 1073 **BS**: 38 pg 18.

JAMES, Thomas; b 24 Jul 1791; d 20 Jun 1861 **RU**: Private, 39th VMR, Capt Cadwallader J Claiborne, Petersburg, attached to 1st VMR(Byrne) **CEM**: Ettrick Cemetery; Chesterfield; Ettrick **GS**: Y **SP**: No spouse information **VI**: No dates on stone. This was an omitted stone in the 1936 WPA survey, and the dates given are from Mrs. B. S. Shackleton. Inscribed "Veteran of War of 1812, 39 VA Mil" **P:** None **BLW:** No **PH:** Y **SS:** A rec 2032; G **BS:** 49.

JAMES, Thomas; b UNK; d 1869 **RU:** Private, 4th VMR **CEM:** Goose Creek Burying Ground; Loudoun; Rt 722, Lincoln **GS:** Y **SP:** No spouse information **VI:** No further data **P:** None **BLW:** No **PH:** N **SS:** A rec 2032 **BS:** 73 pg 160.

JAMES, Thomas D; b 07 Aug 1792; d 27 Jan 1878 **RU:** Captain, 61st VMR (Gayle), Lt T Tabb, Matthews Co **CEM:** James family; Mathews; end of Rt 646 **GS:** Y **SP:** mar Avolina (-----), b 04 Mar 1802, d 10 Jun 1855 **VI:** Son of Capt Thomas James of Mathews Co **P:** None **BLW:** Yes **PH:** N **SS:** B pg 129; BD pg 1074 **BS:** 54 pg 187.

JAMESON, William; b 20 Sep 1791; d 06 Oct 1873 **RU:** Midshipman, USS *United States* **CEM:** Cedar Grove; Norfolk City; 238 E Princess Anne Rd **GS:** Y **SP:** mar on 16 Oct 1816 by Rev Low to Catherine Moore Rose, eldest daughter of Mrs Mary Rose of Norfolk, b 1790. Marriage notice from the *Richmond Compiler*, 21 Oct 1819, pg 3. Her middle name is from her tombstone. She is called Catherine M Rose in the marriage notice **VI:** Enlisted as a midshipman in 1811. Aboard the USS *United States* which captured the *Macedonian* in the harbor of Vera Cruz in 1818 "during the absence of Com. M. C. Perry." He was styled "Lt William Jameson of U.S. Navy" in his marriage notice. See Appendix G for further information on his later ranks **P:** None **BLW:** No **PH:** N **SS:** AQ **BS:** 49.

JARVIS, Francis; b 1790; d 14 Jun 1849 **RU:** Private, 61st VMR, Capt Bailey Digges, Mathews Co **CEM:** Horn Harbor; Mathews; Peary Rd (Rt 649), Peary **GS:** Y **SP:** mar Frances (-----) **VI:** Had son Henry D Jarvis (1817-1852) **P:** None **BLW:** No **PH:** N **SS:** K pg 287 **BS:** 54 pg 209; 82 pg 134.

JARVIS, James; b 28 May 1791; d 04 Jun 1863 **RU:** 1st Sergeant, 9th VMR (Sharp) **CEM:** Cedar Grove; Portsmouth; Effington St & Fort Ln **GS:** Y **SP:** mar Mary Powell, b 29 Sep 1793, d 13 Apr 1858 **VI:** Member VA Soldiers of 1812 from Portsmouth. Styled "Captain" on his tombstone **P:** None **BLW:** No **PH:** N **SS:** A rec 301 **BS:** 65 pg 121; 182.

JARVIS, John, Jr; b 1786, Mathews Co; d 1832 **RU:** Private, 7th VMR, (Magnien), Norfolk Co **CEM:** Trinity Episcopal; Portsmouth; 500 Court St **GS:** Y **SP:** No spouse information **VI:** Memorial stone at Cedar Grove but actual burial is at Trinity. Son of John Jarvis, Sr (1754-11822) and Ann Green (1757-1793) **P:** None **BLW:** No **PH:** N **SS:** A rec 316 **BS:** 65 pg 121.

JARVIS, William Belle; b 12 Aug 1790; d 22 Dec 1829 **RU:** Sergeant, 27th VMR, Capt Arthur Simpkins, Northampton Co **CEM:** Sadie Fitchett Farm; Northampton; Rt 650, 0.4 mi E of Rt 645, dirt lane through farm **GS:** Y **SP:** mar in Northampton Co on 24 Sep 1812 by J Elliott (bible) to Margaret Williams, daughter of Margaret Williams who gave consent, b 10 Nov 1797, d 27 Aug 1851 **VI:** No further data **P:** None **BLW:** No **PH:** N **SS:** L pg 716 **BS:** 20 pg 44.

JARVIS, William, Sr; b UNK; d 1831 (Will) **RU:** Captain, 27th VMR, Company Commander, Northampton Co **CEM:** Piney Forest (Old Jarvis Place); Northampton; Rt 645, 0.1 mi S of Rt 644 **GS:** Y **SP:** No spouse information **VI:** No further data **P:** None **BLW:** No **PH:** N **SS:** K pg 113 **BS:** 20 pg 44.

JAVINS, Thompson; b 1779; d 30 Aug 1866 **RU:** Corporal, 60th VMR (Minor), Fairfax Co **CEM:** Methodist Protestant; Alexandria; Wilkes St **GS:** Y **SP:** mar Cassandra (-----), b 1793, d 01 Aug 1860 **VI:** No further data **P:** None **BLW:** No **PH:** N **SS:** A rec 420 **BS:** 33 pg159.

JAYNE, James; b 18 Mar 1774; d 24 May 1860 **RU:** Corporal, Bradley's Regiment **CEM:** Clark Cemetery; Lee; Wallen's Creek **GS:** Y **SP:** mar Hannah (-----), b 01 Dec 1785, d 22 Jun 1868 **VI:** No further data **P:** None **BLW:** No **PH:** N **SS:** A rec 470 **BS:** 253 pg 183.

JEFFRESS, James Hamlett; b 04 Sep 1797; d 09 Mar 1874 **RU:** Private, 4th VMR (Washington) **CEM:** Jeffries / Davidson / Burton; Mecklenburg; vic Clarksville **GS:** Y **SP:** mar Nancy Bedford Moseley, b 31 Jan 1804, d 05 Jun 1869 **VI:** No further data **P:** None **BLW:** No **PH:** N **SS:** A rec 737 **BS:** 24 pg 176.

JEFFRIES, Edmund Rowland; b 17xx; d 01Jan 1836 **RU:** Private, 41st VMR, Capt Edward Northern, Richmond Co **CEM:** Jeffries Family; Westmoreland; 3 mi E of Carmel UM Church on Level Green farm **GS:** Y **SP:** mar Nancy Harris Brown **VI:** No further data **P:** None **BLW:** No **PH:** N **SS:** L pg 614 **BS:** 219 pg 79.

JEFFRIES, Enoch; b UNK; d 1895 **RU:** Captain, 44th VMR, Company Commander, Fauquier Co **CEM:** Jeffries Family; Fauquier; Rt 710, Marshall **GS:** Y **SP:** mar Judy Payne **VI:** No further data **P:** None **BLW:** No **PH:** N **SS:** B pg 74 **BS:** 3 pg 18.

RU=Rank/Unit   CEM=Cemetery   GS=Gravestone   SP=Spousal Information   VI=Other Veteran Info   P=Pension
BLW=Bounty/Land Warrant   PH=Photo   SS=Service Source   BS=Burial Source   VMR= VA Military Regt
LNR= Last Known Residence

JEFFRIES, George; b UNK; d bef Jan 1879 **RU**: Private, 41st VMR, Capt James Payne, Richmond Co **CEM**: Jeffries Family; Fauquier; Rt 710, Marshall **GS**: N **SP**: mar Sally (-----) died aft Dec 1878 **VI**: No further data **P**: Spouse **BLW**: No **PH**: N **SS**: A rec 792; BD pg pg 1077; B pg 74 **BS**: 3 pg 18.

JEFFRIES, George C; b 1799; d 30 Apr 1838 **RU**: 1st Corporal, 9th VMR, Capt Thomas Hoomes, Artillery, King & Queen Co **CEM**: St John's Church; Richmond City; 24th & Broad, Church Hill **GS**: N **SP**: No spouse information **VI**: No further data **P**: None **BLW**: No **PH**: N **SS**: L pg 446 **BS**: 63 pg 350.

JEFFRIES, John W; b UNK; d 1880 **RU**: Private, 44th VMR, Capt Enoch Jeffries, Fauquier Co, attached to 1st VMR (Clark) **CEM**: Jeffries Family; Fauquier; Rt 710, Marshall **GS**: Y **SP**: No spouse information **VI**: No further data **P**: None **BLW**: No **PH**: N **SS**: A rec 808; B pg 74 **BS**: 3 pg 18.

JEFFRIES, Moses; b c1770; d c1851 **RU**: Private, Maj John Kemper's Command **CEM**: Jeffries Family (African American); Rappahannock; 411 Red Oak Mountain Rd, Woodville **GS**: N **SP**: No spouse information **VI**: Cemetery no longer exists. Was lost to planting of Wood's Orchard which is also now gone **P**: None **BLW**: No **PH**: N **SS**: A rec 816 **BS**: 270.

JEFFRIES, Richard; b 16 Apr 1790; d 20 Jul 1858 **RU**: Private, 19th VMR, Capt William Murphy, Richmond Light Infantry Blues, Richmond City, attached to 1st Corps d'Elite (Randolph) **CEM**: Shockoe Hill; Richmond City; 100 Hospital St **GS**: Y **SP**: mar Martha L (-----) **VI**: No further data **P**: Spouse **BLW**: No **PH**: N **SS**: L pg 374; BD pg 1077; B pg 175 **BS**: 199.

JEFFRIES, Thomas M; b 1794; d 15 Mar 1855 **RU**: Private, 1st Corp d'Elite (Randolph) **CEM**: Mattaponi Baptist; King & Queen; King & Queen C. H. **GS**: Y **SP**: mar M. F. (-----), d Dec 1851 (no age given) **VI**: No further data **P**: None **BLW**: No **PH**: N **SS**: A rec 836 **BS**: 84 pg 530.

JENKINS, James W; b UNK; d 02 Apr 1861 **RU**: Private, 31st VMR, Capt Eben Taylor, Troop of Cavalry, Frederick Co **CEM**: Macedonia United Methodist; Frederick; 1941 Macedonia Church Rd, White Post **GS**: Y **SP**: No spouse information **VI**: No further data **P**: None **BLW**: No **PH**: N **SS**: A rec 1254; B pg 89 **BS**: 79 pg 164.

JENKINS, John; b 1772; d 27 Mar 1852 **RU**: Private, 60th VMR, Fairfax Co **CEM**: Old Ebenezer Baptist; Loudoun; 20421 Airmont Rd, Bloomfield **GS**: Y **SP**: No spouse information **VI**: No further data **P**: None **BLW**: No **PH**: N **SS**: A rec 1325 **BS**: 73 pg 163.

JENKINS, Thomas; b UNK; d 1844 (Admin) **RU**: Lieutenant, 25th VMR, King George Co **CEM**: Jenkins Family; King George; Sealston **GS**: U **SP**: No spouse information **VI**: No further data **P**: None **BLW**: No **PH**: N **SS**: A rec 1513 **BS**: 25.

JENNINGS, John H; b 1794; d 20 Dec 1844, "Wheatham Cottage," Henrico Co **RU**: Private, 24th VMR, Capt William Holman, Buckingham Co, attached to 7th VMR Gray) **CEM**: Jennings Family #3; Goochland; jct River Rd & Rt 6 **GS**: Y **SP**: No spouse information **VI**: Died at age 51 of "a protracted illness of Bilous inflammatory fever" leaving a brother and sister. *Richmond Daily Whig*, 22 Jan 1845, pg 3 **P**: None **BLW**: No **PH**: N **SS**: K pg 336 **BS**: 78 pg 170.

JENNINGS, John William, Sr; b 1778, Powhatan Co; d 19 Dec 1858, Amherst Co **RU**: Private, 93rd VMR, Capt Archibald Stuart, Augusta Co, attached to McDowell's Flying Camp **CEM**: Jennings Family; Amherst; Amherst **GS**: U **SP**: No spouse information **VI**: No further data **P**: None **BLW**: No **PH**: N **SS**: K pg 37 **BS**: 260.

JENNINGS, Thomas; b UNK; d 31 Dec 1849 **RU**: Private, 4th VMR **CEM**: Jennings Family; Carroll; jct Rts 767 & 753 **GS**: Y **SP**: mar Sallie (-----), d 7 Jan 1855, age 75 years **VI**: No further data **P**: None **BLW**: No **PH**: N **SS**: A rec 1892 **BS**: 90 pg 127.

JENNINGS, William H; b UNK; d bur 07 Dec 1863 **RU**: Sergeant, 9th VMR (Sharp) **CEM**: Hollywood; Richmond City; 412 S Cherry St, Sec D, lot 164 **GS**: U **SP**: No spouse information **VI**: No further data **P**: None **BLW**: No **PH**: N **SS**: A rec 1827 **BS**: 237.

JESSEE, William; b 09 Dec 1779; d 28 Jan 1841 **RU**: Corporal, 5th VMR **CEM**: "In a field"; Lee; NW of Moriah Church **GS**: Y **SP**: mar Mary (-----), b Oct 1780, d 17 Jan 1879 **VI**: No further data **P**: None **BLW**: No **PH**: N **SS**: A rec 2178 **BS**: 253 pg 153.

JETT, James; b UNK; d 1842 (Inv) **RU**: Lieutenant, 111th VMR, Capt Henry Hungerford, Westmoreland Co **CEM**: Jett Family; Scott; nr Washington Co line **GS**: N **SP**: mar Julia M (-----) **VI**: No further data **P**: None **BLW**: No **PH**: N **SS**: L pg 466 **BS**: 116 pg 416.

JOBSON, Samuel; b 1792; d bur 07 Jan 1835 **RU**: Seaman, US Navy **CEM**: Shockoe Hill; Richmond City; 100 Hospital St **GS**: Y **SP**: No spouse information **VI**: No further data **P**: None **BLW**: No **PH**: N **SS**: G **BS**: 38 pg 13.

JOHNSON, Benjamin; b 1792; d 26 Nov 1881 **RU**: Corporal, 36th VMR, Capt George W Jackson, Prince William Co **CEM**: Johnson Family; Prince William; 9115 Clover Hill Rd **GS**: Y **SP**: No spouse information **VI**: Died age 89 years **P**: Yes **BLW**: No **PH**: N **SS**: K pg 408; BD pg 1083; B pg 172 **BS**: 11 pg 107; 248 Pt 1 pg 155.

JOHNSON, Benjamin; b 1790; d UNK **RU**: Private, 25th VMR, Capt John Ashton, King George Co **CEM**: Johnson Family; Westmoreland; Rt 622, Oliff Property **GS**: N **SP**: mar (1) in Westmoreland Co on 29 Jan 1822 (bond) to Peggy Sanford; (2) in Westmoreland Co on 14 Oct 1844 (bond) to Sarah Jenkins **VI**: No marked stones in this cemetery, marriage information from the burial source **P**: Spouse **BLW**: No **PH**: N **SS**: K pg 413; BD pg 1083; B pg 110; M pg 216 **BS**: 219 pg 80.

JOHNSON, Chapman; b 12 Mar 1778, Louisa Co; d 12 Jul 1849, Richmond **RU**: Aide-de-camp, 3rd Brigade, General James Breckinridge **CEM**: Shockoe Hill; Richmond City; 100 Hospital St **GS**: U **SP**: No spouse information **VI**: Son of Thomas and Jane (Chapman) Johnson. Educated at College of William and Mary, graduated 1802. Studied law under St George Tucker and practiced law in Staunton until 1824, when he moved to Richmond. Virginia Senate 1815-1831, member of Virginia Convention of 1829, Board of Visitors, University of Virginia 1819-1845 (*Encyclopedia of Virginia Biography*, pg 197) **P**: None **BLW**: No **PH**: N **SS**: A rec 921 **BS**: 38 pg 47; 49.

JOHNSON, Charles Y; b 1781; d bur 04 Jul 1849 **RU**: Quartermaster Sergeant, 3rd VMR (Dickinson) **CEM**: Shockoe Hill; Richmond City; 100 Hospital St **GS**: U **SP**: No spouse information **VI**: No further data **P**: None **BLW**: No **PH**: N **SS**: A rec 958 **BS**: 38 pg 47.

JOHNSON, Christopher; b 1717, Ireland; d 17 Oct 1853, Henrico Co **RU**: Private, 87th VMR, King William Co **CEM**: Shockoe Hill; Richmond City; 100 Hospital St **GS**: Y **SP**: No spouse information **VI**: No further data **P**: None **BLW**: No **PH**: N **SS**: A rec 965 **BS**: 199.

JOHNSON, David; b 24 May 1780; d 25 Dec 1827 **RU**: Private, McDowell's Flying Camp **CEM**: Johnson / McCoy; Frederick; High View **GS**: Y **SP**: mar in Frederick Co on 15 Jan 1806 to Catherine Bruner **VI**: No further data **P**: None **BLW**: No **PH**: N **SS**: A rec 1048 **BS**: 79 pg 166.

JOHNSON, David; b 07 Apr 1777; d 21 Jun 1823 **RU**: Private, 5th VMR **CEM**: Taylor Family; Orange; Bloomsbury **GS**: Y **SP**: mar Polly (-----) who received an Old War Pension **VI**: No further data **P**: Yes **BLW**: No **PH**: N **SS**: A rec 1082; BD pg 1083 **BS**: 28 pg 90.

JOHNSON, Edward; b 1798; d aft 01 Jun 1880 **RU**: Private, 23rd VMR (Brown), Chesterfield Co **CEM**: Hollywood; Richmond City; 412 S Cherry St **GS**: U **SP**: No spouse information **VI**: Age 82 on 1880 census of Henrico Co **P**: None **BLW**: No **PH**: N **SS**: A rec 1138 **BS**: 260.

JOHNSON, George; b UNK; d 04 Sep 1859 **RU**: Private, 4th VMR (Boyd) **CEM**: Berryville Methodist; Clarke; Berryville **GS**: Y **SP**: mar Mary (-----), d 8 May 1860, age 55 yrs **VI**: No further data **P**: None **BLW**: No **PH**: N **SS**: A rec 1276 **BS**: 92 pg 2.

JOHNSON, John; b 1783; d 15 Mar 1875 **RU**: Fife Major, 1st Regiment DC Militia, Capt John Smith **CEM**: Methodist Protestant; Alexandria; Wilkes St **GS**: Y **SP**: mar Ann (-----) b 23 Sep 1781, d 29 Mar 1860 **VI**: No further data **P**: Both **BLW**: No **PH**: N **SS**: A rec 1863; BD pg 1087 **BS**: 33 pg 161.

JOHNSON, John; b 1773; d 20 Jul 1828 **RU**: Private, Cocke's Detachment VA Militia **CEM**: Shockoe Hill; Richmond City; 100 Hospital St **GS**: Y **SP**: No spouse information **VI**: No further data **P**: None **BLW**: No **PH**: N **SS**: A rec 1780 **BS**: 38 pg 6.

JOHNSON, Reuben; b 20 Sep 1782; d 12 Oct 1820 **RU**: Private, 2nd VMR (Ballowe) **CEM**: St John's Church; Richmond City; 24th & Broad, Church Hill **GS**: Y **SP**: mar in 1805 to Ann Reat, b 1787, d 20 Nov 1858 **VI**: Partner in the firm of Johnson & Reat, silversmiths, jewelers & guilders. The partner was James Reat, presumably a relative of spouse Ann Reat **P**: None **BLW**: No **PH**: Y **SS**: A rec 17 **BS**: 63 pg 461; 252 pg 27.

RU=Rank/Unit CEM=Cemetery GS=Gravestone SP=Spousal Information VI=Other Veteran Info P=Pension
BLW=Bounty/Land Warrant PH=Photo SS=Service Source BS=Burial Source VMR= VA Military Regt
LNR= Last Known Residence

JOHNSON, Samuel; b 05 Dec 1785; d 05 Aug 1854 **RU**: Private, 7th VMR (Gray), Capt Thomas Morris, Louisa Co **CEM**: Crutchfield / Johnson; Fluvanna; jct Rts 629 & 631 **GS**: Y **SP**: mar in Fluvanna Co on 22 Dec 1812 by John Goodman to Elizabeth Woodson **VI**: No further data **P**: Spouse **BLW**: No **PH**: N **SS**: A rec 219; BD pg 1089 **BS**: 95 pg 22.

JOHNSON, Thomas; b 1772; d 1847 **RU**: Private, 4th VMR (Wall) **CEM**: Stonewall Jackson Memorial; Lexington; S Main St **GS**: Y **SP**: No spouse information **VI**: No further data **P**: None **BLW**: No **PH**: N **SS**: A rec 395 **BS**: 31.

JOHNSON, Thomas; b 16 Sep 1799; d 02 Jun 1870 **RU**: Private, 4th VMR **CEM**: Union Waterford; Loudoun; Fairfax St, Waterford **GS**: Y **SP**: No spouse information **VI**: No further data **P**: None **BLW**: No **PH**: N **SS**: A rec 394 **BS**: 73 pg 165.

JOHNSON, Thomas; b UNK; d bur 30 Jul 1869 **RU**: Private, 74th VMR (Trueheart), Hanover Co **CEM**: Hollywood; Richmond City; 412 S Cherry St, Sec N, lot 33 **GS**: U **SP**: No spouse information **VI**: No further data **P**: None **BLW**: No **PH**: N **SS**: A rec 429 **BS**: 237.

JOHNSON, Thomas; b 1775; d Aug 1849, Henrico Co **RU**: Private, 33rd VMR, Capt William Allen, Henrico Co **CEM**: Shockoe Hill; Richmond City; 100 Hospital St **GS**: U **SP**: No spouse information **VI**: Died of cholera and was married. From 1850 Mortality Schedule of Henrico Co **P**: None **BLW**: No **PH**: N **SS**: K pg 90 **BS**: 63 pg 357.

JOHNSON, William; b UNK; d bur 18 Apr 1860 **RU**: Private, 19th VMR (Ambler), Richmond City **CEM**: Hollywood; Richmond City; 412 S Cherry St, Sec K, lot 34 **GS**: U **SP**: mar Fannie (-----), bur at Hollywood 21 Jun 1850 **VI**: No further data **P**: None **BLW**: No **PH**: N **SS**: A rec 959 **BS**: 237.

JOHNSON, William R; b 1791 Warrenton, NC; d 10 Feb 1849, Mobile, AL **RU**: Private, 23rd VMR (Brown), Chesterfield Co **CEM**: Oakland; Chesterfield; Oakland Rd **GS**: Y **SP**: mar Mary Evans, b 01 Oct 1784, d 17 Dec 1815 **VI**: This may be a memorial stone **P**: None **BLW**: No **PH**: N **SS**: A rec 699 **BS**: 8 pg 5.

JOHNSTON, Alexander; b 06 May 1781; d 18 May 1845 **RU**: Private, 5th VMR (McDowell) **CEM**: High Bridge; Rockbridge; Rt 11, 15 mi S of Lexington, **GS**: Y **SP**: mar Ellen Wilson **VI**: Son of Zachariah Johnston and Ann Roberston **P**: None **BLW**: No **PH**: N **SS**: A rec 832 **BS**: 193; 49.

JOHNSTON, Andrew; b 28 Jul 1771; d 14 Nov 1838 **RU**: Captain, 86th VMR (Snidow), Company Commander, Giles Co **CEM**: Johnston Family; Giles; Rt 634 nr Pearisburg **GS**: Y **SP**: mar Jane Henderson, b 17 Jul 1796, d 16 Jun 1853 **VI**: Near the end of the war, Capt Andrew Johnston and his men had orders to march to Norfolk. On reaching Liberty in Bedford Co, they received notice that a peace treaty had been signed. As of November 2002, graves were to be moved to Birchlawn Cemetery before construction of a new shopping center **P**: None **BLW**: No **PH**: N **SS**: D pg 90; B pg 90 **BS**: 14 pg 60, 200; 236; 49.

JOHNSTON, Arthur; b 1789, Ireland; d 26 Dec 1828 **RU**: Private, 39th VMR, Capt Alexander Taylor, Petersburg **CEM**: Blandford; Petersburg; 111 Rochelle Ln **GS**: Y **SP**: mar Zellen (-----) **VI**: Native of Ireland, was a merchant in Petersburg from 1810-1828. Stone erected by widow and children (not named) **P**: Spouse **BLW**: No **PH**: N **SS**: A rec 867; BD pg 1091 **BS**: 200.

JOHNSTON, David; b 11 Feb 1768; d 03 Mar 1846 **RU**: Private, 71st VMR (Allen), Capt Irby Jones, Surry Co **CEM**: Johnston Family; Giles; 8 mi N of Narrows **GS**: Y **SP**: mar Sally Chapman **VI**: Son of David & Nancy Johnston **P**: None **BLW**: No **PH**: N **SS**: L pg 495 **BS**: 14 pg 159.

JOHNSTON, George; b UNK; d bur 27 Jan 1876 **RU**: Private, 1st Corp d'Elite (Randolph) **CEM**: Hollywood; Richmond City; 412 S Cherry St, Sec A, lot 98 **GS**: U **SP**: No spouse information **VI**: No further data **P**: None **BLW**: No **PH**: N **SS**: A rec 1047 **BS**: 237.

JOHNSTON, Hugh D; b 16 Apr 1798; d 13 Jun 1885 **RU**: Private, 54th VMR (Sharp), Norfolk Borough **CEM**: Wesley Chapel Church; Giles; Rt 720 at Trigg **GS**: Y **SP**: No spouse information **VI**: No further data **P**: None **BLW**: No **PH**: N **SS**: A rec 11044 **BS**: 14 pg 165.

JOHNSTON, James; b 07 Jan 1779; d 23 Aug 1853 **RU**: Sergeant, 4th VMR (Beatty) **CEM**: Old Bethesda Methodist; Loudoun; Foxcroft Rd, Unison **GS**: Y **SP**: mar Margaret (-----), b 13 Apr 1775, d 13 May 1872 **VI**: No further data **P**: None **BLW**: No **PH**: N **SS**: A rec 1217 **BS**: 73 pg 165.

RU=Rank/Unit CEM=Cemetery GS=Gravestone SP=Spousal Information VI=Other Veteran Info P=Pension
BLW=Bounty/Land Warrant PH=Photo SS=Service Source BS=Burial Source VMR= VA Military Regt
LNR= Last Known Residence

JOHNSTON, John; b 08 Oct 1792; d 03 Sep 1870 **RU**: Private, 68th VMR, Capt Thomas Archer, James City Co & York Co **CEM**: Pleasant Hill Methodist; Giles; Rt 100, Bane **GS**: Y **SP**: mar Margaret (-----), b 16 Feb 1801, d 09 Jun 1864 **VI**: No further data **P**: None **BLW**: No **PH**: N **SS**: K pg 368 **BS**: 14 pg 160.

JOHNSTON, John P; b 1796; d 1885 **RU**: Private, 4th VMR **CEM**: Staffordsville Cemetery; Giles; Off Rt 100, Staffordsville **GS**: Y **SP**: mar Mary Stafford, b 1798, d 1871 **VI**: No further data **P**: None **BLW**: No **PH**: N **SS**: A rec 1388 **BS**: 14 pg 162.

JOHNSTON, Peter Carr; b UNK, Longwood, Prince Edward Co; d 02 Mar 1877, Eggleston **RU**: Private, 62nd VMR, Capt James Bonner, Prince George Co, and US Army **CEM**: Johnston Family; Washington; Valley St, Abingdon **GS**: Y **SP**: No spouse information **VI**: Son of Judge Peter Johnston and Mary Wood (a daughter of Valentine Wood). Styled "General" on his stone. Enlisted Regular Army on 19 Apr 1813 **P**: None **BLW**: No **PH**: N **SS**: L pg 153 **BS**: 116 pg 108.

JOHNSTON, Reuben; b 17 Jan 1767, King George Co; d 25 Sep 1840 **RU**: Private, 5th VMR **CEM**: Old Presbyterian Meeting House; Alexandria; Wilkes & Hamilton **GS**: Y **SP**: mar Elizabeth (-----), d 19 Sep 1838 in her 60th year **VI**: No further data **P**: None **BLW**: No **PH**: N **SS**: A rec 1586 **BS**: 32 pg 47.

JOHNSTON, Richard; b 1773; d bur 17 Jan 1844 **RU**: Private, 16th VMR (Waller), Spotsylvania Co **CEM**: Shockoe Hill; Richmond City; 100 Hospital St **GS**: U **SP**: No spouse information **VI**: No further data **P**: None **BLW**: No **PH**: N **SS**: A rec 1606 **BS**: 38 pg 30.

JOHNSTON, Robert; b 10 Jun 1790, Riselam, Berwickshire, Scotland; d 05 Jun 1832 **RU**: Private, 6th VMR **CEM**: Shockoe Hill; Richmond City; 100 Hospital St **GS**: Y **SP**: mar Margaret North of Lewisburg, VA, d 03 Jun 1851 **VI**: No further data **P**: None **BLW**: No **PH**: N **SS**: A rec 1635 **BS**: 199.

JOHNSTON, Samuel; b UNK; d bur 24 Jun 1847 **RU**: Private, 5th VMR **CEM**: Hollywood; Richmond City; 412 S Cherry St, Sec K, lot 34 **GS**: U **SP**: No spouse information **VI**: No further data **P**: None **BLW**: No **PH**: N **SS**: A rec 1680 **BS**: 237.

JOHNSTON, Samuel H; b by 1799; d 29 Jun 1847 **RU**: Fifer, 5th VMR **CEM**: St John's Church; Richmond City; 24th & Broad, Church Hill **GS**: U **SP**: No spouse information **VI**: No further data **P**: None **BLW**: No **PH**: N **SS**: A rec 1663 **BS**: 63 pg 351.

JOLLIFFE, John; b 1777; d 1838 **RU**: Private, 57th VMR, Capt Henry St. George Tucker, Loudoun Co **CEM**: Hopewell Meeting House; Frederick; jct Hopewell Rd (Rt 672) & Waverly Rd, Clear Brook **GS**: Y **SP**: mar in Frederick Co on 19 Mar 1807 (returned by Alexander Balmain) to Fanny Helm. No stone **VI**: No further data **P**: Spouse App **BLW**: No **PH**: N **SS**: BD pg 1092 **BS**: 79 pg 167.

JONES, Abner; b 1779, Hebron, CT; d 22 Jan 1825 **RU**: Private, 1st CT Regiment **CEM**: Shockoe Hill; Richmond City; 100 Hospital St **GS**: Y **SP**: No spouse information, but was married and had 7 children **VI**: No further data **P**: None **BLW**: No **PH**: N **SS**: A rec 18 **BS**: 38 pg 3; 245.

JONES, Abraham; b 29 Aug 1777; d 18 Oct 1860 **RU**: Private, 6th VMR **CEM**: Soloman Church; Shenandoah; Rt 727, 9 mi SW of Mt Jackson **GS**: Y **SP**: mar Magalene (-----), d 04 Mar 1852, age 75 yrs, 2 mos,14 days **VI**: No further data **P**: None **BLW**: No **PH**: N **SS**: A rec 36 **BS**: 217.

JONES, Allen; b 14 Jan 1779; d 22 Sep 1824 **RU**: Private, 68th VMR, Capt John F Bryan, James City & York Cos **CEM**: Jones / Nunn; James City; 341 Farmville Ln, Norge **GS**: U **SP**: No spouse information **VI**: No further data **P**: None **BLW**: No **PH**: N **SS**: K pg 371 **BS**: 49.

JONES, Benjamin; b date unk, England; d 1856 **RU**: Private, 29th VMR. Capt J. Blunt, Isle of Wight Co **CEM**: Crouch Home; Isle of Wight; Rt 621, 7 mi NW of Smithfield **GS**: Y **SP**: No spouse information **VI**: No further data **P**: None **BLW**: No **PH**: N **SS**: L pg 148 **BS**: 186.

JONES, Booker; b 1797; d 20 Apr 1824 **RU**: Private, 5th VMR **CEM**: Shockoe Hill; Richmond City; 100 Hospital St **GS**: Y **SP**: No spouse information **VI**: No further data **P**: None **BLW**: No **PH**: N **SS**: A rec 280 **BS**: 38 pg 2.

JONES, Caleb; b UNK; d bur 20 Feb 1860 **RU**: Private, 1st VMR (Allen) **CEM**: Hollywood; Richmond City; 412 S Cherry St, Sec B, lot 85 **GS**: U **SP**: No spouse information **VI**: No further data **P**: None **BLW**: No **PH**: N **SS**: A rec 295 **BS**: 237.

RU=Rank/Unit CEM=Cemetery GS=Gravestone SP=Spousal Information VI=Other Veteran Info P=Pension
BLW=Bounty/Land Warrant PH=Photo SS=Service Source BS=Burial Source VMR= VA Military Regt
LNR= Last Known Residence

JONES, Cary; b 05 Aug 1792; d 16 Jan 1852 **RU**: Private, 1st VMR (Byrne) **CEM**: Melton Family; Fluvanna; Fork Union **GS**: Y **SP**: mar in Fluvanna Co on 21 Dec 1816 (bond) to Nancy Omohundro, b 05 Sep 1787, d 29 Sep 1850. Minister George Jones' return is dated 26 July 1817. (Vogt, p. 30 is in error on the year which is a typo giving it as 1826) **VI**: No further data **P**: None **BLW**: No **PH**: N **SS**: A rec 314 **BS**: 95 pg 62.

JONES, Catesby; b 05 Mar 1788; d 18 Jul 1845 **RU**: Captain, 21st VMR, Gloucester Co **CEM**: Ware Episcopal Church; Gloucester; 7825 John Clayton Memorial Rd, Gloucester **GS**: Y **SP**: mar (1) Mary Brook, b 25 Oct 1796, d 09 Apr 1836; (2) on 24 Jan 1837 to Mary Anne Brook Pollard, b 03 Oct 1808. She mar (2) T Montague in 1855. She is buried at Newington Baptist Church near Gloucester C.H. **VI**: No further data **P**: None **BLW**: No **PH**: N **SS**: B pg 83 **BS**: 82 pg 50, 76.

JONES, Catesby; b 24 Apr 1790, Hickory Hill, Westmoreland Co; d 30 May 1858, Sharon, Fairfax Co **RU**: Commodore, US Navy **CEM**: Lewinsville Presbyterian; Fairfax; 1724 Chain Bridge Rd, McLean **GS**: Y **SP**: No spouse information **VI**: No further data **P**: None **BLW**: No **PH**: N **SS**: G; Naval Rec **BS**: 89 v6 MI-118.

JONES, Charles G; b 1794; d aft 1850 **RU**: Corporal, Richmond Volunteers **CEM**: St John's Church; Richmond City; 24th & Broad, Church Hill **GS**: U **SP**: No spouse information **VI**: Age 56 on 1850 census of Richmond City (Henrico Co) **P**: None **BLW**: No **PH**: N **SS**: A rec 348; AK pg 894 **BS**: 63 pg 462.

JONES, Charles M; b UNK; d bur 23 Jun 1865 **RU**: Private, 1st VMR (Crutchfield) **CEM**: Hollywood; Richmond City; 412 S Cherry St, Sec C, lot 89 **GS**: U **SP**: No spouse information **VI**: No further data **P**: None **BLW**: No **PH**: N **SS**: A rec 332 **BS**: 237.

JONES, Daniel; b 21 Jan 1781; d 17 Feb 1821 **RU**: Private, 68th VMR, Capt John F Bryan, James City Co & York Co **CEM**: Jones / Nunn; James City; 341 Farmville Ln., Norge **GS**: N **SP**: mar Mary (-----), b 04 Oct 1761, d 1825 **VI**: No further data **P**: None **BLW**: No **PH**: N **SS**: L pg 179 **BS**: 49.

JONES, David M; b 1798; d bur 12 Apr 1850 **RU**: Private, 9th VMR (Sharp) **CEM**: Shockoe Hill; Richmond City; 100 Hospital St **GS**: U **SP**: No spouse information **VI**: No further data **P**: None **BLW**: No **PH**: N **SS**: A rec 492 **BS**: 38 pg 50.

JONES, David R; b 1768; d bur 23 Jan 1840 **RU**: Lieutenant, 74th VMR (Trueheart), Hanover Co **CEM**: Shockoe Hill; Richmond City; 100 Hospital St **GS**: U **SP**: No spouse information **VI**: No further data **P**: None **BLW**: No **PH**: N **SS**: A rec 504 **BS**: 38 pg 20.

JONES, Emmanuel; b 14 Apr 1771; d 06 Jul 1838 **RU**: Private, 21st VMR, Gloucester Co, company attached to 4th VMR **CEM**: Jones Family; Pittsylvania; 1593 Coleman Mountain Rd **GS**: Y **SP**: mar in Pittsylvania Co on 15 Jul 1826 (bond) to Martha Smith, b Sep 1773, d 01 Nov 1853 **VI**: No further data **P**: None **BLW**: No **PH**: Y **SS**: D pg 278 **BS**: 149; 246.

JONES, Gabriel; b 1768; d Jul 1835 **RU**: Private, 21st VMR, Capt John C Pryor, Troop of Cavalry, Gloucester Co **CEM**: Kinloch Family; Culpeper; 2 mi S of Culpeper on E side Rt 15 **GS**: Y **SP**: mar Mary (-----) **VI**: Died in his 67th year **P**: Spouse **BLW**: No **PH**: N **SS**: K pg 282; BD pg 1094 **BS**: 196.

JONES, Harrison; b 1785; d 29 Aug 1829 **RU**: Private, Hospital Steward, Detachment of Gov of VA **CEM**: Shockoe Hill; Richmond City; 100 Hospital St **GS**: U **SP**: No spouse information **VI**: No further data **P**: None **BLW**: No **PH**: N **SS**: L pg 42 **BS**: 38 pg 7.

JONES, Henry; b 22 Jun 1767; d 18 May 1852 **RU**: Matross, 16th VMR (Waller), Spotsylvania Co **CEM**: Jones Family; Rappahannock; off Rt 211 at Duchesse Farm **GS**: Y **SP**: mar in Culpeper Co on 19 Mar 1792 to Mildred Grigsby, b 07 May 1772, d 08 May 1852 **VI**: No further data **P**: None **BLW**: No **PH**: N **SS**: A rec 862 **BS**: 74; 270.

JONES, James; b 1795; d 03 Aug 1870 **RU**: Private, 101st VMR, Capt Edward Carter, Troop of Calvary, Pittsylvania Co, attached to 1st VMR (Holcombe) **CEM**: Jones Family; Pittsylvania; Dodson Rd **GS**: Y **SP**: mar 1827, Jane Thompson, d 1841, (2) in 1850, Mary Selina Ramey **VI**: No further data **P**: Spouse **BLW**: No **PH**: Y **SS**: B pg 161; BD pg 1096; M pg 218 **BS**: 49.

JONES, James; b 11 Dec 1772; d 25 Apr 1848 **RU**: Surgeon General, Staff of Governor Barbour **CEM**: Mountain Hall; Nottoway; 3.5 mi E of Crewe, Ferguson Rd **GS**: Y **SP**: mar Catherine (-----) who is also buried here. No stone **VI**: Doctor. Graduate of University of Edinburg **P**: None **BLW**: No **PH**: N **SS**: A rec 1014 **BS**: 220.

RU=Rank/Unit CEM=Cemetery GS=Gravestone SP=Spousal Information VI=Other Veteran Info P=Pension
BLW=Bounty/Land Warrant PH=Photo SS=Service Source BS=Burial Source VMR= VA Military Regt
LNR= Last Known Residence

JONES, James T; b 01 Feb 1789; d 31 May 1879 **RU**: Private, Cocke's Detachment VA Militia **CEM**: Jones Family; Fluvanna; vic Rts 600 & 616, Fork Union **GS**: Y **SP**: mar in Fluvanna Co on 19 Mar 1818 by John Goodman to Sarah Richardson, b 05 May 1799, d 11 Oct 1868 **VI**: No further data **P**: None **BLW**: No **PH**: N **SS**: A rec 1080 **BS**: 95 pg 52.

JONES, James Young; b 1795; d 12 Jul 1843, St. Leon, Mecklenburg Co **RU**: Fifer, 11th VMR. Capt Richard Daly, Harrison Co **CEM**: Liberty Hill; Mecklenburg; Rt 4 at Buggs Island Dam **GS**: N **SP**: mar Helen Leckie **VI**: Death notice in Richmond newspapers **P**: None **BLW**: No **PH**: N **SS**: K pg 141 **BS**: 24 pg 225.

JONES, John; b 14 Sep 1791; d 10 Dec 1863 **RU**: Private, Maj Thomas Hunton's Command **CEM**: Potts Family; Loudoun; jct Rts 719 & 734, Hillsboro **GS**: Y **SP**: No spouse information **VI**: No further data **P**: None **BLW**: No **PH**: N **SS**: A rec 1302 **BS**: 73 pg 165.

JONES, John P; b UNK; d bur 20 Feb 1865 **RU**: Private, 19th VMR (Ambler), Richmond City **CEM**: Hollywood; Richmond City; 412 S Cherry St, Sec D, lot 205 **GS**: U **SP**: No spouse information **VI**: No further data **P**: None **BLW**: No **PH**: N **SS**: A rec 1485 **BS**: 237.

JONES, John Winston; b 22 Nov 1791, Amelia Co; d 29 Jan 1848 **RU**: Lieutenant, 115th VMR, (Howard), Capt John Armistead, Elizabeth City Co, Warwick Co, or York Co **CEM**: Dellwood Family; Chesterfield; 3.5 mi N of Motaoca, off Rt 626 **GS**: Y **SP**: mar Harriet (-----), b 25 Nov 1797, d 06 Dec 1852 **VI**: Son of Alexander Jones. Attorney & elected to Congress in 1835. Stone erected to "Father" and "Mother." **P**: None **BLW**: No **PH**: N **SS**: A rec 1604; L pg 105 **BS**: 228; 8 pg 3.

JONES, Johnnie; b 1787; d bur 03 Apr 1859 **RU**: Private, 74th VMR (Trueheart), Hanover Co **CEM**: Hollywood; Richmond City; 412 S Cherry St, Sec D, lot 187 **GS**: U **SP**: No spouse information **VI**: No further data **P**: None **BLW**: No **PH**: N **SS**: A rec 1532 **BS**: 237.

JONES, Joshua; b 28 Jan 1788; d 16 Mar 1849 **RU**: Private, 1st VMR, Capt William Mosely, Buckingham Co **CEM**: Jones Family; Nelson; 2.5 mi NW of Roseland **GS**: Y **SP**: No spouse information **VI**: Son of Thomas & Catharine Jones **P**: None **BLW**: No **PH**: N **SS**: L pg 602 **BS**: 153.

JONES, Laney; b 1769; d 28 Dec 1832 **RU**: Private, 7th VMR (Gray) **CEM**: Jones Family; Hanover; Rt 742 in Buckeye subdivision **GS**: N **SP**: mar Martha L Winston, b 13 Jun 1784, d 05 Dec 1842 **VI**: Data from family bible of George A Jones furnished by William Berkeley Jones. High Sheriff of Hanover Co **P**: None **BLW**: No **PH**: N **SS**: A rec 1763 **BS**: 72 pg 75.

JONES, Levin; b UNK; d 1833 **RU**: Private, 60th VMR, Capt William Chick, Fairfax Co **CEM**: Dranesville United Methodist; Fairfax; 1089 Liberty Meeting Ct, Herndon **GS**: Y **SP**: mar Jane (-----) **VI**: No further data **P**: Spouse **BLW**: No **PH**: N **SS**: A rec 1819; BD pg 1098; B pg 71 **BS**: 89 v4 HR-261.

JONES, Peter; b 06 Oct 1790; d 09 Mar 1829 **RU**: Lieutenant, 29th VMR, Capt Hamilton Shield, Isle of Wight Co **CEM**: Delk Family; Isle of Wight; 5 mi NW of Smithfield on Rt 33, then 4 mi W Rt 626 **GS**: Y **SP**: No spouse information **VI**: No further data **P**: None **BLW**: No **PH**: N **SS**: K pg 467 **BS**: 186.

JONES, Samuel; b 1773; d 1838, Buckingham Co **RU**: Major, 100th VMR (Jones), Buckingham Co **CEM**: Jones / Cabell / Wood; Buckingham; 11 mi S of Buckingham off Rt 661 **GS**: Y **SP**: No spouse information **VI**: No further data **P**: None **BLW**: No **PH**: N **SS**: B pg 50 **BS**: 66 pg 330; 209.

JONES, Samuel B; b 1768; d 06 Apr 1824 **RU**: Captain, 19th VMR (Ambler), Capt John R Jones, Richmond City **CEM**: Shockoe Hill; Richmond City; 100 Hospital St **GS**: Y **SP**: No spouse information **VI**: No further data **P**: None **BLW**: No **PH**: N **SS**: L pg 502 **BS**: 38 pg 2.

JONES, Thomas; b 11 Sep 1787; d 09 Jul 1848 **RU**: Private, 6th VMR (Sharp) **CEM**: Jones Graveyard; Highland; Rt 250 **GS**: Y **SP**: mar Mary Ann (------), d 26 May 1855, in her 68th year **VI**: No further data **P**: None **BLW**: No **PH**: N **SS**: A rec 2635 **BS**: 235.

JONES, Thomas; b UNK; d bur 05 Nov 1865 **RU**: Sergeant, Cocke's Detachment **CEM**: Hollywood; Richmond City; 412 S Cherry St, Sec B, lot 172 **GS**: U **SP**: No spouse information **VI**: No further data **P**: None **BLW**: No **PH**: N **SS**: A rec 2538 **BS**: 237.

RU=Rank/Unit CEM=Cemetery GS=Gravestone SP=Spousal Information VI=Other Veteran Info P=Pension
BLW=Bounty/Land Warrant PH=Photo SS=Service Source BS=Burial Source VMR= VA Military Regt
LNR= Last Known Residence

JONES, Thomas *ap* [son of] Catesby; b 24 Apr 1790; d 30 May 1858, Georgetown, DC **RU**: Lieutenant, US Navy **CEM**: Lewinsville Presbyterian; Fairfax; 1724 Chain Bridge Rd, McLean **GS**: Y **SP**: No spouse information **VI**: Son of Maj Catesby Jones and Lettice Turberville. Retired as a Captain (appointed 11 Mar 1829). Entered US Navy in 1805. Served in the Gulf of Mexico during the War of 1812 "where he was successful in suppressing piracy, smuggling and the slave trade." Forced to surrender at New Orleans in 1814. Brother of Captain Roger Jones of London and Virginia. Grave has been marked by the US Daughters of 1812 **P**: None **BLW**: No **PH**: N **SS**: G **BS**: 89 v6 MI-118; 260.

JONES, Thomas C; b 15 Mar 1799; d 30 Dec 1845 **RU**: Private, 3rd VMR (Boykin), attached to 2nd VMR **CEM**: Jones Family; Southampton; Off Delaware Rd (Rt 687), 3 mi W of Franklin **GS**: Y **SP**: mar on 30 Sep 1819 to Martha S Daughtry (tombstone) **VI**: No further data **P**: None **BLW**: No **PH**: N **SS**: A rec 2606 **BS**: 41 pg 4.

JONES, Tingnal; b 04 Apr 1790; d 04 May 1856 **RU**: Surgeon, 83rd VMR (Scott), Staff Officer, Dinwiddie Co **CEM**: Jones Family; Mecklenburg; Boydton **GS**: Y **SP**: mar (1) Martha A E G (-----), b 22 Nov 1798, d 15 Aug 1828; (2) on 21 Dec 1831 to Mary A (-----), d 11 Jun 1832 **VI**: No further data **P**: None **BLW**: No **PH**: N **SS**: L pg 28 **BS**: 24 pg 108.

JONES, William; b 1767; d 03 Dec 1847, Concord, Gloucester Co **RU**: Lt Colonel, 21st VMR, Commander, Gloucester Co **CEM**: Marlfield Plantation aka Buckner Plantation; Gloucester; 3780 Pebble Ln, Marlfield **GS**: Y **SP**: mar Charity Buckner, d 13 Jan 1832 in her 49th year **VI**: Commissioned Lt Colonel 15 Apr 1814 **P**: None **BLW**: No **PH**: N **SS**: B pg 82 **BS**: 82 pg 46.

JONES, William; b 27 Sep 1797; d 22 Nov 1848 **RU**: Private, 91st VMR & 10th VMR, Capt John Gray, Bedford Co, attached to 2nd VMR (Ambler) **CEM**: Lynchburg Methodist; Lynchburg; Lynchburg **GS**: Y **SP**: No spouse information **VI**: No further data **P**: None **BLW**: No **PH**: N **SS**: K pg 73 **BS**: 207.

JONES, William; b 1799; d bur 07 Oct 1868 **RU**: Private, 5th VMR **CEM**: Hollywood; Richmond City; 412 S Cherry St, Sec B, lot 9 **GS**: U **SP**: No spouse information **VI**: No further data **P**: None **BLW**: No **PH**: N **SS**: A rec 2951 **BS**: 237.

JONES, William G; b 1790; d 27 Oct 1855 **RU**: Corporal, 83rd VMR, Capt Baker Pegram, Artillery, Dinwiddie Co, attached to 1st VMR (Byrne) **CEM**: Blandford; Petersburg; 111 Rochelle Ln **GS**: Y **SP**: No spouse information **VI**: Born in Brunswick Co, died in Petersburg, age 65 **P**: None **BLW**: Yes **PH**: N **SS**: K pg 153; BD pg 66 **BS**: 200.

JONES, William J; b UNK; d bur 10 Jul 1862 **RU**: Private, 19th VMR (Ambler), Richmond City **CEM**: Hollywood; Richmond City; 412 S Cherry St, Sec Q, lot 36 **GS**: U **SP**: No spouse information **VI**: No further data **P**: None **BLW**: No **PH**: N **SS**: A rec 2987 **BS**: 237.

JONES, William M; b 15 Apr 1793; d 25 Sep 1853 **RU**: Quartermaster, 65th VMR, Southampton Co **CEM**: Cedar Grove; Portsmouth; Effington St & Fort Ln **GS**: Y **SP**: mar Susan (-----) **VI**: No further data **P**: Spouse **BLW**: No **PH**: N **SS**: BD 1101; B pg 66 **BS**: 65 pg 69.

JONES, William M; b 13 Aug 1787; d 27 Jan 1857 **RU**: Sergeant, 59th VMR, Capt Arthur Smith, Nansemond Co **CEM**: Jones / Nunn; James City; 341 Farmville Ln., Norge **GS**: U **SP**: mar Martha M (-----), b 03 Jun 1804, d 23 Dec 1819 **VI**: Son of Daniel & Mary (Morris) Jones. Deacon in the Baptist Church for 30 years **P**: None **BLW**: No **PH**: N **SS**: L pg 721 **BS**: 49, 288 pg 80.

JONES, William S; b 1787; d 29 May 1829 **RU**: Private, 5th VMR **CEM**: Shockoe Hill; Richmond City; 100 Hospital St **GS**: U **SP**: No spouse information **VI**: No further data **P**: None **BLW**: No **PH**: N **SS**: A rec 2948 **BS**: 38 pg 7.

JONES, William Strother; b 1783; d 1845 **RU**: Private, 57th VMR **CEM**: Strother / Jones; Frederick; Stephens City **GS**: Y **SP**: Florinda Taylor, d 1846, also buried here, No marriage record **VI**: No further data **P**: None **BLW**: No **PH**: N **SS**: A rec 3020 **BS**: 79 pg 168.

JONES, William Wiggenton; b 20 Aug 1783; d 11 Mar 1835 **RU**: Private, 16th VMR, Capt Curtis Waller, Spotsylvania Co **CEM**: Wiggenton Family; Culpeper; 1.7 mi N of Lakota 100 yds off Rt 29 **GS**: Y **SP**: mar Frances E (-----) **VI**: Son of Gabriel Jones **P**: Spouse App **BLW**: No **PH**: N **SS**: BD pg 1101; B pg 219; 270 **BS**: 12 pg 27; 196; 245.

JORDAN, James C; b 20 Apr 1794; d 20 Jan 1855 **RU**: Corporal, 29th VMR, Capt Robert Tynes, Isle of Wight Co **CEM**: Ivy Hill; Isle of Wight; Rt 1407, Smithfield **GS**: Y **SP**: mar Selah F (-----), b 1769, d 20 May 1842, age 73 yrs, 20 days **VI**: No further data **P**: None **BLW**: No **PH**: N **SS**: L pg 794 **BS**: 186.

RU=Rank/Unit CEM=Cemetery GS=Gravestone SP=Spousal Information VI=Other Veteran Info P=Pension
BLW=Bounty/Land Warrant PH=Photo SS=Service Source BS=Burial Source VMR= VA Military Regt
LNR= Last Known Residence

JORDAN, John; b 1777; d 25 Jul 1854 **RU:** Lieutenant, 5th VMR (McDowell) **CEM:** Stonewall Jackson Memorial; Lexington; S Main St **GS:** Y **SP:** Was married and had children. Names not known **VI:** Syled "Colonel" on his tombstone. Died age 77, a "devoted husband and father" **P:** None **BLW:** No **PH:** N **SS:** A rec 392 **BS:** 245.

JORDAN, Michael; b 1790; d 1859 **RU:** Private, 54th VMR, Capt James Nimmo, Norfolk Borough, attached to 5th VMR **CEM:** Newbern Community; Pulaski; Rt 682 S of Dublin **GS:** U **SP:** mar Elizabeth (-----) **VI:** No further data **P:** Spouse **BLW:** No **PH:** N **SS:** B pg 145; BD pg 220 **BS:** 173 pg 149.

JORDAN, Rix; b 20 Jun 1791; d 28 Dec 1857 **RU:** Private, 1st Corps d'Elite (Randolph) **CEM:** St John's Episcopal; Hampton City; 100 W Queens Way **GS:** Y **SP:** mar Diana G (-----), d 1876 **VI:** No further data **P:** None **BLW:** No **PH:** N **SS:** A rec 477 **BS:** 160 pg 84.

JORDAN, Thomas; b 29 Aug 1768, Smithfield; d 12 Jun 1818 **RU:** Sergeant, 29th VMR, Capt J. C Cohoon, Isle of Wight Co **CEM:** Ivy Hill; Isle of Wight; Rt 1407, Smithfield **GS:** Y **SP:** No spouse information **VI:** No further data **P:** None **BLW:** No **PH:** N **SS:** K pg 444 **BS:** 186.

JORDAN, Thomas, Jr; b 25 Oct 1791; d 24 Jul 1817 **RU:** Corporal, Detachment of Cavalry **CEM:** Settle Family #2; Rappahannock; Rt 522, "Locust Grove," N of Flint Hill **GS:** Y **SP:** No spouse information **VI:** No further data **P:** None **BLW:** No **PH:** N **SS:** A rec 516 **BS:** .

JOYNER, Joseph; b 1761; d 12 Oct 1850 **RU:** Private, 65th VMR (Blow), Southampton Co **CEM:** Gillette Family; Southampton; 100 yds N of jct Rts 652 & 655 **GS:** U **SP:** No spouse information **VI:** No further data **P:** None **BLW:** No **PH:** N **SS:** A rec 1221 **BS:** 179.

JOYNER, Joseph; b 1781; d 12 Oct 1859 **RU:** Private, 29th VMR, Capt Joseph Atkinson, Troop of Cavalry, Isle of Wight Co **CEM:** William Mahone Home; Southampton; 6 mi E of Courtland, S of Sealey **GS:** Y **SP:** No spouse information **VI:** No further data **P:** None **BLW:** No **PH:** N **SS:** L pg 113 **BS:** 179.

JOYNES, Thomas R; b 17 Oct 1779; d 12 Sep 1858 **RU:** Captain, 2nd VMR (Bayley), Company Commander. Accomack Co **CEM:** Cropper Family; Accomack; Bowmans Folly **GS:** U **SP:** mar Sally (-----) **VI:** No further data **P:** None **BLW:** No **PH:** N **SS:** K pg 318 **BS:** 178.

JUAN, Ellis; b 1794; d bur 03 Jan 1866 **RU:** Private, 19th VMR (Ambler), Capt John R Jones, Richmond City **CEM:** Hollywood; Richmond City; 412 S Cherry St, Sec B, lot 125 **GS:** U **SP:** No spouse information **VI:** No further data **P:** None **BLW:** No **PH:** N **SS:** L pg 498 **BS:** 237.

KAGEY, Henry; b 16 Jan 1788; d 26 Sep 1839 **RU:** Corporal, 6th VMR (Coleman) **CEM:** Meyers / Woods; Shenandoah; Rt 620, Mt Jackson **GS:** Y **SP:** mar Elizabeth (-----), b 21 Aug 1786, d 02 Jun 1846 **VI:** Son of Jacob Kagey **P:** None **BLW:** No **PH:** N **SS:** A rec 1866 **BS:** 115 pg 71.

KALE, Anthony; b 1790, Switzerland; d 07 Aug 1850 **RU:** Private, 1st Regiment DC Militia **CEM:** Masonic Cemetery; Fredericksburg; 900 Block, Charles St **GS:** Y **SP:** mar Catherine (-----), d 26 Sep 1859, age 64 **VI:** No further data **P:** None **BLW:** No **PH:** N **SS:** A rec 1943 **BS:** 52.

KATING, Walter; b 1779; d 01 Oct 1822 **RU:** Captain, "Maine 1812" (tombstone) **CEM:** St John's Episcopal; Hampton City; 100 W Queens Way **GS:** Y **SP:** No spouse information **VI:** No further data **P:** None **BLW:** No **PH:** N **SS:** G **BS:** 160 pg 85.

KAUFFMAN, Daniel; b UNK; d UNK **RU:** Ensign, 6th VMR **CEM:** Kauffman Family; Page; Kauffman Mill Camp **GS:** Y **SP:** No spouse information **VI:** No further data **P:** None **BLW:** No **PH:** N **SS:** A rec 2275 **BS:** 115 pg 173.

KAYLOR, Peter; b 14 Feb 1795; d 06 Jan 1885 **RU:** Private, 58th VMR, Capt Robert McGill, Rockingham Co, attached to Flying Camp McDowell **CEM:** Old Forge Church; Rockingham; Rt 825, Grottoes **GS:** Y **SP:** mar Sarah Kyger, daughter of Jacob & Barbara Kyger, b 27 Feb 1804, d 18 Sep 1871 **VI:** No further data **P:** Yes **BLW:** No **PH:** N **SS:** B pg 182; BD pg 1107 **BS:** 262.

KEARNS, Thomas, Sr; b 1778; d 01 Oct 1852 **RU:** Private, 1st VMR, Capt Harry Heth, Troop of Cavalry, Chesterfield Co **CEM:** Shockoe Hill; Richmond City; 100 Hospital St **GS:** Y **SP:** No spouse information **VI:** No further data **P:** None **BLW:** No **PH:** N **SS:** L pg 422 **BS:** 199.

RU=Rank/Unit CEM=Cemetery GS=Gravestone SP=Spousal Information VI=Other Veteran Info P=Pension
BLW=Bounty/Land Warrant PH=Photo SS=Service Source BS=Burial Source VMR= VA Military Regt
LNR= Last Known Residence

KEATING, James; b UNK; d UNK **RU:** Private, 1st Regiment DC Militia **CEM:** Christ Church Episcopal; Alexandria; Wilkes & Hamilton **GS:** Y **SP:** No spouse information **VI:** No further data **P:** None **BLW:** No **PH:** N **SS:** A rec 2590 **BS:** 113 pg 4.

KECKLEY, Jacob, Jr; b Aug 1793; d 12 Sep 1838 **RU:** Corporal, 1st VMR (Taylor), Capt Francis Mastin, Co UNK **CEM:** St John's Lutheran; Frederick; 3623 Back Mountain Rd, Winchester **GS:** Y **SP:** mar in Frederick Co on 09 May 1817 (bond) to Leah Clowser, Jacob Clowser, surety **VI:** No further data **P:** Spouse **BLW:** No **PH:** N **SS:** BD pg 1108 **BS:** 79 pg 169.

KEEN, Jeremiah; b 1783; d 24 Feb 1813, Campbell Co **RU:** Captain, 53rd VMR, Company Commander, Campbell Co **CEM:** St Paul's Episcopal; Norfolk City; 201 St Paul's Blvd **GS:** U **SP:** No spouse information **VI:** Death notice in *Norfolk and Portsmouth Herald*, 01 Feb 1814, pg 3, column 5. "Of Campbell Co, age 30." Died leaving a wife and 3 children **P:** None **BLW:** No **PH:** N **SS:** A rec 352 **BS:** 243.

KEEN, William; b UNK; d 27 Mar 1849 **RU:** Private, 2nd VMR **CEM:** Keene Family; Fairfax; Silvervine Ln, Springfield **GS:** Y **SP:** No spouse information **VI:** No further data **P:** None **BLW:** No **PH:** N **SS:** A rec 412 **BS:** 89 v3 FX-111.

KEESEE, George; b 1788; d 14 Sep 1847 **RU:** Lieutenant, 41st VMR, Richmond Co **CEM:** Shockoe Hill; Richmond City; 100 Hospital St **GS:** Y **SP:** mar Arrena L (-----), b 1795, d 6 Oct 1840 **VI:** Son of George Keesee (1766-1842) **P:** None **BLW:** No **PH:** N **SS:** A rec 636 **BS:** 199.

KELLAM, Custis W; b UNK; d 24 Aug 1855 **RU:** Private, 2nd VMR, Capt David Ashby, Accomack Co **CEM:** Kellam Family; Accomack; nr jct Rts 615 & 614, Locustville **GS:** U **SP:** mar in Accomack Co on 12 Oct 1830 to Leah (Turlington) Parks, daughter of John Turlington and widow of George S Parks **VI:** No further data **P:** None **BLW:** No **PH:** N **SS:** L pg 110 **BS:** 178.

KELLAM, Esam / Esau; b 25 Mar 1791; d 05 Dec 1836 **RU:** Private, 2nd VMR (Bayley), Accomack Co **CEM:** Kellam Family; Northampton; Willis Wharf **GS:** Y **SP:** mar in Accomack Co on 21 Jul 1823 to Elizabeth L Joynes **VI:** Son of Howson Kellam and Elizabeth Turlington **P:** None **BLW:** No **PH:** N **SS:** A rec 1150 **BS:** 245.

KELLAM, John C; b 23 Oct 1792; d 07 Sep 1845 **RU:** Private, 2nd VMR (Bayley), Capt Isaac Smith, Accomack Co **CEM:** Myrtle Grove; Accomack; Hacks Neck, nr jct Rts180 & 631 **GS:** Y **SP:** mar Elizabeth (-----) **VI:** Son of John and Margaret (Hutton) Kellam **P:** Spouse **BLW:** No **PH:** N **SS:** BD pg 1111 **BS:** 21 pg 147.

KELLAM, John W; b 06 Mar 1789; d 26 Jul 1850 **RU:** Private, 2nd VMR, Capt Joseph Ames, Accomack Co **CEM:** Kellam Family; Accomack; nr jct Rts 615 & 614, Locustville **GS:** Y **SP:** mar in Accomack Co on 14 Jun 1812 to Margaret W Kellam, daughter of Frederick Kellam **VI:** Son of Severn & Ann Kellam **P:** None **BLW:** No **PH:** N **SS:** K pg 308 **BS:** 178; 21 pg 148.

KELLAM, Thomas B; b UNK; d 23 Oct 1844 **RU:** Private, 2nd VMR, Capt James Garrison, Accomack Co **CEM:** Kellam Family; Accomack; nr jct Rts 615 & 614, Locustville **GS:** Y **SP:** No spouse information **VI:** No further data **P:** None **BLW:** No **PH:** N **SS:** K pg 312 **BS:** 21 pg 149.

KELLAM, Thomas Hatton; b 06 Jul 1790; d 25 Sep 1841 **RU:** Private, 2nd VMR, Capt James Garrison, Accomack Co **CEM:** Evergreen; Accomack; Hack's Neck, 2.3 mi W of Pungoteague off Rt 632 **GS:** Y **SP:** mar (1) Elizabeth B (-----), b 03 Nov 1793, d 26 Dec 1835, "wife of T H Kellam", buried at Evergreen; (2) Harriett (-----) **VI:** Son of John & Margaret Kellam. Also served in Capt Issac Smith's Co (pension record) **P:** Spouse **BLW:** No **PH:** N **SS:** K pg 312; BD pg 1111 **BS:** 21 pg 147; 149.

KELLER, George; b 26 Mar 1782; d 30 May 1843 **RU:** Sergeant, 6th VMR (Coleman) **CEM:** Keller Family; Shenandoah; Rt 853, 2 mi W of Thom's Brook **GS:** Y **SP:** No spouse information **VI:** Son of Jacob & Catherine Keller **P:** None **BLW:** No **PH:** N **SS:** A rec 1282 **BS:** 217.

KELLER, John; b UNK; d UNK **RU:** Private, 13th VMR, Capt Samuel Coleville, Shenandoah Co, attached to 6th VMR (Coleman) **CEM:** Geeding / Keller; Augusta; Churchville **GS:** U **SP:** mar Dorothy (-----) **VI:** No further data **P:** Spouse **BLW:** No **PH:** N **SS:** A rec 1331; BD pg 1111; B pg 184 **BS:** 2 pg 38.

KELLER, John; b 16 Oct 1793; d 28 Mar 1857 **RU:** Private, 6th VMR (Coleman), Capt Samuel Coville, Shenandoah Co **CEM:** Keller Family; Shenandoah; Rt 853, 2 mi W of Thom's Brook **GS:** Y **SP:** mar Dorothy (-----) **VI:** Son of Jacob & Catherine Keller **P:** Spouse **BLW:** No **PH:** N **SS:** BD pg 1111 **BS:** 217.

KELLER, Lawrence; b Dec 1786; d 04 Aug1851 **RU:** 2nd Lieutenant, 2nd VMR, Capt William Newell, Shenandoah Co **CEM:** Keller Family; Shenandoah; Rt 853, 2 mi W of Thom's Brook **GS:** Y **SP:** No spouse information **VI:** Son of Jacob & Catherine Keller **P:** None **BLW:** No **PH:** N **SS:** K pg 79 **BS:** 217.

KELLER, Lewis; b 1790; d aft 1850 **RU:** Private, 58th VMR, Capt Robert Hookes, Rockingham Co **CEM:** Keller Family; Rockingham; Rt 769, Old Burkholder Place **GS:** N **SP:** No spouse information **VI:** "Probably buried here." Age 60 on 1850 census of Rockingham Co **P:** None **BLW:** No **PH:** N **SS:** K pg 17 **BS:** 262.

KELLEY, Armistead; b 26 Sep 2785; d Feb 1821, Warsaw, Richmond Co **RU:** Private, 41st VMR (Bramham), Richmond Co **CEM:** Historic Christ Church; Lancaster; Rt 646, Irvington **GS:** Y **SP:** Never married **VI:** Son of James & Judith (Campbell) Kelley, Died in Richmond Co; buried in Essex Co. Memorial Stone at Christ Church. Merchant of Richmond Co. Grave has been marked by the Society **P:** None **BLW:** No **PH:** Y **SS:** A rec 1434 **BS:** 15 pg 67.

KELLEY, Charles; b 25 Jul 1786; d 08 Aug 1833 Kilmarnock, Lancaster Co **RU:** Private, 92nd VMR, Maj John Chowning, Lancaster Co **CEM:** Historic Christ Church; Lancaster; Rt 646, Irvington **GS:** Y **SP:** Never married **VI:** Son of James & Judith (Campbell) Kelley; Memorial stone. Brother of James & William Kelley, tavern keeper of Kilmarnock. Grave has been marked by the Society **P:** None **BLW:** No **PH:** N **SS:** L pg 475 **BS:** 15 pg 67.

KELLEY, David; b 12 Dec 1789; d 1827, MS **RU:** Sergeant, 37th VMR, Capt James Hurst, Northumberland Co **CEM:** Historic Christ Church; Lancaster; Rt 646, Irvington **GS:** Y **SP:** No spouse information **VI:** Died in Mississippi. Brother of James & William Kelley. Centogaph at Christ Church. Grave has been marked by the Society **P:** None **BLW:** No **PH:** Y **SS:** A rec 1475 **BS:** 15 pg 68.

KELLEY, James; b UNK; d 04 Oct 1850 **RU:** Private, 97th VMR, Capt Walter Hambaugh, Shenandoah Co **CEM:** Fairview Lutheran; Frederick; 464 Fairview Rd, Gore **GS:** Y **SP:** mar Ellen (-----), b 1810, d 05 Oct 1850, age 40 **VI:** No further data **P:** Yes **BLW:** No **PH:** Y **SS:** BD pg 1112 **BS:** 86 pg 61.

KELLEY, James; b 1784; d 01 Feb 1856, Kilmarnock, Lancaster Co, VA **RU:** Private, 37th VMR, Capt James Hurst, Northumberland Co **CEM:** Historic Christ Church; Lancaster; Rt 646, Irvington **GS:** Y **SP:** Never married **VI:** Son of James & Judith (Campbell) Kelley. Merchant of Kilmarnock and planter of Northumberland Co. By his will, and that of his brother William, he emancipated 44 slaves and sent them to Liberia. Grave has been marked by the Society **P:** None **BLW:** No **PH:** N **SS:** K pg 394 **BS:** 15 pg 68.

KELLEY, James W; b 1786; d 03 Jun 1853 **RU:** Private, 36th VMR (Reno), Prince William Co **CEM:** Suddeth Kelly; Fauquier; Somerville **GS:** Y **SP:** No spouse information **VI:** Died age 67 years **P:** None **BLW:** No **PH:** N **SS:** A rec 1551 **BS:** 4 pg 187.

KELLEY, John; b 1790; d May 1821, Northumberland Co **RU:** Private, 37th VMR, Capt James Hurst, Northumberland Co **CEM:** Historic Christ Church; Lancaster; Rt 646, Irvington **GS:** Y **SP:** mar in Northumberland Co on 07 Apr 1817 (bond) to Alice Pinkard, daughter of Cyrus Pinkard **VI:** Memorial Stone at Historic Christ Church. Brother of James & William Kelley. Memorial slab at Christ Church, which has been marked by the Society. Probably actually buried at Rehobeth Baptist Church in Northumberland County, where he was an active member **P:** None **BLW:** No **PH:** N **SS:** K pg 394 **BS:** 15 pg 68.

KELLEY, William; b 22 Mar 1781; d 18 May 1848, Baltimore, MD **RU:** Private, 37th VMR, Capt James Hurst, Northumberland Co **CEM:** Historic Christ Church; Lancaster; Rt 646, Irvington **GS:** Y **SP:** Never married **VI:** Son of James & Judith (Campbell) Kelley. Merchant of Kilmarnock and planter of Northumberland Co. By his will, and that of his brother James, he emancipated 44 slaves and sent them to Liberia. Grave has been marked by the Society **P:** None **BLW:** No **PH:** Y **SS:** A rec 1788 **BS:** 15 pg 68.

KELLO, Richard B; b UNK; d 1846 (Inv) **RU:** Captain, 65th VMR, Company Commander, Southampton Co **CEM:** Millfield Plantation; Southampton; Millfield Rd (Rt. 605) **GS:** Y **SP:** mar Mary (-----) **VI:** No further data **P:** None **BLW:** No **PH:** N **SS:** L pg 519 **BS:** 41 v4 pg 24; 31.

KELLO, Samuel; b UNK; d 1814 **RU:** 1st Lieutenant, 3rd VMR (Boykin) **CEM:** probably Millfield Plantation; Southampton; Millfield Rd (Rt. 605) **GS:** N **SP:** See Appendix G **VI:** Clerk of Southampton Co. Died during the war See more in Appendix G **P:** None **BLW:** No **PH:** N **SS:** A rec 1821 **BS:** Putative. See Appendix G.

KELLUM, James S; b 06 Jan 1786; d 11 Apr 1860 **RU:** Private, 20th VMR, Princess Anne Co **CEM:** Hopkins / Cook / Smith; York; Tabb **GS:** U **SP:** No spouse information **VI:** No further data **P:** None **BLW:** No **PH:** N **SS:** A rec 2049 **BS:** 49.

RU=Rank/Unit CEM=Cemetery GS=Gravestone SP=Spousal Information VI=Other Veteran Info P=Pension
BLW=Bounty/Land Warrant PH=Photo SS=Service Source BS=Burial Source VMR= VA Military Regt
LNR= Last Known Residence

KELLY, John C; b 1779; d 1865 **RU:** Private, 57th VMR, Loudoun Co **CEM:** Old Presbyterian Meeting House; Alexandria; Wilkes & Hamilton **GS:** Y **SP:** Also on this stone is Ellen Kelly, 1812-1886 **VI:** Called "Captain" on this shared stone. **P:** None **BLW:** No **PH:** N **SS:** A rec 2443 **BS:** 32 pg 48.

KEMPER, George W; b UNK; d 1856 **RU:** Adjutant, Maj John Kemper's Detachment, Fauquier Co **CEM:** Kemper Family; Fauquier; 2.5 mi S of Summerduck **GS:** U **SP:** No spouse information **VI:** No further data **P:** None **BLW:** No **PH:** N **SS:** A rec 214 **BS:** 175.

KEMPER, John; b 22 May 1768; d 18 Dec 1856 **RU:** Major, 85th VMR, Staff Officer, Fauquier Co **CEM:** Warrenton Cemetery; Fauquier; Chestnut St, Warrenton **GS:** Y **SP:** mar Martha (-----), b 04 Feb 1769, d 03 Sep 1847 **VI:** He commanded a special Command at Fredericksburg and proceeded to Northumberland Co Court House 5-8 August 1814. Later, in Sept and Oct 1814, his command camped outside of Alexandria. Commissioned Major 17 Nov 1809 **P:** None **BLW:** No **PH:** N **SS:** A rec 218; B pg 73 **BS:** 3 pg 136.

KEMPER, William; b 06 Nov 1770, Fauquier Co; d 29 Oct 1853, Madison Co **RU:** Lieutenant, 36th VMR (Reno), Prince William Co **CEM:** Governor Kemper Family; Madison; 1 mi S Leon P.O. **GS:** Y **SP:** mar Maria E. Allison b 05 Nov 1787, d 26 Nov 1873 **VI:** Father of James E. Kemper, Governor of VA 1873-1789 **P:** None **BLW:** No **PH:** N **SS:** A rec 231 **BS:** 191.

KENDALL, John; b UNK; d UNK **RU:** Private, 45th VMR, Capt Thomas Hill, Stafford Co **CEM:** Hardens Hill; Prince William; GPS N38 35.505, W077 20.278 **GS:** Y **SP:** mar Roxy A (-----) **VI:** No further data **P:** Spouse **BLW:** No **PH:** N **SS:** L pg 428; BD pg 1116 **BS:** 93.

KENDALL, John W; b UNK; d bur 28 Jul 1862 **RU:** Private, 27th VMR (Pitt), Northampton Co **CEM:** Hollywood; Richmond City; 412 S Cherry St, Sec A, lot 76 **GS:** U **SP:** No spouse information **VI:** No further data **P:** None **BLW:** No **PH:** N **SS:** A rec 467 **BS:** 237.

KENDALL, Joshua; b 30 Mar 1796; d 23 Jun 1852 **RU:** Private, 45th VMR (Peyton), Stafford Co **CEM:** Kendall Family; Stafford; Garrisonville, Vista Woods Subdivision **GS:** Y **SP:** mar Eleanor (-----), b 29 Aug 29 1788, d 12 Jan 1859. Age 61 on 1850 Census, but dates come from tombstone **VI:** Age 51 on 1850 census, but dates come from tombstone **P:** None **BLW:** No **PH:** N **SS:** A rec 473 **BS:** 26 pg 262.

KENDALL, William; b 27 Jan 1792; d 02 Jan 1854 **RU:** Private, 25th VMR, Capt William Kendall, King George Co **CEM:** Kendall Family; Stafford; Garrisonville, Vista Woods Subdivision **GS:** Y **SP:** mar Lucy T (-----), b 03 Feb 1795, d 09 Mar 1859 **VI:** No further data **P:** None **BLW:** No **PH:** N **SS:** L pg 521 **BS:** 26 pg 262; 31.

KENNARD, Thomas; b 1777; d 17 Feb 1830 **RU:** Private, Corps of Marine Artillery, Capt Stiles, MD Militia **CEM:** Cumberland Street Baptist; Norfolk City; nr St Paul's Church **GS:** U **SP:** No spouse information **VI:** Obituary reads "Died, yesterday [Feb 17th] morning, Capt Thomas Kennard, of the [schooner] *Caravan*, of Baltimore, aged 53 years. His remains were interred in the Cumberland Street Baptist Church Yard, yesterday afternoon" **P:** None **BLW:** No **PH:** N **SS:** A rec 1012 **BS:** 240.

KENNARD, William; b 12 Jan 1794; d 16 Jun 1877 **RU:** Private, 2nd VMR (Ballowe) **CEM:** Christ Church Episcopal; Northampton; Eastville **GS:** Y **SP:** No spouse information **VI:** No further data **P:** None **BLW:** No **PH:** N **SS:** A rec 1016 **BS:** 20 pg 48.

KENNEDY, Andrew Thomas; b 1788, Dublin, Ireland; d 07 Apr 1829 **RU:** Private, 1st Regiment DC Militia **CEM:** Old Presbyterian Meeting House; Alexandria; Wilkes & Hamilton **GS:** Y **SP:** No spouse information **VI:** Only son of James Kennedy of Ireland and resident of Alexandria, who died 15 Oct 1820 in his 68th year and was buried in Philadelphia at 2nd Presbyterian Church. Mother was Susannah, daughter of Sarah Gird **P:** None **BLW:** No **PH:** N **SS:** A rec 1071 **BS:** 32 pg 49.

KENNEDY, James; b 1786; d 11 Aug 1823 **RU:** Private, 5th VMR **CEM:** St John's Church; Richmond City; 24th & Broad, Church Hill **GS:** U **SP:** mar on 01 Jul 1817 to Sarah McDowell **VI:** No further data **P:** None **BLW:** No **PH:** N **SS:** A rec 1151 **BS:** 63 pg 233.

KENNEDY, John; b 1768, Scotland; d 02 May 1847. Washington DC **RU:** 1st Sergeant, 2nd Regiment DC Militia (Brent) **CEM:** Old Presbyterian Meeting House; Alexandria; Wilkes & Hamilton **GS:** Y **SP:** No spouse information **VI:** Native of Scotland, died in his 79th year of age, a citizen of Washington DC **P:** None **BLW:** No **PH:** N **SS:** A rec 1185 **BS:** 32 pg 49.

RU=Rank/Unit CEM=Cemetery GS=Gravestone SP=Spousal Information VI=Other Veteran Info P=Pension
BLW=Bounty/Land Warrant PH=Photo SS=Service Source BS=Burial Source VMR= VA Military Regt
LNR= Last Known Residence

KENNEDY, Robert; b 1794; d 15 Mar 1830 **RU**: Sergeant, 19th VMR, Capt William H Richardson, Richmond City, attached to 1st Corps d'Elite (Randolph) **CEM**: Shockoe Hill; Richmond City; 100 Hospital St **GS**: U **SP**: No spouse information **VI**: No further data **P**: None **BLW**: No **PH**: N **SS**: K pg 262 **BS**: 38 pg 8.

KENNEY, James; b 22 Jul 1789; d 07 Nov 1864 **RU**: Private, 48th VMR, Capt Andrew Hamilton, Botetourt Co **CEM**: Old Stone Presbyterian; Augusta; Rt 11, Fort Defiance **GS**: U **SP**: No spouse information **VI**: No further data **P**: None **BLW**: No **PH**: N **SS**: L pg 391 **BS**: 2 pg 12.

KENT, Joseph; b 02 Nov 1764; d 20 Oct 1843 **RU**: Lt Colonel, 35th VMR, Wythe Co **CEM**: Ft Chiswell; Wythe; 12 mi E of Wytheville off I-81 **GS**: Y **SP**: mar Margaret McGavcock, d 17 Feb 1837, age 68 **VI**: Styled "Colonel" on his tombstone **P**: None **BLW**: No **PH**: N **SS**: B pg 204 **BS**: 261 v14 pg 42.

KENT, Robert; b 01 Jan 1796; d 21 Apr 1869 **RU**: Private, 5th VMR (McDowell) **CEM**: Ft Chiswell; Wythe; 12 mi E of Wytheville off I-81 **GS**: Y **SP**: mar Elizabeth Montgomery, b 17 Apr 1799, d 21 Apr 1869 **VI**: No further data **P**: None **BLW**: No **PH**: N **SS**: A rec 1842 **BS**: 261 v14 pg 46.

KENT, Robert K; b 26 Apr 1786; d 13 Dec 1861 **RU**: Ensign, Cocke's Detachment **CEM**: Kent Family; Fluvanna; vic Rts 600 & 616, Fork Union **GS**: Y **SP**: No spouse informaton **VI**: No further data **P**: None **BLW**: No **PH**: N **SS**: A rec 1838 **BS**: 95 pg 53.

KENT, Thomas; b 1789; d 1860 **RU**: Private, 69th VMR, Capt William Leigh, Halifax Co, attached to 2nd Corps d'Elite (Green) **CEM**: Hope / Kent Family; Fluvanna; vic Rts 601 & 631, Cloverdale **GS**: N **SP**: No spouse information **VI**: No further data **P**: None **BLW**: No **PH**: N **SS**: K pg 218 **BS**: 95 pg 43.

KENT, William; b 1797; d 20 Dec 1832 **RU**: Private, 37th VMR, Capt William Hudnall, Northumberland Co **CEM**: Shockoe Hill; Richmond City; 100 Hospital St **GS**: U **SP**: No spouse information **VI**: No further data **P**: None **BLW**: No **PH**: N **SS**: K pg 398 **BS**: 38 pg 11.

KERNS, George; b 14 Aug 1798; d 24 Mar 1885 **RU**: Drummer, 6th Regiment of Artillery (Read) **CEM**: Ebenezer Christian Church; Frederick; Rt 705 **GS**: Y **SP**: No spouse information **VI**: No further data **P**: None **BLW**: No **PH**: N **SS**: A rec 2343 **BS**: 79 pg 175.

KERR, David; b 22 Feb 1772; d 22 Sep 1851 **RU**: Private, 5th VMR (McDowell) **CEM**: Shemariah; Augusta; 16 mi SE of Staunton **GS**: U **SP**: mar Jane (-----), d 1882 **VI**: No further data **P**: None **BLW**: No **PH**: N **SS**: A rec 2423 **BS**: 183.

KERR, John; b 09 Nov 1790; d 16 Jan 1880 **RU**: Private, 121st VMR, Capt Andrew Lewis, Botetourt Co, attached to 4th VMR **CEM**: Snidow Family; Giles; Lilly Hill Rd (Rt 460), Pembroke **GS**: Y **SP**: No spouse information **VI**: No further data **P**: Yes **BLW**: No **PH**: N **SS**: B pg 46; BD pg 1120 **BS**: 14 pg 177.

KERR, Joseph; b 1794; d 1839 **RU**: Private, 5th VMR (McDowell) **CEM**: Old Stone Presbyterian; Augusta; Rt 11, Fort Defiance **GS**: U **SP**: No spouse information **VI**: Son of John & Elizabeth (Hogsett) Kerr, a Rev War soldier **P**: None **BLW**: No **PH**: N **SS**: A rec 2505 **BS**: 2 v2pg 16; 49.

KESLER, Abraham; b Jan 1788; d 08 Jun 1857 **RU**: Private, 121st VMR, Capt William Fleming, Troop of Cavalry, Botetourt Co **CEM**: Laymantown; Botetourt; Rt 658 **GS**: Y **SP**: mar Catherine (-----), b 17 Dec 1781, d 25 Oct 1861 **VI**: No further data **P**: None **BLW**: No **PH**: N **SS**: K pg 326 **BS**: 155 pg 31.

KESLER, Daniel; b UNK; d 27 Jan 1853 **RU**: Private, 58th VMR, Capt Robert Hooke, Rockingham Co **CEM**: Troutville; Botetourt; Rt 11, 10 mi N of Roanake **GS**: Y **SP**: No spouse information **VI**: No further data **P**: None **BLW**: No **PH**: N **SS**: K pg 172 **BS**: 194.

KESLER, Henry; b UNK; d 22 Jan 1850 **RU**: Private, 121st VMR, Capt Washington West, Botetourt Co **CEM**: Wingo Family; Franklin; Rt 662 **GS**: Y **SP**: mar in Franklin Co on 14 Jan 1818 (bond), to Elizabeth Howsman, Peter Howsman surety, b Jan 1796, d 10 Jan 1887 **VI**: No further data **P**: Spouse **BLW**: No **PH**: N **SS**: BD pg 1121; B pg 46; **BS**: 118 pg 203.

KESLER, Jacob; b UNK; d 20 Jul 1824 **RU**: Corporal, 121st VMR, Capt Andrew Lewis, Botetourt Co, attached to 4th VMR (McDowell) **CEM**: Troutville; Botetourt; Rt 11, 10 mi N of Roanake **GS**: Y **SP**: mar Catherine (-----) **VI**: No further data **P**: Spouse **BLW**: No **PH**: N **SS**: BD pg 1121; B pg 46; M pg 221 **BS**: 194.

KIDD, James; b 1795; d 10 Apr 1874 **RU**: Private, 50th VMR, Capt William Dancy, Greensville Co, attached to 1st VMR (Byrne) **CEM**: Blandford; Petersburg; 111 Rochelle Ln **GS**: N **SP**: mar Nancy (-----), 2nd of two wives, d 14 Jun

RU=Rank/Unit   CEM=Cemetery   GS=Gravestone   SP=Spousal Information   VI=Other Veteran Info   P=Pension
BLW=Bounty/Land Warrant   PH=Photo   SS=Service Source   BS=Burial Source   VMR= VA Military Regt
LNR= Last Known Residence

1870, buried at Blandford **VI**: Son of Benjamin Kidd of Amelia Co. Entered 10 Aug 1814, dismissed 30 Nov 1814 at Camp Powell's Creek. LNR Wilson's Depot, Dinwiddie PO **P**: Yes **BLW**: Yes **PH**: N **SS**: BD pg 1123; B pg 88 **BS**: 49.

KIDD, John; b abt 1770; d 01 Dec 1862 Franklin Co, VA **RU**: Private, 110th VMR, Capt John Pinckard, Franklin Co **CEM**: Kidd Family; Franklin; Turkeycock Mountain **GS**: N **SP**: mar in Franklin Co on 02 May 1792 to Lucy Melton of Albemarle Co **VI**: No further data **P**: Spouse **BLW**: No **PH**: N **SS**: L pg 39; BD pg 1123; M pg 221 **BS**: 49.

KIDD, William "Billy"; b UNK; d 09 Feb 1854, "Hedge Hill" **RU**: Lieutenant, 30th VMR, Capt Elliott Dejarnett, Caroline Co **CEM**: Kidd / Pollard; Caroline; Rt 654 at Old Kidd's Post Office **GS**: Y **SP**: mar in Caroline Co on 10 Dec 1821 (bond) to Harriett M Wright **VI**: Son of Thomas Kidd & Elizabeth Ann Davenport. Kidd's mother, Elizabeth Ann Davenport Kidd (stone with no dates) came to "Hedge Hill" with her son William. He is called "Captain" on his tombstone **P**: None **BLW**: No **PH**: N **SS**: L pg 273; B pg 64 **BS**: 10 pg 94; 49.

KIDD, William I; b UNK; d aft 1830 **RU**: Private, 28th VMR, Capt David Jacob, Troop of Cavalry, Nelson Co **CEM**: Kidd Family; Nelson; Rt 641, vic Elminton Methodist Church **GS**: U **SP**: No spouse information **VI**: Enumerated on 1830 census of Nelson Co, age 40-49. Not found on 1840 census **P**: None **BLW**: No **PH**: N **SS**: L pg 471 **BS**: 49.

KILBY, Henry; b c1784; d 26 May 1859 **RU**: Private, 5th VMR, Capt James Menefee, Mounted Infantry, Culpeper Co, attached to 1st VMR (Crutchfield) **CEM**: Kilby Family #1; Culpeper; 2 mi off Rt 715, Sandoval Rd **GS**: N **SP**: mar in Culpeper Co on 02 Feb 1825 (bond), Susannah B Brown, who applied for pension (WO-41321), which was rejected. She died after Sep 1887 **VI**: Son of James Kilby (d 1829, Culpeper Co) & 1st wife Lucy Sparks. No stones at this graveyard **P**: Spouse App **BLW**: No **PH**: N **SS**: BD pg 1124; B pg 62; M pg 222 **BS**: 49.

KILBY, Leroy; b 27 Nov 1785; d 09 Mar 1859 **RU**: Private, 5th VMR, Capt James Menefee, Mounted Infantry, Culpeper Co, attached to 1st VMR (Crutchfield) **CEM**: Kilby Family #2; Culpeper; Slate Mills 1/8 mi on Rt 644 leading to R C Norris home off Rt 707 **GS**: Y **SP**: mar (1) 22 Sep 1820 in Culpeper Co, to Eleanor Mayre daughter of Peter Mayre & Eleanor Coleman Green, one son, James O Kilby; (2) 13 Jan 1825 in Culpeper Co to Sarah Lee Hill, daughter of Humphrey Hill & Amy Ann Myrtle, b 14 Oct 1804, d 01 May 1899 (10 children) **VI**: Son of James Kilby (d 1829, Culpeper Co) & 1st wife Lucy Sparks. Grave marking ceremony Nov 2008 **P**: Spouse **BLW**: Yes **PH**: Y **SS**: BD pg 1124; B pg 62; M pg 222 **BS**: 31

KIMBRAUGH, Richard; b 1794; d bur 28 Jul 1866 **RU**: Private, 19th VMR, Capt Wilson Bryan, Richmond City **CEM**: Hollywood; Richmond City; 412 S Cherry St, Sec R, lot 181 **GS**: U **SP**: mar Sarah (-----), b 1807, bur 29 Jul 1876 **VI**: No further data **P**: None **BLW**: No **PH**: N **SS**: K pg 359 **BS**: 237.

KINCAID, Andrew; b 20 Feb 1783; d 08 Jan 1858 **RU**: Corporal, 10th KY Militia (Bowell), Capt Isaac Gray **CEM**: Falling Spring Presbyterian; Alleghany; Falling Spring **GS**: Y **SP**: mar Ann P (-----), b 30 Aug 1791, d 10 Sep 1864 **VI**: No further data **P**: Spouse **BLW**: No **PH**: N **SS**: A rec 51; BD pg 1127 **BS**: 100 v2 pg 67; 197.

KINCAID, William; b 1781; d 18 Jan 1838 **RU**: Corporal, 32nd VMR, Capt Abraham Lange, Artillery, Augusta Co, attached to 5th VMR (McDowell) **CEM**: Falling Spring Presbyterian; Alleghany; Falling Spring **GS**: Y **SP**: mar Elizabeth (-----). No stone **VI**: No further data **P**: Spouse **BLW**: No **PH**: N **SS**: BD pg 1127; B pg 241 **BS**: 100 v2 pg 68.

KINCANNON, James; b 01 Mar 1773; d 04 Apr 1836 **RU**: Private, Bunch's Regiment, East TN Militia **CEM**: Clark Family; Washington; Rt 112 **GS**: Y **SP**: "Mrs James Kincannon" b 09 Mar 1776, d 15 Jan 1839 (stone) **VI**: No further data **P**: None **BLW**: No **PH**: N **SS**: A rec 120 **BS**: 116 pg 183.

KINCHELOE, Daniel; b 09 Jan 1793; d 08 Apr 1861 **RU**: Private, 60th VMR, Capt Charles F Ford, Fairfax Co **CEM**: St John's Episcopal; Fairfax; 5649 Mt Gilead Rd **GS**: Y **SP**: mar Courtney Ann (-----), b 17 Aug 1818, d 30 Jan 1915 **VI**: No further data **P**: Spouse **BLW**: No **PH**: N **SS**: A rec 132; M pg 222; BD pg 1127 **BS**: 89 v4 CN 41.

KING, Benjamin H; b 03 Apr 1784; d 09 May 1860 **RU**: Captain, 2nd Regiment East TN Volunteers (Lillard) **CEM**: Green Springs; Washington; Rt 75, 5 mi S of I-81 **GS**: Y **SP**: mar Sarah (-----), d 18 Jun 1860 age 71 yrs 11 mos 21 days **VI**: No further data **P**: None **BLW**: No **PH**: N **SS**: A rec 434 **BS**: 116 og 273.

KING, Charles; b UNK; d 1862 (Will) **RU**: Private, 4th VMR **CEM**: Poplar Hill; Giles; jct Rts 42 & 100, Poplar Hill **GS**: U **SP**: No spouse information **VI**: No further data **P**: None **BLW**: No **PH**: N **SS**: A rec 469 **BS**: 14 pg 201.

KING, David; b UNK; d bur 03 May 1875 RU: Private, 47th VMR, Capt Triplett Estis's Co, Albemarle Co, attached to 8th VMR (Wall) CEM: Hollywood; Richmond City; 412 S Cherry St, Sec H, lot 10 GS: U SP: No spouse information VI: No further data P: None BLW: No PH: N SS: K pg 89 BS: 237.

KING, Edward; b 16 Apr 1792; d 29 Apr 1879 RU: Sergeant, 4th VMR Co (Boyd) CEM: St John's Episcopal; Hampton City; 100 W Queens Way GS: Y SP: mar Sarah E (-----), d 1883 VI: No further data P: None BLW: No PH: N SS: A rec 541 BS: 160 pg 88.

KING, Jacob; b 1774; d 22 Oct 1824 RU: Private, 19th VMR (Ambler), Capt William Wirt, Flying Artillery, Richmond City CEM: Hebrew Cemetery; Richmond City; 4th St, Shockoe Hill GS: Y SP: No spouse information VI: No further data P: None BLW: No PH: N SS: K pg 363; L pg 497 BS: 199.

KING, James; b 1791; d 1867 RU: Private, 7th VMR (Saunders) CEM: Bristol Cemetery; Washington; Bristol, VA on NC state line GS: Y SP: mar M M (-----), b 1792, d 1866 VI: Reverend P: None BLW: No PH: N SS: A rec 767 BS: 145; 223.

KING, Robert S; b 1780; d bur 11 Oct 1861 RU: Private, 87th VMR, Capt James Ruffin, Artillery, King William Co CEM: Hollywood; Richmond City; 412 S Cherry St, Sec B, lot 125 GS: Y SP: mar Catherine (-----) VI: No further data P: Spouse BLW: No PH: N SS: K pg 193; BD pg 1120; B pg 46; M pg 221 BS: 237.

KING, Thomas; b 1793; d bur 30 Sep 1864 RU: Private, Cocke's Detachment VA Militia CEM: Hollywood; Richmond City; 412 S Cherry St, Sec K, lot 41 GS: Y SP: No spouse information VI: No further data P: None BLW: No PH: N SS: A rec 1241 BS: 237.

KINGSTON, John; b UNK; d 1832 RU: Private, 5th VMR (McDowell) CEM: Scott Cemetery; Lynchburg; V E S Rd GS: Y SP: No spouse information VI: No further data P: None BLW: No PH: N SS: A rec 1646 BS: 207.

KINKAID, William; b 22 Jul 1799; d 14 Aug 1819 RU: Private, 5th VMR (McDowell) CEM: Rocky Spring Presbyterian; Augusta; 1 mi S of Deerfield GS: Y SP: No spouse information VI: No further data P: None BLW: No PH: on-line SS: A rec 109 BS: 245.

KINKLE, Henry; b 1798; d bur 10 Jun 1864 RU: Private, 1st MD Regiment (Ragan) CEM: Hollywood; Richmond City; 412 S Cherry St, Sec M, lot 20 GS: U SP: mar Sarah Kem on 26 Apr 1817 VI: Reverend P: None BLW: No PH: N SS: A rec 1743 BS: 237.

KINNER, John; b 1795, Monogham County, Ireland; d 17 Feb 1858 RU: Private, 4th VMR (Beatty) CEM: Presbyterian Cemetery; Lynchburg; Grace & Bailey Sts GS: Y SP: No spouse information VI: Birth place from tombstone P: None BLW: No PH: N SS: A rec 1817 BS: 207.

KINNEY, Nicholas; b 29 Feb 1793, Staunton; d 16 Nov 1859 RU: 2nd Lieutenant, US Rifles CEM: Trinity Church; Augusta; Staunton GS: Y SP: mar (1) in 1817 to Eliza Catherine Slaughter Penn Thornton Holloway, b 11 Mar 1801, d 14 Aug 1831; (2) on 19 Mar 1835 to Mary Ann Ambler Fisher, b 01 Jun 1801, d 27 Aug 1863. VI: Enlisted May 1814. Was Paymaster in Dec 1814 and Acting Adjutant to Feb 1815 P: None BLW: No PH: N SS: AF BS: 183.

KIPPS, Jacob; b 25 Jul 1761; d 27 Jan 1852 RU: Private, 5th VMR, Capt Reuben Moore, Culpeper Co, attached to 6th VMR (Coleman) CEM: Zirkle Family; Shenandoah; New Market GS: Y SP: mar 07 Dec 1830, Elizabeth Barb VI: No further data P: Yes BLW: No PH: N SS: A pg 2256; B pg 62; BD pg 1133; M pg 223 BS: 217.

KIPS, Michael; b 03 Mar 1789; d 08 Jun 1815 RU: Private, 6th VMR (Coleman) CEM: Zirkle Family; Shenandoah; New Market GS: Y SP: mar Eva (-----), b 16 Apr 1792, d 16 Feb 1879 VI: No furher data P: None BLW: No PH: N SS: A rec 2259 BS: 217.

KITCHEN, John Newton; b UNK; d 30 Jul 1836 RU: Private, 4th VMR (Boyd) CEM: Gaunt / Kitchen; Clarke; Winchester Rd GS: U SP: No spouse information VI: No further data P: None BLW: No PH: N SS: A rec 3043 BS: 92 pg 9.

KITCHEN, William; b 09 Mar 1792; d 02 Dec 1860 RU: Ensign, 57th & 60th VMR, Capt J. Debell, Loudoun & Fairfax Cos CEM: Chestnut Grove; Fairfax; 831 Dranesville Rd, Herndon GS: U SP: mar Elizabeth (-----) VI: No further data P: Spouse App BLW: No PH: N SS: A rec 3061; BD pg 1135; M pg 223 BS: 152.

RU=Rank/Unit CEM=Cemetery GS=Gravestone SP=Spousal Information VI=Other Veteran Info P=Pension
BLW=Bounty/Land Warrant PH=Photo SS=Service Source BS=Burial Source VMR= VA Military Regt
LNR= Last Known Residence

KITZMILLER, Martin; b 13 Apr 1772; d 24 May 1826 **RU:** Captain, 67th VMR, Berkeley Co **CEM:** Leesburg Presbyterian; Loudoun; v **GS:** Y **SP:** mar Elizabeth (-----), b 31 Jan 1778, d 12 Mar 1843 **VI:** No further data **P:** None **BLW:** No **PH:** Y **SS:** A rec 3247 **BS:** 73 pg 172.

KLINE, Frederick; b 09 Feb 1773; d 23 Dec 1848 **RU:** Corporal, MD Militia, Capt Getsendonne's Riflemen Detachment **CEM:** Old Dayton; Rockingham; Dayton **GS:** Y **SP:** mar Mary (-----), d 03 Mar 1857 age 72 yrs, 11 mos, 4 days **VI:** No further data **P:** None **BLW:** No **PH:** N **SS:** A rec 3383 **BS:** 211.

KLINE, George; b 11 Sep 1792; d 08 Jul 1850 **RU:** Private, 5th VMR **CEM:** Kline Family; Rockingham; Trissells Rd (Rt 809), Broadway **GS:** Y **SP:** mar Susannah Beahm, b 14 Jun 1804, d 03 Feb 1878 **VI:** Tombstones (not bodies) were moved from this cemetery to Lynwood Creek Church of the Brethren Cemetery (Broadway, VA) in 1972 **P:** None **BLW:** No **PH:** N **SS:** A rec 3389 **BS:** 262.

KLINE, Jacob; b c1781; d 17 Jun 1844 **RU:** Private, 4th VMR (Beatty) **CEM:** Trinity Lutheran; Frederick; 810 Fairfax Pike, Stephens City **GS:** Y **SP:** mar Margaret (-----), b c1778, d 17 Jun 1841 **VI:** No further data **P:** None **BLW:** No **PH:** N **SS:** A rec 3402 **BS:** 86 pg 78; 79 pg 180.

KNIGHT, George A; b 05 Oct 1784; d 07 Jan 1859 **RU:** 1st Sergeant, 31st VMR, Capt Samuel Baker, Troop of Cavalry, Frederick Co **CEM:** Knight Graveyard, "Deerfield"; Clarke; Salem Ln, Boyce **GS:** Y **SP:** mar Elizabeth (-----). She received an Old War Pension **VI:** Disabled during War **P:** Spouse **BLW:** No **PH:** N **SS:** A rec 4068; BD pg 1139 **BS:** 86 pg 18; 92 pg 11.

KNIGHT, John; b UNK; d c1827 (Account) **RU:** Private, 45th VMR, Capt John C Edrington, Stafford Co **CEM:** Knight Family; Stafford; end of Embrey Mill Rd (Rt 733) **GS:** Y **SP:** No spouse information **VI:** No further data **P:** None **BLW:** No **PH:** N **SS:** L pg 302 **BS:** 26 pg 263.

KNIGHT, John L; b UNK; d 1865 (Admin) **RU:** Private, US Army **CEM:** City Cemetery; Fredericksburg; William St & Washington Ave **GS:** Y **SP:** No spouse information **VI:** Enlisted at Ft Norfolk in March 1814. Discharged at Norfolk 20 Mar 1815 **P:** None **BLW:** No **PH:** N **SS:** C pg 106 **BS:** 18 pg 18.

KNOX, William A; b 1789; d 08 Sep 1831 **RU:** Private, 5th VMR (McDowell) **CEM:** Masonic Cemetery; Fredericksburg; 900 Block, Charles St **GS:** Y **SP:** No spouse information **VI:** Died age 42 years **P:** None **BLW:** No **PH:** N **SS:** A rec 4910 **BS:** 52.

KOGER, John; b 05 Feb 1791; d 06 Feb 1852 **RU:** Private, 7th VMR (Saunders), Capt Jeremiah Neil, Lee Co **CEM:** Chandler / Koger; Lee; Wallen's Creek **GS:** Y **SP:** mar Mary "Polly" Crismond, daughter of Nimrod & Milly Crismond, b 09 Apr 1799, d 20 Sep 1884 **VI:** No further data **P:** Spouse **BLW:** No **PH:** N **SS:** BD pg 1141; B pg 118 **BS:** 253 pg 125.

KOGER, Joseph; b 02 Sep 1793; d 07 Sep 1888 **RU:** Private, 7th VMR (Saunders) **CEM:** Koger Family; Henry; one mi fr Patrick Co line **GS:** Y **SP:** mar on 22 Aug 1826 to Ruth Slaughter, daughter of John Slaughter, b 13 May 1808, d 28 Jan 1877 **VI:** No further data **P:** None **BLW:** No **PH:** N **SS:** A rec 4995-4996 **BS:** 154 pg 66.

KOONTZ, Isaac Newton; b UNK; d 25 Apr 1832 **RU:** Musician, 5th VMR **CEM:** Koontz / Shuler Family; Page; 1 mi NW of Alma **GS:** Y **SP:** No spouse information **VI:** No further data **P:** None **BLW:** No **PH:** N **SS:** A rec 5185 **BS:** 156.

KOONTZ, John; b 13 Jul [year broken]; d 1846 [date broken] **RU:** Lt Colonel, 116th VMR, Commander, Rockingham Co **CEM:** Keezletown Cemetery; Rockingham; Keezletown **GS:** Y **SP:** No spouse information **VI:** Commissioned Lt Colonel 28 Jul 1810 **P:** None **BLW:** No **PH:** N **SS:** B pg 181, 225, 226: A rec 5184 **BS:** 245.

KOONTZ, Michael; b UNK; d 1855 (Inv) **RU:** Private, 5th VMR (McDowell) **CEM:** Otterbein Family; Shenandoah; Rt 263, Rinkertown **GS:** Y **SP:** No spouse information **VI:** No further data **P:** None **BLW:** No **PH:** N **SS:** A rec 5188 **BS:** 115 pg 33.

KORN, John; b 1758; d 05 Aug 1817 **RU:** Baker, 1st Regiment US Volunteers **CEM:** Christ Church Episcopal; Alexandria; Wilkes & Hamilton **GS:** Y **SP:** No spouse information **VI:** No further data **P:** None **BLW:** No **PH:** N **SS:** A rec 5221 **BS:** 34 pg 102.

KRAUS, David; b Feb 1787; d 10 May 1859 **RU:** Private, 51st Regiment MA Militia (Ames) **CEM:** Old Dayton; Rockingham; Dayton **GS:** Y **SP:** No spouse information **VI:** Died age 72 yrs, 3 mos **P:** None **BLW:** No **PH:** N **SS:** A rec 5318 **BS:** 211.

KUHN, Henry; b 15 Feb 1798, Adams Co, PA; d 29 May 1835 **RU:** Private, 5th Regiment PA Militia (Fenton) **CEM:** Shockoe Hill; Richmond City; 100 Hospital St **GS:** Y **SP:** mar Ann Hewlett, b 16 Feb 1796, d 27 Nov 1836 **VI:** Son of Henry Kuhn. Occupation Miller **P:** None **BLW:** No **PH:** N **SS:** A rec 5043 **BS:** 199.

KYLE, John; b 1798, Scotland; d 1848 **RU:** Private, 6th VMR (Coleman) **CEM:** Old City Cemetery; Lynchburg; 401 Taylor St **GS:** Y **SP:** mar Ann (-----), b 1808, d 1875 **VI:** No further data **P:** None **BLW:** No **PH:** N **SS:** A rec 5862 **BS:** 87 pg 129.

KYLES, James Thomas; b UNK; d UNK **RU:** Sergeant, Flying Camp McDowell **CEM:** Thomas / Oney; Bedford; Rt 450 E on Hull St **GS:** Y **SP:** No spouse information **VI:** No further data **P:** None **BLW:** No **PH:** N **SS:** A rec 5849 **BS:** 251 pg 691.

LACKLAND, Matthew C; b 1794; d 01 Mar 1839 **RU:** Sergeant, 19th VMR (Ambler), Richmond City **CEM:** Shockoe Hill; Richmond City; 100 Hospital St **GS:** U **SP** No spouse information **VI:** Tobacco warehouse inspector **P:** None **BLW:** No **PH:** N **SS:** A rec 6264 **BS:** 38 pg 18

LACY, Fleming; b UNK; d UNK **RU:** Private, 19th VMR, Capt William Richardson, Richmond City, attached to 1st Corps d'Elite (Randolph) **CEM:** Lacy Family; Goochland; off Rt 615 nr Old Forest Grove Church **GS:** U **SP:** See Appendix G **VI:** No further data **P:** None **BLW:** No **PH:** N **SS:** K pg 263 **BS:** 78 pg 176.

LACY, Mathew; b UNK; d UNK **RU:** Sergeant, 38th VMR, Capt Charles Hopkins, Goochland Co, attached to 1st VMR (Clarke) **CEM:** Lacy Family; Goochland; off Rt 615 nr Old Forest Grove Church **GS:** U **SP:** mar in Goochland Co, on 02 Apr 1817 to Sophia Michie, daughter of John Michie. Data from "Virginia Marriages 1785-1940" (familysearch.org) **VI:** No further data **P:** None **BLW:** No **PH:** N **SS:** K pg 485; A rec 6843 **BS:** 78 pg 176.

LACY, Thomas E; b 1783, Goochland Co; d 12 May 1867, Lunenburg Co **RU:** Private, 23rd VMR, Capt Edward Johnson, Chesterfield Co, attached to 2nd VMR (Ambler) **CEM:** Hollywood; Richmond City; 412 S Cherry St **GS:** U **SP:** mar Elizabeth (-----) **VI:** Birth and death data from "Virginia Deaths and Burials 1853-1912" (familysearch.org); occupation was wheelwright **P:** None **BLW:** No **PH:** N **SS:** K pg 76 **BS:** 260.

LADD, Thomas Miffin; b 16 Oct 1769; d 20 May 1834 **RU:** Private, 69th VMR, Capt William Leigh, Halifax Co, attached to 2nd Corps d'Elite (Green) **CEM:** St John's Church; Richmond City; 24th & Broad, Church Hill **GS:** U **SP:** mar (1) at the Friends Meetng House, Richmond on 07 Aug 1799 to Ann Bell, daughter of Nathan Bell of Hanover Co, b 1779, d 22 Oct 1840; (2) in Richmond on 07 Aug 1841 to Lucy Ann Lipscomb. Marriage notice to first wife in the *Richmond Argus*, 09 Aug 1799, pg 3 **VI:** No further data **P:** None **BLW:** No **PH:** N **SS:** K pg 217 **BS:** 252 pg 60; 63 pg 243.

LADD, Willis L; b UNK; d bur 19 Jul 1862 **RU:** Corporal, 69th VMR, Capt William Leigh, Halifax Co, attached to 2nd Corps d'Elite (Green) **CEM:** Hollywood; Richmond City; 412 S Cherry St, Sec L, lot xxx **GS:** U **SP:** No spouse information **VI:** No further data **P:** None **BLW:** No **PH:** N **SS:** K pg 217 **BS:** 237.

LAKE, Timothy; b 18 May 1786; d 10 Oct 1869 **RU:** Private, 48th VMR, Capt James Cartmill, Botetourt Co **CEM:** Mill Creek; Botetourt; 6 mi N of Troutville **GS:** Y **SP:** No spouse information **VI:** No further data **P:** None **BLW:** No **PH:** N **SS:** K pg 7 **BS:** 155 pg 19.

LAMBERT, Thomas B; b 1774; d bur 12 Sep 1856 **RU:** Private, 23rd VMR (Brown), Capt Edward Archer, Chesterfield Co, attached to 1st VMR (Yancey) **CEM:** Hollywood; Richmond City; 412 S Cherry St, Sec B, lot 116 **GS:** U **SP:** mar Margaret (-----), d 07 Feb 1848. Death notice in the *Richmond Examiner*, 08 Feb 1842, pg 2. Funeral held at residence on Grace St between 18th & 19th Sts (Church Hill), Richmond City **VI:** No further data **P:** None **BLW:** No **PH:** N **SS:** L pg 100 **BS:** 237.

LAMBERT, William; b 1790; d 23 Mar 1853 **RU:** 1st Lieutenant, 19th VMR, Company of Artillery, Richmond City **CEM:** Hollywood; Richmond City; 412 S Cherry St **GS:** U **SP:** No spouse information **VI:** Attorney. Mayor of Richmond 1840-52. Freemason. Original interment at St John's Church Cemetery; re-interment in 1892 at Hollywood Cemetery **P:** None **BLW:** No **PH:** N **SS:** K pg 363 **BS:** 168.

LANCASTER, John A; b 1796; d bur 02 Feb 1861 **RU:** Private, 19th VMR (Ambler), Capt S G Adams, Richmond City **CEM:** Hollywood; Richmond City; 412 S Cherry St, Sec L, lot 198 **GS:** U **SP:** mar in Richmond City by Rev William H Hart on 02 Dec 1819 to Adelaide Marie Derieux, of Richmond. Marriage notice in the *Richmond Compiler*, 07 Dec 1818, pg 3 **VI:** Styled "merchant of this city" in his marriage notice **P:** Spouse **BLW:** No **PH:** N **SS:** BD pg 1150 **BS:** 237; 63 pg 234.

RU=Rank/Unit CEM=Cemetery GS=Gravestone SP=Spousal Information VI=Other Veteran Info P=Pension
BLW=Bounty/Land Warrant PH=Photo SS=Service Source BS=Burial Source VMR= VA Military Regt
LNR= Last Known Residence

LANCASTER, Thomas; b 19 Mar 1793; d 11 Jan 1854 **RU:** Private, 3rd VMR (Dickinson) **CEM:** Jacksonville; Floyd; Rt 8, Floyd **GS:** Y **SP:** mar Susan Chapman, b 27 May 1785, d 23 May 1865 **VI:** Reinterred from old Floyd Cemetery on 25 Aug 1952 **P:** None **BLW:** No **PH:** N **SS:** A rec 6724 **BS:** 91 pg 39.

LANE, William; b UNK; d c1829 (Inv) **RU:** Private, 4th VMR **CEM:** Lane Family; Fairfax; nr Historic District, Centreville **GS:** N **SP:** No spouse information **VI:** No further data **P:** None **BLW:** No **PH:** N **SS:** A rec 7739 **BS:** 89 v3 FX-335.

LANE, William A; b 1773; d 12 Sep 1842 **RU:** Private, 4th VMR (Beatty) **CEM:** Lane / Green Family; Rappahannock; Rt 622, Washington **GS:** Y **SP:** mar in Culpeper Co on 06 Jun 1798 to Elizabeth Green, by Lewis Conner (Baptist) **VI:** Died aged 69 years (tombstone) **P:** None **BLW:** No **PH:** N **SS:** A rec 7738-9; D pg 324 **BS:** 74 pg 33.

LANGHORNE, Maurice H, Jr; b 17 Sep 1787, Warwick Co; d 21 Feb 1865 **RU:** Lieutenant / Quartermaster, 17th VMR, Capt John Miller, Cumberland Co, attached to 5th VMR & McDowell's Flying Camp **CEM:** Presbyterian Cemetery; Lynchburg; Grace & Bailey Sts **GS:** U **SP:** mar (1) Elizabeth Archer, daughter of Major Archer Allen of "Mt View"; (2) Elizabeth Cary Allen of Prince Edward Co, b 03 Jun 1787, d 09 Apr 1843 **VI:** Tobacconist & manufacturer. Son of John Scaisbrooke Langhorne of "Gambell" and Elizabeth Warwick **P:** None **BLW:** No **PH:** N **SS:** A rec 8033, 8035, 8036; K pg 30 **BS:** 207; 49.

LANGHORNE, William; b 06 Oct 1783; d 13 Mar 1858 **RU:** Corporal, 115th VMR, Capt Miles Cary, Elizabeth City Co, attached to Major Crutchfield **CEM:** Fairview; Roanoke; Salem Turnpike NW **GS:** U **SP:** mar Charlotte L (-----) **VI:** Reinterred from Tayloe Family graveyard **P:** Spouse **BLW:** No **PH:** N **SS:** BD pg 1153; B pg 67; M pg 225 **BS:** 157 pg 227.

LANIER, James T; b 05 May 1792; d 20 Dec 1856 **RU:** Captain, 42nd VMR, Commander of Troop of Calvary, Pittsylvania Co, attached to Sale's Battalion of Cavalry **CEM:** Grove Street; Danville City; 940 Grove St **GS:** U **SP:** mar Martha Green, d 25 Sep 1864 **VI:** First mayor of Danville in 1833. Clerk of Hustings Court (bond in 1855), Postmaster in 1820 **P:** None **BLW:** No **PH:** N **SS:** B pg 161 **BS:** 49; 262 Image 7.

LANIER, Lewis Parham; b 1788; d Dec 1863 **RU:** Private, 66th VMR, Capt Palmer Fisher, Brunswick Co **CEM:** Sturdivant Family; Dinwiddie; Rt 645 nr Dinwiddie C.H. **GS:** N **SP:** mar (1) Elizabeth Sturdivant; (2) Susan Thompson Sturdivant, d abt 1847; (3) Martha (-----) who drew pension **VI:** As Louis P Lanier, age 62 on 1850 census of Dinwiddie Co, VA. No wife living with him that year. As Lewis P Lanier, age 72 on the 1860 census of Dinwiddie. No wife living with him that year **P:** Spouse **BLW:** No **PH:** N **SS:** BD pg 1154 **BS:** 210; 245.

LATIMER, George; b 1788; d 03 Nov 1832 **RU:** Private, 115th VMR, Capt John Armistead and Capt Richard Servant, Elizabeth City Co **CEM:** Latimer / Hickman; Hampton City; Harris Creek Rd **GS:** Y **SP:** mar Elizabeth (-----) who drew pension **VI:** Judge. Reinterred here from old Latimer Cemetery **P:** Spouse **BLW:** No **PH:** N **SS:** BD pg 1154 **BS:** 245.

LATIMER, Thomas; b 06 Sep 1776; d 20 Aug 1837 **RU:** Private, 115th VMR, Capt John Cooper, Troop of Cavalry, York Co, attached to 1st VMR (Clarke) **CEM:** St John's Episcopal; Hampton City; 100 W Queens Way **GS:** Y **SP:** mar Whiting W (-----), d 1820 **VI:** No further data **P:** None **BLW:** No **PH:** N **SS:** K pg 478 **BS:** 160 pg 92.

LATIMER, Thomas; b 31 Dec 178x; d 14 Sep 1859 **RU:** Private, 115th VMR, Capt John Armistead, Mounted Infantry, Elizabeth City Co, . **CEM:** Latimer / Hickman; Hampton City; Harris Creek Rd **GS:** U **SP:** No spouse information **VI:** No further data **P:** None **BLW:** No **PH:** N **SS:** K pg 105 **BS:** 23 pg137.

LATIMER, William; b 15 Jun 1789; d 05 Nov 1859 **RU:** Private, 29th VMR (Ballard), Isle of Wight Co **CEM:** Latimer / Hickman; Hampton City; Harris Creek Rd **GS:** Y **SP:** mar Sarah (-----), b 3 Jan 1828, d 30 Jun 1894 **VI:** Inscription illegible **P:** None **BLW:** No **PH:** N **SS:** A rec 9954 **BS:** 23 pg 137.

LAW, Burwell; b 01 Jan 1766; d 13 Dec 1844 **RU:** Private, Capt Kemp's Company of Militia **CEM:** Law Family; Franklin; Rts 658 & 946 **GS:** Y **SP:** mar in Franklin Co on 01 Apr 1811 to Lucy Smith, Henry Smith surety. As Lucy Ashworth, "former widow," she drew an Old War Pension **VI:** Wounded during the war. The Capt Kemp referred to in the pension records that he was assigned to may be Lt William Kemp in Lt Coleman's 6th VMR or Capt Joseph Kemp of MD **P:** Spouse **BLW:** No **PH:** N **SS:** BD pg 1159 **BS:** 118 pg 209.

LAWRENCE, John; b UNK; d 03 Feb 1821 **RU:** Captain, 29th VMR, Company Commander, Isle of Wight Co **CEM:** St John's Church; Richmond City; 24th & Broad, Church Hill **GS:** U **SP:** No spouse information **VI:** Member House of Delegates from Isle of Wight Co **P:** None **BLW:** No **PH:** N **SS:** L pg 537 **BS:** 63 pg 469.

RU=Rank/Unit CEM=Cemetery GS=Gravestone SP=Spousal Information VI=Other Veteran Info P=Pension
BLW=Bounty/Land Warrant PH=Photo SS=Service Source BS=Burial Source VMR= VA Military Regt
LNR= Last Known Residence

LAWRENCE, Robert; b 17 Aug 1793; d 29 Oct 1866 **RU**: Private, 29th VMR (Boykin), Capt Joseph Atkinson, Troop of Cavalry, Isle of Wight Co **CEM**: St John's Church; Suffolk City; formerly Churatuck Church **GS**: Y **SP**: mar Elizabeth G (-----), b 20 Oct 1797, d 26 Oct 1877 **VI**: No further data **P**: Spouse **BLW**: No **PH**: N **SS**: BD pg 1161; B pg 102 **BS**: 41.

LAWS, John; b 25 May 1764; d 01 Dec 1839 **RU**: Private, 99th VMR (Bagwell), Accomack Co **CEM**: Laws; Accomack; btw Nelsonia & Modest **GS**: Y **SP**: mar (1) Adah (-----); (2) Elizabeth Louise (-----), d 02 Jul 1820, age 59 yrs, 7 mos, 6 days **VI**: No further data **P**: None **BLW**: No **PH**: N **SS**: A rec 11519 **BS**: 6 pg 168.

LAWSON, John; b 24 Aug 1798; d 30 Aug 1821 **RU**: Private, 4th VMR (Bramham), Richmond Co **CEM**: Dumfries Cemetery; Prince William; off Cameron St, SW of Dumfries Elementary School **GS**: Y **SP**: No spouse information **VI**: No further data **P**: None **BLW**: No **PH**: N **SS**: A rec 11621 **BS**: 248 Pt 2 pg 12.

LAWSON, William; b UNK; d UNK **RU**: Private, 4th VMR, Artillery **CEM**: Eastern State Hospital; Williamsburg; Newport Ave **GS**: Y **SP**: No spouse information **VI**: No further data **P**: None **BLW**: No **PH**: N **SS**: A rec 11682 **BS**: 93.

LAYNE, George; b 1781; d 06 Feb 1863 **RU**: Corporal, 38th VMR, Capt Gideon Massie, Goochland Co, attached to 8th VMR (Wall) **CEM**: Miller Family; Amherst; Rt 690 **GS**: Y **SP**: No spouse information **VI**: Stone erected by his son-in-law, James Scurry **P**: None **BLW**: No **PH**: N **SS**: K pg 99 **BS**: 5 pg 146.

LAZARUS, Aaron; b 02 Aug 1777, Charleston SC; d 02 Oct 1841, Petersburg **RU**: Private, NC Militia, New Hanover Co (Nixon) **CEM**: Hebrew Cemetery; Richmond City; 4th St, Shockoe Hill **GS**: Y **SP**: No spouse information **VI**: Tombstone indicates he was "of Washington D.C." **P**: None **BLW**: No **PH**: N **SS**: A rec 12085 **BS**: 199.

LEACH, Thornton K; b UNK; d aft 1883 **RU**: Private, 44th VMR, Capt William O'Bannon, Fauquier Co, attached to Maj John Kemper's Detachment **CEM**: Leach Family; Fauquier; vic jct Rts 697 & 628 **GS**: Y **SP**: No spouse information **VI**: No further data **P**: Yes **BLW**: No **PH**: N **SS**: A rec 12375-7; BD pg 1164; M pg 226; B pg 74 **BS**: 4 pg 136.

LEAKE, Josiah; b 1770; d 12 May 1847 **RU**: Corporal, 7th VMR (Gray) **CEM**: Rocky Spring Leake; Goochland; Rt 6 1/8th mi W of Rt 600 **GS**: Y **SP**: mar in Amelia Co on 23 Mar 1799 by Rev. Charles Hopkins to Elizabeth P Hatcher. John Quarles was surety on the bond dated 22 Mar 1799. Marriage notice in the *Richmond Argus*, 29 Mar 1799, pg 3. Both were of Goochland County **VI**: Styled "attorney at law" in his marriage notice **P**: None **BLW**: No **PH**: N **SS**: A rec 12504 **BS**: 78 pg 224.

LECATO, Littleton; b 21 Mar 1773; d 13 Oct 1837 **RU**: Private, 2nd VMR, Capt James T Teackle, Accomac Co **CEM**: LeCato Family; Accomack; Rt 605, Quinby **GS**: U **SP**: mar in Accomack Co on 24 Nov 1806 to Esther Bradford, b 1783, d 1828 **VI**: No further data **P**: None **BLW**: No **PH**: N **SS**: K pg 324 **BS**: 178.

LEE, Arthur; b UNK; d 18 Nov 1847 **RU**: Private, 21st VMR, Capt William Jones, Gloucester Co **CEM**: Lee Homestead; Lancaster; Kilmarnock **GS**: U **SP**: mar on 13 Jan 1814 to Sarah Haggoman, LNR White Stone Township, Lancaster Co, 1871 **VI**: No further data **P**: Spouse **BLW**: Yes **PH**: N **SS**: BD pg 1116; B pg 83 **BS**: 49 Acors.

LEE, Edward D, Jr; b 25 Dec 1780; d 16 Apr 1822 **RU**: Sergeant, 39th VMR, Capt Thomas Claiborne, Petersburg **CEM**: Blandford; Petersburg; 111 Rochelle Ln **GS**: Y **SP**: mar Mary (-----), b 28 May 1770, d 14 Mar 1845 **VI**: No further data **P**: None **BLW**: No **PH**: N **SS**: L pg 220 **BS**: .

LEE, Francis Lightfoot; b 18 Jun 1782; d 13 Apr 1850 **RU**: Quartermaster, 57th VMR, Loudoun Co **CEM**: Christ Church Episcopal; Alexandria; Wilkes & Hamilton **GS**: Y **SP**: No spouse information **VI**: Attorney **P**: None **BLW**: No **PH**: N **SS**: A rec 13615 **BS**: 34 pg 103.

LEE, Henry; b 1795; d 1854 (Will) **RU**: Private, 62nd VMR, Lt Ephraim Baird, Prince George Co **CEM**: Lee Family; Dinwiddie; Abt 4 mi from Dinwiddie Church **GS**: N **SP**: mar in Orange Co on 10 Aug 1814 to Mary Lamb **VI**: Per WPA Survey: "Henry Lee father of J H Lee and G F Lee, grandfather of Harold Henry Lee. Mary D Lee wife of Henry." Age 55 on 1850 census of Prince George Co **P**: None **BLW**: No **PH**: N **SS**: L pg 119 **BS**: 210.

LEE, Henry Hancock; b UNK; d UNK **RU**: Private, 36th VMR, Prince William Co **CEM**: Lee Greenwood Farm; Fauquier; Rt 651 nr Botha **GS**: N **SP**: No spouse information **VI**: No stones remaining in this cemetery, which was

---

RU=Rank/Unit   CEM=Cemetery   GS=Gravestone   SP=Spousal Information   VI=Other Veteran Info   P=Pension
BLW=Bounty/Land Warrant   PH=Photo   SS=Service Source   BS=Burial Source   VMR= VA Military Regt
LNR= Last Known Residence

bulldozed by a former owner. Information came from Ripley Robinson, a descendent **P:** None **BLW:** No **PH:** N **SS:** A rec 13669 **BS:** 4 pg 136.

LEE, John; b 08 Dec 1784; d 31 Jul 1826 **RU:** Private, 6th VMR (Coleman) **CEM:** Stickley Family; Shenandoah; Strasburg **GS:** Y **SP:** No spouse information **VI:** No further data **P:** None **BLW:** No **PH:** N **SS:** A rec 13838 **BS:** 86 pg 38.

LEE, John, Sr; b 1784; d bur 19 Aug 1823 **RU:** Private, 39th VMR, Capt Cadwallader Claiborne, Petersburg **CEM:** Shockoe Hill; Richmond City; 100 Hospital St **GS:** U **SP:** No spouse information **VI:** No further data **P:** None **BLW:** No **PH:** N **SS:** K pg 136 **BS:** 38 pg 2.

LEE, Joshua; b UNK; d 28 Jun 1851 **RU:** Private, 57th VMR, Loudoun Co **CEM:** Lee Family #2; Loudoun; End of Rt 600 **GS:** Y **SP:** mar in Loudoun Co on 27 Sep 1799 to Theodosia Warford, b 21 May 1780, d 15 Feb 1855. **VI:** No further data **P:** None **BLW:** No **PH:** N **SS:** A rec 13912 **BS:** 73 pg 176.

LEE, Robert H; b 1770, Warwick Co; d 1841, Warwick Co **RU:** Corporal, 115th VMR, Capt Humphrey H. Wynne, Warwick Co **CEM:** Lee / Davis / Young; James City; nr Lee Hall on Curtis Dr **GS:** Y **SP:** mar (1) Jane Shepherd; (2) Sarah Kirby **VI:** Father of Richard Decatur Lee who built Lee Hall **P:** None **BLW:** No **PH:** N **SS:** L pg 450 **BS:** 49.

LEE, Thomas; b 1794; d 05 May 1851 **RU:** Private, 19th VMR, Capt Wilson Bryan, Richmond City **CEM:** Shockoe Hill; Richmond City; 100 Hospital St **GS:** Y **SP:** No spouse information **VI:** Died in his 57th year, leaving one daughter **P:** None **BLW:** No **PH:** N **SS:** B pg 174; L pg 182 **BS:** 245.

LEECH, John M; b 07 Oct 1795; d 03 Jan 1834 **RU:** Corporal, 5th VMR (McDowell) **CEM:** Clark Cemetery; Washington; Rt 112 **GS:** Y **SP:** No spouse information **VI:** No further data **P:** None **BLW:** No **PH:** N **SS:** A rec 14250 **BS:** 116 pg 183.

LEFTWICH, Augustine; b 1785; d 1844 **RU:** Sergeant Major, Maj Woodford's Squadron of Calvary (Dragoons) **CEM:** Leftwich / Giles; Pittsylvania; Medical Center Rd **GS:** Y **SP:** mar Elizabeth Williams **VI:** No further information **P:** Both **BLW:** No **PH:** N **SS:** B pg 243; BD pg 1170; M pg 227 **BS:** 49.

LEFTWICH, Augustine; b 04 Mar 1794, Bedford, England; d 24 Mar 1881 **RU:** Sergeant-Major, Maj Woodford's Squadron of Cavalry (Dragoons) **CEM:** Presbyterian Cemetery; Lynchburg; Grace & Bailey Sts **GS:** U **SP:** mar (1) in Pittsylvania Co on 17 Jun 1823 to Mildred Adams Ward, b 21 Sep 1806, d 21 May 1829; (2) on 06 Jul 1830, Anne Elizabeth Williams Clark, b 03 Jul 1812 in Camden, SC, d 04 Feb 1900, daughter of James & Ann Clark. As Elizabeth Leftwich she drew a pension **VI:** "A curious figure came here …Fortune in tobacco…would stroll to his factory like an Indian nabob…in spotless white linen…slave holding aloft umbrella." (*Guide To The Old Dominion*). Son of Thomas Leftwich (b 1740 in New Kent Co, d 1816 in Bedford Co) & Virginia (Gincey) Stratton (b c1762 in Caroline Co). Marriage announcement calls him Captain, WPA calls him Colonel. Service rank during war was Sergeant Major **P:** Spouse **BLW:** No **PH:** N **SS:** BD pg 1170; A rec 14640 **BS:** 49.

LEFTWICH, Jabez; b 1792; d 1876 **RU:** Ensign, 7th VMR (Saunders), Capt John Jennings, Hallifax Co **CEM:** Williams Family; Giles; Rt 42 btw Maybrook & Eggleston **GS:** Y **SP:** mar (1) Martha Early, b 1794, d 1826; (2) Hattie Beatles Cary, b 1846, d 1926 **VI:** No further data **P:** Yes **BLW:** No **PH:** N **SS:** BD pg 1170; B pg 90 **BS:** 14 pg 179.

LEFTWICH, Joel; b 22 Nov 1760, Bedford Co; d 20 Apr 1846, Bedford Co **RU:** Brigadier General, 2nd VA Brigade **CEM:** Mt Airy; Bedford; jct Rts 630 & 63, nr Leesville **GS:** U **SP:** mar in Amherst Co on 24 Dec 1781 (bond) to Nancy Turner, daughter of Richard and Ann (-----) Turner. Consent to the marriage was given by D. Wright **VI:** Son of Augustine Leftwich of Bedford Co. Served as an enlisted man and Ensign in the Revolution, and was in battles at Germantown, Camden, and Guilford Court House where he was wounded. Was the Commanding officer at Ft Meigs. After the War served as Major General of the Virginia Militia. Was member of the Virginia Legislature and Justice of Peace in Bedford Co. **P:** None **BLW:** No **PH:** N **SS:** B pg 240 **BS:** 49.

LEFTWICH, John "Jack"; b 1783; d 1833 **RU:** Private, 10th VMR, Capt Mark Anthony, Bedford Co, attached to 4th VMR **CEM:** Clark Family; Campbell; jct Lawyers & Missionary Manor Rds **GS:** Y **SP:** mar (1) Lucy Frances Moorman, daughter of Samuel & Judith (Clark) Moorman; (2) Jane (-----) **VI:** An extensive planter, only child of Major General Joel Leftwich **P:** Spouse **BLW:** No **PH:** N **SS:** BD pg 1170; B pg 42 **BS:** 49.

LEFTWICH, William C; b 08 Sep 1798; d 21 Sep 1854 **RU:** Paymaster, 10th VMR, Capt Walter Otey, Cavalry, Bedford Co **CEM:** Steptoe / Calloway; Bedford; Rt 128 Federal Hill **GS:** U **SP:** mar (1) Matilda (-----), b 1808, d 1837; (2) Charlotte C (-----) **VI:** No further data **P:** Spouse **BLW:** No **PH:** N **SS:** BD pg 1170; B pg 43; M pg 227 **BS:** 164.

RU=Rank/Unit   CEM=Cemetery   GS=Gravestone   SP=Spousal Information   VI=Other Veteran Info   P=Pension
BLW=Bounty/Land Warrant   PH=Photo   SS=Service Source   BS=Burial Source   VMR= VA Military Regt
LNR= Last Known Residence

LEIGH, Benjamin Watkins; b 18 Jun 1781, Chesterfield Co; d 02 Feb 1849, Mecklenburg Co **RU:** Aide-de-camp, Staff Officer for Governor Barbour **CEM:** Shockoe Hill; Richmond City; 100 Hospital St **GS:** Y **SP:** mar (1) 24 Dec 1802, to Sarah Selden Watkins; (2) on 30 Nov 1813, to Susan Colston; (3) Helen Jones (on stone at Liberty Hill); (4) on 24 Nov 1821, to Julia Wickham **VI:** Attorney. Son of Rev William Leigh and Elizabeth Watkins. Stone erected by his widow Julia Leigh. Educated at the College of William & Mary. House of Delegates 1811-1813, Dinwiddie Co, 1830-1831, Henrico Co. U.S. Senator, elected 1835. Member of 1829-30 VA Constitutional Convention. Founding member of the Virginia Historical Society. Reinterred from Liberty Hill Cemetery in Mecklenburg Co **P:** Spouse **BLW:** No **PH:** N **SS:** A rec 14947; L pg 42 **BS:** 38 pg ix; 199.

LEMLEY, Jacob; b c1790; d aft 1850 **RU:** Sergeant, 51st VMR, Capt John Pittsman, Frederick Co, attached to 1st VMR (Taylor) **CEM:** Trinity Lutheran; Frederick; 810 Fairfax Pike, Stephens City **GS:** U **SP:** mar in Frederick Co on 24 Dec 1818 (returned by John B Tilden) to Elizabeth Hotzenpiller **VI:** No dates on stone. Age 60 on Frederick Co census of 1850, of Stevens City **P:** Yes **BLW:** No **PH:** N **SS:** BD pg 1172; B pg 79 **BS:** 68 pg 79.

LEMON, David; b 1787; d 01 Aug 1829 **RU:** Private, 19th VMR, Capt Wilson Bryan, Richmond City **CEM:** Shockoe Hill; Richmond City; 100 Hospital St **GS:** U **SP:** No spouse information **VI:** No further data **P:** None **BLW:** No **PH:** N **SS:** K pg 359 **BS:** 38 pg 7.

LESLIE, Samuel D; b 1786; d 10 Jan 1867 **RU:** Ensign, 56th VMR (Taylor), Loudoun Co **CEM:** Arnold Grove Methodist Episcopal; Loudoun; jct Rts 9 & 690, Hillsboro **GS:** Y **SP:** No spouse information **VI:** No further data **P:** None **BLW:** No **PH:** N **SS:** A rec 16371 **BS:** 73 pg 180.

LESLIE, Thomas; b 01 Apr 1776; d 12 Sep 1820 **RU:** Captain, 56h VMR ,Company Commander Loudoun Co **CEM:** Ketoctin Baptist; Loudoun; Alder School Rd (Rt 711), Eubanks **GS:** Y **SP:** No spouse information **VI:** No further data **P:** None **BLW:** No **PH:** N **SS:** A rec 16372 **BS:** 73 pg 180.

LESTER, George; b 1792; d 18 May 1815 **RU:** Private, 19th VMR, Capt Anthony Turner, Richmond City **CEM:** St John's Church; Richmond City; 24th & Broad, Church Hill **GS:** U **SP:** No spouse information **VI:** No further data **P:** None **BLW:** No **PH:** N **SS:** K pg 361 **BS:** 63 pg 465; 252 pg 60.

LESTER, John; b 1793; d 26 Aug 1870 **RU:** Sergeant, 101st VMR, Capt Tunston Shelton, Pittsylvania Co, attached to 2nd Corps d'Elite **CEM:** St John's Church; Richmond City; 24th & Broad, Church Hill **GS:** U **SP:** mar (1) in Richmond on 21 Nov 1820 by Rev William H Hart to Jane Miller, daughter of Peter Miller. Marriage notice in the *Richmond Compiler*, 28 Nov 1820, pg 3. She d 1830; (2) Annie (-----) who drew pension **VI:** No further data **P:** Spouse **BLW:** Yes **PH:** N **SS:** K pg 225; BD pg 162; M pg 228; BD pg 1174 **BS:** 63 pg 345. 465.

LETELLIER, Peter; b c1784; d 01 Apr 1824 **RU:** Private, 19th VMR, Capt William H. Richardson, Richmond City. attached to 1st Corps d'Elite (Randolph) **CEM:** Shockoe Hill; Richmond City; 100 Hospital St **GS:** U **SP:** mar in Richmond on 1 Apr 1815 to Susanna Staples. Marriage notice in the *Richmond Examiner*, 08 Apr 1815, pg 3 **VI:** No further data **P:** None **BLW:** No **PH:** N **SS:** K pg 263 **BS:** 38 pg 2.

LEWIS, Charles; b 11 Apr 1796; d 03 May 1877 **RU:** Corporal, 7th VMR (Saunders), Capt Michael Shively, Augusta Co **CEM:** Lewis Family; Rockingham; Lynwood Rd, off Rt 340, Lynwood **GS:** Y **SP:** mar (1) Nancy (-----), b 02 Apr 1802, d 07 Dec 1865; (2) Jane (-----) **VI:** No further data **P:** Spouse **BLW:** No **PH:** N **SS:** BD pg 1176; B pg 40 **BS:** 245.

LEWIS, Charles Augustine Lightfoot; b 1782; d 07 Feb 1847 **RU:** Private, 6th VMR, Capt Thomas Evans, Troop of Infantry, Essex Co **CEM:** Lewis Family; Caroline; Rt 2 **GS:** Y **SP:** mar in Caroline Co on 29 Oct 1822 (bond) to Mary Warner Lewis **VI:** Pastor of Baptist Church at Waller's. Store erected by Sisters of County Line & Waller's Churches in 1847 **P:** None **BLW:** No **PH:** N **SS:** L pgs 256 &310 **BS:** 10 pg 96; 260.

LEWIS, Dangerfield; b 1784; d 11 Sep 1862 **RU:** Private, 25th VMR, Capt William H. Hooe, King George Co **CEM:** Lewis Family; King George; Rt 649, Osso **GS:** Y **SP:** mar Lucy B (-----), d 16 Aug 1856, "wife of Dangerfield Lewis" **VI:** Died age 78 years **P:** None **BLW:** No **PH:** N **SS:** K pg 410 **BS:** 80.

LEWIS, Edwin Gray; b 10 Jan 1791; d 16 Apr 1816 **RU:** Sergeant, 39th VMR, Capt Cadwallender Cliaborne, Petersburg, attached to 1st VMR (Byrne) **CEM:** Lewis Family; Brunswick; at Woodstock Plantation, Boydon Plank Rd, Meredithville **GS:** Y **SP:** No spouse information **VI:** Son of Benjamin Lewis (1763-1824) & Elizabeth Gray (Edmunds) (1766-1824) Lewis **P:** None **BLW:** No **PH:** N **SS:** B pg 159: K pg 135 **BS:** 245.

RU=Rank/Unit   CEM=Cemetery   GS=Gravestone   SP=Spousal Information   VI=Other Veteran Info   P=Pension
BLW=Bounty/Land Warrant   PH=Photo   SS=Service Source   BS=Burial Source   VMR= VA Military Regt
LNR= Last Known Residence

LEWIS, James; b UNK; d 06 Apr 1863 **RU:** Private, Maj Thomas Hunton's Command of Cavalry **CEM:** Old Ebenezer Baptist; Loudoun; 20421 Airmont Rd, Bloomfield **GS:** Y **SP:** No spouse information **VI:** No further data **P:** None **BLW:** No **PH:** N **SS:** A rec 17654 **BS:** 73 pg 180.

LEWIS, John; b UNK; d bur 25 Jun 1852 **RU:** Private, 1st VMR (Clarke) **CEM:** Hollywood; Richmond City; 412 S Cherry St, Sec B, lot 15 **GS:** U **SP:** No spouse information **VI:** No further data **P:** None **BLW:** No **PH:** N **SS:** A rec 17759 **BS:** 237.

LEWIS, John H; b UNK; d 17 Sep 1833 **RU:** Musician, 4th VMR (Boyd) **CEM:** Wickliffe Church; Clarke; nr Berryville **GS:** N **SP:** mar Mary (-----), b 29 Sep 1788, d 08 Feb 1851 **VI:** Both stones have been destroyed **P:** None **BLW:** No **PH:** N **SS:** A rec 17822 **BS:** 92 pg 96.

LEWIS, John T; b 1775; d 29 Jun 1862 **RU:** Private, 1st VMR (Connell) **CEM:** Stepney Family; Prince William; Rt 601, 6 mi from Haymarket **GS:** U **SP:** No spouse information **VI:** Reverend **P:** None **BLW:** No **PH:** N **SS:** A rec 17828 **BS:** 130.

LEWIS, Reuben; b 14 Feb 1777; d 17 Feb 1844 **RU:** Ensign, 40th VMR, Capt Reuben Chewning, Lousia Co, attached to 7th VMR(Gray) **CEM:** Locust Hill; Albemarle; Rt 678, Ivy Village **GS:** Y **SP:** mar Mildred Meriwether Dabney (Source: US Daughters of 1812) **VI:** No further data **P:** None **BLW:** No **PH:** N **SS:** K pg 326 **BS:** 94 v4 pg 210; 260.

LEWIS, Richmond; b 1774; d 31 Jul 1831 **RU:** Surgeon, 16th VMR (Waller), Staff Officer, Spotsylvania Co **CEM:** Bel Air; Spotsylvania; 1.3 mi NW of Lewiston **GS:** Y **SP:** mar (1) Elizabeth Travers, d 08 Aug 1827; (2) in Spotsylvania Co on 03 Sep 1830 (bond) to Margaret Richardson his "afflicted widow" who erected his stone **VI:** Doctor **P:** None **BLW:** No **PH:** N **SS:** L pg 8 **BS:** 52.

LEWIS, Robert; b UNK; d UNK **RU:** Private, 4th VMR **CEM:** Shockoe Hill; Richmond City; 100 Hospital St **GS:** U **SP:** No spouse information **VI:** No further data **P:** None **BLW:** No **PH:** N **SS:** A rec 18110 **BS:** 63 pg 352.

LEWIS, Samuel; b 30 Apr 1794; d 09 Aug 1869 **RU:** Private, 6th VMR (Coleman) **CEM:** Lewis Family; Rockingham; Lynwood Rd, off Rt 340, Lynwood **GS:** Y **SP:** No spouse information **VI:** No further data **P:** None **BLW:** No **PH:** N **SS:** A rec 18177 **BS:** 262.

LEWIS, Thomas; b 1765; d 06 Aug 1825 **RU:** Major, 33rd VMR, Staff Officer, Henrico Co **CEM:** Lewis / Bland; Prince George; Rt 625, 3.2 mi S of Disputanta **GS:** Y **SP:** Sarah (-----), d 5 May 1817, aged 40 **VI:** Of "Cats Wood Farm" **P:** None **BLW:** No **PH:** N **SS:** B pg 99 **BS:** 148.

LEWIS, Warner; b 13 Dec 1786; d 14 Jul 1873 **RU:** Private, 6th VMR (Ritchie), Capt Benjamin Fisher, Essex Co **CEM:** St Paul's Episcopal; Essex; 7924 Richmond-Tappahannock Rd, Millers Tavern **GS:** Y **SP:** No spouse information **VI:** Died of "general debility." He is interred at Lewis Level Farm. The stone was moved in 1965 **P:** None **BLW:** No **PH:** N **SS:** BD pg 1179; B pg 69 **BS:** 249 pg 296.

LIGHTFOOT, Philip; b UNK; d 22 Jul 1865 **RU:** Aide-de-camp, 1st Div (Maj Gen James Williams) **CEM:** Lightfoot Family; Caroline; Port Royal **GS:** Y **SP:** mar in Caroline Co on 31 Aug 1804 to Sally S Bernard, daughter of William Bernard of Port Royal, b 07 Mar 1790, d 22 Aug 1859 **VI:** No further data **P:** None **BLW:** No **PH:** N **SS:** K pg 431 **BS:** 10 pg 98.

LIGHTFOOT, Thomas Walker; b UNK; d 06 Mar 1831 **RU:** Private, 4th VMR **CEM:** St Stephen's Baptist; Culpeper; 19075 York Rd, Stevensburg **GS:** Y **SP:** No spouse information **VI:** Clerk of Culpeper County Court in 1830 **P:** None **BLW:** No **PH:** N **SS:** A rec 19033 **BS:** 196.

LIGHTNER, Samuel, Sr; b 23 Jun 1787; d 31 Dec 1854 **RU:** Private, 93rd VMR, Capt Jesse Dold, Troop of Cavalry, Augusta Co **CEM:** Bethel Church; Augusta; 11 mi SW Staunton **GS:** U **SP:** mar Elizabeth (-----) b c1782, d 13 Jun 1856, age 74 **VI:** No further data **P:** None **BLW:** No **PH:** N **SS:** L pg 282 **BS:** 183.

LIGON, James; b 1788; d 12 Apr 1858 **RU:** Private, 1st Corps d'Elite (Randolph) **CEM:** New Dublin Presybterian; Pulaski; 5331 New Dublin Church Rd, Dublin **GS:** Y **SP:** No spouse information **VI:** No further data **P:** None **BLW:** No **PH:** N **SS:** A rec 19125 **BS:** 254 pg 114.

RU=Rank/Unit   CEM=Cemetery   GS=Gravestone   SP=Spousal Information   VI=Other Veteran Info   P=Pension
BLW=Bounty/Land Warrant   PH=Photo   SS=Service Source   BS=Burial Source   VMR= VA Military Regt
LNR= Last Known Residence

LILLARD, Benjamin; b 1790; d 1867 **RU:** Ensign, 6th VMR (Coleman) **CEM:** Lillard Family; Rappahannock; Laurel Mills, Castleton **GS:** Y **SP:** mar in Culpeper Co on 17 Dec 1819 by William Mason to Elizabeth Browning, b 1800, d 1866 **VI:** No further data **P:** None **BLW:** No **PH:** N **SS:** A rec 19221 **BS:** 270.

LILLY, Armiger; b UNK; d c1823 (will) **RU:** Private, 12th VMR, Capt John Jones, Fluvanna Co **CEM:** Lilly Family; Fluvanna; vic Rts 630 & 601 **GS:** Y **SP:** mar Elizabeth Goldsmith, b 08 Nov 1790, Louisa Co **VI:** No dates on stone **P:** None **BLW:** No **PH:** N **SS:** K pg 173 **BS:** 95 pg 58.

LINDAMOOD, Benjamin; b 1791; d 04 Nov 1840 **RU:** Private, 4th VMR **CEM:** Soloman Church; Shenandoah; Rt 727, 9 mi SW of Mt Jackson **GS:** Y **SP:** No spouse information **VI:** No further data **P:** None **BLW:** No **PH:** N **SS:** A rec 19772 **BS:** 217.

LINDSAY, Edward B; b UNK; d 1855 **RU:** Private, 65th VMR (Blow), Southampton Co **CEM:** Bruton Parish; Williamsburg; 331 W Duke of Gloucester St **GS:** Y **SP:** No spouse information **VI:** Stone standing as of 1903 **P:** None **BLW:** No **PH:** N **SS:** A rec 19886 **BS:** 64 pg 119.

LINDSAY, George Bascum; b UNK; d 1860 **RU:** Lieutenant, 2nd VMR (Sharp) **CEM:** Bruton Parish; Williamsburg; 331 W Duke of Gloucester St **GS:** Y **SP:** No spouse information **VI:** Stone standing as of 1903 **P:** None **BLW:** No **PH:** N **SS:** A rec 19894 **BS:** 64 pg 119.

LINEWEAVER, Jacob, Sr; b 1793; d 05 Aug 1873 **RU:** Private, 6th VMR (Coleman) **CEM:** Cooks Creek Presbyterian; Rockingham; 4222 Mt Clinton Pike, Harrisonburg **GS:** Y **SP:** No spouse information **VI:** No further data **P:** Yes **BLW:** No **PH:** N **SS:** BD pg 1184 **BS:** 262.

LINK, John; b 03 Jul 1790; d 05 Mar 1865 **RU:** Captain, 32nd VMR, Company Commander, Augusta Co, attached to 2nd Corps d'Elite (Green) **CEM:** Salem Lutheran; Augusta; Mt Sidney **GS:** Y **SP:** mar Barbara (-----). No stone **VI:** No further data **P:** Spouse **BLW:** Yes **PH:** N **SS:** K pg 220 **BS:** 80.

LINK, William; b 24 Oct 1796; d 21 Jun 1879 **RU:** Private, 5th VMR (McDowell) **CEM:** Salem Lutheran; Augusta; Mt Sidney **GS:** Y **SP:** mar Esther C (-----), b 15 Apr 1796, d 01 Nov 1874 **VI:** No further data **P:** None **BLW:** No **PH:** N **SS:** A rec 20396 **BS:** 1 pg 137.

LINN, John K; b 28 Feb 1772; d 15 Sep 1839 **RU:** Sergeant, 36th VMR (Reno), Prince William Co **CEM:** Lynn Family; Halifax; nr Crystal Hill **GS:** Y **SP:** mar Mary (-----) **VI:** Doctor. Stone erected by wife Mary **P:** None **BLW:** No **PH:** N **SS:** A rec 29717 **BS:** 201.

LINN, Robert; b 13 Feb 1776; d 11 Sep 1859 **RU:** Private, 2nd VMR (Evans) **CEM:** Friedens Church; Rockingham; Friedens Church Rd (Rt 257), Mt Crawford **GS:** Y **SP:** mar Isabelle (-----), d 05 Apr 1847, age 66 years **VI:** No further data **P:** None **BLW:** No **PH:** N **SS:** A rec 20496 **BS:** 262.

LINSCOTT, Edward; b c1777, MA; d 01 Jun 1827 **RU:** Boatswain, USS *Essex*, Commodore Porter **CEM:** Trinity Episcopal; Portsmouth; 500 Court St **GS:** Y **SP:** No spouse information **VI:** Was in battle with British frigate *Phoebe*, and wounded by a cartridge explosion **P:** None **BLW:** No **PH:** N **SS:** AZ pg 181; G **BS:** 124 pg ??.

LINTON, James Nesbet; b 05 Nov 1780; d 19 Jul 1848 **RU:** Private, 108th VMR, Capt Andrew Nickell, Monroe Co **CEM:** Linton Family; Craig; Rt 600, Paint Bank **GS:** Y **SP:** mar Rachel M (-----), b 17 Feb 1804, d 17 Aug 1879 **VI:** Has Government gravestone with his service listed **P:** Spouse **BLW:** No **PH:** N **SS:** BD pg 1185; B pg 137 **BS:** 108 pg 1 ; 277.

LINTON, John Augustine Elliot; b 05 Jan 1769; d 02 Dec 1822 **RU:** Captain, 36th VMR (Reno), Company Commander, Prince William Co **CEM:** Linton Hall School; Prince William; Rt 619, 5 mi from Manassas **GS:** Y **SP:** mar Sarah Tyler **VI:** No further data **P:** None **BLW:** No **PH:** N **SS:** L pg 548 **BS:** 130.

LINTON, John Tyler; b 04 Jan 1796; d 09 Sep 1822 **RU:** Captain, 36th VMR (Reno), Company Commander, Prince William Co **CEM:** Linton Hall School; Prince William; Rt 619, 5 mi from Manassas **GS:** Y **SP:** mar Cecelia Ann Graham, of Dumfries. She mar (2) Charles E Phillips **VI:** His daughter Sarah Elliot Graham Linton became a nun & left the estate of "Lintonsford" to become a school of the St Benedictine Society. Birth year is incorrect or he did not serve as a Captain, as he would be too young for that rank **P:** None **BLW:** No **PH:** N **SS:** B pg 172 **BS:** 130.

RU=Rank/Unit CEM=Cemetery GS=Gravestone SP=Spousal Information VI=Other Veteran Info P=Pension
BLW=Bounty/Land Warrant PH=Photo SS=Service Source BS=Burial Source VMR= VA Military Regt
LNR= Last Known Residence

LIPSCOMB, Moses; b 26 Sep 1779; d 29 Jul 1850 **RU:** Private, 40th VMR, Capt David Watson, Troop of Cavalry, Lousia Co, attached to Cocke's Detachment **CEM:** Shockoe Hill; Richmond City; 100 Hospital St **GS:** Y **SP:** No spouse information **VI:** No further data **P:** None **BLW:** No **PH:** N **SS:** K pg 180 **BS:** 199.

LIPSCOMB, Reuben; b 1782; d 11 Aug 1842 **RU:** Private, 74thVMR, Capt James Atkinson, Artillery, Hanover Co, attached to 4th Army **CEM:** Hollywood; Richmond City; 412 S Cherry St, Sec K, lot 50 **GS:** U **SP:** No spouse information **VI:** No further data **P:** None **BLW:** No **PH:** N **SS:** K pg 63 **BS:** 237.

LIPSCOMB, Thomas Harris; b 13 May 1793; d 06 Jul 1877 **RU:** Lieutenant, 16th VMR (Waller), Capt Lewis Holliday, Spotsylvania Co **CEM:** City Cemetery; Fredericksburg; William St & Washington Ave **GS:** Y **SP:** mar in Spotsylvania Co on 29 Feb 1816 (bond) to Elizabeth Hockaday **VI:** No further data **P:** Applied **BLW:** No **PH:** N **SS:** BD pg 1186; A rec 21029 **BS:** 18 pg 45.

LISKEY, Robert; b 1785; d 09 Jan 1861 **RU:** Private, 6th VMR (Coleman) **CEM:** Cooks Creek Presbyterian; Rockingham; 4222 Mt Clinton Pike, Harrisonburg **GS:** Y **SP:** mar Elizabeth S (-----), d 09 Jun 1870 in her 77th year **VI:** Died in his 77th year **P:** None **BLW:** No **PH:** N **SS:** A rec 21139 **BS:** 262.

LITE, John; b 09 Apr 1771; d 1839 **RU:** Private, 5th VMR **CEM:** German Reformed Congregation; Russell; 4 mi SW Bridgewater **GS:** Y **SP:** No spouse information **VI:** No further data **P:** None **BLW:** No **PH:** N **SS:** A rec 18965 **BS:** 177.

LITTLE, James; b c1769; d 01 Jun 1834 **RU:** Private, 4th VMR (Boyd) **CEM:** Mt Hebron; Frederick; 305 E Boscawen St, Winchester **GS:** Y **SP:** mar Elizabeth (-----), d 24 Apr 1834 **VI:** He and wife were reinterred at Mt Hebron upon its dedication **P:** None **BLW:** No **PH:** N **SS:** A rec 21532 **BS:** 151.

LITTLETON, John K; b 01 Apr 1791; d 27 Dec 1852 **RU:** Private, 57th VMR, Loudoun Co **CEM:** Sharon; Loudoun; Jay & Federal Sts, Middleburg, Lot 59 **GS:** Y **SP:** mar Hannah (-----), b 20 Aug 1793, d 02 Jun 1861 **VI:** No further data **P:** None **BLW:** No **PH:** N **SS:** A rec 21854 **BS:** 7 pg 88; 73 pg 182.

LITTLETON, Thomas; b 20 Jan 1785; d 02 May 1857 **RU:** Servant, 4th VMR (Boyd) **CEM:** South Fork Meeting House; Loudoun; Unison Rd (Rt 630), Unison **GS:** Y **SP:** mar Albina (-----), b 27 May 1820, d 19 Apr 1901 **VI:** No further data **P:** None **BLW:** No **PH:** N **SS:** A rec 21868 **BS:** 73 pg 182.

LITTON, Alexander; b 08 Nov 1795; d 20 May 1884 **RU:** Private, Bradley's Regiment **CEM:** Litton Family; Lee; Big Hill **GS:** Y **SP:** mar Mary (-----), b 25 Dec 1801, d 01 Mar 1873 **VI:** No further data **P:** None **BLW:** No **PH:** N **SS:** A rec 21879 **BS:** 253 pg 142.

LIVESAY, John F, Sr; b 1785; d aft 1850 **RU:** Private, 62nd VMR, Capt Ephraim Baird, Prince George Co **CEM:** Livesay Family; Prince George; Rt 46, 0.5 mi NW of Disputanta **GS:** N **SP:** Died before 1850 (not on census) **VI:** Age 65 on 1850 census of Prince George Co **P:** None **BLW:** No **PH:** N **SS:** L pg 119 **BS:** 148.

LIVINGSTON, Samuel; b 1798; d 03 Apr 1829 **RU:** Sergeant, 6th VMR **CEM:** Trinity Episcopal; Portsmouth; 500 Court St **GS:** U **SP:** No spouse information **VI:** No further data **P:** None **BLW:** No **PH:** Y **SS:** A rec 22144 **BS:** 245.

LLOYD, John; b 16 Nov 1775; d 22 Jul 1854 **RU:** Private, 36th VMR (Reno), Prince William Co **CEM:** Christ Church Episcopal; Alexandria; Wilkes & Hamilton **GS:** Y **SP:** mar Anne Harriotte Lee, daughter of Edmund J & Sarah Lee, b 06 Mar 1799, d 09 Sep 1863 **VI:** Merchant & Hatter **P:** None **BLW:** No **PH:** N **SS:** A rec 22241 **BS:** 34 pg 104.

LLOYD, Levi; b 1791; d Aft 1860 **RU:** Private, 2nd VMR **CEM:** Stiff Family; Bedford; Rt 691 nr United Methodist Church **GS:** Y **SP:** No spouse information **VI:** No further data **P:** None **BLW:** No **PH:** N **SS:** A rec 27488 **BS:** 251 pg 398.

LOCK, George; b UNK, Germany; d 1859 **RU:** Private, 4th VMR (Greenhill) **CEM:** Old City Cemetery; Lynchburg; 401 Taylor St **GS:** Y **SP:** No spouse information **VI:** No further data **P:** None **BLW:** No **PH:** N **SS:** A rec 22399 **BS:** 87 pg 4.

LOCKETT, Forest; b 19 Apr 1794; d 15 Nov 1862 **RU:** Unknown, Service not found. Widow was pensioned **CEM:** Hackett Cemetery (aka Lockett / Garst); Roanoke; Opposite 3604 Parkwood, Greenwood Subdivision **GS:** U **SP:** mar Mary Garst, b 1810 d 1891 **VI:** No further data **P:** Spouse **BLW:** No **PH:** N **SS:** M pg 230; BD pg 1192 **BS:** 157 pg 153; 245.

RU=Rank/Unit CEM=Cemetery GS=Gravestone SP=Spousal Information VI=Other Veteran Info P=Pension
BLW=Bounty/Land Warrant PH=Photo SS=Service Source BS=Burial Source VMR= VA Military Regt
LNR= Last Known Residence

LOCKETT, Samuel L; b 30 Jul 1782; d 10 Dec 1850 **RU**: Cornet, 63rd VMR, Capt Samuel Allen, Troop of Cavalry, Prince Edward Co, attached to 1st VMR (Holcombe) **CEM**: Munfort / Lockett; Mecklenburg; Rt 823 **GS**: Y **SP**: No spouse information **VI**: No further data **P**: None **BLW**: No **PH**: N **SS**: K pg 1; B pg 167 **BS**: 24 pg 104.

LODGE, Samuel; b 18 Oct 1789; d 28 Nov 1859 **RU**: Corporal, 56th VMR, Loudoun Co **CEM**: Old Ebenezer Baptist; Loudoun; 20421 Airmont Rd, Bloomfield **GS**: Y **SP**: mar in Loudoun Co on 27 Feb 1817 to Rebecca Russell, b 17 Aug 1791, d 14 Nov 1860 **VI**: No further data **P**: None **BLW**: No **PH**: N **SS**: A rec 22968 **BS**: 73 pg 183.

LOGAN, William; b 25 Sep 1797; d 27 Jan 1876 **RU**: Drummer, Private, 90th VMR, Capt Cornelius Sale, Amherst Co, attached to 8th VMR (Wall), **CEM**: Logan Family; Halifax; 22 mi from Halifax Church, 15 mi East of Chatham **GS**: Y **SP**: No spouse information **VI**: No further data **P**: Yes **BLW**: No **PH**: N **SS**: K pg 102; A rec 23267; BD pg 1192; B pg 38 **BS**: 201; 83 pg 30.

LOMAX, Edward; b UNK; d 1818 **RU**: Private, 41st VMR (Bramham), Richmond Co **CEM**: Lomax / White; Caroline; Rt 758, Portobago **GS**: N **SP**: No spouse information **VI**: Son of Thomas & Ann C Lomax **P**: None **BLW**: No **PH**: N **SS**: A rec 23420 **BS**: 10 pg 101.

LOMAX, John Tayloe; b 19 Jan 1781, Port Tobago, Caroline Co; d 10 Oct 1862, Fredericksburg **RU**: Captain, 41st VMR, Company Commander, Richmond Co **CEM**: City Cemetery; Fredericksurg; Washington Ave **GS**: Y **SP**: No spouse information **VI**: Son of Thomas Lomax and Anne Corbin. B.A. from St John's College at Annapolis, MD. Also studied law there. Began practice at Port Royal, moved to Fredericksburg in 1805, to "Menokin" (Richmond County) in 1809 and to Fredericksburg in 1818. Became chair of law in 1825 at University of Virginia, and appointed to the bench of the circuit court in 1830. Re-elected to the bench in 1851 despite being disqualified due to his age, and served for six more years. Author of *Digest of the Laws Respecting Real Property* and *Treatise on Executors and Administrators* **P**: None **BLW**: No **PH**: N **SS**: B pg 177 **BS**: 245.

LOMAX, Ralph; b UNK; d 1814 **RU**: Private, 30th VMR, Capt William F Gray, Caroline Co **CEM**: Lomax / White; Caroline; Rt 758, Portobago **GS**: N **SP**: No spouse information **VI**: Son of Thomas & Ann C Lomax **P**: None **BLW**: No **PH**: N **SS**: L pg 378 **BS**: 10 pg 101.

LONG, Isaac; b 20 Jan 1784; d 10 Nov 1849 **RU**: Private, 6th VMR **CEM**: Garber / Raish; Rockingham; Hidden Creek Ln, Harrisonburg **GS**: Y **SP**: No spouse information **VI**: No further data **P**: None **BLW**: No **PH**: N **SS**: A rec 23800 **BS**: 262.

LONG, John K; b UNK; d after 1848 **RU**: Private, 1st VMR (Crutchfield) **CEM**: Temple Hill Church; Greene; Spotswood Trail (Rt 33), Stanardsville **GS**: N **SP**: mar Sarah (-----) **VI**: As a wealthy citizen, he gave the land to the Church for a burying ground, specifying that anyone who wished could be buried there without regard to sections. Wife Sarah was first to be buried there [WPA]. Ironically, there is no stone for either of them **P**: None **BLW**: No **PH**: N **SS**: A rec 23908 **BS**: 192.

LOOKHART, James; b 25 Dec 1782; d 26 Apr 1850 **RU**: Private, 4th VMR **CEM**: Lockhart Family; Alleghany; 10 mi from Covington **GS**: Y **SP**: No spouse information **VI**: "The stone is unusually large for this period" **P**: None **BLW**: No **PH**: N **SS**: A rec 22690 **BS**: 197.

LOTTS, John, Sr; b 14 Apr 1797; d 04 Mar 1862 **RU**: Private, 5th VMR (McDowell) **CEM**: Hanger Family; Augusta; Rt 670, Dutch Hollow **GS**: U **SP**: mar Eve (-----) **VI**: No further data **P**: Spouse App **BLW**: No **PH**: N **SS**: A rec 25375; BD pg 1197 **BS**: 1 pg 43.

LOVE, Henry; b UNK; d 01 May 1844 **RU**: Private, 54th VMR, Capt James Nimmo, Norfolk Borough, attached to 5th VMR **CEM**: Goose Creek Burying Ground; Loudoun; Rt 722, Lincoln **GS**: Y **SP**: mar Caty (-----) **VI**: No further data **P**: Spouse **BLW**: No **PH**: N **SS**: A rec 25801; BD pg 1198 **BS**: 73 pg 184.

LOVE, John T; b UNK; d 25 Jul 1851 **RU**: Sergeant, Green's Regiment of Mounted Infantry **CEM**: Fairfax Meeting House; Loudoun; Walter & Waterford Sts, Waterford **GS**: Y **SP**: No spouse information **VI**: No further data **P**: None **BLW**: No **PH**: N **SS**: A rec 25834 **BS**: 73 pg 184.

LOVE, Thomas; b 1791; d bur 05 Jan 1841 **RU**: Private, 10th VMR, Capt Jesse Leftwich, Bedford Co, attached to 6th VMR (Coleman) **CEM**: Shockoe Hill; Richmond City; 100 Hospital St **GS**: U **SP**: No spouse information **VI**: No further data **P**: None **BLW**: Yes **PH**: N **SS**: B pg 1199; BD pg 1199 **BS**: 38 pg 22.

RU=Rank/Unit CEM=Cemetery GS=Gravestone SP=Spousal Information VI=Other Veteran Info P=Pension
BLW=Bounty/Land Warrant PH=Photo SS=Service Source BS=Burial Source VMR= VA Military Regt
LNR= Last Known Residence

LOVETT, David; b UNK; d 1849 **RU**: Ensign, Green's Regiment of Mounted Infantry **CEM**: Goose Creek Burying Ground; Loudoun; Rt 722, Lincoln **GS**: Y **SP**: No spouse information **VI**: No further data **P**: None **BLW**: No **PH**: N **SS**: A rec 26231 **BS**: 73 pg 185.

LOVING, James; b 1776; d bur 09 Mar 1849 **RU**: 2nd Lieutenant, 6th VMR (Coleman) **CEM**: Shockoe Hill; Richmond City; 100 Hospital St **GS**: U **SP**: No spouse information **VI**: No further data **P**: None **BLW**: No **PH**: N **SS**: A rec 26329 **BS**: 38 pg 45.

LOVING, James; b 04 Dec 1779; d 02 Sep 1845 **RU**: Lieutenant, 6th VMR **CEM**: Loving Family; Nelson; Off Rt 699, 2.5 mi N of Tye River **GS**: Y **SP**: No spouse information **VI**: No further data **P**: None **BLW**: No **PH**: N **SS**: A rec 602 **BS**: 153.

LOVING, Lunsford; b 29 Mar 1779; d 07 Aug 1856 **RU**: Captain, 28th VMR, Company Commander, Nelson Co **CEM**: Loving Family; Nelson; Rt 29, Lovington **GS**: Y **SP**: mar Margaret N (-----), b 08 Oct 1780, d 27 Jun 1863 **VI**: No further data **P**: None **BLW**: No **PH**: N **SS**: A rec 26339 **BS**: 5 pg 138; 153.

LOVINGS, William; b by 1799; d UNK **RU**: Private, GA Militia 1st Regiment (Harris) **CEM**: Madison Carter; Patrick; Rt 773 nr Dan River **GS**: Y **SP**: No spouse information **VI**: No further data **P**: None **BLW**: No **PH**: N **SS**: A rec 26356 **BS**: 154 pg 298.

LOW, John; b 1790 Aberdeen, Scotland; d 1859 Greenwich **RU**: Private, 113th VMR, Capt William Prince, Wood Co (WV), attached to 1st VMR (Connell) **CEM**: Greenwich Presbyterian; Prince William; jct Rts 287, 603 & 604, 5 mi fr Nokesville **GS**: Y **SP**: mar Elizabeth (-----) **VI**: No further data **P**: Yes **BLW**: No **PH**: N **SS**: BD pg 1201 **BS**: 130.

LOWNES, William; b 23 Mar 1785, Richmond City; d 30 Aug 1824, "Cobbs," Chesterfield Co **RU**: Private, 39th VMR, Capt John Hart, Troop of Cavalry, Petersburg **CEM**: Blandford; Petersburg; 111 Rochelle Ln **GS**: Y **SP**: mar Abrianna Wormley, d Petersburg, 28 Dec 1831 in her 39th year **VI**: Also buried here is son Charles Chapman Lownes, d at "Cobbs" on the day after his father, age 19 **P**: None **BLW**: No **PH**: N **SS**: L pg 409 **BS**: 200.

LUCK, Jordon B; b UNK; d 26 Aug 1853 **RU**: Corporal, 9th VMR (Boyd) **CEM**: North Fork Baptist; Loudoun; 38139 N Fork Rd, Purcellville **GS**: Y **SP**: No spouse information **VI**: No further data **P**: None **BLW**: No **PH**: N **SS**: A rec 27951 **BS**: 73 pg 187.

LUCKE, Gustavus; b 21 Feb 1775, Germany; d 17 Apr 1831 **RU**: Private, 19th VMR, Capt William McCabe, Richmond City **CEM**: Shockoe Hill; Richmond City; 100 Hospital St **GS**: Y **SP**: No spouse information **VI**: Stone reads he was a native of Germany. Senior partner of merchant firm Lucke & Sizer **P**: None **BLW**: No **PH**: N **SS**: L pg 574 **BS**: 38 pg ix; 199.

LUCKETT, Francis W; b 1786, Fairfax Co; d 05 Mar 1869 **RU**: Private, 7th Infantry, US Army **CEM**: Sharon; Loudoun; Jay & Federal Sts, Middleburg, Lot 26 **GS**: Y **SP**: mar in Loudoun Co on 20 Dec 1810 to Sarah Bronaugh **VI**: Enlisted at Greenville on 04 May 1813, discharged at New Orleans on 04 May 1818 **P**: None **BLW**: No **PH**: N **SS**: C pg 113 **BS**: 7 pg 79.

LUCKETT, Horace; b 05 Dec 1793; d 15 Jul 1865 **RU**: Sergeant, 57th VMR, Capt George W Ball, Troop of Cavalry, Loudoun Co, attached to Green's Regiment of Mounted Infantry **CEM**: St James Episcopal; Loudoun; 14 Cornwall St, Leesburg **GS**: Y **SP**: mar Louise A (-----) **VI**: No further data **P**: Spouse **BLW**: No **PH**: N **SS**: BD pg 1205 **BS**: 73 pg 187.

LUCKETT, Ludwell; b 13 Mar 1796; d 13 May 1875 **RU**: Private, 5th VMR, Loudoun Co **CEM**: Sharon; Loudoun; Jay & Federal Sts, Middleburg, Lot 31 **GS**: Y **SP**: mar in Loudoun Co on 03 Dec 1822 to Ann C Bronaugh **VI**: No further data **P**: None **BLW**: No **PH**: Y **SS**: A rec 27988 **BS**: 7 pg 80.

LUKE, William; b 11 Sep 1772; d 11 Jan 1845 **RU**: Private, 54th VMR, Capt James Nimmo, Norfolk Borough **CEM**: Pinckard/Drewry; Franklin; vic jct Rts 40 & 748 **GS**: Y **SP**: mar in Frankin Co on 15 Dec 1821 to Sophia Hill, John Ashinhurst, surety, b 28 Sep 1796, d 24 Dec 1882. Named spelled "Sophronia" on her stone **VI**: No further data **P**: Spouse **BLW**: No **PH**: N **SS**: BD pg 1206 **BS**: 118 pg 217.

LUMPKIN, Robert; b 01 Jan 1777; d 12 Oct 1824 **RU**: Private, 30th VMR, Capt Reuben Tankersley, Caroline Co **CEM**: Mansfield Farm; Hanover; Studley **GS**: Y **SP**: mar Martha D (-----), b 26 Apr 1780, d 18 Nov 1832 **VI**: No further data **P**: Yes **BLW**: No **PH**: N **SS**: BD pg 1206; B pg 56; M pg 231 **BS**: 71 pg 36.

RU=Rank/Unit CEM=Cemetery GS=Gravestone SP=Spousal Information VI=Other Veteran Info P=Pension
BLW=Bounty/Land Warrant PH=Photo SS=Service Source BS=Burial Source VMR= VA Military Regt
LNR= Last Known Residence

LUNSFORD, Merryman; b 07 Jun 1787; d 17 Jun 1862 **RU**: Private, 10th VMR, Capt Walter Otey, Bedford Co **CEM**: Old Glade Creek; Botetourt; nr Blue Ridge **GS**: Y **SP**: mar Susan R (-----), b 1797, d 01 Feb 1855 **VI**: No further data **P**: None **BLW**: No **PH**: N **SS**: K pg 189 **BS**: 103 pg 3; 155 pg 28.

LUNT, Ezra; b 1787; d 17 Dec 1841 **RU**: Private, 1st DC Regiment of Militia **CEM**: Trinity United Methodist; Alexandria; Wilkes St **GS**: Y **SP**: mar Elizabeth (-----), b 1789, d 1828 **VI**: No further data **P**: None **BLW**: No **PH**: N **SS**: A rec 28744 **BS**: 32 pg 130.

LUSK, William; b 04 Jun 1788; d 28 Dec 1861 **RU**: Private, 2nd Corps d'Elite (Green) **CEM**: Old Providence Church; Augusta; 1005 Spottswood Rd, Spottswood **GS**: Y **SP**: mar Martha "Patsy" Moore, b 1791, d 1851 **VI**: Father of John A. M. Lusk, CSA **P**: None **BLW**: No **PH**: Y **SS**: A rec 28949 **BS**: 2 pg 56; 31.

LUTZ, Jacob; b 25 Aug 1792; d 13 Feb 1878 **RU**: Private, 13th VMR, Capt Samuel Hawkins, Shenandoah Co, attached to 4th VMR (Boyd), **CEM**: Otterbein Family; Shenandoah; Rt 263, Rinkertown **GS**: Y **SP**: mar Susan (-----), b 24 Dec 1771, d 15 Jul 1849 **VI**: No further data **P**: Yes **BLW**: No **PH**: N **SS**: BD pg 1208 **BS**: 115 pg 34.

LYLES, James; b 1779; d 25 Mar 1858 **RU**: Private, 1st DC Regiment of Militia **CEM**: Trinity United Methodist; Alexandria; Wilkes St **GS**: Y **SP**: mar (1) Mary Ann (-----), d 12 Sep 1815, age 23; (2) Esther (-----), d 14 Jul 1825, age 30 years "wanting 15 days" **VI**: No further data **P**: None **BLW**: No **PH**: N **SS**: A rec 29302 **BS**: 32 pg 131.

LYNCH, James H; b 1782; d bur 31 May 1850 **RU**: Sergeant, 19th VMR (Ambler), Richmond City **CEM**: Shockoe Hill; Richmond City; 100 Hospital St **GS**: U **SP**: No spouse information **VI**: Auctioneer **P**: None **BLW**: No **PH**: N **SS**: A rec 29487 **BS**: 38 pg 51.

LYNCH, Stephen; b 1784; d 22 Apr 1856 **RU**: Private, 95th VMR (Lee), Norfolk Co **CEM**: Mary Lynch's Yard; Chesapeake City; Rt 740, Lower Chesapeake **GS**: Y **SP**: No name on stone other than "wife of Stephen Lynch," d 05 Nov 1857, age 69 **VI**: No further data **P**: None **BLW**: No **PH**: N **SS**: A rec 29562 **BS**: 75 pg 102.

LYNN, Adam, Jr; b 1775; d 06 Dec 1836 **RU**: Lt Colonel, 2nd Brigade, DC Militia (Young) **CEM**: St Paul's Episcopal; Alexandria City; 228 S Pitt St **GS**: Y **SP**: No spouse information **VI**: No further data **P**: None **BLW**: No **PH**: N **SS**: A rec 29663 **BS**: 245.

LYON, Isaac; b 1777, Amsterdam, Holland; d Jun 1840 **RU**: Fifer, 83rd NY Regiment (Gurnee) **CEM**: Hebrew Cemetery; Richmond City; 4th St, Shockoe Hill **GS**: U **SP**: No spouse information **VI**: No further data **P**: None **BLW**: No **PH**: N **SS**: A rec 30105 **BS**: 199.

LYON, Jacob; b 1776, Pornak, Grand Duchy of Posen (Prussia); d 29 Nov 1851 **RU**: Private, 19th VMR, Capt Robert Gamble, Troop of Calvary, Richmond City **CEM**: Hebrew Cemetery; Richmond City; 4th St, Shockoe Hill **GS**: U **SP**: mar Eliza (-----) **VI**: No further data **P**: Spouse **BLW**: No **PH**: N **SS**: L pg 344; M pg 232; B pg 174 **BS**: 199.

MABEN, David; b 1789, Scotland; d 05 Dec 1853, Amelia Co **RU**: Private, 39th VMR, Petersburg **CEM**: Hollywood; Richmond City; 412 S Cherry St, Sec P, lot 7 **GS**: U **SP**: mar Jane (-----), bur 07 Apr 1871 **VI**: Buried at Hollywood on 07 Dec 1853. **P**: None **BLW**: No **PH**: N **SS**: A rec 30296 **BS**: 237; 260.

MABEN, Matthew; b 1777, Dumfries, Scotland; d 08 Jan 1822 **RU**: Private, 39th VMR, Petersburg **CEM**: Blandford; Petersburg; 111 Rochelle Ln **GS**: Y **SP**: mar in Amelia Co on 01 Jan 1812, Martha C Perkinson **VI**: Enumerated on 1820 census of Petersburg. Died age 45 (stone) **P**: None **BLW**: No **PH**: N **SS**: A rec 30298 **BS**: 134 pg 34.

MACFARLAND, James; b 10 Oct 1790, Lunenburg Co; d 24 Aug 1841 **RU**: Private, Artillery Battalion **CEM**: Blandford; Petersburg; 111 Rochelle Ln **GS**: Y **SP**: No spouse information **VI**: Merchant and Mayor of Petersburg **P**: None **BLW**: No **PH**: N **SS**: A rec 15127 **BS**: 200.

MACGEE, John; b 09 Oct 1785; d 29 Jun 1853 **RU**: Private, 4th VMR **CEM**: Flint Hill Cemetery; Fairfax; 2845 Chain Bridge Rd, Vienna **GS**: Y **SP**: No spouse information **VI**: No further data **P**: None **BLW**: No **PH**: N **SS**: A rec 31690 **BS**: 89 v6 MI-153.

MACKALL, Benjamin K; b 14 Oct 1790, Georgetown, DC; d 22 Jul 1880, Langley **RU**: Captain, 1st Legion of DC Militia **CEM**: Lewinsville Presbyterian; Fairfax; 1724 Chain Bridge Rd, McLean **GS**: U **SP**: No spouse information **VI**: No further data **P**: None **BLW**: No **PH**: N **SS**: BD pg 1212; A rec 30684 **BS**: 245.

RU=Rank/Unit CEM=Cemetery GS=Gravestone SP=Spousal Information VI=Other Veteran Info P=Pension
BLW=Bounty/Land Warrant PH=Photo SS=Service Source BS=Burial Source VMR= VA Military Regt
LNR= Last Known Residence

MACON, James M; b 05 Jul 1791; d 08 Feb 1877 **RU**: Private, 1st Corps d'Elite (Randolph) **CEM**: Madison; Madison; Rt 639 off Rt 20 **GS**: U **SP**: mar Lucetta T Newman **VI**: No further data **P**: None **BLW**: No **PH**: N **SS**: A rec 31052 **BS**: 191.

MACRAE, John; b 29 Apr 1791; d 16 Jan 1850 **RU**: Captain, 20th USA Infantry **CEM**: Shockoe Hill; Richmond City; 100 Hospital St **GS**: Y **SP**: No spouse informatiom **VI**: Gravestone Inscription "He served with reputation in the second War with Great Britain and after its close devoted himself to the profession of the Law." Enlisted 24 Mar 1812 served at Norfolk and Dumfries, VA discharged Jan 1815 at Dumfries. Elected from Culpeper & Fauquier Counties as representative to the Convention of 1829 in formulating the VA Constitution **P**: None **BLW**: No **PH**: N **SS**: AF **BS**: 245.

MADDOX, Thomas L; b UNK; d 29 Jul 1839 **RU**: Sergeant, 44th VMR, Capt Nathaniel Grigsby, Troop of Cavalry, Fauquier Co **CEM**: Marshall Cemetery; Fauquier; E Main St, Marshall **GS**: Y **SP**: mar Dorcas (-----), b c1795, d 02 Mar 1853 **VI**: No further data **P**: None **BLW**: No **PH**: N **SS**: A rec 31340 **BS**: 93.

MADISON, Ambrose; b 12 Mar 1796; d 26 Dec 1855 **RU**: Private, 6th VMR (Read) **CEM**: Madison Family; Orange; Montpelier **GS**: Y **SP**: mar in Orange Co on 11 Sep 1819 to Jane Willis, daughter of William C Willis **VI**: No further data **P**: None **BLW**: No **PH**: N **SS**: A rec 31457, 31458 **BS**: 28 pg 73.

MADISON, James; b 16 Mar 1751, "Belle Grove," Port Conway, King George Co; d 20 Jun 1836 **RU**: Commander-in-Chief, US Armed Forces **CEM**: Madison Family; Orange; Montpelier **GS**: Y **SP**: mar on 15 Sep 1794 in Jefferson Co, (now WV), Dolley (Payne) Todd, widow of John Todd, b 20 May 1768, Guilford Co, NC, daughter of John Payne and Mary Coles (Quakers), d 12 Jul 1849 **VI**: 4th President of the United States (1809-1817). Eldest child of James Madison, Sr **P**: None **BLW**: No **PH**: N **SS**: Fact **BS**: 256.

MADISON, William; b 01 May 1762; d 19 Jul 1843 **RU**: Brigadier General, Commander 1st Brigade **CEM**: Madison Family; Orange; Montpelier **GS**: Y **SP**: No spouse information **VI**: Was a Lieutenant in the Rev War at Yorktown. Youngest brother of President James Madison. Attended Hampton Sydney College and enlisted in the militia in 1778. Studied law under Thomas Jefferson. In 1804 was Representative for Madison Co **P**: None **BLW**: No **PH**: N **SS**: A rec 31505 **BS**: 256.

MAGILL, Robert; b 11 Jan 1772; d 22 Feb 1836, (Admin) **RU**: Captain, 58th VMR, Company Commander, Rockingham Co, attached to McDowell's Flying Camp **CEM**: Magill Family; Rockingham; Rt 42, Bridgewater **GS**: Y **SP**: mar Mary (-----), b 30 Aug 1774, d 15 Jan 1833. Stone no longer exists, recorded by John Wayland in 1932 and WPA survey in 1937 **VI**: "Dropped dead" in Bridgewater on 22 Feb, year on stone obliterated. Administratation of estate granted in 1836 **P**: None **BLW**: No **PH**: N **SS**: D pg 26 **BS**: 211; 261.

MAGNIEN, Bernard; b 1752, France; d 11 Nov 1819 **RU**: Lt Colonel, 7th VMR, Commander, Norfolk Co **CEM**: Trinity Episcopal; Portsmouth; 500 Court St **GS**: U **SP**: mar Margaret Rives, d 1817 **VI**: Came to America with the French Army during the Revolution. Settled in Portsmouth where he was a merchant and active in Jeffersonian politics **P**: None **BLW**: No **PH**: Y **SS**: B pg 147 **BS**: 49.

MAINS, Archibald; b UNK; d 03 Dec 1836 **RU**: Major, 57th VMR, Loudoun Co **CEM**: Leesburg Presbyterian; Loudoun; 307 W Market St, Leesburg **GS**: Y **SP**: Also buried here is Mary Mains, d 12 Oct 1827 **VI**: No further data **P**: None **BLW**: No **PH**: Y **SS**: A rec 32408 **BS**: 73 pg 190.

MAJOR, John; b 1782; d 16 Aug 1834 **RU**: Private, 2nd Regiment DC Militia (Brent) **CEM**: Trinity United Methodist; Alexandria; Wilkes St **GS**: Y **SP**: mar Mary (-----), d 21 Aug 1849, age 64 **VI**: No further data **P**: None **BLW**: No **PH**: N **SS**: A rec 32499 **BS**: 32 pg 131.

MAJOR, John; b 01 Apr 1777; d 20 Dec 1849 **RU**: Private, 2nd VMR (Ambler/Brown) **CEM**: Major Family; Bedford; Fontella Rd, Coleman Falls **GS**: Y **SP**: mar Lucretia (-----), b 30 Jul 1787, d 22 Jun 1845 **VI**: No further data **P**: None **BLW**: No **PH**: N **SS**: A rec 32501 **BS**: 214.

MAJOR, William, Sr; b 1774; d 19 Mar 1847 **RU**: Private, 2nd VMR, Capt William Scarborough, Troop of Cavalry, Accomack Co **CEM**: Major Family; Rappahannock; Rt 642, Amissville **GS**: Y **SP**: mar Elizabeth T Carter, daughter of John Carter and Frances Corbin, b c1780, d 16 Mar 1869 in her 89th year **VI**: Died in his 73rd year **P**: None **BLW**: No **PH**: N **SS**: L pg 697 **BS**: 270.

RU=Rank/Unit CEM=Cemetery GS=Gravestone SP=Spousal Information VI=Other Veteran Info P=Pension
BLW=Bounty/Land Warrant PH=Photo SS=Service Source BS=Burial Source VMR= VA Military Regt
LNR= Last Known Residence

MAJORS, Jacob; b 1787; d 1864 **RU:** Private, 5th Regiment PA Militia (Fenton) **CEM:** Old City Cemetery; Lynchburg; 401 Taylor St **GS:** Y **SP:** No spouse information **VI:** No further data **P:** None **BLW:** No **PH:** N **SS:** A rec 32532 **BS:** 87 pg 136.

MALLORY, John F; b 1788; d 1833 **RU:** Private, 26th VMR, Capt John Pollock, Charlotte Co, attached to 7th VMR (Gray) **CEM:** Old City Cemetery; Lynchburg; 401 Taylor St **GS:** U **SP:** No spouse information **VI:** No further data **P:** None **BLW:** No **PH:** N **SS:** L pg 627 **BS:** 87 pg 136.

MALLORY, Roger; b 09 Mar 1790; d 20 Jun 1830 **RU:** Private, Northwest Army, General Harrison, Petersburg, Canada Volunteers **CEM:** Blandford; Petersburg; 111 Rochelle Ln **GS:** Y **SP:** mar Elizabeth C (-----) **VI:** Buried beside his commander, Capt Richard McRea. "extremely popular & influential citizen of Petersburg" **P:** Spouse **BLW:** No **PH:** N **SS:** AK pg 138; BD pg 1250 **BS:** 200.

MALLORY, William O; b 1793; d 22 Aug 1840 **RU:** Private, 74th VMR, Capt John F Price, Hanover Co **CEM:** Blandford; Petersburg; 111 Rochelle Ln **GS:** Y **SP:** No spouse information **VI:** Died age 47 years **P:** None **BLW:** No **PH:** N **SS:** L pg 650 **BS:** 200.

MALONE, John; b 21 Nov 1784; d 1814 **RU:** Private, 98th VMR (Green), Mecklenburg Co **CEM:** Canaan; Mecklenburg; jct Rts 626 & 624 **GS:** Y **SP:** No spouse information **VI:** No further data **P:** None **BLW:** No **PH:** N **SS:** A rec 32429 **BS:** 24 pg 294.

MALONE, John H; b UNK; d 29 Aug 1853 **RU:** Sergeant, 83rd VMR, Capt Robert Bevill, Dinwiddie Co **CEM:** Malone Family; Dinwiddie; Rt 667 ten mi E of Dinwiddie Church **GS:** Y **SP:** No spouse information **VI:** Also buried here are (1) Mary Lou Malone, d 04 Jul 1857; (2) Lucinda L Malone, d 04 Jul 1858; (3) Daniel Malone, d 11 Apr 1868 age 67 **P:** None **BLW:** No **PH:** N **SS:** L pg 138 **BS:** 210; 97 pg 69.

MALONE, Thomas L; b 12 Nov 1786; d 25 Oct 1816 **RU:** Private, 8th VMR, Capt John Lyles, Troop of Cavalry, Rockbridge Co, attached to 1st VMR (Tayloe) **CEM:** Canaan; Mecklenburg; jct Rts 626 & 624 **GS:** Y **SP:** mar Rebecca (-----), b 15 Mar 1783, d Jun 1825 **VI:** No further data **P:** Both **BLW:** No **PH:** N **SS:** M pg 236; BD 1250; B pg 179, 247 **BS:** 24 pg 294.

MANKIN, Charles; b 1773; d 10 Nov 1840 **RU:** Sergeant, 1st DC Regiment of Militia **CEM:** Methodist Protestant; Alexandria; Wilkes St **GS:** Y **SP:** mar in Alexandria on 29 Jul 1819, to (-----) Merclerouz **VI:** No further data **P:** None **BLW:** No **PH:** N **SS:** A rec 31873 **BS:** 32 pg 166.

MANLEY, Robert; b 1798; d 21 Oct 1826 **RU:** Private, 52nd VMR, Capt John Armistead, Artillery, New Kent Co & Charles City Co, attached to 2nd VMR (Ambler) **CEM:** St John's Church; Richmond City; 24th & Broad, Church Hill **GS:** U **SP:** mar Malinda (-----) **VI:** No further data **P:** Spouse **BLW:** No **PH:** N **SS:** BD pg 1252; K pg 207; M pg 237; B pg 143 **BS:** 63 pg 351; 252 pg 61.

MANLEY, William; b UNK; d bur 02 Oct 1863 **RU:** Private, 7th VMR (Gray) **CEM:** Hollywood; Richmond City; 412 S Cherry St, Sec I, lot 10 **GS:** U **SP:** No spouse information **VI:** No further data **P:** None **BLW:** No **PH:** N **SS:** A rec 31809 **BS:** 237.

MANN, Benjamin; b 1791; d bur 29 Mar 1835 **RU:** Private, 74th VMR, Capt James Underwood, Troop of Cavalry, Hanover Co **CEM:** Shockoe Hill; Richmond City; 100 Hospital St **GS:** U **SP:** No spouse information **VI:** No further data **P:** None **BLW:** No **PH:** No **SS:** L pg 795 **BS:** 38 pg 14.

MANN, Charles; b 10 May 1792; d 16 Jan 1878 **RU:** Private, 39th VMR, Capt Edwin Beasley, Petersburg **CEM:** Ware Episcopal Church; Gloucester; 7825 John Clayton Memorial Rd, Gloucester **GS:** Y **SP:** No spouse information **VI:** 11th Rector of Ware Church 1837-1878. Memorial plaque hangs inside the church **P:** None **BLW:** No **PH:** N **SS:** L pg 128 **BS:** 31.

MANN, William; b 1765, Ireland; d 1815, Fincastle **RU:** Sergeant, 81st VMR, Capt Peter Smith, Bath Co, attached to Flying Camp McDowell **CEM:** Fincastle Presbyterian; Botetourt; 108 E Back St, Fincastle **GS:** Y **SP:** mar Betsy (-----) **VI:** Son of Samuel Mann and Elizabeth Allen **P:** None **BLW:** No **PH:** N **SS:** K pg 31 **BS:** 245.

MAPP, George T; b 13 Apr 1779; d 13 Aug 1862 **RU:** Private, 2nd VMR, Capt David Ashby, Accomack Co **CEM:** Mapp Family; Accomack; Rt 180 N of Wachapreague **GS:** U **SP:** mar in Accomack Co on 10 Jan 1807 to Leah Harrison, b 1789, d 1835 **VI:** No further data **P:** None **BLW:** No **PH:** N **SS:** I pg 110 **BS:** 178.

MARCH, William; b 21 Dec 1785; d 03 Dec 1853 **RU:** Sergeant, 61st VMR, Capt Bailey Digges, Mathews Co **CEM:** Smith / Borum; Mathews; Rt 607, Willow Grove **GS:** Y **SP:** mar Nancy Smith, b 10 Feb 1791, d 28 Feb 1861 **VI:** No further data **P:** None **BLW:** No **PH:** N **SS:** K pg 287 **BS:** 54 pg 206; 82 pg 124.

MARKS, Alexander; b 30 Oct 1792; d 15 Mar 1845 **RU:** Private, 1st VMR (Taylor) **CEM:** Long / Stephens; Frederick; Mulberry St, Stephens City **GS:** Y **SP:** mar in Frederick Co on 17 Apr 1818 (bond) to Sarah Mytinger **VI:** No further data **P:** None **BLW:** No **PH:** N **SS:** A rec 30031 **BS:** 79 pg 208; 151.

MARR, John; b 17 Mar 1797; d 03 Jun 1848 **RU:** Ensign, 36th VMR (Reno), Capt William Dalin, Prince William Co **CEM:** City Cemetery; Fredericksburg; William St & Washington Ave **GS:** U **SP:** mar (1) Elizabeth Rector; (2) Catherine Inman Horner, who drew pension **VI:** No further data **P:** Spouse **BLW:** No **PH:** N **SS:** A rec 29601; BD pg 1257 **BS:** 19.

MARSH, Thomas; b 13 Sep 1791; d 04 Mar 1851 **RU:** Private, 1st VMR, Capt Baker Pegram, Dinwiddie Co **CEM:** Blandford; Petersburg; 111 Rochelle Ln **GS:** Y **SP:** No spouse information **VI:** Stone erected by his son, E. H. Marsh **P:** None **BLW:** No **PH:** N **SS:** K pg 154 **BS:** 200.

MARSHALL, George; b 1782, Gloucester Co; d 02 Aug 1855 **RU:** Gunner, US Navy **CEM:** Cedar Grove; Portsmouth; Effington St & Fort Ln **GS:** Y **SP:** mar Phillippi (-----), b 1785 **VI:** Tombstone inscription indicates "46 years a Gunner US Navy." Received gunner's rank on 15 Jul 1809 on the sloop *Erie*. Enumerated on 1850 census of Portsmouth **P:** None **BLW:** No **PH:** N **SS:** G; AQ **BS:** 65 pg 85; 182.

MARSHALL, John; b UNK; d 25 Nov 1833 **RU:** Private, 60th VMR, Fairfax Co **CEM:** Mont Blanc; Fauquier; Rt 720, 7.1 mi S of Delaplane **GS:** Y **SP:** mar Elizabeth M (-----), b c1800 **VI:** Son of John Marshall & Mary Willis Ambler **P:** None **BLW:** No **PH:** Y **SS:** A rec 28858 **BS:** 4 pg 143; 175.

MARSHALL, John Wade; b 1793; d 15 Jul 1871 **RU:** Lieutenant, 117th VMR, Capt Glover Davenport, Campbell Co, attached to 4th VMR **CEM:** Clark & Marshall Family; Campbell; Brookneal on Hat Creek Rd, 2 mi S of Presbyterian Church **GS:** Y **SP:** mar Mary (-----) **VI:** No further information **P:** Spouse applied **BLW:** No **PH:** N **SS:** A rec 28848; B pg 53; BD pg 1259; M pg 238 **BS:** 245.

MARSHALL, Richard; b 1769, Cumberland Co; d 27 Aug 1853 **RU:** Captain, 63rd VMR, Company Commander, Prince Edward Co **CEM:** Sunnyside Farm; Prince Edward; Rice Depot **GS:** N **SP:** No spouse information **VI:** "Thought to be buried here" **P:** None **BLW:** No **PH:** N **SS:** D pg 311 **BS:** 25; 49.

MARSHALL, Robert M; b 1797; d 1870 **RU:** Private, 7th VMR (Saunders) **CEM:** Marshall Family; Warren; Rt 55, Happy Creek Place **GS:** U **SP:** mar Lucy b 1795, d 1844 **VI:** No further data **P:** None **BLW:** No **PH:** N **SS:** A rec 28773 **BS:** 150.

MARSHALL, Robert, Sr; b UNK; d 1855 **RU:** Private, 75th VMR, Montgomery Co **CEM:** Duncan / Marshall; Carroll; Rt 58 **GS:** N **SP:** mar Susannah Dodd, b 17 Sep 1785, d 05 Jan 1859 **VI:** Dates and burial are by tradition **P:** None **BLW:** No **PH:** N **SS:** A rec 28769 **BS:** 90 pg 542.

MARSHALL, Thomas; b UNK; d 29 Jun 1835 **RU:** Private, 4th VMR (Greenhill) **CEM:** Oak Hill; Fauquier; Rt 55, 3.6 mi NW of Marshall **GS:** Y **SP:** mar Margaret W (-----) b 1791, d 02 Feb 1829 **VI:** Died in Baltimore while on his way to see his father, then ill in Philadelphia, leaving "motherless children" **P:** None **BLW:** No **PH:** N **SS:** A rec 28712 **BS:** 4 pg 143; 175.

MARTIN, Benjamin; b 1793; d 20 Mar 1849 **RU:** Private, 5th VMR **CEM:** Clark Cemetery; Washington; Rt 112 **GS:** Y **SP:** No spouse information **VI:** No further data **P:** None **BLW:** No **PH:** N **SS:** A rec 313 **BS:** 116 pg 183.

MARTIN, Daniel; b UNK; d 17 Oct 1881 **RU:** Private, 17th VMR, Capt Allen Wilson, Cumberland Co **CEM:** Martin Family; Carroll; jct Rts 670 & 677 **GS:** Y **SP:** mar Jane (-----), b 22 Oct 1805, d 22 Oct 1891 **VI:** Dates from tombstone **P:** None **BLW:** No **PH:** N **SS:** K pg 59 **BS:** 90 pg 578.

MARTIN, George; b 1797; d 18 Mar 1833 **RU:** Private, 9th VMR (Boyd) **CEM:** Shockoe Hill; Richmond City; 100 Hospital St **GS:** U **SP:** No spouse information **VI:** No further data **P:** None **BLW:** No **PH:** N **SS:** A rec 519 **BS:** 38 pg 11.

MARTIN, James; b 23 Feb 1780; d 14 Apr 1864 **RU:** Ensign, 23rd VMR (Brown), Chesterfield Co **CEM:** Martin Family; Chesterfield; N of Marlboro Ct in South Richmond **GS:** N **SP:** mar in Chesterfield Co on 31 Mar 1807

RU=Rank/Unit   CEM=Cemetery   GS=Gravestone   SP=Spousal Information   VI=Other Veteran Info   P=Pension
BLW=Bounty/Land Warrant   PH=Photo   SS=Service Source   BS=Burial Source   VMR= VA Military Regt
LNR= Last Known Residence

(bond) to Elizabeth Baker, daughter of John Baker, b 1792, d 1852, age 62 **VI**: Son of James Martin & Margaret Broadie. Gravestone since smashed by vandals **P**: None **BLW**: No **PH**: N **SS**: A rec 195 **BS**: 8 pg 5; 261.

MARTIN, James; b 1771; d 1815 **RU**: Private, 7th VMR (Saunders), Capt Pleasant Goggins, Bedford Co **CEM**: Old City Cemetery; Lynchburg; 401 Taylor St **GS**: Y **SP**: mar Maria A (-----) **VI**: No further data **P**: Spouse **BLW**: No **PH**: N **SS**: BD pg 1261; B pg 42 **BS**: 87 pg 137.

MARTIN, James Green; b UNK; d 23 Nov 1874 **RU**: Private, 9th VMR (Sharp), Capt Benjamin Pollard, Hanover Co **CEM**: Fentress Airfield; Chesapeake City; Fentress Airfield Rd **GS**: Y **SP**: mar Maacah Foreman, b 02 Mar 1797, d 01 Oct 1874 **VI**: Reverend **P**: Yes **BLW**: No **PH**: N **SS**: BD pg 1262 **BS**: 75 pg 107.

MARTIN, Jesse; b UNK; d 1835 (Inv) **RU**: Private, 35th US Infantry; 90th VMR, Capt Isaac Tinsley's Company, Amherst Co **CEM**: Walters Family; Montgomery; vic Riner **GS**: Y **SP**: No spouse information **VI**: No dates on stone **P**: Yes **BLW**: Yes **PH**: N **SS**: BD pg 1262 **BS**: 101 pg 1.

MARTIN, John B; b 05 Sep 1797, Bandon, County Cork, Ireland; d 28 Oct 1857, Richmond **RU**: Private, 16th VMR, Capt Thomas Magee, Spotsylvania Co **CEM**: Shockoe Hill; Richmond City; 100 Hospital St **GS**: Y **SP**: No spouse information **VI**: No further data **P**: None **BLW**: No **PH**: N **SS**: L pg 556 **BS**: 199.

MARTIN, John P; b 1781; d 07 Jun 1850 **RU**: Private, 121st VMR, Capt William Fleming, Troop of Cavalry, Botetourt Co **CEM**: Mount Union; Botetourt; Rt 630, Haymakertown, 5 mi W of Fincastle **GS**: Y **SP**: mar Elizabeth D (-----), b 1780, d 31 Aug 1857 **VI**: Died age 69 years **P**: None **BLW**: No **PH**: N **SS**: K pg 326; B pg 45 **BS**: 194.

MARTIN, Mathew; b 07 Jan 1768; d 11 Apr 1847 **RU**: Private, 5th VMR **CEM**: Martin Family; Campbell; vic jct Rts 650 & 652 **GS**: Y **SP**: mar Elizabeth Clark, b 12 Mar 1781, d Mar 1866 **VI**: No further data **P**: None **BLW**: No **PH**: N **SS**: A rec 1124 **BS**: 245.

MARTIN, Noah; b c1774; d UNK **RU**: Sergeant, 60th VMR, Capt Thomas Coffer, Fairfax Co **CEM**: Martin Family; Fairfax; Zion Dr **GS**: N **SP**: mar Mary (-----), b 1774, d 1840 **VI**: Son of James Martin (d 1818) **P**: None **BLW**: No **PH**: N **SS**: A rec 1182 **BS**: 89 v3 FX-185.

MARTIN, Saul; b UNK; d 20 Sep 1823 **RU**: Private, 60th VMR, Capt Thomas Coffer, Fairfax Co **CEM**: Martin Family; Fairfax; Zion Dr **GS**: N **SP**: No spouse information **VI**: Son of James Martin (d 1818). Death date from *Alexandria Gazette* **P**: None **BLW**: No **PH**: N **SS**: X **BS**: 89 v3 FX-185.

MARTIN, Thomas Littleton; b 12 May 1791, Northampton Co; d 06 May 1835, Washington, DC **RU**: Private, 1st DC Regiment of Militia, Capt Charles McKnight **CEM**: Trinity United Methodist; Alexandria; Wilkes St **GS**: Y **SP**: mar Harriet (-----) **VI**: A resident of Alexandria for 21 years **P**: Spouse **BLW**: No **PH**: N **SS**: A rec 1438; BD pg 1263 **BS**: 32 pg131.

MARTIN, Thomas P; b UNK; d 1837 **RU**: Private, 29th VMR, Capt William Holman, Buckingham Co, attached to 7th VMR (Gray) **CEM**: Allen Family #1; Botetourt; Rt 11, 3 mi S of Buchanan **GS**: Y **SP**: mar Mary F (-----), 1820-1842 **VI**: No further data **P**: Spouse App **BLW**: No **PH**: N **SS**: K pg 336; BD pg 1263; B pg 51 **BS**: 155 pg 55; 194.

MARTIN, William; b UNK; d 23 Apr 1874 **RU**: Private, 60th VMR, Capt Thomas Coffer, Fairfax Co **CEM**: Stone's Chapel Presbyterian; Clarke; Rt 632, Arabia **GS**: Y **SP**: No spouse information **VI**: Son of Elizabeth Martin, "mother of Elder William Martin," (d 22 Nov 1842) **P**: Applied **BLW**: No **PH**: N **SS**: A rec 1605; BD 1264 **BS**: 92 pg 93.

MARTIN, William S; b 15 Jan 1777; d 17 Mar 1842 **RU**: Private, 2nd VMR, Capt Joseph Ames, Accomack Co **CEM**: Martin / Hatton; Accomack; W Phillips St, Melfa **GS**: Y **SP**: mar in Accomack Co on 04 Sep 1817 to Rose Savage, daughter of Littleton Savage **VI**: Son of Smith Martin. Also served under Capt Scarborough **P**: Spouse **BLW**: No **PH**: N **SS**: K pg 308; BD pg 1264; B pg 34; M pg 238 **BS**: 21 pg 176.

MARX, Joseph; b 1772; d 12 Jul 1840 **RU**: Private, DC Militia, Maj King's Detachment **CEM**: Hebrew Cemetery; Richmond City; 4th St, Shockoe Hill **GS**: Y **SP**: mar Richa (-----), d 21 Mar 1838, age 69 **VI**: No further data **P**: None **BLW**: No **PH**: N **SS**: A rec 1893 **BS**: 199.

MARYE, John L; b 1798; d aft 1860 **RU**: Sergeant Major, 12th US Infantry, Staff of Col Thomas Parker **CEM**: City Cemetery; Fredericksburg; William St & Washington Ave **GS**: Y **SP**: mar Jane Hamilton **VI**: Age 72 on 1860 census of Spotsylvania Co **P**: Spouse **BLW**: No **PH**: N **SS**: BD pg 1264; B pg 222; M pg 238 **BS**: 18 pg 21.

RU=Rank/Unit CEM=Cemetery GS=Gravestone SP=Spousal Information VI=Other Veteran Info P=Pension
BLW=Bounty/Land Warrant PH=Photo SS=Service Source BS=Burial Source VMR= VA Military Regt
LNR= Last Known Residence

MASON, Armistead Thomson; b 04 Aug 1787, Louisa Co; d 06 Feb 1819 **RU**: Lt Colonel, 57th VMR, Loudoun Co **CEM**: Episcopal Church; Loudoun; Leesburg **GS**: Y **SP**: mar at the home of Dr. Charles Cocke in Albemarle Co on 01 May 1817 by Rev Dunn to Charlotte Eliza Taylor, youngest daughter of John Taylor of Southampton Co, d 1846. Marriage notice in the *Richmond Examiner*, 20 May 1817, pg 3 **VI**: Son of Senator Stevens Thomson Mason of "Raspberry Plain." Educated at College of William & Mary. He commanded at Ft Norfolk and Baltimore. Elected to US Senate in 1816, defeated in 1818 by Charles Fenton Mercer, with whom he had served in the War of 1812. Killed in a duel with his brother-in-law, Col John Mason McCarty, arising from a controversy over the 1818 election campaign. He was styled as "General" in his marriage notice **P**: None **BLW**: No **PH**: N **SS**: B pg 228 **BS**: 168.

MASON, George; b 1786; d 21 Aug 1834 **RU**: Lieutenant, 57th VMR, Loudoun Co **CEM**: Gunston Hall; Fairfax; 10709 Gunston Rd, Lorton **GS**: Y **SP**: mar Elizabeth Thomson Mason, b 1789, d 1821 **VI**: Death year from stone, death date from the *Alexandria Gazette* **P**: None **BLW**: No **PH**: N **SS**: A rec 2201 **BS**: 89 v5 MN-5.

MASON, Henry; b 05 Feb 1790; d 18 Mar 1871 **RU**: Private, 5th VMR (McDowell) **CEM**: Mason Family; Buckingham; jct Rts 15 & 640 **GS**: N **SP**: mar 20 Jul 1819, Martha Molloy, b 20 Jun 1782, d 25 Dec 1863. No stone **VI**: No stone, but "known to be buried here" **P**: None **BLW**: No **PH**: N **SS**: A rec 2217 **BS**: 66 pg 349.

MASON, Henry; b 04 Jul 1796; d 20 Dec 1815 **RU**: Private, 1st VMR (Trueheart) **CEM**: Avery / Mason; Surry; Laurel Drive **GS**: U **SP**: No spouse information **VI**: No further data **P**: None **BLW**: No **PH**: N **SS**: A rec 22144 **BS**: 169.

MASON, Jacob R; b 1787, Loudoun Co; d 28 Oct 1814 **RU**: 2nd Lieutenant, 5th VMR **CEM**: Trinity Episcopal; Portsmouth; 500 Court St **GS**: Y **SP**: No spouse information **VI**: Styled as Lieutenant on tombstone **P**: None **BLW**: No **PH**: Y **SS**: A rec 2252 **BS**: 124 stone #108.

MASON, James Murray; b 03 Nov 1798, Selma, Winchester, VA; d 28 Apr 1871, "Claren," Fairfax Co **RU**: Private, 5th VMR **CEM**: Christ Church Episcopal; Alexandria; Wilkes & Hamilton **GS**: Y **SP**: mar on 25 Jul 1822 to Eliza Chew, daughter of Benjamin Chew of Philadelphia, b at "Cliveden," Germantown on 18 Nov 1798, d at "Claren", Fairfax Co, on 14 Feb 1874 **VI**: No further data **P**: None **BLW**: No **PH**: N **SS**: A rec 2272 **BS**: 34 pg 105.

MASON, John William; b 1795; d 1870 **RU**: Private, 3rd VMR (Dickinson) **CEM**: Bailey Family; Campbell; Hat Creek **GS**: N **SP**: no spouse information **VI**: No further data **P**: None **BLW**: No **PH**: N **SS**: A rec 2319 **BS**: 245.

MASON, Jonathan; b c1795; d 1860 **RU**: Private, 31st VMR, Frederick Co **CEM**: Heironimus; Frederick; Old Mill Ln, Whitacre **GS**: Y **SP**: mar in Frederick Co on 20 Mar 1822 (returned by Joseph Dalby) to Helen Braithwaite **VI**: No further data **P**: None **BLW**: No **PH**: N **SS**: A rec 2354 **BS**: 79 pg 211.

MASON, Joseph; b 25 Feb 1788; d 19 Dec 1838 **RU**: Private, Petersburg Volunteers **CEM**: Blandford; Petersburg; 111 Rochelle Ln **GS**: Y **SP**: No spouse information **VI**: Son of Peyton & Mary Mason **P**: None **BLW**: No **PH**: N **SS**: AK pg 138 **BS**: 200.

MASON, Richard C; b 1793; d Aug 1869 **RU**: Private, 1st DC Regiment **CEM**: Mason Family; Alexandria; nr Telegraph Rd & US#1 **GS**: N **SP**: No spouse information **VI**: Age 57 on 1850 Fairfax Co census. Death date from the *Alexandria Gazette* **P**: None **BLW**: No **PH**: N **SS**: A rec 2434 **BS**: 89 FX 211.

MASON, Robert A; b UNK; d bur 05 Sep 1867 **RU**: Private, 1st VMR (Crutchfield) **CEM**: Hollywood; Richmond City; 412 S Cherry St, Sec G, lot 20 **GS**: U **SP**: No spouse information **VI**: No further data **P**: None **BLW**: No **PH**: N **SS**: A rec 2444 **BS**: 237.

MASON, Seth; b 01 Dec 1776; d 25 Mar 1846 **RU**: Private, 31st VMR, Capt Samuel Baker, Troop of Cavalry, Frederick Co **CEM**: Mason Family; Frederick; Double Tollgate **GS**: Y **SP**: No spouse information **VI**: No further data **P**: None **BLW**: No **PH**: N **SS**: A rec 2460; B pg 87 **BS**: 79 pg 211.

MASON, Thomas H C; b UNK; d 27 Jan 1838 **RU**: Private, Hunter's Command of Cavalry **CEM**: St James Episcopal; Loudoun; 14 Cornwall St, Leesburg **GS**: Y **SP**: No spouse information **VI**: No further data **P**: None **BLW**: No **PH**: N **SS**: A rec 2475 **BS**: 73 pg 194.

MASON, William S; b UNK; d Mar 1856 **RU**: Quartermaster Sergeant, 4th VMR **CEM**: Gunston Hall; Fairfax; 10709 Gunston Rd, Lorton **GS**: Y **SP**: No spouse information **VI**: No further data **P**: None **BLW**: No **PH**: N **SS**: A rec 2531 **BS**: 89 v4 MN-7.

RU=Rank/Unit CEM=Cemetery GS=Gravestone SP=Spousal Information VI=Other Veteran Info P=Pension
BLW=Bounty/Land Warrant PH=Photo SS=Service Source BS=Burial Source VMR= VA Military Regt
LNR= Last Known Residence

MASON, William T T; b UNK; d 12 Sep 1867 **RU:** Private, 4th VMR **CEM:** St James Episcopal; Loudoun; 14 Cornwall St, Leesburg **GS:** U **SP:** No spouse information **VI:** Death date from *Alexandria Gazette* **P:** None **BLW:** No **PH:** N **SS:** A rec 2532 **BS:** 73 pg 194.

MASSENBURGH, John W; b 12 Jul 1789; d 23 Jan 1825 **RU:** Sergeant, 95th VMR (Lee), Norfolk Co **CEM:** Old Massenburgh; Norfolk City; South Norfolk **GS:** Y **SP:** No spouse information **VI:** No further data **P:** None **BLW:** No **PH:** N **SS:** A rec 2607 **BS:** 75 pg 110.

MASSIE, John Whitley, Sr; b 20 Oct 1791; d 29 Jul 1840 **RU:** Private, 57th VMR, Loudoun Co **CEM:** Christ Church Episcopal; Alexandria; Wilkes & Hamilton **GS:** Y **SP:** mar Mary Stuart, b 1794, d 1878 **VI:** He may also had service with a DC unit **P:** None **BLW:** No **PH:** N **SS:** A rec 2701 **BS:** 34 pg 106.

MASSIE, Lewis D; b c1793; d 25 Nov 1866 **RU:** Private, 44th VMR, Capt John Ashby, Fauquier Co, attached to Kemper's Command **CEM:** Massie Family; Rappahannock; "Rose Cottage," Rt 622, Washington **GS:** Y **SP:** mar in Culpeper Co on 14 Feb 1822 by Lewis Conner (Baptist) to Elizabeth Adams, daughter of John Adams, b c1795, d 13 Jun 1886 **VI:** No further data **P:** Spouse **BLW:** No **PH:** N **SS:** Bd pg 1266; B pg 73; M pg 239; A rec 2807 **BS:** 270.

MASSIE, Thomas; b 21 Oct 1782; d 06 May 1864, "Blue Rock," Nelson Co **RU:** Private, 90th VMR, Capt William Coleman, Amherst Co **CEM:** Blue Rock Cemetery; Nelson; Roseland **GS:** Y **SP:** mar (1) in Nelson Co on 29 Jul 1825 (bond) to Sarah C Cabell, b Nov 1795, d Jun 1851, daughter of Lucy *Waller* of Williamsburg, VA. Buried at "Level Green," Nelson Co; (2) Nancy S (-----) who was pensioned **VI:** Son of Maj & Thomas Massie and Sarach Cocke of "Level Green." Studed under James Drew McCaw of Richmond, graduated in Philadelphia, studied in Edinburg, London and Paris. Practiced law in Chillicothe, OH. House Delegates 1824-1827, 1829-1830; Virginia Convention of 1829; trustee of Washington College **P:** Spouse **BLW:** No **PH:** N **SS:** A rec 2821; BD pg 1266 **BS:** 153; 31.

MATHEW, John F; b 1790, England; d bur 07 Mar 1865 **RU:** Private, 6th VMR **CEM:** Hollywood; Richmond City; 412 S Cherry St, Sec D, lot 162 **GS:** U **SP:** No spouse information **VI:** No further data **P:** None **BLW:** No **PH:** N **SS:** A rec 3326 **BS:** 237.

MATHEWS, John; b 1791; d 1854 **RU:** Corporal, 1st VMR Artillery **CEM:** St Mary's Catholic; Wythe; 370 E Main, Wytheville **GS:** Y **SP:** mar Malvina S (-----), b 1790, d 1850 **VI:** Age 59 on 1850 census of Wythe County Clerk of Court **P:** None **BLW:** No **PH:** N **SS:** A rec 4354 **BS:** 213.

MATTHEWS, George H; b UNK; d UNK **RU:** Private, 5th VMR (McDowell) **CEM:** Hollywood; Richmond City; 412 S Cherry St, Sec D, lot 229 **GS:** Y **SP:** mar in Powhatan Co on 29 Jan 1825 to Ann Martha Miller **VI:** Name on monument, no dates and not in burial register **P:** None **BLW:** No **PH:** N **SS:** A rec 4259 **BS:** 237.

MATTHEWS, John; b 10 Sep 1796; d Mar 1861 **RU:** Lieutenant, 5th VMR (McDowell) **CEM:** Hatcher Family; Lunenburg; abt 7 mi NW of Kenbridge **GS:** Y **SP:** No spouse information **VI:** No further data **P:** None **BLW:** No **PH:** N **SS:** A rec 4370 **BS:** 202.

MAUPIN, George Washington; b 1775; d 1825 **RU:** Assistant Surgeon, Fortress Monroe **CEM:** Trinity Episcopal; Portsmouth; 500 Court St **GS:** Y **SP:** No spouse information **VI:** Assistant Surgeon at Fortress Monroe 1802-1825 **P:** None **BLW:** No **PH:** N **SS:** Obituary, *American Commercial Beacon*, 21 Jun 1825 **BS:** 260.

MAUPIN, William J; b 10 Mar 1770; d 17 Aug 1843 **RU:** Corporal, Detachment of Cavalry **CEM:** Port Republic Methodist-- Abandoned Cemetery aka Riverside Cemetery; Rockingham; River Rd, Port Republic **GS:** Y **SP:** No spouse information **VI:** No further data **P:** None **BLW:** No **PH:** N **SS:** A rec 4960 **BS:** 262.

MAURY, Richard B; b 1792; d 25 Nov 1836 **RU:** Clerk, Brig General William Madison's 1st Brigade **CEM:** Masonic Cemetery; Fredericksburg; 900 Block, Charles St **GS:** Y **SP:** mar (1) Eliza Maury (his cousin); (2) Ellen (-----) **VI:** Son of Fontaine Maury and Ellen Brook Maury, cousin of Matthew Fontaine Maury, father of Rev Magruder Maury **P:** Spouse **BLW:** No **PH:** N **SS:** BD pg 1270 **BS:** 52.

MAURY, Richard R; b 1768; d 20 Jan 1845 **RU:** Sergeant, 16th VMR, Capt Anthony Thornton, Spotsylvania Co **CEM:** Hollywood; Richmond City; 412 S Cherry St **GS:** U **SP:** No spouse information **VI:** No further data **P:** None **BLW:** No **PH:** Y **SS:** L pg 774 **BS:** 80.

MAXWELL, David; b 1784; d 11 Jan 1832 **RU:** Private, 90th VMR, Capt William Coleman, Amherst Co attached to Cocke's Detachment **CEM:** Shockoe Hill; Richmond City; 100 Hospital St **GS:** U **SP:** No spouse information **VI:** No further data **P:** None **BLW:** No **PH:** N **SS:** K pg 164; B pg 38 **BS:** 38 pg 10.

RU=Rank/Unit   CEM=Cemetery   GS=Gravestone   SP=Spousal Information   VI=Other Veteran Info   P=Pension
BLW=Bounty/Land Warrant   PH=Photo   SS=Service Source   BS=Burial Source   VMR= VA Military Regt
LNR= Last Known Residence

MAXWELL, John; b 26 Jul 1780; d Jan 1815, at sea RU: Private, 54th VMR, Capt Miles King, Artillery, Norfolk Borough CEM: St Paul's Episcopal; Norfolk City; 201 St Paul's Blvd GS: Y SP: mar in Kinsale, Westmoreland Co on 11 Apr 1809 to Olivia Anne Mitchell. She d Norfolk on 19 Jul 1814. Marriage notice in *Norfolk Gazette and Publick Ledger*, 21 Apr 1809 which says she was of Richmond Co. Death notice in *The Publick Ledger* of 20 Jul 1814 VI: Served from 12 Sep 1814 to 25 Oct 1814 at which time he was "sick in Quarters." His tombstone states he was lost at sea, which also calls him Captain P: None BLW: No PH: N SS: A rec 5369; P BS: 119 pg 28.

MAXWELL, Robert B; b UNK; d 1850 RU: Corporal, 8th VMR (Wall) CEM: Old City Cemetery; Lynchburg; 401 Taylor St GS: Y SP: No spouse information VI: No further data P: None BLW: No PH: N SS: A rec 5435 BS: 87 pg 138.

MAXWELL, William; b 27 Feb 1784, Norfolk; d 09 Jun 1857 RU: Private, 54th VMR, Norfolk Borough CEM: Hollywood; Richmond City; 412 S Cherry St, Sec H, lot 20 GS: U SP: No spouse information VI: Born of English parents. Graduate of Yale in 1802, studied law in Richmond and practiced in Norfolk. House of Delegates 1830-1832; State Senate 1832-1838. President of Hampden-Sidney College 1839-1844, after which he practiced law in Richmond and conducted a law school. Active in resurrecting the Virginia Historical Society and became its librarian. Editor of the *Virginia Historical Register and Literary Advisor* from 1848-1853. Member of the American Colonization Society P: None BLW: No PH: N SS: A rec 5488 BS: 237.

MAY, Adam; b 01 May 1798; d 14 Jun 1874 RU: Private, 58th VMR, Capt Robert Hooke, Rockingham Co, attached to Flying Camp McDowell CEM: Port Republic Old Presbyterian; Rockingham; Rt 605, Port Republic GS: Y SP: mar Nancy (-----), b 25 Nov 1800, d 29 Apr 1845 VI: No further data P: None BLW: No PH: N SS: K pg 17; B pg 181 BS: 262.

MAY, Benjamin Harrison; b 09 Nov 1788; d 31 Jan 1857 RU: Private, 39th VMR, Capt Thomas Claiborne, Petersburg CEM: Blandford; Petersburg; 111 Rochelle Ln GS: Y SP: No spouse information VI: Doctor. Son of George and Anna (Fitzhugh) May of Prince George Co. Lost his vision at age 26 P: None BLW: No PH: N SS: L pg 221 BS: 200.

MAY, Jacob; b c1795; d 10 Jul 1859 RU: Private, 5th VMR, Capt Reuben Moore, Culpeper Co, attached to 6th VMR (Coleman) CEM: Burnt Factory United Methodist; Frederick; 1943 Jordan Springs Rd, Stephenson GS: Y SP: mar in Frederick Co on 26 May 1830 (bond) to Polly Nevell, Henry Nevell, surety VI: No further data P: Yes BLW: Yes PH: N SS: A rec 5607; BD pg 1272 BS: 79 pg 213.

MAY, James Andrew; b c1794; d 1830 RU: Private, 97th VMR, Capt John Bayliss, Artillery, Shenandoah Co, attached to Battalion of Artillery CEM: Smith Family; Rockingham; Behind Bennetts Run School House, Bergton GS: Y SP: mar (1) UNK; (2) Margaret Smith, daughter of Lorenzo Frederick Smith & Christina Agatha (Sunifank) Smith, b 21 Apr 1799, d aft 1850 VI: No further data P: Spouse BLW: No PH: N SS: B pg 184; BD pg 1271 BS: 262.

MAY, John Fitzhugh; b 22 Jul 1784; d 21 Jul 1856 RU: Private, 39th VMR, Capt Thomas Claiborne, Petersburg CEM: Blandford; Petersburg; 111 Rochelle Ln GS: Y SP: No spouse information VI: Lawyer, legislator, judge P: None BLW: No PH: N SS: L pg 221 BS: 200.

MAY, Noel; b c1792, Orange Co; d 1866, Madison Co RU: Private, 47th VMR, Capt John Rothwell, Albemarle Co, attached to 7th VMR (Gray) CEM: May Family; Madison; Graves Mill GS: U SP: mar (1) Aleavy Eddins; (2) Sarah Collins August 1863 VI: Son of Thomas May (1760-1823, Louisa Co) and Anna Hyatt (c1770-1823) P: None BLW: No PH: N SS: K pg 352; B pg 36 BS: 245.

MAY, Richard; b 1793; d bur 08 Mar 1842 RU: Private, 39th VMR, Petersburg CEM: Shockoe Hill; Richmond City; 100 Hospital St GS: U SP: No spouse information VI: Doctor P: None BLW: No PH: N SS: A rec 5711 BS: 38 pg 24.

MAY, Thomas; b UNK; d UNK RU: Private, 4th VMR (Boyd), Capt Washington West, Botetourt Co CEM: May Family; Buckingham; Buckingham C.H. GS: N SP: mar Mary Moseley, d 30 Dec 1834 in Maysville, Buckingham Co VI: No stone, but "known to be buried here" P: Spouse BLW: No PH: N SS: A rec 5741; BD pg 1272 BS: 68 pg 350.

MAYERS, John; b UNK; d 06 Apr 1844 RU: Private, 6th Regiment Artillery (Read) CEM: Stone's Chapel Presbyterian; Clarke; Rt 632, Arabia GS: Y SP: Violet P (-----), b 06 Sep 1799, d 07 Feb 1869 is also buried here VI: No further data P: None BLW: No PH: N SS: A rec 5936 BS: 92 pg 93.

MAYNARD, Edward; b 11 Dec 1777; d 23 Jan 1857 RU: Private, 74th VMR, Capt Nathaniel Bowe, Hanover Co, attached to Cocke's Detachment CEM: Our Saviour; Hanover; Upper Hanover GS: Y SP: mar Lucinda (-----), b 27 Mar 1789, d 11 Feb 1854 VI: An Edward E Maynard who died in 1853 is buried in Hollywood cemetery in Richmond City may be the one who had this 1812 service P: None BLW: No PH: N SS: L pg 160 BS: 69 pg 86.

RU=Rank/Unit CEM=Cemetery GS=Gravestone SP=Spousal Information VI=Other Veteran Info P=Pension
BLW=Bounty/Land Warrant PH=Photo SS=Service Source BS=Burial Source VMR= VA Military Regt
LNR= Last Known Residence

MAYO, John; b 1760; d 28 May 1818 **RU:** Lt Colonel, 33rd VMR Commander, Henrico Co **CEM:** St John's Church; Richmond City; 24th & Broad, Church Hill **GS:** U **SP:** mar Abigail DeHart, b 1761, NJ, d 1843 **VI:** Son of John Mayo. Received his Lt Col commission on 24 Jan 1794. Represented Henrico Co in the House of Delegates 1785, 1786, 1791 to 1796. and served on the Council of State. Constructed a toll bridge across James River in Richmond **P:** None **BLW:** No **PH:** N **SS:** B pg 99 **BS:** 63 pg 499.

MAYO, Joseph; b 21 Mar 1771; d 02 Oct 1820 **RU:** Brevit Lieutenant, 19th VMR (Ambler), Capt G M Carrington, Richmond City **CEM:** St John's Church; Richmond City; 24th & Broad, Church Hill **GS:** Y **SP:** mar in 1792 to Jane Poythress, daughter of Peter Poythress & Elizabeth Bland of Prince George Co, b 1773, d 20 Mar 1837 **VI:** Descendant of William Mayo of Barbados, surveyor of the VA / NC line and who laid out the town of Richmond for William Byrd II in 1737 **P:** None **BLW:** No **PH:** N **SS:** A rec 6266; L pg 195 **BS:** 63 pg 475; 252 pg 28.

MAYO, Joseph Carrington; b 16 Nov 1795, Powhatan Co; d 10 Aug 1872, Cumberland Landing, New Kent Co **RU:** Private, 19th VMR, Richmond City **CEM:** Shockoe Hill; Richmond City; 100 Hospital St **GS:** Y **SP:** Was married **VI:** Mayor of Richmond City 1853-65, 1866-68. Portraits are on on-line at findagrave.com **P:** None **BLW:** No **PH:** on-line **SS:** A rec 6267 **BS:** 168; 245.

MAYS, George Stover; b UNK; d 1865 (Exec Bond) **RU:** Corporal, 28th VMR, Capt Loving Lunsford, Nelson Co, attached to Cocke's Detachment **CEM:** Boxley Farm; Amherst; Rt 29 **GS:** N **SP:** mar Elizabeth Edmonds **VI:** No further data **P:** None **BLW:** No **PH:** N **SS:** K pg 174; B pg 142 **BS:** 5 pg 74.

MAYS, James; b 07 Nov 1785; d 20 Oct 1863 **RU:** Private, 6th VMR **CEM:** Mays Family #1; Rockingham; Mays Creek Rd, Bergton **GS:** Y **SP:** mar (1) Mary Tusing; (2) Sarah Shaver **VI:** Son of George Mays & Martha Magdalene Houghman **P:** None **BLW:** No **PH:** N **SS:** A rec 5617 **BS:** 262.

MAYS, William C; b 1796; d 07 Mar 1782 **RU:** Private, 101st VMR, Capt Tunstall Shelton, Pittsylvania Co, attached to 2nd Corps d'Elite(Green) **CEM:** Mays Family; Patrick; nr jct Rts 103 & 741 **GS:** Y **SP:** mar Sallie C (-----) ,b 1811, d1883 **VI:** No further data **P:** Yes **BLW:** No **PH:** N **SS:** A rec 6432; BD pg 1274 **BS:** 154 pg 317.

McCABE, William; b 1778; d bur 08 Oct 1823 **RU:** Private, 19th VMR, Capt William McCabe, Richmond City **CEM:** Shockoe Hill; Richmond City; 100 Hospital St **GS:** U **SP:** No spouse information **VI:** No further data **P:** None **BLW:** No **PH:** N **SS:** L pg 573 **BS:** 38 pg 2.

McCALL, John, Jr; b Oct 1795; d 11 Nov 1837 **RU:** Private, Bradley's Regiment **CEM:** Clark Cemetery; Washington; Rt 112 **GS:** Y **SP:** No spouse information **VI:** Aged 42 yrs, 24 days **P:** None **BLW:** No **PH:** N **SS:** A rec 7501 **BS:** 116 pg 184.

McCALL, Samuel; b 1798; d 07 Oct 1820 **RU:** Private, 4th VMR (Boyd) **CEM:** Glade Spring Presbyterian; Washington; 33234 Lee St, Glade Springs **GS:** Y **SP:** No spouse information **VI:** No further data **P:** None **BLW:** No **PH:** N **SS:** A rec 7535 **BS:** 116 pg 184.

McCARON, John; b UNK, Ireland; d 1859 **RU:** Private, 6th VMR **CEM:** Old City Cemetery; Lynchburg; 401 Taylor St **GS:** Y **SP:** No spouse information **VI:** No further data **P:** None **BLW:** No **PH:** N **SS:** A rec 7995 **BS:** 87 pg 4.

McCARTY, Daniel (twin of James); b 1793, County Cork, Ireland; d 1823 **RU:** Private, 121st VMR, Capt Washington West, Botetourt Co, attached to 4th VMR (Boyd), **CEM:** Old City Cemetery; Lynchburg; 401 Taylor St **GS:** Y **SP:** mar Eliza Ann (-----) **VI:** Joint stone with brother, both died the same day **P:** Spouse **BLW:** No **PH:** N **SS:** BD pg 1216 **BS:** 87 pg 4; 245.

McCARTY, James (twin of Daniel; b 1793, County Cork, Ireland; d 1823 **RU:** Private, 8th VMR, Capt Daniel Hoffman, Mounted Riflemen, Rockbridge Co, attached to 4th VMR **CEM:** Old City Cemetery; Lynchburg; 401 Taylor St **GS:** Y **SP:** No spouse information **VI:** Joint stone with brother, both died the same day **P:** Yes **BLW:** No **PH:** N **SS:** K pg 16; BD pg 1217' B pg 179; M pg 232 **BS:** 87 pg 4; 245.

McCARTY, James B; b UNK; d 26 Oct 1838 **RU:** Private, 4th VMR **CEM:** St James Episcopal; Loudoun; 14 Cornwall St, Leesburg **GS:** Y **SP:** No spouse information **VI:** No further data **P:** None **BLW:** No **PH:** N **SS:** A rec 8249 **BS:** 73 pg 197.

McCARTY, John; b UNK; d 26 Dec 1832 **RU:** Private, 4th VMR **CEM:** St James Episcopal; Loudoun; 14 Cornwall St, Leesburg **GS:** Y **SP:** No spouse information **VI:** No further data **P:** None **BLW:** No **PH:** N **SS:** A rec 8276 **BS:** 73 pg 197.

RU=Rank/Unit CEM=Cemetery GS=Gravestone SP=Spousal Information VI=Other Veteran Info P=Pension
BLW=Bounty/Land Warrant PH=Photo SS=Service Source BS=Burial Source VMR= VA Military Regt
LNR= Last Known Residence

McCARTY, William M; b 03 Oct 1791; d 03 Sep 1848 **RU**: Private, 41st VMR, Capt Robert W Carter, Troop of Cavalry, Richmond Co **CEM**: St Mary's White Chapel; Lancaster; White Chapel Rd & River Rd, Lively **GS**: Y **SP**: mar Mary B (-----) **VI**: Son of Dennis & Feliz McCarty **P**: Spouse **BLW**: No **PH**: Y **SS**: L pg 202 **BS**: 31 personal visit.

McCHESNEY, James; b UNK; d 1813 (Will) **RU**: Sergeant, 5th VMR (McDowell) **CEM**: Old Providence Church; Augusta; 1005 Spottswood Rd, Spotswood **GS**: N **SP**: No spouse information **VI**: No further data **P**: None **BLW**: No **PH**: N **SS**: A rec 8643 **BS**: 165 Stone #52.

McCHESNEY, William; b 1770; d 01 Sep 1860 **RU**: Sergeant, 5th VMR (McDowell) **CEM**: Old Providence Church; Augusta; 1005 Spottswood Rd, Spotswood **GS**: Y **SP**: No spouse information **VI**: Son of Robert & Jane (Hall) McChesney **P**: None **BLW**: No **PH**: Y **SS**: A rec 8658 **BS**: 2 pg 59; 31.

McCLANAHAN, Elijah / Elisha; b 20 Apr 1770; d 01 Dec 1837 **RU**: Lt Colonel, 121st VMR, Commander, Botetourt Co **CEM**: McClanahan Family; Roanoke; 24th St vic Melrose Ave, Salem **GS**: U **SP**: mar Agatha Strother Lewis, b 15 Mar 1779, d 14 Jun 1852 **VI**: No further data **P**: None **BLW**: Yes **PH**: N **SS**: A rec 8847; BD pg 1218; M pg 233; B pg 45 **BS**: 157 pg 156; 121 pg 68.

McCLELLAN(D), Samuel; b 1784; d 25 Jul 1867 **RU**: Private, 5th VMR (McDowell) **CEM**: Old Providence Church; Augusta; 1005 Spottswood Rd, Spotswood **GS**: Y **SP**: mar Margaret Ann Minnick, b 1790, d 1875 **VI**: Son of William & Sarah A (-----) McClelland **P**: None **BLW**: No **PH**: Y **SS**: A rec 9246 **BS**: 31; 1615 Stone #1.

McCLELLAND, Thomas Stanhope, Sr; b 04 Feb 1777; d 29 Aug 1835 **RU**: Sergeant, 7th VMR (Saunders) **CEM**: Montezuma aka Spring Hill Plantation; Nelson; Rt 626, Norwood **GS**: Y **SP**: mar Margaret Cabell, b Union Hill on 24 Nov 1785, d "Montezuma" on 03 Apr 1863 **VI**: His father was a native of Northern Ireland who came to VA in the mid 1700s. Graduate of Dickenson College in PA in 1795, and became an eminent attorney. He handled the estate of Patrick Henry in 1808 **P**: None **BLW**: No **PH**: N **SS**: A rec 9319 **BS**: 153.

McCLENNY, William Deans; b 02 Jul 1798; d 08 Oct 1874 **RU**: Corporal, 29th VMR (Dandin), Isle of Wight Co **CEM**: Cedar Hill; Suffolk City; Hill St **GS**: Y **SP**: mar Martha Ann Lankford, b 1802, d 1856, of Southampton Co **VI**: No further data **P**: None **BLW**: No **PH**: N **SS**: A rec 9504; L pg 270 **BS**: 46.

McCLINTIC, Moses; b 27 May 1797, Warm Springs, Bath Co; d 09 Mar 1862, Falling Spring, Allegheny Co **RU**: Lieutenant, 81st VMR, Capt Peter Smith, Bath Co, attached to Flying Camp McDowell **CEM**: Williamsville Public Cemetery; Bath; Williamsville **GS**: Y **SP**: mar Martha Ann Porter b 1812, d 1861 **VI**: Farmer of "Flowing Springs" **P**: None **BLW**: No **PH**: N **SS**: K pg 31: B pg 41 **BS**: 245.

McCLUNG, John; b 25 Apr 1785; d 08 Nov 1827 **RU**: Captain, 4th VMR (Boyd) **CEM**: Windy Cove; Bath; Millboro Springs **GS**: Y **SP**: mar Rebecca (-----), b 1797, d 25 Sep 1827 **VI**: No further data **P**: None **BLW**: No **PH**: N **SS**: A rec 9766 **BS**: 212.

McCLUNG, William; b 1793; d 1865 **RU**: Private, 81st VMR, Bath Co **CEM**: Clover Creek Presbyterian; Highland; Rt 678 S of McDowell **GS**: Y **SP**: mar Rachel Gwin, b 1802, d 1845 **VI**: No further data **P**: None **BLW**: No **PH**: N **SS**: A rec 9789 **BS**: 235.

McCLURE, Andrew; b Jun 1767, Augusta Co; d 30 Oct 1847 **RU**: Private, US Army **CEM**: Bethel Church; Augusta; 11 mi SW Staunton **GS**: U **SP**: No spouse information **VI**: Enlisted at Staunton, discharged 30 Mar 1815 at Ft. Covinging, LA **P**: None **BLW**: No **PH**: N **SS**: C pg 120 **BS**: 183.

McCLURE, John Edmundson; b 1798; d 1873 **RU**: Private, 2nd Corps d'Elite VA Militiia (Green) **CEM**: Stonewall Jackson Memorial; Lexington; S Main St **GS**: Y **SP**: No spouse information **VI**: No further data **P**: None **BLW**: No **PH**: N **SS**: A rec 9889 **BS**: 31.

McCOBB, John; b 1789, Loudon Co; d 08 Aug 1852 **RU**: Private, 51st VMR, Frederick Co **CEM**: Trinity United Methodist; Alexandria; Wilkes St **GS**: Y **SP**: No spouse information **VI**: Resident of Baltimore "for many years" but last 14 years a resident of Alexandria (obituary) **P**: None **BLW**: No **PH**: N **SS**: A rec 11212 **BS**: 32 pg 132.

McCOBB, John, Jr; b 06 Feb 1778, Phibbsburg, ME; d 20 May 1818 **RU**: Private, 1st MA Militia (Cutter) **CEM**: Trinity United Methodist; Alexandria; Wilkes St **GS**: Y **SP**: mar Sarah N (-----), d 28 Feb 1819 in her 35th year **VI**: No further data **P**: None **BLW**: No **PH**: N **SS**: A rec 10050 **BS**: 32 pg 132.

McCOMAS, David; b 1792; d 20 Jun 1863 **RU**: Private, 86th VMR, Giles Co **CEM**: French / Mason; Giles; off Rt 460 (Wenahah Ave), Pearisburg **GS**: Y **SP**: No spouse information **VI**: No further data **P**: None **BLW**: No **PH**: N **SS**: A rec 10529 **BS**: 14 pg 159.

McCONNELL, Abram; b 01 Jul 1793; d 26 Mar 1859 **RU**: Private, 10th VMR, Capt Willis Jones, Bedford Co, attached to 5th VMR **CEM**: Green Springs; Washington; Rt 75, 5 mi S of I-81 **GS**: Y **SP**: mar Susan B McChesney, b 01 Apr 1802, d 20 Aug 1880 **VI**: Grave marked with 1812 marker **P**: Spouse **BLW**: Yes **PH**: N **SS**: G; BD pg 1221 **BS**: 116 pg 275; 49.

McCONNELL, Thomas; b 06 Nov 1790; d 06 Nov 1865 **RU**: Ensign, 105th VMR, Lt Nathaniel Dryden, Washington Co attached to 5th VMR **CEM**: Green Springs; Washington; Rt 75, 5 mi S of I-81 **GS**: Y **SP**: mar Louisa C (-----) **VI**: Grave marked with 1812 marker **P**: Yes **BLW**: Yes **PH**: N **SS**: G; BD pg 1221 **BS**: 116 pg 275; 49.

McCONNELL, William; b UNK; d bur 26 Feb 1857 **RU**: Private, 83rd VMR, Capt John Frazier, Dinwiddie Co **CEM**: Hollywood; Richmond City; 412 S Cherry St, Sec P, lot 20 **GS**: U **SP**: No spouse information **VI**: No further data **P**: None **BLW**: No **PH**: N **SS**: L pg 339 **BS**: 237.

McCONNELL, William; b 14 Aug 1788; d 09 Jan 1853 **RU**: Sergeant, Lt Col Abraham Bradley's Regiment, 17th Brigade **CEM**: Green Springs; Washington; Rt 75, 5 mi S of I-81 **GS**: Y **SP**: mar Mary M (----), d 05 Apr 18x8, age 96 yrs **VI**: Grave marked with 1812 marker **P**: None **BLW**: No **PH**: N **SS**: G **BS**: 116 pg 275.

McCORKLE, John; b 1796; d 1865 **RU**: Private, Flying Camp (McDowell) **CEM**: Stonewall Jackson Memorial; Lexington; S Main St **GS**: Y **SP**: No spouse information **VI**: No further data **P**: None **BLW**: No **PH**: N **SS**: A rec 11002 **BS**: 31.

McCORMICK, Edmund; b UNK; d 19 Feb 1816 **RU**: Corporal, 36th VMR (Reno), Prince William Co **CEM**: Green Branch; Fauquier; 4 mi NE of Goldvein **GS**: U **SP**: No spouse information **VI**: No further data **P**: None **BLW**: No **PH**: N **SS**: A rec 11157 **BS**: 175.

McCORMICK, George L; b 1794; d 23 Jun 1848 **RU**: Private, 4th VMR (Boyd) **CEM**: Stone's Chapel Presbyterian; Clarke; Rt 632, Arabia **GS**: Y **SP**: mar Grissell (-----). No stone **VI**: Died age 54 **P**: Both **BLW**: No **PH**: N **SS**: A rec 11171 **BS**: 86 pg 39; 92 pg 94.

McCORMICK, Levi; b 1789, PA; d 1853 **RU**: Private, PA Militia, Capt Steel **CEM**: Methodist Church; Albemarle; White Hall **GS**: Y **SP**: mar (1) Jane Graham; (2) Rebecca (-----) **VI**: No further data **P**: Spouse **BLW**: No **PH**: N **SS**: BD pg 1222 **BS**: 260.

McCORMICK, Peter B; b UNK; d UNK **RU**: Private, Maj Hunton's Command, Fauquier Co **CEM**: Green Branch; Fauquier; 4 mi NE of Goldvein **GS**: U **SP**: No spouse information **VI**: No further data **P**: None **BLW**: No **PH**: N **SS**: A rec 11227 **BS**: 175.

McCORMICK, Samuel; b UNK; d 21 Jun 1860 **RU**: Private, 31st VMR, Capt Samuel Baker, Troop of Cavalry, Frederick Co **CEM**: McCormick Family; Clarke; "Tripoli" Rt 123, Weehaw **GS**: Y **SP**: No spouse information **VI**: No further data **P**: None **BLW**: No **PH**: Y **SS**: A rec 11231 **BS**: 92 pg 12.

McCORMICK, William; b 12 Nov 1776; d 17 Apr 1837 **RU**: Corporal, 5th VMR (McDowell) **CEM**: Old Providence Church; Augusta; 1005 Spottswood Rd, Spottswood **GS**: Y **SP**: mar (1) Mary Steele; (2) Sarah McClelland **VI**: Son of Robert & Martha S (-----) McCormick **P**: None **BLW**: No **PH**: Y **SS**: A rec 11269 **BS**: 2 pg 57; 165 Stone #71.

McCORMICK, William; b UNK; d 03 Mar 1855 **RU**: Corporal, 4th VMR (Beatty) **CEM**: McCormick Family; Clarke; "Tripoli," Rt 123, Weehaw **GS**: N **SP**: No spouse information **VI**: Diary of Treadmill Smith, 03 Mar 1855, states William McCormick died at the home of his brother Edward McCormick and was buried at W. Thomas Nelson's in the old [McCormick] family cemetery **P**: None **BLW**: No **PH**: N **SS**: A rec 11267 **BS**: 92 pg 12.

McCOY, William; b UNK; d UNK **RU**: Private, 5th VMR **CEM**: Sharon; Loudoun; Jay & Federal Sts, Middleburg **GS**: U **SP**: No spouse information **VI**: No further data **P**: None **BLW**: No **PH**: N **SS**: A rec 11689 **BS**: 73 pg 197.

McCOY, William; b 03 Dec 1791, Fauquier Co, VA; d 05 May 1857 **RU**: Quartermaster, Maj John Kemper's Command **CEM**: University of VA; Albemarle; Cemetery Rd off Rt 302, Charlottesville **GS**: Y **SP**: mar Sally Anne Kemper, b 10 Apr 1799, d 03 Feb 1888 **VI**: No further data **P**: Spouse **BLW**: No **PH**: N **SS**: A rec 11668; BD pg 1224 **BS**: 94 v3 pg 300.

RU=Rank/Unit   CEM=Cemetery   GS=Gravestone   SP=Spousal Information   VI=Other Veteran Info   P=Pension
BLW=Bounty/Land Warrant   PH=Photo   SS=Service Source   BS=Burial Source   VMR= VA Military Regt
LNR= Last Known Residence

McCUE, Moses; b 23 Dec 1768; d 28 Apr 1847 **RU**: Major, 32nd VMR, Staff Officer, Augusta Co **CEM**: Tinkling Spring; Augusta; 11 mi NE of Staunton **GS**: U **SP**: mar Sarah (-----), d 06 Apr 1856, age 82 yrs, 5 mos, 1 day. **VI**: Commissioned 12 May 1812. Died age 78 yrs, 4 mos, 5 days **P**: None **BLW**: No **PH**: N **SS**: B pg 39 **BS**: 183.

McCUTCHEN, John M, Sr; b 10 Feb 1799; d 02 Jan 1884 **RU**: Private, 2nd VMR (Ballowe), Rifle Regiment **CEM**: Old Providence Church; Augusta; 1005 Spottswood Rd, Spottswood **GS**: Y **SP**: mar Sally Cooper **VI**: Son of William & Jeane (Finley) McCutchen. Father of John McCutchen, Jr, CSA **P**: None **BLW**: No **PH**: Y **SS**: A rec 12842 **BS**: 31.

McCUTCHEN, John R; b 13 Nov 1770; d 27 May 1844 **RU**: Corporal, 32nd VMR, Capt Edward Laurence, Augusta Co, attached to 2nd VMR (Ballowe) **CEM**: Glebe Burying Ground; Augusta; Rt 876, Swoope **GS**: U **SP**: mar (1) Isabella Patrick, d 1812; (2) Martha Lyle, b Nov 1771, d 16 Jul 1851 **VI**: Son of Samuel McCutchen (1744-1830) & Rebecca Downey (1747-1820) **P**: Spouse **BLW**: No **PH**: N **SS**: A rec 12842; BD pg 1226; B pg 40 **BS**: 1 pg 32; 245.

McCUTCHEN, Joseph; b 10 Oct 1779; d 28 Aug 1860 **RU**: Private, 32nd VMR, Capt Edward Laurence, Augusta Co, attached to 2nd VMR (Ballowe) **CEM**: McCutchen Family; Augusta; W of Augusta Springs on old rd from Craigsville **GS**: Y **SP**: mar (1) Nancy (-----), d 03 Sep 1846, age 66 yrs, 10 mos, 16 days; (2) Elizabeth (-----) **VI**: No further data **P**: Spouse **BLW**: No **PH**: N **SS**: BD pg 1226; B pg 40; M pg 234; A rec 12845 **BS**: 93.

McCUTCHEN, Robert; b UNK; d UNK **RU**: Private, 8th VMR, Capt Daniel Hoffman, Mounted Rifleman, Rockbridge Co, attached to 4th VMR **CEM**: Glebe Burying Ground; Augusta; Rt 876, Swoope **GS**: U **SP**: No spouse information **VI**: No further data **P**: None **BLW**: No **PH**: N **SS**: K pg 16; B pg 179 **BS**: 81 pg 3.

McCUTCHEN, Samuel; b 25 Oct 1768; d 01 Jul 1828 **RU**: Private, 32th VMR, Capt Abraham Lange, Augusta Co, attached to 5th VMR **CEM**: Glebe Burying Ground; Augusta; Rt 876, Swoope **GS**: U **SP**: mar in Augusta Co on 16 Feb 1801 to Elizabeth Humphreys, b 1781, d 17 Jun 1861 **VI**: Son of Capt Samuel McCutchen, Jr & Rebecca Downey **P**: Yes **BLW**: No **PH**: N **SS**: BD pg 1226; B pg 40 **BS**: 1 pg 30.

McDANIEL, Archibald; b 23 Jul 1792; d 04 Nov 1861 **RU**: Private, 56th VMR (Taylor), Loudoun Co **CEM**: Catoctin Free Church; Loudoun; Charles Town Pike (Rt 9), Paeonion Springs **GS**: Y **SP**: A person named Archibald McDaniel mar in Loudoun Co on 30 Jul 1830 to Priscilla Thompson **VI**: No further data **P**: None **BLW**: No **PH**: N **SS**: A rec 12992 **BS**: 73 pg 198.

McDANIEL, James; b 1789; d 06 Nov 1825 **RU**: Private, 4th VMR **CEM**: Catoctin Free Church; Loudoun; Charles Town Pike (Rt 9), Paeonion Springs **GS**: Y **SP**: No spouse information **VI**: No further data **P**: None **BLW**: No **PH**: N **SS**: A rec 13088 **BS**: 73 pg 198.

McDANIEL, James; b 1785, Greenville District, SC; d 03 Jul 1835 **RU**: Private, Austin's Regiment, SC Militia **CEM**: Shockoe Hill; Richmond City; 100 Hospital St **GS**: Y **SP**: No spouse information **VI**: No further data **P**: None **BLW**: No **PH**: N **SS**: A rec 13070 **BS**: 199.

McDANIEL, Martin N; b 1784; d 09 Sep 1826 **RU**: Lieutenant, 5th VMR **CEM**: Catoctin Free Church; Loudoun; Charles Town Pike (Rt 9), Paeonion Springs **GS**: Y **SP**: No spouse information **VI**: No further data **P**: None **BLW**: No **PH**: N **SS**: A rec 13179 **BS**: 73 pg 198.

McDONALD, David; b UNK; d 20 Nov 1864 **RU**: Private, 5th VMR (McDowell) **CEM**: Mount Union; Botetourt; Rt 630, Haymakertown, 5 mi W of Fincastle **GS**: U **SP**: mar Annie (-----), d 1865 **VI**: No further data **P**: None **BLW**: No **PH**: N **SS**: A rec 13602 **BS**: 155 pg 41.

McDOWELL, James; b 01 Aug 1770, Cherry Grove; d 15 Sep 1835 **RU**: Lt Colonel, 8th VMR, Commander, Rockbridge Co **CEM**: McDowell Family; Rockbridge; Rt 11, 10 miles N of Lexington **GS**: Y **SP**: mar Feb 1792, Sarah Preston b 1767, d 1841, daughter of William & Susanna (Smith) Preston **VI**: Son of James & Elizabeth (Cloyd) McDowell of Rockbridge Co. Was Justice of the Rockbridge County Court on 20 Oct 1791. Represented Rockbridge Co in VA House of Delegates in 1795. Was sheriff of the County 1812-1814 **P**: None **BLW**: No **PH**: N **SS**: B pg 179 **BS**: 193; 31; 160.

RU=Rank/Unit CEM=Cemetery GS=Gravestone SP=Spousal Information VI=Other Veteran Info P=Pension
BLW=Bounty/Land Warrant PH=Photo SS=Service Source BS=Burial Source VMR= VA Military Regt
LNR= Last Known Residence

McDOWELL, James; b 1795; d 1851 **RU**: Private, 4th VMR **CEM**: Stonewall Jackson Memorial; Lexington; S Main St **GS**: Y **SP**: No spouse information **VI**: No further data **P**: None **BLW**: No **PH**: N **SS**: A rec 14260 **BS**: 31.

McDOWELL, James; b 13 Oct 1795; d 24 Aug 1851 **RU**: Private, 4th VMR **CEM**: Stonewall Jackson Memorial; Lexington; S Main St **GS**: Y **SP**: mar Susannah Smith Preston, daughter of Francis Smith Preston and Sarah Buchanan Campbell, b 05 Mar 1800, d 13 Oct 1847 **VI**: Son of James & Sarah (Preston) McDowell. Virginia Governor 1843 to 1846. US Congress 1846 to 1851. McDowell Co, WV was named for him **P**: None **BLW**: No **PH**: N **SS**: A rec 14260 **BS**: 31; 245.

McFARLAND, James; b 05 Sep 1780; d 25 Jun 1840 **RU**: Private, Battalion of Artillery **CEM**: Darnes Family; Loudoun; Rt 842, Arcola **GS**: Y **SP**: No spouse information **VI**: No further data **P**: None **BLW**: No **PH**: N **SS**: A rec 15127 **BS**: 73 pg 199.

McFARLAND, William H; b 1798; d bur 15 Jan 1872 **RU**: Private, 6th VMR **CEM**: Hollywood; Richmond City; 412 S Cherry St, Sec MOUNT, lot 23 **GS**: U **SP**: No spouse information **VI**: No further data **P**: None **BLW**: No **PH**: N **SS**: A rec 15234 **BS**: 237.

McFERRAN, Samuel; b 08 Mar 1780; d 1820 **RU**: Lieutenant, 48th VMR, Capt James Cartmill, Botetourt Co **CEM**: McFerran Family; Botetourt; Rt 220, 6 mi N of Fincastle **GS**: Y **SP**: mar Placenta Van Meter, b 1786, d 20 Sep 1855 **VI**: "War of 1812" engraved on stone **P**: None **BLW**: No **PH**: N **SS**: K pg 7; G **BS**: 155 pg 66.

McFERRAN, Thomas; b 15 Jan 1776; d UNK **RU**: 3rd Lieutenant, West TN Militia **CEM**: McFerran Family; Botetourt; Rt 220, 6 mi N of Fincastle **GS**: Y **SP**: mar (1) Hannah Van Meter, daughter of Hetty Van Meter, b 1778, d "shortly after 1799"; (2) in Botetourt Co on 01 Feb 1809 to Mary Carper **VI**: "War of 1812" engraved on stone. Son of Samuel & Ann (Montgomery) McFerran **P**: None **BLW**: No **PH**: N **SS**: A rec 15408, G **BS**: 155 pg 66.

McGEE, Thomas; b 1794; d 08 Aug 1868 **RU**: Private, 70th VMR, Capt George Byer, Washington Co, attached to Bradley's Regiment **CEM**: Wright's Chapel; Washington; jct Rts 91 & 605 **GS**: Y **SP**: mar Ruth (-----), b 27 Oct 1797, d 29 Aug 1889 **VI**: No further data **P**: None **BLW**: No **PH**: N **SS**: BD pg 1231; B pg 198 **BS**: 116 pg 224.

McGEHEE, Francis; b 02 Nov 1772; d 12 Nov 1846 **RU**: Private, 4th Regiment KY Volunteers (Pogue) **CEM**: Hardindale Property; Albemarle; Rt 738 **GS**: Y **SP**: mar Martha M C (-----), d 21 May 1846 in her 66th year **VI**: No further data **P**: None **BLW**: No **PH**: N **SS**: A rec 15925 **BS**: 94 v3 pg 119.

McGRUDER, Sublett; b 10 Oct 1781; d 03 Jul 1853 **RU**: 1st Sergeant, 19th VMR (Ambler), Capt George Booker, Richmond City **CEM**: Hollywood; Richmond City; 412 S Cherry St, Sec K, lot 44 **GS**: Y **SP**: mar (1) in Richmond City on 20 Nov 1817 to Mary M Woolfolk, b 12 Jul 1799, d 18 Feb 1833, Richmond; (2) Ann Hite. From Bible of Sublett McGruder and Bible of Edwin Wortham, Library of Virginia **VI**: Partner in firm of McGruder & Wortham, dry goods & groceries in Richmond **P**: None **BLW**: Yes **PH**: N **SS**: A rec 16850; BD pg 1233; B pg 174 **BS**: 237; 49.

McGUIRE, James; b 1772; d 30 Nov 1850 **RU**: Captain, DC Volunteers **CEM**: Trinity United Methodist; Alexandria; Wilkes St **GS**: Y **SP**: mar Lucy (-----), d 19 Oct 1831 in her 54th year **VI**: Spent most of his life in Alexandria where he held "different public offices" **P**: None **BLW**: No **PH**: N **SS**: A rec 16959 **BS**: 32 pg132.

McGUIRE, John; b 1781; d bur 08 Oct 1823 **RU**: Private, 1st VMR (Crutchfield) **CEM**: Shockoe Hill; Richmond City; 100 Hospital St **GS**: U **SP**: No spouse information **VI**: No further data **P**: None **BLW**: No **PH**: N **SS**: A rec 16980 **BS**: 38 pg 36.

McGUIRE, Patrick; b 1793; d 15 Feb 1826 **RU**: Private, Felder's Battallion of Artillery, SC Militia **CEM**: Shockoe Hill; Richmond City; 100 Hospital St **GS**: Y **SP**: No spouse information **VI**: Member of General Assembly **P**: None **BLW**: No **PH**: N **SS**: A rec 17012 **BS**: 38 pg 4.

McKEE, Joseph; b c1795; d 07 Nov 1877 **RU**: Private, 1st VMR (Taylor) **CEM**: Fairview Lutheran; Frederick; 464 Fairview Rd, Gore **GS**: Y **SP**: mar in Frederick Co on 24 Mar 1825 (returned by Joseph Dalby) to Sidney Capper **VI**: No further data **P**: None **BLW**: No **PH**: N **SS**: A rec 18060 **BS**: 79 pg 220.

McKEE, William; b 1783; d 21 May 1833 **RU**: Private, 5th VMR **CEM**: Sinking Spring Presbyterian; Washington; Blackfield Rd, one block fr Main St, Abingdon **GS**: Y **SP**: mar Eliza (-----), d in Abingdon 04 Jun 1825, age 31 **VI**: No further data **P**: None **BLW**: No **PH**: N **SS**: A rec 18122 **BS**: 116 pg 76.

RU=Rank/Unit   CEM=Cemetery   GS=Gravestone   SP=Spousal Information   VI=Other Veteran Info   P=Pension
BLW=Bounty/Land Warrant   PH=Photo   SS=Service Source   BS=Burial Source   VMR= VA Military Regt
LNR= Last Known Residence

McKENNY, George C; b 19 Aug 1817; d UNK **RU:** Private, 111th VMR, Capt Richard Monroe, Westmoreland Co **CEM:** McKenny Family; King George; Loc on Rt 613 vic jct with Rt 218 **GS:** Y **SP:** mar 21 Aug 1817 Elizabeth Quesenberry (family Bible) **VI:** No further data **P:** None **BLW:** No **PH:** N **SS:** L pg 598 **BS:** 17 pg 47.

McKILDOE, James; b 1783; d 20 Jun 1846, "Auburn" nr Fredericksburg **RU:** Private, 19th VMR (Ambler), Richmond City **CEM:** City Cemetery; Fredericksburg; William St & Washington Ave **GS:** Y **SP:** No spouse information **VI:** Dates from death notice in the *Richmond Daily Whig*, 25 Jun 1846, pg 2, age 63 years. "Favorably known in the City of Richmond for nearly 40 years" **P:** None **BLW:** No **PH:** N **SS:** A rec 18764 **BS:** 31.

McKIM, James; b UNK; d 12 Sep 1820 **RU:** Private, 5th VMR **CEM:** McKim Family; Loudoun; Rt 613 Arcola **GS:** Y **SP:** No spouse information **VI:** No further data **P:** None **BLW:** No **PH:** N **SS:** A rec 18791 **BS:** 73 pg 200.

McKNIGHT, Charles; b 07 Apr 1774; d 11 Mar 1853 **RU:** Captain, DC Militia, Alexandria Independent Blues **CEM:** Old Presbyterian Meeting House; Alexandria; Wilkes & Hamilton **GS:** Y **SP:** No spouse information **VI:** Commander of the last body of troops reviewed by General Washington **P:** None **BLW:** No **PH:** N **SS:** A rec 19540 **BS:** 32 pg 56; 49.

McKNIGHT, John; b 02 Jul 1769; d 07 Feb 1834 **RU:** Corporal, 10th MD Militia (Enall) **CEM:** Old Presbyterian Meeting House; Alexandria; Wilkes & Hamilton **GS:** Y **SP:** mar on 29 Oct 1799 by Rev Mr Swann to Catherine Piercy, b 07 Jan 1780, d 13 Dec 1867 **VI:** No further data **P:** None **BLW:** No **PH:** N **SS:** A rec 19575 **BS:** 32 pg 56.

McLEAN, Daniel; b 1770; d 08 Feb 1823 **RU:** Private, 36th VMR (Reno), Prince William Co **CEM:** Christ Church Episcopal; Alexandria; Wilkes & Hamilton **GS:** Y **SP:** mar Lucretia (-----) **VI:** No further data **P:** None **BLW:** No **PH:** N **SS:** A rec 20361 **BS:** 34 pg 106.

McMULLEN, John; b 14 Aug 1797; d 02 Nov 1881 **RU:** Private, 4th VMR, Artillery **CEM:** McMullen Family; Greene; Rt 637 nr South River Church **GS:** Y **SP:** mar in Orange Co on 26 Jan 1818 (bond) to Peachy Walker, b 18 Feb 1799, b 12 May 1874 **VI:** No further data **P:** None **BLW:** No **PH:** N **SS:** A rec 21572 **BS:** 163 v1 McMullen.

McMURDO, Charles James; b 06 Jan 1771; d 29 Dec 1848 **RU:** Private, 19th VMR, Richmond City **CEM:** Shockoe Hill; Richmond City; 100 Hospital St **GS:** Y **SP:** mar Catherine Anne Cochraine, b 24 Oct 1774, Scotland, d 07 May 1849, Richmond City **VI:** No further data **P:** None **BLW:** No **PH:** N **SS:** A rec 21695 **BS:** 38 pg 44; 199; 245.

McNUTT, John; b 1763; d 13 Jun 1818 **RU:** Ensign, 8th VMR, Capt Alexander Campbell, Rockbridge Co, attached to 2nd Corp d'Elite (Green) **CEM:** Stonewall Jackson Memorial; Lexington; S Main St **GS:** Y **SP:** mar in Rockbridge Co on 13 Aug 1807 to Mary Laird **VI:** Son of John & Katherine (Anderson) McNutt. Ten known children **P:** None **BLW:** No **PH:** N **SS:** K pg 209; B pg 179 **BS:** 245.

McNUTT, Robert; b 1788; d aft 1850 **RU:** Private, 5th VMR (McDowell) **CEM:** Old Providence Church; Augusta; 1005 Spottswood Rd, Spottswood **GS:** Y **SP:** mar Jane (-----), b 1780, d aft 1850 **VI:** No further data. Marked with a new V.A. gravestone **P:** None **BLW:** No **PH:** Y **SS:** A rec 22560 **BS:** 141 pg 461; 31.

McPHEETERS, Robert; b 27 Feb 1772; d 03 Oct 1856 **RU:** Private, Maj Woodford's Squadron of Cavalry (Dragoons) **CEM:** Bethel Church; Augusta; 11 mi SW Staunton **GS:** U **SP:** mar Jane (-----), b 20 Aug 1782, d 27 Feb 1826 **VI:** No further data **P:** None **BLW:** No **PH:** N **SS:** A rec 22660 **BS:** 183.

McRAE, Richard; b 15 May 1787; d 31 May 1854 **RU:** Captain, Petersburg Volunteers **CEM:** Blandford; Petersburg; 111 Rochelle Ln **GS:** Y **SP:** No spouse information **VI:** Lengthy inscription describing actions of the Petersburg Canada Volunteers, Battle of Ft Meigs. Two stones to his memory. He was murdered at Aquia Creek, and his body was found floating in the Potomac River with head wounds. His funeral at Petersburg reportedly drew 2,000 people **P:** None **BLW:** No **PH:** N **SS:** A rec 23005; AK pg 137 **BS:** 60 pg 29-31; 200.

MEADE, John C; b 16 Jul 1792, Amelia Co; d 27 Dec 1854, Prince George Co **RU:** Private, 2nd VMR (Sharp) **CEM:** Blandford; Petersburg; 111 Rochelle Ln **GS:** Y **SP:** No spouse information **VI:** No further data **P:** None **BLW:** No **PH:** N **SS:** A rec 23778 **BS:** 200.

MEADE, Stith; b UNK; d 01 Aug 1834 **RU:** Trumpeter, 10th VMR, Capt James Leftwich, Bedford Co **CEM:** Mead's Cemetery; Bedford; 1 mi N Lynchburg off Rt 628 **GS:** Y **SP:** No spouse information **VI:** Rev Stith Mead was a member of the Virginia Confederacy of Jewish Rabbis. Cemetery owned by Jewish Cemetery Corporation **P:** None **BLW:** No **PH:** N **SS:** K pg 185 **BS:** 207.

RU=Rank/Unit CEM=Cemetery GS=Gravestone SP=Spousal Information VI=Other Veteran Info P=Pension
BLW=Bounty/Land Warrant PH=Photo SS=Service Source BS=Burial Source VMR= VA Military Regt
LNR= Last Known Residence

MEADOR, Jeremiah; b 1790; d aft 1860 **RU**: Private, 2nd VMR **CEM**: Henry Meador Family; Bedford; jct Rts 655 & 616 **GS**: Y **SP**: mar (1) in Bedford Co on 24 Oct 1808 to Rachel Spreading; (2) on 05 Sep 1820 to Nancy Armstrong **VI**: Age 70 on 1860 census of Bedford Co **P**: None **BLW**: No **PH**: N **SS**: A rec 23827 **BS**: 251 pg 818.

MEADOWS, Joel; b Mar 1779; d 31 Oct 1860 **RU**: Private, 2nd Regiment GA Militia (Thomas) **CEM**: Meadows family; Washington; Moores Creek Rd **GS**: Y **SP**: No spouse information **VI**: No further data **P**: None **BLW**: No **PH**: N **SS**: A rec 23883 **BS**: 116 pg 152.

MEARS, John F; b UNK; d 1837 (Will) **RU**: Sergeant, 2nd VMR (Bayley), Accomack Co **CEM**: Experiment Farm; Accomack; Lower Accomack **GS**: Y **SP**: No spouse information **VI**: No further data **P**: None **BLW**: No **PH**: N **SS**: A rec 24068 **BS**: 21 pg 185.

MEARS, Thomas C; b 10 Jan 1795; d 10 Oct 1864 **RU**: Private, 2nd VMR, Capt John G Joynes, Accomack Co **CEM**: Mears Plot; Northampton; nr jct Rts 600 & 604 **GS**: Y **SP**: No spouse information **VI**: No further data **P**: None **BLW**: No **PH**: N **SS**: K pg 314 **BS**: 20 pg 55.

MEARS, William; b 17 Jun 1791; d 01 Oct 1846 **RU**: Private, 99th VMR (Bagwell), Accomack Co **CEM**: Thomas Bell Plot; Accomack; Old Trower, nr jct Rts 605 & 622 **GS**: N **SP**: No spouse information **VI**: "unable to verify" burial, according to source **P**: None **BLW**: No **PH**: N **SS**: A rec 24098 **BS**: 21 pg 189.

MEAUX, Thomas; b 25 Feb 1792, New Kent Co; d 08 Dec 1858, Amelia Co **RU**: Corporal, 52nd VMR, Capt Jones Christian, Troop of Cavalry, New Kent Co **CEM**: Grub Hill; Amelia; 11441 Grub Hill Church Rd **GS**: Y **SP**: mar Cornelia C (-----) **VI**: No further data **P**: Spouse **BLW**: No **PH**: N **SS**: BD pg 1276; B pg 143 **BS**: 266 pg 115.

MEDLEY, James Booth; b 1787; d 1884 **RU**: Private, 24th VMR, Capt Walter Fountaine, Artillery, Buckingham Co, attached to 8th VMR (Wall) **CEM**: Galean; Prince Edward; Green Bay **GS**: U **SP**: mar Mary Owen Bowman **VI**: No further data **P**: Yes **BLW**: No **PH**: N **SS**: BD pg 1276; A rec 24436 **BS**: 260.

MEEK, James; b 05 Aug 1793; d 10 Oct 1845 **RU**: Captain, 5th VMR **CEM**: Meek Family; Washington; vic Exit 32 off I-81 **GS**: Y **SP**: mar Jestinia Dickenson, b 31 May 1802, d 08 Jun 1882. She mar (2) ----- Strother **VI**: Had son Samuel who accidentally shot himself at E & H College on 09 Nov 1836 **P**: None **BLW**: No **PH**: N **SS**: B pg 199 **BS**: 116 pg 173.

MEEK, Joseph; b 20 Oct 177?; d Apr 1832 **RU**: Private, Lt Col Abraham Bradley's Regiment, 17th Brigade **CEM**: Meek Family; Washington; vic Exit 32 off I-81 **GS**: Y **SP**: No spouse information **VI**: "Found dead in his bed" (obituary) **P**: None **BLW**: No **PH**: N **SS**: A rec 24646 **BS**: 116 pg 173.

MELONE, William; b 21 Oct 1783; d 02 Jun 1871 **RU**: Sergeant, 30th VMR, Capt William Proctor, Orange Co, attached to 5th VMR (Mason & Preston) **CEM**: Melone Family; Greene; Rt 622, Stanardsville **GS**: N **SP**: mar in Orange Co on 14 Jan 1809 by George Bingham to Mary Wayland, b 29 Jan 1785, d 05 May 1859 **VI**: No further data **P**: Applied **BLW**: No **PH**: N **SS**: BD pg 1278; B pg 156 **BS**: 163 v1 Melone.

MELSON, Smith, Jr; b 20 Nov 1796; d 31 Jan 1854 **RU**: Private, 2nd VMR (Bayley), Accomack Co **CEM**: Willet Plot; Accomack; nr jct Rts 661 & 658, Drummond's Mill **GS**: Y **SP**: mar in Accomack Co on 01 Feb 1816 to Anna Willett, daughter of William Willett **VI**: Son of Jonathan Melson **P**: None **BLW**: No **PH**: N **SS**: A rec 25409 **BS**: 21 pg 190.

MELTON, John; b 1786; d 20 Jun 1847 **RU**: Private, 1st VMR (Trueheart) **CEM**: Melton Family; Nelson; Rt 722, 4.5 mi NW of Norwood **GS**: Y **SP**: No spouse information **VI**: This cemetery was "Very hard to locate and densely grown up" during 1930s WPA survey. Stone may no longer stand **P**: None **BLW**: No **PH**: N **SS**: A rec 25464 **BS**: 153.

MELVIN, James; b 1765; d 10 May 1826 **RU**: Sergeant, 99th VMR (Bagwell), Accomack Co **CEM**: Nelson Family; Accomack; State Line, Marva Road E of Rt 13 **GS**: Y **SP**: Probably mar Nancy (-----), b 9 Sep 1773, d 21 Jul 1853, also buried here **VI**: Son of Samuel & Mary Melvin **P**: None **BLW**: No **PH**: N **SS**: A rec 25567 **BS**: 6 pg 198.

MERCER, Charles Fenton; b 16 Jun 1778 Fredericksburg; d 04 May 1858, Fairfax Co **RU**: Inspector General, Staff Officer to Governor Barbour **CEM**: Union Cemetery; Loudoun; 323 N Kings St, Leesburg **GS**: Y **SP**: Never married **VI**: Was captain in US Army in 1798-1800. Attorney. Delegate to VA Assembly, member US Congress, 1817 to 1839. Son of Judge James & Eleanor (Dick) Mercer. Founding member of American Colonization Society in 1816 and its Vice President. Was president of the Chesapeake & Ohio Canal Company **P**: None **BLW**: No **PH**: N **SS**: L pg 42 **BS**: 31.

RU=Rank/Unit CEM=Cemetery GS=Gravestone SP=Spousal Information VI=Other Veteran Info P=Pension
BLW=Bounty/Land Warrant PH=Photo SS=Service Source BS=Burial Source VMR= VA Military Regt
LNR= Last Known Residence

MERCER, Hugh; b c1773; d aft 1850 **RU**: Private, 1st VMR (Crutchfield) **CEM**: City Cemetery; Fredericksburg; William St & Washington Ave **GS**: Y **SP**: mar Louisa (-----), b c 1780, age 70 on 1850 census of Fredericksburg **VI**: Age 73 on 1850 census of Fredericksburg. He is called "Colonel" on this census **P**: None **BLW**: No **PH**: N **SS**: A rec 25872 **BS**: 18 pg 22.

MERCHANT, James; b c1788; d 29 Jun 1859 **RU**: Private, 4th VMR (Beatty) **CEM**: Rehobeth United Methodist; Loudoun; jct Rt 691 & Bollington Rd (Rt 692,) Morrisonville **GS**: Y **SP**: mar Mary (-----), b 04 Sep 1787, d 27 Jun 1855 **VI**: Died age 71 of stomach cancer (1860 US Census Mortality Schedule), and he was widowed **P**: None **BLW**: No **PH**: N **SS**: A rec 25957 **BS**: 73 pg 204.

MEREDITH, Edward D; b 1795; d bur 30 Apr 1834 **RU**: Private, 5th VMR (McDowell) **CEM**: Shockoe Hill; Richmond City; 100 Hospital St **GS**: U **SP**: No spouse information **VI**: No further data **P**: None **BLW**: No **PH**: N **SS**: A rec 26193 **BS**: 38 pg 12.

MEREDITH, Reuben; b UNK; d 20 Aug 1840 **RU**: Private, 19th VMR (Ambler), Capt Thomas Prosser, Troop of Cavalry, Richmond City **CEM**: Hollywood; Richmond City; 412 S Cherry St, Sec L, lot 127 **GS**: Y **SP**: mar Mary L (-----) **VI**: Doctor **P**: Spouse **BLW**: No **PH**: N **SS**: A rec 26064; BD pg 1280; B pg 100 **BS**: 237.

MEREDITH, Samuel; b UNK; d 23 Apr 1865 **RU**: Private, 19th VMR (Ambler), Richmond City **CEM**: Hollywood; Richmond City; 412 S Cherry St, Sec L, lot 127 **GS**: Y **SP**: No spouse information **VI**: No further data **P**: None **BLW**: No **PH**: N **SS**: A rec 26077 **BS**: 237.

METCALFE, John; b UNK; d Jul 1860 **RU**: Private, Maj Stapleton Crutchfield's Battalion **CEM**: Masonic Cemetery; Fredericksburg; 900 Block, Charles St **GS**: N **SP**: mar Catherine (-----) **VI**: Vestryman St George's Church. Notary public of Hustings Court **P**: None **BLW**: No **PH**: N **SS**: A rec 2782 **BS**: 52.

METTAUER, John Peter; b 1787; d 1875 **RU**: Surgeon, 6th VMR (Reade) **CEM**: Church Cemetery; Prince Edward; Hampton-Sidney College **GS**: Y **SP**: mar Mary (----) **VI**: Educated at Hampton-Sidney, graduate of University of Pennsylvania in 1809. Practiced in Prince Edward and taught there until 1837, which was the forerunner of Randolph-Macon College. He was the first person on this continent to operate for cleft palate **P**: Both **BLW**: No **PH**: N **SS**: BD pg 1284; A rec 27893; M pg 241 **BS**: 245.

METTRET, Henry; b UNK; d UNK **RU**: Private, 19th VMR, Capt Andrew Stevenson, Richmond City **CEM**: St John's Church; Richmond City; 24th & Broad, Church Hill **GS**: U **SP**: No spouse information **VI**: No further data **P**: None **BLW**: No **PH**: N **SS**: L pg 740 **BS**: 63 pg 485.

MICHAELS, Jacob; b 1789; d 05 Oct 1825 **RU**: Private, 1st VMR (Brown), Chesterfield Co **CEM**: Shockoe Hill; Richmond City; 100 Hospital St **GS**: Y **SP**: No spouse information **VI**: No further data **P**: None **BLW**: No **PH**: N **SS**: L pg 422 **BS**: 199.

MICHAELS, John; b UNK; d 14 Feb 1852 **RU**: Private, 83rd VMR, Capt Baker Pegram, Diwnwiddie Co attached to 1st VMR (Byrne) **CEM**: Blandford; Petersburg; 111 Rochelle Ln **GS**: Y **SP**: mar Mason (-----) **VI**: Killed in a powder explosion, age 66 **P**: Spouse **BLW**: No **PH**: N **SS**: L pg 247; BD pg 1286; B pg 66; M pg 241 **BS**: 200.

MICHIE, James; b 05 May 1788; d 14 Mar 1850 **RU**: Captain, 40th VMR, Company Commander, Louisa Co, attached to 4th VMR (Beatty) **CEM**: Old Mitchie Site; Albemarle; Rt 606 **GS**: Y **SP**: mar in Albemarle Co on 15 Jun 1816 to Elizabeth Garth **VI**: No further data **P**: None **BLW**: No **PH**: N **SS**: A rec 28423; B pg 123 **BS**: 94 v6 pg 181.

MICHIE, James; b 07 Mar 1791; d 22 Dec 1846 **RU**: Corporal, 47th VMR, Capt Triplett Estis, Albemarle Co, attached to 8th VMR (Wall) **CEM**: Michie Family; Albemarle; Rt 604 2 mi W of Earlsville **GS**: Y **SP**: mar Elizabeth (-----), b 30 Mar 1800, d 07 Feb 1846 **VI**: No further data **P**: None **BLW**: No **PH**: N **SS**: K pg 88; B pg 35 **BS**: 94 6 pg 128.

MIDDLETON, William; b 01 May 1794; d 01 Jul 1852 **RU**: Private, 2nd VMR (Bayley), Capt Thomas Joynes, Accomack Co **CEM**: Clover Hill; Accomack; btw Pastoria & Charles Crossing off Rt 661 **GS**: Y **SP**: mar Elizabeth (-----) **VI**: Son of William & Elizabeth Middleton **P**: None **BLW**: Yes **PH**: N **SS**: A rec 28706; BD pg 1286; B pg 33 **BS**: 21 pg 192.

MIDDLETON, William; b c1767; d 1832 **RU**: Artillery, 11th VMR, Harrison Co (WV) **CEM**: Opequon Presbyterian; Frederick; 217 Opequon Church Ln, Kernstown **GS**: Y **SP**: mar in Frederieck Co on 12 Oct 1797 (returned by Alexander Balmain) to Parmelia "Milly" McPherson, b 1773, d 1855. Called Milly on the marriage return, Parmelia on her stone **VI**: No further data **P**: None **BLW**: No **PH**: N **SS**: B pg 201 **BS**: 151.

RU=Rank/Unit   CEM=Cemetery   GS=Gravestone   SP=Spousal Information   VI=Other Veteran Info   P=Pension
BLW=Bounty/Land Warrant   PH=Photo   SS=Service Source   BS=Burial Source   VMR= VA Military Regt
LNR= Last Known Residence

MIEURE, Thomas; b 26 Jul 1792; d 17 Jul 1846 **RU:** Sergeant, 19th VMR, Capt Wilson Bryan, Richmond City **CEM:** Shockoe Hill; Richmond City; 100 Hospital St **GS:** Y **SP:** mar (1) Mary R (-----), d 20 Apr 1832, age 24; (2) Catherine (-----) **VI:** No further data **P:** Spouse **BLW:** No **PH:** N **SS:** K pg 359; BD pg 1286 **BS:** 199.

MILES, Thomas; b UNK; d bur 25 Feb 1854 **RU:** Private, 109th VMR (Muse), Middlesex Co **CEM:** Hollywood; Richmond City; 412 S Cherry St, Sec B, lot xxx **GS:** U **SP:** mar Elizabeth (-----), d 30 Mar 1853, age 70 (death notice) **VI:** No further data **P:** None **BLW:** No **PH:** N **SS:** A rec 29227 **BS:** 237.

MILLAN, George; b 1785; d 27 Mar 1838 **RU:** Captain, 60th VMR (Minor), Company Commander, Fairfax Co **CEM:** Millan Family; Fairfax; 5091 Piney Branch Rd, Fairfax **GS:** U **SP:** No spouse information **VI:** No further data **P:** None **BLW:** No **PH:** N **SS:** A rec 29399 **BS:** 49.

MILLAN, John; b 1783; d 18 Feb 1858 **RU:** Captain, 60th VMR (Minor), Company Commander, Fairfax Co **CEM:** Millan Family; Fairfax; 4600 West Ox Rd, Fairfax **GS:** Y **SP:** mar Elizabeth Reid, b 23 Sep 1781, d 11 Jul 1871 **VI:** No further data **P:** None **BLW:** No **PH:** N **SS:** A rec 29400 **BS:** 93.

MILLAR, Thomas; b 1770; d 05 Mar 1815 **RU:** Private, Detachment of Cavalry **CEM:** Millar Family; Warren; Front Royal **GS:** Y **SP:** No spouse information **VI:** No further data **P:** None **BLW:** No **PH:** N **SS:** A rec 31569 **BS:** 150.

MILLAR (MILLER), Isaac; b 21 Nov 1777; d 20 Jan 1829 **RU:** Private, 97th VMR, Frederick Co **CEM:** Millar Family; Warren; Front Royal **GS:** Y **SP:** mar Ann H Richardson, b 08 Dec 1786, d 15 Nov 1858 **VI:** No further data **P:** None **BLW:** No **PH:** N **SS:** A rec 30381 **BS:** 150; 49.

MILLER, Andrew; b 1791; d bur 01 Dec 1875 **RU:** Musician, 67th VMR, Capt David Van Meter, Berkeley Co [WV] attached to 6th VMR (Coleman) **CEM:** Hollywood; Richmond City; 412 S Cherry St, Sec Q, lot 47 **GS:** U **SP:** No spouse information **VI:** Applied for Old War Pension (rejected) Thus, perhaps disabled during the war **P:** Applied **BLW:** No **PH:** N **SS:** A rec 29718; BD pg 1288; B pg 232 **BS:** 237.

MILLER, Daniel; b 11 Aug 1798; d 13 Jun 1861 **RU:** Private, 121st VMR, Capt Joseph Hannah, Botetourt Co attached to Flying Camp McDowell **CEM:** Bethleham Lutheran Church; Augusta; Western Augusta **GS:** U **SP:** mar Polly (-----) b 1805, d 1847 **VI:** No further data **P:** Yes **BLW:** No **PH:** N **SS:** K pg 11 **BS:** 183.

MILLER, Daniel; b 1798; d bur 22 Aug 1828 **RU:** Private, 121st VMR, Capt Joseph Hannah, Botetourt Co, attached to 4th VMR (McDowell) **CEM:** Shockoe Hill; Richmond City; 100 Hospital St **GS:** U **SP:** No spouse information **VI:** No further data **P:** None **BLW:** No **PH:** N **SS:** K pg 12 **BS:** 38 pg 6.

MILLER, Fleming Bowyer; b 1792; d 1874 **RU:** Private, 28th VMR, Capt William Scott, Nelson Co **CEM:** Thornrose; Augusta; Staunton **GS:** U **SP:** mar in Richmond City on 26 Nov 1831 to Elizabeth Selden, b 1803, d 1857 (same stone) **VI:** No further data **P:** None **BLW:** No **PH:** N **SS:** K pg 105 **BS:** 245.

MILLER, Francis; b 1799; d 30 Apr 1865 **RU:** Private, 51st VMR, Capt Robert Carter, Frederick Co, attached to Flying Camp McDowell **CEM:** Wood / Miller Family; Rappahannock; Rt. 3, 1 mi N of Sperrville **GS:** U **SP:** No spouse information **VI:** No further data **P:** None **BLW:** No **PH:** N **SS:** D pg 5 **BS:** 203.

MILLER, Francis H; b 11 Nov 1781; d 24 MAR 1824 **RU:** Private, 51st VMR, Capt Robert Carter, Frederick Co, attached to Flying Camp McDowell **CEM:** Miller / Dudley Family; Rappahannock; "Bon Venue," Rt 49 **GS:** U **SP:** No spouse information **VI:** No further data **P:** None **BLW:** No **PH:** N **SS:** D pg 5 **BS:** 203.

MILLER, Henry; b 01 Nov 1796; d 17 Apr 1862 **RU:** Private, 6th VMR (Coleman) **CEM:** Masonic Cemetery; Culpeper; Radio Ln & Rt 29, Culpeper **GS:** Y **SP:** mar Elizabeth Crigler, daughter of William & Catherine Crigler, b 12 Jan 1800, d 21 Dec 1876 **VI:** No further data **P:** None **BLW:** No **PH:** N **SS:** A rec 30282 **BS:** 12 pg 27; 196.

MILLER, Henry; b 10 Feb 1797; d 22 Jan 1873 **RU:** Private, 116th VMR, Capt Daniel Matthews, Rockingham Co, attached to Flying Camp McDowell **CEM:** Elk Run; Rockingham; Rockingham & Spottswood Aves, Elkton **GS:** Y **SP:** mar Susan U (-----), b 25 Feb 1801, d 12 Jan 1874 **VI:** No further data **P:** None **BLW:** No **PH:** N **SS:** K pg 28 **BS:** 262.

MILLER, Henry; b 1787; d 28 Jun 1831 **RU:** Sergeant, 1st VMR (Trueheart) **CEM:** Shockoe Hill; Richmond City; 100 Hospital St **GS:** U **SP:** No spouse information **VI:** No further data **P:** None **BLW:** No **PH:** N **SS:** A rec 30252 **BS:** 38 pg 9.

RU=Rank/Unit   CEM=Cemetery   GS=Gravestone   SP=Spousal Information   VI=Other Veteran Info   P=Pension
BLW=Bounty/Land Warrant   PH=Photo   SS=Service Source   BS=Burial Source   VMR= VA Military Regt
LNR= Last Known Residence

MILLER, Hugh; b UNK; d bur 22 Feb 1853 **RU**: Private, 23rd VMR (Brown), Chesterfield Co **CEM**: Hollywood; Richmond City; 412 S Cherry St, Sec E, lot 76 **GS**: U **SP**: mar Mary (-----), bur 22 Feb 1853. Same date of interment as husband suggests a reinterment **VI**: May have been reinterred **P**: None **BLW**: No **PH**: N **SS**: A rec 30326 **BS**: 237.

MILLER, Jacob; b 09 Jan 1798; d 26 Jan 1875 **RU**: Private, 6th VMR (Coleman) **CEM**: Soloman Church; Shenandoah; Rt 727, 9 mi SW of Mt Jackson **GS**: Y **SP**: No spouse information **VI**: No further data **P**: None **BLW**: No **PH**: N **SS**: A rec 30475 **BS**: 217.

MILLER, Jacob, Sr; b 1768; d 27 Aug 1853 **RU**: Private, 116th VMR, Capt William Harrison, Rockingham Co **CEM**: Wesley Chapel Church; Giles; Rt 720 at Trigg **GS**: Y **SP**: mar Sarah (----), d 01 Oct 1855 age 85 **VI**: No further data **P**: None **BLW**: No **PH**: N **SS**: K pg 52 **BS**: 14 pg 165.

MILLER, John; b UNK; d UNK **RU**: Captain, 17th VMR, Commander, Troop of Cavalry, Cumberland Co, attached to 1st Corps d'Elite (Randolph) **CEM**: Cottage Grove; Cumberland; 5 mi N of Farmville **GS**: U **SP**: mar Mary Todd, b 20 Jun 1785 d 16 Jun 1850 **VI**: Also a Captain in the Mexican War according to the WPA report, but this may be confused with his service in the War of 1812 **P**: None **BLW**: No **PH**: N **SS**: B pg 64 **BS**: 215.

MILLER, John; b 30 Jun 1794; d 20 Dec 1844 **RU**: Private, 56th VMR, Capt Samuel Young, Loudoun Co **CEM**: Brucetown Methodist; Frederick; 2161 Brucetown Rd, Clear Brook **GS**: Y **SP**: mar (1) in Frederick Co on 25 Jan 1820 (returned by George M Frye) to Hannah Bell, b 06 Oct 1798, d 01 Oct 1828; (2) Polly (-----) **VI**: No further data **P**: Spouse **BLW**: No **PH**: N **SS**: BD pg 1292; B pg 122 **BS**: 79 pg 226.

MILLER, John; b 27 Apr 1783; d 1853 **RU**: Private, 1st VMR (Trueheart) **CEM**: Luray United Methodist; Page; 1 W Main St, Luray **GS**: U **SP**: No spouse information **VI**: No further data **P**: None **BLW**: No **PH**: N **SS**: A rec 30815 **BS**: 156.

MILLER, John; b 08 Oct 1769; d 27 Jan 1858 **RU**: Private, 35th VMR, Capt Samuel Graham, Wythe Co **CEM**: Miller Family; Scott; nr Washington Co line **GS**: Y **SP**: mar Malinda (-----) **VI**: No further data **P**: Spouse **BLW**: No **PH**: N **SS**: A rec 30689; BD pg 1292; B pg 204 **BS**: 116 pg 417.

MILLER, John H; b 07 Apr 1794; d 12 Oct 1888 **RU**: Private, 116th VMR, Capt James Mallory, Rockingham Co **CEM**: St John's Lutheran; Rockingham; Rt 613, Singers Glen **GS**: Y **SP**: mar Barbara Driver, daughter of Peter & Dorothy R Driver, b 28 Jan 1793, d 12 May 1878 **VI**: No further data **P**: None **BLW**: No **PH**: N **SS**: L pg 558; B pg 182 **BS**: 262.

MILLER, John Wallace; b 1791; d 1842 **RU**: Private, 6th VMR (Coleman) **CEM**: Cooks Creek Presbyterian; Rockingham; 4222 Mt Clinton Pike, Harrisonburg **GS**: Y **SP**: No spouse information **VI**: Tombsone only reads "John W. Miller 1791-1842" **P**: None **BLW**: No **PH**: N **SS**: A rec 30934 **BS**: 262.

MILLER, John, Jr; b 09 Jan 1785; d 27 Oct 1831 **RU**: Sergeant, 6th VMR **CEM**: Washington Masonic; Rappahannock; Fodderstack Rd, Washington **GS**: N **SP**: mar Nancy Hitt, daughter of Peter & Sarah (James) Hitt, b 14 Jun 1774, d 22 Sep 1859. Buried in Miller Graveyard, Mountain Green in Harris Hollow **VI**: Son of Henry Miller **P**: None **BLW**: No **PH**: N **SS**: A rec 30934 **BS**: 270.

MILLER, Joseph; b 1797; d bur 27 Feb 1860 **RU**: Corporal, 1st VMR (Trueheart) **CEM**: Hollywood; Richmond City; 412 S Cherry St, Sec N, lot 4 **GS**: U **SP**: No spouse information **VI**: No further data **P**: None **BLW**: No **PH**: N **SS**: A rec 31106 **BS**: 237.

MILLER, Michael; b 13 Jun 1790; d 08 Aug 1863 **RU**: Private, 5th & 6th VMR **CEM**: Trout / Miller; Roanoke; Cherry Hill Rd **GS**: Y **SP**: mar Elizabeth Trout, daughter of Michael & Elizabeth Trout, b 13 Aug 1793, d 23 Dec 1885 (from tombstone) **VI**: One of the first Trustees of Roanoke College **P**: None **BLW**: No **PH**: N **SS**: A rec 31242-31244 **BS**: 157 pg 232.

MILLER, Philip; b 1781; d 1815, Rockingham Co **RU**: Major, 13th VMR, Staff Officer, Shenandoah Co **CEM**: Rader Lutheran; Rockingham; Timberville **GS**: Y **SP**: mar Catherine Painter, daughter of Christian Painter, b 1783, d 1841. Buried at Painter Family graveyard **VI**: 12th child of Matthias & Susanna Catherine Miller **P**: None **BLW**: No **PH**: on-line **SS**: B pg 184; A rec 31380 **BS**: 245.

MILLER, Robert R; b 1792; d bur 05 Feb 1845 **RU**: Sergeant, 23rd VMR (Brown), Chesterfield Co **CEM**: Shockoe Hill; Richmond City; 100 Hospital St **GS**: U **SP**: mar Jane S (-----) **VI**: No further data **P**: Yes **BLW**: No **PH**: N **SS**: A rec 31454 **BS**: 38 pg 27.

MILLER, Samuel; b 29 Dec 1789. Rockingham Co; d 31 Jan 1858 **RU**: Private, 13th VMR, Capt Jacob Fry, Shenandoah Co, attached to 4th VMR **CEM**: Miller Family; Rockingham; Yankeytown Rd (Rt 819), Fulks Run **GS**: Y **SP**: mar Mary Margaret Lokey. No stone **VI**: Son of Alexander Miller. He was Chief Justice in Rockingham Co **P**: yes **BLW**: No **PH**: N **SS**: B pg 185; BD pg 185 **BS**: 262.

MILLER, William; b UNK; d 29 Nov 1828 **RU**: Private, 57th VMR, Capt Van Bennett, Loudoun Co **CEM**: Old Stone Methodist; Loudoun; 110 Cornwall St, Leesburg **GS**: Y **SP**: mar Elizabeth (-----) b 25 Apr 1788, d 13 Aug 1854 **VI**: No further data **P**: Spouse **BLW**: No **PH**: N **SS**: A rec 31809; BD pg 1295; B pg 119 **BS**: 73 pg 206.

MILLER, William; b 10 Jan 1795; d 08 May 1855 **RU**: Private, 4th VMR Co (Boyd) **CEM**: Miller Family; Warren; 5 mi SW Front Royal **GS**: U **SP**: No spouse information **VI**: No further data **P**: None **BLW**: No **PH**: N **SS**: A rec 31760 **BS**: 150.

MILLER, William H; b 12 Aug 1793; d 24 Oct 1870 **RU**: Private, 1st Regiment DC Militia **CEM**: Union Cemetery; Alexandria; Hamilton Ln **GS**: Y **SP**: mar Amy Ann Philips, b 10 Aug 1802, d 19 Jun 1867 **VI**: No other data **P**: None **BLW**: No **PH**: N **SS**: A rec 31728 **BS**: 33 pg 57.

MILLINGTON, John; b UNK; d 1868 **RU**: Private, 6th VMR **CEM**: Bruton Parish; Williamsburg; 331 W Duke of Gloucester St **GS**: Y **SP**: No spouse information **VI**: Stone was standing as of 1903 **P**: None **BLW**: No **PH**: N **SS**: A rec 32114 **BS**: 64 pg 118.

MILLS, George; b 1796, Ireland; d 10 Aug 1826, Richmond **RU**: Private, 4th VMR **CEM**: Shockoe Hill; Richmond City; 100 Hospital St **GS**: Y **SP**: No spouse information **VI**: No further data **P**: None **BLW**: No **PH**: Y **SS**: A rec 32336 **BS**: 31.

MILLS, James; b UNK; d 27 Feb 1848 **RU**: Private, 4th VMR **CEM**: Old Stone Methodist; Loudoun; 110 Cornwall St, Leesburg **GS**: Y **SP**: mar in Loudoun Co on 08 Feb 1820 to Nancy Page **VI**: No further data **P**: None **BLW**: No **PH**: N **SS**: A rec 32425 **BS**: 73 pg 206.

MILLS, Nicholas; b 23 Nov 1781; d 13 Sep 1862 **RU**: Private, 74th VMR (Trueheart), Hanover Co **CEM**: Shockoe Hill; Richmond City; 100 Hospital St **GS**: Y **SP**: mar 10 Aug 1805 in Manchester to Sarah Payne Ronald, daughter of attorney Andrew Ronald, first cousin of Dolley Madison. Marriage notice in the *Virginia Gazette and General Advertiser*, 17 Aug 1805, pg 3 **VI**: Age 78 on 1860 census of Richmond City, Ward 2, occupation "Gent.", real estate vaued at $76,600, personal property at $183,000. At his death in 1862, he is said to have had $800,000 in gold. He was President of Tredegar Iron Works, Chesterfield coal pits and built a 13.5 mile tramway from his coal pits to the James River. A staunch Unionist, his was the last Union flag to fly in Richmond until April, 1861. The Valentine Richmond History Center has a pair of oil portraits of Nicholas Mills and his wife Sarah made by Edward F Peticolas **P**: None **BLW**: No **PH**: N **SS**: A rec 32551 **BS**: 260.

MILLS, Richard; b 1770; d 26 Jan 1842 **RU**: Private, Stapleton Crutchfield's Detachment **CEM**: Ziglar Family; Patrick; 1/2 mi S of Hughe's Cemetery nr NC line **GS**: Y **SP**: No spouse information **VI**: No further data **P**: None **BLW**: No **PH**: N **SS**: A rec 32566 **BS**: 154 pg 2.

MILSTEAD, Isaac; b c1778; d 26 Jan 1876 **RU**: Private, 36th VMR (Reno), Prince William Co **CEM**: Milstead Family; Prince William; Hoadley Rd (Rt 610), 3 mi from Greenwood **GS**: Y **SP**: No spouse information **VI**: No further data **P**: None **BLW**: No **PH**: N **SS**: A rec 32705-6 **BS**: 130.

MILSTEAD, Samuel; b UNK (stone chipped); d 10 Oct 1830 **RU**: Private, 36th VMR (Reno), Prince William Co **CEM**: Sunnyside; Prince William; off Rt 642, 6.5 mi N of Dumfries **GS**: Y **SP**: No spouse information **VI**: No further data **P**: None **BLW**: No **PH**: N **SS**: A rec 23699 **BS**: 130.

MINGE, John; b UNK; d UNK **RU**: Quartermaster, 52nd VMR (Christian), New Kent Co & Charles City Co **CEM**: Hollywood; Richmond City; 412 S Cherry St, Sec 12, lot 1-7 **GS**: U **SP**: mar Sarah S (------), per daughter Sarah Melville Bolling's death record on 20 July 1854. Daughter had married Robert B Bolling and died in Charles City Co **VI**: Doctor **P**: None **BLW**: No **PH**: N **SS**: A rec 32356 **BS**: 237.

RU=Rank/Unit   CEM=Cemetery   GS=Gravestone   SP=Spousal Information   VI=Other Veteran Info   P=Pension
BLW=Bounty/Land Warrant   PH=Photo   SS=Service Source   BS=Burial Source   VMR= VA Military Regt
LNR= Last Known Residence

MINNICK, Henry; b 01 Feb 1773; d 01 Jul 1849 **RU**: Sergeant, 70th VMR, Maj Abraham Bradley's Command, Washington Co **CEM**: Minnick Family; Washington; **GS**: N **SP**: No spouse information **VI**: No further data **P**: None **BLW**: No **PH**: N **SS**: B pg 198 **BS**: 116; 277.

MINOR, George; b 1774 (1850 Census); d aft 1850 **RU**: Captain, 60th VMR, Company Commander, Fairfax Co **CEM**: Birch / Payne Family; Arlington; N Sycamore & 28th **GS**: N **SP**: mar Ann Birch **VI**: No further data **P**: None **BLW**: No **PH**: N **SS**: B pg 71 **BS**: 245.

MINOR, John; b 13 May 1761, Topping Forest, Caroline Co; d 08 Jun 1816, Richmond **RU**: Matross, Ensign, Surgeon's Mate, 16th VMR, Spotsylvania Co, company attached to 1st VMR **CEM**: Masonic Cemetery; Fredericksburg; 900 Block, Charles St **GS**: Y **SP**: mar (1) Mary Berkeley of Hanover Co who died a few months afterwards; (2) Lucy Landon Carter, daughter of Landon C Carter of "Cleve," King George Co, b 29 Apr 1776, d 26 Dec 1855 **VI**: Member, Virginia House of Delegates; attorney, Presidential Elector for James Monroe. He introduced the first bill to emancipate slaves and colonize them elsewhere, which was soundly defeated. First buried at "Hazel Hill" in Fredericksburg, reinterred upon his wife's death to the Masonic Cemetery **P**: Applied **BLW**: No **PH**: Y **SS**: A rec 32073 **BS**: 51 pg 85; 49.

MINOR, Thomas; b 1797; d 26 Jan 1846 **RU**: Private, 21st VMR, Capt Thomas Cary, Gloucester Co **CEM**: St John's Church; Richmond City; 24th & Broad, Church Hill **GS**: U **SP**: mar Sarah Hughes, b 12 Jun 1802, d 26 Feb 1846 **VI**: No further data **P**: None **BLW**: No **PH**: N **SS**: K pg 266 **BS**: 63 pg 475; 252 pg 62.

MINTER, William; b 15 Sep 1788; d 26 Oct 1849 **RU**: Private, 61st VMR, Capt Bailey Digges, Mathews Co **CEM**: Unnamed; Mathews; Rt 660 **GS**: Y **SP**: No spouse information **VI**: No further data **P**: None **BLW**: No **PH**: N **SS**: K pg 287 **BS**: 54 pg 153.

MINTON, John; b 4 Jun 1795; d 31 Mar 1830 **RU**: Private, 29th VMR, Capt David Dick, Isle of Wight Co **CEM**: Browne / Minton; Suffolk City; Nansemond Parkway, "Mintonville," Suffolk **GS**: Y **SP**: mar Elizabeth Browne, daughter of Mills and Elizabeth Browne, b 26 Feb 1793, d 14 Sep 1822 **VI**: No further data **P**: None **BLW**: Yes **PH**: N **SS**: L pg 276; B pg 103; BD pg 1299; M pg 243 **BS**: 46 v1.

MISTER, William, Jr; b 08 May 1796; d 28 Apr 1862 **RU**: Private, 2nd VMR (Bayley), Accomack Co **CEM**: Hollies Baptist Church; Accomack; Rt 620, 1.1 mi W of Keller **GS**: Y **SP**: mar in Accomack Co on 28 Feb 1825 to Ann D G Kellam, daughter of Zerrobabel & Bridget Kellam, b 20 Oct 1801, d 02 May 1859 **VI**: No further data **P**: None **BLW**: No **PH**: N **SS**: A rec 31588 **BS**: 21 pg 195.

MISTER, William, Sr; b 1777; d 18 Nov 1829 **RU**: Private, 2nd VMR (Bayley), Accomack Co **CEM**: Snugly; Accomack; end of Rt 629 at Boggs Wharf **GS**: Y **SP**: mar Susan (-----) b 13 Sep 1773, d 15 Oct 1836 **VI**: No further data **P**: None **BLW**: No **PH**: N **SS**: A rec 31589 **BS**: 21 pg 195.

MITCHELL, Charles M; b 1779; d 20 Jul 1839 **RU**: Private, 19th VMR (Ambler), Richmond City **CEM**: Shockoe Hill; Richmond City; 100 Hospital St **GS**: Y **SP**: mar Mary J (-----) **VI**: Merchant **P**: Both **BLW**: No **PH**: N **SS**: A rec 350 **BS**: 38 pg 18; 199.

MITCHELL, Garland H; b 20 Jun 1784, Louisa Co; d 20 Oct 1834 **RU**: Private, 19th VMR, Richmond City **CEM**: Shockoe Hill; Richmond City; 100 Hospital St **GS**: Y **SP**: No spouse information **VI**: Merchant **P**: None **BLW**: No **PH**: N **SS**: A rec 433 **BS**: 38 pg 13; 199.

MITCHELL, George H; b 23 Mar 1796; d 31 Jul 1859 **RU**: Private, 19th VMR, Capt William Murphy, Light Infantry Blues, Richmond City, attached to 1st Corp d'Elite (Randolph) **CEM**: Outside Old City; Lynchburg; 401 Taylor St **GS**: Y **SP**: No spouse information **VI**: No further data **P**: None **BLW**: No **PH**: N **SS**: K pg 260; B pg 175 **BS**: 87 pg 3; 207.

MITCHELL, John; b 1786; d 11 Feb 1852 **RU**: Private, 12th US Infantry, Capt Thomas Post **CEM**: Blandford; Petersburg; 111 Rochelle Ln **GS**: Y **SP**: mar Tabitha (-----) **VI**: Killed in a powder explosion, age 66 **P**: Spouse **BLW**: No **PH**: N **SS**: C pg 127; BD pg 1301 **BS**: 200.

MITCHELL, John; b 1795; d bur 21 Mar 1865 **RU**: Private, 74th VMR, Capt Robert Mallory, Hanover Co, attached to 1st VMR (Crutchfield), **CEM**: Hollywood; Richmond City; 412 S Cherry St, Sec R, lot 115 **GS**: U **SP**: mar Nellie (----) **VI**: No further data **P**: Spouse **BLW**: No **PH**: N **SS**: A rec 622; BD pg 1301; B pg 95 **BS**: 237.

MITCHELL, John C; b 1780; d 14 Sep 1837 **RU:** Private, 44th VMR, Capt John Ashby, Fauquier Co, attached to Kemper's Detachment **CEM:** Brownley / Mitchell; Clarke; 1/2 mi S of Kennerly Crossing on N & W Railroad **GS:** Y **SP:** mar Elizabeth (-----) **VI:** Cemetery on Warren / Clarke Co line. Died age 57 **P:** Spouse **BLW:** No **PH:** N **SS:** BD pg 1301; B pg 73 **BS:** 92 pg 4.

MITCHELL, Peterson; b 1775; d bur 17 Feb 1850 **RU:** Private, 62nd VMR (Selden), Prince George Co **CEM:** Shockoe Hill; Richmond City; 100 Hospital St **GS:** U **SP:** No spouse information **VI:** No further data **P:** None **BLW:** No **PH:** N **SS:** A rec 815 **BS:** 38 pg 50.

MITCHELL, Reuben; b 1785; d 30 Oct 1828 **RU:** Private, 6th VMR **CEM:** Shockoe Hill; Richmond City; 100 Hospital St **GS:** U **SP:** No spouse information **VI:** No further data **P:** None **BLW:** No **PH:** N **SS:** A rec 831 **BS:** 38 pg 6.

MITCHELL, William; b 16 Jan 1791; d 01 Dec 1822 **RU:** Private, 19th VMR, Capt Samuel Adams, Richmond City **CEM:** St John's Church; Richmond City; 24th & Broad, Church Hill **GS:** U **SP:** No spouse information **VI:** No further data **P:** None **BLW:** No **PH:** N **SS:** L pg 81 **BS:** 63 pg 480; 252 pg 62.

MITCHELL, William; b 06 Aug 1783; d 29 Sep 1835 **RU:** Private, 6th VMR (Coleman) **CEM:** Miller Family; Warren; Mountain View Farm **GS:** Y **SP:** Mrs Matilda Mitchell deeded "La Grange" to Morgan Johnston with reservation that she be allowed to be buried in the family graveyard (WPA report) **VI:** This farm was called "La Grange" in the WPA survey, now known as "Mountain View Farm" **P:** None **BLW:** No **PH:** N **SS:** A rec 1018 **BS:** 86 pg 17; 150; 49.

MIX / MICKS, Lewis; b 1790; d 27 Apr 1824 **RU:** Private, MD Militia 51st Regiment (Amey) **CEM:** Gunnell Family; Fairfax; 600 Innsbruck Ave, Great Falls **GS:** Y **SP:** No spouse information **VI:** No further data **P:** None **BLW:** No **PH:** N **SS:** A rec 1197 **BS:** 89 v6 MI-72.

MOCK, Henry; b 03 Sep 1794; d 18 Apr 1892 **RU:** Private, 30th Regiment East TN Militia **CEM:** Mock Family; Washington; nr Damascus **GS:** Y **SP:** mar Mary K (-----), b 25 Oct 1828, d 18 Jun 1913 **VI:** No further data **P:** None **BLW:** No **PH:** N **SS:** A rec 1389 **BS:** 116 pg 231.

MOCK, Jacob W; b UNK; d 05 Aug 1838 **RU:** Private, 57th VMR, Loudoun Co **CEM:** Union Waterford; Loudoun; Fairfax St, Waterford **GS:** Y **SP:** No spouse information **VI:** No further data **P:** None **BLW:** No **PH:** N **SS:** A rec 1391 **BS:** 73 pg 208.

MOCK, Peter; b 1793; d 09 Jan 1881 **RU:** Private, 3rd Regiment, MD Militia **CEM:** Mock Family; Washington; nr Damascus **GS:** Y **SP:** mar Mary (-----), d 12 Jul 1875 age 81 **VI:** Died aged 88 years **P:** None **BLW:** No **PH:** N **SS:** A rec 1394 **BS:** 116 pg 231.

MOFFAT, William, Jr; b 1797; d 22 Feb 1836 **RU:** Sergeant, 7th VMR,Capt Arthur Emmerson, Portsmouth Light Artillery Blues, Norfolk Co, attached to 6th VMR (Reade) **CEM:** Cedar Grove; Portsmouth; Effington St & Fort Ln **GS:** Y **SP:** No spouse information **VI:** Son of William Moffat, Sr and wife Ann. Father was a soldier in the Rev War. Residing in Portsmouth on 1820 & 1830 census **P:** None **BLW:** No **PH:** N **SS:** A rec 1492 **BS:** 65 pg 119; 182.

MOFFETT, Anderson; b 01 Dec 1793; d 18 Jun 1856 **RU:** Ensign, 6th VMR (Coleman) **CEM:** Moffett Family; Rockingham; vic New Market **GS:** Y **SP:** mar Margaret H (-----), b 11 Mar 1814, d 12 Aug 1882 **VI:** Probably a son of Rev Anderson Moffett (1740-1835) who was for 50 years pastor of Smith Creek Baptist Church, and his wife Barbara who died 09 Nov 1848, age 90 **P:** Spouse **BLW:** No **PH:** N **SS:** A rec 1512; BD pg 1303 **BS:** 262.

MOFFETT, George; b 31 Mar 1792; d 19 Jan 1872 **RU:** Sergeant, 6th VMR (Coleman) **CEM:** Moffett Family; Rockingham; Plains Mill Rd (Rt 953), Timberville **GS:** Y **SP:** Stone erected to "My husband" **VI:** Son of Anderson Moffett of Fauquier Co (1746-1835) **P:** Spouse **BLW:** No **PH:** N **SS:** A rec 1520 **BS:** 262.

MOHLER / MOLER, Jacob; b 1789; d 28 Jan 1850 **RU:** Corporal, MD Militia, Naces' Regiment, Capt John Kerlinger **CEM:** Parnassus Family; Augusta; vic Churchville & Mt Solon **GS:** Y **SP:** mar Polly (-----), b 1798, d 1860 **VI:** No further data **P:** Spouse **BLW:** No **PH:** N **SS:** A rec 1608; BD pg 1303 **BS:** 142.

MONCURE, Edwin Conway; b 1780; d 19 Aug 1815 **RU:** Private, 45th VMR, Capt John Edrington, Stafford Co, attached to 6th VMR (Coleman), **CEM:** Aquia Episcopal; Stafford; Aquia **GS:** Y **SP:** mar Eleanor Glascock, daughter of George Glascock, d Sep 1859, age 70 **VI:** Reinterred from Clermont Cemetery as part of Quantico Marine Base expansion **P:** None **BLW:** No **PH:** N **SS:** L pg 302 **BS:** 26 pg 120; 31.

MONCURE, John; b 23 Nov 1779; d 24 May 1864 **RU**: 1st Lieutenant, 45th VMR, Capt John Edrington, Stafford Co, attached to 6th VMR (Coleman) **CEM**: Glencairn; Stafford; US Rt 1, Glencairn Estate **GS**: Y **SP**: mar on 29 Dec 1802 to Catherine Storke Peyton, b 20 Jul 1786, d 10 Apr 1865 **VI**: No further data **P**: Yes **BLW**: No **PH**: N **SS**: BD pg 1304; B pg 190 **BS**: 26 pg 216.

MONCURE, John, Jr; b 24 Dec 1793, "Somerset"; d 03 Aug 1876 **RU**: Private, 45th VMR, Capt John Edrington, Stafford Co, attached to 6th VMR (Coleman) **CEM**: Aquia Episcopal; Stafford; Aquia **GS**: Y **SP**: mar (1) Esther J (---), b 1771, d 13 Aug 1822; (2) Fanny (-----), d 01 Jun 1833, age 38 **VI**: No further data **P**: None **BLW**: No **PH**: N **SS**: L pg 302 **BS**: 26 pg 122.

MONCURE, John, Sr; b 1771, "Somerset"; d 13 Aug 1822 **RU**: Paymaster, 45th VMR, Capt John Edrington, Stafford Co, attached to 6th VMR (Coleman) **CEM**: Aquia Episcopal; Stafford; Aquia **GS**: U **SP**: mar Alice P (-----), d 09 May 1860, age 86, consort of John Moncure **VI**: Member of Virginia Legislature from Stafford Co **P**: Yes **BLW**: No **PH**: N **SS**: A rec 1899; BD pg 1304; B pg 90; M pg 244 **BS**: 26 pg 122.

MONEY, Nicholas; b 23 Dec 1783; d 04 Mar 1855 **RU**: Private, 57th VMR, Loudoun Co **CEM**: Union Waterford; Loudoun; Fairfax St, Waterford **GS**: Y **SP**: No spouse information **VI**: No further data **P**: None **BLW**: No **PH**: N **SS**: A rec 2001 **BS**: 73 pg 209.

MONROE, Daniel; b 18 Jul 1792; d 23 Jul 1839 **RU**: Private, 1st Regiment DC Militia **CEM**: Old Presbyterian Meeting House; Alexandria; Wilkes & Hamilton **GS**: Y **SP**: mar (1) Susan (-----), d 22 May 1828; (2) Elizabeth (-----), d 05 Apr 1872 in her 79th year **VI**: No further data **P**: None **BLW**: No **PH**: N **SS**: A rec 2208 **BS**: 32 pg 58.

MONROE, John W; b 1782; d 25 Sep 1832 **RU**: Private, 57th VMR, Loudoun Co **CEM**: Shockoe Hill; Richmond City; 100 Hospital St **GS**: U **SP**: No spouse information **VI**: No further data **P**: None **BLW**: No **PH**: N **SS**: A rec 2239 **BS**: 38 pg 11.

MONROE, William; b 1793; d 01 Jan 1848 **RU**: Private, 114th VMR, Capt Jonathan Pugh, Hampshire Co, [WV] **CEM**: North Fork Baptist; Loudoun; 38139 N Fork Rd, Purcellville **GS**: Y **SP**: mar Hannah (-----). No stone **VI**: No further data **P**: Both applied **BLW**: No **PH**: N **SS**: BD pg 1304; M pg 244; B pg 190 **BS**: 73 pg 211.

MONTGOMERY, James W; b 11 Jan 1797; d 23 Jan 1825 **RU**: Private, 4th VMR (Boyd) **CEM**: Sinking Spring Presbyterian; Washington; Blackfield Rd, one block fr Main St, Abingdon **GS**: Y **SP**: No spouse information **VI**: No further data **P**: None **BLW**: No **PH**: N **SS**: A rec 2559 **BS**: 116 pg 75.

MONTGOMERY, John; b 8 Feb 1788, PA; d 31 Mar 1863, Washington Co **RU**: Corporal, 5th VMR **CEM**: Rock Spring; Washington; vic jct Rts 803 & 91 **GS**: Y **SP**: mar Dorcas Keys, d 1876 **VI**: No further data **P**: None **BLW**: No **PH**: N **SS**: A rec 2623 **BS**: 116 pg 209; 245.

MONTGOMERY, William H; b 1792; d 28 Mar 1826, Rockbridge Co **RU**: Private, 5th VMR **CEM**: Stonewall Jackson Memorial; Lexington; S Main St **GS**: Y **SP**: No spouse information **VI**: Doctor of Lexington **P**: None **BLW**: No **PH**: N **SS**: A rec 2766 **BS**: 245.

MOODY, Benjamin; b 1774; d bur 12 Apr 1823 **RU**: Private, 19th VMR, Capt George Booker, Richmond City **CEM**: Shockoe Hill; Richmond City; 100 Hospital St **GS**: U **SP**: No spouse information **VI**: No further data **P**: None **BLW**: No **PH**: N **SS**: L pg 155 **BS**: 38 pg 1.

MOODY, Bradstreet; b UNK, Sandbarnton, NH; d 24 Aug 1827 **RU**: Private, Holden's Battalion of Artillery, MA Militia **CEM**: St George's Episcopal; Fredericksburg; 905 Princess Anne St **GS**: Y **SP**: No spouse information **VI**: No birth year on stone **P**: None **BLW**: No **PH**: N **SS**: A rec 2916 **BS**: 37 pg 110.

MOODY, Jameson; b 19 Aug 1785, Essex Co; d 24 Sep 1842 **RU**: Private, 6th VMR (Dangerfield), Essex Co **CEM**: Moody Family; Chesterfield; Chesterfield Rd (Rt 360), Midlothian **GS**: Y **SP**: mar Mary Susan Lankford, d 24 Sep 1843, age 48 **VI**: Son of Lewis Moody (1750-1814) and Sally Vaughan (1755-1816). Reinterred from Shockoe Hill Cemetery in Richmond City. There is also a USD grave marker reading "In Honor of Service War of 1812 N.S. - USD 1812" **P**: None **BLW**: No **PH**: N **SS**: A rec 2987 **BS**: 8 pg 160; 228; 245.

MOON, Thomas; b Jun 1795, Nottoway Co; d 09 Dec 1865 **RU**: Private, 10th VMR, Capt Abraham Buford, Bedford Co, attached to 8th VMR (Wall) **CEM**: Bothwell Family; Dinwiddie; Rt 613, 2 mi S of Ford, in woods **GS**: Y **SP**: No spouse information **VI**: No further data **P**: None **BLW**: No **PH**: N **SS**: K pg 83 **BS**: 210; 97 pg 89.

RU=Rank/Unit CEM=Cemetery GS=Gravestone SP=Spousal Information VI=Other Veteran Info P=Pension
BLW=Bounty/Land Warrant PH=Photo SS=Service Source BS=Burial Source VMR= VA Military Regt
LNR= Last Known Residence

MOORE, Aaron; b 13 Feb 1770; d 16 Apr 1843 **RU:** Private, 6th VMR (Coleman) **CEM:** Old Union Church; Shenandoah; Rt 11, Mt Jackson **GS:** Y **SP:** mar Elizabeth (-----), b 25 Apr 1788, d 13 Aug 1854 **VI:** No further data **P:** None **BLW:** No **PH:** N **SS:** A rec 3711 **BS:** 217.

MOORE, George; b 1794; d 16 Sep 1812 **RU:** Corporal, Capt Field's Company, Maj King's Regiment of DC Militia **CEM:** Trinity United Methodist; Alexandria; Wilkes St **GS:** Y **SP:** mar Catherine (-----) **VI:** No further data **P:** Spouse **BLW:** No **PH:** N **SS:** A rec 4124; BD pg 1309 **BS:** 32 pg133.

MOORE, Henry C; b 11 Apr 1797; d 22 Jun 1863 **RU:** Private, GA Militia 1st Regiment, Capt Chambers **CEM:** Moore Family; Albemarle; 0.6mi NW of Red Hills **GS:** U **SP:** mar in Albemarle Co on 19 Oct 1820 to Eliza Moore, daughter of Stephen Moore who gave consent. Witnessed by Dyer Moore and William Graves **VI:** No further data **P:** None **BLW:** No **PH:** N **SS:** A rec 4200 **BS:** 176.

MOORE, Hugh; b 1784; d 27 Sep 1814 **RU:** Private, 19th VMR (Ambler), Richmond City **CEM:** Hollywood; Richmond City; 412 S Cherry St, Sec R, lot 48 **GS:** U **SP:** No spouse information **VI:** Reinterred from St John's Cemetery on 12 Jun 1863 **P:** None **BLW:** No **PH:** N **SS:** A rec 4254 **BS:** 63 pg 470; 237; 252 pg 62.

MOORE, Isaac; b 10 Aug 1789; d 01 May 1875 **RU:** Private, 4th VMR (Greenhill) **CEM:** Pine Creek Primitive Baptist; Floyd; Spangler Mill Rd, Floyd **GS:** Y **SP:** mar Nancy (-----), d 26 Dec 1862 age 70 yrs, 7 mos, 21 days **VI:** No further data **P:** None **BLW:** No **PH:** N **SS:** A rec 4268 **BS:** 91 pg 122.

MOORE, James; b UNK; d UNK **RU:** Corporal, 5th VMR, Capt Jesse Nalle, Culpeper Co, attached to 5th VMR **CEM:** Moore Family; Fauquier; jct Rts 737 & 9, Orlean **GS:** N **SP:** mar in Fauquier Co on 24 Jun 1832 to Emily Parker **VI:** No stones remain. Pension was rejected **P:** Applied **BLW:** No **PH:** N **SS:** BD pg 1310; B pg 63; M pg 245 **BS:** 4 pg 146.

MOORE, James; b 05 Oct 1795; d 05 Jan 1882 **RU:** Private, 1st VMR (Crutchfield) **CEM:** Moore Family; Rappahannock; Fodderstock Rd (Rt 628), 4 mi W of Flint Hill **GS:** Y **SP:** mar Maria Deatherage, b 1805, d 1895 **VI:** No further data **P:** None **BLW:** No **PH:** N **SS:** A rec 4348 **BS:** 245.

MOORE, John; b UNK; d 1864 **RU:** Private, 100th VMR, Capt William Moseley, Troop of Cavalry, Buckingham Co, attached to 1st VMR (Holcombe) **CEM:** Old City Cemetery; Lynchburg; 401 Taylor St **GS:** Y **SP:** No spouse information **VI:** No further data **P:** None **BLW:** No **PH:** N **SS:** L pg 602 **BS:** 87 pg 142.

MOORE, John; b 19 Nov 1773, Philadelphia, PA; d 20 Jul 1855 **RU:** Private, 8th VMR (Magnien) **CEM:** Moore Family; Southampton; Nottaway Chapel **GS:** U **SP:** No spouse information **VI:** No further data **P:** None **BLW:** No **PH:** N **SS:** A rec 4628 **BS:** 42 v4 Moore.

MOORE, John; b 01 Jan 1795; d 04 Jan 1830 **RU:** Private, Artillery Battalion **CEM:** Davis / Jameson; Washington; Rt 700 E **GS:** Y **SP:** No spouse information **VI:** No further data **P:** None **BLW:** No **PH:** N **SS:** A rec 4484 **BS:** 116 pg 111.

MOORE, John Filmer; b UNK; d 18 Sep 1817 **RU:** Private, 115th VMR, Elizabeth City & York Co **CEM:** Mulberry Island; Newport News; Newport News **GS:** N **SP:** No spouse information **VI:** Death information from Crafford Family Bible **P:** None **BLW:** No **PH:** N **SS:** A rec 4668 **BS:** 22 pg 106.

MOORE, John Temple; b UNK; d 1857 **RU:** Private, 6th VMR (Read), Artillery **CEM:** Retreat; King William; Aylett **GS:** N **SP:** mar Judith Frances Fox, b 1806, d 1838 **VI:** No further data **P:** None **BLW:** No **PH:** N **SS:** A rec 4721 **BS:** 245.

MOORE, Reuben; b 25 Feb 1784; d 14 Jul 1844 **RU:** Corporal, 5th VMR **CEM:** Moore Family; Shenandoah; Moores Store **GS:** Y **SP:** mar Sarah (-----), b 03 Dec 1790, d 28 Dec 1852 **VI:** No further data **P:** None **BLW:** No **PH:** N **SS:** A rec 4976 **BS:** 115 pg 11.

MOORE, Reuben; b 1769; d 20 Nov 1835 **RU:** Private, Maj Woodford's Squadron of Cavalry (Dragoons) **CEM:** Harrisonburg Methodist; Rockingham; S High and W Water Sts, Harrisonburg **GS:** Y **SP:** No spouse information **VI:** No further data **P:** None **BLW:** No **PH:** N **SS:** A rec 4974 **BS:** 262.

MOORE, Samuel; b UNK; d 08 Mar 1852 **RU:** Private, 5th VMR **CEM:** Old Ebenezer Baptist; Loudoun; 20421 Airmont Rd, Bloomfield **GS:** Y **SP:** No spouse information **VI:** No further data **P:** None **BLW:** No **PH:** N **SS:** A rec 5117 **BS:** 73 pg 213.

RU=Rank/Unit CEM=Cemetery GS=Gravestone SP=Spousal Information VI=Other Veteran Info P=Pension
BLW=Bounty/Land Warrant PH=Photo SS=Service Source BS=Burial Source VMR= VA Military Regt
LNR= Last Known Residence

MOORE, Samuel; b 1782; d 05 Nov 1853 **RU:** Private, Lt Col Abraham Bradley's Regiment, 17th Brigade **CEM:** Rock Spring; Washington; vic jct Rts 803 & 91 **GS:** Y **SP:** No spouse information **VI:** No further data **P:** None **BLW:** No **PH:** N **SS:** A rec 5068 **BS:** 116 pg 209.

MOORE, Samuel McDowell; b 09 Feb 1796, Philadelphia, PA; d 17 Dec 1875 **RU:** Private, 8th VMR, Capt James Paxton, Rockbridge Co, attached to 2nd Corps d'Elite (Green) **CEM:** Stonewall Jackson Memorial; Lexington; S Main St **GS:** Y **SP:** mar Nancy B (-----) who was pensioned **VI:** Son of Andrew Moore. Member VA General Assembly. U.S. Congress 1833-35. Delegate to VA Secession Convention, 1861 **P:** Spouse **BLW:** No **PH:** N **SS:** K pg 222; BD pg 1312 **BS:** 245.

MOORE, Signal; b 1781; d bur 27 Nov 1846 **RU:** Private, Detachment of Cavalry, VA Militia **CEM:** Shockoe Hill; Richmond City; 100 Hospital St **GS:** U **SP:** No spouse information **VI:** No further data **P:** None **BLW:** No **PH:** N **SS:** A rec 5153 **BS:** 38 pg 37.

MOORE, Stephen; b 14 Apr 1797; d 22 Jan 1868 **RU:** Private, 4th VMR **CEM:** Moore Family; Albemarle; Rt 710, 0 .5 mi off Rt 295 **GS:** Y **SP:** mar Eliza Royster, b 25 Dec 1803, d 04 Apr 1848 **VI:** No further data **P:** None **BLW:** No **PH:** N **SS:** A rec 5166 **BS:** 94 v1 pg 208.

MOORE, Thomas Love; b UNK; d 1862 **RU:** Ensign, Kemper's Command **CEM:** Warrenton Cemetery; Fauquier; Chestnut St, Warrenton **GS:** U **SP:** No spouse information **VI:** Member, U.S. Congress 1820-23 **P:** None **BLW:** No **PH:** N **SS:** A rec 5254 **BS:** 168.

MOORE, William; b 1780; d 31 Jul 1839 **RU:** Private, Battalion of Artillery, VA Militia **CEM:** Old Providence Church; Augusta; 1005 Spottswood Rd, Spottswood **GS:** Y **SP:** One of the two William Moore's in this cemetery was the husband of Mary Nevius **VI:** No further data **P:** None **BLW:** No **PH:** Y **SS:** A rec 5298 **BS:** 2 pg 55; 31.

MOORE, William; b 1784; d 11 Jun 1858 **RU:** Private, 8th VMR, Capt Daniel Hoffman, Mounted Riflemen, Rockbridge Co, attached to 4th VMR **CEM:** Old Providence Church; Augusta; 1005 Spottswood Rd, Spottswood **GS:** Y **SP:** One of the two William Moore's in this cemetery was the husband of Mary Nevius **VI:** Occupation blacksmith **P:** None **BLW:** No **PH:** Y **SS:** L pg 434 **BS:** 2 pg 56; 31.

MOORE, William; b 13 May 1773; d 02 Feb 1843 **RU:** Private, 20th VMR, Capt Moses Fentress, Princess Anne Co **CEM:** Moore Family; Virginia Beach; Pungo Inter Muddy Creek Rd **GS:** U **SP:** mar Elizabeth Gornto **VI:** No further data **P:** None **BLW:** No **PH:** N **SS:** L pg 319 **BS:** 125.

MOORE, William; b UNK; d UNK **RU:** Sergeant, 39th VMR, Capt Edward Pescud, Petersburg **CEM:** Moore Family; Dinwiddie; Rt 606 **GS:** U **SP:** mar in Chesterfield Co on 14 Dec 1818 to Elizabeth Crump, daughter of Thomas Crump **VI:** No further data **P:** None **BLW:** No **PH:** N **SS:** L pg 635 **BS:** 97 pg 44.

MOORE, William P, Sr; b 04 Nov 1780; d 07 Nov 1872 **RU:** Ensign, 2nd VMR (Bayley), Accomack Co **CEM:** Vaux Hall; Accomack; 1 mi N of Bobtown off Rt 178 **GS:** Y **SP:** mar Tabitha Andrews on 22 Mar 1801, b 29 Jul 1774, d 29 Sep 1854 **VI:** Son of John & Rebecca Moore **P:** None **BLW:** No **PH:** N **SS:** A rec 5487 **BS:** 21 pg 197.

MORGAN, Charles S; b 1799; d bur 17 Feb 1859 **RU:** Private, 7th VMR (Saunders) **CEM:** Hollywood; Richmond City; 412 S Cherry St, Sec Q, lot 28 **GS:** U **SP:** No spouse information **VI:** No further data **P:** None **BLW:** No **PH:** N **SS:** A rec 6655 **BS:** 237.

MORGAN, John; b 1777; d 15 Feb 1820 **RU:** Private, 57th VMR, Loudoun Co **CEM:** Christ Church Episcopal; Alexandria; Wilkes & Hamilton **GS:** Y **SP:** No spouse information **VI:** No further data **P:** None **BLW:** No **PH:** N **SS:** A rec 6927 **BS:** 34 pg 107.

MORGAN, John; b 1790; d 19 Jul 1832 **RU:** Private, 1st DC Regiment of Militia **CEM:** Quaker Burying Ground; Alexandria; 717 Queen St, (under library) **GS:** N **SP:** mar Eliza (-----), b 04 Mar 1793, d 25 Aug 1855 **VI:** Cemetery was historically at the Faifax (Quaker) Meeting House, now under the library **P:** None **BLW:** No **PH:** N **SS:** A rec 6932 **BS:** 34 pg 63.

MORGAN, Nathan; b Nov 1798; d 08 Jul 1874 **RU:** Private, 2nd Regiment East TN Volunteers (Lillard) **CEM:** Rose Hill; Lee; Rose Hill **GS:** Y **SP:** mar Martha (-----), b 22 Mar 1796, d 19 Apr 1884 **VI:** No further data **P:** None **BLW:** No **PH:** N **SS:** A ec 7022 **BS:** 253 pg 65.

MORGAN, Peter K; b 1785; d bur 28 Dec 1883 **RU:** Private, 111th VMR, Capt James Cox, Westmoreland Co **CEM:** Hollywood; Richmond City; 412 S Cherry St, Sec D, lot 115 **GS:** U **SP:** No spouse information **VI:** No further data **P:** None **BLW:** No **PH:** N **SS:** L pg 251 **BS:** 237.

MORGAN, Samuel W; b 15 Jan 1770; d 11 Jan 1834 **RU:** Private, 73rd VMR, Capt Charles Betts, Troop of Cavalry, Lunenburg Co, attached to 1st VMR (Holcombe) **CEM:** Morgansville; Nottoway; Rt 460, 3 mi fr Blackstone **GS:** Y **SP:** mar on 13 Mar 1832 to Elizabeth Rivers, daughter of William & Martha Rivers, b 02 Mar 1816, d 09 Aug 1833. Marriage data from tombstone **VI:** No further data **P:** None **BLW:** No **PH:** N **SS:** L pg 137 **BS:** 220.

MORGAN, William; b 17 Mar 1784; d 29 Dec 1874 **RU:** Private, 57th VMR, Loudoun Co **CEM:** Christ Church Episcopal; Alexandria; Wilkes & Hamilton **GS:** Y **SP:** mar Mary (-----), d 28 Jun 1850 age 60 yrs, 3 mos, 23 days **VI:** No further data **P:** None **BLW:** No **PH:** N **SS:** A rec 7203 **BS:** 34 pg 107.

MORGAN, William; b UNK; d bur 09 Apr 1873 **RU:** Private, 61st VMR (Gayle), Mathews Co **CEM:** Hollywood; Richmond City; 412 S Cherry St **GS:** U **SP:** No spouse information **VI:** No further data **P:** None **BLW:** No **PH:** N **SS:** A rec 7205 **BS:** 237.

MORGAN, William; b 1784; d bur 15 Dec 1834 **RU:** Private, 1st VMR (Byrne) **CEM:** Shockoe Hill; Richmond City; 100 Hospital St **GS:** U **SP:** No spouse information **VI:** No further data **P:** None **BLW:** No **PH:** N **SS:** A rec 7176 **BS:** 38 pg 13.

MORRIS, James M; b 23 Sep 1778; d 24 Sep 1844 **RU:** Surgeon's Mate, 1st Corps d'Elite (Randolph) **CEM:** Morris Family; Louisa; Rt 617, Green Springs **GS:** Y **SP:** mar in Louisia Co on 02 Aug 1822 (return by William Y Hiter) to Annie G Morris, daughter of William Morris, b 21 Dec 1801, d 24 Apr 1863. Her middle initial is from her tombstone. It is given as "C" on the marriage bond with note that it was "S" by Kiblinger in his book on Louisa Co marriages **VI:** No further data **P:** None **BLW:** No **PH:** N **SS:** L pg 46 **BS:** 181.

MORRIS, John; b 1792; d 28 Oct 1851 **RU:** Sergeant, 33rd VMR, Henrico Co **CEM:** St John's Church; Richmond City; 24th & Broad, Church Hill **GS:** U **SP:** No spouse information **VI:** No further data **P:** None **BLW:** No **PH:** N **SS:** A rec 8206 **BS:** 63 pg 353.

MORRIS, Mahlon; b 27 Feb 1772; d 26 Aug 1859 **RU:** Lieutenant, 56th VMR (Taylor), Capt Dennis McCarty, Loudoun Co, attached to 5th VMR **CEM:** Ketoctin Baptist; Loudoun; Alder School Rd (Rt 711), Eubanks **GS:** Y **SP:** mar in Loudoun Co on 28 Apr 1802 to Catherine Giddion **VI:** No further data **P:** Yes **BLW:** No **PH:** N **SS:** A rec 8283; BD pg 1319; B pg 121 **BS:** 73 pg 214.

MORRIS, Nathaniel; b 1781; d 1872 **RU:** Private, 63rd VMR, Capt Samuel V Allen, Troop of Cavalry, Prince Edward Co, attached to 1st VMR (Holcombe) **CEM:** Morris Family; Buckingham; "Vassar." Rt 609 **GS:** Y **SP:** No spouse information **VI:** Son of Nathaniel and Nancy Ann (Jeffries) Morris **P:** None **BLW:** No **PH:** N **SS:** L pg 88 **BS:** 66 pg 367.

MORRIS, Richard; b 19 Mar 1784; d 13 Aug 1831 **RU:** Private, 74th VMR (Trueheart), Hanover Co **CEM:** Morris Family; Hanover; 14315 Bethany Church Rd **GS:** Y **SP:** mar Mary Watts, b 27 Mar 1784, d 07 Nov 1835 **VI:** Member of House of Delegates from Hanover Co **P:** None **BLW:** No **PH:** N **SS:** A rec 8361 **BS:** 72 pg 103.

MORRIS, Richard G; b 1795; d bur 15 May 1867 **RU:** Private, 74th VMR (Trueheart), Capt Jones, Hanover Co **CEM:** Hollywood; Richmond City; 412 S Cherry St, Sec D, lot 63 **GS:** U **SP:** No spouse information **VI:** No further data **P:** None **BLW:** No **PH:** N **SS:** L pg 506 **BS:** 237.

MORRIS, Robert; b UNK; d 1822 **RU:** Sergeant, 63rd VMR, Prince Edward Co **CEM:** Old City Cemetery; Lynchburg; 401 Taylor St **GS:** Y **SP:** No spouse information **VI:** No further data **P:** None **BLW:** No **PH:** N **SS:** A rec 8376 **BS:** 87 pg 145.

MORRIS, Samuel; b 20 Oct 1785; d 26 Nov 1850 **RU:** Private, 47th VMR, Capt John Rothwell, Albemarle Co, attached to 7th VMR (Gray) **CEM:** Morris Family; Buckingham; "Vassar." Rt 609 **GS:** Y **SP:** mar Ann Bradley Moore, b 1796, d 26 Jun 1843 **VI:** Son of Nathaniel and Nancy Ann (Jeffries) Morris **P:** None **BLW:** No **PH:** N **SS:** K pg 353 **BS:** 262.

MORRIS, Thomas S; b 1782; d 28 Sep 1832 **RU:** Private, 6th VMR (Coleman) **CEM:** Shockoe Hill; Richmond City; 100 Hospital St **GS:** U **SP:** No spouse information **VI:** No further data **P:** None **BLW:** No **PH:** N **SS:** A rec 8446 **BS:** 38 pg 11.

RU=Rank/Unit CEM=Cemetery GS=Gravestone SP=Spousal Information VI=Other Veteran Info P=Pension
BLW=Bounty/Land Warrant PH=Photo SS=Service Source BS=Burial Source VMR= VA Military Regt
LNR= Last Known Residence

MORRIS, William; b 1780; d aft 1850 **RU**: Private, 1st VMR (Owens) **CEM**: John Morris Graveyard; Dinwiddie; Rt 509 five mi E of McKenney **GS**: N **SP**: Died before 1860 census **VI**: No stone. WPA survey says he is buried here. Age 70 on the 1850 census of Dinwiddie Co **P**: None **BLW**: No **PH**: N **SS**: A rec 8490 **BS**: 210.

MORRISON, George; b 25 Jul 1768; d 30 May 1854 **RU**: 3rd Sergeant, 4th VMR **CEM**: Morrison Family; Henry; Leatherwood **GS**: Y **SP**: mar Sarah (-----), b 01 Dec 1773, d 1842 **VI**: No further data **P**: None **BLW**: No **PH**: N **SS**: A rec 8641 **BS**: 245.

MOSBY, Benjamin; b 16 Aug 1775; d 23 Mar 1841 **RU**: Private, 33rd VMR, Capt William Childrey, Henrico Co **CEM**: Mt Carmel Church; Powhatan; 4.8 mi W of Powhatan off Rt 627 **GS**: Y **SP**: No spouse information **VI**: No further data **P**: None **BLW**: No **PH**: N **SS**: K pg 215 **BS**: 233.

MOSBY, John G; b 1784; d 1855 **RU**: Sergeant, 33rd VMR, Capt William Henley, Henrico Co **CEM**: Shockoe Hill; Richmond City; 100 Hospital St **GS**: Y **SP**: No spouse information **VI**: No further data **P**: None **BLW**: Yes **PH**: N **SS**: BD pg 1324; B pg 99 **BS**: 199.

MOSELEY, Francis; b 07Jun 1774; d 06 Mar 1826 **RU**: First Mate, 4th VMR (Greenhill) **CEM**: Moseley Family #1; Buckingham; 2.8 mi S of Buckingham off Rt 638 **GS**: Y **SP**: Also buried here is Elizabeth H Moseley, b 11 Mar 1817, d 27 Oct 1833, probably his daughter **VI**: Tombstone styles him "Captain" **P**: None **BLW**: No **PH**: N **SS**: A rec 9922 **BS**: 209.

MOSELEY, Matthew; b UNK; d UNK **RU**: Private, 100th VMR, Capt William Moseley, Troop of Cavalry, Buckingham Co, attached to 1st VMR (Holcombe) **CEM**: Moseley Family #4; Buckingham; Rt 749, Rolfton **GS**: Y **SP**: No spouse information **VI**: On large shared memorial stone, son of Benjamin and Mary (Branch) Moseley. No dates **P**: None **BLW**: No **PH**: N **SS**: L pg 602 **BS**: 66 pg 376.

MOSELEY, Thomas; b UNK; d 1862 **RU**: Sergeant, 100th VMR, Capt George Booker, Buckingham Co, attached to 5th VMR (McDowell) **CEM**: Mosley Family #3; Buckingham; 1.2 mi W of Court House on Rt 60 **GS**: Y **SP**: Wife born 1797 died 1879 (WPA report). Name not known **VI**: Member of the Virginia Senate, owner of the *Richmond Whig* and Elder in Maysville Church. Tombstone styles him "Colonel" **P**: Yes **BLW**: No **PH**: N **SS**: A rec 9867; BD pg 1324; B pg 50 **BS**: 209.

MOSELEY, William; b 10 May 1774; d 11 Jan 1847 **RU**: Captain, 100th VMR, Company Commander, Buckingham Co **CEM**: Moseley Family #3; Buckingham; 1.2 mi W of Court House on Rt 60 **GS**: U **SP**: mar (1) Susannah (-----), d 20 Sep 1824; (2) Mary (-----) **VI**: No further data **P**: None **BLW**: No **PH**: N **SS**: B pg 51 **BS**: 66 pg 371.

MOSELEY, William Perkins; b 13 May 1794; d 02 Apr 1863 **RU**: Ensign, 24th VMR, Capt Boaz Ford, Buckingham Co, attached to 7th VMR (Gray) **CEM**: Moseley Family #2; Buckingham; "Wheatland," Rt 647 **GS**: Y **SP**: mar Nancy Anderson Trent, d 17 Dec 1891, bur in Mexia, TX **VI**: Doctor. Son of Dr Arthur and Sallie (Perkins) Moseley **P**: None **BLW**: No **PH**: N **SS**: K pg 329 **BS**: 209; 66 pg 379;.

MOUNT, Ezekiel; b UNK; d 21 Sep 1834 **RU**: Private, 11th VMR, Capt John Patton, Harrison Co [WV], attached to 2nd VMR (Evans) **CEM**: St James's United Church of Christ; Loudoun; 10 E Broad Way, Lovettsville **GS**: Y **SP**: mar Sarah (-----), d 05 Mar 1823 **VI**: No further data **P**: Yes **BLW**: Yes **PH**: N **SS**: A rec 10820; BD pg 1327; B pg 98 **BS**: 73 pg 215.

MOYERS, Jacob; b 14 Feb 1777; d 11 Jul 1851 **RU**: Private, 6th VMR **CEM**: Moyers Family; Rockingham; Williamsburg Rd (Rt 782), Broadway **GS**: Y **SP**: mar Catherine (-----), d 17 Oct 1877, age 93 yrs, 10 mos, 6 days, "wife of Jacob" **VI**: No further data **P**: None **BLW**: No **PH**: N **SS**: A rec 11301 **BS**: 262.

MOYERS, Michael; b 27 Jul 1769, Naked Creek, Rockingham Co; d 15 Sep 1852, Greene Co **RU**: Private, 6th VMR (Coleman) **CEM**: Moyer Family; Greene; Rt 33 Business, Stanardsville **GS**: Y **SP**: mar 20 Aug 1776 (bond), Rockingham Co to Sarah Price, daughter of Daniel & Anna Catherine Price, b 20 Aug 1776, d 21 Mar 1835 **VI**: Moved to then Orange (now Greene) Co in 1792. He was a signer of the petition to create Greene Co in 1838. His grave was marked 11 Nov 2008 **P**: None **BLW**: No **PH**: Y **SS**: A rec 11315 **BS**: 49.

MULL, David; b UNK; d 12 Apr 1816 **RU**: Private, 57th VMR, Loudoun Co **CEM**: St James's United Church of Christ; Loudoun; 10 E Broad Way, Lovettsville **GS**: Y **SP**: No spouse information **VI**: No further data **P**: None **BLW**: No **PH**: N **SS**: A rec 11726 **BS**: 73 pg 215.

RU=Rank/Unit CEM=Cemetery GS=Gravestone SP=Spousal Information VI=Other Veteran Info P=Pension
BLW=Bounty/Land Warrant PH=Photo SS=Service Source BS=Burial Source
LNR= Last Known Residence VMR= VA Military Regt

MULLAN / MULLEN, Thomas; b 1770; d 05 Mar 1815 **RU:** Major, 6th VMR (Coleman) **CEM:** Millar Family; Warren; Front Royal **GS:** Y **SP:** No spouse information **VI:** No further data **P:** None **BLW:** No **PH:** N **SS:** A rec 11814 **BS:** 150.

MULLINS, Henry; b 02 Dec 1790, Goochland Co; d 02 Aug 1865 **RU:** Private, 7th VMR (Gray) **CEM:** Mullins Family; Henry; Mayo nr Bolijack **GS:** Y **SP:** No spouse information **VI:** No further data **P:** None **BLW:** No **PH:** N **SS:** A rec 12058 **BS:** 245.

MURCHIE, Robert Donald; b UNK; d 24 Sep 1841 **RU:** Private, 23rd VMR, Capt Henry Heth, Troop of Cavalry, Chesterfield Co, attached to Gen Portersfield's 7th Brigade **CEM:** Mann's Church; Chesterfield; Rt 360 4 mi fr Richmond **GS:** Y **SP:** mar in Richmond on 13 Jul 1826 to Judith Ann Buck, who erected his memorial and received pension **VI:** Son of John Murchie, a native of Scotland **P:** Spouse **BLW:** No **PH:** N **SS:** A rec 12866; BD pg 1332; B pg 60 **BS:** 228; 63 pg 239.

MURFEE, Simon; b 23 Jun 1788, Old Wills Place, Southampton Co; d 09 Apr 1856, Nottoway Parish, Southampton Co **RU:** Private, 1st Regiment, SC Militia (Means) **CEM:** Murfee Family; Southampton; 26628 Dogwood Bend, Franklin **GS:** Y **SP:** mar in Southampton Co on 10 Feb 1807 (bond) to Lydia Beale, daughter of Burwell and Charity "Cherry" (Wilson) Beale, b 28 Feb 1788, d 5 Mar 1859 **VI:** Baptist minister to several congregations in Portsmouth and Southside Virginia **P:** None **BLW:** No **PH:** N **SS:** A rec 13713 **BS:** 41 pg 2; 31.

MURPHY, Cornelius; b c1787, County Cork, Ireland; d 29 Jul 1840 **RU:** Private, NC Militia, New Hanover Regiment (Nixon) **CEM:** Shockoe Hill; Richmond City; 100 Hospital St **GS:** Y **SP:** No spouse information **VI:** No further data **P:** None **BLW:** No **PH:** N **SS:** A rec 13454 **BS:** 38 pg 33; 199.

MURPHY, John Ballantine; b 1790; d 29 Oct 1867 **RU:** Lieutenant, 111th VMR (Parker), Capt James Cox, Westmoreland Co **CEM:** Murphy Family; Westmoreland; Ayefield **GS:** Y **SP:** mar Million Browne Wishart, b 1803, d 19 Apr 1834, age 31 **VI:** Son of John and Ann (Ballantine) Murphy **P:** None **BLW:** No **PH:** N **SS:** L pg 251 **BS:** 219 pg 97.

MURPHY, Thomas; b 08 Nov 1776; d 07 Mar 1857 **RU:** Corporal, 4th VMR (Greenhill) **CEM:** Bethel Church; Frederick; Bethel Church Rd (Rt 610), Gore **GS:** Y **SP:** No spouse information **VI:** No further data **P:** None **BLW:** No **PH:** N **SS:** A rec 13733 **BS:** 79 pg 232.

MURPHY, William; b UNK; d bur 15 Oct 1872 **RU:** Captain, 19th VMR, Company Commander, Light Infantry Blues, Richmond City, attached to 1st Corps d'Elite (Randolph) **CEM:** Hollywood; Richmond City; 412 S. Cherry St, Sec D, lot 201 **GS:** U **SP:** No spouse information **VI:** No further data **P:** None **BLW:** No **PH:** N **SS:** K pg 259 **BS:** 237.

MURRAY, Adam; b 1784, Musselburgh, Scotland; d 20 Feb 1823 **RU:** Private, 19th VMR (Ambler), Capt John McPherson, Richmond City **CEM:** Shockoe Hill; Richmond City; 100 Hospital St **GS:** Y **SP:** No spouse information **VI:** No further data **P:** None **BLW:** No **PH:** N **SS:** L pg 578; A rec 13816 **BS:** 199; 31 pg 1.

MURRAY, Thomas; b 1788; d UNK **RU:** Private, 62nd VMR (Selden), Prince George Co **CEM:** Cobbs Family; Chesterfield; Rt 10, East Hungerford Rd, Enon **GS:** Y **SP:** No spouse information **VI:** No Further data **P:** None **BLW:** No **PH:** N **SS:** A rec 14041 **BS:** 8, pg 134.

MURRAY, William Henry; b 07 Jan 1791; d 15 Apr 1838 **RU:** Sergeant, MD Militia, Capt Warfield; 5th VMR, Capt Sterett **CEM:** Sharon; Loudoun; Jay & Federal St, Middleburg **GS:** Y **SP:** mar (1) Marie (-----), who is buried beside him; (2) Isabella M (-----) who recieved an Old War Pension **VI:** Old War Pension (disabled during the war) **P:** Both **BLW:** No **PH:** N **SS:** A rec 14074; BD pg 13335 **BS:** 31 Jun '07.

MURRELL, Hardin D; b 1792; d 24 Aug 1840 **RU:** Matross, 53rd VMR, Capt James Dunington, Artillery, Campbell Co, attached to Cocke's Detachment **CEM:** Presbyterian Cemetery; Lynchburg; Grace & Bailey Sts **GS:** Y **SP:** No spouse information **VI:** Grey marble slab 2 ft tall & 1 ft wide. Assistant Postmaster **P:** None **BLW:** No **PH:** N **SS:** L pg 293 **BS:** 207.

MURRELL, John; b 1766; d 03 Jun 1842 **RU:** Corporal, 83rd VMR Capt William H Cousins, Dinwiddie Co **CEM:** Presbyterian Cemetery; Lynchburg; Grace & Bailey Sts **GS:** Y **SP:** No spouse information **VI:** Died age 76. Matching inscribed grey marble slabs 4 ft high & 2 ft wide: "Sacred to the memory of Our mother, & Sacred to the memory of Our father" **P:** None **BLW:** No **PH:** N **SS:** L pg 255 **BS:** 207.

RU=Rank/Unit   CEM=Cemetery   GS=Gravestone   SP=Spousal Information   VI=Other Veteran Info   P=Pension
BLW=Bounty/Land Warrant   PH=Photo   SS=Service Source   BS=Burial Source   VMR= VA Military Regt
LNR= Last Known Residence

MURRELL, John D; b 1796; d 23 Mar 1856, New Orleans, LA **RU:** Corporal, 83rd VMR (Scott), Dinwiddie Co **CEM:** Presbyterian Cemetery; Lynchburg; Grace & Bailey Sts **GS:** Y **SP:** No spouse information **VI:** Inscription includes that he departed this life on Easter Monday in his 60th year **P:** None **BLW:** No **PH:** N **SS:** A rec 14097 **BS:** 207.

MURRY, John; b 06 Dec 1794; d 20 Apr 1876 **RU:** Corporal, 48th VMR, Capt William Tebbs, Artillery, Botetourt Co, attached to Battalion of Artillery **CEM:** Laymantown; Botetourt; Rt 658 **GS:** Y **SP:** mar Mary (-----), b 24 Jul 1806, d 17 Jun 1867 **VI:** No further data **P:** None **BLW:** No **PH:** N **SS:** A rec 14305 **BS:** 155 pg 31.

MUSCHETT, Frederick H; b 1796; d 05 Apr 1858 **RU:** Private, 36th VMR, Maj Thomas Chapman's Detachment, Prince William Co **CEM:** Effingham; Prince William; 5 mi E of Rt 233, 10 mi fr Manassas **GS:** Y **SP:** No spouse information **VI:** No further data **P:** None **BLW:** No **PH:** N **SS:** L pg 596 **BS:** 130.

MUSE, Daniel; b 1785, Northumberland Co; d bur 26 Nov 1825 **RU:** Private, 20th USA Infantry **CEM:** Shockoe Hill; Richmond City; 100 Hospital St **GS:** U **SP:** No spouse information **VI:** Enlisted 23 Feb 1814, discharged 20 Mar 1815 **P:** None **BLW:** No **PH:** N **SS:** C pg 133 **BS:** 38 pg 3.

MUSE, John; b 08 May 1791; d 19 May 1845 **RU:** 1st Sergeant, 121st VMR, Botetourt Co, company attached to 5th VMR **CEM:** Muse Family; Roanoke; SW of Roanoke on Roselawn Road **GS:** Y **SP:** mar Susan (-----), b 27 Nov 1803, d 30 Oct 1887 **VI:** No further data **P:** Spouse **BLW:** No **PH:** N **SS:** A rec 14475; BD pg 1335; B pg 46 **BS:** 157 pg 186.

MYERS, Charles S; b 1796; d 25 Aug 1855 **RU:** Private, 9th VMR (Sharp) **CEM:** Cedar Grove; Portsmouth; Effington St & Fort Ln **GS:** Y **SP:** mar Ardisey Ardelia (-----), b 1801, d 26 May1853 **VI:** Member VA Soldiers of 1812 Society. 1850 census of Portsmouth, occupation plumber **P:** None **BLW:** No **PH:** N **SS:** A rec 14884 **BS:** 65 pg 48.

MYERS, George A; b UNK; d bur 27 Aug 1869 **RU:** Private, 19th VMR (Ambler), Richmond City **CEM:** Hollywood; Richmond City; 412 S Cherry St, Sec K, lot 73 **GS:** U **SP:** No spouse information **VI:** No further data **P:** None **BLW:** No **PH:** N **SS:** A rec 14950 **BS:** 237.

MYERS, George H; b 1790; d 27 Dec 1860 **RU:** Private, 19th VMR (Ambler), Richmond City **CEM:** Shockoe Hill; Richmond City; 100 Hospital St **GS:** Y **SP:** mar Lucy Ann (-----) per the stone of infant daughter Frances Ann Myers **VI:** No further data **P:** None **BLW:** No **PH:** N **SS:** A rec 14950 **BS:** 199 pg 188.

MYERS, John; b 15 Oct 1788; d 01 Sep 1849 **RU:** Sergeant, 5th VMR (McDowell), Capt Israel Robinson, Augusta Co **CEM:** Myers Family #1; Augusta; Knightly Hill, on a bluff on property of Edward Sites **GS:** Y **SP:** No spouse information **VI:** No further data **P:** Applied **BLW:** No **PH:** N **SS:** BD g 1377; M pg 248 **BS:** 93.

MYERS, John; b 12 May 1784; d 29 Jul 1830 **RU:** Sergeant, 4th VMR **CEM:** Mt Zion; Smyth; jct Mt Zion Church Rd & Mabe Rd, Marion **GS:** Y **SP:** No spouse information **VI:** No further data **P:** None **BLW:** No **PH:** N **SS:** A rec 15129 **BS:** 131 v1 pg 110.

MYERS, John Lewis; b UNK; d 28 Jul 1827 **RU:** Corporal, 8th VMR (Wall) **CEM:** Chris Tucker; Amherst; Rt 625 **GS:** Y **SP:** No spouse information **VI:** No further data **P:** None **BLW:** No **PH:** N **SS:** A rec 15142 **BS:** 5 pg 173.

MYERS, John S; b 02 Oct 1798; d 06 Jul 1836 **RU:** Private, 8th VMR **CEM:** St John's Church; Richmond City; 24th & Broad, Church Hill **GS:** U **SP:** No spouse information **VI:** No further data **P:** None **BLW:** No **PH:** N **SS:** A rec 15141 **BS:** 63 pg 478; 252 pg 62.

MYERS, Joseph S; b 1772; d 03 May 1816 **RU:** Sergeant, 2nd Regiment DC Militia (Brent), Capt William McKee **CEM:** Christ Church Episcopal; Alexandria; Wilkes & Hamilton **GS:** Y **SP:** mar Mary A (-----), d Mar 1863 **VI:** Occupaton Joiner. Died leaving wife and six children **P:** Spouse **BLW:** No **PH:** N **SS:** A rec 15193; BD pg 1337 **BS:** 34 pg 108.

RU=Rank/Unit CEM=Cemetery GS=Gravestone SP=Spousal Information VI=Other Veteran Info P=Pension
BLW=Bounty/Land Warrant PH=Photo SS=Service Source BS=Burial Source VMR= VA Military Regt
LNR= Last Known Residence

MYERS, Samuel; b UNK; d 16 Jul 1815 **RU:** Sergeant, 5th Regiment MD Militia (Sterrett) **CEM:** Blandford; Petersburg; 111 Rochelle Ln **GS:** Y **SP:** No spouse information **VI:** Native of Baltimore, died in the "memorable fire in Petersburg 16 Jul 1815" **P:** None **BLW:** No **PH:** N **SS:** A rec 28099 **BS:** 200.

MYERS, Samuel; b UNK; d UNK **RU:** Sergeant, 6th VMR **CEM:** Blandford; Petersburg; 111 Rochelle Ln **GS:** Y **SP:** No spouse information **VI:** No further data **P:** None **BLW:** No **PH:** N **SS:** A rec 15263 **BS:** 134 pg 45.

MYERS, William; b 1794; d 1855 **RU:** Private, 103rd VMR, Capt William Fowler, Brooke Co [WV], attached to 4th VMR (Woods) **CEM:** Mt Hebron; Frederick; 305 E Boscawen St, Winchester **GS:** Y **SP:** mar Mary (-----), b 1795, d aft 1855 **VI:** No further data **P:** Spouse App **BLW:** No **PH:** N **SS:** A rec 15305; BD pg 1338; B pg 47 **BS:** 93.

MYRICK, Alexander; b UNK; d 1859 (Will) **RU:** Private, 65th VMR, Southampton Co **CEM:** Myrick Family; Southampton; Statesville **GS:** U **SP:** No spouse information **VI:** No further data **P:** None **BLW:** No **PH:** N **SS:** A rec 15475 **BS:** 42 v5 pg 69.

MYRICK, John; b 1787; d 09 Jan 1832 **RU:** Sergeant, 4th VMR **CEM:** Clarke Family; Chesterfield; Hickory Rd, Chesterfield **GS:** Y **SP:** mar Ann Maria (-----), d 17 Mar 1832, age 23 years **VI:** Died age 45 years, "late a merchant of Petersburg" on stone **P:** None **BLW:** No **PH:** N **SS:** A rec 15499 **BS:** 8 pg 2; 228; 245.

NALLE, Jesse; b 22 Sep 1778; d 12 Apr 1857 **RU:** Captain, 5th VMR, Company Commander, Culpeper Co, attached to 5th VMR (Mason & Preston) **CEM:** Nalle / Strother; Fauquier; Rt 711, 3 mi S of Paris **GS:** Y **SP:** mar (1) Sarah Cornwell, daughter of Jacob & Mary Cornwell, b 4 Jul 1791, d 13 Aug 1850 aged 59 years; (2) Nancy (-----) who applied for pension **VI:** The Nalles are buried in a 10 'x 4' stone underground vault, with gabled roofs and windows. Memorial slabs are in front of each vault **P:** Spouse **BLW:** No **PH:** N **SS:** B pg 63; M pg 248; BD pg 1339 **BS:** 105; 175; 4 pg 52.

NALLE, John; b 04 Jul 1789; d 25 Mar 1855 **RU:** Private, 57th VMR, Loudoun Co **CEM:** Nalle / Strother; Fauquier; Rt 711, 3 mi S of Paris **GS:** Y **SP:** No spouse information **VI:** No further data **P:** None **BLW:** No **PH:** N **SS:** A rec 15798 **BS:** 4 pg 152.

NANCE, James; b 25 Oct 1783; d 05 May 1855 **RU:** Lieutenant, 42nd VMR, Company Commander, Pittsylvania Co, attached to 4th VMR **CEM:** Nance Family; Pittsylvania; 920 Mosco Rd, Axton **GS:** Y **SP:** No spouse information **VI:** No further data **P:** None **BLW:** No **PH:** Y **SS:** B pg 162 **BS:** 246.

NASH, Caleb, Sr; b UNK; d 1820 **RU:** Sergeant, 5th NC Regiment (McDonald) **CEM:** Monumental United Methodist; Portsmouth; 450 Dinwiddie St **GS:** Y **SP:** No spouse information **VI:** No further data **P:** None **BLW:** No **PH:** N **SS:** A rec 16013 **BS:** 245.

NASH, Robert; b 1778, Scotland; d 15 Jul 1814 **RU:** Private, 2nd Regiment DC Militia (Tayloe) **CEM:** Old Presbyterian Meeting House; Alexandria; Wilkes & Hamilton **GS:** Y **SP:** No spouse information **VI:** Gunsmith. Died age 36 **P:** None **BLW:** No **PH:** N **SS:** A rec 16140 **BS:** 32 pg 60.

NASH, Thomas; b UNK; d 26 Sep 1813 **RU:** Private, 19th VMR, Capt William Murphy, Light Infantry Blues, Richmond City, attached to 1st Corps d'Elite (Randolph) **CEM:** Rock Castle; Cumberland; 8 mi N of Cumberland Church **GS:** Y **SP:** Perhaps the Thomas Nash who mar in Cumberland Co on 08 Jun 1807 (bond) to Lucy L Hobson, daughter of Caleb Hobson, who gave consent **VI:** No further data **P:** None **BLW:** No **PH:** N **SS:** K pg 260 **BS:** 215.

NEALE, Augustine; b 1777; d 11 Oct 1852 **RU:** Private, 41st VMR, Capt Vincent Shackleford, Artillery, Richmond Co **CEM:** Shandy Hall; Richmond County; "Tidewater" **GS:** Y **SP:** mar (1) in Richmond Co on 21 Dec 1815 (bond) to Juliet Ann mar (-----) McCarty. Her mother Elizabeth McCarty gave consent, divorced in Philadephia, PA on 26 Dec 1842; (2) in RIchmond Co on 24 June 1845 to Lucy S Bramham (his 1st cousin.) See: McCarty & Much, *McCartys of the Northern Neck*, pg 378-379 for a lengthy discussion of the divorce and the 2nd marriage. Neale never actually lived in Philadephia. He used an address there for purposes of obtaining his divorce under PA law **VI:** Commonwealth Attorney for Superior and Circuit Courts from 1828-1845 (resigned). His will requested a monument of cost of $1,500 which was erected and still stands **P:** None **BLW:** No **PH:** N **SS:** L pg 707 **BS:** 245.

NEALE, William; b 1784; d 02 Apr 1829 **RU:** Sergeant, 19th VMR, Captain Anderson Miller, Richmond City **CEM:** Shockoe Hill; Richmond City; 100 Hospital St **GS:** U **SP:** No spouse information **VI:** No further data **P:** None **BLW:** No **PH:** N **SS:** L pg 592 **BS:** 38 pg 7.

NEER, Nathan; b 23 Mar 1794; d 10 Oct 1865 **RU:** Private, 56th VMR, Capt Nicholas Osborn, Loudoun Co **CEM:** Potts Family; Loudoun; jct Rts 719 & 734, Hillsboro **GS:** Y **SP:** No spouse information **VI:** No further data **P:** None **BLW:** No **PH:** N **SS:** A rec 17174 **BS:** 73 pg 219.

NEFF, John; b 27 Dec 1776; d 19 Jan 1852 **RU:** Corporal, 1st VMR (Connell) **CEM:** Neff Family; Shenandoah; nr Stonewall Jackson High School **GS:** Y **SP:** mar Elizabeth (-----), b 13 Dec 1781, d 04 Dec 1834 **VI:** No further data **P:** None **BLW:** No **PH:** N **SS:** A rec 17232 **BS:** 115 pg 22.

NEILSON, Hall; b 1787; d 1860 **RU:** Corporal, 19th VMR (Ambler), Capt Robert Gamble, Troop of Cavalry, Richmond City **CEM:** Shockoe Hill; Richmond City; 100 Hospital St **GS:** U **SP:** mar Mary Archer **VI:** No further data **P:** Spouse **BLW:** No **PH:** N **SS:** BD pg 1344; B pg 174 **BS:** 260.

NEILSON, Hall; b 1790; d 29 Nov 1860 **RU:** Private, 19th VMR (Ambler), Capt Robert Gamble, Troop of Cavalry, Richmond City **CEM:** Shockoe Hill; Richmond City; 100 Hospital St **GS:** Y **SP:** mar Edmonia Lee Byrd, daughter of William Byrd & Ann Page of Frederick Co, b 1811, d 21 Dec 1834, age 23 **VI:** No further data **P:** None **BLW:** No **PH:** N **SS:** L pg 344 **BS:** 199.

NELSON, George; b 1784; d 23 Mar 1860 **RU:** Private, 41st VMR (Bramham), Richmond Co **CEM:** Withers / Nelson / Ficklin; Fauquier; 9337 James Madison Rd, Opal **GS:** Y **SP:** mar Elizabeth H (-----), d 12 Sep 1873, age 80 years **VI:** Died age 76 years **P:** None **BLW:** No **PH:** Y **SS:** A rec 17684 **BS:** 4 pg 211.

NELSON, Hugh; b 30 Sep 1768, Yorktown, York Co; d 18 Mar 1836, "Belvoir," Albemarle Co **RU:** Aide-de-camp, Staff Officer to Governor Barbour **CEM:** "Belvoir" Plantation; Albemarle; Cismont **GS:** Y **SP:** mar Eliza (-----), d 04 Jun 1834 **VI:** Son of Thomas Nelson, Jr. Member VA Senate, 1786-91; House of Delegates 1805-09, 1828-29; US Congress, 1811-23. US Minister to Spain, 1823-25 **P:** None **BLW:** No **PH:** N **SS:** L pg 421 **BS:** 168.

NELSON, Hugh; b 12 Mar 1793; d 01 Apr 1862 **RU:** Private, 30th VMR, Capt William F Gray, Caroline Co **CEM:** Blandford; Petersburg; 111 Rochelle Ln **GS:** Y **SP:** No spouse information **VI:** Buried next to Armistead Nelson, born Caroline Co (1795-1821) **P:** None **BLW:** No **PH:** N **SS:** L pg 378 **BS:** 200.

NELSON, James; b Sep 1793; d 11 Mar 1854 **RU:** Private, 5th VMR **CEM:** Old Stone Presbyterian; Augusta; Rt 11, Fort Defiance **GS:** U **SP:** No spouse information **VI:** No further data **P:** None **BLW:** No **PH:** N **SS:** A rec 17741 **BS:** 2 pg 16.

NELSON, John L; b 1790; d bur 23 Aug 1843 **RU:** Private, 66th VMR, Capt Philip Pryor, Troop of Cavalry, Brunswick Co, attached to 1st VMR (Byrne) **CEM:** Shockoe Hill; Richmond City; 100 Hospital St **GS:** U **SP:** mar Frances E (-----) **VI:** No further data **P:** Spouse **BLW:** Yes **PH:** N **SS:** A rec 17802; BD pg 1345; B pg 49; M pg 249 **BS:** 38 pg 28.

NELSON, Thomas; b 24 Nov 1780, Clifton; d 05 Jun 1859, Oakland **RU:** Private, 74th VMR, Capt Bentley Browne, Hanover Co **CEM:** Fork Church Episcopal; Hanover; 12566 Old Ridge Rd, Doswell **GS:** Y **SP:** No spouse information **VI:** Son of Hugh Nelson and Judith Page **P:** None **BLW:** No **PH:** N **SS:** L pg 171 **BS:** 69 pg 95; 195.

NELSON, Thomas; b 1775; d 04 Oct 1847 **RU:** Private, 49th VMR, Capt Edward Robertson, Troop of Cavalry, Nottoway Co **CEM:** Blandford; Petersburg; 111 Rochelle Ln **GS:** Y **SP:** No spouse information **VI:** Died age 72 years **P:** None **BLW:** No **PH:** N **SS:** A rec 17947 **BS:** 200.

NELSON, Thomas; b 1782; d 1845 **RU:** Private, 36th VMR (Reno), Prince William Co **CEM:** Manassas City Cemetery; Prince William; Manassas **GS:** Y **SP:** mar Eliza, b 1801, d 1869 **VI:** No further data **P:** None **BLW:** No **PH:** N **SS:** A rec 17962 **BS:** 248 Pt 2 pg 54.

NELSON, Thomas; b 14 Dec 1777; d 21 Dec 1856 **RU:** Sergeant, 44th VMR, Fauquier Co **CEM:** Manor Lane Farm; Fauquier; Warrenton **GS:** Y **SP:** mar in Fauquier Co on 02 Nov 1802 to Eliza Green **VI:** No further data **P:** None **BLW:** No **PH:** N **SS:** A rec 17952 **BS:** 4 pg 142.

NELSON, Thomas; b UNK; d UNK **RU:** Sergeant, 4th VMR **CEM:** Training Area III-O; Prince William; Quantico Marine Base **GS:** Y **SP:** No spouse information **VI:** No further data **P:** None **BLW:** No **PH:** N **SS:** A rec 17956 **BS:** 36 pg 4.

NELSON, Thomas; b UNK; d 1831 **RU:** Surgeon, 2nd VMR (Ballowe) **CEM:** Bethel Church; Augusta; 11 mi SW Staunton **GS:** U **SP:** No spouse information **VI:** No further data **P:** None **BLW:** No **PH:** N **SS:** A rec 17952 **BS:** 183.

NELSON, William; b UNK; d 18 Aug 1823 **RU:** Private, 108th VMR, Capt Andrew Briene, Monroe Co [WV] **CEM:** Tinkling Spring; Augusta; 11 mi NE of Staunton **GS:** U **SP:** mar Margaret (-----) **VI:** No further data **P:** Spouse **BLW:** No **PH:** N **SS:** BD pg 1346; B pg 137 **BS:** 183.

NELSON, William; b 1778; d 1854 **RU:** Private, 60th VMR, Capt George Hunter, Fairfax Co **CEM:** Adams / Nelson / Sewell; Fairfax; 1443 Layman St, McLean **GS:** U **SP:** mar Henrietta (-----), b 1778, d 1830 **VI:** No further data **P:** None **BLW:** No **PH:** N **SS:** A rec 18022 **BS:** 89 v 6 pg MI-90.

NELSON, William; b 1793; d 24 Mar 1851 **RU:** Private, 22nd VMR, Capt William Birchett, Light Dragoons, 1st Cavalry, Mecklenburg Co **CEM:** Nelson Family; Mecklenburg; Mecklenburg **GS:** Y **SP:** mar in Mecklenburg Co on 16 Dec 1816 (bond) to Martha Walker, daughter of Richard H Walker who gave consent, b 01 Apr 1801, d 23 Sep 1884 **VI:** "Killed by the fall of a tree on the morning of the 24 Mar 1851 in the 58th year of his age" **P:** Spouse **BLW:** No **PH:** N **SS:** BD pg 1345; B pg 130 **BS:** 24 pg 6.

NESTER, William; b UNK; d 1843 **RU:** Private, 4th VMR **CEM:** Cock Family; Carroll; Rt 622 **GS:** N **SP:** mar Mary Goad, b 1790, d 1859 **VI:** No stone. Thought to be buried here "by tradition." Dates from book **P:** None **BLW:** No **PH:** N **SS:** A rec 18187 **BS:** 90 pg 243.

NEVITT, William; b 1773; d 1866 **RU:** Private, DC Militia 1st Regiment **CEM:** Pohick Episcopal Church; Fairfax; 9301 Richmond Hwy, Lorton **GS:** Y **SP:** mar Rebecca Lovejoy, b 1782, d 1867 **VI:** No further data **P:** None **BLW:** No **PH:** N **SS:** A rec 18514 **BS:** 89 v4 LR-71.

NEW, John; b 1797; d 10 Dec 1827 **RU:** Corporal, 4th VMR (Greenhill) **CEM:** Presbyterian Cemetery; Lynchburg; Grace & Bailey Sts **GS:** Y **SP:** No spouse information **VI:** "Died age 30" (tombstone) **P:** None **BLW:** No **PH:** N **SS:** A rec 18540 **BS:** 207.

NEWELL, Thomas; b Mar 1771; d 10 Nov 1888 **RU:** Private, 62nd VMR, Capt Samuel Baugh, Prince George Co **CEM:** High Bridge; Rockbridge; Rt 11, 15 mi S of Lexington, **GS:** Y **SP:** No spouse information **VI:** Died age 57 yrs 6 mos **P:** None **BLW:** No **PH:** N **SS:** L pg 125 **BS:** 193.

NEWMAN, Thomas; b 1795; d 1853 **RU:** Private, US Army **CEM:** Grace Episcopal; York; 111 Church St, Yorktown **GS:** U **SP:** No spouse information **VI:** Enlisted at Fort Nelson on 17 Mar 1814, discharged on 31 May 1815 **P:** None **BLW:** No **PH:** Y **SS:** C pg 134 **BS:** 49.

NEWMAN, Walter; b 15 Aug 1788; d 15 Nov 1867 **RU:** Private, Capt Steinberger's Co **CEM:** Newman Family; Shenandoah; Rt 717, between Jerome & Liberty Furnace **GS:** Y **SP:** mar (1) on 20 Aug 1818 to Charlotte H Pennybacker, b 27 Sep 1795, d 03 Jul 1851, daughter of Benjamin Pennybacker; (2) Eleanor S (-----) **VI:** A Capt Steinberger is not identified in NARA service records or in VA muster or pay rolls but is identified in the veteran's pension records **P:** Spouse App **BLW:** No **PH:** N **SS:** M pg 250; BD pg 1349 **BS:** 115 pg 242.

NEWMAN, William; b 10 Jun 1777; d 09 Oct 1857 **RU:** Private, 111th VMR, Capt William Middleton, Westmoreland Co **CEM:** Newman Family; Orange; Rt 20, 1.5 mi past airport, Orange **GS:** Y **SP:** No spouse information **VI:** No further data **P:** None **BLW:** No **PH:** N **SS:** L pg 589 **BS:** 28 pg 79.

NEWTON, John Thomas; b 20 May 1794; d 28 Jul 1857 **RU:** Commodore, US Navy **CEM:** Old Presbyterian Meeting House; Alexandria; Wilkes & Hamilton **GS:** Y **SP:** No spouse information **VI:** Entered Navy in 1809, officer on active duty during War of 1812, remained in service for life **P:** None **BLW:** No **PH:** N **SS:** G **BS:** 32 pg 60.

NEWTON, Thomas, Jr; b 21 Nov 1768, Norfolk; d 05 Aug 1847, Norfolk **RU:** Major, 54th VMR, Norfolk Borough **CEM:** Cedar Grove; Norfolk City; 238 E Princess Anne Rd **GS:** Y **SP:** No spouse information **VI:** Attorney, VA House of Delegates 1796-1799, US Congressman from Norfolk 1801--1833 **P:** None **BLW:** No **PH:** N **SS:** B pg 145 **BS:** 222.

NICHOLS, Nathan; b 20 Apr 1772; d 27 Feb 1838 **RU:** Private, 56th VMR, Loudoun Co **CEM:** Ketoctin Baptist; Loudoun; Alder School Rd (Rt 711), Eubanks **GS:** Y **SP:** No spouse information **VI:** No further data **P:** None **BLW:** No **PH:** N **SS:** A rec 19149 **BS:** 73 pg 223.

NICKLIN, Jacob R; b 1781; d 22 Oct 1861 **RU:** Private, 31st VMR, Capt Henry St George Tucker, Frederick Co, attached to 57th VMR, Loudoun Co **CEM:** Hopewell Meeting House; Frederick; jct Hopewell Rd (Rt 672) & Waverly Rd, Clear Brook **GS:** Y **SP:** mar (1) in Frederick Co on 01 Jan 1812 to Clarissa Marsh, b 1789, d 11 Oct 1841; (2) in

Frederick Co on 03 Mar 1847 (returned by T A Tidball) to Mary Wolfe **VI:** No further data **P:** Spouse **BLW:** No **PH:** N **SS:** A rec 19108; B pg 122; BD pg 1353 **BS:** 79 pg 237.

NICKOLS, Thomas E; b UNK; d 1845 **RU:** Private, 56th VMR (Taylor), Loudoun Co **CEM:** Goose Creek Burying Ground; Loudoun; Rt 722, Lincoln **GS:** Y **SP:** No spouse information **VI:** No further data **P:** None **BLW:** No **PH:** N **SS:** A rec 19151 **BS:** 73 pg 224.

NIVISON, William T; b 10 Nov 1789; d 21 Oct 1821, Petersburg **RU:** Sergeant, 54th VMR (Sharp), Lt William Seymour, Norfolk Borough **CEM:** St Paul's Episcopal; Norfolk City; 201 St Paul's Blvd **GS:** Y **SP:** No spouse information **VI:** Commissioned as a Lieutenant in June 1815. He was educated at the College of William & Mary and studied law under John Wickham of Richmond City. Death notice in *American Commercial Beacon*, 25 Oct 1821 **P:** None **BLW:** No **PH:** N **SS:** A rec 19687; P **BS:** 119 pg 29; 239 No. 211.

NIXON, George; b 12 Mar 1789; d 30 Sep 1876 **RU:** Private, 56th VMR (Taylor), Loudoun Co **CEM:** Leesburg Presbyterian; Loudoun; 307 W Market St, Leesburg **GS:** Y **SP:** mar Mary A (-----). No stone **VI:** No further data **P:** Spouse **BLW:** No **PH:** Y **SS:** A rec 19737 **BS:** 73 pg 224.

NIXON, Joel; b UNK; d 10 Apr 1855 **RU:** Private, 57th VMR, Loudoun Co **CEM:** Grove Methodist Meeting House; Loudoun; Forest Grove Rd, Woodburn **GS:** Y **SP:** No spouse information **VI:** No further data **P:** None **BLW:** No **PH:** N **SS:** A rec 19753 **BS:** 73 pg 225.

NIXON, John W; b UNK; d c1846 (Inv) **RU:** Private, 56th VMR (Lynn), Capt Dennis McCarty, Loudoun Co, attached to 5th VMR **CEM:** Grove Methodist Meeting House; Loudoun; Forest Grove Rd, Woodburn **GS:** Y **SP:** mar Jane (-----) **VI:** No further data **P:** Spouse **BLW:** No **PH:** N **SS:** A rec 19769; BD pg 1354; B pg 121; M pg 250 **BS:** 73 pg 225.

NOBLE, John; b 14 Nov 1785; d 16 Oct 1855 **RU:** 2nd Lieutenant, 4th VMR (Greenhill) **CEM:** Grove Street; Danville City; 940 Grove St **GS:** Y **SP:** mar Frances Flemin Payne on 19 Apr 1807, b 20 Mar 1787, d 21 Feb 1855 **VI:** Tombstone styles him "Captain." Death notice in *The Richmond Whig & Public Advertiser*, 19 Mar 1855 **P:** None **BLW:** No **PH:** Y **SS:** A rec 19905 **BS:** 246.

NOBLE, Joseph C; b 30 Sep 1788; d 04 Aug 1820 **RU:** Corporal, Petersburg Volunteers **CEM:** Blandford; Petersburg; 111 Rochelle Ln **GS:** Y **SP:** No spouse information **VI:** No further data **P:** None **BLW:** No **PH:** N **SS:** AK pg 137 **BS:** 200.

NOCK, George; b 05 Oct 1795; d 06 Oct 1851 **RU:** Private, 2nd VMR, Capt James T Teackle, Accomack Co **CEM:** Old Nock Place; Accomack; jct Rts 626 & 734, Melfa **GS:** U **SP:** No spouse information **VI:** No further data **P:** None **BLW:** No **PH:** N **SS:** L pg 763 **BS:** 178.

NOCK, James; b 08 Mar 1774; d 23 Apr 1841 **RU:** Private, 2nd VMR (Bayley), Accomack Co **CEM:** Nock Family; Accomack; Bell's Neck off Rt 603 **GS:** Y **SP:** No spouse information **VI:** Son of John & Agnes Nock, died age 67 **P:** None **BLW:** No **PH:** N **SS:** A rec 20054 **BS:** 21 pg 200.

NOCK, James T; b UNK; d 22 Aug 1844 **RU:** Private, 2nd VMR (Bayley), Accomack Co **CEM:** Old Nock Place; Accomack; jct Rts 626 & 734, Melfa **GS:** N **SP:** No spouse information **VI:** Son of Benjamin & Tabitha Nock. Stone no longer stands, data taken from WPA survey **P:** None **BLW:** No **PH:** N **SS:** A rec 20062 **BS:** 21 pg 200.

NOCK, Levin; b 04 Jun 1789; d 17 Dec 1848 **RU:** Private, 2nd VMR (Bayley), Accomack Co **CEM:** Nock Family; Accomack; vic jct Rts 600 & 624, Melfa **GS:** U **SP:** mar in Accomack Co on 27 Oct 1821 to Polly W Edmonds, daughter of James Edmonds **VI:** No further data **P:** None **BLW:** No **PH:** N **SS:** A rec 20067 **BS:** 178.

NOCK, Lewis; b 1795; d 1867 **RU:** Ensign, 99th VMR, Capt Samuel Walston, Accomack Co **CEM:** St Lukes Church; Isle of Wight; 14477 Benn's Church Rd, Smithfield **GS:** Y **SP:** No spouse information **VI:** No further data **P:** None **BLW:** No **PH:** Y **SS:** A rec 20069 **BS:** 76 pg 34, 158 pg 8.

NOEL, Achilles, Sr; b 1795; d 01 Oct 1871 **RU:** Private, 111th VMR, Capt William Thomas, Westmoreland Co **CEM:** Flemer Family; Westmoreland; Rt 638 at "Ingleside" **GS:** Y **SP:** mar Martha (-----) **VI:** Son of William and Mary Noel. Pension application was rejected **P:** Applied **BLW:** No **PH:** N **SS:** L pg 642; B pg 202; BD pg 1355 **BS:** 219 pg 47.

NOEL, Jacob; b 11 Feb 1785; d 20 Jan 1856 **RU:** Private, 4th VMR (Boyd) **CEM:** Old Pine Church; Shenandoah; Pinkerton **GS:** Y **SP:** No spouse information **VI:** Served 24 Mar 1814 - 17 Jul 1814 **P:** None **BLW:** No **PH:** N **SS:** P; A rec 20151 **BS:** 217.

NOLAND, Thomas Lloyd; b UNK; d 08 Aug 1858 RU: Private, McDowell's Flying Camp CEM: Sharon; Loudoun; Jay & Federal Sts, Middleburg GS: Y SP: No spouse information VI: No further data P: None BLW: No PH: N SS: A rec 20308 BS: 73 pg 226.

NOLAND, William; b 1776; d 1855 RU: Major, 57th VMR, Loudoun Co CEM: St James Episcopal; Loudoun; 14 Cornwall St, Leesburg GS: Y SP: No spouse information VI: No further data P: None BLW: No PH: N SS: B pg 119 BS: 73 pg 226; 245.

NORFORD, Isaac; b 1792; d 1874 RU: Private, 98th VMR, Capt Thomas Wood, Albemarle Co, attached to 1st VMR (Yancey) CEM: Preddy Creek Baptist; Albemarle; Rt 20 North GS: Y SP: mar in Albemarle Co on 03 Oct 1814 to Elizabeth Madison, b 1788, d 1869. John Newcum was bondsman to her marriage and attested she was over age 21 VI: No further data P: Yes BLW: No PH: N SS: A rec 20526; BD pg 1356; B pg 136 BS: 94 v4 pg 2; 260.

NORMAN, Edward; b 1771; d 20 Dec 1814 RU: Private, 36th VMR (Reno), Prince William Co CEM: Norman Family #1; Stafford; Rt 692 nr 98 Quarry Rd GS: Y SP: mar Jane (-----), b 1776, d 23 Dec 1814, age 38 years, "consort of Edward Norman" VI: Died age 43 years. Data from WPA Survey and *Magazine of Virginia Genealogy*, Vol 18 No 2 P: None BLW: No PH: Y SS: A rec 20573 BS: 26 pg 295.

NORMAN, James; b c1796; d 01 Sep 1861 RU: Private, 36th VMR (Reno), Prince William Co CEM: Clatterbuck / Sims / Norman; Rappahannock; 290 Gid Brown Hollow Rd (Rt 622) GS: N SP: mar Lucy Gore, b 1794, d 05 Jun 1875 (no stone) VI: Probably buried in same cemetery as his wife P: None BLW: No PH: N SS: A rec 20598 BS: 270.

NORMAN, James S; b 1777; d 17 Dec 1844 RU: Private, 45th VMR, Capt Henry Williams, Stafford Co CEM: Norman Family #1; Stafford; Rt 692 nr 98 Quarry Rd GS: Y SP: mar in Fauquier Co on 25 Jun 1798 to Peggy Curtis. Data from WPA Survey and *Magazine of Virginia Genealogy*, Vol 18 No 2 VI: No further data P: None BLW: No PH: N SS: K pg 129 BS: 26 pg 295.

NORMAN, Matthew; b 1779; d 24 Dec 1814 RU: Private, 4th VMR (Peyton), Stafford Co CEM: Norman Family #1; Stafford; Rt 692 nr 98 Quarry Rd GS: Y SP: No spouse information VI: Data from WPA Survey and *Magazine of Virginia Genealogy*, Vol 18 No 2 P: None BLW: No PH: N SS: A rec 20630 BS: 26 pg 295.

NORMAN, Thomas; b 1790; d 13 Dec 1846 RU: Corporal, 45th VMR, Capt John C Edrington, Stafford Co CEM: Norman Family #1; Stafford; Rt 692 nr 98 Quarry Rd GS: Y SP: mar Mildred F (-----), b 10 Aug 1804, d Jan 1886 VI: Son of Edward (d 1814, age 63) & Jane (d 1814 age 58) Norman. Cemetery is in very poor condition. Tombstone styles him "Esquire." Died age 58 P: Spouse BLW: No PH: N SS: L pg 300; BD pg 1356 BS: 26 pg 295; 31.

NORNAN, Charles; b UNK; d UNK RU: Private, 19th VMR (Ambler), Richmond City CEM: Norman Family #3; Stafford; Rt 641 (Onville Rd) GS: U SP: No spouse information VI: No further data P: None BLW: No PH: N SS: A rec 20566 BS: 26 pg 296.

NORRIS, Charles E; b UNK; d 20 May 1834 RU: Private, 1st Regiment DC Militia CEM: St Stephen's Episcopal; Culpeper; 115 N. East Main, Culpeper GS: Y SP: No spouse information VI: Son of Richard S & Annie (Newby) Norris of Culpeper. "He was visited by a serious dispensation of Providence in the early part of his life which continued 'till the day of his death" P: None BLW: No PH: N SS: A rec 20766 BS: 196.

NORRIS, Ignatius; b c1775, St. Mary's Co, MD; d 05 Feb 1848 RU: Private, 57th VMR, Capt Martin Kitzmiller & Capt Charles Veale, Loudoun Co CEM: Leesburg Presbyterian; Loudoun; 307 W Market St, Leesburg GS: Y SP: mar in Loudoun Co on 05 Sep 1805 to Mary Wade, d 02 Nov 1834 VI: Enlisted 23 Aug 1814, discharged 24 Nov 1814. Son of Stephen Norris. Carpenter who began a family construction company P: None BLW: No PH: Y SS: A rec 20825 BS: 56 pg 403; 49.

NORRIS, Richard S; b 1765; d 29 Sep 1833 RU: Private, 2nd VMR (Ballowe) CEM: St Stephen's Baptist; Culpeper; 19075 York Rd, Stevensburg GS: Y SP: mar in Lancaster Co on 11 Jan 1791 (bond, William Newby surety) to Sarah Ann Newby, b 08 Jan 1767, Lancaster Co, d 04 Aug 1836, Culpeper Co VI: See notes on their son, Charles E Norris above P: None BLW: No PH: N SS: A rec 20975 BS: 12 pg 27; 196.

NORTON, Daniel Norborne; b 01 Nov 1791; d 23 Jan 1842 RU: Surgeon's Mate, 1st VMR (Yancey) CEM: Shockoe Hill; Richmond City; 100 Hospital St GS: Y SP: mar (1) Elizabeth Jacqueline Call (2) Lucy Marshall Fisher VI: Doctor. Son of John Hatley Norton of England & Catherine Bush of Winchester, VA P: None BLW: No PH: N SS: A rec 21461 BS: 199.

RU=Rank/Unit CEM=Cemetery GS=Gravestone SP=Spousal Information VI=Other Veteran Info P=Pension
BLW=Bounty/Land Warrant PH=Photo SS=Service Source BS=Burial Source VMR= VA Military Regt
LNR= Last Known Residence

NORTON, Richard Cranch; b 1790; d 13 Oct 1821 **RU:** Private, 1st Regiment DC Militia **CEM:** Christ Church Episcopal; Alexandria; Wilkes & Hamilton **GS:** Y **SP:** mar Mary Cranch, daughter of W & Nancy Cranch, d 08 Jul 1821 **VI:** Attorney **P:** None **BLW:** No **PH:** N **SS:** A rec 21627 **BS:** 34 pg 109.

NORVELL, William Wiatt; b 09 Apr 1795; d 21 Sep 1871 **RU:** Private, 74th VMR, Capt Joseph Price, Hanover Co attached to 2nd VMR (Ballowe) **CEM:** Old City Cemetery; Lynchburg; 401 Taylor St **GS:** U **SP:** mar on 10 Dec 1818 to Anne M Harrison, daughter of Samuel J Harrison, by Rev William S Reid. *The Lynchburg Press & Public Advertiser* styles them "all of Lynchburg" (issue of 17 Dec 1818 pg 3) He is styled as Captain in the marriage announcement **VI:** Son of William Norvell, Sr of Hanover Co (1746-1794) and his wife Martha (1745-1798). Was City Treasurer of Lynchburg. Later Captain of the Lynchburg Rifles. Clerk of the Hustings Court of Lynchburg, which he held for 12 years until deafness forced him to resign. Officer of Lynchburg Toll Bridge Company for 52 years and officer of the Farmer's Bank for the last 15 years of his life **P:** None **BLW:** No **PH:** N **SS:** A rec 21753; L pg 649 **BS:** 87 pg 61.

NORVELL, William, Sr; b 01 Dec 1770, Hanover Co; d 27 Oct 1823 **RU:** Private, 74th VMR (Trueheart), Hanover Co **CEM:** Norvell / Wiatt Family; Lynchburg; Outside Old City Cem. 401 Taylor St **GS:** U **SP:** mar in Amherst Co on 13 Jul 1794, to Anne Wiatt, b 06 or 25 May 1779, d 01 Feb 1842, daughter of John & Wilhelmina (Jordan) Wiatt **VI:** Son of William Norvell, Sr of Hanover Co (1746-1794) & his wife Martha (1745-1798). Had 11 children **P:** None **BLW:** No **PH:** N **SS:** A rec 21755 **BS:** 49.

NORWOOD, John, Jr; b 07 Aug 1779; d 30 Mar 1849 **RU:** Private, 111th VMR, Capt Alllen Dozier, Westmoreland Co **CEM:** Norwood Family; Westmoreland; Rt 3 btw Montross & Templeton Crossroads. 1 mi back from Rt 3 **GS:** U **SP:** mar in Westmoreland Co on 03 Nov 1813 (bond) to Sarah Porter, daughter of Edward Porter, b 28 Sep 1792, d 10 Jul 1859 **VI:** No further data **P:** None **BLW:** No **PH:** N **SS:** L pg 287 **BS:** 219 pg 106.

NOTTINGHAM, Jacob; b 30 Sep 1790; d 05 Feb 1860 **RU:** Sergeant, 27th VMR, Capt Littleton Upshur, Northampton Co **CEM:** Locust Lawn; Northampton; Rt 600, 0.5 mi N of Shep's End **GS:** Y **SP:** mar in Northampton Co on 14 Jun 1824(bond) to Rosey G Wescoat, ward of George C Wescoat, b 20 Sep 1805, d 1860 **VI:** No further data **P:** None **BLW:** No **PH:** N **SS:** K pg 120 **BS:** 20 pg 60.

NOTTINGHAM, Severn; b 14 Oct 1777; d 09 Oct 1834 **RU:** Private, 27th VMR, Capt Littleton Upshur, Northampton Co **CEM:** Ridgeway; Northampton; Rt 13, nr Rt 628, on dirt lane **GS:** Y **SP:** No spouse information **VI:** No further data **P:** None **BLW:** No **PH:** N **SS:** K pg 120 **BS:** 20 pg 61.

NOTTINGHAM, William; b 20 Dec 1767; d 08 Jun 1819 **RU:** Ensign, 27th VMR, Capt Henry Scarborough, Northampton Co **CEM:** Poplar Valley; Northampton; East of Rt 600, 0.2 mi S of Rt 636, in woods **GS:** Y **SP:** No spouse information **VI:** No further data **P:** None **BLW:** No **PH:** N **SS:** K pg 117 **BS:** 20 pg 62.

NOWELL, John, Sr; b UNK; d 17 Feb 1856 **RU:** Private, 93rd VMR, Capt Archibald Stuart, Augusta Co **CEM:** Fincastle Presbyterian; Botetourt; 108 E Back St, Fincastle **GS:** Y **SP:** mar Martha (-----) **VI:** No further data **P:** Spouse **BLW:** No **PH:** N **SS:** K pg 38; BD pg 1360 **BS:** 194.

NUNN, Thomas; b 1778; d 1869 **RU:** Corporal, Battalion of Artillery **CEM:** Boaz Family; Henry; Mitchell Rd, Ridgeway **GS:** Y **SP:** mar in Henry Co on 31 Oct 1809, Frances "Franky" Clarke **VI:** No further data **P:** None **BLW:** No **PH:** N **SS:** A rec 22514; B pg 101 **BS:** 245.

NUTT, James; b 1774; d 10 Sep 1814 **RU:** Private, 1st DC Regiment of Militia **CEM:** Trinity United Methodist; Alexandria; Wilkes St **GS:** Y **SP:** No spouse information **VI:** No further data **P:** None **BLW:** No **PH:** N **SS:** A rec 22706 **BS:** 32 pg 134.

O'BRYHIM, Alexander; b 1794; d 01 Aug 1854 **RU:** Corporal, 45th VMR (Peyton), Stafford Co **CEM:** O'Bryhim Family; Stafford; Rt 628, nr Ramoth Church **GS:** N **SP:** mar Mary (-----), d aft 01 Aug 1854 **VI:** Son of Joseph & Ann Obryhim. Data from Stafford Co Death Register, pg 4, line 73, reported by wife Mary. **P:** None **BLW:** No **PH:** N **SS:** A rec 23459 **BS:** 26 pg 88, 299.

O'BANNON, John; b 12 Oct 1780; d 30 Sep 1821 **RU:** Private, Lt Col John Green's Mounted Infantry Regiment **CEM:** O'Bannon Old Tavern; Fauquier; "Old Tavern", Warrenton **GS:** Y **SP:** No spouse information **VI:** No further data **P:** None **BLW:** No **PH:** N **SS:** A rec 23230 **BS:** 4 pg 154.

RU=Rank/Unit CEM=Cemetery GS=Gravestone SP=Spousal Information VI=Other Veteran Info P=Pension
BLW=Bounty/Land Warrant PH=Photo SS=Service Source BS=Burial Source VMR= VA Military Regt
LNR= Last Known Residence

O'CONNER, John; b UNK; d UNK **RU:** Sergeant, 122nd VMR, Capt Province McCormick, Frederick Co, attached to 5th VMR **CEM:** Old Chapel; Clarke; Millwood **GS:** Y **SP:** mar in Frederick Co on 03 Dec 1823 to Elizabeth Wood **VI:** No further data **P:** Spouse **BLW:** Yes **PH:** N **SS:** A rec 23522; BD pg ; M pg 252 **BS:** 86 pg 10.

OGDEN, Andrew; b 08 Feb 1782; d 16 Feb 1855 **RU:** Ensign, 56th VMR, Capt John B Stevens, Loudoun Co, attached to 5th VMR **CEM:** Arnold Grove Methodist Episcopal; Loudoun; jct Rts 9 & 690, Hillsboro **GS:** Y **SP:** mar in Loudoun Co on 24 Dec 1810 to Elizabeth Shawen. No stone **VI:** No further data **P:** Spouse **BLW:** No **PH:** N **SS:** A rec 24109; BD pg 1365; B pg 122 **BS:** 73 pg 227.

O'HARA, Charles; b 1775, County Antrim, Ireland; d UNK **RU:** Private, 39th VMR, Capt Charles Kent, Petersburg **CEM:** Blandford; Petersburg; 111 Rochelle Ln **GS:** Y **SP:** Never married **VI:** Born County Antrim, Ireland [tombstone says "England."] Known as "The General", he traditionally wore British uniform to sit on his steps on the Queen's birthday, & neighbors enjoyed the "glorious spectacle on lower Market St." Built Trapezium House in 1817 (still stands) without parallel walls from belief brought by West Indian servant that right angles attract ghosts **P:** None **BLW:** No **PH:** N **SS:** L pg 524 **BS:** 200.

OLINGER, David; b 12 Jun 1792; d 11 Apr 1861 **RU:** Corporal, 5th VMR **CEM:** Slemp Memorial; Lee; Olinger **GS:** Y **SP:** No spouse information **VI:** No further data **P:** None **BLW:** No **PH:** N **SS:** A rec 24953 **BS:** 253 pg 12.

OLINGER, John C; b 07 Nov 1790; d 02 Nov 1863 **RU:** Sergeant, 6th VMR **CEM:** Olinger Family; Lee; Olinger, Top of Peak **GS:** Y **SP:** mar Lydia (-----), b 02 Nov 1793, d 11 Dec 1871 **VI:** No further data **P:** None **BLW:** No **PH:** N **SS:** A rec 24962 **BS:** 253 pg 95.

OLINGER, John E; b UNK; d UNK **RU:** Sergeant, 6th VMR **CEM:** Ashby Family; Fauquier; Marshall **GS:** Y **SP:** No spouse information **VI:** No further data **P:** None **BLW:** No **PH:** N **SS:** A rec 24962 **BS:** 4 pg 4.

OLIVER, Josiah; b 1790; d bur 20 Jul 1833 **RU:** Private, NC Militia, Capt Bradshaw **CEM:** Shockoe Hill; Richmond City; 100 Hospital St **GS:** U **SP:** No spouse information **VI:** No further data **P:** None **BLW:** No **PH:** N **SS:** A rec 25192 **BS:** 38 pg 12.

OLIVER, Thomas; b 1779; d bur 09 Jun 1844 **RU:** Private, 19th VMR (Ambler), Richmond City **CEM:** Shockoe Hill; Richmond City; 100 Hospital St **GS:** U **SP:** No spouse information **VI:** No further data **P:** None **BLW:** No **PH:** N **SS:** A rec 25241 **BS:** 38 pg 30.

OLIVER, Thomas A; b UNK; d 17 Jan 1844 **RU:** Sergeant, 83rd VMR, Capt William Ross, Troop of Cavalry, Dinwiddie Co **CEM:** Oliver Family; Dinwiddie; 4 mi S of Carson on Rt 618 **GS:** Y **SP:** No spouse information **VI:** Son of Mary Oliver of Dinwiddie, (b 1748, d 28 Feb 1826) Stone erected by her son Thomas A Oliver **P:** None **BLW:** No **PH:** N **SS:** L pg 678 **BS:** 210; 97 pg 43.

OMOHUNDRO, Richard; b 15 Apr 1777; d 13 Jan 1860 **RU:** Captain, 111th VMR, Company Commander, Westmoreland Co **CEM:** Omohundro Family; Fluvanna; Dixie **GS:** Y **SP:** mar Edith (-----), b 06 Jan 1779, d 14 Aug 1856 **VI:** No further data **P:** None **BLW:** No **PH:** N **SS:** L pg 616 **BS:** 95 pg 65; 234.

O'NEALE, Dariel; b 06 Mar 1783; d 21 Jun 1867 **RU:** Private, 5th VMR (Taylor), Loudoun Co **CEM:** Washington Masonic; Rappahannock; Fodderstack Rd, Washington **GS:** Y **SP:** mar in Culpeper Co on 15 Jan 1807 by Reuben Finnell to Sarah E Jennings, b 24 Apr 1792, d 22 Jul 1874 **VI:** No further data **P:** None **BLW:** No **PH:** N **SS:** A rec 25645 **BS:** A rec 23753.

OREAR, Enoch; b 18 Feb 1763; d 15 Dec 1850 **RU:** Major, 36th VMR, Staff Officer, Prince William Co **CEM:** Cedar Run Cemetery; Prince William; Quantico Marine Base **GS:** Y **SP:** No spouse information **VI:** Son of John Orear and Hester Reno (per findagrave.com) **P:** None **BLW:** No **PH:** on-line **SS:** B pg 171 **BS:** 245.

ORGAIN, R Griffin; b 25 Sep 1787; d 17 Jul 1830 **RU:** Private, 39th VMR, Capt Edward Pescude, Petersburg, attached to 6th VMR (Coleman) **CEM:** Claremont Manor; Surry; Bailey Ave., Claremont **GS:** Y **SP:** mar Martha Armistead (1803-1857) **VI:** Listed as "Griffin" on pay roll **P:** None **BLW:** No **PH:** N **SS:** L pg 635; B pg 160 **BS:** 245.

OSBURN, Alfred; b 23 Jun 1793; d 31 May 1841 **RU:** Private, 57th VMR, Loudoun Co **CEM:** Ketoctin Baptist; Loudoun; Alder School Rd (Rt 711), Eubanks **GS:** Y **SP:** No spouse information **VI:** No further data **P:** None **BLW:** No **PH:** N **SS:** A rec 27162 **BS:** 73 pg 229.

RU=Rank/Unit CEM=Cemetery GS=Gravestone SP=Spousal Information VI=Other Veteran Info P=Pension
BLW=Bounty/Land Warrant PH=Photo SS=Service Source BS=Burial Source VMR= VA Military Regt
LNR= Last Known Residence

OSBURN, Balem; b 02 May 1792; d 23 Aug 1861 **RU:** Private, 56th VMR (Taylor), Loudoun Co **CEM:** Ketoctin Baptist; Loudoun; Alder School Rd (Rt 711), Eubanks **GS:** Y **SP:** mar in Loudoun Co in Oct 1815 to Mary Chew **VI:** No further data **P:** None **BLW:** No **PH:** N **SS:** A rec 27169 **BS:** 73 pg 229.

OSBURN, Craven; b 26 Jun 1782; d 06 Mar 1846 **RU:** Paymaster, 56th VMR (Taylor), Loudoun Co **CEM:** Ketoctin Baptist; Loudoun; Alder School Rd (Rt 711), Eubanks **GS:** Y **SP:** No spouse information **VI:** No further data **P:** None **BLW:** No **PH:** N **SS:** A rec 27181 **BS:** 73 pg 229.

OSBURN, Herod; b 03 Jul 1794; d 09 Feb 1846 **RU:** Private, Green's Regiment of Mounted Infantry **CEM:** Ketoctin Baptist; Loudoun; Alder School Rd (Rt 711), Eubanks **GS:** Y **SP:** No spouse information **VI:** No further data **P:** None **BLW:** No **PH:** N **SS:** A rec 27205 **BS:** 73 pg 230.

OSBURN, Joab; b 25 Mar 1786; d 14 May 1844 **RU:** Private, Green's Regiment of Mounted Infantry **CEM:** Ketoctin Baptist; Loudoun; Alder School Rd (Rt 711), Eubanks **GS:** Y **SP:** No spouse information **VI:** No further data **P:** None **BLW:** No **PH:** N **SS:** A rec 27224 **BS:** 73 pg 230.

OSBURN, Joel; b 02 Oct 1794; d 02 Jan 1860 **RU:** Private, 56th VMR (Taylor), Loudoun Co **CEM:** Ketoctin Baptist; Loudoun; Alder School Rd (Rt 711), Eubanks **GS:** Y **SP:** mar in Loudoun Co on 30 Mar 1809 to Massey Osburne, ward of James Heaton **VI:** No further data **P:** None **BLW:** No **PH:** N **SS:** A rec 27226 **BS:** 73 pg 230.

OSBURN, Joshua; b 17 Apr 1778; d 19 Apr 1849 **RU:** 2nd Lieutenant, Lt Col John Green's Regiment of Mounted Infantry **CEM:** Ketoctin Baptist; Loudoun; Alder School Rd (Rt 711), Eubanks **GS:** Y **SP:** No spouse information **VI:** No further data **P:** None **BLW:** No **PH:** N **SS:** A rec 27268 **BS:** 73 pg 230.

OSBURN, Landon; b 09 Jun 1787; d 02 Mar 1815 **RU:** Major, 57th VMR, Loudoun Co **CEM:** Ketoctin Baptist; Loudoun; Alder School Rd (Rt 711), Eubanks **GS:** Y **SP:** No spouse information **VI:** No further data **P:** None **BLW:** No **PH:** N **SS:** A rec 27268 **BS:** 73 pg 230.

OSBURN, Nicholas; b UNK; d 21 Apr 1858 **RU:** Captain, 56th VMR (Lynn), Company Commander, Loudoun Co **CEM:** Ketoctin Baptist; Loudoun; Alder School Rd (Rt 711), Eubanks **GS:** Y **SP:** No spouse information **VI:** Styled "Colonel" on tombstone **P:** None **BLW:** No **PH:** N **SS:** A rec 27281 **BS:** 73 pg 231.

OSBURN, Richard; b UNK; d 12 Oct 1852 **RU:** Private, DC Militia, Capt Peters **CEM:** Ketoctin Baptist; Loudoun; Alder School Rd (Rt 711), Eubanks **GS:** Y **SP:** No spouse information **VI:** Received Old War pension (disabled) **P:** Yes **BLW:** No **PH:** N **SS:** A rec 27289; BD pg 1373 **BS:** 73 pg 231.

OSBURN, Thomas; b UNK; d 19 Jan 1854 **RU:** Private, 4th VMR (Greenhill) **CEM:** Ketoctin Baptist; Loudoun; Alder School Rd (Rt 711), Eubanks **GS:** Y **SP:** No spouse information **VI:** No further data **P:** None **BLW:** No **PH:** N **SS:** A rec 27317 **BS:** 73 pg 232.

OSBURN, Turner; b 28 Aug 1792; d Oct 1827 **RU:** Private, 56th VMR, Loudoun Co **CEM:** Ketoctin Baptist; Loudoun; Alder School Rd (Rt 711), Eubanks **GS:** Y **SP:** No spouse information **VI:** No further data **P:** None **BLW:** No **PH:** N **SS:** A rec 27322 **BS:** 73 pg 232.

O'SULLIVAN, Jeremiah; b 1786; d 13 Aug 1840 **RU:** Sergeant, 74th VMR, Capt Robert Mallory, Hanover Co, attached to 1st VMR (Crutchfield) **CEM:** St John's Church; Richmond City; 24th & Broad, Church Hill **GS:** U **SP:** No spouse information **VI:** No further data **P:** None **BLW:** No **PH:** N **SS:** L pg 558 **BS:** 252 pg 63.

OSWALD, James; b 1796; d bur 07 May 1853 **RU:** Private, Howard's Detachment of SC Militia **CEM:** Shockoe Hill; Richmond City; 100 Hospital St **GS:** U **SP:** No spouse information **VI:** No further data **P:** None **BLW:** No **PH:** N **SS:** A rec 27692 **BS:** 38 pg 12.

OTEY, Armistead; b May 1777; d 23 Nov 1866 **RU:** Colonel, Maj Woodford's Cavalry Squadron (Dragoons) **CEM:** Otey Family; Bedford; Otey St, Bedford **GS:** U **SP:** mar (1) on 13 Jan 1806 in Bedford Co, to Sarah Dorah Gill, b 12 Sep 1788, d 22 Aug 1831 in Libert; (2) on 03 Jul 1834 to Nancy Lumpkin, d 1888 **VI:** Son of John Otey who was born 1740 in New Kent Co and died 1816 in Bedford Co, and Mary Hopkins, b 14 Jul 1739 in James City Co, d 1816 Bedford Co **P:** None **BLW:** No **PH:** N **SS:** A rec 27716 **BS:** 49.

OTT, Frederick; b 11 Aug 1780; d 28 Jun 1855 **RU:** Private, 1st Regiment MD Militia **CEM:** Retreat; Amherst; Rt 663 **GS:** Y **SP:** mar Lydia Ann (-----), b 27 Jan 1800, d 08 Jan 1858 **VI:** No further data **P:** None **BLW:** No **PH:** N **SS:** A rec 27819 **BS:** 5 pg 158.

RU=Rank/Unit   CEM=Cemetery   GS=Gravestone   SP=Spousal Information   VI=Other Veteran Info   P=Pension
BLW=Bounty/Land Warrant   PH=Photo   SS=Service Source   BS=Burial Source   VMR= VA Military Regt
LNR= Last Known Residence

OVERBY, Anderson; b 1798; d 1876 **RU:** Private, 91st VMR, Capt William Green, Bedford Co, attached to 5th VMR **CEM:** Chandler Family; Mecklenburg; Rt 727 **GS:** Y **SP:** mar in Mecklenburg Co on 21 Jan 1828 (bond) to Sally Newton, 1806-1861. Marriage performed by Pleasant Gold. James H Newton, surety to the marriage bond **VI:** No further data **P:** Yes **BLW:** Yes **PH:** N **SS:** A rec 28125; BD pg 1375; B pg 43 **BS:** 24 pg 46.

OVERBY, Peter Z; b UNK; d 1818 (Will) **RU:** 1st Lieutenant, 11th VMR, Capt Richard Daly, Harrison Co (WV) **CEM:** Overbey / Holt; Mecklenburg; Rt 602 **GS:** U **SP:** No spouse information **VI:** No further data **P:** None **BLW:** No **PH:** N **SS:** K pg 141 **BS:** 24 pg 223.

OVERBY, Robert Y; b 17 Mar 1797; d 18 Aug 1872 **RU:** Private, 2nd VMR (Sharp) **CEM:** Overbey / Holt; Mecklenburg; Rt 602 **GS:** Y **SP:** mar in Mecklenburg Co on 28 Oct 1828 (bond) to Mary Pool, b 14 Dec 1800, d 28 Jul 1886 **VI:** Stone engraved by Roberts & Miller Co, Richmond **P:** None **BLW:** No **PH:** N **SS:** A rec 28117 **BS:** 24 pg 223.

OVERTON, Moses; b 1780; d aft 1850 **RU:** Captain, 1st VMR, Company Commander, Amelia Co, attached to 5th VMR **CEM:** Hillsman Cemetery; Amelia; Saylor's Creek Rd (Rt 617) **GS:** Y **SP:** mar Christiana (-----), who was enumerated in his household in 1850 census, age 73 **VI:** "Capt War of 1812" on gravestone. Age 70 on the 1850 census of Nottoway Co **P:** None **BLW:** No **PH:** N **SS:** B pg 37; G **BS:** 266 pg 125.

OWEN, Owen; b UNK; d UNK **RU:** Private, PA Militia, Thompson's Regiment **CEM:** Old City Cemetery; Lynchburg; 401 Taylor St **GS:** U **SP:** mar in Bedford Co on 18 Oct 1803 to Dilih (-----) **VI:** No further data **P:** None **BLW:** No **PH:** N **SS:** A rec 28581 **BS:** 87 pg 149.

OWENS, Zachariah; b 04 Apr 1796; d 07 Jan 1875 **RU:** Private, 7th VMR, Capt John Thompson, Norfolk Co, attached to 2nd VMR (Sharp) **CEM:** Cedar Grove; Portsmouth; Effington St & Fort Ln **GS:** Y **SP:** mar (1) in Norfolk on 09 Nov 1817 to Ann Jefferson; (2) Fannie Toomer, b 25 Oct 1795, d 12 Nov 1872 **VI:** Enumerated 1870 census of Portsmouth **P:** Spouse **BLW:** Yes **PH:** N **SS:** M pg 253; B pg 149; BD pg 1377 **BS:** 65 pg 65.

PACKETT, Henry; b 27 Feb 1782; d 02 May 1843 **RU:** Private, 41st VMR (Bramham), Capt Clement Shackleford, Richmond Co **CEM:** Packett Family; Richmond County; "Sabine Hall," Warsaw **GS:** Y **SP:** mar Ann "Nancy" Scrimber, daughter of Walter James Scrimber & Charity Barrack, b 31 Aug 1786, d 4 Nov 1871 **VI:** Monument was erected in 1971 on what was believed to be his burial site. Son of William & Mary (Harford) Packett **P:** None **BLW:** No **PH:** N **SS:** L pg 705 **BS:** 231 pg 2186.

PACKETT, William A "Billy"; b 29 Jan 1787; d 1858 **RU:** Private, 41st VMR (Bramham), Capt Clement Shackleford, Richmond Co **CEM:** Packett Family; Richmond County; "Sabine Hall," Warsaw **GS:** N **SP:** Never married **VI:** Son of William Packett & Mary (Harford) Packett **P:** None **BLW:** No **PH:** N **SS:** A rec 49648; L pg 705 **BS:** 231 pg 2186.

PAGE, Carter B; b 1788; d 20 Apr 1824 **RU:** Private, 19th VMR, Richmond City **CEM:** Shockoe Hill; Richmond City; 100 Hospital St **GS:** Y **SP:** No spouse information **VI:** No further data **P:** None **BLW:** No **PH:** N **SS:** A rec 29861 **BS:** 38 pg 2.

PAGE, David; b 11 Sep 1782; d 09 Jan 1854 **RU:** Lieutenant, 4th VMR **CEM:** Page Family; Montgomery; Rt 1, 0.25 mi S of Christianburg **GS:** Y **SP:** mar in Montgomery Co on 02 Dec 1812 (return by J. Burgess) to Catherine Keith, b 29 Sep 1792, d 27 Nov 1842. She is called "Kitty" on her tombstone **VI:** No further data **P:** None **BLW:** No **PH:** N **SS:** A rec 29887 **BS:** 109 pg 1; 204.

PAGE, Francis; b 01 Apr 1780, "Rosewell," Gloucester Co; d 04 Nov 1849, Rugswamp, Hanover Co **RU:** Private, 8th VMR (Wall) **CEM:** Fork Church Episcopal; Hanover; 12566 Old Ridge Rd, Doswell **GS:** Y **SP:** mar Susan Nelson, daughter of Gen. Thomas Nelson. Born at Yorktown 3 Oct 1780, died at Fredericktown, MD 8 Jan 1850 **VI:** No further data **P:** None **BLW:** No **PH:** N **SS:** A rec 29914 **BS:** 143 pg 570; 195.

PAGE, Hugh Nelson; b 28 Sep 1787; d 03 Jun 1871 **RU:** Midshipman, USS *Somers* **CEM:** Cedar Grove; Portsmouth; Effington St & Fort Ln **GS:** Y **SP:** mar (1) Nov 1838, Imogene Wheeler, daughter of Guy Wheeler, Esq. of Nansemond Co, d 1847; (2) on 13 Jul 1848, Elizabeth Wilson, daughter of Holt Wilson, Esq. of Portsmouth **VI:** Son of John Page of Caroline Co "Was in the famous naval engagement on Lake Erie in which the gallant Perry captured the entire enemy fleet. For his part in this, he was awarded a sword by both the US Congress and the State of Virginia. After the war he remained in the Navy where he obtained the rank of Captain" **P:** Both **BLW:** Yes **PH:** Y **SS:** O; BD pg 1380 **BS:** 245.

PAGE, John C; b 02 Sep 1792; d 05 Jul 1855 RU: Private, 41st VMR (Bramham), Richmond Co CEM: Warrenton Cemetery; Fauquier; Chestnut St, Warrenton GS: Y SP: No spouse information VI: No further data P: None BLW: No PH: N SS: A rec 29995 BS: 3 pg 148.

PAGE, John C; b 1798; d bur 23 Oct 1838 RU: Private, 19th VMR (Ambler), Capt Andrew Stevenson, Artillery, attached to 2nd VMR (Ballowe) CEM: Shockoe Hill; Richmond City; 100 Hospital St GS: U SP: mar Sarah E (-----), b 1787, d 1871 VI: Son of John Page of "Rosewell" Plantation P: Spouse BLW: No PH: N SS: A rec 29974; BD pg 1380; B pg 175 BS: 38 pg 17.

PAGE, John C; b 14 May 1784; d 14 May 1853 RU: Quartermaster Sergeant, 1st Corps d'Elite (Randolph) CEM: Union Hill; Cumberland; Rt 650, 2.2 mi fr Rt 622, Cumberland GS: Y SP: mar in Cumberland Co on 18 Oct 1808 (bond) to Marianna F Trent. Consent by her guardian W. Wilson VI: died on 69th birthday P: None BLW: No PH: N SS: A rec 30007 BS: 215.

PAGE, Mann; b 26 Aug 1791; d 15 May 1850 RU: Ensign, 21st VMR, Capt William Perrin, Artillery, Gloucester Co CEM: Grace Episcopal; Albemarle; Rt 22 Cismont GS: Y SP: mar Jane Frances Walker, b 07 Apr 1799, d 07 Feb 1873 VI: No further data P: None BLW: No PH: N SS: K pg 280; B pg 83 BS: 94 v3 pg 45.

PAGE, Robert D; b 1789; d 13 Nov 1815 RU: Lieutenant USMC, US Marine Corps CEM: Cedar Grove; Portsmouth; Effington St & Fort Ln GS: Y SP: Never married VI: Gravestone inscription calls him a Marine P: None BLW: No PH: N SS: G BS: 65 pg 55.

PAINTER, Jacob; b 1796; d 1836 RU: Private, 57th VMR, Loudoun Co CEM: Painter Family; Roanoke; nr Catawba Hospital GS: Y SP: mar Martha Garwood, d 1857 VI: No further data P: None BLW: No PH: N SS: A rec 30557 BS: 157 pg 191.

PALMER, Charles; b 04 Jul 1795; d 30 Jul 1866 RU: Private, 19th VMR, Capt Anthony Turner, Richmond City CEM: Shockoe Hill; Richmond City; 100 Hospital St GS: U SP: mar (1) Laura Crockett; (2) Susannah C (-----); (3) Mary Jane Lewis VI: No further data P: None BLW: No PH: Y SS: K pg 361 BS: 63 pg 362; 31.

PALMER, David; b 1767; d 30 Aug 1843 RU: Private, 5th VMR CEM: Old Glade Creek; Botetourt; nr Blue Ridge GS: Y SP: No spouse information VI: Died age 76 years P: None BLW: No PH: N SS: A rec 30843 BS: 103 pg 3; 155 pg 29.

PALMER, John A; b UNK; d bur 10 Sep 1856 RU: Private, 4th VMR CEM: Hollywood; Richmond City; 412 S Cherry St, Sec O, lot 35 GS: U SP: mar Jennet (-----), bur 16 Jun 1854 in same plot VI: Burial record #7508 P: None BLW: No PH: N SS: A rec 31034 BS: 237.

PANKEY, Young; b 16 Apr 1788; d 25 May 1833 RU: Ensign, 23rd VMR, Capt Edward Johnson, Chesterfield Co, attached to 2nd VMR (Ambler) CEM: Bethel Baptist Church; Chesterfield; 1100 Huguenot Rd, Midlothian GS: Y SP: No spouse information VI: No further data P: None BLW: No PH: N SS: K pg 76 BS: 228.

PANNELL, Joseph; b 1786; d 16 Mar 1846 RU: Corporal, Petersburg Volunteers CEM: Blandford; Petersburg; 111 Rochelle Ln GS: Y SP: mar Eleanor Margarett (-----), d 30 Dec 1831, age 39 yrs. VI: Stone styles him "Colonel." Stone erected by their three (unnamed) sons P: Yes BLW: No PH: N SS: AK pg 137; BO BS: 200.

PANNELL, William, Sr; b 06 Jul 1794, Oxford, Granville Co, NC; d 16 Nov 1870 RU: Private, 54th VMR (Sharp), Norfolk Borough CEM: Blandford; Petersburg; 111 Rochelle Ln GS: Y SP: No spouse information VI: No further data P: None BLW: No PH: N SS: A rec 31569 BS: 200.

PARISH, William; b 1797; d 21 Jan 1883 RU: Private, 5th VMR CEM: Fairview Lutheran; Frederick; 464 Fairview Rd, Gore GS: Y SP: Also buried here is Margaret Parish, b 1797, d 15 Nov 1872 VI: No further data P: None BLW: No PH: N SS: A rec 452 BS: 79 pg 250.

PARKER, George; b 1767; d 05 Apr 1859 RU: Private, 1st VMR (Clarke) CEM: Parker Family; Pittsylvania; Rt 767 vic Gretna GS: Y SP: Prob mar Frances (-----), d 26 Jun 1858, age 88 years VI: died age 92 years P: None BLW: No PH: N SS: A rec 903 BS: 149.

PARKER, George B; b 05 Dec 1783; d 13 Mar 1875 **RU**: Private, 2nd VMR (Bayley), Accomack Co **CEM**: Parker Plot; Accomack; nr jct Rts 609 & 178 off Rt 178, aka Andrews Place & Bull Farm **GS**: Y **SP**: No spouse information **VI**: Son of Thomas & Elizabeth Parker **P**: None **BLW**: No **PH**: N **SS**: A rec 908 **BS**: 21 pg 206.

PARKER, George L; b 1787; d aft 1850 **RU**: Private, 16th VMR, Capt Claiborne Wigglesworth, Spotsylvania Co **CEM**: Parker Family; Spotsylvania; Rt 612 **GS**: Y **SP**: A female named Neondenia Parker was living in this household in 1850, age 48. A George Parker married Hardenia L Tomkins in Spotsylvania Co on 05 Nov 1815 **VI**: Age 63 years on 1850 census of Spotsylvania Co **P**: None **BLW**: No **PH**: N **SS**: L pg 832 **BS**: 18 pg 89.

PARKER, Jacob G; b 10 Nov 1782; d 21 Jun 1829 **RU**: Assistant Surgeon, 27th VMR, Northampton Co **CEM**: Park Hall; Northampton; Rt 631, 0.1 mi E of Bus Rt 13, in field behind house, Eastville **GS**: Y **SP**: mar in Northampton Co on 05 Feb 1811 (return by Thomas Davis) to Annie Gertrude Stratton, daughter of John & Lucy Stratton, b 02 Feb 1795, d 28 May 1883. Buried at Ellington Cemetery **VI**: Doctor of Northampton Co **P**: Spouse App **BLW**: No **PH**: N **SS**: M pg 255; A rec 1013; BD pg 1387 **BS**: 20 pg 62- 63.

PARKER, John; b UNK; d 1856 (Exec Bond) **RU**: Private, 30th VMR, Lt James Parker, Caroline Co **CEM**: Oakland Baptist; King George; 5520 James Madison Pkwy (Rt 301), King George C. H. **GS**: Y **SP**: No spouse information **VI**: No further data **P**: None **BLW**: No **PH**: N **SS**: L pg 624 **BS**: 17 pg 99.

PARKER, Richard E; b 1783; d 09 Sep 1840 **RU**: Lt Colonel, 5th VMR **CEM**: Grace Episcopal; Clarke; 110 N Church St, Berryville **GS**: Y **SP**: mar on 02 Jun 1808 to Elizabeth Foushee, eldest daughter of Dr. Foushee of Richmond City, d 22 Feb 1859 age 73. Marriage notice in the *Richmond Examiner*, 03 Jun 1808, pg 3. **VI**: From Westmoreland Co and resident there when he married. One of seven Lt Colonels of the 5th VMR. Judge **P**: None **BLW**: No **PH**: N **SS**: B pg 18 **BS**: 86 pg 13; 92 pg 38.

PARKER, Severn Eyre; b 19 Jul 1787; d 21 Oct 1836 **RU**: Captain, 27th VMR, Company Commander, Northampton Co **CEM**: Kendall Grove; Northampton; Rt 674 **GS**: Y **SP**: mar (1) in Northampton Co on 17 Jul 1811 (return by Rev Thomas Davis) to Maria Teackle Savage; (2) Catherine Gladden, b 22 Mar 1796, d 18 Nov 1848 **VI**: Delegate, State Senator from Northumberland Co, U.S. Congress (1819-1821). Attorney **P**: None **BLW**: No **PH**: N **SS**: L pg 625 **BS**: 20 pg 63; 245.

PARKER, William; b UNK; d 01 Jul 1820 **RU**: Private, 2nd VMR (Bayly), Accomack Co **CEM**: Parker Family; Accomack; Rt 620 nr Bobtown Store **GS**: U **SP**: mar Susan O (-----), d 1840 **VI**: No further data **P**: None **BLW**: No **PH**: N **SS**: A rec 1644 **BS**: 178.

PARKS, David; b 1779; d 1855 **RU**: Private, 2nd VMR (Sharp) **CEM**: Green Springs; Washington; Rt 75, 5 mi S of I-81 **GS**: Y **SP**: mar Isabelle (-----), b 1778, d 1859 **VI**: No further data **P**: None **BLW**: No **PH**: N **SS**: A rec 1869 **BS**: 261 v16 pg 138.

PARKS, Edmund; b 25 Nov 1779; d 01 Aug 1865 **RU**: Private, 99th VMR, Capt Levi Dix, Accomack Co **CEM**: Parks Family; Accomack; Parksley **GS**: U **SP**: No spouse information **VI**: No further data **P**: None **BLW**: No **PH**: N **SS**: L pg 280 **BS**: 178.

PARR, John; b by 1799; d UNK **RU**: Private, 6th VMR **CEM**: Stoops / Parr; Patrick; 1/2 mi N of Patrick Co High School **GS**: N **SP**: No spouse information **VI**: Son of Edmund Parr **P**: None **BLW**: No **PH**: N **SS**: A rec 2391 **BS**: 154 pg 310.

PARR, William; b 1797; d 1873 **RU**: Private, 1st VMR (Allen) **CEM**: Parr / Drane; Amherst; Rt 637 **GS**: Y **SP**: mar Martha Ann (-----), b 1817, d 1905 **VI**: No further data **P**: None **BLW**: No **PH**: N **SS**: A rec 2414 **BS**: 5 pg 152.

PARRETT, Philip; b 1794; d 04 Jan 1856 **RU**: Corporal, 116th VMR, Capt James Mallory, Rockingham Co, attached to Col Cocke's Brigade **CEM**: Reedy Family; Rockingham; Rt 878, Wengers Mill **GS**: Y **SP**: mar Barbara Ann (-----), b Dec 1788, d 16 Aug 1845 **VI**: Died age 62 years **P**: None **BLW**: No **PH**: N **SS**: K pg 176; B pg 182 **BS**: 262.

PARRISH, Edmond; b 1775; d 11 Apr 1842 **RU**: Corporal, 39th VMR, Petersburg **CEM**: Blandford; Petersburg; 111 Rochelle Ln **GS**: Y **SP**: No spouse information **VI**: No further data **P**: None **BLW**: No **PH**: N **SS**: A rec 2532 **BS**: 200.

PARSONS, Thomas, Jr; b 1787; d aft 1850 **RU**: Private, 1st VMR (Clarke) **CEM**: Sappony Episcopal Church; Dinwiddie; Rt 692 0.6 mi E of jct Rt 546, McKenney **GS**: U **SP**: No spouse information **VI**: Age 63 on 1850 census of Dinwiddie Co **P**: None **BLW**: No **PH**: N **SS**: A rec 3122 **BS**: 25.

PASCOE, Charles; b 1767; d 30 Dec 1843 **RU**: Private, 1st DC Regiment of Militia **CEM**: Old Presbyterian Meeting House; Alexandria; Wilkes & Hamilton **GS**: Y **SP**: No spouse information **VI**: No further data **P**: None **BLW**: No **PH**: N **SS**: A rec 3378 **BS**: 32 pg 63.

PATE, Augustus; b 01 Jul 1791; d 15 Jan 1854 **RU**: Private, 58th VMR, Capt Robert Erwin, Rockingham Co, attached to 2nd VMR (Ballowe) **CEM**: Mount Pisgah United Methodist; Augusta; 8 mi NW of Staunton **GS**: U **SP**: mar Elizabeth (-----) **VI**: No further data **P**: Both **BLW**: No **PH**: N **SS**: A rec 3571; BD pg 1394; B pg 181 **BS**: 183.

PATRAM, Benjamin A, Sr; b c1790; d c1843 **RU**: Private, 23rd VMR, Capt Benjamin Goode, Chesterfield Co **CEM**: Patram Family; Chesterfield; N of Old Patram, now a subdivision **GS**: N **SP**: mar in Halifax Co on 29 Nov 1815 by Rev Joseph Gill, Jr, to Sarah Taylor, b 1794, d 1873. She was 21 years old at the time of her marriage. **VI**: The minister's return to his marriage called him Benjamin A Patram **P**: None **BLW**: No **PH**: N **SS**: L pg 369 **BS**: 8 pg 163.

PATTERSON, Andrew; b 1785; d 19 Jun 1852 **RU**: Captain, 70th VMR, Company Commander, Washington Co, attached to 5th VMR **CEM**: Moore Cemetery; Washington; Edmondson Ln, Glade Spring **GS**: Y **SP**: mar Elizabeth (-----), d 20 May 1880, age 83 yrs, 9 mos **VI**: Died age 77 years **P**: Spouse **BLW**: No **PH**: Y **SS**: A rec 4180; BD pg 1395 **BS**: 116 pg 213.

PATTERSON, Benjamin D; b 1780; d 11 May 1816 **RU**: Private, 56th VMR (Taylor), Loudoun Co **CEM**: Trinity United Methodist; Alexandria; Wilkes St **GS**: Y **SP**: No spouse information **VI**: No further data **P**: None **BLW**: No **PH**: N **SS**: A rec 4200 **BS**: 32 pg 135.

PATTERSON, John W; b 1780; d 10 Sep 1814 **RU**: Private, 30th VMR, Capt William F Gray, Caroline Co, attached to 16th VMR, Spotsylvania Co **CEM**: St George's Episcopal; Fredericksburg; 905 Princess Anne St **GS**: Y **SP**: mar Sally O (-----) **VI**: Died age 34 **P**: Spouse **BLW**: No **PH**: N **SS**: A rec 4431; BD pg 1396; B pg 55 **BS**: 37 pg 110.

PATTERSON, Perry; b UNK; d Jan 1859 **RU**: Private, 45th VMR, Capt Barton Stone, Stafford Co **CEM**: Patterson Family; King George; King George C. H. **GS**: Y **SP**: mar Nancy (-----), d Oct 1855 **VI**: Not found on 1850 census of Virginia **P**: None **BLW**: No **PH**: N **SS**: L pg 743 **BS**: 50.

PATTERSON, Richard; b 1797; d 19 Oct 1824 **RU**: Private, 9th VMR (Boyd) **CEM**: Shockoe Hill; Richmond City; 100 Hospital St **GS**: Y **SP**: No spouse information **VI**: No further data **P**: None **BLW**: No **PH**: N **SS**: A rec 4570 **BS**: 38 pg 3.

PATTERSON, Timothy M; b 1781; d 05 Sep 1828 **RU**: Surgeon's Mate, 4th VMR (Boyd) **CEM**: Fincastle Presbyterian; Botetourt; 108 E Back St, Fincastle **GS**: Y **SP**: No spouse information **VI**: Doctor. Died age 49 **P**: None **BLW**: No **PH**: N **SS**: A rec 4683 **BS**: 194; 121 pg 66; 155 pg 13.

PATTERSON, William B; b UNK, Ireland; d 25 Jan 1826 **RU**: Private, 48th VMR, Capt Robert Kyle, Botetourt Co **CEM**: Old City Cemetery; Lynchburg; 401 Taylor St **GS**: Y **SP**: No spouse information **VI**: No further data **P**: None **BLW**: No **PH**: N **SS**: K pg 20 **BS**: 87 pg 4; 207.

PATTERSON, William DeHart; b UNK; d 05 Aug 1851 **RU**: Private, 23rd VMR, (Brown), Capt Harry Heth, Troop of Cavalry, Chesterfield Co **CEM**: Shockoe Hill; Richmond City; 100 Hospital St **GS**: Y **SP**: No spouse information **VI**: No further data **P**: None **BLW**: No **PH**: N **SS**: L pg 422 **BS**: 199.

PATTERSON, William E; b 08 Feb 1795; d bur 09 May 1870 **RU**: Corporal, 6th VMR (Coleman) **CEM**: Hollywood; Richmond City; 412 S Cherry St, Sec M, lot 21 **GS**: U **SP**: No spouse information **VI**: Aged 75 years, 3 months, 1 day **P**: None **BLW**: No **PH**: N **SS**: A rec 4737 **BS**: 237.

PATTESON, Thomas; b 1785; d 1814 **RU**: Captain, 3rd Infantry, US Army **CEM**: Patteson Family; Buckingham; "Mt Pleasant," Rt 602 **GS**: N **SP**: Never married **VI**: Son of Maj David and Judith D Patteson **P**: None **BLW**: No **PH**: N **SS**: AU **BS**: 66 pg 445.

PATTON, James; b 07 Sep 1782; d 24 Mar 1851 **RU**: Captain, 2nd Corps d'Elite **CEM**: Old Timber Grove; Rockbridge; Between Fairfield & Timber Ridge **GS**: Y **SP**: No spouse information **VI**: No further data **P**: None **BLW**: No **PH**: N **SS**: A rec 5406 **BS**: 262.

PATTON, James Doddridge; b 22 Apr 1775, Rockbridge Co; d 03 Feb 1848 **RU**: Surgeon, 6th VMR (Coleman) **CEM**: Grove Street; Danville City; 940 Grove St **GS**: Y **SP**: mar Mary Fearn **VI**: Doctor **P**: None **BLW**: No **PH**: N **SS**: A rec 4925 **BS**: 149; 272 Image 16.

RU=Rank/Unit CEM=Cemetery GS=Gravestone SP=Spousal Information VI=Other Veteran Info P=Pension
BLW=Bounty/Land Warrant PH=Photo SS=Service Source BS=Burial Source
LNR= Last Known Residence VMR= VA Military Regt

PATTON, John; b 1777; d 1822 **RU:** Captain, 11th VMR, Company Comander, Harrison Co [WV], attached to 2nd VMR (Evans) **CEM:** Stonewall Jackson Memorial; Lexington; S Main St **GS:** Y **SP:** No spouse information **VI:** Drew Old War pension (disabled) **P:** Yes **BLW:** No **PH:** N **SS:** A rec 4957; BD pg 1399; B pg 74 **BS:** 31.

PATTON, John Mercer, Sr; b 10 Aug 1797, Fredericksburg; d 28 Oct 1858, Richmond **RU:** Private, 19th VMR, Capt Andrew Stevenson, Artillery, Richmond City, attached to 2nd VMR (Ballowe) **CEM:** Shockoe Hill; Richmond City; 100 Hospital St **GS:** Y **SP:** mar to P F (-----), d 14 Sep 1873 age 69, "widow of John M Patton, Sr" **VI:** No further data **P:** None **BLW:** No **PH:** N **SS:** L pg 723 **BS:** 199.

PATTON, Thomas, Sr; b 1770; d 1822 **RU:** Fifer, 4th VMR **CEM:** Thomas Patton Family; Grayson; end of Rt 639, Delp's Beach Ln **GS:** N **SP:** mar Isabella (-----), b 1775 **VI:** No further data **P:** None **BLW:** No **PH:** N **SS:** A rec 5031 **BS:** 277.

PATTON, William; b 1790, County Down, Ireland; d 21 Sep 1831 **RU:** Private, 103rd VMR, Capt Moses Congleton, Brooke Co [WV], attached to 4th VMR (Boyd) **CEM:** Fincastle Presbyterian; Botetourt; 108 E Back St, Fincastle **GS:** Y **SP:** mar Cassandra Morrison Shanks **VI:** "Merchant of Fincastle" engraved on tombstone **P:** Yes **BLW:** No **PH:** N **SS:** BD pg 1398; M pg 256; B pg 47 **BS:** 194; 121 pg 66; 155 pg 14; 245.

PAUL, John; b bef 1791, Edinburg, Scotland; d UNK **RU:** Private, 33rd VMR, Henrico Co **CEM:** St John's Church; Richmond City; 24th & Broad, Church Hill **GS:** U **SP:** mar (1) Polly (-----); (2) Hannah (-----); (3) Judith Virginia Hildon, b Richmond City **VI:** No further data **P:** None **BLW:** No **PH:** N **SS:** A rec 5198 **BS:** 63 pg 489.

PAXTON, Elisha; b 1785; d 24 Nov 1867 **RU:** Private, 8th VMR, Capt James Paxton, Rockbridge Co, attached to 2nd VMR (Evans) **CEM:** Stonewall Jackson Memorial; Lexington; S Main St **GS:** Y **SP:** mar Margaret McNutt, daughter of Alexander McNutt and Rachel Grisby, b 08 Jul 1792, d 03 Sep 1856 **VI:** No further data **P:** None **BLW:** No **PH:** N **SS:** K pg 222; B pg180 **BS:** 245.

PAXTON, James; b UNK; d 1839 (Will) **RU:** Captain, 8th VMR (McDowell), Company Commander, Rockbridge Co **CEM:** Falling Springs Presbyterian; Rockbridge; Hickory Hill **GS:** Y **SP:** No spouse information **VI:** No further data **P:** None **BLW:** No **PH:** N **SS:** B pg 180 **BS:** 31.

PAXTON, John; b 11 Aug 1797; d 04 Dec 1845 **RU:** Private, 8th VMR, (Wall) **CEM:** McDowell Family; Rockbridge; Rt 11, 10 mi N of Lexington **GS:** Y **SP:** mar Eliza C (-----), b 17 Feb 1799, d 17 Nov 1858 **VI:** No further data **P:** None **BLW:** No **PH:** N **SS:** A rec 5418 **BS:** 193.

PAXTON, William; b 1777; d 27 May 1853 **RU:** Private, 5th VMR (McDowell) **CEM:** Mount Zion; Rockbridge; btw Buffalo & Tinkersville **GS:** Y **SP:** No spouse information **VI:** Died age 76 years **P:** None **BLW:** No **PH:** N **SS:** A rec 5451 **BS:** 193.

PAYNE, Alexander Spotswood; b 20 Oct 1780, Goochland Co; d 1858, Campbell Co **RU:** Private, 38th VMR, Capt William Bolling, Troop of Cavalry, Goochland Co, attached to Detachment of Cavalry **CEM:** Payne Family; Campbell; at "the Cottage" on Ivy Creek **GS:** N **SP:** mar Charlotte Bryce, b 15 Jun 1796, d 1870, daughter of Archibald Bryce of Scotland **VI:** Son of Archer Payne (b 1750) & Martha Dandridge, (b 1755). Tombstones were removed to Presbyterian Cemetery in Lynchburg in 1964 **P:** None **BLW:** No **PH:** N **SS:** B pg 85; L pg 152 **BS:** 245.

PAYNE, Daniel; b 17 Jan 1784, Falmouth, Stafford Co; d 12 Oct 1860, Warrenton, Fauquier Co **RU:** Major, 36th VMR, Capt William Dulin, Prince William Co **CEM:** Payne Family; Fauquier; Rt 691, Warrenton **GS:** Y **SP:** mar Elizabeth Hooe Winter, b 03 Dec 1783, d 19 Mar 1855 **VI:** No further data **P:** None **BLW:** No **PH:** N **SS:** A rec 5533 **BS:** 4 pg 158; 245.

PAYNE, Daniel; b UNK; d 07 Dec 1835 **RU:** Sergeant Major, 111th VMR (Parker), Field & Staff, Westmoreland Co **CEM:** Payne Family; Westmoreland; Broadfield **GS:** Y **SP:** mar Selma Coates Washington, d 13 Jul 1828 **VI:** Son of John & Elizabeth (Quisenberry) Payne **P:** None **BLW:** No **PH:** N **SS:** L pg 32 **BS:** 219 pg 110.

PAYNE, Francis; b 1780; d 13 Apr 1859 **RU:** Private, 74th VMR, Capt James Payne, Riflemen, Fauquier Co **CEM:** Orlean; Fauquier; Rt 737, Orlean **GS:** Y **SP:** mar Margaret (-----), b 04 Mar 1808, d 15 Apr 1893 **VI:** No further data **P:** Spouse App **BLW:** No **PH:** N **SS:** A rec 5559; BD pg 1402 **BS:** 4 pg 156.

PAYNE, George; b 28 Mar 1797; d 18 May 1839 **RU:** Private, 7th VMR (Saunders) **CEM:** Free Hill; Fluvanna; Columbia **GS:** Y **SP:** No spouse information **VI:** No further data **P:** None **BLW:** No **PH:** N **SS:** A rec 5566 **BS:** 95 pg 70.

RU=Rank/Unit CEM=Cemetery GS=Gravestone SP=Spousal Information VI=Other Veteran Info P=Pension
BLW=Bounty/Land Warrant PH=Photo SS=Service Source BS=Burial Source VMR= VA Military Regt
LNR= Last Known Residence

PAYNE, George H; b UNK; d 1822 RU: Private, 45th VMR (Peyton), Capt Lewis Alexander, Stafford Co CEM: Edmonds / Blackwell; Fauquier; Warrenton GS: Y SP: No spouse information VI: No further data P: None BLW: No PH: N SS: L pg 82 BS: 3 pg 9.

PAYNE, George W; b UNK; d 1843 RU: Adjutant, 19th VMR, Capt Samuel Adams, Richmond City CEM: Edmonds / Blackwell; Fauquier; Warrenton GS: Y SP: No spouse information VI: No further data P: None BLW: No PH: N SS: L pg 79 BS: 3 pg 9.

PAYNE, James; b 1771, Fauquier Co; d 03 Sep 1857 RU: 2nd Lieutenant, 2nd VMR (Ballowe) CEM: Soldiers Rest Farm; Fauquier; Soldier's Rest Ln, Orlean GS: Y SP: mar 10 Dec 1795, Elizabeth Wood, who is buried next to him VI: Son of William Payne and Anne Pannel of King George Co. Served as a Fauquier Co Processioner P: None BLW: No PH: Y SS: A rec 5601 BS: 31.

PAYNE, James; b 20 Jun 1791; d 02 Apr 1869 RU: Captain, 44th VMR, Company Commander, Fauquier Co CEM: Payne / Kelly; Fauquier; Remington GS: Y SP: mar Mary J (-----), b 1789, d 1868 VI: No further data P: None BLW: No PH: N SS: B pg 83 BS: 4 pg 158.

PAYNE, James Rousseau; b 04 Jan1788; d 1863 RU: Private, 16th VMR (Waller), Spotsylvania Co CEM: Stark / Payne; Stafford; vic Ruby Fire Station, Quantico GS: N SP: mar Nancy Maria Stark VI: Son of Benjamin Payne & Susanna Rousseau. P: None BLW: No PH: N SS: A rec 5606 BS: 26 pg 365; 49.

PAYNE, Richard; b Feb 1783, Orange Co; d 20 Feb 1835, Northumberland Co RU: Private, 92nd VMR, Lancaster Co CEM: "Hard Bargain"; Northumberland; Cobbs Creek GS: Y SP: mar in Northumberland Co on 12 Sep 1808 (bond) to Maria Waddy. Consent by George P Waddy VI: No further data P: None BLW: No PH: N SS: A rec 2111 BS: 49.

PAYNE, Richard Beckwith; b 09 Aug 1776; d 08 Sep 1858 RU: Private, 1st VMR (Crutchfield) CEM: Payne Family; Fluvanna; Carysbrook, Paynes Mill GS: Y SP: mar in Fluvanna Co in 1795, Judith Anderson, d 18 Jun 1862 age 81. Banns were published on 12 Jan 1795, minister William Baskett did not return the marriage until 10 May 1795 VI: No further data P: None BLW: No PH: N SS: A rec 5710 BS: 95 pg 68; 245.

PAYNE, Robert; b May 1796; d bur 23 Jan 1874 RU: Sergeant, 24th VMR, Capt Walter Fontaine, Artillery, Buckingham Co, attached to 8th VMR (Cocke) CEM: Hollywood; Richmond City; 412 S Cherry St,, Sec C, lot 139 GS: U SP: mar Mary "Polly" (-----), bur 21 Jun 1855, age 79, same lot. Burial record #7522 VI: Burial record #7523 P: None BLW: No PH: N SS: K pg 94 BS: 237.

PAYNE, Ryland (Wriland) (Wryland); b UNK; d UNK RU: Private, 4th VMR CEM: Payne Family; Henry; Reservoir Rd off Rt 220 S of Ridgeway GS: N SP: mar 28 Dec 1807, Henry Co, Mary Carter VI: Son of Reuben Payne, a Revolutionary War soldier, & Ann Rae P: None BLW: No PH: N SS: A rec 5808 BS: 245.

PAYNE, Thomas; b UNK; d 1832 (Will) RU: Private, 4th VMR CEM: Edmonds / Blackwell; Fauquier; Warrenton GS: Y SP: No spouse information VI: No further data P: None BLW: No PH: N SS: A rec 5765 BS: 3 pg 9.

PAYNE, Wesley; b UNK; d UNK RU: Private, 6th VMR CEM: Payne Family #2; Stafford; Rt 628, Tyler farm GS: U SP: No spouse information VI: No further data P: None BLW: No PH: N SS: A rec 5777 BS: 26 pg 300.

PAYNE, William O; b 31 May 1796; d 18 Jan 1868 RU: Private, 3rd VMR (Wall) CEM: Hickory Hill Farm; Goochland; Rt 609 GS: Y SP: No spouse information VI: No further data P: None BLW: No PH: N SS: A rec 5806 BS: 78 pg 164.

PEAKE, Humphrey; b 1773; d 12 Aug 1856 RU: Surgeon, Maj Gen John Pegram's 1st Division CEM: Buck Family; Warren; 1 mi W Buckton Station GS: U SP: No spouse information VI: No further data P: None BLW: No PH: N SS: A rec 6145-6146 BS: 150.

PEARMAN, William; b 1790; d 23 Oct 1837 RU: Private, 4th VMR CEM: Shockoe Hill; Richmond City; 100 Hospital St GS: U SP: Died leaving "a wife and two daughters" VI: Occupation carpenter (burial card). Titled Captain in his death notice which also gives date of death. Was formerly of Williamsburg. Funeral at his residence on Shockoe Hill. *Richmond Whig*, 24 Oct 1837, pg 2 P: None BLW: No PH: N SS: A rec 6529 BS: 38 pg 14.

RU=Rank/Unit CEM=Cemetery GS=Gravestone SP=Spousal Information VI=Other Veteran Info P=Pension
BLW=Bounty/Land Warrant PH=Photo SS=Service Source BS=Burial Source VMR= VA Military Regt
LNR= Last Known Residence

PEARSON, Thomas; b 07 Dec 1783; d 02 Feb 1870 **RU:** Private, 5th VMR **CEM:** Pearson Memorial; Franklin; 3 mi E of Henry **GS:** Y **SP:** No spouse information **VI:** No further data **P:** None **BLW:** No **PH:** N **SS:** A rec 6770 **BS:** 118 pg 270.

PEARSON, William; b 1761; d 28 Mar 1824 **RU:** Private, 36th VMR (Reno), Prince William Co **CEM:** St George's Episcopal; Fredericksburg; 905 Princess Anne St **GS:** Y **SP:** No spouse information **VI:** Died in his 64th year **P:** None **BLW:** No **PH:** N **SS:** A rec 6791 **BS:** 37 pg 110.

PEARSON, William B; b 1797; d 02 Jun 1833 **RU:** Private, 74th VMR, Capt Hudson Wingfield, Hanover Co, attached to 6th VMR **CEM:** St John's Church; Richmond City; 24th & Broad, Church Hill **GS:** U **SP:** mar in Richmond on 04 Sep 1820 to Mary Anna Welch, b 1800, d 09 Oct 1849 **VI:** No further data **P:** Yes **BLW:** No **PH:** N **SS:** C pg 649; BD pg 1402; B pg 95 **BS:** 63 pg 234, 488; 252 pg 63.

PECK, Jacob F; b 06 Nov 1770; d 17 Jan 1846 **RU:** Private, 48th VMR, Capt Rober Kyle, Botetourt Co, attached to McDowell's Flying Camp **CEM:** Peck Familly; Giles; Gray Sulphur Springs **GS:** Y **SP:** mar Malinda Givens, b 01 Jan 1783, d 23 Dec 1829 **VI:** No further data **P:** Yes **BLW:** No **PH:** N **SS:** A rec 7256; BD pg 1404; B pg 75 **BS:** 14 pg 187.

PECK, Jacob, Jr; b 02 Jun 1781; d 27 Jun 1825 **RU:** Private, McDowell's Flying Camp **CEM:** Trinity Church; Augusta; Staunton **GS:** Y **SP:** No spouse information **VI:** No further data **P:** None **BLW:** No **PH:** N **SS:** A rec 7254 **BS:** 1 pg 196.

PECK, James; b UNK; d 06 Dec 1826 **RU:** Private, 1st VMR (Taylor) **CEM:** Fincastle Presbyterian; Botetourt; 108 E Back St, Fincastle **GS:** Y **SP:** No spouse information **VI:** No further data **P:** None **BLW:** No **PH:** N **SS:** A rec 7202 **BS:** 245.

PECK, John; b 10 Sep 1772; d 31 Oct 1848 **RU:** Private, 46th VMR (Hopkins), Capt John Bowen, Pendleton Co **CEM:** Peck / Matthews; Giles; 2 mi E of Bane **GS:** U **SP:** mar on 26 Feb 1801 to Elizabeth (-----), b 10 Feb 1787, d 14 Jun 1860 **VI:** No further data **P:** Yes **BLW:** No **PH:** N **SS:** A rec 7296; BD pg 1404; B pg 158 **BS:** 236.

PECK, Joseph; b 1788; d 05 Jun 1839 **RU:** Private, 32nd VMR, Capt Briscoe G Baldwin, Augusta Co **CEM:** Tinkling Spring; Augusta; 11 mi NE of Staunton **GS:** U **SP:** mar Ellen (-----), b 21 Aug 1789, d 03 Jun 1859 **VI:** Died age 51 **P:** None **BLW:** No **PH:** N **SS:** K pg 2 **BS:** 183.

PECK, Joseph; b UNK; d 1842 **RU:** Private, 121st VMR, Capt William Fleming, 3rd Cavalry, Botetourt Co **CEM:** Fincastle Presbyterian; Botetourt; 108 E Back St, Fincastle **GS:** U **SP:** No spouse information **VI:** No further data **P:** None **BLW:** No **PH:** N **SS:** K pg 45; B pg 45 **BS:** 245.

PECK, William; b Oct 1796; d 01 May 1882 **RU:** Private, 1st VMR (Taylor) **CEM:** Fincastle Presbyterian; Botetourt; 108 E Back St, Fincastle **GS:** Y **SP:** mar Lumina Finch, b 12 Oct 1809, d 02 Mar 1876 **VI:** No further data **P:** None **BLW:** No **PH:** N **SS:** A rec 7418 **BS:** 194.

PEDIN, Edmond; b 07 Mar 1775; d 31 Jan 1828 **RU:** 3rd Corporal, 29th VMR (Boykin), Capt Joseph Atkinson, Troop of Calvary, Isle of Wight Co, attached to Detachment of Calvary, **CEM:** St Lukes Church; Isle of Wight; 14477 Benn's Church Rd, Smithfield **GS:** Y **SP:** mar Priscilla Wills, b 20 Jan 1786, d 20 Dec 1850 **VI:** Son of James Pedin of Newport Parish. Was also a Private in the 29th VMR under Capt Joseph Atkinson **P:** None **BLW:** No **PH:** Y **SS:** K pg 113; A rec 7561-4 **BS:** 158 pg 10; 49; 260.

PEED, James; b 20 Jan 1795; d 22 Nov 1852 **RU:** Private, 8th VMR (Magnien) **CEM:** Oak Grove; Portsmouth; jct Peninsula Ave & London Blvd **GS:** U **SP:** No spouse information **VI:** No further data **P:** None **BLW:** No **PH:** N **SS:** A rec 7637 **BS:** 182.

PEED, Robert; b 1771; d 14 Oct 1840 **RU:** Private, 61st VMR (Gayle), Mathews Co **CEM:** Cedar Grove; Portsmouth; Effington St & Fort Ln **GS:** Y **SP:** mar (1) Jane (-----) b c1771, d 30 Apr 1848, age 79 **VI:** Enumerated on 1820, 1830 &1840 census of Portsmouth **P:** None **BLW:** No **PH:** N **SS:** A rec 7644 **BS:** 65 pg 69.

PEERS, John S; b 17 Apr 1796; d 16 Apr 1871 **RU:** Private, Battalion of Artillery **CEM:** Hatcher Family; Chesterfield; Drewrys Bluff **GS:** Y **SP:** mar Sarah C Gregory, widow of William Hatcher, b 03 Jan 1796, d 08 Aug 1871 **VI:** No further data **P:** None **BLW:** No **PH:** N **SS:** A rec 7741 **BS:** 8 pg 4; 245.

RU=Rank/Unit CEM=Cemetery GS=Gravestone SP=Spousal Information VI=Other Veteran Info P=Pension
BLW=Bounty/Land Warrant PH=Photo SS=Service Source BS=Burial Source VMR= VA Military Regt
LNR= Last Known Residence

PEERY, David; b 27 Apr 1778; d 08 Jul 1867 RU: Private, 112th VMR, Capt William Gillespie, Tazewell Co, attached to Maj Bradley's command CEM: Peery Family; Tazewell; Rt 678 by Dial Rock Rd GS: U SP: mar Jane (-----) VI: No further data P: Both BLW: No PH: N SS: A rec 7781; M pg 257 BS: 172 v3 pg 53.

PEERY, Thomas S; b 25 Feb 1794; d 02 Jul 1860 RU: Ensign, 11st VMR, Lt Rees B Thompson, Tazewell Co, attached to 4th VMR CEM: Wynn / Peery; Tazewell; Rt 61 nr Rt 678 GS: U SP: mar Jane McDonald VI: No further data P: Spouse BLW: No PH: N SS: A rec 7798; BD 1405; B pg 196 BS: 172 v3 pg 51.

PEGRAM, John; b 16 Nov 1773; d 8 Apr 1831 RU: Major General, 1st Division, VA Militia CEM: Bonneville Plantation; Dinwiddie; nr Dinwiddie GS: Y SP: mar (1) Miss Coleman; (2) Martha Ward Gregory VI: Son of Capt Edward and Mary (Lyle) Pegram, grandson of Edward Pegram of England and Mary Scott Baker. Magistrate for more than 20 yrs, state senate for 8 yrs, and US Congress 1818-1819. Major General of Virginia State Militia during War of 1812 and US Marshal for Eastern Virginia in Monroe's administration. P: None BLW: No PH: N SS: B pg 249 BS: 49.

PEGRAM, Robert Edward; b 08 Dec 1772; d 16 Apr 1824, Dinwidde Co RU: Lt Colonel, US Army CEM: Weiland Family; Dinwiddie; Dinwiddle C. H. GS: U SP: mar on 05 Nov 1801 to Mary Simmons Hardaway, b 19 Jun 1786, d 14 Jan 1832 VI: No further data P: None BLW: No PH: N SS: A rec 7868 BS: 210; 49.

PELTER, Samson; b 1791; d d 04 Nov 1865 RU: Private, 5th VMR (McDowell) CEM: Old Waynesboro Presbyterian; Augusta; 203 New Hope Rd GS: Y SP: mar Rebecca (-----), d 21 Feb 1851, aged 54 yrs VI: No further data P: None BLW: No PH: N SS: A rec 8238 BS: 93.

PEMBERTON, Benjamin; b 07 Feb 1786; d 23 May 1877 RU: Sergeant, 2nd Regiment East TN Volunteers (Lillard), Capt King CEM: Cold Spring; Washington; Rt 44 GS: Y SP: mar Barbara (-----), b 29 Jun 1792, d 04 Jan 1822 VI: No further data P: Yes BLW: No PH: N SS: A rec 8309; BD pg 1406 BS: 116 pg 282.

PEMBERTON, Thomas; b UNK; d bur 01 May 1883 RU: Private, 9th VMR (Boyd), King & Queen Co CEM: Hollywood; Richmond City; 412 S Cherry St,, Sec G, lot 102 GS: U SP: mar Mary (-----), bur 28 Sep 1864, aged 69. Section G, lot 64 VI: No further data P: None BLW: No PH: N SS: A rec 9349 BS: 237.

PENCE, Jacob; b 01 Oct 1795; d 17 Aug 1881 RU: Private, 13th VMR, Capt Samuel Coville, Shenandoah Co attached to 6th VMR (Coleman) CEM: Old Bethel Church; Shenandoah; Rt 700, Edinburg GS: Y SP: mar Harriett (-----) VI: No further data P: Both BLW: Yes PH: N SS: K pg 17; BD pg 1406; B pg 184 BS: 115 pg 91.

PENCE, John; b 04 Jan 1780; d 26 Oct 1848 RU: Private, 6th VMR (Coleman) CEM: Soloman Church; Shenandoah; Rt 727, 9 mi SW of Mt Jackson GS: Y SP: mar (1) Sarah (-----); (2) Sarah Branner VI: No further data P: None BLW: No PH: N SS: A rec 8422 BS: 217.

PENDLETON, Edmund; b 24 Oct 1786; d 12 Dec 1836 RU: 2nd Lieutenant, 1st VMR (Yancey) CEM: Cuckoo House; Louisa; 7 mi E of Louisa GS: Y SP: mar in Amelia Co on 08 Feb 1808 (bond) to Unity Yancy Kimbaugh, consent by her guardian R. Yancy, b 26 xx 1768, d 23 Dec 1866. She is called Unity Y Kimbraugh on the marriage bond, and Unity Yancy Pendleton on her tombstone VI: Son of Henry Pendleton, grandson of John Pendleton who was the brother of Judge Edmund Pendleton P: None BLW: No PH: N SS: A rec 8514 BS: 181.

PENDLETON, Edmund B; b 18 Apr 1774; d 25 Jan 1847 RU: Sergeant, 30th VMR, Capt Armistead Hoomes, Troop of Cavalry, Caroline Co, attached to Cocke's Detachment CEM: Fork Church Episcopal; Hanover; 12566 Old Ridge Rd, Doswell GS: Y SP: No spouse information VI: No further data P: None BLW: No PH: N SS: K pg 172 BS: 69 pg 101.

PENDLETON, Prior (Pryor); b 1784; d 22 Aug 1863 RU: Private, 42nd VMR, Capt William Linn, Pittsylvania Co, attached to 7th VMR (Saunders) CEM: Pendleton Family; Patrick; vic jct Rts 619 & 616 GS: Y SP: mar (1) in Patrick Co on 07 Sep 1807 (bond and return) to Mary Tuggle, daughter of Tasherway Tuggle, d 1857; (2) Louisa (-----) who drew pension VI: No further data P: Spouse BLW: No PH: N SS: A rec 8563; M pg 162; BD pg 1407 BS: 154 pg 221.

PENN, Greensville; b 16 May 1779; d 20 Jan 1841 RU: Colonel, 18th VMR, Commandant, Patrick Co CEM: Penn Family; Patrick; Rt 58 GS: Y SP: mar Martha Reid, daughter of Maj William Reid of Bedford Co, b 15 Mar 1791, d 18 May 1859 VI: No further data P: None BLW: No PH: N SS: AR BS: 154 pg 37.

RU=Rank/Unit   CEM=Cemetery   GS=Gravestone   SP=Spousal Information   VI=Other Veteran Info   P=Pension
BLW=Bounty/Land Warrant   PH=Photo   SS=Service Source   BS=Burial Source   VMR= VA Military Regt
LNR= Last Known Residence

PENN, Moses; b 06 Mar 1795; d 1879 **RU**: Private, 10th VMR, Capt William Green, Bedford Co, attached to 4th VMR (Washington) **CEM**: Penn / Parks Family; Bedford; Penn Mill Rd, Big Island **GS**: U **SP**: No spouse information **VI**: No further data **P**: Yes **BLW**: No **PH**: N **SS**: A rec 8758; BD pg 1704; B pg 42 **BS**: 164.

PENN, Walter; b 1777, St. Mary's Co, MD; d 1826, Alexandria **RU**: Private, 60th VMR (Minor), Fairfax Co **CEM**: Trinity United Methodist; Alexandria; Wilkes St **GS**: Y **SP**: No spouse information **VI**: No further data **P**: None **BLW**: No **PH**: N **SS**: A rec 8769 **BS**: 32 pg135.

PENNINGTON, David; b 12 Mar 1798; d 28 Apr 1886 **RU**: Private, Maj Thomas Hunton's Command of Cavalry **CEM**: Ocoonita Cemetery; Lee; Ocoonita **GS**: Y **SP**: mar Jennie (-----), b 14 May 1808, d 30 Mar 1897 **VI**: No further data **P**: None **BLW**: No **PH**: N **SS**: A rec 8899 **BS**: 253 pg 22.

PENNY, Lincefield S; b UNK; d 1820 (Admin) **RU**: Private, 16th VMR, Capt Therit Towles, Spotsylvania Co **CEM**: Penny's Tavern; Spotsylvania; 2.9 mi W of Snell, jct of Rts 209 & 648 **GS**: N **SP**: No spouse information **VI**: No stones. This was the site of "Penny's Inn" per the WPA survey. Survey notes an 1811 deed from James Wigglesworth to Lincefield S Penny and a deed from Penny's heirs to George W Trice in 1835 (DB FF pg 219, 245) & Trice to Wigglesworth in 1836 (DB GG, pg 53). Administration bond filed in Fredericksburg **P**: None **BLW**: No **PH**: N **SS**: K pg 385 **BS**: 752; 7 grid 60.

PENQUITE, Joseph; b 21 Feb 1791; d 18 Apr 1851 **RU**: Sergeant, Stapleton Crutchfield's Detachment **CEM**: South Fork Meeting House; Loudoun; Unison Rd (Rt 630), Unison **GS**: Y **SP**: No spouse information **VI**: No further data **P**: None **BLW**: No **PH**: N **SS**: A rec 9073 **BS**: 73 pg 240.

PERDUE, Isaiah; b 1794; d 01 May 1867 **RU**: Private, 43rd VMR (Turnbull), Franklin Co **CEM**: Perdue Family; Franklin; vic jct Rts 655 & 40 **GS**: U **SP**: mar in Franklin Co on 10 Oct 1815 (bond, James Wingo, surety) to Milly Wingo **VI**: Son of Marshall Perdue. Was married at time of death. ("Virginia Deaths and Burials 1853-1912," familysearch.org) **P**: None **BLW**: No **PH**: N **SS**: A rec 9427 **BS**: 118 pg 274.

PERDUE, James M; b UNK, Chesterfield Co; d UNK **RU**: Private, 23rd VMR (Brown), Chesterfield Co **CEM**: Hollywood; Richmond City; 412 S Cherry St **GS**: U **SP**: mar Susan M Pilkerton, b Chesterfield Co **VI**: Death record of his daughter Mary J. Gibbs (d 19 Oct 1911 in Richmond City), provides names of parents and places of their births. ("Virginia Deaths and Burials 1853-1912," familysearch.org) **P**: None **BLW**: No **PH**: N **SS**: A rec 9436 **BS**: 260.

PERKINS, Baker; b 1774; d 09 Nov 1823 **RU**: Private, 68th VMR, Capt William Saunders, Troop of Cavalry, Williamsburg **CEM**: Poplar Hall; York; Rt 60 East **GS**: Y **SP**: mar on 21 Jul 1808 to Zelica Miles Whitaker, d 15 Mar 1856. She mar (2) Francis M Jones of Warwick Co. Member of Baptist Church **VI**: The stone was found in a barn on the property, and is now at a farm in Toano **P**: None **BLW**: No **PH**: Y **SS**: L pg 693 **BS**: 49.

PERKINS, Benjamin; b 01 Jul 1794; d 30 Oct 1852 **RU**: Fifer, Battalion of Artillery **CEM**: Bonsack Family; Roanoke; site of Old Bethel Church **GS**: U **SP**: mar Eliza (-----) **VI**: No further data **P**: None **BLW**: No **PH**: N **SS**: A rec 9757 **BS**: 157 pg 20.

PERKINS, John H; b 1796; d 03 Feb 1848 **RU**: Private, 100th VMR, Capt George Booker, Buckingham Co, attached to 5th VMR **CEM**: Perkins Family; Fluvanna; White Rock **GS**: Y **SP**: mar Lucy (-----) **VI**: No further data **P**: Spouse App **BLW**: No **PH**: N **SS**: A rec 9964; B pg 50; BD pg 1410 **BS**: 95 pg 72.

PERKINS, William H; b UNK; d 11 Dec 1820 **RU**: Private, Maj Thomas Hunton's Command of Cavalry **CEM**: Solitude; Buckingham; 4 mi W of Buckingham Church **GS**: U **SP**: mar Mildred Walker, b 03 Sep 1794, d 07 Nov 1841 (tombstone says Mildred Walker Perkins) **VI**: No further data **P**: None **BLW**: No **PH**: N **SS**: A rec 10180 **BS**: 209.

PERKINSON, Peter; b 1783; d 14 Feb 1850 **RU**: Private, 23rd VMR, Chesterfield, Co **CEM**: Shockoe Hill; Richmond City; 100 Hospital St **GS**: Y **SP**: Died age 67 years **VI**: No further data **P**: None **BLW**: No **PH**: N **SS**: A rec 10214 **BS**: 199.

PERRIN, William K; b 22 Sep 1784; d 10 Dec 1855 **RU**: Captain, 21st VMR, Company Commander, Gloucester Co **CEM**: Ware Episcopal Church; Gloucester; 7825 John Clayton Memorial Rd, Gloucester **GS**: Y **SP**: mar Sarah T (-----), b 17 Dec 1795, d 08 Apr 1875 **VI**: No further data **P**: None **BLW**: No **PH**: N **SS**: B pg 83 **BS**: 31.

PERRY, Hamilton; b UNK; d 1859 **RU**: Private, 2nd Regiment DC Militia (Brent) **CEM**: Goose Creek Burying Ground; Loudoun; Rt 722, Lincoln **GS**: Y **SP**: No spouse information **VI**: No further data **P**: None **BLW**: No **PH**: N **SS**: A pg 10704 **BS**: 73 pg 240.

RU=Rank/Unit CEM=Cemetery GS=Gravestone SP=Spousal Information VI=Other Veteran Info P=Pension
BLW=Bounty/Land Warrant PH=Photo SS=Service Source BS=Burial Source VMR= VA Military Regt
LNR= Last Known Residence

PERRY, Jesse L; b UNK; d 1839 **RU**: Private, 30th VMR, Capt William F Gray, Caroline Co **CEM**: Old City Cemetery; Lynchburg; 401 Taylor St **GS**: Y **SP**: No spouse information **VI**: Stone not in gravegarden.org database **P**: None **BLW**: No **PH**: N **SS**: L pg 379 **BS**: 88 pg 4.

PERRYMAN, Anthony P; b 1791; d bur 21 May 1844 **RU**: Private, 19th VMR (Ambler), Richmond City **CEM**: Shockoe Hill; Richmond City; 100 Hospital St **GS**: U **SP**: No spouse information **VI**: No further data **P**: None **BLW**: No **PH**: N **SS**: A rec 11125 **BS**: 38 pg 30.

PERSINGER, Jacob; b 1795; d 04 Nov 1879 **RU**: Private, 4th VMR **CEM**: Salem Cemetery; Roanoke; Salem **GS**: Y **SP**: mar Mary F (-----), d 11 Oct 1887, age 75 **VI**: Died age 84 **P**: None **BLW**: No **PH**: N **SS**: A rec 11180 **BS**: 121 pg 69.

PETERS, John; b 27 Feb 1788; d 11 Jan 1865 **RU**: Ensign, 4th VMR **CEM**: Peterstown; Giles; Peterstown Cemetery Rd, Peterstown **GS**: Y **SP**: mar Cynthia (-----), b 17 Dec 1795, d 01 Feb 1859 **VI**: Son of Christian Peters, who had service in the Rev War **P**: None **BLW**: No **PH**: N **SS**: A rec 11572 **BS**: 14 pg 190.

PETTIT, John H; b 1779; d 30 Dec 1830 **RU**: Private, 4th VMR **CEM**: Pettitt / Huffman; Fauquier; 1 mi S of Elk Run **GS**: Y **SP**: No spouse information **VI**: No further data **P**: None **BLW**: No **PH**: N **SS**: A rec 12141 **BS**: 4 pg 159.

PETTIT, Samuel; b 25 Oct 1798; d 30 Jul 1863 **RU**: Private, 38th VMR, Capt Gideon Massie, Goochland Co, attached to 8th VMR(Wall) **CEM**: Slaughter Family; Amherst; Rt 674 **GS**: Y **SP**: mar Lucinda Horton, b 06 Oct 1804, d 13 Jun 1887 **VI**: No further data **P**: None **BLW**: No **PH**: N **SS**: K pg 100 **BS**: 5 pg 162.

PETTY, Abner; b 22 Jan 1780; d 13 Feb 1863 **RU**: Private, 121st VMR, Botetourt Co **CEM**: Petty Family; Roanoke; "Cedar Lawn," Cove Rd, vic Peters Creek **GS**: Y **SP**: mar Elizabeth (-----), b 05 Oct 1782, d 16 Oct 1854 **VI**: No further data **P**: None **BLW**: No **PH**: N **SS**: A rec 12222 **BS**: 157 pg 194.

PEYTON, Dennis C; b 1774; d 16 Jun 1827 **RU**: Private, 1st VMR (Crutchfield) **CEM**: Gordondale Family; Fauquier; Rt 15, The Plains **GS**: U **SP**: No spouse information **VI**: No further data **P**: None **BLW**: No **PH**: N **SS**: A rec 12488 **BS**: 105.

PEYTON, John G; b 05 May 1793, Stafford Co; d 02 May1862 **RU**: Private, 1st VMR (Crutchfield) **CEM**: Wilkins / Peyton Family; Orange; Rt 700 **GS**: N **SP**: mar on 09 Nov 1815 in Madison Co to Lydia Price Snyder, daughter of Michael & Mary (Stigler) Snyder, b 13 Mar 1796, d 04 Apr 1896 (age 100 yrs) **VI**: No further data **P**: None **BLW**: No **PH**: N **SS**: A rec 12500 **BS**: 28 pg 97.

PEYTON, John Howson; b 29 Apr 1778, Stoney Hill, Stafford Co; d 03 Apr 1847, Staunton **RU**: Aide-de-camp, Brigadier General John Porterfield's 7th Brigade **CEM**: Trinity Church; Augusta; Staunton **GS**: Y **SP**: mar Susannah Smith Madison, daughter of William Strother Madison & Elizabeth Preston, b 15 Oct 1780, Madisonville, Montgomery Co, d 15 Jul 1830, Staunton **VI**: 2nd son of John Rowzee Peyton & Anna Hooe. Graduate of Princeton College. Practiced law in Dumfries, VA. Member House of Delegates from Staunton **P**: None **BLW**: No **PH**: N **SS**: A rec 12509 **BS**: 1 pg 192.

PHELPS, Elisha; b UNK; d 12 Mar 1815 **RU**: Private, 2nd Regiment MD Militia **CEM**: Old Methodist Church; Frederick; Stephen City **GS**: Y **SP**: mar in Frederick Co on 21 Apr 1789 (returned by William Harvey) to Elizabeth Hughes **VI**: Reverend **P**: None **BLW**: No **PH**: N **SS**: A rec 12691 **BS**: 151.

PHILIPS, James; b 1797, Fairfax Co; d 15 Aug 1853, Alexandria **RU**: Private, 1st Regiment DC Militia **CEM**: Methodist Protestant; Alexandria; Wilkes St **GS**: Y **SP**: No spouse information **VI**: No further data **P**: None **BLW**: No **PH**: N **SS**: A rec 13218 **BS**: 33 pg 173.

PHILLIPS, Austin; b 1789; d bur 24 Oct 1834 **RU**: Sailor, US Navy **CEM**: Shockoe Hill; Richmond City; 100 Hospital St **GS**: Y **SP**: No spouse information **VI**: No further data **P**: None **BLW**: No **PH**: N **SS**: G **BS**: 38 pg 13.

PHILLIPS, Elijah; b 1790; d 05 Mar 1848 **RU**: Corporal, 115th VMR, Capt Miles Cary, Elizabeth City Co **CEM**: Phillips Family; Hampton City; nr Langley **GS**: Y **SP**: mar Rebecca Armistead, d 09 Jan 1845 in her 65th year **VI**: No further data **P**: None **BLW**: No **PH**: N **SS**: L pg 205 **BS**: 23 pg 154; 245.

PHILLIPS, George; b 16 Oct 1785; d 24 Sep 1856 **RU**: Corporal, 115th VMR, Capt Miles Cary, Elizabeth City Co **CEM**: Phillips Family; Hampton City; 2 mi fr jct Fox Hill & Harris Creek Rds **GS**: Y **SP**: mar Sarah (-----) **VI**: No further data **P**: Spouse **BLW**: No **PH**: N **SS**: L pg 205; BD pg 1420 **BS**: 23 pg 155; 188; 245.

PHILLIPS, Henry T; b UNK; d 01 May 1842 **RU:** Sergeant, 30th VMR, Capt William Harrison, Caroline Co, attached to 41st VMR **CEM:** City Cemetery; Fredericksburg; William St & Washington Ave **GS:** Y **SP:** No spouse information **VI:** Death date from the *Alexandria Gazette* **P:** None **BLW:** No **PH:** N **SS:** L pg 445 **BS:** 18 pg 22.

PHILLIPS, James; b 1790; d bur 07 Apr 1864 **RU:** Sergeant, 9th VMR (Boyd), King & Queen Co **CEM:** Hollywood; Richmond City; 412 S Cherry St, Sec R **GS:** U **SP:** No spouse information **VI:** Aged 74 at time of burial **P:** None **BLW:** No **PH:** N **SS:** A rec 13959 **BS:** 237.

PHILLIPS, John; b 12 Feb 1773; d 13 Nov 1853 **RU:** Private, 15th VMR, Capt William P Wyche, Troop of Cavalry, Sussex Co **CEM:** Phillips Family; Isle of Wight; 3.5 mi SE of Smithfield **GS:** Y **SP:** mar in Isle of Wight Co on 18 Dec 1788 to Mary Uzzell, d 13 Aug 1846, age 75 yrs, 10 mos, 28 days **VI:** Died age 80 yrs, 8 mos, 29 days **P:** None **BLW:** No **PH:** N **SS:** L pg 853 **BS:** 186.

PHILLIPS, John H; b UNK; d 30 Jul 1843 **RU:** Private, 1st DC Regiment of Militia **CEM:** Trinity United Methodist; Alexandria; Wilkes St **GS:** Y **SP:** mar Ellenor (-----), d 10 Feb 1827, age 67 **VI:** Death date from the *Alexandria Gazette* **P:** None **BLW:** No **PH:** N **SS:** A rec 14075 **BS:** 32 pg 135.

PHILLIPS, Martin; b UNK; d UNK **RU:** Private, 2nd VMR **CEM:** Hollywood; Richmond City; 412 S Cherry St **GS:** U **SP:** See Appendix G **VI:** No further data **P:** None **BLW:** No **PH:** N **SS:** A rec 13375 **BS:** 260.

PHILLIPS, Otis; b UNK; d UNK **RU:** Corporal, 3rd Regiment MA Militia, Capt Cyrus Clark **CEM:** Wade Cemetery; Floyd; Indian Valley **GS:** Y **SP:** No spouse information **VI:** No dates on stone **P:** None **BLW:** No **PH:** N **SS:** A rec 14203 **BS:** 254 pg 9.

PHILLIPS, Samuel; b UNK; d UNK **RU:** Corporal, 2nd VMR, Capt Thomas E Fortune, Nelson Co **CEM:** City Cemetery; Fredericksburg; William St & Washington Ave **GS:** Y **SP:** No spouse information **VI:** No further data **P:** None **BLW:** No **PH:** N **SS:** L pg 333 **BS:** 18 pg 25.

PHILLIPS, Smith; b 13 Mar 1790; d 31 Aug 1868 **RU:** Private, 2nd VMR (Bayley), Accomack Co **CEM:** Bull Graveyard (#199); Accomack; N of Melfa, nr jct Rts 13 & 639 **GS:** Y **SP:** No spouse information **VI:** Son of William & Rachel Phillips **P:** None **BLW:** No **PH:** N **SS:** A rec 14322 **BS:** 21 pg 205.

PHILLIPS, Thomas; b UNK; d 11 Jul 1865 **RU:** Private, 9th VMR (Boyd) **CEM:** Fairfax Meeting House; Loudoun; Walter & Waterford Sts, Waterford **GS:** Y **SP:** No spouse information **VI:** No further data **P:** None **BLW:** No **PH:** N **SS:** A rec 14367 **BS:** 73 pg 241.

PHILLIPS, William Fowke; b 13 Mar 1775; d 18 Feb 1869 **RU:** Private, 36th VMR (Reno), Capt Alexander Howison, Prince William Co **CEM:** Warrenton Cemetery; Fauquier; Chestnut St, Warrenton **GS:** Y **SP:** No spouse information **VI:** No further data **P:** None **BLW:** No **PH:** N **SS:** L pg 452 **BS:** 3 pg 153.

PHILPOTT, Edward; b 18 Feb 1777; d 09 Feb 1853 **RU:** Lieutenant, 5th VMR **CEM:** Ward Family; Henry; Philpott **GS:** Y **SP:** mar Martha Turner, daughter of William Turner **VI:** No further data **P:** None **BLW:** No **PH:** N **SS:** A rec 14552 **BS:** 245.

PHILPOTTS, Abijah T; b 28 Mar 1796; d 15 May 1865 **RU:** Drummer, 21st VMR, Capt William Jones, Gloucester Co **CEM:** Philpotts Family; Goochland; Rt 600 4.5 mi S of rt 6 **GS:** Y **SP:** mar Betsy E (-----), b 24 Jun 1786, d 12 Feb 1867 **VI:** No further data **P:** None **BLW:** No **PH:** N **SS:** K pg 275 **BS:** 78 pg 212.

PIERCE, John; b UNK; d 25 Oct 1849 **RU:** Private, 5th VMR **CEM:** Old Ebenezer Baptist; Loudoun; 20421 Airmont Rd, Bloomfield **GS:** Y **SP:** No spouse information **VI:** No further data **P:** None **BLW:** No **PH:** N **SS:** A rec 15480 **BS:** 73 pg 242.

PIERCE, Samuel; b 1780; d 1860 **RU:** Private, 4th VMR **CEM:** Pierce Family; Montgomery; Christianburg **GS:** U **SP:** mar in Montgomery Co on 03 Feb 1801 (bond) to Mary Page, daughter of John Page **VI:** No further data **P:** None **BLW:** No **PH:** N **SS:** A rec 15653 **BS:** 260.

PIERPOINT, Francis; b UNK; d 1857 **RU:** Ensign, 76th VMR, Capt Samuel Wison, Monongalia Co (WV), attached to 2nd VMR (Evans) **CEM:** Fairfax Meeting House; Loudoun; Walter & Waterford Sts, Waterford **GS:** Y **SP:** mar Isabel (-----) **VI:** No further data **P:** Spouse **BLW:** No **PH:** N **SS:** A rec 15842; BD pg 1426; B pg 136 **BS:** 73 pg 242.

PIFER, Adam, Sr; b 29 Jun 1792; d 12 Jan 1877 **RU:** Private, 58th VMR, Capt Ralph Loftis, Troop of Cavalry, Rockingham Co **CEM:** Northern Methodist; Rockingham; Old Bridgewater Rd (Rt 867), Mt Crawford **GS:** Y **SP:** mar

Elizabeth (-----), b 12 Nov 1786, d 24 Dec 1861 **VI:** No further data **P:** Yes **BLW:** No **PH:** N **SS:** K pg 429; B pg 182; BD pg 1426 **BS:** 262.

PIGG, Clement; b UNK; d Sep 1849 **RU:** Private, 4th VMR (Greenhill) **CEM:** Pigg Family; Pittsylvania; Irish Rd, Chatham **GS:** Y **SP:** mar in Pittsylvania Co on 07 Mar 1807 to Nancy Elliott, daughter of Joseph Elliott. Married by Rev Thomas Sparks **VI:** No further data **P:** None **BLW:** No **PH:** Y **SS:** A rec 16052 **BS:** 149; 246.

PILCHER, Benjamin; b 1788; d bur 23 Nov 1858 **RU:** Private, 16th VMR (Waller), Spotsylvania Co **CEM:** Hollywood; Richmond City; 412 S Cherry St, Sec C, lot 120 **GS:** U **SP:** mar Elizabeth (------), buried 18 Mar 1881, age 73, same lot **VI:** Died aged 70, burial record #7549 **P:** None **BLW:** No **PH:** N **SS:** A rec 16266 **BS:** 237.

PILCHER, John A; b UNK; d bur 28 Jan 1852 **RU:** Private, 36th VMR (Reno), Prince William Co **CEM:** Hollywood; Richmond City; 412 S Cherry St, Sec C, lot 120 **GS:** U **SP:** No spouse information **VI:** Burial record #7554. No age given **P:** None **BLW:** No **PH:** N **SS:** A rec 16281 **BS:** 237.

PINKHAM, Alexander B; b 1798; d 23 Jul 1843 **RU:** Midshipman, US Navy **CEM:** Cedar Grove; Portsmouth; Effington St & Fort Ln **GS:** Y **SP:** mar Lydia H (-----), b 25 Mar 1811, d 17 Dec 1882 **VI:** Commissioned Midshipman 24 Jul 1814, and Lieutenant on 13 Jun 1825, Commander 08 Sep 1841 **P:** None **BLW:** No **PH:** N **SS:** G; AQ **BS:** 65 pg 110.

PIPER, James, Jr; b 20 Nov 1783; d 04 Mar 1853 **RU:** Private, 6th VMR (Coleman) **CEM:** Piper Family; Washington; Roberts Farm, Rt 19 N of Abington **GS:** Y **SP:** mar Alcey Crabtree, b 01 Jan 1812, d 15 Mar 1864, "wife of James Piper, Jr" **VI:** Father of James H Piper who mar Sarah Perdue **P:** None **BLW:** No **PH:** N **SS:** A rec 16965 **BS:** 116 pg 71.

PIPER, John Henry; b 07 Jul 1776; d 26 Sep 1831 **RU:** Private, 6th VMR (Coleman) **CEM:** Old Lutheran Church; Frederick; Stephens City **GS:** U **SP:** No spouse information **VI:** No further data **P:** None **BLW:** No **PH:** N **SS:** A rec 16965 **BS:** 151.

PITTS, Major S; b 30 Oct 1776; d 05 Sep 1827, "Chattam," Northampton Co **RU:** Lt Colonel, 27th VMR, Northampton Co **CEM:** Old Pitts Farm; Northampton; End of Rt 614 on lane to creek **GS:** Y **SP:** mar Margaret (-----), b 11 Feb 1776, d 05 Jan 1827 **VI:** Promoted from Major 09 Dec 1813. Styled "General" in his obituary in the *Richmond Examiner*, 25 Sep 1827, "leaving a large family" **P:** None **BLW:** No **PH:** N **SS:** B pg 150 **BS:** 20 pg 64.

PLEASANT, Henry E; b 1791; d 21 Nov 1852 **RU:** Private, 5th VMR (McDowell) **CEM:** Rapp's Mill Church; Botetourt; Rt 611 nr Botetourt Co line **GS:** Y **SP:** No spouse information **VI:** No further data **P:** None **BLW:** No **PH:** N **SS:** A rec 17995 **BS:** 155 pg 76.

PLEASANTS, Frederick; b 11 Mar 1785; d 09 Oct 1827, Richmond City **RU:** Private, 19th VMR, Capt William Murphy, Light Infantry Blues, Richmond City, attached to 1st Corps d'Elite (Randolph) **CEM:** Shockoe Hill; Richmond City; 100 Hospital St **GS:** Y **SP:** mar Sarah Marian Eustace on 30 Nov 1812 (tombstone) **VI:** 3rd son of Archibald Pleasants. Merchant in firm of Moncure, Robinson & Pleasants. *Richmond Examiner*, 12 Oct 1827 **P:** None **BLW:** No **PH:** N **SS:** K pg 608 **BS:** 38 pg 5; 199.

PLEASANTS, Henry F; b 1791; d 21 Nov 1852 **RU:** Private, 26th VMR, Capt John Pollock, Charlotte Co, attached to 7th VMR (Gray) **CEM:** Rapp's Mill Church; Rockbridge; Rt 661 nr Botetourt Co line **GS:** Y **SP:** No spouse information **VI:** No further data **P:** None **BLW:** No **PH:** N **SS:** L pg 627; B pg 58 **BS:** 277.

PLEASANTS, John Hampden; b 1796; d 27 Feb 1846 **RU:** Private, 23rd VMR (Brown), Chesterfield Co **CEM:** Shockoe Hill; Richmond City; 100 Hospital St **GS:** Y **SP:** No spouse information **VI:** Son of Gov James Pleasants, Jr. Founded the *Richmond Whig*. He was killed by Thomas Ritchie, Jr, the editor of the *Richmond Enquirer* who had called Pleasants a coward for his anti-slavery sentiments, causing Pleasants to challenge him to a duel. A circular letter was sent out to appeal for money to support his children and his aged widowed mother **P:** None **BLW:** No **PH:** N **SS:** A rec 18016 **BS:** 38 pg ix.

PLEDGE, Francis; b 1792; d bur 29 Sep 1844 **RU:** 2nd Sergeant, 1st VMR (Yancey) **CEM:** Shockoe Hill; Richmond City; 100 Hospital St **GS:** U **SP:** mar on 18 Jul 1820 to Kitty Hughes of Hanover Co. Marriage notice in the *Richmond Examiner*, 25 Jul 1820, pg 3 **VI:** No further data **P:** None **BLW:** No **PH:** N **SS:** A rec 18048 **BS:** 38 pg 31.

POAGE, George; b UNK; d 1868 RU: Major, 48th VMR, Staff Officer, Botetourt Co CEM: Fincastle Presbyterian; Botetourt; 108 E Back St, Fincastle GS: U SP: No spouse information VI: No further data P: None BLW: No PH: N SS: B pg 45 BS: 155 pg 17.

POAGE, John H; b 24 Jun 1769; d 24 Jan 1840 RU: Ensign, 5th VMR (McDowell) CEM: Poage Family; Roanoke; Rt 221, Poage's Mill GS: U SP: No spouse information VI: No further data P: None BLW: No PH: N SS: A rec 18491 BS: 157 pg 195.

POAGE, William; b 18 Mar 1781; d 23 Sep 1855 RU: Private, 5th VMR (McDowell) CEM: Old Stone Presbyterian; Augusta; Rt 11, Fort Defiance GS: Y SP: No spouse information VI: No further data P: None BLW: No PH: N SS: A rec 18504 BS: 2 pg 17.

POAGUE, James E; b UNK; d 31 Dec 1862 RU: Private, McDowell's Flying Camp CEM: Old Providence Church; Augusta; 1005 Spottswood Rd, Spottswood GS: Y SP: mar Sabella M (-----), d 28 Jan 1881 VI: No further data P: None BLW: No PH: Y SS: A rec 18486 BS: 2 pg 55; 31.

POAGUE, John; b UNK; d 06 Feb 1867 RU: Private, 8th VMR, Capt John Paxton, Rockingham Co, attached to 2nd Corp d'Elite (Green) CEM: Old Providence Church; Augusta; 1005 Spottswood Rd, Spottswood GS: Y SP: mar Martha (-----), d 09 Feb 1831 VI: No further data P: None BLW: Yes PH: Y SS: A rec 18490; BD pg 1432; B pg 180 BS: 2 pg 55; 31.

POINDEXTER, Edward H; b UNK; d bur 06 Mar 1863 RU: Private, 63rd VMR, Prince Edward Co CEM: Hollywood; Richmond City; 412 S Cherry St, Sec D, lot 202 GS: U SP: No spouse information VI: Burial record #7565, age not recorded P: None BLW: No PH: N SS: A rec 18685 BS: 237.

POINDEXTER, George Benskin; b 1797, New Kent Co; d 12 Nov 1860 RU: Private, 102nd VMR, Capt Branch Archer, Powhatan Co, attached to 1st Corps d'Elite (Randolph) CEM: Stonewall Jackson Memorial; Lexington; S Main St GS: Y SP: mar Frances Hubard Bowyer, daughter of John Bowyer & Elizabeth Hubard , b 1805, d Nov 1889 VI: No further data P: None BLW: No PH: N SS: K pg 98; B pg 163 BS: 245.

POINDEXTER, Thomas; b 1797; d 1844 RU: Corporal, 1st VMR (Trueheart) CEM: Poindexter Family; Franklin; Rt 655, 2 mi from Rt 834 GS: Y SP: mar Mary (-----), b 1795, d 1872 VI: Doctor P: None BLW: No PH: N SS: A rec 18709 BS: 118 pg 286.

POINDEXTER, Thomas P; b 19 Apr 1798, New Kent Co; d 07 Mar 1851, "Green Springs," Louisa Co RU: Corporal, 40th VMR, Capt George Morris, Louisa Co, attached to 1st VMR (Trueheart) CEM: Poindexter Family; Bedford; Waverly Plantation GS: U SP: mar bef 1842 in Redwood, VA to Elizabeth Burton VI: No further data P: None BLW: No PH: N SS: K pg 54; B pg 23; A rec 18709 BS: 245.

POINTER, W J; b UNK; d bur 15 May 1865 RU: Private, 52nd VMR (Christian), New Kent Co & Charles City Co CEM: Hollywood; Richmond City; 412 S Cherry St GS: U SP: No spouse information VI: Burial record #7568. No age given P: None BLW: No PH: N SS: A rec 1874 BS: 237.

POLLARD, Edward Ranson; b UNK; d UNK RU: Corporal, 1st VMR of Cavalry VA Militia (Holcombe) CEM: Pollard Family; Buckingham; "Moss Side," Rt 15 GS: N SP: No spouse information VI: No further data P: None BLW: No PH: N SS: A rec 19014 BS: 66 pg 455.

POLLARD, Thomas; b 02 Jul 1768; d 30 May 1830 RU: Captain, 25th VMR, Company Commander, King George Co CEM: Courtland Family; Hanover; Hanover GS: Y SP: mar Rebecca Bacon, b 02 Sep 1780, d 05 Oct 1844 VI: Stones for parents erected by their children P: None BLW: No PH: N SS: A rec 19124 BS: 71 pg 31.

POLLARD, Thomas; b 1789; d bur 27 Apr 1845 RU: Private, 87th VMR, King William Co CEM: Shockoe Hill; Richmond City; 100 Hospital St GS: U SP: No spouse information VI: No further data P: None BLW: No PH: N SS: A rec 19125 BS: 38 pg 32.

POLLARD, William; b 03 Aug 1773, Hanover Co; d 21 Nov 1848 RU: Private, 19th VMR, Capt Wilson Bryan, Richmond City CEM: Old Kelso Cemetery; Appomattox; Rt 600, 1 mi N of Pamplin GS: Y SP: mar Mary (-----) VI: Stone is for Susan Kelso, their daughter. This is a vault. Other inscriptions not legible P: None BLW: No PH: N SS: K pg 359 BS: 227.

RU=Rank/Unit CEM=Cemetery GS=Gravestone SP=Spousal Information VI=Other Veteran Info P=Pension
BLW=Bounty/Land Warrant PH=Photo SS=Service Source BS=Burial Source VMR= VA Military Regt
LNR= Last Known Residence

POLLARD, William H; b 1794; d 1858 **RU**: Private, 19th VMR, Capt Wilson Bryan, Richmond City **CEM**: Mattaponi Baptist; King & Queen; King & Queen C. H. **GS**: Y **SP**: No spouse information **VI**: No further data **P**: None **BLW**: No **PH**: N **SS**: K pg 359 **BS**: 245.

POLLOCK, Allan; b 20 Jan 1786; d 29 Jul 1816 **RU**: Private, 19th VMR (Ambler), Richmond City **CEM**: St John's Church; Richmond City; 24th & Broad, Church Hill **GS**: U **SP**: No spouse information **VI**: No further data **P**: None **BLW**: No **PH**: N **SS**: A rec 20482 **BS**: 63 pg 492.

PONZER, Henry; b 14 Jul 1788; d 18 Dec 1854 **RU**: Private, 6th VMR (Coleman) **CEM**: Funkhouser Family; Shenandoah; Rt 646, Mt Olive **GS**: Y **SP**: mar 26 Oct 1810, Eve Myers / Moyers, b 11 Jul 1787, d 07 Jul 1869 **VI**: No further data **P**: None **BLW**: No **PH**: N **SS**: A rec 19558 **BS**: 115 pg 130.

POORE, Robert; b 1775; d 05 Dec 1841 **RU**: Private, 19th VMR (Ambler), Richmond City **CEM**: Shockoe Hill; Richmond City; 100 Hospital St **GS**: Y **SP**: No spouse information **VI**: No further data **P**: None **BLW**: No **PH**: N **SS**: A rec 19968 **BS**: 38 pg 24; 199.

POPE, Joseph; b 13 Jan 1787; d 09 Dec 1829 **RU**: Private, 65th VMR, Capt Rice B Pierce, Southampton Co, attached to 1st VMR (Allen) **CEM**: Harrison / Pope; Southampton; 2 mi NE of Newsome, off Rt 194 **GS**: Y **SP**: mar Sally (-----), per her daughter's tombstone, "E. A. Pope Clark, wife of U Clark, daughter of Joseph & Sally Pope" **VI**: Son of Benjamin Evans Pope **P**: None **BLW**: No **PH**: N **SS**: L pg 637 **BS**: 179; 39 pg 68, 70.

POPE, Nathan; b 05 May 1777; d 25 Aug 1843 **RU**: Private, 65th VMR, Southampton Co **CEM**: Pope Family; Southampton; Old Buck Blowe Farm, Meherrin Rd, 1 mi N of Cooke's Store, off Rt 35 **GS**: U **SP**: mar in Southampton Co on 09 Oct 1783 (bond) to Polly *Pope*, d 04 Mar 1849, age 88 **VI**: No further data **P**: None **BLW**: No **PH**: N **SS**: A rec 20080 **BS**: 39 pg 66.

PORIR, Edward F, Sr; b 1794; d 10 Mar 1866 **RU**: Sergeant, 111th VMR, Capt Alllen Dozier, Westmoreland Co **CEM**: Omohundro Family; Westmoreland; Maple Grove **GS**: N **SP**: No spouse information **VI**: Son of E & S M Porir **P**: None **BLW**: No **PH**: N **SS**: L pg 287 **BS**: 219 pg 109.

PORTER, James A; b UNK; d UNK **RU**: Private, 52nd VMR, Capt Robert Perkins, New Kent Co **CEM**: St John's Church; Richmond City; 24th & Broad, Church Hill **GS**: U **SP**: No spouse information **VI**: No further data **P**: None **BLW**: No **PH**: N **SS**: K pg 131 **BS**: 63 pg 493.

PORTER, John A; b 12 Nov 1798; d 04 Feb 1864 **RU**: Private, 5th VMR (McDowell) **CEM**: Pannill Family; Orange; Rt 684, Orange **GS**: Y **SP**: mar in Orange Co on 02 Nov 1821 to Mary Crump, daughter of John Crump, b 15 Sep 1804, d 07 Apr 1857 **VI**: No further data **P**: None **BLW**: No **PH**: N **SS**: A rec 20563 **BS**: 28 pg 80.

PORTER, John F; b 1784; d bur 30 Oct 1849 **RU**: Private, 6th VMR (Coleman) **CEM**: Shockoe Hill; Richmond City; 100 Hospital St **GS**: U **SP**: No spouse information **VI**: No further data **P**: None **BLW**: No **PH**: N **SS**: A rec 20568 **BS**: 38 pg 49.

PORTER, Joseph; b 1783; d 17 Aug 1831 **RU**: Captain, Service from tombstone **CEM**: Monumental United Methodist; Portsmouth; 450 Dinwiddie St **GS**: U **SP**: No spouse information **VI**: His family owned a shipyard in Portsmouth and several vessels engaged in trade with the West Indies. Son of William Porter & Elizabeth Duke **P**: None **BLW**: No **PH**: Y **SS**: G; R v14 pg 287 **BS**: 49.

PORTER, William; b 20 Mar 1796; d 24 Apr 1865 **RU**: Private, 4th VMR **CEM**: Mt Zion; Smyth; jct Mt Zion Church Rd & Mabe Rd, Marion **GS**: Y **SP**: mar Hetty (-----), d 20 Aug 1864, age 67 yrs, 3 mos **VI**: No further data **P**: None **BLW**: No **PH**: N **SS**: A rec 20822 **BS**: 131 v1 pg 103.

PORTERFIELD, James; b 1791; d 13 Mar 1847 **RU**: Corporal, 5th VMR **CEM**: Clark Cemetery; Washington; Rt 112 **GS**: Y **SP**: mar Jennettie Clark, b 29 May 1794, d 07 May 1873 **VI**: No further data **P**: None **BLW**: No **PH**: N **SS**: A rec 20865 **BS**: 116 pg 185.

PORTERFIELD, Robert; b 22 Feb 1752, Frederick Co; d 13 Feb 1843, Soldier's Retreat, Augusta Co **RU**: Brigadier General, Commander, 7th Brigade **CEM**: Thornrose; Augusta; Staunton **GS**: U **SP**: mar Rebecca Farrar of Amelia Co. **VI**: Rev War Captain serving in battles at Brandywine, Germantown and Monmouth. Was at Charleston, SC in 1780. Was Justice of the Peace, & High Sheriff of Augusta Co **P**: None **BLW**: No **PH**: N **SS**: B pg 17 **BS**: 257, 245.

RU=Rank/Unit CEM=Cemetery GS=Gravestone SP=Spousal Information VI=Other Veteran Info P=Pension
BLW=Bounty/Land Warrant PH=Photo SS=Service Source BS=Burial Source VMR= VA Military Regt
LNR= Last Known Residence

PORTLOCK, Nathaniel; b 09 May 1773; d 15 Apr 1841 **RU**: Ensign, 9th VMR (Sharp) **CEM**: Carey Family; Chesapeake City; Deep Creek **GS**: Y **SP**: mar Nancy (-----), b 09 Apr 1782, d 03 Oct 1863 **VI**: No further data **P**: None **BLW**: No **PH**: N **SS**: A rec 20894 **BS**: 75 pg 120.

POSTON, William W; b UNK; d 19 Apr 1873 **RU**: Lieutenant, 114th VMR, Hampshire Co (WV) **CEM**: Sharon; Loudoun; Jay & Federal Sts, Middleburg **GS**: Y **SP**: mar Hetty (-----), d 20 Aug 1864, age 67 yrs 3 mos **VI**: No further data **P**: None **BLW**: No **PH**: N **SS**: A rec 21209 **BS**: 73 pg 245.

POTTER, James; b c1797; d 10 Aug 1867 **RU**: Private, 111th VMR (Parker) Capt Allen Dosier, Westmoreland Co **CEM**: Potter Family; Fairfax; Telegraph Rd **GS**: U **SP**: mar Hetty (-----), d 20 Aug 1864, age 67 yrs, 3 mos **VI**: The service identified for this individual may be for the one that died in 1853 and vice versa. Age 67 on 1860 census of Fairfax Co **P**: None **BLW**: No **PH**: N **SS**: L pg 286 **BS**: 80.

POTTER, James; b 1780; d 16 Apr 1853 **RU**: Private, 60th VMR (Minor), Fairfax Co **CEM**: Potter Family; Fairfax; Telegraph Rd **GS**: Y **SP**: mar Susan (-----), b 1787, d 1857 **VI**: Died age 73 years (tombstone) **P**: None **BLW**: No **PH**: N **SS**: A rec 21423 **BS**: 80.

POTTER, Richard; b 1798; d 02 Jan 1886, Buchanan Co **RU**: Private, 6th VMR (Read), Artillery **CEM**: Potter Family; Dickenson; Breaks Interstate Park **GS**: U **SP**: No spouse information **VI**: Son of Isaac Potter. ("Virginia Deaths and Burials, 1853-1912," familysearch.org) **P**: None **BLW**: No **PH**: N **SS**: A rec 21532 **BS**: 145.

POTTS, David; b UNK; d 02 Apr 1849 **RU**: Private, 56th VMR (Taylor), Capt David Young, Loudoun Co **CEM**: Potts Family; Loudoun; jct Rts 719 & 734, Hillsboro **GS**: Y **SP**: No spouse information **VI**: No further data **P**: Appliedf **BLW**: Yes **PH**: N **SS**: A rec 21698; BD pg 1441; B pg 122 **BS**: 73 pg 246.

POTTS, James B; b 30 Apr 1762; d 08 May 1839 **RU**: Sailing Master, US Navy **CEM**: Cedar Grove; Portsmouth; Effington St & Fort Ln **GS**: Y **SP**: mar (1) Elizabeth Hendree; (2) Sarah (Potts), b 1794, d 22 Aug 1855. Both are buried in same plot **VI**: Commissioned Sailing Master in Norfolk on 24 Jul 1812 **P**: None **BLW**: No **PH**: N **SS**: G; AQ **BS**: 65 pg 112.

POTTS, Joshua; b UNK; d 22 Apr 1837 **RU**: Private, 56th VMR (Taylor), Loudoun Co **CEM**: Ketoctin Baptist; Loudoun; Alder School Rd (Rt 711), Eubanks **GS**: Y **SP**: No spouse information **VI**: No further data **P**: None **BLW**: No **PH**: N **SS**: A rec 21741 **BS**: 73 pg 247.

POTTS, Nathan; b UNK; d 06 Oct 1830 **RU**: Private, 56th VMR (Taylor), Loudoun Co **CEM**: Ketoctin Baptist; Loudoun; Alder School Rd (Rt 711), Eubanks **GS**: Y **SP**: mar in Loudoun Co on 03 Apr 1804 to Eunice Walter **VI**: No further data **P**: None **BLW**: No **PH**: N **SS**: A rec 21750 **BS**: 73 pg 247.

POTTS, William; b UNK; d 19 Jan 1862 **RU**: Private, 56th VMR (Taylor), Loudoun Co **CEM**: Potts Family; Loudoun; jct Rts 719 & 734, Hillsboro **GS**: Y **SP**: No spouse information **VI**: No further data **P**: None **BLW**: No **PH**: N **SS**: A rec 21795 **BS**: 73 pg 248.

POULSON, James, Sr; b 22 Nov 1768; d 14 Apr 1840 **RU**: Major, 2nd VMR (Bayley), Accomack Co **CEM**: Poulson Family aka Cokesbury; Accomack; Rt 1028, Onancock **GS**: Y **SP**: mar Elizabeth (-----), b 08 Aug 1767, d 19 Jan 1845. Member of Methodist Episcopal Church for 60 years **VI**: Member of Methodist Episcopal Church for 37 years **P**: None **BLW**: No **PH**: N **SS**: A rec 21829 **BS**: 21 pg 219, 220.

POULTON, Reed; b 16 Feb 1790; d 24 Apr 1872 **RU**: Private, 56th VMR, Capt Nicholas Osborn, Loudoun Co, attached to Green's Regiment **CEM**: Grove Methodist Meeting House; Loudoun; Forest Grove Rd, Woodburn **GS**: Y **SP**: mar Alzey (-----), b 02 Feb 1795, d 28 Nov 1869 **VI**: No further data **P**: None **BLW**: No **PH**: N **SS**: A rec 21846; BD pg 1441; B pg 121 **BS**: 73 pg 248.

POWELL, Abel; b 1782; d 01 Jan 1815 **RU**: Lieutenant, 27th VMR, Capt Severn Parker, Northampton Co **CEM**: Rose Neath; Northampton; nr jct Rts 600 & 630 **GS**: Y **SP**: mar in Northampton Co on 02 Nov 1812 (bond) to Margaret Savage, Littleton Savage surety **VI**: Stone erected by his only child, Pamela E J A Bayly, an infant at the time of his death **P**: None **BLW**: No **PH**: N **SS**: L pg 625 **BS**: 20 pg 65.

POWELL, James; b 28 Feb 1778; d 11 Dec 1853 **RU**: Private, 115th VMR, Capt Charles M Collier, Elizabeth City Co, Warwick Co, or York Co **CEM**: St John's Episcopal; Hampton City; 100 W Queens Way **GS**: Y **SP**: mar Alice, who, as Alice *Wilson* received an Old War pension for his service **VI**: Wounded during service (widow's Old War Pension application) **P**: Spouse **BLW**: No **PH**: N **SS**: L pg 244; BD pg 1442 **BS**: 160 pg 125.

POWELL, John G; b UNK, Fairfax Co; d c1825 (Inv) **RU**: Private, 20th USA Regiment **CEM**: Old Presbyterian Church; Alexandria; S Fairfax St **GS**: N **SP**: No spouse information **VI**: Cooper by trade. Enlisted 04 Sep 1814, discharged at Norfolk 15 Mar 1815. Chairman of the Reception Committee to Lafayette in 1825 **P**: None **BLW**: No **PH**: N **SS**: C pg 145 **BS**: 105 Alex.

POWELL, John N; b 23 Jul 1787; d 1850 **RU**: Ensign, 5th VMR **CEM**: Powell Family; Franklin; nr Old Chestnut Mountain **GS**: Y **SP**: No spouse information **VI**: No further data **P**: None **BLW**: No **PH**: N **SS**: A rec 22245 **BS**: 118 pg 288.

POWELL, Peyton; b UNK; d Nov 1864 **RU**: Private, 56th VMR (Taylor), Loudoun Co **CEM**: North Fork Baptist; Loudoun; 38139 N Fork Rd, Purcellville **GS**: Y **SP**: No spouse information **VI**: No further data **P**: None **BLW**: No **PH**: N **SS**: A rec 22333 **BS**: 73 pg 249.

POWELL, Silas; b 1795; d bur 28 Feb 1848 **RU**: Fifer, 2nd VMR **CEM**: Shockoe Hill; Richmond City; 100 Hospital St **GS**: U **SP**: No spouse information **VI**: No further data **P**: None **BLW**: No **PH**: N **SS**: A rec 22384 **BS**: 38 pg 45.

POWELL, Thomas Burr; b UNK; d 08 Oct 1844 **RU**: Corporal, 4th VMR **CEM**: Sharon; Loudoun; Jay & Federal Sts, Middleburg, Lot 60 **GS**: Y **SP**: No spouse information **VI**: No further data **P**: None **BLW**: No **PH**: N **SS**: A rec 22417 **BS**: 73 pg 249.

POWELL, Thomas J; b 1792; d bur 27 Aug 1864 **RU**: Corporal, 4th VMR **CEM**: Hollywood; Richmond City; 412 S Cherry St, Sec D, lot 7 **GS**: U **SP**: No spouse information **VI**: Age 72 at time of burial. Burial record #7568 **P**: None **BLW**: No **PH**: N **SS**: A rec 22408 **BS**: 237.

POWELL, William A; b UNK; d bur 12 Jan 1881 **RU**: Private, 4th VMR (Beatty) **CEM**: Hollywood; Richmond City; 412 S Cherry St **GS**: U **SP**: No spouse information **VI**: Burial record #7581. No age given **P**: None **BLW**: No **PH**: N **SS**: A rec 22466 **BS**: 237.

POWELL, William A; b 1798; d bur 04 Oct 1870 **RU**: Private, 1st VMR (Clarke) **CEM**: Hollywood; Richmond City; 412 S Cherry St, Sec E, lot 65 **GS**: U **SP**: No spouse information **VI**: Age 72 years, 8 mos. Burial record #7580 **P**: None **BLW**: No **PH**: N **SS**: A rec 22442 **BS**: 237.

POWELL, William Levin; b 05 Jun 1797; d 04 Sep 1853 **RU**: Private, 1st Regiment DC Militia **CEM**: Christ Church Episcopal; Alexandria; Wilkes & Hamilton **GS**: Y **SP**: mar Ann M (-----), b 1800, d 1885 **VI**: of "Belle View", Doctor **P**: None **BLW**: No **PH**: N **SS**: A rec 22446 **BS**: 34 pg 111.

POWERS, John M; b UNK; d 28 Dec 1837 **RU**: Private, 1st VMR (Trueheart) **CEM**: St John's Church; Richmond City; 24th & Broad, Church Hill **GS**: U **SP**: No spouse information **VI**: No further data **P**: None **BLW**: No **PH**: N **SS**: A rec 22702 **BS**: 64 pg 350; 252 pg 63.

POWERS, William; b 1784; d bur 05 Oct 1864 **RU**: Private, 9th VMR (Boyd), King & Queen Co **CEM**: Hollywood; Richmond City; 412 S Cherry St, Sec B, lot 39 **GS**: U **SP**: No spouse information **VI**: Age 80 at time of burial. Burial record #7583 **P**: None **BLW**: No **PH**: N **SS**: A rec 22837 **BS**: 237.

PRATT, John, Sr; b 22 Aug 1789; d 20 Oct 1855 **RU**: Private, 16th VMR, Capt Therit Towles, Spotsylvania Co **CEM**: Pratt Family; Caroline; "Camden," Rt 686, Port Royal **GS**: Y **SP**: No spouse information **VI**: No further data **P**: None **BLW**: No **PH**: N **SS**: L pg 783 **BS**: 80.

PRENTIS, John B; b 1788; d bur 14 Sep 1848 **RU**: Sergeant, 19th VMR (Ambler), Capt Andrew Stevenson, Artillery, Richmond City; attached to 2nd VMR (Ballowe) **CEM**: Shockoe Hill; Richmond City; 100 Hospital St **GS**: U **SP**: mar in Richmond City on 12 May 1814 by Rev Taylor, to Catherine Dabney. Marriage notice in the *Virginia Patriot*, 14 May 1814, pg 3 **VI**: Son of Judge Joseph Prentis of Williamsburg. Occupation architect **P**: Spouse **BLW**: No **PH**: N **SS**: L pg 740; B pg 175; BD pg 1447 **BS**: 38 pg 43.

PRENTIS, John Brooks; b 1798, CT; d 10 Apr 1819 **RU**: Private, 3rd Regiment CT Militia (Moore), Capt Asa W Swan **CEM**: Shockoe Hill; Richmond City; 100 Hospital St **GS**: Y **SP**: mar Catherine (-----) **VI**: No further data **P**: Spouse **BLW**: No **PH**: N **SS**: BD pg 1446 **BS**: 199.

PRESTON, Christopher; b 31 Mar 1794; d 03 Nov 1870 **RU**: Private, Maj John Woodford's Squadron of Cavalry (Dragoons) **CEM**: Preston Family; Bedford; Goodview Rd **GS**: U **SP**: mar Martha M (-----), b 1804, d 1875 **VI**: No further data **P**: None **BLW**: No **PH**: N **SS**: A rec 24022 **BS**: 164.

RU=Rank/Unit CEM=Cemetery GS=Gravestone SP=Spousal Information VI=Other Veteran Info P=Pension
BLW=Bounty/Land Warrant PH=Photo SS=Service Source BS=Burial Source VMR= VA Military Regt
LNR= Last Known Residence

PRESTON, Francis; b 02 Aug 1765, Greenfield, Botetourt Co; d 26 May 1876, Columbia, Richland Co, SC **RU:** Brigadier General, Commander, 19th Brigade **CEM:** Aspenvale; Smyth; nr jct Rts 64 & 642, Seven Mile Ford **GS:** U **SP:** mar on 10 Jan 1793 to Sarah Buchanan Campbell, eldest daughter of General William Campbell of Washington Co, b 1778, d 1846. Marriage notice in the *Virginia Gazette and General Advertiser*, 30 Jan 1793, pg 2 **VI:** Son of William Preston & Susanna (Smith) Preston; nephew by marriage of Patrick Henry. Lawyer. House of Delegates, 1788-89, 1812-14; US Congress, 1793-97; State Senate, 1816-20. He was of Montgomery Co at the time of his marriage **P:** None **BLW:** No **PH:** N **SS:** B pg 249 **BS:** 168.

PRESTON, James Patton; b 21 Jun 1774, Montgomery Co; d 04 May 1843, Montgomery Co **RU:** Lt Colonel, 75th VMR, Commander, Montgomery Co **CEM:** Preston Cemetery; Montgomery; 1000 Smith Plantation Rd, Blacksburg **GS:** Y **SP:** mar Ann Barraud Taylor, b 1778, d 1861 **VI:** Son of William Preston (1729-1783) & Susanna Smith (1740-1823). Educated at the College of William & Mary. He was seriously wounded during the War of 1812 and crippled for life. Representative to House of Delegates 1816 & 20th Governor of VA 1816-1819, under whose term was founded the University of Virginia in Charlottesville. Portrait on-line at findagrave.com. Preston County, VA was named in his honor [now WV] **P:** None **BLW:** No **PH:** on-line **SS:** B pg 138 **BS:** 49, 245.

PRESTON, John M; b 05 Aug 1788; d 14 Sep 1861 **RU:** Private, 7th VMR (Saunders) **CEM:** Aspenvale; Smyth; nr jct Rts 64 & 642, Seven Mile Ford **GS:** Y **SP:** mar Maria T C Preston, daughter of General Francis & Sarah b Preston, d 18 Oct 1842, age 36 yrs, 10 mos, 8 days. Monument erected by her husband **VI:** No further data **P:** None **BLW:** No **PH:** N **SS:** A rec 24074 **BS:** 131 v1 pg 8.

PRESTON, John, Jr; b 08 Jul 1781; d 10 Oct 1864 **RU:** Lt Colonel, 105th VMR, Commander, Washington Co **CEM:** Walnut Grove; Washington; Abingdon Rd, Bristol **GS:** Y **SP:** mar at Smithfield on 05 Oct 1802 to Margaret Brown Preston, daughter of Col William Preston, d 04 May 1843, aged 59 yrs **VI:** The Old Walnut Grove Log School & Presbyterian Church was founded by Preston & Rhea families in 1780s. He is called "Colonel" on his tombstone, which says he was a Captain in the War of 1812, and Colonel of the 105th Virginia militia. Judge of Washington Co 1820-1852. Cast in iron on sarcophagus. Commissioned rank of Lt Colonel 19 Jan 1805 **P:** None **BLW:** No **PH:** N **SS:** A rec 24074; B pg 198 **BS:** 116 pg 376, 245.

PRESTON, Thomas; b 1770; d 06 Apr 1834 **RU:** Ensign, 2nd VMR **CEM:** Trinity United Methodist; Alexandria; Wilkes St **GS:** Y **SP:** mar Ellen (-----), mother of Thomas S Preston who d age 18, "son of John and Ellen Preston" **VI:** Died age 64 **P:** None **BLW:** No **PH:** N **SS:** A rec 24120 **BS:** 32 pg 136.

PRESTON, Thomas Lewis; b 1781; d UNK **RU:** Ensign, 91st VMR, Capt John Gray, Bedford Co, attached to 2nd VMR **CEM:** Stonewall Jackson Memorial; Lexington; S Main St **GS:** Y **SP:** No spouse information **VI:** No further data **P:** None **BLW:** Yes **PH:** N **SS:** K pg 72; BD pg 1448 **BS:** 49.

PRICE, George E; b 27 Feb 1784; d 01 Dec 1850 **RU:** Private, 31st VMR, Capt Meredith Darlington, Frederick Co, attached to 4th VMR (Boyd) **CEM:** Price Family; Page; Rt 12, Verbena Hill **GS:** U **SP:** No spouse information **VI:** No further data **P:** Yes **BLW:** No **PH:** N **SS:** A rec 24534; BD pg 1449; B pg 79 **BS:** 156.

PRICE, Henry; b UNK; d UNK **RU:** Private, 71st VMR, Capt George Judkins, Surry Co, attached to 35th US Infantry **CEM:** Price Family; Madison; Rt 657, Madison **GS:** Y **SP:** No spouse information **VI:** This monument is an uninscribed six-foot rock wall & pile **P:** None **BLW:** No **PH:** N **SS:** A rec 24580; B pg 193 **BS:** 191.

PRICE, Jacob; b 06 Oct 1769; d 23 Nov 1851 **RU:** Private, 5th VMR, Capt Samuel Taylor **CEM:** St John's Church; Augusta; 1 mi E Middlebrook Rd **GS:** Y **SP:** No spouse information **VI:** Capt Samuel Taylor of Virginia is listed in his pension records but is not listed in service source A or B **P:** Yes **BLW:** N **PH:** N **SS:** A rec 24580; BD pg 1449 **BS:** 183.

PRICE, John; b 18 Jul 1798; d 28 Jan 1845 **RU:** Private, 4th VMR (Boyd) **CEM:** Green Hill; Danville City; 761 Lee St **GS:** Y **SP:** No spouse information **VI:** No further data **P:** None **BLW:** No **PH:** N **SS:** A rec 24674 **BS:** 149.

PRICE, John Holt; b 28 Nov 1777, Bedford Co; d 03 Sep 1831 **RU:** Sergeant, 102nd VMR, Capt John Cocke, Powhatan Co, attached to 1st Corps d'Elite (Randolph) **CEM:** Hampden-Sydney Old Cemetery; Prince Edward; 0.3 mi W Hamden Sidney **GS:** Y **SP:** No spouse information **VI:** First Professor of Christain Theology in the Union Theological Seminary **P:** None **BLW:** No **PH:** N **SS:** B pg 163; L pg 231 **BS:** 232.

PRICE, John M; b 03 Sep 1797; d 05 Sep 1855 **RU:** Private, 4th VMR (Boyd) **CEM:** Fincastle Presbyterian; Botetourt; 108 E Back St, Fincastle **GS:** Y **SP:** mar Elisa Hudisell, b 25 Apr 1805, d 18 Mar 1899 **VI:** No further data **P:** None **BLW:** No **PH:** N **SS:** A rec 24674 **BS:** 121 pg 66.

PRICE, Thomas, Jr; b 1781; d 31 Oct 1838 **RU:** Private, 74th VMR, Capt Bentley Browne, Hanover Co **CEM:** Fork Church Episcopal; Hanover; 12566 Old Ridge Rd, Doswell **GS:** Y **SP:** mar Martha (-----) **VI:** Merchant. Son of Capt Thomas Price, Sr (1752-1836) and Barbara (-----) who died 1831. Capt Thomas Price had Rev War service **P:** None **BLW:** No **PH:** N **SS:** L pg 170 **BS:** 69 pg 105.

PRICE, William; b 1775; d 27 Jun 1850 **RU:** Lieutenant, 1st VMR (Trueheart) **CEM:** Shockoe Hill; Richmond City; 100 Hospital St **GS:** Y **SP:** mar on 06 Dec 1787 to Sarah Lewis, daughter of Robert Lewis, Esq of Goochland Co, b 08 Jun 1772, d 26 Jan 1837. Marriage notice in the *Virginia Gazette and Weekly Advertiser*, 13 Dec 1787, pg 2 **VI:** Tombstone styles him "Major." The marriage notices states he was of Fluvanna Co **P:** None **BLW:** No **PH:** N **SS:** A rec 24940 **BS:** 199.

PRIDDY, Elijah; b 1797; d bur 14 Feb 1882 **RU:** Pivate, 74th VMR (Trueheart), Hanover Co **CEM:** Hollywood; Richmond City; 412 S Cherry St, Sec C, lot 156 **GS:** U **SP:** mar (1) on 11 Jul 1821 in Henrico Co, Mary S Foster; (2) in Henrico Co on 14 Apr 1825 to Mary O'Brien, d 28 Aug 1889, age 80. Buried in Section C, lot 156 (burial record #7596) **VI:** Age 85 at time of burial. Burial record #7596, same as wife Mary. May be a reinterment from Shockoe Hill **P:** None **BLW:** No **PH:** N **SS:** A rec 25114 **BS:** 237.

PRIDDY, Elijah; b 1786; d 18 Mar 1833 **RU:** Private, 74th VMR, Capt Hudson Wingfield, Grayson Co **CEM:** Shockoe Hill; Richmond City; 100 Hospital St **GS:** U **SP:** mar Sarah (-----), d 03 Feb 1853, age 70 **VI:** No further data **P:** None **BLW:** No **PH:** N **SS:** K pg 183 **BS:** 38 pg 11.

PRIDE, Francis; b 14 Feb 1793, England; d 31 Jul 1836 **RU:** Private, 1st VMR, Capt John C Hill, Amelia Co **CEM:** Blandford; Petersburg; 111 Rochelle Ln **GS:** Y **SP:** No spouse information **VI:** Born in England, long-time resident of Petersburg. Also two infants buried here: Frances William Pride and Samuel Pride **P:** None **BLW:** No **PH:** N **SS:** L pg 424 **BS:** 200.

PRINCE, David; b 1798; d aft 1850 **RU:** Private, 4th VMR **CEM:** Prince Family; Southampton; Southampton **GS:** U **SP:** mar in Sussex Co on 01 Dec 1829 to Nancy Rivers **VI:** Son of Joseph H Prince (1764-1847) & Priscilla Adams (1769-1789). Age 52 on the 1850 census of Southampton Co **P:** None **BLW:** No **PH:** N **SS:** A rec 25389 **BS:** 25.

PRITCHETT, John; b UNK; d 1849 (Inv) **RU:** Lieutenant, 4th VMR, Capt William Pritchett, Brunswick Co, attached to 4th VMR **CEM:** Pritchett Family; Danville City; 678 Sam Haley Rd **GS:** Y **SP:** mar (1) on 14 Dec 1795 to Susanna Cox; (2) in Pittsylvania Co on 20 Oct 1813 to Sarah H Inge, daughter of John Inge who gave consent. Surety by Stephen Dance **VI:** No further data **P:** Spouse **BLW:** Yes **PH:** Y **SS:** B pg 49; BD pg 1453 **BS:** 246.

PRITCHETT, William Edward; b 1790; d 07 Aug 1831 **RU:** Captain, 66th VMR, Company Commander, Brunswick Co, attached to 4th VMR (Lucas & Wills) **CEM:** Pritchett Family; Prince Edward; General loc not given **GS:** U **SP:** mar Nancy Ann Elliott, d 1860 **VI:** Son of Joshua Daniel Pritchett (1760-1828) and Elizabeth Cousins (1775-1838). School teacher in Prince Edward Co **P:** None **BLW:** No **PH:** N **SS:** B pg 49, 222 **BS:** 245.

PROBST, Henry; b 1787; d bur 11 Aug 1849 **RU:** Private, 55th VMR, Capt Robert Hooke, Rockingham Co **CEM:** Shockoe Hill; Richmond City; 100 Hospital St **GS:** U **SP:** No spouse information **VI:** No further data **P:** None **BLW:** No **PH:** N **SS:** K pg 17 **BS:** 38 pg 48.

PROSSER, John H; b 1775; d 25 Oct 1810 **RU:** Lieutenant, 36th VMR (Reno), Prince William Co **CEM:** Prosser Family; Richmond City; N side Lester St, 400 ft E of Nicholson facing James River **GS:** Y **SP:** No spouse information **VI:** Only one other grave in cemetery **P:** None **BLW:** No **PH:** N **SS:** A rec 26141 **BS:** 199.

PUCKETT, Jacob; b 10 Jun 1794; d 22 Aug 1887 **RU:** Private, 8th VMR (Wall) **CEM:** Puckett Family; Carroll; Blue Ridge Parkway near Puckett Church **GS:** N **SP:** mar Sarah Marshall, b 08 Mar 1808, d 22 Jul 1899 **VI:** No stone for either. Dates are by tradition **P:** None **BLW:** No **PH:** N **SS:** A rec 26589 **BS:** 90 pg 571; 245.

PULLEN, Thomas E; b 08 Mar 1789; d 09 Sep 1834 **RU:** Private, 37th VMR, Capt William Way, Northumberland Co **CEM:** Bowen / Pullen / Frazier; Rappahannock; Piney River Trail, off Frazier Hollow Rd, Shenandoah National Park **GS:** Y **SP:** mar Peggy (-----), b 15 Nov 1794, d 1879 **VI:** Shared stone with wife **P:** None **BLW:** No **PH:** N **SS:** L pg 817; B pg 153 **BS:** 270.

PULLER, John; b 27 Aug 1774; d 05 Mar 1818 **RU**: Private, 16th VMR, Capt Gulielmus Smith, Spotsylvania Co **CEM**: Puller Family; Rappahannock; Rt. 211 **GS**: Y **SP**: mar Ann Puller, transcript of stone reads "consort of John Puller departed this life 21 Apr 1839 in the 99th year of her age." This places her birth in 1740 and makes her 34 years older than John Puller. The age at death is probably mistranscribed **VI**: No further data **P**: None **BLW**: No **PH**: N **SS**: L pg 723 **BS**: 74 pg 21.

PURCELL, John; b 1791; d bur 14 Mar 1849 **RU**: Private, 21st VMR, Gloucester Co **CEM**: Shockoe Hill; Richmond City; 100 Hospital St **GS**: U **SP**: mar Martha (-----) **VI**: No further data **P**: None **BLW**: No **PH**: N **SS**: A rec 27250 **BS**: 38 pg 45.

PURCELL, Thomas W; b UNK; d bur 26 May 1857 **RU**: Private, 21st VMR, Gloucester Co **CEM**: Hollywood; Richmond City; 412 S Cherry St, Sec B, lot 11 **GS**: U **SP**: mar Sallie A (-----), buried Section B, lot 11. No age given **VI**: Burial record #7602, no age given **P**: None **BLW**: No **PH**: N **SS**: A rec 27266 **BS**: 237.

PURDIE, John Hydman; b 1770; d 29 May 1845, Smithfield **RU**: Sergeant Major, 29th VMR, Maj Joseph Ballard, Isle of Wight Co **CEM**: St Lukes Church; Isle of Wight; 14477 Benn's Church Rd, Smithfield **GS**: Y **SP**: mar Eliza Armistead, b 26 May 1794, d Oct 1879 **VI**: Doctor. Dates from death notices in Richmond newspapers **P**: None **BLW**: No **PH**: Y **SS**: A rec 27298 **BS**: 158 pg 6.

PURDIE, Thomas; b 20 Aug 1775; d 01 Dec 1829 **RU**: Paymaster, 3rd VMR (Boykin), Staff Officer, Isle of Wight Co **CEM**: St Lukes Church; Isle of Wight; 14477 Benn's Church Rd, Smithfield **GS**: Y **SP**: No spouse information **VI**: Son of George & Mary Purdie. Perhaps reinterred from Old Machelvania Farm **P**: None **BLW**: No **PH**: N **SS**: L pg 3 **BS**: 158 pg 7.

PURKINS, Thomas; b 25 Apr 1791; d 16 Jun 1855 **RU**: Lieutenant, 6th VMR **CEM**: Hollywood; Stafford; Hollywood Farm, Rt 601 **GS**: Y **SP**: mar Fannie P (-----), b 14 Aug 1804, d 11 May 1857 **VI**: Son of William & Sarah Purkins [tombstone] **P**: None **BLW**: No **PH**: N **SS**: A rec 27540 **BS**: 26 pg 248.

PURSEL / PURCELL, Samuel; b 25 Mar 1780: d 08 Aug 1855 **RU**: Private, 89th VMR, Prince William Co **CEM**: Potts Family; Loudoun; jct Rts 719 & 734, Hillsboro **GS**: Y **SP**: No spouse information **VI**: No further data **P**: None **BLW**: No **PH**: N **SS**: A rec 27262 **BS**: 73 pg 252.

PYRTLE, Barton; b 27 Mar 1795; d 08 Sep 1869 **RU**: Private, 5th VMR **CEM**: Pyrtle Family; Henry; next to Walker cemetery in woods off Rt 656, N of Rt 606 **GS**: Y **SP**: mar Lucinda Martin, b 1801, d 1854; (2) Millicent P. Franklin **VI**: Son of John & Mary W. (Maupin) Pyrtle **P**: None **BLW**: No **PH**: N **SS**: A rec 28129 **BS**: 245.

QUARLES, John; b UNK; d 12 Oct 1844 **RU**: Sergeant, 19th VMR, Capt Wilson Bryan, Richmond City **CEM**: St John's Church; Richmond City; 24th & Broad, Church Hill **GS**: U **SP**: No spouse information **VI**: No further data **P**: None **BLW**: No **PH**: N **SS**: L pg 180 **BS**: 63 pg 180; 252 pg 64.

QUARLES, Peter; b UNK; d 1859 **RU**: Private, 30th VMR, Capt William F Gray, Caroline Co, attached to 9th VMR (Boyd) **CEM**: Carmel Baptist Church; Caroline; 24320 Jefferson Davis Hwy, Ruther Glen **GS**: Y **SP**: mar Mary E (-----) **VI**: Son of Minor Quarles. Memorial Tablet **P**: Spouse **BLW**: No **PH**: N **SS**: A rec 174; BD pg 1458; B pg 86 **BS**: 9 pg 22; 49.

QUARLES, Wilson; b UNK; d 1831 **RU**: Private, 1st VMR (Yancey) **CEM**: Carmel Baptist Church; Caroline; 24320 Jefferson Davis Hwy, Ruther Glen **GS**: Y **SP**: mar Mary S Hackett **VI**: No further data **P**: None **BLW**: No **PH**: N **SS**: A rec 189 **BS**: 9 pg 22.

QUESENBERRY, Thomas; b 1794; d 1879 **RU**: Private, 78th VMR, Capt Timothy Dalton, Grayson Co, attached to 4th VMR **CEM**: Quesenberry Family; Carroll; jct Rts 670 & 674 **GS**: Y **SP**: mar Tabitha Cock, b 20 Nov 1795, d 02 Jul 1874 **VI**: No further data **P**: Applied **BLW**: No **PH**: N **SS**: A rec 288; BD pg 1458; B pg 86 **BS**: 90 pg 490.

QUICK, Tunis; b 16 Sep 1793; d 19 Apr 1852 **RU**: Private, 13th VMR, Capt John Sloan, Shenandoah Co, attached to 4th VMR **CEM**: Mount Pisgah United Methodist; Augusta; Mt Sydney **GS**: U **SP**: mar Jane (-----) **VI**: No further data **P**: None **BLW**: Yes **PH**: N **SS**: A rec 402; BD pg 1459; B pg 185 **BS**: 183.

RADER, Abraham; b UNK; d 25 Mar 1837 **RU**: Corporal, 121st VMR, Capt Joseph Hannah, Botetourt Co, attached to Flying Camp McDowell **CEM**: Mount Union; Botetourt; Rt 630, Haymakertown, 5 mi W of Fincastle **GS**: U **SP**: mar Barbara (-----) **VI**: No further data **P**: Spouse **BLW**: Yes **PH**: N **SS**: K pg 24; BD pg 1460; B pg 45 **BS**: 155 pg 34.

RU=Rank/Unit CEM=Cemetery GS=Gravestone SP=Spousal Information VI=Other Veteran Info P=Pension
BLW=Bounty/Land Warrant PH=Photo SS=Service Source BS=Burial Source VMR= VA Military Regt
LNR= Last Known Residence

RADER, Adam; b 08 May 1791; d 07 Apr 1881 **RU:** Sergeant, 58th VMR, Capt Abraham Hamilton, Rockingham Co **CEM:** Greenwood; Rockingham; Rt 42 behind Methodist Church, Bridgewater **GS:** Y **SP:** mar Maria (-----), b 03 Apr 1791, d 02 May 1875 **VI:** No further data **P:** Yes **BLW:** No **PH:** N **SS:** A rec 999; BD pg 1460; B p 181 **BS:** 262.

RADER, George Washington; b 14 Jun 1797; d 09 May 1894 **RU:** Private, 116th VMR, Capt William Harrison, Rockingham Co, attached to 6th VMR (Coleman) **CEM:** Brick Union; Botetourt; near Troutville **GS:** Y **SP:** mar (1) Susan Kessler, daughter of John & Elizabeth Kessler, b 18 Dec 1802, d 04 Jan 1881; (2) Nancy (-----) **VI:** No further data **P:** Spouse **BLW:** Yes **PH:** N **SS:** A rec 1006; BD pg 1460; B pg 181 **BS:** 155 pg 25.

RADER, John; b 1791, Tazewell Co; d 01 Jan 1874, Jefferson Twp, Tazewell Co **RU:** Sergeant, 35th VMR, Capt Jacob Fishback, Artillery, Wythe Co **CEM:** Deskin Family; Tazewell; Not given **GS:** U **SP:** mar Permelia (-----) **VI:** Birth and death data from "Virginia Deaths and Burials, 1853-1912," (familysearch.org) **P:** Spouse **BLW:** No **PH:** N **SS:** BD pg 1460; B pg 204 **BS:** 260.

RADFORD, Richard; b UNK; d 19 Nov 1843 **RU:** Private, 7th VMR (Gray) **CEM:** St John's Church; Richmond City; 24th & Broad, Church Hill **GS:** U **SP:** No spouse information **VI:** No further data **P:** None **BLW:** No **PH:** N **SS:** A rec 1054 **BS:** 63 pg 350; 252 pg 64.

RADFORD, William; b 27 Jan 1787, Goochland Co; d 05 Jan 1861, Woodbourne **RU:** Private, 2nd VMR **CEM:** St Stephens Episcopal; Bedford; Jefferson HS parking lot, Forest **GS:** Y **SP:** mar in Powhatan Co on 03 Apr 1803 by Rev John D Blair to Elizabeth Mosely, "daughter of late Treasurer of this state," b 13 Nov 1785, d 09 Feb 1858. Marriage notice in *The Visitor*, 08 Apr 1803, pg 38 **VI:** Several Radford children also buried in this cemetery. The marriage notices styles him attorney at law of Lynchburg **P:** None **BLW:** No **PH:** N **SS:** A rec 1059 **BS:** 121 pg 65.

RAGLAND, Nathaniel H; b Sep 1798, Hanover Co; d 25 Jul 1849, Richmond **RU:** Sergeant, 19th VMR (Ambler), Richmond City **CEM:** Shockoe Hill; Richmond City; 100 Hospital St **GS:** Y **SP:** No spouse information **VI:** Marked with government headstone **P:** None **BLW:** No **PH:** N **SS:** A rec 1286 **BS:** 38 pg 47; 199; 31.

RAGLAND, William; b 1790; d aft 1860 **RU:** Private, 100th VMR Capt William Freeland, Buckingham Co, attached to 7th VMR (Gray) **CEM:** Ragland Family; Buckingham; Rt 564 **GS:** N **SP:** No spouse information **VI:** Son of William and Marth Ellen (Terry) Ragland. No stone but "known to be buried here." Age 70 years on 1860 census of Buckingham Co **P:** None **BLW:** No **PH:** N **SS:** K pg 333 **BS:** 66 pg 461.

RAGLAND, William; b 15 Sep 1780; d 19 Aug 1849 **RU:** Private, 4th VMR **CEM:** Quaker Hill Hackett home; Louisa; 3.9 mi S of Trevilians off Rt 613 **GS:** Y **SP:** No spouse information **VI:** No further data **P:** None **BLW:** No **PH:** N **SS:** A rec 1304 **BS:** 181.

RAIL, John; b 1797; d 1858 **RU:** Private, 114th VMR (Poston), Hampshire Co [WV] **CEM:** Stonewall Jackson Memorial; Lexington; S Main St **GS:** Y **SP:** No spouse information **VI:** No further data **P:** None **BLW:** No **PH:** N **SS:** A rec 1456 **BS:** 31.

RAINE, George; b 02 Sep 1789, Cumberland Co; d 08 Oct 1813, Prince Edward Co **RU:** Surgeon's Mate, 6th VMR (Read) Artillery **CEM:** St Paul's Episcopal; Norfolk City; 201 St Paul's Blvd **GS:** Y **SP:** No spouse information **VI:** Death notice, *The Publick Register*, 09 Oct 1813 which styles him "Doctor" and "Surgeon's Mate to Col Read's Artillery Regiment." Tombstone says he was "of Cumberland Co" and obituary says he was "of Prince Edward Co" when he died. John Raine, Sr of Cumberland Co was administrator of his estate **P:** None **BLW:** No **PH:** N **SS:** A rec 1521; P **BS:** 119 pg 29; 239 No. 126.

RALSTON, Peter; b 1779, Falkirk, Scotland; d 22 Aug 1822 **RU:** Sergeant, 19th VMR, Capt Wilson Bryan, Richmond City **CEM:** St John's Church; Richmond City; 24th & Broad, Church Hill **GS:** U **SP:** mar Mary Ann (-----) **VI:** Merchant **P:** None **BLW:** No **PH:** N **SS:** K pg 359 **BS:** 63 pg 499; 252 pg 64.

RAMSAY, Anthony; b 1792; d 23 Sep 1814 **RU:** Private, 1st DC Regiment of Militia **CEM:** Old Presbyterian Meeting House; Alexandria; Wilkes & Hamilton **GS:** Y **SP:** No spouse information **VI:** No further data **P:** None **BLW:** No **PH:** N **SS:** A rec 2090 **BS:** 32 pg 65.

RAMSAY, William; b 1787; d 18 Oct 1822 **RU:** Lieutenant, 1st DC Regiment of Militia **CEM:** Old Presbyterian Meeting House; Alexandria; Wilkes & Hamilton **GS:** Y **SP:** No spouse information **VI:** No further data **P:** None **BLW:** No **PH:** N **SS:** A rec 2139 **BS:** 32 pg 65.

RU=Rank/Unit CEM=Cemetery GS=Gravestone SP=Spousal Information VI=Other Veteran Info P=Pension
BLW=Bounty/Land Warrant PH=Photo SS=Service Source BS=Burial Source VMR= VA Military Regt
LNR= Last Known Residence

RAMSAY, William; b 1794, Scotland; d 02 Feb 1843 **RU:** Seaman, US Navy **CEM:** Shockoe Hill; Richmond City; 100 Hospital St **GS:** U **SP:** mar Mary (-----), d 05 Feb 1847, age 49 **VI:** Was in Dartmoor Prison in England during the war. Occupation printer. From death notice in the *Richmond Compiler*, 03 Feb 1843, pg 2 **P:** None **BLW:** No **PH:** N **SS:** BA pg 78 **BS:** 38 pg 27.

RANDOLPH, Charles; b 1789; d 20 Dec 1863, "Kinloch", Fauquier Co **RU:** Private, "Soldier of the War of 1812" (Tombstone) **CEM:** Turner Cemetery; Fauquier; "Kinloch", Rt 601, The Plains **GS:** Y **SP:** No spouse information **VI:** No further data **P:** None **BLW:** No **PH:** N **SS:** G **BS:** 4 pg 203.

RANDOLPH, Isham; b 1772; d 20 Aug 1844 **RU:** Private, Nash's Regiment of SC Militia **CEM:** Clifton; Cumberland; Rt 16, Cartersville **GS:** Y **SP:** wife Ann R (-----), d 14 Apr 1853, age 76 **VI:** No further data **P:** None **BLW:** No **PH:** N **SS:** A rec 3711 **BS:** 215.

RANDOLPH, John; b 02 Jun 1773, Cawsons, Prince George Co; d 24 May 1833 **RU:** 5th Engineer, Governor Barbour's Staff **CEM:** Hollywood; Richmond City; 412 S Cherry St **GS:** Y **SP:** Never married **VI:** "John Randolph of Roanoke." US Congress 1799-1813, 1815-17, 1819-25, 1827-29, 1833; US Senate 1825-27; US Minister to Russia, 1830. He was a vehement opponent of the War of 1812 and was defeated for re-election as a result. During the War after the burning of Washington in Aug 1814, he served as an Engineer on the Governor's staff. Reinterred from Roanoke to Hollywood on 13 Dec 1879. Grave marking ceremony held 29 Oct 2011 by the Virginia Society of the War of 1812 **P:** None **BLW:** No **PH:** Y **SS:** L pg 46; A rec 3050 **BS:** 168; 31.

RANDOLPH, Richard; b 24 Nov 1772; d 10 Mar 1816 **RU:** Cornet, 19th VMR, Capt Robert Gamble, Troop of Cavalry, Richmond City **CEM:** Tuckahoe Plantation; Goochland; Rt 650 nr Manakin **GS:** Y **SP:** No spouse information **VI:** No further data **P:** None **BLW:** No **PH:** N **SS:** L pg 344 **BS:** 78 pg 244.

RANDOLPH, Richard R; b UNK; d UNK **RU:** Adjutant, 23rd VMR, Chesterfield Co, Cavalry unit attached to 1st VMR (Heth) **CEM:** Blandford; Petersburg; 111 Rochelle Ln **GS:** Y **SP:** No spouse information **VI:** No further data **P:** None **BLW:** No **PH:** N **SS:** A rec 3076 **BS:** 134 pg 40.

RANDOLPH, Thomas Jefferson; b 12 Sep 1792, Monticello, Charlottesville; d 08 Oct 1875, "Edgehill," Albemarle Co **RU:** Commander, 1st Corps d'Elite (Randolph) **CEM:** Monticello Graveyard; Albemarle; 931 Thomas Jefferson Pkwy, Charlottesville **GS:** Y **SP:** mar on 07 Mar 1815 to Jane Hollins Nicholas, daughter of Wilson Cary Nicholas and Margaret Smith, b 16 Jan 1798, d 18 Jan 1871 **VI:** Son of Gov Thomas Mann Randolph and Martha Jefferson, grandson of Thomas Jefferson. Educated in Philadelphia and Charlottesville. Author of *Biography, Life and Correspondence of Thomas Jefferson*. Member Virginia Legislature. Member of 1850 Constitutional Convention. Rector of University of Virginia. President of Democratic National Convention in Balitmore in 1872 **P:** None **BLW:** No **PH:** N **SS:** A rec 3097 **BS:** 94 v2 pg 177.

RANDOLPH, Thomas Mann, Jr; b UNK; d 1851 (Will) **RU:** Captain, 2nd US Army Artillery **CEM:** Tuckahoe Plantation; Goochland; Rt 650 nr Manakin **GS:** U **SP:** mar Lucy A (-----) **VI:** No further data **P:** Spouse App **BLW:** No **PH:** N **SS:** L pg 401; BD pg 1465 **BS:** 78 pg 244.

RANDOLPH, Thomas Mann, Jr; b 17 May 1768, "Tuckahoe", Goochland Co; d 30 Jun 1828, Monticello **RU:** Lt Colonel, 1st Corps d'Elite; 20th Infantry US Infantry **CEM:** Monticello Graveyard; Albemarle; 931 Thomas Jefferson Pkwy, Charlottesville **GS:** Y **SP:** mar on 23 Feb 1790 to Martha Jefferson, daughter of President Thomas Jefferson and Martha Wayles, b 23 Feb 1790, died at Edgehill on 10 Oct 1830 **VI:** Son of Thomas Mann Randoph and Anne Cary, of Tuckahoe, Goochland Co. Educated at William & Mary College, and later at University of Edinburg. Served in the Virginia Senate 1793-94 and 1803-1807. US House of Representatives during the War of 1812, and commandant of the 20th US Infantry which took part in the Northern campaign. Elected to House of Delegates in 1819 and was chosen Governor where he served until 1825 **P:** None **BLW:** No **PH:** N **SS:** B pg 239; A rec 3099 **BS:** 93.

RANDOLPH, William B; b 1794; d aft 1850 **RU:** Private, 19th VMR (Ambler), Capt Robert Gamble, Troop of Cavalry, Richmond City **CEM:** Hollywood; Richmond City; 412 S Cherry St, Sec 12, lots 1-7 **GS:** U **SP:** mar Mrs William B Randolph also buried in this lot, interment #51 in this section **VI:** Burial record #7612, interment #30 in this section. Age 56 years on 1850 census of Henrico Co **P:** Yes **BLW:** No **PH:** N **SS:** A rec 5784; BD pg 1465 **BS:** 237.

RANDOLPH, William Fitzhugh; b UNK; d 16 Jul 1859 **RU:** Unknown, Capt Miller (VMR not determined) **CEM:** Strother / Jones; Frederick; Stephens City **GS:** U **SP:** mar Jane C (-----) **VI:** Death date from *Alexandria Gazette* **P:** Spouse **BLW:** No **PH:** N **SS:** M pg 265; BD pg 1465 **BS:** 79 pg 267.

RU=Rank/Unit CEM=Cemetery GS=Gravestone SP=Spousal Information VI=Other Veteran Info P=Pension
BLW=Bounty/Land Warrant PH=Photo SS=Service Source BS=Burial Source VMR= VA Military Regt
LNR= Last Known Residence

RANDOLPH, William G; b UNK; d UNK **RU:** Corporal, 19th (Ambler), Capt Robert Gamble, Troop of Cavalry, Richmond City **CEM:** Adams Family (no longer exists); Richmond City; Church Hill, Richmond **GS:** U **SP:** No spouse information **VI:** No further data **P:** None **BLW:** No **PH:** N **SS:** L pg 344 **BS:** 63 pg 366.

RANDOLPH, William; b 1770; d 1848 **RU:** Ensign, 5th VMR **CEM:** Jones Family; Frederick; Rt 658 one mi W of Rt 11 **GS:** Y **SP:** No spouse information **VI:** No further data **P:** None **BLW:** No **PH:** N **SS:** A rec 3109 **BS:** 151.

RANKIN, William; b 25 Jan 1789; d 11 Mar 1870 **RU:** Private, 40th VMR, Capt James Mitchie, Lousia Co, attached 4th VMR **CEM:** Rankin Family; Grayson; Marion Heights Subdivision **GS:** Y **SP:** mar (1) on 27 Jul 1823 to Isabella (-----), b 1803, d 1840; (2) Mary M (-----) b 17 Dec 1826, d 20 Jul 1898 **VI:** Early settler of Grayson Co **P:** Spouse App **BLW:** no **PH:** N **SS:** B pg 123; BD pg 1365; M pg 265 **BS:** 277.

RATCLIFFE, John; b UNK; d UNK **RU:** Corporal, 52nd VMR, Capt Daniel Slater, New Kent Co & Charles City Co **CEM:** Ratcliffe Family; New Kent; nr Barhamsville **GS:** U **SP:** mar in Chesterfield Co on 02 Feb 1816 to Patience Farmer **VI:** No further data **P:** None **BLW:** No **PH:** N **SS:** L pg 719 **BS:** 49.

RAWLES, William; b 26 May 1783; d 10 Oct 1882 **RU:** Private, 3rd VMR (Boykin) **CEM:** Liberty Springs Church; Southampton; cnr Liberty Springs Rd & Whaleyville Blvd, Suffolk **GS:** Y **SP:** mar Julia (-----) **VI:** Had son William Rawles, b 22 Sep 1820, d 14 Nov 1909 **P:** None **BLW:** No **PH:** N **SS:** A rec 4339 **BS:** 46 v6 pg 50.

RAWLINGS, James; b 1788; d bur 14 Feb 1838 **RU:** Corporal, 19th VMR, Capt William Murphy, Light Infantry Blues, Richmond City, attached to 1st Corps d'Elite (Randolph) **CEM:** Shockoe Hill; Richmond City; 100 Hospital St **GS:** U **SP:** No spouse information **VI:** No further data **P:** None **BLW:** No **PH:** N **SS:** L pg 607 **BS:** 38 pg 15.

RAWLINGS, Stephen; b 1789; d 26 Apr 1832 **RU:** Private, 56th VMR (Taylor), Loudoun Co **CEM:** Middleburg Baptist; Loudoun; Middleburg **GS:** Y **SP:** No spouse information **VI:** No further data **P:** None **BLW:** No **PH:** N **SS:** A rec 4423 **BS:** 73 pg 254; 7 pg 13.

RAWLINGS, William; b 17 Apr 1794; d 10 Nov 1859 **RU:** Corporal, 56th VMR (Taylor), Loudoun Co **CEM:** Sharon; Loudoun; Jay & Federal Sts, Middleburg, Lot 188 **GS:** Y **SP:** mar Sarah (-----), d 19 Jan 1820, age 56 in Winchester **VI:** No further data **P:** None **BLW:** No **PH:** N **SS:** A rec 4433 **BS:** 7 pg 123.

RAWLS, Elisha; b 1774; d aft 1850 **RU:** Private, 59th VMR (Riddick) Nansemond Co **CEM:** Holy Neck Church; Suffolk City; jct Pineview & Holy Neck Rd **GS:** U **SP:** Margaret Rawls, age 60, enumerated in this household in 1850 Census **VI:** Age 76 on 1850 census of Nansemond Co **P:** None **BLW:** No **PH:** N **SS:** A rec 4496 **BS:** 46, Holy Neck Christian Church.

RAYHILL, Mathew; b UNK; d UNK **RU:** Pivate, 4th VMR **CEM:** Wolf / Sivley Family; Alleghany; 21 miles SW of Covinginton Rt 80, off Rt 18 **GS:** U **SP:** A person of this name married, on 20 Jun 1808 in Monroe Co [WV] to Catherine Wolf **VI:** No further data **P:** None **BLW:** No **PH:** N **SS:** A rec 4961 **BS:** 197.

RAYNOLDS / REYNOLDS, Thomas W; b 10 Jul 1798; d 05 Jul 1867 **RU:** Private, 5th VMR **CEM:** Sharon; Loudoun; Jay & Federal Sts, Middleburg **GS:** Y **SP:** No spouse information **VI:** Buried in McCormack plot **P:** None **BLW:** No **PH:** Y **SS:** A rec 5163 **BS:** 7 pg 122.

RAZOR / REASOR, Daniel; b 23 Jul 1782, Montgomery Co; d 28 Sep 1849, Lee Co **RU:** Private, 94th VMR, Capt Jeremiah Skelton, Lee Co, attached to Maj Bradley's Command **CEM:** Slemp Family; Lee; N of Rt 708 &1 mi E of Rt 622 **GS:** Y **SP:** mar Jan 1810, Johnson City, TN, to Susanna Jackson, b 09 Jun 1793, Johnson Co, TN, d 15 Jan 1868 **VI:** Son of Peter & Anna (-----) Razor / Reasor **P:** None **BLW:** No **PH:** N **SS:** A rec 5224; B, pg 118; **BS:** 49, 245.

READ, Isaac; b UNK; d UNK **RU:** 1st Lieutenant, 4th VMR (Greenhill) **CEM:** Goode Family; Charlotte; Randolph **GS:** U **SP:** See Appendix G **VI:** No further data **P:** None **BLW:** No **PH:** N **SS:** A rec 5426 **BS:** 245.

READ, Jesse; b 2 Oct 1790, CT; d 18 Apr 1855 **RU:** Private, 8th VMR (Magnien) **CEM:** Shockoe Hill; Richmond City; 100 Hospital St **GS:** Y **SP:** No spouse information **VI:** No further data **P:** None **BLW:** No **PH:** N **SS:** A rec 5463 **BS:** 199.

READ, John Blythe; b 15 Jun 1776; d 15 Jan 1818 **RU:** Sergeant, 9th VMR (Sharp) **CEM:** Blandford; Petersburg; 111 Rochelle Ln **GS:** Y **SP:** mar Susan Pride, daughter of John & Priscilla Pride of Chesterfield Co, b 21 Jan 1787, d 16 Apr 1817 **VI:** No further data **P:** None **BLW:** No **PH:** N **SS:** A rec 5506 **BS:** 200; 245.

RU=Rank/Unit   CEM=Cemetery   GS=Gravestone   SP=Spousal Information   VI=Other Veteran Info   P=Pension
BLW=Bounty/Land Warrant   PH=Photo   SS=Service Source   BS=Burial Source   VMR= VA Military Regt
LNR= Last Known Residence

READ, John, Jr; b 1789; d 10 Nov 1855 **RU:** Private, 5th VMR, Capt James Menefree, Mounted Infantry, Culpeper Co, attached to 1st VMR (Crutchfield) **CEM:** Read Family; Culpeper; 1/4 mi S of Jeffersonton on Rt 29 **GS:** Y **SP:** mar (1) Loy (-----), d 09 Apr 1848; (2) Margaret D (-----), who was pensioned **VI:** No further data **P:** Spouse **BLW:** No **PH:** N **SS:** A rec 5478; BD pg 1740; B pg 62 **BS:** 12 pg 27; 196.

READ, Samuel; b 31 Mar 1767; d 25 Jan 1831 **RU:** Sergeant, 2nd VMR, Capt Thomas Bayley, Accomack Co **CEM:** Steptoe / Calloway; Bedford; Rt 128, Federal Hill **GS:** U **SP:** No spouse information **VI:** No further data **P:** None **BLW:** No **PH:** N **SS:** A rec 5605 **BS:** 164.

READ, William W; b 21 Nov 1790; d 01 Jan 1841 **RU:** Private, 95th VMR (Lee), Norfolk Co **CEM:** Read Family; Virginia Beach; Blackwater Rd **GS:** Y **SP:** mar Jacamine Woodard (childrens' stones) **VI:** Son of Malachi Read, who was a son of William Read "who are buried here." **P:** None **BLW:** No **PH:** N **SS:** A rec 5658 **BS:** 80.

READER, Jacob; b UNK; d UNK **RU:** Private, 16th VMR, Spotsylvania Co **CEM:** South Fork Meeting House; Loudoun; Unison Rd (Rt 630), Unison **GS:** Y **SP:** No spouse information **VI:** No dates on stone. Was enumerated on 1810 census of Loudoun Co **P:** None **BLW:** No **PH:** N **SS:** A rec 5700 **BS:** 73 pg 255.

READY, William A; b UNK; d bur 25 Apr 1866 **RU:** Private, 1st VMR (Trueheart) **CEM:** Hollywood; Richmond City; 412 S Cherry St, Sec G, lot 91 **GS:** U **SP:** No spouse information **VI:** No further data **P:** None **BLW:** No **PH:** N **SS:** A rec 5784 **BS:** 237.

REAT, James; b 1782; d 18 Feb 1815 **RU:** Sergeant, 19th VMR, Richmond City **CEM:** St John's Church; Richmond City; 24th & Broad, Church Hill **GS:** U **SP:** mar in Richmond on 23 Aug 1810 to Catherine Strobia. Marriage notice in the *Richmond Enquirer*, 04 Sep 1810, pg 3 **VI:** Partner in the firm Johnson & Reat, Silversmiths, Jewelers & Guilders. Member of Monumental Church **P:** None **BLW:** No **PH:** N **SS:** A rec 6011-6012 **BS:** 63 pg 500; 252 pg 27, 64.

RECTOR, Bennett Henry; b 03 Jan 1782, Fauquier Co; d 25 Dec 1866, Grayson Co **RU:** Ensign, 78th VMR, Capt James Anderson, Grayson Co, attached 4th VMR **CEM:** Lindon Family; Grayson; Dehart **GS:** U **SP:** mar (1) Nancey C Conley or Connelly; (2) Susan (Susannah) Austin, b 17 Oct 1798, d 11 Dec 1882 **VI:** Son of James & Leannah (Warren) Rector **P:** Spouse **BLW:** no **PH:** N **SS:** A rec 6258; B pg 86; BD pg 1472; M pg 266 **BS:** 245.

RECTOR, Henry; b UNK; d 25 Feb 1825 **RU:** Private, Lt Col John Green's Regiment of Mounted Infantry **CEM:** Ketoctin Baptist; Loudoun; Alder School Rd (Rt 711), Eubanks **GS:** Y **SP:** No spouse information **VI:** No further data **P:** None **BLW:** No **PH:** N **SS:** A rec 6272 **BS:** 73 pg 255.

REDD, John; b 1788, Belleview, Henry Co; d by 1824 **RU:** Private, 5th VMR **CEM:** Redd Family; Henry; Fontaine **GS:** Y **SP:** mar 02 Sep 1813, Martha Henry Fontaine **VI:** Son of John Franklin Redd (1755-1850) & Mary (Winston) (1765-1828) **P:** None **BLW:** No **PH:** N **SS:** A rec 6334 **BS:** 245.

REDFORD, Robert; b 21 Aug 1767; d 10 Feb 1847 **RU:** Sergeant, 33rd VMR, Capt Morris Miller, Riflemen, Henrico Co **CEM:** Redford Family #1; Goochland; end of Rt 641 adj Continental Can Company **GS:** Y **SP:** mar Ann (-----), b 22 May 1773, d 19 Oct 1856 **VI:** No further data **P:** None **BLW:** No **PH:** N **SS:** L pg 593 **BS:** 78 pg 220.

REED, Elias; b 16 Feb 1783, Boston, MA; d 09 Jan 1854 **RU:** Private, 19th VMR (Ambler), Capt John R Jones, Richmond City **CEM:** St John's Church; Richmond City; 24th & Broad, Church Hill **GS:** U **SP:** mar in 1808 to Sarah Block, b 1791, d 30 Dec 1846 **VI:** Merchant in the packet trade, vestryman of St John's Church 1831-1839 **P:** None **BLW:** No **PH:** N **SS:** L pg 498 **BS:** 63 pg 354; 252 pg 34.

REED, James R; b 08 Jun 1770, MA; d 04 Mar 1854 **RU:** Private, 4th VMR **CEM:** Cedar Grove; Portsmouth; Effington St & Fort Ln **GS:** Y **SP:** mar Esther (-----), b 1788, d 1850 **VI:** Enumerated on 1810 & 1850 census of Portsmouth **P:** None **BLW:** No **PH:** N **SS:** A rec 7317 **BS:** 65 pg 169.

REED, John; b 23 Mar 1775; d 26 Sep 1856 **RU:** Private, Hunton's Command of Cavalry **CEM:** Ketoctin Baptist; Loudoun; Alder School Rd (Rt 711), Eubanks **GS:** Y **SP:** No spouse information **VI:** No further data **P:** None **BLW:** No **PH:** N **SS:** A rec 7379 **BS:** 73 pg 257.

REED, John; b 30 Sep 1795; d 01 May 1869 **RU:** Private, 111th VMR, Capt George Wright, Westmoreland Co **CEM:** Park Family; Westmoreland; Broadfield **GS:** Y **SP:** mar in Wesmoreland Co on 28 Nov 1822 (bond) to Kitty Mariah Kelly, d 12 Jun 1849, age 45 **VI:** Son of Richard and Elizabeth Washington Reed. Tombstone styles him as Major John Reed **P:** None **BLW:** No **PH:** N **SS:** L pg 848 **BS:** 219 pg 120.

RU=Rank/Unit   CEM=Cemetery   GS=Gravestone   SP=Spousal Information   VI=Other Veteran Info   P=Pension
BLW=Bounty/Land Warrant   PH=Photo   SS=Service Source   BS=Burial Source   VMR= VA Military Regt
LNR= Last Known Residence

REID, Alexander; b c1779, Ayshire, Scotland; d 13 Oct 1856 **RU**: Private, 19th VMR, Richmond City **CEM**: Reid Family; Chesterfield; 1 mi N of Rt 360 on Old Midlothian Tpk **GS**: Y **SP**: mar Agnes (-----), native of Scotland **VI**: Monument erected by his two youngest children, Mary and John **P**: None **BLW**: No **PH**: N **SS**: A rec 8650 **BS**: 228; 8 pg 166.

REID, Andrew, Jr; b 24 Oct 1783; d 12 Nov 1860 **RU**: Private, 44th VMR, Capt William O'Bannon, Fauquier Co, attached to 36th VMR **CEM**: Stonewall Jackson Memorial; Lexington; S Main St **GS**: Y **SP**: mar Mary J (-----) **VI**: Son of Andrew and Magdalene (McDowell) Reid **P**: Spouse **BLW**: No **PH**: N **SS**: BD pg 1478 **BS**: 245.

REID, Benjamin; b 1796; d 25 Jul 1857 **RU**: Private, PA Militia, Cobean's Battalion of Volunteers **CEM**: Western Augusta; Augusta; 8 mi N of Staunton **GS**: Y **SP**: No spouse information **VI**: No further data **P**: None **BLW**: No **PH**: N **SS**: A rec 8656 **BS**: 183.

REID, James; b 30 Apr 1788; d 03 Aug 1830 **RU**: Private, 4th VMR (Boyd) **CEM**: Jerusalem Baptist; Fairfax; 5254 Ox Rd, Fairfax Station **GS**: Y **SP**: No spouse information **VI**: Baptist Minister. Stone was moved from original graveyard but is very worn. The dates come from a biographical sketch published in *Virginia Baptist Ministers*, 2nd Series **P**: None **BLW**: No **PH**: N **SS**: A rec 8695 **BS**: 89 v1 BR-28.

REID, John; b UNK; d 07 Jan 1866 **RU**: Private, 5th VMR (McDowell) **CEM**: King / Arrington; Botetourt; Craig Creek vic Oriskany **GS**: U **SP**: mar Rebecca (-----), d 1881 **VI**: No further data **P**: None **BLW**: No **PH**: N **SS**: A rec 8723 **BS**: 155 pg 75.

REID, John B; b 21 Sep 1787, Culpeper Co; d 01 May 1860 **RU**: Ensign, 60th VMR (Hunter), Capt Thomas Hunter, Fairfax Co **CEM**: Fairfax City Cemetery; Fairfax; 10567 Main St, Sec 2, lot 352A **GS**: Y **SP**: mar (1) Mary M Halley; (2) Mariah (-----) **VI**: Reinterred from old Reid / Ballard cemetery which is now the Pendergrast Subdivision **P**: Both **BLW**: No **PH**: N **SS**: BD pg 1478; B pg 71 **BS**: 89 v3 FX 205.

REID, John Major; b 14 Apr 1785; d 18 Jan 1816 **RU**: Adjutant, 60th VMR (Minor), Fairfax Co **CEM**: Reid Family; Bedford; Poplar Grove **GS**: U **SP**: mar on 08 Sep 1809 in Bedford Co, Elizabeth Branch Maury, daughter of Abraham & Martha (Worsham) Maury, b 25 Nov 1793, Fluvanna Co, d 01 Jul 1852 **VI**: Son of Capt Nathan Reid & Sophia Thorpe. On staff of General Andrew Jackson at Battle of New Orleans & in Creek Indian Wars. Data from United States Daughters of 1812 **P**: None **BLW**: No **PH**: N **SS**: A rec 8728 **BS**: 49.

REID, Thomas O; b 1765; d bef 1850 (US Census) **RU**: Private, 5th VMR **CEM**: Jordan-Moore Family; Campbell; Old Phillip's House, Rustberg **GS**: N **SP**: mar Nancy Forbes, b 1765, d bef 1850 census, daughter of John Forbes **VI**: No further data **P**: None **BLW**: No **PH**: N **SS**: A rec 8778 **BS**: 245.

REID, William; b 1795; d 1860 **RU**: Private, 36th VMR (Reno), Capt George Jackson, Prince William Co **CEM**: Reid Family; Prince William; Dale City **GS**: U **SP**: mar Lydia (-----) **VI**: No further data **P**: Spouse **BLW**: No **PH**: N **SS**: BD pg 1478; B pg 172 **BS**: 160.

REID, William S; b Apr 1778, Chester Co, PA; d 23 Jun 1853 **RU**: Sergeant, 1st VMR (Byrne) **CEM**: Presbyterian Cemetery; Lynchburg; Grace & Bailey Sts **GS**: Y **SP**: mar Clementina F (-----), d 11 Aug 1811, age 54 **VI**: Rev Reid began ministry 1808. For 40 years "faithful & beloved pastor" of 1st Presbyterian Church in Lynchburg. He gave the ground and built the church **P**: None **BLW**: No **PH**: N **SS**: A rec 8786 **BS**: 207.

REW, Dennis; b 23 Feb 1786; d 23 Dec 1854 **RU**: Sergeant, 2nd VMR (Bayley) Accomack Co **CEM**: Rew Plot; Accomack; Justisville **GS**: Y **SP**: mar in Accomack Co on 01 Dec 1809 to Sarah Ayres, Levin R Ayres surety **VI**: Son of Henry & Hester Rew **P**: None **BLW**: No **PH**: N **SS**: A rec 9859 **BS**: 6 pg 232.

REY / RAY, Lewis; b 1793; d 03 Oct 1828, Chesterfield Co **RU**: Sergeant, 19th VMR, Richmond City **CEM**: Shockoe Hill; Richmond City; 100 Hospital St **GS**: Y **SP**: No spouse information **VI**: No further data **P**: None **BLW**: No **PH**: N **SS**: A rec 4784 **BS**: 38 pg 6.

REYNOLDS, Thomas W; b UNK; d UNK **RU**: Sergeant, 5th VMR **CEM**: Slash Christian Church; Hanover; 1153 Mt Hermon Rd, Ashland **GS**: U **SP**: No spouse information **VI**: No further data **P**: None **BLW**: No **PH**: N **SS**: A rec 10517 **BS**: 70 pg 96.

REYNOLDS, William; b UNK; d 10 Sep 1822 **RU**: Private, 10th VMR, Capt Abraham Buford, Bedford Co, attached to 8th VMR (Wall) **CEM**: Shockoe Hill; Richmond City; 100 Hospital St **GS**: Y **SP**: mar Mary Ann (-----) **VI**: No further data **P**: Spouse **BLW**: No **PH**: N **SS**: A rec 10582; BD pg 1483; B pg 2389 **BS**: 38 pg 1.

RU=Rank/Unit   CEM=Cemetery   GS=Gravestone   SP=Spousal Information   VI=Other Veteran Info   P=Pension
BLW=Bounty/Land Warrant   PH=Photo   SS=Service Source   BS=Burial Source   VMR= VA Military Regt
LNR= Last Known Residence

RHEA, William; b 1785; d 1850 **RU:** Private, 5th VMR **CEM:** Walnut Grove; Washington; Abingdon Rd, Bristol **GS:** Y **SP:** mar Susan (-----) , 1804-1877. "Mother" inscribed on stone **VI:** The Old Walnut Grove Log School & Presbyterian Church was founded by the Preston & Rhea families in the 1780s. "Father" inscribed on stone **P:** None **BLW:** No **PH:** N **SS:** A rec 10680 **BS:** 116 pg 377.

RHINEHART, Frederick; b 1775; d bur 29 Jul 1838 **RU:** Private, Hill's Regiment PA Militia **CEM:** Shockoe Hill; Richmond City; 100 Hospital St **GS:** U **SP:** No spouse information **VI:** No further data **P:** None **BLW:** No **PH:** N **SS:** A rec 10725 **BS:** 38 pg 16.

RHOADES, John; b 1776; d UNK **RU:** Private, 74th VMR, Capt Robert Mallory, Hanover Co, attached to 1st VMR (Crutchfield) **CEM:** Rhoades Family; Orange; off Rt 692, Orange **GS:** N **SP:** mar (1) UNK; (2) Susan (-----). No stone **VI:** No further data **P:** Yes **BLW:** Yes **PH:** N **SS:** A rec 10776; BD pg 1484; B pg 79 **BS:** 28 pg 83.

RHODES, Jacob; b 20 Aug 1781; d 24 Jul 1854 **RU:** Private, 116th VMR, Capt William Harrison, Rockingham Co, attached to 1st VMR (Trueheart) **CEM:** Rhodes Family; Rockingham; Rt 811, Mt Valley **GS:** Y **SP:** mar (1) Catharine Halfrey, b 24 Sep 1787, d 28 Nov 1828; (2) Elizabeth Smith, b 20 Aug 1796, d 07 Jul 1879 **VI:** No further data **P:** Spouse **BLW:** No **PH:** N **SS:** K pg 51; B pg 182; BD pg 1484 **BS:** 262.

RHODES, William Richard; b 04 Apr 1794; d 04 Oct 1870 **RU:** Private, 12th VMR, Capt Horace Timberlake, Fluvanna Co, attached to 7th VMR (Gray) **CEM:** Rhoades Family; Orange; off Rt 692, Orange **GS:** N **SP:** mar Elizabeth Cawthorne, b 29 Jun 1809, d Apr 1838 **VI:** Son of Richard & Lucy W (-----) Rhodes **P:** Yes **BLW:** No **PH:** N **SS:** BD pg 1484; B pg 79 **BS:** 28 pg 83.

RICE, Jesse; b UNK; d UNK **RU:** Private, 57th VMR, Loudoun Co **CEM:** Leesburg Presbyterian; Loudoun; 307 W Market St, Leesburg **GS:** U **SP:** mar in Loudoun Co on 28 Oct 1812 to Thurza Lacey ("Virginia Marriages, 1785-1940," familysearch.org) **VI:** No further data **P:** None **BLW:** No **PH:** N **SS:** A rec 11414 **BS:** 73 pg 259.

RICE, John; b 1769; d 11 Mar 1836 **RU:** Sergeant, 5th VMR **CEM:** Fishback Family; Rockingham; Rt 42, Dayton **GS:** N **SP:** mar Mary (-----). No dates **VI:** Died age 67 years. No stone remains. Surveyed by J. Robert Swank in 1967 **P:** None **BLW:** No **PH:** N **SS:** A rec 11468 **BS:** 262.

RICE, John W; b 1793; d 1862 **RU:** Lieutenant, 10th USA Infantry; 6th VMR **CEM:** St Matthews Lutheran; Shenandoah; New Market **GS:** U **SP:** mar Anna Marie Gilliam **VI:** No further data **P:** Spouse **BLW:** No **PH:** N **SS:** BD pg 1486 **BS:** 260.

RICE, William; b 27 Jun 1779; d 02 Aug 1838 **RU:** Private, 4th VMR **CEM:** Old Dayton; Rockingham; Dayton **GS:** Y **SP:** mar Milley (-----) **VI:** Died age 50 years, 8 days **P:** None **BLW:** No **PH:** N **SS:** A rec 11708 **BS:** 211.

RICHARD, Jacob; b 27 Dec 1793; d 13 Jun 1882 **RU:** Private, 51st VMR, Capt John Gilkerson, Frederick Co **CEM:** Taylor Family; Frederick; nr Berryville **GS:** Y **SP:** mar Elizabeth (-----), d 08 Jun 1865, age 71 yrs, 10 mos, 21 days **VI:** Died age 88 yrs, 5 mos, 17 days **P:** None **BLW:** No **PH:** N **SS:** K pg 9 **BS:** 86 pg 31.

RICHARD, John; b UNK; d UNK **RU:** Corporal, 62nd VMR, Capt Daniel Eppes, Prince George Co **CEM:** Shockoe Hill; Richmond City; 100 Hospital St **GS:** U **SP:** No spouse information **VI:** No further data **P:** None **BLW:** No **PH:** N **SS:** L pg 308 **BS:** 38 pg 3.

RICHARDS, John; b 1767; d 23 Jul 1843 **RU:** Private, 57th VMR, Loudoun Co **CEM:** Old Presbyterian Meeting House; Alexandria; Wilkes & Hamilton **GS:** Y **SP:** mar Imarane (-----), b 1768, d 1840 **VI:** Doctor **P:** None **BLW:** No **PH:** N **SS:** A rec 12158 **BS:** 32 pg67.

RICHARDS, John; b 17 Mar 1773; d 23 Mar 1860 **RU:** Private, 5th VMR **CEM:** Richards Family; Frederick; Mountain Falls **GS:** Y **SP:** mar Margaret (-----), b 1779, d 21 Sep 1832 **VI:** No further data **P:** None **BLW:** No **PH:** N **SS:** A rec 12147 **BS:** 79 pg 272.

RICHARDS, John; b UNK; d 22 Jun 1843 **RU:** Private, 1st VMR (Clarke) **CEM:** Lacy Family; Goochland; Off Rt 615 nr Old Forest Grove Church **GS:** Y **SP:** mar Ursula Rutherford **VI:** No further data **P:** None **BLW:** No **PH:** N **SS:** A rec 12179 **BS:** 78 pg 176.

RICHARDS, Jonathan; b 1780; d 03 Feb 1819 **RU:** Private, 19th VMR (Ambler), Richmond City **CEM:** St John's Church; Richmond City; 24th & Broad, Church Hill **GS:** U **SP:** No spouse information **VI:** No further data **P:** None **BLW:** No **PH:** N **SS:** A rec 12165 **BS:** 63 pg 500; 252 pg 64.

RICHARDSON, George; b 1791; d 05 Feb 1823 **RU:** Private, 1st Corps d'Elite (Randolph) **CEM:** Old City Cemetery; Lynchburg; 401 Taylor St **GS:** Y **SP:** No spouse information **VI:** Death date from *The Lynchburg Virginian* states he was of Goochland County and "is survived by a family." Issue of 11 Feb 1823, pg 3. Death year of 1823 is on his stone **P:** None **BLW:** No **PH:** N **SS:** A rec 12540 **BS:** 87 pg 156.

RICHARDSON, John P; b UNK; d 02 Jul 1819, Fairfield **RU:** Captain, 26th VMR, Commander, Troop of Cavalry, Charlotte Co, attached to 4th VMR (Greenhill) **CEM:** Grace Episcopal; Clarke; 110 N Church St, Berryville **GS:** Y **SP:** mar Mary Fidley, b 23 Aug 1787, d 31 Dec 1863 **VI:** No further data **P:** None **BLW:** Yes **PH:** N **SS:** A rec 12754; BD pg 1490 **BS:** 86 pg 13; 92 pg 38.

RICHARDSON, Marcus C; b 02 Sep 1792; d 04 Dec 1864 **RU:** Sergeant, 5th VMR **CEM:** Richardson Family; Clarke; Powell's Fort **GS:** Y **SP:** mar Elizabeth (-----), b 30 Oct 1800, d 09 Feb 1860 **VI:** No further data **P:** None **BLW:** No **PH:** N **SS:** A rec 12849 **BS:** 86 pg 30.

RICHARDSON, Robert P; b 12 May 1798, James City Co; d 30 Oct 1841 **RU:** Private, 22nd VMR, Mecklenburg Co **CEM:** Shockoe Hill; Richmond City; 100 Hospital St **GS:** Y **SP:** No spouse information **VI:** Doctor. Son of Allen & Elizabeth Richardson **P:** None **BLW:** No **PH:** N **SS:** A rec 12936 **BS:** 38 pg 24; 199.

RICHARDSON, Thomas; b 1776; d 18 Dec 1831 **RU:** Private, 19th VMR, Capt George Booker, Richmond City **CEM:** Shockoe Hill; Richmond City; 100 Hospital St **GS:** Y **SP:** No spouse information **VI:** No further data **P:** None **BLW:** No **PH:** N **SS:** K pg 358 **BS:** 199.

RICHARDSON, Thomas W, Sr; b 1794; d aft 1850 **RU:** Private, 81st VMR, Bath Co **CEM:** Mount Pleasant United Methodist; Alleghany; Rt 618 **GS:** U **SP:** Not enumerated on 1850 census **VI:** Age 56 years on 1850 census of Alleghany Co **P:** None **BLW:** No **PH:** N **SS:** A rec 13052 **BS:** 100 v2 pg 23.

RICHARDSON, William; b 1787; d bur 09 Jul 1838 **RU:** Private, 19th VMR, Capt George Booker, Richmond City **CEM:** Shockoe Hill; Richmond City; 100 Hospital St **GS:** U **SP:** No spouse information **VI:** No further data **P:** None **BLW:** No **PH:** N **SS:** L pg 157 **BS:** 38 pg 15.

RICHARDSON, William, Jr; b 23 Mar 1775, Washington Co; d 21 Jan 1835, Smyth Co **RU:** Lieutenant, 6th VMR (Coleman) **CEM:** Richardson Family; Smyth; 1 mi W of Rt 16, Rich Valley **GS:** Y **SP:** mar Rhoda Hicks, b 1789, d 1847 **VI:** son of William & Rebecca (Hays) Richardson **P:** None **BLW:** No **PH:** N **SS:** A rec 13119 **BS:** 245.

RICHARDSON, William, Sr; b 19 Aug 1796; d 21 Sep 1859 **RU:** Private, 4th VMR **CEM:** Millar Family; Warren; Front Royal **GS:** Y **SP:** mar Elizabeth A (-----) **VI:** No further data **P:** None **BLW:** No **PH:** N **SS:** A rec 13116 **BS:** 150.

RIDDICK, Josiah; b 06 Oct 1772; d 1839 **RU:** Lt Colonel, 59th VMR, Commander, Nansemond Co **CEM:** Riddick Family; Suffolk City; 2080 White Marsh Rd, Suffolk **GS:** Y **SP:** mar (1) Jane Millicent Sumner, daughter of Luke Sumner, d 21 Dec 1812; (2) Mary Louisa Riddick, d 07 Jul 1820 **VI:** Son of Josiah & Elizabeeth (Godwin) Riddick. Commissioned a Lt Colonel on 07 Jun 1811 **P:** None **BLW:** No **PH:** N **SS:** L pg 22; B pg 139 **BS:** 46 v1.

RIDDICK, Mills; b 04 Apr1780; d 05 Sep 1844 **RU:** Captain, 59th VMR, Commander, Troop of Cavalry, Nansemond Co **CEM:** Riddick Family; Suffolk City; 2080 White Marsh Rd, Suffolk **GS:** Y **SP:** mar Mary Taylor, b 20 Mar 1788, d 08 Aug 1875, daughter of Capt Richard & Diana (Allen) Taylor **VI:** Son of Josiah & Ann (Riddick) Riddick **P:** Spouse **BLW:** No **PH:** N **SS:** K pg 428; B pg 140; BD pg 1493 **BS:** 46 v1.

RIDDICK, William S; b 16 Aug 1796; d 03 Mar 1848 **RU:** Lieutenant, 3rd VMR (Boyd), Capt Hardy Cross **CEM:** Riddick Family; Suffolk City; 2080 White Marsh Rd, Suffolk **GS:** Y **SP:** No spouse information **VI:** No further data **P:** None **BLW:** No **PH:** N **SS:** K pg 441; A rec 14011 **BS:** 46 v1.

RIDDLE, James; b Nov 1792. Comber County, Ireland; d 01 Nov 1835 **RU:** Private, 74th VMR, Capt Robert Mallory, Hanover Co, attached to 1st VMR (Crutchfield) **CEM:** Blandford; Petersburg; 111 Rochelle Ln **GS:** Y **SP:** mar Ruth (-----) **VI:** "Resident of Petersburg for 16 yrs." Husband and father" (tombstone) **P:** Both **BLW:** No **PH:** N **SS:** A rec 14041; BD pg 1493; B pg 95 **BS:** 200.

RIDDLE, John; b 17 Oct 1788; d 14 Feb 1871 **RU:** Private, 5th VMR **CEM:** Trumbo Family; Rockingham; Rt 259, nr Fullks Run & Broadway **GS:** N **SP:** mar Sarah Byrd, b 09 Dec 1791, d 13 Dec 1875, age 84 yrs, 4 days. "wife of John Riddle." J. Robert Swank notes that she was a daughter of Andrew Byrd & Cynthia Ann Moore **VI:** Data from J. Robert Swank survey, 1967. Swank notes that he was "Son of John Riddle and Mary Lair" **P:** None **BLW:** No **PH:** N **SS:** A rec 14065 **BS:** 262.

RU=Rank/Unit CEM=Cemetery GS=Gravestone SP=Spousal Information VI=Other Veteran Info P=Pension
BLW=Bounty/Land Warrant PH=Photo SS=Service Source BS=Burial Source VMR= VA Military Regt
LNR= Last Known Residence

RIDGEWAY, Jacob; b 1796; d 28 Aug 1866 **RU:** Private, 1st VMR (Taylor) **CEM:** Brucetown Methodist; Frederick; 2161 Brucetown Rd, Clear Brook **GS:** Y **SP:** mar in Frederick Co on 21 Mary 1821 (returned by William Chapman) to Ann Royer, b ca 1800, d 29 Nov 1861 **VI:** No further data **P:** None **BLW:** No **PH:** N **SS:** A rec 14434 **BS:** 79 pg 273.

RIDLEY, Thomas; b 1778; d 1839 **RU:** Captain, 65th VMR (Blow), Company Commander, Troop of Cavalry, Southampton Co **CEM:** Ridley Family; Southampton; Rock Springs Place **GS:** N **SP:** mar (1) Mary Wright, daughter of William and Ann (Blunt) Wright, d 1815; (2) Ann Gilliam (Blunt), widow of Nathaniel Wilkinson **VI:** Son of Thomas & Amy (Scott) Ridley. First owner-resident of "Rock Spring" **P:** None **BLW:** No **PH:** N **SS:** B pg 187 **BS:** 40 pg II-45.

RIFE, Jacob, Sr; b 07 Jun 1781; d 28 Apr 1832 **RU:** Private, 8th VMR (Wall) **CEM:** Rife Family; Rockingham; Evergreen Valley Rd (Rt 617 off Rt 42) **GS:** Y **SP:** mar Nancy (-----) **VI:** No further data **P:** Spouse **BLW:** No **PH:** N **SS:** BD pg 1495; A rec 14776; M pg 268 **BS:** 262.

RIGG, John; b UNK; d 15 Apr 1849 **RU:** Private, 60th VMR, Capt Charles F Ford, Fairfax Co **CEM:** Rigg Family; Fairfax; 2410 Braddock Rd **GS:** Y **SP:** No spouse information **VI:** No further data **P:** None **BLW:** No **PH:** N **SS:** A rec 14925 **BS:** 89 v3 FX-264.

RIND, Nicolas B Seabrook; b 1798; d 12 Apr 1845, Williamsburg **RU:** Private, 19th VMR (Ambler), Capt John R Jones, Richmond City **CEM:** St John's Church; Richmond City; 24th & Broad, Church Hill **GS:** U **SP:** No spouse information **VI:** Probably the son of James Rind and Sarah Seabrook who married in Richmond on 13 Nov 1794. Died in his 74th year at Williamsburg. Funeral held there at home of Mr Trueheart. *Richmond Dailey Whig*, 14 Mar 1845, pg 2 **P:** None **BLW:** No **PH:** N **SS:** L pg 497 **BS:** 63 pg 497; 252 pg 64.

RINKER, Christopher; b 1776; d 06 Aug 1842 **RU:** Private, Collins' Regiment, Ohio Militia **CEM:** Conical School; Shenandoah; 1/2 mile behind Conical School **GS:** Y **SP:** No spouse information **VI:** No further data **P:** None **BLW:** No **PH:** N **SS:** A rec 520 **BS:** 217.

RINKER, Ephraim; b 10 May 1788; d 12 Nov 1830 **RU:** Ensign, 4th VMR **CEM:** Rinker Family; Shenandoah; Mt Jackson **GS:** Y **SP:** mar Anna (-----), b 04 Jun 1793, d 18 Apr 1850 **VI:** No further data **P:** None **BLW:** No **PH:** N **SS:** A rec 16045 **BS:** 115 pg 31.

RINKER, Jacob; b UNK; d 27 Oct 1862 **RU:** Private, 6th VMR (Coleman) **CEM:** Sperry Family; Warren; 1 mi S of Middletown **GS:** Y **SP:** No spouse information **VI:** No further data **P:** None **BLW:** No **PH:** N **SS:** A rec 16050 **BS:** 150.

RISQUE, James Beverly; b 1767; d 29 Nov 1843 **RU:** Captain, Aide-de-Camp, Brigadier General Joel Leftwich, 12th Brigade **CEM:** Presbyterian Cemetery; Lynchburg; Grace & Bailey Sts **GS:** Y **SP:** mar Eliza Kennerly, d 1809 **VI:** Served from 02 Sep 1814 to 01 Dec 1814, discharged at Endicott Mills, MD. Served in the rank of Major on the staff of General Andrew Jackson at the Battle of New Orleans and received Jackson at his house in Lynchburg after the War **P:** None **BLW:** No **PH:** N **SS:** A rec 16420 **BS:** 31.

RITCHIE, James; b 1783; d 16 Nov 1859 **RU:** Private, 5th VMR (McDowell) **CEM:** Oakland; Alleghany; Rt 60 btw Low Moor and Clifton Forge **GS:** Y **SP:** No spouse information **VI:** No further data **P:** None **BLW:** No **PH:** N **SS:** A rec 16557 **BS:** 197.

RITCHIE, Robert; b 21 Jun 1780, Steventson, Ayreshire, Scotland; d 13 Dec 1855 **RU:** 1st Sergeant, 39th VMR, Capt Edwin Beasley, Petersburg **CEM:** Blandford; Petersburg; 111 Rochelle Ln **GS:** Y **SP:** No spouse information **VI:** Birth place and his arrival in Petersburg in September 1801 is from his tombstone **P:** None **BLW:** No **PH:** N **SS:** L pg 128 **BS:** 200.

RITCHIE, Solomon; b c1780; d UNK **RU:** Corporal, 116th VMR, Capt James Mallory, Rockingham Co, attached to Col Cocke's Brigade **CEM:** Ritchie Family; Rockingham; Rt 817, Fulks Run **GS:** N **SP:** mar Elizabeth "Betsy" Baker, b 1795, d 1869, daughter of "Hessian John" and Elizabeth (Turner) Baker **VI:** Son of Isaac & Maria Catharena (Wolfe) Ritchie. Buried here according to Patricia Turner Ritchie's book *Fulks Run Cemeteries*. See also Vergie Lantz's *Descendants of Isaac Ritchie of Virignia* (1983) **P:** None **BLW:** No **PH:** N **SS:** K pg 176 **BS:** 262.

RITTER, Jacob B; b UNK; d 16 Dec 1861 **RU:** Private, McDowell's Flying Camp **CEM:** Old Ebenezer Methodist Episcopal; Loudoun; Neersville **GS:** Y **SP:** mar in Loudoun Co on 12 Sep 1842 to Margaret Jenkins, daughter of William Jenkins **VI:** Was of Clarke County on marriage bond **P:** None **BLW:** No **PH:** N **SS:** A rec 16712 **BS:** 73 pg 262.

RU=Rank/Unit CEM=Cemetery GS=Gravestone SP=Spousal Information VI=Other Veteran Info P=Pension
BLW=Bounty/Land Warrant PH=Photo SS=Service Source BS=Burial Source VMR= VA Military Regt
LNR= Last Known Residence

RITTER, William; b c1792, NY; d bur 11 Apr 1865 **RU:** Matross, 11th Artillery Regiment, NY **CEM:** Hollywood; Richmond City; 412 S Cherry St **GS:** U **SP:** No spouse information **VI:** No further data **P:** None **BLW:** No **PH:** N **SS:** A rec 16750 **BS:** 263 v9 pg 78.

RIVES, Francis Everod; b 14 Jan 1792, Prince George Co; d 26 Dec 1861, Petersburg **RU:** Ensign, 62nd VMR (Selden), Prince George Co **CEM:** Blandford; Petersburg; 111 Rochelle Ln **GS:** Y **SP:** mar Eliza Jane (-----), b 1798, Sussex Co, d 12 Jan 1871, age 73 **VI:** Places of birth and death from tombstone. Of "Littleton." Planter and railroad builder; House of Delegates 1821-31; State Senate,1831-36, 1848-51; US Congress 1837-41; mayor of Petersburg, 1847-48 **P:** None **BLW:** No **PH:** N **SS:** A rec 16852 **BS:** 200; 245.

RIVES, William Cabell; b 1793; d 1868 **RU:** Aide-de-camp, Gen John H. Cocke's Staff, 3rd Brigade **CEM:** Castle Hill Old Cemetery; Albemarle; Rt 22 **GS:** Y **SP:** mar in Albemarle Co on 13 Mar 1819 to Judith Page Walker, b 1802, d 1882. Mann Page, her brother-in-law and guardian, gave consent to her marriage **VI:** No further data **P:** None **BLW:** No **PH:** N **SS:** K pg 184 **BS:** 94 pg 282.

ROACH, James; b 17 Dec 1791; d 10 Jan 1855 **RU:** Private, Hunton's Command of Cavalry **CEM:** Fairfax Meeting House; Loudoun; Walter & Waterford Sts, Waterford **GS:** Y **SP:** mar Hannah (-----), d 1852 **VI:** No further data **P:** None **BLW:** No **PH:** N **SS:** A rec 16978 **BS:** 73 pg 262.

ROBB, Patrick C; b 1790; d 27 Jul 1854 **RU:** Sergeant, 30th VMR, Capt Armistead Hoome, Troop of Cavalry, Caroline Co, attached to Cocke's Detachment **CEM:** Pratt Family; Caroline; "Camden," Rt 686, Port Royal **GS:** Y **SP:** mar Maria Pratt, daughter of John Pratt & Elizabeth Fitzhugh Dixon Pratt; b 29 Apr 1795, d 29 Mar 1871 **VI:** Doctor **P:** Spouse **BLW:** Yes **PH:** N **SS:** K pg 172; BD pg 1501; B pg 56 **BS:** 10 pg 118; 80.

ROBBINS, Isaac; b 1771, Plymouth, MA; d 27 May 1846 **RU:** Private, 5th VMR (Foote) **CEM:** Trinity United Methodist; Alexandria; Wilkes St **GS:** Y **SP:** mar Mary Douglass, d 20 Feb 1855. No stone. Death from obituary **VI:** Reverend. Died 75 yrs 11 mos 8 days **P:** None **BLW:** No **PH:** N **SS:** A rec 17601 **BS:** 32 pg 137.

ROBERSON, Thomas; b 1795; d 11 May 1877 **RU:** Private, 45th VMR (Peyton), Stafford Co **CEM:** Roberson Family; Stafford; Stafford C. H. **GS:** U **SP:** mar Elizabeth (-----) **VI:** Son of George and Fenton Roberson. ("Virginia Deaths and Burials 1853-1912," familysearch.org) **P:** None **BLW:** No **PH:** N **SS:** A rec 18068 **BS:** 26 pg 16sp.

ROBERTS, Robert B; b Mar 1776; d 15 Dec 1814 **RU:** Private, 56th VMR (Taylor), Loudoun Co **CEM:** Trinity United Methodist; Alexandria; Wilkes St **GS:** Y **SP:** No spouse information **VI:** Son of Robert B Roberts (on tombstone) **P:** None **BLW:** No **PH:** N **SS:** A rec 18812 **BS:** 32 pg 137.

ROBERTS, Samuel; b 1792; d aft 1850 **RU:** Private, 5th VMR, Capt Reuben Moore, Culpeper Co, attached to 6th VMR (Coleman) **CEM:** City Cemetery; Fredericksburg; William St & Washington Ave **GS:** Y **SP:** No spouse information **VI:** Age 58 years on 1850 census of Fredericksburg **P:** Yes **BLW:** No **PH:** N **SS:** K pg 153; ; BD pg 1504; B pg 62 **BS:** 18 pg 26.

ROBERTSON, Abraham; b 1782; d aft 1850 **RU:** Sergeant, 5th VMR **CEM:** Robertson Family; Appomattox; 2 mi fr Court House **GS:** Y **SP:** No spouse information **VI:** Age 70 on 1850 census of Appomattox Co. Birth year from stone **P:** None **BLW:** No **PH:** N **SS:** A rec 19046 **BS:** 110 pg 486; 277.

ROBERTSON, Campbell; b 1786; d bur 01 Aug 1849 **RU:** Private, 20th US Artillery, Capt Richard Booker, Richmond-Washington Volunteers **CEM:** Shockoe Hill; Richmond City; 100 Hospital St **GS:** U **SP:** mar Dolly (-----) **VI:** Was also drafted at Buckingham (Randolph), Capt Richard Booker **P:** None **BLW:** No **PH:** N **SS:** A rec 19097; D pg 1307 **BS:** 38 pg 48.

ROBERTSON, David; b 1785; d 1856 **RU:** Private, 53rd VMR, Capt William Cocke, Troop of Cavalry Campbell Co, attached to 1st VMR (Holcombe) **CEM:** Robertson Family; Campbell; 2 mi fr Court House **GS:** Y **SP:** mar Eliza Steele, daughter of John & Margaret Davidson (Thompson) Steele **VI:** Styled "Captain" on gravestone **P:** Spouse **BLW:** No **PH:** N **SS:** L pg 236; BD pg 1505; M pg 53 **BS:** 110 pg 486-7; 277.

ROBERTSON, James T or R; b 27 Feb 1780; d 23 May 1841 **RU:** Sgt Major, 4th VMR **CEM:** Ruffner Family; Page; Rt 21, Luray **GS:** Y **SP:** No spouse information **VI:** No further data **P:** None **BLW:** No **PH:** N **SS:** A rec 19350 **BS:** 115 pg 178.

ROBERTSON, James, Jr; b 1779; d aft 1850 **RU:** Corporal, 10th VMR, Capt William Green, Bedford Co, attached to 4th VMR **CEM:** Robertson Family; Appomattox; 2 mi fr Court House **GS:** Y **SP:** No spouse information **VI:** Age 70 on

1850 census of Appomattox Co, in home of John Robertson, age 38. Birth year from stone **P:** Applied **BLW:** No **PH:** N **SS:** A rec 19318; BD pg 1505; B pg 42 **BS:** 110 pg 486; 277.

ROBERTSON, John; b 1769; d 1814 **RU:** Private, Cocke's Detachment **CEM:** Robertson Family; Appomattox; 2 mi fr Court House **GS:** Y **SP:** No spouse information **VI:** No further data **P:** None **BLW:** No **PH:** N **SS:** A rec 19367, B pg 53 **BS:** 277.

ROBERTSON, John; b 1771; d 1859 **RU:** Private, 5th VMR **CEM:** Robertson Family; Franklin; Rt 678 nr Taylors Store **GS:** Y **SP:** No spouse information **VI:** No further data **P:** None **BLW:** No **PH:** N **SS:** A rec 19441 **BS:** 118 pg 310.

ROBERTSON, John; b 23 Jan 1774; d 14 Oct 1836 **RU:** Private, 57th VMR, Loudoun Co **CEM:** Union Waterford; Loudoun; Fairfax St, Waterford **GS:** Y **SP:** No spouse information **VI:** No further data **P:** None **BLW:** No **PH:** N **SS:** A rec 19469 **BS:** 73 pg 262.

ROBERTSON, John; b 05 Feb 1769, Scotland; d 17 May 1818 **RU:** Private, 47th VMR, Capt John Rothwell, Albemarle Co, attached to 7th VMR (Gray) **CEM:** West Graveyard; Nelson; Rt 646, 5.5 mi E of Shipman **GS:** Y **SP:** No spouse information **VI:** No further data **P:** None **BLW:** No **PH:** N **SS:** K pg 352 **BS:** 153.

ROBERTSON, John Royall; b 31 Aug 1781; d 17 Apr 1864 **RU:** Private, 1st VMR, Capt John Townes, Mounted Infantry, Amelia Co, attached to 1st Corp d'Elite (Randolph) **CEM:** Roberston Family; Amelia; Mason Lane (Rt 733) **GS:** Y **SP:** mar in Amelia Co on 27 Apr 1809 (bond) to Mary E Robertson, b 21 May 1783, d 21 Jul 1845 **VI:** No further data **P:** None **BLW:** No **PH:** N **SS:** L pg 784; B pg 37 **BS:** 266 pg 262.

ROBERTSON, Joseph; b 1769; d UNK **RU:** Private, 42nd VMR, Capt Doctor Williams, Pittsylvania Co, attached to 6th VMR **CEM:** Robertson Family; Appomattox; 2 mi from Court House **GS:** U **SP:** No spouse information **VI:** No further data **P:** Yes **BLW:** No **PH:** N **SS:** BD pg 1505; M pg 270; B pg 162 **BS:** 110 pg 486; 277.

ROBERTSON, Theodorick; b 1784; d 23 Mar 1864 **RU:** Private, 1st Corps d'Elite, Capt William Murphy **CEM:** Hollywood; Richmond City; 412 S Cherry St **GS:** Y **SP:** mar Susan (-----), d 20 Mar 1871, age 62 **VI:** Died in his 70th year **P:** None **BLW:** No **PH:** Y **SS:** K pg 259 **BS:** 31.

ROBERTSON, William; b 1782; d aft 1850 **RU:** Private, 1st Corps d'Elite (Randolph) **CEM:** Cobbs Family; Chesterfield; 1.3 mi E of Enon Church Rd **GS:** U **SP:** Christina Robertson, age 58, is enumerated in this household in 1850 Census **VI:** Age 58 years on 1850 census of Petersburg, Dinwiddie Co **P:** None **BLW:** No **PH:** N **SS:** A rec 19780 **BS:** 8.

ROBERTSON, William; b 1783; d 20 Aug 1855 **RU:** Private, 62nd VMR, Capt David Bunow, Prince George Co **CEM:** Blandford; Petersburg; 111 Rochelle Ln **GS:** Y **SP:** mar Christina Williams, daughter of Frederick & Ann Williams, d 18 Sep 1850 **VI:** Native of Prince George Co, died at his farm "Hog Island" age 72 yrs **P:** None **BLW:** No **PH:** N **SS:** L pg 562 **BS:** 200.

ROBERTSON, William H; b Sep 1792; d 09 May 1863 **RU:** Sergeant, 6th VMR (Sharp) **CEM:** Lane / Roberston; Amelia; 9511 Bevil's Ridge Rd (Rt 602) **GS:** Y **SP:** mar in Amelia Co on 12 Nov 1818 to Martha M Holcombe, who wrote her own consent, b 27 Oct 1801, d 21 Sep 1885. Bounty land warrant issued to her on 31 Dec 1878 (Application No. 218,430; warrant No. 32863) **VI:** Doctor. Son of Allen & Elizabeth Richardson **P:** Spouse App **BLW:** Yes **PH:** N **SS:** A rec 19842; D pg 307; B pg 51 **BS:** 266 pg 143.

ROBERTSON, William W; b 1774; d 01 Nov 1842 **RU:** Private, 45th VMR (Peyton), Capt Thomas Hill, Stafford Co **CEM:** Aquia Episcopal; Stafford; Aquia **GS:** Y **SP:** mar Elenor (-----), d 04 Apr 1855, age 68 years **VI:** Died age 68 years **P:** None **BLW:** No **PH:** N **SS:** L pg 428 **BS:** 26 pg 127.

ROBEY, Charles; b UNK; d after Nov 1874 **RU:** Lieutenant, MD Militia1st Regiment (Hawkins) **CEM:** Robey Family; Fairfax; behind 430 Council Dr, Vienna **GS:** N **SP:** No spouse information **VI:** Charles Roby reserved the family cemetery when he sold his land in November 1874. There are no stones in this graveyard **P:** None **BLW:** No **PH:** N **SS:** A rec 19936 **BS:** 89 v3 FX-271.

ROBINS, Arthur; b 01 Apr 1786; d 04 Aug 1843 **RU:** Corporal, 27th VMR, Capt William Christian, Northampton Co **CEM:** Phillips Place; Accomack; E of Rt 600, 0.2 mi N of Rt 601, just into Accomack Co, through field **GS:** Y **SP:** mar Julia Ashby, b 06 Jan 1796, d 18 Nov 1874 **VI:** No further data **P:** None **BLW:** No **PH:** N **SS:** K pg 109 **BS:** 20 pg 68.

RU=Rank/Unit   CEM=Cemetery   GS=Gravestone   SP=Spousal Information   VI=Other Veteran Info   P=Pension
BLW=Bounty/Land Warrant   PH=Photo   SS=Service Source   BS=Burial Source   VMR= VA Military Regt
LNR= Last Known Residence

ROBINS, Thomas; b 07 Jan 1771; d 18 Sep 1821 **RU:** Private, 21st VMR, Capt Robert Thornton, Gloucester Co **CEM:** Robins Family; Mathews; Naxera, Robin's Neck, Point Lookout Farm **GS:** Y **SP:** mar Nancy Watkins, daughter of William H & Mary Watkins of Halifax Co, b 01 Oct 1771, d 21 Feb 1858 **VI:** Son of Thomas and Frances Robins **P:** None **BLW:** No **PH:** N **SS:** L pg 777 **BS:** 82 pg 52.

ROBINS, William; b 1770; d 22 Dec 1846 **RU:** Fifer, 61st VMR, Capt Bailey Digges, Mathews Co **CEM:** Robins family; Gloucester; Robins Neck Point, Lookout **GS:** Y **SP:** mar Juliana (-----), d 26 Jan 1818 **VI:** No further data **P:** None **BLW:** No **PH:** N **SS:** K pg 288 **BS:** 82 pg 53; WPA.

ROBINSON, Abner; b 1779; d 18 Dec 1842 **RU:** Corporal, 19th VMR (Ambler), Capt George Booker, Richmond City **CEM:** Shockoe Hill; Richmond City; 100 Hospital St **GS:** Y **SP:** No spouse information **VI:** No further data **P:** None **BLW:** No **PH:** N **SS:** L pg 155 **BS:** 199.

ROBINSON, Alexander; b 1767; d 19 May 1844 **RU:** 2nd Lieutenant, 7th Regiment NC Militia (Pearson) **CEM:** Ebbing Spring; Washington; Rt 714 **GS:** Y **SP:** No spouse information **VI:** No further data **P:** None **BLW:** No **PH:** N **SS:** A rec 20237 **BS:** 116 pg 40c.

ROBINSON, Alexander L; b 1782; d 13 Oct 1831 **RU:** Private, 6th VMR **CEM:** Shockoe Hill; Richmond City; 100 Hospital St **GS:** U **SP:** No spouse information **VI:** No further data **P:** None **BLW:** No **PH:** N **SS:** A rec 20235 **BS:** 38 pg 10.

ROBINSON, Andrew A; b 1784; d 07 May 1855 **RU:** Private, 4th VMR **CEM:** Gainesboro; Frederick; 166 Siler Ln, Gainesboro **GS:** Y **SP:** mar in Frederick Co on 24 Oct 1808 (returned by James Walls) to Peggy Jackson **VI:** No further data **P:** None **BLW:** No **PH:** N **SS:** A rec 20262 **BS:** 79 pg 280.

ROBINSON, Anthony; b 1770; d 1851 **RU:** Private, 19th VMR (Ambler), Richmond City **CEM:** St Lukes Church; Isle of Wight; 14477 Benn's Church Rd, Smithfield **GS:** Y **SP:** mar Elizabeth Russell, b 1778, d 1852. daughter of William Russell, clerk of James City Co (*Virginia Magazine of History*, vol 30, p 243) **VI:** No further data **P:** None **BLW:** No **PH:** N **SS:** A rec 20271 **BS:** 76 pg 53; 49.

ROBINSON, David; b 02 Dec 1788; d 30 Nov 1877 **RU:** Private, Lt Col Abraham Bradley's Regiment, 17th Brigade **CEM:** Kelly's Chapel; Washington; vic jct Rts 736 & 608 **GS:** Y **SP:** mar Elizabeth (-----), b 30 Nov 1787, d 27 Oct 1862 **VI:** No further data **P:** None **BLW:** No **PH:** N **SS:** A rec 20385 **BS:** 116 pg 194.

ROBINSON, Henry; b 1790; d bur 26 Apr 1868 **RU:** Corporal, 1st VMR (Clarke) **CEM:** Robinson Family; Essex; bet Prince & Duke St, town lots 48,49, Tappahannock **GS:** N **SP:** mar UNK, buried 14 May 1860 **VI:** No further data **P:** None **BLW:** No **PH:** N **SS:** A rec 20546 **BS:** 291 pg 155.

ROBINSON, Henry B; b UNK; d bur 31 Oct 1866 **RU:** Corporal, 19th VMR (Ambler), Richmond City **CEM:** Hollywood; Richmond City; 412 S Cherry St, Sec E, lot 13 **GS:** U **SP:** No spouse information **VI:** Burial record #10194 **P:** None **BLW:** No **PH:** N **SS:** A rec 20551 **BS:** 237.

ROBINSON, James; b 17 Apr 1780; d 16 Nov 1841 **RU:** Lt Colonel, 20th VMR, Commander, Princess Anne Co **CEM:** Dam Neck; Virginia Beach; Naval Air Station, Oceana Annex **GS:** Y **SP:** mar Elizabeth (-----), b 26 Mar 1787, d 14 Jun 1843 **VI:** Rank of Lt Colonel commissioned 31 May 1806 **P:** None **BLW:** No **PH:** N **SS:** B pg 164; A rec 20696 **BS:** 125.

ROBINSON, James; b 1789; d 26 Mar 1862 **RU:** Private, 56th VMR, Capt Van Bennett, Loudoun Co **CEM:** Gainesboro; Frederick; 166 Siler Ln, Gainesboro **GS:** Y **SP:** Also buried here is Sarah Jane Robinson, b 1822, d 20 Feb 1901 **VI:** No further data **P:** Spouse **BLW:** No **PH:** N **SS:** A rec 20676; BD pg 1508; B pg 119 **BS:** 79 pg 281.

ROBINSON, James; b UNK; d 1835 **RU:** Sergeant, 97th VMR, Capt Walter Harnbaugh, Shenandoah Co **CEM:** Mossy Creek; Bath; Ferrar Farm, Warm Springs **GS:** Y **SP:** No spouse information **VI:** No further data **P:** None **BLW:** No **PH:** N **SS:** K pg 13 **BS:** 212.

ROBINSON, Peter; b UNK; d bur 13 Nov 1863 **RU:** Private, 33rd VMR (Mayo), Henrico Co **CEM:** Hollywood; Richmond City; 412 S Cherry St, Sec R, lot 217 **GS:** U **SP:** mar Sally H (-----), bur 29 Nov 1866, Section R, lot 217 **VI:** Burial record #10194 **P:** None **BLW:** No **PH:** N **SS:** A rec 21079 **BS:** 237.

RU=Rank/Unit   CEM=Cemetery   GS=Gravestone   SP=Spousal Information   VI=Other Veteran Info   P=Pension
BLW=Bounty/Land Warrant   PH=Photo   SS=Service Source   BS=Burial Source   VMR= VA Military Regt
LNR= Last Known Residence

ROBINSON, Thomas; b 1772; d 14 Sep 1846 **RU**: Private, 83rd VMR, Capt Thomas Chappell, Dinwiddie Co **CEM**: Blandford; Petersburg; 111 Rochelle Ln **GS**: Y **SP**: No spouse information **VI**: Doctor. Memorial Stone erected by friends and admirers. No dates **P**: None **BLW**: No **PH**: N **SS**: L pg 210 **BS**: 200.

ROBINSON, William, Sr; b 1783; d 03 Nov 1857 **RU**: Private, 1st Corps d'Elite (Randolph) **CEM**: Robinson Family; Chesterfield; 2 mi W of Midlothian, Old Midlothian Tpk **GS**: Y **SP**: mar Mary (-----), b in England, d 24 Dec 1844, age 51 **VI**: No further data **P**: None **BLW**: No **PH**: N **SS**: A rec 21339 **BS**: 228.

ROCK, Richard; b 16 Jun 1784, Leonardstown, St. Mary's Co, MD; d 12 Aug 1835 **RU**: Sergeant, 1st Regiment DC Militia **CEM**: Christ Church Episcopal; Alexandria; Wilkes & Hamilton **GS**: Y **SP**: No spouse information **VI**: Served in Battle of the White House. Blacksmith **P**: None **BLW**: No **PH**: N **SS**: A rec 21902 **BS**: 34 pg 113.

RODES, Henry; b 1782; d 14 Jun 1855 **RU**: Private, 7th VMR (Saunders) **CEM**: Shank Family; Rockingham; Garber Church Rd (Rt 910), Harrisonburg **GS**: Y **SP**: No spouse information **VI**: Died in his 74th year (age 73) **P**: None **BLW**: No **PH**: N **SS**: A rec 22199 **BS**: 262.

RODES, Samuel; b 03 Jun 1797; d 06 Jun 1832 **RU**: Private, 5th VMR (McDowell) **CEM**: Rhodes / Roth; Rockingham; Rt 42, Broadway area (Shank Farm) **GS**: Y **SP**: No spouse information **VI**: Stone is illegible. Data recorded by Robert Swank in 1967 **P**: None **BLW**: No **PH**: N **SS**: A rec 22236 **BS**: 262.

RODGERS, Abel; b 25 Mar 1784; d 21 Feb 1820 **RU**: Private, 2nd VMR (Bayley), Accomack Co **CEM**: Rodgers Family #1; Accomack; 1 mi W of Pungoteague off Rt 180 **GS**: Y **SP**: No spouse information **VI**: No further data **P**: None **BLW**: No **PH**: N **SS**: A rec 22256 **BS**: 21 pg 231.

RODGERS, Levi; b 01 Jan 1776; d 21 Apr 1819 **RU**: Private, MD Militia 2nd Regiment, (Schucht) **CEM**: Rodgers Family #2; Accomack; Evans Wharf **GS**: U **SP**: Euphamey (-----), 1778-1826 **VI**: No further data **P**: None **BLW**: No **PH**: N **SS**: A rec 22479 **BS**: 178.

RODGERS, Richard; b 31 Jan 1776; d 11 Aug 1814 **RU**: Private, 2nd VMR (Bayley) Accomack Co **CEM**: Rodgers Family #1; Accomack; 1 mi W of Pungoteague off Rt 180 **GS**: Y **SP**: No spouse information **VI**: Son of Robert (29 Jun 1753-14 Dec 1827) & Tabitha (22 Jan 1755-28 Nov 1824) Rodgers; Grandson of Abel & Rosey Rodgers **P**: None **BLW**: No **PH**: N **SS**: A rec 19318 **BS**: 21 pg 231.

RODGERS, William W; b 26 Jan 1785; d 19 Mar 1856 **RU**: Private, 2nd VMR (Bayley), Accomack Co **CEM**: Boggs Burial Ground; Accomack; W of Cashville nr jct Rts 638 & 635 **GS**: Y **SP**: mar (1) in Accomack Co on 11 Jan 1811 to Susannah Smith; (2) in Accomack Co on 23 Feb 1813 to Elizabeth (Smith) Kellam, widow of Custis Kellam; (3) in Accomack Co on 07 Mar 1820 to Rachel Boggs, b 22 Oct 1784, d 13 Dec 1858, member of ME Church **VI**: No further data **P**: None **BLW**: No **PH**: N **SS**: A rec 22598 **BS**: 21 pg 232.

ROGERS, Henry; b 1799; d bur 31 Dec 1826 **RU**: Private, 19th VMR (Ambler), Richmond City **CEM**: Shockoe Hill; Richmond City; 100 Hospital St **GS**: U **SP**: No spouse information **VI**: No further data **P**: None **BLW**: No **PH**: N **SS**: A rec 23206 **BS**: 38 pg 4.

ROGERS, John; b UNK; d 09 Aug 1816 **RU**: Private, 57th VMR, Capt John Payne, Loudoun Co **CEM**: Gainesboro; Frederick; 166 Siler Ln, Gainesboro **GS**: Y **SP**: Also buried here is Susannah Rogers, b 1796, d 12 Apr 1831 **VI**: Old War Pension (disabled) **P**: Yes **BLW**: No **PH**: N **SS**: A rec 23392; BD pg 1514; B pg 121 **BS**: 79 pg 283.

ROGERS, Samuel Hamilton; b UNK; d 28 Sep 1859 **RU**: Private, 5th VMR (McDowell) **CEM**: Sharon; Loudoun; Jay & Federal Sts, Middleburg, Lot 60 **GS**: Y **SP**: No spouse information **VI**: No further data **P**: None **BLW**: No **PH**: N **SS**: A rec 23726 **BS**: 73 pg 265.

ROGERS, Sanford; b 1783; d 25 Jan 1866 **RU**: Private, Green's Regiment of Mounted Infantry **CEM**: Sharon; Loudoun; Jay & Federal Sts, Middleburg, Lot 198 **GS**: Y **SP**: mar Margaret (-----), d 27 Apr 1864, age 78 **VI**: Died age 81 **P**: None **BLW**: No **PH**: Y **SS**: A rec 23742 **BS**: 7 pg 127.

ROGERS, Thornton; b 26 Dec 1793; d 01 Sep 1834 **RU**: Sergeant, 47th VMR, Capt Robert McCulloch, Albemarle Co **CEM**: South Plains Baptist; Albemarle; Rt 22, Keswick **GS**: Y **SP**: mar in Albemarle Co on 13 Oct 1815 to Margaret "Peggy" Hart, b 30 Apr 1798, d 22 Jan 1872, daughter of Andrew Hart, who gave his consent to the marriage **VI**: No further data **P**: None **BLW**: No **PH**: N **SS**: K pg 343 **BS**: 94 v2 pg 302.

ROGERS, William Wellford; b UNK; d 26 Nov 1855 **RU:** Private, 5th VMR (McDowell) **CEM:** Sharon; Loudoun; Jay & Federal Sts, Middleburg, Lot 372 **GS:** Y **SP:** mar (1) in Loudoun Co on 07 Nov 1822 to Elizabeth Hixon, d 08 Mar 1841, age 42; (2) in Loudoun Co on 13 Mar 1843 to Ruth White, b 13 Jan 1808, d 08 Dec 1874 **VI:** No dates on stone **P:** None **BLW:** No **PH:** N **SS:** A rec 23884 **BS:** 73 pg 265; 7 pg 171.

ROHR, Phillip; b UNK; d 1830 **RU:** Private, 90th VMR, Capt Samuel J. Wiatt, Lynchburg Rifles, Amherst Co **CEM:** Old City Cemetery; Lynchburg; 401 Taylor St **GS:** U **SP:** No spouse information **VI:** No further data **P:** None **BLW:** No **PH:** N **SS:** 88 pg 4 **BS:** 88 pg 4.

ROLLER, Michael; b 15 Feb 1795; d 07 Mar 1887 **RU:** Private, 116th VMR, Capt William Harrison, Rockingham Co, attached to 1st VMR (Trueheart) **CEM:** Fairview Church of the Brethren; Rockingham; Fairview Church Rd (Rt 795), Court Manor **GS:** Y **SP:** mar Elizabeth (-----), b 10 Oct 1799, d 14 Feb 1877 **VI:** No further data **P:** Yes **BLW:** No **PH:** N **SS:** BD pg 1517; B pg 181 **BS:** 262.

ROPER, David; b 27 Sep 1792; d 28 Feb 1827 **RU:** Private, 19th VMR, Richmond City **CEM:** Shockoe Hill; Richmond City; 100 Hospital St **GS:** Y **SP:** mar Mary (-----), b 09 Mar 1794, d 06 Sep 1844 **VI:** Pastor of 2nd Baptist Church **P:** None **BLW:** No **PH:** N **SS:** A rec 588 **BS:** 38 pg 5; 199.

ROPER, George; b 1789; d 12 Aug 1838 **RU:** Private, 19th VMR, Capt Anthony Turner, Richmond City **CEM:** Shockoe Hill; Richmond City; 100 Hospital St **GS:** U **SP:** mar (1) in Richmond City on 14 Aug 1820 to Susan Evans; (2) Maria O (-----), b 25 Dec 1787, d 04 Mar 1858 **VI:** No further data **P:** None **BLW:** No **PH:** N **SS:** L pg 790 **BS:** 38 pg 16; 199; 63 pg 234.

ROSE, Richard; b UNK; d 1834 **RU:** Private, 83rd VMR, Capt Thomas Chappell, Dinwiddie Co **CEM:** Patsy Rose Graveyard; Dinwiddie; Rt 665, 9 mi SE of Dinwiddie Church **GS:** N **SP:** No spouse information **VI:** No further data **P:** None **BLW:** No **PH:** N **SS:** L pg 210; A rec 1029 **BS:** 210; 97 pg 146.

ROSE, Thomas; b UNK; d 02 Mar 1869 **RU:** Corporal, 83rd VMR, Capt Irby Brown, Dinwiddie Co **CEM:** Patsy Rose Graveyard; Dinwiddie; Rt 665, 9 mi SE of Dinwiddie Church **GS:** N **SP:** mar Martha (-----), d 1850 **VI:** No further data **P:** None **BLW:** No **PH:** N **SS:** L pg 172 **BS:** 210; 97 pg 146.

ROSS, David; b 08 Nov 1788; d 12 Jun 1851 **RU:** Ensign, 32nd VMR, Capt John Link, Augusta Co attached to 2nd Corps d'Elite (Green) **CEM:** Old Bell Farm; Augusta; Rt 11, Mt Sidney **GS:** Y **SP:** mar Mary (-----), b 08 Mar 1788, d 23 Sep 1852 **VI:** No further data **P:** None **BLW:** No **PH:** N **SS:** K pg 220; B pg 40 **BS:** 93.

ROSS, David; b 10 Sep 1771; d 25 Aug 1849 **RU:** Private, 5th VMR **CEM:** Ross Family; Patrick; 1.5 mi W jct Rts 704 & 705 **GS:** Y **SP:** No spouse information **VI:** No further data **P:** None **BLW:** No **PH:** N **SS:** A rec 14201 **BS:** 154 pg 175.

ROSS, James; b 03 May 1791; d 27 Jul 1859 **RU:** Corporal, 12th VMR, Capt John Jones, Fluvanna Co **CEM:** Ross Family; Fluvanna; vic Rts 630 & 613, Bybee **GS:** Y **SP:** mar in Fluvanna Co on 22 Feb 1827 (return by Robert Lilley) to Frances H Loving **VI:** Styled "Captain of War of 1812" on his stone **P:** Spouse **BLW:** No **PH:** N **SS:** K pg 173; G; BD pg 1522; M pg 272; B pg 75 **BS:** 95 pg 80.

ROSS, John; b 10 Mar 1788; d 21 Feb 1876 **RU:** Private, 56th VMR (Taylor), Capt Price Jones, Loudoun Co **CEM:** Old Ebenezer Baptist; Loudoun; 20421 Airmont Rd, Bloomfield **GS:** Y **SP:** No spouse information **VI:** No further data **P:** Yes **BLW:** No **PH:** N **SS:** A rec 1646; BD pg1522; B pg 120 **BS:** 73 pg 266.

ROSS, Richard; b UNK; d 1840 **RU:** Private, 19th VMR, Capt Anderson Miller, Richmond City **CEM:** Ross Family; Fluvanna; vic Rts 630 & 613, Bybee **GS:** Y **SP:** No spouse information **VI:** No age or birth year on stone **P:** None **BLW:** No **PH:** N **SS:** L pg 592 **BS:** 95 pg 81.

ROSS, William A; b UNK; d bur 30 OCT 1866 **RU:** Private, 6th VMR (Coleman) **CEM:** Hollywood; Richmond City; 412 S Cherry St, Sec AA, lot 10 **GS:** U **SP:** No spouse information **VI:** Burial record #10207 **P:** None **BLW:** No **PH:** N **SS:** A rec 1882 **BS:** 237.

ROSS, William, Sr; b UNK; d 03 Feb 1836 **RU:** Private, 7th VMR (Saunders) **CEM:** Tinkling Spring; Augusta; 11 mi NE of Staunton **GS:** U **SP:** No spouse information **VI:** Died age 45 (tombstone) **P:** None **BLW:** No **PH:** N **SS:** A rec 1884 **BS:** 183.

RU=Rank/Unit   CEM=Cemetery   GS=Gravestone   SP=Spousal Information   VI=Other Veteran Info   P=Pension
BLW=Bounty/Land Warrant   PH=Photo   SS=Service Source   BS=Burial Source   VMR= VA Military Regt
LNR= Last Known Residence

ROTHROCK, George W, Sr; b 1798; d 09 Dec 1865 **RU**: Private, 16th VMR (Waller), Spotsylvania Co **CEM**: City Cemetery; Fredericksburg; William St & Washington Ave **GS**: Y **SP**: mar in Fredericksburg 14 Jan 1827 to Louisiana Johnston, (Richard Jonhston, surety), d 25 Jan 1888, age 84 **VI**: Died age 67 years **P**: None **BLW**: No **PH**: N **SS**: A rec 2111 **BS**: 37 pg 113.

ROUSE, Paulser; b 1778; d 24 May 1858 **RU**: Private, Bradley's Regiment of Militia **CEM**: St Clair Bottom; Smyth; Rt 762 **GS**: Y **SP**: No spouse information **VI**: No further data **P**: None **BLW**: No **PH**: N **SS**: A rec 2449 **BS**: 116 pg 198; 131 v1 pg 148.

ROUTT, Daniel; b UNK; d 23 Jun 1849 **RU**: Sergeant, 4th VMR (Boyd) **CEM**: Leesburg Presbyterian; Loudoun; 307 W Market St, Leesburg **GS**: Y **SP**: No spouse information **VI**: No further data **P**: None **BLW**: No **PH**: Y **SS**: A rec 2578 **BS**: 73 pg 267.

ROWE, John; b 1790; d bur 28 Dec 1862 **RU**: Private, 1st VMR (Trueheart) **CEM**: Hollywood; Richmond City; 412 S Cherry St, Sec D, lot 90 **GS**: U **SP**: mar Mary (-----), bur 03 Jun 1865, Section D, lot 87, aged 69 (burial record #9178) **VI**: Burial card #9178, aged 72 years **P**: None **BLW**: No **PH**: N **SS**: A rec 2875 **BS**: 237.

ROWE, John Gasking; b 1789; d 1862 **RU**: Sergeant, 45th VMR (Peyton), Stafford Co **CEM**: Rowe Family; Stafford; vic White Oak Run **GS**: U **SP**: No spouse information **VI**: No further data **P**: None **BLW**: No **PH**: N **SS**: A rec 2885 **BS**: 26A.

ROWE, Keeling; b 25 Feb 1785, Caroline Co; d 24 Jul 1869, Caroline Co **RU**: Private, 109th VMR (Muse), Middlesex Co **CEM**: Green Lawn; Caroline; Lakewood Rd, Bowling Green **GS**: Y **SP**: mar in Caroline Co on 08 Feb 1836 to Fannie Bates **VI**: Grave marking ceremony by US Daughters of 1812 held 21 May 2011 **P**: None **BLW**: No **PH**: Y **SS**: A rec 2900 **BS**: 49.

ROWLAND, John; b 1765; d bur 27 Oct 1834 **RU**: Private, 19th VMR, Ensign G. M. Carrington, Richmond City **CEM**: Shockoe Hill; Richmond City; 100 Hospital St **GS**: U **SP**: mar Eliza Jane (-----) **VI**: Also had Rev War service **P**: None **BLW**: No **PH**: N **SS**: L pg 198 **BS**: 38 pg 13.

ROWLETT, John; b 17 Mar 1783; d 01 Jul 1844 **RU**: Sergeant, 23rd VMR (Brown), Chesterfield Co **CEM**: Rowlett Family; Chesterfield; Winterpock **GS**: Y **SP**: mar Louisa Epps, b 19 Jun 1792, d 22 Aug 1852 (only other stone in this cemetery) **VI**: No further data **P**: None **BLW**: No **PH**: N **SS**: A rec 3234 **BS**: 8 pg 6; 245.

ROY, James; b UNK; d 28 Oct 1819 **RU**: Private, 21st VMR, Capt Richard Jones, Artillery, Gloucester Co, attached to 4th VMR **CEM**: Riverview; Henrico; Not given **GS**: Y **SP**: No spouse information **VI**: Government gravestone indicates service in 21st VMR **P**: None **BLW**: No **PH**: N **SS**: A rec 3463; B pg 83; K pg 278 **BS**: .

ROY, James H; b 1776; d 17 Mar 1825, Old Point Comfort **RU**: Private, 21st VMR, Capt Catesby Jones, Artillery, Gloucester Co **CEM**: Ware Episcopal Church; Gloucester; 7825 John Clayton Memorial Rd, Gloucester **GS**: Y **SP**: mar (1) Elizabeth Booth, daughter of George Booth and Mary Mason Wythe, d 19 Apr 1818 in her 41st year; (2) Martha (-----) **VI**: Attorney. Bodies moved from Toddsbury **P**: Spouse **BLW**: Yes **PH**: N **SS**: K pg 279; BD pg 1527; B pg 83; M pg 273 **BS**: 82 pg 88.

ROYER, Phillip; b c1772; d 25 Jan 1830 **RU**: Private, 6th VMR (Coleman) **CEM**: Peaked Mountain Church; Rockingham; McGaheysville Rd (Rt 966), McGaheysville **GS**: N **SP**: No spouse information **VI**: No further data **P**: None **BLW**: No **PH**: N **SS**: A rec 3616 **BS**: 262.

RUCKER, Pleasant; b 1797; d 1889 **RU**: Sergeant, 1st VMR, Capt John Jeter. Artillery, Amelia Co, attached to Battalion of Artillery **CEM**: Old City Cemetery; Lynchburg; 401 Taylor St **GS**: Y **SP**: No spouse information **VI**: No further data **P**: None **BLW**: No **PH**: N **SS**: A rec 3881 **BS**: 87 pg 159.

RUCKER, William Ballenger; b 11 Dec 1791, Bedford Co; d 18 Dec 1861, Amherst Co **RU**: Private, 10th VMR, James Leftwich, Troop of Cavalry, Bedford Co, attached to Woodford's Squadron **CEM**: Rucker Family; Amherst; Rt 610 **GS**: Y **SP**: mar Mary Ann Dawson, b 11 Jan 1809, d 1863 **VI**: No further data **P**: Spouse **BLW**: No **PH**: N **SS**: BD pg 1528; B pg 43 **BS**: 5 pg 160.

RUCKMAN, Samuel; b 17 Nov 1783; d 24 Sep 1853 **RU**: Private, 114th VMR (Poston), Hampshire Co [WV] **CEM**: Gilmor Family; Highland; 1 mi South of Mill Gap **GS**: Y **SP**: No spouse information **VI**: No further data **P**: None **BLW**: No **PH**: N **SS**: A rec 3919 **BS**: 235; 49.

RU=Rank/Unit CEM=Cemetery GS=Gravestone SP=Spousal Information VI=Other Veteran Info P=Pension
BLW=Bounty/Land Warrant PH=Photo SS=Service Source BS=Burial Source VMR= VA Military Regt
LNR= Last Known Residence

RUFFIN, Edmund; b 05 Jan 1794; d 15 Jun 1865 **RU:** Private/Secretary, 62nd VMR (Selden), Prince George Co, attached to 4th VMR **CEM:** Marlbourne; Hanover; jct Rt 360 & 628 **GS:** Y **SP:** mar Susan Travis, b 04 Mar 1793, d 21 Feb 1846 **VI:** Expelled from William & Mary College prior to the War of 1812, he became a great American agriculturalist, Founder of *The Farmer's Register*, rabid Confederate and avid essayist. His grave is now a Historic Landmark **P:** None **BLW:** No **PH:** N **SS:** A rec 4201 **BS:** 71 pg 41.

RUFFIN, Francis; b 1791, Prince George Co; d 18 Jul 1874 **RU:** Quartermaster, 71st VMR (Allen), Field Staff, Surry Co **CEM:** Blandford; Petersburg; 111 Rochelle Ln **GS:** Y **SP:** No spouse information **VI:** Died age 83 years **P:** None **BLW:** No **PH:** N **SS:** L pg 26 **BS:** 200.

RUFFNER, John; b UNK; d 23 Nov 1863 **RU:** Sergeant, 6th VMR (Coleman) **CEM:** Ruffner / Bauserman; Page; Rt 615, Luray **GS:** Y **SP:** No spouse information **VI:** No further data **P:** None **BLW:** No **PH:** N **SS:** A rec 4219 **BS:** 115 pg 184.

RUFFNER, Jonas; b UNK; d UNK **RU:** Sergeant, 6th VMR (Coleman) **CEM:** Ruffner Family; Page; Rt 21, Luray **GS:** Y **SP:** mar on 12 May 1829 to Elizabeth Sperry, d 20 Feb 1854 **VI:** son of William Ruffner **P:** None **BLW:** No **PH:** N **SS:** A rec 4220 **BS:** 115 pg 178.

RUSSELL, Burnett; b UNK; d UNK **RU:** Private, 5th VMR **CEM:** Russell Family; Clarke; Rt 7, E of Rock Hall **GS:** U **SP:** No spouse information **VI:** No further data **P:** None **BLW:** No **PH:** N **SS:** A rec 5439 **BS:** 92 pg 16.

RUSSELL, Henry; b Jan 1791; d 27 May 1867 **RU:** Private, 56th VMR, Capt Nicholas, Mounted Infantry, Loudoun Co, attached to Green's Regiment of Mounted Infantry **CEM:** Catoctin Free Church; Loudoun; Charles Town Pike (Rt 9), Paeonian Springs **GS:** Y **SP:** mar J Louisa (-----) **VI:** No further data **P:** Spouse **BLW:** No **PH:** N **SS:** A rec 5543; BD pg 1532; B pg 121 **BS:** 73 pg 268.

RUSSELL, Mahlon; b UNK; d 27 Sep 1830 **RU:** Private, Green's Regiment of Mounted Infantry **CEM:** Old Ebenezer Baptist; Loudoun; 20421 Airmont Rd, Bloomfield **GS:** Y **SP:** mar in Loudoun Co on 23 Oct 1827 to Mary Ann Moone **VI:** No further data **P:** None **BLW:** No **PH:** N **SS:** A rec 5774 **BS:** 73 pg 268.

RUSSELL, Thomas C; b 04 Jan 1793; d 02 Dec 1851, York Co **RU:** Private, 99th VMR, Capt George H Ewell, Accomack Co **CEM:** Russell / Hobson; Newport News; Rosedown Plantation **GS:** Y **SP:** No spouse information **VI:** Member House of Delegates. His tombstone and that of his son Edward were found in 2001 and moved to the Russell / Hopson family cemetery near Rosedown Plantation **P:** None **BLW:** No **PH:** N **SS:** L pg 311 **BS:** 49; 22 pg 26.

RUSSELL, William; b UNK; d 17 Jul 1872 **RU:** Private, 56th VMR (Taylor), Loudoun Co **CEM:** Union Waterford; Loudoun; Fairfax St, Waterford **GS:** Y **SP:** No spouse information **VI:** No further data **P:** None **BLW:** No **PH:** N **SS:** A rec 5967 **BS:** 73 pg 269.

RUST, James; b UNK; d 1857 (Will) **RU:** Corporal, 2nd Corps d'Elite (Green) **CEM:** Rust Family; Fauquier; Upperville **GS:** Y **SP:** No spouse information **VI:** No further data **P:** None **BLW:** No **PH:** N **SS:** A rec 6097 **BS:** 4 pg 213.

RUST, John; b 08 Feb 1769; d 17 Apr 1851 **RU:** Quartermaster, 31st VMR, Capt Samuel Baker, Troop of Cavalry, Frederick Co **CEM:** Rust Family; Warren; nr Howellsville Post Office **GS:** U **SP:** mar Elizabeth (-----), b 1779, d 1857 **VI:** No further data **P:** Both **BLW:** No **PH:** N **SS:** A rec 6104; BD pg 1533 **BS:** 150.

RUST, Youel S; b 1797; d aft 1818 **RU:** Private, 19th VMR, Capt William Murphy, Richmond Light Infantry Blues, Richmond City, attached to 1st Corps d'Elite (Randolph) **CEM:** St John's Church; Richmond City; 24th & Broad, Church Hill **GS:** U **SP:** mar in Powhatan Co on 14 Dec 1836 to Elivira Jane Watkins, daughter of Jabez Watkins. ("Virginia Marriages 1785-1940," familysearch.org) **VI:** No further data **P:** None **BLW:** No **PH:** N **SS:** L pg 607 **BS:** 63 pg 498.

RUTTER, John; b 1768; d 20 Jun 1845 **RU:** Private, 8th VMR (Magnien) **CEM:** Cedar Grove; Portsmouth; Effington St & Fort Ln **GS:** Y **SP:** mar in Norfolk on 01 Apr 1793 to Sophia McCoy, b 1769, d 09 Sep 1849, age 80 **VI:** Enumerated on 1810 & 1820 census in Norfolk, and 1830 & 1840 census of Portsmouth **P:** None **BLW:** No **PH:** N **SS:** A rec 6456 **BS:** 65 pg 64.

RYAN, James; b UNK; d 02 May 1842 **RU:** Private, 4th VMR (Boyd) **CEM:** Old Hagy; Washington; vic jct Rts 740 & 609 **GS:** Y **SP:** mar Margaret, d 01 Jun 1859, age 72 yrs, 4 mos, 3 days **VI:** No further data **P:** None **BLW:** No **PH:** N **SS:** A rec 6567 **BS:** 116 pg 115.

RU=Rank/Unit   CEM=Cemetery   GS=Gravestone   SP=Spousal Information   VI=Other Veteran Info   P=Pension
BLW=Bounty/Land Warrant   PH=Photo   SS=Service Source   BS=Burial Source   VMR= VA Military Regt
LNR= Last Known Residence

RYAN, Thomas; b 1798, Ireland; d bur 28 Jan 1873 **RU**: Private, 2nd VMR (Ballowe) **CEM**: Hollywood; Richmond City; 412 S Cherry St, Sec G, lot 61 **GS**: U **SP**: No spouse information **VI**: Burial record #9189, aged 75 **P**: None **BLW**: No **PH**: N **SS**: A rec 6637 **BS**: 237.

RYAN, Thomas; b UNK, Liberty Furnace, Shenandoah Co; d 1875, Liberty Furnace, Shenandoah Co **RU**: Private, Battallion of VA Artillery **CEM**: Coffman / Ryan; Shenandoah; Shenandoah **GS**: U **SP**: No spouse information **VI**: No further data **P**: None **BLW**: No **PH**: N **SS**: A rec 6635 **BS**: 19.

RYAN, William; b 1774; d 12 Aug 1824 **RU**: Private, 6th VMR (Coleman) **CEM**: St John's Church; Richmond City; 24th & Broad, Church Hill **GS**: U **SP**: No spouse information **VI**: No further data **P**: None **BLW**: No **PH**: N **SS**: A rec 6656 **BS**: 63 pg 500; 252 pg 65.

RYAN, William P; b UNK; d 04 Apr 1850 **RU**: Private, 56th VMR (Taylor), Loudoun Co **CEM**: Darnes Family; Loudoun; Rt 842, Arcola **GS**: Y **SP**: No spouse information **VI**: No further data **P**: None **BLW**: No **PH**: N **SS**: A rec 6656 **BS**: 73 pg 269.

RYBURN, Beattie; b 11 Nov 1790; d 03 May 1852 **RU**: Private, Lt Col Abraham Bradley's Regiment, 17th Brigade **CEM**: Glade Spring Presbyterian; Washington; 33234 Lee St, Glade Springs **GS**: Y **SP**: mar Mary (-----), b 28 Feb xxxx, 14 Jul xxxx **VI**: No further data **P**: None **BLW**: No **PH**: N **SS**: A rec 6696 **BS**: 261 v 15 pg 153.

RYBURN, Matthew; b 25 Jun 1795; d 16 Jun 1836 **RU**: Private, Lt Col Abraham Bradley's Regiment, 17th Brigade **CEM**: Clark Cemetery; Washington; Rt 112 **GS**: Y **SP**: mar Martha (-----), b 29 May 1800, d 16 Feb 1865 **VI**: No further data **P**: None **BLW**: No **PH**: N **SS**: A rec 6698 **BS**: 116 pg 186.

RYLAND, Thomas; b 09 Nov 1775, Mecklenburg Co; d 16 Feb 1853 **RU**: Sergeant, 98th VMR, Capt Green Blanton, Mecklenburg Co **CEM**: Ryland Family; Mecklenburg; vic Rts 671 & 677 **GS**: Y **SP**: mar Martha (-----), b 04 Mar 1781, d 31 Aug 1854 **VI**: Stone erected by his daughters **P**: None **BLW**: No **PH**: N **SS**: K pg 133 **BS**: 24 pg 231.

SALE, John N; b 31 Mar 1790; d 08 Jan 1849 **RU**: Ensign, 61st VMR, Capt Henry W Sale, Mathews Co **CEM**: Smith / Borum; Mathews; Rt 607, Willow Grove **GS**: Y **SP**: No spouse information **VI**: No further data **P**: None **BLW**: No **PH**: N **SS**: K pg 302 **BS**: 54 pg 206; 245.

SALE, Thomas N; b 03 Nov 1767; d 1851 **RU**: Major, 91st VMR, Bedford Co **CEM**: Hibernia; Bedford; jct Rts 122 & 632, Sedalia **GS**: Y **SP**: No spouse information **VI**: No further data **P**: None **BLW**: No **PH**: N **SS**: B pg 42 **BS**: 251 pg 163.

SALMON, John, Jr; b 1772; d 1843 **RU**: Private, 64th VMR, Capt Thomas Graves, Henry Co **CEM**: Witt Family; Henry; Bassett **GS**: N **SP**: mar Polly Witt, (2) Elizabeth J (-----) **VI**: No further information **P**: Spouse **BLW**: No **PH**: N **SS**: A rec 7914; B pg 101; BD pg 1538; M pg 274 **BS**: 245.

SALOMON, Ezekiel; b 1774, Amsterdam, Holland; d 10 May 1853 **RU**: Private, Col McNair's Mounted Regiment, Illinois & Missouri Militia **CEM**: Hebrew Cemetery; Richmond City; 4th St, Shockoe Hill **GS**: Y **SP**: mar Rachel (-----), also a native of Amsterdam, d in Richmond, 06 Aug 1846, aged 83 yrs **VI**: No further data **P**: None **BLW**: No **PH**: N **SS**: A rec 13959 **BS**: 199.

SAMFORD, John; b 14 Nov 1792; d 02 Jan 1857 **RU**: Private, 4th VMR **CEM**: Bragg; Brunswick; Alberta **GS**: Y **SP**: mar in Brunswick Co on 03 Dec 1814 (bond) to Martha M Bishop, b 14 Sep 1795, d 05 Apr 1875 **VI**: No further data **P**: None **BLW**: No **PH**: N **SS**: A rec 8210 **BS**: 245.

SAMPSON, Thomas; b 1796, Scotland; d bur 28 Jun 1885 **RU**: Private, 61st VMR (Gayle), Mathews Co **CEM**: Hollywood; Richmond City; 412 S Cherry St, Sec C, lot 113 **GS**: U **SP**: No spouse information **VI**: Died age 89 years, 8 mos, burial record #9190 **P**: None **BLW**: No **PH**: N **SS**: A rec 8465 **BS**: 237; 260.

SANBOWER, Adam; b 26 Jan 1785; d 11 Oct 1846 **RU**: Private, 56th VMR (Taylor), Loudoun Co **CEM**: St James's United Church of Christ; Loudoun; 10 E Broad Way, Lovettsville **GS**: Y **SP**: mar Christina (-----) **VI**: No further data **P**: None **BLW**: No **PH**: N **SS**: A rec 8704 **BS**: 73 pg 270.

SANDERS, Edward; b UNK; d 01 Nov 1847 **RU**: Private, 56th VMR (Taylor), Loudoun Co **CEM**: Potts Family; Loudoun; jct Rts 719 & 734, Hillsboro **GS**: U **SP**: No spouse information **VI**: No further data **P**: None **BLW**: No **PH**: N **SS**: A rec 8920 **BS**: 73 pg 271.

RU=Rank/Unit CEM=Cemetery GS=Gravestone SP=Spousal Information VI=Other Veteran Info P=Pension
BLW=Bounty/Land Warrant PH=Photo SS=Service Source BS=Burial Source VMR= VA Military Regt
LNR= Last Known Residence

SANDERS, John; b 21 Feb 1778; d 28 May 1830 **RU**: Corporal, 5th VMR **CEM**: Westwood Memorial Gardens; Smyth; Beattie Ln, Chilhowie **GS**: Y **SP**: No spouse information **VI**: No further data **P**: None **BLW**: No **PH**: N **SS**: A rec 9087 **BS**: 131 v1 pg 211.

SANDERS, Larkin; b 05 Sep 1785; d 07 Jan 1867 **RU**: Private, 41st VMR (Bramham), Richmond Co **CEM**: Sudley Methodist; Prince William; Sudley Rd **GS**: Y **SP**: No spouse information **VI**: No further data **P**: None **BLW**: No **PH**: N **SS**: A rec 9125 **BS**: 248 Pt 2 pg 85.

SANDERS, William; b UNK; d 1842 (Will) **RU**: Private, 4th VMR **CEM**: Westwood Memorial Gardens; Smyth; Beattie Ln, Chilhowie **GS**: U **SP**: mar Locky (-----), b 1798 (enumerated in household with John in 1850 Census in Smyth County **VI**: Enumerated in 1850 Census in Smyth County **P**: None **BLW**: No **PH**: N **SS**: A rec 9278 **BS**: 131 v1 pg 211.

SANDS, Jonah; b UNK; d 1858 **RU**: Private, 56th VMR (Taylor), Loudoun Co **CEM**: Goose Creek Burying Ground; Loudoun; Rt 722, Lincoln **GS**: U **SP**: mar in Loudoun Co on 18 Jun 1829 to Sarah Janney **VI**: No further data **P**: None **BLW**: No **PH**: N **SS**: A rec 9642 **BS**: 73 pg 271.

SANDS, Thomas; b 22 Nov 1767; d 06 Jul 1842 **RU**: Private, 115th VMR, Capt Charles Collier, Elizabeth City Co **CEM**: Cheesecake Cemetery; York; Naval Weapons Station **GS**: Y **SP**: mar in York Co on 23 Aug 1796 (bond) to Nancy Pryor. **VI**: This locale was originally named "Kiskiak" by Capt John Smith during his exploration of the Chesapeake Bay in 1607. The name has evolved into its present "Cheesecake" spelling and pronunciation. Another correspondent indicated another person of this name is buried in the cemetery, b 22 Nov 1785, d 14 Feb 1825 whose service may belong to him **P**: None **BLW**: No **PH**: N **SS**: L pgs 244-5 **BS**: 49 & 245.

SANFORD, Lawrence; b 10 Aug 1778; d 18 Aug 1858 **RU**: Private, 5th VMR, McDowell's Flying Camp **CEM**: Sanford Family #1; Stafford; Greenbank Rd (Rt 656) **GS**: Y **SP**: mar Aphia (-----) **VI**: No further data **P**: None **BLW**: No **PH**: N **SS**: A rec 9812 **BS**: 26 pg 352.

SANFORD, Thomas; b 1780; d bur 13 Jan 1852 **RU**: Private, Maj King's Detachment, DC Militia **CEM**: Old Presbyterian Meeting House; Alexandria; Wilkes & Hamilton **GS**: Y **SP**: No spouse information **VI**: Elder in the church **P**: None **BLW**: No **PH**: N **SS**: A rec 9856 **BS**: 32 pg 70.

SANGSTER, James; b c1775; d 16 Oct 1836 **RU**: Captain, 60th VMR (Minor), Company Commander, Fairfax Co **CEM**: Sangster Family; Fairfax; Butt's Corner, Fairfax Station **GS**: Y **SP**: No spouse information **VI**: Member of the Virginia legislature, Sheriff and Justice of the Peace for Fairfax Co. His obituary in the *Richmond Whig*, 25 October 1836, which says he was in his 60th year, but his tombstone indicates he died at age 61. He is styled "Major" in the obituary and also on his stone. Stone was still standing in 1996, but the family graveyard was not well maintained and most of the stones were broken at that time **P**: None **BLW**: No **PH**: N **SS**: B pg 72 **BS**: 89 v1 FS-55; 49.

SATCHELL, William; b 12 Feb 1769; d 29 Sep 1825 **RU**: Private, 2nd VMR Capt Joseph Ames, Accomack Co **CEM**: White Hall; Northampton; Rt 600, nr jct Rt 627, Machipongo **GS**: U **SP**: mar in Northampton Co on 30 May 1796 (bond) to Elizabeth Stringer, daughter of John Stringer, Sr **VI**: William Satchell, Esquire **P**: None **BLW**: No **PH**: N **SS**: K pg 308 **BS**: 190.

SAUNDERS, David, Sr; b 24 Apr 1785, Hanover Co; d 29 Sep 1842 **RU**: Colonel, 10th & 91st VMR, Bedford Co **CEM**: Saunders Family; Bedford; Old Col David Saunders place **GS**: U **SP**: No spouse information **VI**: No further data **P**: None **BLW**: No **PH**: N **SS**: B pg 42 **BS**: 49.

SAUNDERS, George; b 03 Oct 1791; d 24 Apr 1844 **RU**: Private, 60th VMR, Capt Thomas Coffer, Fairfax Co **CEM**: Rehobeth United Methodist; Loudoun; jct Rt 691 & Bollington Rd (Rt 692,) Morrisonville **GS**: U **SP**: mar in Loudoun Co on 27 Nov 1816 to Elizabeth Boothe **VI**: No further data **P**: Yes **BLW**: No **PH**: N **SS**: BD pg 1545; B pg 71 **BS**: 73 pg 272.

SAUNDERS, James; b 1794; d 07 Dec 1816 **RU**: Lieutenant, USS *Franklin 74* **CEM**: St Paul's Episcopal; Norfolk City; 201 St Paul's Blvd **GS**: Y **SP**: mar in NC on 09 May 1814 to Harriet Davis, daughter of William Davis, printer of Norfolk. Marriage notice in the *Virginia Patriot*, 14 May 1814, pg 3 **VI**: This was the third USN ship of the line named for Benjamin Franklin. This one had 74 guns and was sometimes distinguished by the name *Franklin 74*. He died of pulmonary complications after a brick was thrown at his chest while he was attempting to refrain the crowd during the launch of the USS *Franklin 74*. Obituary in *American Commercial Beacon*, 09 Dec 1816. Died age 22 (tombstone) **P**: None **BLW**: No **PH**: N **SS**: AQ **BS**: 174 pg 101; 239 No. 204.

RU=Rank/Unit   CEM=Cemetery   GS=Gravestone   SP=Spousal Information   VI=Other Veteran Info   P=Pension
BLW=Bounty/Land Warrant   PH=Photo   SS=Service Source   BS=Burial Source   VMR= VA Military Regt
LNR= Last Known Residence

SAUNDERS, James Turner; b 18 Jul 1791, Bedford Co; d 21 Jan 1864 **RU**: Surgeon, 7th VMR Saunders **CEM**: Presbyterian Cemetery; Lynchburg; Grace & Bailey Sts **GS**: U **SP**: mar in Greensville Co on 19 Nov 1823 to Ann Maria Rives, b 17 Jul 1805, d 23 Apr 1887, daughter of Nathaniel Rives & Elizabeth Rivers of Rockingham Co **VI**: University of Pennsylvania medical degree, tobacconist, member of State Convention of 1829-30. House of Delegates from Lynchburg. Son of Col David Saunders (b Hanover Co on Feb1761, d 29 Sep1842 at "Pleasant Grove", Bedford Co) **P**: Spouse **BLW**: No **PH**: N **SS**: A rec 10849; BD pg 1545 **BS**: 49.

SAUNDERS, John; b 1799; d bur 28 Oct 1834 **RU**: Seaman, USS *Provost* **CEM**: Shockoe Hill; Richmond City; 100 Hospital St **GS**: Y **SP**: No spouse information **VI**: Probably seaman in Battalion of Sea Fencibles (*Leonard*), New York. Pension was rejected **P**: Applied **BLW**: No **PH**: N **SS**: G; BD pg 1545 **BS**: 38 pg 13.

SAUNDERS, John E; b UNK; d 1851 **RU**: Sergeant, Hunton's Command of Cavalry **CEM**: Camp High / Saunders; Loudoun; Leithtown **GS**: Y **SP**: No spouse information **VI**: No further data **P**: None **BLW**: No **PH**: N **SS**: A rec 10877 **BS**: 73 pg 272.

SAUNDERS, John Hyde; b 27 Dec 1784; d 23 Apr 1861 **RU**: Private, Petersburg Volunteers, Capt Richard McRae **CEM**: Mt Carmel Church; Powhatan; 4.8 mi W of Powhatan off Rt 627 **GS**: Y **SP**: mar (1) Amelia (-----), b 1789, d 14 Oct 1851; (2) widow Sally D (-----) **VI**: Ruling member Presbyterian Church **P**: Spouse **BLW**: No **PH**: N **SS**: B pg 28; BD pg 1545; M pg 276 **BS**: 277.

SAUNDERS, Robert; b 1757; d 16 May 1835 **RU**: Captain, 68th VMR, Company Commander, James City Co & York Co **CEM**: Bruton Parish; Williamsburg; 331 W Duke of Gloucester St **GS**: Y **SP**: No spouse information **VI**: Died age 78 **P**: None **BLW**: No **PH**: Y **SS**: K pg 375 **BS**: 93; 31.

SAUNDERS, Samuel Shield; b 14 Feb 1783; d 30 Dec 1851 **RU**: Private, 52nd VMR, Capt John Pollock, Charles City Co, attached to 7th VMR (Gray) **CEM**: St John's Church; Richmond City; 24th & Broad, Church Hill **GS**: U **SP**: mar (1) on 03 Sep 1812 by Rev Mr Blair to Eliza Q Davidson, eldest daughter of Robert Davidson of Richmond City, b 03 Sep 1796, d 10 Sep 1822; (2) in Richmond on 27 Oct 1830 to Eliza L Derieaux. Marriage notice to first wife in the *Richmond Enquirer*, 11 Sep 1812, pg 3. **VI**: No further data **P**: Spouse **BLW**: No **PH**: N **SS**: BD pg 1546; M pg 276; B pg 58 **BS**: 63 pg 244, 506; 252 pg 65.

SAUNDERS, Thomas; b Jan 1790; d 16 Feb 1840 **RU**: Private, 109th VMR, Capt Carter B. Berkeley, Middlesex Co **CEM**: Old Graves; Hampton City; 1.5 mi W of Hampton on Sawyers Swamp Rd, John Lake Farm **GS**: Y **SP**: mar Elizabeth B (-----), b 30 Jan 1792, d 05 Jan 1845 **VI**: No further data **P**: None **BLW**: No **PH**: N **SS**: L pg 133 **BS**: 188.

SAUNDERS, Thomas; b 30 Jun 1792; d 16 Feb 1844 **RU**: Sergeant, 59th VMR (Riddick) Nansemond Co **CEM**: West Cemetery; Hampton; 11 Harlequin Dr **GS**: Y **SP**: mar Elizabeth Bradley, b 30 Jun 1792, d 03 Jan 1819 **VI**: No further data **P**: None **BLW**: No **PH**: N **SS**: A rec 11030 **BS**: 245.

SAUNDERS, William C; b UNK; d 26 May 1842 **RU**: Private, Hunton's Command of Cavalry **CEM**: Saunders Family; Loudoun; Leithtown **GS**: Y **SP**: mar Amanda (-----), b 23 Mar 1815, d 10 Oct 1903 **VI**: No further data **P**: None **BLW**: No **PH**: N **SS**: A rec 11044 **BS**: 73 pg 273.

SAUNDERS, William S; b 10 Apr 1795; d 11 Jun 1870 **RU**: Private, 57th VMR, Loudoun Co **CEM**: Wisecarver / Snapp; Frederick; off Rt 622, Fawcetts Gap (no road) **GS**: Y **SP**: No spouse information **VI**: No further data **P**: None **BLW**: No **PH**: N **SS**: A rec 11081 **BS**: 79 pg 290.

SAVAGE, John; b UNK; d 1821 (Inv) **RU**: Private, 99th VMR, (Bagwell), Accomack Co **CEM**: Cropper; Accomack; Cedar Grove, Gargathy Neck **GS**: Y **SP**: No spouse information **VI**: No further data **P**: None **BLW**: No **PH**: Y **SS**: A rec 11283 **BS**: 6 pg 239.

SAVAGE, Major; b 08 May 1793; d 01 Oct 1855 **RU**: Private, 2nd VMR (Bayley), Accomack Co **CEM**: Savage Family; Accomack; 1.3 mi E of Keller **GS**: U **SP**: mar in Accomack Co on 27 Sep 1819 to Susannah Edmonds, daughter of James Savage **VI**: No further data **P**: None **BLW**: No **PH**: N **SS**: A rec 11303 **BS**: 178.

SAVAGE, Preston; b 01 Feb 1792; d 14 Feb 1832 **RU**: Corporal, 27th VMR (Pitt), Northampton Co **CEM**: Savage Family; Northampton; end of Rt 711, 0 .2 mile on gravel road **GS**: Y **SP**: mar in Northampton Co on 03 Feb 1819 (return by C. Bonewell) to Mahala Warren, b 16 Oct 1801, d 02 Jan 1857. Marriage bond dated 01 Feb 1819, consent by Adah Warren, guardian **VI**: No further data **P**: None **BLW**: No **PH**: N **SS**: A rec 11313 **BS**: 20 pg 72.

RU=Rank/Unit CEM=Cemetery GS=Gravestone SP=Spousal Information VI=Other Veteran Info P=Pension
BLW=Bounty/Land Warrant PH=Photo SS=Service Source BS=Burial Source VMR= VA Military Regt
LNR= Last Known Residence

SCANLAND, John S; b 1789; d 30 Dec 1875 **RU:** Private, 30th VMR, Caroline Co **CEM:** Sharon; Loudoun; Jay & Federal Sts, Middleburg, Lot 227 **GS:** Y **SP:** mar in Loudoun Co on 12 Jan 1820 to Sophronia Thomas, b c1798; d 07 Dec 1873 age 77. Marriage returned by Rev William Williamson. She was 52 years old on the 1850 census of Fauquier Co **VI:** No further data **P:** None **BLW:** No **PH:** N **SS:** A rec 12159 **BS:** 7 pg 134.

SCARBOROUGH, Thomas; b 30 Mar 1781; d 22 Jan 1853 **RU:** Lieutenant, 27nd VMR, Capt Henry Scarborough, Artillery, Northampton Co **CEM:** Scarborough's Plain; Northampton; jct Rts 601 & 683 **GS:** Y **SP:** mar Tabitha (-----), b 05 Jul 1781, d 09 Feb 1844 **VI:** No further data **P:** None **BLW:** No **PH:** N **SS:** K pg 321 **BS:** 20 pg 73.

SCARBOROUGH, William M; b 16 Jun 1786; d 29 Mar 1821 **RU:** Captain, 2nd VMR, Company Commander, Accomack Co **CEM:** Scarborough Family; Accomack; Rt 178 S of Keller **GS:** U **SP:** mar in Accomack Co on 26 Sep 1808 to Anna P Treakle, d 1817 **VI:** No further data **P:** None **BLW:** No **PH:** N **SS:** K pg 321 **BS:** 178.

SCATTERDAY, Aaron; b 01 Mar 1795; d 06 Mar 1872 **RU:** Private, 57th VMR, Capt George Blincoe, Loudoun Co **CEM:** Arnold Grove Methodist Episcopal; Loudoun; jct Rts 9 & 690, Hillsboro **GS:** Y **SP:** mar Anna M (-----), d 28 Jul 1893 **VI:** No further data **P:** Both **BLW:** Yes **PH:** N **SS:** A rec 12311; BD pg 1549; B pg 119 **BS:** 19.

SCHOFIELD, Thomas; b 1793; d 04 Mar 1830 **RU:** Sergeant, 92nd VMR, Ensign James Brent, Lancaster Co **CEM:** Shockoe Hill; Richmond City; 100 Hospital St **GS:** U **SP:** No spouse information **VI:** No further data **P:** None **BLW:** No **PH:** N **SS:** A rec 12666, L pg 168 **BS:** 38 pg 8.

SCHOOLFIELD, Joseph James; b 18 Sep 1784, Worcester Co, MD; d 26 Sep 1850, Portsmouth **RU:** Surgeon, 65th VMR, Southampton Co **CEM:** Cedar Grove; Portsmouth; Effington St & Fort Ln **GS:** Y **SP:** mar on 27 Oct 1808 to Mary Ann Lewis, b 26 Jan 1791, d 30 Nov 1862. **VI:** Son of John & Hannah Schoolfield. Commissioned 10 Sep 1805, US Navy, promoted to Surgeon 28 Jun 1809. Medical officer at Naval Hospital during War of 1812; Resigned 27 Oct 1817 **P:** None **BLW:** No **PH:** Y **SS:** A rec 12727 **BS:** 65 pg 55.

SCOTT, Beverly Roy; b 11 Jan 1796, Campbell Co; d 03 Jun 1839 **RU:** US Navy, USS *Carolina* **CEM:** Locust Thicket; Lynchburg; 2627 Old Forest Rd **GS:** Y **SP:** mar on 18 Oct 1820 at "Locust Thicket", Almira Anderson. b 12 May 1804, d 03 Oct 1873 in "Shenstone", Nottoway Co, daughter of Jesse & Elizabeth (Jones) Anderson **VI:** Son of Samuel Beverly Scott (b Caroline Co, 14 Mar 1754, d 20 Jun 1822, Campbell Co) & Ann Roy (b Spotsylvania Co, 28 Feb 1762, d 01 Apr 1846 Campbell Co) He was an officer on board the *Carolina* when it exploded in Dec 1814 at New Orleans after heavy bombardment from British vessels. The crew had abandoned the ship shortly before it exploded. He was with General Andrew Jackson at New Orleans on 08 Jan1815. Lost a leg in the Battle of New Orleans. Died age 69 **P:** None **BLW:** No **PH:** q **SS:** AE pg 493 **BS:** 49.

SCOTT, David Wilson; b 1766; d 23 Sep 1827 **RU:** Major, 1st VMR (Connell) **CEM:** Scott Family; Fairfax; Conference Center Dr, Fairfields Office Park **GS:** Y **SP:** No spouse information **VI:** Stone erected by his brother Richard Marshall Scott. Died in his 61st year leaving one child, Mary Marshall Scott **P:** None **BLW:** No **PH:** N **SS:** A rec 13495 **BS:** 89 v4 CN-36.

SCOTT, Edward; b 1793; d 26 Sep 1832 **RU:** Servant, 19th VMR (Ambler), Richmond City **CEM:** Shockoe Hill; Richmond City; 100 Hospital St **GS:** U **SP:** mar in Richmond on 09 Mar 1825 to Jane Moore **VI:** No further data **P:** None **BLW:** No **PH:** N **SS:** A rec 13520 **BS:** 38 pg 11; 63 p. 238.

SCOTT, James; b 1786; d 17 Jan 1844 **RU:** Corporal, 93rd VMR, Capt Jesse Dold, Troop of Calvary, Augusta Co **CEM:** Hebron Presbyterian; Augusta; Rt 703, 4.5 mi fr Staunton **GS:** Y **SP:** No spouse information **VI:** No further data **P:** None **BLW:** No **PH:** N **SS:** A rec 13671, Muster Vol 2 pg 282 **BS:** 183; 1 pg 64.

SCOTT, James; b UNK; d 1833 **RU:** Lieutenant, 93rd VMR, Capt Jesse Dold, Troop of Cavalry, Augusta Co **CEM:** Clark Cemetery; Washington; Rt 112 **GS:** N **SP:** mar Elizabeth (-----), "consort of Capt. James Scott," b 18 Oct 1786, d 12 Sep 1808 **VI:** Death year from the *Blakemore Record* **P:** None **BLW:** No **PH:** N **SS:** L pg 282 **BS:** 116 pg 187.

SCOTT, James; b 1772; d bur 02 Jun 1861 **RU:** Private, 19th VMR (Ambler), Richmond City **CEM:** Hollywood; Richmond City; 412 S Cherry St, Sec I, lot 70 **GS:** U **SP:** mar Grace (-----), bur 12 Jan 1876, age 77, Section I, lot 88 **VI:** Burial record #9205 **P:** None **BLW:** No **PH:** N **SS:** A rec 13713 **BS:** 237.

SCOTT, James A G; b UNK; d 16 May 18?? **RU:** Corporal, Maj Woodford's Squadron of Calvary (Dragoons) **CEM:** Glebe Burying Ground; Augusta; Rt 876, Swoope **GS:** Y **SP:** No spouse information **VI:** Enumerated in 1830 census, but not in 1840 **P:** None **BLW:** No **PH:** N **SS:** A rec 13671 **BS:** 81 pg 4; 245.

RU=Rank/Unit   CEM=Cemetery   GS=Gravestone   SP=Spousal Information   VI=Other Veteran Info   P=Pension
BLW=Bounty/Land Warrant   PH=Photo   SS=Service Source   BS=Burial Source   VMR= VA Military Regt
LNR= Last Known Residence

SCOTT, Jesse G; b 1769; d 09 Jul 1826 **RU:** Private, 57th VMR, Loudoun Co **CEM:** Sunnyside; Prince William; off Rt 642, 6.5 mi N of Dumfries **GS:** Y **SP:** mar Clarinda (-----), d 19 Nov 1836, age 56 years **VI:** No further data **P:** None **BLW:** No **PH:** N **SS:** A rec 13761 **BS:** 130.

SCOTT, John; b Jan 1779; d 17 Feb 1850 **RU:** Private, 2nd VMR (Ballowe) **CEM:** Scott Family; Fauquier; Warrenton **GS:** Y **SP:** No spouse information **VI:** No further data **P:** None **BLW:** No **PH:** N **SS:** A rec 13810 **BS:** 4 pg 181.

SCOTT, John; b 1772, Greenock, Scotland; d 11 Jan 1848 **RU:** Private, 4th VMR **CEM:** Masonic Cemetery; Fredericksburg; 900 Block, Charles St **GS:** Y **SP:** No spouse information **VI:** Merchant of Fredericksburg **P:** None **BLW:** No **PH:** N **SS:** A rec 13843 **BS:** 52.

SCOTT, John; b 21 Dec 1798; d 1825 **RU:** Private, 70th VMR, Maj Bradley's Command, Washington Co **CEM:** Clark Cemetery; Washington; Rt 112 **GS:** Y **SP:** mar Jane (-----), d 12 Jun 1833, age 33 yrs, 11 mos, 5 days **VI:** No further data **P:** None **BLW:** No **PH:** N **SS:** A rec 13768 **BS:** 116 pg 187.

SCOTT, John; b UNK; d 18 Jun 1826 **RU:** Sergeant, 8th VMR (Magnien) **CEM:** Wilkins Plantation; Chesapeake City; 2 mi E of Deep Creek on Cedar Rd (Rt 166) **GS:** Y **SP:** mar Lydia (-----), b 20 Nov 1794, d 01 Nov 1868 **VI:** Doctor **P:** None **BLW:** No **PH:** N **SS:** A rec 13856 **BS:** 75 pg 95.

SCOTT, Joseph W; b 19 Dec 1781; d 26 Nov 1845 **RU:** Private, 3rd VMR (Dickinson) **CEM:** St Stephens Episcopal; Bedford; Jefferson HS parking lot, Forest **GS:** Y **SP:** mar Elizabeth R (-----), b 27 Dec 1794, d 09 Oct 1857 **VI:** No further data **P:** None **BLW:** No **PH:** N **SS:** A rec 13926 **BS:** 121 pg 65.

SCOTT, Robert; b 1775; d 27 May 1855 **RU:** Private, 4th VMR **CEM:** Scott Family; Mecklenburg; Rt 47 E nr Chase City **GS:** Y **SP:** mar in Mecklenburg Co on 08 Sep 1806 (bond) to Elizabeth Pettus, daughter of Samuel Pettus, d 01 Jan 1860 in her 70th year **VI:** Stone made by Rogers & Miller Co. in Richmond **P:** None **BLW:** No **PH:** N **SS:** A rec 14084 **BS:** 24 pg 176.

SCOTT, Samuel; b 1793; d 16 Dec 1878 **RU:** Private, 19th VMR, Capt William Murphy, Light Infantry Blues, Richmond City, attached to 1st Corps d'Elite (Randolph) **CEM:** Shockoe Hill; Richmond City; 100 Hospital St **GS:** U **SP:** No spouse information **VI:** No further data **P:** None **BLW:** No **PH:** N **SS:** K pg 260 **BS:** 38 pg 6.

SCOTT, Thomas; b 1779, Portsmouth; d 31 May 1841 **RU:** Private, 20th VMR (Robinson), Capt Lemuel Cormick, Light Infantry, Princess Anne Co **CEM:** Cedar Grove; Portsmouth; Effington St & Fort Ln **GS:** Y **SP:** No spouse information **VI:** Wounded in action. Initially interred at Scott Cemetery which was attended by the Portsmouth Rifle company with military honors. Reinterred at Cedar Grove **P:** None **BLW:** No **PH:** N **SS:** A rec 14201; AK pg 139 **BS:** 182.

SCOTT, Thomas; b 22 Apr 1797; d 7 Nov 1847 **RU:** Private, 6th VMR **CEM:** Oxford Presbyterian; Rockbridge; Lexington **GS:** Y **SP:** No spouse information **VI:** No further data **P:** None **BLW:** No **PH:** on-line **SS:** A rec 14193 **BS:** 245.

SCOTT, William; b 1794; d 13 Jul 1874 **RU:** Private, 121st VMR, Capt Andrew Lewis, Botetourt Co, attached to 5th VMR **CEM:** Cedar Hill; Alleghany; 1.25 mi S of Covington **GS:** Y **SP:** mar (1) Elizabeth (-----), d 6 Nov 1840 age 61; (2) Catherine M (-----), d 13 Jul 1873 aged 75 **VI:** Age 80 at death (tombstone) **P:** None **BLW:** No **PH:** N **SS:** K pg 25 **BS:** 99 pg 7; 197.

SCOTT, William Henry C; b UNK; d 27 Dec 1864 **RU:** Private, 4th VMR (Beatty) **CEM:** Rehobeth United Methodist; Loudoun; jct Rt 691 & Bollington Rd (Rt 692,) Morrisonville **GS:** Y **SP:** No spouse information **VI:** No further data **P:** None **BLW:** No **PH:** N **SS:** A rec 14296 **BS:** 73 pg 275.

SCRIVENER, William; b 1793; d 02 Mar 1879 **RU:** Corporal, 56th VMR, Capt George Mark, Loudoun Co **CEM:** Bethel Church; Frederick; Bethel Church Rd (Rt 610), Gore **GS:** Y **SP:** mar in Frederick Co on 27 Apr 1816 (bond) to Elizabeth Coe Shrivener, b 1790, d Oct 1852 **VI:** No further data **P:** Applied **BLW:** No **PH:** N **SS:** A rec 14651; BD 1555; M pg 277 **BS:** 79 pg 291; 49.

SCRUGGS, Samuel; b 1795; d 20 Mar 1844 **RU:** Private, 24th VMR, Capt Boaz Ford, Buckingham Co, attached to 7th VMR (Gray) **CEM:** Old City Cemetery; Lynchburg; 401 Taylor St **GS:** Y **SP:** No spouse information **VI:** "Died in his 49th year after a long affliction" **P:** None **BLW:** No **PH:** N **SS:** L pg 332 **BS:** 87 pg 4; 207.

SCRUGGS, Samuel; b UNK; d bur 03 Mar 1864 **RU**: Private, 7th VMR (Gray) **CEM**: Hollywood; Richmond City; 412 S Cherry St, Sec G, lot 50 **GS**: U **SP**: No spouse information **VI**: Burial record #9207, age not given **P**: None **BLW**: No **PH**: N **SS**: A rec 14791 **BS**: 237.

SEAL, James; b 09 May 1782; d 06 Jan 1859 **RU**: Private, 19th VMR (Ambler), Richmond City **CEM**: Shockoe Hill; Richmond City; 100 Hospital St **GS**: Y **SP**: mar Judith Walden, b 03 May 1789, d 14 Jul 1859 **VI**: No further data **P**: None **BLW**: No **PH**: N **SS**: A rec 15076 **BS**: 199.

SEAL / SEALE, John; b 1790; d 16 Nov 1856 **RU**: Private, 9th VMR (Boyd), Capt Thomas Hickman, Caroline Co **CEM**: Barlo / Seale; Caroline; Rt 627 1mi E of Mt Hermon Church **GS**: Y **SP**: mar (1) Susannah (-----); (2) on 30 Jan 1811 to Margaret Gouldman Edmundsen, b 1787, d 25 Dec 1864, LNR Caroline Co **VI**: Called up for duty in Caroline Co on 03 Aug 1814 and discharged at Falmouth or Washington, DC on 24 Sep 1814 (Bounty Land Warrant file gives both places, same date.). Received warrant for 120 acres of bounty land (NARA file No. 3021) **P**: None **BLW**: Yes **PH**: Y **SS**: A rec 15082 **BS**: 10 pg 6.

SEATON, Hiram H; b 01 Aug 1778; d 29 Nov 1849 **RU**: Private, 56th VMR (Taylor), Loudoun Co **CEM**: Old Bethesda Methodist; Loudoun; Foxcroft Rd, Unison **GS**: Y **SP**: mar Frances A. Eaches daughter of Thomas Eaches **VI**: No further data **P**: None **BLW**: No **PH**: N **SS**: A rec 15662 **BS**: 73 pg 276.

SEAWELL, Thomas M; b 10 Nov 1795; d 1871 **RU**: Corporal, 68th VMR, James City Co & York Co **CEM**: Abingdon Church; Gloucester; 4645 George Washington Memorial Hwy, White Marsh **GS**: Y **SP**: mar Mildred (-----) b 1792. Enumerated with Thomas M Seawell on 1850 Census, age 58 **VI**: No further data **P**: None **BLW**: No **PH**: N **SS**: A rec 15778 **BS**: 82 pg 22.

SEAY, Abraham Barbee; b 1787; d 1869 **RU**: Sergeant, 24th VMR, Capt Walter Fontaine, Buckingham Co, attached to 8th VMR (Wall) **CEM**: Blandford; Petersburg; 111 Rochelle Ln **GS**: U **SP**: mar Susan Moffett, b 1795, d 1881 **VI**: Apparently reinterred from Seay Family cemetery in Fluvanna Co. Also buried here were Robert Moore Seay (1828-1894) and his wife Emily (Williams) Seay (1828-1906) and son George Washington Seay **P**: Spouse **BLW**: No **PH**: N **SS**: K pg 94; BD pg 1558 **BS**: 200; 95 pg 84.

SEAY, Austin; b 15 Mar 1796; d 27 Oct 1882 **RU**: Private, 12th VMR, Capt Miles Cary, Artillery, Fluvanna Co, attached to 1st VMR (Yancey) **CEM**: Seay Family; Fluvanna; Rt 15, Fork Union **GS**: Y **SP**: mar Sally (-----), b 15 Sep 1803, d 28 Jul 1887 **VI**: Probably the son of Austin Seay and Elizabeth Weaver who were married in Fluvanna Co in April 1783 **P**: Both **BLW**: No **PH**: N **SS**: K pg 192; A rec 15784; BD pg 1558; B pg 75 **BS**: 95 pg 83.

SEDWICK, Benjamin; b 1784; d 21 Mar 1824 **RU**: Surgeon's Mate, 25th VMR, (Smith), King George Co **CEM**: Christ Church Episcopal; Alexandria; Wilkes & Hamilton **GS**: Y **SP**: mar Anne Pearson Alexander **VI**: Doctor **P**: None **BLW**: No **PH**: N **SS**: A rec 16080 **BS**: 34 pg 113.

SELBY, Zadock; b 07 Mar 1769; d 27 May 1833 **RU**: Private, 2nd VMR, Capt Henry Custis, Troop of Cavalry, Accomack Co **CEM**: Gillet Cemetery; Accomack; Rt 605 2 mi N of Accomac **GS**: Y **SP**: mar Elizabeth Dickinson, daughter of David & Hannah Dickinson, b 23 Aug 1773, d 03 May 1835 **VI**: Son of Zadock & Tabitha Selby **P**: None **BLW**: No **PH**: N **SS**: L pg 264 **BS**: 21 pg 246.

SELLERS, Emanuel; b May 1796; d 04 Jun 1848 **RU**: Private, 6th VMR (Coleman) **CEM**: Peaked Mountain Church; Rockingham; McGaheysville Rd (Rt 966), McGaheysville **GS**: Y **SP**: No spouse information **VI**: No further data **P**: None **BLW**: No **PH**: N **SS**: A rec 16920 **BS**: 262.

SELLERS, John; b 1790; d 1867 **RU**: Private, 116th VMR, Capt William Harrison, Rockingham Co, attached to 1st VMR (Trueheart) **CEM**: Sellers (Zellers) Family; Rockingham; Rt 807, Mauzy **GS**: Y **SP**: mar (1) Katherine Miller, b 1795, d 1835; (2) Delilah (-----) who received pension **VI**: No further data **P**: Spouse **BLW**: No **PH**: N **SS**: K pg 51; BD pg 1561 **BS**: 262.

SEMMES, Thomas; b 13 Aug 1778, Prince George Co, MD; d 31 Jul 1833, Alexandria **RU**: Surgeon, 2nd Brigade DC Militia (Young) **CEM**: Christ Church Episcopal; Alexandria; Wilkes & Hamilton **GS**: Y **SP**: mar in 1808 in VA, Sophia Wilson Potts, b 1778 **VI**: Doctor **P**: None **BLW**: No **PH**: N **SS**: A rec 17137 **BS**: 34 pg 114.

SERGEANT, Chapman; b 10 Sep 1796; d 14 Aug 1875 **RU**: Private, 10th VMR, Capt Abram Buford, Bedford Co, attached to 8th VMR (Wall) **CEM**: Sergeant Grave; Louisa; Rt 640, 2 mi E of Poindexter **GS**: Y **SP**: No spouse information **VI**: No further data **P**: Yes **BLW**: No **PH**: N **SS**: K pg 82; BD pg 1562, B pg 239 **BS**: 181.

SETTLE, Joseph; b 02 Sep 1779; d 20 Mar 1844 **RU**: Lt, 1st VMR (Crutchfield) **CEM**: Settle Family #1; Rappahannock; 3 mi S of Flint Hill, VA **GS**: Y **SP**: mar in Culpeper Co on 29 Oct 1811 to Rachel Jordan, by Lewis Conner (Baptist) **VI**: No further data **P**: None **BLW**: No **PH**: N **SS**: A rec 17726 **BS**: 203.

SEXTON, Aaron; b 03 Apr 1793; d 16 Oct 1851 **RU**: Private, 3rd Regiment, East TN Militia (Johnson) **CEM**: Old Bethel Church; Smyth; Rt 627 **GS**: Y **SP**: mar 1816, Margaret Ann Feeley, b 1795 **VI**: No further data **P**: None **BLW**: No **PH**: N **SS**: A rec 18174 **BS**: 131 v2 pg 147.

SEXTON, Thomas Campbell; b 1767; d 15 Mar 1849 **RU**: Private, 4th VMR **CEM**: Old Bethel Church; Smyth; Rt 627 **GS**: Y **SP**: mar Charity Current, b 18 Feb 1769, d 08 Mar 1824 **VI**: Called "Pioneer" on his stone **P**: None **BLW**: No **PH**: N **SS**: A rec 18230 **BS**: 131 v2 pg 151.

SEYMOUR, William; b 01 Oct 1773; d 24 Oct 1821 **RU**: Lieutenant, 54th VMR (Sharp), Norfolk Borough **CEM**: Seymour / Snead; Accomack; Market & Ames Sts, Onancock **GS**: Y **SP**: mar Elizabeth (-----) who was pensioned **VI**: No further data **P**: Spouse **BLW**: No **PH**: N **SS**: A rec 18391; M pg 278 **BS**: 21 pg 246.

SHACKELFORD, John; b 1797, Gloucester Co; d 16 Dec 1902 **RU**: Private, 2nd VMR (Sharp) **CEM**: Shea Cemetery; Portsmouth; Scott's Creek **GS**: Y **SP**: mar Ann (-----) **VI**: Died age 105 years **P**: Spouse App **BLW**: No **PH**: N **SS**: A rec 18444; BD pg 1565; B pg 114 **BS**: 264.

SHACKLETT, John; b UNK; d 02 Aug 1817 **RU**: Private, 44th VMR, Capt Nathaniel Grigsby, Troop of Cavalry, Fauquier Co **CEM**: Rose Hill; Fauquier; Rt 17 5 mi N of Delaplane **GS**: Y **SP**: No spouse information **VI**: No further data **P**: None **BLW**: No **PH**: N **SS**: A rec 18556 **BS**: 4 pg 181.

SHAFFER, Israel; b UNK; d 16 Nov 1876 **RU**: Private, 2nd VMR, Capt Robert Irvine **CEM**: St John's Lutheran; Rockingham; Rt 613, Singers Glen **GS**: Y **SP**: mar Mary "Polly" (-----), b 1800, d 1880 **VI**: Stone is engraved "Private, 2nd Va. Militia, War of 1812" **P**: Both **BLW**: Yes **PH**: N **SS**: G; BD pg 1566; M pg 278 **BS**: 262.

SHANDS, William; b 1787; d 1860 **RU**: Ensign, 8th VMR (Magnein) **CEM**: Blandford; Petersburg; 111 Rochelle Ln **GS**: Y **SP**: No spouse information **VI**: Monument says he was an officer in the War of 1812. Represented Sussex & Prince George Cos in VA legislature. Styled "Esquire" on stone **P**: Yes **BLW**: No **PH**: N **SS**: G; NARA Roll Box 186; BM pg 292 **BS**: 200.

SHANE, William; b 1774; d 14 Oct 1814 **RU**: Private, 4th VMR (Boyd) **CEM**: Gainesboro; Frederick; 166 Siler Ln, Gainesboro **GS**: U **SP**: No spouse information **VI**: No further data **P**: None **BLW**: No **PH**: N **SS**: A rec 19158 **BS**: 79 pg 294.

SHANNON, William; b 1780; d 29 Aug 1825 **RU**: Sergeant Major, 2nd VMR (Sharp), Field & Staff **CEM**: Shockoe Hill; Richmond City; 100 Hospital St **GS**: U **SP**: No spouse information **VI**: No further data **P**: None **BLW**: No **PH**: N **SS**: K pg 159; A rec 19444 **BS**: 38 pg 3.

SHARP, Benjamin; b Jan 1793; d 25 Dec 1840 **RU**: Sergeant, 4th VMR (Boyd) **CEM**: Zion Methodist; Washington; 29249 Zion Church Rd, Damascus **GS**: Y **SP**: mar Margaret (-----), b 21 Jan 1798, d 21 Jun 1855 **VI**: No further data **P**: None **BLW**: No **PH**: N **SS**: A rec 19599 **BS**: 116 pg 257.

SHARP, James H; b 1793; d bur 28 Mar 1853 **RU**: Sergeant, 74th VMR (Trueheart), Hanover Co **CEM**: Shockoe Hill; Richmond City; 100 Hospital St **GS**: U **SP**: No spouse information **VI**: No further data **P**: None **BLW**: No **PH**: N **SS**: A rec 19686 **BS**: 63 pg 354.

SHARP, John D; b 03 Jun 1789; d 05 Oct 1853 **RU**: Private, 4th VMR **CEM**: Sharp Family; Lee; Jonesville **GS**: Y **SP**: mar Polly (-----), b 03 Mar 1793, d 07 Aug 1869 **VI**: No further data **P**: None **BLW**: No **PH**: N **SS**: A rec 19739 **BS**: 253 pg 35.

SHARP, Richard E; b 22 Sep 1787; d 29 Mar 1862 **RU**: Private, 5th VMR **CEM**: Zion Methodist; Washington; 29249 Zion Church Rd, Damascus **GS**: Y **SP**: mar Margaret (-----), d 13 Jan 1869, age 76 yrs, 2 mos, 6 days **VI**: No further data **P**: None **BLW**: No **PH**: N **SS**: A rec 19788 **BS**: 116 pg 257.

SHARP, Robert; b 1798; d bur 23 Oct 1838 **RU**: Private, 33rd VMR, Capt Morris L. Miller, Henrico Co **CEM**: Shockoe Hill; Richmond City; 100 Hospital St **GS**: Y **SP**: mar in Richmond on 31 May 1824 to Elizabeth Byrdie **VI**: No further data **P**: None **BLW**: No **PH**: N **SS**: L pg 593 **BS**: 199; 63 pg 237.

RU=Rank/Unit CEM=Cemetery GS=Gravestone SP=Spousal Information VI=Other Veteran Info P=Pension
BLW=Bounty/Land Warrant PH=Photo SS=Service Source BS=Burial Source VMR= VA Military Regt
LNR= Last Known Residence

SHARP, Turner; b 18 Dec 1773, Mecklenburg Co; d 1858, Richmond **RU**: Private, 23rd VMR, Capt William Goff, Chesterfield Co **CEM**: Shockoe Hill; Richmond City; 100 Hospital St **GS**: Y **SP**: mar in Henrico Co, White Oak Swamp Church, on 01 Nov 1819, to Eliza P Jones **VI**: Son of Lewis S Sharp who died 02 Feb 1828, Service inscribed on his tombstone as 23rd VMR, War of 1812; died of pneumonia. Grave has been marked **P**: None **BLW**: No **PH**: N **SS**: L pg 365; G; K pg 77 **BS**: 38 bk 2 pg 213; 199; 31.

SHARP, William; b 1775; d 07 Sep 1823 **RU**: Colonel, 54th VMR (Sharp), Norfolk Borough **CEM**: Cedar Grove; Norfolk City; 238 E Princess Anne Rd **GS**: Y **SP**: mar 1801, Mary Willoughby, daughter of Capt William Willoughby **VI**: Son of James Sharp and Elizabeth M. Royster. Was long-time Clerk of Borough Court and Member of Common Council & President of Norfolk Provident Council. Later tomsbtone erected at St Paul's Church, which gives his age as 47, died 07 Sep 1823, Obituaries in the *American Commercial Beacon* and the *Norfolk & Portsmouth Daily Advertiser*, 10 Sep 1823, pg 3 say he was buried with military honors at the "newly constructed family vault" at Cumberland Street Baptist Church. His stone at St Paul's was apparently erected by his son, William A Sharp, upon the death of the wife **P**: None **BLW**: No **PH**: N **SS**: B pg 145 **BS**: 49.

SHARPLES, Felix Thomas; b 1786, England; d 1833, "Isleham," Matthews Co **RU**: Corporal, 61st VMR, Lt T T Tabbs, Mathews Co **CEM**: Ware Episcopal Church; Gloucester; 7825 John Clayton Memorial Rd, Gloucester **GS**: Y **SP**: No spouse information **VI**: Like his father James Sharples, he was a portrait artist. Stone moved here in 1959 from "Iselham," the Yeatman family seat. Some mystery surrounds him, as written in "Notes and Queries" in the *Virginia Magazine of History & Biography*, Vol 59, No 2 (April 1951), p. 216-224, and this stone--unknown in 1951--helps solve part of it **P**: None **BLW**: No **PH**: N **SS**: L pg 754 **BS**: 82 pg 93.

SHAVER, Andrew H; b 1798; d 16 Mar 1875 **RU**: Private, 121st VMR, Capt Andrew Lewis, Botetourt Co, attached to McDowell's Flying Camp **CEM**: Hale Family; Montgomery; Mt Tabor Rd, (Rt 624), Blacksburg **GS**: Y **SP**: mar Nancy Ensminger b 1803, d UNK **VI**: No further data **P**: None **BLW**: No **PH**: N **SS**: K pg 24; B pg 46 **BS**: 245.

SHAVER, John; b 1775; d 18 Mar 1859 **RU**: Private, McDowell's Flying Camp **CEM**: Shaver Family; Rockingham; Carter Run Trail (Rt 766), Carter Run **GS**: Y **SP**: mar Dorothy (-----), d 10 Mar 1843, age 64 yrs, 3 mos,10 days **VI**: Age 75 on 1850 census of Rockingham Co **P**: None **BLW**: No **PH**: N **SS**: A rec 20175 **BS**: 262.

SHAW, John; b 08 Nov 1776; d 12 Jan 1826 **RU**: Private, 5th VMR **CEM**: Old Stone Methodist; Loudoun; 110 Cornwall St, Leesburg **GS**: Y **SP**: No spouse information **VI**: No further data **P**: None **BLW**: No **PH**: N **SS**: A rec 20563 **BS**: 73 pg 278.

SHEARER, James; b 1775; d 22 Oct 1871 **RU**: Private, 117th VMR, Campbell Co **CEM**: Old Concord Presbyterian; Appomattox; Rt 648 **GS**: Y **SP**: mar Elizabeth (-----), d 05 Mar 1851, age 82 **VI**: No further data **P**: Yes **BLW**: No **PH**: N **SS**: L pg 314; BD pg 1572 **BS**: 80.

SHEETS, Frederick; b 20 Sep 1789; d 21 Sep 1831 **RU**: Private, 5th VMR (McDowell) **CEM**: Sheets Family; Botetourt; W Rt 220, Bessemer **GS**: Y **SP**: No spouse information **VI**: No further data **P**: None **BLW**: No **PH**: N **SS**: A rec 21368 **BS**: 155 pg 82.

SHEETS, Jacob; b UNK; d 1836 (Will) **RU**: Private, 4th VMR (Boyd) **CEM**: Sheets Family; Botetourt; W Rt 220, Bessemer **GS**: U **SP**: mar Catherine (-----) **VI**: No further data **P**: None **BLW**: No **PH**: N **SS**: A rec 21394 **BS**: 155 pg 82.

SHEETS, John, Sr; b 24 Jun 1792; d 29 Apr 1854 **RU**: Private, 5th VMR (McDowell) **CEM**: Old Salem Lutheran; Augusta; Mt Sidney **GS**: U **SP**: mar Susan (-----) **VI**: No further data **P**: None **BLW**: No **PH**: N **SS**: A rec 21402 **BS**: 1 pg 124.

SHELBOURNE, William; b 1787; d 24 Aug 1832 **RU**: Private, 68th VMR, Capt John Hazelwood, York Co **CEM**: Shockoe Hill; Richmond City; 100 Hospital St **GS**: U **SP**: No spouse information **VI**: No further data **P**: None **BLW**: No **PH**: N **SS**: L pg 414 **BS**: 38 pg 11.

SHELOR, George; b 25 Dec 1778, MD; d 10 Sep 1856 **RU**: Private, 75th VMR **CEM**: Pine Creek Primitive Baptist; Floyd; Spangler Mill Rd, Floyd **GS**: Y **SP**: mar in Montgomery Co, 27 Jan 1804 to Ruth Banks, b 23 Aug 1783, d 24 Apr 1875 **VI**: No further data **P**: None **BLW**: No **PH**: N **SS**: A rec 22129 **BS**: 91 pg 121.

SHELTON, Thomas L; b 1785; d 06 Jan 1859 **RU**: 1st Lieutenant, 88th VMR, Capt William Woods, Albemarle Co, attached to 1st VMR (Yancey) **CEM**: Shelton Family; Greene; Rt 637, South River **GS**: U **SP**: mar in Albemarle Co on 10 Dec 1807 to Susanna (or Mary Susan) Ballard, LNR Mechums River, Albemarle Co, 1871 **VI:** No further data **P:** Spouse **BLW:** Yes **PH:** N **SS:** A rec 22283; BD pg 1575; B pg 36 **BS:** 163 v1 pg 6.

SHEPHERD, Jacob R; b 03 Apr 1788; d 04 Sep 1846 **RU:** Private, 5th VMR **CEM:** Mountain Chapel; Loudoun; Rt 734, Philmont **GS:** Y **SP:** mar bond 29 Oct 1841, Loudoun County to Nancy Roszel **VI:** No further data **P:** None **BLW:** No **PH:** N **SS:** A rec 22726 **BS:** 73 pg 278.

SHEPHERD, James; b 16 Oct 1786; d 24 May 1865 **RU:** Private, 4th VMR (Boyd) **CEM:** White Hall United Methodist; Frederick; 3265 Apple Pie Ridge, White Hall **GS:** Y **SP:** mar Elizabeth (-----), b 15 Aug 1790, d 15 May 1866 **VI:** No further data **P:** None **BLW:** No **PH:** N **SS:** A rec 22738 **BS:** 79 pg 296.

SHEPHERD, John; b 1790; d 07 Mar 1860 **RU:** Corporal, 5th VMR (McDowell) **CEM:** Mount Solon; Augusta; N of Mt Solon **GS:** U **SP:** No spouse information **VI:** No further data **P:** None **BLW:** No **PH:** N **SS:** A rec 22785 **BS:** 183.

SHEPHERD, John M; b 1785; d 1832 **RU:** Private, 1st VMR (Yancey) **CEM:** Masonic Cemetery; Fredericksburg; 900 Block, Charles St **GS:** Y **SP:** "Husband of Judith Benson Shepherd " on his stone, d 16 Feb 1870 in her 80th year **VI:** Son of Andrew Shepherd **P:** None **BLW:** No **PH:** N **SS:** A rec 22775 **BS:** 52.

SHEPHERD, Lewis; b 1786; d 1868 **RU:** Sergeant, 5th VMR (McDowell) **CEM:** Shepherd Family; Roanoke; vic Oak Grove & Windsor **GS:** U **SP:** mar Eleanor Kirkwood, b 1797, d 1867 **VI:** Son of Philip Louis Shepherd and Susannah Thompson **P:** None **BLW:** No **PH:** N **SS:** A rec 22815 **BS:** 157 pg 222.

SHEPHERD, William; b 1770; d bur 18 Feb 1843 **RU:** Private, 19th VMR (Ambler), Richmond City **CEM:** Shockoe Hill; Richmond City; 100 Hospital St **GS:** U **SP:** No spouse information **VI:** No further data **P:** None **BLW:** No **PH:** N **SS:** A rec 22532 **BS:** 39 pg 27.

SHEPPARD, Joseph M; b 23 Sep 1790; d 07 Aug 1861 **RU:** Surgeon's Mate, 74th VMR (Trueheart), Hanover Co **CEM:** Scotchtown Mansion; Hanover; Scotchtown **GS:** Y **SP:** mar Elizabeth Pollard, b 20 Jun 1793, d 31 Jan 1864 **VI:** Doctor (tombstone) **P:** None **BLW:** No **PH:** N **SS:** A rec 23014 **BS:** 71 pg 78.

SHEPPARD, Mosby; b 04 Jun 1775; d 30 Jan 1831 **RU:** Private, 19th VMR, Capt Anthony Turner, Richmond City **CEM:** Shady Acre Farm; Hanover; Rt 727 off Rt 623, near "End of Maintenance" sign **GS:** Y **SP:** mar Mary G G (----), b 19 May 1786, d 09 Aug 1851 **VI:** Lived at "Meadow Farm" in Henrico Co, now a museum. This is across the Chickahominy from Shady Acre Farm **P:** None **BLW:** No **PH:** N **SS:** A rec 23017 **BS:** 71 pg 79.

SHEPPARD, Samuel; b 1791; d bur 21 Feb 1849 **RU:** Private, 19th VMR, Capt Anthony Turner, Richmond City **CEM:** Shockoe Hill; Richmond City; 100 Hospital St **GS:** U **SP:** No spouse information **VI:** Probably reinterred from St John's Cemetery **P:** None **BLW:** No **PH:** N **SS:** A rec 2303; L pg 789 **BS:** 38 pg 44; 63 pg 507.

SHERMAN, James; b 1796; d 1865 **RU:** Private, NY Militia 157th Regiment (Westcot) **CEM:** Sherman Family; Fairfax; 8800 Ash Grove Ln, McLean **GS:** Y **SP:** mar Fidelia Fairchild, b 1796, d 1865 **VI:** No further data **P:** None **BLW:** No **PH:** N **SS:** A rec 23405 **BS:** 89 v3 FX-295.

SHERMAN, Thomas D; b 19 Mar 1780; d 10 May 1854 **RU:** Private, 10th VMR, Capt James Leftwich, Troop of Cavalry, Bedford Co, attached to Maj Woodford's Squadron **CEM:** Hicks / Edmonds; Fauquier; Paris **GS:** Y **SP:** mar Celia (-----), b 1783, d 1851 **VI:** No further data **P:** None **BLW:** No **PH:** N **SS:** K pg 185 **BS:** 4 pg 87.

SHIELDS, Alexander; b 1760; d 1832 **RU:** 1st Sergeant, Battalion of Artillery **CEM:** Stonewall Jackson Memorial; Lexington; S Main St **GS:** Y **SP:** mar 1796, Pheobe Caruthers (*A History of Rockbridge County*, pg 478) **VI:** Had tavern license in 1802 & 1820 in Lexington **P:** None **BLW:** No **PH:** N **SS:** A rec 23986 **BS:** 31.

SHIELDS, David; b UNK; d Aug 1837 **RU:** Private, 28th VMR, Capt David Jacobs, Nelson Co **CEM:** Mount Elba; Buckingham; 19 mi NW of Cumberland **GS:** Y **SP:** No spouse information **VI:** Tombstone styles him Major David Shields, also in obituary in the *Richmond Whig*, 05 Sep 1837 **P:** None **BLW:** No **PH:** N **SS:** L pg 471 **BS:** 215.

SHIELDS, Howard; b UNK; d 1849 **RU:** Private, 68th VMR, James City & York Cos **CEM:** Armistead; Hampton; N Armistead Ave **GS:** Y **SP:** No spouse information **VI:** No further data **P:** None **BLW:** No **PH:** N **SS:** A rec 24012 **BS:** 245.

SHIELDS, Joseph; b UNK; d 07 May 1824 **RU:** Private, 5th VMR (McDowell) **CEM:** McDowell Family; Rockbridge; Rt 11, 10 mi N of Lexington **GS:** Y **SP:** No spouse information **VI:** No further data **P:** None **BLW:** No **PH:** N **SS:** A rec 24050 **BS:** 193.

RU=Rank/Unit CEM=Cemetery GS=Gravestone SP=Spousal Information VI=Other Veteran Info P=Pension
BLW=Bounty/Land Warrant PH=Photo SS=Service Source BS=Burial Source VMR= VA Military Regt
LNR= Last Known Residence

SHIELDS, William; b 21 Dec 1789; d 20 Feb 1850 **RU**: Private, 32nd VMR, Capt Brisco Baldwin, Mounted Riflemen, Augusta Co, attached to McDowell's Flying Camp **CEM**: High Bridge; Rockbridge; Rt 11, 15 mi S of Lexington, **GS**: Y **SP**: No spouse information **VI**: No further data **P**: None **BLW**: No **PH**: N **SS**: A rec 24106 **BS**: 193.

SHIPMAN, John, Sr; b 03 Mar 1789; d 21 Mar 1852 **RU**: Private, 33rd VMR, Capt William Chamberlayne, Artillery, Henrico Co, attached to 1st VMR (Trueheart) **CEM**: Shipman Family; Nelson; 4 mi NW of Norwood **GS**: Y **SP**: mar in Nelson Co on 02 May 1816 (return by Samuel Day) to Jane Edmunds **VI**: No further data **P**: Spouse **BLW**: No **PH**: N **SS**: A rec 24605; BD pg 1581; M pg 280; B pg 99 **BS**: 153.

SHIRLEY, John; b 21 Apr 1779; d 02 Aug 1855 **RU**: Private, 57th VMR, Loudoun Co **CEM**: Salem; Roanoke; Salem **GS**: Y **SP**: mar Mary A (-----), b 06 Aug 1787, d 25 Jun 1863 **VI**: No further data **P**: None **BLW**: No **PH**: N **SS**: A rec 24796 **BS**: 121 pg 69.

SHOCKLEY, John; b 23 Dec 1792; d 15 Feb 1863 **RU**: Corporal, 4th VMR **CEM**: Shockley Family; Carroll; vic Rts 52 & 962; Section 5, lot C-11 **GS**: Y **SP**: mar Pheba Scudders, b 1802, d 1861. field stone **VI**: Field stone. Son of Meredith Shockley and Sarah Worrell **P**: None **BLW**: No **PH**: N **SS**: A rec 25102 **BS**: 90 pg 92.

SHOOK, Jacob; b 16 Dec 1787; d 07 Aug 1858 **RU**: Sergeant, 71st VMR, Capt John Galt, Artillery, Surry Co **CEM**: Shockoe Hill; Richmond City; 100 Hospital St **GS**: Y **SP**: mar Martha Ann (-----) b 06 Feb 1802, d 28 Apr 1856 **VI**: No further data **P**: None **BLW**: No **PH**: Y **SS**: A rec 25476; B pg 192 **BS**: 31; 199 pg 183.

SHORE, John; b 19 Oct 1795, Hanover Co; d 04 Dec 1858 **RU**: Private, 19th VMR, Capt William Murphy, Light Infantry Blues, Richmond City, attached to 1st Corps d'Elite (Randolph) **CEM**: St John's Church; Richmond City; 24th & Broad, Church Hill **GS**: U **SP**: mar in 1823, Emeline Cooke, daughter of William Cooke **VI**: Eldest child of Henry Shore & Martha B Winston. Judge. His wife inherited 60 acres which later became Oakwood Cemetery in Richmond **P**: None **BLW**: No **PH**: N **SS**: K pg 260 **BS**: 63 pg 357.

SHOTWELL, Jeremiah; b UNK; d 1861 **RU**: Private, 82nd VMR, Capt George Allen, Madison Co, attached to 5th VMR **CEM**: Shotwell Family; Greene; Lucinda Rd (Rt 29), Ruckersville **GS**: U **SP**: mar Sarah (-----) **VI**: No further data **P**: Spouse **BLW**: No **PH**: N **SS**: L pg 352; BD pg 1584; B pg 126 **BS**: 49.

SHOWALTER, Jacob; b 15 Jan 1772; d 08 Oct 1861 **RU**: Private, Flying Camp McDowell **CEM**: Early Family; Rockingham; 3588 Early Rd,, Harrisonburg **GS**: Y **SP**: mar in Rockingham County, 01 Jan 1804 to Sarah Bowers **VI**: No further data **P**: None **BLW**: No **PH**: N **SS**: A rec 26009 **BS**: 262.

SHREVE, Benjamin; b 12 May 1770; d 04 Feb 1853 **RU**: Captain, 57th VMR, Company Commander, Loudoun Co **CEM**: Shreve Family; Loudoun; Rt 621, Leesburg **GS**: Y **SP**: mar (1) Laura Simpson; (2) Nancy Thrift **VI**: Son of Benjamin Shreve and Anne Berry **P**: None **BLW**: No **PH**: N **SS**: A rec 26135 **BS**: 73 pg 280.

SHUE, Daniel; b 09 Aug 1794; d 30 Jun 1878 **RU**: Private, 32nd VMR, Capt John Link, Augusta Co, attached to 2nd Corps d'Elite (Green) **CEM**: Marshall Rieley Farm; Botetourt; vic Mill Creek **GS**: Y **SP**: mar Matilda (-----), b 06 Jun 1792, d 20 Apr 1857 **VI**: No further data **P**: Yes **BLW**: No **PH**: N **SS**: K pg 432; BD pg 1585; B pg 40 **BS**: 155 pg 22; 194.

SHUMATE, Bailey; b 1773; d UNK **RU**: Private, 5th VMR (McDowell) **CEM**: Shumate Family; Fauquier; 1.25 mi S of Catlett **GS**: Y **SP**: mar (1) in Fauquier Co on 11 Apr 1791 to Mary Jones; (2) in Fauquier Co on 07 Jan 1800 to Elizabeth Weaver. No dates on stone of Elizabeth. There is a 3rd Bailey Shumate marriage in Fauquier, which may be a son, on 01 Dec 1842, to Ann E Waver ("Virginia Marriages, 1785-1940," family search.org) **VI**: No further data **P**: None **BLW**: No **PH**: N **SS**: A rec 26597-8 **BS**: 4 pg 181.

SHUMATE, Bailey; b UNK; d UNK **RU**: Private, 37th VMR, Capt Briscoe Baldwin, Northumberland Co **CEM**: Trenary Farm; Frederick; Stephens City **GS**: Y **SP**: No spouse information **VI**: No dates on stone. Name engraved on the Edward B and Mary A Jacobs family monument **P**: None **BLW**: No **PH**: N **SS**: K pg 3 **BS**: 79 pg 300.

SHUMATE, James; b 1799; d 27 Jul 1840 **RU**: Private, 6th VMR (Coleman) **CEM**: Shumate Family; Warren; nr Milldale on River **GS**: U **SP**: No spouse information **VI**: No further data **P**: None **BLW**: No **PH**: N **SS**: A rec 26604 **BS**: 150.

SHUMATE, John; b 1792; d 17 Jan 1873 **RU**: Private, 6th VA Volunteers **CEM**: Shumate Family; Fauquier; Rt 647, Marshall **GS**: Y **SP**: mar Caty Kerenby Jackson, who received Old War Pension **VI**: Wounded during the war **P**: Spouse **BLW**: No **PH**: Y **SS**: A rec 26605; BD 1586 **BS**: 93.

RU=Rank/Unit   CEM=Cemetery   GS=Gravestone   SP=Spousal Information   VI=Other Veteran Info   P=Pension
BLW=Bounty/Land Warrant   PH=Photo   SS=Service Source   BS=Burial Source   VMR= VA Military Regt
LNR= Last Known Residence

SHUMATE, Tollison; b 27 Feb 1775; d 06 May 1861 **RU**: Private, 4th VMR **CEM**: Sunrise Memorial Gardens; Giles; Woodland Rd, Rich Creek **GS**: Y **SP**: mar Nancy Green, b 22 Jan 1792, d 27 Apr 1882 **VI**: No further data **P**: None **BLW**: No **PH**: N **SS**: A rec 26612 **BS**: 14 pg 193.

SHUSTER, George; b 1784; d 14 Oct 1814, Norfolk **RU**: 1st Sergeant, 54th VMR, Capt Thomas McCandish, Norfolk Borough, attached to Detachment of Cavalry **CEM**: St Paul's Episcopal; Norfolk City; 201 St Paul's Blvd **GS**: Y **SP**: mar Catherine (-----), received a pension under his service for half pay, commencing 15 Oct 1814 "the date of her husband's death" and ending five years later **VI**: Promoted to 1st Sergeant "in the room of Jno. Warren" on 30 May 1813, but listed again as a Private when he died in Oct 1814 **P**: Spouse **BLW**: No **PH**: N **SS**: P; A rec 26775 **BS**: 174 pg 113; 239 No. 265.

SIGOURNEY, James Butler; b 1790, Boston, MA; d 14 Jul 1813, Westmoreland Co **RU**: Midshipman, USS *Asp* **CEM**: Bailey Family; Westmoreland; Great House Rd, Kinsale **GS**: Y **SP**: Never married **VI**: Killed in action defending the *Asp* from British attack. He was buried in Kinsale where a memorial with his cannon marks his burial. He was later reinterred in Boston **P**: None **BLW**: No **PH**: Y **SS**: Q pg 1269 **BS**: 31.

SIMMONS, Coleman; b UNK; d 1847 **RU**: Corporal, 62nd VMR, Capt Ephraim Baird, Prince George Co **CEM**: Coleman / Simmons; Prince George; Rt 460, 1.7 mi NW Disputanta **GS**: N **SP**: mar Sarah Baird, d 1842 **VI**: No further data **P**: None **BLW**: No **PH**: N **SS**: D pg 119 **BS**: 148.

SIMMONS, Ephraim; b UNK; d aft 1830 **RU**: Private, 121st VMR, Capt Washington West, Botetourt Co, attached to 4th VMR (Boyd) **CEM**: Jamison / Simmons; Alleghany; Rt 618, 13 mi SW of Covington **GS**: N **SP**: mar in Botetourt Co on 01 Aug 1850 to Ruth Caldwell **VI**: No stone but" probably buried there" (WPA survey) **P**: Spouse **BLW**: No **PH**: N **SS**: A rec 328; BD pg 1588; B pg 46 **BS**: 197.

SIMMONS, Joel; b 1792; d 28 Sep 1832 **RU**: Private, 4th VMR **CEM**: Shockoe Hill; Richmond City; 100 Hospital St **GS**: U **SP**: No spouse information **VI**: No further data **P**: None **BLW**: No **PH**: N **SS**: A rec 428 **BS**: 38 pg 11.

SIMMONS, John; b 15 Nov 1770; d 25 May 1850 **RU**: Sergeant, 6th VMR (Coleman) **CEM**: Critz Family; Patrick; 1 mi W of Critz **GS**: Y **SP**: mar Ann (-----) **VI**: No further data **P**: None **BLW**: No **PH**: N **SS**: A rec 476 **BS**: 154 pg 118.

SIMMS, John; b 1776; d 01 Sep 1842 **RU**: Private, 60th VMR (Minor), Fairfax Co **CEM**: Methodist Protestant; Alexandria; Wilkes St **GS**: Y **SP**: mar Margaret (-----), d 24 Jul 1847 **VI**: Died in his 66th year **P**: None **BLW**: No **PH**: N **SS**: A rec 774 **BS**: 33 pg 178.

SIMPKINS, Arthur; b UNK; d 16 Apr 1820 **RU**: Major, 27th VMR (Pitt), Northampton Co **CEM**: St John's Episcopal; Hampton City; 100 W Queens Way **GS**: Y **SP**: No spouse information **VI**: No further data **P**: None **BLW**: No **PH**: N **SS**: B pg 150 **BS**: 160 pg 144.

SIMPKINS, John; b 21 Jan 1773; d 07 Nov 1860 **RU**: Captain, 27th VMR, Company Commander, Northampton Co **CEM**: St John's Episcopal; Hampton City; 100 W Queens Way **GS**: Y **SP**: No spouse information **VI**: No further data **P**: None **BLW**: No **PH**: N **SS**: B pg 151 **BS**: 160 pg 144.

SIMPSON, French; b 14 Mar 1798; d 27 May 1855 **RU**: Corporal, 57th VMR, Capt George W Ball, Troop of Cavalry, Loudoun Co, attached to Green's Regiment of Mounted Infantry **CEM**: North Fork Baptist; Loudoun; 38139 N Fork Rd, Purcellville **GS**: Y **SP**: mar Elizabeth Fairfax, b 14 Mar 1798, d 08 May 1874 **VI**: Son of John Lee Simpson and Mary Moore **P**: None **BLW**: Yes **PH**: N **SS**: A rec 1356; BD pg 1592; B pg 119 **BS**: 73 pg 285.

SIMPSON, John; b 06 Sep 1787; d 16 Dec 1869 **RU**: Private, KY Volunteers, 2nd Regiment (Jennings) **CEM**: Bramham Family; Albemarle; Cherry Ave, Charlottesville **GS**: Y **SP**: mar Lucy (-----), b 03 Aug 1806, d 12 Jun 1833 **VI**: No further data **P**: None **BLW**: No **PH**: N **SS**: A rec 1448 **BS**: 94 v1 pg 226.

SIMPSON, John; b 12 Jun 1787; d 07 Aug 1854 **RU**: Private, 4th VMR (Boyd) **CEM**: North Fork Baptist; Loudoun; 38139 N Fork Rd, Purcellville **GS**: U **SP**: mar Mary Smith **VI**: Son of John Lee Simpson and Mary Moore **P**: None **BLW**: No **PH**: N **SS**: A rec 1454 **BS**: 73 pg 286.

SIMPSON, John; b c1798, NJ; d bur 09 Nov 1870 **RU**: Sergeant, 23rd VMR, Capt William Goff, Manchester Republican Blues, Chesterfield Co **CEM**: Hollywood; Richmond City; 412 S Cherry St **GS**: U **SP**: No spouse information **VI**: No further data **P**: None **BLW**: No **PH**: N **SS**: L pg 365; B pg 60 **BS**: 263 v9 pg 107.

RU=Rank/Unit CEM=Cemetery GS=Gravestone SP=Spousal Information VI=Other Veteran Info P=Pension
BLW=Bounty/Land Warrant PH=Photo SS=Service Source BS=Burial Source VMR= VA Military Regt
LNR= Last Known Residence

SIMPSON, William; b UNK; d UNK **RU:** Corporal, 2nd VMR **CEM:** Camp Bottom's Bridge; New Kent; Quinton **GS:** U **SP:** No spouse information **VI:** No further data **P:** None **BLW:** No **PH:** N **SS:** A rec 1672 **BS:** 260.

SIMS, John; b UNK; d 18 Apr 1880 **RU:** Private, 23rd VMR (Brown), Chesterfield Co **CEM:** Sims Family; Chesterfield; General loc not given in burial source **GS:** Y **SP:** No spouse information **VI:** War of 1812 service on stone. No birth date on stone **P:** None **BLW:** No **PH:** N **SS:** G; A rec 1808 **BS:** 8 pg 6.

SIMS, John; b 20 Sep 1782; d 06 Aug 1852 **RU:** Private, Detachment of Cavalry **CEM:** Black Walnut; Halifax; Clover **GS:** U **SP:** mar on 15 Aug 1810 to Maria Wilson, b 1792, d 1822 **VI:** Son of David & Lettice (May) Sims **P:** None **BLW:** No **PH:** N **SS:** A, rec 1789 **BS:** 245.

SIMS, Richard; b 04 May 1771, Mecklenburg Co; d 08 Aug 1859 **RU:** Private, 7th VMR (Gray) **CEM:** Sim / Pearson; Brunswick; Rt 603 **GS:** Y **SP:** mar in Brunswick Co on 06 Mar 1799 by Rev. Ira Ellis to Rebecca Walton Dromgoole. Her middle name is from her stone **VI:** Father of 10 children **P:** None **BLW:** No **PH:** N **SS:** A rec 1847 **BS:** 245.

SINCLAIR, George B; b UNK; d before 1883 **RU:** Corporal, 44th VMR, Fauquier Co, attached to 2nd VMR (Ballowe) **CEM:** Sinclair Family; Fauquier; W of Hopewell Gap Plains **GS:** Y **SP:** No spouse information **VI:** Old War Pension **P:** Yes **BLW:** No **PH:** N **SS:** A rec 1973; BD pg 1594; B pg 74 **BS:** 4 pg 183.

SINCLAIR, William T; b UNK; d 1822 (Will) **RU:** Private, 45th VMR, Capt Elijah Harding, Stafford Co **CEM:** Chanty / Rosamond / Sinclair; Fauquier; 10150 Hendrick Ln, Alton **GS:** U **SP:** No spouse information **VI:** No further data **P:** None **BLW:** No **PH:** N **SS:** L pg 397 **BS:** 117 #8.

SINGLETON, James; b 1762; d 1815 **RU:** Brigadier General, 16th Brigade Commander **CEM:** Mt Hebron; Frederick; 305 E Boscawen St, Winchester **GS:** U **SP:** mar in Frederick Co on 26 Oct 1797 (returned by Alexander Balmain) to Judith Throckmorton Ball, daughter of William Ball and his first wife Judith **VI:** Son of Joshua and Ann Singleton. Served in Virginia General Assembly **P:** None **BLW:** No **PH:** N **SS:** B pg 249 **BS:** 68; 260.

SINGLETON, Richard; b UNK; d bur 02 Feb 1862 **RU:** Private, 9th VMR (Sharp) **CEM:** Hollywood; Richmond City; 412 S Cherry St, Sec I, lot 89 **GS:** N **SP:** No spouse information **VI:** No further data **P:** None **BLW:** No **PH:** N **SS:** A rec 2250 **BS:** 31; 237.

SISSON, Robert T; b 1790; d 1871 **RU:** Private, 60th VMR (Hunter), Capt Thomas Coffer, Fairfax Co **CEM:** Fairfax City Cemetery; Fairfax; 10567 Main St **GS:** Y **SP:** mar (1) Mintey (-----), b 1787, d 1853; (2) Nancy E (-----) **VI:** No further data **P:** Spouse **BLW:** No **PH:** Y **SS:** M pg 282; BD pg 1596; B pg 71 **BS:** 35 pg 47.

SKANLAND, John C; b UNK; d UNK **RU:** Private, 30th VMR (Tankersley), Caroline Co **CEM:** Sharon; Loudoun; Jay & Federal Sts, Middleburg **GS:** U **SP:** No spouse information **VI:** No further data **P:** None **BLW:** No **PH:** N **SS:** A rec 12159 **BS:** 7 pg 134.

SKINNER, Charles William; b 17 Apr 1789; d 11 Oct 1860 **RU:** Naval Officer, US Navy, sloop Ontario **CEM:** Cedar Grove; Norfolk City; 238 E Princess Anne Rd **GS:** Y **SP:** mar Clarrisa Whitehead **VI:** Commander of the *Jamestown* which launched in 1844 to surpress slave trade in West Africa. Commanded the Navy Yard in Norfolk effective 1852 (*New York Times*, 02 Mar 1852, pg 1) **P:** None **BLW:** No **PH:** N **SS:** G **BS:** 49.

SKINNER, John; b 03 Feb 1771; d 12 Feb 1850 **RU:** Corporal, 60th VMR (Minor), Fairfax Co **CEM:** Skinner / Oden Family; Loudoun; Gilberts Corner **GS:** Y **SP:** No spouse information **VI:** Son of Nathaniel Skinner and Martha Frame **P:** None **BLW:** No **PH:** N **SS:** A rec 3292 **BS:** 73 pg 288.

SKINNER, Nathaniel; b 12 Jun 1780; d 01 Jul 1848 **RU:** Corporal, 57th VMR, Loudoun Co **CEM:** Skinner / Oden Family; Loudoun; Gilberts Corner **GS:** Y **SP:** No spouse information **VI:** Son of Nathaniel Skinner and Martha Frame **P:** None **BLW:** No **PH:** N **SS:** A rec 3326 **BS:** 73 pg 288.

SLADE, William; b UNK; d UNK **RU:** Private, 2nd VMR (Ballowe) **CEM:** Slade Family; Fairfax; Georgetown Pky, Langley **GS:** N **SP:** No spouse information **VI:** Burial data from an article about the cemetery in the *Washington Star*, 07 Jan 1917. Not on 1820 census. Possibly the single William Slade on 1810 Stafford Co census **P:** None **BLW:** No **PH:** N **SS:** A rec 3639 **BS:** 89 v3 FX-356.

RU=Rank/Unit   CEM=Cemetery   GS=Gravestone   SP=Spousal Information   VI=Other Veteran Info   P=Pension
BLW=Bounty/Land Warrant   PH=Photo   SS=Service Source   BS=Burial Source   VMR= VA Military Regt
LNR= Last Known Residence

SLAGLE, George Henderson; b UNK; d 17 Feb 1846 **RU**: Private, 5th VMR (McDowell) **CEM**: Old Ebenezer Methodist Episcopal; Loudoun; Neersville **GS**: Y **SP**: No spouse information **VI**: No further data **P**: None **BLW**: No **PH**: N **SS**: A rec 3677 **BS**: 73 pg 289.

SLATER, William; b 1797; d bur 16 Jun 1871 **RU**: Private, 52nd VMR (Christian), New Kent & Charles City Cos **CEM**: Hollywood; Richmond City; 412 S Cherry St, Sec B lot 35 **GS**: N **SP**: No spouse information **VI**: No further data **P**: None **BLW**: No **PH**: N **SS**: A rec 3841 **BS**: 237; 31.

SLOAN, John; b 1777; d 1829 **RU**: Lieutenant, 4th VMR Co (Boyd) **CEM**: Stonewall Jackson Memorial; Lexington; S Main St **GS**: Y **SP**: mar Mary Shields **VI**: Son of Alexander Sloan **P**: None **BLW**: No **PH**: N **SS**: A rec 4391 **BS**: 31.

SLOAN, Robert; b UNK; d UNK **RU**: Private, 19th VMR, Capt Anthony Turner, Richmond City **CEM**: St John's Church; Richmond City; 24th & Broad, Church Hill **GS**: U **SP**: No spouse information **VI**: No further data **P**: None **BLW**: No **PH**: N **SS**: K pg 361 **BS**: 63 pg 511.

SMALS / SMALTZ, George; b 11 May 1781; d 31 Aug 1856 **RU**: Private, 116th VMR, Capt Thomas Hopkins, Rockingham Co, attached to 6th VMR (Coleman) **CEM**: Greenwood; Rockingham; Rt 42 behind Methodist Church, Bridgewater **GS**: Y **SP**: mar Catherine Rader on 24 Sep 1807. No stone, LNR Bridgewater, 1871 **VI**: No further data **P**: Spouse **BLW**: No **PH**: N **SS**: BD pg 1601; M pg 283; B pg 182 **BS**: 262.

SMART, William; b 20 Jul 1784, England; d 10 Feb 1840 **RU**: Private, 99th VMR (Bagwell), Accomack Co **CEM**: Smart Family; Gloucester; Rt 17 across fr Gloucester Woman's Club **GS**: Y **SP**: mar Louisa (-----), d 07 Oct 1828 in her 34th year **VI**: Son of William & Mary Smart, emigrated to Virginia "in early life." Stone was moved from Smart Cemetery, Rt 17 across from Long Bridge Ordinary in 1958 **P**: None **BLW**: No **PH**: N **SS**: A rec 5128 **BS**: 82 pg 61; 31.

SMITH, Abraham; b 08 Jan 1781; d 23 Feb 1852 **RU**: Sergeant, 58th VMR, Capt Robert McGill, Rockingham Co, attached to McDowell's Flying Camp **CEM**: Smith Family; Rockingham; Sangersville Rd (Rt 613), Bridgewater **GS**: Y **SP**: mar Juliet Ann (-----), b 06 Apr 1800, d 06 Oct 1820 **VI**: Son of John and Mary Jane Smith. Stones partially illegible in 2005. Recorded by Cecil B Smyth, Jr in 1998 **P**: Yes **BLW**: No **PH**: N **SS**: K pg 26; BD pg 1602 **BS**: 262.

SMITH, Absalom, Jr; b 06 Oct 1788; d 1862 **RU**: Private, 121st VMR, Botetourt Co **CEM**: Smith Family #1; Roanoke; Rt 622, 2 mi E of Rt 864 **GS**: Y **SP**: mar Martha (-----), b 1801, d 26 Apr 1863 **VI**: No further data **P**: None **BLW**: No **PH**: N **SS**: A rec 5523 **BS**: 157 pg 223.

SMITH, Arthur; b 15 Nov 1785, "Windsor Castle," Isle of Wight Co; d 30 Mar 1853, Smithfield, Isle of Wight Co **RU**: Captain, 29th VMR, Company Commander, Isle of Wight Co, attached to 5th VMR **CEM**: Smith Family; Isle of Wight; "Windsor Castle," Smithfield **GS**: Y **SP**: No spouse information **VI**: 1805 Graduate of William & Mary College, admitted to the Bar in 1808. Member House of Delegates, US Congress **P**: None **BLW**: No **PH**: N **SS**: B pg 103; A rec 5756 **BS**: 246.

SMITH, Augustine J; b 12 Feb 1773; d 31 Oct 1846 **RU**: Sergeant, 45th Regiment MD Militia **CEM**: St Paul's Episcopal; Alexandria; 228 S Pitt St **GS**: Y **SP**: No spouse information **VI**: No further data **P**: None **BLW**: No **PH**: N **SS**: A rec 5790 **BS**: 31.

SMITH, Benjamin; b 24 Apr 1796; d 20 Feb 1824 **RU**: Private, Flying Camp McDowell **CEM**: Early Family; Rockingham; 3588 Early Rd, Harrisonburg **GS**: Y **SP**: No spouse information **VI**: No further data **P**: None **BLW**: No **PH**: N **SS**: A rec 5875 **BS**: 262.

SMITH, Burwell; b aft 1781; d 10 Dec 1816 **RU**: Private, 6th VMR **CEM**: Smith Family; Hanover; Studley **GS**: Y **SP**: Also buried here is Mary Elizabeth Smith, no dates **VI**: No dates on stone **P**: None **BLW**: No **PH**: N **SS**: A rec 6021 **BS**: 71 pg 82.

SMITH, Charles A; b UNK; d UNK **RU**: Sergeant, 4th VMR (Beatty) **CEM**: Sharon; Loudoun; Jay & Federal Sts, Middleburg, Lot 236 **GS**: Y **SP**: mar (1) in Loudoun Co on 29 Sep 1808 to Emily Coe; (2) Olive Peterman, d age 36, no dates **VI**: Died age 72, no dates **P**: None **BLW**: No **PH**: N **SS**: A rec 6141 **BS**: 7 pg 136.

SMITH, David; b UNK; d 1850 **RU**: Private, 5th VMR **CEM**: Goose Creek Burying Ground; Loudoun; Rt 722, Lincoln **GS**: Y **SP**: mar Elizabeth (-----) **VI**: No further data **P**: None **BLW**: No **PH**: N **SS**: A rec 6447 **BS**: 73 pg 290.

SMITH, Edward J; b UNK; d 15 Feb 1878 **RU**: Private, 4th VMR **CEM**: Grace Episcopal; Clarke; 110 N Church St, Berryville **GS**: Y **SP**: mar Elizabeth (-----), b 24 Aug 1789, d 15 Feb 1878 **VI**: Had daughter Emily who died in infancy in 1827 **P**: None **BLW**: No **PH**: N **SS**: A rec 6573 **BS**: 92 pg 39.

SMITH, Edward S; b UNK; d UNK **RU**: Colonel, 9th VMR (Boyd) **CEM**: Scott Hall; Accomack; Onancock **GS**: Y **SP**: No spouse information **VI**: No further data **P**: None **BLW**: No **PH**: N **SS**: A rec 6575 **BS**: 21 pg 254.

SMITH, George; b 09 Sep 1793; d 15 Nov 1857 **RU**: Private, 99th VMR, Capt Michael Robins, Accomack Co **CEM**: Hugh Smith Family; Accomack; 2 mi S of Painter **GS**: U **SP**: No spouse information **VI**: No further data **P**: None **BLW**: No **PH**: N **SS**: L pg 675 **BS**: 178.

SMITH, George; b UNK; d 1843 (Will) **RU**: Private, 99th VMR (Bagwell), Accomack Co **CEM**: Mary Widgeon Smith Plot; Northampton; nr jct Rts 600 & 639 **GS**: Y **SP**: No spouse information **VI**: Died age 84 years. No dates on stone **P**: None **BLW**: No **PH**: N **SS**: A rec 7048 **BS**: 20 pg 77.

SMITH, George; b 17 Jun 1793; d 12 Oct 1820 **RU**: Private, 19th VMR, Capt Wilson Bryan, Richmond City **CEM**: St John's Church; Richmond City; 24th & Broad, Church Hill **GS**: U **SP**: No spouse information **VI**: No further data **P**: None **BLW**: No **PH**: N **SS**: L pg 183 **BS**: 63 pg 503; 252 pg 65.

SMITH, George; b 12 Aug 1769; d 30 Aug 1822 **RU**: Quartermaster, 36th VMR (Reno), Prince William Co **CEM**: Dumfries; Prince William; Off Cameron St, SW of Dumfries Elementary School **GS**: U **SP**: No spouse information **VI**: No further data **P**: None **BLW**: No **PH**: N **SS**: A rec 7032 **BS**: 11 pg 21.

SMITH, George W; b UNK; d 20 Mar 1833 **RU**: Private, DC Militia1st Regiment **CEM**: Leesburg Presbyterian; Loudoun; 307 W Market St, Leesburg **GS**: Y **SP**: No spouse information **VI**: No further data **P**: None **BLW**: No **PH**: N **SS**: A rec 7081 **BS**: 73 pg 291.

SMITH, George W; b 19 Jan 1795; d 03 Feb 1885 **RU**: Private, 1st VMR (Yancy) **CEM**: Maplewood / Dunn; Orange; Rt 33, Gordonsville **GS**: Y **SP**: No spouse information **VI**: No further data **P**: None **BLW**: No **PH**: N **SS**: A rec 6970 **BS**: 28 pg 24.

SMITH, George William; b UNK; d 20 Mar 1843 **RU**: Private, 5th VMR (McDowell) **CEM**: Fairfax Meeting House; Loudoun; Walter & Waterford Sts, Waterford **GS**: Y **SP**: mar in Westmoreland Co on 05 Oct 1820 to Anna Stewart Belfield Campbell **VI**: No further data **P**: None **BLW**: No **PH**: N **SS**: A rec 7085 **BS**: 73 pg 291; 63 pg 234.

SMITH, Harrison; b 1798; d bur 02 Feb 1834 **RU**: Private, 4th VMR **CEM**: Shockoe Hill; Richmond City; 100 Hospital St **GS**: U **SP**: No spouse information **VI**: No further data **P**: None **BLW**: No **PH**: N **SS**: A rec 7153 **BS**: 38 pg 12.

SMITH, Henry; b 16 Mar 1789, Fifeshire, Scotland; d 04 Jun 1851 **RU**: Lieutenant, 4th VMR **CEM**: Oakland; Alleghany; Rt 60 btw Low Moor and Clifton Forge **GS**: Y **SP**: No spouse information **VI**: No further data **P**: None **BLW**: No **PH**: N **SS**: A rec 7273 **BS**: 197.

SMITH, Henry; b 16 Mar 1778; d May 1817 **RU**: Private, 2nd Corps d'Elite **CEM**: Early Family; Rockingham; 3588 Early Rd,, Harrisonburg **GS**: Y **SP**: No spouse information **VI**: Son of Abraham & Maria Smith **P**: None **BLW**: No **PH**: N **SS**: A rec 7248 **BS**: 262.

SMITH, Henry; b 12 Apr 1799; d 24 Feb 1856 **RU**: Private, 46th VMR, Lt John Bower, Pendleton Co [WV] **CEM**: Garber / Raish; Rockingham; Hidden Creek Ln, Harrisonburg **GS**: Y **SP**: mar Christina E (-----), b 31 Oct 1803, d 16 Aug 1874 **VI**: No further data **P**: Yes **BLW**: No **PH**: N **SS**: A rec 7301; B pg 158; BD pg 1608 **BS**: 262.

SMITH, Henry, Sr; b 1798; d 1866 **RU**: Corporal, 115th VMR, Capt Henry Howard, York Co **CEM**: Smith Family; York; Brickhouse Ln, Poquoson **GS**: Y **SP**: mar Martha Presson, b 1802, d 1844 **VI**: No further data **P**: None **BLW**: No **PH**: Y **SS**: L pg 450 **BS**: 93; 31.

SMITH, Hugh; b 23 May 1769, Knutsford, England; d 22 Oct 1856, Alexandria **RU**: 1st Sergeant, 1st DC Regiment of Militia **CEM**: Old Presbyterian Meeting House; Alexandria; Wilkes & Hamilton **GS**: Y **SP**: mar Elizabeth Watson, b 19 Mar 1773, Omagh, Ireland, d 13 Mar 1854, Alexandria **VI**: No further data **P**: None **BLW**: No **PH**: N **SS**: A rec 10880 **BS**: 32 pg 74.

SMITH, Hugh; b 27 Jan 1793; d 21 May 1864 **RU**: Private, 56th VMR, Loudoun Co **CEM**: Sharon; Loudoun; Middleburg **GS**: Y **SP**: mar in Loudoun Co on 18 Jun 1819 to Elizabeth Jones. returned by John L Dagg **VI**: No further data **P**: None **BLW**: No **PH**: Y **SS**: A rec 7388 **BS**: 73 pg 291.

RU=Rank/Unit CEM=Cemetery GS=Gravestone SP=Spousal Information VI=Other Veteran Info P=Pension
BLW=Bounty/Land Warrant PH=Photo SS=Service Source BS=Burial Source VMR= VA Military Regt
LNR= Last Known Residence

SMITH, Issac; b 25 Apr 1772; d 10 Jul 1833 **RU:** Captain, 2nd VMR (Bayley), Company Commander, Accomack Co **CEM:** Blenheim; Accomack; 1.5 mi W of Bobtown nr jct Rts 178 & 628 **GS:** Y **SP:** mar on 17 Jun 1802 to Margaret Doughty, b 22 Nov 1779, d 21 Nov 1861 **VI:** No further data **P:** None **BLW:** No **PH:** N **SS:** K pg 322 **BS:** 21 pg 237.

SMITH, Jacob; b 1769; d 09 Mar 1852 **RU:** Private, 121st VMR, Capt Thomas Burwell, Botetourt Co, attached to 5th VMR (McDowell) **CEM:** Lutheran Church; Augusta; Churchville **GS:** U **SP:** No spouse information **VI:** No further data **P:** Yes **BLW:** No **PH:** N **SS:** A rec 7643; BD pg 1610; B pg 45 **BS:** 183.

SMITH, Jacob; b 05 Mar 1789; d 14 Jul 1861 **RU:** Private, 4th VMR (Boyd) **CEM:** St James's United Church of Christ; Loudoun; 10 E Broad Way, Lovettsville **GS:** Y **SP:** No spouse information **VI:** No further data **P:** None **BLW:** No **PH:** N **SS:** A rec 7638 **BS:** 73 pg 292.

SMITH, James; b 1788; d aft 1860 **RU:** Corporal, 45th VMR, Capt Daniel Mason, Stafford Co **CEM:** Massey; Spotsylvania; Post Oak **GS:** Y **SP:** No spouse information **VI:** Age 74 on 1860 census of Spotsylvania Co **P:** None **BLW:** No **PH:** N **SS:** K pg 128 **BS:** 18 pg 88.

SMITH, James; b 1769, Cahery Township, County Derry, Ireland; d 08 Feb 1832 **RU:** Paymaster, 37th VMR (Downing), Northumberland Co **CEM:** Smith Family; Northumberland; Manuta Farm, Coan River **GS:** Y **SP:** mar in Northumberland Co on 25 Dec 1798 (bond) to Ann Muse, daughter of Daniel Muse, d 16 Oct 1799 in her 21st year **VI:** Died in his 64th year **P:** None **BLW:** No **PH:** N **SS:** L pg 17; A rec 7951 **BS:** 85; 27(1)9 pg 25, 839; 49.

SMITH, James; b 02 Feb 1775; d 31 Dec 1874 **RU:** Private, 4th VMR **CEM:** Marshall Family; Carroll; Rt 765 **GS:** Y **SP:** Sarah Hannah Philpott Smith, b 1789, d 25 Jul 1872 **VI:** No further data **P:** None **BLW:** No **PH:** N **SS:** A rec 7875 **BS:** 90 pg 133.

SMITH, James; b 1791; d 1871 **RU:** Sergeant, 60th VMR, Capt Nicholas Darne, Fairfax Co **CEM:** Trammell Family; Fairfax; Rt 7, Falls Church **GS:** Y **SP:** mar Sarah (-----), b 1796, d 1883 **VI:** No further data **P:** None **BLW:** No **PH:** N **SS:** A rec 7973 **BS:** 89 v3 FC-12.

SMITH, James C; b 1794; d 14 Mar 1830 **RU:** Corporal, 1st VMR (Clarke) **CEM:** Shockoe Hill; Richmond City; 100 Hospital St **GS:** U **SP:** No spouse information **VI:** No further data **P:** None **BLW:** No **PH:** N **SS:** A rec 7769 **BS:** 38 pg 10.

SMITH, James M; b 16 Oct 1799; d 20 Oct 1861 **RU:** Private, 111th VMR, Capt William Middleton, Artillery, Westmoreland Co **CEM:** Smith Family; Northumberland; Manuta Farm, Coan River **GS:** Y **SP:** No spouse information **VI:** Because of his birth year, some doubt exists as to his service **P:** None **BLW:** No **PH:** N **SS:** L pg 588; B pg 201 **BS:** 269 pg 124.

SMITH, James S; b 1791; d 26 Nov 1865 **RU:** Private, 19th VMR, Capt Anthony Turner, Richmond City **CEM:** Shockoe Hill; Richmond City; 100 Hospital St **GS:** U **SP:** No spouse information **VI:** Birth and death data from "Virginia Deaths and Burials, 1853-1912," (familysearch.org) **P:** None **BLW:** No **PH:** N **SS:** L pg 89 **BS:** 38 pg 8.

SMITH, James Stark; b 1792; d 1834 **RU:** Private, 63rd VMR, Capt Samuel V Allen, Troop of Cavalry, Prince Edward Co, attached to 1st VMR (Holcombe) **CEM:** Smith Family; Westmoreland; Smith's Mount nr Leedstown off Rt 640 (not found today) **GS:** N **SP:** mar Mary P Hardwick, daughter of John Hardwick III & Elizabeth Morgan, b 1799, d 1855 **VI:** No further data **P:** None **BLW:** No **PH:** N **SS:** D pg 88 **BS:** 219 pg 132.

SMITH, Jim; b UNK; d UNK **RU:** Private, 29th VMR, Capt Samuel Marshall, Isle of Wight Co, attached to 2nd VMR **CEM:** Smith Family; Southampton; Sonentan **GS:** U **SP:** No spouse information **VI:** No further data **P:** None **BLW:** No **PH:** N **SS:** K pg 461 **BS:** 185.

SMITH, John; b 1750; d 1836 **RU:** Major General, 3rd Division VA Militia **CEM:** Mt Hebron; Frederick; 305 E Boscawen St, Winchester **GS:** U **SP:** No spouse information **VI:** Was also a Colonel in the Revolution. Styled "Major" on a DAR plaque at this cemetery **P:** None **BLW:** No **PH:** N **SS:** B pg 249 **BS:** 93.

SMITH, John; b UNK; d 1861 **RU:** Private, 17th VMR, Capt Benjamin Allen, Cumberland Co **CEM:** Smith Family; Cumberland; Cumberland **GS:** Y **SP:** No spouse information **VI:** Son of Byrd Smith (1762-1827) per WPA notes **P:** None **BLW:** No **PH:** N **SS:** K pg 44 **BS:** 80.

SMITH, John; b 01 Sep 1779; d 26 Nov 1854 **RU:** Private, Flying Camp McDowell **CEM:** Smith Family #3; Roanoke; Rt 890, Francisco **GS:** U **SP:** mar Rhoda Pate, b 1785, d 1854 **VI:** No further data **P:** None **BLW:** No **PH:** N **SS:** A rec 8273 **BS:** 157 pg 224.

SMITH, John; b Jan 1778; d 05 May 1869 **RU:** Private, 70th VMR, Major Bradley's Command, Washington Co **CEM:** Davis Family; Washington; vic jcts Rts 611 & 633 **GS:** Y **SP:** No spouse information **VI:** Died age 88 years, 4 months, "Our Friend" **P:** None **BLW:** No **PH:** N **SS:** A rec 8234 **BS:** 116 pg 61.

SMITH, John A W; b 03 Jun 1781; d 01 Sep 1892 **RU:** Private, 2nd VMR **CEM:** Morgan Family; Fauquier; Delaplane **GS:** Y **SP:** No spouse information **VI:** No further data **P:** None **BLW:** No **PH:** N **SS:** A rec 8831 **BS:** 4 pg 150.

SMITH, John Hill; b 14 May 1783; d 28 Mar 1843 **RU:** Captain, 68th VMR, Company Commander, Riflemen, James City & York Co **CEM:** Village View; Dinwiddie; Dinwiddie C. H. **GS:** Y **SP:** mar Mary Cary Ambler, daughter of Col John Ambler, d 25 Sep 1843, "wife of Hon John Hill Smith" **VI:** Styled "Captain" on his stone, and "Honorable" on that of his wife. **P:** None **BLW:** No **PH:** N **SS:** C pg 112 **BS:** 210; 97 pg 90.

SMITH, John Nash; b UNK; d UNK **RU:** Private, 98th VMR (Green), Mecklenburg Co **CEM:** Smith Family; Cumberland; Cumberland **GS:** U **SP:** No spouse information **VI:** No further data **P:** None **BLW:** No **PH:** N **SS:** A rec 8953 **BS:** 80.

SMITH, John Puller; b 1781; d 29 Sep 1838, Orleans, Fauquier Co **RU:** Private, 41st VMR, Richmond Co **CEM:** Smith Family; Fauquier; Rt 688, Orlean **GS:** Y **SP:** mar Elizabeth Barnes Brown b 1786, d 1812 **VI:** No further data **P:** None **BLW:** No **PH:** N **SS:** A rec 8759 **BS:** 3 pg 79.

SMITH, John W; b 1775; d 02 Aug 1827 **RU:** Private, 19th VMR (Ambler), Richmond City **CEM:** Shockoe Hill; Richmond City; 100 Hospital St **GS:** U **SP:** No spouse information **VI:** No further data **P:** None **BLW:** No **PH:** N **SS:** A rec 9017 **BS:** 38 pg 5.

SMITH, John W; b 1775; d 30 Mar 1853 **RU:** Sergeant, 1st Regiment DC Militia, Capt Horace Field **CEM:** Christ Church Episcopal; Alexandria; Wilkes & Hamilton **GS:** Y **SP:** mar Jane H (-----) **VI:** Died age 78 years **P:** Spouse **BLW:** No **PH:** N **SS:** A rec 9010; BD pg 1614 **BS:** 34 pg 115.

SMITH, John, Jr; b 1790; d 25 May 1862, MS **RU:** Private, 5th VMR **CEM:** St Stephens Episcopal; Bedford; Jefferson HS parking lot, Forest **GS:** Y **SP:** mar Martha Ann (-----), b 07 Jun 1811, d 16 Apr 1840 **VI:** Death in Mississippi is from his tombstone **P:** None **BLW:** No **PH:** N **SS:** A rec 8642 **BS:** 121 pg 65.

SMITH, Jonas; b UNK; d 1852 **RU:** Private, Flying Camp McDowell **CEM:** Goose Creek Burying Ground; Loudoun; Rt 722, Lincoln **GS:** Y **SP:** No spouse information **VI:** No further data **P:** None **BLW:** No **PH:** N **SS:** A rec 9027 **BS:** 73 pg 292.

SMITH, Jonathan; b 03 Jul 1779; d 01 Nov 1843, Petersburg **RU:** Private, Detachment of Cavalry, VA Militia **CEM:** Blandford; Petersburg; 111 Rochelle Ln **GS:** U **SP:** No spouse information **VI:** Was a teacher for 40 years, 25 of which were spent in Petersburg **P:** None **BLW:** No **PH:** N **SS:** A rec 9038 **BS:** 200.

SMITH, Joseph; b 27 Jun 1785; d 14 May 1863 **RU:** Corporal, 2nd VMR (Ballowe) **CEM:** Trinity Church; Augusta; Staunton **GS:** Y **SP:** mar Ann (-----), d Blue Sulpher Springs 21 Aug 1849 in her 65th year **VI:** No further data **P:** None **BLW:** No **PH:** N **SS:** A rec 9237 **BS:** 1 pg 195.

SMITH, Joseph L; b UNK; d 21 Jan 1850 **RU:** Captain, 36th VMR, Company Commander, Prince William Co **CEM:** Buckmarsh Baptist Church; Clarke; US 340 & VA 7, Berryville **GS:** Y **SP:** No spouse information **VI:** Died age 66 **P:** None **BLW:** No **PH:** N **SS:** L pg 728 **BS:** 92 pg 5.

SMITH, Moses; b 04 Aug 1792; d Aft 1821 **RU:** Ensign, 81st VMR, Capt Peter Smith, Bath Co, attached to McDowell's Flying Camp **CEM:** Smith Family; Alleghany; 7 mi N of Covington **GS:** U **SP:** No spouse information **VI:** Son of William Smith (d 1835 age 80) and Mary Smith (d 1845, age 85) **P:** None **BLW:** No **PH:** N **SS:** K pg 314 **BS:** 197.

SMITH, Phillip A; b 1788; d 01 Oct 1813 **RU:** Sergeant, 71st VMR, Lt John Bell, Volunteer Cavalry, Surry Co **CEM:** Ware Episcopal Church; Gloucester; 7825 John Clayton Memorial Rd, Gloucester **GS:** Y **SP:** No spouse information **VI:** Died during the war. Stone moved from Toddsbury in 1924 **P:** None **BLW:** No **PH:** N **SS:** L pg 131 **BS:** 31.

RU=Rank/Unit CEM=Cemetery GS=Gravestone SP=Spousal Information VI=Other Veteran Info P=Pension
BLW=Bounty/Land Warrant PH=Photo SS=Service Source BS=Burial Source VMR= VA Military Regt
LNR= Last Known Residence

SMITH, Pleasant S; b 1794; d 9 Oct 1824 **RU**: Private, 100th VMR, Capt William Freeland, Buckingham Co, attached to 7th VMR **CEM**: Shockoe Hill; Richmond City; 100 Hospital St **GS**: U **SP**: No spouse information **VI**: No further data **P**: None **BLW**: No **PH**: N **SS**: K pg 333 **BS**: 38 pg 2.

SMITH, Reuben; b UNK; d 1843 **RU**: Private, 9th VMR, Capt William Hutchinson, King & Queen Co **CEM**: Bruton Parish; Williamsburg; 331 W Duke of Gloucester St **GS**: Y **SP**: mar Elizabeth (-----) who received pension. No stone **VI**: Stone standing in 1903 **P**: Spouse **BLW**: No **PH**: N **SS**: BD pg 1617; B pg 13 **BS**: 64 pg 117.

SMITH, Richard; b 1798; d bur 17 Sep 1855 **RU**: Private, 74th VMR, Capt Hezekiah Henley, Hanover Co **CEM**: Hollywood; Richmond City; 412 S Cherry St, Sec B lot 67 **GS**: N **SP**: No spouse information **VI**: No further data **P**: None **BLW**: No **PH**: N **SS**: K pg 484 **BS**: 237; 31.

SMITH, Samuel; b 1794; d 30 Jan 1874 **RU**: Private, 7th VMR, Capt Henry Tabb, Norfolk Co, attached to 8th VMR (Magnien) **CEM**: Goose Creek Burying Ground; Loudoun; Rt 722, Lincoln **GS**: Y **SP**: No spouse information **VI**: No further data **P**: Yes **BLW**: No **PH**: N **SS**: A rec 10489; BD pg 1618; B pg 148 **BS**: 73 pg 293.

SMITH, Samuel; b UNK; d UNK **RU**: Private, 6th VMR (Coleman) **CEM**: Old Bethel Church; Shenandoah; Rt 700, Edinburg **GS**: Y **SP**: No spouse information **VI**: mar in Shenandoah Co on 05 Jan 1797 to Rachel Eagles **P**: None **BLW**: No **PH**: N **SS**: A rec 10502 **BS**: 115 pg 92.

SMITH, Sidney; b UNK; d 1881 **RU**: Private, 51st VMR, Capt James Sowers, Frederick Co, attached to 4th VMR **CEM**: Bruton Parish; Williamsburg; 331 W Duke of Gloucester St **GS**: Y **SP**: No spouse information **VI**: Stone standing in 1903 **P**: None **BLW**: No **PH**: N **SS**: K pg 34 **BS**: 64 pg 115.

SMITH, Sterling; b 18 Dec 1790; d 02 Feb 1878 **RU**: Private, 98th VMR, Capt Green Blanton, Mecklenburg Co **CEM**: Matthews / Keeton; Mecklenburg; Rt 623 **GS**: Y **SP**: mar on 21 Dec 1820 to Anna Blackwell, b 12 Jun 1801, d 05 Jan 1861 **VI**: No further data **P**: None **BLW**: No **PH**: N **SS**: K pg 134 **BS**: 24 pg 397.

SMITH, Thomas; b 05 Mar 1785; d 13 Apr 1841 **RU**: Ensign, 21st VMR, Capt Thomas Cary, Gloucester Co **CEM**: Ware Episcopal Church; Gloucester; 7825 John Clayton Memorial Rd, Gloucester **GS**: Y **SP**: No spouse information **VI**: Eldest son of Rev Armistead & Martha Smith of Mathews Co. Stone moved from Toddsbury in 1924 **P**: None **BLW**: No **PH**: N **SS**: K pg 266 **BS**: 82 pg 79.

SMITH, Thomas; b 27 May 1791; d 22 Feb 1844 **RU**: Private, 1st Regiment DC Militia **CEM**: Old Presbyterian Meeting House; Alexandria; Wilkes & Hamilton **GS**: Y **SP**: No spouse information **VI**: No further data **P**: None **BLW**: No **PH**: N **SS**: A rec 10880 **BS**: 32 pg75.

SMITH, Thomas; b 1795; d Oct 1825 **RU**: Private, 4th VMR (Beatty) **CEM**: Stone's Chapel Presbyterian; Clarke; Rt 632, Arabia **GS**: Y **SP**: No spouse information **VI**: Died age 30 years **P**: None **BLW**: No **PH**: N **SS**: A rec 10950 **BS**: 86 pg 39; 92 pg 95.

SMITH, Thomas; b 1797; d bur 16 Jul 1858 **RU**: Private, 74th VMR, Capt William Chamberlayne, Richmond City, attached to 1st VMR (Trueheart) **CEM**: Hollywood; Richmond City; 412 S Cherry St, Sec B lot 2 **GS**: N **SP**: No spouse information **VI**: No further data **P**: None **BLW**: No **PH**: N **SS**: K pg 46 **BS**: 237; 31.

SMITH, Thomas Atwell; b UNK; d 29 Dec 1855 **RU**: Private, 57th VMR, Loudoun Co **CEM**: Sharon; Loudoun; Jay & Federal Sts, Middleburg **GS**: Y **SP**: No spouse information **VI**: No further data **P**: None **BLW**: No **PH**: N **SS**: A rec 11020 **BS**: 73 pg 294.

SMITH, Thomas H; b UNK; d 1849 (Will) **RU**: Lieutenant, Battalion of Artillery **CEM**: Underhill Point; Accomack; nr jct Rts 717 & 636 **GS**: Y **SP**: mar Catherine B (-----), b 09 Jan 1780, d 24 Nov 1853 **VI**: Stone buried under tree roots. Was in Battle of Puntoteaque aka Rumley's Gut in 1814 **P**: None **BLW**: No **PH**: N **SS**: A rec 11030 **BS**: 21 pg 251, 253.

SMITH, Thomas Vowell; b 1775; d 30 Jul 1859 **RU**: Private, 57th VMR, Loudoun Co **CEM**: Quaker Burying Ground; Alexandria; 717 Queen St, (under library) **GS**: N **SP**: No spouse information **VI**: Grocer. Died in his 84th year **P**: None **BLW**: No **PH**: N **SS**: A rec 11020 **BS**: 34 pg 64.

SMITH, Washington C; b 11 Aug 1777; d 14 Apr 1835 **RU**: Captain, 59th VMR, Company Commander, Nansemond Co **CEM**: Smith Family; Suffolk City; Somerton **GS**: Y **SP**: mar Nancy Anne Riddick Cunningham, daughter of

Samuel Barron and Margaret (Riddick) Cunningham, b 13 Oct 1781, Gates Co, NC, d 04 June 1816 **VI:** No further information **P:** None **BLW:** No **PH:** N **SS:** L pg 733; B pg 141 **BS:** 46 pg 27.

SMITH, William; b UNK; d bur 03 Aug 1861 **RU:** Lieutenant, 74th VMR (Trueheart), Capt Bentley Browne, Hanover Co **CEM:** Hollywood; Richmond City; 412 S Cherry St, Sec F lot 8 **GS:** Y **SP:** No spouse information **VI:** No further data **P:** None **BLW:** No **PH:** Y **SS:** L pg 170 **BS:** 237; 31.

SMITH, William; b 08 Nov 1789; d 05 Jul 1863 **RU:** Private, 121st VMR, Capt Griffin Lampkin, Botetourt Co **CEM:** Fincastle Presbyterian; Botetourt; 108 E Back St, Fincastle **GS:** Y **SP:** No spouse information **VI:** No further data **P:** None **BLW:** No **PH:** N **SS:** K pg 23 **BS:** 194`.

SMITH, William; b 18 Dec 1796; d 03 Mar 1881 **RU:** Private, Battalion of Artillery **CEM:** Smith Family; Frederick; Gore **GS:** Y **SP:** mar in Frederick Co on 09 Dec 1820 (bond) to Lucy Bywaters, b 1805, d 08 Mar 1843 **VI:** No further data **P:** None **BLW:** No **PH:** N **SS:** A rec 11182 **BS:** 79 pg 308.

SMITH, William; b 1772; d 31 Apr 1848 **RU:** Private, 4th VMR (Beatty) **CEM:** Wheeler Farm; Frederick; Salem Ln **GS:** Y **SP:** No spouse information **VI:** No further data **P:** None **BLW:** No **PH:** N **SS:** A rec 11514 **BS:** 86 pg 18.

SMITH, William; b 1789; d bur 16 Feb 1839 **RU:** Private, 19th VMR (Ambler), Capt William H Richardson, Richmond City, attached to 1st Corps d'Elite **CEM:** Shockoe Hill; Richmond City; 100 Hospital St **GS:** U **SP:** No spouse information **VI:** No further data **P:** Yes **BLW:** No **PH:** N **SS:** A rec 11607; BD pg 1621; B pg 175 **BS:** 38 pg 18.

SMITH, William; b 11 Apr 1785; d 27 Sep 1836 **RU:** Private, 116th VMR, Capt William McMahon, Rockingham Co, attached to Woolford's Squadron **CEM:** Smith Family; Rockingham; Smith Chapel, Crow Hollow, Elkton **GS:** Y **SP:** No spouse information **VI:** William Smith was a part-time preacher, cooper and farmer. He deeded a portion of his land for Smith's Chapel and a cemetery. The Chapel was destroyed in 1870 by a flood **P:** None **BLW:** No **PH:** N **SS:** K pg 187 **BS:** 262.

SMITH, William L; b 25 Dec 1790; d 16 Nov 1850 **RU:** Ensign, 61st VMR (Tabb), Capt Christopher Tomkins, Mathews Co **CEM:** Old Field Point; Mathews; Rt 690, Moon **GS:** Y **SP:** mar Joice R Billups, daughter of Joseph & Joice Billups, b 11 Apr 1793, d 17 Jan 1883 **VI:** Son of James & Elizabeth Smith (stone) **P:** Spouse **BLW:** No **PH:** N **SS:** K pg 304; BD pg 1622; B pg 129 **BS:** 54 pg 128.

SMITH, William P; b 13 Jul 1796; d 25 Mar 1878 **RU:** Private, 21st VMR, Capt William Jones, Gloucester Co **CEM:** Ark Cemetery; Gloucester; Rt 17, Ark **GS:** Y **SP:** mar Marion A M (-----), b 26 Apr 1819, d 19 May 1853 **VI:** No further data **P:** None **BLW:** No **PH:** N **SS:** K pg 276 **BS:** 82 pg 34.

SMITH, William R; b 12 Feb 1781; d 09 Jun 1857 **RU:** Captain, 44th VMR, Company Commander, Troop of Cavalry, Fauquier Co **CEM:** Alton Farm; Fauquier; jct Rts 628 & 672, Bethel **GS:** Y **SP:** mar Lucy Steptoe Blackwell **VI:** No further data **P:** Spouse **BLW:** No **PH:** N **SS:** B pg 74; BD pg 1622 **BS:** 3 pg 2.

SMITH, William S; b 1796; d 14 Jun 1863 **RU:** Private, 1st VMR (Truehearts) **CEM:** Vaughan Family; Hampton City; 8 mi NW Hampton Rt 27 **GS:** U **SP:** mar Elizabeth T (-----), b 1796, d Dec 1857 **VI:** No further data **P:** None **BLW:** No **PH:** N **SS:** A rec 11758 **BS:** 188; 245.

SMITH, William S; b 1784; d 11 Sep 1827 **RU:** Private, 19th VMR (Ambler), Capt William H Richardson, Richmond City **CEM:** Shockoe Hill; Richmond City; 100 Hospital St **GS:** U **SP:** No spouse information **VI:** No further data **P:** Yes **BLW:** No **PH:** N **SS:** BD pg 1621; B pg 175 **BS:** 38 pg 5.

SMITH, William, Jr; b 18 Apr 1787; d 30 Jan 1815 **RU:** Lieutenant, US Army **CEM:** St George's Episcopal; Fredericksburg; 905 Princess Anne St **GS:** Y **SP:** No spouse information **VI:** Son of William Smith (1746 -1802) & Mary (-----) (1750-1822) of Gloucestershire, England. Died during the war **P:** None **BLW:** No **PH:** N **SS:** G **BS:** 37 pg 114.

SMITH, Willis Golder; b 1777; d 06 Jan 1820 **RU:** Corporal, 47th VMR, Capt Robert McCulloch, Albemarle Co, attached to 7th VMR (Gray) **CEM:** Vernon Mills; Fauquier; 9 mi SW of Marshall **GS:** U **SP:** mar Margaret (-----), d 07 May 1838 **VI:** No further data **P:** None **BLW:** No **PH:** N **SS:** K pg 343 **BS:** 175.

SMITH, Yeomans; b 03 Oct 1772; d 22 Oct 1849 **RU:** Private, 16th VMR (Waller), Spotsylvania Co **CEM:** City Cemetery; Fredericksburg; William St & Washington Ave **GS:** Y **SP:** mar Ann C (-----), b 24 Feb 1777, d 26 Apr 1860 **VI:** No further data **P:** None **BLW:** No **PH:** N **SS:** A rec 11797 **BS:** 18 pg 28.

RU=Rank/Unit CEM=Cemetery GS=Gravestone SP=Spousal Information VI=Other Veteran Info P=Pension
BLW=Bounty/Land Warrant PH=Photo SS=Service Source BS=Burial Source VMR= VA Military Regt
LNR= Last Known Residence

SMITHER, James L; b UNK; d bur 09 Jun 1861 **RU:** Private, 87th VMR, King William Co **CEM:** Hollywood; Richmond City; 412 S Cherry St, Sec B lot 72 **GS:** N **SP:** No spouse information **VI:** No further data **P:** None **BLW:** No **PH:** N **SS:** A rec 1858 **BS:** 237; 31.

SMITHER, John W; b UNK; d bur 28 Dec 1857 **RU:** Private, 6th VMR (Ritchie) **CEM:** Hollywood; Richmond City; 412 S Cherry St, Sec B lot 78 **GS:** N **SP:** No spouse information **VI:** No further data **P:** None **BLW:** No **PH:** N **SS:** L pg 767 **BS:** 237; 31.

SMYTH, Alexander; b 1765, Island of Rathlin, Ireland; d 17 Apr 1830, Washington, DC **RU:** Brigadier General, Inspector General of Army in 1812, Brigade Commander of the Northern Army in 1813 **CEM:** St Mary's Catholic; Wythe; 370 E Main, Wytheville **GS:** U **SP:** mar Catherine Brinkley **VI:** Son of Rev James Smyth and Frances Stuart. His Brigade participated in the Niagara Campaign of 1813. He was an attorney in Abingdon and member of the House of Delegates 1792-1808 and member of the US Congress 1817-1825. Smyth Co was named for him. He is buried in the Congressional Cemetery in DC and memorialized in the Wytheville cemetery **P:** None **BLW:** No **PH:** N **SS:** B pg 29 **BS:** 213.

SMYTH, Tobias; b 23 Jan 1785; d 25 Jan 1872 **RU:** Colonel, VMR Bradley **CEM:** Smyth's Chapel; Washington; Rt 744 **GS:** Y **SP:** mar (1) Catherine Eakin; (2) Rachel Kelly **VI:** Son of Jonas Smyth and Mary Kincannon. Co-founder of Emory and Henry College **P:** None **BLW:** No **PH:** N **SS:** A rec 12242 **BS:** 116 pg 157.

SMYTH, William; b 1793; d 26 May 1839 **RU:** Private, 21st VMR, Gloucester Co **CEM:** Shockoe Hill; Richmond City; 100 Hospital St **GS:** Y **SP:** mar Hannah (-----) b 1797, d 01 Dec 1831 **VI:** Died age 46 **P:** None **BLW:** No **PH:** N **SS:** A rec 12251 **BS:** 199.

SNAPP, John; b 1784; d aft 1850 **RU:** Private, 32nd VMR, Capt Briscoe Baldwin, Augusta Co, attached to McDowell's Flying Camp **CEM:** Wisecarver / Snapp; Frederick; off Rt 622, Fawcetts Gap (no road) **GS:** U **SP:** No spouse information **VI:** Age 66 years on 1850 census of Frederick Co **P:** Yes **BLW:** No **PH:** N **SS:** BD pg 1623 ; B pg 39 **BS:** 79 pg 309.

SNEAD, Edward S; b 1793; d 17 Mar 1853 **RU:** Sergeant Major, 2nd VMR, Field & Staff, Accomack Co **CEM:** Snead Family; Accomack; Onancock **GS:** U **SP:** No spouse information **VI:** No further data **P:** None **BLW:** No **PH:** N **SS:** L pg 2 **BS:** 178.

SNEAD, Israel; b 30 Apr 1780; d 06 Oct 1844 **RU:** Private, NC Militia, Capt Mask **CEM:** Old City Cemetery; Lynchburg; 401 Taylor St **GS:** Y **SP:** No spouse information **VI:** No further data **P:** None **BLW:** No **PH:** N **SS:** A rec 12315 **BS:** 87 pg 64; 207.

SNEAD, James; b 1783; d bur 13 Aug 1848 **RU:** Private, 3rd VMR (Dickinson) **CEM:** Shockoe Hill; Richmond City; 100 Hospital St **GS:** U **SP:** No spouse information **VI:** No further data **P:** None **BLW:** No **PH:** N **SS:** A rec 12319 **BS:** 38.

SNEAD, Jesse; b 13 Aug 1794; d 07 Sep 1855 **RU:** Private, 74th VMR (Trueheart), Hanover Co **CEM:** Shockoe Hill; Richmond City; 100 Hospital St **GS:** Y **SP:** mar on 15 Nov 1819 to Jane Maria Johnson, b 03 Jun 1801, d 09 Sep 1856 **VI:** Reinterred from old Snead Cemetery in Hanover Co, "off Rt 624 near a hunt club" per Charles Stone in *The Stones of Hanover County* **P:** None **BLW:** No **PH:** N **SS:** A rec 12321 **BS:** 71 pg 92; 199.

SNEAD, John; b 05 Dec 1798; d 10 Feb 1885 **RU:** Private, 1st VMR (Yancey) **CEM:** Snead Family; Hanover; Rt 624 nr Hylas **GS:** Y **SP:** mar Elizabeth (-----), b 12 Mar 1809, d 03 Aug 1881. "Wife of John Snead" **VI:** No further data **P:** None **BLW:** No **PH:** N **SS:** A rec 12324 **BS:** 71 pg 46.

SNEAD, John W; b 1793; d 19 Mar 1823 **RU:** Private, 1st VMR (Yancey) **CEM:** Shockoe Hill; Richmond City; 100 Hospital St **GS:** U **SP:** No spouse information **VI:** No further data **P:** None **BLW:** No **PH:** N **SS:** A rec 12324 **BS:** 38 pg 1.

SNELL, James; b 1778, Ireland; d 23 Nov 1841 **RU:** Private, 19th VMR (Ambler). Richmond City **CEM:** Shockoe Hill; Richmond City; 100 Hospital St **GS:** Y **SP:** No spouse information **VI:** No further data **P:** None **BLW:** No **PH:** N **SS:** A rec 12547 **BS:** 38 pg 24; 199.

SNIDER, Jacob; b 31 Jul 1781; d 11 Mar 1852 **RU:** Corporal, Capt Jesse Hinkle, attached to 5th VMR (McDowell) **CEM:** Brick Union; Botetourt; near Troutville **GS:** Y **SP:** mar Susan (-----), b 31 Oct 1792, d 31 Oct 1863 **VI:** No further data **P:** Yes **BLW:** No **PH:** N **SS:** A rec 12754; BD pg 1624 **BS:** 155 pg 26.

RU=Rank/Unit CEM=Cemetery GS=Gravestone SP=Spousal Information VI=Other Veteran Info P=Pension
BLW=Bounty/Land Warrant PH=Photo SS=Service Source BS=Burial Source VMR= VA Military Regt
LNR= Last Known Residence

SNIDER, Malin (Marin); b UNK; d 16 Oct 1817 **RU:** Private, 5th VMR (McDowell) **CEM:** St John's Church; Augusta; 1 mi E Middlebrook Rd **GS:** U **SP:** No spouse information **VI:** No further data **P:** None **BLW:** No **PH:** N **SS:** A rec 12821 **BS:** 183.

SNIDOW, Christian; b 15 Mar 1760, Lancaster Co, PA; d 17 Sep 1836, Giles Co **RU:** Lt Colonel, 86th VMR, Commander, Giles Co **CEM:** Horseshoe; Giles; James Price Farm, Pembroke **GS:** Y **SP:** mar in Montgomery, Co on 24 Aug 1784 to Mary Burk, b 1761, d 1825 **VI:** Son of John and Elizabeth (Helm) Snidow. Commissioned as Lt Colonel on 07 Dec 1810. Served as a Lieutenant in the Revolution. Member of VA General Assembly **P:** None **BLW:** No **PH:** N **SS:** B pg 81 **BS:** 49; 245.

SNIDOW, William Henry; b 1796; d 03 Oct 1863 **RU:** Private, 4th VMR **CEM:** Horseshoe; Giles; Pembroke, James Price Farm **GS:** Y **SP:** mar Adeline Chapman **VI:** Son of Col Christian & Mary (Burk) Snidow **P:** None **BLW:** No **PH:** N **SS:** A rec 12885 **BS:** 14 pg 171.

SNODGRASS, Benjamin; b 06 Nov 1781, Washington Co; d 22 Jan 1857 **RU:** Private, 70th VMR, Washington Co **CEM:** Glade Spring Presbyterian; Washington; 33234 Lee St, Glade Springs **GS:** Y **SP:** mar (1) UNK; (2) c1829 to Elizabeth Fleming, b 11 Jan 1807, d 21 Sep 1870. She married (2) James Grant in 1863 **VI:** Son of David Snodgrass (1731-1814) & Margart Glenn (1740-1816); Father of David G & William J Snodgrass **P:** None **BLW:** No **PH:** N **SS:** AD pg 145 **BS:** 116 pg 187.

SNODGRASS, David; b UNK; d 1814 (Inv) **RU:** UNK, 70th VMR, Capt James Meek, Washington Co, attached to 5th VMR **CEM:** Rock Spring; Washington; vic jct Rts 803 & 91 **GS:** U **SP:** No spouse information **VI:** No further data **P:** Applied **BLW:** No **PH:** N **SS:** M pg 286; BD pg 1624; B pg 199 **BS:** 116 pg 211.

SNYDER, Jacob; b 1794; d 02 Jan 1881 **RU:** Private, 32nd VMR, Capt Abraham Lange, Augusta Co, attached to 5th VMR, McDowell **CEM:** Hebron Presbyterian; Augusta; Rt 703, 4.5 mi fr Staunton **GS:** Y **SP:** mar Frances S (------), d 20 May 1890, age 92 **VI:** Died in his 88th year **P:** Spouse **BLW:** No **PH:** N **SS:** BD pg 1626; B pg 40 **BS:** 1 pg 66.

SNYDER, John; b 1781; d 1862 **RU:** Private, 107th VMR, Capt Jonathan Wamsley, Randolph Co, attached to 6th VMR (Coleman) **CEM:** Snyder Graveyard; Highland; 2 mi N of Hightown Church **GS:** U **SP:** mar (1) Barbara (-----), b 1794, d 22 Apr 1828; (2) Hester (-----) **VI:** No further data **P:** Applied, Spouse pensioned **BLW:** No **PH:** N **SS:** A rec 13585; BD pg 1626; B pg 173 **BS:** 235.

SNYDER, Michael; b 1796; d 12 Jun 1866 **RU:** Private, 5th VMR (McDowell) **CEM:** Oak Hill; Augusta; Rt 756 **GS:** Y **SP:** mar Eliza (-----), d 17 Jan 1848, age 36 **VI:** No further data **P:** None **BLW:** No **PH:** N **SS:** A rec 13635 **BS:** 1 pg 102.

SOLOMON, Samuel; b 1789; d 22 Jan 1851 **RU:** Private, 1st Regiment, MD Militia (Amey) **CEM:** Trinity United Methodist; Alexandria; Wilkes St **GS:** Y **SP:** mar Ann (-----), b 1783, d 1863 **VI:** No further data **P:** None **BLW:** No **PH:** N **SS:** A rec 13971 **BS:** 32 pg 140.

SOUTHALL, Phillip Turner; b 12 Apr 1791; d 19 May 1857 **RU:** Private, 19th VMR, Capt Anderson Miller, Richmond City **CEM:** Southall Family; Amelia; Rt 657 off Rt 645 **GS:** Y **SP:** mar (1) Frances Wilson Lockett, b 11 Nov 1801, d 22 Jul 1823; (2) Elizabeth Webster, b 14 May 1808, d 13 Jul 1867 **VI:** No further data **P:** None **BLW:** No **PH:** N **SS:** L pg 590; B pg 75 **BS:** 266 pg 286.

SOUTHALL, Turner; b 1780; d 08 Jun 1827 **RU:** Corporal, 52nd VMR, Capt John Merry, New Kent & Charles City Cos **CEM:** Shockoe Hill; Richmond City; 100 Hospital St **GS:** U **SP:** mar Martha (-----) **VI:** No further data **P:** Spouse **BLW:** Yes **PH:** N **SS:** L pg 584; M pg 287 **BS:** 38 pg 5.

SOUTHALL, William W; b 1771; d 15 Nov 1821, Warminster, Nelson Co **RU:** Private, 37th VMR, Capt William Way, Northumberland Co **CEM:** Cabell / Horsley / Branch; Buckingham; "Yellow Gravel" **GS:** Y **SP:** Never married **VI:** Doctor. Stone erected by his mother. Stone made by Underhill Ferris & Co, New York. **P:** None **BLW:** No **PH:** N **SS:** L pg 103 **BS:** 66 pg 176.

SOUTHARD, James; b UNK; d 05 Jun 1869 **RU:** Private, 45th VMR, Capt William Fitzhugh, Stafford Co **CEM:** Union Church; Stafford; Falmouth **GS:** U **SP:** No spouse information **VI:** No further data **P:** None **BLW:** No **PH:** N **SS:** L pg 325 **BS:** 26 pg 384.

RU=Rank/Unit   CEM=Cemetery   GS=Gravestone   SP=Spousal Information   VI=Other Veteran Info   P=Pension
BLW=Bounty/Land Warrant   PH=Photo   SS=Service Source   BS=Burial Source   VMR= VA Military Regt
LNR= Last Known Residence

SOUTHER, Moses; b 1781, Marlborough, MA; d bur 14 Jan 1859 **RU**: Private, 1st MA Regiment (Dudley) **CEM**: Hollywood; Richmond City; 412 S Cherry St **GS**: U **SP**: No spouse information **VI**: No further data **P**: None **BLW**: No **PH**: N **SS**: A rec 2307 **BS**: 263 v9 pg 108.

SOUTHERN, Richard; b 25 Mar 1791, Durham Co, England; d 24 Apr 1877, Alexandria **RU**: Sergeant, MD Militia 1st Regiment Hawkins **CEM**: Southern / Shreve; Arlington; N Harrison St **GS**: Y **SP**: mar Frances (-----) d 16 Aug 1874, age 90 years **VI**: No further data **P**: None **BLW**: No **PH**: N **SS**: A rec 14804 **BS**: 96 pg 74.

SOUTHGATE, Charles; b 1760; d 28 May 1840 **RU**: Musician, 19th VMR (Ambler), Richmond City **CEM**: St John's Church; Richmond City; 24th & Broad, Church Hill **GS**: U **SP**: No spouse information **VI**: No further data **P**: None **BLW**: No **PH**: N **SS**: A rec 14811 **BS**: 63 pg 503.

SOWERS, James H; b 11 Jul 1775; d 24 Dec 1849 **RU**: Captain, 51st VMR, Company Commander, Frederick Co, attached to 4th VMR (McDowell) **CEM**: Old Bethel Baptist; Clarke; Rt 625, Millwood **GS**: Y **SP**: mar Elizabeth Kerfott, d 14 Apr 1851, age 81 years **VI**: Son of Daniel & Catherine Sowers. Died at 4:00 p.m. at his residence, "Greenwood" in Clarke Co **P**: None **BLW**: No **PH**: N **SS**: K pg 33 **BS**: 92 pg 15, 24.

SOWERS, John Colson; b Sep 1779, Winchester; d Sep 1845, Staunton **RU**: Captain, Battalion of Artillery **CEM**: Trinity Church; Augusta; Staunton **GS**: Y **SP**: mar Mary L Heiskell **VI**: Son of Jacob Sowers and Isabella Hampton. Merchant, Presbyterian Elder **P**: None **BLW**: No **PH**: N **SS**: A rec 15039 **BS**: 1 pg 189.

SPADY, Southy; b 15 Jan 1756; d 28 Jun 1844 **RU**: Private, 27th VMR, Capt William Jarvis, Northumberland Co **CEM**: Nottingham Beach; Northampton; jct Rts 645 & 704 **GS**: Y **SP**: No spouse information **VI**: This service record may be for a son of the same name. Graves moved to Cape Charles Cemetery **P**: None **BLW**: No **PH**: N **SS**: L pg 482 **BS**: 20 pg 79.

SPADY, Thomas S; b 1787; d 28 Sep 1841 **RU**: Sergeant, 27th VMR, Capt John Simpkins, Troop of Cavalry, Northampton Co **CEM**: Nottingham Beach; Northampton; jct Rts 645 & 704; graves moved to Cape Charles Cemetery **GS**: Y **SP**: No spouse information **VI**: No further data **P**: None **BLW**: No **PH**: N **SS**: K pg 119 **BS**: 20 pg 79.

SPANGLER, George; b 1795; d 18 Apr 1875 **RU**: Private, 75th VMR, Montgomery Co **CEM**: Peterstown; Giles; Peterstown Cemetery Rd, Peterstown **GS**: Y **SP**: mar Sarah (-----), b 14 Jun 1804, d 18 Sep 1892 **VI**: No further data **P**: None **BLW**: No **PH**: N **SS**: A rec 15383 **BS**: 14 pg 190.

SPANGLER, Jacob; b 27 May 1785; d 22 Nov 1827 **RU**: Private, PA Militia, Shanks Detachment **CEM**: Sharon Lutheran; Bedford; Rt 42, Ceres **GS**: Y **SP**: mar Catherine (-----), b 19 Feb 1790, d 27 Jul 1886 **VI**: No further data **P**: None **BLW**: No **PH**: N **SS**: A rec 15392 **BS**: 80.

SPANGLER, John; b 1788; d 1848 **RU**: Private, 4th VMR **CEM**: Spangler Family; Patrick; off Rt 602 **GS**: Y **SP**: mar Susie (-----), b 1790, d 1855 **VI**: No further data **P**: None **BLW**: No **PH**: N **SS**: A rec 15400 **BS**: 154 pg 397.

SPANGLER, John S; b 1780; d 1845 **RU**: Private, 86th VMR, Giles Co **CEM**: Peterstown; Giles; Peterstown Cemetery Rd, Peterstown **GS**: Y **SP**: mar Jane (-----), d 27 Dec 1868, "Consort of John [Spangler]" **VI**: No further data **P**: None **BLW**: No **PH**: N **SS**: A rec 15402 **BS**: 80.

SPANGLER, William; b 18 Sep 1792; d 14 Jun 1862 **RU**: Private, Cocke's Detachment VA Militia **CEM**: Pine Creek Primitive Baptist; Floyd; Spangler Mill Rd, Floyd **GS**: Y **SP**: mar Mary Irvin, b 1808, d 1880 **VI**: No further data **P**: None **BLW**: No **PH**: N **SS**: A rec 15423 **BS**: 91 pg 119; 49.

SPEARS, Austin; b 16 Mar 1795; d 09 May 1845 **RU**: Private, 23rd VMR, Chesterfield Co, company attached to 2nd VMR **CEM**: Bethel Baptist Church; Chesterfield; 1100 Huguenot Rd, Midlothian **GS**: Y **SP**: No spouse information **VI**: Austin Spears, Esquire **P**: None **BLW**: No **PH**: N **SS**: A rec 16029 **BS**: 8 pg 12.

SPEED, John H; b 1767; d 27 Aug 1818 **RU**: Paymaster, 98th VMR (Green), Mecklenburg Co **CEM**: St James's Episcopal; Mecklenburg; 275 Waqua Rd, Warfield **GS**: Y **SP**: mar Susan M (-----) **VI**: Died in his 51st year. Monument erected by his friends **P**: Spouse **BLW**: No **PH**: N **SS**: M pg 287; BD pg 1633; B pg 130 **BS**: 24 pg 301.

SPENCE, John; b 11 Jul 1766, Moffat Village, Scotland; d 18 May 1829, Dumfries, VA **RU**: Surgeon, 36th VMR, Staff Officer, Prince William Co **CEM**: Tebbsdale; Prince William; Dumfries to Possum Point, historically 2.5 mi E on old

Carborough Rd **GS:** U **SP:** mar Mary Tebbs **VI:** Came to America in 1787 **P:** None **BLW:** No **PH:** N **SS:** L pg 167 **BS:** 130.

SPENGLER, Anthony; b 29 Dec 1774, York Co, PA; d 29 Jun 1834, Strasburg, Shenandoah Co, VA **RU:** Captain, Service from tombstone **CEM:** Riverview; Shenandoah; Strasburg **GS:** Y **SP:** mar Catherine Kendrick **VI:** Son of Phillip P Spengler, Sr & Anna Margaret Salome Dinkel. Phillip Spengler had Rev War service (DAR National #469671.) Anthony's War of 1812 service is from his tombstone. Service from York Co, PA or VA not found. **P:** None **BLW:** No **PH:** Y **SS:** G **BS:** 93; 31; 49.

SPENGLER, Phillip, Jr; b 17 Mar 1761, York Co, PA; d 1823, Strasburg, Shenandoah Co, VA **RU:** Lt Colonel, 13th VMR, Commander, Shenandoah Co **CEM:** Mt Zion Church; Shenandoah; Strasburg **GS:** Y **SP:** mar Regina Stover **VI:** Son of Phillip Spengler, Sr & Anna Margaret Salome Dinkel. War of 1812 service from tombstone. **P:** None **BLW:** No **PH:** Y **SS:** B pg 184 **BS:** 93; 31; 49.

SPERRY, Peter; b 14 Feb 1770; d 14 Feb 1845 **RU:** Private, US Army 12th Infantry **CEM:** Sperry Family; Warren; 1 Mi S of Middletown **GS:** U **SP:** mar Barbara H (-----), b 27 Jun 1776, d 06 Dec 1853 **VI:** Died on his birthday **P:** None **BLW:** No **PH:** N **SS:** C pg 170 **BS:** 150.

SPICKARD, Henry; b UNK; d aft 1840 **RU:** Private, 121st VMR, Capt Joseph Hannah, Botetourt Co **CEM:** Old Glade Creek; Botetourt; nr Blue Ridge **GS:** Y **SP:** mar in Botetourt Co on 15 May 1821 to Phebe Foutz, daughter of Jacob Foutz **VI:** No further data **P:** None **BLW:** No **PH:** N **SS:** K pg 12 **BS:** 103 pg 3.

SPINDLE, Thomas Addison; b 01 May 1772; d 18 Jul 1843 **RU:** Lt Colonel, 34th VMR, Commander, Culpeper Co **CEM:** Spindle / Hughes; Rappahannock; Fiddlers Glen Ln, Castleton **GS:** Y **SP:** mar Elizabeth Munday, b 16 Mar 1780, d 01 Mar 1844 **VI:** Son of William Spindle and Letitia Puller. Commissioned Lt Colonel on 12 Sep 1810. Tombstone styles him "Major" **P:** None **BLW:** No **PH:** N **SS:** B pg 62 **BS:** 270.

SPOONER, Alden B; b 1786; d 27 Dec 1853 **RU:** Private, 1st VMR, Capt Alexander Taylor, Petersburg **CEM:** Blandford; Petersburg; 111 Rochelle Ln **GS:** Y **SP:** mar (1) Elizabeth (-----) d 18 Dec 1830, age 35; (2) M. W. (-----) who was pensioned **VI:** No further data **P:** Spouse **BLW:** No **PH:** N **SS:** K pg 160; BD pg 1637; M pg 288 **BS:** 200.

SPOTSWOOD, Dandridge; b 28 Nov 1787; d 19 Nov 1849 **RU:** Cornet, 66th VMR, Capt Philip Pryor, Troop of Cavalry, Brunswick Co, attached to 1st VMR (Byrne) **CEM:** Blandford; Petersburg; 111 Rochelle Ln **GS:** Y **SP:** mar Catherine Brooke Francisco, daughter of Peter Francisco **VI:** Son of John & Sarah (Rowzee) Spotswood of Orange Grove, Orange Co, VA **P:** None **BLW:** No **PH:** N **SS:** K pg 155 **BS:** 200.

SPRATLEY, Benjamin; b 19 Apr 1793, Norfolk; d 10 Sep 1856 **RU:** Corporal, 19th VMR, Capt Anthony Turner, Richmond City, attached to 6th VMR (Coleman) **CEM:** Cedar Grove; Portsmouth; Effington St & Fort Ln **GS:** Y **SP:** mar Joanna Schutte, b 26 Jun 1795, d 03 Mar 1879 **VI:** Member VA Soldiers of 1812 Society in Portsmouth **P:** Spouse **BLW:** Yes **PH:** N **SS:** A rec 17662; BD pg 1638; B pg 175 **BS:** 65 pg 90; 182.

ST CLAIR, Alexander; b 18 Oct 1793; d 15 Apr 1862 **RU:** Corporal, US Rangers Volunteer **CEM:** Jeffersonville; Tazewell; Fincastle Blvd **GS:** U **SP:** mar Martha Tabler, b 1814, d 1893 **VI:** No further data **P:** None **BLW:** No **PH:** N **SS:** A rec 21319 **BS:** 172 v3 pg 72.

STAFFORD, Ralph, Jr; b 1792; d 1879 **RU:** Private, 72nd VMR, Capt George W Camp, Russell Co **CEM:** Staffordsville Cemetery; Giles; Off Rt 100, Staffordsville **GS:** U **SP:** mar Polly (-----) **VI:** No further data **P:** Both **BLW:** No **PH:** N **SS:** A rec 18786; BD pg 1641; B pg 183 **BS:** 14 pg 162.

STAINBACK, George Woodliff; b 10 Feb 1785, Brunswick Co; d 31 Aug 1861 **RU:** Ensign, 39th VMR, Capt Charles Kent, Petersburg **CEM:** Blandford; Petersburg; 111 Rochelle Ln **GS:** Y **SP:** mar Mary Cocke Drinkand **VI:** Son of William and Susannah Stainback. Cashier at Bank of Virginia **P:** None **BLW:** No **PH:** N **SS:** L pg 523 **BS:** 200.

STANARD, John; b 1791, "Stanfield," Spotsylvania Co; d 27 Sep 1838 **RU:** Lt Colonel, US Army **CEM:** Masonic Cemetery; Fredericksburg; 900 Block, Charles St **GS:** Y **SP:** mar in Fredericksburg on 23 Aug 1815 to Caroline M Chew **VI:** Son of Larkin Stanard and Elizabeth Perrott Chew. Achieved rank of Colonel in 1814. Lamed by wounds suffered from a duel wih Dr Bronaugh, an army surgeon. One of Lafayette's escorts on his May 1833 visit. Service and death date is from obituary in the *Richmond Whig*, 27 Sep 1838, died age 47. Marshall of Chancery Court of Fredericksburg District **P:** None **BLW:** No **PH:** N **SS:** Obituary **BS:** 52.

RU=Rank/Unit CEM=Cemetery GS=Gravestone SP=Spousal Information VI=Other Veteran Info P=Pension
BLW=Bounty/Land Warrant PH=Photo SS=Service Source BS=Burial Source VMR= VA Military Regt
LNR= Last Known Residence

STANFORD, John; b 15 Sep 1792; d 15 Oct 1848 **RU**: Private, 23rd VMR, Chesterfield Co **CEM**: Bellona Arsenal; Chesterfield; Chesterfield **GS**: Y **SP**: mar Sarah Frances Trabue **VI**: No further data **P**: None **BLW**: No **PH**: N **SS**: A rec 19730 **BS**: 8 pg 1.

STAPLES, Abram; b Feb 1783; d 26 Apr 1856 **RU**: Captain, 6th VMR (Sharp) **CEM**: Stuart Town Cemetery; Patrick; Rt 8, Stuart **GS**: Y **SP**: mar Mary (-----), d 28 Jul 1855, age 51 years "wife of Col Abram Staples" **VI**: Tombstone styles him as "Colonel." Died age 63 yrs, 1 mo, 17 days **P**: None **BLW**: No **PH**: N **SS**: A rec 20386 **BS**: 80.

STAPLES, Samuel; b 23 Mar 1762, Buckingham Co; d 23 Mar 1825, Stuart, Patrick Co **RU**: Lt Colonel, 18th VMR, Commander, Patrick Co **CEM**: Stuart Town Cemetery; Patrick; Rt 8, Stuart **GS**: Y **SP**: mar Lucinda Penn, b 1771, d 1850 **VI**: Son of John Staples and Keziah Norman. Tombstone styles him as "Colonel." Originally buried at their home ("The Old Stone House") reinterred to Stuart Town Cemetery. **P**: None **BLW**: No **PH**: N **SS**: B pg 157 **BS**: 80.

STARK, Edwin; b 1769; d 01 Jul 1830, Norfolk **RU**: Quartermaster Sergeant, 54th VMR (Sharp), Norfolk Borough, attached to 2nd VMR **CEM**: St Paul's Episcopal; Norfolk City; 201 St Paul's Blvd **GS**: Y **SP**: mar Mary Bacon, daughter of Samuel & Mary Bacon of Norfolk, b 1768, d 27 Oct 1833 **VI**: NARA Service Record reports he was absent on 13 Jul to 16 Jul 1813 with note "Had been previously called into the service of the United States & is now on other command." Death notice in *The Herald*, 05 Jul 1830, which styles him "Esquire." In his 62nd year **P**: None **BLW**: No **PH**: N **SS**: P; A rec 20598 **BS**: 174 pg 106; 299 No. 234.

STARK(E), John; b 1792; d 03 Mar 1817 **RU**: Private, 45th VMR, Capt Henry Williams, Stafford Co **CEM**: Union Church; Stafford; Falmouth **GS**: U **SP**: No spouse information **VI**: No further data **P**: None **BLW**: No **PH**: N **SS**: L pg 835 **BS**: 26 pg 384.

STARKE, Bowling; b 21 May 1790; d 17 Oct 1848 **RU**: Private, 74th VMR, (Trueheart), Hanover Co **CEM**: Shockoe Hill; Richmond City; 100 Hospital St **GS**: Y **SP**: mar in Caroline Co on 25 Mar 1818 to Eliza G Dew, daughter of Col Anthony Dew of KY, b 24 Jul 1799, d 04 Nov 1852. Marriage notice in the *Richmond Examiner*, 30 Mar 1819, pg 3. Tombstone transcribed as Eliza C Starke **VI**: Styled "Captain" in the marriage notice **P**: None **BLW**: No **PH**: N **SS**: A rec 20659 **BS**: 199.

STATEN, John; b 1794; d bur 27 Dec 1864 **RU**: Private, 40th VMR, Capt Thomas Bibb, Louisa Co, attached to 6th VMR (Coleman) **CEM**: Hollywood; Richmond City; 412 S Cherry St, Sec B lot 35 **GS**: N **SP**: No spouse information **VI**: No further data **P**: Yes **BLW**: No **PH**: N **SS**: A rec 21078; BD pg 1647; pg 123 **BS**: 237; 31.

STATLER, Abraham; b 25 Nov 1792; d 22 Jan 1853 **RU**: Private, 121st VMR, Botetourt Co **CEM**: Sedon Family; Roanoke; 5500 Stonybrook Dr **GS**: Y **SP**: mar Magdaline, b 20 Jan 1801, d 07 Jun 1849 **VI**: No further data **P**: None **BLW**: No **PH**: N **SS**: A rec 21128-21830 **BS**: 157 pg 218.

STEELE, George; b 1795; d 24 Oct 1856 **RU**: , 4th VMR **CEM**: Shockoe Hill; Richmond City; 100 Hospital St **GS**: Y **SP**: No spouse information **VI**: No further data **P**: None **BLW**: No **PH**: N **SS**: A rec 21842 **BS**: 199.

STEELE, Samuel; b 08 Jun 1773; d 18 May 1835 **RU**: Captain, 93rd VMR, Company Commander, Augusta Co, attached to Cocke's Detachment **CEM**: Tinkling Spring; Augusta; 11mi NE of Staunton **GS**: U **SP**: No spouse information **VI**: Died age 61 yrs, 11 mos, 10 days **P**: None **BLW**: No **PH**: N **SS**: K pg 178 **BS**: 183.

STEELE, Thomas; b UNK; d 12 Apr 1859 **RU**: Private, 5th VMR (McDowell) **CEM**: Stephens City United Methodist; Frederick; 5291 Main St, Stephens City **GS**: U **SP**: No spouse information **VI**: Death date from the *Alexandria Gazette* **P**: None **BLW**: No **PH**: N **SS**: A rec 22159 **BS**: 79 pg 315.

STEELE, William; b 1770; d 09 Jul 1818 **RU**: Private, 5th VMR (McDowell) **CEM**: Old Providence Church; Augusta; 1005 Spottswood Rd, Spottswood **GS**: Y **SP**: mar on 02 Jan 1794 (bond) in Augusta Co to Mary McChesney, also buried here **VI**: Son of Samuel & Margaret C (-----) Steele, Jr. Styled as Esquire **P**: None **BLW**: No **PH**: Y **SS**: A rec 22171 **BS**: 31; 49.

STEERS, Evans; b UNK; d UNK **RU**: Private, 5th VMR (McDonald) **CEM**: Oakland; Alleghany; Rt 60 btw Low Moor and Clifton Forge **GS**: N **SP**: Stone erected by Evans Steers for his beloved wife who d 31 May 1862, age 22 **VI**: No stone **P**: None **BLW**: No **PH**: N **SS**: A rec 16557 **BS**: 197.

STEPHENSON, Michael; b 1794; d 20 Jun 1866 **RU**: Private, 65th VMR, Capt Rice Pierce, Southampton Co, attached to 1st VMR (Allen) **CEM**: Stephenson Family; Southampton; SE side of Clayton Rd at Seacock Swamp

Bridge **GS:** Y **SP:** No spouse information **VI:** No further data **P:** None **BLW:** No **PH:** N **SS:** L pg 637; B pg 187; A rec 23390 **BS:** 39 pg 57.

STEPHENSON, Robert; b 1792; d 30 Mar 1864 **RU:** Private, 13th VMR, Capt William Newell, Troop of Cavalry, Shenandoah Co, attached to 2nd VMR (Ambler, Brown) **CEM:** Mt Pleasant Meeting House; Frederick; jct Rts 622 & 629 **GS:** U **SP:** mar in Frederick Co on 26 Mar 1838 (bond) to Courtney Ann Rinker, Casper Rinker surety **VI:** No further data **P:** Spouse **BLW:** No **PH:** N **SS:** A rec 23410; BD pg 1651; B pg 185 **BS:** 79 pg 316.

STEPHENSON, William; b 1783; d 1837 **RU:** Private, 31st VMR, Capt EbenTaylor, Troop of Cavalry, Frederick Co, attached to 1st VMR (Taylor) **CEM:** Mt Hebron; Frederick; 305 E Boscawen St, Winchester **GS:** Y **SP:** mar in Frederick Co on 26 Feb 1816 (bond) to Lucy Catlett, b 1796, d 1861 **VI:** No further data **P:** None **BLW:** No **PH:** Y **SS:** K pg 160 **BS:** 93 Frederick.

STERRETT, Joseph; b 20 Feb 1787; d 24 Mar 1858 **RU:** Private, 93rd VMR, Capt Samuel Steele, Augusta Co, attached to Cocke's Detachment **CEM:** John Sterrett Family; Augusta; 1 mi W of Craigsville **GS:** U **SP:** No spouse information **VI:** No further data **P:** None **BLW:** No **PH:** N **SS:** A rec 23779 **BS:** 183.

STEVENS, John; b c1765; d 08 Feb 1820 **RU:** Matross, 16th VMR (Waller), Spotsylvania Co **CEM:** Masonic Cemetery; Culpeper; Radio Lane & Rt 29, Culpeper **GS:** Y **SP:** mar on 08 Dec 1789 to Mary Williams, b c1765, d 11 May 1828 **VI:** Son of Gen Edward Stevens & Gilly Coleman. Grave has been marked by the Society **P:** Yes **BLW:** No **PH:** Y **SS:** A rec 24285; BD pg 1653; B pg 74 **BS:** 12 pg 28.

STEVENS, Samuel; b 1783; d 28 Sep 1835 **RU:** Sergeant, Petersburg Volunteers, Capt Richard McRae **CEM:** Blandford; Petersburg; 111 Rochelle Ln **GS:** Y **SP:** mar Nancy (-----) **VI:** No further data **P:** None **BLW:** No **PH:** N **SS:** W pg 137 **BS:** 245.

STEVENS, William T; b UNK; d 03 Aug 1877 **RU:** Private, 5th VMR **CEM:** Goose Creek Burying Ground; Loudoun; Rt 722, Lincoln **GS:** Y **SP:** mar Sarah A (-----), d 02 Jul 1877 **VI:** No further data **P:** None **BLW:** No **PH:** N **SS:** A rec 24579 **BS:** 73 pg 298.

STEVENSON, Andrew; b 21 Jan 1784, Culpeper Co; d 21 Jan 1857, Albemarle Co **RU:** Captain, 19th VMR, Company Commander, Richmond City **CEM:** Enniscorthy; Albemarle; Esmont **GS:** U **SP:** mar in Albemarle Co on 08 Oct 1816 by Rev Dawson to Sarah C Coles, daughter of John Coles who was dead at the time of marriage, b 05 May 1789, d 03 Jan 1818. Marriage returned by Martin Dawson, Sr. John Coles affirmed that Sarah was of age at time of her wedding. Marriage notice in the *Richmond Enquirer*, 19 Oct 1816, pg 3 **VI:** Son of James Stevenson & Frances (Littlepage) Stevenson; Lawyer; House of Delegates, 1809-16, 1818-21; Speaker of the House of Delegates, 1812-15; US Congress, 1821-34; Speaker of US House, 1827-34; Minister to Great Britain, 1836-41 **P:** None **BLW:** No **PH:** N **SS:** L pg 740 **BS:** 168.

STEVENSON, Levi L; b 11 Nov 1787; d 20 Aug 1873 **RU:** Sgt Major, 6th VMR (Coleman) **CEM:** Trinity Church; Augusta; Staunton **GS:** Y **SP:** mar Elizabeth Dunlap, b 12 Aug 1793, d Oct 1850 **VI:** No further data **P:** None **BLW:** No **PH:** N **SS:** A rec 24714 **BS:** 1 pg 200.

STEWART, Charles; b 1791; d 26 Jul 1835 **RU:** Private, 6th VMR, (Coleman) **CEM:** Lewis Family; Albemarle; Rt 250 West **GS:** Y **SP:** No spouse information **VI:** Died in his 45th year **P:** None **BLW:** No **PH:** N **SS:** A rec 25181 **BS:** 94 v3 pg 152.

STEWART, George; b 1790; d bur 01 Jan 1834 **RU:** Sergeant, 5th VMR **CEM:** Shockoe Hill; Richmond City; 100 Hospital St **GS:** U **SP:** No spouse information **VI:** No further data **P:** None **BLW:** No **PH:** N **SS:** A rec 25314 **BS:** 38 pg 12.

STEWART, John; b UNK; d bur 16 Dec 1859 **RU:** Private, 4th VMR (Boyd) **CEM:** Briarly Place; Clarke; Waterloo vic jct Rts 340 & 50 **GS:** N **SP:** No spouse information **VI:** From "Cunningham Parish Register" **P:** None **BLW:** No **PH:** N **SS:** A rec 25546 **BS:** 92 pg 26.

STEWART, Norman; b 1776, Scotland; d bur 02 Nov 1856 **RU:** Private, 1st Regiment US Volunteers **CEM:** Hollywood; Richmond City; 412 S Cherry St **GS:** U **SP:** No spouse information **VI:** No further data **P:** None **BLW:** No **PH:** N **SS:** A rec 25682 **BS:** 263 v9 pg 109.

RU=Rank/Unit CEM=Cemetery GS=Gravestone SP=Spousal Information VI=Other Veteran Info P=Pension
BLW=Bounty/Land Warrant PH=Photo SS=Service Source BS=Burial Source VMR= VA Military Regt
LNR= Last Known Residence

STEWART, William; b 1793; d bur 26 Jan 1843 **RU:** Corporal, 9th VMR (Boyd) **CEM:** Shockoe Hill; Richmond City; 100 Hospital St **GS:** U **SP:** No spouse information **VI:** No further data **P:** None **BLW:** No **PH:** N **SS:** A rec 25997 **BS:** 38 pg 27.

STICKLEY, Gabriel; b 13 Nov 1791; d 16 Sep 1856 **RU:** Private, 13th VMR, Capt John Sloan, Shenandoah Co, attached to 4th VMR **CEM:** Trinity Lutheran; Augusta; River Rd (Rt 12), Crimora **GS:** U **SP:** mar Rebecca (-----) **VI:** No further data **P:** Spouse **BLW:** No **PH:** N **SS:** A rec 26154; BD pg 1658; B pg 185 **BS:** 2 pg 125.

STILES, Joseph C; b c1796, GA; d bur 02 Nov 1856 **RU:** Private, 1st GA Regiment (Johnson) **CEM:** Hollywood; Richmond City; 412 S Cherry St **GS:** U **SP:** No spouse information **VI:** No further data **P:** None **BLW:** No **PH:** N **SS:** A rec 26391 **BS:** 263 v9 pg 109.

STILL, James; b 19 Nov 1777; d 25 Jul 1851 **RU:** Private, 90th VMR, Capt William Sale, Troop of Cavalry, Amherst Co, attached to Sale's Battalion of Cavalry **CEM:** Still family; Pittsylvania; Still Spring Drive **GS:** Y **SP:** mar in Pittsylvania Co, 27 Aug 1804 to Nancy Boaz **VI:** No further data **P:** None **BLW:** No **PH:** Y **SS:** A rec 26452; B pg 236 **BS:** 49.

STILLMAN, George; b 13 Nov 1788, Mackies, ME; d UNK **RU:** 3rd Corporal, 19th VMR, Capt William Murphy, Light Infantry Blues, Richmond City, attached to 1st Corps d'Elite (Randolph) **CEM:** Ashlin Family; Fluvanna; end of Rt 606 **GS:** Y **SP:** mar Serena (-----), d 28 Jun 1868 **VI:** No further data **P:** None **BLW:** No **PH:** N **SS:** K pg 259 **BS:** 95 pg 4.

STILLMAN, Samuel; b 04 Dec 1795; d 07 Aug 1874 **RU:** Private, 19th VMR, Capt George Booker, Richmond City **CEM:** Ashlin Family; Fluvanna; end of Rt 606 **GS:** Y **SP:** No spouse information **VI:** No further data **P:** None **BLW:** No **PH:** N **SS:** L pg 157 **BS:** 95 pg 4.

STINSON, James; b 15 Aug 1791; d 18 May 1869 **RU:** Private, 13th VMR, Capt Jesse Allen, Shenandoah Co **CEM:** Stinson Family; Warren; 1 mi S Bentonville **GS:** U **SP:** mar (1) Sally (-----) b 16 May 1801, d 04 Sep 1854; (2) Julia A (-----) **VI:** No further data **P:** Spouse **BLW:** No **PH:** N **SS:** A rec 27011; BD pg 1660 **BS:** 150.

STITH, John; b 1774; d 02 Jun 1829 **RU:** Private, 25th VMR, Capt William Hooe, King George Co **CEM:** Northumberland House; Northumberland; Northumberland **GS:** Y **SP:** No spouse information **VI:** A man of this name also served as a Vidette (messenger) in the 45th VMR, Stafford Co **P:** None **BLW:** No **PH:** N **SS:** L pg 443; A rec 27162 **BS:** 27 v9 pg 845; 269 pg 134.

STOCKS, William; b UNK; d 27 Aug 1873 **RU:** Private, 57th VMR, Capt Benjamin Shreve, Loudoun Co **CEM:** Fairfax Meeting House; Loudoun; Walter & Waterford Sts, Waterford **GS:** Y **SP:** mar Elizabeth (-----), b 06 Aug 1796, d 06 Jun 1866 **VI:** No further data **P:** Yes **BLW:** Yes **PH:** N **SS:** A rec 27542; BD pg 1660 **BS:** 73 pg 299.

STONE, Alexander S H; b 1777; d 11 Oct 1823 **RU:** Lieutenant, 45th VMR (Peyton), Stafford Co **CEM:** Edrington Family; Stafford; End of Rt 692, right 1 mi **GS:** U **SP:** No spouse information **VI:** No further data **P:** None **BLW:** No **PH:** N **SS:** A rec 28183 **BS:** 26 pg 196.

STONE, James H; b 17 Oct 1778; d 13 Oct 1854 **RU:** Private, 5th VMR **CEM:** Oak Grove; Pittsylvania; 7 mi E of Chatham **GS:** Y **SP:** mar in Pittsylvania Co on 08 Sep 1803 to Elizabeth Fitzgerald (tombstone), b 21 Jun 1786, d 10 Oct 1865. Edmond Fitzgerald gave consent for the marriage **VI:** Reverend. Joined the Baptist Church at Shockoe on 03 Oct 1812 and was ordained 16 Apr 1832 **P:** None **BLW:** No **PH:** N **SS:** A rec 28376 **BS:** 149.

STONE, John; b 1788; d 1863 **RU:** Corporal, 5th VMR (McDowell) **CEM:** Stone Family; Alleghany; Rt 614, Snake Run **GS:** Y **SP:** mar Mary (-----), b 1784. No death date **VI:** No further data **P:** None **BLW:** No **PH:** N **SS:** A rec 28437 **BS:** 100 v3 pg 51.

STONE, William; b 1765; d 23 May 1827 **RU:** Ensign, 111th VMR (Parker), Westmoreland Co **CEM:** City Cemetery; Fredericksburg; William St & Washington Ave **GS:** Y **SP:** No spouse information **VI:** No further data **P:** None **BLW:** No **PH:** N **SS:** A rec 28705 **BS:** 18 pg 29.

STONE, William S; b 1764; d 23 May 1827 **RU:** Ensign, 111th VMR (Parker), Westmoreland Co **CEM:** Episcopal Church; Stafford; Falmouth **GS:** U **SP:** No spouse information **VI:** No further data **P:** None **BLW:** No **PH:** N **SS:** A rec 28705 **BS:** 29 pg 71.

STONEMAN, John; b UNK; d 24 Apr 1874 **RU**: Private, 78th VMR, Capt James Anderson, Grayson Co **CEM**: Old Quaker Cemetery; Carroll; jct Rts 727 & 97, Galax **GS**: Y **SP**: mar Elizabeth (-----) **VI**: Son of James & Sarah Stoneman **P**: Spouse **BLW**: No **PH**: N **SS**: A rec 28770; BD pg 1665: B pg 86 **BS**: 90 pg 356.

STONER, Daniel; b 19 May 1770; d 31 Jan 1838 **RU**: Private, 1st VMR (Taylor) **CEM**: Bonsack Family; Roanoke; site of Old Bethel Church **GS**: U **SP**: No spouse information **VI**: No further data **P**: None **BLW**: No **PH**: N **SS**: A rec 28776 **BS**: 157 pg 20.

STONER, Jacob; b 16 Feb 1781; d 08 Feb 1836 **RU**: Private, 5th VMR (McDowell) **CEM**: Bonsack Family; Roanoke; site of Old Bethel Church **GS**: N **SP**: mar Catherine Albaugh, d 24 Nov 1820, age 44 **VI**: No further data **P**: None **BLW**: No **PH**: N **SS**: A rec 28792 **BS**: 157 pg 20; 155 pg 32.

STORKE, Henry Dade; b UNK; d 1844 **RU**: Private, 111th VMR (Parker), Westmoreland Co **CEM**: Storke Family; Westmoreland; Bunker Hill nr Leedstown (not found today) **GS**: N **SP**: mar Elizabeth McCarty **VI**: Son of William Storke and Elizabeth Washington **P**: None **BLW**: No **PH**: N **SS**: A rec 205 **BS**: 219 pg 135.

STOVALL, Brett; b 14 Oct 1766; d 1859 **RU**: Major, 18th VMR, Staff Officer, Patrick Co **CEM**: Hughes Family; Patrick; Rt 731, 1.1 mi W of Henry County line **GS**: Y **SP**: mar in Patrick Co on 26 Jan 1793 (bond) to Nancy Hughes, b 1773, d 1845 **VI**: War of 1812 service on stone **P**: None **BLW**: No **PH**: N **SS**: G; B pg 157 **BS**: 154 pg 2.

STOVER, Jacob; b 23 Jan 1777; d 12 Feb 1847 **RU**: Private, 6th VMR **CEM**: Old Stone Presbyterian; Augusta; Rt 11, Fort Defiance **GS**: Y **SP**: mar Margaret (-----), b 17 Jun 1779, d 15 Jul 1854 **VI**: No further data **P**: None **BLW**: No **PH**: N **SS**: A rec 880 **BS**: 2 pg 28.

STOVER, Jacob B; b UNK; d 21 Jul 1818 **RU**: Private, 6th VMR **CEM**: Stover Family; Page; Rts 615 & 211, Luray **GS**: Y **SP**: No spouse information **VI**: No further data **P**: None **BLW**: No **PH**: N **SS**: A rec 882 **BS**: 115 pg 198.

STOVER, John; b 26 Mar 1774; d 07 Oct 1829 **RU**: Private, 5th VMR (McDowell) **CEM**: Dillard / Stover; Roanoke; East Barren's Rd **GS**: U **SP**: No spouse information **VI**: No further data **P**: None **BLW**: No **PH**: N **SS**: A rec 895 **BS**: 157 pg 110.

STRACHAN, John Blackwell, Sr; b 1784, Scotland; d 30 Oct 1830 **RU**: Private, 39rh VMR (Byrne), Petersburg **CEM**: Blandford; Petersburg; 111 Rochelle Ln **GS**: Y **SP**: mar Rebecca Pocahontas (-----), b 23 Feb 1793, d 26 Dec 1845 **VI**: Doctor. Educated in Edinburg as a medical physician, came as a young man to America. Dr John Blackwell Strachan, Jr, was a surgeon in the Civil War **P**: None **BLW**: No **PH**: N **SS**: A rec 1080 **BS**: 200.

STRANGE, Gideon A; b 07 Mar 1793; d 23 Feb 1838 **RU**: 2nd Lieutenant, 24th VMR, Capt Boaz Ford, Buckingham Co, attached to 7th VMR (Gray) **CEM**: Strange Family; Fluvanna; vic Rts 644 & 15 **GS**: Y **SP**: mar (1) in Fluvanna Co on 23 Aug 1816 (return by William Magruder) to Mary Magruder; (2) Mary B (-----) **VI**: No further data **P**: Spouse **BLW**: No **PH**: N **SS**: A rec 1260; BD pg 1668; B pg 50 **BS**: 95 pg 81.

STRATTON, James; b 29 Aug 1783; d 26 Aug 1855 **RU**: Private, 1st VMR **CEM**: Proffitt Family; Fluvanna; jct Rts 640 & 650 **GS**: U **SP**: mar Mary H (-----), b 28 Jan 1785, d 13 Oct 1857 **VI**: No further data **P**: None **BLW**: No **PH**: N **SS**: A rec 1413 **BS**: 95 pg 77.

STRATTON, John Niveson; b 21 Dec 1797; d 25 Jul 1828 **RU**: Private, 27th VMR (Pitt), Northampton Co **CEM**: Elkington; Northampton; Rt 634, 4 mi SW Eastville **GS**: U **SP**: No spouse information **VI**: Son of John & Lucy Stratton **P**: None **BLW**: No **PH**: N **SS**: A rec 1430 **BS**: 190.

STREAM / STREHM, Jacob; b 11 Feb 1797; d 25 Oct 1856 **RU**: Private, 56th VMR, Capt Michael Everhart, Loudoun Co **CEM**: St James's United Church of Christ; Loudoun; 10 E Broad Way, Lovettsville **GS**: Y **SP**: mar in Loudoun Co on 28 Mar 1824 to Susannah Phale (aka Fawley) daughter of Jacob Phale. Both single. His surname is spelled Strhem on the license **VI**: Son of Michael & Mary (Dorcheimer) Stream **P**: Spouse **BLW**: No **PH**: Y **SS**: BD pg 1669 **BS**: 49.

STREET, John Walker; b 1795; d 1864 **RU**: Private, 109th VMR, Capt William Montague, Middlesex Co **CEM**: Street Family; Middlesex; Hunt Club, Urbanna **GS**: U **SP**: No spouse information **VI**: No further data **P**: None **BLW**: No **PH**: N **SS**: K pg 242; B pg 133 **BS**: 128 pg 4; 245.

STREET, Thomas; b 1789; d aft 1860 **RU**: Private, 6th VMR (Ritchie) **CEM**: Landsdowne; Middlesex; Urbanna **GS**: U **SP**: No spouse information **VI**: Age 71 years on 1860 census of Middlesex Co **P**: None **BLW**: No **PH**: N **SS**: A rec 1711 **BS**: 127 pg 58.

STRICKLER, Daniel; b 10 Apr 1777; d 01 May 1843 **RU**: Captain, 13tth VMR, Company Commander, Shenandoah Co **CEM**: Strickler Family; Page; Rt 615, Luray **GS**: Y **SP**: No spouse information **VI**: No further data **P**: None **BLW**: No **PH**: N **SS**: B pg 195 **BS**: 156.

STRICKLER, Joseph; b 29 Sep 1786; d 09 Mar 1856 **RU**: Private, 5th VMR, Capt Reuben Moore, Culpeper Co, attached to 6th VMR (Coleman) **CEM**: Strickler Family; Page; Rt 615, Luray **GS**: Y **SP**: mar Mary (-----), d 26 Jan 1881 age 87 yrs, 9 mos, 3 days **VI**: No further data **P**: Applied **BLW**: No **PH**: N **SS**: BD pg 1670; B pg 62 **BS**: 115 pg 197.

STROBIA, Francis R; b 06 Mar 1787; d 28 Feb 1815 **RU**: Private, 19th VMR, Capt William Murphy, Light Infantry Blues, Richmond City, attached to 1st Corps d'Elite (Randolph) **CEM**: St John's Church; Richmond City; 24th & Broad, Church Hill **GS**: U **SP**: No spouse information **VI**: Probably son of John Strobia (d 10 Mar 1809) and Mary P (-----) , d 24 May 1795 age 33 **P**: None **BLW**: No **PH**: N **SS**: L pg 608 **BS**: 63 pg 504; 252 pg 66.

STROBIA, John Henry; b 05 Apr 1785; d 10 Oct 1856 **RU**: Musican, 19th VMR, Capt William Murphy, Light Infantry Blues, Richmond City, attached to 1st Corps d'Elite (Randolph) **CEM**: St John's Church; Richmond City; 24th & Broad, Church Hill **GS**: Y **SP**: mar on 10 Jun 1810 to Ann Maria Lambert, b 27 May 1788, d 04 Sep 1877. LNR Richmond City, 1877 **VI**: Probably son of John Strobia, (d 10 Mar 1809), and Mary P (-----) who d 24 May 1795 age 33 **P**: Spouse **BLW**: Yes **PH**: N **SS**: K pg 259; BD pg 1671; M pg 175 **BS**: 48 pg 100; 252 pg 66.

STROTHER, James; b UNK; d c1830 (Account) **RU**: Private, 25th VMR, (Smith), King George Co **CEM**: Strother Family #1; Fauquier; E Slope Blue Ridge Mountains, Paris **GS**: Y **SP**: No spouse information **VI**: No further data **P**: None **BLW**: No **PH**: N **SS**: A rec 2514 **BS**: 4 pg 186.

STROTHER, John; b 06 Nov 1798; d 20 Dec 1881 **RU**: Private, 44th VMR, Capt Nathaniel Grigsby, Troop of Cavalry, Fauquier Co, **CEM**: Strother Family #2; Fauquier; Paris **GS**: Y **SP**: mar Julia A (-----), 1800-1891 **VI**: No further data **P**: None **BLW**: No **PH**: N **SS**: A rec 2515 **BS**: 4 pg 153.

STROTHER, John; b UNK; d 01 Feb 1869 **RU**: Sergeant, 5th VMR, Capt Jesse Nalle, Culpeper Co, attached to 5th VMR (Mason, Preston) **CEM**: Strother Family; Fairfax; Glastonbury Ct, Annadale **GS**: Y **SP**: mar Elizabeth (-----) **VI**: No further data **P**: Spouse **BLW**: No **PH**: N **SS**: A rec 2520 **BS**: 89 v3 FX-288.

STROTHER, William Porter; b 1797; d bur 25 Apr 1874 **RU**: Private, 5th VMR **CEM**: Hollywood; Richmond City; 412 S Cherry St, Sec E lot 8 **GS**: N **SP**: mar in Manchester, Chesterfield Co on 26 Aug 1823 to Elizabeth Kendall Hewitt, bur 19 Oct 1867, age 62 **VI**: No further data **P**: None **BLW**: No **PH**: N **SS**: A rec 2539 **BS**: 237; 31; 63 pg 234.

STROUSE, Peter; b 16 Oct 1796; d 17 Nov 1872 **RU**: Private, OH Militia Volunteers, Capt Miller **CEM**: Salem Cemetery; Roanoke; Salem **GS**: Y **SP**: No spouse information **VI**: No further data **P**: None **BLW**: No **PH**: N **SS**: A rec 2663 **BS**: 121 pg 69.

STUART, Archibald; b 1777; d 15 Dec 1849 **RU**: Captain, 93rd VMR, Company Commander, Augusta Co, attached to McDowell's Flying Camp **CEM**: Tinkling Spring; Augusta; 11mi NE of Staunton **GS**: U **SP**: mar Susannah (-----), b 07 Apr 1784, d 11 Apr 1833, age 49 yrs, 4 days **VI**: Died age 72 **P**: None **BLW**: No **PH**: N **SS**: K pg 37 **BS**: 183.

STUART, Archibald; b 02 Dec 1793; d 20 Sep 1855 **RU**: Sergeant, 53rd VMR, Capt Adam Clements, Troop of Cavalry, attached to Porterfield's Brigade **CEM**: Elizabeth Cemetery; Smyth; E of Saltville **GS**: Y **SP**: mar Elizabeth Letcher, b 04 Jan 1801, d 20 Aug 1884 **VI**: No further data **P**: Spouse **BLW**: No **PH**: N **SS**: M pg 291; L pg 737; BD pg 1672; B pg 53 **BS**: 131 v2 pg 67.

STUART, James; b UNK, Ireland; d Sep 1841 **RU**: Private, 23rd VMR, Capt Edward Archer, Chesterfield Co, attached to 1st VMR (Yancey) **CEM**: Blandford; Petersburg; 111 Rochelle Ln **GS**: Y **SP**: No spouse information **VI**: Native of Ireland and "respectable resident of Petersburg." **P**: None **BLW**: No **PH**: N **SS**: L pg 100 **BS**: 200.

STUART, Richard; b 04 Sep 1770; d 07 Mar 1835 **RU**: Private, 25th VMR, Capt William Hooe, King George Co **CEM**: St Paul's Episcopal; King George; 5486 St Paul's Rd, King George **GS**: Y **SP**: mar Margaret Robinson, d 31 May 1808, age 28. She is buried at Pope's Creek, Westmoreland Co. Also a stone at St Paul's with dates 1780-1808 on

---

RU=Rank/Unit CEM=Cemetery GS=Gravestone SP=Spousal Information VI=Other Veteran Info P=Pension
BLW=Bounty/Land Warrant PH=Photo SS=Service Source BS=Burial Source VMR= VA Military Regt
LNR= Last Known Residence

memorial tablet **VI**: Reinterred from Stuart / Grymes Cemetery to St Paul's **P**: None **BLW**: No **PH**: N **SS**: K pg 410 **BS**: 50; 26 pg 348.

STUBBLEFIELD, Baylor Foster; b 21 Dec 1789; d 13 Jun 1831 **RU**: Private, 21st VMR, Capt John C. Pryor, Troop of Cavalry, Gloucester Co **CEM**: Newington Baptist Church; Gloucester; 6169 Main St, Gloucester **GS**: Y **SP**: No spouse information **VI**: Son of Thomas and Ann Stubblefield **P**: None **BLW**: No **PH**: N **SS**: K pg 283 **BS**: 82 pg 50.

STULL, George; b 03 Oct 1779; d 05 Aug 1862 **RU**: Private, 5th VMR (McDowell) **CEM**: Rose Hill; Alleghany; Ritch Patch **GS**: Y **SP**: No spouse information **VI**: No further data **P**: None **BLW**: No **PH**: N **SS**: A rec 19108 **BS**: 197.

STURDIVANT, James, Jr; b 1797; d aft 1850 **RU**: Drummer, 62nd VMR, Capt James Bonner, Prince George Co **CEM**: Sturdivant Family; Dinwiddie; Rt 645 nr Dinwiddie C.H. **GS**: N **SP**: Martha Sturdivant, age 40, is the only other member of this household on the 1850 census **VI**: Son of James Sturdivant, Sr & Mary Thweatt. Age 53 on 1850 census of Dinwiddie Co **P**: None **BLW**: No **PH**: N **SS**: K pg 191 **BS**: 210.

STURDIVANT, James, Sr; b UNK; d Bef 1843 **RU**: Ensign, 62nd VMR, Capt Samuel Baugh, Prince George Co **CEM**: Sturdivant Family; Dinwiddie; Rt 645 nr Dinwiddie C.H. **GS**: N **SP**: mar Mary Thweatt, d bef 1843 **VI**: No further data **P**: None **BLW**: No **PH**: N **SS**: L pg 124 **BS**: 210.

STURDIVANT, John; b 22 Sep 1766; d UNK **RU**: Private, 62nd VMR, Capt Samuel Baugh, Prince George Co **CEM**: Sturdivant Family; Dinwiddie; Rt 645 nr Dinwiddie C.H. **GS**: N **SP**: No spouse information **VI**: Son of James & Mary Sturdivant **P**: None **BLW**: No **PH**: N **SS**: L pg 125 **BS**: 210.

STURDIVANT, Phillip; b 1790; d bur 26 Dec 1842 **RU**: Private, 19th VMR, Capt William Wirt, Flying Artillery, Richmond City **CEM**: Shockoe Hill; Richmond City; 100 Hospital St **GS**: U **SP**: No spouse information **VI**: No further data **P**: None **BLW**: No **PH**: N **SS**: K pg 364 **BS**: 38 pg 26.

STURDIVANT, William; b UNK; d aft 1830 (Census) **RU**: Private, 83rd VMR, Capt Thomas Bevill, Dinwiddie Co **CEM**: Sturdivant Family; Dinwiddie; Rt 645 nr Dinwiddie C.H. **GS**: N **SP**: No spouse information **VI**: No further data **P**: None **BLW**: No **PH**: N **SS**: L pg 138 **BS**: 210.

SULLIVAN, Benjamin, Sr; b UNK; d UNK **RU**: Private, 45th VMR, Capt Thomas Alexander, Stafford Co **CEM**: Sullivan Family; Stafford; Weldford Lane, (Rt 218), White Oak **GS**: U **SP**: mar on 27 Aug 1832 in Stafford Co, his cousin Lucy Fines b 1792, d 1873, daughter of James Fines & Rachel Curtis **VI**: No further data **P**: Spouse App **BLW**: No **PH**: N **SS**: L pg 85; BD pg 1675 **BS**: 26 pg 34s.

SULLIVAN, Jeremiah; b UNK; d 06 Apr 1822 **RU**: Sergeant, 74th VMR, Capt James Mallory, Hanover Co **CEM**: Shockoe Hill; Richmond City; 100 Hospital St **GS**: Y **SP**: No spouse information **VI**: No further data **P**: None **BLW**: No **PH**: Y **SS**: L pg 558; B pg 95 **BS**: 38 pg 1; 31.

SULLIVAN, Martin; b c1775, King George Co; d after 1821 (tax list) **RU**: Private, 25th VMR, Lt Moore Lurtey, King George Co **CEM**: White Oak Primitive Baptist; Stafford; White Oak **GS**: Y **SP**: No spouse information **VI**: Son of Martin Sullivan, Sr **P**: None **BLW**: No **PH**: N **SS**: K pg 411; B pg 111 **BS**: 26 pg 1255.

SULLIVAN(T), Jonas; b UNK; d UNK **RU**: Private, 45th VMR, Capt Joseph Reddish, Stafford Co **CEM**: Sullivan Family; Stafford; Weldford Lane, (Rt 218), White Oak **GS**: U **SP**: No spouse information **VI**: Inherited a portion of Benjamin Sullivan's land in 1803, living in Falmouth on 1820 census of Stafford Co. Died without issue **P**: None **BLW**: No **PH**: N **SS**: L pg 667 **BS**: 26 pg 369s.

SUMMERS, David; b 25 Jul 1782; d 23 Feb 1857 **RU**: Private, 116th VMR, Capt James Mallory, Rockingham Co **CEM**: Mount Tabor; Augusta; 11 mi SW of Staunton **GS**: U **SP**: (1)) Jane B (-----), b 1816, d 1845; (2) Margaret (----) who received pension **VI**: No further data **P**: Spouse **BLW**: No **PH**: N **SS**: K pg 176; M pg 292 **BS**: 261, vol 21 # 4, pg 7.

SUMMERS, John; b 19 Sep 1796; d 25 Mar 1857 **RU**: Private, 116th VMR, Capt William McMahon, Rockingham Co, attached to Gen Cocke's Brigade **CEM**: Summers Family; Rockingham; Rt 806, Lacey Spring **GS**: N **SP**: mar Rebecca (-----), b 21 Aug 1796, d 15 Oct 1849 **VI**: Stones were found on the site by Robert Shanks in 1967. In 2000, the current owner stated there were no stones on the property. Robert Shank reported that other stones had been moved from the site **P**: None **BLW**: No **PH**: N **SS**: K pg 187 **BS**: 245.

SUMNER, William; b UNK; d 14 Dec 1856 **RU**: Private, 78th VMR, Capt Timothy Dalton, Grayson Co, attached to 4th VMR **CEM**: Crooked Creek Baptist; Carroll; Rt 620 **GS**: Y **SP**: mar Catherine (-----) **VI**: Died age 61 years **P**: Spouse **BLW**: No **PH**: N **SS**: K pg 290; BD pg 1677; B pg 86 **BS**: 90 pg 417.

SUMNER, William; b 1795; d 07 Nov 1865 **RU**: Private, 59th VMR, Capt Richard Brother, Nansemond Co **CEM**: Cedar Hill; Suffolk City; Hill St **GS**: Y **SP**: mar Ann Jordon, her 2nd husband. Her first husband was a Murdaugh **VI**: No further data **P**: None **BLW**: No **PH**: N **SS**: L pg 169 **BS**: 39.

SUTHERLAND, Fendall C; b 31 Oct 1770; d 15 Aug 1833, Cuckooville, Louisa Co **RU**: Private, 83rd VMR, Capt Sydnor, Dinwiddie Co **CEM**: Sutherland Family; Dinwiddie; Fork Inn 0.2 mi W of Sutherland **GS**: N **SP**: mar Elizabeth Traylor, b 1785, d 1864 **VI**: Residence was in Dinwiddie Co at the time of his death **P**: None **BLW**: No **PH**: N **SS**: L pg 752 **BS**: 210; 97 pg 7.

SUTTON, James T; b 25 Jul 1791; d 05 Jun 1864 **RU**: Private, 6th VMR **CEM**: Mt Pleasant; Hanover; Cady's Mill Rd **GS**: Y **SP**: mar Mary A. (-----), d 21 Oct 1847 at the residence of her son in Amherst Co, age 51 years [stone] **VI**: Data for these two stones transcribed in 1976 by Ruby V. Newton and Helen K. Yates. **P**: None **BLW**: No **PH**: N **SS**: A rec 151 **BS**: 71 pg 47.

SUTTON, John; b 27 Sep 1793; d 07 Dec 1858 **RU**: Corporal, 5th VMR **CEM**: Whitman Family; Pulaski; Pulaski **GS**: Y **SP**: mar Elizabeth Glasgow b 1818, d 1898 **VI**: No further data **P**: None **BLW**: No **PH**: N **SS**: A rec 208 **BS**: 245.

SWAIN, George; b 27 Aug 1792; d 12 Mar 1871 **RU**: Private, Maj King's Detachment, DC Militia **CEM**: Old Presbyterian Meeting House; Alexandria; Wilkes & Hamilton **GS**: Y **SP**: No spouse information **VI**: No further data **P**: None **BLW**: No **PH**: N **SS**: A rec 460 **BS**: 32 pg 78.

SWALLOM, Henry; b 11 Jul 1794; d 27 Nov 1882 **RU**: Private, 13th VMR, Capt Moses Walton, Shenandoah Co, attached to 5th VMR **CEM**: Old Pine Church; Warren; Chester **GS**: Y **SP**: mar Susan Albin **VI**: No further data **P**: Yes **BLW**: No **PH**: N **SS**: A rec 550; BD pg 1679; M pg 185 **BS**: 19; 49.

SWANK, John; b 15 Dec 1793; d 06 May 1861 **RU**: Private, 54th VMR (Sharp), Norfolk Borough **CEM**: St John's Lutheran; Rockingham; Rt 613, Singers Glen **GS**: Y **SP**: mar Mary Acker, daughter of Peter & Mary (Driver) Acker, b 10 Nov 1803, d 05 Jan 1887 **VI**: Son of Jacob & Mary (Showalter) Swank **P**: None **BLW**: No **PH**: N **SS**: A rec 748 **BS**: 262.

SWANN, John T; b 1773; d bur 12 Dec 1841 **RU**: Private, 74th VMR (Trueheart), Hanover Co **CEM**: Shockoe Hill; Richmond City; 100 Hospital St **GS**: U **SP**: No spouse information **VI**: No further data **P**: None **BLW**: No **PH**: N **SS**: A rec 768 **BS**: 38 pg 24.

SWANN, William; b UNK; d 1821 (Admin) **RU**: Colonel, 20th US Infantry **CEM**: Christ Church Episcopal; Alexandria; Wilkes & Hamilton **GS**: U **SP**: mar Jane Selden **VI**: No further data **P**: Yes **BLW**: No **PH**: N **SS**: K pg 390; BD pg 1680 **BS**: 132 pg 96.

SWANN, Wilson; b UNK; d 1834 **RU**: Private, 20th VMR, Capt Armistead Hoomes, Troop of Cavalry, Caroline Co, attached to Cocke's Detachment **CEM**: Swann Family; Caroline; Rt 639 **GS**: N **SP**: mar c1801 to Judith Terrell, daughter of Capt George Terrell & Elizabeth Tyler. No stone **VI**: Son of Jonathan & Eleanor (Amery) Swann **P**: None **BLW**: No **PH**: N **SS**: K pg 172 **BS**: 10 pg 141.

SWARTS, William R; b 24 Dec 1787; d 10 Apr 1861 **RU**: Private, 44th VMR, Capt Nathaniel Grigsby, Troop of Cavalry, Fauquier Co **CEM**: Sharon; Loudoun; Jay & Federal Sts, Middleburg, Lot 199 **GS**: Y **SP**: mar Elizabeth (-----), b 21 Mar 1794, d 24 Feb 1881 **VI**: No further data **P**: Applied **BLW**: No **PH**: Y **SS**: A rec 872; BD pg 1680; B pg 74 **BS**: 7 pg 127.

SWARTZLE, John, Sr; b 19 Feb 1775; d 08 May 1849 **RU**: Private, 58th VMR, Capt William McMahon Troop of Cavalry, Rockingham Co, attached to Maj Woodfords Squadron (Dragoons) **CEM**: Mount Tabor; Augusta; 11 mi SW Staunton **GS**: U **SP**: mar UNK, b 1788, d 1849 **VI**: No further data **P**: None **BLW**: No **PH**: N **SS**: K pg 187 **BS**: 183.

SWIFT, Thomas R; b 1785; d 23 May 1833 **RU**: Quartermaster Sergeant, 1st VMR (Trueheart) **CEM**: Cedar Grove; Portsmouth; Effington St & Fort Ln **GS**: Y **SP**: Never married **VI**: He was a student at William & Mary College at his death and resident of Gosport (obituary) **P**: None **BLW**: No **PH**: N **SS**: A rec 1839 **BS**: 182.

RU=Rank/Unit CEM=Cemetery GS=Gravestone SP=Spousal Information VI=Other Veteran Info P=Pension
BLW=Bounty/Land Warrant PH=Photo SS=Service Source BS=Burial Source VMR= VA Military Regt
LNR= Last Known Residence

SWIFT, Timothy T; b 31 Aug 1776; d 18 May 1851 **RU**: Private, 40th VMR, Capt George Morris, Louisa Co, attached to 1st VMR (Trueheart) **CEM**: Swift Family; Louisa; off Rt 658 **GS**: Y **SP**: No spouse information **VI**: "Only remaining marker in cemetery and covered in periwinkle" **P**: None **BLW**: No **PH**: N **SS**: A rec 1844 **BS**: 181.

SWITZER, Henry; b 30 Jan 1798; d 12 Sep 1863 **RU**: Private, 5th VMR (McDowell) **CEM**: Early Family; Rockingham; 3588 Early Rd, Harrisonburg **GS**: Y **SP**: No spouse information **VI**: Died age 67 years, 8 months, 18 days **P**: None **BLW**: No **PH**: N **SS**: A rec 2139 **BS**: 262.

SYDNOR, Beverly; b 1781; d 07 Jan 1858 **RU**: Sergeant, 69th VMR, Capt Joseph Sanford, Halifax Co **CEM**: Boydton Presbyterian; Mecklenburg; Boydton **GS**: Y **SP**: mar Lucy Thweatt, b 1791, d 12 Nov 1868 **VI**: No further data **P**: None **BLW**: No **PH**: N **SS**: L pg 691 **BS**: 24 pg 24; 49.

SYDNOR, William C; b 1790; d 29 Aug 1828 **RU**: Private, 6th VMR (Sharp) **CEM**: Chichester Family; Fairfax; 6720 Newington Rd **GS**: Y **SP**: No spouse information **VI**: No further data **P**: None **BLW**: No **PH**: N **SS**: A rec 2294 **BS**: 89 v5 LR-2.

TABB, Henry; b 1777; d 04 Apr 1827 **RU**: Major, 1st VMR (Trueheart) **CEM**: Shockoe Hill; Richmond City; 100 Hospital St **GS**: Y **SP**: No spouse information **VI**: Also served as Staff Officer 115th VMR. Commissioned to Major 02 Aug 1809 **P**: None **BLW**: No **PH**: N **SS**: A rec 8; B pg 67 **BS**: 38 pg 5.

TABB, Henry Wythe; b 02 Jul 1791; d 01 Apr 1864 **RU**: Major, 115th VMR (Howard), Elizabeth City Co **CEM**: Ware Episcopal Church; Gloucester; 7825 John Clayton Memorial Rd, Gloucester **GS**: Y **SP**: mar (1) Martha Tompkins, oldest daughter of Christopher & Elizabeth Tompkins of Mathews Co, b 21 Apr 1807, d 17 Sep 1842; (2) Ellen Foster, daughter of Adam & Mary Foster, b 29 Oct 1828, d 05 Feb 1858 **VI**: Fourth son of Philip Tabb and Mary Mason of Gloucester Co. **P**: None **BLW**: No **PH**: N **SS**: A rec 12 **BS**: 82 pg 82, 121.

TABB, Phillip; b 1792; d bur 11 Aug 1863 **RU**: Private, 1st Corps d'Elite (Randolph) **CEM**: Hollywood; Richmond City; 412 S Cherry St, Sec L lot 81 **GS**: N **SP**: No spouse information **VI**: No further data **P**: None **BLW**: No **PH**: N **SS**: A rec 17 **BS**: 237; 31.

TABB, Thomas Todd; b 04 Dec 1782; d 20 Jun 1835 **RU**: Captain, 61st VMR (Gayle), Company Commander, Mathews Co **CEM**: Ware Episcopal Church; Gloucester; 7825 John Clayton Memorial Rd, Gloucester **GS**: Y **SP**: mar (1) Lucy (-----), d 15 Nov 1821 at Toddsbury; (2) Eliza H (-----), d 04 Dec 1824 at Seaford, Mathews Co **VI**: Son of Philip & Mary Tabb. Stone moved from Toddsbury, Matthews Co, in July 1924 **P**: None **BLW**: No **PH**: N **SS**: A rec 21 **BS**: 82 pg 78; 31.

TABOR, Daniel; b 07 Jan 1794; d 11 Feb 1855 **RU**: Private, 112th VMR, Capt Rees Thompson, Tazewell Co, attached to 4thVMR **CEM**: Tabor Family; Tazewell; Bluefield **GS**: N **SP**: mar Mary (-----) **VI**: Son William and Nellie Tabor. Land was known as "Tabor Lane" **P**: Spouse **BLW**: No **PH**: N **SS**: BD pg 1684; B pg 196; M pg 293 **BS**: 277.

TALBERT, Basil; b 24 Aug 1795; d 11 Jun 1861 **RU**: Cartman, 17th Regiment, Beall's Co, MD Militia **CEM**: Roberts Family; Smyth; Locust Cove Rd nr Bradford **GS**: Y **SP**: mar Lucretia J (-----) **VI**: No further data **P**: None **BLW**: No **PH**: N **SS**: A rec 477 **BS**: 131 v1 pg 135.

TALBERT, Charles W; b UNK; d 20 Nov 1858 **RU**: Private, 17th MD Regiment Militia (Beall) **CEM**: Mt Cavalry Community Church; Alexandria; 6761 Beulah St **GS**: Y **SP**: No spouse information **VI**: No further data **P**: None **BLW**: No **PH**: N **SS**: A rec 479 **BS**: 89 v5 SA 142.

TALBERT, George T; b UNK; d 16 Aug 1878 **RU**: Private, 60th VMR (Hunter), Fairfax Co **CEM**: Mt Cavalry Community Church; Alexandria; 6761 Beulah St **GS**: Y **SP**: No spouse information **VI**: No further data **P**: None **BLW**: No **PH**: N **SS**: X **BS**: 89 v5 SA 88.

TALBERT, George W; b UNK; d 09 Jan 1856 **RU**: Private, 34th MD Regiment (Beall) **CEM**: Mt Cavalry Community Church; Alexandria; 6761 Beulah St **GS**: Y **SP**: No spouse information **VI**: No further data **P**: None **BLW**: No **PH**: N **SS**: A rec 482 **BS**: 89 v5 SA 89.

TALBERT, Thomas; b 1770, Fairfax Co; d 03 Oct 1852 **RU**: Corporal, 60th VMR, Capt George Millan, Fairfax Co **CEM**: Mt Cavalry Community Church; Alexandria; 6761 Beulah St **GS**: Y **SP**: No spouse information **VI**: Reinterred from old Talbert Family Cemetery in the 1960s during construction of the Capital Beltway **P**: None **BLW**: No **PH**: N **SS**: A rec 507 **BS**: 89 v5 SA 89.

RU=Rank/Unit CEM=Cemetery GS=Gravestone SP=Spousal Information VI=Other Veteran Info P=Pension
BLW=Bounty/Land Warrant PH=Photo SS=Service Source BS=Burial Source VMR= VA Military Regt
LNR= Last Known Residence

TALBERT, Walter B; b UNK; d 17 Oct 1864 **RU**: Private, 60th VMR, Capt George H Terrett, Fairfax Co **CEM**: Mt Cavalry Community Church; Alexandria; 6761 Beulah St **GS**: Y **SP**: No spouse information **VI**: No further data **P**: None **BLW**: No **PH**: N **SS**: X **BS**: 89 v5 SA 142.

TALBERT, William R; b UNK; d 21 May 1851 **RU**: Sergeant, DC Militia 2nd Regiment Brent **CEM**: Mt Cavalry Community Church; Alexandria; 6761 Beulah St **GS**: Y **SP**: No spouse information **VI**: No further data **P**: None **BLW**: No **PH**: N **SS**: A rec 511 **BS**: 89 v5 SA 142.

TALBOT, John; b 1786; d Sep 1864 **RU**: Private, 7th VMR (Magnien), Norfolk Co **CEM**: Cedar Grove; Portsmouth; Effington St & Fort Ln **GS**: Y **SP**: mar Fanny Culpeper, b 1796, d 02 Jul 1865 **VI**: Enumerated on 1860 census in Portsmouth **P**: None **BLW**: No **PH**: No **SS**: A rec 560 **BS**: 65 pg 62.

TALIAFERRO, Hay; b 1774; d 25 Jan 1834 **RU**: Lieutenant, 2nd VMR, Capt William Smith, Orange Co **CEM**: Taylor Family; Orange; Rt 612, Meadow Farm **GS**: Y **SP**: mar in Orange Co on 14 Mar 1797 to Susannah Conway, daughter of Catlett Conway, b 01 Sep 1779 **VI**: Son of Hay Taliaferro & Lucy Thurston. Styled of "Rose Hill" on stone **P**: None **BLW**: No **PH**: Y **SS**: L pg 734; B pg 111 **BS**: 31.

TALIAFERRO, John Seymour; b 15 Jan 1798; d 04 Jun 1830 **RU**: Private, 39th VMR, Capt Edward Pescaud, Petersburg **CEM**: Taliaferro Family; King George; Rt 605, Passapatanzy **GS**: Y **SP**: mar on 15 Jun 1822, Lucy Marie Barbour, b 06 Feb 1796, d 15 Jul 1843, daughter of James and Lucy (Johnson) Barbour (stone) **VI**: Son of John and Lucy (Hooe) Talliaferro (stone) **P**: None **BLW**: No **PH**: N **SS**: L pg 636 **BS**: 80; 16 pg 62.

TALLEY, James; b 29 Feb 1792, Chesterfield Co; d 07 Mar 1858, Henrico Co **RU**: Private, 19th VMR (Ambler), Richmond City **CEM**: Hollywood; Richmond City; 412 S Cherry St, Sec B lot 12 **GS**: Y **SP**: mar Lucy C (-----), b 08 Nov 1833, d 13 Jan 1899. She married (2) James C Redwood (monument) **VI**: No further data **P**: None **BLW**: No **PH**: Y **SS**: A rec 812 **BS**: 237; 31.

TALMAN, John; b UNK; d bur 08 Feb 1872 **RU**: Private, 19th VMR, Capt Samuel Jones, Richmond City, attached to 2nd VMR (Ballowe) **CEM**: Hollywood; Richmond City; 412 S Cherry St, Sec R lot 100 **GS**: U **SP**: mar Sarah (-----), bur 09 Mar 1858 **VI**: No further data **P**: both **BLW**: No **PH**: N **SS**: BD pg 1686; M pg 293; B pg 175 **BS**: 237.

TANKERSLEY, Reuben; b 1778, Caroline Co; d 23 Sep 1823, Richmond **RU**: Captain, 30th VMR, Company Commander, Caroline Co **CEM**: Byrd Family; Henrico; Rt 60, 9.7 mi E of Richmond Rd, 4mi N on W side Briel's Farm Rd **GS**: Y **SP**: mar in Henrico Co on 20 Jun 1816 (bond) to Sarah George, daughter of B. George of Richmond City, surety by Phillip Samuel **VI**: No further data **P**: None **BLW**: No **PH**: N **SS**: B pg 46; BD pg 1686 **BS**: 198.

TATE, John A; b 1796; d 12 Nov 1817 **RU**: Sergeant, 93rd VMR, Capt Jesse Dold, Augusta Co **CEM**: Old Stone Presbyterian; Augusta; Rt 11, Fort Defiance **GS**: Y **SP**: No spouse information **VI**: No further data **P**: None **BLW**: No **PH**: N **SS**: A rec 1995 **BS**: 2 pg 20; 183.

TATE, Joseph; b 1796; d 27 May 1839 **RU**: Private, Robert Crutchfield's Detachment VA Militia **CEM**: Shockoe Hill; Richmond City; 100 Hospital St **GS**: U **SP**: No spouse information **VI**: No further data **P**: None **BLW**: No **PH**: N **SS**: A rec 2008 **BS**: 38 pg 18.

TATEM, Robert H; b 1799; d 26 Mar 1849 **RU**: Private, 9th VMR (Sharp) **CEM**: Cedar Grove; Portsmouth; Effington St & Fort Ln **GS**: Y **SP**: mar Mary Ann (-----), b 26 Oct 1808, d 06 Aug 1884 **VI**: Enumerated on 1840 census of Portsmouth **P**: None **BLW**: No **PH**: N **SS**: A rec 2074 **BS**: 65 pg 43.

TAURMAN, Thomas; b 04 May 1784; d 18 Jun 185x **RU**: Corporal, 24th VMR, Capt William M Holman, Buckingham Co, attached to 7th VMR **CEM**: Berea Baptist; Hanover; 15421 Pouncey Tract Rd (Rt 623), Rockville **GS**: Y **SP**: No spouse information **VI**: No further data **P**: None **BLW**: No **PH**: N **SS**: K pg 335 **BS**: 69 pg 126.

TAYLOE, John, Jr; b 1793; d 15 May 1824, Mt. Airy **RU**: Lieutenant, US Navy **CEM**: Tayloe Family; Richmond County; "Mt Airy," Warsaw **GS**: U **SP**: No spouse information **VI**: Dates from obituary in the *Richmond Examiner*, 21 May 1824, pg 3. Enlisted as a Midshipman, promoted to Lieutenant 09 Dec 1814. Resigned his commission on 31 Jul 1823 **P**: None **BLW**: No **PH**: N **SS**: AQ **BS**: 245.

TAYLOE, John, Sr; b 03 Mar 1771, Mount Airy, Richmond Co; d 19 Feb 1828, Washington, DC **RU**: Colonel, Commander, 2nd Regiment, DC Militia **CEM**: Tayloe Family; Richmond County; "Mt Airy," Warsaw **GS**: Y **SP**: mar on 04 Oct 1792, Anne Ogle, daughter of Governor Benjamin Ogle, b 17 Jan 1772, d 13 Dec 1855, Washington DC **VI**: Son of John Tayloe (1721-1779) and Rebecca Plater (1731-1787). Built the "Octagon House" in Washington, D.C.

RU=Rank/Unit CEM=Cemetery GS=Gravestone SP=Spousal Information VI=Other Veteran Info P=Pension
BLW=Bounty/Land Warrant PH=Photo SS=Service Source BS=Burial Source VMR= VA Military Regt
LNR= Last Known Residence

Obituary in the *National Intelligencer* and the *Richmond Enquirer*, 07 Mar 1828 **P**: None **BLW**: No **PH**: N **SS**: G; A rec 114 **BS**: 58 v20 pg 2042; 245.

TAYLOR, Arthur; b 09 Feb 1790; d 31 Oct 1853 **RU**: Corporal, 9th VMR (Sharp) **CEM**: Taylor Family; Chesterfield; General loc not given in burial source **GS**: Y **SP**: No spouse information **VI**: No further data **P**: None **BLW**: No **PH**: N **SS**: A rec 200 **BS**: 8.

TAYLOR, Charles; b UNK; d 24 Aug 1860 **RU**: Captain, 57th VMR, Company Commander, Loudoun Co **CEM**: Goose Creek Burying Ground; Loudoun; Rt 722, Lincoln **GS**: Y **SP**: No spouse information **VI**: No further data **P**: None **BLW**: No **PH**: N **SS**: A rec 290 **BS**: 73 pg 307.

TAYLOR, David, Sr; b 1785; d 30 Dec 1827 **RU**: Private, 55th VMR, Capt George W Humphrey, Jefferson Co [WV] **CEM**: Timber Ridge; Rockbridge; Rt 11, 6.5 mi N of Lexington **GS**: Y **SP**: No spouse information **VI**: Died age 42 **P**: None **BLW**: No **PH**: N **SS**: A rec 361 **BS**: 193.

TAYLOR, Edmund Pendleton; b 17 Sep 1791; d 06 Oct 1840 **RU**: Ensign/Adjutant, 30th VMR (Tankersley), Capt George Graves, Caroline Co **CEM**: Taylor Family; Orange; Rt 612, Meadow Farm **GS**: Y **SP**: mar 23 Jul 1817, Mildred Edmonia Turner, b 29 Sep 1799, d 20 Jul 1882, daughter of Reuben & Elizabeth (Pendleton) Turner **VI**: Doctor. Had son Erasmus Taylor **P**: None **BLW**: No **PH**: N **SS**: L pg 375; A rec 422 **BS**: 28 pg 91.

TAYLOR, Elijah; b 19 Jan 1781; d 16 Jul 1852 **RU**: Private, 1st Regiment DC Militia **CEM**: Trinity United Methodist; Alexandria; Wilkes St **GS**: Y **SP**: mar Arina (-----), b 1785, d 1880 **VI**: No further data **P**: None **BLW**: No **PH**: N **SS**: A rec 467 **BS**: 32 pg141.

TAYLOR, Griffin; b 10 Mar 1786; d 1818, Clifton, Frederick Co **RU**: Colonel, 1st VMR **CEM**: Grace Episcopal; Clarke; 110 N Church St, Berryville **GS**: Y **SP**: mar in Frederick Co on 10 Sep 1789 to Mary McKennon **VI**: Son of William Taylor and Catherine Bushrod. Also served as Commander of 31st VMR, Frederick Co. Commissioned Lt Col 02 Dec 1804. Served as Justice of Peace of Frederick Court 1795-1813. Magistrate in Winchester. He died at the home of his daughter at "Clifton" **P**: None **BLW**: No **PH**: N **SS**: A rec 615; B pg 78 **BS**: 86 pg 14; 92 pg 39; 245.

TAYLOR, Henry E; b 25 Dec 1796; d 22 Feb 1844 **RU**: Private, 99th VMR, (Bagwell), Accomack Co **CEM**: Taylor Family; Accomack; Road to Hollins Creek **GS**: U **SP**: No spouse information **VI**: No further data **P**: None **BLW**: No **PH**: N **SS**: A rec 661 **BS**: 178.

TAYLOR, Henry S; b 21 May 1799; d 12 Apr 1866 **RU**: Private, 60th VMR (Minor), Capt John Millan, Fairfax Co **CEM**: Goose Creek Burying Ground; Loudoun; Rt 722, Lincoln **GS**: Y **SP**: mar (1) in Loudoun Co on 30 May 1827 to Hannah I Brown, daughter of William and Hannah Brown; (2) Catharine (-----) who drew pension **VI**: No further data **P**: Spouse **BLW**: No **PH**: N **SS**: A rec 659; BD pg 1691; B pg 72 **BS**: 73 pg 308.

TAYLOR, Jacob; b UNK; d 25 Apr 1839 **RU**: Private, 4th VMR, Botetourt Co **CEM**: Taylor Family; Craig; jct Rts 630 & 42 **GS**: Y **SP**: No spouse information **VI**: No further data **P**: None **BLW**: No **PH**: N **SS**: A rec 741 **BS**: 229.

TAYLOR, James B; b 1793; d 07 Mar 1866 **RU**: Private, 2nd VMR (Bayley), Accomack Co **CEM**: Gaskins Family; Accomack; Grotons **GS**: Y **SP**: mar Henrietta Lucas, b 25 Dec 1796, d 24 Feb 1844 **VI**: No further data **P**: None **BLW**: No **PH**: N **SS**: A rec 789 **BS**: 6 pg 262.

TAYLOR, John; b 31 Aug 1780; d 25 Jan 1838 **RU**: Corporal, 32nd VMR, Briscoe G Baldwin, Mounted Infantry, Augusta Co, attached to McDowell's Flying Camp **CEM**: Trinity Church; Augusta; Staunton **GS**: Y **SP**: mar Mary C (-----). d 31 Aug 1865 in her 73rd year **VI**: No further data **P**: None **BLW**: No **PH**: N **SS**: A rec 1076 **BS**: 1 pg 199.

TAYLOR, John; b 12 Oct 1775; d 15 Oct 1843 **RU**: Sergeant, 2nd VMR (Bayley), Accomack Co **CEM**: Sycamores; Accomack; Hacks Neck, 1 mi W of Pungoteague jct Rts 178 & 180 **GS**: Y **SP**: mar Nancy (-----), b 11 Sep 1783, d 24 Apr 1832 **VI**: No further data **P**: None **BLW**: No **PH**: N **SS**: A rec 1024 **BS**: 178; 21 pg 265, 266.

TAYLOR, John Augustine; b 15 Sep 1792; d 07 Jun 1818 **RU**: Private, 52nd VMR, Capt William Taylor, New Kent & Charles City Cos **CEM**: Shockoe Hill; Richmond City; 100 Hospital St **GS**: Y **SP**: mar Mildred (-----), d 09 Oct 1853 "at her residence on Main Street" and "widow of John A Taylor late of New Kent Co." Funeral held at First Baptist Church in Richmond (*Richmond Dispatch*, 10 Oct 1853, pg 2) **VI**: No further data **P**: None **BLW**: No **PH**: N **SS**: K pg 132 **BS**: 199.

TAYLOR, John B; b UNK; d 10 Sep 1782 **RU**: Lieutenant, 31st VMR, Capt Eben Taylor, Troop of Cavalry, Frederick Co **CEM**: Green Hill; Clarke; Berryville **GS**: Y **SP**: No spouse information **VI**: No further data **P**: None **BLW**: No **PH**: N **SS**: A rec 1151 **BS**: 92 pg 9.

TAYLOR, John Jay; b 04 Aug 1787, Doswell, Hanover Co; d 17 Oct 1858, "Scotchtown," Hanover Co **RU**: Private, 74th VMR, Capt Thomas Jones, Hanover Co, attached to 8th VMR (Magnien) **CEM**: Scotchtown Graveyard; Hanover; Beaverdam **GS**: N **SP**: mar Lavinia Shepherd, daughter of John Mosby Shepherd, d 1909 **VI**: Son of Edmond Taylor and Ann Day. Lived most of his life at Scotchtown which he inherited through his wife. Legend tells us he had all the tombstones at "Scotchtown" destroyed and a priest cleanse the grounds. He attained the rank of Captain after the War of 1812 **P**: None **BLW**: No **PH**: N **SS**: B pg 95; L pg 505 **BS**: 245.

TAYLOR, Joseph; b UNK; d 1850 **RU**: Private, Flying Camp McDowell **CEM**: Goose Creek Burying Ground; Loudoun; Rt 722, Lincoln **GS**: Y **SP**: No spouse information **VI**: No further data **P**: None **BLW**: No **PH**: N **SS**: A rec 1208 **BS**: 73 pg 308.

TAYLOR, Lewis F; b UNK; d 01 Jul 1867 **RU**: Private, 4th VMR **CEM**: Old Bethesda Methodist; Loudoun; Foxcroft Rd, Unison **GS**: Y **SP**: No spouse information **VI**: No further data **P**: None **BLW**: No **PH**: N **SS**: A rec 1331 **BS**: 73 pg 308.

TAYLOR, Lewis Littlepage; b 29 May 1788, Lunenburg Co; d 21 Sep 1814, Norfolk **RU**: Major, 20th Regiment, US Army **CEM**: St Paul's Episcopal; Norfolk City; 201 St Paul's Blvd **GS**: Y **SP**: Never married **VI**: Birth recorded in family bible of parents William & Martha (Waller) Taylor, also on tombstone. Death notice in *Norfolk Gazette & Public Ledger*, 24 Sep 1814. Died after a short illness **P**: None **BLW**: No **PH**: N **SS**: G; Obituary **BS**: 174 pg 87; 239 No. 234.

TAYLOR, Lewis W; b 1796; d 08 Oct 1827 **RU**: Corporal, 19th VMR (Ambler), Richmond City **CEM**: Airwell; Hanover; Rt 738 **GS**: Y **SP**: mar Elizabeth G (-----), d 18 Aug 1852, age 55 **VI**: Died age 31 (tombstone) **P**: None **BLW**: No **PH**: N **SS**: A rec 1333 **BS**: 71 pg 2.

TAYLOR, Nathaniel; b 1785; d Nov 1853 **RU**: Private, 19th VMR, Capt Anthony Turner, Richmond City **CEM**: Shockoe Hill; Richmond City; 100 Hospital St **GS**: Y **SP**: mar (1) Susan (-----), d 26 Apr 1840, age 56; (2) Martha (-----) **VI**: Died age 68 years **P**: Spouse **BLW**: No **PH**: N **SS**: L pg 362; BD pg 1693; B pg 175 **BS**: 199.

TAYLOR, Robert, Jr; b 29 Apr 1793; d 03 Jul 1845 **RU**: Sergeant, 111th VMR, Capt George Wright, Westmoreland Co **CEM**: Taylor Family; Orange; Rt 612, Meadow Farm **GS**: Y **SP**: mar in Orange Co on 31 Jul 1806 to Mary Conway Taylor, daughter of Charles Taylor **VI**: No further data **P**: None **BLW**: No **PH**: N **SS**: A rec 1579; K pg 493 **BS**: 28 pg 91; 49.

TAYLOR, Samuel; b 15 Sep 1781, Cumberland Co; d 23 Feb 1853, Richmond **RU**: Fife Major, 1st VMR (Yancey) **CEM**: Shockoe Hill; Richmond City; 100 Hospital St **GS**: Y **SP**: No spouse information **VI**: "A prominent lawyer and distinguished for his probity and truthfulness" (epitaph) **P**: None **BLW**: No **PH**: N **SS**: A rec 1619 **BS**: 38 pg ix.

TAYLOR, Samuel; b UNK; d 21 Feb 1857 **RU**: Surgeon, 1st VMR, (Lt Col Griffin Taylor), Staff Officer **CEM**: Grace Episcopal; Clarke; 110 N Church St, Berryville **GS**: Y **SP**: No spouse information **VI**: No further data **P**: None **BLW**: No **PH**: N **SS**: A rec 1617 **BS**: 86 pg 14; 92 pg 39.

TAYLOR, Thomas; b May 1774; d 15 Oct 1824 **RU**: Private, 6th VMR (Sharp) **CEM**: Taylor Family; Mecklenburg; jct Rts 655 & 657 **GS**: Y **SP**: mar in Mecklenburg Co, 05 Aug 1808 (bond) to Martha Leach, d 20 Jun 1853 age 67 yrs, 3 mos **VI**: Stone erected by his seven grandchildren **P**: None **BLW**: No **PH**: N **SS**: A rec 1799 **BS**: 24 pg 256.

TAYLOR, Thomas; b UNK; d bur 10 Jun 1865 **RU**: Private, 23rd VMR, Capt Daniel Fourney, Chesterfield Co **CEM**: Hollywood; Richmond City; 412 S Cherry St, Sec D lot 84 **GS**: N **SP**: No spouse information **VI**: No further data **P**: Yes **BLW**: No **PH**: N **SS**: A rec 1797; BD pg 1694; L pg 328 **BS**: 237.

TAYLOR, Thomas; b UNK; d bur 28 Aug 1855 **RU**: Sergeant, 74th VMR, Capt Bentley Brown, Hanover Co **CEM**: Hollywood; Richmond City; 412 S Cherry St, Sec I lot 98 **GS**: N **SP**: No spouse information **VI**: No further data **P**: None **BLW**: No **PH**: N **SS**: L pg 170 **BS**: 237.

TAYLOR, Thomas J; b 12 May 1772; d 22 Feb 1844 **RU**: Private, 6th VMR (Coleman) **CEM**: Taylor Family; Patrick; 1 mi S of Patrick Spring **GS**: Y **SP**: No spouse information **VI**: No further data **P**: None **BLW**: No **PH**: N **SS**: A rec 1797 **BS**: 154 pg 130.

RU=Rank/Unit   CEM=Cemetery   GS=Gravestone   SP=Spousal Information   VI=Other Veteran Info   P=Pension
BLW=Bounty/Land Warrant   PH=Photo   SS=Service Source   BS=Burial Source   VMR= VA Military Regt
LNR= Last Known Residence

TAYLOR, Thorowgood; b 15 Sep 1787, Accomack Co; d 01 Dec 1873 **RU:** Lieutenant, 99th VMR (Bagwell), Accomack Co **CEM:** Pleasant Banks; Lancaster; River Bluff Rd (Rt 649) **GS:** Y **SP:** mar Susan Rogers, b 17 Jan 1794, d 16 Dec 1850 **VI:** Son of Crippen Taylor of Accomack Co **P:** None **BLW:** No **PH:** N **SS:** A rec 1834 **BS:** 15 pg 29.

TAYLOR, Timothy; b 15 May 1794; d 17 Jul 1869 **RU:** Sergeant, 57th VMR, Col Armistead Mason, Loudoun Co, attached to 5th VMR **CEM:** Ketoctin Baptist; Loudoun; Alder School Rd (Rt 711), Eubanks **GS:** Y **SP:** mar Harriet B (-----), b 02 Feb 1802, d 01 May 1882 **VI:** No further data **P:** Spouse **BLW:** No **PH:** N **SS:** A rec 1836; BD pg 1694; B pg 119 **BS:** 73 pg 309.

TAYLOR, Waller; b bef 1784; d 26 Aug 1826, Lunenburg Co **RU:** Adjutant General, US Army **CEM:** Taylor Family; Lunenburg; Abt 18 mi SE of Kenbridge **GS:** Y **SP:** No spouse information **VI:** Son of William Taylor (1758-1820) and Martha Waller (1767-1826.) Served in the VA legislature from 1801-1802. Moved to Vincennes, IN in 1805, where he became a Judge in 1806 and Adjutant General of Indiana in 1814. US Senator from Indiana 1816 to 1825. Served in the War of 1812 under General William Henry Harrison, and was with him at Tippecanoe. He died in 1826 while visiting relatives in Lunenburg Co **P:** None **BLW:** No **PH:** N **SS:** AZ **BS:** 202.

TAYLOR, William; b 1790; d 29 May 1845 **RU:** Private, 99th VMR, Accomack Co **CEM:** Taylor; Accomack; Hopeton **GS:** Y **SP:** mar in Accomack Co on 02 Jul 1814 to Hessey Annis, b 1792, d 23 Nov 1846 **VI:** No further data **P:** None **BLW:** No **PH:** N **SS:** A rec 2020 **BS:** 6 pg 262, 268.

TAYLOR, William; b 21 Feb 1787; d 29 Apr 1839 **RU:** Private, Flying Camp McDowell **CEM:** Grace Episcopal; Clarke; 110 N Church St, Berryville **GS:** Y **SP:** mar Harriet (-----), b 23 Jul 1785, d 23 Aug 1824 **VI:** No further data **P:** None **BLW:** No **PH:** N **SS:** A rec 1885 **BS:** 86 pg 13.

TAYLOR, William; b 17 Feb 1795; d 27 May 1852 **RU:** Private, 10th VMR, Capt William Green, Bedford Co, attached to 4th VMR **CEM:** Old City Cemetery; Lynchburg; 401 Taylor St **GS:** Y **SP:** mar Rachel (-----), b 02 Mar 1798, d 08 May 1846 **VI:** Stone to the parents erected by "their son" **P:** Yes **BLW:** No **PH:** N **SS:** K pg 73; BD pg 1694; B pg 119 **BS:** 87 pg 168; 207.

TAYLOR, William C; b UNK; d 1815 (Will) **RU:** Private, 95th VMR (Lee), Norfolk Co **CEM:** St Paul's Episcopal; Norfolk City; 201 St Paul's Blvd **GS:** U **SP:** No spouse information **VI:** No further data **P:** None **BLW:** No **PH:** N **SS:** A rec 2019 **BS:** 119 pg 30.

TAYLOR, William D; b 04 Apr 1781; d 17 May 1858 **RU:** Private, 74th VMR (Trueheart), Hanover Co **CEM:** Taylor Family; Hanover; Cherrydale **GS:** Y **SP:** mar (1) 29 Aug 1805 to Sarah G Burnley of Orange Co, d 27 Nov 1815, age 32 years; (2) on 20 Sep 1819 at the home of James Marshall by Rev Lemon in Frederick Co to Eliza Adams Marshall of Fauquier Co, b 1790, d 1862 age 72 years. Marriage notice to 1st wife in the *Virginia Gazette and Advertiser*, 04 Sep 1805, pg 23. Marriage notice to 2nd wife in the *Richmond Examiner*, 15 Oct 1819, pg 3 **VI:** He was "of Hanover" in both marriage notices. Died age 77 years **P:** None **BLW:** No **PH:** N **SS:** A rec 2032 **BS:** 71 pg 9.

TAYLOR, William F; b UNK; d UNK **RU:** Private, 85th VMR, Capt Edward Digges, Fauquier Co, attached to 36th VMR, Prince William Co **CEM:** Taylor Family; Fauquier; nr jct Rt 17 & Merry Oak Rd **GS:** Y **SP:** No spouse information **VI:** No further data **P:** Applied **BLW:** No **PH:** N **SS:** BD pg 1695; B pg 73 **BS:** 4 pg 190.

TAYLOR, William H; b 1787; d 24 Jan 1826 **RU:** Ensign, 2nd VMR (Ballowe) **CEM:** Shockoe Hill; Richmond City; 100 Hospital St **GS:** U **SP:** No spouse information **VI:** No further data **P:** None **BLW:** No **PH:** N **SS:** A rec 2038 **BS:** 38 pg 4.

TEASLEY, John; b 1787; d bur 15 Oct 1835 **RU:** Private, 16th VMR, Capt Peter Lucas, Artillery, Spotsylvania Co, attached to 1st VMR (Crutchfield) **CEM:** Shockoe Hill; Richmond City; 100 Hospital St **GS:** U **SP:** No spouse information **VI:** No further data **P:** None **BLW:** No **PH:** N **SS:** L pg 553 **BS:** 38 pg 14.

TEE, William; b 1758, St. Mary's Co, MD; d 14 Oct 1849, Portsmouth **RU:** Sailing Master, USS *Gunboat 67* **CEM:** Cedar Grove; Portsmouth; Effington St & Fort Ln **GS:** Y **SP:** No spouse information **VI:** V.A. grave marker. Special pension by Act of Congress (H. R. 507) on 19 May 1848. Wounded in a fall during his service. He superintended the sinking of vessels in the channel near the mouth of the Western Branch to keep the enemy from approaching towns, and after the war was hired to lift them. Until five years before his death, he attended the Light House at Craney Island Flats **P:** None **BLW:** No **PH:** Y **SS:** O; G **BS:** 49.

TEEL, Samuel; b 1785; d 02 May 1839 **RU:** Corporal, 1st MA Militia (Valentine) **CEM:** Shockoe Hill; Richmond City; 100 Hospital St **GS:** Y **SP:** mar Esther (-----), b 09 Dec 1795, d 17 Apr 1840 **VI:** Husband, father and master "He was the noblest work of God, A consistent Honest Man" **P:** None **BLW:** No **PH:** N **SS:** A rec 46 **BS:** 199.

TEMPLE, Robert; b 1772; d 22 Dec 1836, Ampthill, Chesterfield Co **RU:** Private, 23rd VMR, Capt Thomas Cheatham, Chesterfield Co **CEM:** Amptill Plantation; Chesterfield; Spruance Plant, 5401 Jefferson Davis Hwy, Richmond **GS:** Y **SP:** mar Elizabeth Skyrin, b Aug 1779, King William Co, d Oct 1862, Richmond **VI:** Died age 64 **P:** None **BLW:** No **PH:** T **SS:** A rec 275; L pg 212 **BS:** 93; 49.

TEMPLEMAN, Fielding; b 04 Jan 1780; d 08 Mar 1847 **RU:** Private, 41st VMR, Richmond Co **CEM:** Templeman Family; Fauquier; vic Rts 647 & 688, Orlean **GS:** Y **SP:** mar Nancy (-----), b c1780, d 09 Apr 1845 **VI:** No further data **P:** None **BLW:** No **PH:** N **SS:** A rec 299 **BS:** 4 pg 190.

TEMPLETON, David; b 1768; d 05 Apr 1824 **RU:** Corporal, 2nd Corps d'Elite (Green) **CEM:** Mount Zion; Rockbridge; Between Buffalo & Tinkersville **GS:** Y **SP:** No spouse information **VI:** Died age 56 years **P:** None **BLW:** No **PH:** N **SS:** A rec 347 **BS:** 193.

TENNIS, Aaron; b 02 Oct 1769, MD; d 05 Jul 1813, Hampton **RU:** Sergeant, 115th VMR, Capt Samuel Shield's Co, Elizabeth City Co, attached 1st VMR (Clarke) **CEM:** White Family; York; Poquoson **GS:** Y **SP:** No spouse information **VI:** He was 6 feet tall and a planter. Mortally wounded at Battle of Hampton **P:** None **BLW:** No **PH:** N **SS:** A rec 566; K pg 489 **BS:** 49.

TERRELL, Buckner; b 22 Feb 1788; d 02 Jul 1854 **RU:** UNK, 3rd VMR, 2nd Batallion, Capt G H Hamilton, Orange Co **CEM:** Terrell Family; Orange; off Rt 732 **GS:** Y **SP:** mar in Orange Co on 10 Jun 1828 to Jane S Webb, b 1799, d 22 Mar 1832, age 33 **VI:** Fined for absence at milita duty on 11 Nov 1815 (after the War) **P:** None **BLW:** No **PH:** N **SS:** BN pg 23 **BS:** 28 pg 92.

TERRELL, James; b UNK; d 1832 **RU:** Private, 4th VMR (Greenhill) **CEM:** Cave Family; Orange; 5 mi SW Gordonsville **GS:** U **SP:** No spouse information **VI:** No further data **P:** None **BLW:** No **PH:** N **SS:** A rec 480 **BS:** 184.

TERRELL, Pleasant M; b UNK, Hanover Co; d 02 Oct 1839 **RU:** Private, 74th VMR (Trueheart), Hanover Co **CEM:** General Preston Cemetery; Smyth; Aspenvale **GS:** U **SP:** No spouse information **VI:** Death notice in the *Richmond Examiner,* 04 Oc 1839, pg 3. States he was buried at Aspenvale, the cemetery of General Preston. He was called "of Hanover"in this notice **P:** None **BLW:** No **PH:** N **SS:** A rec 809 **BS:** 247.

TERRILL, John; b 12 May 1791; d 09 Sep 1873 **RU:** 1st Sergeant, 3rd VMR, Capt Lawrence Dade, Artillery, Orange Co, attached to 1st VMR (Yancey) **CEM:** Simms / Terrill; Orange; Rt 629, Orange **GS:** Y **SP:** mar Elizabeth Eustace, b 09 Apr 1801, d 21 Aug 1890 **VI:** No further data **P:** Both **BLW:** No **PH:** N **SS:** A rec 906; BD pg 1698; B pg 156 **BS:** 28 pg 87.

TERRY, William; b UNK; d UNK **RU:** Drummer, 87th VMR, Capt Blackwell Foster, King William Co, attached to 2nd VMR (Sharp) **CEM:** St John's Church; Richmond City; 24th & Broad, Church Hill **GS:** U **SP:** mar in Goochland Co on 22 Dec 1827 to Mary Jane Poore **VI:** No further data **P:** None **BLW:** No **PH:** N **SS:** K pg 447 **BS:** 63 pg 351.

THACKER, Martin; b 1770; d 1838 **RU:** Ensign, 47th VMR, Capt John Cole, Albemarle Co, attached to 6th VMR (Coleman) and 5th VMR **CEM:** Cedar Grove Baptist; Albemarle; Farber **GS:** U **SP:** mar Mildred McQuary **VI:** No further data **P:** None **BLW:** No **PH:** N **SS:** A rec 1437 **BS:** 260.

THACKER, Wyatt; b Jan 1786; d 28 Dec 1869 **RU:** Private, 24th VMR, Capt John Gannaway Co, Buckingham Co, attached to 8th VMR (Wall) **CEM:** Thacker Family; Nelson; Rt 151, Roseland **GS:** Y **SP:** mar Frances J (-----), b 27 Dec 1785, d 06 May 1856 **VI:** Died age 83 yrs, 11 mos, 28 days **P:** None **BLW:** No **PH:** N **SS:** K pg 98 **BS:** 5 pg 168; 261.

THACKSTON, Charles W; b 02 May 1797; d 04 May 1845 **RU:** Private, 63rd VMR, Capt James Watson Co, Prince Edward Co, attached to Maj Woodford's Squadron of Cavalry (Dragoons) **CEM:** Farmville Cemetery; Prince Edward; Rt 16, 1.5 mi W of Farmville **GS:** Y **SP:** mar Mary Lee (-----), b 17 Nov 1791, d 14 May 1845 **VI:** Son of Benjamin and Betty Ann (Chambers) Thackston **P:** None **BLW:** No **PH:** N **SS:** K pg 264 **BS:** 232.

THAYER, Segva; b 1772; d 30 Nov 1826 **RU:** Private, 39th VMR, Capt Edwin Beasley, Petersburg **CEM:** Blandford; Petersburg; 111 Rochelle Ln **GS:** Y **SP:** mar Mary U (-----), d 20 Apr 1852, age 77 yrs **VI:** No further data **P:** None **BLW:** No **PH:** N **SS:** L pg 128 **BS:** 200.

THOM, Reubin Triplett; b Dec 1782; d 07 May 1868 **RU:** Captain, 2nd VMR (Ballowe) **CEM:** St George's Episcopal; Fredericksburg; 905 Princess Anne St **GS:** Y **SP:** mar Eleanor Reat, d 20 Nov 1865, age 79 **VI:** Died age 85 yrs, 6 mos **P:** None **BLW:** No **PH:** N **SS:** A rec 4 **BS:** 37 pg 115.

THOMAS, Abijah; b 1780; d 19 Jul 1819 **RU:** Private, US Rangers Volunteer **CEM:** Sinclairs Bottom Baptist; Smyth; jct Rts 600 & 660, Chilhowie **GS:** Y **SP:** No spouse information **VI:** No further data **P:** None **BLW:** No **PH:** N **SS:** A rec 17 **BS:** 131 v1 pg 150.

THOMAS, Benjamin / Benajah; b 22 Jul 1777; d 26 Oct 1845 **RU:** Private, 19th VMR (Ambler), Richmond City **CEM:** Shockoe Hill; Richmond City; 100 Hospital St **GS:** Y **SP:** mar Rhoda (-----), b 15 Mar 1788, d 03 Jan 1859 **VI:** Name spelled Benajah in obituary **P:** None **BLW:** No **PH:** N **SS:** A rec 107; L pg 590 **BS:** 38 pg 29; 199.

THOMAS, Charles I; b UNK; d 24 Aug 1863 **RU:** Private, 5th VMR **CEM:** Old Ebenezer Baptist; Loudoun; 20421 Airmont Rd, Bloomfield **GS:** Y **SP:** No spouse information **VI:** No further data **P:** None **BLW:** No **PH:** N **SS:** A rec 176 **BS:** 73 pg 310.

THOMAS, Claiborne L; b 1785; d 07 Nov 1833 **RU:** Private, 19th VMR, Capt Robert Gamble, Troop of Cavalry, Richmond City **CEM:** Shockoe Hill; Richmond City; 100 Hospital St **GS:** U **SP:** mar Ann (-----), d 17 Nov 1840, age 70 **VI:** His grandson Austin A Ferguson died at the same place (Shockoe Hill) and day. Death notice in the *Richmond Whig*, 08 Nov 1833, pg 1 **P:** None **BLW:** No **PH:** N **SS:** L pg 346 **BS:** 38 pg 12.

THOMAS, George; b UNK; d 18 Sep 1828 **RU:** Gunner, 4th VMR **CEM:** Goose Creek Burying Ground; Loudoun; Rt 722, Lincoln **GS:** Y **SP:** No spouse information **VI:** No further data **P:** None **BLW:** No **PH:** N **SS:** A rec 372 **BS:** 73 pg 311.

THOMAS, James; b 1777; d 11 Jan 1838 **RU:** Corporal, 57th VMR, Loudoun Co **CEM:** Methodist Protestant; Alexandria; Wilkes St **GS:** Y **SP:** mar Jemima (-----), d 21 Jul 1833 in her 56th year **VI:** Tavern Keeper. Died in his 62nd year **P:** None **BLW:** No **PH:** N **SS:** A rec 538 **BS:** 33 pg 184.

THOMAS, James; b 1793; d 1864 (Will) **RU:** Private, 5th VMR, McDowell's Flying Camp, Capt Robert Kyle, Botetourt Co **CEM:** Thomas Family; Bedford; off Rt 909, Bedford Rd **GS:** Y **SP:** mar Elizabeth (-----) who was pensioned **VI:** No dates on stone which reads, "Kyle's Co VA, Mil. War of 1812" Age 57 on 1850 census of Bedford Co **P:** Spouse **BLW:** Yes **PH:** N **SS:** A rec 485; BD pg pg 1702 **BS:** 49.

THOMAS, John; b 1776; d 15 Aug 1840 **RU:** Private, 61st VMR, Capt Francis Jarvis, Mathews Co **CEM:** Miller Family; Mathews; End of Rt 697 nr Horn Harbor **GS:** Y **SP:** No spouse information **VI:** No further data **P:** None **BLW:** No **PH:** N **SS:** K pg 299 **BS:** 54 pg 205.

THOMAS, Joseph; b UNK; d 1846 (Inv) **RU:** Lieutenant, 5th VMR, Smyth Co **CEM:** Thomas Family; Smyth; Rt 657 nr Adwolfe Fire Dept **GS:** U **SP:** No spouse information **VI:** No further data **P:** None **BLW:** No **PH:** N **SS:** A rec 835 **BS:** 131 v1 pg 198.

THOMAS, Joseph; b UNK; d 04 Nov 1830 **RU:** Private, 5th VMR **CEM:** Goose Creek Burying Ground; Loudoun; Rt 722, Lincoln **GS:** Y **SP:** No spouse information **VI:** No further data **P:** None **BLW:** No **PH:** N **SS:** A rec 816 **BS:** 73 pg 311.

THOMAS, Joseph; b UNK; d UNK **RU:** Private, 115th VMR (Howard), Elizabeth City Co **CEM:** Eastern State Hospital; Williamsburg; Newport Ave **GS:** Y **SP:** mar in Richmond City on 03 Apr 1827 to Lucy Headley **VI:** No further data **P:** None **BLW:** No **PH:** N **SS:** A rec 833 **BS:** 93.

THOMAS, Oliver; b 1779; d bur 09 Jan 1844 **RU:** Sergeant, 19th VMR (Ambler), Richmond City **CEM:** Shockoe Hill; Richmond City; 100 Hospital St **GS:** U **SP:** No spouse information **VI:** No further data **P:** None **BLW:** No **PH:** N **SS:** A rec 25366 **BS:** 38 pg 30.

THOMAS, Robert; b 1798; d 29 Jul 1867 **RU:** Private, 3rd VMR, Capt William Steven, Mounted Riflemen, Orange Co, attached to Capt Brazure W Pryor's Detachment **CEM:** Burton Graveyard; Greene; jct Rts 29 N & 609 E **GS:** Y **SP:** No spouse information **VI:** No further data **P:** None **BLW:** No **PH:** N **SS:** A rec 1034 **BS:** 216.

THOMAS, Samuel; b 18 Apr 1784; d 20 Mar 1813 **RU:** Private, 77th VMR, Capt Samuel Cockerill, Hampshire Co, (WV), attached to 7th VMR (Saunders) **CEM:** St Clair Bottom; Smyth; Rt 762 **GS:** Y **SP:** mar Susan (-----) **VI:** No further data **P:** Spouse **BLW:** No **PH:** N **SS:** A rec 1088; BD pg 1704; B pg 92 **BS:** 116 pg 198.

RU=Rank/Unit CEM=Cemetery GS=Gravestone SP=Spousal Information VI=Other Veteran Info P=Pension
BLW=Bounty/Land Warrant PH=Photo SS=Service Source BS=Burial Source VMR= VA Military Regt
LNR= Last Known Residence

THOMAS, Thomas; b 1771; d 13 Oct 1822 **RU:** Private, 4th VMR **CEM:** Shockoe Hill; Richmond City; 100 Hospital St **GS:** U **SP:** No spouse information **VI:** No further data **P:** None **BLW:** No **PH:** N **SS:** A rec 1154 **BS:** 38 pg 1.

THOMAS, William; b 28 Dec 1796; d 07 Apr 1862 **RU:** Corporal, 2nd VMR, Capt William Outten, Accomack Co **CEM:** Cape Charles; Northampton; jct Rts 642 & 641, Cape Charles **GS:** Y **SP:** mar in Northampton Co on 01Jul 1822 (bond) to Frances Nottingham, ward of Jacob Nottingham, Sr, b 06 Feb 1802, d 05 Oct 1878, buried at Cape Charles **VI:** No further data **P:** None **BLW:** No **PH:** N **SS:** L pg 618 **BS:** 20 pg 83.

THOMAS, William; b UNK; d aft 1840 **RU:** Private, 12th VMR, Capt John Jones, Fluvanna Co **CEM:** Thomas Family; Fluvanna; vic Rts 620 & 643 **GS:** U **SP:** No spouse information **VI:** No further data **P:** None **BLW:** No **PH:** N **SS:** K pg 173 **BS:** 95 pg 90.

THOMAS, William; b 1794; d 27 Jun 1828 **RU:** Private, Cocke's Detachment VA Militia **CEM:** Shockoe Hill; Richmond City; 100 Hospital St **GS:** U **SP:** mar in Hanover Co on 23 Nov 1815 to Elizabeth Meanley **VI:** Served from August 1814 to October 1814 when his brother John Thomas served in his place **P:** None **BLW:** No **PH:** N **SS:** A rec 1199 **BS:** 38 pg 6.

THOMAS, William E; b 1771; d 25 Nov 1849 **RU:** Lieutenant, 61st VMR, Capt Francis Jarvis, Mathews Co **CEM:** New Point Friends Church; Mathews; 6119 New Point Comfort Rd, Susan **GS:** Y **SP:** mar (1) Leah (-----), d 05 Dec 1832 age 49 yrs, 11 mos; (2) Fanny C (-----) **VI:** No further data **P:** Spouse **BLW:** No **PH:** N **SS:** K pg 298; BD pg 1704 **BS:** 54 pg 206.

THOMAS, William P; b 1775; d 26 Jul 1835 **RU:** Private, 2nd Regiment DC Militia **CEM:** Old Presbyterian Meeting House; Alexandria; Wilkes & Hamilton **GS:** Y **SP:** mar Mary Ann (-----), b 1800, d 1836 **VI:** No further data **P:** None **BLW:** No **PH:** N **SS:** A rec 1252 **BS:** 32 pg79.

THOMPKINS, Christopher; b 24 Jan 1778; d 16 Aug 1838 **RU:** Major, 61st VMR, Mathews Co **CEM:** Poplar Grove; Mathews; Rt 14, Poplar Grove Plantation **GS:** Y **SP:** No spouse information **VI:** No further data **P:** None **BLW:** No **PH:** N **SS:** B pg 129 **BS:** 54 pg 154.

THOMPKINS, Christopher; b 09 Jan 1776; d 07 Jan 1826 **RU:** Major, 19th VMR (Ambler), Richmond City **CEM:** Shockoe Hill; Richmond City; 100 Hospital St **GS:** Y **SP:** mar Mary (-----), b 24 Sep 1778, d 18 Apr 1858 **VI:** No further data **P:** None **BLW:** No **PH:** N **SS:** A rec 704 **BS:** 38 pg 4; 199.

THOMPKINS, Harry; b 1777; d 18 Apr 1829 **RU:** Private, 19th VMR, Capt William Murphy, Light Infantry Blues, Richmond City, attached to 1st Corps d'Elite (Randolph) **CEM:** Shockoe Hill; Richmond City; 100 Hospital St **GS:** U **SP:** No spouse information **VI:** No further data **P:** None **BLW:** No **PH:** N **SS:** K pg 260 **BS:** 38 pg 7.

THOMPSON, Archibald; b 10 Jun 1764; d 04 Aug 1846 **RU:** Major, 112th VMR, Staff Officer, Tazewell Co **CEM:** Thompson Family; Tazewell; vic jct Rts 602 & 604 **GS:** U **SP:** mar Rebecca Perry, b 1778, d 1836 **VI:** Son of William Thompson **P:** None **BLW:** No **PH:** N **SS:** B pg 196 **BS:** 172 v3 pg 76.

THOMPSON, Charles William, Jr; b 23 Jan 1789; d 18 Sep 1855 **RU:** Captain, 74th VMR, Company Commander, Hanover Co, attached to 1st VMR (Trueheart) **CEM:** Thompson Farm; Hanover; off Rt 658 btw Rts 738 & 715 **GS:** Y **SP:** mar possibly Fannie (-----), b 02 Nov 1826, d 11 Jul 1855 **VI:** No further data **P:** None **BLW:** No **PH:** N **SS:** B pg 95; K pg 58; A rec 1752 **BS:** 71 pg 82.

THOMPSON, Francis J; b 1792; d 07 Apr 1855 **RU:** Private, 74th VMR (Trueheart), Hanover Co **CEM:** St Stephen's Baptist; Culpeper; 19075 York Rd, Stevensburg **GS:** Y **SP:** No spouse information **VI:** No further data **P:** None **BLW:** No **PH:** N **SS:** A rec 1942 **BS:** 196; 12 pg 28.

THOMPSON, Garland; b 22 Feb 1787, Hanover Co; d 10 May 1835, Richmond **RU:** Private, 74th VMR (Trueheart), Hanover Co **CEM:** Jerdone Castle; Louisa; Bumpass **GS:** U **SP:** mar in Louisa Co on 07 Nov 1810 to Sarah Jerdone Mitchell b 1785, d 1831) who was his first cousin, daughter of Isabella Jerdone and Thomas Mitchell **VI:** Son of Charles Thompson, Esq (1743-1836) & Ann Jerdone **P:** None **BLW:** No **PH:** N **SS:** A rec 1950 **BS:** 122 v62 pg 209.

THOMPSON, Henry B; b 14 Oct 1792; d 30 Nov 1849 **RU:** Private, 4th VMR **CEM:** Spotts / Thompson; Smyth; Aspenvale **GS:** Y **SP:** mar Rebecca S (-----), d 02 Sep 1840 aged 44 yrs, 4 mos, 22 days **VI:** No further data **P:** None **BLW:** No **PH:** N **SS:** A rec 2034 **BS:** 131 v1 pg 12.

THOMPSON, Israel B; b 03 May 1792; d 14 Dec 1882 **RU**: Private, 57th VMR, Capt Thomas Wilkinson, Loudoun Co, attached to 6th VMR (Reade) **CEM**: Sharon; Loudoun; Jay & Federal Sts, Middleburg, Lot 60 **GS**: Y **SP**: mar Lucretia (-----) **VI**: No further data **P**: Spouse **BLW**: No **PH**: N **SS**: A rec 2096; BD pg 1706; B pg 122 **BS**: 7 pg 88.

THOMPSON, James; b 1773; d 1833 **RU**: Private, 31st VMR, Capt Michael Coyle, Frederick Co, attached to 1st VMR (Taylor) **CEM**: Green Branch; Fauquier; 4 mi NE of Goldvein **GS**: U **SP**: mar Catherine (-----) **VI**: No further data **P**: Spouse **BLW**: No **PH**: N **SS**: A rec 2136; BD pg 1707; B pg 79 **BS**: 105.

THOMPSON, James; b 12 Aug 1781; d 06 Jul 1862 **RU**: Private, Hunton's Command of Cavalry **CEM**: Potts Family; Loudoun; jct Rts 719 & 734, Hillsboro **GS**: Y **SP**: mar Nancy (-----), b 11 Feb 1779, d 05 Jul 1844 **VI**: No further data **P**: None **BLW**: No **PH**: N **SS**: A rec 2136 **BS**: 73 pg 313.

THOMPSON, James; b 1769; d 1834 **RU**: Private, 20th US Infantry **CEM**: Thompson Family; Nelson; Nelson **GS**: U **SP**: No spouse information **VI**: No further data **P**: None **BLW**: No **PH**: N **SS**: C pg 180 **BS**: 25.

THOMPSON, John; b 22 Oct 1768, Queen Ann Co, MD; d 27 Jul 1847, Portsmouth **RU**: Captain, 7th VMR (Sharp) **CEM**: Cedar Grove; Portsmouth; Effington St & Fort Ln **GS**: Y **SP**: mar Elizabeth (-----) b 1776, d 26 Jun 1868 **VI**: Also styled "Captain" on grave stone. Enumerated on 1840 census of Portsmouth **P**: None **BLW**: No **PH**: N **SS**: A rec 2447 **BS**: 65 pg 108.

THOMPSON, John; b 1787; d 17 Jun 1840 **RU**: Corporal, 5th VMR, Capt Charles Allen, Culpeper Co, attached to 1st VMR (Crutchfield) **CEM**: Masonic Cemetery; Culpeper; Radio Lane & Rt 29, Culpeper **GS**: Y **SP**: mar Elizabeth Fleming, b 25 May 1798, d 26 Jun 1862 **VI**: No further data **P**: Yes **BLW**: No **PH**: N **SS**: A rec 2409; BD pg 1707; B pg 62 **BS**: 12 pg 28; 196.

THOMPSON, John; b UNK; d 1841 (Will) **RU**: Private, 32nd VMR, Capt Abraham Lange, Augusta Co, attached to 5th VMR, McDowell **CEM**: Pilson Cemetery; Augusta; Rt 694 **GS**: U **SP**: No spouse information **VI**: No further data **P**: Yes **BLW**: No **PH**: N **SS**: A rec 2405; BD pg 1707; B pg 40 **BS**: 1 pg 112.

THOMPSON, John C; b 01 Mar 1796; d 17 Mar 1882 **RU**: Private, 90th VMR, Capt Jesse Dold, Troop of Cavalry, Augusta Co, attached to Maj Woodford's Squadron of Calvary (Dragoons) **CEM**: Old Glebe Burying Ground; Augusta; Rt 867, 1.8 mi fr Trimbles Mill nr Staunton **GS**: Y **SP**: mar Sarah (-----), b 07 Nov 1804, d 09 Sep 1852 **VI**: Also served with Capt Abraham Lange attached to 5th VMR **P**: Yes **BLW**: No **PH**: N **SS**: B pg 39-40; BD pg 107 **BS**: 1 pg 4, 30.

THOMPSON, John G; b UNK, Fifeshire, Scotland; d 04 Jan 1849, Pattonsburg **RU**: Private, 5th VMR (McDowell) **CEM**: Buchanan Cemetery; Botetourt; Pattonsburg side of North Buchanan, on a hill **GS**: Y **SP**: No spouse information **VI**: Places of birth and death from tombstone. Pattonsburg was incorporated into Buchanan in the 1880s **P**: None **BLW**: No **PH**: N **SS**: A rec 2496 **BS**: 194.

THOMPSON, Mathew, Jr; b UNK; d 1820 (Will) **RU**: Private, 5th VMR (McDowell) **CEM**: Pilson Cemetery; Augusta; Rt 694 **GS**: U **SP**: No spouse information **VI**: Son of Matthew Thompson, Sr who died in Augusta Co on 16 Apr 1832, age 91 **P**: None **BLW**: No **PH**: N **SS**: A rec 43 **BS**: 1 pg 112.

THOMPSON, Nathaniel; b UNK; d 15 Jul 1858 **RU**: Private, 60th VMR, Capt George W Gunnell, Fairfax Co **CEM**: Thompson Family; Fairfax; Rt 29 E of Nutley St **GS**: U **SP**: No spouse information **VI**: No further data **P**: None **BLW**: No **PH**: N **SS**: X **BS**: 80.

THOMPSON, Nathaniel; b UNK; d UNK **RU**: Private, 6th VMR (Sharps) **CEM**: Thompson / Bolt; Carroll; jct Rts 900 & 625 **GS**: U **SP**: No spouse information **VI**: mar in Grayson Co on 03 Apr 1837 to Rhody Branson **P**: None **BLW**: No **PH**: N **SS**: A rec 86 **BS**: 90 pg 220.

THOMPSON, Rawley; b 10 Jan 1792; d 06 Nov 1842 **RU**: Private, 42nd VMR, Capt James Lanier, Troop of Cavalry, Pittsylvania Co, attached to Sale's Battalion of Cavalry **CEM**: Thompson Family; Pittsylvania; 573 Ricefield Rd, Java **GS**: Y **SP**: mar (1) in Pittslvania Co on 25 May 1818 (bond) to Jane F Anderson. Mary Anderson, guardian, gave consent; (2) in Pittsylvania Co on 24 Jan 1827 (return) to Ann D Clement. Consent given by Stephen Clement **VI**: War service is inscribed on stone. Son of Washington Thompson and Jane Stott **P**: Spouse **BLW**: No **PH**: Y **SS**: A rec 143; BD pg 1709; B pg 161 **BS**: 246.

THOMPSON, Samuel; b 15 Nov 1792; d 01 Oct 1826 **RU**: Private, 1st Regiment DC Militia **CEM**: Christ Church Episcopal; Alexandria; Wilkes & Hamilton **GS**: Y **SP**: No spouse information **VI**: Son of Jonah Thompson (d 1834)

RU=Rank/Unit   CEM=Cemetery   GS=Gravestone   SP=Spousal Information   VI=Other Veteran Info   P=Pension
BLW=Bounty/Land Warrant   PH=Photo   SS=Service Source   BS=Burial Source   VMR= VA Military Regt
LNR= Last Known Residence

and Margaret (Peyton) Thompson (d 1841), who was a ship merchant, Mayor of Alexandria and President of the Bank of America **P:** None **BLW:** No **PH:** N **SS:** A rec 291 **BS:** 34 pg 119.

THOMPSON, Samuel; b UNK; d 1872 **RU:** Private, 31st VMR, Capt James Anderson, Frederick Co, attached to 1st VMR (Taylor) **CEM:** Goose Creek Burying Ground; Loudoun; Rt 722, Lincoln **GS:** Y **SP:** No spouse information **VI:** No further data **P:** Yes **BLW:** No **PH:** N **SS:** A rec 290; BD pg 1709; B pg 78 **BS:** 73 pg 314.

THOMPSON, Thomas; b 16 Feb 1781; d 06 May 1837 **RU:** Ensign, Battalion of Artillery **CEM:** Old Glebe Burying Ground; Augusta; Rt 867, 1.8 mi fr Trimbles Mill nr Staunton **GS:** Y **SP:** mar Frances (-----), b 29 Jan 1787, d 30 Nov 1867 **VI:** No further data **P:** None **BLW:** No **PH:** N **SS:** A rec 443 **BS:** 1 pg 30.

THOMPSON, William; b 07 Jan 1788, Campbell Co; d 17 Oct 1859 **RU:** Private, 18th VMR, Capt Abraham Staples, Patrick Co, attached to 6th VMR (Coleman) **CEM:** Hillsville; Carroll; nr Hillsville **GS:** Y **SP:** mar Frances (-----), b 2 Mar 1800, d 28 Nov 1887 **VI:** Reverend **P:** Yes **BLW:** No **PH:** N **SS:** A rec 645; BD pg 1710; B pg 157 **BS:** 121 pg 68.

THOMPSON, William; b 21 Feb 1797; d 03 Apr 1875 **RU:** Private, 4th VMR **CEM:** Thompson family; Tazewell; vic jct Rts 602 & 604 **GS:** U **SP:** No spouse information **VI:** No further data **P:** None **BLW:** No **PH:** N **SS:** A rec 629 **BS:** 172 v2 pg 76.

THOMPSON, William; b 1769; d 07 Jan 1835 **RU:** Sergeant, 32nd VMR, Capt Abraham Lange, Augusta Co, attached to 5th VMR, McDowell **CEM:** Bethel Church; Augusta; 11 mi SW Staunton **GS:** U **SP:** mar Nancy (-----) **VI:** Died age 66 **P:** Spouse **BLW:** No **PH:** N **SS:** A rec 640; BD pg 1710; B pg 40 **BS:** 183.

THOMPSON, William B; b 1770; d 12 Apr 1845, White Oak Grove, Dinwiddie Co **RU:** Captain, 83rd VMR, Company Commander, Dinwiddie Co **CEM:** Thompson Family; Dinwiddie; Rt 40, 7.8 mi W of Harper's Home Rt 40, S one mi on private road **GS:** Y **SP:** mar Prudence Mann **VI:** Son of William F Thompson and Margaret Darville. Birth year from death notice, Richmond newspapers **P:** None **BLW:** No **PH:** N **SS:** L pg 772 **BS:** 210.

THOMPSON, William M; b 11 Jan 1775; d 18 Sep 1837 **RU:** Corporal, 56th VMR, (Taylor), Loudoun Co **CEM:** Ball Family; Loudoun; Rt 15, Springwood **GS:** Y **SP:** mar in Loudoun Co on 26 Nov 1820 to Mildred F Ball, returned by Minister John Dunn, Protestant Episcopal **VI:** No further data **P:** None **BLW:** No **PH:** N **SS:** A rec 687 **BS:** 73 pg 314.

THOMPSON, William Mathew; b UNK; d 1820 **RU:** Private, 7th VMR (Saunders) **CEM:** Pilson Cemetery; Augusta; Rt 694 **GS:** U **SP:** No spouse information **VI:** No further data **P:** None **BLW:** No **PH:** N **SS:** A rec 649 **BS:** 1 pg 112.

THOMPSON, William S; b 1788; d 1846 **RU:** Private, 88th VMR (Branham), Capt William Wood, Albemarle Co, attached to 1st VMR (Yancey) **CEM:** Free Union; Albemarle; Free Union **GS:** Y **SP:** mar (1) in Albemarle Co on 24 Aug 1816 to Mary Ballard, daughter of James Ballard. Returned by John Gibson; (2) Avis O (-----) **VI:** Grave marked by U.S. Daughters of 1812 **P:** Spouse **BLW:** No **PH:** N **SS:** BD pg 1710 **BS:** 260.

THOMPSON, William S; b 01 Mar 1781; d 30 Mar 1846 **RU:** Private, 47th VMR, Capt Triplett Estes, Albemarle Co, attached to 8th VMR (Wall) **CEM:** Thompson Family; Albemarle; Rt 609 **GS:** Y **SP:** mar Elizabeth (-----), b 09 Jul 1803, d 03 Feb 1888 **VI:** Son of Roger & Mary Thompson (stone). Grave is marked by the U.S. Daughters of 1812 **P:** Spouse **BLW:** No **PH:** N **SS:** G; K pg 89; BD pg 1710; B pg 35 **BS:** 94 v6 pg 119.

THOMPSON, Yancy; b 1798; d bur 19 Feb 1838 **RU:** Private, 19th VMR, Capt George Booker, Richmond City **CEM:** Shockoe Hill; Richmond City; 100 Hospital St **GS:** U **SP:** No spouse information **VI:** No further data **P:** None **BLW:** No **PH:** N **SS:** L pg 157 **BS:** 38 pg 15.

THORNTON, Anthony R; b 14 Feb 1790; d 04 Feb 1855 **RU:** Captain, 16th VMR (Waller), Company Commander, Spotsylvania Co **CEM:** Thornton Family; Greene; Rt 619 nr South River Branch **GS:** Y **SP:** No spouse information **VI:** Son of George Thornton **P:** None **BLW:** No **PH:** N **SS:** A rec 1369 **BS:** 163 v1.

THORNTON, Anthony R; b 1787; d 6 Feb 1828 **RU:** Captain, 74th VMR (Trueheart), Hanover Co **CEM:** Shockoe Hill; Richmond City; 100 Hospital St **GS:** U **SP:** No spouse information **VI:** Deputy Marshall, US Congressman **P:** None **BLW:** No **PH:** N **SS:** A rec 1367 **BS:** 38 pg 5.

THORNTON, Francis; b 11 Jun 1767, "The Falls"; d 15 Jul 1836, White Sulphur Springs, Frankfort, KY **RU:** Sergeant, 5th VMR, Capt Benjamin Cole, Artillery, Culpeper Co, attached to Cocke's Detachment **CEM:** Thornton / Forbes / Washington; Fredericksburg; off Hunter St, behind Mary Washington Hospital Home Health Agency. **GS:** Y **SP:** mar

02 Jun 1792 to Sally Innes, daughter of Judge Henry Innes & Elizabeth Callaway. **VI:** Perhaps a memorial gravestone. Site is marked **P:** Both **BLW:** No **PH:** Y **SS:** A rec 1401; B pg 62; BD pg 1711; M pg 298 **BS:** 26 pg 372.

THORNTON, Phillip; b 25 Jan 1788; d 03 Mar 1853, Washington, DC **RU:** Hospital Surgeon, Staff Officer, Governor Barbour **CEM:** Fairview; Culpeper; Rt 522, Culpeper **GS:** Y **SP:** mar Caroline Homassel, b 12 Oct 1795, d 10 Feb 1876 **VI:** Doctor. Phillip Thornton, Esquire. Son of William & Martha Thornton **P:** Spouse **BLW:** No **PH:** Y **SS:** L pg 42; A rec 1496; BD pg 1712 **BS:** 12 pg 28; 49; 196; 270.

THORNTON, William; b UNK; d UNK **RU:** Private, 5th VMR, Capt Benjamin Cole, Artillery, Culpeper Co, attached to Cocke's Detachment **CEM:** Shockoe Hill; Richmond City; 100 Hospital St **GS:** U **SP:** No spouse information **VI:** No further data **P:** None **BLW:** No **PH:** N **SS:** L pg 237; K pg 163; B pg 62 **BS:** 38 pg 32.

THRIFT, William; b 1780; d 30 Apr 1852, near Orange Co C.H. **RU:** Private, 57th VMR, Loudoun Co **CEM:** Leesburg Presbyterian; Loudoun; 307 W Market St, Leesburg **GS:** Y **SP:** mar Marie (-----), d 10 Apr 1861 **VI:** No further data **P:** None **BLW:** No **PH:** Y **SS:** A rec 1847 **BS:** 73 pg 315.

THROCKMORTON, Warner W; b UNK; d 11 Apr 1855 **RU:** Private, 99th VMR, Capt Levi Dix, Accomack Co **CEM:** Roxton; Clarke; Berryville **GS:** Y **SP:** No spouse information **VI:** No further data **P:** None **BLW:** No **PH:** N **SS:** L pg 282 **BS:** 86 pg 26; 92 pg 18.

THRUSTON, John C; b UNK; d 26 Sep 1839 **RU:** Lieutenant, 21st VMR, Capt Richard Jones, Artillery, Gloucester Co **CEM:** Springfield; Mathews; Ark Baytop Home **GS:** Y **SP:** No spouse information **VI:** No further data **P:** None **BLW:** No **PH:** N **SS:** K pg 278 **BS:** 82 pg 67.

THRUSTON, Robert; b 30 Mar 1782; d 22 Feb 1857 **RU:** Major, 21st VMR, Staff Officer, Gloucester Co **CEM:** Springfield; Mathews; Ark Baytop Home **GS:** Y **SP:** mar Mary Catlett, daughter of John & Ann Catlett of Timber Neck, d 01 Dec 1843 **VI:** Commissioned Major 19 Mar 1814. Of Lansdown, Gloucester Co, "a plain, practical farmer one who devoted a long life solely to Agricultural pursuits" **P:** None **BLW:** No **PH:** N **SS:** B pg 82; L pg 776 **BS:** 82 pg 66.

THURMAN, Elisha Henderson; b UNK; d 06 Dec 1876 **RU:** Sergeant, 32nd VMR, Capt Abraham Lange, Augusta Co, attached to 5th VMR, McDowell **CEM:** Liberty Hill Baptist; Albemarle; Rt 20 North **GS:** Y **SP:** mar Letitia Hall **VI:** No birth date on stone **P:** None **BLW:** No **PH:** N **SS:** A rec 1999 **BS:** 94 v4 pg 105.

THURMAN, John; b 1788; d 10 Dec 1855 **RU:** Private, 5th VMR **CEM:** Old City Cemetery; Lynchburg; 401 Taylor St **GS:** Y **SP:** mar Elizabeth Simpson **VI:** Died age 77 **P:** None **BLW:** No **PH:** N **SS:** A rec 2009 **BS:** 87 pg 66; 207.

THWEATT, Thomas; b UNK; d 21 Sep 1845 **RU:** Quartermaster, 83rd VMR, Staff Officer, Dinwiddie Co **CEM:** Thweatt Family; Dinwiddie; 3.5 mi from Dinwiddie, 1 mi from Rt 1 **GS:** Y **SP:** No spouse information **VI:** No further data **P:** None **BLW:** No **PH:** N **SS:** L pg 28 **BS:** 210.

TIGNOR, Thomas; b 1795; d 25 Apr 1870 **RU:** Corporal, 37th VMR, Capt James Sutton, Northumberland Co **CEM:** Tignor / Whaley / Prosser; Northumberland; Fairport **GS:** Y **SP:** mar (1) in Northumberland Co on 29 Sep 1818 (bond) to Lucy Edwards; (2) in Caroline Co on 24 Oct 1846 to Phebe Lovern [Loving], (bond, Robert LOVEN surety). The name is usually spelled LOVING in the Caroline Co records **VI:** No further data **P:** None **BLW:** No **PH:** N **SS:** K pg 399; A rec 568; B pg 153 **BS:** 269 pg 148.

TILFORD, John L; b UNK; d 1862 **RU:** Private, 9th VMR (Sharp) **CEM:** Bruton Parish; Williamsburg; 331 W Duke of Gloucester St **GS:** Y **SP:** No spouse information **VI:** Stone standing in 1903 **P:** None **BLW:** No **PH:** N **SS:** A rec 662 **BS:** 64 pg 119.

TIMBERLAKE, James B; b UNK; d Sep 1872 **RU:** Private, 30th VMR, Capt William Gray, Caroline Co, attached to 16th VMR (Waller) **CEM:** City Cemetery; Fredericksburg; William St & Washington Ave **GS:** Y **SP:** No spouse information **VI:** Death date from the *Alexandria Gazette* **P:** None **BLW:** No **PH:** N **SS:** L pg 379 **BS:** 18 pg 30.

TIMMONS, John; b 1768; d bur 07 Jul 1845 **RU:** Private, 8th VMR (Magnien) **CEM:** Shockoe Hill; Richmond City; 100 Hospital St **GS:** U **SP:** No spouse information **VI:** No further data **P:** None **BLW:** No **PH:** N **SS:** A rec 1168 **BS:** 38 pg 33.

TINGLER, Jacob; b 1781; d 04 Apr 1868, Alleghany Co **RU:** Private, 11th VMR, Capt Joseph Johnson, Harrison Co, attached to 4th VMR **CEM:** Jamison / Simmons; Alleghany; Rt 618, 13 mi SW of Covington **GS:** Y **SP:** mar (1) Margaret Persinger, d 04 Jul 1859, Craig Co; (2) in Alleghany Co on 14 Sep 1867 to Barbara (Quickle) Fogle, "deserted wife of George Fogle." She had married George Fogle on 14 Feb 1856 in Alleghany Co and he had deserted her in 1859 and as of 1861 "had not been heard from and supposedly died" **VI**: Son of Michael Tingler **P**: Yes **BLW**: No **PH**: N **SS**: A rec 1402; BD pg 1717; B pg 98 **BS**: 100 v2 pg 112; 197.

TINNEY, Miles; b 09 Jul 1786; d 05 Apr 1826 **RU**: Private, Capt Brazure Pryor's Detachment **CEM**: Fincastle Presbyterian; Botetourt; 108 E Back St, Fincastle **GS**: Y **SP**: mar Eve (-----) b 10 Dec 1795, d 20 Jul 1871 **VI**: "A Soldier of the War of 1812" inscribed on stone **P**: None **BLW**: No **PH**: N **SS**: A rec 1543; G **BS**: 155 pg 15.

TINSLEY, Charles Corbin; b 1790; d 1862 **RU**: Private, 2nd VMR (Ballowe) **CEM**: Spring Grove #2; Hanover; Rockville **GS**: Y **SP**: mar Sophia Harris **VI**: Stone erected in 1960 **P**: None **BLW**: No **PH**: N **SS**: A rec 1598; G **BS**: 71 pg 104.

TINSLEY, Thomas; b 1791; d 1863 **RU**: Private, 19th VMR (Ambler), Richmond City **CEM**: Shockoe Hill; Richmond City; 100 Hospital St **GS**: U **SP**: No spouse information **VI**: No further data **P**: None **BLW**: No **PH**: N **SS**: A rec 1627 **BS**: 260.

TINSLEY, Thomas G; b 30 Dec 1788; d 14 Sep 1859 **RU**: Paymaster, 1st VMR (Trueheart) **CEM**: Totomoi; Hanover; Rt 643 **GS**: Y **SP**: mar at the home of Mrs Bryan in York Co on 27 Nov 1820 to Harriet W Bryan, b 24 Jul 1803, d 13 Jul 1841. Marriage notice in the *Richmond Enquirer*, 07 Dec 1820, pg 3 **VI**: He was of Hanover Co in the marriage notice **P**: None **BLW**: No **PH**: N **SS**: A rec 1629 **BS**: 71 pg 45.

TISDALE, George; b UNK; d 10 Feb 1852 **RU**: Private, 40th VMR, Capt Reuben Chewning, Louisa Co, attached to 7th VMR (Gray) **CEM**: Wood Family #2; Fluvanna; vic Rts 15 & 655 **GS**: Y **SP**: No spouse information **VI**: No further data **P**: None **BLW**: No **PH**: N **SS**: K pg 327; A rec 1873 **BS**: 95 pg 100.

TODD, George T; b 1770; d aft 1850 **RU**: Private, 16th VMR (Waller), Spotsylvania Co **CEM**: Todd (Tod) Family; Caroline; Rt 609 **GS**: U **SP**: No spouse information **VI**: Age 80 on 1850 census of Caroline Co **P**: None **BLW**: No **PH**: N **SS**: A rec 2335 **BS**: 10 pg 149.

TODD, James; b 1797; d 13 Oct 1826 **RU**: Private, 2nd VMR (Ballowe) **CEM**: Shockoe Hill; Richmond City; 100 Hospital St **GS**: U **SP**: No spouse information **VI**: No further data **P**: None **BLW**: No **PH**: N **SS**: A rec 2353 **BS**: 38 pg 4.

TODD, John Robinson; b 03 Apr 1781; d 15 Jan 1862 **RU**: Sergeant Major, 29th VMR, Maj Joseph Ballard, Isle of Wight Co **CEM**: St Lukes Church; Isle of Wight; 14477 Benn's Church Rd, Smithfield **GS**: Y **SP**: mar Eliza Armistead, b 26 May 1794, d Oct 1879 **VI**: Son of Mallory Todd and Anne Robinson **P**: Yes **BLW**: No **PH**: Y **SS**: P; A rec 7561; L pg 40; BD pg 1719; B pg 102 **BS**: 76 pg 41; 49.

TODD, William; b 13 Oct 1776; d 28 Dec 1855 **RU**: Sergeant, 47th VMR, Capt Thomas Wood, Albemarle Co **CEM**: Mattaponi Baptist; King & Queen; King & Queen C. H. **GS**: Y **SP**: No spouse information **VI**: Son of Bernard and Elizabeth Todd. "For more than fifty years he practiced Christ Jesus" **P**: None **BLW**: No **PH**: N **SS**: A rec 2506; B pg 35 **BS**: 245.

TOLSON, James; b 1795; d 1865 **RU**: Private, MD Militia 38th Regiment **CEM**: Cedar Run; Prince William; Rt 611 **GS**: U **SP**: mar Ann E (-----), 1827-1897 **VI**: Reinterred from land now part of Quantico Marine Corps Base **P**: None **BLW**: No **PH**: N **SS**: A rec 345 **BS**: 26 pg 172.

TOLSON, John Nelson; b 22 Feb 1796; d 29 Jan 1851 **RU**: Private, 25th VMR, Capt Cadwallader Dade, King George Co **CEM**: Brazil Court; Prince William; Brazil Circle **GS**: U **SP**: No spouse information **VI**: No further data **P**: None **BLW**: No **PH**: N **SS**: L pg 266 **BS**: 59 pg 315.

TOMKINS, Christopher; b c1776; d 08 Jan 1826 **RU**: Major, 19th VMR, Staff Officer, Richmond City **CEM**: Shockoe Hill; Richmond City; 100 Hospital St **GS**: Y **SP**: mar Mary Taylor, b 1778, d 1854 (tombstone) **VI**: No further data **P**: None **BLW**: No **PH**: on-line **SS**: K pg 42; B pg 174; A rec 1704 **BS**: 245.

TOPPING, John; b 1789; d 18 Jul 1849 **RU**: Private, 115th VMR, Capt William S Sclater, York Co **CEM**: Topping Family; Hampton City; Not given in burial source **GS**: Y **SP**: No spouse information **VI**: No further data **P**: None **BLW**: No **PH**: N **SS**: L pg 701 **BS**: 245.

RU=Rank/Unit CEM=Cemetery GS=Gravestone SP=Spousal Information VI=Other Veteran Info P=Pension
BLW=Bounty/Land Warrant PH=Photo SS=Service Source BS=Burial Source VMR= VA Military Regt
LNR= Last Known Residence

TOPPING, John P; b UNK; d UNK **RU**: Private, 115th VMR, Capt Miles Cary, York Co **CEM**: Topping Family; Hampton City; Not given in burial source **GS**: Y **SP**: No spouse information **VI**: No further data **P**: None **BLW**: No **PH**: N **SS**: L pg 206 **BS**: 245.

TOSH, George; b 08 Dec 1794; d 21 May 1880 **RU**: Private, 42nd VMR, Capt Doctor C Williams, Pittsylvania Co, attached to 6th VMR (Coleman) **CEM**: Siloam Church; Pittsylvania; 6815 Toshes Rd **GS**: Y **SP**: mar Lucy (-----) **VI**: No further data **P**: Both **BLW**: No **PH**: Y **SS**: BD pg 1722. B pg 162 **BS**: 246.

TOULSON, Richard; b 1772; d 27 Jan 1832 **RU**: Corporal, 37th VMR, Capt James Sutton, Northumberland Co **CEM**: Haynie Family; Northumberland; Haynie's Point **GS**: Y **SP**: mar in Northumberland Co on 23 Dec 1819 to Ann Haynie, daughter of John Haynie, b 1788, d 12 Oct 1823 **VI**: No further data **P**: None **BLW**: No **PH**: N **SS**: K pg 399; B pg 153 **BS**: 269 pg 105.

TOWERS, Thomas; b 1772, England; d 11 Jun 1820 **RU**: Private, 1st Regiment DC Militia **CEM**: Christ Church Episcopal; Alexandria; Wilkes & Hamilton **GS**: Y **SP**: mar Elizabeth Cheatham of Charles Co, MD, d Nov 1849 in her 66th year **VI**: Keeper of a livery stable. Member Alexandria Rock Lodge No. 47 **P**: None **BLW**: No **PH**: N **SS**: A rec 1824 **BS**: 34 pg 119.

TOWLES, Thomas; b 16 Dec 1783; d 05 Apr 1832 **RU**: Paymaster, 37th VMR, Staff Officer, Northumberland Co **CEM**: Stith Cemetery; Northumberland; Northumberland House **GS**: Y **SP**: mar in Northumberland on 01 Oct 1807 to Margaret Moore **VI**: No further data **P**: None **BLW**: No **PH**: N **SS**: K pg 388; B pg 152 **BS**: 269 pg 134.

TOWNES, George; b 1788; d 31 Aug 1861 **RU**: Captain, 42nd VMR, Company Commander, Artillery, Pittsylvania Co, attached to 3rd VMR (Dickinson) **CEM**: Green Hill; Danville City; 761 Lee St **GS**: Y **SP**: mar Elizabeth b (-----), d 04 Oct 1867 aged 72. She was age 64 on the 1860 census **VI**: Age 67 on 1860 census of Danville with $40,000 of real estate and $60,000 in personal property. Name is spelled "TOWNES." This indicates this person was born in 1793, which slightly conflicts with stone, birth date of 1788 **P**: None **BLW**: No **PH**: N **SS**: B pg 162 **BS**: 246.

TOWNES, John D; b 1791; d 25 Feb 1839 **RU**: Private, 39th VMR, Capt Edward Pescaud, Petersburg **CEM**: Blandford; Petersburg; 111 Rochelle Ln **GS**: Y **SP**: mar Anna (-----), d 14 Oct 1845, age 52 **VI**: No further data **P**: None **BLW**: No **PH**: N **SS**: L pg 636 **BS**: 200.

TOWNES, John L, Jr.; b 1767; d 1845 **RU**: Captain, 1st VMR, Company Commander, Mounted Infantry, Amelia Co, attached to 1st Corps d'Elite (Randolph) **CEM**: Townes Family; Amelia; Rt 648 5 mi fr jct Rt 38 **GS**: Y **SP**: mar in Amelia Co on 22 Dec 1806 (bond) to Polly Segar Eggleston, consent by her guardian Joseph Eggleston **VI**: No further data **P**: None **BLW**: No **PH**: N **SS**: L pg 784; B pg 37 **BS**: 266 pg 305.

TOWNES, Stephen C; b 04 Aug 1796; d 10 Jul 1876 **RU**: Sergeant, 3rd VMR, Capt George Town, Artillery, Pittsylvania Co, attached to 3rd VMR (Dickinson) **CEM**: Townes Family; Pittsylvania; Rt 726 nr Kentuck **GS**: Y **SP**: mar (1) in Pittsylvania Co on 31 Jan 1815 to Catherine H Williams, daughter of J M Williams, b 18 Sep 1797, d 04 Jun 1859; (2) Sarah (-----) who was pensioned **VI**: No further data **P**: Both **BLW**: No **PH**: N **SS**: A rec 2037; BD pg 1724; B pg 162 **BS**: 149.

TRADER, Samuel B; b 01 Dec 1793; d 15 Apr 1818 **RU**: Sailor, 2nd VMR, Capt Joseph Ames, Accomack Co **CEM**: Trader Plot; Accomack; 0.3 mi E of Pungoteague **GS**: Y **SP**: No spouse information **VI**: Son of Samuel & Patience (-----) Trader. Lost at sea aboard the schooner *William & Henry* on 15 Apr 1818 age 25. Memorial stone **P**: None **BLW**: No **PH**: N **SS**: A rec 175 **BS**: 21 pg 271.

TRAVERS, John N; b UNK; d 1837, Arlington **RU**: Captain, 48th MD Regiment (Jones), Dorchester Co **CEM**: Travers Family; Arlington; N Glebe Rd (Rt 120), 2 blocks S of Columbia Pike (Rt 244) **GS**: N **SP**: mar Elizabeth Causine b 1804, d 1875) **VI**: No further data **P**: None **BLW**: No **PH**: N **SS**: A rec 507 **BS**: 245.

TRAVERS, Thomas; b 03 Dec 1790; d 14 Apr 1874 **RU**: Private, 10th Regiment of Cavalry, MD Militia (Ennell) **CEM**: Union Cemetery; Alexandria; Hamilton Ln **GS**: Y **SP**: mar Henrietta A (-----), b 26 Oct 1809, d 06 Oct 1878 **VI**: No further data **P**: None **BLW**: No **PH**: N **SS**: A rec 520 **BS**: 33 pg 80.

TRAVIS, Elliott; b 10 Apr 1792; d 24 Jan 1826 **RU**: Private, 27th VMR, Capt William Jarvis, Northampton Co **CEM**: Old Methodist Chapel; Northampton; nr jct Rts 600 & 646, Townsend **GS**: Y **SP**: mar in Northampton Co on 16 Jul 1813 (bond) to Polly Herbert. B. Griffith gave consent for the bride **VI**: Son of Shadrack Travis, whose consent was given by Thomas Graves on his behalf **P**: None **BLW**: No **PH**: N **SS**: K pg 113 **BS**: 20 pg 84.

RU=Rank/Unit CEM=Cemetery GS=Gravestone SP=Spousal Information VI=Other Veteran Info P=Pension
BLW=Bounty/Land Warrant PH=Photo SS=Service Source BS=Burial Source VMR= VA Military Regt
LNR= Last Known Residence

TRAVIS, William L; b 1787; d bur 14 Apr 1845 **RU**: Private, 68th VMR, Capt Robert Saunders, Troop of Cavalry, James City & York Co **CEM**: Shockoe Hill; Richmond City; 100 Hospital St **GS**: U **SP**: mar Mary A (-----) **VI**: No further data **P**: Spouse **BLW**: No **PH**: N **SS**: A rec 657; BD pg 1727; B pg 106 **BS**: 38 pg 32.

TRAVIS / TRAVERS, Henry; b 1775; d 03 Aug 1827 **RU**: Private, 37th VMR, (Downing), Northumberland Co **CEM**: Travers / Whitehead / Dyer; Arlington; 1300 block S Monroe St **GS**: Y **SP**: No spouse information **VI**: No further data **P**: None **BLW**: No **PH**: N **SS**: A rec 497 **BS**: 96 pg 1.

TRENT, William H; b 1780; d 18 Sep 1851 **RU**: Private, 23rd VMR, Capt Lawson Burfoot, Chesterfield Co **CEM**: Trent Family; Henry; Ridgeway **GS**: Y **SP**: mar Katherine Elizabeth Webber, b 17 May 1777, d 23 Dec 1870 **VI**: No further data **P**: None **BLW**: No **PH**: N **SS**: A rec 1173 **BS**: 245.

TREVETT, Samuel Russell; b 20 Aug 1783, Marblehead, MA; d 04 Nov 1822 **RU**: Surgeon, US Navy **CEM**: Trinity Episcopal; Portsmouth; 500 Court St **GS**: Y **SP**: No spouse information **VI**: Graduate of Harvard, 1804 **P**: None **BLW**: No **PH**: Y **SS**: AQ **BS**: 124 stone #19.

TREVEY, Andrew; b 16 Oct 1790; d 02 Mar 1848 **RU**: Private, Maj Woodford's Squadron of Cavalry (Dragoons) **CEM**: McDowell Family; Rockbridge; Rt 11, 10 miles N of Lexington **GS**: Y **SP**: mar Catherine (-----), d 1857, age 52 years **VI**: Died age 57 years **P**: None **BLW**: No **PH**: N **SS**: A rec 1243 **BS**: 193.

TREVEY, Joseph; b 1760; d 03 Feb 1825 **RU**: Drummer, 8th VMR, Capt James Paxton, Rockbridge Co, attached to 2nd Corps d'Elite (Green) **CEM**: McDowell Family; Rockbridge; Rt 11, 10 miles N of Lexington **GS**: Y **SP**: mar Susannah (-----), b 27 Jan 1761, d 14 Jul 1831 **VI**: Died age 65 years **P**: None **BLW**: No **PH**: N **SS**: K pg 222 **BS**: 193.

TREXLER, Ignatius; b 1787; d 06 Aug 1827 **RU**: Private, 1st Regiment MD Militia (Harris), Capt Piper, Artillery **CEM**: Shockoe Hill; Richmond City; 100 Hospital St **GS**: Y **SP**: No spouse information **VI**: V.A. stone. No further data **P**: None **BLW**: No **PH**: Y **SS**: A rec 1292; G **BS**: 31.

TRIMBLE, John; b 02 Feb 1779; d 01 May 1865 **RU**: Captain, 32nd VMR, Company Commander, Augusta Co, attached to 7th VMR **CEM**: Trimble Family; Grayson; Galax, jct Rts 89 & 97 **GS**: Y **SP**: mar Susan Jane Nuckolls, b 1788, d 01 May 1865, daughter of Charles & Mary (Black) Nuckolls **VI**: Originally buried in Old Bobbitt cemetery **P**: None **BLW**: Yes **PH**: N **SS**: B pg 4; BD pg 1729; M pg 300 **BS**: 277.

TRIPLETT, Philip; b 1779, Loudoun Co; d 03 Jul 1832 **RU**: Major, 2nd Brigade DC Militia (Young) **CEM**: Shockoe Hill; Richmond City; 100 Hospital St **GS**: Y **SP**: No spouse information **VI**: No further data **P**: None **BLW**: No **PH**: Y **SS**: A rec 1642 **BS**: 38 pg 10; 199.

TROLLINGER, John, Sr; b c1771; d 11 Oct 1840, Dublin, Pulaski Co **RU**: Private, 75th VMR, Capt William Currin, Montgomery Co **CEM**: Dublin Cemetery; Pulaski; Dublin **GS**: Y **SP**: mar Elizabeth Burris **VI**: Son of Henry Jacob Trollinger **P**: None **BLW**: No **PH**: Y **SS**: A rec 1839; P **BS**: 31.

TROTT, Samuel; b 06 Oct 1784; d 31 Oct 1866 **RU**: Private, 1st MA Militia (Reed) **CEM**: Williams Family; Fairfax; 9970 Vale Rd, Vienna (St Mark's Catholic Church) **GS**: Y **SP**: mar Elizabeth J Williams, b 1808, d 1877 **VI**: Church Elder **P**: None **BLW**: No **PH**: N **SS**: A rec 1907 **BS**: 89 v6 MI-181.

TROUT, George; b 11 Jan 1782; d 10 Jun 1850 **RU**: Private, 6th VMR (Coleman) **CEM**: Trout / Miller; Roanoke; Cherry Hill Rd **GS**: N **SP**: mar Mary (-----), b 04 Feb 1792, d 25 Jan 1856 **VI**: Only a footstone "G. T." remains today; birth and death from WPA survey **P**: None **BLW**: No **PH**: N **SS**: A rec 2002 **BS**: 157 pg 233.

TROUT, Joseph; b 16 Oct 1787; d 26 Mar 1850 **RU**: Private, 32nd VMR, Capt John Sowers, Artillery, Augusta Co **CEM**: Port Republic Methodist-- Abandoned Cemetery aka Riverside Cemetery; Rockingham; River Rd, Port Republic **GS**: Y **SP**: mar on 24 Dec 1812 to Sarah Whitesides, b 18 Apr 1793, Staunton, VA, d 15 Aug 1873 **VI**: No further data **P**: Spouse **BLW**: Yes **PH**: N **SS**: B pg 40; BD pg 1730 **BS**: 262.

TROWER, John; b 11 Aug 1782; d 18 Sep 1840 **RU**: Ensign, 27th VMR, Capt Arthur Simkin, Northampton Co **CEM**: Latimer Farm; Northampton; off end of Rt 600 **GS**: Y **SP**: mar in Northampton Co on 19 Oct 1805 (bond) to Delitha Belote, b 16 Jan 1787, d 18 Jan 1855 **VI**: No further data **P**: None **BLW**: No **PH**: N **SS**: K pg 175 **BS**: 20 pg 85.

TRUEHEART, Daniel; b 1793; d 1861 **RU**: Sergeant, 19th VMR (Ambler), Richmond City **CEM**: Shockoe Hill; Richmond City; 100 Hospital St **GS**: U **SP**: mar (1) in Richmond on 22 Dec 1814 by Rev John D Blair to Maria Rind.

Marriage notice in the *Virginia Patriot*, pg 3; (2) in Richmond on 31 Aug 1820 by Rev John D Blair to Elizabeth Seabrooke, marriage notice in the *Richmond Enquirer*, 01 Sep 1820, pg 3 and the *Richmond Compiler*, 02 Sep 1820, pg 3 **VI:** Was styled a "printer" in the first marriage notice, and one of the proprietors of the *Richmond Compiler* in the second marriage notice **P:** None **BLW:** No **PH:** N **SS:** A rec 2295 **BS:** 260.

TUCK, Henry; b 1794; d 27 Jun 1827 **RU:** Private, 9th VMR, Capt Thomas Faulkner, King & Queen Co **CEM:** Shockoe Hill; Richmond City; 100 Hospital St **GS:** U **SP:** No spouse information **VI:** No further data **P:** None **BLW:** No **PH:** N **SS:** A rec 140 **BS:** 38 pg 5.

TUCKER, George; b 01 Aug 1775, Bermuda; d 10 Apr 1861 **RU:** Private, 5th VMR **CEM:** University of VA; Albemarle; Cemetery Rd off Rt 302, Charlottesville **GS:** Y **SP:** mar Louisa A Bowdoin who is also buried here (no dates). Possibly his 2nd wife **VI:** A first member of the University of Virginia faculty. After college he pursued careers in both literature and politics. Served in the General Assembly from 1815-1825, and as a Congressman from 1825-1845. He was professor of Moral Philosophy and taught ethics, metaphysics, logic, political economy, statistics, belles-lettres, rhetoric and English composition. **P:** None **BLW:** No **PH:** N **SS:** A rec 326 **BS:** 31.

TUCKER, Henry St George; b 1780 Virginia; d 1848 **RU:** Captain, 31st VMR, Company Commander, Franklin Co **CEM:** Mt Hebron; Frederick; 305 E Boscawen St, Winchester **GS:** U **SP:** mar Lelia Skipwith, daughter of Sir Peyton Skipwith, d 14 Sep 1837 at Williamsburg (obituary) **VI:** Nephew of Thomas Tudor Tucker; half-brother of John Randolph of Roanoke; Father of John Randolph Tucker; grandfather of Henry St George Tucker (1853-1932). US Congress 1815-1819 **P:** None **BLW:** No **PH:** N **SS:** A rec 355 **BS:** VA Political Graveyards Internet 2009.

TUCKER, Henry William; b 1789, Bermuda; d 28 Jan 1828, Charlottesville **RU:** Brigade Major, 6th Brigade (Douglas) VA Miitia **CEM:** University of VA; Albemarle; Cemetery Rd off Rt 302, Charlottesville **GS:** Y **SP:** mar Elizabeth (-----), b Bermuda (Island) 08 Jul 1779, d 21 Nov 1815 at University of Virginia **VI:** Educated at College of William & Mary. Physician. Died at University of Virginia age 39 **P:** None **BLW:** No **PH:** N **SS:** A rec 354 **BS:** 94 v3 pg 270.

TUCKER, Nathaniel Beverly; b 6 Sep 1784, Williamsburg; d 26 Aug 1851, Winchester **RU:** Lieutenant, 6th VMR (Sharp) **CEM:** Bruton Parish; Williamsburg; 331 W Duke of Gloucester St **GS:** Y **SP:** probably mar Lucy Ann (-----) **VI:** Son of Judge St. George Tucker and half brother of John Randolph of Roanoke. Graduate of College of William and Mary in 1801. Attorney. Moved to Missouri in 1815 where he was a circuit judge until 1830. Returned to VA in 1834, and became a professor of law at William and Mary. In 1836, he published *Partisan Leaders* with a fictitious date of 1856, which proved nearly prophetic. It was republished as *A Key to Disunion Conspiracy*. His tombstone was standing in 1903, which styled him "Judge" **P:** None **BLW:** No **PH:** N **SS:** A rec 567 **BS:** 64 pg 119.

TUCKER, Thomas; b 1793; d Jun 1857 **RU:** Corporal, 83rd VMR, Capt Theodrick Walker, Dinwiddie Co, attached to 6th VMR **CEM:** Fraser Family; Dinwiddie; Rt 664 **GS:** Y **SP:** mar Lucy (-----), b 1791, d Jun 1856 **VI:** No further data **P:** None **BLW:** No **PH:** N **SS:** L pg 803 **BS:** 97 pg 131.

TURLEY, Alexander; b 1787; d 1853 **RU:** Private, 60th VMR (Minor), Fairfax Co **CEM:** Turley Hall; Fairfax; 3318 Centreville Rd, Chantilly **GS:** U **SP:** No spouse information **VI:** No further data **P:** None **BLW:** No **PH:** N **SS:** A rec 1401 **BS:** 260.

TURNER, Andrew; b 21 May 1797; d 03 Dec 1877 **RU:** Private, 100th VMR, Capt William Freeland, Buckingham Co, attached to 7th VMR (Gray) **CEM:** Turner Family; Henry; Figsboro **GS:** Y **SP:** mar Frances Holland b 19 Jun 1801, d 02 Jul 1898 **VI:** Son of William & Jane (Hunter) Turner **P:** None **BLW:** No **PH:** N **SS:** B pg 50; K pg 333 **BS:** 245.

TURNER, Charles Blackwell, Sr; b 1796; d 11 Jun 1891 **RU:** Private, 4th Regiment Virginia Artillery **CEM:** Turner Family; Northumberland; Harry Logan Rd **GS:** Y **SP:** mar in Westmoreland Co on 08 Dec 1838, to Judith Parker **VI:** Son of Charles & Judith (-----) Turner **P:** None **BLW:** No **PH:** N **SS:** A rec 1590 **BS:** 269 pg 106.

TURNER, Edmund Pendleton; b 1795; d 19 Oct 1822 **RU:** Private, 4th VMR **CEM:** Shockoe Hill; Richmond City; 100 Hospital St **GS:** U **SP:** No spouse information **VI:** Clerk in US Department of Treasury **P:** None **BLW:** No **PH:** N **SS:** A rec 1641 **BS:** 38 pg 1.

TURNER, George; b 1784; d 02 Aug 1820 **RU:** Private, 5th VMR **CEM:** Pratt Family; Caroline; "Camden," Rt 686, Port Royal **GS:** Y **SP:** mar Catherine N Pratt, b 21 Jan 1787, d 17 Apr 1862 **VI:** No further data **P:** None **BLW:** No **PH:** N **SS:** A rec 1716 **BS:** 10 pg 117; 80.

RU=Rank/Unit CEM=Cemetery GS=Gravestone SP=Spousal Information VI=Other Veteran Info P=Pension
BLW=Bounty/Land Warrant PH=Photo SS=Service Source BS=Burial Source VMR= VA Military Regt
LNR= Last Known Residence

TURNER, George; b 17 Oct 1776; d 13 Aug 1856 **RU**: Private, 5th VMR **CEM**: Corn Family; Franklin; vic jct Rts 865 & 778 **GS**: Y **SP**: No spouse information **VI**: Son of Thomas Turner III & Jane Fauntleroy **P**: None **BLW**: No **PH**: N **SS**: A rec 1716 **BS**: 118 pg 364.

TURNER, James; b bef 1799; d UNK **RU**: Private, 6th VMR (Sharp) **CEM**: Rakes / Turner; Patrick; 1 mi E of Charity **GS**: Y **SP**: mar Sabrina (-----) **VI**: No further data **P**: None **BLW**: No **PH**: N **SS**: A rec 1834 **BS**: 154 pg 241.

TURNER, James; b 03 Apr 1766; d 17 Oct 1849 **RU**: Sergeant, Flying Camp McDowell **CEM**: Turner Family; Rockingham; off Rt 612, Fulks Run **GS**: Y **SP**: mar Christina Frankfort, d 13 Jun 1847 age 78 years, 10 days **VI**: No further data **P**: None **BLW**: No **PH**: N **SS**: A rec 1852 **BS**: 262.

TURNER, John B; b 01 Oct 1789; d 20 May 1874 **RU**: Ensign, 10th VMR, Capt Pleasant Groggin, Bedford Co, attached to 7th VMR (Saunders) **CEM**: Lackey / Turner; Patrick; Rt 704, 1 mi SE of Rt 782 **GS**: Y **SP**: mar (1) in Patrick Co on 15 Oct 1804 (bond) to Nancy Burnett, consent by John Burnett, b 1788, d 1844; (2) Mary Frances (-----) who drew pension **VI**: No further data **P**: Spouse **BLW**: No **PH**: Y **SS**: A rec 1954; BD pg 1737; B pg 42 **BS**: 154 pg 194.

TURNER, John L; b 13 Jul 1755, Mathews Co; d UNK **RU**: Sergeant, 19th VMR (Ambler), Capt Wilson Bryan, Richmond City **CEM**: Turner Family; Mathews; off Rt 14, Horn Habor **GS**: Y **SP**: No spouse information **VI**: He had both Rev War and War of 1812 service. Rev War service indicates he enlisted at Middlebrook, trained at Camp Charlotte and served in the Continental Line for 3 years **P**: None **BLW**: No **PH**: N **SS**: L pg 180; B pg 174 **BS**: 31.

TURNER, Lewis; b 1794; d 1885 **RU**: Private, 18th VMR, Lt John Corn, Patrick Co **CEM**: Turner / Hall Family; Patrick; vic jct Rts 704 & 635 **GS**: Y **SP**: mar Lucretia (-----) **VI**: No further data **P**: Spouse **BLW**: No **PH**: N **SS**: A rec 2091; BD pg 1738; B pg 157 **BS**: 154 pg 174.

TURNER, Martin; b 1767; d Jul 1818 **RU**: Private, 19th VMR, Capt Samuel Adams, Richmond City **CEM**: Immanuel Episcopal; Hanover; 3263 Old Church Rd, Mechanicsville **GS**: Y **SP**: No spouse information **VI**: No further data **P**: None **BLW**: No **PH**: N **SS**: L pg 81 **BS**: 70 pg 120.

TURNER, Richard; b UNK; d 15 Nov 1829 **RU**: Private, 30th VMR, Capt James Daniel, Caroline Co **CEM**: Pratt Family; Caroline; "Camden," Rt 686, Port Royal **GS**: Y **SP**: mar Alice Fitzhugh Pratt, daughter of John Pratt & Elizabeth Fitzhugh (Dixon) Pratt, b 11 Aug 1789, d 17 Apr 1862 **VI**: Son of Thomas Turner III & Jane Fauntleroy **P**: None **BLW**: No **PH**: N **SS**: L pg 269 **BS**: 10 pg 117; 80.

TURNER, Thomas; b 1772; d 03 Jan 1839 **RU**: Private, 36th VMR, Capt John Linton, Prince William Co **CEM**: Turner Cemetery; Fauquier; "Kinloch", Rt 601, The Plains **GS**: Y **SP**: mar Elizabeth C (-----), d 03 Jul 1866 in her 84th year. **VI**: Tombstone styles him "Major" **P**: None **BLW**: No **PH**: N **SS**: L pg 548 **BS**: 4 pg 202; 175.

TURNER, Thomas; b 1771; d 28 Jun 1842 **RU**: Private, 74th VMR, Capt Nathaniel Bowe, Hanover Co, attached to Cocke's Detachment **CEM**: Immanuel Episcopal; Hanover; 3263 Old Church Rd, Mechanicsville **GS**: Y **SP**: mar Ann (-----) **VI**: No further data **P**: Both **BLW**: No **PH**: N **SS**: K pg 362; BD pg 1738; B pg 94 **BS**: 70 pg 120.

TURNER, William; b 05 Aug 1766; d 14 Jan 1871 **RU**: Corporal, 61st VMR, Capt Thomas James Detachment, Mathews Co **CEM**: Turner Family; Mathews; Off Rt 14, Horn Habor **GS**: Y **SP**: mar Elizabeth (-----), d 14 May 1847 age 68 yrs, 28 days **VI**: No further data **P**: None **BLW**: No **PH**: N **SS**: K pg 297 **BS**: 54 pg 190.

TURNER, William Smith; b UNK; d UNK **RU**: Private, 45th VMR, Capt Thomas Hill, Stafford Co **CEM**: Emmanuel Episcopal; King George; Rt 301, Port Conway **GS**: Y **SP**: No spouse information **VI**: No dates on stone. Son of Henry and Caroline Turner **P**: None **BLW**: No **PH**: N **SS**: K pg 127 **BS**: 80.

TURPIN, Henry; b 24 Jul 1770; d 10 Oct 1843 **RU**: Private, 19th VMR, Capt William Murphy, Light Infantry Blues, Richmond City, attached to 1st Corps d'Elite (Randolph) **CEM**: Turpin Family; Chesterfield; Winterpock **GS**: Y **SP**: mar (1) in Chesterfield Co in 1792 by Rev Eleazar Clay (Baptist) to Elizabeth Roberson, b 01 Sep 1768, d 19 May 1824; (2) Lucy F (-----). **VI**: No further data **P**: Spouse **BLW**: No **PH**: N **SS**: A rec 2526; BD pg 1739; B pg 175 **BS**: 245; 8 pg 172.

TURPIN, Henry; b 1787; d 7 Jun 1828 **RU**: Private, 19th VMR (Ambler), Richmond City **CEM**: Shockoe Hill; Richmond City; 100 Hospital St **GS**: U **SP**: No spouse information **VI**: No further data **P**: None **BLW**: No **PH**: N **SS**: A rec 2525 **BS**: 38 pg 6.

TURPIN, William; b UNK; d UNK **RU:** Private, 2nd VMR **CEM:** Hollywood; Richmond City; 412 S Cherry St **GS:** U **SP:** No spouse information **VI:** No further data **P:** None **BLW:** No **PH:** N **SS:** A rec 2566 **BS:** 260.

TYLER, Charles; b 1772; d 01 Dec 1821, Norfolk **RU:** Private, 54th VMR (Sharp), Capt John West, Norfolk Borough **CEM:** St Paul's Episcopal; Norfolk City; 201 St Paul's Blvd **GS:** Y **SP:** Obituary: left a wife and two children (not named) **VI:** Obituary in the *American Commercial Beacon*, 03 Dec 1821. Died after a "protracted illness" in his 49th year. Stone reads "A tender husband and indulgent parent" **P:** None **BLW:** No **PH:** N **SS:** P; A rec 696 **BS:** 174 pg 101; 239 No. 203.

TYLER, Edmund; b 09 Aug 1792; d 03 Apr 1844 **RU:** Surgeon's Mate, 57th VMR, Capt Joseph Edwards, Loudoun Co, attached to 5th VMR **CEM:** Sharon; Loudoun; Jay & Federal Sts, Middleburg, Lot 53 **GS:** Y **SP:** mar Mary K (-----) **VI:** No further data **P:** Spouse **BLW:** No **PH:** Y **SS:** BD pg 1741; B pg 120 **BS:** 7 pg 86.

TYLER, Henry B; b 1791; d 17 Dec 1871 **RU:** Private, Maj Robert Crutchfield's Detachment **CEM:** Fairfax City Cemetery; Fairfax; 10567 Main St **GS:** U **SP:** mar Elizabeth (-----), d age 76 **VI:** No further data **P:** None **BLW:** No **PH:** N **SS:** A rec 746 **BS:** 35 pg 42.

TYLER, John; b 1780; d 31 Sep 1831 **RU:** Private, 2nd VMR **CEM:** Onancock Cemetery; Accomack; Hill St, Ononacock **GS:** U **SP:** No spouse information **VI:** No further data **P:** None **BLW:** No **PH:** N **SS:** A rec 796 **BS:** 178.

TYLER, John, Jr; b 29 Mar 1790, Charles City Co; d 1862 **RU:** Captain, 52nd VMR, Company Commander, New Kent & Charles City Cos **CEM:** Hollywood; Richmond City; 412 S Cherry St **GS:** Y **SP:** mar (1) 29 Mar 1813 (his twenty-third birthday) Letitia Christian, daughter of Robert Christian, d 10 Sep 1842, 1st President's wife to die in the White House, peacefully holding a damask rose in her hand; (2) on 26 Jun 1844, Julia Gardiner, d 1889. First President to marry while in office. Plantation "Sherwood Forest" in Charles City Co **VI:** 10th President of the United States, 1841-45; 1st Vice President to become President by death of predecessor, ("His Accidency"). Studied law at College of William & Mary; US Congress 1816-21; Governor of Virginia 1825-27; US Senator; The Whig Party nominated Tyler for Vice President in 1840 under the slogan "Tippecanoe & Tyler Too." At his death, he was a member of Congress of the Confederate States of America **P:** None **BLW:** No **PH:** Y **SS:** L pg 793 **BS:** 80.

TYLER, William; b Feb 1768; d 15 Jan 1821 **RU:** 1st Lieutenant, 7th VMR (Gray) **CEM:** Retirement; Hanover; King's Charter Subdivision, Atlee Station Rd **GS:** Y **SP:** mar Elizabeth (-----), d 26 Jun 1856, in her 80th year. "Wife of William Tyler" (stone) **VI:** Died age 52 years, 11 months **P:** None **BLW:** No **PH:** N **SS:** A rec 936 **BS:** 71 pg 30.

TYLER, William; b UNK, King William Co; d UNK **RU:** Private, 20th US Infantry **CEM:** Retirement; Hanover; King's Charter Subdivision, Atlee Station Rd **GS:** U **SP:** No spouse information **VI:** Occupation at enlistment was bricklayer. Enlisted 24 May 1814, discharged at Norfolk, 15 Mar 1815 **P:** None **BLW:** No **PH:** N **SS:** C pg 185 **BS:** 71 pg 30.

TYNANT, Jacob; b 10 Dec 1780; d Mar 1855 **RU:** Private, 1st Reg PA Volunteers (Biddles) **CEM:** Hershberger / Wynant; Russell; 1.5 mi E of Bridgewater on North RIver **GS:** U **SP:** No spouse information **VI:** No further data **P:** None **BLW:** No **PH:** N **SS:** A rec 1637 **BS:** 177.

TYREE, Caleb; b 1795; d 15 Aug 1839 **RU:** Private, 19th VMR, Capt George Becker, Richmond City **CEM:** Shockoe Hill; Richmond City; 100 Hospital St **GS:** Y **SP:** Was married, name not known **VI:** Stone erected by his widow, marked by Dorothea Payne Madison Chapter of US Daughters of 1812 **P:** None **BLW:** No **PH:** N **SS:** A rec 1072 **BS:** 38 pg 18; 199.

TYREE, Richard, Sr; b 1776; d 19 Nov 1852 **RU:** Private, 52nd VMR, Lt Thomas Tunstall, New Kent & Charles City Cos **CEM:** Presbyterian Cemetery; Lynchburg; Grace & Bailey Sts **GS:** Y **SP:** mar Mildred (-----), d 27 Jul 1857, age 73 **VI:** He and wife laid together under inscribed 7' x 3' flat marble slab **P:** None **BLW:** No **PH:** N **SS:** L pg 787 **BS:** 207.

TYRER, James; b 02 Oct 1780, Liverpool, England; d 02 Jan 1832 **RU:** Sergeant, Warrant's Regiment, NY militia **CEM:** Blandford; Petersburg; 111 Rochelle Ln **GS:** Y **SP:** No spouse information **VI:** Place of birth from tombstone **P:** None **BLW:** No **PH:** N **SS:** A rec 1117 **BS:** 200.

UNDERHILL, John B; b 05 Mar 1792; d 05 May 1860 **RU:** Private, 39th VMR, Capt Alexander Taylor, Petersburg Republican Light Infantry, Petersburg, attached to 2nd VMR(Sharp) **CEM:** Blandford; Petersburg; 111 Rochelle Ln **GS:** Y **SP:** No spouse information **VI:** No further data **P:** None **BLW:** No **PH:** N **SS:** K pg 159; B pg 160 **BS:** 200.

RU=Rank/Unit CEM=Cemetery GS=Gravestone SP=Spousal Information VI=Other Veteran Info P=Pension
BLW=Bounty/Land Warrant PH=Photo SS=Service Source BS=Burial Source VMR= VA Military Regt
LNR= Last Known Residence

UNDERHILL, Thomas; b 07 Dec 1771; d 08 Apr 1855 **RU:** 2nd Lieutenant, 2nd VMR (Bayley) **CEM:** Boggs Burial Ground; Accomack; W of Cashville nr jct Rts 638 & 635 **GS:** Y **SP:** mar Nancy (----), b 13 Nov 1783, d 22 Dec 1856 **VI:** No further data **P:** None **BLW:** No **PH:** N **SS:** A rec 1503 **BS:** 21 pg 278.

UNDERWOOD, Thomas; b 1771; d bur 01 Sep 1843 **RU:** Quartermaster, Cocke's Detachment VA Militia **CEM:** Shockoe Hill; Richmond City; 100 Hospital St **GS:** U **SP:** No spouse information **VI:** No further data **P:** None **BLW:** No **PH:** N **SS:** A rec 1629 **BS:** 38 pg 28.

UPSHUR, Arthur B; b 29 Feb 1788; d 17 Jan 1819 **RU:** Ensign, 27th VMR, Capt Littleton Upshur, Northampton Co **CEM:** Vaucluse Family; Northampton; end of Rt 619, 4.5 miles into Church Neck **GS:** Y **SP:** mar in Northampton Co on 28 Apr 1811 (return by Thomas Davis) to Elizabeth G Carpenter. Consent by Rickards Dunton, guardian of the bride **VI:** Son of Littleton & Anne (Parker) Upshur **P:** None **BLW:** No **PH:** N **SS:** K pg 120 **BS:** 20 pg 87.

UPSHUR, George Parker; b 08 Mar 17xx; d 03 Nov 1852, Spezia, Italy **RU:** Private, 27th VMR, Capt Littleton Upshur, Northampton Co **CEM:** Vaucluse Family; Northampton; end of Rt 619, 4.5 miles into Church Neck **GS:** Y **SP:** mar in Northampton Co on 28 Jun 1836 at "Kendall Grove" by William G Jackson to Peggy E Parker, daughter of Dr Jacob G Parker and Elizabeth Upshur. He is called "of US Navy" in the bible record of the marriage **VI:** Died at Spezia, Italy in command of the USS *Levant*. Stone is probably a cenotaph. **P:** None **BLW:** No **PH:** N **SS:** L pg 797 **BS:** 20 pg 87.

UPSHUR, John; b 1792; d 15 May 1818, Vaucluse **RU:** Private, 27th VMR, Capt Littleton Upshur, Northampton Co **CEM:** Parker Plot; Accomack; nr jct Rts 609 & 178 off Rt 178, aka Andrews Place & Bull Farm **GS:** Y **SP:** mar in Accomack Co on 08 Apr 1818 to Lucy Parker, daughter of Thomas & Elizabeth Parker, d 29 Apr 1818, age 22 **VI:** Son of Littleton & Ann (Parker) Upshur, died age 26. Doctor **P:** None **BLW:** No **PH:** N **SS:** L pg 797 **BS:** 21 pg 278.

UPSHUR, John Brown; b 07 Sep 1786, Northampton Co; d 28 Oct 1822, Accomack Co **RU:** Private, 2nd VMR, Capt John Finney, Accomack Co **CEM:** Rose Cottage; Accomack; Accomac **GS:** N **SP:** mar Mary Elizabeth Stith, b 1787, daughter of William & Sarah (Smith) Stith **VI:** No further data **P:** None **BLW:** No **PH:** N **SS:** L pg 321 **BS:** 180

URQUHART, John; b 01 Sep 1773; d 29 Jul 1843 **RU:** Sergeant, 3rd VMR (Dickinson) **CEM:** Urquhart Family; Southampton; Rt 620 (Broadwater Rd), Oak Grove Plantation, Ivor **GS:** Y **SP:** mar in Southampton Co on 10 Dec 1792 (bond) to Nancy Williamson, daughter of Burwell and Lucy (Niblett) Williamson, b 14 Jan 1774, d 12 Aug 1837, age 64 at Urquhart's Store, Southampton Co, "the summer residence of the family." Died leaving a husband and four children. *Richmond Whig*, 22 Aug 1837, pg 2 **VI:** John Urquart, Esquire. Son of William and Mary (Simmons) Urqhart. He is styled "Esquire" in his wife's death notice. His death notice is in the *Richmond Daily Whig*, 07 Aug 1843, pg 2. States he would have turned 70 years on September 1st. Died in Southampton Co, "after a protracted but not generally painful indisposition" **P:** None **BLW:** No **PH:** N **SS:** A rec 1965 **BS:** 39 pg 48.

VACHE, John Benign; b 30 Jan 1792, NY; d 13 Jul 1813 **RU:** Private, 54th VMR (Sharp), Capt Julian Magagnos, Norfolk Borough, attached to 2nd VMR (Sharp) **CEM:** St Paul's Episcopal; Norfolk City; 201 St Paul's Blvd **GS:** U **SP:** Never married **VI:** Son of John Vache of New York. He moved to Norfolk sometime after 1810. Entered service on 09 Mar 1813 and the April-July muster rolls noted he was sick in his quarters. Death notice in New York newspapers (Barber Collection). Stone erected by his "Inconsolable parents." Death notice in the *Norfolk and Portsmouth Herald*, 16 Jul 1813, pg 3, column 5, which calls him "a member of the Norfolk Independent Volunteers" **P:** None **BLW:** No **PH:** N **SS:** A rec 5; P **BS:** 119 pg 30; 239 No. 136.

VALENTINE, Edward; b 13 Nov 1791; d 25 May 1878 **RU:** Private, 2nd VMR (Ballowe) **CEM:** Buchanan Episcopal Church; Botetourt; Main St, Buchanan **GS:** Y **SP:** mar Susan Archer, b Norfolk, 31 Mar 1799, d 12 Nov 1867 **VI:** No further data **P:** None **BLW:** No **PH:** N **SS:** A rec 221 **BS:** 194.

VAN LEAR, Jacob; b 19 Jan 1773; d 28 Feb 1845 **RU:** Private, 32nd VMR, Capt Samuel Steele, Augusta Co, attached to Cocke's Detachment **CEM:** Old Stone Presbyterian; Augusta; Rt 11, Fort Defiance **GS:** U **SP:** mar Nancy (-----), b 25 Apr 1770, d 09 Jul 1853 **VI:** No further data **P:** Yes **BLW:** No **PH:** N **SS:** K pg 179; B pg 40; BD pg 1752 **BS:** 2 pg 21.

VAN LEAR, John A; b 10 Dec 1797; d 18 Aug 1850 **RU:** Private, 5th Regiment MD Militia (Sterrett) **CEM:** Mossy Creek Church; Augusta; Mossy Creek **GS:** Y **SP:** No spouse information **VI:** Pastor of Mossy Creek Church for 31 years **P:** None **BLW:** No **PH:** N **SS:** A rec 351 **BS:** 183.

VAN LEW, John; b 04 Mar 1790; d 13 Sep 1843 **RU:** Sergeant, Swift's Det NY Militia **CEM:** Shockoe Hill; Richmond City; 100 Hospital St **GS:** U **SP:** mar in Richmond City on 10 Jan 1818 to Elisha Louisa Baker **VI:** No further data **P:** None **BLW:** No **PH:** N **SS:** A rec 374 **BS:** 199; 63 pg 238.

VAN VACTOR, Solomon; b UNK; d 23 Oct 1812 **RU:** Private, 1st VMR (Taylor) **CEM:** Arnold Grove Methodist Episcopal; Loudoun; jct Rts 9 & 690, Hillsboro **GS:** Y **SP:** No spouse information **VI:** No further data **P:** None **BLW:** No **PH:** N **SS:** A rec 1354 **BS:** 73 pg 324.

VANCE, James; b 1778; d 19 Oct 1814 **RU:** Corporal, 4th VMR (Beatty) **CEM:** Opequon Presbyterian; Frederick; 217 Opequon Church Ln, Kernstown **GS:** Y **SP:** Also buried here is Sally Vance, b 1782, d 28 Mar 1815 **VI:** Died in his 36th year **P:** None **BLW:** No **PH:** N **SS:** A rec 1178 **BS:** 79 pg 333; 151.

VANCE, Robert; b 1775; d 29 Jun 1834 **RU:** Private, 5th VMR **CEM:** Opequon Presbyterian; Frederick; 217 Opequon Church Ln, Kernstown **GS:** Y **SP:** No spouse information **VI:** Died in his 59th year **P:** None **BLW:** No **PH:** N **SS:** A rec 1233 **BS:** 79 pg 333; 151.

VANDEGRIFT, John, Sr; b 27 Aug 1787; d 01 Jun 1858 **RU:** Private, 121st VMR, Capt Griffin Lampkin, Botetourt Co, attached to 5th VMR **CEM:** Catawba; Roanoke; 1.4 mi E of Catawba **GS:** Y **SP:** mar Barbara Wiseman on 12 Sep 1812 **VI:** No further data **P:** Spouse **BLW:** No **PH:** N **SS:** A rec 1468; BD pg 1748; B pg 46 **BS:** 157 pg 44.

VANDEVANTER, Isaac; b UNK; d Jun 1834 **RU:** Captain, 57th VMR, Company Commander, Loudoun Co **CEM:** Leesburg Presbyterian; Loudoun; 307 W Market St, Leesburg **GS:** Y **SP:** No spouse information **VI:** No further data **P:** None **BLW:** No **PH:** Y **SS:** A rec 1971 **BS:** 73 pg 323.

VANDEVANTER, Joseph; b UNK; d 24 Jun 1821 **RU:** Lieutenant, 57th VMR, Loudoun Co **CEM:** Leesburg Presbyterian; Loudoun; 307 W Market St, Leesburg **GS:** Y **SP:** No spouse information **VI:** No further data **P:** None **BLW:** No **PH:** N **SS:** A rec 1995 **BS:** 73 pg 323.

VARNER, Joseph; b 1770; d 02 Nov 1848 **RU:** Private, 1st VMR (Connell) **CEM:** Varner Family; Patrick; nr jct Rts 626 & 695 **GS:** N **SP:** No spouse information **VI:** Said to have served in both the Rev War and the War of 1812 but if this is so the birth date is incorrect **P:** None **BLW:** No **PH:** N **SS:** A rec 1977 **BS:** 154 pg 44.

VASS, James P; b 22 Sep 1770, Florres, Scotland; d 03 Feb 1837 **RU:** Private, 69th VMR, Capt Joseph Sanford, Troop of Cavalry, Halifax Co **CEM:** City Cemetery; Fredericksburg; William St & Washington Ave **GS:** Y **SP:** mar Elizabeth Brayne Maury. No dates on stone **VI:** No further data **P:** None **BLW:** No **PH:** N **SS:** L pg 692 **BS:** 18 pg 31.

VAUGHAN, James W; b 1789, Shropshire, England; d bur 29 Oct 1861 **RU:** Private, 19th VMR (Ambler), Richmond City **CEM:** Hollywood; Richmond City; 412 S Cherry St **GS:** U **SP:** No spouse information **VI:** No further data **P:** None **BLW:** No **PH:** N **SS:** A pg 2307 **BS:** 263 v9 pg 112.

VAUGHAN, William; b UNK; d UNK **RU:** Private, 52nd VMR, Capt Robert Perkins, New Kent Co **CEM:** Vaughan Family; Middlesex; Providence **GS:** U **SP:** No spouse information **VI:** No further data **P:** None **BLW:** No **PH:** N **SS:** K pg 131 **BS:** 128 pg 89.

VAUGHAN, William; b 1770; d 1834 **RU:** Private, 26th VMR, Capt John Pollock, Charlotte Co, attached to 7th VMR (Gray) **CEM:** Fairmont Baptist; Nelson; Rt 622, Shipman **GS:** U **SP:** mar Mary (-----) **VI:** No further data **P:** Spouse **BLW:** No **PH:** N **SS:** A rec 2717; BD pg 1758; B pg 58 **BS:** 153.

VAUGHN, Geary; b 1796; d aft 1860 **RU:** Private, 51st VMR, Capt Thomas Thatcher, Frederick Co **CEM:** Ninevah Family; Warren; jct Rts 522 & 340, Ninevah **GS:** Y **SP:** mar Lydia (-----) **VI:** Age 64 years on 1860 census of Warren Co. His name is spelled Gary on this census **P:** Both **BLW:** No **PH:** N **SS:** M pg 304; BD pg 1758; B pg 80 **BS:** 115 pg 244.

VAUGHN, George Washington; b c1773; d UNK **RU:** Sergeant, 62nd VMR (Selden), Prince George Co **CEM:** Early Episcopal Church; Amherst; Amherst **GS:** Y **SP:** mar in Amherst Co on 24 Dec 1795 by Rev William Crawford to Susan "Sukey" Loving, daughter of William & Elizabeth (Margrove) Loving, b 22 Mar 1777, d 11 Apr 1816. Betty Loving gave consent to the marriage **VI:** No further data **P:** None **BLW:** No **PH:** N **SS:** A rec 2554 **BS:** 5 pg 40.

VAUGHN, James M; b 11 Mar 1787, Gloucester Co; d 10 Oct 1850 **RU:** Private, 61st VMR, Capt Frederick Weedon, Mathews Co **CEM:** Vaughan Family; Hampton City; 8 mi NW Hampton Rt 27 **GS:** U **SP:** mar Ardiadne (-----), b Mathews Co, 26 Sep 1796, d 18 Feb 1854 **VI:** No further data **P:** None **BLW:** No **PH:** N **SS:** K pg 306 **BS:** 188; 245.

RU=Rank/Unit   CEM=Cemetery   GS=Gravestone   SP=Spousal Information   VI=Other Veteran Info   P=Pension
BLW=Bounty/Land Warrant   PH=Photo   SS=Service Source   BS=Burial Source   VMR= VA Military Regt
LNR= Last Known Residence

VAUGHN, John; b UNK; d 1876 **RU:** Private, 4th VMR, Capt Heul [tombstone] **CEM:** Vaughan Family; Carroll; vic jct Rts 744 & 705 **GS:** Y **SP:** No spouse information **VI:** No further data **P:** None **BLW:** No **PH:** N **SS:** G **BS:** 90 pg 91.

VAUGHN, Joseph W; b 1790; d 04 Jul 1830 **RU:** Private, 19th VMR, Capt William McCabe, Richmond City **CEM:** Shockoe Hill; Richmond City; 100 Hospital St **GS:** U **SP:** No spouse information **VI:** No further data **P:** None **BLW:** No **PH:** N **SS:** L pg 573 **BS:** 38 pg 8.

VAUGHN, Robert; b UNK; d UNK **RU:** Private, 2nd VMR, Capt Edward Johnson, Chesterfield Co **CEM:** Hollywood; Richmond City; 412 S Cherry St **GS:** U **SP:** mar in Chesterfield Co on 02 Nov 1840 to Harriet M Simmons **VI:** No further data **P:** None **BLW:** No **PH:** N **SS:** K pg 976 **BS:** 260.

VAWTER, John; b 1795; d 1834 **RU:** Montross, Cocke's Detachment VA Militia **CEM:** Old City Cemetery; Lynchburg; 401 Taylor St **GS:** U **SP:** No spouse information **VI:** No further data **P:** None **BLW:** No **PH:** N **SS:** A rec 2841 **BS:** 88 pg 4.

VAWTER, Silas; b UNK; d UNK **RU:** Private, 30th VMR, Capt John Sizer, Caroline Co **CEM:** Old City Cemetery; Lynchburg; 401 Taylor St **GS:** U **SP:** No spouse information **VI:** A Silas Vawter, probably his son, age 22, died in 1833 **P:** None **BLW:** No **PH:** N **SS:** K pg 203 **BS:** 87 pg 173.

VENABLE, Nathaniel E; b 05 Dec 1791; d 24 Sep 1846 **RU:** Captain, 4th VMR **CEM:** Farmville Cemetery; Prince Edward; Rt 16, 1.5 mi W of Farmville **GS:** Y **SP:** mar Mary Embray Scott, daughter of Brigadier General Charles Scott of the Revolution, b 1793, d 1865 **VI:** Member of House of Delegates & State Senate **P:** None **BLW:** No **PH:** N **SS:** A rec 295 **BS:** 232.

VIA, William M; b 13 Apr 1779; d 21 Feb 1839 **RU:** Private, 47th VMR, Capt Robert McCulloch, Albemarle Co, attached to 7th VMR (Gray) **CEM:** Via Family; Patrick; 100 yards N of Rt 440 **GS:** Y **SP:** mar Elizabeth (-----), b 1787, d 1842 **VI:** No further data **P:** None **BLW:** No **PH:** N **SS:** K pg 343 **BS:** 154 pg 203.

VIGLINI, Joseph; b 1779; d bur 06 Aug 1848 **RU:** Musician, 19th VMR (Ambler), Richmond City **CEM:** Shockoe Hill; Richmond City; 100 Hospital St **GS:** U **SP:** No spouse information **VI:** No further data **P:** None **BLW:** No **PH:** N **SS:** A rec 1200 **BS:** 38 pg 43.

VINCENT, Nathan; b 1776; d Jun 1860 **RU:** Private, 39th VMR, Capt Charles Kent, Petersburg **CEM:** Blandford; Petersburg; 111 Rochelle Ln **GS:** Y **SP:** mar Amy Digger "wife of Nathan Vincent" b 1793, d 07 Aug 1857 **VI:** No further data **P:** None **BLW:** No **PH:** N **SS:** L pg 524 **BS:** 200.

VINYARD, Nicholas; b 1798; d UNK **RU:** Private, 121st VMR, Botetourt Co **CEM:** Vinyard Family; Roanoke; vic Lauderdale Ave **GS:** Y **SP:** No spouse information **VI:** No death date on stone. Son of Christian Vinyard (tombstone) **P:** None **BLW:** No **PH:** N **SS:** A rec 1748 **BS:** 157 pg 235.

VOWELL, John Cripps; b 12 Aug 1767, London, England; d 09 Dec 1852, Alexandria **RU:** Private, 1st DC Regiment of Militia **CEM:** Old Presbyterian Meeting House; Alexandria; Wilkes & Hamilton **GS:** Y **SP:** mar Mary Jaqueline Smith, daughter of Augustine J Smith of Shooter's Hill, Middlesex Co, b 12 Feb 1773, d 31 Oct 1846, "our mother." Like her husband, she has two tombstones **VI:** He has two stones, both with same dates and places **P:** None **BLW:** No **PH:** N **SS:** A rec 2369 **BS:** 32 pg 82.

WADDELL, James G; b 1770; d 06 Nov 1857 **RU:** Private, 74th VMR (Trueheart) **CEM:** Waynesboro Cemetery; Augusta; Waynesboro **GS:** U **SP:** No spouse information **VI:** No further data **P:** None **BLW:** No **PH:** N **SS:** A rec 61 **BS:** 183.

WADDLE, Michael; b 1787; d 25 Jul 1883 **RU:** Private, 105th VMR, Capt Henry Dixon, Washington Co, attached to 5th VMR **CEM:** Gibson Family; Washington; Rt 19, S of Holston **GS:** Y **SP:** mar Mary (-----), d 14 Dec 1876 age 86 yrs, 8 mos, 22 days, "wife of Michael Waddle" **VI:** No further data **P:** Yes **BLW:** No **PH:** N **SS:** A rec 147; BD pg 1764; B pg 198 **BS:** 116 pg 55.

WADDY, Garland T; b 1798; d aft 1850 **RU:** Private, 40th VMR, Capt Frederick Harris, Troop of Cavalry, Louisa Co, attached to 1st Corps d'Elite (Randolph) **CEM:** Elk Creek Baptist; Louisa; 5916 Kentucky Springs Rd (Rt 652), Mineral **GS:** Y **SP:** mar in Louisa Co on 08 May 1832 (bond) to Sophia A Pleasants, daughter of Jordan Pleasants. She was age 37 on the 1850 census in this household **VI:** Age 52 years on 1850 census of Louisa Co **P:** Spouse **BLW:** No **PH:** Y **SS:** L pg 402; BD pg 1764 **BS:** 93.

RU=Rank/Unit CEM=Cemetery GS=Gravestone SP=Spousal Information VI=Other Veteran Info P=Pension
BLW=Bounty/Land Warrant PH=Photo SS=Service Source BS=Burial Source VMR= VA Military Regt
LNR= Last Known Residence

WADE, George E; b birth-unk; d 1833 **RU:** Private, 5th VMR (McDowell) **CEM:** Craig; Montgomery; 401 S Franklin St, Christiansburg **GS:** Y **SP:** No spouse information **VI:** No further data **P:** None **BLW:** No **PH:** N **SS:** A rec 277 **BS:** 245.

WADE, Hamilton; b 28 May 1789; d 02 May 1846 **RU:** Private, 75th VMR, Capt John Floyd, Mounted Infantry, Montgomery Co **CEM:** Craig; Montgomery; 401 S Franklin St, Christiansburg **GS:** Y **SP:** mar in Montgomery Co on 31 Nov 1821 (bond) to Mary Anderson, Thomas Trigg surety **VI:** No further data **P:** None **BLW:** No **PH:** N **SS:** L pg 330; B pg 138 **BS:** 121 pg 68; 245.

WADE, Isaac C, Jr; b 1788; d 1882 **RU:** Private, 10th VMR, Capt John Myers, Bedford Co, attached to 5th VMR **CEM:** Woodford / Wade; Bedford; jct Rts714 & 808 **GS:** Y **SP:** mar Mary Stevens, b 1790, d 1874 **VI:** No further data **P:** Yes **BLW:** No **PH:** N **SS:** B pg 42; BD pg 1764 **BS:** 251 pg 720; 260.

WADE, John; b 26 Mar 1792; d 22 Aug 1849 **RU:** Private, 4th VMR, Artillery **CEM:** Wade Family; Montgomery; Rt 11, 4 mi W of Christiansburg **GS:** Y **SP:** mar in Montgomery Co on 11 Jan 1819 (bond) to Susannah Trigg, daughter of Col Daniel Trigg, b 16 Jan 1800 (no death date on stone) **VI:** No further data **P:** None **BLW:** No **PH:** N **SS:** A rec 335 **BS:** 204.

WADE, Robert; b 1785; d 1835 **RU:** Lieutenant, 5th VMR **CEM:** Graveyard Hill; Franklin; Old Carolina Rd **GS:** Y **SP:** No spouse information **VI:** Alternate spelling: WAID **P:** None **BLW:** No **PH:** N **SS:** B pg 77 **BS:** 118 pg 373.

WADE, Thomas D; b 09 Jan 1781; d 28 Jun 1838 **RU:** Sergeant, 68th VMR, Capt James Hubbard, Artillery, York Co **CEM:** Wade / Curtis; York; Naval Weapons Station **GS:** Y **SP:** mar (1) Lucy (-----), b 26 Jul 1785, d 14 Feb 1825;(2) in Richmond on 08 Dec 1831 to Elizabeth Childers **VI:** No further data **P:** None **BLW:** No **PH:** N **SS:** K pg 372 **BS:** 49; 63 pg 244.

WADE, William; b 1798; d 11 Apr 1857 **RU:** Private, 75th VMR, Montgomery Co **CEM:** Craig; Montgomery; 401 S Franklin St, Christiansburg **GS:** Y **SP:** No spouse information **VI:** No further data **P:** None **BLW:** No **PH:** N **SS:** A rec 450 **BS:** 245.

WALDEN, John; b 1797; d 27 Feb 1823 **RU:** Private, 19th VMR (Ambler), Capt John McPherson, Richmond City **CEM:** Shockoe Hill; Richmond City; 100 Hospital St **GS:** Y **SP:** No spouse information **VI:** No further data **P:** None **BLW:** No **PH:** N **SS:** L pg 578-579 **BS:** 38 pg 1.

WALDEN, Lewis; b 1783; d 17 Jul 1850 **RU:** Private, 6th VMR (Ritchie) **CEM:** Walden Family; Washington; Rt 703 **GS:** Y **SP:** mar Amelia "Milly" Hunt, daughter of William Hunt in Pittsylvania Co on 13 Dec 1804 **VI:** Moved to Washington Co by 12 Feb 1810 **P:** None **BLW:** No **PH:** N **SS:** A rec 1707 **BS:** 116 pg 27c.

WALDRON, Moses A; b 1784, Halifax Co; d UNK **RU:** Private, 5th VMR **CEM:** Waldron Family; Bedford; Otter Hill **GS:** N **SP:** mar Mary St Clair, daughter of Robert St Clair, Sr **VI:** Son of Benjamin Waldron, Sr and Elizabeth (-----) **P:** None **BLW:** No **PH:** N **SS:** A rec 1918 **BS:** 245.

WALDRON, Thomas; b 1782, Halifax Co; d 04 Jan 1864, Adria **RU:** Private, 4th VMR **CEM:** Akers Family; Tazewell; Adria **GS:** Y **SP:** mar (1) on 17 Mar 1818, Warren. NC to Anna Rebecca Day, b 02 Feb 1790, Charlotte Co; (2) Sallie Tate, b 1784, Bedford Co **VI:** Son of Benjamin Waldron and Elizabeth Jennings **P:** None **BLW:** No **PH:** N **SS:** A rec 1946 **BS:** 245.

WALKER, Alexander; b 01 Jul 1771; d 28 Sep1830 **RU:** Lieutenant, 52nd VMR, (Christian), New Kent & Charles City Cos **CEM:** Masonic Cemetery; Fredericksburg; 900 Block, Charles St **GS:** Y **SP:** mar Susan (-----) **VI:** No further data **P:** None **BLW:** No **PH:** N **SS:** A rec 2096 **BS:** 52.

WALKER, Caleb; b 1793; d bur 16 Feb 1843 **RU:** Private, 19th VMR (Ambler), Richmond City **CEM:** Shockoe Hill; Richmond City; 100 Hospital St **GS:** U **SP:** No spouse information **VI:** No further data **P:** None **BLW:** No **PH:** N **SS:** A rec 2191 **BS:** 38 pg 27.

WALKER, Daniel; b 1792; d 02 Nov 1832 **RU:** Private, 6th VMR (Sharp) **CEM:** Shockoe Hill; Richmond City; 100 Hospital St **GS:** U **SP:** No spouse information **VI:** No further data **P:** None **BLW:** No **PH:** N **SS:** A rec 2257 **BS:** 38 pg 11.

WALKER, Daniel; b 1792; d 1878 RU: Private, 35th VMR, Capt Jacob Fishback, Wythe Co CEM: Sulphur Spring; Smyth; Rt 107, Chilhowie GS: Y SP: mar Elizabeth (-----), d 04 Nov 1891 VI: No further data P: Both BLW: Yes PH: N SS: G; A rec 22399; BD pg 1769; B pg 204 BS: 131 v1 pg181.

WALKER, Henry; b UNK; d UNK RU: Private, 48th VMR, Capt Joseph Hannah, Troop of Cavalry, Botetourt Co CEM: Walker Family; Alleghany; 23 mi SE of Covington, jct Rts 60, 18, and 607 GS: N SP: mar Martha Woods, daughter of Andrew & Martha (Poage) Woods VI: WPA Survey says he was a Captain of Militia "before the War between the States" P: Yes BLW: No PH: N SS: K pg 11; BD pg 1769; B pg 45 BS: 197.

WALKER, James; b 21 Sep 1793; d 26 Oct 1875 RU: Private, 2nd VMR, Capt William Outten, Accomack Co CEM: Walker Burial Grounds; Accomack; nr Galey GS: Y SP: mar Sallie Hornsby, daughter of Major & Susannah Hornsby; b 04 Feb 1799, d 05 Oct 1843 VI: No further data P: Applied BLW: No PH: N SS: A rec 2553; BD pg 1769; B pg 33 BS: 21 pg 279, 280.

WALKER, John; b 1771; d 17 Apr 1836 RU: Corporal, Flying Camp McDowell CEM: Old Stone Presbyterian; Augusta; Rt 11, Fort Defiance GS: Y SP: mar Sarah (-----), d 07 Sep 1842 in her 75th year VI: No further data P: None BLW: No PH: N SS: A rec 2625 BS: 2 pg 29.

WALKER, John; b 1785; d 12 Jun 1828 RU: Corporal, 1st Corps d'Elite (Randolph) CEM: Shockoe Hill; Richmond City; 100 Hospital St GS: U SP: No spouse information VI: No further data P: None BLW: No PH: N SS: A rec 2669 BS: 38 pg 6.

WALKER, John; b 14 Feb 1794, Rothesay, Isle of Bute, Scotland; d 18 Feb 1845 RU: Private, 4th VMR CEM: Shockoe Hill; Richmond City; 100 Hospital St GS: Y SP: No spouse information VI: "Left an unsullied name, and died a Christian" P: None BLW: No PH: N SS: A rec 2712 BS: 38 pg 6; 199.

WALKER, John B; b 26 Apr 1796; d 07 Jul 1826 RU: Private, 2nd VMR (Bayley), Capt William Outten, Accomack Co CEM: Parramore; Accomack; Near jct Rts 605 & 789, Locustville GS: Y SP: mar in Accomack Co on 24 Feb 1818 to Ann T Parramore, daughter of William Parramore VI: No further data P: None BLW: No PH: N SS: L pg 618 BS: 21 pg 279.

WALKER, John S; b 1780; d 29 Jan 1853 RU: Private, 2nd VMR (Bayley), Capt Isaac Smith, Accomack Co CEM: Old Walker Plot; Accomack; Melfa GS: Y SP: mar Susan Ann (-----), b 1792, d 19 May 1822 VI: No further data P: None BLW: No PH: N SS: K pg 322 BS: 21 pg 279, 280.

WALKER, Nathaniel; b UNK; d 21 Jun 1853 RU: Private, 4th VMR (Beatty) CEM: Fairfax Meeting House; Loudoun; Walter & Waterford Sts, Waterford GS: Y SP: mar Susan J (-----), perhaps the Susan Walker buried here, d 06 Apr 1872 VI: No further data P: None BLW: No PH: N SS: A rec 2891 BS: 73 pg 328.

WALKER, Richard; b UNK; d 1861 RU: Private, 4th & 5th VMR CEM: Bethel Regular Baptist; Fairfax; 1130 Towlston Rd, Great Falls GS: U SP: No spouse information VI: No further data P: None BLW: No PH: N SS: A rec 2951-2 BS: 80.

WALKER, Robert Munford; b 1771; d 1827 RU: Private, 3rd VMR (Dickinson) CEM: Walker Family; Bedford; Bedford City GS: U SP: mar Mary Smith, b 1777, d 1811 VI: No further data P: None BLW: No PH: N SS: A rec 2985 BS: 245.

WALKER, William; b UNK; d UNK RU: Private, 19th VMR, Capt Anthony Turner, Richmond City CEM: St John's Church; Richmond City; 24th & Broad, Church Hill GS: U SP: No spouse information VI: No further data P: None BLW: No PH: N SS: K pg 362 BS: 63 pg 351.

WALKER, William; b 13 Dec 1785; d 26 Apr 1865 RU: Private, 57th VMR, Loudoun Co CEM: South Fork Meeting House; Loudoun; Unison Rd (Rt 630), Unison GS: Y SP: No spouse information VI: No further data P: None BLW: No PH: N SS: A rec 3292 BS: 73 pg 328.

WALKER, William; b UNK; d UNK RU: Sergeant, 45th VMR (Peyton), Stafford Co CEM: St Paul's Episcopal; King George; 5486 St Paul's Rd, King George GS: Y SP: mar in Chesterfield Co on 19 May 1828 to Bidsey Carr VI: No dates on stone. Reinterred from Bedford Cemetery to St Pauls's Episcopal Church in King George Co P: None BLW: No PH: N SS: A rec 3290 BS: 26 pg 138.

RU=Rank/Unit CEM=Cemetery GS=Gravestone SP=Spousal Information VI=Other Veteran Info P=Pension
BLW=Bounty/Land Warrant PH=Photo SS=Service Source BS=Burial Source VMR= VA Military Regt
LNR= Last Known Residence

WALKLEY, Sylvester; b 09 Apr 1781; d 18 Aug 1817 **RU:** Private, 19th VMR (Ambler), Capt John R Jones, Richmond City **CEM:** St John's Church; Richmond City; 24th & Broad, Church Hill **GS:** U **SP:** mar Mary Jaques, b 03 Apr 1781, d 24 Jan 1838 **VI:** No further data **P:** None **BLW:** No **PH:** N **SS:** L pg 502 **BS:** 63 pg 519; 252 pg 67.

WALKUP, James G; b UNK; d 29 May 1854 **RU:** Private, KY Militia 7th Regiment (Barbee) **CEM:** Locust Bottom; Botetourt; vic jct Rts 696 & 622, 1 mi E of Glen Wilton **GS:** Y **SP:** No spouse information **VI:** Inscription reads "An affectionate brother, a good neighbor & a kind master" **P:** None **BLW:** No **PH:** N **SS:** A rec 3358 **BS:** 194.

WALL, George; b UNK; d UNK **RU:** Private, 31st VMR, Capt Charles Brent, Frederick Co, attached 4th VMR (Beatty) **CEM:** Mt Hebron; Frederick; 305 E Boscawen St, Winchester **GS:** Y **SP:** No spouse information **VI:** No further data **P:** None **BLW:** No **PH:** N **SS:** L pg 167 **BS:** 86 pg 48.

WALL, Jacob; b UNK; d UNK **RU:** Private, Hill's Regiment, PA Militia **CEM:** Mt Hebron; Frederick; 305 E Boscawen St, Winchester **GS:** Y **SP:** No spouse information **VI:** Died age 65, no dates. War of 1812 service engraved on stone **P:** None **BLW:** No **PH:** N **SS:** A rec 55; G **BS:** 86 pg 48.

WALL, John F; b 1799; d 1879 **RU:** UNK, 4th VMR **CEM:** Mt Hebron; Frederick; 305 E Boscawen St, Winchester **GS:** Y **SP:** No spouse information **VI:** Died age 80 years. No dates. "Volunteer in 4th Va Reg 1776. A Soldier of 1812" (stone) **P:** None **BLW:** No **PH:** N **SS:** G **BS:** 86 pg 47.

WALLACE, Andrew; b 1784; d 1846 **RU:** Private, 4th VMR **CEM:** Stonewall Jackson Memorial; Lexington; S Main St **GS:** Y **SP:** mar Jane Blair, 1790-1836 **VI:** Son of Samuel & Rebecca C (Anderson) Wallace **P:** None **BLW:** No **PH:** N **SS:** A rec 145 **BS:** 245.

WALLACE, Charles; b 1770, MD; d 17 Mar 1848 **RU:** Private, MD Militia, Capt Wallace's Company **CEM:** Sinking Spring Presbyterian; Washington; Blackfield Rd, one block fr Main St, Abingdon **GS:** Y **SP:** No spouse information **VI:** A native of Maryland, died in his 78th year. Lived in Abingdon for the last 30 years of his life. Stone erected by Sophronia A Dooley. Stone was transcribed by Beverley Fleet in 1949 **P:** None **BLW:** No **PH:** N **SS:** A rec 169 **BS:** 261 v 16 pg 10.

WALLACE, James; b UNK; d UNK **RU:** Private, 1st VMR (Clarke) **CEM:** Hansford Family; Hampton City; Old Hospital site, Hampton **GS:** N **SP:** No spouse information **VI:** Stones for him and wife moved to Pembroke Cemetery on Pembroke Avenue **P:** None **BLW:** No **PH:** N **SS:** A rec 267 **BS:** 23 pg 90.

WALLACE, James B; b 1783; d UNK **RU:** Private, 32nd VMR, Capt Hugh Young, Augusta Co, attached to 2nd VMR (Ballowe) **CEM:** Stonewall Jackson Memorial; Lexington; S Main St **GS:** Y **SP:** mar Catherine (-----) **VI:** No further data **P:** Spouse App **BLW:** No **PH:** N **SS:** A rec 287; BD pg 1773; B pg 40 **BS:** 31.

WALLACE, John; b 1786; d aft 1860 **RU:** Private, 16th VMR, Capt James Fox, Spotsylvania Co **CEM:** Liberty Hall; Spotsylvania; Spotsylvania C. H. **GS:** U **SP:** No spouse information **VI:** Age 74 years on 1860 census of Spotsylvania Co **P:** None **BLW:** No **PH:** Y **SS:** L pg 335 **BS:** 52.

WALLACE, John H; b 1793; d 11 Jul 1872 **RU:** Private, 16th VMR, Capt James Fox, Spotsylvania Co **CEM:** City Cemetery; Fredericksburg; William St & Washington Ave **GS:** Y **SP:** mar Mary N (-----) **VI:** Son of John & Elizabeth Wallace. Birth and death data from "Virginia Deaths and Burials, 1853-1912," (familysearch.org) **P:** None **BLW:** No **PH:** N **SS:** L pg 337 **BS:** 18 pg 31.

WALLACE, John, Jr; b 1783; d Mar 1863 **RU:** Private, 45th VMR (Peyton), Stafford Co **CEM:** Wallace Family; Spotsylvania; 8630 Peppertree Rd **GS:** Y **SP:** No spouse information **VI:** No further data **P:** None **BLW:** No **PH:** N **SS:** A rec 377 **BS:** 18 pg 93; 245.

WALLACE, Matthew; b UNK; d 05 Oct 1848 **RU:** Ensign, 81st VMR, (Dickenson), Bath Co **CEM:** Williamsville Public Cemetery; Bath; Williamsville **GS:** Y **SP:** No spouse information **VI:** No further data **P:** None **BLW:** No **PH:** N **SS:** A rec 439 **BS:** 212.

WALLACE, Samuel; b 19 Mar 1778; d 16 Jun 1833 **RU:** Captain, 99th VMR, Company Commander, Accomack Co **CEM:** Walston Cemetery; Accomack; Back Strreet, Accomac **GS:** Y **SP:** mar Mary (-----), b 1775, d 1827 **VI:** No further data **P:** None **BLW:** No **PH:** N **SS:** A rec 1392 **BS:** 21 pg 280.

WALLACE, Samuel; b 29 Apr 1772; d 28 Apr 1838 **RU:** Quartermaster Sergeant, 5th VMR (McDowell) **CEM:** Bethel Church; Augusta; 11 mi SW Staunton **GS:** U **SP:** mar Polly (-----), b 22 Jan 1777, d 23 Jun 1856 **VI:** No further data **P:** None **BLW:** No **PH:** N **SS:** A rec 501 **BS:** 183.

WALLACE, Thomas; b 1778; d 28 Jan 1833 **RU:** Lieutenant, 39th VMR, Capt Charles Kent, Petersburg **CEM:** Blandford; Petersburg; 111 Rochelle Ln **GS:** Y **SP:** No spouse information **VI:** Served as Mayor of Petersburg. Styled "Colonel" in his obituary **P:** None **BLW:** No **PH:** N **SS:** L pg 523 **BS:** 200.

WALLACE, Thomas; b 1797; d aft 1880 **RU:** Private, 45th VMR (Peyton), Capt Lewis Alexander, Stafford Co **CEM:** Liberty Hall; Stafford; Truslow Rd nr jct Rts 652 & 753 **GS:** N **SP:** mar Ann C (-----), who was age 59 on the 1880 census, wife of Thomas Wallace **VI:** Age 83 on the 1880 census of Hartwood, Stafford Co **P:** Spouse **BLW:** Yes **PH:** N **SS:** A rec 540; BD pg 1773; B pg 190 **BS:** 26 pg 268.

WALLACE, William; b 1780; d 23 Feb 1815 **RU:** Private, 39th VMR, Capt Charles Kent, Petersburg **CEM:** Blandford; Petersburg; 111 Rochelle Ln **GS:** Y **SP:** mar Mary (-----), d 13 Jun 1854, age 77. Received Old War Pension **VI:** Died age 35 **P:** Spouse **BLW:** Yes **PH:** N **SS:** L pg 410; BD pg 1773 **BS:** 200.

WALLACE, William; b 1779, Retertrear, Scotland; d bur 27 Dec 1854 **RU:** Sergeant, 9th VMR (Sharp) **CEM:** Hollywood; Richmond City; 412 S Cherry St **GS:** U **SP:** No spouse information **VI:** No further data **P:** None **BLW:** No **PH:** N **SS:** A rec 607 **BS:** 263 v10 pg 21.

WALLER, James; b 1789; d 31 Jan 1824, Aquia, Stafford Co **RU:** Lieutenant, 45th VMR, Capt John C Edrington, Stafford Co **CEM:** Adie / Waller; Stafford; off Widewater Rd on old portion Rt 611 **GS:** U **SP:** mar Anne Adie, b 1792, d 1870 **VI:** Died age 35 **P:** None **BLW:** No **PH:** N **SS:** A rec 745 **BS:** 26A pg 39.

WALLER, Robert Page; b UNK; d 21 Jul 1872 **RU:** Surgeon's Mate, 68th VMR (Bassett), Staff Officer, James City & York Cos **CEM:** Waller Family; Williamsburg; Francis St E of Bassett Hall **GS:** Y **SP:** mar Julia Weedon, d 10 Dec 1883, age 80 **VI:** No further data **P:** Both **BLW:** No **PH:** N **SS:** K pg 367; BD pg 1774; B pg 105 **BS:** 93; 31.

WALLER, William; b 1792; d 19 Feb 1848 **RU:** Lieutenant, 68th VMR, Capt John F Bryan, York Co **CEM:** Shockoe Hill; Richmond City; 100 Hospital St **GS:** U **SP:** No spouse information **VI:** No further data **P:** None **BLW:** No **PH:** N **SS:** L pg 79 **BS:** 38 pg 41.

WALLER, William; b 1781; d 1870 **RU:** Private, 2nd VMR **CEM:** Kennedy / Hume; Orange; Rt 615 1 mi N of Orange C. H., Elmwood **GS:** Y **SP:** No spouse information **VI:** No further data **P:** None **BLW:** No **PH:** N **SS:** A rec 827 **BS:** 28 pg 69.

WALLER, William; b 1789; d 09 Dec 1834 **RU:** Private, 83rd VMR Capt Irby Brown, Dinwiddie Co **CEM:** St John's Church; Richmond City; 24th & Broad, Church Hill **GS:** U **SP:** No spouse information **VI:** Styled "Colonel" and died age 45 per death notice in the *Richmond Whig*, 15 Dec 1834, pg 1. Reinterred at St John's on 18 Feb 1848 **P:** None **BLW:** No **PH:** N **SS:** L pg 172 **BS:** 63 pg 351; 247; 252 pg 67.

WALTER, Richard; b 18 Jan 1780; d 26 Jan 1846 **RU:** Ensign, 99th VMR, Capt Samuel Henderson, Accomack Co **CEM:** LeCato Family; Accomack; Rt 605, Quinby **GS:** U **SP:** mar Mary Benson, d 1836 **VI:** No further data **P:** None **BLW:** No **PH:** N **SS:** K pg 313 **BS:** 178.

WALTERS, George; b UNK; d 01 Aug 1815 **RU:** Private, 4th VMR (Boyd) **CEM:** Goose Creek Burying Ground; Loudoun; Rt 722, Lincoln **GS:** Y **SP:** mar Dinah (-----) **VI:** No further data **P:** None **BLW:** No **PH:** N **SS:** A rec 1570 **BS:** 73 pg 329.

WALTERS, George A; b 14 Jun 1767; d 03 Nov 1863 **RU:** Private, 4th VMR (Boyd) **CEM:** Watlers Family; Montgomery; vic Riner **GS:** Y **SP:** No spouse information **VI:** No further data **P:** None **BLW:** No **PH:** N **SS:** A rec 1570 **BS:** 101 pg 2.

WALTERS, John; b 01 Sep 1772; d 18 Apr 1849 **RU:** Private, 4th VMR (Boyd) **CEM:** Mount Ed Baptist; Albemarle; vic jct Rts 692 & 635, Batesville **GS:** Y **SP:** mar Mary (-----), b 13 Nov 1777, d 10 Mar 1862 **VI:** No further data **P:** None **BLW:** No **PH:** N **SS:** A rec 1607 **BS:** 94 v2 pg153.

WALTERS, John T, Sr; b 17 Apr 1792; d 01 Nov 1873 **RU:** Private, Flying Camp McDowell **CEM:** Linden Family; Warren; Linden **GS:** U **SP:** mar Mary Ann (-----), b 1806, d 1876 **VI:** No further data **P:** None **BLW:** No **PH:** N **SS:** A rec 1466 **BS:** 150.

RU=Rank/Unit   CEM=Cemetery   GS=Gravestone   SP=Spousal Information   VI=Other Veteran Info   P=Pension
BLW=Bounty/Land Warrant   PH=Photo   SS=Service Source   BS=Burial Source   VMR= VA Military Regt
LNR= Last Known Residence

WALTHALL, John; b 11 Oct 1793; d 31 Jan 1848 **RU:** Private, 23rd VMR, Capt Benjamin Goode, Chesterfield Co, attached to 2nd VMR (Ambler) **CEM:** Blandford; Petersburg; 111 Rochelle Ln **GS:** Y **SP:** No spouse information **VI:** Apparently reinterred to Blandford Cemetery in Petersburg. Stone is at Valley Farm in Chesterfield Co **P:** None **BLW:** No **PH:** N **SS:** K pg 71 **BS:** 8; 228.

WALTMAN, Jacob; b 27 Mar 1791; d 05 Oct 1848 **RU:** Sergeant, 57th VMR, Loudoun Co **CEM:** Rehobeth United Methodist; Loudoun; jct Rt 691 & Bollington Rd (Rt 692) Morrisonville **GS:** Y **SP:** mar in Loudoun Co on 13 Apr 1812 to Sarah Birkirk, returned by John Littlejohn, Methodist Episcopal **VI:** No further data **P:** None **BLW:** No **PH:** N **SS:** A rec 1755 **BS:** 73 pg 329.

WALTON, Moses; b UNK; d 13 Mar 1847 **RU:** Captain, 13th VMR, Company Commander, Shenandoah Co **CEM:** Old Union Church; Shenandoah; Rt 11, Mt Jackson **GS:** Y **SP:** No spouse information **VI:** No further data **P:** None **BLW:** No **PH:** N **SS:** B pg 185 **BS:** 217.

WALTON, Richard; b 04 Aug 1778, Westmoreland, England; d 16 Aug 1828 **RU:** Private, 6th VMR (Coleman) **CEM:** Jackson Family; Wythe; Main St, Austinville **GS:** Y **SP:** A stone for Ann Walton, b 14 Sep 1761, Westmoreland England, d 12 Aug 1841 is also here **VI:** Place of birth from tombstone, which was erected by his daughter **P:** None **BLW:** No **PH:** N **SS:** A rec 1881 **BS:** 213.

WALTON, Robert, Sr; b 1773, Cumberland Co; d 1823 **RU:** Private, 100th VMR, Capt William Moseley, Troop of Cavalry, Buckingham Co, attached to 1st VMR (Holcombe) **CEM:** Wilson Family; Amherst; Rt 659 **GS:** Y **SP:** No spouse information **VI:** Son of Thomas Walton. Died about age 50 **P:** None **BLW:** No **PH:** N **SS:** L pg 603 **BS:** 5 pg187.

WALTON, Samuel; b 28 Dec 1772; d 27 Jul 1843 **RU:** Lieutenant, 5th VMR **CEM:** Old Union Church; Shenandoah; Rt 11, Mt Jackson **GS:** Y **SP:** mar Sarah (__) d 19 apr 1847 age 70 yrs, 1 mo, 6 days **VI:** No further data **P:** None **BLW:** No **PH:** N **SS:** A rec 1890 **BS:** 217.

WARD, Alexander W; b 19 Nov 1791; d 23 Sep 1854 **RU:** Private, 27th VMR, Capt William Christian, Artillery, Northampton Co **CEM:** Old Ward Farm; Northampton; Rt 602, 0.1 mi W of Rt 183 **GS:** Y **SP:** mar in Northampton Co on 13 Dec 1813 (bond) to Jennet S Turner **VI:** No further data **P:** None **BLW:** No **PH:** N **SS:** K pg 109 **BS:** 20 pg 89.

WARD, James; b 27 Dec 1781; d 23 Jun 1823 **RU:** Major, 35th VMR, Staff Officer, Wythe Co **CEM:** Ward Family; Wythe; Blacklick **GS:** U **SP:** No spouse information **VI:** Birth and death data from findagravecom. No photograph of stone to corroborate **P:** None **BLW:** No **PH:** N **SS:** B pg 204 **BS:** 245.

WARD, Josiah; b 1791; d bur 20 Jul 1834 **RU:** Private, 1st VMR (Trueheart) **CEM:** Shockoe Hill; Richmond City; 100 Hospital St **GS:** U **SP:** No spouse information **VI:** No further data **P:** None **BLW:** No **PH:** N **SS:** A rec 414 **BS:** 38 pg 12.

WARD, Nathan; b 02 Jun 1782; d 23 Dec 1853 **RU:** Sergeant, 98th VMR (Greene), Mecklenburg Co **CEM:** Ward's Chapel; Nottoway; Zozomie Rd 300 yds fr Rt 360 **GS:** Y **SP:** No spouse information **VI:** No further data **P:** None **BLW:** No **PH:** N **SS:** A rec 461 **BS:** 261 v14 pg 94.

WARD, William; b 07 Feb 1781; d 02 Feb 1840 **RU:** Private, 4th VMR (Beatty) **CEM:** University of VA; Albemarle; Cemetery Rd off Rt 302, Charlottesville **GS:** Y **SP:** No spouse information **VI:** No further data **P:** None **BLW:** No **PH:** N **SS:** A rec 650 **BS:** 94 v3 pg 265.

WARD, William; b UNK; d 03 Feb 1865 **RU:** Private, 60th VMR, Capt George Millan, Fairfax Co **CEM:** Fairfax City Cemetery; Fairfax; 10567 Main S., Section 2 **GS:** N **SP:** No spouse information **VI:** Death date from the *Alexandria Gazette* **P:** None **BLW:** No **PH:** N **SS:** A rec 677 **BS:** 89 v3 FX 153.

WARE, John McKenzie; b 1791; d 12 Apr 1854 **RU:** Matross, 1st Regiment DC Militia **CEM:** Methodist Protestant; Alexandria; Wilkes St **GS:** Y **SP:** mar Caroline (-----), d 04 Jan 1848, age 66 **VI:** Died after a long and severe illness. Devoted father **P:** None **BLW:** No **PH:** N **SS:** A rec 910 **BS:** 33 pg 188.

WARE, Thomas; b UNK; d 06 Aug 1820 **RU:** Private, 1st VMR (Crutchfield) **CEM:** St George's Episcopal; Fredericksburg; 905 Princess Anne St **GS:** Y **SP:** mar Catherine (-----). Her name from stone of son William Ware **VI:** No further data **P:** None **BLW:** No **PH:** N **SS:** A rec 975 **BS:** 37 pg 115.

RU=Rank/Unit CEM=Cemetery GS=Gravestone SP=Spousal Information VI=Other Veteran Info P=Pension
BLW=Bounty/Land Warrant PH=Photo SS=Service Source BS=Burial Source VMR= VA Military Regt
LNR= Last Known Residence

WARREN, James, Sr; b 1787; d 1849 **RU:** Sergeant, 1st VMR (Crutchfield) **CEM:** Fletcher; Greene; nr Old Fletcher Post Office **GS:** U **SP:** mar Sarah Rucker, b 1792, d 1840 **VI:** No further data **P:** None **BLW:** No **PH:** N **SS:** A rec 1867 **BS:** 163 v2.

WARREN, Jesse; b 1751; d 01 Jun 1832 **RU:** Sergeant, 71st VMR, Capt John Velvin, Surry Co **CEM:** Lawn's Creek; Surry; nr Bacon's Castle **GS:** U **SP:** mar Martha Phillips, d 1863 **VI:** No further data **P:** None **BLW:** No **PH:** N **SS:** L pg 799 **BS:** 169.

WARREN, Patrick, Sr; b 20 Jan 1784; d 06 Oct 1853 **RU:** Private, 27th VMR, Capt Southy Coffigon, Northampton Co **CEM:** Grape Valley; Northampton; E of Rt 618, 1.4 mi E of Hungar's Church **GS:** Y **SP:** mar in Northampton Co on 12 Mar 1810 (bond) to Betsey Williams **VI:** No further data **P:** None **BLW:** No **PH:** N **SS:** K pg 112 **BS:** 20 pg 90.

WARREN, William, Sr; b 22 Mar 1793; d 13 Nov 1852 **RU:** Sergeant, 45th VMR, Capt Henry Williams, Stafford Co **CEM:** City Cemetery; Fredericksburg; William St & Washington Ave **GS:** Y **SP:** mar Ann (-----), b 17 Nov 1796, d 08 Jul 1858 **VI:** No further data **P:** None **BLW:** No **PH:** N **SS:** A rec 2140 **BS:** 18 pg 32.

WARRINER, William; b 1774; d 10 Feb 1828 **RU:** Private, 33rd VMR, Capt Francis Wicker, Henrico Co **CEM:** Warriner / Bedser; Amelia; jct Rt 360 & Barkhouse Branch Dr **GS:** Y **SP:** mar in Amelia Co on 28 Jan 1803 (bond) to Karen H Dunnavant, who gave her consent **VI:** No further data **P:** None **BLW:** No **PH:** N **SS:** K pg 829; B pg 100 **BS:** 266 pg 339.,

WARRINGTON, Lewis; b 03 Nov 1782; d 12 Oct 1851, Washington, DC **RU:** Captain, USS "Peacock" **CEM:** Cedar Grove; Norfolk City; 238 E Princess Anne Rd **GS:** Y **SP:** No spouse information **VI:** Educated at College of William & Mary. Commisoned Midshipman on 2 May 1815 on the Frigate *Java*. Sailed in the *Congress* with Commodore Rogers' squadron in 1812. The *Peacock* took 19 vessels and was awarded a gold medal by Congress for this feat. Later commissioned Captain, he commanded the Norfolk Navy Yard from 1820-24 and the Pensacola Navy Yard from 1832-39 **P:** None **BLW:** No **PH:** N **SS:** AQ **BS:** 49.

WARROCK, John; b 04 Nov 1774, Richmond City; d 07 Mar 1858 **RU:** Private, 19th VMR (Ambler), Richmond City **CEM:** Shockoe Hill; Richmond City; 100 Hospital St **GS:** Y **SP:** mar ca 1800 at St John's Church, Richmond CIty to Eleanor Kirkpatrick, daughter of William & Mary Kirkpatrick of Franklin Co, PA, b 1779, d 28 Apr 1885, age 76 **VI:** Son of Lodovic and Molly Warrock, apothecary of Scotland. Master Mason, Richmond Lodge No 10. Publisher of the *Warrock Richmond Almanac*, and offical printer to the Virginia State Senate until 1857 when paralysis forced him to retire. Member of St John's Church. Grave is marked by the US Daughters of 1812 **P:** None **BLW:** No **PH:** N **SS:** L pg 180; A rec 2311 **BS:** 38 pg ix; 199; 260.

WASHINGTON, Henry; b UNK; d 06 Jul 1852 **RU:** Surgeon, 31st VMR, Capt Eben Taylor, Troop of Cavalry, Frederick Co **CEM:** Grace Episcopal; Clarke; 110 N Church St, Berryville **GS:** Y **SP:** mar Louisa W (-----), d 1881, age 86 **VI:** No further **P:** Spouse **BLW:** No **PH:** N **SS:** A rec 2804; BD pg 1784 **BS:** 92 pg 40.

WASHINGTON, John; b 1795; d 13 Jun 1839 **RU:** Corporal, 1st Regiment DC Militia **CEM:** Christ Church Episcopal; Alexandria; Wilkes & Hamilton **GS:** Y **SP:** mar Martha Massey on 24 Dec 1787, b 22 Sep 1762, d 11 Jun 1847 **VI:** Partner in Withers and Washington, dry goods firm **P:** None **BLW:** No **PH:** N **SS:** A rec 2814 **BS:** 34 pg 120.

WASHINGTON, Lawrence; b 26 Feb 1791; d 15 Mar 1875 **RU:** Private, MD Militia 6th Regiment (McDonald) **CEM:** Washington Family; Westmoreland; Cottage Farm Rd, Oak Grove, National Park **GS:** Y **SP:** mar Sarah Tayloe, b 04 Mar 1806, d 16 Dec 1865 **VI:** Son of Henry Washington & Sarah West Ashton. Virginia State Senator **P:** None **BLW:** No **PH:** N **SS:** A rec 2821 **BS:** 80; 219 pg 152.

WASHINGTON, William; b 1779; d 10 Feb 1853 **RU:** Surgeon's Mate, 2nd Brigade DC Militia (Young) **CEM:** Christ Church Episcopal; Alexandria; Wilkes & Hamilton **GS:** Y **SP:** mar on 21 Jul 1841 to Rebecca Waldegrave Craecroft **VI:** One of 13 children. Apprenticed under Dr James Craik. Styled "Doctor" in obituary in the *Alexandria Gazette* **P:** None **BLW:** No **PH:** N **SS:** A rec 2835 **BS:** 34 pg 121.

WASHINGTON, William Augusta; b UNK; d 1850 **RU:** Private, 45th VMR, Capt Henry Williams, Stafford Co **CEM:** St Peter's Church; Westmoreland; Rt 3 **GS:** Y **SP:** No spouse information **VI:** Tombstone has been effaced **P:** None **BLW:** No **PH:** N **SS:** L pg 835 **BS:** 80.

WATKINS, Benjamin; b 01 Jul 1777; d 28 Oct 1864 **RU:** P. Master, 6th VMR, Lt Col Daniel Coleman **CEM:** Watkins Family; Pittsylvania; 3001 Oak Hill Rd, Danville **GS:** Y **SP:** mar Susan (-----), b 08 Jan 1786, 20 Apr 1864 **VI:** No further data **P:** None **BLW:** No **PH:** Y **SS:** A rec 620 **BS:** 149; 246.

RU=Rank/Unit   CEM=Cemetery   GS=Gravestone   SP=Spousal Information   VI=Other Veteran Info   P=Pension
BLW=Bounty/Land Warrant   PH=Photo   SS=Service Source   BS=Burial Source   VMR= VA Military Regt
LNR= Last Known Residence

WATKINS, Henry N; b 20 Dec 1787; d UNK **RU**: Lieutenant, 63rd VMR, Commander of Troop of Cavalry, Prince Edward Co, attached to 1st VMR (Holcombe) **CEM**: Briery Church; Prince Edward; 179 Briery Church Rd, Keysville **GS**: Y **SP**: mar Mildred S Morton b 1787, d 1875 **VI**: No further data **P**: Spouse **BLW**: No **PH**: N **SS**: BD pg 1786; B pg 168; M pg 307 **BS**: 245.

WATKINS, John E; b 28 Feb 1789, Goochland Co, VA; d 21 Feb 1855, "Ampthill," Chesterfield Co **RU**: Private, 9th VMR, Capt Reuben Garnett, King & Queen Co **CEM**: Watkins Family #3; Chesterfield; Spruant Plant, 5401 Jeff Davis Rd, Richmond **GS**: Y **SP**: mar on 16 Apr 1812 to Judith Evaline Watkins (her maiden name was also Watkins), b 02 Apr 1794, d 30 Nov 1872 **VI**: Son of Benjamin Watkins and Anna Riddle. He built a mill on his property "Ampthill" and home still stands albeit in a different location on the James River **P**: None **BLW**: No **PH**: Y **SS**: L pg 349 **BS**: 8 pg; 121; 49; 245.

WATKINS, Ptolomy Lefevre; b 1793; d 1857 **RU**: Assistant Forage Master, Staff of Quartermaster General & Hospital Departments, Richmond city **CEM**: Grove Street; Danville City; 940 Grove St **GS**: y **SP**: mar in Henrico Co on 26 Apr 1825, Harriet A Depuy **VI**: No further data **P**: None **BLW**: No **PH**: N **SS**: L pg 43 **BS**: 49.

WATKINS, Thomas J; b UNK; d 19 Nov 1821 **RU**: Private, 1st VMR (Clarke) **CEM**: Ben Lomond Manor House; Prince William; Rt 627, 2 mi S of Manassas Battlefield **GS**: Y **SP**: No spouse information **VI**: No further informaton **P**: None **BLW**: No **PH**: N **SS**: A rec 861 **BS**: 78 pg 100.

WATKINS, William J; b UNK; d 27 Oct 1838 **RU**: Private, 74th VMR (Trueheart), Hanover Co **CEM**: Ben Lomond Manor House; Prince William; Rt 627, 2 mi S of Manassas Battlefield **GS**: U **SP**: No spouse information **VI**: No further data **P**: None **BLW**: No **PH**: N **SS**: A rec 910 **BS**: 78 pg 100.

WATKINS, William Morton; b 12 Apr 1773; d 05 Feb 1865 **RU**: Private, 6th VMR, Artillery (Read) **CEM**: Watkins / Gaines; Charlotte; jct Rts 637 & 642 **GS**: Y **SP**: mar Elizabeth Woodson, "wife of W. M. Watkins," b 11 May 1782, d 07 Apr 1858 as Elizabeth Woodson Venable **VI**: No further data **P**: None **BLW**: No **PH**: N **SS**: A rec 905 **BS**: 93.

WATSON, David; b 25 Dec 1775; d 31 Jan 1830 **RU**: Major, 40th VMR, Staff officer, Lousia Co **CEM**: Brackett's Farm; Louisa; Rt 636, 2.4 mi off Rt 4, Trevillians **GS**: Y **SP**: mar on 19 Feb 1801 to Sally Minor, b 15 Aug 1781, d 04 Nov 1849 **VI**: Son of James & Elizabeth Watson **P**: None **BLW**: No **PH**: Y **SS**: B pg 123 **BS**: 181; 93.

WATSON, George; b 1784; d 12 Oct 1853 **RU**: Surgeon, 1st Corps d'Elite (Randolph), Staff Officer **CEM**: Ionia; Louisa; 1.2 mi N of Poindexter on Rt 640 **GS**: Y **SP**: mar 16 May 1815 in Richmond City to Nancy (Ann) Riddle, eldest daughter of Joseph Riddle, who died before the marriage, d 15 Jan1882, age 90 years. Marriage notice in the *Virginia Patriot,* 20 May 1815, pg 3 **VI**: Doctor **P**: Spouse **BLW**: No **PH**: N **SS**: L pg 46; BD pg 1787 **BS**: 181.

WATSON, Gillet; b 1796; d 9 Apr 1819 **RU**: Private, 99th VMR, Capt Erastus Poulson, Accomack Co **CEM**: Onancock Cemetery; Accomack; Hill St, Ononacock **GS**: Y **SP**: No spouse information **VI**: No further data **P**: None **BLW**: No **PH**: N **SS**: L pg 646 **BS**: 21 pg 286.

WATSON, James; b 25 Sep 1781; d 25 Mar 1830 **RU**: Private, 4th VMR (Boyd) **CEM**: Old Methodist Church; Frederick; Stephens City **GS**: U **SP**: No spouse information **VI**: No further data **P**: None **BLW**: No **PH**: N **SS**: A rec 1234 **BS**: 151.

WATSON, John H; b 04 Sep 1798; d 30 Oct 1860 **RU**: Orderly Sergeant, 4th VMR **CEM**: Grove Street; Danville City; 940 Grove St **GS**: Y **SP**: No spouse information **VI**: Died age 80 yrs, 1 mo, 26 days **P**: None **BLW**: No **PH**: N **SS**: A rec 1319 **BS**: 149.

WATSON, John M; b 22 Dec 1782; d 05 Jun 1845 **RU**: Private, 2nd VMR, Capt Isaac Smith, Accomack Co **CEM**: Old Parker Property; Accomack; jct Rts 620 & 718, Bobtown **GS**: Y **SP**: mar in Accomack Co on 18 Oct 1820 to Sarah R Parker, daughter of Henry Parker **VI**: No further data **P**: None **BLW**: No **PH**: N **SS**: K pg 323 **BS**: 21 pg 287.

WATT, Hugh; b 12 Sep 1774; d UNK **RU**: Sergeant, Cocke's Detachment VA Militia **CEM**: Pitman Kidd Family; Hanover; Cold Harbor Rd **GS**: N **SP**: mar Sarah Bohannon Kidd, b 1785, daughter of Pitman Kidd **VI**: Information comes from the family bible (Kidd or Watt is not stated). The place adjoins "Springfield" which was the Watt farm which was part of the Pitman Kidd farm **P**: None **BLW**: No **PH**: N **SS**: A rec 1663 **BS**: 71 pg 102.

WATT, John; b UNK; d 23 Sep 1842 **RU**: Captain, 5th VMR **CEM**: Old Stone Methodist; Loudoun; 110 Cornwall St, Leesburg **GS**: Y **SP**: No spouse information **VI**: Reverend **P**: None **BLW**: No **PH**: N **SS**: A rec 1678 **BS**: 73 pg 331.

RU=Rank/Unit CEM=Cemetery GS=Gravestone SP=Spousal Information VI=Other Veteran Info P=Pension
BLW=Bounty/Land Warrant PH=Photo SS=Service Source BS=Burial Source VMR= VA Military Regt
LNR= Last Known Residence

WATTS, Dempsey; b 1773; d 12 Aug 1841 **RU**: Major, 9th VMR (Sharp) **CEM**: Cedar Grove; Portsmouth; Effington St & Fort Ln **GS**: Y **SP**: mar (1) in Norfolk on 10 Jan 1795 Judah (-----); (2) on 31 Jan 1797 to Mary Moore; (3) on 06 Feb 1804 to Mary Carney, b 1772, d 29 May 1835 **VI**: Styled "Colonel" on gravestone. Enumerated on 1820 census of Norfolk, and of Portsmouth in 1830 & 1840 census **P**: None **BLW**: No **PH**: N **SS**: A rec 1845 **BS**: 65 pg 404.

WATTS, Edward; b 07 Apr 1779; d 07 Aug 1859 **RU**: Private, Capt Dyer's Co, Fells Point Riflemen **CEM**: Watts Family; Roanoke; N of Roanoke on Hershberger Rd **GS**: U **SP**: No spouse information **VI**: "After a well spent life he died, beloved by his family" (tombstone) **P**: None **BLW**: No **PH**: N **SS**: Al pg 475 **BS**: 218.

WATTS, James; b 20 Jan 1767; d 25 Jan 1828 **RU**: Private, 7th VMR (Magnien) **CEM**: Montpelier; Bedford; Rt 243, Bedford **GS**: U **SP**: No spouse information **VI**: No further data **P**: None **BLW**: No **PH**: N **SS**: A rec 1894 **BS**: 164.

WATTS, Richard D; b 28 Dec 1793; d 17 Jan 1848 **RU**: Private, 5th VMR (McDowell) **CEM**: Montpelier; Bedford; Rt 243, Bedford **GS**: U **SP**: mar Isabella E (-----), b 07 Jun 1800, d 17 Jul 1866 **VI**: No further data **P**: None **BLW**: No **PH**: N **SS**: A rec 1979 **BS**: 214.

WATTS, Samuel; b 28 Nov 1799; d 17 May 1878 **RU**: Private, 8th VMR (Wall) **CEM**: Cedar Grove; Portsmouth; Effington St & Fort Ln **GS**: Y **SP**: mar c1816 to Louisa (-----) **VI**: Enumerated on 1840 census at Old Point Comfort and on 1850 census of Portsmouth **P**: None **BLW**: No **PH**: N **SS**: A rec 1992; L pg 205 **BS**: 65 pg 119.

WAUGH, Gowry (Goury); b 19 May 1789; d 20 Feb 1872 **RU**: Private, 34rd VMR, Capt William Smith, Troop of Cavalry, Orange Co, attached to McDowell's Flying Camp **CEM**: Rhoadsville Baptist; Orange; Rt 741, Rhoadsville **GS**: Y **SP**: mar in Orange Co on 13 Sep 1813 to Susan Wright. John Goss, minister **VI**: Gravestone inscription reads "Our Grandfather." His son Robert Goree Waugh was b 12 Oct 1828 **P**: Applied **BLW**: No **PH**: N **SS**: A rec 2104; BD pg 1789; B pg 156' M pg 308 **BS**: 28 pg 41.

WAUGH, James; b 03 Aug 1795, PA; d 09 Aug 1875 **RU**: Private, 5th VMR **CEM**: Oldtown; Grayson; vic jct Rts 634 & 640 **GS**: Y **SP**: mar Elizabeth Blair, b 13 Dec 1812, d 23 Mar 1901, daughter of John and Charity (Bourne) Blair **VI**: Son of James Waugh, Sr **P**: None **BLW**: No **PH**: N **SS**: A rec 2112 **BS**: 114 pg 6.

WAX, Henry; b 1775; d 10 Feb 1842 **RU**: Private, MD Militia, 51st Regiment (Amey) **CEM**: Fincastle Presbyterian; Botetourt; 108 E Back St, Fincastle **GS**: Y **SP**: mar Catharine Bouk, b 15 Dec 1784, d 18 Jun 1858 **VI**: Son of Henry and Margaret (Geschwind) Wax **P**: None **BLW**: No **PH**: N **SS**: A rec 2161 **BS**: 194.

WEAVER, David; b 1786; d 1868 **RU**: Private, 1st VMR (Taylor) **CEM**: Green Hill; Frederick; Fairfax St, Stephens City **GS**: Y **SP**: mar Elizabeth (-----), b 1791, d 1841 **VI**: No further data **P**: None **BLW**: No **PH**: N **SS**: A rec 478 **BS**: 79 pg 338.

WEAVER, George; b c1784, Philadelphia, PA; d 1839 **RU**: Corporal, 71st PA Militia (Hutter) **CEM**: Monumental United Methodist; Portsmouth; 450 Dinwiddie St **GS**: U **SP**: mar Anne Lightboy, b England. Came to America when she was 5 years old, d 1887 **VI**: Was engineer in charge of pumps at Navy shipyard. Contracted a disease from that service from which he died **P**: None **BLW**: No **PH**: N **SS**: A rec 513 **BS**: 49.

WEAVER, Samuel; b 14 Sep 1790; d 13 Mar 1857 **RU**: Private, 93rd VRM, Capt Archibald Stuart, Augusta Co, attached to Flying Camp McDowell **CEM**: Shank Family; Rockingham; Garber Church Rd (Rt 910), Harrisonburg **GS**: Y **SP**: mar Elizabeth (-----), d 14 Jan 1873, age 82 years, 28 days "consort of Samuel Weaver, deceased" **VI**: No further data **P**: None **BLW**: No **PH**: N **SS**: K pg 38 **BS**: 262.

WEAVER, William; b UNK; d UNK **RU**: Private, 4th VMR **CEM**: Falling Springs Presbyterian; Rockbridge; Hickory Hill **GS**: Y **SP**: No spouse information **VI**: No further data **P**: None **BLW**: No **PH**: N **SS**: A rec 722 **BS**: 31.

WEAVER, William A; b 17 May 1792; d 14 Sep 1846 **RU**: Private, 1st VMR (Yancey) **CEM**: Bath Springs; Prince William; Dumfries Rd just E of Rt. 95 behind State Farm Insurance **GS**: Y **SP**: No spouse information **VI**: Only stone still standing in this cemetery of about 50 graves as of July 2000 **P**: None **BLW**: No **PH**: N **SS**: A rec 718 **BS**: 59 pg 327; 80.

WEBB, Edward; b UNK; d 1832 (Inv) **RU**: Private, 7th VMR (Magnien) **CEM**: Monumental United Methodist; Portsmouth; 450 Dinwiddie St **GS**: U **SP**: No spouse information **VI**: No further data **P**: None **BLW**: No **PH**: N **SS**: A rec 819 **BS**: 49.

RU=Rank/Unit CEM=Cemetery GS=Gravestone SP=Spousal Information VI=Other Veteran Info P=Pension
BLW=Bounty/Land Warrant PH=Photo SS=Service Source BS=Burial Source VMR= VA Military Regt
LNR= Last Known Residence

WEBB, Frederick O; b UNK; d 22 Dec 1851 RU: Private, 76th VMR, Monongalia Co (now WV) CEM: Webb Family; Craig; 10 mi SW of Newcastle GS: Y SP: No spouse information VI: No further data P: None BLW: No PH: N SS: A rec 841 BS: 229.

WEBB, James; b 1790; d aft 1860 RU: Ensign, 115th VMR, Capt Charles Collier, Elizabeth City Co CEM: Eastern State Hospital; Williamsburg; Newport Ave GS: Y SP: No spouse information VI: Age 70 on 1860 census of Gloucester Co P: None BLW: No PH: N SS: L pg 244 BS: 93.

WEBB, James Austin; b UNK; d 28 May 1870 RU: Private, 78th VMR, Capt Timothy Dalton, Grayson Co, attached to 4th VMR (McDowell) CEM: Webb Family; Carroll; jct Rts 652 & 651 GS: Y SP: No spouse information VI: Tombstone is inscribed "7 VA REG WAR 1812" P: Yes BLW: No PH: N SS: G; BD pg 1792 BS: 90 pg 551.

WEBB, John David; b 1770, London, England; d 30 Jan 1855 RU: Private, 4th VMR CEM: Immanuel Episcopal; Hanover; 3263 Old Church Rd, Mechanicsville GS: Y SP: mar Louisa (-----). Named on his stone VI: No further data P: None BLW: No PH: N SS: A rec 986 BS: 70 pg 127.

WEBB, Robert Henning; b 18 Dec 1795; d 02 Jul 1866 RU: Private, 59th VMR, Capt John C Cahoon, Nansemond Co, attached to 2nd VMR (Sharp) CEM: Cedar Hill; Suffolk City; Hill St GS: Y SP: mar Margaret S (-----) VI: Doctor. Son of Daniel Webb & Mary Darden Gardner P: Spouse BLW: No PH: N SS: A rec 1090; BD pg 1793; B pg 139 BS: 46, Cedar Hill Cem.

WEBSTER, James; b 1784, Scotland; d 13 Oct 1828 RU: Private, 19th VMR, Capt Robert Gamble, Troop of Calvary, Richmond City CEM: Shockoe Hill; Richmond City; 100 Hospital St GS: Y SP: No spouse information VI: "A native of Scotland." Neither birth year nor age at death is on stone P: None BLW: No PH: N SS: L pg 661 BS: 38 pg 6; 199.

WEED, Joseph A; b 06 Mar 1785; d 18 Jan 1857 RU: Private, 19th VMR (Ambler), Capt Samuel Jones, Richmond City attached to 2nd VMR (Ballowe) CEM: Shockoe Hill; Richmond City; 100 Hospital St GS: Y SP: mar in Richmond City on 10 Oct 1816 to Mary George, b Nov 1792, d 30 Jul 1853. Tombstone calls her "Polly." Marriage notice in the *Richmond Enquirer*, 16 Oct 1816, pg 3 VI: Called "merchant of this city" in the marriage notice P: None BLW: No PH: N SS: L pg 502 BS: 199.

WEIR, Robert; b 20 Oct 1784; d 01 Oct 1842 RU: Private, 6th VMR (Dangerfield) CEM: Weir Family; Prince William; Liberia Mansion, nr jct Rt 28 & Liberia Ave GS: Y SP: mar Clara B (-----), d 31 Jan 1869, age 78 years VI: No further data P: None BLW: No PH: N SS: A rec 2317; B pg 78 BS: 11 pg 114.

WEIR, William J; b 1792; d 08 May 1867 RU: Private, 41st VMR (Bramham), Capt Clement Shackleford, Richmond Co CEM: Weir Family; Prince William; Liberia Mansion, nr jct Rt 28 & Liberia Ave GS: U SP: mar Louisa (-----) VI: No further data P: Spouse BLW: No PH: N SS: A rec 2324; BD pg 1797; B pg 178 BS: 11 pg 114.

WELBURN, William; b UNK; d 01 Jan 1832 RU: Lieutenant, 99th VMR, (Bagwell), Accomack Co CEM: Welbourne Family; Accomack; Horntown GS: U SP: No spouse information VI: No further data P: None BLW: No PH: N SS: A rec 2418 BS: 178.

WELCH, Benjamin; b 1787; d aft 1850 RU: Corporal, 8th VMR, Capt David Hoffman, Mounted Riflemen, attached to Flying Camp McDowell CEM: Falling Springs Presbyterian; Rockbridge; Hickory Hill GS: Y SP: mar Aria (-----) VI: Age 63 years on 1850 census of Rockbridge Co P: Spouse BLW: No PH: N SS: A rec 2440; BD pg 1797; B pg 179 BS: 31.

WELCH, Richard; b UNK; d 03 Dec 1829 RU: Private, 2nd VMR (Evans) CEM: Shockoe Hill; Richmond City; 100 Hospital St GS: U SP: No spouse information VI: No further data P: None BLW: No PH: N SS: A rec 2677 BS: 38 pg 8.

WELCH, Sylvester; b 15 Mar 1766; d 19 Apr 1831 RU: Sergeant, Maj Crutchfield's Battalion, Fauquier Co CEM: Marshall Cemetery; Fauquier; E Main St, Marshall GS: Y SP: No spouse information VI: No further data P: None BLW: No PH: N SS: A rec 2719 BS: 93.

WELLARD, Anthony; b 16 Apr 1793; d 14 Mar 1867 RU: UNK, Widow pensioned but service not identified CEM: Pine Church; Shenandoah; Pinkerton GS: Y SP: Elizabeth (-----) VI: Cover of NARA pension jacket is illegible P: Spouse BLW: No PH: N SS: M pg 309; BD pg 1798 BS: 217.

WELLS, George; b 1795; d 05 Feb 1826 **RU**: Private, 19th VMR, Capt William Murphy, Light Infantry Blues, Richmond City, attached to 1st Corps d'Elite (Randolph) **CEM**: Shockoe Hill; Richmond City; 100 Hospital St **GS**: Y **SP**: No spouse information **VI**: No further data **P**: None **BLW**: No **PH**: N **SS**: L pg 608 **BS**: 38 pg 4; 199.

WELLS, Peyton; b 16 Jul 1797, Dinwiddie Co; d 23 Sep 1856 **RU**: Private, 64th VMR, Henry Co **CEM**: Blandford; Petersburg; 111 Rochelle Ln **GS**: Y **SP**: No spouse information **VI**: No further data **P**: None **BLW**: No **PH**: N **SS**: A rec 847 **BS**: 162.

WELLS, Stephen G; b 20 Dec 1781; d 28 Aug 1819 **RU**: Riding Master, 39th VMR, Petersburg **CEM**: Blandford; Petersburg; 111 Rochelle Ln **GS**: Y **SP**: No spouse information **VI**: Son of Isham & Pamelia Wells of Spring Grove, Chesterfield Co, long-time resident of Petersburg **P**: None **BLW**: No **PH**: N **SS**: A rec 925 **BS**: 200.

WELLS, Thomas; b UNK; d UNK **RU**: Private, 4th VMR **CEM**: Trinity Lutheran; Frederick; 810 Fairfax Pike, Stephens City **GS**: Y **SP**: No spouse information **VI**: No dates on stone **P**: None **BLW**: No **PH**: N **SS**: A rec 947 **BS**: 86 pg 79.

WELLS, William; b UNK; d 1854 **RU**: Private, 62nd VMR, Capt James Bonner, Prince George Co **CEM**: Sturdivant Family; Dinwiddie; Rt 645 nr Dinwiddie C.H. **GS**: N **SP**: mar (1) Elizabeth Sturdivant; (2) Martha (-----) **VI**: No further data **P**: Spouse **BLW**: No **PH**: N **SS**: A rec 1042; BD pg 1801; B pg 169 **BS**: 210.

WELSH, Benjamin W; b UNK; d 03 Nov 1874 **RU**: Private, 89th VMR, Prince William Co **CEM**: Goose Creek Burying Ground; Loudoun; Rt 722, Lincoln **GS**: Y **SP**: No spouse information **VI**: No further data **P**: None **BLW**: No **PH**: N **SS**: A rec 1094 **BS**: 73 pg 333.

WELSH, Sylvester; b 06 Apr 1796; d UNK **RU**: Sergeant, 41st VMR, Richmond Co **CEM**: Marshall Cemetery; Fauquier; E Main St, Marshall **GS**: Y **SP**: No spouse information **VI**: No further data **P**: None **BLW**: No **PH**: N **SS**: A rec 2719 **BS**: 93.

WENNER, William, Sr; b UNK; d 13 May 1821 **RU**: Private, 57th VMR, Capt Michael Everheart, Loudoun Co **CEM**: St James's United Church of Christ; Loudoun; 10 E Broad Way, Lovettsville **GS**: Y **SP**: No spouse information **VI**: No further data **P**: Yes **BLW**: No **PH**: N **SS**: A rec 1358; BD pg 1802 **BS**: 73 pg 336.

WERTENBAKER, William; b 01 Jun 1797; d 07 Apr 1882, Charlottesville **RU**: Private, 47th VMR, Capt Triplett T Estes, Albemarle Co, attached to 8th VMR (Wall) **CEM**: University of VA; Albemarle; Cemetery Rd off Rt 302, Charlottesville **GS**: Y **SP**: mar Louise Timberlake of Caroline Co **VI**: Served in defense of Norfolk and Williamsburg 1814-1815. Attorney, Deputy Clerk, Deputy Sheriff of Albemarle Co. Chosen by Thomas Jefferson in 1826 to serve as Librarian at UVA, a position he held until his death. Operated the University in 1831, Postmaster for the University Community for 30 years. Member of Charlottesville Presbyterian Church. Deputy District Grand Master 1864, his Blue Lodge was Widow's Son Lodge #60, into which he was raised on 08 Aug 1818 **P**: Both **BLW**: No **PH**: N **SS**: K pg 90; BD pg 1802 **BS**: 31.

WEST, Benjamin; b 19 Jun 1780; d 12 Jun 1836 **RU**: Sergeant, 115th VMR (Howard), Capt Miles Cary, Elizabeth City Co **CEM**: West Cemetery; Hampton City; 11 Harlequin Dr **GS**: Y **SP**: mar Margaret (-----), b 1800, d 1850, age 50 **VI**: No further data **P**: None **BLW**: No **PH**: N **SS**: L pg 205 **BS**: 23 pg 225; 245; 80.

WEST, Francis; b 13 Jan 1785; d 02 Dec 1841 **RU**: Private, 21st VMR, Capt Thomas Cary, Gloucester Co **CEM**: Abingdon Church; Gloucester; 4645 George Washington Memorial Hwy, White Marsh **GS**: Y **SP**: mar Catherine (-----), b 04 Jun 1799, d 06 Jan 1855 **VI**: No further data **P**: None **BLW**: No **PH**: N **SS**: L pg 204 **BS**: 82 pg 22.

WEST, George Montgomery; b 1784; d 18 Aug 1860 **RU**: Private, 19th VMR, Capt Wilson Bryan, Richmond City **CEM**: St John's Church; Richmond City; 24th & Broad, Church Hill **GS**: U **SP**: mar in Richmond on 01 Jun 1842 to Evelyn Augusta Quarles **VI**: No further data **P**: None **BLW**: No **PH**: N **SS**: K pg 359 **BS**: 63 pg 243, 357.

WEST, John; b UNK; d 1835 **RU**: Wagon Master, 56th VMR (Taylor), Loudoun Co **CEM**: Goose Creek Burying Ground; Loudoun; Rt 722, Lincoln **GS**: Y **SP**: mar Hannah (-----), d 1853 **VI**: No further data **P**: None **BLW**: No **PH**: N **SS**: A rec 2080 **BS**: 73 pg 336.

WEST, John T; b 1781; d bur 09 Jun 1839 **RU**: Private, 19th VMR (Ambler), Richmond City **CEM**: Shockoe Hill; Richmond City; 100 Hospital St **GS**: U **SP**: No spouse information **VI**: No further data **P**: None **BLW**: No **PH**: N **SS**: A rec 2072 **BS**: 38 pg18.

RU=Rank/Unit CEM=Cemetery GS=Gravestone SP=Spousal Information VI=Other Veteran Info P=Pension
BLW=Bounty/Land Warrant PH=Photo SS=Service Source BS=Burial Source VMR= VA Military Regt
LNR= Last Known Residence

WEST, Nathaniel; b UNK; d 1822 (Will, Princess Anne Co) **RU:** Private, 99th VMR, Capt Levi Dix, Accomack Co **CEM:** Chelsea; Northampton; Rt 619, Church Neck, in woods **GS:** Y **SP:** No spouse information **VI:** No further data **P:** None **BLW:** No **PH:** N **SS:** L pg 281 **BS:** 20 pg 92.

WEST, Roger; b 1795; d 30 Mar 1814 **RU:** Private, Ball's Squadron of Dragoon Volunteers **CEM:** Christ Church Episcopal; Alexandria; Wilkes & Hamilton **GS:** Y **SP:** No spouse information **VI:** No further data **P:** None **BLW:** No **PH:** N **SS:** A rec 2229 **BS:** 34 pg 121.

WEST, Thomas W; b 1786, Ireland; d 21 Oct 1851 **RU:** Private, 4th VMR **CEM:** Shockoe Hill; Richmond City; 100 Hospital St **GS:** Y **SP:** No spouse information **VI:** No further data **P:** None **BLW:** No **PH:** Y **SS:** A rec 2288 **BS:** 199 pg 191.

WEST, William; b UNK; d 1815 **RU:** 1st Corporal, 4th VMR, Artillery **CEM:** Good Hope Methodist Church; Chesapeake City; 1633 Benefit Rd **GS:** Y **SP:** No spouse information **VI:** No further data **P:** None **BLW:** No **PH:** N **SS:** A rec 2366 **BS:** 75 pg 127.

WEST, William G; b UNK; d 1848 **RU:** Private, 83rd VMR, Capt Baker Pegram, Dinwiddie Co, attached to 1st VMR, (Byrne) **CEM:** Blandford; Petersburg; 111 Rochelle Ln **GS:** Y **SP:** mar Louisa C (-----) **VI:** No further data **P:** None **BLW:** No **PH:** N **SS:** K pg 154 **BS:** 200.

WESTON, Robert; b 1781; d 28 Feb 1858 **RU:** Private, 61st VMR, Capt Thomas James' Detachment, Mathews Co **CEM:** Turner Family; Mathews; Off Rt 14, Horn Habor **GS:** Y **SP:** No spouse information **VI:** No further data **P:** None **BLW:** No **PH:** N **SS:** K pg 297 **BS:** 54 pg 190.

WEYMOUTH, William W; b 1789; d 1817 **RU:** Private, 1st VMR (Trueheart) **CEM:** St John's Church; Richmond City; 24th & Broad, Church Hill **GS:** U **SP:** No spouse information **VI:** No further data **P:** None **BLW:** No **PH:** N **SS:** A rec 329 **BS:** 63 pg 524.

WHARTON, Bagwell; b 02 Sep 1770; d 12 Feb 1821 **RU:** Private, 2nd VMR, Capt James Garrison, Accomack Co **CEM:** Wharton Plot; Accomack; Wharton, btw North Dr & Seaside Circle **GS:** Y **SP:** mar in Accomack Co on 15 Jun 1811 to Catherine Custis, b 15 Sep 1783, d 24 Apr 1839 **VI:** Son of John & Elizabeth Wharton **P:** None **BLW:** No **PH:** N **SS:** A rec 491 **BS:** 6 pg 291.

WHEELER, Thomas A; b 01 Jul 1778; d 20 Oct 1855 **RU:** Sergeant, 27th VMR, Capt Nathaniel Widgeon, Northampton Co **CEM:** Core Place; Northampton; E of Rt 13, 0.5 mi S of Rt 684; SE of house, Kitopeake **GS:** Y **SP:** No spouse information **VI:** No further data **P:** None **BLW:** No **PH:** N **SS:** L pg 831 **BS:** 20 pg 92.

WHIDBEE, William R; b 1793; d 12 Nov 1873 **RU:** Private, 54th VMR, Capt John West, Norfolk Borough, attached to 8th VMR (Magnien) **CEM:** Cedar Grove; Portsmouth; Effington St & Fort Ln **GS:** Y **SP:** mar (1) Susan M (-----) **VI:** Member VA Soldiers of 1812 Society of Portsmouth **P:** Both **BLW:** Yes **PH:** N **SS:** A rec 1825; BD pg 1810 **BS:** 65 pg 129.

WHISSEN, Joseph; b 1770; d 27 Jan 1840 **RU:** Private, 51st VMR, Capt John Gilkerson, Frederick Co, attached to 4th VMR **CEM:** Old Edinburg Cemetery; Shenandoah; Edinburg **GS:** Y **SP:** mar on 12 Feb 1812 in Frederick Co to Elizabeth Carr, LNR Rockford, Winnebago Co, IL in 1871 **VI:** No further data **P:** Spouse **BLW:** No **PH:** N **SS:** A rec 2036; BD pg 1811 **BS:** 217.

WHITAKER, William T; b UNK; d 20 Sep 1855 **RU:** Captain, MA Militia 2nd Regiment **CEM:** Flint Hill Cemetery; Fairfax; 2845 Chain Bridge Rd, Vienna **GS:** Y **SP:** No spouse information **VI:** No further data **P:** None **BLW:** No **PH:** N **SS:** A rec 2203 **BS:** 89 v6 MI-153.

WHITE, Abram; b UNK; d 10 Dec 1878 **RU:** Private, 42nd VMR, Capt George Town, Artillery, Pittsylvania Co, attached to 3rd VMR (Dickinson) **CEM:** Abram White Family; Pittsylvania; Oak Grove Rd **GS:** Y **SP:** mar in Pittsylvania Co, 15 Dec 1819, to Martha J (or T) Hardy **VI:** No further data **P:** Both **BLW:** No **PH:** N **SS:** B pg 162; BD pg 1812; M pg 311 **BS:** 49.

WHITE, Banister; b 1792; d 1868 **RU:** Private, 1st VMR (Yancey) **CEM:** White Family; Powhatan; White Oak Grove **GS:** Y **SP:** mar in Powhatan Co on 23 Apr 1823 (bond) to Diane Holloway Cox, who was 21 years of age and daughter of Edward Cox, deceased. Surety by Edward Cox **VI:** No further data **P:** None **BLW:** No **PH:** N **SS:** A rec 136 **BS:** 260.

WHITE, Bennett; b 1797; d 25 Jun 1848 **RU**: Private, 61st VMR, Capt Francis Jarvis, Mathews Co **CEM**: White Family; Mathews; Pine Haven Rd **GS**: Y **SP**: No spouse information **VI**: No further data **P**: None **BLW**: No **PH**: N **SS**: K pg 299 **BS**: 54 pg 184.

WHITE, Henry; b 1795; d aft 1850 **RU**: Private, 61st VMR (Gayle), Capt Peter Foster, Mathews Co **CEM**: Masonic Cemetery; Fredericksburg; 900 Block, Charles St **GS**: U **SP**: No spouse information **VI**: Age 55 years on 1850 census of Henrico Co **P**: None **BLW**: No **PH**: N **SS**: K pg 293 **BS**: 51 pg 122.

WHITE, James; b 16 Feb 1780; d 17 Nov 1840 **RU**: Captain, 2nd VMR (Bayley), Accomack Co **CEM**: Broadwater; Accomack; 1.25 mi S New Church **GS**: Y **SP**: mar Elizabeth Conner, b 13 Mar 1781, d 06 Jun 1856 **VI**: No further data **P**: None **BLW**: No **PH**: N **SS**: A rec 746 **BS**: 6 pg 293.

WHITE, James; b 1769, PA; d 20 Oct 1838 **RU**: Major, 105th VMR, Staff Officer, Washington Co **CEM**: White Family #126; Washington; Not given **GS**: Y **SP**: mar Eliza (-----), b 15 Sep 1782, d 07 Apr 1851 **VI**: Styled "Colonel" on gravestone. Merchant of Abingdon. **P**: None **BLW**: No **PH**: N **SS**: B pg 135 **BS**: 116 pg 107.

WHITE, James; b UNK; d 26 Apr 1836 **RU**: Private, 6th Regiment of Artillery (Read) **CEM**: Fairfax Meeting House; Loudoun; Walter & Waterford Sts, Waterford **GS**: Y **SP**: No spouse information **VI**: No further data **P**: None **BLW**: No **PH**: N **SS**: A rec 721 **BS**: 73 pg 338.

WHITE, James; b 16 Sep 1765; d 20 Sep 1826 **RU**: Private, Flying Camp McDowell **CEM**: Ketoctin Baptist; Loudoun; Alder School Rd (Rt 711), Eubanks **GS**: Y **SP**: No spouse information **VI**: No further data **P**: None **BLW**: No **PH**: N **SS**: A rec 638 **BS**: 73 pg 338.

WHITE, James H; b UNK; d 23 Sep 1825 **RU**: Private, 31st VMR, Capt Thomas Roberts, Frederick Co, attached to 4th VMR (Boyd) **CEM**: Rehobeth United Methodist; Loudoun; jct Rt 691 & Bollington Rd (Rt 692,) Morrisonville **GS**: Y **SP**: mar in Shelburne Parish, Loudoun Co on 15 May 1833 to Eliza R Best. Enos Best attested to bride's age **VI**: No further data **P**: Spouse **BLW**: No **PH**: N **SS**: A rec 706; BD pg 1814 **BS**: 73 pg 338.

WHITE, John; b UNK; d c1815 **RU**: Private, 25th VMR, Capt Cadwallader Dade, King George Co **CEM**: White Family; Westmoreland; jct Rts 3 & 623 **GS**: U **SP**: mar in Westmoreland Co on 25 Mar 1799 (bond, Nathaniel Mothershead surety) to Elisha Mothershead **VI**: No further data **P**: None **BLW**: No **PH**: N **SS**: D pg 266 **BS**: 219 pg 161.

WHITE, John A; b 1795; d 14 May 1848 **RU**: Private, 61st VMR, Capt Francis Jarvis, Mathews Co **CEM**: White Family; Mathews; Pine Haven Rd **GS**: Y **SP**: mar Martha W (-----), d 16 Aug 1849, age 49, yrs 5 mos **VI**: No further data **P**: None **BLW**: No **PH**: N **SS**: K pg 299 **BS**: 54 pg 184.

WHITE, John H; b 05 Sep 1788; d 27 Oct 1852 **RU**: Private, 61st VMR, Capt Bailey Digges, Mathews Co **CEM**: Minter Cemetery; Mathews; Rt 660 nr Bohannon **GS**: Y **SP**: mar Sarah T (-----), b 18 May 1796, d 28 Nov 1862 **VI**: Doctor. His last words were "I am satisfied." **P**: None **BLW**: No **PH**: N **SS**: K pg 288 **BS**: 54 pg 153; 82 pg 131.

WHITE, Joseph W Bronaugh; b UNK; d 20 Feb 1855 **RU**: Private, 5th VMR **CEM**: Rehobeth United Methodist; Loudoun; jct Rt 691 & Bollington Rd (Rt 692,) Morrisonville **GS**: Y **SP**: No spouse information **VI**: No further data **P**: None **BLW**: No **PH**: N **SS**: A rec 1114 **BS**: 73 pg 338.

WHITE, Josiah; b UNK; d 06 Apr 1844 **RU**: Private, 56th VMR, (Taylor), Loudoun Co **CEM**: Ketoctin Baptist; Loudoun; Alder School Rd (Rt 711), Eubanks **GS**: Y **SP**: mar in Loudoun Co c1807 to Sarah Williams, returned by John Mines **VI**: No further data **P**: None **BLW**: No **PH**: N **SS**: A rec 1156 **BS**: 73 pg 338.

WHITE, Matthew, Sr; b 1785, nr Londonderry, Ireland; d 18 Aug 1864 **RU**: Private, 5th VMR **CEM**: Stonewall Jackson Memorial; Lexington; S Main St **GS**: Y **SP**: mar in Rockbridge Co on 30 Apr 1818 to Mary Crawford McChesney, daughter of Robert McChesney & Elizabeth Johnston, b 04 Oct 1801, d 13 Jan 1884 **VI**: No further data **P**: None **BLW**: No **PH**: N **SS**: A rec 1209 **BS**: 245.

WHITE, Pleasant; b UNK; d 1836 (Will) **RU**: Private, 7th VMR (Saunders) **CEM**: Perkins Family; Fluvanna; jct Rts 629 & 608 **GS**: U **SP**: No spouse information **VI**: No further data **P**: None **BLW**: No **PH**: N **SS**: A rec 1310 **BS**: 95 pg 74.

WHITE, Robert; b 1794; d 03 Dec 1820 **RU:** 1st Lieutenant, 56th VMR (Lynn), Loudoun Co **CEM:** White Family; Frederick; Rt 615, Hayfield **GS:** Y **SP:** No spouse information **VI:** No further data **P:** None **BLW:** No **PH:** N **SS:** A rec 1396 **BS:** 79 pg 350.

WHITE, Robert; b 1775; d 1851 **RU:** Lieutenant, Battalion of Artillery **CEM:** Stonewall Jackson Memorial; Lexington; S Main St **GS:** Y **SP:** No spouse information **VI:** No further data **P:** None **BLW:** No **PH:** N **SS:** A rec 2689 **BS:** 31.

WHITE, Thomas; b 19 Nov 1793, Glasgow, Scotland; d 12 Jul 1858 **RU:** Private, Sales' Battalion of Cavalry **CEM:** Blandford; Petersburg; 111 Rochelle Ln **GS:** Y **SP:** No spouse information **VI:** President of St Andrew's Society in Petersburg in 1850 **P:** None **BLW:** No **PH:** N **SS:** A rec 1600 **BS:** 200.

WHITE, Thomas Warrener; b 1794; d 1867 **RU:** Surgeon's Mate, 6th VMR (Coleman) **CEM:** Brown Hill; Halifax; Rt 658, Paces **GS:** Y **SP:** mar in Halifax Co on 01 Oct 1821 (bond) Elizabeth Womack Barksdale. Name is spelled Barksdall on the marriage bond, and consent was given by her father W. Barksdall **VI:** Doctor **P:** None **BLW:** No **PH:** N **SS:** A rec 1602 **BS:** 83 pg 6.

WHITE, Thomas Willis; b 1788, Yorktown; d 19 Jan 1843 **RU:** Private, 6th VMR (Coleman) **CEM:** St John's Church; Richmond City; 24th & Broad, Church Hill **GS:** U **SP:** mar Mary Ann Ferguson, a native of NC, b 24 Jul 1794, d 11 Dec 1837. While living in Richmond, she opened a millinary shop **VI:** Son of a tailor, he lived in Boston and Norfolk before moving to Richmond. Founder and publisher of the *Southern Literary Magazine* in 1834 until 1842. **P:** None **BLW:** No **PH:** N **SS:** A rec 1602 **BS:** 63 pg 520; 252 pg 41.

WHITE, William; b 01 Nov 1772; d 05 Dec 1825 **RU:** Corporal, 5th VMR **CEM:** Nixon Family; Loudoun; 19010 Woodburn Rd, Woodburn **GS:** Y **SP:** No spouse information **VI:** No further data **P:** None **BLW:** No **PH:** N **SS:** A rec 1738 **BS:** 73 pg 33; 80.

WHITE, William; b UNK; d 20 Jan 1831 **RU:** Private, 5th VMR **CEM:** Fairfax Meeting House; Loudoun; Walter & Waterford Sts, Waterford **GS:** Y **SP:** No spouse information **VI:** No further data **P:** None **BLW:** No **PH:** N **SS:** A rec 1740 **BS:** 73 pg 339.

WHITE, William; b 1784; d 22 Aug 1826 **RU:** Private, 1st Corps d'Elite (Randolph) **CEM:** Shockoe Hill; Richmond City; 100 Hospital St **GS:** U **SP:** No spouse information **VI:** No further data **P:** None **BLW:** No **PH:** N **SS:** A rec 1791 **BS:** 38 pg 4.

WHITE, William C; b 1789; d 27 Jul 1871 **RU:** Corporal, 2nd VMR (Bayley), Accomack Co **CEM:** Gibbons Family; Accomack; off Rt 677, Metompkin **GS:** Y **SP:** No spouse information **VI:** Son of Arthur & Annie White, died age 82 yrs **P:** None **BLW:** No **PH:** N **SS:** A rec 1785 **BS:** 6 pg 295.

WHITE, William H; b 19 Dec 1796; d 04 Feb 1859 **RU:** Private, 16th VMR (Waller), Spotsylvania Co **CEM:** City Cemetery; Fredericksburg; William St & Washington Ave **GS:** Y **SP:** mar Amanda (-----), d 16 Apr 1845, age 45 yrs, 11 mos, 19 days **VI:** No further data **P:** None **BLW:** No **PH:** N **SS:** A rec 1750 **BS:** 18 pg 33.

WHITE, William L; b 14 Feb 1794; d 06 Apr 1880 **RU:** Private, 19th VMR, Capt Samuel Adams, Richmond City, attached to 2nd VMR (Ballowe) **CEM:** Spring Grove #1; Hanover; Not given **GS:** N **SP:** mar Elizabeth Cross, b 15 Oct 1796, d Feb 1857 **VI:** Represented Hanover Co in the General Assembly. No stones in the cemetery. Information from Judge Leon M Bazile **P:** Yes **BLW:** No **PH:** N **SS:** A rec 1769; BD pg 1817 **BS:** 71 pg 21.

WHITE, Willis; b 21 Oct 1796; d 08 Feb 1874 **RU:** Private, 3rd VMR, Capt Lawrence T Dade, Company of Artillery, Orange Co, attached to 1st VMR (Yancey) **CEM:** Stonewall Jackson Memorial; Lexington; S Main St **GS:** Y **SP:** No spouse information **VI:** No further data **P:** Yes **BLW:** No **PH:** N **SS:** BD pg 1817; B pg 156 **BS:** 245.

WHITEHURST, Arthur; b 1790; d 06 Dec 1857 **RU:** Private, 88th VMR Cavalry, Capt Samuel Carr, Allbemarle Co **CEM:** Gilmer Family; Albemarle; Rio Rd, Charlottesville **GS:** Y **SP:** mar in Albemarle Co on 29 May 1814 to Lucretia Craven, d 25 Feb 1860, age 65 **VI:** No further data **P:** None **BLW:** No **PH:** N **SS:** L pg 197 **BS:** 94 v1 pg 235.

WHITEHURST, Francis; b 28 Mar 1786; d 20 Jan 1827 **RU:** Private, 20th VMR, Princess Anne Co **CEM:** Whitehurst Family; Virginia Beach; 1100 McClann Ln **GS:** U **SP:** mar in Princess Anne Co on 29 Oct 1809 (return by Rev David Watters) to Anna Gordon **VI:** No further data **P:** None **BLW:** No **PH:** N **SS:** A rec 2110 **BS:** 125.

WHITFIELD, Cordell; b 1790; d 1835 **RU:** Private, 4th VMR **CEM:** Whitfield Family #2; Southampton; Rt 683, Mary Hunt Rd, Newsoms **GS:** N **SP:** mar Sarah Boon, b 1790, d 1835. No stone **VI:** Son of Reuben and Phebe (Wilson) Whitfield **P:** None **BLW:** No **PH:** N **SS:** A rec 14 **BS:** 41 pg 29.

WHITFIELD, Elisha, Jr; b UNK; d 1849 (Will) **RU:** Private, 65th VMR, Capt John Churchlow, Artillery, Southampton Co, attached to 3rd VMR (Boykin) **CEM:** Whitfield Family #1; Southampton; Cottage Hill Rd **GS:** U **SP:** mar Nancy (-----) **VI:** No further data **P:** Spouse **BLW:** No **PH:** N **SS:** A rec 18; BD pg 1818; B pg 186 **BS:** 44 pg 30.

WHITFIELD, Samuel; b 1785; d 06 Feb 1842 **RU:** Private, 29th VMR, Lt Joseph Atkinson, Isle of Wight Co **CEM:** St Lukes Church; Isle of Wight; 14477 Benn's Church Rd, Smithfield **GS:** Y **SP:** mar Elizabeth (----), b 1792, d 17 Oct 1817 **VI:** No further data **P:** None **BLW:** No **PH:** Y **SS:** K pg 476 **BS:** 76 pg 50; 49.

WHITMORE, Herbert; b 1792; d 1855 **RU:** Private, 39th VMR, Petersburg **CEM:** Blandford; Petersburg; 111 Rochelle Ln **GS:** Y **SP:** No spouse information **VI:** No further data **P:** None **BLW:** No **PH:** N **SS:** A rec 638 **BS:** 200.

WHITMORE, Michael; b 14 Mar 1781; d 29 Jun 1856 **RU:** Private, 57th VMR, Loudoun Co **CEM:** Middle River; Augusta; 2 mi NW of New Hope **GS:** U **SP:** mar Susan (-----), d 20 Oct 1859, age 73 yrs, 18 days **VI:** No further data **P:** None **BLW:** No **PH:** N **SS:** A rec 675 **BS:** 183.

WHITTEN, William B; b 23 Nov 1792; d 31 Mar 1840 **RU:** Sergeant, 2nd VMR **CEM:** St Stephens Episcopal; Bedford; Jefferson HS parking lot, Forest **GS:** Y **SP:** No spouse information **VI:** No further data **P:** None **BLW:** No **PH:** N **SS:** A rec 1239 **BS:** 121 pg 65.

WHITWORTH, Thomas; b 04 Jan 1794; d 24 Jun 1874 **RU:** Captain, 83rd VMR (Byrne), Company Commander, Dinwiddie Co **CEM:** Sweeden Cemetery; Dinwiddie; Sweeden **GS:** Y **SP:** mar Eliza Harrison on 10 Jan 1833, daughter of Col Peterson Harrison. She is buried in an above-ground granite vault as she had a horror of being buried underground The granite was quarried at "Mayfield" and hauled to Sweeden for this purpose **VI:** "Captain in the War of 1812" on his tombstone **P:** None **BLW:** No **PH:** N **SS:** G **BS:** 210.

WHORTON, William; b 1793; d 1850 **RU:** Private, 16th VMR, Capt Fox, Spotsylvania Co **CEM:** Whorton Family; Stafford; End of Norman Rd (Rt 661) **GS:** U **SP:** mar Rebecca (-----), b 1797, d 1882 **VI:** No further data **P:** None **BLW:** No **PH:** N **SS:** K pg 380 **BS:** 26A pg 37.

WIATT, William G; b 30 Jan 1784; d 26 Jun 1854 **RU:** Surgeon's Asst, 21st VMR, Gloucester Co **CEM:** Wiatt Family; Gloucester; Independence **GS:** Y **SP:** No spouse information **VI:** Doctor **P:** None **BLW:** No **PH:** N **SS:** A rec 1671 **BS:** 82 pg 103.

WICKER, Francis; b 1793; d bur 14 Oct 1849 **RU:** Captain, 24th VMR, Capt Boaz Ford, attached to 7th VMR (Gray) **CEM:** St John's Church; Richmond City; 24th & Broad, Church Hill **GS:** U **SP:** mar (1) Elizabeth Hopkins, b 04 Sep 1789, d 15 Aug 1837; (2) in Richmond on 29 Mar 1838 Lucy Ann Lipscomb **VI:** No further data **P:** None **BLW:** No **PH:** N **SS:** K pg 329 **BS:** 63 pg 242, 352; 252 pg 67.

WICKHAM, William Fanning; b 23 Nov 1793; d 31 Jul 1880 **RU:** Private, 19th VMR (Ambler), Richmond City **CEM:** Wickham Family; Hanover; Hickory Hill **GS:** Y **SP:** mar Anne Carter, daughter of Robert Carter & Mary Nelson of Shirley Plantation on 09 Dec 1819; b 27 Jun 1797, d 25 Feb 1868 **VI:** Son of John Wickham & Mary Fanning **P:** None **BLW:** No **PH:** N **SS:** A rec 1811 **BS:** 71 pg 81.

WILCOX, John Vaughan; b 1780; d 23 Nov 1863 **RU:** Private, 39th VMR, Capt Edward Pescaud, Petersburg **CEM:** Blandford; Petersburg; 111 Rochelle Ln **GS:** Y **SP:** No spouse information **VI:** Age 80 years on 1860 census of Petersburg **P:** None **BLW:** No **PH:** N **SS:** L pg 636 **BS:** 200.

WILCOXEN, Rezen; b 1771; d 28 Nov 1855 **RU:** Captain, 60th VMR (Minor), Fairfax Co **CEM:** Wilcoxen / Farr; Fairfax; 3610 Old Lee Rd **GS:** Y **SP:** mar Betsey (-----) b 1792, d 1855 **VI:** No further data **P:** None **BLW:** No **PH:** N **SS:** A rec 685; G **BS:** 89 v3 FX-300.

WILES, Thomas; b 27 Jul 1786; d 21 Jan 1875 **RU:** Private, 69th VMR, Capt William Bailey, Halifax Co, attached to 4th VMR (Greenhill) **CEM:** Wiles family; Pittsylvania; 7473 S Boston Hwy, Sutherin **GS:** Y **SP:** mar Caswell Co 1819, Fannie Baynes, b 29 Apr 1809, d 12 Oct 1880 **VI:** No further data **P:** Both **BLW:** No **PH:** N **SS:** A rec 1029; B pg 89; BD pg 1827; M pg 89 **BS:** 49.

RU=Rank/Unit   CEM=Cemetery   GS=Gravestone   SP=Spousal Information   VI=Other Veteran Info   P=Pension
BLW=Bounty/Land Warrant   PH=Photo   SS=Service Source   BS=Burial Source   VMR= VA Military Regt
LNR= Last Known Residence

WILKINS, John, Sr; b UNK; d bef 1850 (Account) **RU**: Sergeant, 27th VMR, Capt Nathaniel Widgeon, Northampton Co **CEM**: Warren Farm; Northampton; N of hard surfaced road just N of "America House," 0.2 mi W of Rt 13, farm lane, plot to East **GS**: Y **SP**: No spouse information **VI**: No further data **P**: None **BLW**: No **PH**: N **SS**: K pg 121 **BS**: 20 pg 94.

WILKINS, William E; b 02 Jan 1795; d 23 Apr 1875 **RU**: Private, 27th VMR, Capt William Jarvis, Northampton Co **CEM**: Whitecliff; Northampton; Rt 666, 1.1 mi N Rt 634, Savages Neck nr Eastville **GS**: Y **SP**: mar in Northampton Co on 28 Sep 1815 (return by J. Elliott) to Nancy Trower, daughter of John and Sally Trower, b 12 Sep 1795, d 18 Sep 1872, buried at Whitecliff **VI**: Son of John and Betsy Wilkins **P**: Yes **BLW**: No **PH**: N **SS**: K pg 114; BD pg 1829 **BS**: 20 pg 95.

WILKINS, Willis J; b UNK; d 04 Apr 1815 **RU**: Captain, Deep Creek Greys **CEM**: Wilkins Plantation; Chesapeake City; 2 mi E of Deep Creek on Cedar Rd (Rt 166) **GS**: Y **SP**: mar Susan (-----), b 27 Jan 1767, d 27 Aug 1854 **VI**: No further data **P**: None **BLW**: No **PH**: N **SS**: G; A rec 1889 **BS**: 75 pg 95.

WILKINSON, Henry; b 1799; d 09 Aug 1883 **RU**: Private, 39th VMR, Capt John Hart, Petersburg **CEM**: Blandford; Petersburg; 111 Rochelle Ln **GS**: Y **SP**: No spouse information **VI**: Stone says "39 Va. Mil. War 1812." Dates from "Virginia Deaths and Burials, 1853-1912 ," (familysearch.org) **P**: None **BLW**: No **PH**: N **SS**: G; L pg 410 **BS**: 200.

WILKINSON, Israel; b 1793; d 1857 **RU**: Private, 57th VMR, Loudoun Co **CEM**: Mt Carmel; Frederick; 3rd & High St, Middletown **GS**: Y **SP**: mar Maachah (-----), b 1789, d 1847 **VI**: No further data **P**: None **BLW**: No **PH**: N **SS**: A rec 1966 **BS**: 79 pg 352.

WILKINSON, James P; b 1784; d 30 Jun 1845, Bell Tavern, Richmond **RU**: Lieutenant, 52nd VMR (Christian), New Kent & Charles City Cos **CEM**: Shockoe Hill; Richmond City; 100 Hospital St **GS**: Y **SP**: No spouse information **VI**: No further data **P**: None **BLW**: No **PH**: N **SS**: A rec 1987 **BS**: 38 pg 33; 199.

WILKINSON, Jesse; b 1790; d 23 May 1861, Norfolk **RU**: Lieutenant, Schooner *Hornet* **CEM**: Cedar Grove; Portsmouth; Effington St & Fort Ln **GS**: Y **SP**: No spouse information **VI**: Remained in Naval service after the war, promoted to Master in 1818, commanding the brig *Spark* **P**: None **BLW**: No **PH**: N **SS**: A pg 267 **BS**: 49.

WILLIAMS, Charles Bruce; b 04 Jun 1797; d 10 Jul 1872 **RU**: Corporal, 45th VMR, Capt John C Edrington, Stafford Co **CEM**: Shockoe Hill; Richmond City; 100 Hospital St **GS**: Y **SP**: mar at Greenwood Seminary on 19 Feb 1819 by Rev Samuel D Hoge to Miss Ann Mercer Hackley, b 16 May 1800, d 17 Aug 1879. Marriage notice in the *Richmond Examiner*, 02 Mar 1819, pg 3 **VI**: Was "of Halifax Co" in the marriage notice **P**: None **BLW**: No **PH**: Y **SS**: D pg 300 **BS**: 31.

WILLIAMS, Daniel; b UNK; d 1861 **RU**: Private, 4th VMR **CEM**: Old City Cemetery; Lynchburg; 401 Taylor St **GS**: Y **SP**: No spouse information **VI**: No further data **P**: None **BLW**: No **PH**: N **SS**: A rec 1074 **BS**: 87 pg 177.

WILLIAMS, David C; b 26 Apr 1768; d 06 Jun 1861 **RU**: Private, 4th VMR **CEM**: Williams Family #2; Pittsylvania; 8 mi W of Chatham off Rt 666 **GS**: Y **SP**: mar in Pittsylvania Co on 26 Jan 1792 (bond) to Lucy Terry, daughter of David Terry, b 15 Feb 1768, d 03 Jan 1861 **VI**: No further data **P**: None **BLW**: No **PH**: N **SS**: A rec 1134 **BS**: 149.

WILLIAMS, Isaac N; b UNK; d 10 Jun 1858 **RU**: Corporal, 4th VMR **CEM**: Fairfax Meeting House; Loudoun; Walter & Waterford Sts, Waterford **GS**: Y **SP**: mar Sarah G (-----) **VI**: No further data **P**: None **BLW**: No **PH**: N **SS**: A rec 1605 **BS**: 73 pg 341.

WILLIAMS, Jacob; b 1780; d aft 1850 **RU**: Private, 65th VMR, Capt James Blow, Southampton Co **CEM**: Williams Family; Southampton; Rt 658 **GS**: U **SP**: No spouse information **VI**: Age 70 years on 1850 census of Southampton Co **P**: Yes **BLW**: No **PH**: N **SS**: A rec 1625; BD pg 1834; B pg 186 **BS**: 42 v5 pg 39.

WILLIAMS, James; b 1758; d 1822 **RU**: Major General, 1st Division VA Militia **CEM**: Soldier's Rest; Orange; Rt 620 **GS**: U **SP**: No spouse information **VI**: Son of William & Lucy (Clayton) Williams. Enlisted at outbreak of Rev War & served to its close as a Captain. Commissioned as Major General in command of the Virginia Militia. Member of Society of Cincinnati. His home was "Soldier's Rest" on the Rapidan River. Many Rev War veterans are buried there **P**: None **BLW**: No **PH**: N **SS**: B pg 236 **BS**: 28 pg 89.

WILLIAMS, James G; b UNK; d 06 Oct 1843 **RU**: Private, 60th VMR (Minor), Fairfax Co **CEM**: Ketoctin Baptist; Loudoun; Alder School Rd (Rt 711), Eubanks **GS**: Y **SP**: mar Frances D (-----), d 22 Feb 1822 **VI**: No further data **P**: None **BLW**: No **PH**: N **SS**: A rec 1793 **BS**: 73 pg 341.

RU=Rank/Unit CEM=Cemetery GS=Gravestone SP=Spousal Information VI=Other Veteran Info P=Pension
BLW=Bounty/Land Warrant PH=Photo SS=Service Source BS=Burial Source VMR= VA Military Regt
LNR= Last Known Residence

WILLIAMS, James J; b UNK; d UNK **RU:** Private, 1st VMR (Taylor) **CEM:** Wickliffe Church; Clarke; nr Berryville **GS:** Y **SP:** mar Sarah H (-----), b 01 Jan 1801, d 11 Aug 1882 **VI:** Doctor. No dates on stone, died age 73 years, 2 months **P:** None **BLW:** No **PH:** N **SS:** A rec 1713 **BS:** 86 pg 30; 92 pg 96.

WILLIAMS, Jenkins; b UNK; d 1829 (Will) **RU:** Private, US Rangers Volunteer **CEM:** Morgan; Smyth; Rt 601,Teas **GS:** U **SP:** No spouse information **VI:** No further data **P:** None **BLW:** No **PH:** N **SS:** A rec 1826 **BS:** 131 v1 pg 63.

WILLIAMS, John; b UNK; d 22 Aug 1856 **RU:** Drummer, 4th VMR (Boyd) **CEM:** Fairfax Meeting House; Loudoun; Walter & Waterford Sts, Waterford **GS:** Y **SP:** No spouse information **VI:** Death date from the *Alexandria Gazette* **P:** None **BLW:** No **PH:** N **SS:** A rec 2078 **BS:** 73 pg 341.

WILLIAMS, John; b 30 May 1785; d 11 Nov 1886 **RU:** Private, 4th VMR (Boyd) **CEM:** Williams Family; Botetourt; nr Wheatland Church **GS:** Y **SP:** mar Elizabeth (-----), d 1870 **VI:** No further data **P:** None **BLW:** No **PH:** N **SS:** A rec 2078 **BS:** 155 pg 35.

WILLIAMS, John; b 1793, Ireland; d bur 24 Apr 1860 **RU:** Private, 2nd VMR (Ballowe) **CEM:** Hollywood; Richmond City; 412 S Cherry St **GS:** U **SP:** No spouse information **VI:** No further data **P:** None **BLW:** No **PH:** N **SS:** A rec 2030 **BS:** 263 v10 pg 23.

WILLIAMS, John C; b UNK; d UNK **RU:** Private, 16th VMR, Capt George Hamilton, Spotsylvania Co **CEM:** City Cemetery; Fredericksburg; William St & Washington Ave **GS:** Y **SP:** No spouse information **VI:** No further data **P:** None **BLW:** No **PH:** N **SS:** L pg 394 **BS:** 18 pg 33.

WILLIAMS, Leroy P; b 1789; d 04 Apr 1864 **RU:** Private, 66th VMR, Capt John B, Rice, Brunswick Co, attached to 1st VMR (Byrne) **CEM:** Wickliffe Church; Clarke; nr Berryville **GS:** Y **SP:** mar Ann (-----), d 15 Jun 1865 aged 65 yrs, 5 months **VI:** No further data **P:** None **BLW:** No **PH:** N **SS:** K pg 158 **BS:** 86 pg 30.

WILLIAMS, Nathaniel P; b UNK; d UNK **RU:** Ensign, 45th VMR, Capt Thomas Fristoe, Stafford Co **CEM:** William's Family #1; Stafford; vic Bethleham Baptist Church **GS:** U **SP:** No spouse information **VI:** No further data **P:** None **BLW:** No **PH:** N **SS:** L pg 342 **BS:** 26 pg 397.

WILLIAMS, Orrin; b 1788; d 22 Jun 1841 **RU:** Private, Cocke's Detachment VA Militia **CEM:** St John's Church; Richmond City; 24th & Broad, Church Hill **GS:** U **SP:** mar (1) in Richmond City on 23 Oct 1821 to Ann Elizabeth Hatcher; (2) on 14 Jul 1831 to Mrs Margaret Newton, d 15 Nov 1832. Death notice in the *Richmond Constitutional Whig,* 16 Nov 1832, pg 4, "wife of Mr Orren Williams" **VI:** No further data **P:** None **BLW:** No **PH:** N **SS:** A rec 62 **BS:** 63 pg 244, 253, 257.

WILLIAMS, Philip D; b 14 Sep 1796; d 16 Sep 1831 **RU:** Private, 4th VMR (Greenhill) **CEM:** Delinger Family; Warren; Passage Creek **GS:** U **SP:** No spouse information **VI:** No further data **P:** None **BLW:** No **PH:** N **SS:** A rec 111 **BS:** 150.

WILLIAMS, Richard; b 03 Mar 1781; d 08 Dec 1832 **RU:** Major, 62nd VMR, Prince George Co **CEM:** St Lukes Church; Isle of Wight; 14477 Benn's Church Rd, Smithfield **GS:** Y **SP:** mar Charlotte Johnson, b 1792, d 12 Apr 1832 **VI:** No further data **P:** None **BLW:** No **PH:** Y **SS:** D pg 137 **BS:** 76 pg 35; 49.

WILLIAMS, Richard; b 04 Aug 1775; d 01 Aug 1845 **RU:** Major, 62nd VMR, Staff Officer, Prince George Co **CEM:** Williams Family; Prince George; Rt 301, 3.5 mi S of Petersburg **GS:** Y **SP:** No spouse information **VI:** Dates from tombstone, which also adds "age 71 yrs, 8 mos and 27 days" **P:** None **BLW:** No **PH:** N **SS:** B pg 169 **BS:** 148.

WILLIAMS, Richard; b 1786; d 1868 **RU:** Private, 65th VMR (Blow), Southampton Co **CEM:** Pittman Farm; Southampton; Dory **GS:** U **SP:** mar Winifred Washington, b 1790, d 1871 **VI:** No further data **P:** None **BLW:** No **PH:** N **SS:** A rec 196 **BS:** 245.

WILLIAMS, Robert; b UNK; d aft 1820 **RU:** Lieutenant, 6th VMR (Coleman) **CEM:** Grove Street; Danville City; 940 Grove St **GS:** U **SP:** No spouse information **VI:** No further data **P:** None **BLW:** No **PH:** N **SS:** A rec 249 **BS:** 49.

WILLIAMS, Robert C; b UNK; d Dec 1818 **RU:** Corporal, 17th VMR, Capt Samuel B Jeter, Cumberland Co **CEM:** Horsley / Yancey; Buckingham; "Travelers Rest," Rt 604 **GS:** Y **SP:** No spouse information **VI:** No further data **P:** None **BLW:** No **PH:** N **SS:** L pg 341 **BS:** 209.

WILLIAMS, Robert Hughes, Sr; b 18 Mar 1773, Lunenburg Co; d 19 Aug 1823, Lunenburg Co **RU:** Private, 66th VMR, Capt William Griggs, Brunswick Co, attached to 1st VMR (Byrne) **CEM:** Williams / Knight; Lunenburg; nr jct 623

& Eubanks Rd, Lunenburg **GS:** U **SP:** mar on 16 Nov 1797 to Nancy C Ellis, daughter of Ellison Ellis and Mary Zachary **VI:** Son of Rev John Williams and Frances Hughs **P:** None **BLW:** No **PH:** N **SS:** K pg 145: B pg 48 **BS:** 245.

WILLIAMS, Samuel; b 14 Sep 1799; d 04 Apr 1855 **RU:** Private, 115th VMR, Capt Richard Servant, York Co **CEM:** Williams Family; Gloucester; nr Williams Wharf **GS:** Y **SP:** No spouse information **VI:** No further data **P:** None **BLW:** No **PH:** N **SS:** L pg 700 **BS:** 82 pg 140.

WILLIAMS, Samuel; b UNK; d 25 Apr 1855 **RU:** Private, 4th VMR (Boyd) **CEM:** Rehobeth United Methodist; Loudoun; jct Rt 691 & Bollington Rd (Rt 692,) Morrisonville **GS:** Y **SP:** No spouse information **VI:** No further data **P:** None **BLW:** No **PH:** N **SS:** A rec 310 **BS:** 73 pg 342.

WILLIAMS, Thomas; b 24 Aug 1786; d 30 May 1860 **RU:** Corporal, 4th VMR **CEM:** Jamison / Simmons; Alleghany; Rt 618, 13 mi SW of Covington **GS:** Y **SP:** mar Mary (-----), b 07 Sep 1800, d 17 Jul 1892, age 91 **VI:** Age 73 yrs, 9 mos, 6 days **P:** None **BLW:** No **PH:** N **SS:** A rec 517 **BS:** 197.

WILLIAMS, Thomas; b 19 Feb 1779; d 13 Apr 1835 **RU:** Corporal, 53rd VMR, Capt William Cocke, Troop of Cavalry, Campbell Co, attached to 1st VMR(Holcombe) **CEM:** Williams Family #1; Pittsylvania; 1/2 mi fr Markham, Banister River at "Witcher Place" **GS:** Y **SP:** No spouse information **VI:** No further data **P:** None **BLW:** No **PH:** N **SS:** L pg 235; B pg 53 **BS:** 149.

WILLIAMS, Thomas, Jr; b 1789; d 11 Jun 1828 **RU:** Private, 19th VMR (Ambler), Capt Robert Campbell, Cavalry, Richmond City **CEM:** Shockoe Hill; Richmond City; 100 Hospital St **GS:** U **SP:** No spouse information **VI:** No further data **P:** None **BLW:** No **PH:** N **SS:** L pg 344 **BS:** 38 pg 6.

WILLIAMS, William; b 25 Dec 1776; d 01 Jun 1857 **RU:** Ensign, 4th VMR **CEM:** Jeffersonville; Tazewell; Fincastle Blvd **GS:** U **SP:** No spouse information **VI:** No further data **P:** None **BLW:** No **PH:** N **SS:** A rec 743 **BS:** 172 v3 pg 69.

WILLIAMS, William; b UNK; d 1840 (Admin) **RU:** Private, 1st VMR (Crutchfield) **CEM:** Cedar Farm; Culpeper; Culpeper **GS:** U **SP:** No spouse information **VI:** No further data **P:** None **BLW:** No **PH:** N **SS:** A rec 662 **BS:** 12 pg 28.

WILLIAMS, William C; b 07 Mar 1795; d 16 May 1836 **RU:** Private, 1st VMR (Taylor) **CEM:** Painter Family; Frederick; Lebanon Church **GS:** Y **SP:** No spouse information **VI:** No further data **P:** None **BLW:** No **PH:** N **SS:** A rec 625 **BS:** 79 pg 355.

WILLIAMS, William C; b 11 Sep 1785; d 18 Aug 1852 **RU:** Sergeant, 43rd, VMR, Capt William Jones, Franklin Co, attached to 5th VMR **CEM:** Salem Cemetery; Roanoke; Salem **GS:** Y **SP:** mar Margaret (-----), b 23 Oct 1795, d 8 Jul 1871 **VI:** No further data **P:** None **BLW:** No **PH:** N **SS:** L pg 235 **BS:** 121 pg 69.

WILLIAMSON, George; b 1775; d 06 Sep 1823 **RU:** Private, 39th VMR, Capt Cadwallader J Claiborne, Petersburg **CEM:** St John's Church; Richmond City; 24th & Broad, Church Hill **GS:** U **SP:** No spouse information **VI:** No further data **P:** None **BLW:** No **PH:** N **SS:** K pg 136 **BS:** 63 pg 529; 252 pg 68.

WILLIAMSON, Thomas S; b 01 Aug 1788, MD; d 12 Jan 1859 **RU:** Assistant Surgeon, US Navy **CEM:** Cedar Grove; Portsmouth; Effington St & Fort Ln **GS:** Y **SP:** mar Caroline Dulton, b 24 Jul 1807, d 04 Jul 1885 **VI:** Service as Surgeon mentioned on gravestone, though he did not achieve that rank until 27 May 1818. Presumed to have been an Assistant Surgeon during the war **P:** None **BLW:** No **PH:** N **SS:** G; AQ **BS:** 65 pg 41.

WILLIAMSON, William; b 19 Aug 1796; d 21 Sep 1859 **RU:** Private, 4th VMR **CEM:** Millar Family; Warren; Front Royal **GS:** Y **SP:** mar Elizabeth A (-----). No stone **VI:** No further data **P:** None **BLW:** No **PH:** N **SS:** A rec 1297 **BS:** 86 pg 37.

WILLIS, Byrd C; b 29 Aug 1781; d 01 Oct 1846 **RU:** Private, 16th VMR, Capt Therit Towles, Troop of Cavalry, Spotsylvania Co **CEM:** Willis Family; Fredericksburg; Marye Heights, 1 mi W of Fredericksburg, North gate of National Cemetery **GS:** Y **SP:** mar in 1800 to Mary Willis Lewis, daughter of George Lewis of Marmion, nephew of George Washington (son of Fielding Lewis & Betty Washington) **VI:** Styled "Colonel" on tombstone. Son of Lewis Willis and Anne Carter of Cleve **P:** None **BLW:** No **PH:** N **SS:** L pg 783; B pg 189 **BS:** 18 pg 95; 52.

WILLIS, Isaac; b 1774, "Locust Grove," Culpeper Co; d 1867, "Locust Grove," Culpeper Co **RU:** Fifer, McCobb's Regiment of US Volunteers **CEM:** Locust Grove; Culpeper; "Locust Grove" **GS:** N **SP:** No spouse information **VI:** Son of William Willis & Elizabeth Twyman. Mother was from "Quiet Shade" in Culpeper Co. He died at age 93 **P:** None **BLW:** No **PH:** N **SS:** A rec 1580 **BS:** 245.

WILLIS, Thomas; b 1789; d 25 Nov 1828 **RU:** Ensign, 33rd VMR, Capt William Henley, Henrico Co **CEM:** Shockoe Hill; Richmond City; 100 Hospital St **GS:** U **SP:** No spouse information **VI:** No further data **P:** None **BLW:** No **PH:** N **SS:** A rec 2677 **BS:** 38 pg 8.

WILLIS, Zorobabel; b UNK; d 05 Jan 1842 **RU:** Private, 2nd VMR (Bayly) **CEM:** Willis Family; Accomack; .25 mi N of Grangeville **GS:** U **SP:** mar Ann C (-----), d 1851 **VI:** No further data **P:** None **BLW:** No **PH:** N **SS:** A rec 1814 **BS:** 178.

WILLOUGHBY, Wallace; b 1796; d aft 1860 **RU:** Private, 105th VMR, Capt Henry Dixon, Washington Co, attached to 5th VMR **CEM:** Rutherford Family; Lee; Rts 612 & 70 **GS:** Y **SP:** mar Cynthia (-----), b 1778, d 14 Nov 1823. A Susannah Willoughby, age 49, is the only other member of this household in 1850 **VI:** Stone nearly illegible. Born in Apr, died in Mar. Age 54 years on 1850 census of Washington Co, and 64 on the 1860 census of Washington Co **P:** Yes **BLW:** Yes **PH:** N **SS:** K pg 149; BD pg 1841; B pg 198 **BS:** 116 pg 127; 245.

WILLOUGHBY, William M; b 1788; d 26 May 1860 **RU:** Private, 7th VMR (Gray) **CEM:** Walnut Grove; Washington; Abingdon Rd, Bristol **GS:** Y **SP:** mar Ann A J (-----), d 12 Feb 1814, age 28 yrs, 6 mos, 5 days **VI:** The Old Walnut Grove Log School & Presbyterian Church was founded by the Preston & Rhea families in 1780s. **P:** None **BLW:** No **PH:** N **SS:** A rec 2006 **BS:** 116 pg 379.

WILLS, George; b 1776, Dublin, Ireland; d 12 Aug 1826 **RU:** Private, 4th VMR **CEM:** Shockoe Hill; Richmond City; 100 Hospital St **GS:** Y **SP:** No spouse information **VI:** Died age 50 years **P:** None **BLW:** No **PH:** N **SS:** A rec 32336 **BS:** 199.

WILLS, Miles C; b 03 Aug 1795; d 07 Nov 1872 **RU:** Private, 12th VMR, Capt Miles Cary, Fluvanna Co, attached to 1st VMR (Yancey) **CEM:** Wills Family; Fluvanna; vic Rts 15 & 3 **GS:** Y **SP:** mar Rebecca M (-----) **VI:** No further data **P:** Spouse **BLW:** No **PH:** N **SS:** K pg 473; A rec 2123; BD pg 1841; B pg 75 **BS:** 95 pg 98.

WILLS, Willis C; b 1791; d bur 06 May 1847 **RU:** Sergeant, 12th VMR, Capt Miles Cary, Fluvanna Co, attached to 1st VMR (Yancey) **CEM:** Shockoe Hill; Richmond City; 100 Hospital St **GS:** U **SP:** mar Mary (-----) **VI:** No further data **P:** Spouse **BLW:** No **PH:** N **SS:** A rec 2175; BD pg 1842; B pg 75 **BS:** 38 pg 38.

WILLSON, William; b 16 Apr 1793; d 15 Nov 1864 **RU:** Private, 2nd Corps d'Elite (Green) **CEM:** Willson Family (Mint Spring Cemetery); Augusta; Rt 697, Mint Spring **GS:** Y **SP:** mar Margaret (-----), d 30 Oct 1860, age 65 yrs, 7 mos, 8 days, "wife of William Willson" **VI:** No further data **P:** None **BLW:** No **PH:** N **SS:** A rec 2689 **BS:** 1 pg 212; 80.

WILLSON, William; b 1772; d 21 Aug 1840 **RU:** Private, 5th VMR **CEM:** Stonewall Jackson Memorial; Lexington; S Main St **GS:** Y **SP:** No spouse information **VI:** Postmaster of Lexington **P:** None **BLW:** No **PH:** N **SS:** A rec 2702 **BS:** 31.

WILMER, William H; b 09 Mar 1784, Chester Town, MD; d 24 Jul 1827 **RU:** Private, 38th MD Regiment of Militia (Wright) **CEM:** Bruton Parish; Williamsburg; 331 W Duke of Gloucester St **GS:** Y **SP:** No spouse information **VI:** Rector of Bruton Parish 1826-1827. President of William & Mary College, President of the House of Clerical and Lay Deputies of the Protestant Episcopal Church. Stone erected by the congregation **P:** None **BLW:** No **PH:** N **SS:** A rec 37 **BS:** 64 pg 91.

WILSON, Benjamin; b 1772, NY; d 1856 **RU:** Private, 67th VMR, Capt David Van Meter, Berkeley Co, attached to 6th VMR (Coleman) **CEM:** Lewinsville Presbyterian; Fairfax; 1724 Chain Bridge Rd, McLean **GS:** Y **SP:** mar (1) Mary Adams, d 1860; (2) Anna (-----) **VI:** No further data **P:** Spouse **BLW:** No **PH:** N **SS:** A rec 326; BD pg 1843; B pg 232 **BS:** 89 v1 pg ML-12.

WILSON, Bernard (Bernie); b UNK; d 1877 **RU:** Sergeant, 7th VMR (Gray) **CEM:** Old City Cemetery; Lynchburg; 401 Taylor St **GS:** Y **SP:** No spouse information **VI:** No further data **P:** None **BLW:** No **PH:** N **SS:** A rec 343 **BS:** 87 pg 178.

WILSON, Charles; b 10 May 1792, Caroline Co; d 18 Feb 1835 **RU:** Corporal, 90th VMR, Capt Isaac Tinsley, Amherst Co, attached to 8th VMR (Wall) **CEM:** Wilson Family; Amherst; Rt 659 **GS:** Y **SP:** No spouse information **VI:** Doctor **P:** None **BLW:** No **PH:** N **SS:** K pg 107 **BS:** 5 pg 187.

RU=Rank/Unit CEM=Cemetery GS=Gravestone SP=Spousal Information VI=Other Veteran Info P=Pension
BLW=Bounty/Land Warrant PH=Photo SS=Service Source BS=Burial Source VMR= VA Military Regt
LNR= Last Known Residence

WILSON, Charles; b UNK; d UNK **RU:** Sergeant, 6th VMR (Coleman) **CEM:** Grove Street; Danville City; 940 Grove St **GS:** U **SP:** No spouse information **VI:** No further data **P:** None **BLW:** No **PH:** N **SS:** A, rec 369 **BS:** 49.

WILSON, Edley; b 20 Feb 1788; d 15 Feb 1859 **RU:** Private, 61st VMR, Capt Peter Foster, Mathews Co **CEM:** Sharon Lutheran; Bedford; Rt 42, Ceres **GS:** Y **SP:** mar Rebecca (-----), no stone **VI:** No further data **P:** Spouse **BLW:** No **PH:** N **SS:** K pg 294; BD pg 1844; B pg 128 **BS:** 80.

WILSON, George; b 1790; d 10 Aug 1861 **RU:** 2nd Lieutenant, 29th VMR (Ballard), Isle of Wight Co **CEM:** Wilson Family; Isle of Wight; Morgart Beach Rd, Hardy District **GS:** Y **SP:** mar Mary (-----) **VI:** Doctor. Resided in Norfolk and Mt. Pleasant, Surry Co **P:** None **BLW:** No **PH:** N **SS:** A rec 620 **BS:** 186.

WILSON, George; b 1773; d 31 Aug 1849 **RU:** Private, 5th VMR (McDowell) **CEM:** Hebron Presbyterian; Augusta; Rt 703, 4.5 mi fr Staunton **GS:** Y **SP:** mar Isabella, d 16 Apr 1852, age 76 **VI:** No further data **P:** None **BLW:** No **PH:** N **SS:** A rec 612 **BS:** 1 pg 69.

WILSON, George L; b 21 Nov 1786; d 09 May 1871 **RU:** Adjutant, 42nd VMR, Capt James Lanier, Troop of Cavalry, Pittsylvania Co, attached to Sale's Battalion of Artillery **CEM:** Wilson Family; Danville City; S of Wilson's Ferry **GS:** U **SP:** mar (1) Elizabeth Epes Broadnax; (2) Catherine R (-----) **VI:** Son of John Wilson and Mary Lumpkin **P:** Spouse App **BLW:** Yes **PH:** N **SS:** A rec 568; BD pg 1844; B pg 161 **BS:** 149; 49.

WILSON, Horace; b 17 May 1790, Caroline Co; d 12 Dec 1872 **RU:** Sergeant, 90th VMR, Capt Isaac Tinsley, Amherst Co, attached to 8th VMR (Wall) **CEM:** Wilson Family; Amherst; Rt 659 **GS:** Y **SP:** mar Elizabeth A (-----) **VI:** No further data **P:** Both **BLW:** No **PH:** N **SS:** K pg 107; BD pg 1845 **BS:** 5 pg 187.

WILSON, Hudson; b UNK; d 1838 **RU:** Lieutenant, 63rd VMR, Capt Adam Calhoun, Prince Edward Co **CEM:** Wilson / Jeffries; Prince Edward; "Wood Lawn" **GS:** N **SP:** mar Martha Jennings, widow of Benjamin Ward **VI:** Son of Joseph Wilson, Sr and Elizabeth Hudson. His is the first known burial here. No stones remain **P:** None **BLW:** No **PH:** N **SS:** D pg 311 **BS:** 277.

WILSON, Jacob P; b 21 Oct 1793; d 19 Oct 1818 **RU:** Private, 5th VMR **CEM:** St John's Church; Richmond City; 24th & Broad, Church Hill **GS:** U **SP:** No spouse information **VI:** No further data **P:** None **BLW:** No **PH:** N **SS:** A rec 765 **BS:** 63 pg 515; 252 pg 68.

WILSON, James; b UNK; d 1828 (Will) **RU:** Corporal, 5th VMR (McDowell) **CEM:** Old Stone Presbyterian; Augusta; Rt 11, Fort Defiance **GS:** U **SP:** No spouse information **VI:** No further data **P:** None **BLW:** No **PH:** N **SS:** A rec 932 **BS:** 2 pg 22.

WILSON, James; b 10 Feb 1794; d 11 Mar 1854 **RU:** Private, 5th VMR (McDowell) **CEM:** Old Stone Presbyterian; Augusta; Rt 11, Fort Defiance **GS:** Y **SP:** No spouse information **VI:** No further data **P:** None **BLW:** No **PH:** N **SS:** A rec 790 **BS:** 2 pg 31.

WILSON, James; b UNK; d UNK **RU:** Private, 74th VMR, Capt Robert Mallory, Hanover Co, attached to 1st VMR (Crutchfield) **CEM:** St John's Church; Richmond City; 24th & Broad, Church Hill **GS:** U **SP:** mar at St John's Church, Richmond on 11 Sep 1836 to Nancy Charles, "free people of color" **VI:** No further data **P:** None **BLW:** No **PH:** N **SS:** K pg 177 **BS:** 63 pg 241, 516.

WILSON, James; b 1780; d 29 Dec 1855 **RU:** Private, 8th VMR, Capt Robert Davison, Rockbridge Co, attached to 6th VMR **CEM:** Old Monmouth; Rockbridge; 3.5 mi W of Lexington **GS:** Y **SP:** mar Frances (-----) **VI:** No further data **P:** Both **BLW:** No **PH:** N **SS:** A rec 779; BD pg 1845; B pg 179 **BS:** 193.

WILSON, James; b 02 Apr 1797; d UNK **RU:** Sergeant, Maj Abraham Bradley's Regiment, 17th Brigade **CEM:** Sharon Lutheran; Bedford; Rt 42, Ceres **GS:** Y **SP:** No spouse information **VI:** Stone is broken and death not known **P:** None **BLW:** No **PH:** N **SS:** A rec 789; B pg 245 **BS:** 80.

WILSON, James; b 1788; d 1830 **RU:** Surgeon's Mate, 6th VMR **CEM:** Old Stone Presbyterian; Augusta; Rt 11, Fort Defiance **GS:** Y **SP:** mar Elizabeth Kenney **VI:** Grave marked by US Daughters of 1812 **P:** None **BLW:** No **PH:** N **SS:** A rec 935 **BS:** 98 pg 31-34; 260.

WILSON, James H; b UNK; d UNK **RU:** Private, 12th US Infantry, Capt Thomas Post **CEM:** Hollywood; Richmond City; 412 S Cherry St **GS:** Y **SP:** mar in Chesterfield Co on 04 Oct 1836 to Tabitha R Vest, daughter of Henry Vest **VI:** No further data **P:** Yes **BLW:** No **PH:** N **SS:** BD pg 1845 **BS:** 93.

RU=Rank/Unit   CEM=Cemetery   GS=Gravestone   SP=Spousal Information   VI=Other Veteran Info   P=Pension
BLW=Bounty/Land Warrant   PH=Photo   SS=Service Source   BS=Burial Source   VMR= VA Military Regt
LNR= Last Known Residence

WILSON, James R; b 10 Sep 1793; d 31 Mar 1852 **RU:** Private, 29th VMR (Ballard), Isle of Wight Co **CEM:** Wilson Family; Isle of Wight; Morgart Beach Rd, Hardy District **GS:** Y **SP:** No spouse information **VI:** Reverend. Son of Mary Ann (-----) Wilson per his stone **P:** None **BLW:** No **PH:** N **SS:** A rec 955 **BS:** 186.

WILSON, John; b 1776; d 26 Sep 1843 **RU:** Sergeant, 2nd VMR (Sharp) **CEM:** Cedar Grove; Portsmouth; Effington St & Fort Ln **GS:** Y **SP:** mar Sally Mathews, b 22 Oct 1783, d 11 Sep 1870 **VI:** Enumerated on 1840 census of Portsmouth **P:** None **BLW:** No **PH:** N **SS:** A rec 1186 **BS:** 65 pg 111.

WILSON, John M; b 20 Apr 1782; d 01 Nov 1851 **RU:** Private, 32nd VMR, Capt Samuel Doak, Augusta Co, attached to 5th VMR (McDowell) **CEM:** Old Providence Church; Augusta; 1005 Spottswood Rd, Spottswood **GS:** Y **SP:** mar Sally Wilson, b 1789, d 19 Jul 1848 **VI:** No further data **P:** Yes **BLW:** No **PH:** Y **SS:** A rec 1224; BD pg 1846; B pg 39 **BS:** 2 pg 55; 31.

WILSON, John P; b 03 Oct 1787; d 12 Mar 1852 **RU:** Sergeant, 5th VMR (McDowell) **CEM:** Tinkling Spring; Augusta; 11mi NE of Staunton **GS:** U **SP:** mar in Apr 1804 to Sally (-----), d 04 Aug 1857, age 52 yrs, 11 mos, 22 days **VI:** No further data **P:** None **BLW:** No **PH:** N **SS:** A rec 1308 **BS:** 183.

WILSON, John Park; b 1790; d 1871 **RU:** Ordnance Sergeant, 5th VMR (McDowell) **CEM:** Bonbrook; Cumberland; 0.6 mi N of Cumberland, Rt 623 **GS:** Y **SP:** mar in Cumberland Co on 16 Oct 1832 (bond) to Elizabeth Woodson Trent, b 1807, d 1888. She may have been a second wife. A John P Wilson of Berkeley Co mar here in Sep 1814 to Maria Wilson, daughter of W. Wilson **VI:** On both marriage bonds his name was John P Wilson **P:** None **BLW:** No **PH:** N **SS:** A rec 1308 **BS:** 215.

WILSON, John Pickett; b 09 Apr 1786, Caroline Co; d 09 Feb 1865 **RU:** Captain, 26th VMR, Company Commander, Charlotte Co, attached to 2nd VMR (Ambler/Brown) **CEM:** Wilson Family; Amherst; Rt 659 **GS:** Y **SP:** mar Catherine (-----) **VI:** No further data **P:** None **BLW:** Yes **PH:** N **SS:** BD pg 1846; B pg 58 **BS:** 5 pg 187.

WILSON, Matthew, Sr; b UNK; d c1851 (Account) **RU:** Drummer, 68th VMR, Capt Robert P Taylor, James City Co & York Co **CEM:** Bethel Church; Augusta; 11 mi SW Staunton **GS:** U **SP:** No spouse information **VI:** No further data **P:** None **BLW:** No **PH:** N **SS:** K pg 377 **BS:** 183.

WILSON, Nathaniel; b 15 Dec 1780; d 13 Oct 1857 **RU:** Captain, 42nd VMR, Company Commander, Pittsylvania Co, attached to 7th VMR (Saunders) **CEM:** Holbrook Street; Danville City; 148 Holbrook St **GS:** Y **SP:** mar Winifred Tunstall **VI:** Son of John Wilson and Mary Lumpkin. Lived at Belle Grande on the Dan River **P:** None **BLW:** No **PH:** Y **SS:** A rec 1517; B pg 162 **BS:** 246.

WILSON, Nathaniel; b 11 Feb 1784; d 22 Dec 1860 **RU:** Private, 42nd VMR, Capt Nathaniel Wilson, Pittsylvania Co, attached to 7th VMR (Saunders) **CEM:** Wilson Family; Charlotte; 0.3 mi S of State Rt 638 nr jct Rt 691, Grassy Dales **GS:** N **SP:** mar Mary (-----) **VI:** No further data **P:** Spouse **BLW:** No **PH:** N **SS:** M pg 315; BD pg 1847; B pg 162 **BS:** 93.

WILSON, Peter; b 25 Jan 1770; d 21 Dec 1813 **RU:** Major, 42nd VMR, Staff officer, Pittsylvania Co **CEM:** Berry Hill; Pittsylvania; Rt 770, Berry Hill Plantation **GS:** Y **SP:** mar Ruth Stovall Hairston Wilson, b 1783, d 1869 **VI:** Commissioned as Major on 04 Jan 1812 **P:** None **BLW:** No **PH:** on-line **SS:** B pg 161 **BS:** 245.

WILSON, Robert; b c1791; d aft 1850 **RU:** Captain, 101st VMR, Company Commander, Pittyslvania Co, attached to 7th VMR **CEM:** Grove Street; Danville City; 940 Grove St **GS:** U **SP:** No spouse information **VI:** Age 59 on 1850 census of Pittsylvania Co **P:** None **BLW:** No **PH:** N **SS:** A rec 1626 **BS:** 49.

WILSON, Robert; b 10 Mar 1778; d 06 Sep 1851 **RU:** Private, 80th VMR, Capt John Henry, Kanawha Co [WV], attached to 2nd VMR (Connell) **CEM:** Old Monmouth; Rockbridge; 3.5 mi E of Lexington **GS:** Y **SP:** mar Lucy D (-----) **VI:** No further data **P:** Spouse **BLW:** No **PH:** N **SS:** A rec 1652; BD pg 1847, B pg 109 **BS:** 193.

WILSON, Samuel; b UNK; d 1831 **RU:** Private, 57th VMR, Loudoun Co **CEM:** Goose Creek Burying Ground; Loudoun; Rt 722, Lincoln **GS:** Y **SP:** No spouse information **VI:** No further data **P:** None **BLW:** No **PH:** N **SS:** A rec 1771 **BS:** 73 pg 343.

WILSON, Thomas; b 1788; d 14 Nov 1851 **RU:** Private, Maj Abraham Bradley's Regiment, 17th Brigade **CEM:** White Family # 126; Washington; Not given **GS:** Y **SP:** No spouse information **VI:** No further data **P:** None **BLW:** No **PH:** N **SS:** A rec 1844 **BS:** 116 pg 107.

RU=Rank/Unit CEM=Cemetery GS=Gravestone SP=Spousal Information VI=Other Veteran Info P=Pension
BLW=Bounty/Land Warrant PH=Photo SS=Service Source BS=Burial Source VMR= VA Military Regt
LNR= Last Known Residence

WILSON, Thomas; b UNK; d 1830 **RU:** Sergeant, 4th VMR **CEM:** Goose Creek Burying Ground; Loudoun; Rt 722, Lincoln **GS:** Y **SP:** No spouse information **VI:** No further data **P:** None **BLW:** No **PH:** N **SS:** A rec 1890 **BS:** 73 pg 343.

WILSON, William; b 1761; d 19 Jul 1839 **RU:** Ensign, 95th VMR (Lee), Norfolk Co **CEM:** Cedar Grove; Portsmouth; Effington St & Fort Ln **GS:** Y **SP:** mar Nancy (-----), b 1765, d Jan 1840 **VI:** Obituary in the *American Beacon* **P:** None **BLW:** No **PH:** N **SS:** A rec 2145 **BS:** 65 pg 29.

WILSON, William; b 11 Apr 1797; d 09 Jun 1835 **RU:** Private, 121st VMR, Capt Joseph Hannah, Botetourt Co, attached to McDowell's Flying Camp **CEM:** Wilson Family; Amherst; Rt 659 **GS:** Y **SP:** No spouse information **VI:** No further data **P:** None **BLW:** Yes **PH:** N **SS:** BD pg 1848; B pg 45 **BS:** 5 pg 187.

WILSON, William; b UNK; d UNK **RU:** Private, 1st VMR (Yancey) **CEM:** Ross Family; Fluvanna; vic Rts 630 & 613, Bybee **GS:** Y **SP:** No spouse information **VI:** No dates on stone **P:** None **BLW:** No **PH:** N **SS:** A rec 2047 **BS:** 95 pg 81.

WILSON, William A; b 1796, NY; d 1872 **RU:** Private, 5th VMR (McDowell) **CEM:** Lewinsville Presbyterian; Fairfax; 1724 Chain Bridge Rd, McLean **GS:** Y **SP:** mar Deborah Collins, b 1801, d 1872 **VI:** No further data **P:** None **BLW:** No **PH:** N **SS:** A rec 2100 **BS:** 89 v6 MI-109.

WINDSOR, Richard S; b 15 Mar 1766; d 30 Mar 1850 **RU:** Private, 1st Corps d'Elite (Randolph) **CEM:** Windsor Family; Fairfax; 9417 Windsor Way, Burke **GS:** Y **SP:** No spouse information **VI:** No further data **P:** None **BLW:** No **PH:** N **SS:** A rec 480 **BS:** 89 v2 BR-23.

WINDSOR, Richard W; b 15 Nov 1788; d 22 Mar 1850 **RU:** Private, 1st Corps d'Elite (Randolph) **CEM:** Old Presbyterian Meeting House; Alexandria; Wilkes & Hamilton **GS:** Y **SP:** mar Behetheldon (-----), b 22 Sep 1799, d 25 Dec 1833 **VI:** No further data **P:** None **BLW:** No **PH:** N **SS:** A rec 480 **BS:** 32 pg 86.

WINE, John W; b 24 Dec 1776; d 11 Dec 1844 **RU:** Private, 56th VMR, Capt Thomas Leslie, Loudoun Co, attached to 5th VMR **CEM:** Flat Rock Brethren; Shenandoah; Forestville **GS:** Y **SP:** mar Elizabeth (-----), b 11 Apr 1783, d 11 Mar 1866 **VI:** No further data **P:** Spouse **BLW:** No **PH:** N **SS:** BD pg 1850; B pg 121 **BS:** 115 pg 46.

WINFREE, James Wiley; b 13 Jan 1781; d 18 Mar 1846 **RU:** Private, 23rd VMR (Brown), Chesterfield Co **CEM:** British Camp Cemetery; Chesterfield; Broad Rock Rd, 3 mi SW of Richmond City **GS:** Y **SP:** mar Lucy (-----), b 28 Jan 1794, d 22 Jul 1854 **VI:** No further data **P:** None **BLW:** No **PH:** N **SS:** A rec 645 **BS:** 228; 8 pg 127.

WINFREE, John; b 1792; d 25 May 1832 **RU:** Private, 2nd VMR (Ballowe) **CEM:** Shockoe Hill; Richmond City; 100 Hospital St **GS:** U **SP:** No spouse information **VI:** Attorney **P:** None **BLW:** No **PH:** N **SS:** A rec 646 **BS:** 38 pg 10.

WINFREE, Samuel; b 1798; d bur 05 Jul 1868 **RU:** Private, 23rd VMR, Capt Edward Johnson, Chesterfield Co, attached to 2nd VMR (Ambler / Brown) **CEM:** Hollywood; Richmond City; 412 S Cherry St **GS:** U **SP:** mar Kitty (-----), d age 66 **VI:** Buried in Section I, lot 62 **P:** None **BLW:** No **PH:** Y **SS:** B pg 61; K pg 76 **BS:** 31.

WINGFIELD, John Henry; b 1796; d 05 Dec 1871 **RU:** Private, 28th VMR, Capt William Scott, Nelson Co, attached to 8th VMR (Cocke) **CEM:** Cedar Grove; Portsmouth; Effington St & Fort Ln **GS:** Y **SP:** mar in 1802 to Elizabeth S (-----), d aft 1850 **VI:** Doctor of Divinity and Reverend. Tombstone calls him minister. On 1850 census of Portsmouth. Moved to Portsmouth after the war **P:** None **BLW:** No **PH:** N **SS:** K pg 104 **BS:** 65 pg 25.

WINGFIELD, John M; b 16 May 1765; d 26 Jul 1849 **RU:** Private, 5th VMR **CEM:** Shepard Property; Albemarle; Batesville **GS:** Y **SP:** mar Ann (-----), b 29 Sep 1776, d 11 Dec 1855, age 79 **VI:** No further data **P:** None **BLW:** No **PH:** N **SS:** A rec 921 **BS:** 94 v1 pg 32.

WINGFIELD, Joseph B; b UNK; d 11 Apr 1855 **RU:** Private, 74th VMR, Capt Hudson M Wingfield, Hanover Co **CEM:** Shockoe Hill; Richmond City; 100 Hospital St **GS:** Y **SP:** mar Sarah (-----), d 1855 **VI:** An adjacent stone reads "By Brothers In Memory of a Brother, Joseph Wingfield, Jr, b Oct 1810, d 26 Nov 1852" **P:** None **BLW:** No **PH:** N **SS:** L pg 812 **BS:** 199.

WINGFIELD, Robert; b 23 Feb 1791; d 04 Dec 1858 **RU:** Lieutenant, 90th VMR, Capt William Coleman, Major William Armistead, Amherst Co **CEM:** Wingfield Family; Amherst; Amherst **GS:** Y **SP:** mar Elizabeth Sissons **VI:** Discharged at Camp Holly 21 Aug 1813. Doctor **P:** Spouse **BLW:** No **PH:** N **SS:** A rec 933; BD pg 1851; B pg 38 **BS:** 49.

WINGFIELD, William H; b 1791; d 1890 **RU**: Sergeant, 90th VMR, Capt Isaac Tinsley, Amherst Co, attached to 8th VMR (Wall) **CEM**: Wingfield Family; Franklin; Rt 890 **GS**: Y **SP**: No spouse information **VI**: No further data **P**: None **BLW**: Yes **PH**: N **SS**: A rec 944; BD pg 1851; B pg 38 **BS**: 118 pg 389.

WINGO, John; b 03 Aug 1782; d 19 Oct 1865 **RU**: Private, 6th VMR (Sharp) **CEM**: Lucas Memorial; Giles; Newport **GS**: Y **SP**: mar Nancy (-----). No dates **VI**: No further data **P**: None **BLW**: No **PH**: N **SS**: A rec 971 **BS**: 14 pg 172.

WINN, George; b UNK; d aft 1830 **RU**: Private, Cocke's Detachment VA Militia **CEM**: Sycamore Grove; Caroline; 1.2 mi S of Blanton **GS**: Y **SP**: mar Ann (-----) **VI**: The stone was carved by George Winn for himself and his wife, with initials only, no dates **P**: None **BLW**: No **PH**: N **SS**: A rec 1097 **BS**: 146.

WINN, Jesse; b 1788; d 10 Oct 1849 **RU**: Private, 74th VMR (Trueheart), Hanover Co **CEM**: Spring Grove #2; Hanover; Rockville **GS**: Y **SP**: No spouse information **VI**: No dates on stone which reads, "Appointed Captain to 74th Virginia Light Infantry in 1825." Dates from death notice in *Richmond Examiner*, 16 Oct 1841, pg 1 **P**: None **BLW**: No **PH**: N **SS**: A rec 1111 **BS**: 71 pg 104.

WINN, John; b 25 Apr 1789; d 18 Sep 1844 **RU**: Ensign, 12th VMR, Capt Horace Timberlake, Fluvanna Co, attached to 7th VMR (Gray) **CEM**: Old Winnville; Fluvanna; jct Rts 6 & 650, 2 mi W of Fork Union **GS**: Y **SP**: mar Lucy (-----) . b 23 Nov 1788, d at Winnville, Fluvanna Co on 25 Jan 1850. Death notice in the *Richmond Examiner*, 15 Mar 1850, pg 1, "in her 51st year" **VI**: Son of Thomas Winn **P**: None **BLW**: No **PH**: N **SS**: K pg 355; A rec 1122 **BS**: 95 pg 99; 234.

WINN, John; b UNK; d 13 Nov 1837 **RU**: Private, 4th VMR **CEM**: Riverview; Albemarle; Charlottesville **GS**: Y **SP**: No spouse information **VI**: Postmaster of Charlottesville. Death notice in *Richmond Whig*, 21 Nov 1837, pg 2 **P**: None **BLW**: No **PH**: N **SS**: A rec 1121 **BS**: 31.

WINSTON, James; b 08 Mar 1791; d 15 Nov 1859 **RU**: Corporal, 40th VMR, Capt William Jackson, Lousia Co, attached 7th VMR (Gray) **CEM**: St John's Church; Richmond City; 24th & Broad, Church Hill **GS**: U **SP**: mar Ann Ricks, b 31 Dec 1790, d 14 May 1850 **VI**: No further data **P**: None **BLW**: No **PH**: N **SS**: K pg 338 **BS**: 63 pg 357; 252 pg 68.

WINSTON, Phillip B; b 11 Sep 1786; d 18 Sep 1853 **RU**: Superintendent of Artificers, 4th Brigade (Cocke) **CEM**: Blenheim / Winston; Hanover; Rt 646 btw Rt 715 & Rt 1 **GS**: Y **SP**: mar Sarah Madison, b 06 Oct 1793, d 18 Oct 1827 **VI**: No further data **P**: None **BLW**: No **PH**: N **SS**: L pg 56 **BS**: 71 pg 55.

WINSTON, Thomas; b 1794; d 29 May 1829 **RU**: Private, 19th VMR, Capt George Booker, Richmond City **CEM**: Shockoe Hill; Richmond City; 100 Hospital St **GS**: U **SP**: No spouse information **VI**: No further data **P**: None **BLW**: No **PH**: N **SS**: L pg 157 **BS**: 38 pg 7.

WINSTON, William D; b 1796; d aft 1860 **RU**: Sergeant, 7th VMR (Trueheart) **CEM**: Beaver Dam; Hanover; Rt 738 **GS**: Y **SP**: mar Barbara Overton "his wife" (stone) **VI**: No dates on either stone. Age 64 on 1860 census of 3rd Ward, Richmond City **P**: None **BLW**: No **PH**: N **SS**: A rec 1534 **BS**: 71 pg 6.

WIRE, David; b UNK; d 09 Nov 1834 **RU**: Private, 57th VMR, Capt George Hough, Loudoun Co **CEM**: St James's United Church of Christ; Loudoun; 10 E Broad Way, Lovettsville **GS**: Y **SP**: mar Catherine E (-----) **VI**: No further data **P**: Spouse **BLW**: No **PH**: N **SS**: A rec 1777; BD pg 1853 **BS**: 73 pg 344.

WIRE, Peter, Sr; b UNK; d 23 Dec 1834 **RU**: Private, 57th VMR, Loudoun Co **CEM**: St James's United Church of Christ; Loudoun; 10 E Broad Way, Lovettsville **GS**: Y **SP**: No spouse information **VI**: No further data **P**: None **BLW**: No **PH**: N **SS**: A rec 1789 **BS**: 73 pg 344.

WIRE, William; b UNK; d 27 Feb 1840 **RU**: Corporal, 57th VMR, Loudoun Co **CEM**: St James's United Church of Christ; Loudoun; 10 E Broad Way, Lovettsville **GS**: Y **SP**: No spouse information **VI**: No further data **P**: None **BLW**: No **PH**: N **SS**: A rec 1793 **BS**: 73 pg 344.

WISE, George; b 03 Nov 1778, Alexandria; d 03 Apr 1856 **RU**: Private, 1st DC Regiment of Militia **CEM**: Old Presbyterian Meeting House; Alexandria; Wilkes & Hamilton **GS**: Y **SP**: mar Margaret (-----), b 31 Oct 1793, Ireland, d 02 Jan 1887 **VI**: Son of Charles J Wise **P**: None **BLW**: No **PH**: N **SS**: A rec 1919 **BS**: 32 pg 86.

WISE, John J; b 08 Sep 1794; d 06 Apr 1834 **RU**: Corporal, 2nd VMR, Capt Thomas Joynes, Accomack Co **CEM**: Wise Family; Accomack; Chesconessex, Rt 655 **GS**: Y **SP**: mar in Accomack Co on 14 May 1828 to Harriet A

Wilkins, b 15 May 1807, d 12 Jan 1883. Her guardian at marriage was George Scheress **VI:** Son of John & Mary (Henry) Wise **P:** Spouse **BLW:** No **PH:** N **SS:** L pg 512; BD pg 1854; B pg 33 **BS:** 21 pg 301, 302.

WITHERS, James; b UNK; d 12 Mar 1861 **RU:** Private, Major Stapleton Crutchfield's Detachment **CEM:** Masonic Cemetery; Culpeper; Radio Lane & Rt 29, Culpeper **GS:** Y **SP:** No spouse information **VI:** No further data **P:** None **BLW:** No **PH:** N **SS:** A rec 2453 **BS:** 196.

WITHERS, Thomas Thornton; b 11 Dec 1790; d 20 Apr 1846 **RU:** Surgeon's Mate, 41st VMR, Maj Kemper's Command **CEM:** Warrenton Cemetery; Fauquier; Chestnut St, Warrenton **GS:** Y **SP:** No spouse information **VI:** Son of Enoch K Withers & Janet Scott Chinn and became a doctor. Was residing at Leeds in 1840, Fauquier Co **P:** None **BLW:** No **PH:** N **SS:** A rec 2472-3 **BS:** 3 pg 132.

WITHERS, William, Sr; b UNK; d UNK **RU:** Private, 4th VMR **CEM:** Withers / Nelson / Ficklin; Fauquier; 9337 James Madison Rd, Opal **GS:** Y **SP:** No spouse information **VI:** No spouse information **P:** None **BLW:** No **PH:** N **SS:** A rec 2478 **BS:** 4 pg 211.

WOLF, Henry A; b UNK; d 18 Oct 1848 **RU:** Private, 41st VMR (Bramham), Richmond Co **CEM:** Jamison / Simmons; Alleghany; Rt 618, 13 mi SW of Covington **GS:** Y **SP:** No spouse information **VI:** No further data **P:** None **BLW:** No **PH:** N **SS:** A rec 189 **BS:** 197.

WOLF, John; b 1796; d aft 1850 **RU:** Private, 5th VMR (McDowell) **CEM:** Wolf / Sivley Family; Alleghany; 21 miles SW of Covinginton; Rt. 80, off Rt. 18 **GS:** N **SP:** mar Sallie Rayhill, daughter of Mathew and Esther Rayhill **VI:** Age 54 years on 1850 census of Harrison Co (now WV) census **P:** None **BLW:** No **PH:** N **SS:** A rec 247 **BS:** 197.

WOLFE, Daniel; b 1796; d 1875 **RU:** Private, 76th VMR, Capt Samuel Kennedy, Artillery, Monongalia Co [WV], attached to Battalion of Artillery **CEM:** Ebenezer Church; Smyth; Rt 665, Marion **GS:** Y **SP:** mar Elizabeth (-----), b 1798, d 1882, "wife of Daniel Wolfe" on stone **VI:** No further data **P:** Yes **BLW:** No **PH:** N **SS:** A rec 313; BD pg 1857; B pg 136 **BS:** 131 v1 pg 22.

WOLFF, Jacob P; b 25 Jul 1775; d 17 Aug 1813 **RU:** Corporal, 2nd VMR (Evans) **CEM:** Blandford; Petersburg; 111 Rochelle Ln **GS:** Y **SP:** mar Lucy (-----), b 05 Jan 1783, d 17 Aug 1855 **VI:** No further data **P:** None **BLW:** No **PH:** N **SS:** A rec 351 **BS:** 245.

WOMACK, William; b 1769; d 26 Mar 1828 **RU:** Captain, 23rd VMR, Company Commander, Chesterfield Co **CEM:** Locust Bottom; Botetourt; vic jct Rts 696 & 622, 1 mi E of Glen Wilton **GS:** Y **SP:** mar Jane Kyle, b 24 Feb 1783, d 22 Jun 1858 **VI:** No further data **P:** None **BLW:** No **PH:** N **SS:** B pg 59 **BS:** 155 pg 12.

WOMACK, William W; b 15 Mar 1794; d 26 Nov 1849 **RU:** Private, 101st VMR, Capt Edward Carter, Pittsylvania Co, attached to 1st VMR (Holcombe) **CEM:** Womack Family; Pittsylvania; Rt 702, 8.8 mi E of Chatham **GS:** Y **SP:** mar in Pittsylvania Co on 11 Jul 1825 (bond) to Martha J Thompson, b 10 Oct 1804, d Feb 1884. Marriage performed by Rev William Blair **VI:** No further data **P:** Spouse **BLW:** No **PH:** N **SS:** BD pg 1858; B pg 161 **BS:** 149.

WOOD, Isaac W; b 15 Oct 1789; d 03 Mar 1855 **RU:** Private, 5th VMR **CEM:** Hopewell Meeting House; Frederick; jct Hopewell Rd (Rt 672) & Waverly Rd, Clear Brook **GS:** Y **SP:** mar Hannah Wood, b 1795, d 1849 **VI:** No further data **P:** None **BLW:** No **PH:** N **SS:** A rec 1066 **BS:** 79 pg 359.

WOOD, James; b 1775; d UNK **RU:** Private, 4th VMR **CEM:** Glen Burnie; Frederick; Winchester **GS:** Y **SP:** No spouse information **VI:** Doctor **P:** None **BLW:** No **PH:** N **SS:** A rec 1139 **BS:** 86 pg 7.

WOOD, John; b UNK; d 16 May 1822 **RU:** 1st Sergeant, 19th VMR (Ambler), Richmond City **CEM:** Shockoe Hill; Richmond City; 100 Hospital St **GS:** U **SP:** No spouse information **VI:** No further data **P:** None **BLW:** No **PH:** N **SS:** A rec 1378 **BS:** 38 pg 1.

WOOD, John; b 1780; d 20 Sep 1870 **RU:** Private, 17th VMR, Capt David Long, Cumberland Co, attached to 4th VMR **CEM:** Wood Family #2; Fluvanna; vic jct Rts 15 & 655 **GS:** Y **SP:** mar (1) in Fluvanna Co on 27 Dec 1808 by John Goodman to Lavina Chandler, b 1785, d 07 Feb 1868; (2) Elizabeth (-----) who received pension **VI:** No further data **P:** Spouse **BLW:** No **PH:** N **SS:** A rec 1279; BD pg 1860; B pg 64 **BS:** 95 pg 100.

WOOD, John H; b 02 Sep 1792; d 14 Aug 1843 **RU:** Teamster, 4th VMR **CEM:** Johnson / Wood / Miller; Rappahannock; Rt 3, 1 mi past Memorial Baptist Church, Sperryville **GS:** Y **SP:** mar Lucy (-----), b 16 Dec 1809, d 04 Jan 1899 **VI:** No further data **P:** None **BLW:** No **PH:** N **SS:** A rec 1372 **BS:** 203; 270.

RU=Rank/Unit CEM=Cemetery GS=Gravestone SP=Spousal Information VI=Other Veteran Info P=Pension
BLW=Bounty/Land Warrant PH=Photo SS=Service Source BS=Burial Source VMR= VA Military Regt
LNR= Last Known Residence

WOOD, Joseph; b 1779; d 02 Nov 1832 **RU:** Private, 1st VMR (Trueheart) **CEM:** Shockoe Hill; Richmond City; 100 Hospital St **GS:** U **SP:** No spouse information **VI:** No further data **P:** None **BLW:** No **PH:** N **SS:** A rec 1426 **BS:** 38 pg 11.

WOOD, Reuben; b 05 Jun 1791; d 03 Mar 1872 **RU:** Private, 40th VMR, Capt Thomas Bibb, Louisa Co, attached to 6th VMR (Coleman) **CEM:** Mount Ed Baptist; Albemarle; vic jct Rts 692 & 635, Batesville **GS:** Y **SP:** mar in Albemarle Co on 07 May 1831 to Martha M "Patsy" Wood, b 19 May 1795, d 11 Jul 1881 **VI:** No further data **P:** Both **BLW:** No **PH:** N **SS:** BD pg 1861;p B pg 123 **BS:** 94 v2 pg154.

WOOD, Richard "Dickey"; b 1772; d 1856 **RU:** Private, 7th VMR Saunders **CEM:** Woods Gap; Patrick; 2 mi S of Blue of Ridge Pkwy **GS:** Y **SP:** mar (1) Rachel Cockram, d 13 Dec 1823; (2) Nancy Brammer; (3) Elizabeth DeHart; (4) Lucy Via. Wive's numbers are on a four cornered monument **VI:** He had a total of 4 wives, and he outlived all of them. Father of at least 13 children **P:** None **BLW:** No **PH:** N **SS:** A rec 1596 **BS:** 154 pg 146-B.

WOOD, Samuel Richard; b 1770; d 1839 **RU:** Private, 90th VMR, Capt Cornelious Sales, Amherst Co, attached 8th VMR (Wall) **CEM:** Wood Family #1; Fluvanna; end of Rt 624 **GS:** Y **SP:** No spouse information **VI:** No further data **P:** None **BLW:** No **PH:** N **SS:** K pg 102 **BS:** 95 pg 100.

WOOD, Thomas; b 05 May 1780, Charlotte Co; d 25 Mar 1849 **RU:** Corporal, 7th VMR (Gray) **CEM:** Wood Family; Botetourt; 2 mi SE Glen Walton in "Wood Town" **GS:** Y **SP:** mar Sarah (-----) b Prince Edward Co, b 11 Dec 1792, d 08 Nov 18xx **VI:** No further data **P:** None **BLW:** No **PH:** N **SS:** A rec 1762 **BS:** 194.

WOOD, William; b UNK; d UNK **RU:** Private, 93rd VMR, Capt Jesse Dold, Augusta Co **CEM:** St John's Church; Augusta; 1 mi E Middlebrook Rd **GS:** U **SP:** mar (1) in Augusta Co on 14 Apr 1814 to Patience Richie, widow; (2) Rachel (-----) **VI:** No further data **P:** None **BLW:** No **PH:** N **SS:** K pg 40 **BS:** 183.

WOOD, William; b 1786; d 08 Apr 1872 **RU:** Private, 51st VMR, Capt Robert Burwell, Frederick Co **CEM:** Glen Burnie; Frederick; Winchester **GS:** Y **SP:** No spouse information **VI:** Son of Robert & Comfort (Welsh) Wood **P:** Yes **BLW:** No **PH:** N **SS:** K pg 6; M pg 317 **BS:** 86 pg 7, 245.

WOOD, William D; b 12 Sep 1785; d 29 Mar 1855 **RU:** Private, 7th VMR (Magnien), Norfolk **CEM:** Cedar Grove; Portsmouth; Effington St & Fort Ln **GS:** Y **SP:** mar Sarah Gaskins Reed, b 05 Sep 1795, d 29 Mar 1859 **VI:** Member VA Soldiers of 1812 Society of Portsmouth **P:** Spouse **BLW:** No **PH:** N **SS:** A rec 1893; BD pg 1861 **BS:** 65 pg 57.

WOOD, William, Jr; b 09 Sep 1776; d 30 Mar 1829 **RU:** Private, 7th VMR (Gray) **CEM:** Woods Family; Fluvanna; Rt 240, 0.4 mi S of Mechums River **GS:** Y **SP:** mar Mary (-----), b Jul 1779, d Mar 1838 **VI:** No further data **P:** None **BLW:** No **PH:** N **SS:** A rec 1869 **BS:** 49.

WOOD, William, Jr; b 1798; d aft 1850 **RU:** Private, 4th VMR **CEM:** Wood Family; Prince George; jct Rts 606 & 622, Reams **GS:** U **SP:** Lucy A Wood, age 46 years, is also enumerated in this household in the 1850 Census **VI:** Age 52 years on 1850 census of Dinwiddie Co **P:** None **BLW:** No **PH:** N **SS:** A rec 1860 **BS:** 148.

WOODARD, David; b UNK; d 04 Oct 1872 **RU:** Private, 6th VMR (Coleman) **CEM:** Woodard Family; Chesapeake City; near Fentress **GS:** Y **SP:** mar Elizabeth (-----), b 10 Jun 1791, d 15 Jun 1810 **VI:** No further data **P:** None **BLW:** No **PH:** N **SS:** A rec 2009 **BS:** 75 pg 152.

WOODFORD, William Catesby; b UNK; d 1820, "White Hall" **RU:** Sergeant, 5th VMR **CEM:** Dratt Family Cemetery; Caroline; Rt 626 **GS:** Y **SP:** mar Elizabeth Battaile, daughter of Lawrence Bataille **VI:** Son of General William Woodford of Rev War; built "White Hall" on lands on Mattaponi River plantation, aka old Campbell home, burned in 1940 **P:** None **BLW:** No **PH:** N **SS:** A rec 2457 **BS:** 10 pg 61.

WOODHOUSE, Thomas; b 1774; d 10 Oct 1818 **RU:** Corporal, 20th VMR, Capt Moses Fentress, Princess Anne Co **CEM:** Emmy Fountain Farm; Virginia Beach; West Neck Rd **GS:** U **SP:** No spouse information **VI:** No further data **P:** None **BLW:** No **PH:** N **SS:** L pg 319 **BS:** 125.

WOODING, Robert T; b 29 Dec 1792; d 31 Dec 1856 **RU:** Corporal, 101st VMR, Capt Tunstall Shelton, Pittsylvania Co, attached 2nd Corps D'Elite (Green), **CEM:** Wooding / Mustaine; Pittsylvania; 1 mi N of Chatham **GS:** Y **SP:** mar Mary (-----) **VI:** Had son John H Wooding (1835-1854) **P:** Spouse **BLW:** No **PH:** N **SS:** K pg 225; B pg 162; BD pg 1863 **BS:** 149.

RU=Rank/Unit CEM=Cemetery GS=Gravestone SP=Spousal Information VI=Other Veteran Info P=Pension
BLW=Bounty/Land Warrant PH=Photo SS=Service Source BS=Burial Source VMR= VA Military Regt
LNR= Last Known Residence

WOODS, William, Jr; b 09 Sep 1776; d 30 Mar 1829 **RU:** Captain, 86th VMR, Company Commander, Albemarle Co, attached to 1st VMR (Yancey) **CEM:** Woods Family; Fluvanna; Rt 240, 0.4 mi S of Mechums River **GS:** Y **SP:** mar Mary Jarman, b 09 Jul 1779, d 04 May 1837 **VI:** Son of William Woods, Sr (b 31 Dec 1744, d 04 May 1837) **P:** None **BLW:** No **PH:** N **SS:** A rec 1869; B pg 36 **BS:** 234.

WOODSON, John P; b 1795; d 28 Jul 1815 **RU:** Private, 38th VMR, Capt William Bolling, Troop of Cavalry, Goochland Co **CEM:** Deanery; Cumberland; Rt 45, Cartersville **GS:** Y **SP:** No spouse information **VI:** Son of John & Ann S (-----) Woodson **P:** None **BLW:** No **PH:** N **SS:** L pg 151 **BS:** 215.

WOODSON, John, Jr; b 1775; d 19 May 1832 **RU:** Private, 17th VMR, Capt John Miller, Troop of Cavalry, Cumberland Co, attached to 1st Corps d'Elite (Randolph) **CEM:** Deanery; Cumberland; Cartersville, Rt 45 **GS:** Y **SP:** mar Ann S (-----), d 22 Feb 1826, in her 49th year **VI:** son of John & Elizabeth (-----) Woodson **P:** None **BLW:** No **PH:** N **SS:** K pg 30 **BS:** 277.

WOODSON, Milner; b 1794; d bur 24 Nov 1849 **RU:** Sergeant, 7th VMR (Gray) **CEM:** Shockoe Hill; Richmond City; 100 Hospital St **GS:** U **SP:** No spouse information **VI:** No further data **P:** None **BLW:** No **PH:** N **SS:** A rec 671 **BS:** 38 pg 49.

WOODWARD, John; b 23 Sep 1795; d 08 Mar 1838 **RU:** Private, 59th VMR, Capt Ezekiel Powell, attached to 2nd VMR (Sharp) **CEM:** Jones Family; Suffolk City; Worth Jones Property, Driver **GS:** Y **SP:** mar Rebecca (-----), b 01 Jun 1791, d 15 Mar 1842 **VI:** No further data **P:** None **BLW:** No **PH:** N **SS:** K pg 460 **BS:** 46 v1.

WOODY, John; b 1797; d bur 13 Oct 1849 **RU:** Private, 87th VMR, Capt Charles Braxton, Troop of Cavalry, King William Co, attached to 1st VMR (Holcombe) **CEM:** Shockoe Hill; Richmond City; 100 Hospital St **GS:** U **SP:** No spouse information **VI:** No further data **P:** None **BLW:** No **PH:** N **SS:** L pg 165 **BS:** 38 pg 49.

WOODYARD, John; b 01 Mar 1796; d 28 Apr 1875 **RU:** Private, 89th VMR, Capt Benjamin Tyler, Prince William Co **CEM:** Wright Family; Giles; Rt 42, 4 mi W of Poplar Hill **GS:** Y **SP:** No spouse information **VI:** No further data **P:** None **BLW:** No **PH:** N **SS:** L pg 792 **BS:** 14 pg 167.

WOOLLS, William; b 20 Mar 1790; d 22 Mar 1874, Alexandria **RU:** Private, 1st DC Regiment of Militia **CEM:** Old Presbyterian Meeting House; Alexandria; Wilkes & Hamilton **GS:** Y **SP:** No spouse information **VI:** No further data **P:** None **BLW:** No **PH:** N **SS:** A rec 1517 **BS:** 32 pg 87.

WORRELL, Jesse; b 1780; d 1846 **RU:** Private, 65th VMR, Capt John Critchlow, attached to 3rd VMR (Boykin) **CEM:** Worrell Family; Southampton; Old Russell Ferguson Farm, Cross Keys Rd, Newsoms **GS:** N **SP:** mar Mildred Johnson **VI:** No further data **P:** None **BLW:** No **PH:** N **SS:** B pg 186; K pg 254 **BS:** 41 pg 42.

WORSHAM, Edward; b 18 Apr 1790; d 26 Apr 1850 **RU:** Corporal, 23rd VMR, Capt Haley Cole, Grenadiers, Chesterfield Co **CEM:** Rosedale; Amelia; SE Corner Rts 153 & 608 **GS:** Y **SP:** mar (1) Obediance Smith Williamson and (2) Mrs Maria G Pride **VI:** No further data **P:** None **BLW:** No **PH:** N **SS:** K pg 65; B pg 59 **BS:** 266 pg 263.

WORSHAM, John; b 1774; d 12 Jan 1831 **RU:** Private, 23rd VMR, Capt Harry Heth, Troop of Cavalry, Chesterfield Co **CEM:** Blandford; Petersburg; 111 Rochelle Ln **GS:** Y **SP:** No spouse information **VI:** Died aged 55 yrs **P:** None **BLW:** No **PH:** N **SS:** L pg 423 **BS:** 200.

WORSLEY, John; b 07 Oct 1779; d 23 Dec 1832 **RU:** Private, Green's Regiment of Mounted Infantry **CEM:** Catoctin Free Church; Loudoun; Charlestown Pike (Rt 9), Paeonian Springs **GS:** Y **SP:** mar Elizabeth Daniel, b 1778, d 1833 **VI:** No further data **P:** None **BLW:** No **PH:** N **SS:** A rec 2337 **BS:** 73 pg 347.

WORSTER, Tapley; b 1793; d 19 Jun 1858 **RU:** Private, 60th VMR, Capt Thomas Coffer, Fairfax Co **CEM:** Fairfax City Cemetery; Fairfax; 10567 Main St **GS:** Y **SP:** mar Nancy Gooding **VI:** Reinterred from Worster Family Cemetery on Rt 50 & Difficult Run in Augusta in 1960. Grave marked by US Daughters of 1812 **P:** Spouse **BLW:** Yes **PH:** Y **SS:** BD pg 1869 **BS:** 89 v3 FX 208; 260.

WRENN, Charles; b 1783; d 11 Apr 1837 **RU:** Captain, 29th VMR, Company Commander, Isle of Wight Co **CEM:** Ivy Hill; Isle of Wight; Rt 1407, Smithfield **GS:** Y **SP:** mar Nonand B (-----), d 11 Mar 1826, age 35 **VI:** No further data **P:** None **BLW:** No **PH:** N **SS:** L pg 845 **BS:** 186.

WRENN, John; b 19 Jul 1770; d 13 Sep 1854 **RU:** Private, 47th VMR, Capt Robert McCulloch, Albemarle Co, attached to 7th VMR (Gray) **CEM:** Wrenn Family; Roanoke; 1609 Locke Rd **GS:** Y **SP:** mar Magdalene (-----), b 23

RU=Rank/Unit   CEM=Cemetery   GS=Gravestone   SP=Spousal Information   VI=Other Veteran Info   P=Pension
BLW=Bounty/Land Warrant   PH=Photo   SS=Service Source   BS=Burial Source   VMR= VA Military Regt
LNR= Last Known Residence

Feb 1774, d 27 Jul 1846; (2) Esther (-----) who received pension **VI:** No further data **P:** Spouse **BLW:** Yes **PH:** N **SS:** K pg 343; BD pg 870; B pg 35 **BS:** 157 pg 252.

WRENN, Samuel; b UNK; d 20 Aug 1864 **RU:** Quartermaster Sergeant, MD Militia, 38th Regiment (Wright) **CEM:** Wrenn / Hutchinson; Fairfax; Walney Rd, Chantilly **GS:** Y **SP:** No spouse information **VI:** No further data **P:** None **BLW:** No **PH:** N **SS:** A rec 94 **BS:** 89 v4 CH-43.

WRIGHT, Charles; b 1790; d bur 13 Apr 1840 **RU:** Private, 74th VMR (Trueheart), Hanover Co **CEM:** Shockoe Hill; Richmond City; 100 Hospital St **GS:** U **SP:** No spouse information **VI:** No further data **P:** None **BLW:** No **PH:** N **SS:** A rec 302 **BS:** 38 pg 20.

WRIGHT, Francis K; b 24 Nov 1794; d 15 Sep 1854 **RU:** Private, 2nd VMR (Sharp) **CEM:** Zion Methodist; Washington; 29249 Zion Church Rd, Damascus **GS:** Y **SP:** mar Ann (-----), b 19 May 1807, d 16 Jan 1885 **VI:** No further data **P:** None **BLW:** No **PH:** N **SS:** A rec 449 **BS:** 116 pg 259.

WRIGHT, George; b 11 Sep 1792; d 27 Feb 1859 **RU:** Sergeant, 4th VMR **CEM:** Mt Carmel; Frederick; 3rd & High St, Middletown **GS:** Y **SP:** Also buried here is Catherine Senseney Wright, b 1792, d 08 Jul 1843 **VI:** No further data **P:** None **BLW:** No **PH:** N **SS:** A rec 485 **BS:** 79 pg 360.

WRIGHT, James W S; b UNK; d 19 Jul 1872 **RU:** Private, Corps d'Elite (Randolph) **CEM:** Fairfax Meeting House; Loudoun; Walter & Waterford Sts, Waterford **GS:** Y **SP:** No spouse information **VI:** No further data **P:** None **BLW:** No **PH:** N **SS:** A rec 882 **BS:** 73 pg 348.

WRIGHT, Joel; b 25 Mar 1797; d 25 Feb 1875 **RU:** Private, 65th VMR (Blow), Southampton Co **CEM:** Longwood; Bedford; jct Oakwood St & Rt 221 **GS:** Y **SP:** mar Amanda Jordan, b 09 Feb 1810, d 05 Jun 1899 **VI:** No further data **P:** None **BLW:** No **PH:** N **SS:** A rec 708 **BS:** 164; 214.

WRIGHT, John; b 1783; d bur 10 Jun 1838 **RU:** Private, 19th VMR, Capt George Booker, Richmond City **CEM:** Shockoe Hill; Richmond City; 100 Hospital St **GS:** Y **SP:** No spouse information **VI:** Descendant Charles Belfield has applied for Gov't gravestone **P:** None **BLW:** No **PH:** N **SS:** L pg 157 **BS:** 38 pg 15.

WRIGHT, John W G; b UNK; d 16 Apr 1855 **RU:** Sergeant, 57th VMR, Loudoun Co **CEM:** North Fork Baptist; Loudoun; 38139 N Fork Rd, Purcellville **GS:** U **SP:** No spouse information **VI:** Death date from *Alexandria Gazette* **P:** None **BLW:** No **PH:** N **SS:** A rec 850 **BS:** 73 pg 348.

WRIGHT, Joseph C; b 07 Sep 1797; d Sep 1833 **RU:** Private, Green's Regiment of Mounted Infantry **CEM:** North Fork Baptist; Loudoun; 38139 N Fork Rd, Purcellville **GS:** Y **SP:** mar in Loudoun Co on 07 Feb 1821 to Mahala Gibson. Returned by John L Dagg **VI:** No further data **P:** None **BLW:** No **PH:** N **SS:** A rec 932 **BS:** 73 pg 348.

WRIGHT, Joseph T; b UNK; d 13 Oct 1855 **RU:** Private, 57th VMR, Loudoun Co **CEM:** North Fork Baptist; Loudoun; 38139 N Fork Rd, Purcellville **GS:** Y **SP:** No spouse information **VI:** No further data **P:** None **BLW:** No **PH:** N **SS:** A rec 928 **BS:** 73 pg 348.

WRIGHT, Moses; b UNK; d 1864 **RU:** Private, 4th VMR **CEM:** Methodist Protestant; Alexandria; Wilkes St **GS:** Y **SP:** No spouse information **VI:** Stone is badly damaged **P:** None **BLW:** No **PH:** N **SS:** A rec 1017 **BS:** 33 pg 191.

WRIGHT, Robert; b 1794; d 10 Mar 1852 **RU:** Private, 2nd Corps d'Elite (Green) **CEM:** Hebron Presbyterian; Augusta; Rt 703, 4.5 mi fr Staunton **GS:** Y **SP:** mar Rebecca A (-----), d 26 May 1867, age 73 **VI:** No further data **P:** None **BLW:** No **PH:** N **SS:** A rec 1136 **BS:** 1 pg 71.

WRIGHT, Thomas; b 1792; d 11 May 1863 **RU:** Private, 4th VMR **CEM:** Upper Ridge; Frederick; Apple Pie Ridge Rd (Rt 739), Nain **GS:** Y **SP:** Also buried here is Mary Wright, b 27 May 1804, d 08 Jan 1892 **VI:** No further data **P:** None **BLW:** No **PH:** N **SS:** A rec 1274 **BS:** 79 pg 360.

WRIGHT, William; b 16 Apr 1798; d 26 Jan 1862 **RU:** Corporal, Maj Woodford's Squadron of Cavalry (Dragoons) **CEM:** Parnassus family; Augusta; vic Churchville & Mt Solon **GS:** U **SP:** No spouse information **VI:** No further data **P:** None **BLW:** No **PH:** N **SS:** A rec 1362 **BS:** 183.

WRIGHT, William A; b 04 Feb 1793, King & Queen Co; d 07 or 09 May 1858, Tappahannock, Essex Co **RU:** Sergeant, 9th VMR, Capt Thomas Faulkner, King & Queen Co **CEM:** Indian Neck Farm; Essex; Not given **GS:** U **SP:** mar on 11 Jan 1827 in Essex Co to Charlotte Barnes, widow's certificate WC 19693 **VI:** Son of Edward Wright of King & Queen Co. Bounty Land Warrant 18037-120-55 **P:** Spouse **BLW:** Yes **PH:** N **SS:** P; B pg 113; BD pg 1875 **BS:** 49.

RU=Rank/Unit   CEM=Cemetery   GS=Gravestone   SP=Spousal Information   VI=Other Veteran Info   P=Pension
BLW=Bounty/Land Warrant   PH=Photo   SS=Service Source   BS=Burial Source   VMR= VA Military Regt
LNR= Last Known Residence

WRIGHT, William B; b 1768; d 25 May 1855 **RU:** Private, Hunton's Command of Cavalry **CEM:** Marshall Cemetery; Fauquier; E Main St, Marshall **GS:** Y **SP:** mar Penelope (-----), b 1773, d 24 Jan 1854 aged 81 years **VI:** Died age 87 years **P:** None **BLW:** No **PH:** N **SS:** A rec 1132 **BS:** 3 pg 42.

WYATT, Craven; b 1798, Henry Co; d d 10 Dec 1810 **RU:** Private, 64th VMR, Capt Brice (Rice) Edwards, Henry Co **CEM:** Wyatt Family; Henry; Leatherwood **GS:** Y **SP:** mar 10 Nov 1823, Henry Co, Eleanor Richardson, b 1805, d Dec 1836; (2) Nancy Eggleton, b 28 Sep 1789, d bet 1870-1880, daughter of Thomas & Jane (Thomasson) Wyatt **VI:** Son of Vincent & Elizabeth (Simpson) Eggleton. Occupation farmer **P:** None **BLW:** No **PH:** N **SS:** B pg 101; L pg 304 **BS:** 245.

WYATT, John Posey; b 1785, Halifax Co; d 1856 **RU:** Private, 64th VMR, Capt Brice (Rice) Edwards, Henry Co **CEM:** Wyatt Family; Henry; Leatherwood **GS:** Y **SP:** mar 14 Dec 1816, Henry Co, Agatha Richardson, b 1795, daughter of Elijah Richardson. **VI:** Son of Vincent Wyatt (1766-1832) & Elizabeth Simpson (1762-1849) **P:** None **BLW:** No **PH:** N **SS:** B pg 101; L pg 304 **BS:** 245.

WYATT, John W; b UNK; d 1849 **RU:** Private, 4th VMR **CEM:** Bruton Parish; Williamsburg; 331 W Duke of Gloucester St **GS:** Y **SP:** No spouse information **VI:** Stone standing in 1903 **P:** None **BLW:** No **PH:** N **SS:** A rec 1713 **BS:** 64 pg 116.

WYATT, William Streshley; b UNK; d 24 Jan 1839, North Anna River, "Plain Dealing" **RU:** Private, 9th VMR (Boyd) **CEM:** Wyatt Family; Caroline; North Anna River at "Plain Dealing" **GS:** N **SP:** mar in Caroline Co on 12 Nov 1801 to Mary Anderson New, b 1779. d 1812 **VI:** Burial recorded in Marshall Wingfield's *A History of Caroline County* **P:** None **BLW:** No **PH:** N **SS:** A rec 1799 **BS:** 10 pg 167.

WYNN, Samuel; b 31 Jul 1789; d 08 Sep 1817 **RU:** Private, 4th VMR **CEM:** Wynn Family; Lee; Turkey Cove **GS:** Y **SP:** No spouse information **VI:** No further data **P:** None **BLW:** No **PH:** N **SS:** A rec 2254 **BS:** 253 pg 45.

WYNNE, Humphrey Harwood; b 1772; d 1822 **RU:** Captain, 115th VMR, Company Commander, Warwick Co **CEM:** Essex Lodge; York; Yorktown **GS:** N **SP:** mar (1) Elizabeth Curtis Wynne; (2) Mary Sclater **VI:** Son of Thomas Wynne (d 1794) & Frances Harwood. Essex Lodge was the site of General Washington's Headquarters at the Seige of Yorktown **P:** None **BLW:** No **PH:** N **SS:** L pg 855 **BS:** 49; 31.

WYNNE, John; b 31 Jan 1787; d 09 Feb 1816 **RU:** Private, 115th VMR, Capt Humphrey H Wynne, Warwick Co **CEM:** Essex Lodge; York; Yorktown **GS:** N **SP:** No spouse information **VI:** Son of Edmund Wynne (d 1793) & Lucy Hill. Essex Lodge was the site of General Washington's Headquarters at the Seige of Yorktown **P:** None **BLW:** No **PH:** N **SS:** K pg 373 **BS:** 49; 31.

WYNNE, Thomas; b 07 Jun 1779; d 09 Feb 1816 **RU:** Sergeant, 115th VMR, Capt Humphrey H Wynne, Warwick Co **CEM:** Essex Lodge; York; Yorktown **GS:** N **SP:** mar on 11 Sep 1813 in York Co to Elizabeth Lee **VI:** Son of Edmund Wynne (d 1793) & Lucy Hill. Essex Lodge was the site of General Washington's Headquarters at the Seige of Yorktown **P:** None **BLW:** No **PH:** Y **SS:** L pg 855 **BS:** 49; 31.

WYNNE, William Harwood; b 1770; d Feb 1814 **RU:** Private, 68th VMR (Lee), Capt Thomas Archer, James City & York Cos **CEM:** Essex Lodge; York; Yorktown **GS:** N **SP:** mar Ann Cary **VI:** Son of Thomas Wynne (d 1794) & Frances Harwood. Essex Lodge was the site of General Washington's Headquarters at the Seige of Yorktown **P:** None **BLW:** No **PH:** N **SS:** K pg 373 **BS:** 49; 31.

WYSOR, Henry; b 1756; d 12 Jan 1844 **RU:** Lieutenant, 4th VMR **CEM:** Wysor Family; Pulaski; Dublin **GS:** U **SP:** No spouse information **VI:** He was also a Rev War soldier from Frederick Co **P:** None **BLW:** No **PH:** N **SS:** B pg 138; A rec 2307 **BS:** 245.

WYSOR, Jacob; b 1793; d Oct 1819 **RU:** Private, 4th VMR **CEM:** Wysor Family; Pulaski; Dublin **GS:** U **SP:** No spouse information **VI:** No further data **P:** None **BLW:** No **PH:** N **SS:** A rec 2308 **BS:** 245.

YANCEY, Charles; b 22 Mar 1770, Louisa Co; d 09 Nov 1857, Buckingham Co **RU:** Lt Colonel, 47th VMR Commander, Albemarle Co **CEM:** Horsley / Yancey; Buckingham; "Travelers Rest," Rt 604 **GS:** Y **SP:** mar Nancy Spencer **VI:** Son of Rev Robert Yancey of Buckingham Co. Served in General Assembly 1814-1817, and intermittenly as Grand Master of the Grand Lodge of Virginia from 1796-1838. Service is also from Rosen, *200 Years of Freemasonry in Buckingham Co, Virginia.* Was Magistrate in 1796 and Sheriff in 1821. **P:** None **BLW:** No **PH:** N **SS:** B pg 35 **BS:** 66 pg 318.

RU=Rank/Unit   CEM=Cemetery   GS=Gravestone   SP=Spousal Information   VI=Other Veteran Info   P=Pension
BLW=Bounty/Land Warrant   PH=Photo   SS=Service Source   BS=Burial Source   VMR= VA Military Regt
LNR= Last Known Residence

YANCEY, Francis G; b 06 Apr 1794; d 01 Jul 1833 **RU**: Private, 39th VMR, Capt Edward Pescud, Petersburg **CEM**: Blandford; Petersburg; 111 Rochelle Ln **GS**: Y **SP**: No spouse information **VI**: First President of Petersburg Benevolent Mechanic Association. Senior editor of the *Richmond Enquirer*. Obituary in that paper, 16 Jul 1833, pg 3 **P**: None **BLW**: No **PH**: N **SS**: L pg 636 **BS**: 200.

YANCEY, Joel; b UNK; d 1833 **RU**: Private, 4th Regiment, Ewing's Mounted KY Volunteers **CEM**: Rothsay Farm; Bedford; Forest **GS**: U **SP**: mar (1) Anne (Nancy) Burton, b c1775, d bef 1809, daughter of Jesse & Anne (Hudson) Burton; (2) Elizabeth Cowan Macon, b 1789, d 28 Dec 1847, daughter of John & Grace (Cowan) Macon **VI**: Called Major by Rosa Faulkner Yancey in *Lynchburg And Its Neighbors*. His home, called "Rothsay," was built ca 1811. Son of Joel Yancey, Sr (1753-1774) and Barbara Jennings **P**: None **BLW**: No **PH**: N **SS**: A rec 2408 **BS**: 49.

YATES, Benjamin G; b 11 Nov 1794; d 06 Mar 1872 **RU**: Coporal, 5th VMR, Capt James Menefee, Mounted Infantry, Culpeper Co, attached to 1st VMR (Crutchfield) **CEM**: Flint Hill; Rappahannock; Rt 522, Flint Hill **GS**: Y **SP**: mar Catherine (-----). No stone. **VI**: No further data **P**: Both applied **BLW**: No **PH**: N **SS**: BD pg 1878; M pg 320; B pg 62; A rec 2690 **BS**: 270.

YATES, Samuel; b 22 Jan 1776; d 22 May 1836 **RU**: Lieutenant, Howard's Detachment of SC Militia **CEM**: Yates Tavern; Pittsylvania; Yates Tavern **GS**: U **SP**: No spouse information **VI**: No further data **P**: None **BLW**: No **PH**: N **SS**: A rec 2801 **BS**: 149.

YEATMAN, Thomas Robinson; b 05 Jan 1789; d 28 Aug 1832 **RU**: Ensign, 115th VMR, Capt John Armistead, Mounted Infantry, Elizabeth City Co, Warwick Co, or York Co **CEM**: Yeatman Plantation; Mathews; Rt 602 **GS**: Y **SP**: No spouse information **VI**: Eldest son of Thomas Muse Yeatman and Mary Tomkins **P**: None **BLW**: No **PH**: N **SS**: L pg 105 **BS**: 54 pg 105.

YERBY, Thomas; b UNK; d 24 Jun 1868 **RU**: Cornet, 41st VMR, Richmond Co **CEM**: Belvoir; Spotsylvania; Spotsylvania C. H. **GS**: Y **SP**: mar in Fredericksburg on 06 Aug 1818 to Harriet Pratt, who has a tombstone stone here **VI**: No further data **P**: None **BLW**: No **PH**: N **SS**: A rec 364 **BS**: 245.

YOUNG, Andrew; b 19 May 1773; d 26 Oct 1859 **RU**: Private, 32nd VMR, Capt Edward Lawrence, Augusta Co, attached to 2nd VMR (Ballowe) **CEM**: Old Stone Presbyterian; Augusta; Rt 11, Fort Defiance **GS**: Y **SP**: No spouse information **VI**: No further data **P**: Yes **BLW**: No **PH**: N **SS**: A rec 973; B pg 40; BD pg 1881 **BS**: 2 pg 31.

YOUNG, George H; b 05 Oct 1780; d 12 Jan 1837 **RU**: Corporal, 27th VMR, Capt Richard Johnson, Northampton Co **CEM**: Anderson Farm; Northampton; North of Rt 183, 0.55 mi W of Wardtown, on dirt lane for 0.9 mi, Wardtown **GS**: U **SP**: mar in Northampton Co on 10 Feb 1809 (bond) to Nancy Ward, daughter of Littleton Ward, b 1788, d 1815 **VI**: Son of George & Comfort Young **P**: None **BLW**: No **PH**: N **SS**: K pg 115 **BS**: 190; 245.

YOUNG, Henry; b UNK; d 1841 (Will) **RU**: Private, 99th VMR (Bagwell), Accomack Co **CEM**: Young Plot; Accomack; Bloxom **GS**: Y **SP**: No spouse information **VI**: No further data **P**: None **BLW**: No **PH**: N **SS**: A rec 1249 **BS**: 6 pg 302.

YOUNG, James; b UNK; d UNK **RU**: Private, 1st VMR (Crutchfield) **CEM**: St George's Episcopal; Fredericksburg; 905 Princess Anne St **GS**: N **SP**: mar Susan Smith, d 1836, age 52 (no stone) **VI**: mar in Spotsylvania Co on 17 Nov 1807 to Susannah Smith, d 1836 (no stone) **P**: None **BLW**: No **PH**: N **SS**: A rec 1328 **BS**: 37 pg 116.

YOUNG, James; b 02 Mar 1795, Dinwiddie Co; d 17 Sep 1857 **RU**: Private, 39th VMR, Capt Cadwallader J Claiborne, Petersburg **CEM**: Blandford; Petersburg; 111 Rochelle Ln **GS**: Y **SP**: mar Posena (-----), b Prince George Co 1811, d Dec 1853, age 42, Petersburg **VI**: No further data **P**: None **BLW**: No **PH**: N **SS**: K pg 136 **BS**: 200.

YOUNG, James E; b UNK; d 1852 **RU**: Private, 4th VMR **CEM**: Goose Creek Burying Ground; Loudoun; Rt 722, Lincoln **GS**: Y **SP**: No spouse information **VI**: No further data **P**: None **BLW**: No **PH**: N **SS**: A rec 1351 **BS**: 73 pg 352.

YOUNG, John; b 1775; d 24 May 1813 **RU**: Private, 60th VMR, Capt Temple Smith, Fairfax Co **CEM**: Old Presbyterian Meeting House; Alexandria; Wilkes & Hamilton **GS**: Y **SP**: No spouse information **VI**: Vestryman of St Paul's Church, Alexandria **P**: Appliedf **BLW**: No **PH**: N **SS**: A rec 2753; B pg 72; BD pg 1883 **BS**: 32 pg 88.

YOUNG, Nathaniel; b 02 Aug 1792; d 19 Jun 1851 **RU**: Private, Maj Abraham Bradley's Regiment, 17th Brigade **CEM**: Sinking Spring Presbyterian; Washington; Blackfield Rd, one block fr Main St, Abingdon **GS**: Y **SP**: No spouse information **VI**: No further data **P**: None **BLW**: No **PH**: N **SS**: A rec 1690 **BS**: 261 v16 pg 54.

RU=Rank/Unit CEM=Cemetery GS=Gravestone SP=Spousal Information VI=Other Veteran Info P=Pension
BLW=Bounty/Land Warrant PH=Photo SS=Service Source BS=Burial Source VMR= VA Military Regt
LNR= Last Known Residence

YOUNG, Philip P; b 1797; d 17 Jul 1868 **RU**: Private, 57th VMR, Loudoun Co **CEM**: Mt. Hebron; Frederick; 305 Boscawen St, Winchester **GS**: Y **SP**: No spouse information **VI**: Died age 71 years. Age 63 on Frederick Co census of 1860 **P**: None **BLW**: No **PH**: N **SS**: A rec 1737 **BS**: 86 pg 47.

YOUNG, Richard; b 1797; d 09 Jul 1850 **RU**: Private, 5th VMR (McDowell) **CEM**: Bethel Regular Baptist; Fairfax; 1130 Towlston Rd, Great Falls **GS**: Y **SP**: No spouse information **VI**: No further data **P**: None **BLW**: No **PH**: N **SS**: A rec 1750 **BS**: 89 v6 MI-65.

YOUNG, Robert; b 27 Dec 1768; d 27 Oct 1824 **RU**: Brigadier General, 2nd Brigade DC Militia **CEM**: Old Presbyterian Meeting House; Alexandria; Wilkes & Hamilton **GS**: Y **SP**: mar Elizabeth Conrad, b 22 Oct 1777, d 01 Mar 1840 **VI**: No further data **P**: None **BLW**: No **PH**: N **SS**: A rec 1772 **BS**: 32 pg 88.

YOUNG, Thomas; b 06 Apr 1766; d 16 Nov 1840 **RU**: Private, 5th VMR (Mc Dowell) **CEM**: Old Glebe Burying Ground; Augusta; Rt 867, 1.8 mi fr Trimbles Mill nr Staunton **GS**: Y **SP**: mar Mary (-----), b 1759, d 1831 **VI**: No further data **P**: None **BLW**: No **PH**: N **SS**: A rec 1881 **BS**: 245.

YOUNG, Thomas; b Sep 1777; d Sep 1835 **RU**: Private, 27th VMR (Pitt), Capt William Jarvis, Northumberland Co **CEM**: Ingleside (Fisher Farm); Northampton; Rt 606 (Morley's Wharf Road) **GS**: Y **SP**: mar in Northampton Co on 13 Aug 1810 (bond) to Elizabeth S Trower, daughter of John Trower who gave consent, b Jul 1792, d Mar 1827. Buried at Ingleside **VI**: No further data **P**: None **BLW**: No **PH**: N **SS**: A rec1886 **BS**: 20 pg 99.

YOUNT, Daniel; b 10 Aug 1785; d 29 Jul 1860 **RU**: Private, John H. Cocke's Det VA Mil **CEM**: Old Dayton; Rockingham; Dayton **GS**: Y **SP**: No spouse information **VI**: No further data **P**: None **BLW**: No **PH**: N **SS**: A rec 1054 **BS**: 211.

ZIMMERMAN, George; b 1790; d 02 Aug 1868 **RU**: Sergeant, 4th VMR **CEM**: Hebron Presbyterian; Augusta; Rt 703, 4.5 mi fr Staunton **GS**: U **SP**: No spouse information **VI**: No further data **P**: None **BLW**: No **PH**: N **SS**: A rec 2753 **BS**: 1 pg 71.

ZIMMERMAN, Jacob; b 27 Sep 1793; d 01 May 1863 **RU**: Private, 5th VMR (McDowell) **CEM**: Old Glade Creek; Botetourt; nr Blue Ridge **GS**: Y **SP**: mar Susannah (-----), b 10 Jan 1797, d 03 Jun 1876 **VI**: No further data **P**: None **BLW**: No **PH**: N **SS**: A rec 2763 **BS**: 103 pg 4; 155 pg 29.

ZIMMERMAN, John; b 11 Jul 1779; d 23 Nov 1823 **RU**: Private, 5th VMR **CEM**: Christ Church Episcopal; Alexandria; Wilkes & Hamilton **GS**: Y **SP**: mar Elizabeth Richards, b 22 Nov 1777, d 06 Mar 1840 **VI**: Butcher **P**: None **BLW**: No **PH**: N **SS**: A rec 2778 **BS**: 34 pg124.

ZIRKLE, George; b Jan 1797; d 19 Jul 1869 **RU**: Private, 6th VMR (Coleman) **CEM**: Zirkle Family; Shenandoah; New Market **GS**: Y **SP**: mar Elizabeth (-----), d 1871 **VI**: No further data **P**: None **BLW**: No **PH**: N **SS**: A rec 2833 **BS**: 217.

ZIRKLE, George; b UNK; d 09 Jun 1852 **RU**: Private, 6th VMR (Coleman) **CEM**: Zirkle family; Shenandoah; New Market **GS**: Y **SP**: mar 29 Mar 1803, Barbara Cagey **VI**: No further data **P**: None **BLW**: No **PH**: N **SS**: A rec 2834 **BS**: 217.

ZIRKLE, Jacob; b UNK; d aft Feb 1836 **RU**: Private, 4th VMR **CEM**: Zirkle Family; Shenandoah; New Market **GS**: Y **SP**: mar (1) 12 Apr 1803, Mary Summers; (2) 09 May 1822, Matilda Henkel; (3) 05 Feb 1836, Hannah Shaver **VI**: No further data **P**: None **BLW**: No **PH**: N **SS**: A rec 2835 **BS**: 217.

ZIRKLE, John; b 26 Jan 1777; d 11 Apr 1837 **RU**: Private, 6th VMR (Coleman) **CEM**: Zirkle Family; Shenandoah; New Market **GS**: Y **SP**: mar (1) 22 Aug 1803 to Peggy Pyfer; (2) 02 Sep 1816 to Susanah Pence **VI**: No further data **P**: None **BLW**: No **PH**: N **SS**: A rec 2836 **BS**: 217.

RU=Rank/Unit   CEM=Cemetery   GS=Gravestone   SP=Spousal Information   VI=Other Veteran Info   P=Pension
BLW=Bounty/Land Warrant   PH=Photo   SS=Service Source   BS=Burial Source   VMR= VA Military Regt
LNR= Last Known Residence

WAR OF 1812 VETERANS BURIED IN THIS CEMETERY

PRIVATE MICHAEL ANDERSON
CAPTAIN JOHN N. ASHTON, JR.
PRIVATE RICHARD W. BAUGH
PRIVATE BEVERLY BAYTON
PRIVATE ARIEL B. BENTHALL
PRIVATE WILLIAM BENTHALL
COLONEL GEORGE S. BLOW
PRIVATE SAMUEL B. BROWNE
PRIVATE WILLIAM H. BURTON
PRIVATE CHARLES CASSELL
PRIVATE JOHN A. CHANDLER
PRIVATE CHARLES CLARK
PRIVATE BULLER COCKE
SERGEANT NATHANIEL COCKE
LIEUTENANT WILLIAM H. COCKE
PRIVATE MORDECAI COOKE
USN OFFICER ALEXANDER CUNNINGHAM
CAPTAIN ARTHUR EMMERSON III
PRIVATE CHARLES A. GRICE
PRIVATE DANIEL HALL
FIRST SERGEANT JAMES JARVIS
QUARTER MASTER WILLIAM M. JONES
GUNNER GEORGE MARSHALL
SERGEANT WILLIAM MOFFAT, JR

PRIVATE CHARLES S. MYERS
CARPENTER ZACHARIAH OWENS
MIDSHIPMAN HUGH N. PAGE
LIEUTENANT ROBERT D. PAGE
PRIVATE ROBERT PEED
MIDSHIPMAN ALEXANDER B. PINKHAM
SAILING MASTER JAMES B. POTTS
PRIVATE JAMES R. REED
PRIVATE JOHN RUTTER (RUTTEN)
SURGEON JOSEPH J. SCHOOLFIELD
PRIVATE THOMAS SCOTT
CORPORAL BENJAMIN SPRATLEY
QTR MASTER SGT THOMAS R. SWIFT
PRIVATE JOHN TALBOT
PRIVATE ROBERT H. TATEM
SAILING MASTER WILLIAM TEE
CAPTAIN JOHN THOMPSON
MAJOR DEMPSEY WATTS
PRIVATE SAMUEL WATTS
PRIVATE WILLIAM R. WHIDBEE
ASSIST SURG THOMAS S. WILLIAMSON
PRIVATE JOHN H. WINGFIELD
SERGEANT WILLIAM D. WOOD

DEDICATED JUNE 4, 2011 BY THE CEDAR GROVE CEMETERY FOUNDATION, THE VIRGINIA STATE SOCIETY DAUGHTERS OF 1812 AND THE WAR OF 1812 SOCIETY IN THE COMMONWEALTH OF VIRGINIA

This plaque recognizes the service of 47 War of 1812 veterans buried or memorialized at Cedar Grove Cemetery in Portsmouth.

This plaque presented by the War of 1812 Society in the Commonwealth of Virginia lists the internments of War of 1812 veterans in the Fincastle Presbyterian Church in Fincastle, Botetourt County, VA.

This plaque was dedicated by the War of 1812 Society in the Commonwealth of Virginia and the Virginia State Society of the United States Daughters of 1812. It lists the internments of War of 1812 veterans in the burial ground at the St Paul's Episcopal Church in Norfolk, Virginia.

SHOCKOE HILL CEMETERY

REVOLUTIONARY WAR
AND
WAR OF 1812 VETERAN
BURIALS

THIS MONUMENT IS DEDICATED TO THE MEMORY OF THE MORE THAN 27 PATRIOTS OF THE AMERICAN REVOLUTION AND 400 VETERANS OF THE WAR OF 1812 BURIED IN THIS CEMETERY. THEIR LOYALTY, FAITH, COURAGE AND SELF SACRIFICE IN SERVING OUR COUNTRY PRESERVED THE FREEDOMS WE ENJOY TODAY. WE HOPE THAT EVERY VISITOR TO THIS CEMETERY RECOGNIZES THE SERVICE THEY PROVIDED TO OUR COUNTRY AND THAT IT IS NEVER FORGOTTEN.

ERECTED BY THE VIRGINIA SOCIETY SONS OF THE AMERICAN REVOLUTION AND ITS RICHMOND CHAPTER, THE SOCIETY OF THE WAR OF 1812 IN THE COMMONWEALTH OF VIRGINIA AND THE VIRGINIA STATE SOCIETY UNITED STATES DAUGHTERS OF 1812

DEDICATED NOVEMBER 11, 2011

This plaque recognizes about 400 War of 1812 veterans buried in Richmond's Shockoe Hill Cemetery at 100 Hospital Street. Established in 1822 as Richmond's second public cemetery when St. John's Church was near capacity, it is one of the oldest and largest public cemeteries in the Commonwealth. The number of War of 1812 veterans buried here may exceed any other cemetery in America. In addition to a physical inspection and inventory, other sources consulted for this book were the WPA survey (part of the Virginia Historical Inventory at the Library of Virginia), interment cards and cemetery records held by the Friends of Shockoe Hill Cemetery organization.

This plaque is at Historic Christ Church in Lancaster County on Virginia's Northern Neck. It was built by Robert "King" Carter in 1735. This plaque is unique for the number of years it spans and the number of Societies who contributed to its erection. Most notably, six brothers, all of them War of 1812 veterans, are memorialized in this cemetery, all sons of Revolutionary War patriot James Kelley.

REVOLUTIONARY WAR PATRIOTS AND WAR OF 1812 VETERANS BURIED IN THIS CEMETERY

REVOLUTIONARY WAR

PRIVATE SAMUEL CARSON	ENSIGN JAMES MCNUTT	PRIVATE JOHN STEELE, SR.
PRIVATE ROBERT COOPER	PRIVATE ROBERT MCNUTT	PRIVATE NATHANIEL STEELE
CAPTAIN PATRICK HALL	CAPTAIN ANDREW MOORE	CAPTAIN SAMUEL STEELE
CAPTAIN WILLIAM HALL	PRIVATE JAMES POAGE	PRIVATE SAMUEL STEELE, JR.
PRIVATE JAMES MCCHESNEY	PRIVATE ANDREW STEELE	PRIVATE THOMAS STEELE
PRIVATE JOHN MCCHESNEY	PRIVATE DAVID STEELE	PRIVATE WILLIAM STEELE
PATRIOT MARTHA MCCORMICK	ENSIGN JAMES W. STEELE	PRIVATE JOHN TATE
PRIVATE ROBERT MCCORMICK	PRIVATE JOHN STEELE, JR.	CAPTAIN SAMUEL WILSON

WAR OF 1812

SERGEANT DAVID CARSON	PRIVATE ROBERT HALL	PRIVATE WILLIAM MOORE
PRIVATE ELIJAH CARSON	PRIVATE WILLIAM HALL	PRIVATE WILLIAM MOORE
PRIVATE JOHN CARSON	PRIVATE THOMAS JACKSON	PRIVATE JAMES E. POAGUE
LIEUTENANT SAMUEL CARSON, SR.	PRIVATE WILLIAM LUSK	PRIVATE JOHN POAGUE
PRIVATE JOHN COOPER	SERGEANT WILLIAM MCCHESNEY	PRIVATE WILLIAM STEELE
PRIVATE RICHARD GIBBS	CORPORAL WILLIAM MCCORMICK	PRIVATE JOHN M. WILSON
	PRIVATE ROBERT MCNUTT	

FUNDED BY THE NATIONAL SOCIETY SONS OF THE AMERICAN REVOLUTION (SAR) GEORGE WASHINGTON ENDOWMENT FUND, VIRGINIA SOCIETY SAR KNIGHT-PATTY TRUST FUND AND THE SOCIETY OF THE WAR OF 1812 IN THE COMMONWEALTH OF VIRGINIA.
DEDICATED MAY 15, 2010

This plaque at Old Providence Church in Augusta County is an example of the dual efforts of the National and State Societies of the Sons of the American Revolution and the War of 1812 Society in the Commonwealth of Virginia. Details of the men who served in the War of 1812 can be found within the text.

This monument was installed by the War of 1812 Society in the Commonwealth of Virginia at the historic St. Johns Church in Richmond's Church Hill District on West Broad Street—the site of Patrick Henry's famous "Give me liberty or give me death!" oration. Many other veterans were reinterred at Shockoe Hill Cemetery and Hollywood Cemetery. The names of the soldiers known to be buried here are in the text.

APPENDIX A - VETERAN LIST BY COUNTY / INDEPENDENT CITY

ACCOMACK COUNTY. As "Accawmack" County, it was an original Shire in 1634 which included Northampton County. Also known as the Eastern Shore, the two counties were sometimes merged as one county in the 1600s. County seat is Accomac (23301)

AMES, Jesse, Jr	FLOYD, John	REW, Dennis
AMES, Joseph	FLOYD, Thomas B	ROBINS, Arthur
AMES, Richard	FOX, William	RODGERS, Abel
ASHBY, Thomas	GARRISON, Edmund	RODGERS, Levi
AYRES, Thomas	GARRISON, James	RODGERS, Richard
BAYLY, Thomas Monteagle	GLENN, James	RODGERS, William W
BAYNE, Colmore	GUNTER, Joseph	SAVAGE, John
BEACH, John S	GUY, John B	SAVAGE, Major
BENSON, James S	HACK, Peter T	SCARBOROUGH, William M
BLOXUM, George William	HALL, Thomas S	SELBY, Zadock
BOGGS, James	HARMON, Abel R	SEYMOUR, William
BRADFORD, Thomas A	HARMON, John	SMITH, Edward S
BUDD, William	HURST, Thomas	SMITH, George
BULL, Edward	HUTCHINSON, Zorobole	SMITH, Issac
BUNDICK, John S	JOYNES, Thomas R	SMITH, Thomas H
BUNDICK, William	KELLAM, Custis W	SNEAD, Edward S
BUNTING, George S	KELLAM, John C	TAYLOR, Henry E
BUNTING, Solomon S	KELLAM, John W	TAYLOR, James B
BURTON, Joshua	KELLAM, Thomas B	TAYLOR, John
CARMINE, James	KELLAM, Thomas Hatton	TAYLOR, William
CHANDLER, William D	LAWS, John	TRADER, Samuel B
COLEBURN, Thomas S	LECATO, Littleton	TYLER, John
COLONNA, Benjamin	MAPP, George T	UNDERHILL, Thomas
COLONNA, Samuel	MARTIN, William S	UPSHUR, John
COLONNA, William	MEARS, John F	UPSHUR, John Brown
CONNER, Frederick	MEARS, William	WALKER, James
CUSTIS, Edmund R	MELSON, Smith, Jr	WALKER, John B
CUSTIS, William P	MELVIN, James	WALKER, John S
CUSTIS, William Robinson	MIDDLETON, William	WALLACE, Samuel
CUTLER, Peter	MISTER, William, Sr (b 1777)	WALTER, Richard
CUTLER, Richard	MISTER, William, Jr (b 1796)	WATSON, Gillet
DOWNING, John	MOORE, William P, Sr	WATSON, John M
EDMUNDS, James	NOCK, George	WELBURN, William
EDWARDS, John	NOCK, James	WHARTON, Bagwell
ELLIOTT, Thomas A	NOCK, James T	WHITE, James
ELLIOTT, William	NOCK, Levin	WHITE, William C
FINNEY, John	PARKER, George B	WILLIS, Zorobabel
FINNEY, Thomas Watts	PARKER, William	WISE, John J
FINNEY, William	PARKS, Edmund	YOUNG, Henry
FISHER, Thomas R	PHILLIPS, Smith	
FLOYD, Elijah	POULSON, James, Sr	

ALBEMARLE COUNTY (INCLUDES CITY OF CHARLOTTESVILLE). Formed 1744 from Goochland County. County seat is Charlottesville (22902)

BIBB, William A	COLES, Tucker	GARTH, Willis D
BLEDSOE, John	COOKE, James Powell	GILMER, Francis Walker
BOWEN, James M	CRAVEN, John H	HARPER, Charles
BRAMHAM, Nimrod	DINWIDDIE, Joseph	HOWARD, Henry
BROADUS, Edmond	FARRISH, William P	LEWIS, Reuben
CARR, Samuel	FRETWELL, John	McCORMICK, Levi
CARY, Willis Jefferson	FRY, John	McCOY, William
CHAMBERLAIN, Nathaniel	GARTH, Jessee	McGEHEE, Francis

APPENDIX A - VETERAN LIST BY COUNTY / INDEPENDENT CITY

(ALBEMARLE COUNTY, CONT.)

MICHIE, James (b 1791)
MICHIE, James (b1788)
MOORE, H C
MOORE, Stephen
NELSON, Hugh
NORFORD, Isaac
PAGE, Mann
RANDOLPH, Thomas Jefferson
RANDOLPH, Thomas Mann, Jr
RIVES, William Cabell
ROGERS, Thornton
SIMPSON, John
STEVENSON, Andrew
STEWART, Charles
THACKER, Martin
THOMPSON, William S (b 1781)
THOMPSON, William S (b 1788)
THURMAN, Elisha Henderson
TUCKER, George
TUCKER, Henry William
WALTERS, John
WARD, William
WERTENBAKER, William
WHITEHURST, Arthur
WINGFIELD, John M
WINN, John
WOOD, Reuben

ALEXANDRIA CITY (22314). SEE ALSO ARLINGTON COUNTY AND FAIRFAX COUNTY. Achieved Independent City status in 1852, though court records begin in 1780.

ADAMS, Leonard
ALLISON, Robert, Jr
ANDERSON, Robert
BACON, Ebenezer
BAGGETT, Samuel
BALL, John
BANGS, David B
BATCHELLER, Josiah
BENNETT, Charles
BENTER, William, Sr
BLAGROVE, Henry B
BLUE, John J
BONTZ, George
BOWEN, Samuel
BOYER, John
BRENT, John Heath
BROCK, Robert
BROOKE, John Henry
BROWN, John
BUCKINGHAM, Isaac
CARSON, James
CAWOOD, Daniel
CAWOOD, Moses O B
CHAMBERLAIN, Luther
CHATHAM, Henry
CHURCHMAN, John
COAKLEY, James W
COHAGEN, John
CONWAY, Robert
COOK, Theodore
COOPER, Samuel
CORSE, John
CURTIS, Jacob
DAVIS, Josiah H
DAY, Horatio
DeVAUGHN, John
DICK, David
DIXON, John B
DORSEY, Thomas
DOUGHERTY, Daniel
DOUGLAS, James
DUNBAR, Peter
DUNLAP, James
DUNLAP, William
FENDALL, Phillip Richard
FOOTE, William Haywood
FRAZIER, Joseph
FUGITT, Gustavus
GARDINER, William C
GEORGE, Issac
GIBBS, Theodore
GIBSON, George M
GRAHAM, John
GREENWOOD, Benjamin
GREGORY, Peter Mallord
GRIFFITH, Kinzey
GRIGSBY, James
GRUVER, John
HALL, Francis
HANCOCK, John B
HARPER, John
HARPER, William
HARRIS, James
HARRIS, Joseph
HARRISON, Elias
HARRISON, John D
HENDERSON, George
HEWITT, Richard
HODGKIN, Robert
HODGSON, William Ludwell
HOOFF, Lawrence, Jr
HOOKS, Jacob
HOWARD, Beal
HOWARD, John
HUMPHRIES, John S
HUNTER, Robert W
IRWIN, Thomas
JACOBS, Presley
JACOBS, Thomas
JAVINS, Thompson
JOHNSON, John
JOHNSTON, Reuben
KEATING, James
KELLY, John C
KENNEDY, Andrew Thomas
KENNEDY, John
KORN, John
LEE, Francis Lightfoot
LLOYD, John
LUNT, Ezra
LYLES, James
LYNN, Adam, Jr
MAJOR, John
MANKIN, Charles
MARTIN, Thomas Littleton
MASON, James Murray
MASON, Richard C
MASSIE, John Whitley, Sr
McCOBB, John
McCOBB, John, Jr
McGUIRE, James
McKNIGHT, Charles
McKNIGHT, John
McLEAN, Daniel
MILLER, William H
MONROE, Daniel
MOORE, George
MORGAN, John
MORGAN, John
MORGAN, William
MYERS, Joseph S
NASH, Robert
NEWTON, John Thomas
NORTON, Richard Cranch
NUTT, James
PASCOE, Charles
PATTERSON, Benjamin D
PENN, Walter
PHILIPS, James
PHILLIPS, John H
POWELL, John G
POWELL, William Levin
PRESTON, Thomas
RAMSAY, Anthony
RAMSAY, William
RICHARDS, John
ROBBINS, Isaac
ROBERTS, Robert B
ROCK, Richard
SANFORD, Thomas
SEDWICK, Benjamin
SEMMES, Thomas

APPENDIX A - VETERAN LIST BY COUNTY / INDEPENDENT CITY

(ALEXANDRIA CITY, CONT.)

SIMMS, John
SMITH, Augustine J
SMITH, Hugh
SMITH, John W
SMITH, Thomas
SMITH, Thomas Vowell
SOLOMON, Samuel
SWAIN, George
SWANN, William
TALBERT, Charles W
TALBERT, George T
TALBERT, George W
TALBERT, Thomas
TALBERT, Walter B
TALBERT, William R
TAYLOR, Elijah
THOMAS, James
THOMAS, William P
THOMPSON, Samuel
TOWERS, Thomas
TRAVERS, Thomas
VOWELL, John Cripps
WARE, John McKenzie
WASHINGTON, John
WASHINGTON, William
WEST, Roger
WINDSOR, Richard W
WISE, George
WOOLLS, William
WRIGHT, Moses
YOUNG, John
YOUNG, Robert
ZIMMERMAN, John

ALLEGHANY COUNTY. Formed in 1822 from Bath County and Botetourt County. County seat is Covington (24426)

ARMENTROUT, Frederick
BENNETT, William
BOSWELL, John L, Sr
BROWN, John
BROWN, Samuel, Sr
CALLAGHAN, Charles
CROW, John
DAMRON, William. Sr
DEW, William
GROSE, William A
HARMAN, Anthony
HAYDON, Jarvis
HAYES, George W
HOLLOWAY, John
KINCAID, Andrew
KINCAID, Wiliam
LOOKHART, James
RAYHILL, Mathew
RICHARDSON, Thomas W, Sr
RITCHIE, James
SCOTT, William
SIMMONS, Ephraim
SMITH, Henry
SMITH, Moses
STEERS, Evans
STONE, John
STULL, George
TINGLER, Jacob
WALKER, Henry
WILLIAMS, Thomas
WOLF, Henry A
WOLF, John

AMELIA COUNTY. Formed in 1735 from Brunswick County and Prince George County. County seat is Amelia Court House (23002)

ARCHER, Richard
ARCHER, William (1789-1851)
ARCHER, William S (1789-1855)
BOOKER, William
COCKE, James E
HARDAWAY, Daniel
JACKSON, John H
MEAUX, Thomas
OVERTON, Moses
ROBERTSON, John Royall
ROBERTSON, William H
SOUTHALL, Phillip Turner
TOWNES, John L
WARRINER, William
WORSHAM, Edward

AMHERST COUNTY. Formed in 1761 from Albemarle County. County seat is Amherst (24521)

CAMPBELL, Wiley
CHENAULT, John
DANIEL, James M, Jr
DILLARD, John, Jr
DILLARD, William
DRUMMOND, Zachariah
ELLIS, John
FLETCHER, Elijah
GARLAND, David Shepperd
GARLAND, James
HARRISON, Lewis
HENLEY, Richardson
HIGGINBOTHAM, George Washington
JENNINGS, John William, Sr
LAYNE, George
MAYS, George Stover
MYERS, John Lewis
OTT, Frederick
PARR, William
PETTIT, Samuel
RUCKER, William Ballenger
VAUGHN, George Washington
WALTON, Robert, Sr
WILSON, Charles
WILSON, Horace
WILSON, John Pickett
WILSON, William
WINGFIELD, Robert

APPOMATTOX COUNTY. Formed in 1845 from parts of Buckingham, Campbell, Charlotte and Prince Edward Counties. A fired destroyed all county records in 1892. County seat is Appomattox (24552)

POLLARD, William
ROBERTSON, Abraham
ROBERTSON, James, Jr
ROBERTSON, John
ROBERTSON, Joseph
SHEARER, James

APPENDIX A - VETERAN LIST BY COUNTY / INDEPENDENT CITY

ARLINGTON COUNTY. SEE ALSO ALEXANDRIA CITY. Originally known as Alexandria County. County seat is Arlington (22210)

BALL, Dabney	BIRCH, Samuel	FRASER, Anthony R
BALL, Horatio, Sr	CARLIN, William	MINOR, George
BALL, John, Jr	CURTIS, George Washington Parke	SOUTHERN, Richard
BALL, Robert, Jr		TRAVERS, John N
BALL, Robert, Sr	DARNE, Thomas	TRAVIS / TRAVERS, Henry

AUGUSTA COUNTY AND CITY OF STAUNTON. Created in 1738 from Orange County. County government formed in 1745. County seat is the Independent City of Staunton (24401)

ALEXANDER, John	CRAIG, Robert	HUMPHREYS, Samuel
ARMSTRONG, Archibald	CRAWFORD, George	JACKSON, Thomas
BARGER, John	CRAWFORD, James (d 1831)	KELLER, John
BARNHART, George	CRAWFORD, James (d 1855)	KENNEY, James
BASKINS, John C	CRAWFORD, James E (d 1867)	KERR, David
BAYLOR, George	CRAWFORD, John	KERR, Joseph
BAYLOR, Martin	CRAWFORD, Samuel, Sr	KINKAID, William
BEAR, Jacob, Jr	CRAWFORD, William	KINNEY, Nicholas
BEARD, James A or M	CRIST, Henry	LIGHTNER, Samuel, Sr
BEARD, Joseph	CROFT, Jacob	LINK, John
BELL, George	CUNNINGHAM, William	LINK, William
BELL, James (b 1790)	CURRY, Samuel	LOTTS, John, Sr
BELL, James (b 1773)	DAVIS, Braxton	LUSK, William
BELL, William	DAVIS, William	McCHESNEY, James
BLACK, Henry	DOAK, John	McCHESNEY, William
BLACK, James	DOLD, William	McCLELLAN(D), Samuel
BLACK, John	DOUGLASS, John A	McCLURE, Andrew
BLACKBURN, Samuel	DUDLEY, William Guilford	McCORMICK, William
BOWENS, John C	DULL, Jacob	McCUE, Moses
BROWN, James (b 1768)	DUNLAP, Robert	McCUTCHEN, John M, Sr
BROWN, James (b 1778)	EAGLEMAN, Peter	McCUTCHEN, John R
BROWN, William	EIDSON, Henry	McCUTCHEN, Joseph
BUMGARDENER, Jacob	ENGLEMAN, Peter	McCUTCHEN, Robert
BUSH, David S	EWING, Joseph L	McCUTCHEN, Samuel
BUSHONG, Jacob	FAUVER / FAUBER, David	McNUTT, Robert
CALDWELL, John	FINLEY, Samuel	McPHEETERS, Robert
CARSON, David Alexander	FRENGER, George	MILLER, Daniel
CARSON, Elijah	GAMBLE, William	MILLER, Fleming Bowyer
CARSON, John	GARDINER, Francis	MOHLER / MOLER, Jacob
CARSON, Samuel, Sr	GIBBS, Richard	MOORE, William (b 1780)
CHRISTIAN, Robert	GIBBS, William C	MOORE, William (b 1784)
CLARK, James	GROVE, Adam	MYERS, John
CLARKE, John	GROVE, John	NELSON, James
CLAYTON, Thomas	HALL, Robert	NELSON, Thomas
CLEMENTS, Michael	HALL, William	NELSON, William
COFFMAN, Jacob	HANGER, Jacob H	PATE, Augustus
COINER / KOINER, John	HARRIS, Robert	PECK, Jacob, Jr
CONRAD, Henry	HART, William	PECK, Joseph
COOK, Jacob	HENDERSON, John	PELTER, Samson
COOK, John	HENTON, Silas	PEYTON, John Howson
COOPER, John	HILDEBRAND, Henry	POAGE, William
COX, Jacob	HOOVER, Michael, Jr	POAGUE, James E
COYNER, Jacob	HOY, Isaac	POAGUE, John
COYNER / KOINER, John	HULL, Daniel	PORTERFIELD, Robert
COYNER / KOINER, Philip, Sr	HULL, Jacob	PRICE, Jacob
CRAIG, James, Jr	HUMBERT, Jacob	QUICK, Tunis

APPENDIX A - VETERAN LIST BY COUNTY / INDEPENDENT CITY

(AUGUSTA COUNTY, CONT.)

REID, Benjamin
ROSS, David
ROSS, William, Sr
SCOTT, James
SCOTT, James A G
SHEETS, John, Sr
SHEPHERD, John
SMITH, Jacob
SMITH, Joseph
SNIDER, Malin (Marin)
SNYDER, Jacob
SNYDER, Michael
SOWERS, John Colson
STEELE, Samuel
STEELE, William
STERRETT, Joseph
STEVENSON, Levi L
STICKLEY, Gabriel
STOVER, Jacob
STUART, Archibald
SUMMERS, David
SWARTZLE, John, Sr
TATE, John A
TAYLOR, John
THOMPSON, John (d 1841)
THOMPSON, John C (d1882)
THOMPSON, Mathew, Jr
THOMPSON, Thomas
THOMPSON, William
THOMPSON, William Mathew
VAN LEAR, Jacob
VAN LEAR, John A
WADDELL, James G
WALKER, John
WALLACE, Samuel
WHITMORE, Michael
WILLSON, William
WILSON, George
WILSON, James (d 1848)
WILSON, James (d 1854)
WILSON, James (d 1830)
WILSON, John M
WILSON, John P
WILSON, Matthew, Sr
WOOD, William
WRIGHT, Robert
WRIGHT, William
YOUNG, Andrew
YOUNG, Thomas
ZIMMERMAN, George

BATH COUNTY. Formed in 1791 from Augusta County, Bedford County and Greenbriar County (WV). County Seat is Warm Springs (24484)

BOLAR, John
BYRD, Andrew Hamilton
CLEEK, John
ESTILL, John Mat
GOODE, Thomas
McCLINTIC, Moses
McCLUNG, John
ROBINSON, James
WALLACE, Matthew

BEDFORD COUNTY AND BEDFORD CITY. Formed in 1754 from Lunenburg County. Part of Albemarle County was added in 1755. County seat is City of Bedford (24523) which achieved Independent City status in 1968

ALEXANDER, Gerard
ALLEN, Robert
ANTHONY, Mark
AUSTIN, Peter
BUFORD, Pascall G
BULLOCK, John
COBBS, William (d 1852)
COOK, William
CRABTREE, John
CRAWFORD, Samuel Leake
CUNDIFF, Jonathan
EADS / EADES, William Laven
EVERETT, Thomas Ewell
FIELD, James
GARNER, William
GRAY, John P
HIGGINBOTHAM, Joseph Cabell
KYLES, James Thomas
LEFTWICH, Joel
LEFTWICH, William C
LLOYD, Levi
MAJOR, John
MEADE, Stith
MEADOR, Jeremiah
OTEY, Armistead
PENN, Moses
POINDEXTER, Thomas P
PRESTON, Christopher
RADFORD, William
READ, Samuel
REID, John Major
SALE, Thomas N
SAUNDERS, David, Sr
SCOTT, Joseph W
SMITH, John, Jr
SPANGLER, Jacob
THOMAS, James
WADE, Isaac C, Jr
WALDRON, Moses A
WALKER, Robert Munford
WATTS, James
WATTS, Richard D
WHITTEN, William B
WILSON, Edley
WILSON, James
WRIGHT, Joel
YANCEY, Joel

BLAND COUNTY. Formed in 1861 from Giles County, Tazewell County and Wythe County. County seat is Bland (24315)

No veterans of the War of 1812 buried in Bland County have been identified.

BOTETOURT COUNTY. Formed 1770 from Augusta County. County seat is Fincastle (24090)

ADAMS, John (d 1845)
ADAMS, John (d 1875)
ALLEN, John
ALLEN, John James
ANDERSON, William A
BAKER, Caleb
BELL, James
BISHOP, James Shields
BOWYER, John M
BOYER, John
BRUGH, John, Sr
BURKS, Arthur Landon
CIRCLE, John L
COFFMAN, Jacob
FERGUSON, David Kyle

APPENDIX A - VETERAN LIST BY COUNTY / INDEPENDENT CITY

(BOTETOURT COUNTY, CONT.)

FLEAGER / FLEGER, Jacob	MARTIN, Thomas P	REID, John
FOUTS, Jacob	McDONALD, David	SHEETS, Frederick
GRAY, John	McFERRAN, Samuel	SHEETS, Jacob
HADEN, Richard C	McFERRAN, Thomas	SHUE, Daniel
HAMILTON, Andrew	MURRY, John	SMITH, William
HAMMOND, Peter	NOWELL, John, Sr	SNIDER, Jacob
HANNAH, Joseph	PALMER, David	SPICKARD, Henry
HARLOW, William H	PATTERSON, Timothy M	THOMPSON, John G
HEPLER, Henry	PATTON, William	TINNEY, Miles
HICKOCK, Morris	PECK, James	VALENTINE, Edward
KESLER, Abraham	PECK, Joseph	WALKUP, James G
KESLER, Daniel	PECK, William	WAX, Henry
KESLER, Jacob	PLEASANT, Henry E	WILLIAMS, John
LAKE, Timothy	POAGE, George	WOMACK, William
LUNSFORD, Merryman	PRICE, John M	WOOD, Thomas
MANN, William	RADER, Abraham	ZIMMERMAN, Jacob
MARTIN, John P	RADER, George Washington	

BRISTOL CITY (24201). SEE WASHINGTON COUNTY. Achieved Independent City status in 1890. City boundaries incorporate part of Tennessee

BRUNSWICK COUNTY. Formed 1720 from Prince George County. County government formed in 1732. County seat Lawrenceville (23868)

FIELD, Richard	HARRISON, John B	SAMFORD, John
GHOLSON, Thomas, Jr	HOOBS, Willie Jones	SIMS, Richard
GRANT, James H	LEWIS, Edwin Gray	

BUCKINGHAM COUNTY. Formed 1761 from Albemarle County. County seat is Buckingham (23921)

ALLEN, George H	GILLIAM, John	MOSELEY, Matthew
ANDERSON, James M	GILLIAM, John R	MOSELEY, Thomas
AUSTIN, Archibald	GLOVER, John	MOSELEY, William
AYRES, Nathan W	GLOVER, John Anthony	MOSELEY, William Perkins
BLACKWELL, John G	GORDON, Robert Dunbar	PATTESON, Thomas
BOLLING, Lanearus	HALES, Peter	PERKINS, William H
BONDURANT, Thomas Moseley	HENDRICK / HENRICK, Elijah H	POLLARD, Edward Ranson
BOOKER, George	HORSLEY, John	RAGLAND, William
BOOKER, Richard Anderson	JONES, Samuel	SHIELDS, David
FLOOD, John	MASON, Henry	SOUTHALL, William W
GANNOWAY, John	MAY, Thomas	WILLIAMS, Robert C
GARNETT, Thomas	MORRIS, Nathaniel	YANCEY, Charles
GILLESPIE, Robert J	MORRIS, Samuel	
GILLIAM, Isham	MOSELEY, Francis	

BUENA VISTA CITY. SEE ROCKBRIDGE COUNTY. Achieved Independent City status in 1892

CAMPBELL COUNTY. SEE ALSO LYNCHBURG CITY. Formed 1782 from Bedford County. County seat is Rustburg (25688)

AUSTIN, Alexander	FARMER, William	MARTIN, Mathew
CLARK, Christopher Henderson	FOSTER, Robert Dudley	MASON, John William
CLARK, Clement	HAMMERSLEY, James B	PAYNE, Alexander Spotswoods
CLARKE, Pleasant	HAMMERSLEY, Richard	REID, Thomas O
CLARK, William	HOWARD, Thomas Massie	ROBERTSON, David
CLEMENT, Adam	LEFTWICH, John "Jack"	
EVANS, William	MARSHALL, John Wade	

APPENDIX A - VETERAN LIST BY COUNTY / INDEPENDENT CITY

CAROLINE COUNTY. Formed 1728 from Essex County, King and Queen County and King William County. County seat is Bowling Green (22427). Many older records are housed at the Central Rappahannock Heritage Center in Fredericksburg

BAYLOR, George	HOOMES, Richard	ROBB, Patrick C
BAYLOR, John	HUTCHERSON, Richard Waller	ROWE, Keeling
BERNARD, John Hipkins	KIDD, William "Billy"	SEAL / SEALE, John
BOULWARE, Turner	LEWIS, Charles A L	SWANN, Wilson
BOUTWELL, John Thomas	LEWIS, Charles Augustine Lightfoot	TODD, George T
CATLETT, John James	LIGHTFOOT, Philip	TURNER, George
COLLINS, Charles	LOMAX, Edward	TURNER, Richard
CONWAY, John	LOMAX, Ralph	WINN, George
DICKINSON, John	PRATT, John, Sr	WOODFORD, William Catesby
GATEWOOD, James	QUARLES, Peter	WYATT, William Streshley
HOOMES, Armistead	QUARLES, Wilson	

CARROLL COUNTY. Formed in 1842 from Grayson County. County seat is Hillsville (24343)

BANKS, William	GOAD, Aaron	QUESENBERRY, Thomas
BOBBITT, Caleb	HANKS, John	SHOCKLEY, John
BOBBITT, Randolph L	HANKS, Thomas	SMITH, James
BOBBITT, William, Jr	HORTON, Joseph V	STONEMAN, John
BOWMAN, Samuel	HUNT, Horatio	SUMNER, William
CARTER, George	JACKSON, William	THOMPSON, Nathaniel
COLLIER, Shadrick, Sr	JENNINGS, Thomas	THOMPSON, William
EDWARDS, Isaac	MARSHALL, Robert, Sr	VAUGHN, John
EDWARDS, John	MARTIN, Daniel	WEBB, James Austin
EDWARDS, John "Mountain John"	NESTER, William	
EDWARDS, Thomas	PUCKETT, Jacob	

CHARLES CITY COUNTY. An Original Shire in 1634. County seat is Charles City (23030)

CARTER, Hill	COWLES, Nathaniel

CHARLOTTE COUNTY. Formed in 1765 from Lunenburg County. County seat is Charlotte Court House (23923)

BOULDIN, Thomas Tyler	HANNAH, George	WATKINS, William Morton
CRAWLEY, William	HARVEY, Isham	WILSON, Nathaniel
ELAM, John	HUDSON, William R	
FOSTER, George	READ, Isaac	

CHARLOTTESVILLE CITY. SEE ALBEMARLE COUNTY. Charlottesville is the County Seat of Albemarle County. It achieved Independent City status in 1888

CHESAPEAKE CITY (23320). Consolidated with NORFOLK COUNTY in 1963, at which time Norfolk County became extinct

BASS, Samuel	FOREMAN, Israel	PORTLOCK, Nathaniel
BLACKWOOD, William	GARRETT, Henry	SCOTT, John
BROOKS, Thomas	HODGE, John (b 1786)	WEST, William
BROWN, Samuel	HODGES, John (b 1776)	WILKINS, Willis J
CHERRY, Gisbourne	HOLSTEAD, Matt B	WOODARD, David
DAVIS, James	LYNCH, Stephen	
FERTE, Felix	MARTIN, James Green	

APPENDIX A - VETERAN LIST BY COUNTY / INDEPENDENT CITY

CHESTERFIELD COUNTY. SEE ALSO RICHMOND CITY. Formed in 1749 from Henrico County. County seat is Chesterfield Court House (23823)

ARCHER, John	GILLIAM, John	PANKEY, Young
BOWLES, Pleasant	GILLIAM, Richard Clements	PATRAM, Benjamin A, Sr
BRANCH, Thomas	GREGORY, John	PEERS, John S
CHEATHAM, Branch	GREGORY, Richard Augustus	REID, Alexander
CLARKE, William	HANCOCK, Higgison	ROBERTSON, William
CLAY, Phinehas	HATCHER, William	ROBINSON, William, Sr
CLAY, Samuel	HOWLETT, James	ROWLETT, John
COX, George	JAMES, Thomas	SIMS, John
DUDLEY, Joseph	JOHNSON, William R	SPEARS, Austin
DUVAL, Stephen	JONES, John Winston	STANFORD, John
DYSON, William	MARTIN, James	TAYLOR, Arthur
EDWARDS, Anderson	MOODY, Jameson	TEMPLE, Robert
ELAM, James	MURCHIE, Robert Donald	TURPIN, Henry
FRIEND, Thomas C	MURRAY, Thomas	WATKINS, John E
GILL, William	MYRICK, John	WINFREE, James Wiley

CLARKE COUNTY. Formed in 1836 from Frederick County and part of Warren County in 1860. County seat is Berryville (22611)

ALLEN, David Hume	JACKSON, Thomas, Jr	RUSSELL, Burnett
ALLEN, William T	JOHNSON, George	SMITH, Edward J
ANDERSON, Joseph	KITCHEN, John Newton	SMITH, Joseph L
BERLIN, Philip	KNIGHT, George A	SMITH, Thomas
BLAKEMORE, Marquis Q	LEWIS, John H	SOWERS, James H
BLAKEMORE, Thomas	MARTIN, William	STEWART, John
BLISS, Oliver	MAYERS, John	TAYLOR, Griffin
BUCK, Charles	McCORMICK, George L	TAYLOR, John B
BURCHELL, John B	McCORMICK, Samuel	TAYLOR, Samuel
CASTLEMAN, David	McCORMICK, William	TAYLOR, William
CRIGLER, Christopher	MITCHELL, John C	THROCKMORTON, Warner W
EARLE, John B	O'CONNER, John	WASHINGTON, Henry
ELLIOTT, John M	PARKER, Richard E	WILLIAMS, James J
GROVE, David	RICHARDSON, John P	WILLIAMS, Leroy P
HESSER, John	RICHARDSON, Marcus C	

CLIFTON FORGE CITY (24422). SEE ALLEGHANY COUNTY. Achieved Independent City status in 1906

COLONIAL HEIGHTS CITY (23834). SEE CHESTERFIELD COUNTY. Achieved Independent City status in 1948

COVINGTON CITY (24426). SEE ALLEGHANY COUNTY. Achieved Independent City status in 1952

CRAIG COUNTY. Formed in 1851 from Botetourt County, Giles County, Roanoke County and part of Monroe County (WV). County seat is New Castle (24127)

CARPER, Isaac	HUTCHINSON, Robert Mason	WEBB, Frederick O.
HAMMAN, Jacob	LINTON, James Nesbet	
HUFFMAN, Andrew	TAYLOR, Jacob	

CULPEPER COUNTY. Formed in 1749 from Orange County. County seat is Culpeper (22701)

ARMSTRONG, John	BICKERS, Alexander	COVINGTON, John
ASHER, Waller R	BROWN, Thomas C	FISHBACK, Martin, Sr
BARBOUR, John Strode	BROWN, William	GIBSON, Jonathan Cattlett
BELL, James M	CARSON, Joseph	GREEN, John Williams

APPENDIX A - VETERAN LIST BY COUNTY / INDEPENDENT CITY

(CULPEPER COUNTY, CONT.)

GREEN, Moses	JONES, Gabriel	READ, John, Jr
GUINN, John	JONES, William Wiggington	STEVENS, John
HALL, Jeremiah	KILBY, Henry	THOMPSON, Francis J
HALL, Thomas	KILBY, Leroy	THOMPSON, John
HANSBROUGH, William	LIGHTFOOT, Thomas Walker	THORNTON, Phillip
HERNDON, William Albert	MILLER, Henry	WILLIAMS, William
HILL, Ambrose Powell	NORRIS, Charles E	WILLIS, Isaac
HILL, Thomas, Sr	NORRIS, Richard S	WITHERS, James

CUMBERLAND COUNTY. Formed in 1749 from Goochland County. County seat is Cumberland (23040)

BOOKER, Edward Nash	HARRISON, Thomas Randolph	SMITH, John
CROWDER, Thomas Wilson	IRVING, Robert	SMITH, John Nash
DEANE, Francis Brown, Jr	MILLER, John	WILSON, John Park
FORD, Hezekiah, Jr	NASH, Thomas	WOODSON, John P
FOSTER, Peter B.	PAGE, John C	WOODSON, John, Jr
HARRISON, Carter L	RANDOLPH, Isham	

DANVILLE CITY. SEE ALSO PITTSYLVANIA COUNTY. Achieved Independent City status in 1890

CABELL, Benjamin William Sheridan	PRICE, John	WILSON, Charles
	PRITCHETT, John	WILSON, George L
CLAIRBORNE, Richard Henry	TOWNES, George	WILSON, Nathaniel
LANIER, James T	WATKINS, Ptolemy Lefrevre	WILSON, Robert
NOBLE, John	WATSON, John H	
PATTON, James B	WILLIAMS, Robert	

DICKENSON COUNTY. Formed in 1880 from Buchanan County, Russell County and Wise County. County seat is Clintwood (24228)

POTTER, Richard

DINWIDDIE COUNTY. Formed in 1752 from Prince Edward County. County seat is Dinwiddie (23841)

ALLEN, Daniel E	GRAVES, Robert	PEGRAM, John
ANDERSON, William	GREENWAY, Robert	PEGRAM, Robert Edward
BAUGH, William H	HAMLIN, John	ROSE, Richard
BOOTH, Benjamin	HARRISON, James W	ROSE, Thomas
BOOTH, Robert Cryer	HARRISON, Robert	SMITH, John Hill
BRODNAX, William Henry	HILL, John C	STURDIVANT, James, Jr
BROWN, Burwell	HITCHCOCK, Heartwell	STURDIVANT, James, Sr
CARR, John	LANIER, Lewis Parham	STURDIVANT, John
CHAPPELL, Jacob	LEE, Henry	STURDIVANT, William
CLARKE, Thomas E	MALONE, John H	SUTHERLAND, Fendall C
DIGGS, William	MOON, Thomas	THOMPSON, William B
ELLIS, Augustine	MOORE, William	THWEATT, Thomas
FERGUSON, William H	MORRIS, William	TUCKER, Thomas
FRASER, Alexander	OLIVER, Thomas A	WELLS, William
GRAVES, George	PARSONS, Thomas, Jr	WHITWORTH, Thomas

ELIZABETH CITY COUNTY. SEE HAMPTON CITY. An original shire in 1634. Consolidated with Hampton City in 1952

EMPORIA CITY. SEE GREENSVILLE COUNTY. Achieved Independent City status in 1967. County seat of Greensville County

APPENDIX A - VETERAN LIST BY COUNTY / INDEPENDENT CITY

ESSEX COUNTY. Formed in 1692 from [Old] Rappahannock County

BLAKE, Benjamin
BOOKER, Lewis, Jr
BROCKENBROUGH, Austin
CLARKE, George
CROXTON, Richard
LEWIS, Warner
ROBINSON, Henry
WRIGHT, William A

FAIRFAX COUNTY AND FAIRFAX CITY. Fairfax County was formed in 1742 from Prince William County. Fairfax City, the county seat (22030), achieved Independent City status in 1961

ALLEN, Henry
AUSTIN, John
BARDEN, James
BARKER, William
BOWMAN, George A
BROADWATER, Charles Guy
BROWN, Jesse
CARROLL, Charles
CARTER, John
CARTER, William F
CHAPMAN, George, Jr
CLARK, Thompson
COE, Almzi
COLEMAN, James
COLEMAN, Thomas
COLLARD, Samuel
COOKSEY, Thomas S, Sr
COWLING, Thomas
CRANFORD, James
DARNE, Nicholas
DAVIS, Adam
DAVIS, William
DAVIS, William N
DAWSON, James
DAWSON, James E
DYE, Reuben
FARR, Nicholas
FITZHUGH, William Henry
FOLLIN, James
FOX, John F
GARRISON, George
GOODING, William
GUNNELL, John
GUNNELL, William H
HAMILTON, Schuyler
HARRIS, Jesse
HARRISON, James
HASLIP / HAISLIP, Henry
HENRY, William
HOLLIDAY, Samuel
HUNTER, Alexander
HUNTER, George W
HUNTER, John C
HUTCHINSON, James E
JACKSON, Richard
JONES, Catesby
JONES, Levin
JONES, Thomas ap Catesby
KEEN, William
KINCHELOE, Daniel
KITCHEN, William
LANE, William
MACGEE, John
MACKALL, Benjamin K
MARTIN, Noah
MARTIN, Saul
MASON, George
MASON, William S
MILLAN, George
MILLAN, John
MIX / MICKS, Lewis
NELSON, William
NEVITT, William
POTTER, James
REID, James
REID, John B
RIGG, John
ROBEY, Charles
SANGSTER, James
SCOTT, David Wilson
SHEPARD, Charles
SHERMAN, James
SISSON, Robert T
SLADE, William
SMITH, James
STROTHER, John
SYDNOR, William C
THOMPSON, Nathaniel
TROTT, Samuel
TURLEY, Alexander
TYLER, Henry B
WALKER, Richard
WARD, William
WHITAKER, William T
WILCOXEN, Rezen
WILSON, Benjamin
WILSON, William A
WINDSOR, Richard S
WORSTER, Tapley
WRENN, Samuel
YOUNG, Richard

FALLS CHURCH CITY (22046). SEE FAIRFAX COUNTY. Achieved Independent City status in 1948

FAUQUIER COUNTY. Formed in 1759 from Prince William County. County seat is Warrenton (22186)

ALLAN, Landon
AMBLER, Thomas Marshall
ARMISTEAD, John Baylor
ARMISTEAD, John C
ARMISTEAD, Walker Keith
ASHBY, John, Jr
ASHBY, Nimrod T
ASHBY, Samuel
ASHBY, Thomson
ASHBY, Turner
ASHTON, Henry W
ASHTON, Lawrence
ATHEY, Willis
BAILEY, Samuel
BALL, George Lewis
BALL, Joseph Brumfield
BAYLY, Albert
BELL, William
BLACKWELL, John E
BROWN, John
BYRNE, William
CARNALL, John
CARTER, Edward
CARTER, Henry H "Harry"
COCHRAN, John
COLVIN, Richard
COMBS, Seth
DAVIS, Travis
EDMONDS, Alexander
EDMONDS, Elias
EDMONDS, Richard Corbin
EDMONDS, William
EMBREY, Robert
EUSTACE, William G
FANT, John L
FANT, Lovel E. D. M.
FERGUSON, Josias
FLETCHER, John
FLETCHER, Joseph

APPENDIX A - VETERAN LIST BY COUNTY / INDEPENDENT CITY

(FAUQUIER COUNTY, CONT.)

FLETCHER, Joshuah, Sr
FLETCHER, William
FOSTER, Isaac
FOSTER, Thomas
FRAZIER, Thomas
FRYE, John Morgan
GEORGE, Bernard
GLASCOCK, Benjamin
GLASCOCK, Henry
GLASCOCK, John (d 1856)
GLASCOCK, John (d 1871)
GLASSCOCK, William
GRAY, William Fitzhugh
HAMILTON / HAMBLETON, Robert Mandeville
HANSBROUGH, Elijah
HARRISON, Burr
HARRISON, George P
HARRISON, William
HEFLIN, William James
HICKERSON, Daniel
HICKS, Isaiah
HICKS, Stephen
HORNER, Ben Franklin
HUNTON, Charles
HUNTON, Eppa
JEFFRIES, Enoch
JEFFRIES, George
JEFFRIES, John W
KELLEY, James W
KEMPER, George W
KEMPER, John
LEACH, Thornton K
LEE, Henry Hancock
MADDOX, Thomas L
MARSHALL, John
MARSHALL, Thomas
McCORMICK, Edmund
McCORMICK, Peter B
MOORE, James
MOORE, Thomas Love
NALLE, Jesse
NALLE, John
NELSON, George
NELSON, Thomas
O'BANNON, John
OLINGER, John E
PAGE, John C
PAYNE, Daniel
PAYNE, Francis
PAYNE, George H
PAYNE, George W
PAYNE, James (b 1791)
PAYNE, James (b 1771)
PAYNE, Thomas
PETTIT, John H
PEYTON, Dennis C
PHILLIPS, William Fowke
RANDOLPH, Charles
RUST, James
SCOTT, John
SHACKLETT, John
SHERMAN, Thomas D
SHUMATE, Bailey
SHUMATE, John
SINCLAIR, George B
SINCLAIR, William T
SMITH, John A W
SMITH, John Puller
SMITH, William R
SMITH, Willis Golder
STROTHER, James
STROTHER, John
TAYLOR, William F
TEMPLEMAN, Fielding
THOMPSON, James
TURNER, Thomas
WELCH, Sylvester (b 1766)
WELSH, Sylvester (b 1796)
WITHERS, Thomas Thornton
WITHERS, William, Sr
WRIGHT, William B

FLOYD COUNTY. Formed in 1831 from Montgomery County. County seat is Floyd (24091)

ALTIZER, John
BOOTH, Isaac
COX, John
EPPERLY, John M
GOODSON, Thomas
GOODSON, William
HARRIS, John
LANCASTER, Thomas
MOORE, Isaac
PHILLIPS, Otis
SHELOR, George
SPANGLER, William

FLUVANNA COUNTY. Formed in 1777 from Albemarle County. County seat is Palmyra (22963)

BLACK, George Washington
BLACK, John
BOWLES, Benjamin
BRAGG, James
BROWN, Edward Isaac
COCKE, John Hartwell
EASTIN, Stephen
FLANNAGAN, William
HUGHES, Anderson
HUGHES, William
JOHNSON, Samuel
JONES, Cary
JONES, James T
KENT, Robert K
KENT, Thomas
LILLY, Armiger
OMOHUNDRO, Richard
PAYNE, George
PAYNE, Richard Beckwith
PERKINS, John H
ROSS, James
ROSS, Richard
SEAY, Austin
STILLMAN, George
STILLMAN, Samuel
STRANGE, Gideon A
STRATTON, James
THOMAS, William
TISDALE, George
WHITE, Pleasant
WILLS, Miles C
WILSON, William
WINN, John
WOOD, John
WOOD, Samuel Richard
WOOD, William, Jr
WOODS, William, Jr

FRANKLIN CITY (23851). SEE SOUTHAMPTON COUNTY. Achieved Independent City status in 1961

APPENDIX A - VETERAN LIST BY COUNTY / INDEPENDENT CITY

FRANKLIN COUNTY. Formed in 1786 from Bedford County and Henry County. County seat is Rocky Mount (24151)

BELL, John Meadors	FERGUSON, Thomas B	PEARSON, Thomas
BERNARD, John	FLORA, John	PERDUE, Isaiah
BOWMAN, John	GUERRANT, John R	POINDEXTER, Thomas
CALLOWAY, James	HATCHER, John	POWELL, John N
CALLOWAY, William	HODGES, Joab	ROBERTSON, John
CASSELL, John C, Sr	HOLLAND, John Major	TURNER, George
CHAMBERS, William	KESLER, Henry	WADE, Robert
COOK, Samuel	KIDD, John	WINGFIELD, William H
COOPER, George W, Sr	LAW, Burwell	
DIVERS, Thomas	LUKE, William	

FREDERICK COUNTY AND WINCHESTER CITY. Frederick County was formed in 1738 from Orange County. County seat is of Winchester (22601). Winchester achieved Independent Status in 1874

ADAMS, Peter	COPENHAVER, George	KERNS, George
ADAMS, Thomas	COPENHAVER, John	KLINE, Jacob
ADAMS, William A	DAVIS, Stephen	LEMLEY, Jacob
AMICK, John J	DAVISON, William	LITTLE, James
ANDERSON, James	DEHAVEN, Henry D	MARKS, Alexander
ANDREWS, George W	DEHAVEN, Isaac	MASON, Jonathan
BAILEY, James D	DEHAVEN, Job	MASON, Seth
BAKER, Jacob	DINGES, David	MAY, Jacob
BAKER, John	ELLIOTT, William	McKEE, Joseph
BAKER, William Alexander	EVANS, John	MIDDLETON, William
BARBOUR, William L	FISHER, John	MILLER, John
BARKER, Moses	FLETCHER, John	MURPHY, Thomas
BARLEY, John	FRY, Jacob	MYERS, William
BAYLISS, John E	FRY, Joseph L	NICKLIN, Jacob R
BAYLISS, Thomas B	GILKESON, John	PARISH, William
BEAMER, John	GLASS, Thomas	PHELPS, Elisha
BEATY, Robert	GOOD, Felix	PIPER, John Henry
BELL, James R	GOOD, Jacob	RANDOLPH, William Fitzhugh
BELL, Stephen	GOOD, Peter	RANDOLPH, William
BLACK, John	GOUGH, John M	RICHARD, Jacob
BOND, John, Sr	GREEN, John C	RICHARDS, John
BOWEN, John G	GRIFFITH, John	RIDGEWAY, Jacob
BRAITHWAITE, John	GROVE, Abraham	ROBINSON, Andrew A
BRANT, Jacob	GROVE, John W	ROBINSON, James
BROWN, John	GROVE, John, Sr	ROGERS, John
BROWN, John, Jr	GUARD, Jacob	SAUNDERS, William S
BROWN, Samuel	HACKNEY, James	SCRIVENER, William
BUCHER, John	HALL, James B	SHANE, William
BUSH, Andrew	HART, Samuel	SHEPHERD, James
BUSH, William	HELVESTINE, Hiram	SHUMATE, Bailey
BYWATERS, William	HENING, David	SINGLETON, James
CARPER, John (1788-1856)	HICKS, Eli	SMITH, John
CARPER, John (1785-1869)	HOFFMAN, William	SMITH, William (b 1796)
CARPER, William	HUBBARD, Jesse	SMITH, William (b 1772)
CARSON, Simon	IDEN, Jonathan	SNAPP, John
CARSON, William	JENKINS, James W	STEELE, Thomas
CARTER, John	JOHNSON, David	STEPHENSON, Robert
CARTER, Joseph C	JOLLIFFE, John	STEPHENSON, William
CLARK, William	JONES, William Strother	TUCKER, Henry St George
COLLINS, Joseph	KECKLEY, Jacob, Jr	VANCE, James
CONRAD, Charles	KELLEY, James	VANCE, Robert

APPENDIX A - VETERAN LIST BY COUNTY / INDEPENDENT CITY

(FREDERICK COUNTY, CONT.)

WALL, George
WALL, Jacob
WALL, John F
WATSON, James
WEAVER, David
WELLS, Thomas
WHITE, Robert
WILKINSON, Israel
WILLIAMS, William C
WOOD, Isaac W
WOOD, James
WOOD, William
WRIGHT, George
WRIGHT, Thomas
YOUNG, Philip

FREDERICKSBURG CITY (22401). SEE ALSO SPOTSYLVANIA COUNTY. Achieved Independent City status in 1879

ANDERSON, Benjamin
BARTON, Thomas
BOUGHTON, Benjamin
BUCK, John
CARTER, Charles Landon
CARTER, William Fitzhugh
CHEW, John W
CHEW, Robert Smith
CHINN, John L
COOKE, James M
CRUMP, John
DIXON, James
DOGGETT, Lemuel
ELLIS, Robert T
FAIRBANK, Noah
FERNEYHOUGN, John, Jr
FITZGERALD, James Henderson
FITZHUGH, John Bowling, Sr
FORBES, Murray
FREEMAN, John F
GOODWIN, Thomas
GORDON, Basil
GRINNAN, Daniel
HOWISON, Samuel
KALE, Anthony
KNIGHT, John L
KNOX, William A
LIPSCOMB, Thomas Harris
LOMAX, John Tayloe
MARR, John
MARYE, John L
MAURY, Richard B
McKILDOE, James
MERCER, Hugh
METCALFE, John
MINOR, John
MOODY, Bradstreet
PATTERSON, John W
PEARSON, William
PHILLIPS, Henry T
PHILLIPS, Samuel
ROBERTS, Samuel
ROTHROCK, George W, Sr
SCOTT, John
SHEPHERD, John M
SMITH, William, Jr
SMITH, Yeomans
STANARD, John
STONE, William
THOM, Reubin Triplett
THORNTON, Francis
TIMBERLAKE, James B
VASS, James P
WALKER, Alexander
WALLACE, John H
WARE, Thomas
WARREN, William, Sr
WHITE, Henry
WHITE, William H
WILLIAMS, John C
WILLIS, Byrd C
YOUNG, James

GALAX CITY. SEE CARROLL COUNTY AND GRAYSON COUNTY. Achieved Independent City status in 1953

GILES COUNTY. Formed in 1806 from Montgomery County, Tazewell County and Monroe County (WV). County seat is Pearisburg (24134)

ATKINS, Hiram
ATKINS, Moses
BANE, James F, Jr
BROWN, William H
CECIL, Zachariah W
CHAPMAN, Isaac
DIDDLE, David
FERGUSON, John
FRENCH, David
HALE, Isaac
HALE, Thomas L
JOHNSTON, Andrew
JOHNSTON, David
JOHNSTON, Hugh D
JOHNSTON, John
JOHNSTON, John P
KERR, John
KING, Charles
LEFTWICH, Jabez
LYBROOK, Philip
McCOMAS, David
MILLER, Jacob, Sr
PECK, Jacob F
PECK, John
PETERS, John
SHUMATE, Tollison
SNIDOW, Christian
SNIDOW, William Henry
SPANGLER, George
SPANGLER, John S
STAFFORD, Ralph, Jr
WINGO, John
WOODYARD, John

GLOUCESTER COUNTY. Formed in 1651 from York County, an original Shire. County seat is Gloucester (23061)

COKE, Richard
DABNEY, Thomas Smith
DIXON, John
FIELD, William
HUDSON, Vincent
JONES, Catesby
JONES, William
MANN, Charles
PERRIN, William K
ROBINS, William
ROY, James H
SEAWELL, Thomas M
SHARPLES, Felix Thomas
SMART, William
SMITH, Phillip A
SMITH, Thomas
SMITH, William P
STUBBLEFIELD, Baylor Foster

APPENDIX A - VETERAN LIST BY COUNTY / INDEPENDENT CITY

(GLOUCESTER COUNTY, CONT.)

TABB, Henry Wythe	WEST, Francis	WILLIAMS, Samuel
TABB, Thomas Todd	WIATT, William G	

GOOCHLAND COUNTY. Formed in 1728 from Henrico County. County seat is Goochland (22063)

BOLLING, William	JENNINGS, John H	PHILPOTTS, Abijah T
CUNLIFFE, Charles	LACY, Fleming	RANDOLPH, Richard
CUNNINGHAM, Edward	LACY, Mathew	RANDOLPH, Thomas Mann, Jr
FLEMING, Tarlton	LEAKE, Josiah	REDFORD, Robert
GEORGE, William	PAYNE, William O	RICHARDS, John

GRAYSON COUNTY. Formed in 1793 from Wythe County. County seat is Independence (24348)

BEDWELL, James	HALE, Richard	RECTOR, Bennett Henry
DICKINSON, Martin	HALE, Stephen	TRIMBLE, John
HAGA / HAGUE, David	PATTON, Thomas, Sr	WAUGH, James
HALE, John L	RANKIN, William	

GREENE COUNTY. Formed in 1838 from Orange County. Count seat is Stanardsville (22973)

ATKINS, Zachariah	DOWELL, John	SHELTON, Thomas L
BEADLES, John	LONG, John K	SHOTWELL, Jeremiah
BEAZLEY, James	McMULLEN, John	THOMAS, Robert
BLAKEY, George Smith	MELONE, William	THORNTON, Anthony R
DAVIS, Elijah Kirtley	MOYERS, Michael	WARREN, James, Sr

GREENSVILLE COUNTY. Formed in 1781 from Brunswick County. County seat is Emporia (23847)

No War of 1812 veterans buried in Greensville County were identified.

HALIFAX COUNTY. Formed in 1752 from Lunenburg County. County seat is Halifax (24558)

ANDERSON, Andrew A	GRAY, William	LEIGH, William
ANDERSON, Thomas P	HARRIS, Thomas F	LINN, John K
BENNETT, Richard Everard	HITE, Vincent	LOGAN, William
BETTS, Elisha	HUBBARD, Joel	SIMS, John
FERRILL, William	IRVINE, David L	WHITE, Thomas Warrener

HAMPTON CITY (23669). Consolidated with Elizabeth City County and City of Phoebus in 1952

BOOKER, George	HOPE, William P	SAUNDERS, Thomas (d 1840)
BOOKER, Richard	HOWELL, James E	SAUNDERS, Thomas (d 1844)
BRADLEY, Thomas H	JORDAN, Rix	SHIELDS, Howard
BURNHAM, James D	KATING, Walter	SIMPKINS, Arthur
CHEVERS, Mark L	KING, Edward	SIMPKINS, John
DRUMMOND, George	LATIMER, George	SMITH, William S
FACE, William	LATIMER, Thomas	TOPPING, John
GLASSELL, James M	LATIMER, Thomas	TOPPING, John P
GREEN, Timothy	LATIMER, William	VAUGHN, James M
HANSFORD, Thomas	PHILLIPS, Elijah	WALLACE, James
HICKMAN, William, Sr	PHILLIPS, George	WEST, Benjamin
HICKS, Richard S	POWELL, James	

HANOVER COUNTY. Formed in 1721 from New Kent County. County seat is Hanover (23069)

ALEXANDER, William	BERKELEY, Thomas Nelson	CHILDRESS, Charles W
ANDERSON, Robert	BROCK, John Christian	CLARKE, George
BERKELEY, Carter Burwell	BROWN, John D G	CLARKE, Wilson B
BERKELEY, Lewis	CAMPBELL, Hugh, Jr	COLEMAN, Robert

APPENDIX A - VETERAN LIST BY COUNTY / INDEPENDENT CITY

(HANOVER COUNTY, CONT.)

CRENSHAW, Charles
CRENSHAW, Edmund B
CRENSHAW, Nathaniel C
DAVIS, James (Jimmy)
DAVIS, John D
DAY, William O
DIGGES, Dudley
ELLETT, Robert Temple
ELLETT, Wiliam Peyton
FONTAINE, James
GOODALL, Charles Parke
GREEN, Richard P
GWATHEMY, Richard
HALL, Aaron
HARRIS, Solomon
HARRIS, Solomon King
HARRIS, Willie J
HAZELGROVE, Benjamin
HENDREE, George
HOLMES, James
HOPKINSON, James
JONES, Laney
LUMPKIN, Robert
MAYNARD, Edward
MORRIS, Richard
NELSON, Thomas
PAGE, Francis
PENDLETON, Edmund B
POLLARD, Thomas
PRICE, Thomas, Jr
REYNOLDS, Thomas W
RUFFIN, Edmund
SHEPPARD, Joseph M
SHEPPARD, Mosby
SMITH, Burwell
SNEAD, John
SUTTON, James T
TAURMAN, Thomas
TAYLOR, John Jay
TAYLOR, Lewis W
TAYLOR, William D
THOMPSON, Charles William, Jr
TINSLEY, Charles Corbin
TINSLEY, Thomas G
TURNER, Martin
TURNER, Thomas
TYLER, William (b 1768)
TYLER, William (b UNK)
WATT, Hugh
WEBB, John David
WHITE, William L
WICKHAM, William Fanning
WINN, Jesse
WINSTON, Phillip B
WINSTON, William D

HARRISONBURG CITY (22801). SEE ROCKINGHAM COUNTY. Achieved Independent City status in 1916. County seat of Rockingham County

HENRICO COUNTY. An original 1634 Shire. County seat is Henrico Court House (23219). SEE ALSO RICHMOND CITY

CARTER, John
CARTER, Samuel Smith
DEPRIEST, William
GEORGE, Byrd
HERBERT, Thomas
HUGHES, Richard
ROY, James
TANKERSLEY, Reuben

HENRY COUNTY. Formed in 1776 from Pittsylvania County. County seat is Martinsville (24112)

ALEXANDER, Joseph
BARKER, Allen
BARROW, Jesse
BASSETT, Alexander Hunter
BROCK, John
CALLAWAY, John
CLARK, James
DAVIS, Peter
DAVIS, William
DILLARD, John
DRAPER, William D.
DUPUY, Anthony
DYER, Benjamin F
FINNEY, John, Jr
FITTS, Tandy Walker
FONTAINE, John James
GRIGGS, Peter
HAIRSTON, George R, Jr
HAY, Philip T
KOGER, Joseph
NUNN, Thomas
PAYNE, Ryland
PHILPOTT, Edward
PURTLE, Barton
REDD, John
SALMON, John, Jr
TRENT, William H
TURNER, Andrew
WYATT, Craven
WYATT, John Posey

HIGHLAND COUNTY. Formed in 1847 from Bath County and Pendleton County (WV). County seat is Monterey (24465)

BIRD, David
DOGGETT, Armistead
HEVENER / HEVNER, John
HULL, Peter
JONES, Thomas
McCLUNG, William
RUCKMAN, Samuel
SNYDER, John

HOPEWELL CITY (23860). See PRINCE GEORGE COUNTY. Originally known as City Point. Achieved Independent City status in 1916

ISLE OF WIGHT COUNTY. An original 1634 Shire. County seat is Isle of Wight (23397)

ATKINSON, Archibald
ATKINSON, Joseph
BULLOCK, William
BUTLER, Robert
CARROLL, Gray
CHANNELL, Arthur

APPENDIX A - VETERAN LIST BY COUNTY / INDEPENDENT CITY

(ISLE OF WIGHT COUNTY, CONT.)

CHAPMAN, Charles Hammel	JONES, Benjamin	ROBINSON, Anthony
DARDEN, Thomas, Jr	JONES, Peter	SMITH, Arthur
DARDEN, William H	JORDAN, James C	TODD, John Robinson
ELEY, Josiah	JORDAN, Thomas	WHITFIELD, Samuel
GRAY, Nathaniel	NOCK, Lewis	WILLIAMS, Richard
GREEN, William	PEDIN, Edmond	WILSON, George
HALL, George	PHILLIPS, John	WILSON, James R
HODSDEN, Joseph B	PURDIE, John Hydman	WRENN, Charles
HOLLADAY, John	PURDIE, Thomas	

JAMES CITY COUNTY. An original 1634 Shire. County seat is Williamsburg (23185)

BACON, William Savage	JONES, Daniel	LEE, Robert H
JONES, Allen	JONES, William M	

KING AND QUEEN COUNTY. Formed in 1691 from New Kent County. County seat is King & Queen Court House (23085)

BAGBY, John Christopher	FAUNTLEROY, Moore Gardner	HOOMES, Thomas Claiborne
BAGBY, Richard, Jr	FAUNTLEROY, Samuel T G	JEFFRIES, Thomas M
BRUMLEY, Robert	GAINES, John	POLLARD, William H
COURTNEY, Robert	GOVAN, James, Jr	TODD, William

KING GEORGE COUNTY. Formed in 1721 from Richmond County. Count seat is King George (22485)

ALEXANDER, Gustavus Brown	EDWARDS, Enoch	McKENNY, George C
ARNOLD, John	EDWARDS, John Arnold	PARKER, John
BABER, Thomas Benjamin Berry	FITZHUGH, Augustine Washington	PATTERSON, Perry
HOOE, Abram Barnes, Sr	FITZHUGH, Henry	STUART, Richard
BERNARD, William, Jr	GRYMES, George N	TALIAFERRO, John Seymour
BROWN, Solomon James Slaughter	GRYMES, William Fitzhugh	TURNER, William Smith
BURK, John A	HOOE, John T	WALKER, William
COLEMAN, Thomas	JENKINS, Thomas	
DISHMAN, John	LEWIS, Dangerfield	

KING WILLIAM COUNTY. Formed in 1702 from King and Queen County. County seat is King William (23086)

AYLETT, Philip, Jr	EDWARDS, Ambrose	GREGORY, William
AYLETT, Zachariah	FOX, James	HILL, Robert
CROXTON, James	FOX, Joseph	MOORE, John Temple

LANCASTER COUNTY. Formed in 1651 from Northumberland County and York County. The portion that came from York County became Middlesex County in 1669. County seat is Lancaster (22503)

BALL, Hilkiah	EUSTACE, William	KELLEY, James
BALL, James Kendall	EWELL, James S	KELLEY, John
BRENT, George	GRESHAM, John F, Jr	KELLEY, William
CARTER, Joseph Addison	HALL, Addison	LEE, Arthur
CHASE, Peter	HAYDON, Abner	McCARTY, William M
CHOWNING, James	KELLEY, Armistead	TAYLOR, Thorowgood
CHOWNING, John, Jr	KELLEY, Charles	
EUSTACE, John	KELLEY, David	

LEE COUNTY. Formed in 1793 from Russell County. County seat is Jonesville (24263)

CARROLL, James Nooland	FANNON, Bryant	KOGER, John
DAUGHERTY, Nathaniel	FULKERSON, John	LITTON, Alexander
DAVAULT, Jacob G	JAYNE, James	MORGAN, Nathan
DUFF, Robert	JESSEE, William	OLINGER, David

APPENDIX A - VETERAN LIST BY COUNTY / INDEPENDENT CITY

(LEE COUNTY, CONT.)

OLINGER, John C	RAZOR / REASOR, Daniel	WILLOUGHBY, Wallace
PENNINGTON, David	SHARP, John D	WYNN, Samuel

LEXINGTON CITY (24450). SEE ALSO ROCKBRIDGE COUNTY. Achieved Independent City status in 1966

ALEXANDER, John	JOHNSON, Thomas	POINDEXTER, George Benskin
BARCLAY, Hugh	JORDAN, John	PRESTON, Thomas Lewis
BELL, James B	JUNKIN, George	RAIL, John
BOWYER, John	McCLURE, John Edmundson	REID, Andrew, Jr
CARUTHERS, James	McCORKLE, John	SHIELDS, Alexander
CARUTHERS, William	McDOWELL, James	SLOAN, John
CHANDLER, John	McDOWELL, James	WALLACE, Andrew
CHANDLER, Samuel T	McNUTT, John	WALLACE, James B
GLASGOW, John	MONTGOMERY, William H	WHITE, Matthew, Sr
HARRIS, Nathan	MOORE, Samuel McDowell	WHITE, Robert
HENDERSON, Thomas	PATTON, John	WHITE, Willis
HOPKINS, David	PAXTON, Elisha	WILLSON, William

LOUDOUN COUNTY. Formed in 1747 from Fairfax County. County seat is Leesburg (22075)

BALL, Fayette	DISHMAN, James T	HUMPHREY, Marcus
BALL, George Washington	DODD, John	HUMPHREY, Thomas H
BEATY, Silas	DOUGLAS, Hugh	HUNT, John
BEAVERS, Samuel	DOWELL, Jesse D	HUTCHESON, Nelson S
BENTON, William	DOWNS, James	JACKSON, Benjamin
BEVERIDGE, Noble	EVANS, William D	JAMES, Thomas
BEVERIDGE, William	EVERHART, Daniel	JENKINS, John
BOLON, William	FADELY, Jacob	JOHNSON, Thomas
BRADEN, Joseph	FRY, John N	JOHNSTON, James
BRADEN, Robert	GALLEHER, William, Sr	JONES, John
BRADFIELD, William	GARNER, James E	KITZMILLER, Martin
BRIDGES, Benjamin A	GASSOWAY, Charles	LEE, Joshua
BROWN, John H	GORE, Joseph A	LESLIE, Samuel D
BROWN, Richard	GOVER, Samuel	LESLIE, Thomas
BROWN, William	GRAHAM, Andrew	LEWIS, James
BURK, William	GREEN, James P	LITTLETON, John K
CARTER, James S	GREEN, John C	LITTLETON, Thomas
CARTER, Jonathan	GREEN, Thomas	LODGE, Samuel
CARTER, Richard	GREEN, Wilford	LOVE, Henry
CHINN, Samuel	GREGG, George Y	LOVE, John T
CLENDENING, Samuel	GRUBB, Ebenezer	LOVETT, David
CLENDENING, William	GRUBB, John	LUCK, Jordon B
COCHRAN, James	GRUBB, Richard	LUCKETT, Francis W
COE, Robert	GULICK, George	LUCKETT, Horace
COMBS, John	HAMILTON, Charles H	LUCKETT, Ludwell
CONARD, David	HAMILTON, Erasmus C	MAINS, Archibald
COOPER, Daniel	HAMILTON, James Harvey	MASON, Armistead Thomson
COPELAND, Andrew	HAMILTON, John	MASON, Thomas H C
COST, Peter	HAMMERLY, William	MASON, William T T
COX, Samuel	HARRISON, Burr William	McCARTY, James B
CRAIG, James	HAWKINS, Joseph	McCARTY, John
CRAIN, James	HEREFORD, Francis	McCOY, William
CRAVEN, Joel	HILLIARD, Joseph	McDANIEL, Archibald
CRIDLER, John	HOGE, William	McDANIEL, James
CUNARD, Edward	HOUGH, Garrett	McDANIEL, Martin N
DERRY, Christian	HOUGH, Samuel	McFARLAND, James
DIGGS, John, Jr	HOWELL, David	McKIM, James

APPENDIX A - VETERAN LIST BY COUNTY / INDEPENDENT CITY

(LOUDOUN COUNTY, CONT.)

MERCER, Charles Fenton	RAWLINGS, William	SWARTS, William R
MERCHANT, James	REYNOLDS, Thomas W	TAYLOR, Charles
MILLER, William	READER, Jacob	TAYLOR, Henry S
MILLS, James	RECTOR, Henry	TAYLOR, Joseph
MOCK, Jacob W	REED, John	TAYLOR, Lewis F
MONEY, Nicholas	RICE, Jesse	TAYLOR, Timothy
MONROE, William	RITTER, Jacob B	THOMAS, Charles I
MOORE, Samuel	ROACH, James	THOMAS, George
MORRIS, Mahlon	ROBERTSON, John	THOMAS, Joseph
MOUNT, Ezekiel	ROGERS, Samuel Hamilton	THOMPSON, Israel B
MULL, David	ROGERS, Sanford	THOMPSON, James
MURRAY, William Henry	ROGERS, William Wellford	THOMPSON, Samuel
NEER, Nathan	ROSS, John	THOMPSON, William M
NICHOLS, Nathan	ROUTT, Daniel	THRIFT, William
NICKOLS, Thomas E	RUSSELL, Henry	TYLER, Edmund
NIXON, George	RUSSELL, Mahlon	VAN VACTOR, Solomon
NIXON, Joel	RUSSELL, William	VANDEVANTER, Isaac
NIXON, John W	RYAN, William P	VANDEVANTER, Joseph
NOLAND, Thomas Lloyd	SANBOWER, Adam	WALKER, Nathaniel
NOLAND, William	SANDERS, Edward	WALKER, William
NORRIS, Ignatius	SANDS, Jonah	WALTERS, George
OGDEN, Andrew	SAUNDERS, George	WALTMAN, Jacob
OSBURN, Alfred	SAUNDERS, John E	WATT, John
OSBURN, Balem	SAUNDERS, William C	WELSH, Benjamin W
OSBURN, Craven	SCANLAND, John S	WENNER, William, Sr
OSBURN, Herod	SCATTERDAY, Aaron	WEST, John
OSBURN, Joab	SCOTT, William Henry C	WHITE, James (d 1836)
OSBURN, Joel	SEATON, Hiram H	WHITE, James (d 1826)
OSBURN, Joshua	SHAW, John	WHITE, James H (d 1825)
OSBURN, Landon	SHEPHERD, Jacob R	WHITE, Joseph W Bronaugh
OSBURN, Nicholas	SHREVE, Benjamin	WHITE, Josiah
OSBURN, Richard	SIMPSON, French	WHITE, William (d 1831)
OSBURN, Thomas	SIMPSON, John	WHITE, William (d 1825)
OSBURN, Turner	SKANLAND, John C	WILLIAMS, Isaac N
PENQUITE, Joseph	SKINNER, John	WILLIAMS, James G
PERRY, Hamilton	SKINNER, Nathaniel	WILLIAMS, John
PHILLIPS, Thomas	SLAGLE, George Henderson	WILLIAMS, Samuel
PIERCE, John	SMITH, Charles A	WILSON, Samuel
PIERPOINT, Francis	SMITH, David	WILSON, Thomas
POTTS, David	SMITH, George W (d 1833)	WIRE, David
POTTS, Joshua	SMITH, George William (d 1844)	WIRE, Peter, Sr
POTTS, Nathan	SMITH, Hugh	WIRE, William
POTTS, William	SMITH, Jacob	WORSLEY, John
POULTON, Reed	SMITH, Jonas	WRIGHT, James W S
POWELL, Peyton	SMITH, Samuel	WRIGHT, John W G
POWELL, Thomas Burr	SMITH, Thomas Atwell	WRIGHT, Joseph C
PURCELL, James H.	STEVENS, William T	WRIGHT, Joseph T
PURSEL / PURCELL, Samuel	STOCKS, William	YOUNG, James E
RAWLINGS, Stephen	STREAM / STREHM, Jacob	

LOUISA COUNTY. Formed in 1742 from Hanover County. County seat is Louisa (23093)

ANDERSON, Archibald	DABNEY, Francis	HARRIS, Frederick
BIBB, John	DICKINSON, John Cole, Jr	HARRIS, Henry
CARROLL, John	FOX, Meredith	JACKSON, William
CHEWNING, Reuben	HARPER, George W S	MORRIS, James M

APPENDIX A - VETERAN LIST BY COUNTY / INDEPENDENT CITY

(LOUISA COUNTY, CONT.)

PENDLETON, Edmund
RAGLAND, William
SERGEANT, Chapman
SWIFT, Timothy T
THOMPSON, Garland
WADDY, Garland T
WATSON, David
WATSON, George

LUNENBURG COUNTY. Formed in 1746 from Brunswick County. County seat is Lunenburg (23952)

HATCHETT, Haynie
HAWTHORNE, William
HITE, William Land, Sr
MATTHEWS, John
TAYLOR, Waller
WILLIAMS, Robert Hughes, Sr

LYNCHBURG CITY (24505). SEE ALSO CAMPBELL COUNTY. Achieved Independent City status in 1852

ADAMS, Parham
BAILEY, James
BUTLER, Willis
CHRISTIAN, Henry A
CLARK, Henry
CLARK, William
COBBS, Charles Gwatkins
COLEMAN, James
CONNER, John
COX, Samuel
DABNEY, William
DANIEL, William, Sr
DAVIDSON, Joseph
DAVIS, George R
GARLAND, James
GARLAND, Samuel
GRAY, French Strother
GRAY, Robert Hening
GRAY, William Waller
HANCOCK, Ammon
HARRISON, Samuel Jordan
HARVEY, Jack
HOLBROOK, Josiah
HOLMES, Joshua R
HUTTER, George Christian
JONES, William
KINGSTON, John
KINNER, John
KYLE, John
LANGHORNE, Maurice H, Jr
LEFTWICH, Augustine
LOCK, George
MAJORS, Jacob
MALLORY, John F
MARTIN, James
MAXWELL, Robert B
McCARON, John
McCARTY, Daniel
McCARTY, James
MITCHELL, George H
MOORE, John
MORRIS, Robert
MURRELL, Hardin D
MURRELL, John
MURRELL, John D
NEW, John
NORVELL, William Wiatt
NORVELL, William, Sr
OWEN, Owen
PATTERSON, William B
PERRY, Jesse L
REID, William S
RICHARDSON, George
RISQUE, James B
ROHR, Phillip
RUCKER, Pleasant
SAUNDERS, James Turner
SCOTT, Beverly Roy
SCRUGGS, Samuel
SNEAD, Israel
TAYLOR, William
THURMAN, John
TYREE, Richard, Sr
VAWTER, John
VAWTER, Silas
WILLIAMS, Daniel
WILSON, Bernard (Bernie)

MADISON COUNTY. Formed in 1793 from Culpeper County. County seat is Madison (22727)

AYLOR, Thomas
BERRY, William G
GARNETT, Robert
KEMPER, William
MACON, James M
MAY, Noel
PRICE, Henry

MANASSAS CITY (22110). SEE PRINCE WILLIAM COUNTY. Achieved Independent City status in 1975. County seat of Prince William County

MANASSAS PARK CITY (22111). SEE PRINCE WILLIAM COUNTY. Achieved Independent City status in 1975

MARTINSVILLE CITY (24112). SEE HENRY COUNTY. Achieved Independent City status in 1928. County seat of Henry County

MATHEWS COUNTY. Formed in 1791 from Gloucester County. County seat is Mathews (23109)

BASSETT, John W
BILLUPS, Robert
BORUM, Edmond
BORUM, William
BROOKS, George K
BROWNLEY, James
CATLETT, John
DIGGES, George
DIGGES, George T
DIGGS, Anthony
DIGGS, John
EDWARDS, Thomas
FOSTER, Isaac
FOSTER, Richard
HUDGIN, Robert
HUDGINS, John
HUDGINS, William Houlder
HUDGINS, William P

APPENDIX A - VETERAN LIST BY COUNTY / INDEPENDENT CITY

(MATHEWS COUNTY, CONT.)

HUNLEY, Robert	SMITH, William L	TURNER, William
JAMES, Thomas D	THOMAS, John	WESTON, Robert
JARVIS, Francis	THOMAS, William E	WHITE, Bennett
MARCH, William	THOMPKINS, Christopher	WHITE, John A
MINTER, William	THRUSTON, John C	WHITE, John H
ROBINS, Thomas	THRUSTON, Robert	YEATMAN, Thomas Robinson
SALE, John N	TURNER, John L	

MECKLENBURG COUNTY. Formed in 1765 from Lunenburg County. County seat is Boydton (23917)

BAPTIST, John G	HARRIS, James	OVERBY, Peter Z
BURWELL, Armstead	JEFFRESS, James Hamlett	OVERBY, Robert Y
CARTER, David Norfleet	JONES, James Young	RYLAND, Thomas
CHAMBERS, Edward R	JONES, Tingnal	SCOTT, Robert
EVANS, Benjamin	LOCKETT, Samuel L	SMITH, Sterling
GAYLE, Thomas	MALONE, John	SPEED, John H
GEE, Benjamin	MALONE, Thomas L	SYDNOR, Beverly
GOODE, William O	NELSON, William	TAYLOR, Thomas
GREGORY, Herbert	OVERBY, Anderson	

MIDDLESEX COUNTY. Formed in 1669 from Lancaster County from the portion of Lancaster formed in 1651 from York County. County seat is Saluda (23149)

BAILEY, John C	CAUTHORN, Leroy	STREET, Thomas
BEAZLEY, John	STREET, John Walker	VAUGHAN, William

MONTGOMERY COUNTY. Formed in 1776 from Fincastle County, which was abolished at this time. County seat is Christianburg (24073)

ANDERSON, George	HENDERSON, Jonas	WADE, George E
ANDERSON, John	MARTIN, Jesse	WADE, Hamilton
COX, Ross	PAGE, David	WADE, John
CRAIG, John	PIERCE, Samuel	WADE, William
FAULCONER, Thomas Morrison	SHAVER, Andrew H	WALTERS, George A

NANSEMOND COUNTY. Defunct. SEE SUFFOLK CITY. Nansemond County was incorporated into Suffolk City in 1974. A good deal of Nansemond County historical records are housed at the David R. Rubenstein Rare Books and Manuscript Library at Duke University, Durham, NC

NELSON COUNTY. Formed in 1808 from Amherst County. County seat is Lovingston (22949)

ANDERSON, Robert H	HIGGINBOTHAM, Jesse	McCLELLAND, Thomas Stanhope, Sr
BRADSHAW, Benjamin	HORSLEY, John	MELTON, John
COLEMAN, Hawes N	JONES, Joshua	ROBERTSON, John
DIGGS, William H	KIDD, William I	SHIPMAN, John, Sr
FITZGERALD, James Clarkson	LOVING, James	THACKER, Wyatt
HENDERSON, Bennet	LOVING, Lunsford	THOMPSON, James
HIGGINBOTHAM, Daniel	MASSIE, Thomas	VAUGHAN, William

NEW KENT COUNTY. Formed in 1654 from York County. County seat is New Kent (23124)

ANDERSON, James	CHRISTIAN, John Beverley	RATCLIFFE, John
BASSETT, Burwell	CHRISTIAN, Robert, Jr	SIMPSON, William

APPENDIX A - VETERAN LIST BY COUNTY / INDEPENDENT CITY

NEWPORT NEWS CITY (23607). Achieved Independent City status in 1958 when it was consolidated with Warwick City (formerly Warwick County, an original shire in 1634)

CARY, Gill Armistead	MOORE, John Filmer	
JACKSON, James	RUSSELL, Thomas C	

NORFOLK CITY (23510). Achieved Independent City status in 1845. Formerly the Borough of Norfolk

ALLMAND, Harrison, Jr	DRAYTON, Glenn	MASSENBURGH, John W
ARCHER, Richard C	ETHEREDGE, Alexander M	MAXWELL, John
BARNETT, James H	GLENN, Thomas	NEWTON, Thomas, Jr
BART, John	GUTHRIE, Alexander	NIVISON, William T
BILLUPS, John L	HALL, William C	RAINE, George
BOND, James	HENOP, Daniel	SAUNDERS, James
BROWN, Samuel	HOWELL, John F	SHARP, William
BRUNET, Peter	HUNGERFORD, William	SHUSTER, George
CAMP, George Washington	HUNTER, Robert Barron	SKINNER, Charles William
DAVIE, John	HUNTER, William F	STARK, Edwin
DAVIS, John	HYSLAP / HYSLOP, John Custis	TAYLOR, Lewis Littlepage
DELANEY, Edward, Sr	JACKSON, James	TAYLOR, William C
DICKSON, Thomas	JAMESON, William	TYLER, Charles
DONALDSON, Charles	KEEN, Jeremiah	VACHE, John Benign
DORNIN, Thomas Alysius	KENNARD, Thomas	WARRINGTON, Lewis

NORFOLK COUNTY. Defunct. See **CHESAPEAKE CITY.** Consolidated in 1963

NORTHAMPTON COUNTY. Originally part of Accawmack County, an original shire in 1634. At times combined with Accomack County, both counties comprise Virginia's Eastern Shore. County seat is Eastville (23347)

ADAMS, John	GRIFFITH, Moses	SAVAGE, Preston
ADDISON, Kendall	GUNTER, Stephen S	SCARBOROUGH, Thomas
ADDISON, William	GUY, Thomas H	SMITH, George
BADGER, Thomas Wyatt	HALLETT, Michael D	SMITH, Isaac
BAGWELL, Healy Drummond	HALLETT, Thomas	SPADY, Southy
BAPTIST, Edward	HARMANSON, John Henry	SPADY, Thomas S
BAYLY, John H	HARMANSON, William	STRATTON, John Niveson
BELL, Anthony	JACOB, Thomas	THOMAS, William
BELOTE, Laban	JARVIS, William Belle	TRAVIS, Elliott
BENSON, Samuel	JARVIS, William, Sr	TROWER, John
BOWDOIN, Peter Smith	KELLAM, Esam / Esau	UPSHUR, Arthur B
DALBY, Hezekiah	KENNARD, William	UPSHUR, George Parker
DUNTON, Benjamin	MEARS, Thomas C	WARD, Alexander W
ELLIOTT, John T	NOTTINGHAM, Jacob	WARREN, Patrick, Sr
FISHER, John R	NOTTINGHAM, Severn	WEST, Nathaniel
FITCHETT, Thomas (b 1789)	NOTTINGHAM, William	WHEELER, Thomas A
FITCHETT, Thomas (b 1782)	PARKER, Jacob G	WILKINS, John, Sr
FITCHETT, Thomas, Jr (b 1791)	PARKER, Severn Eyre	WILKINS, William E
FITCHETT, William	PITTS, Major S	YOUNG, George H
GOFFIGON, James	POWELL, Abel	YOUNG, Thomas
GOFFIGON, John	SATCHELL, William	

NORTHUMBERLAND COUNTY. Formed in 1649 from Chicacoan Indian District. Mother county of the Northern Neck. County seat is Heathsville (22473)

ANDERSON, Izatis	BATES, Fleming	DESHIELDS, Joseph
BALL, Joseph	BAYSE, William	GILL, Richard H
BALL, Thomas K	BROUN, Thomas	HAYNIE, Cyrus
BASYE, Joseph	COLES, Edward	HEADLEY, Griffin

APPENDIX A - VETERAN LIST BY COUNTY / INDEPENDENT CITY

(NORTHUMBERLAND COUNTY, CONT.)

HENDERSON, William
INGRAM, Hiram
PAYNE, Richard
SMITH, James
SMITH, James M
STITH, John
TIGNOR, Thomas
TOULSON, Richard
TOWLES, Thomas
TURNER, Charles Blackwell, Sr

NORTON CITY (24273). SEE WISE COUNTY. Achieved Independent City status in 1954

NOTTOWAY COUNTY. Formed in 1789 from Amelia County. County seat is Nottoway (23955)

BURKE, Samuel D
CARTER, Francis
FOWLKES, John W
IRBY, Edmond
JONES, James
MORGAN, Samuel W
WARD, Nathan

ORANGE COUNTY. Formed in 1735 from Spotsylvania County. County seat is Orange (22960)

BALLARD, Garland
BARBOUR, James
BEALE, Charles W
CONWAY, Reuben
DAVIS, William T
EHART / EHEART, Michael
FRAZER, Herndon
HOWARD, Charles P
HUME, William Waller
JOHNSON, David
MADISON, Ambrose
MADISON, James
MADISON, William
NEWMAN, William
PEYTON, John G
PORTER, John A
RHOADES, John
RHODES, William Richard
SMITH, George W
TALIAFERRO, Hay
TAYLOR, Edmund Pendleton
TAYLOR, Robert, Jr
TAYLOR, Robert, Jr
TERRELL, Buckner
TERRELL, James
TERRILL, John
WALLER, William
WAUGH, Gowry (Goury)
WILLIAMS, James

PAGE COUNTY. Formed in 1831 from Rockingham County and Shenadoah County. County seat is Luray (22835)

BEAHM, Jacob
BEAVER, John
BOOTON, James C
GLENN, John
GREEN, George D
GREEN, John
GROVE, Daniel
KAUFFMAN, Daniel
KOONTZ, Isaac Newton
MILLER, John
PRICE, George E
ROBERTSON, James (T or R)
RUFFNER, John
RUFFNER, Jonas
STOVER, Jacob B
STRICKLER, Daniel
STRICKLER, Joseph

PATRICK COUNTY. Formed in 1791 from Henry County. County seat is Stuart (24171)

ADAMS, Joshua
BURNETT, John
COLEMAN, Robert
CONNER, John
CONNER, William
EPPERSON, William
GILBERT, Samuel
GRAY, Daniel L
HARBOUR, Thomas
HUBBARD, John
HUGHES, Samuel
LOVINGS, William
MAYS, William C
MILLS, Richard
PARR, John
PENDLETON, Prior (Pryor)
PENN, Greensville
ROSS, David
SIMMONS, John
SPANGLER, John
STAPLES, Abram
STAPLES, Samuel
STOVALL, Brett
TAYLOR, Thomas J
TURNER, James
TURNER, John B
TURNER, Lewis
VARNER, Joseph
VIA, William M
WOOD, Richard "Dickey"

PETERSBURG CITY (23803). Achieved Independent City status in 1850. Formed from parts of Chesterfield, Dinwiddie and Prince George Counties; sits at the junction of these three counties. Records begin in 1784

ALDRIDGE, Bennett
ANDERSON, James McDowell
ARCHER, Allen
ARMISTEAD, John C
BANNISTER, John Monro, Sr
BASKERVILLE, George D
BLICK, Robert W
BOLLING, John Peyton
BOTT, John B
BRITTON, William B
BROCKWELL, Daniel
BRUMLEY, Larkin
BURTON, William P
BURWELL, Armistead
CHEVES, William R
CLAIBORNE, John Gregory
CLEMENTS, Reuben
COCKE, Harrison H

APPENDIX A - VETERAN LIST BY COUNTY / INDEPENDENT CITY

(PETERSBURG CITY, CONT.)

COOKE, William
CORLING, Charles
CROWDER, Ethiel
DAVENPORT, Edward
DAVIS, William E
DEATON, James
DRUMMOND, Grief
ENNISS, Jamie S
EPPES, John Spooner
GEE, Henry
GOODWYN, William B
GREENHILL, William C
GRIFFITH, Benjamin E
HEATH, Jesse
HOLMES, Edward
JOHNSTON, Arthur
JONES, William G
KIDD, James
LEE, Edward D, Jr
LOWNES, William
MABEN, Matthew
MACFARLAND, James
MALLORY, Roger
MALLORY, William O
MARSH, Thomas
MASON, Joseph

MAY, Benjamin Harrison
MAY, John Fitzhugh
McRAE, Richard
MEADE, John C
MICHAELS, John
MITCHELL, John
MYERS, Samuel
MYERS, Samuel
NELSON, Hugh
NELSON, Thomas
NOBLE, Joseph C
O'HARA, Charles
PANNELL, Joseph
PANNELL, William, Sr
PARRISH, Edmond
PRIDE, Francis
RANDOLPH, Richard R
READ, John Blythe
RIDDLE, James
RITCHIE, Robert
RIVES, Francis Everod
ROBERTSON, William
ROBINSON, Thomas
RUFFIN, Francis
SEAY, Abraham Barbee
SHANDS, William

SMITH, Jonathan
SPOONER, Alden B
SPOTSWOOD, Dandridge
STAINBACK, George Woodliff
STEVENS, Samuel
STRACHAN, John Blackwell, Sr
STUART, James
THAYER, Segva
TOWNES, John D
TYRER, James
UNDERHILL, John B
VINCENT, Nathan
WALLACE, Thomas
WALLACE, William
WALTHALL, John
WELLS, Peyton
WELLS, Stephen G
WEST, William G
WHITE, Thomas
WHITMORE, Herbert
WILCOX, John Vaughan
WILKINSON, Henry
WOLFF, Jacob P
WORSHAM, John
YANCEY, Francis G
YOUNG, James

PITTSYLVANIA COUNTY. Formed in 1767 from Halifax County. County seat is Chatham (24531). SEE ALSO CITY OF DANVILLE

ADAMS, James
ADAMS, John L
BERGER, Jacob
BROWN, John E
BRUMFIELD, Issac
CALLAND, Samuel
CARTER, Lawson H
CARTER, Rawley W
CHANEY, William
CLARK, Thomas H
CLARK, William S
COLEMAN, Daniel
COLES, Walter
CONWAY, Christopher
CORBIN, Jameson

FITZGERALD, Edmund
FITZGERALD, William
GLASS, Willis
HUBBARD, Joel
HUNDLEY, William
HUNT, Elijah
HUNT, Eustace
JONES, Emmanuel
JONES, James
LEFTWICH, Augustine
NANCE, James
PARKER, George
PIGG, Clement
PRITCHETT, John
STILL, James

STONE, James H
THOMPSON, Rawley
TOSH, George
TOWNES, Stephen G
WATKINS, Benjamin
WHITE, Abram
WILES, Thomas
WILLIAMS, David C
WILLIAMS, Thomas
WILSON, Peter
WOMACK, William W
WOODING, Robert T
YATES, Samuel

POQUOSON CITY (23662). SEE YORK COUNTY. Achieved Independent City status in 1976

PORTSMOUTH CITY (23704). Achieved Independent City status in 1858. Historically part of now-defunct Norfolk County.

ANDERSON, Michael
ASHTON, John Newton, Jr
BAINE, James Britton
BALL, William, Jr
BARRON, James
BAUGH, Richard W

BAYTON, Beverly
BENTHALL, Ariel B
BENTHALL, William
BINFORD, James Marshall, Sr
BLOW, George, Sr
BRITAIN, James

BROWNE, Samuel B
BURKE, John
BURTON, William Herbert
CARTER, Edward
CASSELL, Charles
CHANDLER, John Adams

APPENDIX A - VETERAN LIST BY COUNTY / INDEPENDENT CITY

(PORTSMOUTH CITY, CONT.)

CLARK, Charles
COCKE, Buller
COCKE, Nathaniel
COCKE, William Henry
COOKE, Mordecai
CUNNINGHAM, Alexander
DAVIS, Samuel
DICKSON, Henry
DICKSON, William
EDWARDS, Amos W, Sr
EMMERSON, Arthur III
FOSTER, John Montgomery
FOWLER, Samuel
FRITH, Edward
GRICE, Charles A
GRICE, George W
HALL, Daniel
HARRISON, William
JARVIS, James
JARVIS, John, Jr
JONES, William M
LINSCOTT, Edward
LIVINGSTON, Samuel
MAGNIEN, Bernard
MARSHALL, George
MASON, Jacob R
MAUPIN, George Washington
MOFFAT, William, Jr
MYERS, Charles S
NASH, Caleb, Sr
OWENS, Zachariah
PAGE, Hugh Nelson
PAGE, Robert D
PEED, James
PEED, Robert
PINKHAM, Alexander B
PORTER, Joseph
POTTS, James B
REED, James R
RUTTER, John
SCHOOLFIELD, Joseph James
SCOTT, Thomas
SHACKELFORD, John
SPRATLEY, Benjamin
SWIFT, Thomas R
TALBOT, John
TATEM, Robert H
TEE, William
THOMPSON, John
TREVETT, Samuel Russell
WATTS, Dempsey
WATTS, Samuel
WEAVER, George
WEBB, Edward
WHIDBEE, William R
WILKINSON, Jesse
WILLIAMSON, Thomas S
WILSON, John
WILSON, William
WINGFIELD, John Henry
WOOD, William D

POWHATAN COUNTY. Formed in 1777 from Cumberland County. County seat is Powhatan (23139)

BOLLING, John R
DANCE, John Willis
DANCE, William Spencer
GILLIAM, John
HARRIS, Patrick H
HENING, William Henry
HOBSON, Joseph
HOBSON, Matthew
MOSBY, Benjamin
SAUNDERS, John Hyde
WHITE, Banister

PRINCE EDWARD COUNTY. Formed in 1754 from Amelia County. County seat is Farmville (23901)

FOSTER, John
HARRIS, Thomas F
HATCHETT, William R
MARSHALL, Richard
MEDLEY, James Booth
METTAUER, John Peter
PRICE, John Holt
PRITCHETT, William Edward
THACKSTON, Charles W
VENABLE, Nathaniel E
WATKINS, Henry N
WILSON, Hudson

PRINCE GEORGE COUNTY. Formed in 1703 from Charles City County. County seat is Prince George (23875)

ALDRIDGE, James
ALDRIDGE, Jeremiah
BRYANT, Thomas B
BURCHETT, Drury
EPPES, Francis Alexander
GEE, Charles
HARRISON, George E
HARRISON, George Evelyn
HARRISON, Robert
HARRISON, William (Willie)
HARRISON, William H
HEATH, Hartwell Peebles
HEATH, William
HOBBS, Edward T
HOBBS, Peter Thomas
LEWIS, Thomas
LIVESAY, John F, Sr
SIMMONS, Coleman
WILLIAMS, Richard
WOOD, William, Jr

PRINCE WILLIAM COUNTY. Formed in 1731 from King George County and Stafford County. County seat is Manassas (22110)

ARNOLD, James
BALCH, Thomas Bloomer
BALL, Alfred
BOHANNON, Robert
BOYLE, David
BRONAUGH, William John
CARTER, John
CARTER, William F
CHAPMAN, Thomas
DADE, William Alexander
DUNNINGTON, Francis H
DYE, John H
EVANS, James G
EWELL, Jesse, Jr
FORD, William
FRAZIER, James
GALLAGHER, James S
GIBSON, John
GRAHAM, John
GROVES, Henley
HARRISON, Thomas D
HOLLAND, Henry
HOOE, John
HORE, Elias
HORE, George W
HORE, Walter
HOWISON, Stephen

APPENDIX A - VETERAN LIST BY COUNTY / INDEPENDENT CITY

(PRINCE WILLIAM COUNTY, CONT.)

HUBER, George F	MILSTEAD, Isaac	SMITH, George
HUTCHISON, John	MILSTEAD, Samuel	SPENCE, John
JOHNSON, Benjamin	MUSCHETT, Frederick H	TOLSON, James
KENDALL, John	NELSON, Thomas (b 1782)	TOLSON, John Nelson
LAWSON, John	NELSON, Thomas (b UNK)	WATKINS, Thomas J
LEWIS, John T	OREAR, Enoch	WEAVER, William A
LINTON, John Augustine Elliot	REID, William	WEIR, Robert
LINTON, John Tyler	SANDERS, Larkin	WEIR, William J
LOW, John	SCOTT, Jesse G	

PRINCESS ANNE COUNTY. Defunct. SEE VIRGINIA BEACH. Consolidated into Virginia Beach in 1963

PULASKI COUNTY. Formed in 1839 from Montgomery County and Wythe County. County seat is Pulaski (24301)

BATEMAN, William	DRAPER, Joseph	LIGON, James
BROWN, Michael	HALL, David	SUTTON, John
CLARK, John	HOGE, James	TROLLINGER, John, Sr
CLOYD, Gordon	HOLMES, William	WYSOR, Henry
CLOYD, Thomas	JORDAN, Michael	WYSOR, Jacob

RADFORD CITY. SEE MONTGOMERY COUNTY. Achieved Independent City status in 1892.

RAPPAHANNOCK COUNTY. Formed in 1833 from Culpeper County. County seat is Washington (22747)

ANDERSON, John	FLETCHER, William	MILLER, Francis H
BAGGERLY, David C	GLADSTON, Daniel	MILLER, John, Jr
BROOKE, George W	GREEN, James, Jr	MOORE, James
BROOKE, Reubin	HAND, Thomas	NORMAN, James
BROOKE, William	HITT, James	O'NEALE, Dariel
BROWN, James T	HOPPER, John	PULLEN, Thomas E
BROWN, William	JEFFRIES, Moses	PULLER, John
BUCKNER, Bayley Hampson	JONES, Henry	SETTLE, Joseph
CARPENTER, Jonathan	JORDAN, Thomas, Jr	SPINDLE, Thomas
COOKSEY, Elias	LANE, William A	WOOD, John H
CORBIN, Isaiah	LILLARD, Benjamin	YATES, Benjamin G
DEARING, Alfred	MAJOR, William, Sr	
FINNELL, John A	MASSIE, Lewis D	
FITZHUGH, Henry W	MILLER, Francis	

RICHMOND CITY (23219). Achieved Independent City status in 1782

ADAMS, John	ANDERSON, John	BAKER, John B
ADAMS, Joshua	ANDERSON, William, Jr	BAKER, William
ADAMS, Robert H	ANDREWS, John	BAKER, William Augustus
ADAMS, Samuel Griffin	ANDREWS, Samuel	BALL, Eli
ADAMS, Thomas	APPERSON, James A.	BALL, Ira
ADKINS, Andrew	ARCHER, Robert	BALL, John
ADKINS, William	ARMSTRONG, Richard	BALL, Thomas
ALEXANDER, Aquilla	AUSTIN, Wilson H	BARKER, William
ALLEN, George	BACCHUS, Gurdon H	BASS, Thomas K
ALLEN, John W	BAILEY, Edmond	BATH, John
ALLEN, John, Sr	BAILEY, Samuel	BAYNE, John F
ALLEN, Robert	BAIRD, James	BECK, Charles, Sr
ALLEN, William C	BAKER, Daniel	BELL, Robert
ALLISON, William	BAKER, Hilary (Hillarius)	BEERS, Jonathan
AMBLER, John	BAKER, John	BISHOP, Luman

APPENDIX A - VETERAN LIST BY COUNTY / INDEPENDENT CITY

(RICHMOND CITY, CONT.)

BLAIR, John Dunburrow
BLAIR, John Geddes
BLAIR, John H
BLAIR, Samuel Jordan
BLAIR, William T
BLANKENSHIP, James W
BLANKENSHIP, Joel
BLANKENSHIP, William T
BOHANNAN, Richard S
BOHN, Christian
BOLLING, John C
BOOKER, Albert
BOSHER, James
BOSHER, John G
BOURN, Hezekiah
BOWDEN, Thomas
BOWERS, John
BOWLES, Edmond
BOWLES, William
BRADLEY, James C
BRANCH, Edward
BRANCH, Moses H
BRANDER, Alexander C
BROWN, Garrett
BROWN, George C
BROWN, James (b 1780)
BROWN, James (b 1782)
BROWN, John (33rd VMR)
BROWN, John (74th VMR)
BROWN, Joseph
BRUCE, William
BRYAN, William
BRYSON, Andrew
BUCHANAN, Alexander
BUCHANAN, John
BUCK, Francis
BURFOOT, Thomas
BURNETT, James E
BURR, David J
BURTON, James
BURTON, John P
BURWELL, Blair
BURWELL, Lewis
BUTLER, Isaac
BUTLER, James
CALLAHAN, John B
CANNON, Henry
CARDWELL, Richard L
CARLISLE, Samuel
CARNEY, Richard
CARR, Dabney
CARR, Richard
CARR, Robert W
CARRINGTON, George Mayo
CARSON, Thomas H
CARTER, Charles

CARTER, George
CARTER, Henry L
CARTER, William
CASKIE, James
CASKIE, John
CHAMBERLAYNE, William Byrd
CHARLTON, Thomas P
CHILDRESS, Charles
CHILDRESS, Francis M
CHILDRESS, Joseph
CHILDRESS, Thomas
CLAIBORNE, Herbert Augustine
CLARK, Micajah
CLARKE, James, Jr
CLARKE, Micajah
CLARKE, Nathan B, Jr
CLARKE, Thomas G
COGHILL, Thomas
COLEMAN, Francis W
COLLINS, John
COLLINS, William
COLQUITT, John
COOK, John L
COOK, Peter
COOKE, John A
COSBY, James
COSBY, John
COSBY, John H
COTTRELL, Thomas
COURTNEY, Phillip F
COWLES, William
COWLING, Willis
COX, Charles A
CRENSHAW, Freeman Garretson
CROUCH, John G
CROUCH, Richard
CRUMP, Robert W
CRUMP, Sterling J
CRUTCHFIELD, John
CUNNINGHAM, Richard M
CURRIE, James
CURTIS, Daniel
DANDRIDGE, Archibald B
DANFORTH, Joseph
DAVENPORT, John L
DAVIS, Isaac
DAVIS, Samuel
DAVIS, William
DAY, Walter C
DENEGRE(E), John W
DENT, George
DICKINSON, William A
DIDDEP, Thomas
DOING, Joshua
DORRINGTON, David
DOVE, John

DOYLE, John
DUDLEY, Trueworthy
DUNLOP, Nathaniel
DUVAL, Philip
EATON, John
ELDER, John S
ELLIOTT, William
ELLIS, Charles
ELLIS, William
ENDERS, John
EUBANK, Johnson Cellers
EVANS, Isaac P
EVANS, Kemp
EVANS, William
EWING, John
FERGUSON, George
FERGUSON, John
FERGUSON, Robert B
FISHER, George
FISHER, James, Sr
FISHER, John
FLEISHER, William
FLEMING, John S
FORD, William (b 1793)
FORD, William (b 1796)
FORE, Henry
FOSTER, Joseph
FOSTER, Thomas
FOSTER, William C
FOWLER, William
FOX, Charles J
FOX, James M
FOX, John
FRANKLIN, Jesse
FRANKLIN, Thomas
FRAYSER, Simon
FREEMAN, Royall
FRENCH, George
GAMBLE, John Grattan
GARDNER, James H
GARDNER, John
GARDNER, William H H
GARRETT, John C
GAY, Edward S
GEDDY, William R
GENTRY, Fleming P
GENTRY, John
GIBBON, Frederick S
GIBSON, George
GIBSON, William E
GILES, William
GILL, Peter K
GLENN, John P
GLENN, William
GODDIN, John
GODFREY, William D

APPENDIX A - VETERAN LIST BY COUNTY / INDEPENDENT CITY

(RICHMOND CITY, CONT.)

GOFF, George William
GOOCH, Claiborne W
GOOD, John
GORDON, John E
GORDON, John N
GORDON, Robert
GRAHAM, John
GRANT, Alexander
GRANT, James A
GRANTLAND, John
GRAVES, Charles
GRAVES, George
GRAY, Benjamin
GRAY, James
GRAY, William
GREEN, John W
GREEN, Macon M
GREENHOW, George
GREGORY, Edmund D
GREGORY, James
GRIFFIN, James
GRIFFIN, Thomas
GUY, George M
GWATHEMY, Richard
HALL, John
HAMILTON, George
HANCOCK, Michael W
HARDY, John
HARGROVE, William K
HARLAN, Enor
HARLOW, Joshua
HARRIS, Daniel
HARRIS, Robert
HARRISON, Philip
HARVIE, Jaquelin B
HATCHER, Benjamin
HAWKINS, Elijah
HAWKINS, John
HAWKINS, Samuel
HAWLEY, James C
HAY, William
HAYES, James
HEATH, James E
HEDGMAN, John Graves
HENDERSON, John
HENERY, John
HENING, William Waller
HENRY, Samuel
HETH, Henry G
HICKSON, William
HINES, John W
HIX, Nathaniel
HOBSON, John C
HOOD, Seaton R
HOOKER, William
HOOPER, William

HOPKINS, Armistead
HOPKINS, James M
HOWLAND, William
HOWLE, Thomas P
HUBBARD, William H
HUNT, James C
HUNT, Solomon
HUTCHERSON, John
HYDE, Charles H
JACKSON, David
JACKSON, James
JACKSON, Joseph
JACOBS, Solomon
JAMES, Joseph Shepherd, Jr
JEFFRIES, George C
JEFFRIES, Richard
JENNINGS, William H
JOBSON, Samuel
JOHNSON, Chapman
JOHNSON, Charles Y
JOHNSON, Christopher
JOHNSON, Edward
JOHNSON, John
JOHNSON, Reuben
JOHNSON, Thomas (d 1869)
JOHNSON, Thomas (d 1849)
JOHNSON, William
JOHNSTON, George
JOHNSTON, Richard
JOHNSTON, Robert
JOHNSTON, Samuel
JOHNSTON, Samuel H
JONES, Abner
JONES, Booker
JONES, Caleb
JONES, Charles G
JONES, Charles M
JONES, David M
JONES, David R
JONES, Harrison
JONES, John P
JONES, Johnnie
JONES, Samuel B
JONES, Thomas
JONES, William
JONES, William J
JONES, William S
JUAN, Ellis
KEARNS, Thomas, Sr
KEESEE, George
KENDALL, John W
KENNEDY, James
KENNEDY, Robert
KENT, William
KIMBRAUGH, Richard
KING, David

KING, Jacob
KING, Robert S
KING, Thomas
KINKLE, Henry
KUHN, Henry
LACKLAND, Matthew C
LACY, Thomas E
LADD, Thomas Miffin
LADD, Willis L
LAMBERT, Thomas B
LAMBERT, William
LANCASTER, John A
LAWRENCE, John
LAZARUS, Aaron
LEE, John, Sr
LEE, Thomas
LEIGH, Benjamin Watkins
LEMON, David
LESTER, George
LESTER, John
LETELLIER, Peter
LEWIS, John
LEWIS, Robert
LIPSCOMB, Moses
LIPSCOMB, Reuben
LOVE, Thomas
LOVING, James
LUCKE, Gustavus
LYNCH, James H
LYON, Isaac
LYON, Jacob
MABEN, David
MACRAE, John
MANLEY, Robert
MANLEY, William
MANN, Benjamin
MARTIN, George
MARTIN, John B
MARX, Joseph
MASON, Robert A
MATHEW, John F
MATTHEWS, George H
MAURY, Richard R
MAXWELL, David
MAXWELL, William
MAY, Richard
MAYO, John
MAYO, Joseph (b 1771)
MAYO, Joseph Carrington (b 1795)
McCABE, William
McCONNELL, William
McDANIEL, James
McFARLAND, William H
McGRUDER, Sublett
McGUIRE, John
McGUIRE, Patrick

357

APPENDIX A - VETERAN LIST BY COUNTY / INDEPENDENT CITY

(RICHMOND CITY, CONT.)

McMURDO, Charles James
MEREDITH, Edward D
MEREDITH, Reuben
MEREDITH, Samuel
METTRET, Henry
MICHAELS, Jacob
MIEURE, Thomas
MILES, Thomas
MILLER, Andrew
MILLER, Daniel
MILLER, Henry
MILLER, Hugh
MILLER, Joseph
MILLER, Robert R
MILLS, George
MILLS, Nicholas
MINGE, John
MINOR, Thomas
MITCHELL, Charles M
MITCHELL, Garland H
MITCHELL, John
MITCHELL, Peterson
MITCHELL, Reuben
MITCHELL, William
MONROE, John W
MOODY, Benjamin
MOORE, Hugh
MOORE, Signal
MORGAN, Charles S
MORGAN, Peter K
MORGAN, William (d 1873)
MORGAN, William (d 1834)
MORRIS, John
MORRIS, Richard G
MORRIS, Thomas S
MOSBY, John G
MURPHY, Cornelius
MURPHY, William
MURRAY, Adam
MUSE, Daniel
MYERS, George A
MYERS, George H
MYERS, John S
NEALE, William
NEILSON, Hall (b 1787)
NEILSON, Hall (b 1790)
NELSON, John L
NORTON, Daniel Norborne
OLIVER, Josiah
OLIVER, Thomas
O'SULLIVAN, Jeremiah
OSWALD, James
PAGE, Carter B
PAGE, John C
PALMER, Charles
PALMER, John A

PATTERSON, Richard
PATTERSON, William DeHart
PATTERSON, William E
PATTON, John Mercer
PAUL, John
PAYNE, Robert
PEARMAN, William
PEARSON, William B
PEMBERTON, Thomas
PERDUE, James M
PERKINSON, Peter
PERRYMAN, Anthony P
PHILLIPS, Austin
PHILLIPS, James
PHILLIPS, Martin
PILCHER, Benjamin
PILCHER, John A
PLEASANTS, Frederick
PLEASANTS, John Hampden
PLEDGE, Francis
POINDEXTER, Edward H
POINTER, W J
POLLARD, Thomas
POLLOCK, Allan
POORE, Robert
PORTER, James A
PORTER, John F
POWELL, Silas
POWELL, Thomas J
POWELL, William A (d 1881)
POWELL, William A (d 1870)
POWERS, John M
POWERS, William
PRENTIS, John B
PRENTIS, John Brooks
PRICE, William
PRIDDY, Elijah (b 1797)
PRIDDY, Elijah (b 1786)
PROBST, Henry
PROSSER, John H
PURCELL, John
PURCELL, Thomas W
QUARLES, John
RADFORD, Richard
RAGLAND, Nathaniel H
RALSTON, Peter
RAMSAY, William
RANDOLPH, John
RANDOLPH, William B
RANDOLPH, William G
RAWLINGS, James
READ, Jesse
READY, William A
REAT, James
REED, Elias
REY / RAY, Lewis

REYNOLDS, William
RHINEHART, Frederick
RICHARD, John
RICHARDS, Jonathan
RICHARDSON, Robert P
RICHARDSON, Thomas
RICHARDSON, William
RIND, Nicolas B Seabrook
RITTER, William
ROBERTSON, Campbell
ROBERTSON, Theodorick
ROBINSON, Abner
ROBINSON, Alexander L
ROBINSON, Henry B
ROBINSON, Peter
ROGERS, Henry
ROPER, David
ROPER, George
ROSS, William A
ROWE, John
ROWLAND, John
RUST, Youel S
RYAN, Thomas
RYAN, William
SALOMON, Ezekiel
SAMPSON, Thomas
SAUNDERS, John
SAUNDERS, Samuel Shield
SCHOFIELD, Thomas
SCOTT, Edward
SCOTT, James
SCOTT, Samuel
SCRUGGS, Samuel
SEAL, James
SHANNON, William
SHARP, James
SHARP, Robert
SHARP, Turner
SHELBOURNE, William
SHEPHARD, James
SHEPPARD, Samuel
SHOOK, Jacob
SHORE, John
SIMMONS, Joel
SIMPSON, John
SINGLETON, Richard
SLATER, William
SLOAN, Robert
SMITH, George
SMITH, Harrison
SMITH, James C
SMITH, James S
SMITH, John W
SMITH, Pleasant S
SMITH, Richard
SMITH, Thomas

APPENDIX A - VETERAN LIST BY COUNTY / INDEPENDENT CITY

(RICHMOND CITY, CONT.)

SMITH, William (d 1861)
SMITH, William (d 1839)
SMITH, William S
SMITHER, James L
SMITHER, John W
SMYTH, William
SNEAD, James
SNEAD, Jesse
SNEAD, John W
SNELL, James
SOUTHALL, Turner
SOUTHER, Moses
SOUTHGATE, Charles
STARKE, Bowling
STATEN, John
STEELE, George
STEWART, George
STEWART, Norman
STEWART, William
STILES, Joseph C
STROBIA, Francis R
STROBIA, John Henry
STROTHER, William Porter
STURDIVANT, Phillip
SULLIVAN, Jeremiah
SWANN, John T
TABB, Henry
TABB, Phillip
TALLEY, James
TALMAN, John
TATE, Joseph
TAYLOR, John Augustine
TAYLOR, Nathaniel
TAYLOR, Samuel
TAYLOR, Thomas (d 1865)
TAYLOR, Thomas (d 1855)
TAYLOR, William H
TEASLEY, John
TEEL, Samuel
TERRY, William
THOMAS, Benjamin / Benajah
THOMAS, Claiborne L
THOMAS, Oliver
THOMAS, Thomas
THOMAS, William
THOMPKINS, Christopher
THOMPKINS, Harry
THOMPSON, Yancy
THORNTON, Anthony R
THORNTON, William
TIMMONS, John
TINSLEY, Thomas
TODD, James
TOMKINS, Christopher
TRAVIS, William L
TREXLER, Ignatius
TRIPLETT, Philip
TRUEHEART Daniel
TUCK, Henry
TURNER, Edmund Pendleton
TURPIN, Henry
TURPIN, William
TYLER, John, Jr
TYREE, Caleb
UNDERWOOD, Thomas
VAN LEW, John
VAUGHAN, James W
VAUGHN, Joseph W
VAUGHN, Robert
VIGLINI, Joseph
WALDEN, John
WALKER, Caleb
WALKER, Daniel
WALKER, John (b 1785)
WALKER, John (b 1794)
WALKER, William
WALKLEY, Sylvester
WALLACE, William
WALLER, William (b 1792)
WALLER, William (b 1789)
WARD, Josiah
WARROCK, John
WEBSTER, James
WEED, Joseph A
WELCH, Richard
WELLS, George
WEST, George Montgomery
WEST, John T
WEST, Thomas W
WEYMOUTH, William W
WHITE, Thomas Willis
WHITE, William
WICKER, Francis
WILKINSON, James P
WILLIAMS, Charles Bruce
WILLIAMS, John
WILLIAMS, Orrin
WILLIAMS, Thomas, Jr
WILLIAMSON, George
WILLIS, Thomas
WILLS, George
WILLS, Willis C
WILSON, Jacob P
WILSON, James
WILSON, James H
WINFREE, John
WINFREE, Samuel
WINGFIELD, Joseph B
WINSTON, James
WINSTON, Thomas
WOOD, John
WOOD, Joseph
WOODSON, Milner
WOODY, John
WRIGHT, Charles
WRIGHT, John

RICHMOND COUNTY. Formed in 1692 from Old Rappahannock County. County seat is Warsaw (22572)

BELFIELD, John
BELFIELD, John Wright
BELFIELD, Joseph
BELFIELD, Thomas Merriwether
CARTER, Robert Wormley
GARLAND, William Griffin
NEALE, Augustine
PACKETT, Henry
PACKETT, William A "Billy"
TAYLOE, John, Jr
TAYLOE, John, Sr

ROANOKE CITY (24101) AND ROANOKE COUNTY. Roanoke City is within the bounds of Roanoke County. It achieved Independent City status in 1884. Roanoke County was formed in 1838 from Botetourt County. County seat is of Roanoke County is Salem (24153)

BALDWIN, George W
BANDY, Richard
BECKNER, John
BERRY, John H
BRUBAKER, Henry
BURWELL, Nathaniel
BUSH, Thomas J
CAMPBELL, John
COOPER, Jacob
CRAIG, Robert
DENTON, John
FARLEY, William N
FRANCIS, Henry M
GILLESPIE, James
HARTMAN, John N

APPENDIX A - VETERAN LIST BY COUNTY / INDEPENDENT CITY

(ROANOKE CITY AND ROANOKE COUNTY, CONT.)

HARVEY, Lewis S	PERSINGER, Jacob	STONER, Jacob
HATTEN / HATTIN, Thomas	PETTY, Abner	STOVER, John
LANGHORNE, William	POAGE, John H	STROUSE, Peter
LOCKETT, Forest	SHEPHERD, Lewis	TROUT, George
McCLANAHAN, Elijah / Elisha	SHIRLEY, John	VANDEGRIFT, John, Sr
MILLER, Michael	SMITH, Absalom, Jr	VINYARD, Nicholas
MUSE, John	SMITH, John	WATTS, Edward
PAINTER, Jacob	STATLER, Abraham	WILLIAMS, William C
PERKINS, Benjamin	STONER, Daniel	WRENN, John

ROCKBRIDGE COUNTY. SEE ALSO LEXINGTON CITY. Formed in 1778 from Augusta County and Botetourt County. County seat is Lexington (24450)

ALEXANDER, James B	EWING, Joseph D	PLEASANTS, Henry F
ALEXANDER, Robert	GOUL, Christian	SCOTT, Thomas
ALLBRIGHT, Frederick	GRIGSBY, Reuben	SHIELDS, Joseph
ALLBRIGHT, John	HAMILTON, William	SHIELDS, William
BAER, Joseph	HARLOW, Thomas	TAYLOR, David, Sr
BARGER, Peter	HICKMAN, Jacob	TEMPLETON, David
BERRY, Charles	HOUSTON, Samuel	TREVEY, Andrew
BRATTON, Robert B	JOHNSTON, Alexander	TREVEY, Joseph
CAMDEN, Washington	McDOWELL, James	WEAVER, William
CAMPBELL, Ambrose	NEWELL, Thomas	WELCH, Benjamin
CAMPBELL, James	PATTON, James	WILSON, James
CROSS, Thomas	PAXTON, James	WILSON, Robert
DIXON, Thomas	PAXTON, John	
EDMONDSON, David	PAXTON, William	

ROCKINGHAM COUNTY. Formed in 1778 from Augusta County. County seat is Harrisonburg (22801)

BAUGHER, George W	GAINES, William Edward	LINN, Robert
BEAR, Henry	GLADDEN, James	LISKEY, Robert
BERRY, David	HARRISON, David	LONG, Isaac
BERRY, George	HARRISON, William C	MAGILL, Robert
BERRY, John, Sr	HARSHBARGER, Daniel	MAUPIN, William J
BERRY, Kindley	HAWES /HAWS, Christian	MAY, Adam
BOLLINGER, Peter	HEAVER, William	MAY, James Andrew
BOWMAN, John (d 1873)	HENSLEY, James	MAYS, James
BOWMAN, John (d 1834)	HERSHBERGER, Jacob	MILLER, Henry
BOWMAN, Peter	HESS, Peter	MILLER, John H
BYRD, Lewis	HINTON, Peter	MILLER, John Wallace
CAMPBELL, John H	HOOKE, Robert	MILLER, Philip
CARPENTER, William	HOOKE, Robert, Sr	MILLER, Samuel
CLARKE, Pleasant A	HOOVER, John	MOFFETT, Anderson
CLINE, John W	HOOVER, Samuel	MOFFETT, George
COFFMAN, Benjamin	HOUSTON, William	MOORE, Reuben
COOPER, Leonard	HUFFMAN, John	MOYERS, Jacob
CUPP, Jacob	JACOB, Thomas	PARRETT, Philip
CUSTER, Richard, Jr	KAYLOR, Peter	PIFER, Adam, Sr
DOVE, James	KELLER, Lewis	RADER, Adam
DUNDORE, Elijah	KLINE, Frederick	RHODES, Jacob
EARLY, Jacob	KLINE, George	RICE, John
EVERS, George	KOONTZ, John	RICE, William
EWING, William	KRAUS, David	RIDDLE, John
FAWLEY, Anthony	LEWIS, Charles	RIFE, Jacob, Sr
FITZWATER, William	LEWIS, Samuel	RITCHIE, Solomon
FULK, John	LINEWEAVER, Jacob, Sr	RODES, Henry

APPENDIX A - VETERAN LIST BY COUNTY / INDEPENDENT CITY

(ROCKINGHAM COUNTY, CONT.)

RODES, Samuel	SHOWALTER, Jacob	SUMMERS, John
ROLLER, Michael	SMALS / SMALTZ, George	SWANK, John
ROYER, Phillip	SMITH, Abraham	SWITZER, Henry
SELLERS, Emanuel	SMITH, Benjamin	TROUT, Joseph
SELLERS, John	SMITH, Henry (1778-1817)	TURNER, James
SHAFFER, Israel	SMITH, Henry (1799-1856)	WEAVER, Samuel
SHAVER, John	SMITH, William	YOUNT, Daniel

RUSSELL COUNTY. Formed in 1786 from Washington County. County seat is Lebanon (24266)

BALL, John	FULLER, Steven	TYNANT, Jacob
CAMPBELL, Henry	HAMILTON, Nathan	
FUGATE, Colbert	LITE, John	

SALEM CITY (24153). SEE ROANOKE COUNTY. Achieved Independent City status in 1968. County seat of Roanoke County

SCOTT COUNTY. Formed in 1814 from Lee County, Russell County and Washington County. County seat is Gate City (24251)

GRAY, Alexander	JETT, James	MILLER, John

SHENANDOAH COUNTY. Formed in 1772 from Frederick County. County seat is Woodstock (22664)

BORDEN, Philip	HELSLEY, Jacob	PENCE, Jacob
BOWERS, Jacob	HISEY, Frederick	PENCE, John
BOWERS, John	JONES, Abraham	PONZER, Henry
BOWMAN, George	KAGEY, Henry	RICE, John W
COFFMAN, Joseph M	KELLER, George	RINKER, Christopher
COOK, John	KELLER, John	RINKER, Ephraim
FINKS, Fielding	KELLER, Lawrence	RYAN, Thomas
FOLTZ, John	KIPPS, Jacob	SMITH, Samuel
FRY, John	KIPS, Michael	SPENGLER, Anthony
FRYE, John	KOONTZ, Michael	SPENGLER, Phillip, Jr
FUNK, Jacob	LEE, John	WALTON, Moses
FUNKHOUSER, Jacob (b 1766)	LINDAMOOD, Benjamin	WALTON, Samuel
FUNKHOUSER, Jacob (b 1784)	LUTZ, Jacob	WELLARD, Anthony
GARDNER, John	MILLER, Jacob	WHISSEN, Joseph
GETZ, Samuel	MOORE, Aaron	WINE, John W
GOOD, Samuel	MOORE, Reuben	ZIRCKEL, John
GRANDSTAFF, George	NEFF, John	ZIRKLE, George (d 1869)
HAMMAN, George	NEWMAN, Walter	ZIRKLE, George (d 1852)
HAWKINS, James	NOEL, Jacob	ZIRKLE, Jacob

SMYTH COUNTY. Formed in 1832 from Washington County and Wythe County. County seat is Marion (24354)

ANDERSON, John	DUNCAN, John Robert	PRESTON, Francis
BEATIE, Robert	EDMISTON, John	PRESTON, John M
BISHOP, Levi	EDWARDS, John	RICHARDSON, William, Jr
BROOKS, Moses	GANAWAY, Robertson	ROUSE, Paulser
BUCHANAN, George	GRAHAM, Samuel	SANDERS, John
CAMPBELL, William	HARMON, Henry	SANDERS, William
COLE, James	HARRIS, Henry P	SEXTON, Aaron
COLE, John	JAMES, Ezekiel	SEXTON, Thomas Campbell
COPENHAVER, Henry	JAMES, John	STUART, Archibald
CULLOP, Frederick	MYERS, John	TALBERT, Basil
DENTON, David	PORTER, William	TERRELL, Pleasant M

APPENDIX A - VETERAN LIST BY COUNTY / INDEPENDENT CITY

(SMYTH COUNTY, CONT.)

THOMAS, Abijah	THOMPSON, Henry B	WOLFE, Daniel
THOMAS, Joseph	WALKER, Daniel	
THOMAS, Samuel	WILLIAMS, Jenkins	

SOUTH BOSTON CITY. SEE HALIFAX COUNTY. Achieved Independent City status in 1960. No longer exists. Merged with Halifax County in 1995.

SOUTHAMPTON COUNTY. Formed in 1749 from Isle of Wight County. County seat is Courtland (23837)

ALLEN, Archibald	DAUGHTREY, Jacob Kadar	POPE, Joseph
AMES, John	DREWRY / DRURY, Humphrey	POPE, Nathan
BAINES, Benjamin	EDWARDS, Peter	PRINCE, David
BARNES, James	FELTS, William Hines	RAWLES, William
BARNES, John	HARRIS, Newett	RIDLEY, Thomas
BOYKIN, John (d 1858)	JONES, Thomas C	SMITH, Jim
BOYKIN, John (d 1855)	JOYNER, Joseph (b 1761)	STEPHENSON, Michael
BOYKIN, William Henry	JOYNER, Joseph (b 1781)	URQUHART, John
BRITT, Jonathan T	KELLO, Richard B	WHITFIELD, Cordell
CAMP, George	KELLO, Samuel	WHITFIELD, Elisha, Jr
COBB, Jeremiah	MOORE, John	WILLIAMS, Jacob
CROSS, Hardy	MURFEE, Simon, Jr	WILLIAMS, Richard
CUTLER, William W	MYRICK, Alexander	WORRELL, Jessie

SPOTSYLVANIA COUNTY. Formed in 1721 from Essex County, King and Queen County, and King William County. County seat is Spotsylvania Court House (22552)

ALSOP, John C	CRUTCHFIELD, Stapleton	PENNY, Lincefield S
ALSOP, Samuel	DANIEL, Walter Raleigh	SMITH, James
BERNARD, William, Sr	DEJARNATT, Elliott	WALLACE, John
CHANCELLOR, John	GRAVES, Benjamin F	WALLACE, John, Jr
CHANCELLOR, Sanford	HAMILTON, George	YERBY, Thomas
CHANDLER, Thomas C	HERNDON, Jacob W	
COLEMAN, Henry	HOLLADAY, John H	
COLEMAN, William Baptist	LEWIS, Richmond	
Burwell, Sr	PARKER, George L	

STAFFORD COUNTY. Formed in 1664 from Westmoreland County. County seat is Stafford (22554)

BERRY, Richard J	GREENLAW, William P	PURKINS, Thomas
BOLES, William	HEFLIN, James	ROBERSON, Thomas
BRIGGS, David	HOLMES, Jeremiah	ROBERTSON, William W
BRUCE, Charles	KENDALL, Joshua	ROWE, John Gasking
BUSSELL, Charles	KENDALL, William	SANFORD, Lawrence
BYRAM, John M	KNIGHT, John	SOUTHARD, James
CARTER, Sanford, Jr	MONCURE, Edwin Conway	STARK(E), John
CONWAY, John Moncure	MONCURE, John	STONE, Alexander S H
CONWAY, Thomas B	MONCURE, John, Jr	STONE, William S
COX, Berryman	MONCURE, John, Sr	SULLIVAN, Benjamin, Sr
CURTIS, George	NORMAN, Edward	SULLIVAN, Martin
DAFFIN, William	NORMAN, James S	SULLIVAN(T), Jonas
FINNEL / FINNALL, Jonathan	NORMAN, Matthew	WALLACE, Thomas
FITZHUGH, William	NORMAN, Thomas	WALLER, James
FRITTER, Barnett	NORNAN, Charles	WHORTON, William
GORDON, William Richards	O'BRYHIM, Alexander	WILLIAMS, Nathaniel P
GRAY, John	PAYNE, James Rousseau	
GREEN, Duff	PAYNE, Wesley	

APPENDIX A - VETERAN LIST BY COUNTY / INDEPENDENT CITY

STAUNTON CITY. SEE AUGUSTA COUNTY. Achieved Independent City status in 1871. County seat of Augusta County

SUFFOLK CITY (23434). Achieved Independent City status in 1974, when consolidated with Nansemond City (which was formerly Nansemond County)

BROWNE, Samuel	HOLLAND, Zachariah	RIDDICK, William S
BUTLER, Isham, Sr	LAWRENCE, Robert	SMITH, Washington C
CHARLTON, Francis David	McCLENNY, William Deans	SUMNER, William
COWLING, Thomas Montgomery	MINTON, John	WEBB, Robert Henning
EPPES, Hamilton Lee	RAWLS, Elisha	WOODWARD, John
GARY, Thomas E	RIDDICK, Josiah	
GASKINS, John	RIDDICK, Mills	

SURRY COUNTY. Formed circa 1652 from James City County. County seat is Surry (23883)

ALLEN, William O	GOODRICH, Benjamin	ORGAIN, R Griffin
EDLOE, John	MASON, Henry	WARREN, Jesse

SUSSEX COUNTY. Formed in 1754 from Surry County. County seat is Sussex (22884)

ADKINS, John G	BAILEY, Philip	HOWLE, Williamson
BAILEY, Edmund (Edward)	BARKER, Alexander	

TAZEWELL COUNTY. Formed in 1800 from Russell County and Wythe County. County seat is Tazewell (24651)

BARNS, William	HALL, Ambrose	TABOR, Daniel
BROWN, John	PEERY, Thomas S	THOMPSON, Archibald
CECIL, John	PEERY, David	THOMPSON, William
GEORGE, John B	RADER, John	WALDRON, Thomas
GILLESPIE, William	ST CLAIR, Alexander	WILLIAMS, William

VIRGINIA BEACH CITY (23456). Achieved Independent City status in 1952. Consolidated with Princess Anne County in 1963

BROWNLEY, John	JAMES, Edward, Jr	WHITEHURST, Francis
GRIGGS, Thomas W	MOORE, William	WOODHOUSE, Thomas
GRIGGS, William	READ, William W	
HENDERSON, John	ROBINSON, James	

WARREN COUNTY. Formed in 1836 from Frederick County and Shenandoah County. County seat is Front Royal (22630)

ASHBY, Robert B	MARSHALL, Robert M	SHUMATE, James
ASHBY, William R	MILLAR, Thomas	SPERRY, Peter
BAGGERLY, Charles W	MILLAR (MILLER), Isaac	STINSON, James
BOWEN, James	MILLER, William	SWALLOM, Henry
BOYD, John	MITCHELL, William	VAUGHN, Geary
BUCK, William C	MULLAN (MULLEN), Thomas	WALTERS, John T, Sr
GRIGSBY, Enoch	PEAKE, Humphrey	WILLIAMS, Philip D
GRIGSBY, Redmond	RICHARDSON, William, Sr	WILLIAMSON, William
HALL, Richard	RINKER, Jacob	
JACOBS, William H	RUST, John	

APPENDIX A - VETERAN LIST BY COUNTY / INDEPENDENT CITY

WASHINGTON COUNTY. Formed in 1776 from Fincastle County (which was abolished at that time). County seat is Abingdon (24210)

BATIE (BATEY), Armstrong
BERRY, John
BROWN, Mathew
BUCHANAN, James
BUCHANAN, Mathew
BUCHANAN, Robert
BUCHANAN, William (b 1787)
BUCHANAN, William (b 1777)
BYARS, William
CAMPBELL, David (d 1859)
CAMPBELL, David (d 1853)
CAMPBELL, David (d 1854)
CAMPBELL, Robert
CATLETT, Thomas K
CLARK, James (d 1847)
CLARK, James (d 1821)
CLARK, James, Sr (d 1871)
CLARK, John (d 1826)
CLARK, John (d 1869)
CLARK, Peter
CLARK, Robert (d 1819)
CLARK, Robert (d 1886)
CLARK, William H
COLE, Peleg
COOLEY, Peter
COWAN, James
CROW, James
CRUMP, Abner
CUMMINGS, James
DAVIS, Joseph W
DAVIS, William
DUFF, William
DUNN, John, Jr
DUNN, John, Sr
EDMINSTON, Thomas
EDMONDSON, Andrew
EDMONDSON, James
EDMONDSON, Robert
EDMONDSON, William G
FIELDS, Major
FIELDS, William
FINDLAY, Thomas
FRANCISCO, James Anderson
FULKERSON, Abram
FULLEN, Whitley
GARRET, Henry
GIBSON, John
GOBBLE, Abraham
GOODSON, Samuel
GRAHAM, William
GRANT, James S
GRAY, John D
GRUBB, Andrew D
HARRIS, Samuel J
HAWTHORN, Samuel
HAYTER, James C
HAYTER, William
HENDERSON, John
HICKMAN, Adam
HICKMAN, James
HOOVER, John Diden
HUTTON, John
HUTTON, Moses
IRESON, James
JOHNSTON, Peter Carr
KINCANNON, James
KING, Benjamin H
KING, James
LEECH, John M
MARTIN, Benjamin
McCALL, John, Jr
McCALL, Samuel
McCONNELL, Abram
McCONNELL, Thomas
McCONNELL, William
McGEE, Thomas
McKEE, William
MEADOWS, Joel
MEEK, James
MEEK, Joseph
MINNICK, Henry
MOCK, Henry
MOCK, Peter
MONTGOMERY, James W
MONTGOMERY, John
MOORE, John
MOORE, Samuel
PARKS, David
PATTERSON, Andrew
PEMBERTON, Benjamin
PIPER, James, Jr
PORTERFIELD, James
PRESTON, John, Jr
RHEA, William
ROBINSON, Alexander
ROBINSON, David
RYAN, James
RYBURN, Beattie
RYBURN, Matthew
SCOTT, James
SCOTT, John
SHARP, Benjamin
SHARP, Richard E
SMITH, John
SMYTH, Tobias
SNODGRASS, Benjamin
SNODGRASS, David
WADDLE, Michael
WALDEN, Lewis
WALLACE, Charles
WHITE, James
WILLOUGHBY, William M
WILSON, Thomas
WRIGHT, Francis K
YOUNG, Nathaniel

WESTMORELAND COUNTY. Formed in 1653 from Northumberland County. County seat is Montross (22520)

BAILEY, Robert
DISHMAN, James Andrew
DISHMAN, William Triplett
HALL, William B
HARVEY, Joseph H
HEAD, Uriah
HUNGERFORD, Henry
HUNGERFORD, John Pratt
HUNGERFORD, John Washington
HUNGERFORD, Thomas
JEFFRIES, Edmund Rowland
JOHNSON, Benjamin
MURPHY, John Ballentine
NOEL, Achilles, Sr
NORWOOD, John, Jr
PAYNE, Daniel
PORIR, Edward F, Sr
REED, John
SIGOURNEY, James B
SMITH, James Stark
STORKE, Henry Dade
WASHINGTON, Lawrence
WASHINGTON, William Augusta
WHITE, John

APPENDIX A - VETERAN LIST BY COUNTY / INDEPENDENT CITY

WILLIAMSBURG CITY (23185). Incorporated as a city in 1722. Also serves as the county seat for James City County

ATKINS, Benjamin	GARRETT, Thomas W	THOMAS, Joseph
BRIGGS, Seth Sewell	HENDERSON, James	TILFORD, John L
BURWELL, Thomas Hugh Nelson	LAWSON, William	TUCKER, Nathaniel Beverly
CABINESS, James	LINDSAY, Edward B	WALLER, Robert Page
DIX, James	LINDSAY, George Bascum	WEBB, James
DIXON, James	MILLINGTON, John	WILMER, William H
EALEY, John	SAUNDERS, Robert	WYATT, John W
GARRETT, Henry Winder	SMITH, Reuben	
GARRETT, Robert Winder	SMITH, Sidney	

WINCHESTER CITY. SEE FREDERICK COUNTY. Achieved Independent City Status in 1874. County Seat of Frederick County

WISE COUNTY. Formed in 1856 from Lee County, Russell County and Scott County. County seat is Wise (24293)

No War of 1812 veterans have been identified as buried in Wise County.

WYTHE COUNTY. Formed in 1790 from Montgomery County. Count seat is Wytheville (24382)

BURKETT, George	GRAHAM, William	SMYTH, Alexander
CASSELL, John	KENT, Joseph	WALTON, Richard
FLOYD, Benjamin Rush	KENT, Robert	WARD, James
GRAHAM, John	MATHEWS, John	

YORK COUNTY (INCLUDES CITY OF POQUOSON). An original shire in 1634. County seat is Yorktown (23490)

CARMINES, William	KELLUM, James S	WADE, Thomas D
CRAFFORD, Henry	NEWMAN, Thomas	WYNNE, Humphrey Harwood
CROCKETT, Wittington / Wheaton / Whealton	PERKINS, Baker	WYNNE, John
	SANDS, Thomas	WYNNE, Thomas
CURTIS, Edmund	SMITH, Henry, Sr	WYNNE, William Harwood
HOPKINS, Charles	TENNIS, Aaron	

APPENDIX B – CEMETERY LIST BY COUNTY / INDEPENDENT CITY

ACCOMACK COUNTY

Ames Graveyard	Rt 620, Keller
Ames Plot	Painter, jct Rt 619 & 62
Ames Ridge Cemetery	not given
Beach Family	nr jct Rts 605 & 180 on Wachapreague Road
Blenheim	1.5 mi W of Bobtown nr jct Rts 178 & 628
Boggs Burial Ground	W of Cashville nr jct Rts 638 & 635
Bradford / Burton	0.6 mi N of Quinby
Broadwater	1.25 mi S New Church
Budd Family	Melfa
Bull Family	0.5 mi E of Pennyville
Bull Graveyard (#199)	N of Melfa, nr jct Rts 13 & 639
Bundick Family	nr Parksley
Bundick Family	Rt 13 nr Pastoria
Bunting Family	nr Pickpenny
Chandler Family	vic jct Rts 638 & 641 Cashville
Clover Hill	btw Pastoria & Charles Crossing off Rt 661
Colonna Family (1)	Rt 13 Business, Boggs Wharf
Colonna Family (2)	Hack's Neck at end of Rt 630 S
Conner	Upper Accomack, E side of US 13
Cropper	Cedar Grove, Gargathy Neck
Cropper Family	Bowmans Folly
Custis Family	nr jct Rts 658 & 666, Savageville
Cutler Family	Hack's Neck off Rt 633
Downing Family	Rt 621
Edmunds Family	Grangeville
Edwards Family	Onley
Elliot / Floyd	jct Rts 647 & 605, Locustville
Evergreen	Hack's Neck, 2.3 mi W of Pungoteague off Rt 632
Experiment Farm	Lower Accomack
Fairview Lane	nr Craddocksville, Lower Accomack
Finney Place	nr Pastoria nr jct of Rts 661 & 13
Floyd Family	Rt 647, 7.1 mi E of Locustville
Fox / Poolman	Accomack nr jct Rts13 & Business 13
Garrison Plot	1.2 mi N of Quinby
Garrison Plot #2	jct Rts 600 & 182
Gaskins Family	Grotons
Georges Point	nr jct Rts 638 & 642, Cashville, in woods
Gibbons Family	off Rt 677, Metompkin
Gillet Cemetery	Rt 605 2 mi N of Accomac
Hall Cemetery	Hallwood
Hill's Farm	19065 Hill's Farm Rd, Greenbush
Hollies Baptist Church	Rt 620, 1.1 mi W of Keller
Hugh Smith Family	2 mi S of Painter
Hutchinson Family	Pungoteague
Kellam Family	nr jct Rts 615 & 614, Locustville
Laws	bet Nelsonia & Modest
LeCato Family #1	Rt 605, Quinby
LeCato Family #2	Bradford's Neck
Mapp Family	Rt 180 N of Wachapreague
Martin / Hatton	W Phillips St, Melfa
McCready Farm	farm location not identified
Meadville	end of Rt 778 between Onancock & Cashville
Mount Holly	Hill St, Onancock, adj Fairview Lawn
Myrtle Grove	Hacks Neck, nr jct Rts180 & 631
Nelson Family	State Line, Marva Road E of Rt 13

APPENDIX B – CEMETERY LIST BY COUNTY / INDEPENDENT CITY

(ACCOMACK COUNTY, CONT.)

Nock Family	Bell's Neck off Rt 603
Nock Family	vic jct Rts 600 & 624, Melfa
Oak Grove Methodist	jct Rts 624 & 600
Old Harmon Graves	Bayly's Neck 2.2 mi E of Rt 13 & S of Rt 622
Old Nock Place	jct Rts 626 & 734, Melfa
Old Parker Property	jct Rts 620 & 718, Bobtown
Old Walker Plot	Melfa
Onancock Cemetery	Hill St, Ononcock
Parker Family	Rt 620 nr Bobtown Store
Parker Plot	nr jct Rts 609 & 178 of Rt 178, aka Andrews Place & Bull Farm
Parks Family	Parksley
Parramore	nr jct Rts 605 & 789, Locustville
Phillips Place	E of Rt 600, 0.2 mi N of Rt 601, just into Accomack Co, through field
Poulson Family	nr jct Rts 605 & 622, Old Trower
Poulson Family aka Cokesbury	Rt 1028, Onancock
Rew Plot	Justisville
Rodgers Family #2	Evans Wharf
Rodgers Family #1	1 mi W of Pungoteague off Rt 180
Rose Cottage	Accomac
Savage Family	1.3 mi E of Keller
Scarborough Family	Rt 178 S of Keller
Scott Hall	Onancock
Seymour / Ross House	Onancock
Seymour / Snead	Market & Ames Sts, Onancock
Snead Family	Onancock
Snugly	end of Rt 629 at Boggs Wharf
Sycamores	Hacks Neck, 1 mi W of Pungoteague jct Rts 178 & 180
Taylor	Hopeton
Taylor Family	Road to Hollins Creek
The Folly	1.1 mi S of Accomac off Rt 605
Thomas Bell Plot	Old Trower, nr jct Rts 605 & 622
Trader Plot	0.3 mi E of Pungoteague
Underhill Point	nr jct Rts 717 & 636
Vaux Hall	1 mi N of Bobtown off Rt 178
Wachapreague	1 mi N Rt 180 E of Rt 605
Wachapreague Burial Ground	off Rt 1719 outside Wachapreague
Walker Burial Grounds	nr Galey
Walston Cemetery	Back Strreet, Accomac
Waterfield Farm aka Collona Family	SE of Pennyville, jct Rts 614 & 617
Welbourne Family	Horntown
Wharton Plot	Wharton, between North Drive & Seaside Circle
Willet Plot	nr jct Rts 661 & 658, Drummond's Mill
Willis Family	0.25 mi N of Grangeville
Wise Family	Chesconessex, Rt 655
Young Plot	Bloxom

ALBERMARLE COUNTY

Adams Family	Rt 645, Scottsville
"Belvoir" Plantation	Cismont
Bramham Family	Cherry Ave, Charlottesville
Castle Hill Old Cemetery	Rt 22
Cedar Grove Baptist	Farber
Douglas Family	Rt 601, Hamilton Farm
Edgemont	4 mi N of Keene on Rt 712
Emmanuel Episcopal Church	Greenwood
Enniscorthy	Esmont

APPENDIX B – CEMETERY LIST BY COUNTY / INDEPENDENT CITY

(ALBEMARLE COUNTY, CONT.)

Free Union	Free Union
Garth Chapel	nr jct Rts 601 & 29
Gilmer Family	Rio Rd, Charlottesville
Grace Episcopal	Rt 22 Cismont
Hardindale Property	Rt 738
Lebanon Presbyterian	Rt 250 W
Lewis Family	Rt 250 W
Liberty Hill Baptist	Rt 20 N
Locust Hill	Rt 678, Ivy Village
Methodist Church	White Hall
Michie Family	Rt 604 2 mi W of Earlsville
Minor Family	Ridgeway Farm, Rt 20, N of Charlottesville
Monticello Graveyard	931 Thomas Jefferson Pkwy, Charlottesville
Moore Family	Rt 710, 0.5 mi off Rt 295
Moore Family	0.6 mi NW of Red Hills
Mount Ed Baptist	vic jct Rts 692 & 635, Batesville
Old Mitchie Site	Rt 606
Preddy Creek Baptist	Rt 20 N
Riverview	Charlottesville
Shepard Property	Batesville
South Plains Baptist	Rt 22, Keswick
Thompson Family	Rt 609
University of VA	Cemetery Rd off Rt 302, Charlottesville

ALEXANDRIA CITY

Christ Church Episcopal	Wilkes & Hamilton
Mason Family	nr Telegraph Rd & US #1
Methodist Protestant	Wilkes St
Mt Cavalry Community Church	6761 Beulah St
Old Presbyterian Church	S Fairfax St
Old Presbyterian Meeting House	Wilkes & Hamilton
Penny Hill Cemetery	S Payne St
Quaker Burying Ground	717 Queen St, (under library)
St Paul's Episcopal	228 S Pitt St
St Mary's Catholic Church	310 S Royal
Triniity United Methodist	Wilkes St
Union Cemetery	Hamilton Ln
Washington / Foote	Hayfield Rd

ALLEGHANY COUNTY

Armentrout Family	16 mi SW Covington, Rts 60 & 18, on Potte Creek
Bennett Family	12 mi W of Low Moor
Brown Family	Moss Run, Rt 159
Callaghan / Dickson Family	I-64 Exit 10 off Rt 149
Cedar Hill	1.25 mi S of Covington
Crow Family	Rt 311, Corws
Damron Family	20 mi W of Covington
Dew Family	15 mi SW Covington
Falling Spring Presbyterian	Falling Spring
Fletcher Chapel	8 mi SW Covington
Harmon / Evans	Rt 616, Low Moor
Haynes Family	Rt 60, Clifton Forge
Jamison / Simmons	Rt 618, 13 mi SW of Covington
Lockhart Family	10 mi from Covington
Mount Pleasant United Methodist	Rt 618

APPENDIX B – CEMETERY LIST BY COUNTY / INDEPENDENT CITY

(ALEXANDRIA CITY, CONT.)

Oakland	Rt 60 between Low Moor and Clifton Forge
Rose Hill	Ritch Patch
Sharon Union Baptist	Rt 633
Smith Family	7 mi N of Covington
Stone Family	Rt 614, Snake Run
Walker Family	23 mi SE of Covington, at Rts 60, 18, and 607
Wolf / Jamison Family	15 mi SW of Covington
Wolf / Sivley Family	21 mi SW of Covinginton Rt 80, off Rt 18

AMELIA COUNTY

Archer Family	1 mi E of jct Rts 53 & 602
Grub Hill	11441 Grub Hill Church Rd
Hardaway Family	Rt 607
Hillsman Cemetery	Saylor's Creek Rd (Rt 617)
Jackson Family	6101 Buckskin Rd (Rt 640)
Lane / Roberston	9511 Bevil's Ridge Rd (Rt 602)
Red Lodge Cemetery	Rt 625, 0.6 mi from Rt 609
Roberston Family	Mason Ln (Rt 733)
Rosedale	SE Corner Rts 153 & 608
Southall Family	Rt 657 off Rt 645
Taylor Cemetery	Rt 612, 2 mi fr Rt 602
Townes Family	Rt 648 5 mi from jct Rt 38
Warriner / Bedser	jct Rt 360 & Barkhouse Branch Dr

AMHERST COUNTY

Boxley Farm	Rt 29
Campbell Family	Rt 659
Chenault Family	Madison Heights
Chris Tucker	Rt 625
Dillard / Hylton	Rt 739
Dillard Family	Rt 600
Drummond Family	Rt 60
Early Episcopal Church	Amherst
Harrison Family	Madison Heights
Henley / Drummond	Rt 60 W
Higginbotham Family	Mt Pleasant
Jennings Family	Amherst
Miller Family	Rt 690
Parr / Drane	Rt 637
Red Hill Farm	Rt 647
Retreat	Rt 663
Rucker Family	Rt 610
Shelton / Ellis / Watts	Rt 675
Slaughter Family	Rt 674
Sweet Briar	Rt 663
Wilson Family	Rt 659
Wingfield Family	Amherst
Winton	Rt 151, Winton Grounds

APPOMATTOX COUNTY

Old Concord Presbyterian	Rt 648
Old Kelso Cemetery	Rt 600, 1 mi N of Pamplin
Robertson Family	2 mi from Court House

APPENDIX B – CEMETERY LIST BY COUNTY / INDEPENDENT CITY

ARLINGTON COUNTY (SEE ALSO ALEXANDRIA CITY)

Ball / Carlin	S Kensington & 3rd
Ball Family	3427 Wash Blvd
Birch / Payne	N Sycamore & 28th
Central Methodist Church	4201 Fairfax Dr
Custis Family	SW Arlington House
Fraser Family	Army-Navy Country Club
Southern / Shreve	N Harrison St
Travers / Whitehead / Dyer	1300 block S Monroe St
Travers Family	N Glebe Rd (Rt 120), 2 blocks S of Columbia Pike (Rt 244)

AUGUSTA COUNTY AND STAUNTON CITY

Bethel Church	11 mi SW Staunton may be same as below
Bethel Presbyterian	563 Bethel Green Rd, Middlebrook
Bethleham Lutheran Church	Western Augusta
Coffman Family	Barren Ridge
Croft Family	Rt 254
Elk Run Methodist Episcopal	1/2 mi E of Elkton
Garber Farm	1/2 mi W of New Hope
Geeding / Keller	Churchville
Glebe Burying Ground	Rt 876, Swoope
Hanger Family	Rt 670, Dutch Hollow
Hebron Presbyterian	Rt 703, 4.5 mi fr Staunton
Hildebrand Mennonite	Waynesboro
Hogshead Family	Parnessus
John Sterrett Family	1 mi W of Craigsville
Lutheran Church	Churchville
Mann Family	Rt 629 2 mi N of Rt 600
Martin Grove	nr Madrid
McCutchen Family	W of Augusta Springs on old road from Craigsville
Middle River	2 mi NW of New Hope
Mossy Creek Church	Mossy Creek
Mount Horab	4 mi SE of Meridan
Mount Pisgah United Methodist	Mt Sidney
Mount Sidney Methodist	Mt Sidney
Mount Solon	N of Mt Solon
Mount Tabor	11 mi SW of Staunton
Myers Family #1	Knightly Hill, on a bluff on property of Edward Sites
Oak Hill	Rt 756
Old Bell Farm	Rt 11, Mt Sidney
Old Glebe Burying Ground	Rt 867, 1.8 mi fr Trimbles Mill nr Staunton
Old Lebanon	Craigsville
Old Presbyterian Church	Waynesboro
Old Providence Church	1005 Spottswood Rd, Spottswood
Old Salem Lutheran	Mt Sidney
Old Stone Presbyterian	Rt 11, Fort Defiance
Old Waynesboro Presbyterian	203 New Hope Rd
Parnassus family	vic Churchville & Mt Solon
Pilson Cemetery	Rt 694
Rocky Spring Presbyterian	1 mi S of Deerfield
Salem Lutheran	Mt Sidney
Sangersville	nr Sangersville
Shemariah	16 mi SE of Staunton
St John's Church	1 mi E Middlebrook Rd
Thornrose Cemetery	Staunton
Tinkling Spring	11 mi NE of Staunton

APPENDIX B – CEMETERY LIST BY COUNTY / INDEPENDENT CITY

(AUGUSTA COUNTY AND STAUNTON CITY, CONT.)

Trinity Church	Staunton
Trinity Lutheran	River Rd (Rt 12), Crimora
Union Church	11 mi NE of Staunton
Waynesboro Cemetery	Waynesboro
Waynesboro Presbyterian	203 New Hope Rd
Western Augusta	8 mi N of Staunton
Willson Family (Mint Spring Cemetery)	Rt 697, Mint Spring

BATH COUNTY

Cleek Family	Rt 220 12.5 mi N of Warm Springs
Manse Yard	Presbyterian Church, Hot Springs
Mossy Creek	Ferrar Farm, Warm Springs
Wallace Family	Williamsville
Warm Springs Cemetery	12 mi S of Warm Springs
Williamsville Public Cemetery	Williamsville
Windy Cove	Millboro Springs

BEDFORD COUNTY AND BEDFORD CITY

Buford Family	Bufordsville
Cook Family	N end of Resinview St
Cundiff / Reese / Sellers	jct Rt 732 S & Rt 626 W
Field / Hubbard	Hubbard Rd
Gravelly Green	Rt 711 2 mi off Rt 460
Henry Meador Family	jct Rts 655 & 616
Hibernia	jct Rts 122 & 632, Sedalia
Higginbotham Family	Montvale
Jointee Church	Chamblissburg
Longwood	jct Oakwood St & Rt 221
Longwood	Mount Prospect
Major Family	Fontella Rd, Coleman Falls
McCabe Family	Thaxton
Mead's Cemetery	1 mi N Lynchburg off Rt 628
Montpelier	Rt 243, Bedford
Mt Airy	jct Rts 630 & 63, nr Leesville
Otey Family	Otey St, Bedford
Penn / Parks Family	Penn Mill Rd, Big Island
Poindexter Family	Waverly Plantation
Preston Family	Goodview Rd
Price / Everett Family	Forest
Reid Family	Poplar Grove
Rothsay Farm	Forest
Saunders Family	Old Col David Saunders place
Sharon Lutheran	Rt 42, Ceres
St Stephens Episcopal	Jefferson HS parking lot, Forest
Steptoe / Calloway	Rt 128, Federal Hill
Stiff Family	Rt 691 nr United Methodist Church
Thomas / Oney	Rt 450 E on Hull St
Thomas Family	off Rt 909, Bedford Rd
Tuck / English / Anthony	Rt 834
Union Cemetery	Union
Waldron Family	Otter Hill
Walker Family	Bedford City
Woodford / Wade	jct Rts 714 & 808

APPENDIX B – CEMETERY LIST BY COUNTY / INDEPENDENT CITY

BOTETOURT COUNTY

Adams Family	7 mi S of Winchesters
Allen Family #1	Rt 11, 3 mi S of Buchanan
Allen Family #2	5.5 mi SW of Buchanan
Allen Family #3	Rt 817, nr Oriskany
Brick Union	nr Troutville
Brugh Family	Troutville
Buchanan Cemetery	Pattonburg side of North Buchanan, on a hill
Buchanan Episcopal Church	Main St, Buchanan
Burks Family	5 mi SE Eagle Rock
Dalesville	Rt 200, Dalesville
Fincastle Presbyterian	108 E Back St, Fincastle
Haden Family	btw Glen Wilton and Gala
Hammond / Henderson / Houson	Rt 630 nr Springwood
John Firestone Graveyard	vic Daleville
King / Arrington	Craig Creek vic Oriskany
Laymantown	Rt 658
Locust Bottom	vic jct Rts 696 &622, 1 mi E of Glen Wilton
Marshall Rieley Farm	vic Mill Creek
McFerran Family	Rt 220, 6 mi N of Fincastle
Mill Creek	6 mi N of Troutville
Mount Union	Rt 630, Haymakertown, 5 mi W of Fincastle
Old Glade Creek	nr Blue Ridge
Pettigrew	nr Bessemier
Sheets Family	W Rt 220 Bessemer
Troutville	Rt 11,10 mi N of Roanake
United Methodist	Fincastle
Wesley Chapel	Rt 688
Williams Family	nr Wheatland Church
Wood Family	2 mi SE Glen Walton in "Wood Town"

BRUNSWICK COUNTY

Bragg	Alberta
Gholson Family	Brunswick
Harrison Family	off Rt 683 in copse of pines
Hobbs Family	Ante
Hobson's Choice	Lawrenceville
Lewis Family	Woodstock Plantation, Boydon Plank Rd, Meredithville
Sim / Pearson	Rt 603

BUCKINGHAM COUNTY

Anderson Family	Rt 640
Bolling / Hubard Graveyard	Rt 623, Chellowe
Bondurant Family	"Variety Shade," Rt 649
Booker / Main	Montrose, Rt 653
Buckingham Female Institute #1	Rt 617
Cabell / Horsley / Branch	"Yellow Gravel"
Chambers Family	Rt 652
Chappell Family	Rt 609
Evans Family	1.9 mi SE Curdsville
Flood / Lewis Family	"Toga," Rt 24
Gaines / Booker / Austin / Twyman	"Westfield," Rt 607
Garnett Family	Rt 15, Willis
Gillespie Family	"Fool's Corner," Rt 601
Gilliam Family #1	Rt 636, 0.75 W of New Store
Gilliam Family #2	Rt 609, "Ossie Ola"

APPENDIX B – CEMETERY LIST BY COUNTY / INDEPENDENT CITY

(BUCKINGHAM COUNTY, CONT.)

Gills Home Graveyard	nr jct Rts 636 & 608 on private road
Glover Family	0.2 mi NE of Alcoma off Rt 60
Gordon Family	"Fair Oaks" 3.5 mi SE Andersonville on Rt 637
Harris / Turner	Rt 671
Horsley / Yancey	"Travelers Rest" Rt 604
Jones / Cabell / Wood	11 mi S of Buckingham off Rt 661
Leitch Cemetery	"Mt Ida." Rt 734
Mason Family	jct Rts 15 & 640
May Family	Buckingham C.H.
Maysville Presbyterian	Rt 60
Morris Family	"Vassar" Rt 609
Moseley Family #1	2.8 mi S of Buckingham off Rt 638
Moseley Family #2	"Wheatland" Rt 647
Moseley Family #3	1.2 mi W of Court House on Rt 60
Moseley Family #4	Rt 749, Rolfton
Mount Elba	19 mi NW of Cumberland
Patteson Family	"Mt Pleasant," Rt 602
Pollard Family	"Moss Side," Rt 15
Ragland Family	Rt 564
Selden Family	6.9 mi E of Sheppards on Rt 15
Solitude	4 mi W of Buckingham Church

CAMPBELL CAMPBELL COUNTY (SEE ALSO LYNCHBURG CITY)

Aspen Hill Church	Brookneal
Austin / Rawkings Family	1237 Austin Mill Rd, Woodlawn
Bailey Family	Hat Creek
Clark Family	crn Lawyers & Missionary Manor Rds
Clark / Marshall Family	Hat Creek Rd
Clement Clark Family	btw Rts 745 & 40, Brookneal
Farmer Family	Evington
Hammersley Family	off Rt 642 behind Hat Creek Presbyterian Church
Howard Family	¾ mi W of Hat Creek, Brookneal
Jordan / Moore Family	Old Phillips Meeting House, Rustberg
Martin Family	vic jct Rts 650 & 652
Oakdale	Mollie's Creek Rd, Gladys
Old Lawyers Station	New London
Payne Family	at "the cottage" on Ivy Creek
Pleasant Clark Family	Hat Creek
Robertson Family	2 mi fr Court House

CAROLINE COUNTY

Barlo / Seale	Rt 627 1 mi E of Mt Hermon Church
Baylor Family	Rt 2
Bernard / Robb	Rt 17
Boutwell / Smith	3.1 mi SE Port Royal off Rt 17 on dirt road
Carmel Baptist Church	24320 Jefferson Davis Hwy, Ruther Glen
Catlett Family	Rt 301 nr Rt 17
Collins Family	Rt 638
Conway Family	Rt 673
Dickinson Family	Rt 2
Dratt Family Cemetery	Rt 626
Gatewood / Moncure	Rt 716
Green Lawn	Lakewood Rd, Bowling Green
Hoomes Family	Bowling Green
Hutcherson / Peatross	Rt 654

APPENDIX B – CEMETERY LIST BY COUNTY / INDEPENDENT CITY

(CAROLINE COUNTY, CONT.)

Kidd / Pollard	Rt 654 at Old Kidd's Post Office
Lewis Family	Rt 2
Lightfoot Family	Port Royal
Lomax / White	Rt 758, Portobago
Pratt Family	"Camden," Rt 686, Port Royal
Swann Family	Rt 639
Sycamore Grove	1.2mi S of Blanton
Todd (Tod) Family	Rt 609
Wyatt Family	North Anna River at "Plain Dealing"

CARROLL COUNTY

Bobbitt Family #1	Rt 812
Bobbitt Family #2	jct Rts 682 & 52
Bowman / Fariss / Martin	jct Rts 670 & 608
Carter / Wilkinson	Hillsville, Mountain Meadow Preserve
Cock Family	Rt 622
Collier Family	jct Rts 662 & 624
Crooked Creek Baptist	Rt 620
Duncan / Marshall	Rt 58
Edwards Family	Fancy Gap
Henderson / Goad	Carroll
Hillsville	nr Hillsville
Hunt Family	Leesville
Isaac Banks Family	Rt 670
Jackson Family	Rt 658
Jennings Family	jct Rts 767 & 753
Marshall Family	Rt 765
Martin Family	jct Rts 670 & 677
Old Quaker Cemetery	jct Rts 727 & 97, Galax
Puckett Family	Blue Ridge Parkway nr Puckett Church
Quesenberry Family	jct Rts 670 & 674
Shockley Cemetery	vic Rts 52 & 962; Section 5, lot C-11
Thompson / Bolt	jct Rts 900 & 625
Thompson Family	Rt 670
Vaughan Family	vic jct Rts 744 & 705
Webb Family	jct Rts 652 & 651
William / Jenkins	Rt 701, Hillsville
Wilson Family	0.3 mi S of State Rd 638 nr jct Rt 691, Grassy Dale

CHARLES CITY COUNTY

Mount Pleasant Church	Rt 615, Holdcroft
Shirley Plantation	Rt 5

CHARLOTTE COUNTY

Crawley Family	Randolph
Cub Creek Church	Rt 619, 0.7 mi NW of Rt 649
Elam / Henry	"Aspen Wall," Brookneal
Foster Family	Keysville
Golden Hills Estate	Drakes Branch
Goode Family	Randolph
Grassey Dales (Wilson Family)	vic jct Rts 691 & 638
Harvey Family	Rt 755, 1/2 mi W of Rt 644 (Butterwood Rd)
Watkins / Gaines	jct Rts 637 & 642

APPENDIX B – CEMETERY LIST BY COUNTY / INDEPENDENT CITY

CHESAPEAKE CITY

Barea Christian Church	Chesapeake
Brentwood	St. Julian's Creek
Carey Family	Deep Creek
Cherry Family	Rt 17, Deep Creek 7 mi fr Portsmouth
Ed Jones Farm	Rt. 17
Fentress Airfield	Fentress Airfield Rd
Good Hope Methodist Church	1633 Benefit Rd
Holstead Family	Pond Ln
Mary Lynch's Yard	Rt 740, Lower Chesapeake
Private home	Watermill Grove St
Sanderson Family	nr NC state line
St Brides Church	3401 Battlefield Blvd
White House Field	Cornland
Wilkins Plantation	2 mi E of Deep Creek on Cedar Rd (Rt 166)
Woodard Family	nr Fentress

CHESTERFIELD COUNTY

Amptill Plantation	Spruance Plant, 5401 Jefferson Davis Hwy, Richmond
Bellona Arsenal	Chesterfield
Bermuda Hundred	Bermuda Hundred, Presque Isle
Bethel Baptist Church	1100 Huguenot Rd, Midlothian
Bowles Family	not given
British Camp Cemetery	Broad Rock Rd, 3 mi SW of Richmond City
Brooks / Cheatham Family	Chesterfield
Cedar Grove	Cedar Grove
Clarke Family	Hickory Rd, Chesterfield
Clay Family #1	Subdivision off Hull St
Clay Family #2	Rt 360, 10 mi E of Bailey
Cobbs Family	1.3 mi E of Enon Church Road
Dellwood Family	3.5 mi N of Motaoca, off Rt 626
Dyson Family	3 mi W of Matoaca
Edwards	General location not given
Ettrick Cemetery	Ettrick
Friend Cemetery	Chester, in the woods
Gill Family	River Rd, 10 mi W of Petersburg
Gregory Family	jct Rt 360 & Church Rd, Bellwood
Hatcher Family	Drewrys Bluff
Howlett Family	General location not given
Mann's Church	Rt 360 4 mi fr Richmond
Martin Family	N of Marlboro Ct in South Richmond
Montevideo	Stonewall
Moody Family	Chesterfield Road (Rt 360), Midlothian
Oakland	Oakland Rd
Patram Family	N of Old Patram, a subdivision there now
Patteson Family	Laurel Meadows
Reid Family	1 mi N of Rt 360 on Old Midlothian Turnpike
Robinson Family	2 mi W of Midlothian, Old Midlothian Turnpike
Rowlett Family	Winterpock
Sims Family	General location not given
Taylor Family	General location not given
Turpin Family	Winterpock
Valley Farm	Enon Church Rd, 8 mi N of Petersburg
Violet Bank	Richmond Tpk, 0.5 mi N of Petersburg
Watkins Family #3	Spruant Plant, 5401 Jeff Davis Hwy, Richmond
Willow Hill	jct Rt 664 & 602, Winterpack

APPENDIX B – CEMETERY LIST BY COUNTY / INDEPENDENT CITY

CLARKE COUNTY

Anderson Family	"Springfield" / Claggett Farm
Bell Graveyard	vic Waterloo at Pine Grove
Berryville Baptist Church	Berryville
Berryville Methodist	Berryville
Blakemore Family	jct Rts 7 & 340
Briarly Place	Waterloo vic jct Rts 340 & 50
Brownley / Mitchell	1/2 mi S of Kennerly Crossing on N&W Railroad
Buckmarsh Baptist Church	US 340 & VA 7, Berryville
Burchell / Forster	Rt 621, Rose Hill
Castleman Family	Rt 612
Gaunt / Kitchen	Winchester Rd
Grace Episcopal	110 N Church St, Berryville
Green Hill	Berryville
Jackson / Crampton	Senseny Rd, Cherry Hill Plantation
Knight Graveyard, "Deerfield"	Salem Ln, Boyce
McCormick Family	"Tripoli," Rt 123, Weehaw
Old Bethel Baptist	Rt 625, Millwood
Old Chapel	Millwood
Presbyterian Church	Ninevah
Richardson Family	Powell's Fort
Roxton	Berryville
Russell Family	Rt 7, E of Rock Hall
Silver Ridge	White Post
Stone's Chapel Presbyterian	Rt 632, Arabia
Walnut Grove	White Post
Wickliffe Church	nr Berryville

CRAIG COUNTY

Carper Family	Rt 42, 1 mi W of New Castle
Hardwick Family	Rt 632 on Giles Co line
Huffman Family	Broad Run
Linton Family	Rt 600, Paint Bank
Taylor Family	jct Rts 630 & 42
Waugh Cemetery	Bank of Craig Creek nr New Castle
Webb Family	10 mi SW of Newcastle

CULPEPER COUNTY

Armstrong Family	Rixeyville
Bell Family	Rt 15, Culpeper
Bethel Baptist Church	6262 Hoover Rd, Reva
Bleak Hill	nr Alanthus
Brown Family #1	Buena Vista, 4 mi NW of Rixeyville Rt 640, E 0.4 mi to home
Brown Family #2	"LaGrange," Rt 606, Slate Mills nr Madison Co line
Cedar Farm	Culpeper
Covington Family	Culpeper
Fairview	Rt 522, Culpeper
Fleetwood / Barbour Family	"Fleetwood," Brandy Station
Guinn Family	2 mi NE of Winston Rt 49, W of rd 300 yds
Hall / Norris	Mount Pony
Hall Family	Rt 656 nr Winston
Kilby Family #1	2 mi off Rt 715, Sandoval Rd
Kilby Family #2	Slate Mills, Rt 644 off Rt 707
Kinloch Family	2 mi S of Culpeper on E side Rt 15
Liberty Hall	Jeffersonton
Locust Grove	"Locust Grove"

APPENDIX B – CEMETERY LIST BY COUNTY / INDEPENDENT CITY

(CULPEPER COUNTY, CONT.)

Masonic Cemetery	Radio Ln & Rt 29, Culpeper
Read Family	1/4 mi S of Jeffersonton on Rt 29
St Marks	Culpeper
St Stephen's Baptist	19075 York Rd, Stevensburg
St Stephen's Episcopal	115 N E Main, Culpeper
Wiggenton Family	1.7 mi N of Lakota 100 yds off Rt 29

CUMBERLAND COUNTY

Bonbrook	0.6 mi N of Cumberland, Rt 623
Booker Family	Rt 641
Clifton	Rt 16, Cartersville
Cottage Grove	5 mi N of Farmville
Deanery	Rt 45, Cartersville
Foster Family	5 mi S of Cumberland C.H. off Rt 60 by Lanhgorne's Tavern
Locust Grove	5 mi N of Farmville
Rock Castle	8 mi N of Cumberland Church
Smith Family	Cumberland
Union Hill	Rt 650 Cumberland 2.2 mi fr Rt 622
Woodlawn Cemetery	nr Cumberland C.H.

DANVILLE CITY (SEE ALSO PITTSYLVANIA COUNTY)

Green Hill	761 Lee St
Grove Street	940 Grove St
Holbrook Street	148 Holbrook St

DICKENSON COUNTY

Potter Family	Breaks Interstate Park

DINWIDDIE COUNTY

Anderson Family	NS of and 1/2 mi from Mamozine Rd
Aspen Lawn	off Rt 40, 9 mi W of McKenney, off private road
Billups / Ellis	Rt 669, 6.8 mi S of Petersburg
Bonneville Plantation	Rt. 699, 6.8 mi S of Petersburg
Bothwell Family	Rt 613, 2 mi S of Ford, in woods
Bushrod Carr Family	Rt 625, 3 mi W of Hebron Rd, private lane to house site
Chappell Family	off Rt 141 nr Dinwiddie Church
Clarke Family	Private Lane off Rt 623 nr Sutherland
Fraser Family	Rt 664
Fraser Family	Rt 630
Graves Family	Rt 633 about 12 mi SE of Dinwiddie Church
Greenway Family	Rt 662 abt 13 mi SE of Dinwiddie Church
Hamlin Family	5.4 mi NW of Church Road, W side of Rt 525
Harrison Family	Rt 681 abt 10 mi S of Dinwiddie Church
Hitchcock Family	Abt 10 mi S of Dinwiddie Church off Rt 655
Hollywood	Woodpecker Rd & Matoaca Rd, nr Matoaco High School
John Morris Graveyard	Rt 509 five mi E of McKenney
Lee Family	abt 4 mi from Dinwiddie Church
Locust Grove	Rt 1, 1 to 2 mi N of McKenney on private road
Malone Family	Rt 667, 10 mi E of Dinwiddie Church
Moore Family	Rt 606
Oliver Family	Rt 618, 4 mi S of Carson
Patsy Rose Graveyard	Rt 665, 9 mi SE of Dinwiddie Church
Sappony Episcopal Church	Rt 692, 0.6 mi E of jct with Rt 546, McKenney
Sturdivant Family	Rt 645 nr Dinwiddie C.H.

APPENDIX B – CEMETERY LIST BY COUNTY / INDEPENDENT CITY

(DINWIDDIE COUNTY, CONT.)

Sutherland Family	Fork Inn, 0.2 mi W of Sutherland
Sweeden Cemetery	Sweeden
Swenden	3 mi S of Sutherland Station
Thompson Family	7.8 mi W of Harper's Home Rt 40, S one mi on private road
Thweatt Family	3.5 mi from Dinwidie. One mi from Rt 1
Village View	Dinwiddie C.H.
Warren / Baugh	Rt 656, 5 mi SW of Carson off Rt 656
Weiland Family	Dinwiddle C.H.

ELIZABETH CITY COUNTY. Defunct. SEE HAMPTON CITY

ESSEX COUNTY

Blake / Brockenbrough Family	Walter Ln, by museum, Tappahannock
Blandfield	Rt 17 N of Tappahannock
Booker Family	Laurel Grove
Croxton Family	Queen St, W of Church Ln, Tappahannock
Indian Neck Farm	not given
Robinson Family	btw Prince & Duke Sts, town lots 48 & 49, Tappahannock
St Paul's Episcopal	7924 Richmond-Tappahannock Rd, Millers Tavern

FAIRFAX COUNTY, FAIRFAX CITY, AND FALLS CHURCH CITY

Adams / Nelson / Sewell	1443 Layman St, McLean
Andrew Chapel	9201 Leesburg Pike, Vienna
Bethel Regular Baptist	1130 Towlston Rd, Great Falls
Broadwater Family	Vienna jct Tapwingo & Frederick Sts
Brown Memorial	10416 Leesburg Pike
Chestnut Grove	831 Drainsville Rd, Herndon
Chichester Family	6720 Newington Rd
Collard Family	Groveton
Cranford Family	9621 Richmond Rd, Lorton
Cub Run Mem Garden	end of Naylor Rd, Centerville
Davis / Lewis	Fountain Head Regional Park, Fairfax Station
Dranesville United Methodist	1089 Liberty Meeting Court, Herndon
Fairfax City Cemetery	10567 Main St
Fairfax Memorial Park	9900 Braddock Rd, Fairfax
Falls Church Episcopal	115 E Fairfax St, Falls Church
Flint Hill Cemetery	2845 Chain Bridge Rd, Vienna
Fox Family	Full Cry Ct, Oakton
Gooding / Seaton	Little River Turnpike, Annandale
Gunnell Family	600 Innsbruck Ave, Great Falls
Gunston Hall	10709 Gunston Rd, Lorton
Haslip Family	10612 Belmont Blvd, Lorton
Jackson Family	1157 Swinks Mill, McLean
Jerusalem Baptist	5254 Ox Rd, Fairfax Station
Keene Family	Silvervine Ln, Springfield
Lane Family	nr Historic District, Centreville
Laurel Grove Cemetery	992 Liberty Ave SE, Norton
Lewinsville Presbyterian	1724 Chain Bridge Rd, McLean
Lewis Chapel, Cranford United Methodist	9912 Old Colchester Rd,, Lorton
Martin Family	Zion Dr, Sideburn
Millan Family	4600 W Ox Rd, Fairfax
Millan Family	5091 Piney Branch Rd, Fairfax
Pohick Episcopal Church	9301 Richmond Highway, Lorton
Potter Family	Telegraph Rd
Ravenworth	2mi S of Annandale

APPENDIX B – CEMETERY LIST BY COUNTY / INDEPENDENT CITY

(FAIRFAX COUNTY, FARIFAX CITY, AND FALLS CHURCH CITY, CONT.)

Rigg Family	2410 Braddock Rd
Robey Family	behind 430 Council Drive, Vienna
Sangster Family	Butt's Corner, Fairfax Station
Scott Family	Conference Center Dr, Fairfields Office Park
Sherman Family	8800 Ash Grove Ln, McLean
Slade Family	Georgetown Parkway, Langley
Springvale	Springvale
St John's Episcopal	5649 Mt Gilead Rd
Strother Family	Glastenberry Ct, Annadale
Summers Family	Deming Ave & Rt 613, Lincolnia
Taliaferro / Carter	16850 Sudley Rd, Centreville
Thompson Family	Rt 29 E of Nutley Rd
Trammell Family	Rt 7, Falls Church
Turley Hall	3318 Centreville Rd, Chantilly
Wilcoxen / Farr	3610 Old Lee Rd
Williams Family	9970 Vale Rd, Vienna (St Mark's Catholic Church)
Windsor Family	9417 Windsor Way, Burke
Wrenn / Hutchinson	Walney Rd, Chantilly

FAUQUIER COUNTY

Adams Family	Delaplane
Allan Family	Morrisville
Alton Farm	jct Rts 628 & 672, Bethel
Armistead Family	nr Paris
Armstrong / Leach	Rt 628, Warrenton
Ashby Family	Marshall
Ashby Farm	Delaplane
Athey Family	Orleans
Bailey Family	Rt 732, Marshall
Ball / Shumate	Tax Map ID# 6982-35-2573
"Belmont," Greenland Farm	Rt 724, Delaplane
Blackwell Cemetery	"The Meadows," Bethel
Bronaugh Family	Blue Ridge North Subdivision
Byrne Family	"Byrnley," Rt 704, The Plains
Carter / Cassell	Rt 17 one mi S of Marshall
Cedar Hill	4 mi NE of Bristersburg
Chanty / Rosamond / Sinclair	10150 Hendrick Ln, Alton
Cochran Family	Middleburg
Colvin Family	Rt 806 Catlett
Combs Family	Rt 609 Blistersburg
Cool Springs United Methodist	3322 Cobbler Mountain Rd, Delaplane
Edmonds / Blackwell	Warrenton
Edmonds Family	Rt 734 nr Warrenton
Embrey Family	1 mi NE of Summerduck
Eustace Family	"Midland" on Elk Run Road
Farrow / Hansborough Cem.	2 mi S of Bristersburg
Ferguson Cemetery	Delaplane
Fletcher Family #1	Paris
Fletcher Family #2	Upperville
Foster Family	The Plains
Glascock Family	Rt 55, Belvoir
Glascock Family	"Glenmore," Rt 624 NE of Rectortown
Gordondale Family	Rt 15, The Plains
Green Branch	4 mi NE of Goldvein
Greenland Farm	Delaplane
Hicks / Edmonds	Paris

APPENDIX B – CEMETERY LIST BY COUNTY / INDEPENDENT CITY

(FAUQUIER COUNTY, CONT.)

Cemetery	Location
Hunton Family #1	Rt 674, New Baltimore
Hunton Family #2	Rt 29, New Baltimore
Hunton Family #3	Rt 975, New Baltimore
Ivy Hill	Warrenton
Jeffries Family	Rt 710, Marshall
Kemper Family	2.5 mi S of Summerduck
Kincheloe Family	Rt 116, Rectortown
Leach Family	vic jct Rts 697 & 628
Lee Greenwood Farm	Rt 651 nr Botha
Leeds Episcopal	4332 Leeds Manor Dr., Markam
Liberty Farm	Paris
Little Georgetown Cemetery	Blantyre Rd, Broad Run
Locust Hill at Wamsley Place	abt 4 mi NE of Goldvein
Manor Lane Farm	Warrenton
Marshall Cemetery	E Main St, Marshall
Mont Blanc	Rt 720, 7.1 mi S of Delaplane
"Monterey"	Marshall
Monterey Cemetery	Marshall
Moore Family	jct Rts 737 & 9, Orlean
Morgan Family	Delaplane
Nalle / Strother	Rt 711, 3 mi S of Paris
Oak Hill	Rt 55, 3.6 mi NW of Marshall
Oak Springs	770 Fletcher Dr, Delaplane
O'Bannon / Glascock	Rt 698 (O'Bannon Rd)
O'Bannon Old Tavern	"Old Tavern", Warrenton
Orlean	Rt 737, Orlean
Payne / Kelly	Remington
Payne Family	Rt 691, Warrenton
Pettitt / Huffman	1 mi S of Elk Run
Poorhouse Cemetery	off Free State Rd, Vernon Mills
Rectortown	Rt 624 NE Rectortown
Rose Hill	Rt 17, 5 mi N of Delaplane
Rust Family	Upperville
Scott Family	Warrenton
Shumate Family	1.25 mi S of Catlett
Shumate Family	Rt 647, Marshall
Sinclair Family	W of Hopewell Gap Plains
Smith Family	Rt 688, Orlean
Soldiers Rest Farm	Soldier's Rest Ln, Orlean
Strother Family #1	E Slope Blue Ridge Mountains, Paris
Strother Family #2	Paris
Suddeth Kelly	Somerville
Taylor Family	nr jct Rt 17 & Merry Oak Rd
Templeman Family	vic Rts 647 & 688, Orlean
Turkey Run Farm	Ashby
Turner Cemetery	"Kinloch", Rt 601, The Plains
Upperville Baptist	9070 John Mosby Rd, Upperville
Upperville United Methodist	Delaplane Rd, Upperville
Vernon Mills	9 mi SW of Marshall
Warrenton City	Chestnut St, Warrenton
Whitewood	The Plains
Withers / Nelson / Ficklin	9337 James Madison Rd, Opal

APPENDIX B – CEMETERY LIST BY COUNTY / INDEPENDENT CITY

FLOYD COUNTY

Altizer Family	Rt 8, Altizer's Bridge, on Montgomery & Floyd Co line
Epperly Eastview Cemetery	4.4 mi S of Floyd off Rt 714
Jacksonville	Rt 8, Floyd
Memorial Park	Indian Valley
New Jacksonville Cemetery	Rt 8, 0.25 mi S from Floyd
Pine Creek Primitive Baptist	Spangler Mill Rd, Floyd
Wade Cemetery	Indian Valley
White Oak Grove	9 mi NW of Floyd

FLUVANNA COUNTY

Ashlin Family	end of Rt 606
Black Family	vic Rts 619 & 660
Bowles Family	vic jct Rts 610 & 659
Cocke Family	Lower Bremo
Crutchfield / Johnson	jct Rts 629 & 631
Eastin Family	Venable Rd
Flannagan Family	Wildwood
Free Hill	Columbia
Hope / Kent Family	vic Rts 601 & 631, Cloverdale
Hughes Family	vic Rts 601 & 631, Cloverdale
Jones Family	vic Rts 600 & 616, Fork Union
Kent Family	vic Rts 600 & 616, Fork Union
Lilly Family	vic Rts 630 & 601
Melton Family	Fork Union
Old Winnville	jct Rts 6 & 650, 2 mi W of Fork Union
Omohundro Family	Dixie
Parrish Family	vic Rts 619 & 660
Payne Family	Carysbrook, Paynes Mill
Perkins Family	White Rock
Perkins Family	jct Rts 629 & 608
Proffitt Family	jct Rts 640 & 650
Ross Family	vic Rts 630 & 613, Bybee
Seay Family	Rt 15, Fork Union
St John's Episcopal	Washington St, Columbia
Strange Family	vic Rts 644 & 15
Thomas Family	vic Rts 620 & 643
Wills Family	vic Rts 15 & 3
Wood Family #1	end of Rt 624
Wood Family #2	vic Rts 15 & 655
Woods Family	Rt 240, 0.4 mi S of Mechum River

FRANKLIN CITY. SEE SOUTHAMPTON COUNTY

FRANKLIN COUNTY

Bell / Morgan / Dudley	jct Rts 40 & 673
Bowman Family	vic jct Rts 635 & 691
Calloway Family	Rt 619, 4 mi NE of Saco
Chambers Family	Rt 815
Clayborn Family	vic Rt 657
Cook Family	Air Port Rd
Cooper Family	vic jct Rts 619 & 996
Corn Family	vic jct Rts 865 & 778
Divers Family	Rt 672 (Olyer Rd)
Graveyard Hill	Old Carolina Rd

APPENDIX B – CEMETERY LIST BY COUNTY / INDEPENDENT CITY

(FRANKLIN COUNTY, CONT.)

Guerrant / Callaway	Rt 602, Algoma
Hatcher Family	Rt 122 ,19 mi NE Rocky Mount
Kidd Family	Turkeycock Mountain
Law Family	Rts 658 & 946
Major Holland Family	Rt 674
Pearson Memorial	3 mi E of Henry
Perdue Family	vic jct Rts 655 & 40
Peters / Flora	vic jct Rts 691 & 220
Pinckard/Drewry	vic jct Rts 40 & 748
Pleasant Hill Methodist	vic jct Rts 756 & 619
Poindexter Family	Rt 655, 2 mi fr Rt 834
Powell Family	nr Old Chestnut Mountain
Robertson Family	Rt 678 nr Taylors Store
Tanyard Cemetery	Rt 40, 1 mil SE of Rocky Mount
Wingfield Family	Rt 890
Wingo Family	Rt 662
Woody / Hodges	nr Sontag School

FREDERICK COUNTY AND WINCHESTER CITY

Battlefield Inn	Kernstown
Bethel Church	Bethel Church Road (Rt 610), Gore
Brucetown Methodist	2161 Brucetown Rd, Clear Brook
Burnt Factory United Methodist	1943 Jordan Springs Rd, Stephenson
Bywaters Family	Gore
Carper Family	Stephens City
Carson Family	Stephens City
Chestnut Grove	140 Light Rd, Siler
Dinges Family	Middletown
Ebenezer Christian Church	Rt 705
Elliot Family	Hayfield
Fairview Lutheran	464 Fairview Rd, Gore
Gainesboro	166 Siler Ln, Gainesboro
Glen Burnie	Winchester
Good Family	Pinetop Rd
Gough / Smith	Mt Pleasant
Green Hill	Fairfax St, Stephens City
Hall Family	Rosenberger
Heironimus	Old Mill Ln, Whitacre
Hopewell Meeting House	jct Hopewell Rd (Rt 672) & Waverly Rd, Clear Brook
Johnson / McCoy	High View
Jones Family	Rt 658 one mi W of Rt 11
Little Mountain United Methodist	259 Little Mountain Church Rd, Cedar Grove
Long / Stephens	Mulberry St, Stephens City
Macedonia United Methodist	1941 Macedonia Church Rd, White Post
Mason Family	Double Tollgate
Mt Carmel	3rd & High St, Middletown
Mt Hebron	305 E Boscawen St, Winchester
Mt Pleasant Meeting House	jct Rts 622 & 629
Old Lutheran Church	Stephens City
Old Methodist Church	Stephen City
Old Stone Church	Rt 671, Green Spring
Opequon Presbyterian	217 Opequon Church Ln, Kernstown
Painter Family	Lebanon Church
Richards Family	Mountain Falls
Ridings Chapel	Rt 735, Middletown
Smith Family	Gore

APPENDIX B – CEMETERY LIST BY COUNTY / INDEPENDENT CITY

(FREDERICK COUNTY AND WINCHESTER CITY, CONT.)

Spring Hill	3000 Fort Ave, Winchester
St Johns Lutheran	3623 Back Mountain Rd, Winchester
Stephens City United Methodist	5291 Main St, Stephens City
Strother / Jones	Stephens City
Taylor Family	nr Berryville
Trenary Farm	Stephens City
Trinity Lutheran	810 Fairfax Pike, Stephens City
Upper Ridge	Apple Pie Ridge Rd (Rt 739), Nain
Wesley Chapel Church	620 Chapel Hill Rd, Cross Junction
Wheeler Farm	Salem Ln
White Family	Rt 615, Hayfield
White Hall United Methodist	3265 Apple Pie Ridge, White Hall
Wisecarver / Snapp	off Rt 622, Fawcetts Gap (no road)

FREDERICKSBURG CITY (SEE ALSO SPOTSYLVANIA COUNTY)

City Cemetery	William St & Washington Ave
Masonic Cemetery	900 Block, Charles St
St George's Episcopal	905 Princess Anne St
Thornton / Forbes / Washington	off Hunter St, behind Mary Washington Hospital Home Health Agency
Willis Family	Marye Heights, 1 mi W of Fredericksburg, North gate of National Cemetery

GILES COUNTY

Atkins Family	off Rt 60 nr Rt 700 at Maybrook
Bane Family	White Gate
Cecil Family	Prospect Dale
Chapman Family	Rt 634, Ripplemead
French / Mason	off Rt 460 (Wenahah Ave), Pearisburg
Hale Family	off Rt 61, Narrows
Horseshoe	Pembroke, James Price Farm
Johnston Family	8 mi N of Narrows
Johnston Family	Rt 634 nr Pearisburg
Kirk Family	Traley Farm, Rt 730
Lucas Memorial	Newport
Lynbrook	Pembroke
Peck / Matthews	2 mi E of Bane
Peck Famiily	Gray Sulphur Springs
Peterson Family	Peterson
Peterstown	Peterstown Cemetery Rd, Peterstown
Pleasant Hill Methodist	Rt 100, Bane
Poplar Hill	jct Rts 42 & 100, Poplar Hill
Snidow Family	Lilly Hil Rd (Rt 640), Pembroke
Staffordsville Cemetery	off Rt 100, Staffordsville
Sunrise Memorial Gardens	Woodland Rd, Rich Creek
Wesley Chapel Church	Rt 720 at Trigg
Williams Family	Rt 42 between Maybrook & Eggleston
Wright Family	Rt 42, 4 mi W of Poplar Hill

GLOUCESTER COUNTY

Abingdon Church	4645 George Washington Memorial Highway, White Marsh
Abingdon Plantation	1/4 mi N of Abington Church
Ark Cemetery	Rt 17, Ark
Marlfield Plantation aka Buckner Plantation	3780 Pebble Ln, Marlfield
Newington Baptist Church	6169 Main St, Gloucester
Robins family	Robins Neck Point, Lookout
Smart Family	Rt 17 across from Gloucester Woman's Club

APPENDIX B – CEMETERY LIST BY COUNTY / INDEPENDENT CITY

(GLOUCESTER COUNTY, CONT.)

Union Baptist Church	9254 Guinea Rd, Hayes
Ware Episcopal Church	7825 John Clayton Memorial Rd, Gloucester
Wiatt Family	Independence
Williams Cemetery	nr Williams Wharf

GOOCHLAND COUNTY

Bolling Hall	off Rt 6 on Rt 600
"Contention"	Rt 638, 300 yds in front of the house
Cunningham Family	Rt 45, Howard's Neck Farm, Pemberton
Friendship Rest	Rt 623, 0.7 mi fr SW Rt 27
Hickory Hill Farm	Rt 609
Jennings Family #3	jct River Rd & Rt 6
Lacy Family	off Rt 615 nr Old Forest Grove Church
"Mannsville"	Rt 616 nr jct with Rt 625
Philpotts Family	Rt 600 4.5 mi S of Rt 6
Redford Family #1	End of Rt 641 adj Continental Can Company
Rocky Spring Leake	Rt 6 1/8th mi W of Rt 600
Tuckahoe Plantation	Rt 650 nr Manakin

GRAYSON COUNTY

Andrew Jackson Haga Family	Penn Ford Ln
Bedweel-Wiley Family	vic jct Rts 654/689
Hale Family	Elk Creek
Hale Family	Flat Rock Rd
Lindon Family	Dehart
Oldtown	vic jct Rts 634 & 640
Rankin Family	Marion Heights Subdivision
Thomas Patton Family	end of Rt 639, Delp's Beach Ln
Trimble Family	Galax, jct Rts 89 & 97

GREENE COUNTY

Atkins Forgotten Graveyard	E end of Stanardsville
Beazley Family	Tax Map 49-A-5
Blakey Family	Rt 360, McCabe
Burton Graveyard	jct Rts 29N & 609E
Davis Family	Rt 641, Locust Grove Farm
Fletcher	nr Old Fletcher Post Office
Green Hills	Between Green Acres Rd & Green Acres Ln
McMullen Family	Rt 637 nr South River Church
Melone Family	Rt 622, Stanardsville
Moyer Family	Rt 33 Business, Stanardsville
Old Dourell	12 mi N Charlottesville
Shelton Family	Rt 637, South River
Shotwell Family	Lucinda Road (Rt 29), Ruckersville
Temple Hill Church	Spotswood Trail (Rt 33), Stanardsville
Thornton Family	Rt 619 nr South River Branch

GREENSVILLE COUNTY AND EMPORIA CITY

No War of 1812 veterans were identifed as buried here.

APPENDIX B – CEMETERY LIST BY COUNTY / INDEPENDENT CITY

HALIFAX COUNTY

Anderson / Weatherford	Bet Rt 832 & 934 W of Halifax
Anderson Family	Meadville
Bellevue	Rt 729, South Boston
Bennett Graveyard	Rt 649 9 mi S of South Boston
Betts Cemetery	South Boston
Black Walnut	Clover
Brown Hill	Rt 658, Paces
Coleman Family	Woodlawn Plantation, Clover
Ferrell Family	Rt 662 15 mi W of Halifax Church
Gray Family	Mayo
Harris Family	Rt 711, 12 mi SW of South Boston
Hite Family	Halifax
Hubbard / Pendleton	Rt 58 at Patrick County line
Irvine Family	Rt 601 0.4 mi S of South Boston
Logan Family	22 mi from Halifax Church, 15 mi E of Chatham
Lynn Family	nr Crystal Hill
Wyatt Family	Rt 601 abt 3.5 mi S of South Boston

HAMPTON CITY

Armistead Cemetery	N Armistead Ave
Cedar Island aka Roundtree	Harris Creek Road
Hansford Family	Old Hospital site, Hampton
Latimer / Hickman	Harris Creek Road
Old Graves	1.5 mi W of Hampton on Sawyers Swamp Rd, John Lake Farm
Phillips Family	nr Langley
Phillips Family	2 mi fr jct Fox Hill & Harris Creek Rds
Sherwood	Langley AFB
St John's Episcopal	100 W Queens Way
Topping Family	Not given
Vaughan Family	8 mi NW Hampton Rt 27
West Cemetery	11 Harlequin Dr

HANOVER COUNTY

Airwell	Rt 738
Alexander Family	Rt 628
Bear Island	Rt 738
Beaver Dam	Rt 738
Berea Baptist	15421 Pouncey Tract Rd (Rt 623), Rockville
Blenheim / Winston	Rt 646 between Rt 715 & Rt 1
Brock Spring	Old Telegraph Rd
Brown Family	Rt 671
Buchannan / Holmes	off Rt 602 abt 0.07 mi W of Rt 688
Camp Hanover	Rt 609
Church of Our Savior	17102 Mountain Rd (Rt 33), Montpelier
Clarke Family	Richardson House, Rt 656 nr Sliding Hill Rd
Courtland Family	Hanover
Day Family	Rt 685
Ellett / McMinn	Hopewell Rd
Fork Church Episcopal	12566 Old Ridge Rd, Doswell
Glencairn	Scotchtown Rd, Scotchtown
Goldmine Farm	Rockville
Goodall's Tavern	Rt 623 nr Rt 33
Greenlands	Rt 667
Harris Family	Rt 631
Hazelgrove / Stubbs	Meadowbrook Rd

APPENDIX B – CEMETERY LIST BY COUNTY / INDEPENDENT CITY

(HANOVER COUNTY, CONT.)

Hopkinson Family	3 mi NE of Richmond on Mechanicsville Turnpike, Hanover
Immanuel Episcopal	3263 Old Church Rd, Mechanicsville
Jones Family	Rt 742 in Buckeye subdivision
Mansfield Farm	Studley
Marlbourne	jct Rt 360 & 628
Morris Family	14315 Bethany Church Rd
Mt Pleasant	Cady's Mill Rd
Our Saviour	Upper Hanover
Pitman Kidd Family	Cold Harbor Rd
Pleasant Level	Mechanicsville
Retirement	King's Charter Subdivision, Atlee Station Rd
Riverside	Rt 608 nr Rt 680
Scotchtown Graveyard	Beaverdam
Scotchtown Mansion	Scotchtown
Shady Acre Farm	Rt 727 off Rt 623, nr "End of Maintenance" sign
Shrubbery Hill	Old Mountain Rd
Slash Christian Church	1153 Mt Hermon Rd, Ashland
Smith Family	Studley
Snead Family	Rt 624 nr Hylas
Snead Family	Rt 779
Spring Grove #1	Not given
Spring Grove #2	Rockville
Taylor Family	Cherrydale
The Grove	Rt 33
Thompson Farm	off Rt 658 btw Rts 738 & 715
Totomoi	Rt 643
Walnut Well	Rt 17 nr James Cross Roads
Wickham Family	Hickory Hill

HARRISONBURG CITY. SEE ROCKINGHAM COUNTY

HENRICO COUNTY

Byrd George Family	Rt 60, 9.7 mi E of Richmond Rd, 4mi N on W side of Briel's Farm Rd
Carter Family	historic directions: 1 mi NE of Richmond on Forest Lawn Cemetery Rd, 75 yds N of road
Herbert / Jordan	Monethan Rd
Herbert family	4.8mi SE Rickerstaff Rd
Riverview	Not given
William Depriest Family	Rt 5 to McCoull St

HENRY COUNTY

Barker Family	Axton Rd S of Barker Rd
Barrow Family	Rt 777, Mt Olivet
Bassett Family	Rt 683, Bassett
Boaz Family	Mitchell Rd, Ridgeway
Clark Family	Horse Pasture
Davis Family #1	Axton
Davis Family #2	Reed Creek Village
Draper Family	Not given
Dyer Family	Foxtail Rd, Axton
Finney Family	nr Mt Bethel Church
Fitts Cemetery	Aiken Summit
Font Hill	Irisburg
Griggs Family	Fieldale
Hairston Family	Beaver Creek Plantation

APPENDIX B – CEMETERY LIST BY COUNTY / INDEPENDENT CITY

(HENRY COUNTY, CONT.)

Hairston Family	Standleytown
Koger Family	one mi fr Patrick Co line
Mullin / Hay	Rt 631 at Patrick County line
Patrick Davis Family	Not given
Payne Family	Reservoir Rd off Rt 220 S of Ridgeway
Pyrtle Family	next to Walker Cemetery off Rt 659, N of Rt 606
Redd Family	Fontaine
Thomas Bouldin Family	Grassy Creek
Trent Family	Ridgeway
Turner Family	Figsboro
Ward Family	Philpott
Witt Family	Bassett
Wyatt Family	Leatherwood

HIGHLAND COUNTY

Clover Creek Presbyterian	Rt 678 S of McDowell
Doggett Family	Hillsboro
Gilmor Family	1 mi S of Mill Gap
Green Hill Methodist	Mill Gap Rd (Rt 84), Mill Gap
Hevener Family	0.5 mi N of Hightown Church
Jones Graveyard	Rt 250
McDowell Cemetery	McDowell
Snyder Graveyard	2 mi N of Hightown Church

HOPEWELL CITY. SEE PRINCE GEORGE COUNTY

ISLE OF WIGHT COUNTY

Atkinson Family	3.5 mi SW of Smithfield
Bullock Family	4 mi SW Benn's Church on Rt 602
Carroll Family	6.5 mi W Smithfield
Channell Family	Smithfield
Crouch Home	Rt 621, 7 mi NW of Smithfield
Darden Family	4 mi SE of Smithfield
Delk Family	5 mi NW of Smithfield on Rt 33, then 4 mi W on Rt 626
Drivers Family	1.5 mi W of Carrollton
Eley Family	Rt 626 off Rt 640, Windsor
Green Family	2 mi S of Benn's Church on Rt 10, 1 mi on Rt 660, then 1/2 mi NE
Hall Family	6.5 mi SW of Smithfield
Ivy Hill	Rt 1407, Smithfield
Phillips Family	3.5 mi SE of Smithfield
Smith Family	"Windsor Castle," Smithfield
St Lukes Church	14477 Benn's Church Rd, Smithfield
Wilson Family	Morgart Beach Rd, Hardy District

JAMES CITY COUNTY

Jones / Nunn	341 Farmville Ln, Norge
Lee / Davis / Young	nr Lee Hall on Curtis Dr.
Marston Family	"Roslyn," now "Lightfoot," across from Williamsburg Pottery, on Massie property

APPENDIX B – CEMETERY LIST BY COUNTY / INDEPENDENT CITY

KING AND QUEEN COUNTY

Bagby Family	Stevensville
Bruington Cemetery	Bruington
Bunker Hill	Stevensville
Glenwood Farmer's Mountain	nr Mattaponi River
Hoomes Family	Rt 620, 1.1 mi N of Rt 14, Bruington
Mattaponi Baptist	King & Queen C.H.
Mount Providence	nr Mattaponi River
Society Hill	Stevensville

KING GEORGE COUNTY

Arnold Family	Roosevelt Dr off Hoover Dr.
Dishman Family	Pine Hill Hunt Club Road, Carruthers Corner
Eagles Nest	King George C.H.
Emmanuel Episcopal	Rt 301, Port Conway
Fitzhugh Family	Dogue
History Memorial	Rt 301, in woods at back of cemetery
Hooe Family	Rt 603, 0.6 mi N of Sealston
Jenkins Family	Sealston
Lewis Family	Rt 649, Osso
McKenny Family	nr jct Rts 613 & 218
Middleborough Family	Rt 205, 2.9 mi past Rt 301 on right
Oakland Baptist	5520 James Madison Pkwy (Rt 301), King George
Patterson Family	King George C.H.
Racket Hall	King George C.H.
Spy Hill Farm	Rt 218 jct Stoney Point Rd at Tetotum area. Private Cemetery on Farm
St Paul's Episcopal	5486 St Paul's Rd, King George
Taliaferro Family	Rt 605, Passapatanzy
Walnut Hill	King George C.H.

KING WILLIAM COUNTY

Broadneck Farm	Acquinton Church Rd (Rt 618) W of Jack's Rd (Rt 629)
Cherry Grove	nr Court House & "Homestead"
Elsing Green	Elsing Green Plantation, Pamunkey River
Fairfield Plantation	Aylett
Forkland	off Rt 621 2 mi SW of King William Court House
Retreat	Aylett

LANCASTER COUNTY

Brent Family	Irvington
Chowning Ferry Farm	Western Branch Rd off River Rd (Rt 624)
Haydon Family	Lewis Dr, off Morattico Church Rd nr Kilmarnock
Historic Christ Church	Rt 646, Irvington
Hughlett Family	Rt 3, nr Lancaster C.H.
Lee Homestead	Kilmarnock
Morattico Baptist	Rt 200, Kilmarnock
Pleasant Banks	River Bluff Rd (Rt 649)
St Mary's White Chapel	White Chapel Rd & River Rd, Lively
Windsor Farm	Rt 3, E of Lancaster C.H.
Wingfield Family	Church St, Kilmarnock

APPENDIX B – CEMETERY LIST BY COUNTY / INDEPENDENT CITY

LEE COUNTY

Cedar Flats	Woodway
Chandler / Koger	Wallen's Creek
Clark Family	Wallen's Creek
Duff Family	Stickleyville
In a field	NW of Moriah Church
Litton Family	Big Hill
Ocoonita Cemetery	Ocoonita
Olinger Family	Olinger, Top of Peak
Rasnick Family	Lee
Rose Hill	Rose Hill
Rutherford Family	jct Rts 612 & 70
Sharp Family	Jonesville
Slemp Memorial	Olinger
Wynn Family	Turkey Cove

LEXINGTON CITY (SEE ALSO ROCKBRIDGE COUNTY)

Stonewall Jackson Memorial	S Main St

LOUDOUN COUNTY

Arnold Grove Methodist Episcopal	jct Rts 9 & 690, Hillsboro
Ball Family	Rt 15, Springwood
Ball Family	Leesburg
Camp High / Saunders	Leithtown
Catoctin Free Church	Charles Town Pike (Rt 9), Paeonion Springs
Chinn Family	Middleburg
Darnes Family	Rt 842, Arcola
Dishman Family	Glenwood Racetrack
Episcopal Church	Leesburg
Fairfax Meeting House	Walter & Waterford Sts, Waterford
Goose Creek Burying Ground	Rt 722, Lincoln
Grove Methodist Meeting House	Forest Grove Rd, Woodburn
Grubb Family	Hillsboro
Gulick Family	Aldie
Harmony United Methodist	Rts 704 & 7, Hamilton
Hillsboro City Cemetery	Hillsboro
Ketoctin Baptist	Alder School Rd (Rt 711), Eubanks
Lee Family #1	Leithtown
Lee Family #2	end of Rt 600
Leesburg Presbyterian	307 W Market St, Leesburg
McKim Family	Rt 613 Arcola
Middleburg Baptist	Middleburg
Mountain Chapel	Rt 734, Philmont
Mt Zion Baptist	Rt 50 & 860, Aldie
New Valley Baptist	Lucketts
Nixon Family	19010 Woodburn Rd, Woodburn
North Fork Baptist	38139 N Fork Rd, Purcellville
Old Episcopal	Church St, Leesburg
Old Bethesda Methodist	Foxcroft Rd, Unison
Old Ebenezer Baptist	20421 Airmont Rd, Bloomfield
Old Ebenezer Methodist Episcopal	Neersville
Old Stone Methodist	110 Cornwall St, Leesburg
Potts Family	jct Rts 719 & 734, Hillsboro
Rehobeth United Methodist	jct Rt 691 & Bollington Rd (Rt 692), Morrisonville
Saunders Family	Leithtown

APPENDIX B – CEMETERY LIST BY COUNTY / INDEPENDENT CITY

(LOUDOUN COUNTY, CONT.)

Sharon	Jay & Federal Sts, Middleburg
Shreve Family	Rt 621, Leesburg
Skinner / Oden Family	Gilberts Corner
South Fork Meeting House	Unison Rd (Rt 630), Unison
St James Episcopal	14 Cornwall St, Leesburg
St James's United Church of Christ	10 E Broad Way, Lovettsville
Union Cemetery	323 N Kings St, Leesburg
Union Waterford	Fairfax St, Waterford

LOUISA COUNTY

Anderson Family	Rt 661, 2.8 mi N of Inez
Belle Isle	Rt 614, 7.2 mi N of Mineral
Brackett's Farm	Rt 636, 2.4 mi off Rt 4, Trevillians
Carroll Graveyard	Rt 649, Trevilians
Catalpa	Rt 522
Cuckoo House	7 mi E of Louisa
Dabney Home	Rt 661, 4.3 mi NE of Orchid
Elk Creek Baptist	5916 Kentucky Springs Rd (Rt 652), Mineral
Fox Family	Rt 636. Ragland Field "Westland", 3.6 mi W Trevilianas
Harris Family	0.6 mi SE Fredericks Hall
Hickory Creek	1162 Hickory Creek Rd, Louisa
Ionia	1.2 mi N of Poindexter on Rt 640
Jerdone Castle	Bumpass
Morris Family	Rt 617, Green Springs
Morven Family	9.5 mi NW of Louisa, off Rt 621
Mountain View Farm	Greens Springs area
Old Bibb House	2 mi S of Frederick's Hall
Quaker Hill Hackett home	3.9 mi S of Trevilians off Rt 613
Sergeant Grave	Rt 640, 2 mi E of Poindexter
Swift Family	off Rt 658

LUNENBURG COUNTY

Hatcher Family	Abt 7 mi NW of Kenbridge
Hatchett Family	vic jct Rts 653 & 651
Hite Family	Lochleven
Taylor Family	Abt 18 mi SE of Kenbridge
Williams / Knight	nr jct Rt 623 & Eubanks Rd, Lunenburg

LYNCHBURG CITY (SEE ALSO CAMPBELL COUNTY)

Locust Thicket	2627 Old Forest Road
Lynchburg Methodist	Lynchburg
Methodist Cemetery	Lynchburg
Norvell / Wiatt Family	Outside Old City Cem
Old City Cemetery	401 Taylor St
Outside of Old City Cemetery	401 Taylor St
Presbyterian Cemetery	Grace & Bailey St
Scott Cemetery	V E S Rd
South River Meeting House	Lynchburg
Spring Hill	3000 Fort Ave

APPENDIX B – CEMETERY LIST BY COUNTY / INDEPENDENT CITY

MADISON COUNTY

Aylor Family	Rt 606, Novum
Berry & Yowell Graveyard	Rt 16, Radiant
Governor Kemper Family	1 mi S Leon P.O.
Madison	Rt 639 off Rt 20
May Family	Graves Mill
Old Garnett	Rt 600, nr Syria P.O.
Price Family	Rt 657, Madison

MATHEWS COUNTY

Billups Family	Rt 643, Moon
Borum Family	New Point
Brooks Family	New Point nr Shadows Post Office
Brownley Family	nr Mis Post Office
Christ Church	William Wharf Rd off Rt 14
Diggs Family	Diggs
Foster / Minter	Rt 650, Mobjack
Goshen	Rt 640 in Moon
Horn Harbor	Peary Rd (Rt 649), Peary
Hudgins / Edwards	Gwynn's Island
Hudgins Family	Rt 14
Hudgins Family	off Rt 617 N
Hunley Family	Rt 605
James family	end of Rt 646
Miller Family	end of Rt 697 nr Horn Harbor
Minter Cemetery	Rt 660 nr Bohannon
New Point Friends Church	6119 New Point Comfort Rd, Suan
Old Field Point	Rt 690, Moon
Pear Tree	Rt 609, Onemo Post Office
Poplar Grove	Rt 14, Poplar Grove Plantation
Potato Neck	Winter Harbor
Robins Family	Naxera, Robin's Neck, Point Lookout Farm
Smith / Borum	Rt 607, Willow Grove
Springfield	Ark Baytop Home
Turner Family	off Rt 14, Horn Habor
Unnamed	Rt 660
White Family	Pine Haven Rd
Yeatman Plantation	Rt 602

MECKLENBURG COUNTY

Boydton Presbyterian	Boydton
Burwell / Hamlin	Mecklenburg
Burwell Family	Rt 632, Chase City
Canaan	jct Rts 626 & 624
Chandler Family	Rt 727
Evans / Cleaton	vic South Hill
Goode / Harriss	jct Rts 903 & 615
Gregory Family	jct Rts 655 & 657
Jeffries / Davidson / Burton	vic Clarksville
Jones Family	Boydton
Liberty Hill	Rt 4 at Buggs Island Damn
Matthews / Keeton	Rt 623
Munfort / Lockett	Rt 823
Nelson Family	Mecklenburg
Overbey / Holt	Rt 602
Ryland Family	vic Rts 671 & 677

APPENDIX B – CEMETERY LIST BY COUNTY / INDEPENDENT CITY

(MECKLENBURG COUNTY, CONT.)

Scott Family	Rt 47 E nr Chase City
St James's Episcopal	275 Waqua Rd, Warfield
Taylor Family	jct Rts 655 & 657
Wheatland Cemetery	Wheatland
Wright / Wootton	Rt 58, Boydton

MIDDLESEX COUNTY

Beazley Family	Rt 629
Christ Church Episcopal	Rt 33, Saluda
Landsdowne	Urbanna
Montague / Cauthorn	Rt 17 nr Essex line
St Family	Hunt Club, Urbanna
Vaughan Family	Providence

MONTGOMERY COUNTY

Broce / Kinser	Blacksburg
Craig	401 S Franklin St, Christiansburg
Duncan Family	Rt 730, Willis
Hale Family	Mt Tabor Rd, (Rt 624), Blacksburg
Henderson Family	Catawba Rd (Rt 785), Blacksburg
Page Family	Rt 1, 0.25 mi S of Christianburg
Pierce Family	Christianburg
Wade Family	Rt 11, 4 mi W of Christianburg
Walters Family	vic Riner

NANSEMOND COUNTY. Defunct. SEE SUFFOLK CITY

NELSON COUNTY

Averill / Campbell	Montebello
Blue Rock Cemetery	Roseland
Diggs Family	1/2 mi N of Arrington
Elsom Family	Rt 722, 7.5 mi NE of Shipman
Fairmont Baptist	Rt 622, Shipman
Jones Family	2.5 mi NW of Roseland
Kidd Family	Rt 641, vic Elminton Methodist Church
Loving Family	Rt 29, Lovington
Loving Family	off Rt 699, 2.5 mi N of Tye River
Loving's Gap	Rt 29, Horsley Farm, Lovingston
Melton Family	Rt 722, 4.5 mi NW of Norwood
Montezuma *aka* Spring Hill Plantation	Rt 626, Norwood
Mountain Retreat	Lovington
Mt Rouge	Rt 655, Roseland
Shipman Family	4 mi NW of Norwood
Soldier's Joy	Wingina
Thacker Family	Rt 151, Roseland
Thompson Family	Nelson
West Graveyard	Rt 646, 5.5 mi E of Shipman
Wintergreen	Rt 151, Wintergreen

APPENDIX B – CEMETERY LIST BY COUNTY / INDEPENDENT CITY

NEW KENT COUNTY

Camp Bottom's Bridge	Quinton
Cedar Grove Farm	5 mi W of Providence Forge
Eltham Plantation	West Point
Ratcliffe Family	nr Barhamsville
White House	nr Pamunkey River

NEWPORT NEWS CITY (FORMERLY WARWICK COUNTY)

Mulberry Island	Newport News
Peartree Hall, Cary Family	Tabb Ln & Raymond Dr
Post	Naval Weapons Station
Russell / Hobson	Rosedown Plantation

NORFOLK CITY

Bart / Brown	Eason Rd
Carey Family	Deep Creek
Cedar Grove	238 E Princess Anne Rd
Cumberland St Baptist	nr St Paul's Church
Magnolia	Lancaster St
Old Massenburgh	South Norfolk
St Paul's Episcopal	201 St Paul's Blvd
Yard of Livius Old	Great Bridge

NORFOLK COUNTY. Defunct. SEE CHESAPEAKE CITY

NORTHAMPTON COUNTY

Addison Family	Rt 13, 0.2 mi N of Rt 652, Exmore
Anderson Farm	N of Rt 183, 0.55 mi W of Wardtown, on dirt lane for 0.9 mi, Wardtown
Badger Family	W of Rt 600, 0.7 mi N of Rt 617, in field, Marionville
Bagwell Family	E of Rt 600, 0.5 mi N of Rt 603, into field 0.4 mi, Willis Wharf
Bayview	E of Rt 13, 2.9 mi S of Rt 184, on dirt lane 1.2 mi, Dalby
Cape Charles	jct Rts 642 & 641, Cape Charles
Chandler Property	Rt 604; "Recorded in 1940. Unable to identify. Probably between Oak Park and Hadlock, N side of Rt 604
Chelsea	Rt 619, Church Neck, in woods
Christ Church Episcopal	Eastville
Core Place	E of Rt 13, 0.5 mi S of Rt 684, SE of house, Kiptopeake
Dalby Place	0.7 mi N of Rt 636, W of the railroad tracks in woods nr creek
Dunton Family	Rt 600, 0.4 mi N of Rt 617, in field, Dunton
Elkington	Rt 634, 4 mi SW Eastville
Farmers Delight	E of Rt 13, 0.1 mi S of Rt 643, NE of house
Farmington	S of Rt 620, 0.7 mi E of Rt 13, .3 mi into field
Fatherly Farm	N of Rt 617, 0.1 mi W of Rt 13, in field, Weirwood
Fort Custis (Old Douglas Fitchett Farm)	7 mi S of the main gate of Fort Custis
Grape Valley	E of Rt 618, 1.4 mi E of Hungar's Church
Griffith Family	jct Rts 600 & 683, Capeville
Hallett Family	Cape Charles
Holly Brook	E of Rt 13, 0.9 mi N of Rt 630, Eastville
Home Place	off Rt 617, 1 mi W of Rt 618, 0 .6 mi on lane to house, Elliott's Neck,
Bayford	not given
Hungers Church	Bayside Rd
Ingleside (Fisher Farm)	Rt 606 (Morley's Wharf Road)
Kellam Family	Willis Wharf
Kendall Grove	Rt 674

APPENDIX B – CEMETERY LIST BY COUNTY / INDEPENDENT CITY

(NORTHAMPTON COUNTY, CONT.)

Latimer Farm	off end of Rt 600
Locust Lawn	Rt 600 0.5 mi N of Shep's End
Magotha Church	nr jct Rts 644 &13. wooded area behind house
Maplewood	nr jct Rt 618 & 607, Exmore
Mary Widgeon Smith Plot	nr jct Rts 600 & 639
Mears Plot	nr jct Rts 600 & 604
Nottingham Beach	jct Rts 645 & 704; graves moved to Cape Charles Cemetery
Nottingham Farm	Rt 646, 0.4 mi W of Rt 645, Cheapside
Old Methodist Chapel	nr jct Rts 600 & 646, Townsend
Old Pitts Farm	end of route 614 on lane to creek
Old Ward Farm	Rt 602, 0.1 mi W of Rt 183,
Park Hall	Rt 631, 0.1 mi E of Bus Rt 13, in field behind house, Eastville
Piney Forest (Old Jarvis Place)	Rt 645, .01 mi S of route 644
Poplar Valley	E of Rt 600, .2 mi S of Rt 636, in woods
Ridgeway	Rt 13, nr Rt 628, on dirt lane
Rose Neath	Rt 600 nr Rt 630
Sadie Fitchett Farm	Rt 650, 0.4 mi E of Rt 645, dirt lane through farm
Savage Family	End of Rt 711, 0.2 mi on gravel road
Scarborough's Plain	jct Rts 601 & 683
Shirley	Rt 600, 0.7 mi N of Rt 639, on dirt lane to site of an old house
Vaucluse Family	end of Rt 619, 4.5 mi into Church Neck
Warren Farm	N of hard surfaced road just N of "America House", 0.2 mi W of Rt 13, .05 mi on farm lane, plot to east
Wellington Family	Rt 609, 3 mi W of Rt 618
Westerhouse	Rt 619, 3 mi into Church Neck, off dirt lane, Bridgetown
White Hall	Rt 600, nr jct Rt 627, Machipongo
Whitecliff	Rt 666, 1.1 mi N Rt 634, Savages Neck nr Eastville
Willis Farm	Rt 1901, 0.9 mi W of Rt 645 in field
Woodside	Rt 600, nr Rt 628

NORTHUMBERLAND

Ball Family	"Cressfield," Ball's Neck
Bates Cemetery	Newmans Neck
Broun Family	Easton Farm nr Brown's Store
"Hardin Bargain"	Cobbs Creek
Haynie Family	Haynie's Point
Headley Farm	Scotchfield Family, Lottsburg
Henderson United Methodist	72 Henderson Dr (Rt 202), Callao
Ingram Family	Dickie Hall
Northumberland House	Northumberland
Roseland	Reedville
Sherwood Forest	Sherwood Forest Community
Smith Family	Mantua Farm, Coan River
St Stephens Episcopal	Heathsville
Stith Cemetery	Northumberland House
Stone Church	Cherry Point
Sunnybank	Oyster Point
Tignor / Whaley / Prosser	Fairport
Turner Family	Harry Logan Rd

APPENDIX B – CEMETERY LIST BY COUNTY / INDEPENDENT CITY

NOTTOWAY COUNTY

Burke's Tavern	2.5 mi from Burkesville, on Old Farmville Road
Carter Family	Burkeville
Morgansville	Rt 460, 3 mi from Blackstone
Mountain Hall	3.5 mi E of Crewe, Ferguson Road
Pleasant Hill	nr Jordan's Bridge
Rural Retreat	2 mi SW of Crewe
Ward's Chapel	Zozomie Rd 300 yds fr Rt 360

ORANGE COUNTY

Barboursville Family	Rt 777, Gordonsville
Cave Family	5 mi SW Gordonsville
Eheart's Corner	12421 Albano Rd, Barboursville
Graham	Rt 20, 1 mi W of Court House, on right
Greenfields	off Rt 201, Greenfield Subdivision Orange C.H.
Kennedy / Hume	Rt 615 1 mi N of Orange C.H., Elmwood
Madison Family	Montpelier
Maplewood / Dunn	Rt 33, Gordonsville
Newman Family	Rt 20, 1.5 mi past airport, Orange
North Pamunkey Church	Rt 668, Orange
Pannill Family	Rt 684. Orange
Rhoades Family	off Rt 692, Orange
Rhoadsville Baptist	Rt 741, Rhoadsville
Simms / Terrill	Rt 629, Orange
Soldier's Rest	Rt 620
Taylor Family	Bloomsbury
Taylor Family	Rt 612, Meadow Farm
Terrell Family	off Rt 732
Wilkins / Peyton Family	Rt 700

PAGE COUNTY

Beahm Family	Rt 666, 7.5 mi N of Luray
Beaver / Brubaker	Rt 615, Luray
Blackford Family	Old Furnace Rd, Luray
Grove Family	Rt 615, Luray
Kauffman Family	Kauffman Mill Camp
Koontz / Shuler Family	1 mi NW of Alma
Luray United Methodist	1 W Main St, Luray
Price Family	Rt 12, Verbena Hill
Ruffner / Bauserman	Rt 615, Luray
Ruffner Family	Rt 21, Luray
Spitler Graveyard	Rt 641
Stover Family	Rts 615 & 211, Luray
Strickler Family	Rt 615, Luray

PATRICK COUNTY

Adams Family	nr jct Rts 693 & 687
Coleman	Knoll above jct Rts 103 & 645
Conner Family	1 mi SE Bowling Store
Critz Family	1 mi W of Critz
Elder John Conner	jct Rts 616 & 826
Epperson Family	End of Rt 748
Hubbard / Woolwine	SW of Woolwine
Hughes Family	Rt 731, 1.1 mi W of Henry County line
John Pilson Family	1 mi W of Elamsville

APPENDIX B – CEMETERY LIST BY COUNTY / INDEPENDENT CITY

(PATRICK COUNTY, CONT.)

Lackey / Turner	Rt 704 one mi SE of Rt 782
Loggins Family	Rt 8 one mi N of NC state line
Madison Carter	Rt 773 nr Dan River
Mays Family	nr jct Rts 103 & 741
Old Harbour	vic jct Rts 57 & 843
Pendleton Family	vic jct Rts 619 & 616
Penn Family	Rt 58
Rakes / Turner	1 mi E of Charity
Ross Family	1.5 mi W jct Rts 704 & 705
Spangler Family	off Rt 602
Stoops / Parr	1/2 mi N of Patrick County High School
Stuart Town Cemetery	Rt 8, Stuart
Taylor Family	1 mi S of Patrick Spring
Turner / Hall Family	vic jct Rts 704 & 635
Varner Family	nr jct Rts 626 & 695
Via Family	100 yards N of Rt 440
Wayside Church	Wayside Rd, Stuart
Woods Gap	2 mi S of Blue Ridge Pkwy
Ziglar Family	1/2 mi S of Hugh's Cemetery nr NC line

PETERSBURG CITY

Blandford	111 Rochelle Ln

PITTSYLVANIA COUNTY (SEE ALSO DANVILLE CITY)

Abram White Family	Oak Grove Rd
Adams Family	Rt 674 3 mi S of Gretna
Adams / Ward	Crestview Ln
Berger Family	Rt 605, 10 mi W of Gretna
Berry Hill	Rt 770, Berry Hill Plantation
Calland Family	2332 Mountain Dr, Chatham
Carter Family	1108 W Giles Rd, Chatham
Chaney Family	Rt 65 (Milam Farm Rd), Laurel Grove
Clark Family	1428 Motley Rd, Chatham
Clark Family	Rts 691 & 649, Pineville
Coleman Family	572 Yeatt's Store Rd, Java
Coles Family	1040 County Rd 690, Chatham
Conway Family	Rt 29 13 mi S of Chatham
Eustace Hunt Family	Staton Dr
Farson Family	5 mi NE of Java
Fitzgerald Family	5 mi E of Chatham off Rt 649
Fitzgerald / Stone	White Fall Rd
Hunt Family	White Fall Rd
Jameson Corbin Family	Old Hickory Ln
Jones Family	1593 Coleman Mountain Rd
Leftwich / Giles	Medical Center Rd
Nance Family	920 Mosco Rd, Axton
Oak Grove	7 mi E of Chatham
Old Brumfield Farm	4 mi N of Gretna on Rt 29
Palmer / Hundley /Jefferson	Chatham
Parker Family	Rt 767 vic Gretna
Pigg Family	Irish Rd, Chatham
Siloam Church	6815 Toshes Rd
Still Family	Still Springe Dr
Tate Family	6 mi E of Gretna
Thompson Family	573 Ricefield Rd, Java

APPENDIX B – CEMETERY LIST BY COUNTY / INDEPENDENT CITY

(PITTSYLVANIA COUNTY, CONT.)

Tosh Family	6816 Tosh Rd, Pittsville
Townes Family	Rt 726 nr Kentuck
Watkins Family	3001 Oak Hill Rd, Danville
Williams Family #1	1/2 mi from Markham, Banister River at "Witcher Place"
Williams Family #2	8 mi W of Chatham off Rt 666
Womack Family	Rt 702 8.8 mi E of Chatham
Wooding / Mustaine	1 mi N of Chatham
Yates Tavern	Yates Tavern

POQUOSON CITY. SEE YORK COUNTY

PORTSMOUTH CITY

Cedar Grove	Effington St & Fort Ln
Monumental United Methodist	450 Dinwiddie St
Oak Grove	jct Peninsula Ave & London Blvd
St Paul's Catholic Church	Portsmouth
Trinity Episcopal	500 Court St

POWHATAN COUNTY

Centre Hill	Fine Creek Mills on bank of James River
Dance Family	"Homestead," Powhatan Village
Harris Family	7 mi E of Pine Creek off Rt 614
Hobson Family	Blenheim, Rt 603, 0.2 mi W from Ballsville
Mt Carmel Church	4.8 mi W of Powhatan off Rt 627
Scott / Hening Family	jct Marion Harland Ln & Sigourney St, Powhatan C. H.
St Luke's Church	1.3 mi E of Fine Creek
White Family	White Oak Grove

PRINCE EDWARD COUNTY

Briery Church	179 Briery Church Rd, Keysville
Church Cemetery	Hampden-Sidney College
Farmville Cemetery	Rt 16, 1.5 mi W of Farmville
Foster Family	Rt 638 N of Farmville
Galean	Green Bay
Hampden Sidney Old Cemetery	0.3 mi W Hampden Sidney
Pritchett Family	general location not given
Sunnyside Farm	Rice Depot
Wilson / Jeffries	"Wood Lawn"

PRINCE GEORGE COUNTY

Aldridge Family	Rt 606 off Rt 654, 3 mi S Petersburg
Brandon Plantation	nr jct Rts 10 & 611
Bryant Family	Rt 616, Waverly
Coleman / Simmons	Rt 460 1.7 mi NW Disputanta
Drury Birchett Family	2 mi S jct Rts 460 & 603 on Rt 603
Gee Family	Rt 619, 2.5 mi SW Disputanta
Harrison / Pinkard	4.5 mi E of Prince George C.H., 3.4 mi N on private road
Harrison / Racefield / Rosewood	Rt 10, 3.8 mi E of Hopewell
Harrison Family	End of Rt 611, 5.5 mi NE Burrowsville, on James River
Heath Family	vic Blackwater Swamp, Petersburg
Hobbs Family	Rt 638 off Rt 621, 10 mi S Petersburg

APPENDIX B – CEMETERY LIST BY COUNTY / INDEPENDENT CITY

(PRINCE GEORGE COUNTY, CONT.)

Lewis / Bland	Rt 625, 3.2 mi S of Disputanta
Livesay Family	Rt 46, 1/2 mi NW of Disputanta
Williams Family	Rt 301, 3.5 mi S of Petersburg
Wood Family	jct Rts 606 & 622, Reams

PRINCE WILLIAM COUNTY

Abel Cemetery	Quantico Marine Base
Arnold Family	11848 Coloriver Rd
Ball Family	"Poritci," Rt 621, part of Bull Run Military Park
Barnes / Harrison	nr Rt 640, 7 mi N Dumfries
Bath Springs	Dumfries Rd just E of Rt 95 behind State Farm Insurance
Beaver Family	9110 Keyser Road, Nokesville
Bell / Cornwell	Forest Park
Ben Lomond Manor House	Rt 627, 2 mi S of Manassas Battlefield
Bethel Lutheran	5 mi E of Rt 233, 10 mi fr Manassas
Brazil Court	Brazil Court
Bronaugh Family	Mountain Rd
Cedar Run	Rt 611, Quantico Marine Base
Clover Hill	Manassas
Dulin / Evans	Van Doren
Dumfries Cemetery	off Cameron St, SW of Dumfries Elementary School, Dumfries
Edge Hill Farm	Rt 625, 10.5 mi Haymarket
Effingham	5 mi E of Rt 233, 10 mi from Manassas
Fleetwood Estate	Rt 645, 3 mi S of Nokesville
Forest Shade	Government Rd, 6 mi fr Dumfries
Greenwich Presbyterian	jct Rts 287, 603 & 604, 5 mi fr Nokesville
Greenwood Village Presbyterian	jct Rts 287, 603 & 604, 5 mi fr Nokesville
Hardens Hill	GPS N38 35.505, W077 20.278
Johnson Family	9115 Clover Hill Rd
Linton Hall School	Rt 619, 5 mi from Manassas
Manassas City Cemetery	Manassas
Mayfield / Hooe	nr jct Buttres Ln & Battery Heights Blvd, Manassas
Milstead Family	Hoadley Rd (Rt 610), 3 mi from Greenwood Prospect Hill Rt 624, 6 mi fr Haymarket
Reid Family	Dale City
Stepney Family	Rt 601, 6 mi from Haymarket
Sudley House	Rt 621, 3 mi W of Rt 29
Sudley Methodist	Sudley Rd
Sunnyside	off Rt 642, 6.5 mi N of Dumfries
Tebbsdale	Dumfries to Possum Point, historically 2.5 mi E on old Carborough Rd
Training Area III-O	Quantico
Triangle	Triangle
Wayside	Rt 629 N of Haymarket
Weir Family	Liberia Mansion, nr jct Rt 28 & Liberia Ave

PRINCESS ANNE COUNTY. Defuct. SEE VIRGINIA BEACH CITY

PULASKI COUNTY

Brown Family	1 mi NW of Belspring
Caddall	not given
Clark's Tavern	7 mi W of Wytheville
Cloyd Family	Dublin
Dublin Cemetery	Dublin
Hall Family	Mack Creek Village, Little Dam Rd
Holmes Family	Baptist Camp, Clayton Lake

APPENDIX B – CEMETERY LIST BY COUNTY / INDEPENDENT CITY

(PULASKI COUNTY, CONT.)

Maj. John D. Howe's Home	Rt 627, 4 mi NE of Dublin
New Dublin Presybterian	5331 New Dublin Church Rd, Dublin
Newbern Community	Rt 682 S of Dublin
Oglesbies	Draper Valley
Whitman Family	Pulaski Town
Wysor Family	Dublin

RAPPAHANNOCK COUNTY

Amissville Baptist	766 Viewton Rd, Amissville
Anderson Family	Hackley's Crossroad
Bowen / Pullen / Frazier (Caucasion)	Piney River Trail, off Frazier Hollow Rd, Sheandoah National Park
Brooke Family	Rt 211 between Washington and Amissville
Brown / Miller	Rt 622 at "Greenwood"
Brown Family	Rt 640
Carpenter Family	Rudasill Mill Rd (Rt 621), Woodville
Clatterbuck / Sims / Norman	290 Gid Brown Hollow Rd (Rt 622)
Conner Family	Rt 211, 1 mi N of Woodville
Conner Family	Rt 621, Woodville
Cooksey Family	Rt 647, Flint Hill
Dearing Graveyard	Rt 630
Fletcher Family	Rt 641, Washington
Flint Hill	Rt 522, Flint Hill
Hand Family	Rt 607, off Jennie Dade Ln nr Hazel River
Hitt Family	Rt 615, Castleton
Hopper Family	Rt 246, Harris Hollow, 4 mi from Little Washington
Jeffries Family (African American)	411 Red Oak Mountain Rd, Woodville
Johnson / Wood / Miller	Rt 3, 1 mi past Memorial Baptist Church, Sperryville
Jones Family	off Rt 211 at Duchesse Farm
Lane / Green Family	Rt 622, Washington
Lillard Family	Laurel Mills, Castleton
Major / Corbin Family	Rt 642 off Rt 211, Amissville
Major Family	Rt 642, Amissville
Massie Family	"Rose Cottage," Rt 622, Washington
Miller / Dudley Family	"Bon Venue," Rt 49
Moore Family	Fodderstock Rd (Rt 628), 4 mi W of Flint Hill
Puller Family	Rt 211
Settle Family #1	3 mi S of Flint Hill, VA
Settle Family #2	Rt 522, "Locust Grove," N of Flint Hill
Spindle / Hughes	Fiddlers Glen Ln, Castleton
St Paul's Episcopal	Hawlin Rd off Rt 522, Woodville
Strother Family	Rock Mills Rd off Rt 211, Wadefield
Wakefield Manor *aka* Gordon Manor	Flint Hill
Washington Masonic	Fodderstack Rd, Washington
Wood / Miller Family	Rt 3, 1 m N of Sperrville

RICHMOND CITY

Adams Family (no longer exists)	Church Hill, Richmond
Hebrew Cemetery	4th St, Shockoe Hill
Hollywood	412 S Cherry St
Prosser Family	N side Lester St, 400 ft E of Nicholson facing James River
Shockoe Hill	100 Hospital St
St John's Church	24th & Broad, Church Hill

APPENDIX B – CEMETERY LIST BY COUNTY / INDEPENDENT CITY

RICHMOND COUNTY

Belfield Family	"Belle Mount," 2804 County Bridge Rd, Warsaw
Garland Family	"Woodlawn," Warsaw
Packett Family	"Sabine Hall," Warsaw
Shandy Hall	"Tidewater"
Tayloe Family	"Mt Airy," Warsaw
Wellford Family	"Sabine Hall," Warsaw

ROANOKE COUNTY AND ROANOKE CITY

Blue Ridge Meeting House	Roanoke City
Bonsack Family	site of Old Bethel Church
Brubaker Family	nr jct Rts 628 & 805
Burwell Family (moved)	East Hill Cemetery, Salem
Campbell Fam #1 (moved)	Fairview Cemetery
Catawba	1.4 mi E of Catawba
Cooper / Kent / Heslep	W of Salem
Craig Family	nr Roanoke City
Crockett / Bandy	Rutrough Rd (Rt 659)
Denton Family	Rt 11, Hollins College
Dillard / Stover	E Barren's Rd
Duckwiler Family #2	Rt 639 across River
Fairview Cemetery	Salem Turnpike NW, Roanoke City
Farley Family	Old Hollins Rd
Frantz / Keagy	Alpine Rd, off Rt 117
Hackett Cemetery (aka Lockett / Garst)	Opposite 3604 Parkwood, Greenwood Subdivision
Hartman family	Cave Spring Ln
McClanahan Family	24th St vic Melrose Ave, Salem
Muse Family	SW of Roanoke on Roselawn Road
Painter Family	nr Catawba Hospital
Petty Family	"Cedar Lawn," Cove Rd, vic Peters Creek
Poage Family	Rt 221, Poage's Mill
Salem Cemetery	Salem
Sedon Family	5500 Stonybrook Dr
Shepherd Family	vic Oak Grove & Windsor
Sloan Family	Rt 690 nr Rt 221
Smith Family #1	Rt 622, 2 mi E of Rt 864
Smith Family #3	Rt 890, Francisco
"Speedwell"	Rt 904, Starkey
Trout / Miller	Cherry Hill Rd
Vinyard Family	vic Lauderdale Ave
Watts Family	N of Roanoke on Herschberger Rd
Wrenn Family	1609 Locke Road

ROCKBRIDGE COUNTY (SEE ALSO LEXINGTON CITY)

Falling Springs Presbyterian	Hickory Hill
Haines Chapel	jct Rt 56 & Blue Ridge Parkway, Vesuvius
Helper Family	Walker's Creek District, 3 mi N of Goshen
High Bridge	Rt 11, 15 mi S of Lexington
McDowell Family	Rt 11, 10 mi N of Lexington
Mount Zion	Between Buffalo & Tinkersville
Neriah	5 mi from Lexington on road to Buena Vista
New Providence Presbyterian	Raphine
Old Monmouth	3.5 mi W of Lexington

APPENDIX B – CEMETERY LIST BY COUNTY / INDEPENDENT CITY

(ROCKBRIDGE COUNTY, CONT.)

Old Timber Grove	Between Fairfield & Timber Ridge
Oxford Presbyterian	Lexington
Rapp's Mill Church	Rt 661 nr Boutetourt Co line
Timber Ridge	Rt 11, 6.5 mi N of Lexington

ROCKINGHAM COUNTY

Barber / Raish	Hidden Creek Ln, Harrisonburg
Blosser Family	"Sunny Slope", Rt 42 S, Dayton
Bowman Family	War Branch Rd (Rt 726), vic Peaked Mountain
Byrd Family	Judge Paul Rd (Rt 775), Ottobine
Cooks Creek Presbyterian	4222 Mt Clinton Pike, Harrisonburg
Cooper Family	off Rt 33, E side of Cooper's Mountain, Hinton area nr Rawley Springs
Custer Family	Little Dry River Rd (Rt 818), Fulks Run
Early Family	3588 Early Rd,, Harrisonburg
Elk Run	Rockingham & Spottswood Aves, Elkton
Fairview Church of the Brethren	Fairview Church Rd (Rt 795), Court Manor
Fawley / Faulk Family	Brocks Gap Rd (Rt 259), Fulks Run
Fishback Family	Rt 42, Dayton
Fitzwater Family	1 mi from Riverside United Methodist
Flick Family	Kratzer Rd (Rt 753), Linville
Flook / Armentrout Family	Rt 934, Lacy Springs
Friedens Church	Friedens Church Rd (Rt 257), Mt. Crawford
Garber / Raish	Hidden Creek Ln, Harrisonburg
Greenwood	Rt 42 behind Methodist Church, Bridgewater
Greenwood Family	4945 E Point Rd, Runkles Gap
Harrison / Effinger	Federal St, Harrisonburg: see comments
Harrison Family	Valley Pike Rd (Rt 11), Long Pump
Harrisonburg Methodist	S High and W Water Sts, Harrisonburg
Harschbarger Family	Rt 42, Dayton
Heavner Cemetery	Rt 269, Fulks Run
Hensley Community	Thoroughfare Rd (Rt 625), Elkton
Hershberger Family	1 mi E of Bridgewater
Hess Family	Millertown Rd (Rt 972), Fulks Run
Hooke Family	Port Republic Rd and Alumnae Dr
Hooke Family	Cross Keys
Houston Family	Stony Point Rd (Rt 986), Lacy Point
Huffman Family	off Rt 620, Tenth Legion
Keezletown Cemetery	Keezletown
Keller Family	Rt 769, Old Burkholder Place
Kline Family	Trissells Rd (Rt 809), Broadway
Lewis Family	Lynwood Rd, off Rt 340, Lynwood
Magill Family	Rt 42, Bridgewater
Maiden Family	Beidor Rd (Rt 628), Elkton
Mays Family #1	Mays Creek Rd, Bergton
Miller Family	Yankeytown Rd (Rt 819), Fulks Run
Moffett Family	Plains Mill Rd (Rt 953), Timberville
Moffett Family	vic New Market
Moyers Family	Williamsburg Rd (Rt 782), Broadway
Mount Crawford	Mt Crawford
Northern Methodist	Old Bridgewater Rd (Rt 867), Mt Crawford
Old Criders	Crider's Rd (Rt 826), Criders
Old Dayton	Dayton
Old Forge Church	Rt 825, Grottoes
Peaked Mountain Church	McGaheysville Rd (Rt 966), McGaheysville
Port Republic Methodist	Abandoned Cemetery aka Riverside Cemetery, River Rd, Port Republic
Port Republic Old Presbyterian	Rt 605, Port Republic

APPENDIX B – CEMETERY LIST BY COUNTY / INDEPENDENT CITY

(ROCKINGHAM COUNTY, CONT.)

Radar Lutheran	Timberville
Reedy Family	Rt 878, Wengers Mill
Rhodes / Roth	Rt 42, Broadway area (Shank Farm)
Rhodes Family	Rt 811, Mt Valley
Rife Family	Evergreen Valley Rd (Rt 617 off Rt 42)
Ritchie Family	Rt 817, Fulks Run
Sellers (Zellers) Family	Rt 807, Mauzy
Shank Family	Garber Church Rd (Rt 910), Harrisonburg
Shaver Family	Carter Run Trail (Rt 766), Carter Run
Smith Family	Behind Bennetts Run School House, Bergton
Smith Family	Sangersville Rd (Rt 613), Bridgewater
Smith Family	Smith Chapel, Crow Hollow, Elkton
St John's Lutheran	Rt 613, Singers Glen
Summers Family	Rt 806, Lacey Spring
Timberville Cemetery	Timberville
Trumbo Family	Rt 259, nr Fullks Run & Broadway
Turner Family	off Rt 612, Fulks Run
Wampler Family	Wamler Rd (Rt 809), Broadway Area

RUSSELL COUNTY

Campbell Family	Mountain Rd
Fletcher / Ball	1 mi jct rt 80 off Rt 83
Fugate Family	Rt 613, Tumbez
Fuller Family	2 mi N of Honaker
German Reformed Congregation	4 mi SW Bridgewater
Hamilton Family	Rt 613, Tumbez
Hershberger / Wynant	1.5 mi E of Bridgewater on North River

SCOTT COUNTY

Gray Cemetery	Wood
Jett Family	nr Washington Co line
Miller Family	nr Washington Co line

SHENANDOAH COUNTY

Borden Family	SW of Rt 55 on Rt 623
Coffman / Ryan	Shanandoah
Coffman Family	Rt 611, Jerome
Conical School	1/2 mi behind Conical School
Cook Family	Rt 652, Woodstock
Flat Rock Brethren	Forestville
Frye Family	Rt 710, Mt Jackson
Funkhouser Family	Rt 646 Mt Olive
Funkhouser Family	Bayse
Galladay Family	Powell's Fort
Jacob's Lutheran	Rt 42, Conicville
Keller Family	Rt 853, 2 mi W of Thom's Brook
Meyers / Woods	Rt 620, Mt Jackson
Moore Family	Moore's Store
Mt Zion Church	Strasburg
Neff Family	nr Stonewall Jackson High School
Newman Family	Rt 717 between Jerome & Liberty Furnace
Old Bethel Church	Rt 700, Edinburg
Old Edinburg	Edinburg
Old Pine Church	Pinkerton
Old Union Church	Rt 11, Mt Jackson

APPENDIX B – CEMETERY LIST BY COUNTY / INDEPENDENT CITY

(SHENANDOAH COUNTY, CONT.)

Otterbein Family	Rt 263, Rinkertown
Pine Church	Pinkerton
Rinker Family	Mt Jackson
Riverview	Strasburg
Soloman Church	9 mi SW of Mt Jackson on Rt 727
St John's United Methodist	jct Rts 42 & 720
St Matthews Lutheran	New Market
Stickley Family	Strasburg
Stoner Family	Rt 601, Fishers Hill
Union Gorge Methodist	Edinburg
Wendall / Orndorff	Rt 642, Toms Brook
Zirkle Family	New Market

SMYTH COUNTY

Anderson Family	Rt 660 at Adwolfe Fire Dept
Aspenvale	nr jct Rts 64 & 652, Seven Mile Ford
Buchanan (Rock Wall), Ferguson Farm	Rt 42, Rich Valley
Cullop Family	Atkins, Exit 50 off I-81
Ebenezer Church	Rt 665, Marion
Elizabeth Cemetery	E of Saltville
General Preston Cemetery	Aspenville
Gollehon	Broadford E of Saltville
Harmon Family	Rt 610 nr Bland County line
James Family	Rt 604, 6.5 mi S of Chilhowie
James Family East	Rt 601, Sugar Grove
Morgan	Rt 601, Teas
Mt Zion	jct Mt Zion Church Rd & Mabe Rd, Marion
Old Bethel Church	Rt 627
Richardson Family	1 mi W of Rt 16, Rich Valley
Riverbend	nr jct Rts 660 & 650
Roberts Family	Locust Cove Rd nr Bradford
Sinclairs Bottom Baptist	jct Rts 600 & 660, Chilhowie
Spotts / Thompson	Aspenvale
St Clair Bottom	Rt 762
Sulphur Spring	Rt 107, Chilhowie
Thomas Family	Rt 657 nr Adwolfe Fire Dept
Westwood Memorial Gardens	Beattie Ln, Chilhowie

SOUTHAMPTON COUNTY

Allen Family	Oak Island, Suffolk
Ames Family	Knott's Creek
Baines Family	2324 Greenway Rd Suffolk
Barnes Family	1 mi SW of Holland
Boykin Family	off Rt 460, Zuni
Britt Family	nr Blackjack Cemetery on Marvin Whitley land, on VA/NC border
Cobb Family	Cabin Point Rd abt 2 mi from Plank Rd
Cross Family	Gates Rd between Camp Pond Rd & Corinth Chapel Rd
Curtis / Cutler	Newsoms
Daughtrey Family	W side of Barnes Rd, Suffolk
Drewry Farm	2 mi SE of Drewryville
Edwards Family	Old Edwards Plantation
Felts Family	Ivor
Gillette Family	100 yds N of jct Rts 652 & 655
Harris Family #2	Rt 653 (Pinopolis Rd), 4 mi S of Carson
Harrison / Pope	2 mi NE of Newsome, off Rt 194

APPENDIX B – CEMETERY LIST BY COUNTY / INDEPENDENT CITY

(SOUTHAMPTON COUNTY, CONT.)

Jones Family	off Delaware Rd (Rt 687), 3 mi W of Franklin
Liberty Springs Church	cnr Liberty Springs Rd & Whaleyville Blvd, Suffolk
Millfield Plantation	Millfield Rd (Rt 605)
Moore Family	Nottaway Chapel
Murfee Family	26628 Dogwood Bend, Franklin
Myrick Family	Statesville
Pittman Farm	Dory
Pope Family	Old Buck Blowe Farm, Meherrin Rd, 1 mi N of Cooke's Store, off Rt 35
Poplar Springs	Franklin
Prince Family	Southampton
Ridley Family	Rock Springs Place
Smith Family	Sonentan
Stephenson Family	SE side of Clayton Rd at Seacock Swamp Bridge
Urquhart Family	Rt 620 (Broadwater Rd), Oak Grove Plantation, Ivor
Whitfield Family #1	Cottage Hill Rd
Whitfield Family #2	Rt 683, Mary Hunt Rd, Newsoms
William Mahone Home	6 mi E of Courtland, S of Sealey
Williams Family	Rt 658
Worrell Family	Old Russesll Ferguson Farm, Cross Keys Rd, Newsoms

SPOTSYLVANIA COUNTY

Alsop / Swanson	Rt 608
Bel Air	1.3 mi NW of Lewiston
Bellefonte	Rt 301, 3 mi W of Lewiston
Belvoir	Spotsylvania C.H.
Berea Baptist	8956 Courthouse Rd
Coleman Family	2.2 mi off Rt 61, 10.3 mi S of Spotsylvania C.H.
Fairview aka Chancellor Family	Rt 3, Chancellorsville
Graves Family	Rt 652
Hamilton Family	Rt 636
Hazel Hill	Finchville
Liberty Hall	Spotslyvania C.H.
Mannsfield	N Club Drive, Fredericksburg
Massey	Post Oak
Parker Family	Rt 612
Penny's Tavern	2.9 mi W of Snell, jct of Rts 209 & 648
Pine Forest Estate	Spotsylvania C.H.
Spotsylvania Museum	Spotsylvania C.H.
Spring Forest (in ruins)	Rt 208, Snell
Wallace Family	8630 Peppertree Rd

STAFFORD COUNTY

Adie / Waller	off Widewater Rd on old portion Rt 611
Aquia Episcopal	Aquia
Berry Family #2	jct Rts 625 & 626
Bloxton Family #2	White Oak
Byram Family	jct Rts 672 & 630
Carter Family	Ruby, formerly Tackett's Mill, Locust Hills
Curtis Family #3	Stefaniga Rd (Rt 648)
Daffan Family	Rt 625 nr railroad tracks
Edrington Family	end of Rt 692, right 1 mi
Episcopal Church	Falmouth
Finnall Family	Stafford C.H.
Fitzhugh Family	37 King George Grant Rd (Rt 608), Falmouth
Fritter Family	jct Rts 627 & 648, outside wall of Master's Cemetery

APPENDIX B – CEMETERY LIST BY COUNTY / INDEPENDENT CITY

(STAFFORD COUNTY, CONT.)

Glencairn	US Rt 1, Glencairn Estate
Gordon / Montague	Rosepetal St (Rt 1266)
Green Family #1	vic Stafford High School
Hollywood	Hollywood Farm, Rt 601
Kendall Family	Garrisonville, Vista Woods Subdivision
King Family	VEPCO tract on Aquia Creek. 0.7 mi off Rt 658
Knight Family	end of Embrey Mill Rd (Rt 733)
Liberty Hall	Truslow Rd, nr jct Rts 652 & 753
Norman Family #1	Rt 692 nr 98 Quarry Rd
Norman Family #3	Rt 641 (Onville Rd)
O'Bryhim Family	Rt 628, nr Ramoth Church
Payne Family #2	Rt 628, Tyler farm
Roberson Family	Stafford C.H.
Rockhill Baptist	jct Rts 644 & 671
Rollow / Allen	Stafford C.H.
Rowe Family	vic White Oak Run
Sanford Family #1	Greenbank Rd (Rt 656)
Stark / Payne	vic Ruby Fire Station, Quantico
Stoney Hill	Stafford
Sullivan Family	Weldford Ln (Rt 218), White Oak
Traveller's Rest Farm	4.8 mi NW of Stafford
Union Church	Falmouth
White Oak Primitive Baptist	White Oak
Whorton Family	end of Norman Rd (Rt 661)
William's Family #1	vic Bethleham Baptist Church
Wine Family	Mountain View Rd (Rt 627) past jct Kellog Mill Rd & Rt 651, in woods

STAUNTON CITY. SEE AUGUSTA COUNTY

SUFFOLK CITY (FORMERLY NANSEMOND COUNTY)

Browne / Minton	Nansemond Parkway, "Mintonville, Suffolk
Butler Cemetery	1801 Buckhorn Dr, Suffolk
Cedar Hill	Hill St
Gaskins / Lee	Lee property, Bennett's Creek
Glebe Church	Bennett Creek
Holland	Rt 58 By-pass W of Holland
Holy Neck Church	jct Pineview & Holy Neck Rds
Jones Family	Worth Jones property, Driver
Riddick Family	2080 White Marsh Rd, Suffolk
Saunders Family	Desert Rd off White Marsh Rd
Smith Family	Somerton
St. John's Church	formerly Churatuck Church

SURRY COUNTY

Avery / Mason	Laurel Drive
Claremont Manor	Bailey Ave., Claremont
Goodrich Farm	Otterdam Rd
Lawn's Creek	nr Bacon's Castle

SUSSEX COUNTY

Adkins / Howle	"Elm Shade," Rt 641 4.5 mi SW of Sussex C.H.
Bailey Family	Sussex
Barker Family	Sussex

APPENDIX B – CEMETERY LIST BY COUNTY / INDEPENDENT CITY

TAZEWELL COUNTY

Akers Family	Adria
Barnes Family	Rt 91
Baylor Family	Rt 609
Brown / Hall	Burke's Garden
Deskin Family	not given
Gillespie Family	Fairmont Subdivision
Jeffersonville	Fincastle Blvd
Jones Chapel	Rt 631, Cedar Bluff
Peery Family	Rt 678 by Dial Rock Rd
Tabor Family	Bluefield
Thompson Family	vic jct Rts 602 & 604
Watts Family	Joshua St
Wynn / Peery	Rt 61 nr Rt 678

VIRGINIA BEACH CITY (FORMERLY PRINCESS ANNE COUNTY)

Dam Neck	Naval Air Station, Oceana Annex
Emmy Fountain Farm	W Neck Rd
Griggs Family	Rock Creek Recreational Area
Moore Family	Pungo Inter Muddy Creek Rd
Old Dominion Church	4449 N Witchduck Rd
Read Family	Blackwater Rd
Red Mill Farm	Hedgelawn Rd
Whitehurst Family	1100 McClann Ln

WARREN COUNTY

Ashby Family	1.5 mi E Howellsville
Baggerly Family	1.5 mi N of Browntown
Boyd Family	1 mi E Browntown
Buck Family	1 mi W Buckton Station
Cloud Graveyard	Front Royal, on the Kendrick Road
Delinger Family	Passage Creek
Grigsby Family	Chester Gap
Linden Family	Linden
Marshall Family	Rt 55, Happy Creek Place
Millar Family	Front Royal
Miller Family	Mountain View Farm
Miller Family	5 mi SW Front Royal
Ninevah Family	jct Rts 522 & 340, Ninevah
Old Pine Church	Chester
Pollard Family	jct Rts 12 & 608
Rust Family	nr Howellsville Post Office
Shumate Family	nr Milldale on River
Sperry Family	1 mi S of Middletown
Stinson Family	1 Mi S Bentonville
Trenary Farm	Bayard

WASHINGTON COUNTY

Bristol Cemetery	Bristol, VA on NC state line
Buchanan Family	6 mi N Glade Springs
Clark Family	Rt 112
Cold Spring	Rt 44
Davis / Jameson	Rt 700 E
Davis Cemetery	vic jcts Rts 611 & 633
East Hill	W of Circles

APPENDIX B – CEMETERY LIST BY COUNTY / INDEPENDENT CITY

(WASHINGTON COUNTY, CONT.)

Ebbing Spring	Rt 714
Emory	Emory
Gibson Family	Rt 19, S of Holston
Glade Spring Presbyterian	33234 Lee St, Glade Springs
Gobble Family	Rt 614, vic Hiltons
Grant Family	Rt 720
Green Springs	Rt 75, 5 mi S of I-81
Grubb Family	Rt 792
Hayter / Litton	Rts 613 & 80
Hayter Family	Hillman Rd
Henderson / Fullen	1 mi E jct Rts 80 & 613
Henderson Family	Henderson
Ireson / Swingle	Rt 824, 7mi N of Abington
Johnston Family	Valley St, Abingdon
Kelly's Chapel	vic jct Rts 736 & 608
McCulloch / Cuddy	nr jct Rts 611 & 269
Meadows family	Moores Creek Rd
Meek Family	vic Exit 32 off I-81
Minnick Family	Graveyard is now lost
Mock Family	nr Damascus
Moore Cemetery	Edmondson Ln, Glade Spring
Old Hagy	vic jct Rts 740 & 609
Piper Family	Roberts Farm, Rt 19 N of Abington
Rock Spring	vic jct Rts 803 & 91
Sinking Spring Presbyterian	Blackfield Rd, one block from Main St, Abingdon
Smyth's Chapel	Rt 744
Walden Family	Rt 703
Walnut Grove	Abingdon Rd, Bristol
White Family #126	Not given
Wright's Chapel	jct Rts 91 & 605
Zion Methodist	29249 Zion Church Rd, Damascus

WESTMORELAND COUNTY

Bailey Family	Great House Rd, Kinsale
Dishman Family	Rt 637 Forest Glen
Flemer Family	Rt 638 at "Ingleside"
Hungerford	Leedstown off Rt 641
Jackson Family	Rt 638 nr Oak grove
Jeffries Family	3 mi E of Carmel UM Church on Level Green farm
Johnson Family	Rt 622, Oliff Property
Murphy Family	Ayefield
Norwood Family	Rt 3 btw Montross & Templeton Crossroads. 1 mi back from Rt 3
Omohundro Family	Maple Grove
Omohundro Family	"Fruit View" nr Nomini Grove
Park Family	Broadfield
Payne Family	Broadfield
Smith Family	Smith's Mount nr Leedstown off Rt 640 (not found today)
St Peter's Church	Rt 3
Storke Family	Bunker Hill nr Leedstown (not found today)
Washington Family	Cottage Farm Rd, Oak Grove, National Park
White Family	jct Rts 3 & 623

APPENDIX B – CEMETERY LIST BY COUNTY / INDEPENDENT CITY

WILLIAMSBURG CITY

Bruton Parish	331 W Duke of Gloucester St
Eastern State Hospital	Newport Ave
Waller Family	Francis St E of Bassett Hall

WINCHESTER CITY. SEE FREDERICK COUNTY

WYTHE COUNTY

Ft Chiswell	12 mi E of Wytheville off I-81
Graham Family	Max Meadows
Jackson Family	Main St, Austinville
Kimberlin Church	Rt 682 12 mi N of Wytheville
St Mary's Catholic	370 E Main, Wytheville
Ward Family	Blacklick

YORK COUNTY

Cheesecake Cemetery	Naval Weapons Station
Crockett Family	Seaford, on Crockett Rd
Curtis / Wynne	Wynne Rd off Railway Road
Essex Lodge	Yorktown
Grace Episcopal	111 Church St, Yorktown
Hopkins / Cook / Smith	Tabb
Mulberry Island	Fort Eustis
Poplar Hall	Rt 60 E, Smith Family Brickhouse Ln, Poquoson
Smith Family	Yorktown
Wade / Curtis	Naval Weapons Station
White Family	Poquoson

Monuments for Presidents Madison and Monroe

Left: President James Madison's tombstone at Montpelier in Orange County. In a message to Congress on June 1st, 1812, Madison asked to declare war on Great Britain. By a 60/40 vote, Congress agreed and the war officially began on June 18th. Opponents of the war termed it "Mr. Madison's War."

Right: President James Monroe's monument in Hollywood Cemetery in Richmond. Monroe succeeded Madison as President in 1816. During the war, he served as both Madison's Secretary of State and Secretary of War.

Above: A schooner's cannon guards the grave stone of Midshipman James Butler Sigourney in Kinsale, Westmoreland County. Sigourney was killed while defending the schooner *Asp* from British attack in the Yeocomico River, off the Potomac River, in July 1813. A native of Boston, he was later reinterred there. The stone near the "Great House" in Kinsale, with the cannon, still remains. (See page 256).

Right: A grave marker by The United States Daughters of 1812 adorns the grave site.

Above: Tombstone of Johnson Eubank, Hollywood Cemetery in Richmond with War of 1812 grave marker attached. This is a good example of how tombstones can solve many genealogical problems.

Right: President John Tyler's monument in Hollywood Cemetery. He was a Captain in the War of 1812. He was the first Vice President to become President upon the death of an in office President. Read more about him and other "firsts in history" on page 291.

APPENDIX C - CODE TO AND BIBLIOGRAPHY OF SERVICE SOURCES

A   Adjutant General's Office. "United States, Index to Service Records, War of 1812." This collection is a part of Record Group 94, Records of the Adjutant General's Office, 1780's-1917 and is National Archive Microfilm Publication M602. National Archives, Washington D.C. <u>See introduction for explanation.</u>

This database is also available at Ancestry.com (with subscription) at <http://search.ancestry.com/search/db.aspx?dbid=4281&cj=1&netid=cj&o_xid=0002530104&o_lid=0002530104> (Active as of June 2012.)

See Also: "United States, War of 1812 Index to Service Records, 1812-1815." Church of Latter Day Saints online at <https://www.familysearch.org/search/collection/show#uri=http://hr-search-api:8080/searchapi/search/collection/1916219> (Partially active as of June 2012.)

The researcher needs to use this record group with source "B" below by Stuart Butler.

B   Butler, Stuart Lee. *A Guide to Virginia Militia Units in the War of 1812.* 2nd edition. Athens, GA: New Papyrus Publishing Co., 2011.

C   Butler, Stuart E. *Virginia Soldiers in the United States Army 1800-1815.* Athens, GA: Iberian Co., 1986.

D   Heitman, Francis B. *Historical Register and Dictionary of the United States Army, From Its Organization September 29, 1789 to March 2, 1903.* Washington, D.C.: Government Printing Office, 1903.

E   Foreman, Jon. "Portsmouth People." Portsmouth People was written in 1890 and probably published that year (publisher unknown). The War of 1812 portion appeared n continuing parts in every issue of the Portsmouth Star newspaper commencing 14 Mar 1911. The portion on the War of 1812 starts on page 397 and extends thru page 417.

F   Not used.

G   Gravestone. Service information taken from inscriptions on tombstones.

H   "Muster Roll of a Company of Infantry Commanded by Capt. John C. Edrington of Stafford County, Virginia. War of 1812 Now Attached to the 6th Virginia Regiment." *Northern Neck of Virginia Historical Magazine,* 3 (1953), 229 – 231.

I   Nottingham, Stratton. *Revolutionary Soldiers and Sailors: Muster Rolls of Virginia Militia, War of 1812, Northampton County, Virginia.* Onancock, VA: Private Printing, 1929.

J   Southworth, Nancy Ralls. "Original Regular Army Muster Roll of Lt. William Ford." Transcript. Unpublished manuscript of the papers of Lt. William Ford of Stafford County.

K   *Virginia Militia of the War of 1812.* 2 volumes. Volume I: *Payrolls of Militia Entitled to Land Bounty Under the Act of Congress of Sept. 28, 1850 Copied from the Rolls in the Auditor's Office at Richmond.* On CD-ROM. Baltimore: Clearfield Publishing, Inc., 2000. Originally published by William F. Ritchie, Public Printer, 1851. See also: Searchable database, Library of Virginia at <http://lva1.hosted.exlibrisgroup.com/F/?func=file&file_name=find-b-clas12&local_base=CLAS12> (Active as of June 2012.)

APPENDIX C - CODE TO AND BIBLIOGRAPHY OF SERVICE SOURCES

L *Virginia Militia of the War of 1812*. 2 volumes. Volume II: *Muster Rolls of the Virginia Militia in the War of 1812, Supplement to the Pay Rolls*. On CD-ROM . Baltimore: Clearfield Publishing, Inc., 2000. Originally published by William F. Ritchie, Public Printer, 1852. See also: Searchable database, Library of Virginia at <http://lva1.hosted.exlibrisgroup.com/F/?func=file&file_name=find-b-clas12&local_base=CLAS12> (Active as of June 2012.)

M Wardell, Patrick G. *War of 1812: Virginia Bounty Land & Pension Applications*. Bowie, MD: Heritage Books, Inc., 1987. See also: Source Code "O" below.

N Wingo, Elizabeth B. *Norfolk County, Virginia, Revolutionary War and War of 1812 Applications for Pensions, Bounty Land Warrants and Heirs of Deceased Pensioners*. Greenville, SC: Southern Historical Press, Inc., 1964.

O National Archives & Records Administration. "Pension and Bounty Land Records of Veterans." This reference is used only when a contributor has supplied a copy of the original file. Otherwise, published sources were used.

Copies of the pension records may be obtained by mail using NATF Form 80 and addressed to NARA References Services Branch, General Services Administration, Washington, D.C., 20408. Also, as this book goes to press, these pension records are being digitized and offered by <Fold3.com> on the internet. <Fold3.com> is a wholly owned subsidiary of <ancestry.com> and access to the records is by subscription only.

For a detailed explanation of these records, and how to obtain them, see Stuart L. Butler in "Genealogical Records in the War of 1812," published online in *Prologue Magazine*, (Winter 1991) Vol. 23, No. 4 at <http://www.archives.gov/publications/prologue/1991/winter/war-of-1812.html>

P National Archives & Records Administration. "Compiled Military Service Records of Veterans." This reference is used only when a contributor has supplied a copy of the original file. Otherwise, published sources were used.

Q Hoge, William A. "The British Are Coming Up The Potomac," *Northern Neck of Virginia Historical Magazine*, 14 (December 1964): 1255-1342.

R Not used.

S Not used.

T Not used.

U Not used.

V Not used.

W Bentley, Elizabeth Petty, ed. *Virginia Military Records From The Virginia Magazine of History and Biography, The William and Mary Quarterly and Tyler's Quarterly*. 1983. Reprint. Baltimore: Clearfield Publishing Co., Inc., 2007.

X Whitman, David. *Fairfax County, Virginia, War of 1812 Soldiers and Veterans*. Unpublished manuscript sent to the compiler in 2009.

Y Not used.

Z Not used.

APPENDIX C - CODE TO AND BIBLIOGRAPHY OF SERVICE SOURCES

AA   Not used.

AB   Not used.

AC   Not used.

AD   Clark, Gerald H. *The Militia of Washington County, Virginia 1777-1835*. Signal Mountain, TN: Mountain Press, 1979.

AE   Early, Ruth Hairston. *Campbell Chronicles & Family Sketches,* 1927, Reprint. Baltimore: Regional Publishing Company, 1978.

AF   *Records of Men Enlisted in the U.S. Army Prior to the Peace Establishment, May 17, 1815*. Part of the *Register of Enlistments in the U.S. Army, 1798-1914*; (National Archives Microfilm Publication M233); Records of the Adjutant General's Office, 1780's-1917, Record Group 94; National Archives, Washington, D.C. This record set also includes officers of the state militias. Searchable and digitized on ancestry.com (with subscription) at <http://search.ancestry.com/search/db.aspx?dbid=1198> (Active as of June 2012.)

AG   Not used.

AH   Not used.

AI   Marine, William Mathew and Louis Henry Deilman, eds. *British Invasion of Maryland,1812-1815.* 1913, Reprint. Baltimore: Genealogical Publishing Co., Inc., 1977. Originally published by the Society of the War of 1812 in Maryland.

AJ   Not used.

AK   *Virginia Military Records from The Virginia Magazine of History and Biography, the William and Mary Quarterly, and Tyler's Quarterly.* Baltimore: Genealogical Publishing Co., Inc., 1983.

AL   Naval Historical Center. *Officers of the Continental and US Navy and Marine Corps: 1775-1900.* Online at <http://www.history.navy.mil/books/callahan/index.htm>. Revised and enhanced based on the work of Edward W. Callahan in a book by the same title (New York: L. R. Hamersley, 1901). Same as source code Z and AQ.

AM   Crawford, Michael J. and Christine F. Hughes, editors. *The Naval War of 1812: A Documentary History.* Volume III 1814-1815. Washington, D.C.: Naval Historical Center, Department of the Navy, 2002.

AN   Dixon, Joan M. *National Intelligencer Newspaper Abstracts: 1814-1817.* Westminster, MD: Heritage Books, Inc., 2006.

AO   Pearson, Gardner W. *Records of the Massachusetts Volunteer Militia Called Out by the Governor of Massachusetts to Suppress a Threatened Invasion during the War of 1812-1814.* Baltimore: Clearfield Company, 1993.

AP   Not used.

AQ   Naval Historical Center. *Officers of the Continental and US Navy and Corps: 1775-1900.* Online at <http://www.history.navy.mil/books/callahan/index.htm>. Revised and enhanced based on the work of Edward W. Callahan in a book by the same title (New York: L. R. Hamersley, 1901).

APPENDIX C - CODE TO AND BIBLIOGRAPHY OF SERVICE SOURCES

AR   Patrick County, Virginia, Court Order Book 2.

AS   Not used.

AT   "Peacock & Epervier." *The Naval Monument, Containing Official And Other Accounts of All the Battles Fought Between The Navies of the United States and Great Britain During the Late War, and an Account of the War with Algiers*. Boston: George Clark, 1838, 128-134. Online at <http://books.google.com/books/about/The_naval_monument.html?id=pIRxAAAAMAAJ> (Active as of June 2012.)

AU   National Archives and Records Administration. *War of 1812 Discharge Certificates. Appendix IV, List of Soldiers by Unit*. Online at <http;//www.archives.gov/research/military/war-of-1812/1812-discharge-certificates/soldiers-by-unit.html> (Note that this is only for U.S. Army forces.)

AV   *Military Society of the War of 1812*. Online data at <http://militarysocietyofthewarof1812.com/>

AW   Not used.

AX   National Archives and Records Administration. *War of 1812 Discharge Certificates. Appendix II, List of Company/Detachment Commanders*. Online at <http;//www.archives.gov/research/military/war-of-1812/1812-discharge-certificates/commanders.html> (Note that this is only for U.S. Army forces.)

AY   Not used.

AZ   *Death Notices from Richmond Newspapers 1821-1840*. Richmond: The Virginia Genealogical Society, Special Publication Number 9, 1987.

BA   Pippinger, Wesley A., comp, *Death Notices From Richmond, Virginia Newspapers 1841-1853*. Richmond: Virginia Historical Society, 2002.

BB   Johnston, Henry Phelps, comp. *Record of Service of Connecticut Men in the I. War of the Revolution, II. War of 1812, III. Mexican War*. Hartford, CT: Case, Lockwood and Brainard, 1889.

BC   United States Daughters of 1812 Society, Washington, D.C. Approved Applications for War of 1812 Veterans. Ancestor ID numbers and volume numbers are not generally included in the source notes. The Society maintains a searchable database online at <http://www.usdaughters.org>

BD   White, Virgil, *Index to War of 1812 Pension Files*. 2 vols, 2nd edition. Revised. Waynesboro, TN: The National Historical Publishing Co., 1992.

BE   *Virginia Genealogical Society Quarterly* and *Magazine of Virginia Genealogy*. Various issues as described in the text. Richmond: Virginia Genealogical Society. Note: the research was conducted at the Mary Ball Washington Museum and Library in Lancaster, VA from the original issues.
See also: <ancestry.com>, keyword (catalog) *Virginia Genealogical Society Quarterly* at <http://search.ancestry.com/search/db.aspx?dbid=6131>

BF   Not used.

APPENDIX C - CODE TO AND BIBLIOGRAPHY OF SERVICE SOURCES

BG   Naval Historical Center. *Officers of the Continental and US Navy and Marine Corps: 1775-1900.* Online at <http://www.history.navy.mil/books/callahan/index.htm>. Revised and enhanced based on the work of Edward W. Callahan in a book by the same title (New York: L. R. Hamersley, 1901). Same as source AQ.

BH   Kestenbaum, Lawrence. *The Political Graveyard, A Database of American History.* Online at <http://politicalgraveyard.com>

BI   Not used.

BJ   Not used.

BK   Not used.

BL   Not used.

BM   Scott, Craig R. *The "Lost" Pensions: Settled Accounts of the Act of 6 Apr 1838.* (Bowie, MD: Willowbend Books, 1996).

BN   *Orange County Virginia Court of Enquiry, County Militia 1813-1858.* Circuit Clerk's Office, Orange County Court House, Orange, VA. The original volume is not paginated. This record book starts with a meeting of the "Battalion Court" for the 2nd Regiment of the 3rd Virginia Militia of Orange County on 30 October 1813 which, for the war years, we have designated as pages 1-26. This is a record of men who were fined for not attending militia duties. This volume has been microfilmed by the Library of Virginia and in the "Orange County Records on Microfilm" collection, reel #47.

APPENDIX D - CODE TO AND BIBLIOGRAPHY OF BURIAL SOURCES

1. *Burials in Augusta County, Virginia Cemeteries, Part One.* Staunton, VA: Augusta Historical Society. Staunton, 1979.

2. *Burials in Augusta County, VA Cemeteries Part Two.* Staunton, VA: Augusta Historical Society. Staunton, 1985.

3. Baird, Nancy, Carol Jordan & Joseph Scherer. *Fauquier County, [Virginia] Tombstone Inscriptions,* vol. 1. Bowie, MD: Heritage Books, Inc., 2000.

4. Baird, Nancy, Carol Jordan & Joseph Scherer. *Fauquier County, [Virginia] Tombstone Inscriptions,* vol. 2. Bowie, MD: Heritage Books, Inc., 2000.

5. *Gravestone Inscriptions in Amherst County, Virginia.* Amherst, VA: Amherst County Museum & Historical Society, 1999.

6. Carey, Mary Frances & Moody K. Miles. *Tombstone Inscriptions Upper Accomack County, Virginia.* Bowie, MD: Heritage Books, 1995.

7. *Loudoun County, Virginia Cemeteries, A Preliminary Index.* Lovettsville, VA: Willow Bend Books for the Thomas Balch Library for History and Genealogy, 1996. Same as source code #73.

8. *Gone But Not Forgotten, Gravestone Inscriptions & Burials of Chesterfield County, Virginia.* Chesterfield, VA: Cemetery Committee of the Chesterfield Historical Society of Virginia, 1998.

9. Collins, Herbert Ridgeway. *Cemeteries of Caroline County, Vol 1, Public Cemeteries.* Westminster, MD: Family Line Publications, 1994.

10. Collins, Herbert Ridgeway. *Cemeteries of Caroline County, Vol 2, Private Cemeteries.* Westminster, MD: Family Line Publications, 1995.

11. Conner, E.R., III, *One Hundred Old Cemeteries of Prince William County, Virginia.* Manassas, VA: Private printing, 1981.

12. Jones, Mary Stevens, ed. *An 18th Century Perspective: Culpeper County.* Culpeper, VA: Culpeper Historical Society, Inc., 1976.

13. Huffman, Charles Herbert, ed. The Germanna Record Number Two: Germantown Revisited. 1962. Reprint. Locust Grove, VA: The Memorial Foundation of the Germanna Colonies in Virginia, Inc., 2005. Section III, part 7: "The Germantown Church and Cemetery."

14. *Giles County, Virginia, History – Families.* Marceline, MO: Walsworth Publishing Company: The Giles County Historical Society,1982.

15. Hill, Margaret Lester & Clyde H. Ratcliffe. *In Remembrance, Gravestone Inscriptions and Burials of Lancaster County, Virginia.* White Stone, VA: Private Printing, 2002.

16. *Cemeteries of King George County, Virginia, Volume I, Church Cemeteries.* King George, VA: King George County Historical Society, 2000.

17. Klein, Margaret C. *Tombstone Inscriptions of King George County, Virginia.* Baltimore: Genealogical Publishing Co., Inc., 1994.

APPENDIX D - CODE TO AND BIBLIOGRAPHY OF BURIAL SOURCES

18. Klein, Margaret C. *Tombstone Inscriptions Spotsylvania, County, Virginia*. Palm Coast, FL: Private Printing, 1983.

19. Graves Committee. Virginia State Society of the United States Daughters of 1812.

20. Mihalyka, Jean Merritt. *Gravestone Inscriptions in Northampton County Virginia*. Richmond: Virginia State Library, 1984.

21. Mihalyka, Jean Merritt and Faye Downing Wilson. *Graven Stones: Inscriptions from Lower Accomack County, Virginia including Liberty and Parksley Cemeteries. 1986*, 3rd ed. Bowie, MD: Heritage Books, Inc., 1992.

22. Miles, Barry W. and Gertrude Stead. *Cemeteries of the City of Newport News, Formerly Warwick County, Virginia.* Bowie, MD: Heritage Books, Inc., 1999.

23. Miles, Barry W., *Cemeteries of the City of Hampton, Virginia, Formerly Elizabeth City County*. Bowie, MD: Heritage Books, Inc., 1999.

24. Moore, Munsey Adams and Margaret Moore. *Cemetery and Tombstone Records of Mecklenburg County, Virginia.* 2 vols. Private Printing, 1982, 1987.

25. Membership Applications to Virginia Society of the United States Daughters of the War of 1812.

26. Musselman, Homer D. *Stafford County, Virginia, Veterans & Cemeteries.* Fredericksburg, VA: Bookcrafters, 1964.

27. Neale, Alma Brent, "Northern Neck Epitaphs." *Northern Neck of Virginia Historical Magazine*, 9 (1959), 837-846.

28. Klein, Margaret C. *Tombstone Inscriptions of Orange County, Virginia*. 1979, Reprint. (Baltimore: Clearfield Publishing Co., Inc., 2001).

29. Payne, Brook. *The Paynes of Virginia*. Harrisonburg, PA: C. J. Carrier Co., 1977.

30. Not used.

31. Personal visits to and information on cemeteries by War of 1812 members and other contributors

32. Pippenger, Wesley E. *Tombstone Inscriptions of Alexandria, Virginia (Volume 1)*. Westminster, MD: Family Line Publications, 1992.

33. Pippenger, Wesley E., *Tombstone Inscriptions of Alexandria, Virginia. (Volume 2)*. Westminster, MD: Family Line Publications, 1992.

34. Pippenger, Wesley. *Tombstone Inscriptions of Alexandria, Virginia, (Volume 3)*. Westminster, MD: Family Line Publications, 1992.

35. *Fairfax City Cemetery, Formerly (Cemetery for the Burial of the Confederate Dead)*. Fairfax Station, VA: Providence Chapter, NSDAR, n.d.

36. Quantico GIS-*Cultural Resources-Training Areas* (lists cemeteries/burials). Internal document, not published.

APPENDIX D - CODE TO AND BIBLIOGRAPHY OF BURIAL SOURCES

37. Quenzel, Carrol H. *The History and Background of St. George's Episcopal Church, Fredericksburg, Virginia.* Richmond: for the Vestry, 1951.

38. Rudd, A. Bohmer. *Shockoe Hill Cemetery, Richmond, Virginia. Register of Interments April 10, 1822 – December 31, 1950.* 2 Vols. Washington, D.C., Private printing, 1960.

39. Southampton County Cemeteries, Vol. 1. Southampton County Historical Society
    <http://www.rootsweb.ancestry.com/~vaschs/cemetery/southampton/SCOCEM1.pdf>
    (Active as of December 2011.)

40. *Southampton County Cemeteries*. Vol. 2. Southampton County Historical Society.
    <http://www.rootsweb.ancestry.com/~vaschs/cemetery/southampton/SCOCEM2.pdf>
    (Active as of December 2011.)

41. *Southampton County Cemeteries*. Vol. 3. Southampton County Historical Society
    <http://www.rootsweb.ancestry.com/~vaschs/cemetery/southampton/SCOCEM3.pdf>
    (Active as of December 2011.)

42. *Southampton County Cemeteries*. Vol. 5. Southampton County Historical Society
    <http://www.rootsweb.ancestry.com/~vaschs/cemetery/southampton/SCOCEM5.pdf>
    (Active as of December 2011.)

43. *Southampton County Cemeteries*. Vol. 6. Southampton County Historical Society. Vol. 6.
    <http://www.rootsweb.ancestry.com/~vaschs/cemetery/southampton/SCOCEM6.pdf>
    (Active as of December 2011.)

44. *Southampton County Cemeteries*. Vol 7. Southampton County Historical Society.
    <http://www.rootsweb.ancestry.com/~vaschs/cemetery/southampton/SCOCEM7.pdf>
    (Active as of December 2011.)

45. *Southampton Cemeteries*. Vol 8. Southampton County Historical Society.
    <http://www.rootsweb.ancestry.com/~vaschs/cemetery/southampton/SCOCEM8.pdf>
    (Active as of December 2011.)

46. Nansemond County Cemeteries, Vol. 1. Southampton County Historical Society.
    <http://www.rootsweb.ancestry.com/~vaschs/nansemnd.htm>
    (Active as of December 2011.)

47. Surry County Cemeteries. Southampton County Historical Society.
    <http://www.rootsweb.ancestry.com/~vaschsm/cemetery.html>
    (Active as of December 2011.)

48. Wright, F.E., *Inscriptions on Tombstones at Old St John's Church, Richmond, Virginia.*

49. Research submitted from individuals.

50. Virginia Historical Inventory. WPA survey reports for King George County cemeteries and graveyards. Library of Virginia.

51. Jett, Dora C. *Minor Sketches of Major Folk and where they sleep, The Old Masonic Burying Ground, Fredericksburg, Virginia.* Richmond: Old Dominion Press, 1928.

52. Virginia Historical Inventory. WPA reports for Spotsylvania County cemeteries and graveyards. Library of Virginia.

APPENDIX D - CODE TO AND BIBLIOGRAPHY OF BURIAL SOURCES

53. Not used.

54. Sheridan, Christine L. & Elsie W. Ernst. *Tombstones of Mathews County, VA, 1711-1986.* Mathews, VA: Mathews County Historical Society, 1988.

55. Not used.

56. Not used.

57. Virginia Historical Inventory. WPA reports for Stafford County cemetery and graveyards. Library of Virginia.

58. Pearson, Virginia Drewry. "Family and Cemetery Records. Wellford Family Cemetery, 'Sabine Hall,' Warsaw, Virginia." *Northern Neck of Virginia Historical Magazine,* 20, (1970), 2041-2046.

59. Turner, Ronald Ray. "Prince William County Cemeteries." Online from Prince William County Virginia <http://www.pwcvabooks.com/Cemeteries1.htm>

60. Gregory, Edward Sanford. *A Sketch of the History of Petersburg, From the Earliest Period.* Petersburg, VA: George W. Gray, printer, 1877.

61. *Bulletin of The Northumberland County Historical Society.* Heathsville, VA: Northumberland County Historical Society. Various issues as shown in the text.

62. O'Brien, Bayne Palmer, "Some Early Tombstones, Northumberland County." *The Bulletin of the Northumberland County Historical Society,* 7 (1969), 37-39.

63. Burton, Lewis W. *Annals of Henrico Parish. Vestry of Henrico Parish Diocese of Virginia and Especially St. John's Church, The Present Mother Church of the Parish, From 1611 to 1844.* 1904, Reprint. Bowie, MD: Heritage Books, Inc., 1997.

64. Goodwin, William Arthur Rutherford. *Historical Sketch of Bruton Church.* Petersburg, VA: The Franklin Press Co., 1903

65. Matthews, Bettie Jo. *Cedar Grove Cemetery, Portsmouth, Virginia Plot Book 1 and Plot Book 2.* Bowie, MD: Heritage Books, Inc.,1992.

66. Hull, Janice J. R. *Buckingham Burials, A Survey of Cemeteries in Buckingham County, Virginia.* vol. 1. Buckingham, VA: Historic Buckingham, Inc., (1997)

67. Hull, Janice J. R. *Buckingham Burials, A Survey of Cemeteries in Buckingham, County, Virginia.* Vol. 2. Buckingham, VA: Historic Buckingham, Inc., (2001).

68. Van Meter, Val. "Absence of a Grave Marking Leads Relative to Mount Hebron Cemetery." *The Winchester Star.* Issue of 12 Oct 2004.

69. Atkinson, Eugene L. and Judith P. Lowry. *Church Cemeteries. Upper Hanover County.* Montpelier, VA: Page Library of Local History and Genealogy, 2004.

70. Atkinson, Eugene L. and Judith P. Lowry. *Church Cemeteries of Lower Hanover County, VA.* Ashland,VA: Pro Image Printing, 2004.

APPENDIX D - CODE TO AND BIBLIOGRAPHY OF BURIAL SOURCES

71. Yates, Helen K. *Family Graveyards in Hanover County, Virginia.* vol 1. Mechanicsville, VA; Hanover Historical Society, 1995.

72. Yates, Helen K and W. E. Winfrey. *Family Graveyards in Hanover County, Virginia,* vol 2. Mechanicsville Virginia: Hanover Historical Society, 2000.

73. *Loudoun County, Virginia Cemeteries, A Preliminary Index.* Lovettsville, VA: Thomas Balch Library for History and Genealogy, 1996. Same as source code #7.

74. *Cemetery Project.* Washington, VA: Rappahannock County Historical Society, 2005. On CD in spreadsheet format. Includes death information other than gravestones.

75. *Tombstone Inscriptions Norfolk County, Virginia.* Chesapeake, VA: Norfolk County Historical Society of Chesapeake Virginia, 1979.

76. Barger, R. V. *Tombstones in St Luke's Cemetery, Isle of Wright County, Virginia.* Newport News, VA: Private printing, 1970.

77. Durrett, Virginia Wright and Sonya V. Harvison, S.V., *Handbook of Historical Sites in Spotsylvania County, Virginia.* Spotsylvania Historical Association, 1987.

78. Hammer, Ann K. *Gravesites and Cemeteries in Goochland County, Virginia 1990.* Private Printing, 1990.

79. Delaney-Painter, Nancy and Susan L. McCabe. *Index to Burials in Frederick County Virginia.* 2d ed. Westminster, MD: Heritage Books, 2004. Published under the auspices of Handley Regional Library, Winchester-Frederick County Historical Society, and the Joint Archives Committee, Winchester, Virginia.

80. Johnson, Steve and Maggie Rail. *Interment.net, Cemetery Records Online.* Clear Digital Media, Inc. <http://interment.net/> (Active as of May 2012.)

81. Not used.

82. *Epitaphs of Gloucester & Mathews in Tidewater, VA through 1865.* Richmond: Virginia State Library, for the Joseph Bryan Branch of the Association for the Preservation of Virginia Antiquities, 1959.

83. Waldrep, George Calvin, III. "Halifax County Cemeteries," Vol 1. Undated typed manuscript.

84. Hundley, W.T., *History of Mattaponi Baptist Church, King & Queen Co, Virginia.* Richmond, VA: Appeals Press, n.d.

85. Not used.

86. *Gravestone Inscriptions in Frederick County Virginia Cemeteries.* Vol. 5. Winchester, VA: Winchester-Frederick County Historical Society, 1960.

87. Baber, Lucy H.M., *Behind The Old Brick Wall, A Cemetery Story.* Richmond: Whippet & Shepperson, 1968.

88. Delaney, Ted, cemetery archivist. "The Old City Cemetery Data Base." Lynchburg, VA: The Old City Cemetery. Online at <http://www.gravegarden.org/GravesDB/GravesDB.html> (Active as of May 2012.)

APPENDIX D - CODE TO AND BIBLIOGRAPHY OF BURIAL SOURCES

89. *Fairfax County, Virginia Gravestones.* 6 vols. Merrifield, VA: Fairfax County Historical Society, Inc., 1994-1999.

90. Burow, Suzanne, ed. *Cemetery Records of Carroll County Virginia.* Hillsville, VA: Carroll County Historical Society, 2001.

91. Robertson, Donna J. *Tombstone Inscriptions of Floyd County, Virginia.* Private printing, 1993.

92. Royston, Donald R. and Mary L. Royston. *Cemeteries of Clarke County Virginia.* Athens, GA: New Papyrus Publishing, 2005.

93. "Virginia Cemeteries." The Tombstone Inscription Project. Online at <http://usgwtombstones.org/virginia/virginia.html> (Active as of June 2012.)

94. Early, Fay (Vaiden). *Record of cemeteries in Albemarle County, Virginia, including Charlottesville.* Manuscripts in 14 vols. Charlottesville, VA: Jack Jouett Chapter, NSDAR [1971- present].

95. *Gravestone Inscriptions – Family Cemeteries in Fluvanna County, Virginia.* Published by Fluvanna County Historical Society and the Point of Fork Chapter, Daughters of the American Revolution, 1996.

96. Arlington Genealogical Club. *Graveyards of Arlington County, Virginia.* Washington, D.C.: National Genealogical Society, 1985.

97. *Graveyards of Dinwiddie County, Virginia.* Typed manuscript. 1945, Reprint. (Frances Bland Randolph Chapter, USDAR). Cleveland, OH: Micro Photo Division, Bell & Howell Company, 1967.

98. Rudolph, Mrs. C. F., *Record of Tombstone Inscriptions in the Old Fort Defiance Cemetery, Augusta County, Virginia.* Private printing, 1952.

99. Miller, Donna Dressler. *Survey of Cedar Hill Cemetery with Original Locust Hill Cemetery Without Separation.* Covington, VA: The Alleghany Highlands Genealogical Society, 1994.

100. *Various Cemeteries of Alleghany County, Virginia.* 3 vols. Covington, VA: The Alleghany Highlands Genealogical Society, Inc., 1995, 1998, 2002.

101. Hale, Charles & Ruth G. Hale. *Walters Cemetery #2—Montgomery County, VA.* <http://files.usgwarchives.net/va/montgomery/cemeteries/walters02.txt> (Active as of May 2012.)

102. McNeely, Mike. *Brugh Cemetery, Botetourt County, VA.* <http://files.usgwarchives.net/va/botetourt/cemeteries/brugh.txt> (Active as of May 2012.)

103. Ayers, Charles Linard and Ruth G. Hale. *Old Glade Creek Cemetery Additions, Botetourt County, VA.* <http://files.usgwarchives.net/va/botetourt/cemeteries/oldglade02.txt> (Active as of May 2012.)

APPENDIX D - CODE TO AND BIBLIOGRAPHY OF BURIAL SOURCES

104. Hale, Charles W. and Ruth G. Hale. *Wesley Chapel Cemetery—Botetourt County, VA.* 1991, Revised, 1999.
<http://files.usgwarchives.net/va/botetourt/cemeteries/wesley-chapel.txt>
(Active as of May 2012.)

105. Virginia Historical Inventory. WPA Cemetery and Graveyard Survey Reports for Fauquier County. Library of Virginia.

106. Garner, Glenna G. *The Tombstone Transcription Project—Craig County, Virginia.*
<http://usgwtombstones.org/virginia/craig.html> (Active as of May 2012.)

107. Hale, Ruth G. and Emmett M. Huddleton. *W. O. McCabe Cemetery, Bedford County, VA.* Not dated. <http://files.usgwarchives.net/va/bedford/cemeteries/womccabe.txt>

108. Hale, Ruth G. *Linton Cemetery—Craig County, VA.* 1985.
<http://files.usgwarchives.net/va/craig/cemeteries/linton.txt> (Active as of May 2012.)

109. Hale, Ruth G. and Glenna G. Garner. *Page Cemetery, Montgomery County, VA. 1988.*
<http://files.usgwarchives.net/va/montgomery/cemeteries/page.txt>
(Active as of May 2012.)

110. Early, Ruth Hairston. *Campbell Chronicles & Family Sketches.* 1927, Reprint. Baltimore: Regional Publishing Company, 1978. Also online at
<http://files.usgwarchives.net/va/campbell/history/chronicles-families.txt>
(Active as of May 2012.)

111. Furr, Freddy. *Pittsylvania County, VA—Still's Cemetery.* Not dated.
<http://files.usgwarchives.net/va/pittsylvania/cemeteries/stills.txt>
(Active as of May 2012.)

112. Garner, Glenna G. *Hardwick Cemetery, Craig County, VA.* Not dated.
<http://files.usgwarchives.net/va/craig/cemeteries/hardwick.txt>
(Active as of May 2012.)

113. McBride, Louis. *Christ Church Cemetery, Fairfax County, VA.* 1999.
<http://files.usgwarchives.net/va/fairfax/cemeteries/christch.txt> (Active as of May 2012.)

114. Wilson, Buford C. and Hope B. Taylor. *Oldtown Cemetery, Grayson Co, VA.* New River Notes, 2008. <http://www.newrivernotes.com/graysoncems/oldtncem.htm>
(Active as of May 2012.)

115. Borden, Duane Lyle. *Tombstone Inscriptions of Shenandoah & Page Counties, Virginia.* Ozark, MO: Yates Publishing Co., 1984.

116. McConnell, Catherine S. *High on A Windy Hill.* Bristol, TN: The King Printing Company, 1968.

117. Payne, Larry C. and Lorene W. Payne. *Southern Fauquier County Cemetery Inventory.* Vol. 1. *Fauquier Family Cemeteries of the Revolutionary Period.* CD. Privately published, March, 2006.

118. *Cemetery Records of Franklin County, Virginia.* Baltimore: Gateway Press, 1986.

119. "St. Paul's Graveyard." *The Key* (Dec 1984). Norfolk Genealogical Society.

APPENDIX D - CODE TO AND BIBLIOGRAPHY OF BURIAL SOURCES

120. Gray, Louise R., et al. *Historic Buildings in Middlesex County, Virginia: 1650-1875.* Charlotte, NC: Delmar Publishing, 1976.

121. Worrell, Anne Lowry, comp. *Over The Mountain Men, Their Early Court Records in Southwest Virginia.* Baltimore: Genealogical Publishing Co., Inc., 1976.

122. King, George H.S. "Tombstone Inscriptions from the Family Cemetery at 'Jerdone Castle,' Louisa County, Virginia." *Virginia Magazine of History & Biography*, 62 (April, 1954), 208-209.

123. Anderson, Daphne E. "Finney Cemetery, Henry County, Virginia." *The Virginia Genealogist*, 8 (April-June, 1964), 83.

124. Butt, Marshall Wingfield. *Surviving Gravestones At Trinity Church, Portsmouth, Virginia.* From the inventory of Marshall Wingfield Butt, with added material by Dean Burgess, Trinity Church Historian. USGENBWEB Archives, Virginia, The City of Portsmouth, 2000. Online at <http://www.usgwarchives.net/va/portsmouth/church/trinityyard.html> (Active as of May 2012.)

125. Shrader, Nancy Carol Mills. "*Carol's House, Cemetery Records.*" <http://carolshouse.com/cemeteryrecords/>.

126. Clarke, Peyton Neale. *Old King William Homes & Families; An Account of Some of the Old Homesteads and Families of King William County, From Its Earliest Settlement.* 1897, Reprint. Baltimore: Regional Publishing Company, 1964.

127. *The Parish Register of Christ Church Parish, Middlesex County, Va. From 1658 to 1812.* Baltimore: Genealogical Publishing Co, 1964; for The National Society of Colonial Dames of America in the State of Virginia. A revised version of this book was published in 1988 by Southern Historical Press (Easley, SC) that corrected over 1,000 names in the original index.

128. Perkinson, Pat Royal, ed. *Cemeteries in Middlesex County, Virginia.* Saluda, VA: County of Middlesex, Cemetery Survey Committee, 2001.

129. Not used.

130. Virginia Historical Inventory. WPA Cemetery and Graveyard Survey Reports for Prince William County. Library of Virginia.

131. Sturgill, Mack H. and & Kenneth L. Sturghill. *Smyth County Virginia Cemeteries.* 4 vols. Marion, VA: Private Printing, 1993-1998.

132. Wright, F. Edward and Wesley E. Pippenger. *Early Church Records of Alexandria City and Fairfax County, Virginia.* Westminster, MD: Family Line Publications, 1996.

133. Hall, Margaret Seymour. "Tombstones At Hills Farm, Accomack, County." *William and Mary College Quarterly,* 1st Series, 7 (1898), 106-108.

134. Chamberlayne, C. G. "Old Blandford Tombstones." *Virginia Vital Records From The Virginia Magazine of History and Biography, the William and Marriage College Quarterly and Tyler's Quarterly.* 2000, 4th ed. Baltimore: Clearfield Company, 2007. Originally published in the *William and Mary College Quarterly*, 1st Series, 5 (April 1897), 230-240; 6 (July 1897), 18-27.

APPENDIX D - CODE TO AND BIBLIOGRAPHY OF BURIAL SOURCES

135. Southall, S. O. "Tomb Stones in Dinwiddie Co, Va." *Virginia Vital Records From The Virginia Magazine of History and Biography, the William and Marriage College Quarterly and Tyler's Quarterly*; 2000, 4th ed. Baltimore: Clearfield Company, 2007. Originally published in *Tyler's Quarterly*, 9 (1927), 65-68.

136. Sweeny, Lenora Higgenbotham. "Epitaphs Copied from the Family Cemetery At 'Soldiers Joy', Nelson County, Virginia." *Virginia Vital Records From The Virginia Magazine of History and Biography, the William and Marriage College Quarterly and Tyler's Quarterly*; 2000, 4th ed. Baltimore: Clearfield Company, 2007. Originally published in the *Virginia Magazine of History and Biography*, 64 (April, 1956), 208-209.

137. Gray, Arthur and Elizabeth. "Out-Of-The-Way Tombstones." *Virginia Vital Records From The Virginia Magazine of History and Biography, the William and Marriage College Quarterly and Tyler's Quarterly*; 2000, 4th ed. Baltimore: Clearfield Company, 2007. Originally published in the *Virginia Magazine of History and Biography*, 46 (January, 1938), 38-43.

138. "Cedar Grove Farm. New Kent County, Virginia, Epitaphs from the Tombstones." *Virginia Vital Records From The Virginia Magazine of History and Biography, the William and Marriage College Quarterly and Tyler's Quarterly*; 2000, 4th ed. Baltimore: Clearfield Company, 2007. Originally published in Tyler's Quarterly, 12 (1931), 194-195.

139. "Epitaphs at Brandon, Prince George County, Va." *Virginia Vital Records From The Virginia Magazine of History and Biography, the William and Marriage College Quarterly and Tyler's Quarterly*; 2000, 4th ed. Baltimore: Clearfield Company, 2007. Originally published in the *Virginia Magazine of History and Biography*, 6 (January, 1989), 233-266.

140. Jones, W. Macfarlane. "Heath Family Burying Grounds—Prince George County." *Vital Records From The Virginia Magazine of History and Biography, the William and Marriage College Quarterly and Tyler's Quarterly*; 2000, 4th ed. Baltimore: Clearfield Company, 2007. Originally published in The Virginia Magazine of History and Biography, 35 (1928), 95-96.

141. King, Mrs. W.W. "List of Tombstones in Old Cemeteries at Old Providence Church" *Virginia Vital Records From The Virginia Magazine of History and Biography, the William and Marriage College Quarterly and Tyler's Quarterly*; 2000, 4th ed. Baltimore: Clearfield Company, 2007. Originally published in *the William and Mary College Quarterly. 2nd Series*, 16 (January, 1936), 88-92.

142. "Tombstones at Claremont, Surry County." *Virginia Vital Records From The Virginia Magazine of History and Biography, the William and Marriage College Quarterly and Tyler's Quarterly*; 2000, 4th ed. Baltimore: Clearfield Company, 2007. Originally published in the *William and Mary College Quarterly*, 1st Series, 8 (No. 2, October 1899), 112-115.

143. "Inscriptions from Tombstones in King and Queen, Westmoreland, Hanover and Albemarle Counties." *William and Mary College Quarterly*, 1st Series, 9 (January 1901), 168-175.

144. "Tombstones in Elizabeth City County, Virginia." *William and Mary College Quarterly*. 1st Series, 14 (No. 3, January 1906), 167-173.

APPENDIX D - CODE TO AND BIBLIOGRAPHY OF BURIAL SOURCES

145. "Bristol Church and Family Cemeteries Index." From Library of Virginia online catalog, select "Images and Indexes" and link to this index from dropdown menu. This index included 7,530 records indexing 8,676 names, including surrounding counties in Virginia and Tennessee.
<http://lva1.hosted.exlibrisgroup.com/F/KY8XGIEXBH69YGLVH5X7SJ1UNU6DL1L72IPXRB5U8R83TMMT2X-01339?func=file&file_name=find-b-clas50&local_base=CLAS50>
(Active as of May 2012.)

146. Virginia Historical Inventory. WPA Survey Reports for Caroline County. Library of Virginia.

147. Kornwolf, James. D. *Guide To Buildings Of Surry And The American Revolution.* The Surry County, Virginia 1776 Bicentennial Committee, 1976.

148. Virginia Historical Inventory. WPA Survey Reports for Prince George County. Library of Virginia.

149. Virginia Historical Inventory. WPA Survey Reports for Pittsylvania County. Library of Virginia.

150. Virginia Historical Inventory. WPA Survey Reports for Warren County. Library of Virginia.

151. Virginia Historical Inventory. WPA Survey Reports for Frederick County. Library of Virginia.

152. Virginia Historical Inventory. WPA Survey Reports for Fairfax County. Library of Virginia.

153. Virginia Historical Inventory. WPA Survey Reports for Nelson County. Library of Virginia.

154. Pilson, O.E. *Tombstone Inscriptions of the Cemeteries of Patrick County, Virginia.* 1984, Revised. Baltimore: Gateway Press, Inc., 1994.

155. *Botetourt County History Before 1900 Through Cemetery Records.* Fincastle, VA: Botetourt County Bicentennial Commission, Publications Committee, 1976.

156. Virginia Historical Inventory. WPA Survey Reports for Page County. Library of Virginia.

157. *Roanoke County Graveyards Through 1920.* Roanoke, VA: Roanoke Valley Historical Society, 1986.

158. "Old St. Luke's Church—Benns Church Blvd—Cemetery." Gravestone Study Task Force, Isle of Wight County Historical Society, 2006.

159. Not used.

160. *Gravestone Inscriptions From The Cemetery of St. John's Episcopal Church, Hampton, Virginia.* Hampton, VA: The Hugh S. Watson, Jr. Genealogical Society of Tidewater, Virginia, Thomas Nelson Community College, 1975.

161. Harris, Malcolm H. *Old New Kent County, Some Accounts of Planters, Plantations & Places.* 2 Vols. West Point, VA: Private printing, 1977.

162. Morrison, C.A., *Miscellaneous Headstone Inscriptions, Blandford Cemetery, Petersburg, VA,* <http://files.usgwarchives.net/va/petersburg/cemeteries/blandfrd.txt> (Active as of May 2012.)

APPENDIX D - CODE TO AND BIBLIOGRAPHY OF BURIAL SOURCES

163. Estes, Earl W., ed. *Family Graveyards and Church and Community Cemeteries of Greene Co., VA*, Vol. I. Stanardsville, VA: Greene County Historical Society, 1999.

164. "Bedford County, VA – Cemetery Listings." *The Tombstone Inscription Project*. USGenWeb. <http://usgwtombstones.org/virginia/bedford/html> (Active as of December 2011.)

165. Weaver, Dorothy Lee. *Here Lyeth: Tombstone Inscriptions of Most Cemeteries in Riverheads District of Southern Augusta County and Staunton, VA*. Athens, GA: New Papyrus Publishing Co., 1987.

166. Whitman, David. "Spreadsheet of Fairfax County War of 1812 Burials." Manuscript (March 2009).

167. Not used.

168. Kestanbaum, Lawrence. *The Political Graveyard*, Ann Arbor, MI. <http://politicalgraveyard.com/> (Active as of May 2012.)

169. "Surry County, VA Cemeteries." Surry, VA: Surry County Virginia Historical Society and Museums, Inc., 2012. <http://www.rootsweb.ancestry.com/~vaschsm/cemetery.html> (Active as of May 2012.)

170. Not used.

171. "Old Tombstone Records of Mathews County, Virginia." Typed manuscript. Princess Anne Chapter, NSDAR, 1970.

172. Wilson, Ruth Boyd and Thurman Robert Wilson. *Tazewell County Cemeteries*. 3 vols. Private printing, 1992-1995.

173. Murphy, Matilda W. & James L. Douthat. *Gates to Glory, Cemeteries of Pulaski County, Virginia*. Published by J. L. Douthat, 1983.

174. McPhillips, Peggy Haile. "St Paul's Churchyard." *USGENWEB ARCHIVES VIRGINIA: The City of Norfolk*. < http://www.usgwarchives.net/va/norfolkcity/cemeteries/stpauls.html > (Active as of May 2012.)

175. Virginia Historical Inventory. WPA Survey Reports for Fauquier County. Library of Virginia. (Same as code #105.)

176. Virginia Historical Inventory. WPA Survey Reports for Albemarle County. Library of Virginia.

177. Virginia Historical Inventory. WPA Survey Reports for Russell County. Library of Virginia.

178. Virginia Historical Inventory. WPA Survey Reports for Accomack County. Library of Virginia.

179. Virginia Historical Inventory. WPA Survey Reports for Southampton County. Library of Virginia.

180. Miles, Moody K. "Miles File 11.5." <http://espl-genealogy.org/MilesFiles/p688.htm> (Active as of May 2012.)

APPENDIX D - CODE TO AND BIBLIOGRAPHY OF BURIAL SOURCES

181. Virginia Historical Inventory. WPA Survey Reports for Louisa County. Library of Virginia.

182. Virginia Historical Inventory. WPA Survey Reports for City of Portsmouth. Library of Virginia.

183. Virginia Historical Inventory. WPA Survey Reports for Augusta County. Library of Virginia.

184. Virginia Historical Inventory. WPA Survey Reports for Orange County. Library of Virginia.

185. Virginia Historical Inventory. WPA Survey Reports for Sussex and Nansemond Counties. Library of Virginia.

186. Virginia Historical Inventory. WPA Survey Reports for Isle of Wight County. Library of Virginia.

187. Virginia Historical Inventory. WPA Survey Reports for Surry County. Library of Virginia.

188. Virginia Historical Inventory. WPA Survey Reports for Elizabeth City County (now City of Hampton.) Library of Virginia.

189. Virginia Historical Inventory. WPA Survey Reports for City of Richmond. Library of Virginia.

190. Virginia Historical Inventory. WPA Survey Reports for Northampton County. Library of Virginia.

191. Virginia Historical Inventory. WPA Survey Reports for Madison County. Library of Virginia.

192. Virginia Historical Inventory. WPA Survey Reports for Greene County. Library of Virginia.

193. Virginia Historical Inventory. WPA Survey Reports for Rockbridge County. Library of Virginia.

194. Virginia Historical Inventory. WPA Survey Reports for Botetourt County. Library of Virginia.

195. Virginia Historical Inventory. WPA Survey Reports for Hanover County. Library of Virginia.

196. Virginia Historical Inventory. WPA Survey Reports for Culpeper County. Library of Virginia.

197. Virginia Historical Inventory. WPA Survey Reports for Alleghany County. Library of Virginia.

198. Virginia Historical Inventory. WPA Survey Reports for Henrico County. Library of Virginia.

199. Virginia Historical Inventory. WPA Survey Reports for City of Richmond. Library of Virginia.

200. Virginia Historical Inventory. WPA Survey Reports for City of Petersburg. Library of Virginia.

201. Virginia Historical Inventory. WPA Survey Reports for Halifax County. Library of Virginia.

202. Virginia Historical Inventory. WPA Survey Reports for Lunenburg County. Library of Virginia.

203. Virginia Historical Inventory. WPA Survey Reports for Rappahannock County. Library of Virginia.

APPENDIX D - CODE TO AND BIBLIOGRAPHY OF BURIAL SOURCES

204. Virginia Historical Inventory. WPA Survey Reports for Montgomery County. Library of Virginia.

205. Virginia Historical Inventory. WPA Survey Reports for Campbell County. Library of Virginia.

206. Virginia Historical Inventory. WPA Survey Reports for Mecklenburg County. Library of Virginia.

207. Virginia Historical Inventory. WPA Survey Reports for City of Lynchburg. Library of Virginia.

208. Virginia Historical Inventory. WPA Survey Reports for Amherst County. Library of Virginia.

209. Virginia Historical Inventory. WPA Survey Reports for Buckingham County. Library of Virginia.

210. Virginia Historical Inventory. WPA Survey Reports for Dinwiddie County. Library of Virginia.

211. Virginia Historical Inventory. WPA Survey Reports for Rockingham County. Library of Virginia.

212. Virginia Historical Inventory. WPA Survey Reports for Bath County. Library of Virginia.

213. Virginia Historical Inventory. WPA Survey Reports for Wythe County. Library of Virginia.

214. Virginia Historical Inventory. WPA Survey Reports for Bedford County. Library of Virginia.

215. Virginia Historical Inventory. WPA Survey Reports for Cumberland County. Library of Virginia.

216. Estes, Alice S., et al. *Greene County Virginia Graveyard Survey*. Vol. 1. Stanardsville, VA: Greene County Historical Society, 1999.

217. Virginia Historical Inventory. WPA Survey Reports for Shenandoah County. Library of Virginia.

218. Virginia Historical Inventory. WPA Survey Reports for Roanoke County. Library of Virginia.

219. Mallory, Dalton W. *Westmoreland County, Virginia Cemeteries, Vol. 1*. Athens, GA: New Papyrus Publishing, 2009.

220. Virginia Historical Inventory. WPA Survey Reports for Nottoway County. Library of Virginia.

221. Dixon, Joan M. *National Intelligencer Newspaper Abstracts 1814-1817*. Bowie, MD: Heritage Books, 2006.

222. *Biographical Directory of the United States Congress, 1774-present.* <http://bioguide.congress.gov/biosearch/biosearch.asp> (Active as of May 2012.)

223. Virginia Historical Inventory. WPA Survey Reports for Washington County. Library of Virginia.

224. Little, Sally Kegley. *St. John Lutheran Cemetery, Wytheville, Virginia: A Survey and Index of Burial Plots*. Revised. Private printing, 2001.

APPENDIX D - CODE TO AND BIBLIOGRAPHY OF BURIAL SOURCES

225. Virginia Historical Inventory. WPA Survey Reports for Washington County. Library of Virginia.

226. Virginia Historical Inventory. WPA Survey Reports for Franklin County. Library of Virginia.

227. Virginia Historical Inventory. WPA Survey Reports for Appomattox County. Library of Virginia.

228. Virginia Historical Inventory. WPA Survey Reports for Chesterfield County. Library of Virginia.

229. Virginia Historical Inventory. WPA Survey Reports for Craig County. Library of Virginia.

230. Pearson, Virginia Drewry. "Family and Cemetery Records." *Northern Neck of Virginia Historical Magazine*, 19 (1969), 2041-2056.

231. Pearson, Virginia Drewry McGeorge. "Cemetery Records." *Northern Neck of Virginia Historical Magazine*, 21 (1971), 2182-2187.

232. Virginia Historical Inventory. WPA Survey Reports for Prince Edward County. Library of Virginia.

233. Virginia Historical Inventory. WPA Survey Reports for Powhatan County. Library of Virginia.

234. Virginia Historical Inventory. WPA Survey Reports for Pulaski and Fluvanna Counties. Library of Virginia.

235. Virginia Historical Inventory. WPA Survey Reports for Highland County. Library of Virginia.

236. Virginia Historical Inventory. WPA Survey Reports for Giles County. Library of Virginia.

237. *Hollywood Cemetery Company Records. Burial Registers and Card Index to Burials, 1847-1970*. Miscellaneous Microfilm Reels, 1015-1024. Business records collection, Accession 30045. The Library of Virginia, Richmond, Virginia (23219)

238. Pippenger, Wesley E. *Tombstone Inscriptions of Alexandria, Virginia*. Vol. 5. Private printing, 2005.

239. Burials in St Paul's Churchyard, Norfolk, VA" Virginia Society of the Sons of the American Revolution Study Group, Unpublished research, ca 2011.

240. *Virginia Gazette & General Advertizer* (Norfolk newspaper. Most entries in the text refer to the specific date of the paper.)

241. Not used.

242. Not used.

243. *Norfolk and Portsmouth Herald*. Norfolk, VA newspaper. Dates and page numbers given in text.

APPENDIX D - CODE TO AND BIBLIOGRAPHY OF BURIAL SOURCES

244. Eby, Jerrilyn. *45th Regiment of Virginia Militia, Stafford County, Virginia, 1781-1856: With Biographical Notes on Over 1,600 Militiamen*. Bowie, MD: Heritage Books, Inc., 2011.

245. Tipton, Jim, founder and manager. *Find A Grave*, <findagrave.com>. The reader is encouraged to visit the site to learn who of the over 800,000 contributors posted the grave information, often accompanied by a photo and other biographical data.

246. Hanks, Chris. "War of 1812 Soldiers' Graves." Pittsylvania County History.com: Local History and Genealogy. <http://pittsylvaniacountyhistory.com/warof1812/1812graves/> (Active as of June 2012.)

247. *Death Notices from Richmond Newspapers 1821-1840*. Special Publication No. 9. 1987, Reprint. Richmond: Virginia Genealogical Society, 1999.

248. Turner, Ronald Ray. "Prince William County Cemeteries." *Prince William County Virginia*. <http://www.pwcvabooks.com/Cemeteries1.htm> (Active as of May 2012.)

249. Derieux, Suzanne P. & Wesley E. Pippenger. *Essex County, Virginia Cemeteries, Vol 1, Church Cemeteries*. Tappahannock, VA: Private printing, 2011.

250. Cox, Eliza B. *Cemeteries of Floyd (Montgomery) County, Va., Indian Valley District*. Chicago: Adams Press, 1979.

251. *Bedford County Virginia Cemeteries*. 3 vols. Bedford, VA: Bedford Museum and Genealogical Library, 2009.

252. Bowen-Sherman, Judith. *The Burying Ground at Old St John's Church*. Richmond: St. John's Episcopal Church, 2011.

253. Catron, Ada Grace. *Early Tombstone Inscriptions of Lee County, Virginia*. Private printing, 1966.

254. Phillips, Phyllis Goad and Genevieve Cochran Starkey. *Cemeteries of Floyd (Montgomery) County, Virginia*, Indian Valley District (Vol. I) and *Burks Ford District*. (Vol. II). Private printing, 1979.

255. Murphy, Matilda Warren and James L. Douthat. *Gates to Glory: Cemeteries of Pulaski County, VA*, Vol 1. Published by James L. Douthat, 1983.

256. "Madison Cemetery." *James Madison's Montpelier*. National Trust for Historic Preservation. <www.montpelier.org/explore/gardens/cemeteries_madison.php> (Active as of May 2012.)

257. Not used.

258. Not used.

259. "Louisa County Cemeteries." USGenWeb Archives. <http://www.usgwarchives.net/va/louisa/cemeteries.htm> (Active as of May 2012.)

260. *"Virginia Burials of 1812—Veterans Buried in Virginia."* Virginia Society of the US Daughters of the War of 1812. Unpublished manuscript, August 2011.

APPENDIX D - CODE TO AND BIBLIOGRAPHY OF BURIAL SOURCES

261. *Virginia Genealogical Society Quarterly*, Vols 1-17. Various Virginia cemetery articles. These issues are also on-line at ancestry.com.

262. "Rockingham County Tombstones by Cemetery". Harrisonburg-Rockingham County Historical Society. USGenWeb Archives. <http://www.rootsweb.ancestry.com/~varockin/HRHS/cem_index.htmon Rootsweb.com> (Active as of May 2012.)

263. Arritt, Ann Bryant. "Persons Born Outside of Virginia and Buried in Hollywood Cemetery, Richmond, Virginia (1847-1900)." *Virginia Genealogical Society Quarterly*, 8 -9 (July 1970-July 1971), 45-54 *et. seq.*

264. St. Paul's Catholic Church, Portsmouth, VA. Record of Internments. Unpublished church records. 518 High Street, Portsmouth, VA. Includes burials from Catholic family cemeteries recorded here.

265. Not used.

266. *Cemetery Records Amelia County, Virginia*. Amelia, VA: Amelia County Historical Society, 2001.

267. Virginia Historical Inventory. WPA Survey Reports for City of Chesapeake. (formerly Norfolk in County.)

268. *St Paul's Church 1832, Originally The Borough Church 1739, Elizabeth River Parish, Norfolk, Virginia.* Norfolk, VA: Alter Guild of St. Paul's Church, 1934.

269. Crowther, Prosser, Jr. and Hilary G. Derby. *Rocks of Ages, The Story of 300 Years of Family Burials in Northumberland County, Virginia*. Heathsville, VA: Private printing, 2011.

270. *Rappahannock County Cemeteries Resident Entry List.* Washington, VA: Rappahannock County Historical Society, 2009. Manuscript.

271. McKinney, Robert N. *Ties to Remember, A Study of Two Communities: Reedville & Roseland*. Reedville, VA: Private Printing, 2003.

272. Not used.

273. Not used.

274. Not used.

275. Not used.

276. *Danville City Cemetery Records 1833-2006*. Church of Latter Day Saints. <https://familysearch.org/search/collection/show#uri=http://familysearch.org/searchapi/search/collection/1386587> (Active as of May 2012.)

277. Brosey, Alice Warner, coordinator. *Virginia Tombstone Transcription Project.* <http://usgwtombstones.org/virginia/virginia.html> (Active as of May 2012.)

APPENDIX D - CODE TO AND BIBLIOGRAPHY OF BURIAL SOURCES

288. Boelt, Frederick W. and Terry L. Meyers. *James City County, VA Cemeteries: Family, Historical, Indian, Military and Slave.* Yorktown, VA: John Henry Printing Co., 2011. Sponsored by Tidewater Genealogical Society.

289. Lowry, Judy. Hanover County Historical Society. Correspondence.

290. Virginia Historical Inventory. WPA Report on St John's Church, Hampton. Library of Virginia.

291. Derieux, Suzanne P. & Wesley E. Pippenger. *Essex County, Virginia Cemeteries, Vol 2, Tappahannock Cemeteries.* Tappahannock, VA: Private printing, 2012.

APPENDIX E – BIBLIOGRAPHY OF ADDITIONAL SOURCES

Note: Books by the same author are denoted with "-----" after the first entry

Adams, Lela C. *Marriages of Patrick County, Virginia 1791-1850*. Bassett, VA: Private printing, 1972.

Ashby, Bernice M. *Shenandoah County Virginia Marriage Bonds 1772-1850*. Berryville, VA: Virginia Book Company, 1967. Marriages are arranged in chronological order.

Baber, Lucy Harrison Miller and Hazel Letts Williamson. *Marriages of Campbell County, Virginia 1782-1810*. Lynchburg, VA: Private printing, 1971.

Biographical Directory of the American Congress 1774-Present. Alexandria, VA: Congressional Quarterly Staff. Biographies of the members of the Continental Congress from September 5, 1774 to October 21, 1788 and the United States Congress from March 4, 1789 to the present. Available online at: <http://bioguide.congress.gov/biosearch/biosearch.asp> (Active as of June 2012.)

Chalkley, Lyman. *Chronicles of the Scotch-Irish Settlement in Virginia, Extracted from the Original Court Records of Augusta County 1745-1800*. 3 Vols. 1912, Reprint. Baltimore: Genealogical Publishing Company, Inc., 1965.

Chamberlayne, Churchill Gibson. *The Vestry Book and Register of Bristol Parish, Virginia 1720-1789*. 1898, Reprint. Greensville, SC: Southern Historical Press, Inc., 1994.

Chapman, Blanche Adams. *Marriages of Isle of Wight County, Virginia, 1628-1800*. 1933, Reprint with Revised Index by Anita Comois. Baltimore: Genealogical Publishing Co., Inc., 1976.

Chiarito, Marian Dodson and James Headley Prendergast. *Marriages of Halifax County Virginia 1801-1831*. Nathalie, VA: The Clarkton Press, 1985.

Davis, Eliza Timberlake. *Frederick County, Virginia, Marriages 1771-1825*. Baltimore: Genealogical Publishing Co., Inc., 1975.

Dennis, Earl S. and Jane E. Smith. *Marriage Bonds of Bedford County, Virginia 1755-1800*. 1933, Reprint with Index to Wills from 1754 to 1830 by Rowland D. Buford. Baltimore: Genealogical Publishing Co., Inc., 1981. Marriages are arranged alphabetically by first letter of last name and thereafter in no discernible order.

Dodd, Virginia Anderson. *Henry County Marriage Bonds 1778-1849*. Richmond, VA: Private printing, 1953.

Elliott, Katherine B. *Marriage Records 1749-1840 Cumberland County Virginia*. South Hill, VA: Private printing, 1969.

First Marriage Record of Augusta County, VA. 1785-1813. Verona, VA: McClure Press for the Col. Thomas Hughart Chapter, D.A.R., 1970. Marriages are arranged chronologically, with an every name index.

Fisher, Theresa A. *Marriage Records of the City of Fredericksburg, and of Orange, Spotsylvania Counties, Virginia 1722-1850*. Bowie, MD: Heritage Books, Inc., 1990.

APPENDIX E – BIBLIOGRAPHY OF ADDITIONAL SOURCES

------. *Marriages of Caroline County, Virginia, 1777-1853*. Bowie, MD: Heritage Books, Inc., 1998.

Fothergill, Augusta B. *Marriage Records of Brunswick County, Virginia 1730-1852*. 1953, Revised. Baltimore: Genealogical Publishing Co., Inc., 1976.

Hill, Margaret Lester. *Ball Families of Virginia's Northern Neck: An Outline*. Private printing, 1990.

Hopkins, William Lindsay. *Caroline County Court Records and Marriages, 1787-1810*. Richmond, VA: Private printing, 1987.

Hodge, Robert A. *The Church Register of Rev. Silas M. Bruce for 1832-1881*. Locust Grove, VA: Germanna Community College, 1975. Transcript of marriages. Index omits many names.

Jewell, Mrs. Walter Towner. *Loudoun County, Virginia Marriage Bonds 1762-1850*. Berryville, VA: Chesapeake Book Company, 1962.

Kiblinger, William H. and Janice L. Abercrombie. *Marriages of Louisa County, Virginia 1815-1861*. Orange, VA: Central Virginia Newspapers, Inc., 1969. Entries in this book are arranged in chronological order by only. Indexed.

Kilby, Craig M. "The Kelley Brothers and the American Colonization Society: From Northumberland to Liberia." *The Bulletin of the Northumberland County Historical Society*, 45 (2008), 34-53.

Kilby, Craig M. and Jane Langloh. "Lancaster County Estates 1835-1865." Lancaster, VA: Mary Ball Washington Museum & Library. Online at <http://mbwm.org/estates.asp> (Active as of June 2012.)

King, George Harrison Sanford. *Marriages of Richmond County, Virginia 1668-1853*. Fredericksburg, VA: Private Printing, 1964.

Knorr, Catherine L. *Marriages of Brunswick County Virginia 1750-1810*. Pine Bluff, AR: The Perdue Company, 1953.

-----. *Marriages of Charlotte County Virginia 1764-1815*. Pine Bluff, AR: The Perdue Company, 1951.

-----. *Marriages of Halifax County Virginia 1753-1800*. Pine Bluff, AR: The Perdue Company, 1957.

-----. *Marriages of Chesterfield County, Virginia 1771-1815*. Pine Bluff, AR: The Perdue Company, 1958.

-----. *Marriages of Fredericksburg Virginia 1782-1850*. Pine Bluff, AR: Private printing, 1954.

-----. *Marriages of Halifax County Virginia 1753-1800*. Pine Bluff, AR: The Perdue Company, 1957. No War of 1812 veterans were found in this source.

-----. *Marriages of Orange County Virginia 1747-1810*. Pine Bluff, AR: The Perdue Company, 1959.

APPENDIX E – BIBLIOGRAPHY OF ADDITIONAL SOURCES

-----. *Marriages of Pittsylvania County Virginia 1767-1805.* Pine Bluff, AR: The Perdue Company, 1956.

-----. *Marriages of Powhatan County Virginia 1777-1830.* Pine Bluff, AR: The Perdue Company, 1957.

-----. *Marriages of Prince Edward County Virginia 1754-1810.* Pine Bluff, AR: The Perdue Company, 1950.

-----. *Marriages of Southampton County Virginia 1750-1810.* Pine Bluff, AR: The Perdue Company, 1955.

-----. *Marriages of Surry County Virginia 1768-1825.* Pine Bluff, AR: The Perdue Company, 1960. No War of 1812 veterans were found in this source.

Lee, Elizabeth Nuckols, *King George County Virginia Marriages, Vol. I, Marriages Book 1, 1786-1850 (including ministers' returns).* Athens, GA: Iberian Publishing Company, 1995. Arranged alphabetically by first letter of groom's surname, then chronologically. Indexed.

-----. *King George County Virginia, Vol. II, Implied Marriages.* Athens, GA: Iberian Publishing Company, 1995.

Lewis, James F. "Westmoreland County, Virginia, Marriages." *The Virginia Genealogist*, Vol. 10, No. 1, 24-56 (January-March, 1966). This article supplements *Westmoreland County Marriages* published by Stratton Nottingham in 1928 (see below). No War of 1812 veterans buried in Westmoreland County are on this list.

Lindsay, Joyce H. *Marriages of Henrico County Virginia 1680-1808.* Richmond, VA: Private printing, 1960.

Marriage Notices From Richmond, Virginia Newspapers 1821-1840. Special Publication No. 10. Richmond, VA: Virginia Genealogical Society, 1988.

Marriages And Deaths From Lynchburg, Virginia Newspapers 1794-1836. Baltimore: Genealogical Publishing Co., Inc., for the Randall Holt Chapter, National Society Daughters of the American Colonists, 1993.

Marriages and Deaths from Richmond, Virginia Newspapers 1780-1820. Special Publication No. 8. Richmond, VA: Virginia Genealogical Society, 1983. Deaths comprise pages 1-175. Marriages comprise pages 176-266. Index to brides comprises pages 267-285. There is no comprehensive index.

Marriage Records 1811-1853, Mecklenburg County Virginia. South Hill, VA: Preswould Chapter of Daughters of the American Revolution, 1962.

Marriages of Middlesex County, Virginia 1740-1852, Special Publication No. 3. Richmond, VA: Virginia Genealogical Society, 1965. The information for this book comes from the Marriage Register compiled from original bonds by the WPA in the 1930s, which is known to contain errors.

Matheny, Emma R. and Helen K. Yates. *Marriages of Lunenburg County Virginia 1746-1853.* Richmond, VA: Private printing, 1967.

APPENDIX E – BIBLIOGRAPHY OF ADDITIONAL SOURCES

McCarty, William M. and Kathleen Much. *McCartys of the Northern Neck, 350 Years of a Virginia Family*. 2005. Revised. Baltimore: Otter Bay Books, 2010.

McGinnis, Carol. *Virginia Genealogy, Sources & Resources*. Baltimore: Genealogical Publishing Co., Inc., 1993.

McIlwaine, H. R. *Index to Obituary Notices in the Richmond Enquirer from May 9, 1804 through 1828 and the Richmond Whig from January, 1824, through 1838*. 1921, Reprint. Baltimore: Genealogical Publishing Co., Inc., 1974. Originally published in the Bulletin of the Virginia State Library Vol. XIV, No. 4, October 1921.

Mihalyka, Jean M. *MARRIAGES Northampton County, Virginia 1660-1854*. 1991, Revised. Bowie, MD: Heritage books, Inc., 2000. This book –itself revised--is a major revision of the work of Stratton Nottingham in 1929.

Morten, Oren F. *A History of Rockbridge County Virginia*. Staunton, VA: The McClure Co., Inc., 1920.

Nance, Joanne Lovelace. *Charlotte County, Virginia 1816-1850, Marriage Bonds and Ministers' Returns (with additions to marriages 1764-1815)*. Charlottesville, VA: The N. W. Lapin Press, 1987.

Nottingham, Stratton. *The Marriage License Bonds of Lancaster County, Virginia from 1701 to 1848*. 1927, Reprint. Baltimore: Clearfield Publishing Company, Inc., 2002.

-----. *The Marriage License Bonds of Mecklenburg County, Virginia From 1765-1810*. Onancock, VA: Private printing,1926.

-----. *The Marriage License Bonds of Northampton County, Virginia from 1706 to 1854*. 1929, Reprint. Baltimore: Genealogical Publishing Company, Inc., 1974. This work was considerably enhanced and revised by Jean M. Mihalyka, see above. Mihalyka's book is considered the superior source.

-----. *The Marriage License Bonds of Northumberland County, Virginia, from 1783 to 1850*. 1929, Reprint. Baltimore: Genealogical Publishing Co., Inc., 1976.

-----. *The Marriage License Bonds of Westmoreland County 1786-1850*. Onancock, VA: Private printing, 1929. This work was supplemented by James F. Lewis in 1966 (see above.)

Pippenger, Wesley E. *Death Notices from Richmond, Virginia Newspapers 1841-1853*. Richmond: Virginia Genealogical Society, 2002.

-----. *Index to Virginia Estates 1800-1865*. Ten vols. Richmond, VA: Virginia Genealogical Society, 2001-2010.

Pollock, Michael E. *Marriage Bonds of Henrico County, Virginia 1782-1853*. Baltimore: Genealogical Publishing Co., Inc., 1984.

Reddy, Anne Waller and Andrew Lewis Riffe. *Virginia Marriage Bonds Richmond City,* Vol 1. Staunton, VA: The McClure Co., Inc., 1939. Covers years 1797-1853. Entries are in chronological order. Indexed.

APPENDIX E – BIBLIOGRAPHY OF ADDITIONAL SOURCES

Russell, John, Jr., comp. *The History of THE WAR, Between the United States and Great-Britain, Which Commenced in June, 1812, and Closed in February, 1815.* 2nd ed. Hartford, [CT]: B & J. Russell, 1815. This is the American version of the War and contains much official governmental correspondence. Available online at <http://books.google.com/books?id=I7pEAAAAIAAJ&printsec=frontcover&source=gbs_ge_summary_r&cad=0#v=onepage&q&f=false> (Active as of May 2012.)

Second Marriage Record of Augusta County, VA. 1813-1850. Verona, VA: McClure Press for the Col. Thomas Hughart Chapter, D.A.R., 1972. The entries in the book are in chronological order only.

Strickler, Harry M. *Old Tenth Legion Marriages. Marriages in Rockingham County, Virginia From 1778 to 1816, Taken from the marriage bonds.* Dayton, VA: Joseph K. Ruebush Co., 1928.

Sweeny, Lenora Higginbotham. *Marriage Records of Amherst County, Virginia 1815-1821 And Subscription for Building St. Mark's Church Amherst County, Virginia.* Lynchburg, VA: J. P. Bell Company, Inc., 1961.

Sweeny, William Montgomery. *Marriage Bonds and Other Marriage Records of Amherst County, Virginia 1763-1800.* 1937, Reprint. Baltimore: Genealogical Publishing Company, Inc., 1973.

Turman, Nora Miller. *Marriage Records of Accomack County, Virginia 1776-1854, Recorded in Bonds, Licenses and Ministers' Returns.* Bowie, MD: Heritage Books, Inc., 1994.

Tyler, Lyon G., ed. *Encyclopedia of Virginia Biography.* 4 vols. NY: Lewis Historical Publishing Co., 1915.

Virginia: A Guide to the Old Dominion. Federal Writers' Project. 1941. Reprint. Richmond: Library of Virginia, 1991. Also on line in hypertext format and searchable as *The WPA Guide to the Old Dominion*, University of Virginia, American Studies Program (1999) at <http://xroads.virginia.edu/~hyper/VAGuide/frame.html> (Active as of June 2012.)

"Virginia Deaths and Burials 1853-1912." Salt Lake City, UT: Church of Latter Day Saints, online <https://familysearch.org/search/collection/show#uri=http://familysearch.org/searchapi/search/collection/1708697> (Active as of June 2012.)

"Virginia, Marriages, 1785-1946." Salt Lake City, UT: Genealogical Society of Utah. Index based on data collected by the Genealogical Society of Utah. Sources in this collection are varied and noted in the batch number of each entry. It is searchable online at <https://familysearch.org/search/collection/show#uri=http://familysearch.org/searchapi/search/collection/1708698> (Active as of June 2012.)

Vogt, John and T. William Kethley, Jr. *Albemarle County Marriages 1780-1853.* 3 vols. Athens, GA: Iberian Publishing Co., 1991.

-----. *Virginia Historic Marriage Register: Clarke County Marriages, 1836-1850.* Athens, GA: Iberian Press, 1983. Clarke County was formed in 1836 from Frederick County. No War of 1812 veterans' marriages were found in this book.

-----. *Culpeper County Marriages, 1780-1853.* Athens, GA: Iberian Publishing Company, 1986.

APPENDIX E – BIBLIOGRAPHY OF ADDITIONAL SOURCES

-----. *Virginia Historic Marriage Register: Fluvanna County Marriages 1781-1849*. Athens, GA: Iberian Press, 1984.

-----. *Virginia Historic Marriage Register: Frederick County Marriages 1738-1850*. 1984, Revised. Athens, GA: Iberian Press, 1987.

-----. *Virginia Historic Marriage Register: Greene County Marriages 1838-1850*. Athens, GA: Iberian Press, 1984.

-----. *Virginia Historic Marriage Register: Madison County Marriages 1792-1850*. Athens, GA: Iberian Press, 1983.

-----. *Virginia Historic Marriage Register: Nelson County Marriages, 1808-1850*. Athens, GA: Iberian Publishing Company, 1985.

-----. *Virginia Historic Marriage Register: Orange County Marriages, 1747-1850*. Athens, GA: Iberian Press, 1984.

-----. *Virginia Historic Marriage Register: Page County Marriage Bonds, 1831-1850*. Athens, GA: Iberian Press, 1983. Page County was formed in 1831 from Shenandoah and Rockingham Counties. Negative research.

-----. *Virginia Historic Marriage Register: Rappahannock County Marriages, 1833-1850*. Athens, GA: Iberian Press, 1984.

-----. *Virginia Historic Marriage Register: Roanoke County Marriages, 1838-1850*. Athens, GA, Iberian Press, 1984.

-----. *Virginia Historic Marriage Register: Smyth County Marriages, 1832-1850*. Athens, GA, Iberian Press, 1984. Smyth County was formed in 1832 from Washington and Wythe Counties.

-----. *Virginia Historical Marriage Register: Warren County Marriages, 1836-1850*. Athens, GA: Iberian Press, 1983. Warren County was formed from Shenandoah County in 1836. Negative research.

-----. *Virginia Historical Marriage Register: York County Virginia Marriages, volume 1, Bond & Ministers' Returns 1769-1853*. Athens, GA: Iberian Publishing Company, 1994.

Wertz, Mary Alice. *Marriages of Loudoun County, Virginia 1757-1853*. Baltimore: Genealogical Publishing Co., Inc., 1985.

Wingo, Elizabeth B. *Marriages of Norfolk County, Va. (Now City of Chesapeake), 1788, 1793-1817*. Norfolk, VA: Private printing, 1963.

-----. *Marriages of Princess Anne County Virginia 1749-1821*. Norfolk, VA: Private printing, 1961. Princess Anne County became extinct in 1963 and became part of Virginia Beach (City).

Williams, Kathleen Booth. *Marriages of Amelia County, Virginia 1735-1815*. Private printing, 1961.

-----. *Marriages of Goochland County Virginia 1733-1815*. Private printing, 1960.

-----. *Marriages of Louisa County Virginia 1766-1815*. Alexandria, VA: Private printing, 1959.

APPENDIX E – BIBLIOGRAPHY OF ADDITIONAL SOURCES

-----. *Marriages of Orange County Virginia 1747-1810*. Private printing, 1959.

-----. *Marriages of Pittsylvania County Virginia 1767-1805*. Private printing, 1956.

-----. *Marriages of Pittsylvania County Virginia 1806-1830*. Private printing, 1965.

Wingfield, Marshall. *A History of Caroline County Virginia*. Baltimore: Regional Publishing Co., 1969.

Worrell, Anne Lowry. *A Brief of Wills and Marriages in Montgomery and Fincastle Counties, Virginia 1773-1831*. 1932, Reprint. Berryville, VA: Virginia Book Company, n.d.

-----. *Early Marriages, Wills, And Some Revolutionary War Records, Botetourt County, Virginia*. Baltimore: Genealogical Publishing Co., Inc., 1975. Marriages generally go no later than 1812.

Yates, William A. "Wythe County, Virginia Marriages, 1790-1800." The Ridge Runners, Vol. 4, No. 1, 58-61 (May 1975).

APPENDIX F
INDEX OF NAMES OTHER THAN VETERANS & UNIT COMMANDERS

Acker, Mary 274
Acker, Mary (Driver) 274
Acker, Peter 274
Adams, Ann Richarson (Chinn) 1
Adams, David 1
Adams, Eliza (Fisher) 1
Adams, Eliza C. 48
Adams, Elizabeth 182
Adams, Elizabeth (Ash) 1
Adams, Elizabeth (Corn) 1
Adams, Elizabeth (Firestone) 1
Adams, Elizabeth Thomas 9
Adams, John 1, 182
Adams, Katherine Elizabeth (Innes) 1
Adams, Leannah (DeHaven) 1
Adams, Littleton 1
Adams, Lucy 47
Adams, Margaret 48
Adams, Martha (Walden) 1
Adams, Mary 1, 312
Adams, Mary Ellen (Womack) 1
Adams, Priscilla 229
Adams, Sally (Mrs.) 1
Adams, Sarah (Pigg) 1
Addison, Caroline (Bayly) 2
Addison, Jane O. (Coward) 2, 20
Addison, Kendall 20
Addison, Margaret (Mrs.) 2
Addison, Nancy (Finney) 2
Addison, Palmer (Rodgers) 2
Addison, Thomas 2
Adie, Ann 298
Adkins, Louisiana (widow) 35
Albaugh, Catherine 271
Albin, Susan 274
Alder, Elizabeth L. 34
Alexander, Agnes Ann (Reid) 3
Alexander, Anne Pearson 251
Alexander, Bettie (Innes) 2
Alexander, Charles 3
Alexander, Eleanor (Lee) 2
Alexander, Elizabeth (Lyle) 3
Alexander, Elizabeth (Reid) 3
Alexander, Esther 11, 70
Alexander, Frances (Brown) 3
Alexander, Jenetta (Scott) 3
Alexander, Judith Ball (Blackburn) 3
Alexander, Mahaley 120
Alexander, Mary (Parsley) 3
Alexander, Nancy 59
Alexander, Nancy (Bouldin) 3
Alexander, Nancy (Mrs.) 3
Alexander, Sarah Blair (Stuart) 3
Alexander, Sigusmunda (Massey) 2
Alexander, William 2, 3
Allan, Susan (Mrs.) 3
Allbright, Mary (Mrs.) 3
Allen, Arthur 4
Allen, Diana 237
Allen, Edward 3

Allen, Elizabeth 178
Allen, Elizabeth (Reid) 3
Allen, Elizabeth Cary 167
Allen, Elizabeth G. (Mrs.) 3
Allen, Harriet 124
Allen, John 4
Allen, Margaret 23
Allen, Martha (Mrs.) 4
Allen, Mary 74
Allen, Mary (Jackson) 4
Allen, Mary (Lightfoot) 4
Allen, Mary Louisa (Swepson) 3
Allen, Sarah 22
Allen, Sarah (Griffin) 3
Allen, William 4
Allison, Ann (Waters) 4
Allison, Mary E. 161
Allmand, Harrison 5
Allmand, Martha (Mrs.) 5
Alsop, Anna (Mrs.) 5
Alsop, Dorothea (Campbell) 4
Alsop, Mary (Marshall) 4
Alsop, Samuel 5
Altizer, Elizabeth (Elkins) 5
Altizer, Emera 5
Altizer, Mary (Pitzer) 5
Ambler, Frances (Armistead) 5
Ambler, John 261
Ambler, Katherine (Bush) 5
Ambler, Lucy (Marshall) 5
Ambler, Lucy Hopkins (Johnston) 5
Ambler, Mary Cary 261
Ambler, Mary Willis 179
Amery, Eleanor 274
Ames, Margaret (widow) 5
Ames, Mary A. (Rose) 5
Ames, Mary "Tinny" (Snead) 5
Amick, Jane (Mrs.) 5
Amiss, Annie (Mrs.) 95
Amiss, Lucy 95
Amiss, William 95
Anderson, Almira 249
Anderson, Ann Allen 127
Anderson, Anne (Thomas) 7
Anderson, Catherine (Killinger) 6
Anderson, Charity 136
Anderson, Eli 136
Anderson, Elijah 6
Anderson, Elizabeth (Flood) 6
Anderson, Elizabeth (Jones) 104, 249
Anderson, Elizabeth (widow) 78
Anderson, Elizabeth (Younger) 7
Anderson, Jane 49
Anderson, Jane (Mrs.) 6
Anderson, Jane F. 283
Anderson, Jesse 104, 249
Anderson, John 6
Anderson, Judith (Harding) Wildy 217
Anderson, Katherine 189
Anderson, Leah (Senseney) 6

Anderson, Louisa 55
Anderson, Louisa Gordon 6
Anderson, Lucy 5
Anderson, Marianne (Mrs.) 6
Anderson, Martha C. (Winston) 5
Anderson, Martha M. (Flood) 6
Anderson, Mary 283, 295
Anderson, Mary A. (Blair) 7
Anderson, Mary F. (Jordan) 6
Anderson, Mary Lightfoot 104
Anderson, Mary Susan (Kinsbrough) 7
Anderson, Nancy (Caster) 6
Anderson, Orpha 5
Anderson, Paulin 5
Anderson, Rebecca C. 297
Anderson, Sarah (Porter) 6
Anderson, Tanner 5
Andrews, Tabitha 199
Anglin, Elizabeth 30
Annis, Hessey 279
Anthony, Emelia (Leftwich) 7
Anthony, John 7
Apperson, Jane 59
Apperson, Sarah 55
Archer, Allen 167
Archer, Ann (Mrs.) 84
Archer, Edward 84
Archer, Elizabeth 167
Archer, Elizabeth (Street) 8
Archer, Elizabeth Chamberlayne (Batte) 7
Archer, Elizabeth E. 84
Archer, John 8
Archer, Martha 132
Archer, Mary 205
Archer, Prudence (Whitworth) 7
Archer, Susan 292
Archibald, Christiana 49
Argenbright, Catherine 19
Armistead, Ann (Harrison) 8
Armistead, Ann B. (Carter) 8
Armistead, Eliza 230, 286
Armistead, Elizabeth (Stanley) 8
Armistead, Elizabeth Mosely 18
Armistead, Frances 5
Armistead, John 8
Armistead, John B. 8
Armistead, Lucy (Baylor) 8
Armistead, Lucy Ann (Fanny) 8
Armistead, Martha 210
Armistead, Rebecca 221
Armistead, Susannah 52
Armitage, Mary Ann 123
Armstead, Anne 86
Armstrong, Cynthia D. (Spilman) 8
Armstrong, Lucy E. 76
Armstrong, Nancy 190
Arnold, Darcus (Mrs.) 8
Arnold, Jane (Humphries) 9
Arnold, Jenny B. (Rice) 9
Arnold, Mary (McNish) 9
Arnold, Mary (Pickett, widow) 9

APPENDIX F – INDEX OF NAMES OTHER THAN VETERANS & UNIT COMMANDERS

Arnold, William 9
Arrington, Mary Marie Koontz 144
Ash, Elizabeth 1
Ashby, Ann Stuary (Menifee) 9
Ashby, Dorothea Farrar (Green) 9
Ashby, Elizabeth (Mrs.) 9
Ashby, Elizabeth Thomas (Adams) 9
Ashby, John 9, 97
Ashby, Julia 240
Ashby, Mary (Turner) 9
Ashby, Patsy (Clarkson) 9
Ashby, Rebecca R. (Buck) 9
Ashby, Sallie 97
Ashby, Turner 9
Asher, Elizabeth (Shannon) 9
Ashinhurst, John 175
Ashley, Elizabeth 12
Ashton, Ann M. 9
Ashton, Anna A. (Rose) 9
Ashton, Burditt 9
Ashton, Louisa Ann 9
Ashton, Mary (Keene) 9
Ashton, Sarah West 300
Ashworth, Lucy (widow of Burwell Law) 167
Athey, Roxey Ann (Barton) 10
Atkins, Dickenson (Mrs.) 10
Atkins, Mary (Mrs.) 10
Atkins, Sally (Hall) 10
Atkinson, Elizabeth Ann (Chilton) 10
Atkinson, Frances W. (Day) 10
Atkinson, James 10
Atkinson, Jesse 10
Atkinson, Joseph (Capt.) 218
Atkinson, Margaret King (West) 10
Atkinson, Mary 10
Austin, Archelaws 10
Austin, Charlotte 70
Austin, Elizabeth Ann (Burgess) 10
Austin, Esther (Alexander) 70
Austin, Jane C. (Handy) 10
Austin, Mabel Grace (Booker) 10
Austin, Sarah (Leftwich) 10
Austin, Susan 7
Austin, Susannah 234
Austin, William W. 11, 70
Averett, Elizabeth 25
Aylor, Jacob 11
Ayres, Henrietta 88
Ayres, Levin R. 235
Ayres, Sarah 235
Baber, Benjamin 11
Baber, Mildred (Berry) 11
Baby, Susannah (Jeffries) 12
Baccos, Elizabeth 111
Bacon, Mary 268
Bacon, Mary (Mrs.) 268
Bacon, Rebecca 224
Bacon, Samuel 268
Badger, Joyce (Wyatt) 11
Badger, Nathaniel 11
Bagby, Richard 12
Baggerly, Charles B. 12

Bagwell, Ann (Drummond) 12
Bagwell, Healy 12
Bail, Ann P. 12
Bail, David 12
Bail, Elizabeth Porteus (Bail) 12
Bail, Jane 14
Bailey, Elizabeth 12
Bailey, Jeremiah Garland 13
Bailey, Susannah (Sydnor) 13
Baines, Eleanor (Mrs.) 13
Baines, George 13
Baird, Mary 13
Baird, Sarah 256
Baitup, Matha H. 52
Baker, Backie 103
Baker, Catherine (Miller) 13
Baker, Elisha Louisa 293
Baker, Elizabeth 180, 238
Baker, Henry 13, 14
Baker, Henry William 13
Baker, John 180
Baker, Kitty G. 134
Baker, Margaret 103
Baker, Margaret (Mrs.) 13
Baker, Mary (Mrs.) 13
Baker, Mary Scott 219
Baldwin, Fannie W. 92
Ball, Burgess 14
Ball, David 14, 15
Ball, Delia (Mrs.) 15
Ball, Elizabeth (Reiley) 15
Ball, Elizabeth Landon (Carter) 14
Ball, Elizabeth Porteus 12
Ball, Frances (Ball) 15
Ball, Frances Thornton (Washington) 14
Ball, George 14
Ball, Hannah 115, 193
Ball, Hannah (Haynie) 15
Ball, Hannah Gaskins 14
Ball, Harriet L. 14
Ball, James 15
Ball, Jane (Bail) 14
Ball, John 14, 15
Ball, Judith (Throckmorton) 257
Ball, Lucy 51
Ball, Margaret S. 56
Ball, Mary Ann (Thrift) 14, 15
Ball, Mary Dandridge 107
Ball, Mildred F. 284
Ball, Nancy 51
Ball, Sarah (Gaskins) 14
Ball, Sarah Ellen (Payne) 15
Ball, Spencer 14
Ball, William 15, 257
Ballantine, Ann 202
Ballard, James 16, 284
Ballard, Mary 284
Ballard, Mary Susan 254
Ballard, Susanna 254
Ballow, Elizabeth G. 98
Ballow, Elizabeth S. 98
Ballow, John 98
Balmain, Alexander (Rev.) 154, 191, 257
Balthrop, Betsy 88

Bane, Bettie (Haven) 16
Bane, James 16
Banister, Emily 61
Banks, Agatha Matilda 134
Banks, Deborah 16
Banks, John 16
Banks, Ruth 253
Bannister, John 16
Baptist, Fannie Russell 136
Baptist, Mary 63
Baptist, Matilda 63
Baptist, William G. 63
Barb, Elizabeth 164
Barbour, Eliza A. (Byrne) 16
Barbour, Elizabeth (Strode) 16
Barbour, John 276
Barbour, John Strode 16
Barbour, Lucy (Johnson) 276
Barbour, Lucy Marie 276
Barbour, Mary (Thomas) 16
Barbour, Mordecai 16
Barbour, Philip Pendleton 16
Barbour, Thomas 16
Barclay, Hugh 16
Barclay, Martha (Mrs.) 16
Barden, Nancy (Mrs.) 17
Barker, Latatia (Elzy) 17
Barker, Nancy (Mrs.) 17
Barker, Nathaniel 17
Barksdale, Elizabeth Womack 307
Barksdale, W. 307
Barksdall, Elizabeth Womack 307
Barksdall, W. 307
Barley, Eve Marie 44
Barnes, Charlotte 320
Barnes, Elizabeth (Mrs.) 17
Barnes, Maria 110
Barnes, Penelope (Manly) 139
Barnes, Richard 139
Barnes, Sarah 139
Barnhart, Polly (Mrs.) 18
Barrack, Charity 212
Barraud, Ann Blaus 61
Barron, Elizabeth 60
Barron, James 18
Bartcheller, Josiah 19
Bartcheller, Ruth (Fletcher) 19
Barton, Roxey Ann 10
Baskerville, Mary (Mrs.) 18
Baskerville, William 18
Baskett, William 96
Baskins, Charles 18
Baskins, Elizabeth 18
Baskins, Mary (Craig) 18
Bass, Ann 35
Bass, Lucy 130
Bass, Margaret (Mrs.) 18
Bass, Sarah L. (Mrs.) 18
Bassett, Anna Maria (Dandridge) 18
Bassett, Burwell 18
Bassford, Thomas 129
Bataille, Lawrence 318
Bates, Fannie 244
Bates, Margaret L. 78
Bates, Matilda (Woodson) 19

APPENDIX F – INDEX OF NAMES OTHER THAN VETERANS & UNIT COMMANDERS

Bates, Thomas 19
Bath, Lucy (Mrs.) 19
Battaile, Elizabeth 318
Battaile, Hannah 140
Battaile, Hugh 140
Batte, Elizabeth Chamberlayne 7
Baugh, Lizzie H. (Mrs.) 19
Baugh, Mary J. (Mrs.) 19
Baugher, Anna Marie (Moyer) 19
Baugher, Daniel 19
Bayley, Mary 68
Baylor, Jacob 19, 20
Baylor, Lucy 8
Baylor, Lucy Page 35
Bayly, Ann (Drummond) 20
Bayly, Caroline 2
Bayly, Edmond 20
Bayly, Jane O. (Coward) widow of Kendall Addison 2
Bayly, Pamela E. J. (Powell) 226
Bayly, Rachel Revel (Upshur) 20
Bayly, Thomas 20
Bayly, Thomas M. 2
Bayne, Mary (Fenley) 20
Bayne, William 20
Baynes, Fannie 308
Baytop, James 52
Baytop, Martha H. 52
Baytop, Sarah Elizabeth Smith 52
Beach, Elizabeth 64
Beach, Elizabeth B. (Mrs.) 20
Beach, Kendall 20
Beach, Molly (Mrs.) 64
Beach, Reubin 64
Beach, Rosy (Mrs.) 20
Beacham, Martha Hall 132
Beadles, Robert 20
Beahm, Susannah 165
Beale, Anne Harwar 22
Beale, Burwell 202
Beale, Charity (Wilson) 202
Beale, Lydia 202
Beale, Mary 37
Bean, Elizabeth 82
Bear, Catherine (Mrs.) 21
Beard, Mary (Mrs.) 21
Bearman, Martha A. 17
Beatie, Paulina (Mrs.) 21
Beaty, Frances (Mrs.) 21
Beavers, Margaret (Mrs.) 21
Beazley, James 21
Beazley, Mary (Sanford) 21
Bedwell, Robert 22
Belches, Margaret App G
Belfield, Anne Harwar (Beale) 22
Belfield, Charles 22, 320
Belfield, Thomas Wright 22
Bell, Agnes (Mrs.) 22
Bell, Amelia (Mrs.) 23
Bell, Ann 166
Bell, Elizabeth 23
Bell, Frances 45
Bell, James 22
Bell, Margaret 70
Bell, Nathan 59, 166
Bell, Rebecca A. 59

Bell, Samuel 22
Bell, Sarah (Mrs.) 59
Belote, Delitha 288
Bennett, Ann E. 23
Bennett, Eliza Ann 23
Bennett, Jennie (Wyatt) 23
Bennett, John 23
Bennett, Mary W. 23
Bennett, Richard E. 23
Bennett, Theodorick A. 23
Bennett, Walter 23
Bennett, William W. 23
Benson, Judith 254
Benson, Mary 298
Benter, Elizabeth (Mrs.) 24
Benthall, Miriam (Mrs.) 24
Berkeley, Elizabeth (Carter) 24
Berkeley, Elizabeth (Carter) 24
Berkeley, Mary 195
Berkeley, Nelson 24
Berkeley, Nelson 24
Bernard, Elizabeth (Mrs.) 24
Bernard, Frances (Hipkins) 24
Bernard, Frances (Hipkins) 24
Bernard, Sally S. 171
Bernard, William 24
Bernard, William 24, 171
Berry, Abraham 25
Berry, Anne 255
Berry, Benjamin 25
Berry, Joanna (Mrs.) 25
Berry, Kitty (Mrs.) 25
Berry, Madaline (Rife) 25
Berry, Mildred 11
Berry, Richard (Jr.) 25
Best, Eliza R. 306
Best, Enos 306
Beveridge, John 25
Beveridge, Lucy (Mrs.) 25
Beveridge, Rhoda (Mrs.) 25
Beveridge, Susannah (Noble) 25
Billups, Ann (Mrs.) 26
Billups, Christopher 26
Billups, John 26
Billups, Joice (Mrs.) 263
Billups, Joice R. 263
Billups, Joseph 263
Billups, Sarah (Scarbrough) 26
Bingham, George 190
Birch, Ann 195
Birch, Jane M. 55
Birch, Janet (Robertson) 26
Birch, Joseph 26
Bird, Elizabeth H. (Mrs.) 26
Bird, Margaret 135
Birkirk, Sarah 299
Bishop, Jonathan 26
Bishop, Margaret (Lewis) 26
Bishop, Martha M. 246
Bishop, Rachel 26
Black, Mary 44, 288
Black, Mary (Mrs.) 26
Blackburn, Judith Ball 3
Blackburn, Mildred 42
Blackwell, Anna 262
Blackwell, Eliza Ann 15

Blackwell, John 15
Blackwell, Joseph 27
Blackwell, Judith (Pierce) 15
Blackwell, Lucy Steptoe 263
Blackwell, Susannah 115
Blair, Charity (Bourne) 302
Blair, Douglas 27
Blair, Elizabeth 302
Blair, Elizabeth (Dunborrow) 27
Blair, Georgina 16
Blair, H. T. 27
Blair, J. R. 27
Blair, Jane 297
Blair, John 27
Blair, John 302
Blair, John D. (Rev.) 79, 231, 288, 289
Blair, Mary A. 7
Blair, Mary Ann "Nancy" 16
Blair, Nancy 28
Blair, Rosamond Bourne 120
Blair, Susannah 66
Blair, William (Rev.) 54, 317
Blake, Elizabeth (Mrs.) 27
Blakey, Catherine 56
Bland, Elizabeth 184
Blankenship, America P. (Mrs.) 28
Blankenship, John 31
Blankenship, Sally (Mrs.) 28
Blankenship, Sarah 31
Bledsoe, Nancy (Mrs.) 28
Blick, Ella Ann (Mrs.) 28
Blith, Hannah 17
Block, Sarah 234
Blow, Benjamin 28
Blow, Frances (Wright) 28
Blow, Richard 28
Bloxsom, Elizabeth 12
Blunt, Ann (1st wife of Thomas Ridley) 238
Blunt, Ann Gilliam (2nd wife of Thomas Ridley 238
Boaz, Nancy 270
Bobbit, Lucy 63
Bobbitt, Nancy Ann (McKenzie) 28
Bobbitt, William 28, 29
Boggs, Elizabeth P. (Mrs.) 29
Boggs, Rachel 242
Boles, Sarah (Mrs.) 29
Boller, John 29
Boller, Margaret (Thornton) 29
Bolling, Elizabeth 24
Bolling, Elizabeth (Gray) 29
Bolling, Mary (Gilliam) 29
Bolling, Mary Burton Augusta 16
Bolling, Robert B. 194
Bolling, Sarah Melville 194
Bolling, Thomas 29
Bonaugh, Ann C. 175
Bonaugh, Sarah 175
Bond, Lydia (Mrs.) 30
Bondurant, William 30
Bonham, Sarah 120
Bontz, Margaret (Mrs.) 30
Booker, Eliza Davis (Mrs.) 31
Booker, Mabel Grace 10

APPENDIX F – INDEX OF NAMES OTHER THAN VETERANS & UNIT COMMANDERS

Booker, Richard (Capt.) 239
Booker, Samuel 30
Boon, Sarah 308
Boone, Catherine Rosanne 87
Booth, Elizabeth 107, 244
Booth, George 244
Booth, Mary Mason (Wythe) 244
Booth, Sarah H. (Mrs.) 31
Boothe, Elizabeth 247
Borum, Frances (Mrs.) 31
Boswell, Martha A. (Mrs.) 31
Bouk, Catharine 302
Bouldin, Joanna (Mrs.) 32
Bouldin, Joseph 3
Bouldin, Nancy 3
Bouldin, Wood 32
Bouman, Mary Ann 112
Bourne, Charity 302
Bourne, Frances 121
Bourne, Mary 79
Bourne, Rosamond (Jones) 79
Bourne, William 79
Boush, Jane (Chatham) 55
Boush, Nathaniel 55
Bowdoin, Arabella 5
Bowdoin, Louisa A. 289
Bowdoin, Margaret (Mrs.) 32
Bowdoin, Peter 32
Bowen, Catherine (Mrs.) 32
Bowen, Harriet M. (Mrs.) 32
Bowers, Mary (Mrs.) 32
Bowers, Sarah 255
Bowles, Fleming 33
Bowles, Mary Hipajah 33
Bowles, Priscilla (Mrs.) 33
Bowman, Catherine (Mrs.) 33
Bowman, Elizabeth (Mrs.) 33
Bowman, Mary Owen 190
Bowman, Rebecca (Mrs.) 33
Bowyer, Elizabeth (Hubbard) 224
Bowyer, Frances (Mrs.) 33
Bowyer, Frances Hubbard 224
Bowyer, John 224
Bowyer, Lucy (Mrs.) 33
Bowyer, Michael 33
Boyd, Frances (Mrs.) 34
Boyd, Jane 120
Boyer, Lucy M. (Mrs.) 34
Boykin, Simon 34
Boykin, William 34
Boykin, Wilmuth (Jordan) 34
Boyle, Jane (Mrs.) 34
Bradford, Alicia (Mrs.) 43
Bradford, Elcy (Mrs.) 34
Bradford, Esther 168
Bradford, Polly 43
Bradford, Thomas 43
Bradley, Elizabeth 54, 248
Bradley, Martha L. 11
Bradshaw, John 34
Bradshaw, Mary (Mrs.) 34
Bragg, Rebecca 122
Bragg, Susannah (Mrs.) 35
Braithwaite, Helen 181
Brame, Carry Happy 50
Brame, Karrenhappuck 50

Brame, Milchizedoec 50
Bramham, Lucy S. 204
Bramham, Sarah 26
Brammer, Nancy 318
Branaway, Susannah 78
Branch, Ann (Bass) 35
Branch, Benjamin 35
Branch, Blythe Walker 35
Branch, John Keer 35
Branch, John Patterson 35
Branch, Mary 201
Branch, Mary Page Finney 75
Brandson, Tabitha 148
Branner, Sarah 219
Branson, Rhody 283
Bratton, James 35
Bratton, Rebecca (Hogshead) 35
Brent, Elizabeth 2
Brent, James 124
Brent, Patsy 124
Briggs, Ann 60
Brinkley, Catherine 264
Brison, Margaret 17
Broadle, Margaret 180
Broadnax, Elizabeth Epes 313
Broadnax, Mary (Walker) 36
Broadnax, William 36
Broadus, William F. 47
Broadwater, Behetheland (Sebastian) 36
Broadwater, Charles Lewis 36
Brock, John P. 36
Brockenbrough, John 36
Brockenbrough, Sarah (Roane) 36
Bronaugh, Dr. (in duel with John Stanard) 267
Brook, Ellen 182
Brook, Mary 155
Brooke, Ann (Mrs.) 37
Brooke, Elizabeth W. 28
Brooke, Jane Ann (Nash) 37
Brooke, Mary (Beale) 37
Brooke, Reuben 37
Brooke, William 37
Brooks, Elizabeth (Miller) 37
Brooks, George 37
Brooks, Sarah 99
Brooks, Susan (Millan) 37
Broun, Elizabeth (Mrs.) 37
Brower, Lydia 71
Brown, Abigail 38
Brown, Cassandra (Johnston) 38
Brown, Catherine 39
Brown, Elizabeth Barnes 261
Brown, Fanny 39
Brown, Frances 3
Brown, Frances (Crow) 39
Brown, Hannah (Mrs.) 277
Brown, Hannah I. 277
Brown, Hezekiah 37
Brown, Jane 39
Brown, Lucy W. (Saunders) 39
Brown, Martha (Hillhouse) 39
Brown, Martha Rucker 37
Brown, Nancy Harris 150

Brown, Richard T. 145
Brown, Sarah (Solomon) 39
Brown, Sophia 12
Brown, Susan (Mrs.) 37
Brown, Susannah B. 163
Brown, William 39, 277
Browne, Elizabeth 195
Browne, Elizabeth (Mrs.) 123, 195
Browne, Hannah (Ball) 115
Browne, Hannah E. 123
Browne, Henry 123
Browne, John 115
Browne, Mary 56, 115
Browne, Mary Burnet 56
Browne, Mills 195
Brownerig, Mary Ann 71
Browning, Elizabeth 172
Brownley, Anne (Whitehurst) 40
Brownley, Mary F. (Mrs.) 40
Bruce, Sarah Jane (Mrs.) 40
Brugh, Catherine (Peters) 40
Brumfield, Letiticia "Letty" (Mayhue) 40
Brumley, Sarah (Mrs.) 40
Bruner, Catherine 152
Bryan, Harriet W. 286
Bryan, Mrs. 286
Bryant, Sarah (Mrs.) 40
Bryce, Alexander 216
Bryce, Charlotte 216
Bryce, John (Rev.) 57
Bryne, Eliza A. 16
Buchanan, Jane (Mrs.) 41
Buchanan, Jane B. (Mrs.) 41
Buchanan, John 83, 89
Buchanan, Margaret 41, 86
Buchanan, Mary (Mrs.) 41
Bucher, Mary (Schneider) 41
Buck, Judith Ann 202
Buck, Mary (Conway) 41
Buck, Rebecca R. 9
Buckingham, Mary W. (Mrs. 41
Buckner, Charity 157
Buckner, Mildred (Strother) 41
Buckner, Susannah Smith 143
Budd, Elizabeth (Mrs.) 42
Buford, Elizabeth 94
Buford, Frances (Otey) 42
Buford, Frances A. (Otey) 42
Buford, Henry 42
Buford, John 94
Buford, Rhoda (Shrewsbury) 94
Bull, Ann B. 89
Bullock, Lucinda D. (Mrs.) 42
Bullock, Lucy (Mrs.) 42
Bumerouts, James 66
Bumgardener, Mary M. (Mrs.) 42
Bundick, George 42
Bundick, Polly (Mrs.) 42
Burburrow, Elizabeth 27
Burchett, Catherine (Mrs.) 42
Burfoot, Martha 59
Burfoot, Mary Elizabeth (Clarke) 42
Burgess, Elizabeth Ann 10
Burgess, J. (Rev.) 212

APPENDIX F – INDEX OF NAMES OTHER THAN VETERANS & UNIT COMMANDERS

Burk, Elizabeth (Mrs.) 43
Burk, Mary 265
Burke, Edith D. (Mrs.) 43
Burke, Elizabeth (Keenan) 43
Burkett, Polly (Mrs.) 43
Burks, Demaris (Wilson) 43
Burle, Sarah J. 104
Burnett, Amanda 36
Burnett, Jemima 149
Burnett, John 290
Burnett, Nancy 290
Burnley, Sarah G. 279
Burr, Aaron 5, 62
Burr, Annabelle (Sheddon) 43
Burris, Elizabeth 288
Burt, Eliza 16
Burton, Anne (Hudson) 322
Burton, Elizabeth 224
Burton, Jesse 322
Burton, Nancy (Ann) 321
Burton, Polly (Bradford) 43
Burton, Sarah Toomer (Herbert) 43
Burwell, Delie (Harris) 44
Burwell, Frances Thacker 130
Burwell, Lucy (Carter) 44
Burwell, Lucy (Crawley) 44
Burwell, Mary 121
Bush, Ann 54
Bush, Catherine 208
Bush, Eve Marie (Barley) 44
Bush, Katherine 5
Bush, Mary (Currell) 44
Bushong, Julia (Mrs.) 44
Bushrod, Catherine 277
Bussell, Lucy Ann (Wine) 44
Bussell, Mary (Black) 44
Butler, Mary Elizabeth (Hedgebeth) 44
Butler, Nancy (Childs) 44
Butler, Nathan 44
Butler, Otella (Voinard) 45
Butler, Wealthean 87
Butler, William 132
Butts, Frances 37
Byars, Elizabeth (Mrs.) 45
Byram, Frances (Bell) 45
Byrd, Andrew 237
Byrd, Ann (Page) 205
Byrd, Cynthia Ann (Moore) 237
Byrd, Edmonia Lee 205
Byrd, Elizabeth Isabella (Capito) 45
Byrd, Mary Willing 62
Byrd, Sarah 237
Byrd, William 184, 205
Byrdie, Elizabeth 252
Byrne, Anne (Mrs.) 45
Byrne, Eliza A. 16
Bywaters, Lucy 263
Cabell, Margaret 185
Cabell, Sarah C. 182
Caddall, Rebecca 19
Cagey, Barbara 323
Caldwell, Nancy 132
Caldwell, Ruth 256

Calfee, Elizabeth 50
Call, Elizabeth Jacqueline 208
Calland, Elizabeth (Smith) 46
Calland, Samuel 46
Callaway, America (Hairston) 46
Callaway, Elizabeth (Early) 46
Callaway, James 46
Callaway, Katherine 1
Camden, Nancy (Mrs.) 46
Camp, George 46
Camp, Hannah (Wright) 46
Camp, Mary (Mrs.) 46
Camp, Sallie (Cutchins) 46
Camp, William Sharp 46
Campbell, Ann (Ryburn) 46
Campbell, Anna Stewart Belfield 259
Campbell, Annabelle (Mrs.) 47
Campbell, Dorcus (Etzel) 46
Campbell, Dorothea 5
Campbell, Edward 46
Campbell, Edward V. 46
Campbell, Elizabeth (McDonald) 72
Campbell, Elizabeth M. (Sale) 47
Campbell, John 46, 72
Campbell, Judith 160
Campbell, Margaret (Mrs.) 47
Campbell, Mary 72
Campbell, Mary (Hamilton) 46
Campbell, Mary Hill (Fleet) 46
Campbell, Sarah (Mrs.) 46
Campbell, Sarah Buchanan 188, 288
Campbell, William 228
Cannon, Elizabeth (Mrs.) 47
Capito, Elizabeth Isabella 45
Capper, Sidney 188
Cardwell, Francis 47
Cardwell, Lucy (Adams) 47
Cardwell, Theodosia (Wager) 47
Carlin, Elizabeth 128
Carlisle, Rachel C. (Moore) 47
Carmines, Lucy (Mrs.) 47
Carmines, William 47
Carnall, Hannah (Norris) 47
Carney, Ann 138
Carney, Lovey Bruce 105
Carney, Mary 302
Carpenter, Ann (Waters) 47
Carpenter, Elizabeth G. 292
Carpenter, Frances 33
Carper, Christiana (Lawyer) 48
Carper, Elizabeth (Nutter) 48
Carper, Isaac 48
Carper, Kitty (Drake) 48
Carper, Mary 188
Carper, Susannah (Sovaine) 48
Carr, Bidsey 296
Carr, Dabney 48, 52
Carr, Elizabeth 48, 305
Carr, Jane Barbara 52
Carr, Maria G. 129
Carr, Martha (Jefferson) 48
Carr, Mary 98
Carr, Sarah (Dabney) 48

Carr, Susannah Stith (Coghill) 48
Carrington, Eliza C. (Adams) 48
Carrington, Judith A. (Wimbish) 48
Carrington, Lettice P. 63
Carrington, Paul 63
Carrington, Priscilla (Mrs.) 63
Carrington, William A. 48
Carroll, Mary (Perkins) 49
Carroll, Susan (Vermillion) 48
Carson, Christiana (Archibald) 49
Carson, Jane (Anderson) 49
Carson, John 49
Carson, Margaret (McKee) 49
Carson, Martha (Mrs.) 49
Carson, Samuel 49
Carson, Sarah 127
Carson, Sarah (Gibson) 49
Carson, Ursula (Mrs) 49
Carter, Amelia (Hatchett) 50
Carter, Anne 308
Carter, Anne B. 8
Carter, Annie Heister (Douglass) 51
Carter, Carry Happy (Brame) 50
Carter, Elizabeth 24
Carter, Elizabeth 24
Carter, Elizabeth (Calfee) 50
Carter, Elizabeth Chinn (Nutt) 51
Carter, Elizabeth Landon 14
Carter, Elizabeth T. 177
Carter, Fanny (Toy) 50
Carter, Frances (Corbin) 177
Carter, Hannah (Read) 51
Carter, Henry L. 50
Carter, James 51
Carter, Jane (Thomas) 51
Carter, Jemima (Leath) 50
Carter, John 50, 51, 177
Carter, Joseph 51
Carter, Karrenhappuck (Brame) 50
Carter, Kate Spotswood 24
Carter, Landon 14
Carter, Landon C. 195
Carter, Lucy 44
Carter, Lucy (Ball) 51
Carter, Lucy Landon 195
Carter, Martha K. (Farmer) 50
Carter, Mary 217
Carter, Mary (Nelson) 50, 308
Carter, Mildred 72
Carter, Millender (Mrs.) 51
Carter, Nancy 23
Carter, Nancy (Ball) 51
Carter, Nancy M. (Walton) 51
Carter, Robert 308
Carter, Robert Hill 50
Carter, Sarah (Chilton) 51
Carter, Sarah Jane (Leigh) 50
Carter, Susan 14
Carter, Theodorick 23
Caruthers, Hester 16
Caruthers, Pheobe 254
Cary, Ann 232, 321
Cary, Hattie Beatles 169
Cary, Jane Barbara (Carr) 52
Cary, John 52

449

APPENDIX F – INDEX OF NAMES OTHER THAN VETERANS & UNIT COMMANDERS

Cary, Susannah (Armistead) 52
Cary, Wilson 52
Caskie, Martha Jane (Mrs.) 52
Cassell, Charles 52
Cassell, Lucy (Dent) 52
Cassell, Mary (Mrs.) 52
Cassell, Sarah (Murrey) 52
Catlett, Ann (Mrs.) 285
Catlett, John 285
Catlett, Lucy 269
Catlett, Martha H. (Baytop/Baitup) 52
Catlett, Mary 285
Causine, Elizabeth 287
Cauthorn, Amy Y. (Montague) 53
Cauthorn, Leroy 53
Cauthorn, Maria (Mrs.) 53
Cave, Lavinia B. 88
Cave, Robert 88
Cawood, Mary (McFee) 53
Cawthorne, Elizabeth 236
Caynor, Nancy 97
Cecil, Julia (Mrs.) 53
Chamberlain, Jane Lelina (Mrs.) 53
Chamberlain, Margaret (Marshall) 53
Chamberlayne, Lucy G. (Tucker) 53
Chamberlayne, Mary (Mrs.) 53
Chamberlayne, Richard 53
Chambers, Betty Ann 280
Chamblin, Sarah 69
Chancellor, Elizabeth (Edwards) 53
Chancellor, Elizabeth (Rogers) 53
Chancellor, Fannie Longwell (Pound) 53
Chancellor, John 53
Chandler, Lavina 317
Chandler, Lucy (Mrs.) 54
Chandler, Mary (Mrs.) 54
Chandler, Sarah (Mrs.) 54
Chaney, Elizabeth (Bradley) 54
Chaney, Mary (Mrs.) 54
Channell, Mary Diver (Gibbs) 54
Chapman, George 146
Chapman, Jane 152
Chapman, John 54
Chapman, Louisa Ann 146
Chapman, Nancy (Roberts) 54
Chapman, Sally 153
Chapman, Sally (Mrs.) 54
Chapman, Susan 167
Chapman, William (Rev.) 238
Chappell, Maria (Wrenn) 54
Charles, Nancy 313
Charlton, Elizabeth (Stone) 54
Charlton, Jasper 54
Chatham, Fanny 55
Chatham, Jane 55
Chatham, Mary 55
Cheatham, Elizabeth 287
Cherry, Polly G. (Mrs.) 55
Chevers, Mary D. (Mrs.) 55
Chew, Anne (Fox) 55

Chew, Benjamin 181
Chew, Caroline M. 267
Chew, Eliza 181
Chew, Elizabeth Perrott 267
Chew, John 55
Chew, Mary 211
Childers, Elizabeth 295
Childress, Jane M. (Birch) 55
Childress, Sarah (Apperson) 55
Childs, Nancy 44
Chiles, Mary Parnalia 147
Chiles, Sarah 147
Chilton, Elizabeth Ann 10
Chilton, Sarah 51
Chilton, William 10
Chinn, Alice Olivia (Downman) 15
Chinn, Amelia "Milly" (Myres) 56
Chinn, Anna Richardson 1
Chinn, Bartholomew 15
Chinn, Elizabeth 51
Chinn, Janet Scott 317
Chinn, Kitty 15
Chinn, Lucy (Leland) 56
Chinn, Margaret S. (Ball) 56
Chittendon, Mary 31
Chowning, Catherine (Blakey) 56
Chowning, Cordelia (Mrs.) 56
Chowning, James L. W. 56
Chowning, Roberta (Mrs.) 56
Christian, Eliza (Sample) 56
Christian, Letitia 291
Christian, Mary (Browne) 56
Christian, Robert 291
Christian, Robert 56
Christian, Sally (Mrs.) 56
Churchill, Eliza 96
Churchman, Elizabeth (Mrs.) 56
Churn, Margaret 11
Churn, Severn 11
Churn, Tamor (Mrs.) 11
Circle, Martha Lee (Hook) 56
Claiborne, Anne 18
Claiborne, Delia (Hayes) 56
Claiborne, Herbert 56
Claiborne, John Herbert 56
Claiborne, Maria Cole (Gregory) 56
Claiborne, Mary Burnet (Browne) 56
Claiborne, Mary Cole 116
Claiborne, Mary Elizabeth (Weldon) 56
Claiborne, William Dandridge 18
Clapham, Elizabeth 148
Clark, Ann (Mrs.) 169
Clark, Ann Elizabeth Williams 169
Clark, Anna (Mrs.) 57
Clark, Caroline Virginia (Harris) 57
Clark, Catherine (Mrs.) 58
Clark, Dinah (Mrs.) 57
Clark, E. A. (Pope) 225
Clark, Eleanor (Mrs.) 57
Clark, Elizabeth 180
Clark, Elizabeth H. (Winston) 58
Clark, James 169
Clark, Jane (Mrs.) 58

Clark, Jennette 225
Clark, John 58
Clark, John Edward 58
Clark, Judith 169
Clark, Mary 142
Clark, Mary (Moore) 58
Clark, Mary (Mrs.) 57
Clark, Maud W. (Mrs.) 58
Clark, Mourning (Martin) 57
Clark, Nanch (Paulette) 58
Clark, Penelope J. (Legrand) 58
Clark, Rebecca (Seybert) 57
Clark, Robert 57
Clark, Susan (Henderson) 57
Clarke, Ann (Jackson) 59
Clarke, Ann Elvina 59
Clarke, Elizabeth (Mrs.) 59
Clarke, Frances 209
Clarke, Isabella (Mrs.) 59
Clarke, Jane 88
Clarke, Joseph 59
Clarke, Maria (Mrs.) 58
Clarke, Martha (Mrs.) 59
Clarke, Martha B. (Mrs.) 58
Clarke, Mary Elizabeth 42
Clarke, Polly 103
Clarke, Rebecca A. (Bell) 59
Clarkson, Mary 70
Clarkson, Patsy 9
Clay, Eleazar 59
Clay, Eleazar (Rev.) 290
Clay, Frances Williamson (Turpin) 59
Clay, Jane (Apperson) 59
Clay, Martha (Burfoot) 59
Clayton, Lucy 309
Cleek, Jane (Gwin) 59
Clement, Ann D. 283
Clement, George Washington 65
Clement, Stephen 283
Clements, Adam 59
Clements, Agnes (Johnson) 59
Clements, Mary 72
Clements, Nancy (Alexander) 59
Clements, Nicholas 59
Clendening, Mary (Mrs.) 60
Clendening, Ruth (Russell) 60
Cleveland, Ann 26
Clopton, Mildred 136
Clowser, Jacob 159
Clowser, Leah 159
Cloyd, Elizabeth 187
Cloyd, Elizabeth (McGavock) 60
Cloyd, Joseph 60
Cloyd, Mary (Gordon) 60
Cloyd (Lloyd), Thomas 60
Clylee, Mary Elizabeth 65
Coakley, Catherine C. (Mrs.) 60
Coard, Jane O. 20
Cobb, Ann (Briggs) 60
Cobbs, Marianne L. (Scott) 60
Cobbs, Mary Ann (Stanard) 60
Cochran, Eglantine 62
Cochran, Ellen (Mrs.) 60
Cock, Tabitha 230
Cocke, Ann Blaus (Barraud) 61

APPENDIX F – INDEX OF NAMES OTHER THAN VETERANS & UNIT COMMANDERS

Cocke, Anne Carther (Harrison) 61
Cocke, Charles 181
Cocke, Elizabeth (Barron) 60
Cocke, Elizabeth (Kennon) 61
Cocke, Elizabeth (Ruffin) 61
Cocke, Elizabeth Waddrop (Johnston) 61
Cocke, John Hartwell 61
Cocke, Mary (Lewis) 61
Cocke, Richard 61
Cocke, Richard Thompson 61
Cocke, Sarah 182
Cocke, Theodosia (Cocke) 61
Cocke, Walter 61
Coddy, Nancy 79
Coe, Anna (Sherwood) 61
Coe, Elizabeth 61
Coe, Emily 258
Coffman, Barbara (Fry) 61
Coffman, Christian 61
Coffman, Elizabeth 118
Coffman, Elizabeth (Mrs.) 61
Coghill, Elizabeth S (Hickman) 61
Coghill, Susannah Stith 48
Coiner, Jane (Mrs.) 62
Coke, Eglantine (Cochran) 62
Coke, Emily (Banister) 61
Coke, John 62
Coke, Mary Willing (Byrd) 62
Coke, Rebecca (Lawson) 62
Cole, Mahala Alice 109
Cole, Margaret 68
Cole, Martha (Ketchum) 62
Cole, Polly (Todd) 62
Cole, Sarah (Mrs.) 62
Coleburn, Catharine 125
Coleburn, George 125
Coleburn, Tabitha S. (Phillips) 62
Coleburns, Sarah 74
Coleman, Ann (Gordon) 62
Coleman, Anny Payne (Harrison) 62
Coleman, Catherine Lewis 11
Coleman, Clayton 63
Coleman, Elizabeth 78, 106
Coleman, Gilly 269
Coleman, John 62
Coleman, Margaret (Mrs.) 62
Coleman, Mary (Baptist) 63
Coleman, Mary (Embry) 62
Coleman, Mary (Headon) 63
Coleman, Mary (King) 63
Coleman, Mary Ann E. (Harris) 62
Coleman, Matilda (Baptist) 63
Coleman, Matildia (Minor)` 63
Coleman, Sally (Cruise) 63
Coleman, Sally (Mills) 63
Coleman, Sarah 119
Coleman, Stephen 62
Coles, Catherine (Mrs.) 63
Coles, Edward 63
Coles, Elizabeth (Harding) 63
Coles, Helen (Skipwith) 63
Coles, Isaac 63
Coles, John 269
Coles, Lettice (Carrington) 63

Coles, Mary 177
Coles, Rhoda (Nelms) 63
Coles, Sarah C. 269
Collier, Lucy (Bobbit) 63
Collins, Catherine (Jesse) 63
Collins, Clarissa (Todd) 63
Collins, Deborah 315
Collins, Elizabeth (Beach) 64
Collins, Sarah 183
Colonna, Elizabeth (Mrs.) 64
Colonna, Joice (Hutchison) 64
Colonna, Major 64
Colonna, William 64
Colquitt, Judith (Hobson) 64
Colquitt, Rebecca (Davenport) 64
Colston, Susan 170
Colvin, Leah Marie (Williams) 64
Combs, Jane 109
Combs, Jane Linton 109
Comick, Mary 70
Conley, Nancy C. 234
Conner, Aney (Annie) 64
Conner, Elizabeth 306
Conner, Exonery 64
Conner, Lewis (Rev.) 124, 167, 182, 252
Conrad, Elizabeth 323
Conway, Annie (Mrs.) 65
Conway, Catherine (Storke) 65
Conway, Catlett 276
Conway, Harriet E. (Thornton) 65
Conway, Lucy H. (Macon) 65
Conway, Mary 41
Conway, Susannah 276
Cook, Benjamin 65
Cook, Eleanor 110
Cook, Elizabeth (Mrs.) 65
Cook, Elizabeth O. (Darrews) 65
Cook, Nellie (Mrs.) 65
Cook, Sarah (Mrs.) 66
Cooke, Emeline 255
Cooke, Margaret (Kearns) 66
Cooke, Million 115
Cooke, William 255
Cooksey, Martha Ann (Mrs.) 66
Cooksey, Sallie (Mrs.) 66
Cooper, Elizabeth (Mrs.) 66
Cooper, Elizabeth (Sanders) 66
Cooper, L. C. 66
Cooper, Margaret (Mrs.) 66
Cooper, Mary H. (Wingfield) 66
Cooper, Rebecca (Mrs.) 66
Cooper, Robert 66
Cooper, Sally 187
Cooper, Susannah (Blair) 66
Copeland, Jane (Mrs.) 67
Copenhaver, Barbara (Philipy) 67
Copenhaver, John 67
Copenhaver, Margaret (Mrs.) 67
Copenhaver, Sarah (Mrs.) 67
Corbin, Anne 174
Corbin, Frances 177
Corbin, Sarah (Davis) 67
Corling, Charles 67
Corling, Eliza 67
Corling, William 67

Corn, Elizabeth 1
Corn, Samuel 1
Cornwell, Sarah 204
Cost, Mary (Gross) 67
Cottrell, Susan Halsey 85
Courtney, Elizabeth 11
Courtney, Richard 12
Cousins, Elizabeth 229
Coutney, Priscilla (Mrs.) 68
Covington, Elizabeth (Griffin) 68
Cowan, Grace 322
Coward, Jane O. 2
Cowley, Theodosia 61
Cowling, Euphan Fannie N. (Shepard) 68
Cowling, Mary (Bayley) 68
Cowling, Mary C. (Mrs.) 68
Cowper, Betsy 75
Cox, Ann (Wade) 68
Cox, Ann Mary (Wiseman) 68
Cox, Carter 68
Cox, Delia (Payne) 68
Cox, Demaris (Mrs.) 68
Cox, Diane Holloway 305
Cox, Edward 305
Cox, Eve (Stoner) 68
Cox, Margaret (Cole) 68
Cox, Mary 113
Cox, Philip 68
Cox, Sarah (Chamblin) 69
Cox, Susan F. 101
Cox, Susannah 229
Coyner, Catherine (Faber) 69
Coyner, Elizabeth (Michae) 69
Coyner, Jane (Mrs.) 69
Crabtree, Alice 223
Crabtree, Mary (Umbarger) 69
Craecroft, Rebecca Waldegrave 300
Crafford, Adeline (Shield) 69
Craig, Margaret 22
Craig, Margaret (McCutchen) 69
Craig, Martha (Mrs.) 69
Craig, Mary 18
Craig, Rebecca (Titus) 69
Craik, James (Dr.) 300
Cranch, Mary 209
Cranch, Nancy (Mrs.) 209
Cranch, W. 209
Cranford, Susan (Mrs.) 69
Craven, Lucretia 307
Craven, Mary (Clarkson) 70
Crawford, Charlotte (Austin) 70
Crawford, Edward 70
Crawford, Jane C. (Mrs.) 70
Crawford, Lucy (Morris) 70
Crawford, Margaret (Bell) 70
Crawford, Mary (Stribling) 70
Crawford, Nancy (Mrs.) 70
Crawford, Rebecca 22
Crawford, Sarah 22
Crawford, Sarah (Mrs.) 70
Crawford, William (Rev.) 293
Crawley, Lucy 44
Crawley, Robert 44
Crawley, Sarah E. (Davis) 70

APPENDIX F – INDEX OF NAMES OTHER THAN VETERANS & UNIT COMMANDERS

Creel, Elizabeth 109
Creel, Mary Ann 32
Crenshaw, Charlie 70
Crenshaw, Elizabeth 70
Crenshaw, Mary (Comick) 70
Crenshaw, Sarah (Mrs.) 70
Crewsdon, Betsy B. 144
Crewsdon, Emily C. 79
Crewsdon, Henry 79
Crewsdon, Sophia (Garland) 79
Crider, Emily B. 102
Cridler, Elizabeth (Mrs.) 71
Crigler, Anna (Mrs.) 71
Crigler, Catherine (Mrs.) 192
Crigler, Elizabeth 192
Crigler, William 192
Crismond, Mary 165
Crismond, Molly (Mrs.) 165
Crismond, Nimrod 165
Crist, Andrew 71
Crist, Barbara (Fix) 71
Crist, Elizabeth (Reid) 71
Crittendon, Catherine Cordelia 121
Crittendon, Zacharia V. 121
Crockett, Jennie Draper 108
Crockett, Joseph 71
Crockett, Laura 213
Crockett, Mary (Hogge) 71
Crockett, Sarah (Mrs.) 71
Croft, Catherine (Sanger) 71
Croft, Lydia (Brower) 71
Croft, Sarah (Miller) 71
Cropper, John 20
Cropper, Margaret Petit 20
Cross, Elizabeth 307
Cross, Elizabeth (Mrs.) 71
Cross, Martha Nicholson (Dillard) 71
Cross, Mary Ann (Brownerig) 71
Crouch, John 71
Crouch, Lucy (Mrs.) 71
Crouch, Susan A. (Mrs.) 71
Crouch, Virginia (Hudgins) 71
Crow, Amanda (Mrs.) 71
Crow, Frances 39
Crow, Sarah (Mrs.) 71
Crowder, Mary (Mrs.) 71
Croxton, Frances G. (Ware) 72
Croxton, Mary (Clements) 72
Croxton, Peggy 22
Cruise, Sally 63
Crump, Elizabeth 199
Crump, Elizabeth (Wood) 72
Crump, John 225
Crump, Mary 225
Crump, Sterling J. 72
Crutchfield, Elizabeth Lewis (Minor) 72
Crutchfield, Mary 106
Crutchfield, Stapleton 72
Culley, Jane 17
Cullop, Nancy (Mrs.) 72
Culpeper, Fanny 276
Cummings, Charles 72
Cummings, Mary (Campbell) 72

Cummings, Mildred (Carter) 72
Cunard, Adah (Mrs.) 72
Cundiff, Mary S. (Mrs.) 72
Cunningham, Agnes (Young) 73
Cunningham, Ariana (McCartney) 73
Cunningham, Eliza M. 129
Cunningham, Margaret (Riddick) 263
Cunningham, Nancy Anne Riddick 262
Cunningham, Samuel Barron 263
Cunningham, Sarah (Meadows) 72
Currell, Mary 44
Current, Charity 252
Curry, Ann (Mrs.) 73
Curry, Mary (Glenn) 73
Curry, Robert 73
Curtis, Peggy 208
Curtis, Rachel 273
Custer, Elizabeth (Trumbo) 73
Custer, Jane (Humble) 132
Custer, Joanna 132
Custer, Richard 132
Custis, Elizabeth 74, 305
Custis, Elizabeth (Fletcher) 74
Custis, Elizabeth (Smith) 74
Custis, Frances (West) 73
Custis, Robinson 73
Custis, Sarah (Coleburns) 74
Custis, Tabitha (Wise) 73
Custis, Thomas 74
Cutchins, Sallie 46
Cutler, Goodwin D. 74
Cutler, James Monroe 74
Cutler, John 74
Cutler, Norwood 74
Cutler, Polly (Mrs.) 74
Dabney, Benjamin 74
Dabney, Catherine 227
Dabney, Mary A. (Tyler) 74
Dabney, Mildred Merriwether 171
Dabney, Sarah 48
Dabney, Sarah (Smith) 74
Dabney, William 48
Daffin, Ann (Mrs.) 74
Dagg, John L. (Min.) 259, 320
Daingerfield, John (Lt Col) 22
Daingerfield, Mary B. 22
Dalby, Joseph (Min.) 1, 181, 188
Dalby, Nancy (Nottingham) 74
Dalton, Rachel 85
Dameron, Mahala Ann 132
Damron, John 74
Damron, Mary (Allen) 74
Damron, Mary (Hardy) 74
Dance, Lucy (Hobson) 75
Dance, Mary Page Finney (Branch) 75
Dance, Stephen 229
Dance, William S. 74
Dandridge, Anna Maria 18
Dandridge, Martha 216
Danforth, Frances (Mrs.) 75
Danforth, Mary (Mrs.) 75

Daniel, Eliza (Lewis) 75
Daniel, Elizabeth 319
Daniel, Mary C. (Shelton) 75
Darden, Betsy (Cowper) 75
Darne, Amelia (Trammell) 75
Darne, Henry 75
Darne, Penelope (Minor) 75
Darracott, Elizabeth 24
Darrell, Elizabeth 100
Darrews, Elizabeth O. 65
Darville, Margaret 284
Daughtrey, Anne (Lester) 75
Daughtry, Martha S. 157
Davault, Darcus (Mrs.) 75
Davenport, Elizabeth Ann 163
Davenport, Mary 98
Davenport, Rebecca 27, 64
Davidson, Eliza Q. 248
Davidson, Robert 248
Davie, Margaret (Mrs.) 76
Davis, Ann (Dent) 77
Davis, Annis (Mrs.) 77
Davis, Caroline (Mrs.) 77
Davis, Catherine 19
Davis, Charles 77
Davis, Elizabeth 93
Davis, Elizabeth (Kirtley) 76
Davis, Elizabeth (Mrs.) 76
Davis, Hannah 124
Davis, Harriet 247
Davis, Isaac 28, 76
Davis, James 70
Davis, Lucy E. (Armstrong) 76
Davis, Lydia (Mrs.) 77
Davis, Martha Jane 88
Davis, Mary (Fries) 77
Davis, Mary (Mrs.) 77
Davis, Mary Hickey (Heard) 77
Davis, Nancy (Gilkerson) 77
Davis, Sally M. (Mrs.) 76
Davis, Sarah 67
Davis, Sarah (Mrs.) 77
Davis, Sarah (Wilkins) 76
Davis, Sarah E. 70
Davis, Susannah Winston 28
Davis, Thomas (Min.) 292
Davis, William 247
Dawson, Margaret L. (Mrs.) 77
Dawson, Martin (Min.) 48, 269
Dawson, Mary Ann 244
Day, Ann 278
Day, Elizabeth (Mrs.) 78
Day, Emily (Mrs.) 78
Day, Frances W. 10
Day, Martha (Dunnington) 78
Day, Rebecca 295
Day, Rebecca (Pittinger) 78
Day, Samuel (Rev.) 255
Deane, Ann H. (Mrs.) 78
Deane, Arriana (Mrs.) 78
Deane, Elizabeth H. 148
Deane, Francis 78
Dearing, Ann (Jackson) 78
Deatherage, Maria 198
Decatur, Stephen 18
DeHart, Abigail 184

APPENDIX F – INDEX OF NAMES OTHER THAN VETERANS & UNIT COMMANDERS

DeHart, Elizabeth 318
DeHaven, Leannah 1
Dehaven, Sarah (Mrs.) 78
Dejarnatt, Elizabeth (Coleman) 78
Delp, Margaret 120
Dent, Ann 77
Dent, Lucy 52
DePriest, Eliza (Lewis) 79
Derieaux, Eliza L. 248
Derieux, Adelaide Marie 166
Derry, Susannah (Karn) 79
DeShields, Emily C. (Crewsdon) 79
Deshields, Harriett Caroline 20
DeShields, Mary (Martin) 79
DeShields, Matilda (Wade) 79
DeVaughn, Nancy (Coddy) 79
Dew, Anthony 268
Dew, Eliza G. 268
Dew, Mary (Mrs.) 79
Dick, Eleanor 190
Dickinson, David 251
Dickinson, Elizabeth 251
Dickinson, Hannah (Mrs.) 251
Dickinson, James 79
Dickinson, Mary (Mrs.) 79
Dickinson, Mary Powell 84
Dickson, Hannah (Mrs.) 79
Diddip, Clara W. (Mrs.) 80
Diddle, Catherine (Mrs.) 80
Digger, Amy 294
Diggins, Mary 139
Diggs, John 80
Diggs, Susan (Treacle) 80
Dillard, Elizabeth 80
Dillard, James 80
Dillard, John 80
Dillard, Martha Nicholson 71
Dillard, Matilda (Hughes) 80
Dillard, Sarah (Stovall) 80
Dingess, Mary 101
Dinkel, Anna Margaret Salome 267
Dishman, Ann (Triplett) 81
Dishman, Ann Edmond (Jones) 81
Dishman, Elizabeth (Morrel) 81
Dishman, Elizabeth (White) 81
Dishman, John 81
Divers, Lydia (Plyborne) 81
Dix, L. (Rev.) 122
Dixon, Bridget (Mrs.) 11
Dixon, Elizabeth (Peyton) 81
Dixon, Elizabeth Fitzhugh 239, 290
Dixon, Fanny (Chatham) 55
Dixon, John 11, 81
Dixon, John A. 55
Dixon, Sally 11
Dixon, Sally M. (Throckmorton) 81
Dobson, Martha Ann 26
Dobson, William C. 26
Dodd, Susannah 179
Doggett, Mary (Mrs.) 82
Dolby, Esther 23
Dolby, John 23
Donaldson, Jane 148
Donohue, John 103

Dooley, Sophronia A. 297
Dorcheimer, Mary 271
Dornin, Mrs. 82
Dorsey, Jane Prince (Robbins) 82
Dotson, Susannah 123
Doughty, Margaret 260
Douglas, Eliza (Kincaid) 82
Douglas, Elizabeth 85
Douglas, William 82
Douglass, Annie Heister 51
Douglass, Mary 239
Dove, Ann Eliza (Ege) 83
Dove, Catherine (Fitzwaters) 82
Dove, Elizabeth (Dove) 82
Dove, George 82
Dove, Margaret (Mrs.) 82
Dowell, Elizabeth (Garlston) 83
Dowell, Mary (Riddle) 83
Downard, Mary O'Brien 133
Downey, Rebecca 187
Downing, John R. 83
Downing, Mary (Mears) 83
Downing, Sally (Mrs.) 83
Downman, Alice Olivia 15
Downman, Frances 15
Downman, Frances 15
Downman, Joseph Ball 15
Downman, Olivia (Payne) 15
Draise, Elizabeth 96
Drake, Kitty 48
Draper, Frances (Estes) 83
Draper, Lucy (Meredith) 83
Draper, William 83
Drewry, Frances (Simmons) 83
Drinkard, Mary Cocke 267
Driver, Barbara 193
Driver, Dorothy R. (Mrs.) 193
Driver, Mary 274
Driver, Peter 193
Dromgoole, Rebecca Walton 257
Drummond, Ann 12, 20
Drummond, Elizabeth (Starke) 84
Drummond, Isabella (McCullough) 84
Drummond, Margaret (Henderson) 84
Drummond, Susan (Howell) 83
Drury, Frances (Simmons) 83
Dudley, Elizabeth E. (Archer) 84
Dudley, Nancy (Rankin) 84
Duff, Eleanor 115
Duff, Mary Powell (Dickinson) 84
Duff, Nelly (Mrs.) 84
Duke, Elizabeth 225
Dull, Catherine 124
Dull, Magdalena (Mrs.) 84
Dulton, Caroline 311
Duncan, Deborah Thompson 98
Dundore, Nancy (Grove) 84
Dunlap, Elizabeth 269
Dunlap, Hannah (widow) 84
Dunlap, Martha B. (Graham) 84
Dunn, Eleanor 115
Dunn, John (Min.) 284
Dunn, Mary (Mrs.) 85
Dunnavant, Karen H. 300

Dunnington, Elizabeth (Mrs.) 85
Dunnington, Martha 78
Dunton, Polly 100
Dunton, Rickards 292
Duval, Lucy (Mrs.) 85
Duval, Mary (Randolph) 85
Duval, Susan Halsey (Cottrell) 85
Dye, Ann H. (Mrs.) 85
Dyer, George 85
Dyer, Mary (Gravely) 85
Dyer, Rachel (Dalton) 85
Dyson, Martha C. (Howlett) 85
Eaches, Frances A. 251
Eaches, Thomas 251
Eads, Elizabeth (Douglas) 85
Eagles, Rachel 262
Eakin, Catherine 264
Eakin, Elinor Jane 147
Earle, Maria (Mrs.) 86
Early, Elizabeth 46
Early, Magdalene (Mrs.) 86
Early, Martha 169
Eastham, Ann 124
Eastin, Mary (Farrar) 86
Eddins, Aleavy 183
Edloe, Anne (Armstead) 86
Edmiston, Margaret (Buchanan) 86
Edmiston, Mary (Mrs.) 86
Edmonds, Adeline (Mrs.) 86
Edmonds, Elias 86
Edmonds, Elizabeth 184
Edmonds, James 207
Edmonds, Polly W. 207
Edmonds, Susan 121
Edmonds, Susannah 248
Edmunds, Anne (Wharton) 87
Edmunds, Elizabeth Gray 170
Edmunds, Jane 255
Edmundsen, Margaret Gouldman 251
Edwards, Alexander 87
Edwards, Ambrose 87
Edwards, Ann M. (Massey) 87
Edwards, Ann S. (Mrs.) 87
Edwards, Betsy (Balthrop) 88
Edwards, Catherine Rosanne (Boone) 87
Edwards, Charles 88
Edwards, Elizabeth 53
Edwards, Elizabeth Davis 117
Edwards, Henrietta (Ayres) 88
Edwards, John "Elk Spur" 88
Edwards, Leroy 15
Edwards, Louisa 15
Edwards, Lucy 285
Edwards, Lucy Ann (Respress) 88
Edwards, Martha P. (Mrs.) 88
Edwards, Mary (Glascock) 15
Edwards, Mary (Hague) 87
Edwards, Mary Ann (Waughop) 87
Edwards, Nancy (Mankins) 87
Edwards, Roane (King) 87
Edwards, Sarah (Mrs.) 88
Edwards, Wealthean (Butler) 87
Edwards, William 87

APPENDIX F – INDEX OF NAMES OTHER THAN VETERANS & UNIT COMMANDERS

Ege, Ann Eliza 83
Ege, Elizabeth (Mrs.) 83
Ege, Jacob 89
Ege, Samuel 83
Ege, Sarah Lambert 89
Eggleston, Joseph 287
Eggleston, Segar 287
Eggleton, Jane (Thomason) 321
Eggleton, Nancy 321
Eggleton, Thomas 321
Eheart, Lavinia B. (Cave) 88
Eheart, Sarah 88
Eidson, Ellen R. (Mrs.) 88
Elam, Martha Jane (Davis) 88
Elizabeth, Elizabeth H. (Richards) App G
Elkins, Elizabeth 5
Ellett, Jane (Clarke) 88
Ellett, Mary W. (Mrs.) 88
Ellett, Temple 88
Elliott, Ann B. (Bull) 89
Elliott, J. (Min.) 309
Elliott, J. D. 142
Elliott, Joseph 223
Elliott, Margaret (Mrs.) 89
Elliott, Nancy 223
Elliott, Nancy Ann 229
Elliott, Teakle 89
Ellis, Absilla 13
Ellis, Ellison 311
Ellis, Ira (Rev.) 257
Ellis, Mary (Zachary) 311
Ellis, Mary E. (Mrs.) 89
Ellis, Nancy C. 311
Elzy, Latatia 17
Embry, Mary 62
Emmerson, Arthur 89
Emmerson, Mary Ann (Herbert) 89
Enders, Sarah Lambert (Ege) 89
Ensminger, Nancy 253
Epperly, Nancy (Phares) 90
Eppes, Ann (Mrs.) 90
Epps, Louisa 244
Erhardt, Ray K. 111
Estes, Frances 83
Estill, Patsy (Mrs.) 90
Etheridge, Sophia 37
Etzel, Dorcus 46
Eubank, Ann Newman 89
Eubank, Martha (Mrs.) 90
Eustace, Elizabeth 280
Eustace, Mary (Leland) 90
Eustace, Sarah Marian 223
Eustace, William 90
Evans, Anthony 90
Evans, Bridget (Mrs.) 91
Evans, Elizabeth (Minfue) 91
Evans, Jane E. (Mrs.) 91
Evans, Margaret (Patrick) 91
Evans, Mary 153
Evans, Mary (Mrs.) 90
Evans, Mary R. (Gibson) 91
Evans, Sampson 91
Evans, Sarah (Walker) 90
Evans, Susan 243
Evans, W. L. P. 91

Evers, Margaret (Mrs.) 91
Ewell, Ann (Lee) 91
Ewell, Mildred (Mrs.) 91
Ewing, Nancy (Mrs.) 91
Faber, Catherine 69
Face, Eliza (Presson) 92
Fadely, Mary (McNedledge) 92
Fairbank, Julia Ann (Smith) 92
Fairchild, Fidelia 254
Fairfax, Elizabeth 256
Fanning, Mary 308
Fannon, Abigail (Muncy) 92
Fanny, Lucy Ann 8
Fant, Lucy (Phillips) 92
Farish, Millicent W. (Laughlin) 92
Farley, Fannie W. (Baldwin) 92
Farmer, Martha (Willard) 92
Farmer, Martha K. 50
Farmer, Mary 129
Farmer, Patience 233
Farmer, Susan 35
Farr, Jane (Mrs.) 92
Farrar, Mary 86
Farrar, Rebecca 225
Faulconer, Elizabeth (Jones) 92
Faunterloy, Elizabeth Hooe 24
Faunterloy, William 24
Fauntleroy, Elizabeth (Mrs.) 92
Fauntleroy, Jane 290
Fauntleroy, William 24
Faut, Betsy 101
Fawley, Anna Maria (Mrs.) 93
Fawley, Catherine (Snuff) 93
Fawley, John 93
Fearn, Mary 215
Feeley, Margaret Ann 252
Felts, Winnie (Onley) 93
Fendall, Elizabeth Mary (Mrs.) 93
Fenley, Mary 20
Ferguson, Annie (Mrs.) 93
Ferguson, Austin A. 281
Ferguson, Elizabeth (Davis) 93
Ferguson, Elizabeth (Maxey) 93
Ferguson, Elizabeth (Mrs.) 93
Ferguson, Jane 24
Ferguson, Jane (Mrs.) 93
Ferguson, Martha (Stith) 93
Ferguson, Mary Ann 307
Ferguson, Robert P. 112
Ferguson, Ursula Ann (Richardson) 93
Fidley, Mary 237
Field, Ann (Meade) 94
Field, Ann (Taylor) 94
Field, Elizabeth (Buford) 94
Field, Jane (Mrs.) 94
Field, John 94
Field, Lucy (Mrs.) 94
Field, Sarah (Wilder) 94
Field, Theophilus 94
Fields, Elizabeth (Mrs.) 94
Finch, Lumina 218
Findlay, Theodosia (Mrs.) 94
Fines, James 273
Fines, Lucy 273
Fines, Rachel (Curtis) 273

Finks, Frances B. (Triplett) 94
Finley, Jeane 187
Finley, Mary (Mrs.) 94
Finnell, Elizabeth Burch (Thorn) 94
Finnell, Harriet (Thorn) 94
Finnell, Reubin (Rev.) 94, 210
Finney, Cynthia (Mitchell) 94
Finney, Euphumey (Mrs.) 95
Finney, John 94
Finney, Margaret (Mrs.) 94
Finney, Nancy 2
Finney, Polly (Prentis) 94
Finney, Ruth (Smith) 94
Finney, Sarah (Fletcher) 94
Finney, William 95
Firestone, Elizabeth 1
Fishbach, Eve (Martin) App G
Fishbach, Johann Freidrich App G
Fishback, Lucy (Amiss) 95
Fisher, Anna (Mrs.) 95
Fisher, Edney (Henderson) 95
Fisher, Eliza 1
Fisher, Eliza S. 147
Fisher, Elizabeth 140
Fisher, Fenwick 95
Fisher, George 95
Fisher, Lucy Marshall 208
Fisher, Mary Ann Ambler 164
Fisher, Melinda D. (Heath) 95
Fisher, Roseanna (Mrs.) 95
Fisher, Susan (Mrs.) 95
Fitchett, Hannah H. (Powell) 95
Fitchett, Richard 95
Fitts, Eddie (Jones) 95
Fitzgerald, Edmond 270
Fitzgerald, Elizabeth 270
Fitzgerald, Sarah Jane (Mrs.) 96
Fitzhugh, Anna 183
Fitzhugh, Anna Maria Sarah (Mrs.) 96
Fitzhugh, Augusta Jane (Grundy) 96
Fitzhugh, Eliza (Churchill) 96
Fitzhugh, Elizabeth (Draise) 96
Fitzhugh, Elizabeth (Mrs.) 96
Fitzhugh, Frances (Tabb) 96
Fitzhugh, Henry 96
Fitzhugh, Nicholas 96
Fitzwater, William 96
Fitzwaters, Catherine 82
Fix, Barbara 71
Flanagan, Anne E. (Hughson) 96
Flanagan, Sarach C. (Johnson) 96
Fleet, Beverley 297
Fleet, Dorothea Ann 12
Fleet, Mary Hill 46
Fleet, William 12
Fleisher, Caspar 96
Fleisher, Hannah (Mrs.) 96
Fleming, Elizabeth 265, 283
Fletcher, Elishea (Mrs.) 1
Fletcher, Eliza A. (Mrs.) 97
Fletcher, Elizabeth 74
Fletcher, Nancy (Caynor) 97
Fletcher, Ruth 19
Fletcher, Sarah 94

APPENDIX F – INDEX OF NAMES OTHER THAN VETERANS & UNIT COMMANDERS

Fletcher, Thomas 94
Flood, Elizabeth 6
Flood, Martha M. 6
Flood, Noah 97
Floyd, Ruth (Garrison) 97
Floyd, Sallie (Ashby) 97
Floyd, William 97
Flynn, Ann (Riddick) 54
Flynn, Mary Ann 54
Flynn, Owen 54
Fogle, Barbara (Quickle) 285
Fogle, George 286
Foltz, Mary Margaret (Pence) 98
Fontaine, John Winston 98
Fontaine, Martha (Henry) 98
Fontaine, Mary (Carr) 98
Foote, Mary (Marshall) 98
Forbes, David 98
Forbes, John 235
Forbes, Margaret (Sterling) 98
Forbes, Nancy 235
Forbes, Sally Innes (Thornton) 98
Ford, Boaz 98
Ford, Deborah Thompson (Duncan) 98
Ford, Elizabeth Allen (Hore) 98
Ford, Elizabeth G. (Ballow) 98
Ford, Martha (Toddy) 98
Fore, Mary (Davenport) 98
Foreman, Maacah 180
Foster, Adam 275
Foster, Amy J. 144
Foster, Courtney (Thornton) 99
Foster, Eliza S. (Mrs.) 99
Foster, Elizabeth 13, 25
Foster, Elizabeth (Johnson) 98
Foster, Elizabeth (Mitchell) 99
Foster, Elizabeth (Mrs.) 99
Foster, Ellen 275
Foster, Hetty (Spickard) 99
Foster, Jonathan 14
Foster, Joseph 99
Foster, Josiah 98
Foster, Martha H. (Hobson) 99
Foster, Mary (Mrs.) 275
Foster, Mary Catherine 25
Foster, Mary K. (Mrs.) 99
Foster, Mary S. 229
Foster, Priscilla (Hunton) 99
Foster, Priscilla B. (Mrs.) 99
Foster, Ruth (Mrs.) 99
Foster, Sarah (Brooks) 99
Foster, Sarah (Hankins) 98
Foushee, Elizabeth 214
Foutz, Jacob 267
Foutz, Phebe 267
Fowlkes, Elizabeth Jane 100
Fowlkes, Mary Coleman 100
Fox, Anne 55
Fox, Elizabeth (Darrell) 100
Fox, Golden 100
Fox, Jane H. (Mrs.) 100
Fox, Judith Frances 198
Fox, Malinda (Ragland) 100
Fox, Polly (Dunton) 100
Frame, Martha 257

Francis, Pheobe F. (Morgan) 100
Francisco, Catherine Brooke 267
Francisco, Judith (Michaux) 100
Francisco, Peter 267
Frankfort, Christina 290
Franklin, Sarah (Tinsley) 100
Franklin, Sophia 128
Fraser, Elizabeth 138
Fraser, Presha (Lee) 100
Frazer, Martha Lucretia (Rawlings) 101
Frazier, Catherine (Kerfoot) 101
Frazier, Letty (Mrs.) 101
Frazier, Sarah (Long) 101
Freeman, Mary (Mrs.) 101
French, Mary (Dingess) 101
Fretwell, Mildred (Garth) 101
Friend, Elizabeth (Rowlett) 101
Friend, Susan F. (Cox) 101
Fries, Mary 77
Fries, Michael 77
Frith, Judon 101
Frith, Mary W. (Mrs.) 101
Fritter, Betsy (Faut) 101
Fry, Barbara 61
Fry, Catherine (Grandstaff) 102
Fry, Deborah (Haywood) 102
Fry, Elizabeth (Linn) 101
Fry, Henry 102
Fry, Phoebe Ann (Painter) 102
Fry, Susan (Mrs.) 102
Frye, Emily B. (Crider) 102
Frye, George (Rev.) 44, 193
Ftizell, Tabitha 145
Fugitt, Ann (Jourdan) 102
Fugitt, Catherine (Mrs.) 102
Fulkerson, Jeaney (Mrs.) 102
Fulkerson, Margaret L. (Mrs.) 102
Fuller, Mary (Mrs.) 102
Funk, Elizabeth (Mrs.) 103
Funkhouser, Catherine (Mrs.) 103
Funkhouser, Margaret (Baker) 103
Funkhouser, Mary 31
Gaines, Bernard 10
Gaines, Edward Christian 103
Gaines, Elizabeth (Shotwell) 103
Gallaher, Polly (Clarke) 103
Gannoway, Catherine (Mrs.) 103
Gardiner, Eliza Frances (Mrs.) 103
Gardiner, Julia 291
Gardner, Jane H. (Meredith) 104
Gardner, Mary Darden 303
Gardner, Phebe P. (Mrs.) 104
Garland, Mary Brockenbrough (Leckie) 104
Garland, Mary Lightfoot (Anderson) 104
Garland, Sarah J. (Burle) 104
Garland, Sophia 79
Garlston, Elizabeth 83
Garner, Margaret (Mrs.) 104
Garnett, Lucy 112
Garnett, Rhoda (Mrs.) 104
Garrett, Rebecca (Mrs.) 105
Garrison, James 97

Garrison, Kiturah 109
Garrison, Ruth 97
Garrison, Sarah (Mrs.) 105
Garth, Elizabeth 191
Garth, Elizabeth (Mrs.) 105
Garth, Mildred 101
Garwood, Martha 213
Gaskins, Lovey Bruce (Carney) 105
Gaskins, Sarah 14
Gassoway, Catherine (Noland) 105
Gassoway, Henrietta (Mrs.) 105
Gay, Catherine (Tazewell) 106
Gayle, Elizabeth (Coleman) 106
Gayle, Jordan C. 106
Gee, Frances W. (Harper) 106
Gee, Mahala A. (Sturdivant) 106
Gentry, Elizabeth (Mrs.) 106
Gentry, Mary Ann (Willis) 106
George, B. 276
George, Catherine (Wilson) 106
George, Elizabeth (Mrs.) 106
George, Mary 303
George, Mary (Crutchfield) 106
George, Sarah 276
George, Sarah (Stark) 106
George, Susan Winn (Holeman) 106
Geschwind, Margaret 302
Getz, Lydia (Pence) 107
Gholson, Elizabeth (Booth) 107
Gibbon, James 107
Gibbs, Edward 107
Gibbs, Isabella G. P. (Poague) 107
Gibbs, Mary Diver 54
Gibbs, Mary J. 220
Gibbs, Ruth (Harpin) 107
Gibson, Amelia (Mrs.) 107
Gibson, Ann (Mrs.) 107
Gibson, Elizabeth (Mrs.) 107
Gibson, Fanny (Muschett) 107
Gibson, John 107
Gibson, John (Min.) 284
Gibson, Mahala 320
Gibson, Mary Dandridge (Ball) 107
Gibson, Mary R. 91
Gibson, Mary Williams (Shackleford) 107
Gibson, Nancy V. (Logest) 107
Gibson, Sarah 49
Giddion, Catherine 200
Gilbert, Lucy (Sharp) 107
Gileous, Tabith (See Thomas Coleburn) 62
Gilkerson, Nancy 77
Gilkeson, Susan (Mrs.) 107
Gill, James T. 108
Gill, Jane (Mrs.) 108
Gill, Joseph (Rev.) 215
Gill, Polly (Wise) 108
Gill, Rebecca 108
Gill, Sarah Dorah 211
Gillespie, Jennie Draper (Crockett) 108
Gillespie, Maranda (Mrs.) 108

APPENDIX F – INDEX OF NAMES OTHER THAN VETERANS & UNIT COMMANDERS

Gilley, Lucy 117
Gilliam, Ann F. 29
Gilliam, Anna Marie 236
Gilliam, James 29
Gilliam, James Skelton 108
Gilliam, Judith (Mrs.) 108
Gilliam, Martha (Mrs.) 108
Gilliam, Mary (Mrs.) 29
Gilliam, Mary Jefferson (James) 108
Gincey, Virginia 169
Gird, Sarah 161
Gish, Katherine 19, 20
Givens, Malinda 218
Gladden, Catherine 214
Gladden, Elizabeth (Mrs.) 109
Gladston, Elizabeth (Creel) 109
Gladston, Mary (Heflin) 109
Glascock, Agnes (Rector) 109
Glascock, Agnes (Rector) 109
Glascock, Eleanor 196
Glascock, George 196
Glascock, Jane (Combs) 109
Glascock, Jane Linton (Combs) 109
Glascock, Mahala Alice (Cole) 109
Glascock, Thomas 109
Glascock, Thomas 109
Glasgow, Elizabeth 274
Glasgow, Margaret Branch 35
Glasock, Mary 15
Glass, Catherine (Wood) 109
Glass, Margaret (Kramer) 109
Glass, Nancy (Mrs.) 109
Glassell, Eudora (Swartwout) 109
Glenn, Eliza 145
Glenn, James 73
Glenn, Kiturah (Garrison) 109
Glenn, Margaret 265
Glenn, Mary 73
Glover, Chapman 110
Glover, Emma G. (Mrs.) 110
Glover, Martha 110
Glover, Susan (Tindal) 110
Goad, Eleanor (Cook) 110
Goad, Mary 206
Gobble, Mary Ann (Mrs.) 110
Godwin, Elizabeth 237
Goffingon, Nathaniel 110
Goffingon, Polly 110
Goffingon, Sarah 110
Gold, Pleasant (Rev.) 212
Goldsmith, Elizabeth 172
Gooch, Maria (Barnes) 110
Good, Lucy (Wigginton) 110
Good, Rachel (Orndorff) 110
Goodall, Elizabeth (Mrs.) 111
Goode, Alice E. 126
Goode, Mary A. 126
Goode, Mary A. (Knox) 111
Goode, Sarah (Tazewell) 111
Gooding, Jane (Mrs.) 111
Gooding, Nancy 319
Goodman, John 153, 156
Goodman, John (Min.) 317
Goodrich, Elizabeth (Baccos) 111

Goodridge, Elizabeth (Hughlett) 148
Goodridge, Nancy 148
Goodridge, Richard 148
Goodson, America (Sandefur) 111
Goodwin, (-----, wife of Hawes Coleman) 62
Goodwin, Ann Maria (Smith) 111
Goodwyn, Eliza N. (Mrs.) 111
Goosley, Frances 37
Gordon, Ann 62
Gordon, Anna 307
Gordon, Annie C. (Mrs.) 111
Gordon, Charles (Capt.) 122
Gordon, Charles (Capt.) 83
Gordon, Margaret (Murry) 62
Gordon, Mary 60
Gordon, Mary A. M. (Mrs.) 112
Gordon, Mary Ann (Bouman) 112
Gordon, Mary H. 21
Gordon, Nathan 21
Gordon, Thomas 62
Gore, Lucy 208
Gornto, Elizabeth 199
Goss, John (Min.) 302
Gourlay, David 76
Govan, Lucy (Garnett) 112
Gover, Susan H. (Mrs.) 112
Graham, Cecelia Ann 172
Graham, Frances 112
Graham, Isabella (Mrs.) 113
Graham, Jane 186
Graham, John 55
Graham, Martha B. 84
Graham, Mary (Chatham) 55
Graham, Rachel (Mrs.) 112
Graham, Sarah (Mrs.) 112
Grandstaff, Catherine 102
Grandstaff, Mary (Reedy) 113
Grant, James 265
Grant, Jeanette (Mrs.) 113
Grant, Lacy 113
Gravely, Mary 85
Graves, Ann S. (Mrs.) 113
Graves, Dolly (Mrs.) 113
Graves, Mary (Cox) 113
Graves, Richard 113
Graves, Thomas 287
Graves, William 198
Gray, Elizabeth 29
Gray, Francis 114
Gray, Harriet (Mason) 113
Gray, Lucy 114
Gray, Mary (Mrs.) 114
Gray, Mary (Powell) 114
Gray, Mary M. (Mrs.) 114
Gray, Sarah (Nelms) 114
Gray, Sarah Brigit (Moore) 114
Gray, Susan (Mrs.) 114
Gray, Winifred (Webb) 114
Green, Ann 150
Green, Dorothea Farrar 9
Green, Eleanor (Duff) 115
Green, Eleanor (Dunn) 115
Green, Eleanor Coleman 31
Green, Eliza 118, 205

Green, Eliza Ann (Mrs.) 114
Green, Elizabeth 167, 210
Green, Elizabeth Coleman 163
Green, Fanny (Richards) 115
Green, John 115
Green, Lucy (Williams) 115
Green, Martha 167
Green, Mary (Browne) 115
Green, Mary E. (Tinsley) 115
Green, Million (Cooke) 115
Green, Nancy 256
Green, Robert 115
Green, Suannah (Blackwell) 115
Green, William 115
Greene, Nathaniel (Gen.) 62
Greenway, Ann Elizabeth (Kennon) 116
Greenway, James 116
Greenwood, Elizabeth 14
Gregory, Anne (Southerland) 116
Gregory, Elizabeth (Wilkinson) 130
Gregory, Fanny (Mrs.) 116
Gregory, Jane Adelaide 138
Gregory, Luch Osborne (Thweatt) 116
Gregory, Maria Cole 56
Gregory, Martha Ward 219
Gregory, Mary Cole (Claiborne) 116
Gregory, Richard 116, 130
Gregory, Roger 116
Gregory, Sarah C. 218
Gregory, Sarah Cole 130
Gresham, Margaret (Mitchell) 117
Grice, Elizabeth Davis (Edwards) 117
Grice, Joseph 117
Grice, Mary (Mrs.) 117
Griffin, Elizabeth 68
Griffin, Rhoda Ann 34
Griffin, Sarah 3
Griffith, B. 287
Griffith, Elizabeth (Mrs.) 117
Griffith, Rachel 117
Griggs, Elizabeth (Shipp) 117
Griggs, Lucy (Gilley) 117
Grigsby, Catharine (Weekley) 118
Grigsby, Mildred 155
Grigsby, Verinda (Porter) 118
Grinnan, Daniel 118
Grinnan, Eliza (Green) 118
Grinnan, Walter 118
Grisby, Rachel 216
Grizzard, Elizabeth 137
Grizzard, Sarah (Northington) 137
Grizzard, William 137
Gross, Elizabeth 132
Gross, Mary 67
Grove, Ann S. (Mrs.) 118
Grove, Catherine (Mrs.) 118
Grove, Catherine (Wolfe) 118
Grove, Elizabeth (Coffman) 118
Grove, Elizabeth (Mrs.) 118
Grove, Jane (Young) 118
Grove, Nancy 84
Grove, Susan 136

APPENDIX F – INDEX OF NAMES OTHER THAN VETERANS & UNIT COMMANDERS

Groves, Patsy (Mrs.) 118
Grubb, Charity (Morrison) 119
Grubb, Elizabeeth (Hagy) 118
Grubb, Elizabeth (Jackson) 119
Grubb, Leah (Wertz) 118
Grundy, Augusta Jane 96
Gruver, Elizabeth (Mrs.) 119
Grymes, Ann (Nicholas) 139
Grymes, Benjamin 119, 139
Grymes, Lucy Fitzhugh 139
Guard, Margret (Lemley) 119
Guinn, Sarah (Mrs.) 119
Gulick, Sarah (Mrs.) 119
Gunnell, Catherine 36
Gunnell, Sarah (Coleman) 119
Gunnell, William 119
Gunter, Rachel (Mrs.) 119
Gunter, Tamar (Pearson) 119
Gwathemy, Lucy Ann (Mrs.) 120
Gwathemy, Margaret T. (Mrs.) 120
Gwin, Jane 59
Gwin, Rachel 185
Gwynn, Frances 143
Hack, Elizabeth (Robinson) 120
Hack, Elizabeth (Smith) 20
Hack, Elizabeth Smith 20
Hack, Peter 20
Hackett, Mary S. 230
Hackley, Ann Mercer 309
Hackney, Jane (Boyd) 120
Haden, Eloise (Mrs.) 120
Haga, John George 120
Haga, Margaret (Delp) 120
Haga, Rosannah (Long) 120
Haga, Sarah (Bonham) 120
Haggoman, Sarah 168
Hague, Margaret (Delp) 120
Hague, Mary 87
Hague, Sarah (Bonham) 120
Hagy, Elizabeth 118
Hairston, America 46
Hairston, Elizabeth Perkins (Letcher) 120
Hairston, George 46, 120
Hairston, Louisa (Hardyman) 120
Hale, Agnes (Mrs.) 121
Hale, Frances (Bourne) 121
Hale, Lewis 121
Hale, Mahaley (Alexander) 120
Hale, Mary (Burwell) 121
Hale, Nancy (Lucas) 120
Hale, Rosamond Bourne (Blair) 120
Halfrey, Catherine 236
Hall, Asa 121
Hall, Catherine Cordelia (Crittendon) 121
Hall, Clarissa (Pollard) 121
Hall, Elizabeth (Mrs.) 122
Hall, Jane 185
Hall, John 121
Hall, Letitia 285
Hall, Margaret (Peery) 121
Hall, Margaret (Rozenberger) 121
Hall, Mary (Mrs.) 121
Hall, Mary Ann (Omohundro) 122

Hall, Nancy (Mrs.) 121
Hall, Patrick 122
Hall, Rebecca (Bragg) 122
Hall, Sally 10
Hall, Susan (Edmonds) 121
Hall, Susanna (McChesney) 122
Hall, William Henry 122
Hallett, Eliza (Jacob) 122
Hallett, Tamer (Trower) 122
Halley, Mary M. 235
Hamanson, Margaret C. (Mapp) 125
Hambleton, Mary Ann (Armitage) 123
Hamilton, Elizabeth (Mrs.) 123
Hamilton, Jane 180
Hamilton, Margaret (McCout) 123
Hamilton, Mary 46
Hamilton, Mary Ann (Armitage) 123
Hamilton, Susannah (Dotson) 123
Hamlett, Lucy 123
Hamlin, Hannah E. (Browne) 123
Hamman, Anna (Mrs.) 123
Hamman, Lydia (Painter) 123
Hamman, Reginia (Mrs.) 123
Hammersley, Lucy (Hamlett) 123
Hammond, Margaret (Mrs.) 123
Hampton, Isabella 266
Hancock, Hannah Wooldridge (Walthall) 124
Hancock, Mary (Hull) 124
Hand, Ann (Eastham) 124
Handy, Jane C. 10
Hanger, Cathereine (Dull) 124
Hanger, John 124
Hanger, Susannah (Ott) 124
Hankins, John 98
Hankins, Sarah 98
Hanks, Elizabeth (Newgent) 124
Hanks, Jennie (Mrs.) 124
Hannah, Harriet (Allen) 124
Hannah, Lucy (Morton) 124
Hannah, Patsy (Brent) 124
Hansbarger, Anna Catherine 19
Hansbrough, Margaret (Starke) 124
Hansford, Hannah (Davis) 124
Hansford, James 124
Harbard, Martha 36
Harbour, Martha (Slaughter) 125
Hardaway, Mary Simmons 219
Hardaway, Sarah T. (Jones) 125
Harding, Elizabeth 63
Harding, Judith 6
Harding, William 63
Hardwick, Elizabeth (Morgan) 260
Hardwick, John 260
Hardwick, Mary P. 260
Hardy, Ann R. 18
Hardy, Martha 305
Hardy, Mary 74
Hardy, Mary (Mrs.) 125
Hardy, Nancy (Mrs.) 125
Hardy, Patrick 125
Hardyman, Louisa 120

Harford, Mary 212
Hargrove, Martha G. (Mason) 125
Harlow, Maria (Mrs.) 125
Harman, Christy (Mrs.) 125
Harman, Sarah (Warts) 125
Harman, Sarah (Weiks) 125
Harman, Tabitha 22
Harman, William 125
Harmanson, Catharine (Coleburn) 125
Harmon, Nancy (Mrs.) 125
Harper, Angelina (McGehee) 126
Harper, Frances W. 106
Harper, John 106
Harper, Lucy (Mrs.) 126
Harper, Martha A. (Hester) 126
Harper, Mary (Mrs.) 126
Harper, Mary T. (Newton) 126
Harper, Sarah (Mrs.) 126
Harper, William 126
Harpin, Ruth 107
Harries, Delie 44
Harris, Alice E. (Goode) 126
Harris, Ann Allen (Anderson) 127
Harris, Benjamin James 57
Harris, Caroline (Mrs.) 127
Harris, Caroline Virginia 57
Harris, Catherine S. (Smith) 126
Harris, Elizabeth 127, 129
Harris, Frederick (Capt.) 25
Harris, G. W. 127
Harris, James 127
Harris, John 127
Harris, Lucy A. (Mrs.) 126
Harris, Mary (Mrs.) 127
Harris, Mary Ann E. 62
Harris, Mary V. 11
Harris, Robert 126
Harris, Sarah (Carson) 127
Harris, Sarah (Hart) 126
Harris, Thomas 11
Harrison, Anne 8
Harrison, Anne Carter 61
Harrison, Anne M. 209
Harrison, Anne Payne 62
Harrison, Benjamin (President) 128
Harrison, Charlotte Thomas (Pretlow) 128
Harrison, Eliza 308
Harrison, Eliza M. (Cunningham) 129
Harrison, Elizabeth (Carlin) 128
Harrison, Elizabeth (Pickering) 128
Harrison, Elizabeth (Veitch) 128
Harrison, Isabelle Harmonson (Richie) 128
Harrison, Johannah (Mrs.) 129
Harrison, Leah 178
Harrison, Lelia (Mrs.) 129
Harrison, Leonora (Mrs.) 128
Harrison, Louise 138
Harrison, Mary (Randolph) 129
Harrison, Peterson 308
Harrison, Randolph 129

APPENDIX F – INDEX OF NAMES OTHER THAN VETERANS & UNIT COMMANDERS

Harrison, Robert 128
Harrison, Sally (Mrs.) 128, 129
Harrison, Samuel J. 209
Harrison, Sarah (Powell) 127
Harrison, Sophia (Franklin) 128
Harrison, William 62
Harshbarger, Barbara (Mrs.) 129
Hart, Andrew 242
Hart, Judith (Mrs.) 126
Hart, Malcomb 126
Hart, Margaret 242
Hart, Mary (Farmer) 129
Hart, Rebecca A. (Mrs.) 129
Hart, Sarah 126
Hart, William H. (Rev.) 170
Hartman, Catherine (Mrs.) 129
Harvey, Elizabeth (Harris) 129
Harvey, Frances Thacker (Burwell) 130
Harvey, William (Rev.) 221
Harvie, John 130
Harvie, Margaret (Mrs.) 130
Harvie, Mary (Marshall) 130
Harwood, Frances 321
Haslip, Silent (Suddoth) 130
Hatch, F. W. (Rev.) 53
Hatch, W. (minister) 70
Hatcher, Edward 130
Hatcher, Elizabeth (widow) 130
Hatcher, Elizabeth P. 168
Hatcher, Lucy (Bass) 130
Hatcher, Martha (Mrs.) 130
Hatcher, Sarah Cole (Gregory) 130
Hatchett, Amelia 50
Hatchett, Frances Tanner (Jones) 130
Haven, Bettie 16
Hawes, Hannah 73
Hawes, Susannah (Mrs.) 130
Hawkins, Christina (Roof) 130
Hawkins, Dorothy (Mrs.) 131
Hawkins, Sarah (Mrs.) 131
Hawley, Barton 84
Hawthorne, Alice (Mrs.) 131
Haydon, Charles 131
Haydon, Harriet (Mitchell) 131
Haydon, Nancy 131
Hayes, Delia 56
Haynie, Alice (Straughn) 131
Haynie, Ann 287
Haynie, Elizabeth (Kent) 131
Haynie, Elizabeth F. (Simmonds) 131
Haynie, Hannah 15
Haynie, John 287
Haynie, Louisa (McAdams) 131
Hays, Rebecca 237
Hayter, Margaret (Mrs.) 131
Hayter, Tabitha (Mrs.) 131
Haywood, Deborah 102
Hazard, Ann 54
Hazelgrove, Elizabeth (Gross) 132
Hazelgrove, Martha (Archer) 132
Head, Mahala Ann (Dameron) 132
Headley, Lucy 281

Headley, Martha Hall (Beacham) 132
Headon, Mary 63
Heard, Mary Hickey 77
Heath, Agnes (Peebles) 132
Heath, Eliza Cureton (Heaton) 132
Heath, Elizabeth Ann (Macon) 132
Heath, Melinda D. 95
Heath, William 132
Heaton, Eliza Cureton 132
Heaton, James 211
Heavner, Joanna (Custer) 132
Hedgebeth, Elisha 44
Hedgebeth, Mary Elizabeth 44
Heflin, Mary 109
Heiskell, Mary L. 266
Helm, Elizabeth 265
Helm, Fanny 154
Helsley, Mary G. (Helzel) 132
Helvestine, Nancy (Caldwell) 132
Helzel, Mary G. 132
Henderson, Catherine (Mrs.) 133
Henderson, Edney 95
Henderson, Elizabeth (Stodhill) 133
Henderson, Elizabeth (Thomas) 133
Henderson, Jane 153
Henderson, John 133
Henderson, Magdalene (Miskell) 133
Henderson, Margaret 84
Henderson, Margaret (Mrs.) 133
Henderson, Mary 16
Henderson, Mary O'Brien (Downard) 133
Henderson, Susan 57
Hendree, Elizabeth 226
Hendree, Sarah A. (Tinsley) 133
Hendron, Elizabeth S. 22
Hendron, Samuel 22
Hening, Agatha Matilda (Banks) 134
Hening, Eliza Parke (Scott) 133
Hening, Letiticia (Rust) 133
Hening, William Waller 134
Henkel, Matilda 323
Henley, Tarleton 55
Henly, Mary A. M. (Mrs.) 134
Henop, Mary 134
Henrick, Kitty G. (Baker) 134
Henry, Elizabeth 11
Henry, Jane 104
Henry, Martha 98
Henry, Mary 317
Henry, Patrick 11
Hensley, Elizabeth (Mrs.) 134
Henton, Susan H. (Mrs.) 134
Hepler, Elizabeth (Kessler) 134
Herbert, Elizabeth 144
Herbert, Mary Ann 89
Herbert, Polly 287
Herbert, Sarah (Jordan) 134
Herbert, Sarah Toomer 43
Herndon, Mary (Mrs.) 134, 135
Heron, Sarah Ann Eyre 27

Hersberger, Elizabeth (Mrs.) 135
Hess, Abraham 135
Hess, Elizabeth (Romick) 135
Hess, Mary (Mrs.) 135
Hester, Martha A. 126
Hevinor, Elizabeth (Mrs.) 132
Hevinor, Joseph 132
Hewett, Mary (Payne) 135
Hewitt, Elizabeth Kendall 272
Hewlett, Ann 166
Hickman, Elizabeth S 61
Hickman, Margaret (Bird) 135
Hickock, Sarah N. (Mrs.) 135
Hicks, Charity (Anderson) 136
Hicks, Elizabeth 31
Hicks, Emma (Mrs.) 136
Hicks, J. 31
Hicks, Mary C. (Mrs.) 136
Hicks, Rhoda 237
Higginbotham, James 136
Higginbotham, Neville (Wills) 136
Hildebrand, Susan (Grove) 136
Hildon, Judith Virginia 216
Hill, Amy Ann (Myrtle) 163
Hill, Fannie Russell (Baptist) 136
Hill, Humphrey 163
Hill, James 136
Hill, Lucy 321
Hill, Lucy (Mrs.) 136
Hill, Mildred (Clopton) 136
Hill, Sarah Lee 163
Hill, Sophia 175
Hill, William 120
Hillhouse, Martha 39
Hilliard, Frances (Twyman) 136
Hilliard, Sophia (Mrs.) 137
Hines, Aurora B. (Mrs.) 137
Hinton, Polly (Mrs.) 137
Hipkins, Frances 24
Hipkins, Frances 24
Hitchcock, Frances (Mrs.) 137
Hite, Ann 188
Hite, Elizabeth (Mitchell) 137
Hite, Julius 137
Hite, Nancy 137
Hite, Rebecca (Mrs.) 137
Hiter, William Y. (Rev.) 200
Hitt, John H. 137
Hitt, Melinda (Mrs.) 137
Hitt, Nancy 193
Hitt, Peter 193
Hitt, Sarah (James) 193
Hixon, Elizabeth 243
Hobbs, Benjamin 137
Hobbs, Elizabeth (Grizzard) 137
Hobbs, Frances (Mrs.) 137
Hobbs, Mary (Mrs.) 137
Hobson, Ann (Carney) 138
Hobson, Caleb 204
Hobson, Joseph Calip 137
Hobson, Judith 64
Hobson, Louisa W. (Mrs.) 137
Hobson, Lucy 75
Hobson, Lucy L. 204
Hobson, Martha H. 99
Hobson, Mary T. (Mrs.) 137

APPENDIX F – INDEX OF NAMES OTHER THAN VETERANS & UNIT COMMANDERS

Hobson, Sallie 20
Hobson, William B. 99
Hockaday, Elizabeth 173
Hodge, Jane Adelaide (Gregory) 138
Hodge, Louise (Harrison) 138
Hodges, Clara (Taylor) 138
Hodges, Elizabeth (Fraser) 138
Hodgson, Portia (Mrs.) 138
Hodgson, William 138
Hodsden, Mary W. (Mrs.) 138
Hoe, Margaret E. (Mrs.) 141
Hoffman, Mary J. 11
Hoge, Eleanor (Howe) 138
Hoge, Samuel D. (Min.) 309
Hogge, Mary 71
Hogsett, Elizabeth 162
Hogshead, Agnes 22
Hogshead, Rebecca 35
Holcombe, Martha M. 240
Holeman, Susan Winn 106
Holland, Frances 289
Holland, Mary (Diggins) 139
Holland, Mary F. L. (Mrs.) 138
Holland, Matilda Ann (Howell) 139
Holland, Peter 139
Holliday, Ann P. (McDonough) 139
Holloway, Eliza 164
Holmes, Lydia McIntire (Patton) 139
Holmes, Mary (Mrs.) 139
Holsinger, Carlson F. 60
Holstead, Mary (Mrs.) 139
Holstead, Matt 139
Hooe, Ann (Mrs.) 139
Hooe, Anna 221
Hooe, Gerard 139
Hooe, John 139
Hooe, Luch Fitzhugh (Grymes) 139
Hooe, Lucy 276
Hooe, Sarah (Barnes) 139
Hooe, Sarah Jane 24
Hooe, Sarah Norwood (Johnson) 139
Hooe, Virginia (Mrs.) 139
Hook, Martha Lee 56
Hooke, Elizabeth (Fisher) 140
Hooke, Elizabeth (Walker) 140
Hooks, Mary Ann (Mrs.) 140
Hoomes, Bety (Pollard) 140
Hoomes, Hannah (Battaile) 140
Hoomes, John 140
Hoover, Anna (Mrs.) 141
Hoover, Elizabeth (Mrs.) 140
Hope, Maria A. (Mrs.) 141
Hopkins, Abigail (Mrs.) 31
Hopkins, Ann 31
Hopkins, Anne E. (Mrs.) 141
Hopkins, Charles (Rev.) 168
Hopkins, Elizabeth 308
Hopkins, Mary 211
Hopkins, Walter 31
Hopkinson, Mary (Mrs.) 141
Hopper, Elizabeth B. (Mrs.) 141
Hore, Elias 98
Hore, Elizabeth Allen 98

Hore, Theodosia (Waller) 98
Hormassel, Caroline 285
Horner, Catherine Inman 179
Hornsby, Major 296
Hornsby, Sallie 296
Hornsby, Susannah (Mrs.) 296
Horsley, Mary M. (Mrs.) 141
Horton, Lucinda 221
Hoskinson, Nathan 4
Hotzenpiller, Elizabeth 170
Hough, Mary (Moore) 142
Houghman, Martha Magdalene 184
Houston, Nancy (Mrs.) 142
Howard, Jane (Taylor) 142
Howard, Mary (Clark) 142
Howe, Eleanor 138
Howell, Ann (Phillips) 139
Howell, Edward 139
Howell, Matilda Ann 139
Howell, Reading 142
Howell, Susan 83
Howlett, Lucy (Mrs.) 143
Howlett, Martha C. 85
Howsman, Elizabeth 162
Howsman, Peter 162
Hoy, Mildred (Mrs.) 143
Hubbard, Elizabeth 33, 244
Hubbard, Judah (Mrs.) 143
Hubbard, Margaret (Mrs.) 143
Hubbard, Margaret H. (Mrs.) 143
Hubbard, Mary (Mrs.) 143
Huber, Mara Magdelene 147
Hudgins, Frances (Gywnn) 143
Hudgins, Mary (Pugh) 143
Hudgins, Mary A. (Mrs.) 143
Hudgins, Sarah (Mrs.) 143
Hudgins, Susannah Smith (Buckner) 143
Hudgins, Thomas 71
Hudgins, Virginia 71
Hudgins, William 143
Hudisell, Elisa 229
Hudson, Amy J. (Foster) 144
Hudson, Anne 322
Hudson, Elizabeth 313
Hudson, Mildred (Shackleford) 144
Hudson, Winifred R. (Webb) 144
Huffman, Catherine (Mrs.) 144
Hughes, Archelaus 144
Hughes, Besty B. (Mrs.) 144
Hughes, Eliza 12
Hughes, Elizabeth 221
Hughes, Elizabeth (Herbert) 144
Hughes, Ellen 18
Hughes, Kitty 223
Hughes, Mary (Mrs.) 144
Hughes, Matilda 80
Hughes, Nancy 271
Hughes, Sarah 195
Hughes, Sophia (Mrs.) 144
Hughlett, Elizabeth 148
Hughs, Frances 311
Hughson, Anne E. 96
Hull, Mary 124
Hull, Rachel (Mrs.) 144

Humble, Jane 132
Humphrey, Margaret (Marks) 145
Humphreys, Elizabeth 187
Humphries, Jane 9
Humprhies, Lucy H. (Mrs.) 145
Hundley, Caleb 145
Hundley, Sarah (Walker) 145
Hundley, Tabitha (Fitzell) 145
Hungeford, Eleanor Anne 145
Hungeford, Henry 145
Hungeford, John Pratt 145
Hungerford, Amelia (Spence) 145
Hungerford, Ann (Washington) 145
Hungerford, Annie Birkett (Pratt) 145
Hungerford, Mary Ann (Spence) 145
Hungerford, Sophie (Muse) 145
Hungerford, Thomas 145
Hunt, Amelia "Milly" 295
Hunt, Eliza (Glenn) 145
Hunt, Matilda (Powell) 146
Hunt, Sarah L. (Mrs.) 146
Hunt, William 295
Hunter, Ann 146
Hunter, Elizabeth (Mrs.) 146
Hunter, Henrietta (Mrs.) 146
Hunter, James 17, 146
Hunter, Jane 289
Hunter, Louisa Ann (Chapman) 146
Hunter, Martha 17
Hunter, Nathaniel 146
Hunter, Sarah (Mrs.) 146
Hunter, Sarah Ann (Tyler) 146
Hunter, Sarah Dade (Triplett) 146
Hunton, Hanna B. (Mrs.) 146
Hunton, Priscilla 99
Hurst, Susan (Mrs.) 146
Hurst, Susan C. (Millener) 146
Hurst, Thomas 146
Hutcherson, Mary D. (Mrs.) 147
Hutcherson, Mary Parnalia (Chiles) 147
Hutchinson, Ann (Mrs.) 147
Hutchinson, Elinor Jane (Eakin) 147
Hutchinson, Gabriella (Mrs.) 147
Hutchinson, Mary Elizabeth (Tawney) 147
Hutchison, Joice 64
Hutchison, Nancy (Mrs.) 147
Hutter, Christian 147
Hutter, Harriet James (Risque) 147
Hutter, Maria Magdelene (Huber) 147
Hutton, Margaret 159
Hutton, Rebecca (Mrs.) 147
Hyatt, Anna 183
Hyde, Eliza S. (Fisher) 147
Hyde, Sarah 24
Hyslap, Ann (Mrs.) 147
Iden, Catherine (Jolly) 147
Inge, John 229
Inge, Sarah H. 229

APPENDIX F – INDEX OF NAMES OTHER THAN VETERANS & UNIT COMMANDERS

Ingram, Nancy (Goodbridge) 148
Innes, Bettie 2
Innes, Henry 1
Innes, Katherine (Calloway) 1
Innes, Katherine Elizabeth 1
Innes, Sally 284
Irby, Frances (Mrs.) 148
Irby, Jane (Mrs.) 148
Irby, William 148
Ireson, Mary A. (Mrs.) 148
Irvin, Elizabeth 26
Irvin, Mary 266
Irvine, Tabitha (Brandson) 148
Irving, Elizabeth H. (Deane) 148
Jackson, Agnes A. "Kitty" 149
Jackson, Andrew (Gen.) 235, 238, 249
Jackson, Ann 59, 78, App G
Jackson, Ann (Mills) 149
Jackson, Ann (Mrs.) 149
Jackson, Carol 149
Jackson, Catherine (Steele) 149
Jackson, Caty Kerenby 255
Jackson, Charles 149
Jackson, Elizabeth 119
Jackson, Elizabeth (Clapham) 148
Jackson, Elizabeth (Mrs.) 148
Jackson, Jane (Donaldson) 148
Jackson, Jane (Mrs.) 148
Jackson, Jemima (Burnett) 149
Jackson, John George 4
Jackson, Kitty (Mrs.) 148
Jackson, Mary 4
Jackson, Peggy 241
Jackson, Susan (Mrs.) 148
Jackson, Susannah 233
Jackson, Thomas 149
Jackson, William 148, 149
Jackson, William G. (Min.) 292
Jacob, Eliza 122
Jacobs, Catherine (Mrs.) 149
Jacobs, Charlotte (Mrs.) 149
Jacobs, Edward 149
Jacobs, Edward B. 255
Jacobs, Elizabeth (Mrs.) 149
Jacobs, Mary (Mrs.) 149
Jacobs, Mary A. 255
Jacobs, Susan M. 32
James, Avolina (Mrs.) 150
James, Clarissa (Mrs.) 149
James, Elizabeth (Shore) 108
James, Mary Jefferson 108
James, Richard 108
James, Sarah 193
James, Thomas 150
Jameson, Catherine Moore (Rose) 150
Janney, Janney 122
Janney, Sarah 247
Jaques, Mary 297
Jarman, Mary 319
Jarvis, Ann (Green) 150
Jarvis, Frances (Mrs.) 150
Jarvis, John 150
Jarvis, Margaret (Williams) 150
Jarvis, Mary (Powell) 150

Javins, Cassandra (Mrs.) 150
Jayne, Hannah (Mrs.) 150
Jefferson, Ann 212
Jefferson, Martha 48, 52, 232
Jefferson, Martha (Wayles) 232
Jefferson, Thomas 232, 304
Jeffress, Nancy Bedford (Moseley) 150
Jeffries, Judy (Payne) 150
Jeffries, Martha L. (Mrs.) 151
Jeffries, Nancy Ann 200
Jeffries, Nancy Harris (Brown) 150
Jeffries, Sally (Mrs.) 151
Jeffries, Susannah 12
Jenkins, Margaret 238
Jenkins, Sarah 152
Jenkins, William 238
Jennings, Elizabeth 295
Jennings, Martha 313
Jennings, Sally (Mrs.) 151
Jennings, Sarah E. 210
Jerdone, Ann 282
Jerdone, Isabella 282
Jesse, Catherine 63
Jesse, John 63
Jesse, Mary (Todd) 63
Jessee, Mary (Mrs.) 151
Jett, Julia M. (Mrs.) 152
Johnson, Agnes 59
Johnson, Ann (Mrs.) 152
Johnson, Ann (Reat) 152
Johnson, Catherine (Bruner) 152
Johnson, Charlotte 310
Johnson, Elizabeth 98
Johnson, Elizabeth (Woodson) 153
Johnson, Fannie (Mrs.) 153
Johnson, Horatio 139
Johnson, Jane (Chapman) 152
Johnson, Jane Maria 264
Johnson, Lucy 276
Johnson, Lucy Maria 16
Johnson, Mary (Evans) 153
Johnson, Mary (Mrs.) 152
Johnson, Mary Ann 19
Johnson, Mildred 319
Johnson, Parthenia C. 25
Johnson, Peggy (Sanford) 152
Johnson, Polly (Mrs.) 152
Johnson, Sarah (Jenkins) 152
Johnson, Sarah C. 96
Johnson, Sarah Norwood 139
Johnson, Thomas 152
Johnston, Ann (Robertson) 153
Johnston, Cassandra 38
Johnston, David 153
Johnston, Elizabeth 306
Johnston, Elizabeth (Mrs.) 154
Johnston, Elizabeth Waddrop 61
Johnston, Ellen (Wilson) 153
Johnston, Fanny (Helm) 154
Johnston, Henry 38
Johnston, James 61
Johnston, Jane (Henderson) 153
Johnston, Louisiana 244
Johnston, Lucy Hopkins 5

Johnston, Margaret (Mrs.) 153
Johnston, Margaret (North) 154
Johnston, Mary (Menifree) 38
Johnston, Mary (Stafford) 154
Johnston, Mary (Wood) 154
Johnston, Morgan 196
Johnston, Nancy (Mrs.) 153
Johnston, Peter (Judge) 154
Johnston, Richard 244
Johnston, Sally (Chapman) 153
Johnston, Zachariah 153
Johnston, Zellen (Mrs.) 153
Jolly, Catherine 147
Jones, Alexander 156
Jones, Ann 125
Jones, Ann Edmond 81
Jones, Catesby 157
Jones, Catherine (Mrs.) 155, 156
Jones, Charity (Buckner) 157
Jones, Daniel 157
Jones, David 49
Jones, Eddie 95
Jones, Eliza P. 253
Jones, Elizabeth 92, 104, 249, 259
Jones, Eunice 20
Jones, Florinda (Taylor) 157
Jones, Frances E. (Mrs.) 157
Jones, Frances M. 220
Jones, Frances Tanner 130
Jones, Frances Tasker 22
Jones, Gabriel 157
Jones, George A. 156
Jones, Harriet (Mrs.) 156
Jones, Helen 170
Jones, Helen (Leckie) 156
Jones, Jane (Mrs.) 156
Jones, Jane (Stokes) 130
Jones, Jane (Thompson) 155
Jones, Lettice (Tuberville) 157
Jones, Magdalene (Mrs.) 154
Jones, Martha (Smith) 155
Jones, Martha A. E. G. (Mrs.) 157
Jones, Martha L. (Winston) 156
Jones, Martha M. (Mrs.) 157
Jones, Martha S. (Daughtry) 157
Jones, Mary 255
Jones, Mary (Brook) 155
Jones, Mary (Morris) 157
Jones, Mary (Mrs.) 155
Jones, Mary A. (Mrs.) 157
Jones, Mary Ann (Mrs.) 156
Jones, Mary Ann Brook (Pollard) 155
Jones, Mary R. 26
Jones, Mildred (Grigsby) 155
Jones, Nancy (Omohundro) 155
Jones, Peter 130
Jones, Roger 157
Jones, Rosamond 79
Jones, Sarah (Richardson) 156
Jones, Sarah T. 125
Jones, Selina (Ramey) 155
Jones, Susan (Mrs.) 157
Jones, T. (Montague) 155
Jones, Thomas 156
Jones, William Berkeley 156

APPENDIX F – INDEX OF NAMES OTHER THAN VETERANS & UNIT COMMANDERS

Jordan, Amanda 320
Jordan, Diana G. (Mrs.) 158
Jordan, Elizabeth (Mrs.) 158
Jordan, Mary F. 6
Jordan, Rachel 252
Jordan, Sarah 134
Jordan, Selah F. (Mrs.) 157
Jordan, Wilhelmina 209
Jordan, Wilmuth 34
Jordon, Ann 102, 274
Joynes, Elizabeth 159
Joynes, Sally (Mrs.) 158
Kagey, Anna (Mrs.) 130
Kagey, Elizabeth (Mrs.) 158
Kale, Catherine (Mrs.) 158
Karn, Susannah 79
Kaylor, Sarah (Kyger) 158
Kearns, Margaret 66
Keckley, Leah (Clowser) 159
Keenan, Elizabeth 43
Keene, Mary 9
Keesee, Arrenna L. (Mrs.) 159
Keessee, George 159
Keffer, Mary 17
Keith, Catherine 212
Kellam, Ann (Mrs.) 159
Kellam, Ann D. G. 195
Kellam, Bridget (Mrs.) 195
Kellam, Custis 242
Kellam, Eliabeth (Smith) 242
Kellam, Elizabeth (Joynes) 159
Kellam, Elizabeth (Mrs.) 159
Kellam, Elizabeth (Turlington) 159
Kellam, Elizabeth B. (Mrs.) 159
Kellam, Frederick 159
Kellam, Harriet (Mrs.) 159
Kellam, Howson 159
Kellam, John 159
Kellam, Leah (Turlington) 159
Kellam, Margaret (Hutton) 159
Kellam, Margaret (Mrs.) 159
Kellam, Margaret W. 159
Kellam, Severn 159
Kellam, Zerrobabel 195
Keller, Catherine (Mrs.) 159, 160
Keller, Dorothy (Mrs.) 159
Keller, Jacob 159, 160
Kelley, Alice (Pinkard) 160
Kelley, Ellen (Mrs.) 160
Kelley, James 160
Kelley, Judith (Kelley) 160
Kello, Caroline Matilida 34
Kello, Margaret (Belsches) App G
Kello, Martha Claiborne (Simmons) 160
Kello, Mary (Mrs.) 160
Kello, Samuel App G
Kelly, Ellen 161
Kelly, Kitty Maria 234
Kelso, Susan (Pollard) 224
Kemp, Joseph (Capt.) 167
Kemper, James E. 161
Kemper, Martha (Mrs.) 161
Kemper, Mary E. (Allison) 161
Kemper, Sally Ann 186
Kendall, Eleanor (Mrs.) 161

Kendall, Lucy T. (Mrs.) 161
Kendall, Roxy A. 161
Kendrick, Catherine 267
Kennedy, James 161
Kennedy, Sarah (McDowell) 161
Kennedy, Susannah 161
Kennerly, Eliza 147, 238
Kenney, Elizabeth 313
Kennon, Ann Elizabeth 116
Kennon, Elizabeth 61
Kent, Elizabeth 131
Kent, Elizabeth (Montgomery) 162
Kent, Sarah (McGavrock) 162
Kerfoot, Catherine "Kitty" 14, 101
Kerfott, Elizabeth 266
Kern, Sarah 164
Kerr, Elizabeth (Hogsett) 162
Kerr, John 162
Kesler, Catherine (Mrs.) 162
Kesler, Elizabeth (Howsman) 162
Kessler, Elizabeth 134
Kessler, Elizabeth (Mrs.) 231
Kessler, John 231
Kessler, Susan 231
Ketchum, Martha 62
Keys, Dorcas 197
Kidd, Benjamin 163
Kidd, Elizabeth Ann (Davenport) 163
Kidd, Harriet M. (Wright) 163
Kidd, Lucy (Melton) 163
Kidd, Mary 37
Kidd, Nancy (Mrs.) 162
Kidd, Pitman 301
Kidd, Sarah Bohannon 301
Kidd, Thomas 163
Kilby, Eleanor (Marye) 163
Kilby, James 163
Kilby, James O. 163
Kilby, Lucy (Sparks) 163
Kilby, Sarah Lee (Hill) 163
Kilby, Susannah B. (Brown) 163
Killinger, Catherine 6
Kimbaugh, Unity Yancy 219
Kimbraugh, Sarah (Mrs.) 163
Kincaid, Ann P. (Mrs.) 163
Kincaid, Eliza 82
Kincaid, Elizabeth (Mrs.) 163
Kincannon, Mary 264
Kincheloe, Courtney Ann (Mrs.) 163
King, Catherine (Mrs.) 164
King, Mary 63
King, Roane 87
King, Sarah (Mrs.) 163
King, Sarah E. (Mrs.) 164
Kinkle, Sarah (Kern) 164
Kinney, Eliza (Holloway) 164
Kinney, Mary Ann Ambler (Fisher) 164
Kinsbrough, Mary Susan 7
Kipps, Elizabeth (Barb) 164
Kips, Eva (Mrs.) 164
Kirby, Sarah 169
Kirkpatrick, Eleanor 300
Kirkpatrick, Mary (Mrs.) 300

Kirkpatrick, William 300
Kirkwood, Eleanor 254
Kirtley, Elizabeth 76
Kitchen, Elizabeth (Mrs.) 164
Kitchin, Judith 24
Kitzmiller, Elizabeth (Mrs.) 165
Kline, Margaret (Mrs.) 165
Kline, Mary (Mrs.) 165
Kline, Susannah (Beahm) 165
Knight, Elizabeth (Mrs.) 165
Knox, Mary A. 111
Koger, Mary 18
Koger, Mary (Crismond) 165
Koger, Ruth (Slaughter) 165
Koiner, Catherine (Faber) 69
Koiner, Jane (Mrs.) 62, 69
Kramer, Margaret 109
Kuhn, Ann (Hewlett) 166
Kyger, Barbara (Mrs.) 158
Kyger, Jacob 158
Kyger, Sarah 158
Kyle, Ann (Mrs.) 166
Kyle, Jane 317
Lacey, Thurza 236
Lacy, Drury (Rev.) 98
Lacy, Elizabeth (Mrs.) 166
Lacy, Sophia (Michie) 166
Ladd, Ann (Bell) 166
Ladd, Lucy Ann (Lipscomb) 166
Lafon, Thomas 59
Laird, Mary 189
Lamb, Mary 168
Lambert, Ann Maria 272
Lambert, Jemima 29
Lambert, Margaret (Mrs.) 166
Lancaster, Adelaide Marie (Derieux) 166
Lancaster, Susan (Chapman) 167
Lane, Elizabeth (Green) 167
Lange, Abraham (Capt.) 283
Langhorne, Charlotte (Mrs.) 167
Langhorne, Elizabeth (Archer) 167
Langhorne, Elizabeth (Warwick) 167
Langhorne, Elizabeth Cary (Allen) 167
Langhorne, John Scaisbrooke 167
Lanier, Martha (Green) 167
Lankford, Martha Ann 185
Lankford, Mary Susan 197
Lantz, Vergie 238
Lasley, John 49
Latimer, Elizabeth (Mrs.) 167
Latimer, Sarah (Mrs.) 167
Latimer, Whiting W. (Mrs.) 167
Laughlin, Millicent W. 92
Law, Lucy (Smith) 167
Lawrence, Elizabeth G. (Mrs.) 168
Laws, Ada (Mrs.) 168
Laws, Elizabeth Louise (Mrs.) 168
Lawson, Rebecca 62
Lawyer, Christiana 48
Leach, Martha 278
Leake, Elizabeth P. (Hatcher) 168
Leath, Jemima 50
Lecato, Esther (Bradford) 168

APPENDIX F – INDEX OF NAMES OTHER THAN VETERANS & UNIT COMMANDERS

Leckie, Helen 156
Leckie, Mary Brockenbrough 104
Lee, Ann 91
Lee, Anne Harriotte 173
Lee, Edmond 173
Lee, Elizabeth 2, 321
Lee, G. F. 168
Lee, Harold Henry 168
Lee, J. H. 168
Lee, James 91
Lee, Jane (Shepherd) 169
Lee, Mary (Lamb) 168
Lee, Mary (Mrs.) 168
Lee, Nellie (Brent) 2
Lee, Presha 100
Lee, Richard Decatur 169
Lee, Sarah (Haggoman) 168
Lee, Sarah (Kirby) 169
Lee, Sarah (Mrs.) 173
Lee, Theodosia (Warford) 169
Lee, Thomas 2
Leftwich, Ann Elizabeth Williams (Clark) 169
Leftwich, Augustine 169
Leftwich, Charlotte C. (Mrs.) 169
Leftwich, Elizabeth (Williams) 169
Leftwich, Emelia 7
Leftwich, Hattie Beatles (Cary) 169
Leftwich, Jane (Mrs.) 169
Leftwich, Jeanne (Stratton) 7
Leftwich, Joel 169
Leftwich, Lucy Frances (Moorman) 169
Leftwich, Martha (Early) 169
Leftwich, Matilda (Mrs.) 169
Leftwich, Mildred Adams (Ward) 169
Leftwich, Nancy (Turner) 169
Leftwich, Sarah 10
Leftwich, Thomas 7, 169
Leftwich, Virginia (Gincey) 169
Legrand, Penelope J. 58
Leigh, Elizabeth (Watkins) 170
Leigh, Helen (Jones) 170
Leigh, Julia (Wickham) 170
Leigh, Sarah Jane 50
Leigh, Sarah Selden (Watkins) 170
Leigh, susan (Colston) 170
Leigh, William 170
Leland, Lucy 56
Leland, Mary 90
Lemley, Elizabeth (Hotzenpiller) 170
Lemley, Margaret 119
Lester, Anne 75
Lester, Annie (Mrs.) 170
Lester, Jane (Miller) 170
Letcher, Elizabeth 272
Letcher, Elizabeth Perkins 120
Letellier, Susanna (Staples) 170
Lewis, Agatha Strother 185
Lewis, Benjamin 170
Lewis, Betty (Washington) 311
Lewis, Eliza 75, 79
Lewis, Elizabeth (Travers) 171

Lewis, Elizabeth Gray (Edmunds) 170
Lewis, Fielding 311
Lewis, George 311
Lewis, Jane (Mrs.) 170
Lewis, Jesse 53
Lewis, Lucy B. (Mrs.) 170
Lewis, Margaret 26
Lewis, Margaret (Richardson) 171
Lewis, Mary 61
Lewis, Mary (Mrs.) 171
Lewis, Mary Ann 249
Lewis, Mary Jane 213
Lewis, Mary Warner 170
Lewis, Mary Willis 311
Lewis, Mildred Merriwether (Dabney) 171
Lewis, Nancy (Mrs.) 170
Lewis, Robert 229
Lewis, Sarah 229
Lewis, Sarah (Mrs.) 171
Lewis, Thomas F. 54
Lewis, Witshire 79
Libby, Luther 89
Lightboy, Anne 302
Lightfoot, Mary 4
Lightfoot, Sally S. (Bernard) 171
Lightfoot, Sarah Ann 14
Lightfoot, William 4
Lightner, Elizabeth (Mrs.) 171
Lillard, Elizabeth (Browning) 172
Lilley, Robert (Rev.) 86, 243
Lilly, Elizabeth (Goldsmith) 172
Link, Barbara (Mrs.) 172
Link, Esther (Mrs.) 172
Linn, Elizabeth 101
Linn, Isabelle (Mrs.) 172
Linn, Mary (Mrs.) 172
Linton, Cecelia Ann (Graham) 172
Linton, Rachel M. (Mrs.) 172
Linton, Sarah Elliot Graham 172
Linton, Saray (Tyler) 172
Lipscomb, Elizabeth (Hockaday) 173
Lipscomb, Lucy Ann 166, 308
Liskey, Elizabeth S. (Mrs.) 173
Little, Elizabeth (Mrs.) 173
Littlejohn, Isaac 78
Littlejohn, John (Rev.) 299
Littlejohn, Sarah 78
Littlejohn, Susannah (Branaway) 78
Littlepage, Frances 269
Littleton, Albina (Mrs.) 173
Littleton, Hannah (Mrs.) 173
Litton, Mary (Mrs.) 173
Lloyd, Anne Harriotte 173
Lloyd (Cloyd), Thomas 60
Lockett, Frances Wilson 265
Lockett, Margie A. (Mrs.) 173
Lodge, Rebecca (Russell) 174
Logest, Nancy V. 107
Lokey, Mary Margaret 194
Lomax, Ann C. (Mrs.) 174
Lomax, Anne (Corbin) 174
Lomax, Thomas 174

Long, Rosannah 120
Long, Sarah 101
Long, Sarah (Mrs.) 174
Longden, Elizabeth 36
Lotts, Eve (Mrs.) 174
Love, Caty (Mrs.) 174
Lovejoy, Rebecca 206
Loven, Robert 285
Lovern, Phebe 285
Loving, Betty 293
Loving, Elizabeth (Margrove) 293
Loving, Elizabeth (widow) 293
Loving, Frances H. 243
Loving, Margaret N. (Mrs.) 175
Loving, Mary 34
Loving, Phebe 285
Loving, Susan 293
Loving, William 293
Low, Elizabeth (Mrs.) 175
Lownes, Abrianna (Womley) 175
Lownes, Charles Chapman 175
Lucas, Henrietta 277
Lucas, Nancy 120
Luckett, Ann C. (Bonaugh) 175
Luckett, Louisa A. (Mrs.) 175
Luckett, Sarah (Bonaugh) 175
Luke, Sophia (Hill) 175
Lumpkin, Elizabeth 12
Lumpkin, Martha D. (Mrs.) 175
Lumpkin, Mary 313, 314
Lumpkin, Nancy 211
Lumsden, George 25
Lunsford, Susan R. (Mrs.) 176
Lunt, Elizabeth (Mrs.) 176
Lusk, John A. M. 176
Lusk, Martha (Moore) 176
Lutz, Susan (Mrs.) 176
Lyle, Elizabeth 3
Lyle, Julia Ann (Stuart) 3
Lyle, Martha 187
Lyle, William 3
Lyles, Esther (Mrs.) 176
Lyles, Mary Ann (Mrs.) 176
Lynn, Martha 23
Lyon, Eliza (Mrs.) 176
Maben, Jane (Mrs.) 176
Maben, Martha C. (Perkinson) 176
Macon, Elizabeth Ann 132
Macon, Elizabeth Cowan 322
Macon, Grace (Cowan) 322
Macon, John 322
Macon, Lucetta T. (Newman) 177
Macon, Lucy H. 65
Macon, William H. 132
Maddox, Dorcas (Mrs.) 177
Madison, Dolley (Payne) 194
Madison, Dolly (Payne) 177
Madison, Elizabeth 208
Madison, Elizabeth (Preston) 221
Madison, James 177
Madison, Jane (Willis) 177
Madison, Sarah 316
Madison, Susannah Smith 221
Madison, William (Brig. Gen.) 16
Madison, William Strother 221
Magill, Mary (Mrs.) 177

APPENDIX F – INDEX OF NAMES OTHER THAN VETERANS & UNIT COMMANDERS

Magnien, Margaret (Rives) 177
Magruder, Mary 271
Magruder, Sublett 188
Magruder, William (Min.) 271
Mains, Mary 177
Major, Elizabeth T. (Carter) 177
Major, Lucretia (Mrs.) 177
Major, Mary (Mrs.) 177
Maks, Sarah (Myfinger) 179
Mallory, Elizabeth (Mrs.) 178
Malone, Daniel 178
Malone, Lucinda L. 178
Malone, Mary Lou 178
Malone, Rebecca (Mrs.) 178
Mankin, (-----) Merclerouz 178
Mankins, Nancy 87
Manley, Malinda (Mrs.) 178
Manly, Penelope 139
Mann, Betsy 178
Mann, Elizabeth (Allen) 178
Mann, Prudence 284
Mann, Samuel 178
Mapp, George 125
Mapp, Leah (Harrison) 178
Mapp, Margaret C. 125
Marable, Frances H. 25
Marable, George 25
Marcey, Catherine 14
Marcey, Elizabeth 14
March, Nancy (Smith) 179
Margrove, Elizabeth 293
Marks, Margaret 145
Marr, Catherine Inman (Horner) 179
Marr, Elizabeth (Rector) 179
Marsh, Clarissa 206
Marsh, E. H. 179
Marsh, Sarah 17
Marshall, Eliza Adams 279
Marshall, Elizabeth (Baker) 180
Marshall, Elizabeth M. (Mrs.) 179
Marshall, James 279
Marshall, John 179
Marshall, Lucy 5
Marshall, Lucy (Mrs.) 179
Marshall, Margaret 53
Marshall, Margaret W. (Mrs.) 179
Marshall, Mary 5, 98, 130
Marshall, Mary (Mrs.) 179
Marshall, Mary Willis (Ambler) 179
Marshall, Peggy 35
Marshall, Phillipi (Mrs.) 179
Marshall, Sarah 229
Marshall, Susannah (Dodd) 179
Marston, Martha A. 11
Martin, Elizabeth 180
Martin, Elizabeth (Martin) 180
Martin, Elizabeth D. (Mrs.) 180
Martin, Eve App G
Martin, Giles 16
Martin, Hannah T. 19
Martin, Harriet (Mrs.) 180
Martin, James 180
Martin, Jane (Mrs.) 179
Martin, Lucinda 230
Martin, Maacah (Foreman) 180

Martin, Margaret (Broadle) 180
Martin, Maria A. (Mrs.) 180
Martin, Mary 16, 79
Martin, Mary (Mrs.) 180
Martin, Mary F. (Mrs.) 180
Martin, Mourning 57
Martin, Nancy 16
Martin, Rose (Savage) 180
Marx, Richa (Mrs.) 180
Marye, Jane (Hamilton) 180
Mason, Charlotte Eliza (Taylor) 181
Mason, Eliza (Chew) 181
Mason, Elizabeth Thomson 181
Mason, George 115
Mason, Harriet 113
Mason, Helen (Braithwaite) 181
Mason, Martha (Molloy) 181
Mason, Martha G. 125
Mason, Mary 275
Mason, Mary (Mrs.) 181
Mason, Mary Thompson 14
Mason, Peyton 181
Mason, Stevens Thomson 181
Mason, William 68
Mason, William (Rev.) 172
Massey, Ann M. 87
Massey, Martha 300
Massey, Sigismunda 2
Massie, Elizabeth (Adams) 182
Massie, Mary (Stuart) 182
Massie, Nancy S. (Mrs.) 182
Massie, Sarah (Cocke) 182
Massie, Sarah C. (Cabell) 182
Massie, Thomas 182
Mathews, Ann Martha (Miller) 182
Mathews, Malvina S. (Mrs.) 182
Matthew, Elizabeth 42
Matthews, Sally 314
Maupin, Mary W. 230
Maury, Abraham 235
Maury, Eliza 182
Maury, Elizabeth Branch 235
Maury, Elizabeth Brayne 293
Maury, Ellen (Brook) 182
Maury, Ellen (Mrs.) 182
Maury, Fontaine 182
Maury, Magruder 182
Maury, Martha (Worsham) 235
Maury, Mathew Fontaine 182
Maxey, Elizabeth 93
Maxwell, Olivia Anne (Mitchell) 183
May, Aleavy (Eddins) 183
May, Anna (Fitzhugh) 183
May, Anna (Hyatt) 183
May, George 183
May, Lettice 257
May, Margaret (Smith) 183
May, Mary (Moseley) 183
May, Nancy (Mrs.) 183
May, Polly (Nevell) 183
May, Sarah (Collins) 183
May, Thomas 183
Mayers, Violet P. (Mrs.) 183
Mayhue, Letiticia "Letty" 40

Maynard, Lucinda 183
Mayo, Abigail (DeHart) 184
Mayo, Jane (Poythress) 184
Mayo, John 184
Mayo, William 184
Mayre, Eleanor 163
Mayre, Eleanor Coleman (Green) 31
Mayre, Elizabeth Coleman (Green) 163
Mayre, James 31
Mayre, Letitia (Staige) 31
Mayre, Lucy 31
Mayre, Peter 31, 163
Mays, Elizabeth (Mayo) 184
Mays, George 184
Mays, Martha Magdalene (Houghman) 184
Mays, Mary (Tusing) 184
Mays, Sallie C. (Mrs.) 184
Mays, Sarah (Shaver) 184
McAdams, Louisa 131
McCartney, Ariana 73
McCarty, Daniel 18
McCarty, Dennis 185
McCarty, Eliza Ann (Mrs.) 184
McCarty, Elizabeth 18, 204, 271
McCarty, Feliz (Mrs.) 185
McCarty, John Mason 181
McCarty, Julie Ann 204
McCarty, Mary B. (Mrs.) 185
McChesney, Elizabeth (Johnston) 306
McChesney, Jane (Hall) 185
McChesney, Mary 268
McChesney, Mary Crawford 306
McChesney, Robert 185, 306
McChesney, Susan B. 186
McChesney, Susanna 122
McClanahan, Agatha Strother (Lewis) 185
McClelland, Margaret (Cabell) 185
McClelland, Margaret Ann (Minnick) 185
McClelland, Sarah 186
McClelland, Sarah A. (Mrs.) 185
McClelland, William 185
McClenny, Martha Ann (Lankford) 185
McClintic, Martha Ann (Porter) 185
McClung, Rachel (Gwin) 185
McClung, Rebecca (Mrs.) 185
McCobb, Sarah N. (Mrs.) 185
McConnell, Louisa C. (Mrs.) 186
McConnell, Mary M. (Mrs.) 186
McConnell, Susan B. (McChesney) 186
McCormick, Edward 186
McCormick, Grissell (Mrs.) 186
McCormick, Jane (Graham) 186
McCormick, Martha S. 186
McCormick, Mary (Steele) 186
McCormick, Rebecca (Mrs.) 186
McCormick, Robert 186

APPENDIX F – INDEX OF NAMES OTHER THAN VETERANS & UNIT COMMANDERS

McCormick, Sarah (McClelland) 186
McCout, Margaret 123
McCoy, Sally Ann (Kemper) 186
McCoy, Sophia 245
McCue, Sarah (Mrs.) 187
McCullough, Isabella 84
McCutchen, Elizabeth (Humphreys) 187
McCutchen, Elizabeth (Mrs.) 187
McCutchen, Isabella (Patrick) 187
McCutchen, Jeane (Finley) 187
McCutchen, Margaret 69
McCutchen, Martha (Lyle) 187
McCutchen, Nancy (Mrs.) 187
McCutchen, Rebecca (Downey) 187
McCutchen, Sally (Cooper) 187
McCutchen, Samuel 187
McCutchen, William 187
McDonald, Annie (Mrs.) 187
McDonald, Elizabeth 72
McDonald, Jane 219
McDonough, Ann P. 139
McDowell, Elizabeth (Cloyd) 187
McDowell, James 187, 188
McDowell, Magdalene 3, 235
McDowell, Sarah 161
McDowell, Sarah (Preston) 187, 188
McDowell, Susannah Smith (Preston) 188
McFee, Mary 53
McFerran, Ann (Montgomery) 188
McFerran, Hannah (Van Meter) 188
McFerran, Mary (Carper) 188
McFerran, Placenta (Van Meter) 188
McFerran, Samuel 188
McGavock, Elizabeth 60
McGavrock, Sarah 162
McGee, Ruth (Mrs.) 188
McGehee, Angelina 126
McGehee, Martha M. C. (Mrs.) 188
McGehee, Mary M. (Woolfolk) 188
McGehee, Nathaniel 126
McGregor, Walter 52
McGruder, Ann (Hite) 188
McGuire, Lucy (Mrs.) 188
McKee, Eliza (Mrs.) 188
McKee, Margaret 49
McKee, Sidney (Capper) 188
McKennon, Mary 277
McKenny, Elizabeth (Queensberry) 189
McKenzie, Nancy Ann 28
McKnight, Catherine (Piercy) 189
McLean, Lucretia (Mrs.) 189
McMullen, Peachy (Walker) 189
McMurdo, Catherine Anna (Mrs.) 189
McNedledge, Mary 92
McNish, Mary 9
McNutt, Alexander 216
McNutt, Jane (Mrs.) 189

McNutt, John 189
McNutt, Katherine (Anderson) 189
McNutt, Margaret 216
McNutt, Mary (Laird) 189
McNutt, Rachel (Grisby) 216
McPherson, Parmelia 191
McQuary, Mildred 280
McRea, Richard (Capt.) 178
Meade, Andrew 94
Meade, Ann 94
Meador, Nancy (Armstrong) 190
Meador, Rachel (Spreading) 190
Meadows, Sarah 72
Meanley, Elizabeth 282
Mears, John 83
Mears, Mary 83
Meaux, Cornelia C. (Mrs.) 190
Medley, Mary Owen (Bowman) 190
Meek, Samuel 190
Meiure, Catherine (Mrs.) 192
Melone, Mary (Wayland) 190
Melson, Anna (Willett) 190
Melson, Jonathan 190
Melton, Lucy 163
Melvin, Mary (Mrs.) 190
Melvin, Nancy 190
Melvin, Samuel 190
Menifee, Anne (Nancy) 9
Menifree, Mary 38
Mercer, Charles Fenton 181
Mercer, Eleanor (Dick) 190
Mercer, James 190
Mercer, Louisa (Mrs.) 191
Mercer, Sidney 118
Merchant, Mary (Mrs.) 191
Merclerouz, (Mrs. Charles Mankin) 178
Meredith, Jane (Henry) 104
Meredith, Jane H. 104
Meredith, Lucy 83
Meredith, Mary (Mrs.) 191
Meredith, Samuel 104
Metcalfe, Catherine (Mrs.) 191
Mettauer, Mary (Mrs.) 191
Michae, Elizabeth 69
Michales, Mason (Mrs.) 191
Michaux, Judith 100
Michie, Elizabeth (Garth) 191
Michie, Elizabeth (Mrs.) 191
Michie, John 166
Michie, Sophia 166
Middleton, Elizabeth (Mrs.) 191
Middleton, Parmelia (McPherson) 191
Middleton, William 191
Mieure, Mary R. (Mrs.) 192
Miler, Sarah (Mrs.) 193
Miles, Elizabeth (Mrs.) 192
Millan, Elizabeth (Reid) 192
Millan, Susan 37
Millar, Ann H (Richardson) 192
Millener, Susan C. 146
Miller, Alexander 194
Miller, Amy Ann (Phillips) 194
Miller, Ann H (Richardson) 192

Miller, Ann Martha 182
Miller, Barbara (Driver) 193
Miller, Catherine 13
Miller, Catherine (Miller) 193
Miller, Catherine (Mueller) 193
Miller, Elizabeth 37
Miller, Elizabeth (Crigler) 192
Miller, Elizabeth (Miller) 193
Miller, Elizabeth (Mrs.) 194
Miller, Elizabeth (Selden) 192
Miller, Hannah (Ball) 193
Miller, Henry 193
Miller, Jane 170
Miller, Jane S. (Mrs.) 194
Miller, Katherine 251
Miller, Malinda (Mrs.) 193
Miller, Mary (Mrs.) 193
Miller, Mary (Todd) 193
Miller, Mary Margaret (Lokey) 194
Miller, Mathias 193
Miller, Nancy (Hitt) 193
Miller, Peter 170
Miller, Polly (Mrs.) 192
Miller, Polly (Mrs.) 193
Miller, Sarah 71
Miller, Susan U. (Mrs.) 192
Mills, Ann 149
Mills, Elizabeth 21
Mills, Nancy (Page) 194
Mills, Penelope 14
Mills, Sally 63
Mills, Sarah Payne (Ronald) 194
Mines, John 306
Minfue, Elizabeth 91
Minge, Sarah S. (Mrs.) 194
Minnick, Margaret Ann 185
Minor, Ann (Birch) 195
Minor, Elizabeth Lewis 72
Minor, Lucy Landon (Carter) 195
Minor, Mary (Berkeley) 195
Minor, Matilda 63
Minor, Penelope 75
Minor, Sally 301
Minor, Sarah (Hughes) 195
Minton, Elizabeth (Browne) 195
Miskell, Magdalene 133
Mister, Susan (Mrs.) 195
Mitchell, Cynthia 94
Mitchell, Elizabeth 99, 137
Mitchell, Elizabeth (Mrs.) 196
Mitchell, Harriet 131
Mitchell, Isabella (Jerdone) 282
Mitchell, Margaret 117
Mitchell, Mary Chesley 36
Mitchell, Mary J. (Mrs.) 195
Mitchell, Matilda (Mrs.) 196
Mitchell, Nellie (Mrs.) 195
Mitchell, Olivia Anne 183
Mitchell, Sarah Jerdone 282
Mitchell, Tabitha (Mrs.) 195
Mitchell, Thomas 282
Mizer, Barbara 20
Mock, Mary (Mrs.) 196
Mock, Mary K. (Mrs.) 196
Modisett, James 31
Modisett, Lucy (widow) 31

APPENDIX F – INDEX OF NAMES OTHER THAN VETERANS & UNIT COMMANDERS

Moffat, Ann (Mrs.) 196
Moffat, William 196
Moffett, Anderson 196
Moffett, Barbara (Mrs.) 196
Moffett, Margaret H. (Mrs.) 196
Moffett, Susan 251
Mohler, Polly (Mrs.) 196
Moler, Polly (Mrs.) 196
Molloy, Martha 181
Moncure, Alice P. (Mrs.) 197
Moncure, Catherine Storke (Peyton) 197
Moncure, Eleanor (Glascock) 196
Moncure, Esther J. (Mrs.) 197
Mongague, Laura L. (widow) 21
Monroe, Elizabeth (Mrs.) 197
Monroe, Hannah (Mrs.) 197
Monroe, Susan (Mrs.) 197
Montague, Amy Y. 53
Montague, Catherine 53
Montague, T. 155
Montgomery, Ann 188
Montgomery, Dorcas (Keys) 197
Montgomery, Elizabeth 162
Moody, Lewis 197
Moody, Mary Susan (Lankford) 197
Moody, Sally (Vaughn) 197
Moone, Mary Ann 245
Moore, Andrew 199
Moore, Ann Bradley 200
Moore, Catherine (Mrs.) 198
Moore, Cynthia Ann 237
Moore, Dyer 198
Moore, Eliza 198
Moore, Eliza (Royster) 199
Moore, Elizabeth (Crump) 199
Moore, Elizabeth (Gornto) 199
Moore, Elizabeth (Mrs.) 198
Moore, Emily (Parker) 198
Moore, Jane 249
Moore, Judith Frances (Fox) 198
Moore, Margaret 287
Moore, Maria (Deatherage) 198
Moore, Martha 176
Moore, Mary 58, 142, 256, 302
Moore, Mary (Nevius) 199
Moore, Nancy (Mrs.) 198
Moore, Nancy B. (Mrs.) 199
Moore, Rachel C. 47
Moore, Sarah (Mrs.) 198
Moore, Sarah Brigit 114
Moore, Stephen 198
Moore, Tabitha (Andrews) 199
Moorman, Judith (Clark) 169
Moorman, Lucy Frances 169
Moorman, Samuel 169
Morgan, Eliza (Mrs.) 199
Morgan, Elizabeth 260
Morgan, Elizabeth (Rivers) 200
Morgan, Martha (Mrs.) 199
Morgan, Mary (Mrs.) 200
Morgan, Phoebe F. 100
Moriss, Ann Bradley (Moore) 200
Morrel, Elizabeth 81
Morris, Annie G. 200

Morris, Catherine (Giddion) 200
Morris, Lucy 70
Morris, Mary 157
Morris, Mary (Watts) 200
Morris, Nancy Ann (Jeffries) 200
Morris, Nathaniel 200
Morris, William 200
Morrison, Charity 119
Morrison, Sarah (Mrs.) 201
Morton, Joseph 124
Morton, Lucy 124
Morton, Mildred S. 301
Morton, William 124
Moseley, Arthur 201
Moseley, Arthur 30
Moseley, Benjamin 201
Moseley, Elizabeth 201, 231
Moseley, Maria Louisa 30
Moseley, Mary 183
Moseley, Mary (Branch) 201
Moseley, Mary (Mrs.) 201
Moseley, Nancy Anderson (Trent) 201
Moseley, Nancy Bedford 150
Moseley, Sallie (Perkins) 201
Moseley, Susannah (Mrs.) 201
Moss, Mary 19
Mothershead, Elisha 306
Mothershead, George C. 122
Mothershead, Nathaniel 306
Motley, Andrew B. 12
Motley, Elizabeth (widow) 12
Mount, Sarah (Mrs.) 201
Moyer, Anna Marie 19
Moyers, Catherine (Mrs.) 201
Moyers, Eve 225
Moyers, Sarah (Price) 201
Mueller, Catherine 193
Muncy, Abigail 92
Munday, Elizabeth 267
Munford, William (Capt.) 116
Murchie, John 202
Murchie, Juditha Ann (Buck) 202
Murdaugh, Ann (Jordon) 274
Murfee, Lydia (Beale) 202
Murphy, Ann (Ballantine) 202
Murphy, John 202
Murphy, Million Browne (Wishart) 202
Murphy, William (Capt.) 103
Murray, Isabella M. (Mrs.) 202
Murray, Marie (Mrs.) 202
Murrey, Sarah 52
Murry, Margaret 62
Murry, Mary (Mrs.) 203
Muschett, Fanny 107
Muse, Ann 260
Muse, Daniel 260
Muse, Sophie 145
Muse, Susan (Mrs.) 203
Muse, Walker 145
Myers, Ardelia (Mrs.) 203
Myers, Eve 225
Myers, Lucy Ann (Mrs.) 203
Myers, Mary (Mrs.) 204
Myers, Mary A. (Mrs.) 203

Myfinger, Sarah 179
Myres, Amelia "Milly" 56
Myrick, Ann Maria (Mrs.) 204
Myrtle, Amy Ann 163
Nalle, Nancy (Mrs.) 204
Nalle, Sarah (Cornwell) 204
Nash, Jane Ann 37
Neale, Julie Ann (McCarty) 204
Neale, Lucy S. (Bramham) 204
Neff, Elizabeth (Mrs.) 205
Neilson, Edmonia Lee (Byrd) 205
Neilson, Mary (Archer) 205
Nelms, Rhoda 63
Nelms, Sarah 114
Nelson, Armistead 205
Nelson, Eliza (Mrs.) 205
Nelson, Elizabeth H. (Mrs.) 205
Nelson, Frances E. (Mrs.) 205
Nelson, Henrietta (Mrs.) 206
Nelson, Hugh 205
Nelson, Judith (Page) 205
Nelson, Margaret (Mrs.) 206
Nelson, Martha (Walker) 206
Nelson, Mary 50, 308
Nelson, Susan 212
Nelson, Thomas 205, 212
Nester, Mary (Goad) 206
Nevell, Henry 183
Nevell, Polly 183
Nevitt, Rebecca (Lovejoy) 206
Nevius, Mary 199
New, Mary Anderson 321
Newby, Annie 208
Newby, Sarah Ann 208
Newcum, John 208
Newgent, Elizabeth 124
Newman, Chalotte H. (Pennybacker) 206
Newman, Eleanor S. (Mrs.) 206
Newman, Lucetta T. 177
Newton, James H. 212
Newton, John 126
Newton, Mary T. 126
Newton, Ruby V. 274
Newton, Sally 212
Niblett, Lucy 292
Nicholas, Ann 139
Nicholas, Jane Hollins 232
Nicholas, Margaret (Smith) 232
Nicholas, Wilson Cary 232
Nicklin, Clarissa (Marsh) 206
Nicklin, Mary (Wolfe) 207
Nixon, Jane (Mrs.) 207
Nixon, Mary A. (Mrs.) 207
Noble, Frances E. (Mrs.) 207
Noble, Susannah 25
Nock, Agnes (Mrs.) 207
Nock, Benjamin 207
Nock, John 207
Nock, Polly W. (Edmonds) 207
Nock, Tabitha (Mrs.) 207
Noel, Martha (Mrs.) 207
Noland, Catherine 105
Norford, Elizabeth (Madison) 208
Norman, Edward 208
Norman, Jane (Mrs.) 208

APPENDIX F – INDEX OF NAMES OTHER THAN VETERANS & UNIT COMMANDERS

Norman, Keziah 268
Norman, Lucy (Gore) 208
Norman, Mildred F. (Mrs.) 208
Norman, Peggy (Curtis) 208
Norris, Annie (Newby) 208
Norris, Charles E. 208
Norris, Hannah 47
Norris, Mary (Wade) 208
Norris, Richard S. 208
Norris, Sarah Ann (Newby) 208
Norris, Stephen 208
North, Margaret 154
Northington, Sarah 137
Norton, Catherine (Bush) 208
Norton, Elizabeth Jacqueline (Call) 208
Norton, John Hatley 208
Norton, Lucy Marshall (Fisher) 208
Norton, Mary (Cranch) 209
Norvell, Anne (Wiatt) 209
Norvell, Anne M. (Harrison) 209
Norvell, Martha (Mrs.) 209
Norvell, William 209
Norwood, Sarah (Porter) 209
Nottingham, Frances 282
Nottingham, Jacob 282
Nottingham, Nancy 74
Nottingham, Richard 74
Nottingham, Rosey G. (Wescoat) 209
Nowell, Martha (Mrs.) 209
Nowlin, Bryant W. 24
Nowlin, Catherine "Catey" 24
Nowlin, David 24
Nuckolls, Susan Jane 288
Nunn, Frances (Clarke) 209
Nutt, Elizabeth (Chinn) (mother) 51
Nutt, Elizabeth Chinn (daughter) 51
Nutt, William O. 51
Nutter, Elizabeth 48
O'Brien, Mary 229
O'Bryhim, Ann (Mrs.) 209
O'Bryhim, Joseph 209
O'Bryhim, Mary (Mrs.) 209
O'Conner, Elizabeth (Green) 210
Ogden, Elizabeth (Shawen) 210
Ogle, Anne 276
Ogle, Benjamin (Gov.) 276
Olinger, Lydia (Mrs.) 210
Oliver, Mary 210
Oliver, Thomas A. 210
Omohundro, Edith (Mrs.) 210
Omohundro, Mary Ann 122
Omohundro, Nancy 155
Omohundro, Richard 122
O'Neale, Sarah E. (Jennings) 210
Onley, Winnie 93
Orear, Hester (Reno) 210
Orear, John 210
Orgain, Martha (Armistead) 210
Organ, Elizabeth 26
Orndorff, Rachel 110
Osburn, Mary (Chew) 211
Osburne, Massey 211
Otey, Elizabeth (Matthew) 42

Otey, Frances A. 42
Otey, Hannah 35
Otey, Isaac 42
Otey, John 211
Otey, Mary (Hopkins) 211
Otey, Nancy (Lumpkin) 211
Otey, Sarah Dorah (Gill) 211
Ott, Susannah 124
Overby, Mary (Pool) 212
Overby, Sally (Newton) 212
Overton, Barbara 316
Overton, Christiana (Mrs.) 212
Owen, Dilih (Mrs.) 212
Owens, Ann (Jefferson) 212
Owens, Fannie (Toomer) 212
Packett, Mary (Harford) 212
Packett, Nancy "Ann" (Scrimber) 212
Packett, William 212
Page, Ann 205
Page, Catherine (Keith) 212
Page, Elizabeth (Wilson) 212
Page, Frances 24
Page, Imogene (Wheeler) 212
Page, Jane Frances (Walker) 213
Page, John 212, 213, 222
Page, Judith 205
Page, Mann 239
Page, Marianna F. (Trent) 213
Page, Mary 222
Page, Nancy 194
Page, Sarah E. (Mrs.) 213
Page, Susan (Nelson) 212
Painter, Catherine 193
Painter, John 102
Painter, Lydia 123
Painter, Martha (Garwood) 213
Painter, Phoebe Ann 102
Palmer, Jennet (Mrs.) 213
Palmer, Laura (Crockett) 213
Palmer, Lucy B. 21
Palmer, Mary Jane (Lewis) 213
Palmer, Susannah C. (Mrs.) 213
Pannel, Anne 217
Pannell, Eleanor Margaret (Mrs.) 213
Parish, Margaret 213
Parker, Ann 292
Parker, Annie Gertrude (Stratton) 214
Parker, Catherine (Gladden) 214
Parker, Elizabeteh (Upshur) 292
Parker, Elizabeth (Foushee) 214
Parker, Elizabeth (Mrs.) 214, 292
Parker, Emily 198
Parker, Frances 213
Parker, Hardenia L. (Tomkins) 214
Parker, Henry 301
Parker, Jacob G. 292
Parker, Judith 289
Parker, Lucy 292
Parker, Maria Teakle (Savage) 214
Parker, Neonenia 214
Parker, Peggy E. 292
Parker, Sarah R. 301
Parker, Susan O. (Mrs.) 214

Parker, Thomas 214, 292
Parks, George S. 159
Parks, Isabelle (Mrs.) 214
Parks, Leah (widow) 159
Parr, Edmund 214
Parr, Martha Ann (Mrs.) 214
Parramore, Ann T. 296
Parramore, William 296
Parrett, Barbara Ann (Mrs.) 214
Parsley, Mary 3
Pate, Elizabeth (Mrs.) 215
Pate, Rhoda 261
Patram, Sarah (Taylor) 215
Patrick, Isabella 187
Patrick, John 124
Patrick, Margaret 91
Patterson, Elizabeth (Mrs.) 215
Patterson, Nancy (Mrs.) 215
Patterson, Sally O. (Mrs.) 215
Patteson, David 215
Patteson, Judith D. (Mrs.) 215
Patton, Cassandra Morrison (Shanks) 216
Patton, Isabella 216
Patton, Lydia McIntire 139
Patton, Mary (Fearn) 215
Paul, Hannah (Mrs.) 216
Paul, Judith Virginia (Hildon) 216
Paul, Polly (Mrs.) 216
Paulette, Nancy 58
Paxton, Eliza C. (Mrs.) 216
Paxton, Margaret (McNutt) 216
Payne, Anna (Rae) 135
Payne, Anne (Pannel) 217
Payne, Arthur 216
Payne, Benjamin 217
Payne, Charlotte (Bryce) 216
Payne, Delia 68
Payne, Dolly 177
Payne, Elizabeth (Quisenberry) 216
Payne, Elizabeth (Winter) 216
Payne, Elizabeth (Wood) 217
Payne, John 177, 216
Payne, Judith (Anderson) 217
Payne, Judy 150
Payne, Margaret (Mrs.) 216
Payne, Maria (Waddy) 217
Payne, Martha (Dandridge) 216
Payne, Mary 135
Payne, Mary (Carter) 217
Payne, Mary (Coles) 177
Payne, Mary (Mrs.) 217
Payne, Mary J. (Mrs.) 217
Payne, Nancy Maria (Stark) 217
Payne, Olivia 15
Payne, Reuben 135, 217
Payne, Sarah Ellen 14
Payne, Selma Coates (Washington) 216
Payne, Susanna (Rouseau) 217
Payne, William 217
Payton, Lydia Humphrey 11
Pearson, Mary Anna (Welch) 218
Pearson, Tamar 119
Peck, Elizabeth (Mrs.) 218

APPENDIX F – INDEX OF NAMES OTHER THAN VETERANS & UNIT COMMANDERS

Peck, Ellen (Mrs.) 218
Peck, Lumina (Finch) 218
Peck, Malinda (Givens) 218
Pedin, James 218
Pedin, Priscilla (Wills) 218
Peebles, Agnes 132
Peed, Agnes J. (Mrs.) 218
Peed, Jane (Mrs.) 218
Peers, John S. 130
Peers, Sarah C. (Gregory) 218
Peery, Jane (McDonald) 219
Peery, Jane (Mrs.) 219
Peery, Margaret 121
Pegram, Edward 219
Pegram, Martha Ward (Gregory) 219
Pegram, Mary Scott (Baker) 219
Pegram, Mary Simmons (Hardaway) 219
Pelter, Rebecca (Mrs.) 219
Pemberston, Barbara (Mrs.) 219
Pemberton, Mary (Mrs.) 219
Pence, Conrad 107
Pence, Eve (Mrs.) 107
Pence, Harriet (Mrs.) 219
Pence, Lydia 107
Pence, Mary Margaret 98
Pence, Sarah (Branner) 219
Pence, Sarah (Mrs.) 219
Pence, Susannah 323
Pendleton, Edmund 219
Pendleton, Elizabeth 277
Pendleton, Henry 219
Pendleton, John 219
Pendleton, Louisa (Mrs.) 219
Pendleton, Mary (Tuggle) 219
Pendleton, Unity Yancy (Kimbaugh) 219
Penn, Lucinda 268
Penn, Martha (Reid) 219
Pennington, Jennie (Mrs.) 220
Pennybacker, Benjamin 206
Pennybacker, Charlotte H. 206
Perdue, Milly (Wingo) 220
Perdue, Susan M. (Pilkerton) 220
Perkins, Eliza (Mrs.) 220
Perkins, Elizabeth (Mrs.) 49
Perkins, Hardin 49
Perkins, Lucy (Mrs.) 220
Perkins, Mary 49
Perkins, Mildred (Walker) 220
Perkins, Sallie 201
Perkins, Zelicia Miles (Whitaker) 220
Perkinson, Martha C. 176
Perrin, Sarah T. (Mrs.) 220
Perry, Rebecca 282
Persinger, Margaret 285
Persinger, Mary F. (Mrs.) 221
Peterman, Olive 258
Peters, Catherine 40
Peters, Christian 221
Peters, Cynthia (Mrs.) 221
Peticolas, Edward F. (portrait artist) 194
Pett, Ann 17

Pettit, Lucinda (Horton) 221
Pettus, Elizabeth 250
Pettus, Samuel 250
Petty, Elizabeth (Mrs.) 221
Peyton, Ann (Hooe) 221
Peyton, Catherine Storke 197
Peyton, Elizabeth 81
Peyton, John Rowzee 221
Peyton, Lydia Price (Snyder) 221
Peyton, Margaret 284
Peyton, Susannah Smith (Madison) 221
Phale, Jacob 271
Phale, Susannah 271
Phares, Nancy 90
Phelps, Elizabeth (Hughes) 221
Philipy, Barbara 67
Phillips, Amy Ann 194
Phillips, Ann 139
Phillips, Ann (Jackson) App G
Phillips, Charles E. 172
Phillips, Ellenor (Mrs.) 222
Phillips, Lucy E. D. M. 92
Phillips, Martha 300
Phillips, Mary (Uzzell) 222
Phillips, Rachel (Mrs.) 222
Phillips, Rebecca (Armistead) 221
Phillips, Sarah (Mrs.) 221
Phillips, Tabitha S. 62
Phillips, William 222
Philpott, Martha (Turner) 222
Philpotts, Betsey E. (Mrs.) 222
Pickering, Elizabeth 128
Pickett, Charles 48
Pickett, Margaret (widow) 48
Pickett, Mary (McNish) 9
Pickett, William 9
Pierce, Judith 15
Pierce, Mary (Page) 222
Piercy, Catherine 189
Pierpont, Isabel (Mrs.) 222
Pifer, Elizabeth (Mrs.) 223
Pigg, Nancy (Elliott) 223
Pigg, Sarah 1
Pilcher, Elizabeth (Mrs.) 223
Pilkerton, Susan M. 220
Pinkard, Alice 160
Pinkard, Cyrus 160
Pinkham, Lydia H. (Mrs.) 223
Piper, Alice (Crabtree) 223
Pittinger, Rebecca 78
Pitts, Margaret (Mrs.) 223
Pitzer, Mary 5
Plater, Rebecca 276
Pleasants, Archibald 223
Pleasants, James (Gov.) 223
Pleasants, Jordan 294
Pleasants, Sarah Marian (Eustace) 223
Pleasants, Sophia A. 294
Pledge, Kitty (Hughes) 223
Plyborne, Lydia 81
Poage, Martha 296
Poague, Isabella Gibbs Pollock 107
Poague, Martha (Mrs.) 224

Poague, Sabella M. (Mrs.) 224
Poindexter, Elizabeth (Burton) 224
Poindexter, Frances Hubbard (Bowyer) 224
Poindexter, Mary (Mrs.) 224
Pollard, Betsy 140
Pollard, Clarissa 121
Pollard, Elizabeth 254
Pollard, Mary (Mrs.) 224
Pollard, Mary Ann Brook 155
Pollard, Rebecca (Bacon) 224
Pollard, Robert 140
Pollard, Susan 224
Ponzer, Eve (Moyers) 225
Pool, Mary 212
Poore, Mary Jane 280
Pope, E. A. 225
Pope, Polly 225
Pope, Sally (Mrs.) 225
Porir, E. 225
Porir, S. M. (Mrs.) 225
Porter, Benjamin 118
Porter, Edward 209
Porter, Elizabeth (Duke) 225
Porter, Hetty (Mrs.) 225
Porter, Martha Ann 185
Porter, Mary (Crump) 225
Porter, Moses (Gen.) 98
Porter, Sarah 6, 209
Porter, Verinda 118
Porter, William 225
Porterfield, Jennette (Clark) 225
Porterfield, Rebecca (Farrar) 225
Portlock, Nancy (Mrs.) 226
Potter, Isaac 226
Potter, Susan (Mrs.) 226
Potts, Eunice (Walter) 226
Potts, Sarah (Mrs.) 226
Potts, Sophia Wilson 251
Poulson, Elizabeth (Mrs.) 226
Poulton, Alzey (Mrs.) 226
Pound, Fannie Longwell 53
Powell, Alice (Mrs.) 226
Powell, Ann M. (Mrs.) 227
Powell, George 95
Powell, Hannah H. 95
Powell, Margaret (Savage) 226
Powell, Mary 114, 150
Powell, Mary (Mrs.) 95
Powell, Matilda 146
Powell, Pamela E. J. 226
Powell, Sarah 127
Poythress, Elizabeth (Bland) 184
Poythress, Jane 184
Poythress, Peter 184
Pratt, Alice Fitzhugh 290
Pratt, Annie Birkett 145
Pratt, Catherine N. 289
Pratt, Elizabeth Fitzhugh (Dixon) 239, 290
Pratt, Harriet 322
Pratt, John 239, 290
Pratt, Maria 239
Prentis, Catherine (Dabney) 227
Prentis, Catherine (Mrs.) 227
Prentis, Joseph 227

APPENDIX F – INDEX OF NAMES OTHER THAN VETERANS & UNIT COMMANDERS

Prentis, Polly 94
Presson, Eliza 92
Presson, Martha 259
Preston, Ann Barraud (Taylor) 228
Preston, Elizabeth 221
Preston, Ellen (Mrs.) 228
Preston, Francis 228
Preston, Francis Smith 188
Preston, John 228
Preston, Margaret Brown 228
Preston, Maria T. C. 228
Preston, Martha M. (Mrs.) 227
Preston, Sarah 187
Preston, Sarah 188
Preston, Sarah (Mrs.) 228
Preston, Sarah Buchanan (Campbell) 188, 228
Preston, Susannah (Smith) 187, 228
Preston, Susannah Smith 188
Preston, Thomas S. 228
Preston, William 187, 228
Pretlow, Charlotte Thomas 128
Price, Ann Catherine (Mrs.) 201
Price, Barbara (Mrs.) 229
Price, Daniel 201
Price, Elisa (Hudisell) 229
Price, Martha (Mrs.) 229
Price, Sarah 201
Price, Sarah (Lewis) 229
Price, Thomas 229
Priddy, Mary (O'Brien) 229
Priddy, Mary S. (Foster) 229
Priddy, Sarah (Mrs.) 229
Pride, John 233
Pride, Maria G. (widow) 319
Pride, Priscilla (Mrs.) 233
Pride, Susan 233
Prince, Joseph H. 229
Prince, Nancy (Rivers) 229
Prince, Priscilla (Adams) 229
Pritchett, Elizabeth (Cousins) 229
Pritchett, Joshua Daniel 229
Pritchett, Nancy Ann (Elliott) 229
Pritchett, Sarah H. (Inge) 229
Pritchett, Susannah (Cox) 229
Pryor, Nancy 247
Pryor, Samuel 36
Puckett, Sarah (Marshall) 229
Pugh, Mary 143
Pullen, Peggy (Mrs.) 229
Puller, Ann (Mrs.) 230
Puller, Letitia 267
Purcell, Martha (Mrs.) 230
Purcell, Sallie A. (Mrs.) 230
Purdie, Eliza (Armistead) 230
Purdie, George 230
Purdie, Mary (Mrs.) 230
Purkins, Fannie P. 230
Purkins, Sarah (Mrs.) 230
Purkins, William 230
Pyfer, Peggy 323
Pyrtle, John 230
Pyrtle, Lucinda (Martin) 230
Pyrtle, Mary W. (Maupin) 230
Quarles, Evelyn Augusta 304

Quarles, John 168
Quarles, Mary E. (Mrs.) 230
Quarles, Mary S. (Hackett) 230
Quarles, Minor 230
Queensberry, Elizabeth 189
Quesenberry, Tabitha (Cock) 230
Quick, Jane (Mrs.) 230
Quickle, Barbara 285
Quisenberry, Elizabeth 216
Rader, Barbara (Mrs.) 230
Rader, Catherine 258
Rader, Maria (Mrs.) 231
Rader, Nancy (Mrs.) 231
Rader, Permelia (Mrs.) 231
Rader, Susan (Kessler) 231
Radford, Elizabeth (Moseley) 231
Rae, Anna 135
Ragland, Malinda 100
Ragland, Martha Ellen (Terry) 231
Ragland, William 231
Raine, John 231
Ralston, Ann 25
Ralston, Mary Ann (Mrs.) 231
Ramey, Selina 155
Ramsay, Mary (Mrs.) 232
Randolph, Ann R. (Mrs.) 232
Randolph, Anne (Cary) 232
Randolph, Isabella (Mrs.) 233
Randolph, Jane C. (Mrs.) 232
Randolph, Jane Hollins (Nicholas) 232
Randolph, John 32
Randolph, John (of Roanoke) 289
Randolph, Lucy A. (Mrs.) 232
Randolph, Martha (Jefferson) 232
Randolph, Mary 14, 29, 85, 129
Randolph, Thomas Mann 232
Randolph, Virginia B. (Mrs.) 232
Rankin, Nancy 84
Ratcliffe, Patience (Farmer) 233
Rawles, Julia (Mrs.) 233
Rawlings, Martha Lucretia 101
Rawlings, Richard 101
Rawlings, Sarah (Mrs.) 233
Rawls, Margaret 233
Rayhill, Esther (Mrs.) 317
Rayhill, Mathew 317
Rayhill, Sallie 317
Razor, Anna (Mrs.) 233
Razor, Peter 233
Razor, Susannah (Jackson) 233
Read, Ann (Venable) 233
Read, Hannah 51
Read, Hannah (Warren) 233
Read, Jacamine (Woodard) 234
Read, John 233
Read, Loy (Mrs.) 234
Read, Malachi 234
Read, Margaret D. (Mrs.) 234
Read, Panthea (Roswell) 233
Read, Susan (Pride) 233
Read, William 234
Reasor, Anna (Mrs.) 233
Reasor, Peter 233
Reasor, Susannah (Jackson) 233
Reat, Ann 152

Reat, Catherine (Strobia) 234
Reat, Eleanor 281
Reat, James 152
Rector, Agnes 109
Rector, Agnes 109
Rector, Elizabeth 179
Rector, James 234
Rector, Leannah (Warren) 234
Rector, Nancy C. (Conley) 234
Rector, Susannah (Austin) 234
Redd, John Franklin 234
Redd, Martha Henry (Fontaine) 234
Redd, Mary (Winston) 234
Redford, Ann (Mrs.) 234
Redwood, James C. 276
Redwood, Lucy (Hooe) 276
Reed, Elizabeth (Washington) 234
Reed, Esther (Mrs.) 234
Reed, George 121
Reed, Kitty Maria (Kelly) 234
Reed, Richard 234
Reed, Sarah (Block) 234
Reed, Sarah Gaskins 318
Reedy, Mary 113
Reid, Agnes (Mrs.) 235
Reid, Agnes Ann 3
Reid, Andrew 3, 235
Reid, Clementine F. (Mrs.) 235
Reid, Elizabeth 3
Reid, Elizabeth 71, 192
Reid, Elizabeth Branch (Maury) 235
Reid, John 235
Reid, Lydia (Mrs.) 235
Reid, Magdalene (McDowell) 3, 235
Reid, Mariah (Mrs.) 235
Reid, Martha 219
Reid, Mary 235
Reid, Mary (Mrs.) 235
Reid, Mary M. (Halley) 235
Reid, Nancy (Forbes) 235
Reid, Nathan 235
Reid, Rebecca (Mrs.) 235
Reid, Sophia (Thorpe) 235
Reid, William 219
Reid, William S. (Rev.) 209
Reiley, Elizabeth 15
Reno, Hester 210
Respress, Lucy Ann 88
Rew, Henry 235
Rew, Hester (Mrs.) 235
Rew, Sarah (Rew) 235
Reynolds, Mary Ann (Mrs.) 235
Rhea, Susan (Mrs.) 236
Rhoades, Susan (Mrs.) 236
Rhodes, Catherine (Halfrey) 236
Rhodes, Elizabeth (Cawthorne) 236
Rhodes, Elizabeth (Smith) 236
Rhodes, Lucy W. (Mrs.) 236
Rhodes, Richard 236
Rice, Anna Marie (Gilliam) 236
Rice, Jenny B. 9
Rice, John H. (Rev.) 124

APPENDIX F – INDEX OF NAMES OTHER THAN VETERANS & UNIT COMMANDERS

Rice, Mary (Mrs.) 236
Rice, Milley (Mrs.) 236
Rice, Thurza (Lacey) 236
Richard, Elizabeth (Mrs.) 236
Richards, Ann 26
Richards, Elizabeth 323, App G
Richards, Fanny 115
Richards, Imarane (Mrs.) 236
Richards, John App G
Richards, Margaret (Mrs.) 236
Richards, Ursula (Rutherford) 236
Richards, William 50
Richardson, Allen 237
Richardson, Ann H. 192
Richardson, Eleanor 321
Richardson, Elizabeth 72, 240
Richardson, Elizabeth (Mrs.) 237
Richardson, Elizabeth A. (Mrs.) 237
Richardson, Judith 133
Richardson, Margaret 171
Richardson, Mary (Fidley) 237
Richardson, Rebecca (Hays) 237
Richardson, Rhoda (Hicks) 237
Richardson, Sarah 156
Richardson, Ursula Ann 93
Richardson, William 237
Richie, Isabelle Harmonson 128
Richie, Patience (widow) 318
Ricks, Ann 316
Riddick, Ann 54
Riddick, Ann (Riddick) 237
Riddick, Elizabeth (Godwin) 237
Riddick, Jane Millicent (Sumner) 237
Riddick, Josiah 237
Riddick, Margaret 263
Riddick, Mary (Taylor) 237
Riddick, Mary Louisa 237
Riddle, Ann 301
Riddle, Joseph 301
Riddle, Mary 83
Riddle, Nancy Ann 301
Riddle, Ruth (Mrs.) 237
Riddle, Sarah (Byrd) 237
Ridgeway, Ann 238
Ridley, Amy (Scott) 238
Ridley, Mary (Wright) 238
Ridley, Thomas 238
Rife, Madaline 25
Rife, Nancy (Mrs.) 238
Rind, James 238
Rind, Maria 288
Rind, Sarah (Seabrook) 238
Rinker, Anna (Mrs.) 238
Rinker, Casper 269
Rinker, Courtney Ann 269
Risque, Eliza (Kennerly) 147, 238
Risque, Harriet James 147
Risque, James Beverley 147
Ritchie, Elizabeth (Baker) 238
Ritchie, Elizabeth (Turner) 238
Ritchie, Isaac 238
Ritchie, John 238
Ritchie, Maria Catherina (Wolfe) 238

Ritchie, Patricia Turner 238
Ritchie, Thomas 223
Ritter, Margaret (Jenkins) 238
Rivers, Elizabeth 200
Rivers, Martha (Mrs.) 200
Rivers, Nancy 229
Rivers, William 200
Rives, Ann Maria 248
Rives, Eliza Jane 239
Rives, Elizabeth (Mrs.) 248
Rives, Judith Page (Walker) 239
Rives, Margaret 177
Rives, Nathaniel 248
Roach, Hannah (Mrs.) 239
Roane, Sarah 36
Robb, Maria (Pratt) 239
Robbins, Jane Prince 82
Robbins, Mary (Douglass) 239
Roberson, Elizabeth 290
Roberson, Elizabeth (Mrs.) 239
Roberson, Fenton (Mrs.) 239
Roberson, George 239
Roberston, Elizabeth (Richardson) 240
Roberts, Nancy 54
Roberts, Robert B. (Sr.) 239
Robertson, Allen 240
Robertson, Ann 153
Robertson, Christina (Mrs.) 240
Robertson, Christina (Williams) 240
Robertson, David 64
Robertson, Dolly (Mrs.) 239
Robertson, Elenor (Mrs.) 240
Robertson, Eliza (Steele) 239
Robertson, Elizabeth (Bolling) 24
Robertson, Jane Gay 24
Robertson, Janet 26
Robertson, Lucy 64
Robertson, Martha M. (Holcombe) 240
Robertson, Mary E. 240
Robertson, Susan (Mrs.) 240
Robertson, William 24
Robins, Frances (Mrs.) 241
Robins, Julia (Ashby) 240
Robins, Juliana (Mrs.) 241
Robins, Nancy (Watkins) 241
Robins, Thomas 241
Robinson, Ann 286
Robinson, Delilah 53
Robinson, Elizabeth 120
Robinson, Elizabeth (Mrs.) 241
Robinson, Elizabeth (Russell) 241
Robinson, Margaret 272
Robinson, Mary (Mrs.) 242
Robinson, Peggy (Jackson) 241
Robinson, Ripley 169
Robinson, Sally H. (Mrs.) 241
Robinson, Sarah Jane 241
Rodgers, Abel 242
Rodgers, Elizabeth (Smith) 242
Rodgers, Euphamey (Mrs.) 242
Rodgers, Palmer 2
Rodgers, Rachel (Boggs) 242
Rodgers, Robert 242

Rodgers, Rosey (Mrs.) 242
Rodgers, Susannah (Smith) 242
Rodgers, Tabitha (Mrs.) 242
Rogers, Elizabeth 53
Rogers, Elizabeth (Hixon) 243
Rogers, Margaret (Hart) 242
Rogers, Margaret (Mrs.) 242
Rogers, Ruth (White) 243
Rogers, Susan 279
Rogers, Susannah 242
Roller, Elizabeth (Mrs.) 243
Romick, Elizabeth 135
Ronald, Andrew 194
Ronald, Sarah Payne 194
Roof, Anna (Kagey) 130
Roof, Christina 130
Roof, Jacob 130
Roper, Maria O. (Mrs.) 243
Roper, Mary (Mrs.) 243
Roper, Susan (Evans) 243
Rose, Anna A. 9
Rose, Catherine Moore 150
Rose, Martha (Mrs.) 243
Rose, Mary (Mrs.) 150
Rose, Mary A. 5
Rose, Mary S. H. (Mrs.) 9
Rose, Robert 9
Ross, Aney (Annie) 64
Ross, Exonery 64
Ross, Frances H. (Loving) 243
Ross, Mary (Mrs.) 243
Rosson, Louisa 11
Roswell, Panthea 233
Roszel, Nancy 254
Rothrock, Louisiana (Johnston) 244
Rousseau, Susanna 217
Rowe, Fannie (Bates) 244
Rowe, Mary (Mrs.) 244
Rowland, Eliza Jane (Mrs.) 244
Rowlett, Elizabeth 101
Rowlett, Louisa (Epps) 244
Rowzee, Sarah 267
Roy, Ann 249
Roy, Elizabeth (Roy) 244
Royer, Ann 238
Royster, Eliza 199
Royster, Elizabeth M. 253
Rozenberger, Margaret 121
Rucker, Martha 37
Rucker, Mary Ann (Dawson) 244
Rucker, Sarah 300
Ruffin, Elizabeth 61
Ruffner, Elizabeth (Sperry) 245
Ruffner, William 245
Russell, Edward 245
Russell, Elizabeth 241
Russell, J. Louisa (Mrs.) 245
Russell, Mary Ann (Moone) 245
Russell, Rebecca 174
Russell, Ruth 60
Russell, Thomas 60
Russell, William 60, 241
Rust, Elizabeth (Mrs.) 245
Rust, Elvira Jane (Watkins) 245
Rust, Letiticia 133

APPENDIX F – INDEX OF NAMES OTHER THAN VETERANS & UNIT COMMANDERS

Rutherford, Ursula 236
Rutter, Mary Ann 26
Rutter, Sophia (McCoy) 245
Ryan, Margaret (Mrs.) 245
Ryburn, Ann 46
Ryburn, Martha (Mrs.) 246
Ryburn, Mary (Mrs.) 246
Sale, Elizabeth M. 47
Salmon, Elizabeth J. (Mrs.) 246
Samford, Martha M. (Bishop) 246
Sample, Eliza 56
Samuel, Philip 276
Sanbower, Christina (Mrs.) 246
Sandefur, America 111
Sanders, Elizabeth 66
Sanders, Locky (Mrs.) 247
Sands, Nancy (Pryor) 247
Sands, Sarah (Janney) 247
Sanford, Alphia (Mrs.) 247
Sanford, Frances "Fanny" 22
Sanford, Mary 21
Sanford, Peggy 152
Sanger, Catherine 71
Satchell, Elizabeth (Stringer) 247
Satchell, Maria S. 16
Saunders, Amanda (Mrs.) 248
Saunders, Amelia (Mrs.) 248
Saunders, Ann Maria (Rives 248
Saunders, David 248
Saunders, Eliza L. (Derieaux) 248
Saunders, Eliza Q. (Davidson) 248
Saunders, Elizabeth (Boothe) 247
Saunders, Elizabeth (Bradley) 248
Saunders, Elizabeth (Mrs.) 248
Saunders, Emily J. 11
Saunders, Harriet (Davis) 247
Saunders, Lucy W. 39
Saunders, Sally D. (Mrs., widow) 248
Savage, James 248
Savage, Littleton 180, 226
Savage, Mahala (Warren) 248
Savage, Margaret 226
Savage, Maria Teakle 214
Savage, Nancy 23
Savage, Rose 180
Savage, Susannah (Edmonds) 248
Savin, Sarah 24
Scanland, Sophronia (Thomas) 249
Scarborough, Tabitha (Mrs.) 249
Scarbrough, Sarah 26
Scatterday, Anna P. (Treakle) 249
Schneider, Mary 41
Schoolfield, Hannah (Mrs.) 249
Schoolfield, John 249
Schoolfield, Mary Ann (Lewis) 249
Sclater, Mary 321
Scott, (Gen.) 294
Scott, Almira (Anderson) 249
Scott, Amy 238
Scott, Ann (Roy) 249
Scott, Catherine M. (Mrs.) 250
Scott, Clarinda (Mrs.) 250
Scott, Eliza Parke 133
Scott, Elizabeth (Mrs.) 249, 250

Scott, Elizabeth (Pettus) 250
Scott, Elizabeth Coe (Shrivener) 250
Scott, Elizabeth R. (Mrs.) 250
Scott, Grace (Mrs.) 249
Scott, Jane (Moore) 249
Scott, Jane (Mrs.) 250
Scott, Jenetta 3
Scott, John 29
Scott, Judith (Richardson) 133
Scott, Lydia (Mrs.) 250
Scott, Marianne L. 60
Scott, Mary Embray 294
Scott, Richard Marshall 249
Scott, Samuel Beverly 249
Scott, Thomas 133
Scrimber, Charity (Barrack) 212
Scrimber, Nancy "Ann" 212
Scrimber, Walter James 212
Scurry, James 168
Scutters, Pheba 255
Seabrook, Sarah 238
Seabrooke, Elizabeth 289
Seal, Judith (Walden) 251
Seal(e), Margaret Gouldman (Edmundsen) 251
Seal(e), Susannah (Mrs.) 251
Seaton, Frances A. (Eaches) 251
Seawell, Mildred (Mrs.) 251
Seay, Austin 251
Seay, Elizabeth (Weaver) 251
Seay, Emily (Williams) 251
Seay, George Washington 251
Seay, Robert Moore 251
Seay, Sally (Mrs.) 251
Seay, Susan (Moffett) 251
Sebastian, Behetheland 36
Sedwick, Anne Pearson (Alexander) 251
Sehppard, Elizabeth (Pollard) 254
Selby, Elizabeth (Dickinson) 251
Selby, Tabitha (Mrs.) 251
Selby, Zadock 251
Selden, Elizabeth 192
Selden, Jane 274
Sellers, Delilah (Mrs.) 251
Sellers, Katherine (Miller) 251
Semmes, Sophia Wilson (Potts) 251
Senseney, Leah 6
Settle, Rachel (Jordan) 252
Sexton, Charity (Current) 252
Sexton, Margaret Ann (Feeley) 252
Seybert, Christian 57
Seybert, Rebecca 57
Seymour, Elizabeth (Mrs.) 252
Shackelford, Ann (Mrs.) 252
Shackleford, Mary Williams 107
Shackleford, Mildred 144
Shaffer, Mary (Mrs.) 252
Shanks, Cassandra Morrison 216
Shannon, Elizabeth 9
Sharp, Eliza P. (Jones) 253
Sharp, Elizabeth (Byrdie) 252
Sharp, Elizabeth M. (Royster) 253

Sharp, James 253
Sharp, Lewis S. 253
Sharp, Lucy 107
Sharp, Margaret (Mrs.) 252
Sharp, Mary (Willoughby) 253
Sharp, William A. 253
Sharples, James 253
Shaver, Dorothy (Mrs.) 253
Shaver, Hannah 323
Shaver, Nancy (Ensminger) 253
Shaver, Sarah 184
Shawen, Elizabeth 210
Shearer, Elizabeth (Mrs.) 253
Sheddon, Annabelle 43
Sheets, Catherine (Mrs.) 253
Sheets, Susan (Mrs.) 253
Shelburne, James 130
Shelor, Ruth (Banks) 253
Shelton, Mary C. 75
Shelton, Mary Susan (Ballard) 254
Shelton, Susannah (Ballard) 254
Shelton, William 75
Shepard, Euphan Fannie N. 68
Shepherd, Andrew 254
Shepherd, Eleanor (Kirkwood) 254
Shepherd, Elizabeth (Mrs.) 254
Shepherd, Harriet Isabelle 38
Shepherd, Jane 169
Shepherd, John M. 38
Shepherd, John Mosby 278
Shepherd, Judith (Benson) 254
Shepherd, Lavinia 278
Shepherd, Nancy (Roszel) 254
Shepherd, Philip Louis 254
Shepherd, Susannah (Thompson) 254
Sheppard, Mary G. G. (Mrs.) 254
Sherman, Celia (Mrs.) 254
Sherman, Fidelia (Fairchild) 254
Sherwood, Anna 61
Shield, Adeline 69
Shields, Mary 258
Shields, Pheobe (Caruthers) 254
Shields, Rebecca (Lawson, widow) 62
Shipman, Jane (Edmunds) 255
Shipp, Elizabeth 117
Shockley, Meredith 255
Shockley, Pheba (Scutters) 255
Shockley, Sarah (Worrell) 255
Shook, Martha Ann (Mrs.) 255
Shore, Elizabeth 108
Shore, Emeline (Cooke) 255
Shore, Henry 255
Shore, Martha B. (Winston) 255
Shore, Thomas 108
Shotwell, Elizabeth 103
Shotwell, Sarah (Mrs.) 255
Showalter, Lydia 25
Showalter, Mary 274
Showalter, Sarah (Bowers) 255
Shreve, Anne (Berry) 255
Shreve, Benjamin 255
Shreve, Laura (Simpson) 255
Shreve, Nancy (Thrift) 255
Shrewsbury, Rhoda 94

APPENDIX F – INDEX OF NAMES OTHER THAN VETERANS & UNIT COMMANDERS

Shrivener, Elizabeth Coe 250
Shue, Matilda (Mrs.) 255
Shumate, Bailey 255
Shumate, Caty Kerenby (Jackson) 255
Shumate, Elizabeth (Weaver) 255
Shumate, Mary (Jones) 255
Shumate, Nancy (Green) 256
Shuster, Catherine (Mrs.) 256
Shutte, Joanna 267
Simkins, John 122
Simmonds, Elizabeth F. 131
Simmons, Ann (Mrs.) 256
Simmons, Frances 83
Simmons, Harriet 294
Simmons, Martha Claiborne App G
Simmons, Mary 292
Simmons, Ruth (Caldwell) 256
Simmons, Sarah (Baird) 256
Simms, Margaret (Mrs.) 256
Simpson, Elizabeth 285, 321
Simpson, Elizabeth (Fairfax) 256
Simpson, John Lee 256
Simpson, Laura 255
Simpson, Lucy (Mrs.) 256
Simpson, Mary (Moore) 256
Simpson, Mary (Smith) 256
Sims, Amy (Mrs.) 36
Sims, David 257
Sims, Edward 36
Sims, Lettice (May) 257
Sims, Maria (Wilson) 257
Sims, Nancy 36
Sims, Rebecca Walton (Dromgoole) 257
Singleton, Ann (Mrs.) 257
Singleton, Joshua 257
Singleton, Judith Throckmorton (Ball) 257
Sisson, Mintey (Mrs.) 257
Sisson, Nancy E. (Mrs.) 257
Sissons, Elizabeth 315
Skinner, Clarissa (Whitehead) 257
Skinner, Martha (Frame) 257
Skinner, Nathaniel 257
Skipwith, Helen 63
Skipwith, Letitia 289
Skipwith, Peyton 289
Skyrin, Elizabeth 280
Slaughter, John 165
Slaughter, Martha 125
Slaughter, Ruth 165
Sloan, Alexander 258
Sloan, Mary (Shields) 258
Smals, Catherine (Rader) 258
Smaltz, Catherine (Rader) 258
Smart, Louisa (Mrs.) 258
Smart, Mary (Mrs.) 258
Smart, William 258
Smith, Abraham 259
Smith, Ann (Mrs.) 261
Smith, Ann (Muse) 260
Smith, Ann C. (Mrs.) 263
Smith, Ann Maria 111
Smith, Anna (Blackwell) 262
Smith, Anna Stewart Belfield (Campbell) 259
Smith, Armistead 262
Smith, Augustine J. 294
Smith, Byrd 260
Smith, Catherine B. (Mrs.) 262
Smith, Catherine S. 126
Smith, Christina Agatha (Sunifank) 183
Smith, Christina E. (Mrs.) 259
Smith, Elizabeth 20, 26, 46, 74, 236, 242
Smith, Elizabeth (Bell) 23
Smith, Elizabeth (Jones) 259
Smith, Elizabeth (Mrs.) 258, 259, 262, 263
Smith, Elizabeth (Watson) 259
Smith, Elizabeth Barnes (Brown) 261
Smith, Elizabeth T. (Mrs.) 263
Smith, Emily 259
Smith, Emily (Coe) 280
Smith, Henry 167
Smith, James 263
Smith, Jane H. (Mrs.) 261
Smith, John 258
Smith, John B. 126
Smith, Joice R. (Billups) 263
Smith, Julia Ann 92
Smith, Juliet Ann (Mrs.) 258
Smith, Lorenzo Frederick 183
Smith, Lucy 167
Smith, Lucy (Bywaters) 263
Smith, Lucy Steptoe (Blackwell) 263
Smith, Margaret 183, 232
Smith, Margaret (Doughty) 260
Smith, Margaret (Mrs.) 263
Smith, Maria (Mrs.) 259
Smith, Marion A. M. (Mrs.) 263
Smith, Martha 155
Smith, Martha (Mrs.) 258, 262
Smith, Martha (Presson) 259
Smith, Martha Ann (Mrs.) 261
Smith, Mary 256
Smith, Mary (Mrs.) 111, 261
Smith, Mary Cary (Ambler) 261
Smith, Mary Elizabeth 258
Smith, Mary Jane (Mrs.) 258
Smith, Mary Jaqueline 294
Smith, Mary P. (Hardwick) 260
Smith, Nancy 179
Smith, Nancy Anne Riddick (Cunningham) 262
Smith, Olive (Peterman) 258
Smith, Rachel (Eagles) 262
Smith, Rhoda (Pate) 261
Smith, Ruth 94
Smith, Sarah 74
Smith, Sarah (Mrs.) 260
Smith, Susannah 187, 228, 242, 322
Smith, William 111, 261, 263
Smith, William "Extra Billy" 23
Smyth, Alexander 78
Smyth, Catherine (Brinkley) 264
Smyth, Catherine (Eakin) 264
Smyth, Frances (Stuart) 264
Smyth, Hannah (Mrs.) 264
Smyth, James 264
Smyth, Jonas 264
Smyth, Mary (Kincannon) 264
Snead, Araballa (Bowdoin) 5
Snead, Charles 5
Snead, Elizabeth (Mrs.) 264
Snead, Jane Maria (Johnson) 264
Snead, Mary 5
Snider, Susan (Mrs.) 264
Snidow, Christian 265
Snidow, Elizabeth (Helm) 265
Snidow, John 265
Snidow, Mary (Burk) 265
Snodgrass, David 265
Snodgrass, David G. 265
Snodgrass, Elizabeth (Fleming) 265
Snodgrass, Margaret (Glenn) 265
Snodgrass, William J. 265
Snuffs, Catherine 93
Snyder, Barbara (Mrs.) 265
Snyder, Eliza (Mrs.) 265
Snyder, Frances S. 265
Snyder, Hester (Mrs.) 265
Snyder, Lydia Price 221
Snyder, Mary (Stigler) 221
Snyder, Michael 221
Soloman, Rachel 246
Solomon, Ann (Mrs.) 265
Solomon, Sarah 39
Sommerville, James 118
Southall, Elizabeth (Webster) 265
Southall, Frances Wilson (Lockett) 265
Southall, Martha (Mrs.) 265
Southerland, Anne 116
Southern, Frances (Mrs.) 266
Sovaine, Susannah 48
Sowers, Catherine (Mrs.) 266
Sowers, Daniel 266
Sowers, Elizabeth (Kerfott) 266
Sowers, Isabella (Hampton) 266
Sowers, Jacob 266
Sowers, Mary L. (Heiskell) 266
Spangler, Catherine (Mrs.) 266
Spangler, Jane (Mrs.) 266
Spangler, Mary (Irvin) 266
Spangler, Sarah (Mrs.) 266
Spangler, Susan (Mrs.) 266
Spangler, Susie (Mrs.) 266
Sparks, Frances 11
Sparks, Lucy 163
Sparks, Thomas (Rev.) 223
Speed, Susan M. (Mrs.) 266
Spence, Amelia 145
Spence, Mary (Tebbs) 267
Spence, Mary Ann 145
Spence, Thomas 145
Spencer, Nancy 321
Spengler, Anna Margaret Salome (Dinkel) 267
Spengler, Catherine (Kendrick) 267

APPENDIX F – INDEX OF NAMES OTHER THAN VETERANS & UNIT COMMANDERS

Spengler, Philip P. (Sr.) 267
Spengler, Regina (Stover) 267
Sperry, Barbara H. (Mrs.) 267
Sperry, Elizabeth 245
Spickard, Hetty 99
Spickard, Phebe (Foutz) 267
Spiller, Patrick 15
Spilman, Cynthia D. 8
Spindle, Elizabeth (Munday) 267
Spindle, Letitia (Puller) 267
Spindle, William 267
Spooner, Elizabeth (Mrs.) 267
Spotswood, Catherine Brooke (Francisco) 267
Spotswood, John 267
Spotswood, Sarah (Rowzee) 267
Spratley, Joannah (Shutte) 267
Spreading, Rachel 190
St. Clair, Martha (Tabler) 267
St. Clair, Mary 295
St. Clair, Robert 295
Stachan, Rebecca Pocahontas (Mrs.) 271
Stafford, Mary 154
Stafford, Polly (Mrs.) 267
Staige, Letitia 31
Stainback, Mary Cocke (Drinkard) 267
Stainback, Susannah (Mrs.) 267
Stainback, William 267
Stanard, Caroline M. (Chew) 267
Stanard, Elizabeth Perrott (Chew) 267
Stanard, Larkin 267
Stanard, Mary Ann 60
Stanford, Sarah Frances (Trabue) 268
Stanley, Elizabeth 8
Staples, John 268
Staples, Keziah (Norman) 268
Staples, Lucinda (Penn) 268
Staples, Mary (Mrs.) 268
Staples, Susanna 170
Stark, Frances 32
Stark, Mary (Bacon) 268
Stark, Nancy Maria 217
Stark, Sarah 106
Starke, Eliza C. 268
Starke, Eliza G. (Dew) 268
Starke, Elizabeth 84
Starke, Margaret 124
Starkey, John 81
Statler, Magdaline (Mrs.) 268
Steele, Catherine 149
Steele, Eliza 239
Steele, John 239
Steele, Margaret (Mrs.) 268
Steele, Margaret Davidson (Thompson) 239
Steele, Mary 186
Steele, Mary (McChesney) 268
Steele, Samuel 268
Stephens, Elizabeth 34
Stephenson, Courtney Ann (Rinker) 269
Stephenson, Lucy (Catlett) 269

Sterling, Margaret 98
Stevens, Edward 269
Stevens, Gilly (Coleman) 269
Stevens, Mary 295
Stevens, Mary (Williams) 269
Stevens, Nancy (Mrs.) 269
Stevens, Sarah A. (Mrs.) 269
Stevenson, Elizabeth (Dunlap) 269
Stevenson, Frances (Littlepage) 269
Stevenson, James 269
Stevenson, Sarah C. (Coles) 269
Stickley, Rebecca (Mrs.) 270
Stigler, Mary 221
Still, Nancy (Boaz) 270
Stillman, Serena (Mrs.) 270
Stinson, Julia A. (Mrs.) 270
Stinson, Sally (Mrs.) 270
Stith, Martha 93
Stith, Mary Elizabeth 292
Stobia, John 272
Stocks, Elizabeth (Mrs.) 270
Stodgill, Elizabeth 133
Stokes, Jane 130
Stone, Charles Edward 76
Stone, Elizabeth 54
Stone, Elizabeth (Fitzgerald) 270
Stone, Mary (Mrs.) 270
Stoneman, Elizabeth 271
Stoneman, James 271
Stoneman, Sarah (Mrs.) 271
Stoner, Eve 68
Storke, Catherine 65
Storke, Elizabeth (McCarty) 271
Storke, Elizabeth (Washington) 271
Storke, William 271
Stott, Adah 119
Stott, Jane 283
Stott, Jonathan 119
Stovall, Nancy (Hughes) 271
Stovall, Sarah 80
Stover, Margaret (Mrs.) 271
Stover, Regina 267
Strange, Mary (Magruder) 271
Strange, Mary B. (Mrs.) 271
Stratton, Annie Gertrude 214
Stratton, Jeanne 7
Stratton, John 214, 271
Stratton, Lucy (Mrs.) 214, 271
Stratton, Mary H. (Mrs.) 271
Stratton, Virginia (Gincey) (widow) 169
Straughn, Alice 131
Stream, Mary (Dorcheimer) 271
Stream, Michael 271
Stream, Susannah (Phale) 271
Street, Eliza 8
Streit, Catherine Bush 13
Streit, Christian (Rev.) 13, 41, 44, 129
Stribling, Mary 70
Strickler, Isaac 21
Strickler, Mary (Mrs.) 272
Strickler, Nancy 21

Stringer, Elizabeth 247
Stringer, John 247
Strobia, Ann Maria (Lambert) 272
Strobia, Catherine 234
Strobia, Mary P. (Mrs.) 272
Strode, Elizabeth 16
Strother, (-----), wife of James Meek 190
Strother, Elizabeth (Mrs.) 272
Strother, Elizabeth Kendall (Hewitt) 272
Strother, Helena (Mrs.) 41
Strother, John 41
Strother, Julia A. (Mrs.) 272
Strother, Mildred 41
Stuart, Elizabeth (Letcher) 272
Stuart, Frances 264
Stuart, Julia Ann 3
Stuart, Margaret (Robinson) 272
Stuart, Mary 182
Stuart, Sarah Blair 3
Stuart, Susannah 272
Stubblefield, Ann (Mrs.) 273
Stubblefield, Thomas 273
Stull, Katherine 23
Sturdivant, Elizabeth 304
Sturdivant, James (Sr.) 273
Sturdivant, Mahala A. 106
Sturdivant, Martha 273
Sturdivant, Mary (Mrs.) 273
Sturdivant, Mary (Thweatt) 273
Sudduth, Silent 130
Sullivan, Benjamin 273
Sullivan, Lucy (Fines) 273
Sullivan, Martin (Sr.) 273
Summers, Jane B. (Mrs.) 273
Summers, Margaret (Mrs.) 273
Summers, Mary 323
Summers, Rebecca (Mrs.) 273
Sumner, Ann (Jordon) 274
Sumner, Catherine (Mrs.) 274
Sumner, Jane Millicent 237
Sumner, Luke 237
Sunifank, Christina Agatha 183
Sutherland, Elizabeth (Traylor) 274
Sutton, Elizabeth (Glasgow) 274
Sutton, Mary A. (Mrs.) 274
Swallom, Susan (Albin) 274
Swank, Jacob 274
Swank, Mary (Acker) 274
Swank, Mary (Showalter) 274
Swann, Eleanor (Amery) 274
Swann, Jane (Selden) 274
Swann, Jonathan 274
Swann, Judith (Terrell) 274
Swarts, Elizabeth (Mrs.) 274
Swartwout, Eudora 109
Swepson, Mary Louisa 3
Sydnor, Lucy (Thweatt) 275
Sydnor, Susannah 13
Tabb, Eliza H. (Mrs.) 275
Tabb, Ellen (Foster) 275
Tabb, Frances 96
Tabb, Lucy (Mrs.) 275
Tabb, Martha (Tompkins) 275

APPENDIX F – INDEX OF NAMES OTHER THAN VETERANS & UNIT COMMANDERS

Tabb, Mary (Mason) 275
Tabb, Philip 275
Tabler, Martha 267
Tabor, Mary (Mrs.) 275
Tabor, Nellie (Mrs.) 275
Tabor, William 275
Talbert, Lucretia J. (Mrs.) 275
Talbot, Fanny (Culpeper) 276
Taliaferro, Hay 276
Taliaferro, John 276
Taliaferro, Lucy (Hooe) 276
Taliaferro, Lucy (Thurston) 276
Taliaferro, Lucy Marie (Barbour) 276
Taliaferro, Susannah (Conway) 276
Talley, Lucy (Mrs.) 276
Talliaferro, Adam 19
Talliaferro, Ann Newman (Eubank, widow) 89
Talliaferro, Hannah T. (Martin) 19
Talman, Sarah (Mrs.) 276
Tankersley, Sarah (George) 276
Tapscott, Catherine 35
Tapscott, John 35
Tapscott, Mary (Mrs.) 35
Tate, Sallie 295
Tatem, Mary Ann (Mrs.) 276
Tatum, Annie Jane 17
Tawney, Mary Elizabeth 147
Tayloe, Anne (Cornin) 174
Tayloe, Anne (Ogle) 276
Tayloe, John 276
Tayloe, Rebecca (Plater) 276
Tayloe, Sarah 300
Taylor, A. 129
Taylor, Ann 94
Taylor, Ann (Day) 278
Taylor, Ann Barraud 228
Taylor, Arina (Mrs.) 277
Taylor, Catherine (Bushrod) 277
Taylor, Catherine (Mrs.) 277
Taylor, Charles 278
Taylor, Charlotte Eliza 181
Taylor, Clara 138
Taylor, Crippen 279
Taylor, Diana (Taylor) 237
Taylor, Edmond 278
Taylor, Eliza Adams (Marshall) 279
Taylor, Elizabeth 70, 71
Taylor, Elizabeth G. (Mrs.) 278
Taylor, Florinda 157
Taylor, Hannah I. (Brown) 277
Taylor, Harriet (Mrs.) 279
Taylor, Harriet B. (Mrs.) 279
Taylor, Henrieetta (Taylor) 277
Taylor, Hessey (Annis) 279
Taylor, Jane 142
Taylor, John 181
Taylor, Lavinia (Shepherd) 278
Taylor, Martha (Leach) 278
Taylor, Martha (Mrs.) 278
Taylor, Martha (Waller) 278, 279
Taylor, Mary 237, 286
Taylor, Mary (McKennon) 277

Taylor, Mary C. (Mrs.) 277
Taylor, Mary Conway 278
Taylor, Mildred (Mrs.) 277
Taylor, Mildred Edmonia (Turner) 277
Taylor, Nancy (Mrs.) 277
Taylor, Rachel (Mrs.) 279
Taylor, Richard 237
Taylor, Sarah 215
Taylor, Sarah G. (Burnley) 279
Taylor, Susan (Mrs.) 278
Taylor, Susan (Rogers) 279
Taylor, William 277, 278, 279
Tazewell, Catherine 106
Tazewell, Sarah 111
Tebbs, Mary 267
Teel, Esther (Mrs.) 280
Temple, Elizabeth (Skyrin) 280
Templeman, Nancy (Mrs.) 280
Terrell, Elizabeth (Eustace) 280
Terrell, Elizabeth (Tyler) 274
Terrell, George 274
Terrell, Jane S. (Mrs.) 280
Terrell, Judith 274
Terry, David 309
Terry, Lucy 309
Terry, Martha Ellen 231
Terry, Mary Jane (Poore) 280
Thacker, Frances J. (Mrs.) 280
Thacker, Mildred (McQuary) 280
Thackston, Benjamin 280
Thackston, Betty Ann (Chambers) 280
Thackston, Mary Lee (Mrs.) 280
Thayer, Mary U. (Mrs.) 280
Thom, Eleanor (Reat) 281
Thomas, Ann (Mrs.) 281
Thomas, Anne 7
Thomas, Elizabeth 133
Thomas, Elizabeth (Meanley) 282
Thomas, Elizabeth (Mrs.) 281
Thomas, Fanny O. (Mrs.) 282
Thomas, Frances (Nottingham) 282
Thomas, Henrietta 26
Thomas, Jane 51
Thomas, Jemima (Mrs.) 281
Thomas, Leah (Mrs.) 282
Thomas, Lucy (Headley) 281
Thomas, Mary 16
Thomas, Mary Ann (Mrs.) 282
Thomas, Rhoda (Mrs.) 281
Thomas, Sophronia 249
Thomas, Susan (Mrs.) 281
Thomason, Elizabeth 18
Thomason, Jane 321
Thomasson, Edna K. 25
Thomasson, Mary 25
Thompkins, Elizabeth P. 22
Thompkins, Mary (Mrs.) 282
Thompson, Ann (Jerdone) 282
Thompson, Ann D. (Clement) 283
Thompson, Avis O. (Mrs.) 284
Thompson, Catherine (Mrs.) 283
Thompson, Charles 282

Thompson, Elizabeth (Fleming) 283
Thompson, Elizabeth (Mrs.) 283
Thompson, Elizabeth (Mrs.) 284
Thompson, Frances (Mrs.) 284
Thompson, Jane 155
Thompson, Jane (Stott) 283
Thompson, Jane F. (Anderson) 283
Thompson, Jonah 283
Thompson, Lucretia (Mrs.) 283
Thompson, Margaret (Darville) 284
Thompson, Margaret (Peyton) 284
Thompson, Margaret Davidson 239
Thompson, Martha J. 317
Thompson, Mary (Ballard) 284
Thompson, Mary (Mrs.) 284
Thompson, Matthew 283
Thompson, Mildred F. (Ball) 284
Thompson, Nancy (Mrs.) 283
Thompson, Nancy (Mrs.) 284
Thompson, Nathaniel 55
Thompson, Priscilla 187
Thompson, Prudence (Mann) 284
Thompson, Rebeca (Perry) 282
Thompson, Rebecca (Mrs.) 282
Thompson, Rhody (Branson) 283
Thompson, Roger 284
Thompson, Sarah (Mrs.) 283
Thompson, Sarah Jerdone (Mitchell) 282
Thompson, Susannah 254
Thompson, Washington 283
Thompson, William F. 284
Thorn, Elizabeth Burch 94
Thorn, Harriet 94
Thornburn, (-----) 82
Thorne, Nancy 11
Thornton, Caroline (Hormassel) 285
Thornton, Courtney 99
Thornton, Harriet E. 65
Thornton, John 50
Thornton, Margaret 29
Thornton, Martha (Mrs.) 285
Thornton, Mary Randolph 50
Thornton, Sally (Mrs.) 284
Thornton, Sally Innes 98
Thornton, William 285
Thorpe, Sophia 235
Thrift, Ann 15
Thrift, Marie (Mrs.) 285
Thrift, Mary Ann 14, 15
Thrift, Nancy 255
Throckmorton, Judith 257
Throckmorton, Sally M. (Mrs.) 81
Thruston, Mary (Catlett) 285
Thurman, Elizabeth (Simpson) 285
Thurman, Letitia (Hall) 285
Thurston, Lucy 276
Thweatt, Lucy 275
Thweatt, Lucy Osborne 116
Thweatt, Mary 273
Tignor, Lucy (Edwards) 285

APPENDIX F – INDEX OF NAMES OTHER THAN VETERANS & UNIT COMMANDERS

Tignor, Phebe (Lovern) 285
Tignor, Phebe (Loving) 285
Tilden, John B. (Rev.) 49, 118, 133, 170
Timberlake, Louisa 304
Tindal, Susan 110
Tingler, Barbara 285
Tingler, Margaret (Persinger) 285
Tingler, Michael 286
Tinney, Eve (Mrs.) 286
Tinsley, Ann (Mrs.) 100
Tinsley, David 100
Tinsley, Harriet W. (Bryan) 286
Tinsley, Mary E. 115
Tinsley, Sarah 100
Tinsley, Sarah A. 133
Tinsley, William 115
Titus, Rebecca 69
Todd, Ann (Robinson) 286
Todd, Bernard 286
Todd, Clarissa 63
Todd, Dolly (Payne) 177
Todd, Eliza (Armistead) 286
Todd, Elizabeth (Mrs.) 286
Todd, John 177
Todd, Mallory 286
Todd, Mary 63, 193
Todd, Polly 62
Toddy, Martha 98
Tolson, Ann E. (Mrs.) 286
Tomkins, Hardenia L. 214
Tomkins, Mary 322
Tomkins, Mary (Taylor) 286
Tompkins, Christopher 275
Tompkins, Elizabeth (Mrs.) 275
Tompkins, Martha 275
Toomer, Fannie 212
Tosh, Lucy (Mrs.) 287
Toulson, Ann (Haynie) 287
Towers, Elizabeth (Cheatham) 287
Towles, Margaret (Moore) 287
Townes, Anna (Mrs.) 287
Townes, Catherine H. (Williams) 287
Townes, Elizabeth (Mrs.) 287
Townes, Segar (Eggleston) 287
Toy, Fanny 50
Trabue, Sarah Frances 268
Trader, Patience (Mrs.) 287
Trader, Samuel 287
Trammell, Amelia 75
Travers, Elizabeth 171
Travers, Elizabeth (Causine) 287
Travers, Henrietta A. (Mrs.) 287
Travis, Mary A. (Mrs.) 288
Travis, Polly (Herbert) 287
Travis, Shadrack 287
Travis, Susan 245
Traylor, Elizabeth 274
Treacle, Susan 80
Treakle, Anna P. 249
Trent, Elizabeth (Webber) 288
Trent, Elizabeth Woodson 314
Trent, Marianna F. 213
Trent, Nancy Anderson 201
Trevey, Catherine (Mrs.) 288

Trevey, Susannah (Mrs.) 288
Trice, George W. 220
Trigg, Daniel 295
Trigg, Susannah 295
Trigg, Thomas 295
Trimble, Charles 288
Trimble, Mary (Black) 288
Trimble, Susan Jane (Nuckolls) 288
Triplett, Ann 81
Triplett, Frances B. 94
Triplett, Sarah Dade 146
Trollinger, Elizabeth (Burris) 288
Trollinger, Henry Jacob 288
Trott, Elizabeth J. (Williams) 288
Trout, Elizabeth 193
Trout, Mary (Mrs.) 288
Trout, Sarah (Whitesides) 288
Trower, Delitha (Belote) 288
Trower, Elizabeth S. 323
Trower, John 309, 323
Trower, Nancy 309
Trower, Sally (Mrs.) 309
Trower, Tamer 122
Trueheart, Elizabeth (Seabrooke) 289
Trueheart, Elizabeth T. 27
Trueheart, Maria (Rind) 288
Trueheart, Mr. [funeral of Nicholas Rind] 238
Trueheart, William 27
Trumbo, Elizabeth 73
Trumbo, Hannah (Hawes) 73
Trumbo, Jacob 73
Tucker, Elizabeth (Mrs.) 289
Tucker, Henry St. George 289
Tucker, Joel (Rev.) 7
Tucker, John Randolph 289
Tucker, Letitia (Skipwith) 289
Tucker, Louisa A. (Bowdoin) 289
Tucker, Lucy (Mrs.) 289
Tucker, Lucy Ann (Mrs.) 289
Tucker, Lucy G. 53
Tucker, Mary 30
Tucker, St. George 152, 289
Tucker, Thomas Tudor 289
Tuggle, Mary 219
Tuggle, Tasherway 219
Tunstall, Winifred 314
Turberville, Lettice 157
Turlington, Elizabeth 159
Turlington, John 159
Turlington, Leah 159
Turner, Alice Fitzhugh (Pratt) 290
Turner, Ann (Mrs.) 169, 290
Turner, Caroline (Mrs.) 290
Turner, Catherine N. (Pratt) 289
Turner, Charles 289
Turner, Christina (Frankfort) 290
Turner, Elizabeth 238
Turner, Elizabeth (Mrs.) 290
Turner, Elizabeth (Pendleton) 277
Turner, Elizabeth C. (Mrs.) 290
Turner, Frances (Holland) 289
Turner, Frances D. 24
Turner, Henry 290

Turner, Jane (Faunterloy) 290
Turner, Jane (Hunter) 289
Turner, Jennet 299
Turner, Judith (Mrs.) 289
Turner, Judith (Parker) 289
Turner, Lucretia (Mrs.) 290
Turner, Martha 222
Turner, Mary 9
Turner, Mary Frances (Mrs.) 290
Turner, Mildred Edmonia 277
Turner, Nancy 169
Turner, Nancy (Burnett) 290
Turner, Reuben 277
Turner, Richard 169
Turner, Sabrina (Mrs.) 290
Turner, Thomas 290
Turner, William 222, 289
Turpin, Elizabeth (Roberson) 290
Turpin, Frances Williamson 59
Turpin, Lucy F. (Mrs.) 290
Tusing, Mary 184
Twyman, Frances 136
Twyman, William 136
Tyler, Elizabeth 274
Tyler, Elizabeth (Mrs.) 291
Tyler, Joanna 32
Tyler, John (President of USA) 56
Tyler, Julia Gardiner 291
Tyler, Letitia (Christian) 291
Tyler, Mary A. 74
Tyler, Mary K. (Mrs.) 291
Tyler, Sarah 172
Tyler, Sarah Ann 146
Tyree, Mildred (Mrs.) 291
Umbarger, Leonard 69
Umbarger, Mary 69
Underhill, Nancy (Mrs.) 292
Upshur, Ann (Parker) 292
Upshur, Anne (Parker) 292
Upshur, Elizabeth 292
Upshur, Elizabeth G. (Carpenter) 292
Upshur, Littleton 292
Upshur, Lucy (Parker) 292
Upshur, Mary Elizabeth (Stith) 292
Upshur, Peggy E. (Parker) 292
Upshur, Rachel Revel 20
Urquhart, John 292
Urquhart, Mary (Simmons) 292
Urquhart, Nancy (Williamson) 292
Uzzell, Mary 222
Vache, John 292
Valentine, Susan (Archer) 292
Van Lear, Nancy (Mrs.) 292
Van Lew, Elisha Louisa (Baker) 293
Van Meter, Hannah 188
Van Meter, Hetty 188
Van Meter, Placenta 188
Vance, Sally 293
Vandegrift, Barbara (Wiseman) 293
Vass, Elizabeth Brayne (Maury) 293
Vaughan, Mary (Mrs.) 293
Vaughn, Adriane (Mrs.) 293

APPENDIX F – INDEX OF NAMES OTHER THAN VETERANS & UNIT COMMANDERS

Vaughn, Elizabeth (Margrove) 293
Vaughn, Harriet M. (Simmons) 294
Vaughn, Lydia (Mrs.) 293
Vaughn, Sally 197
Vaughn, Susan (Loving) 293
Vawter, Silas 294
Veitch, Elizabeth 128
Venable, Ann 233
Venable, Elizabeth (Woodson) 301
Venable, Mary Embray (Scott) 294
Vermillion, Susan 48
Vest, John 313
Vest, Tabitha R. 313
Via, Elizabeth (Via) 294
Via, Lucy 318
Vincent, Amy (Digger) 294
Vinyard, Christian 294
Voinard, Otella 45
Vowell, Mary Jaqueline (Smith) 294
Waddle, Mary (Mrs.) 294
Waddy, George P. 217
Waddy, Maria 217
Waddy, Sophia A. (Pleasants) 294
Wade, Ann 68
Wade, Elizabeth (Childers) 295
Wade, John 68
Wade, Lucy (Mrs.) 295
Wade, Mary 208
Wade, Mary (Anderson) 295
Wade, Mary (Stevens) 295
Wade, Matilda 79
Wade, Susannah (Trigg) 295
Wager, Theodosia 47
Walden, Amelia "Milly" (Hunt) 295
Walden, Judith 251
Walden, Martha 1
Waldron, Benjamin 295
Waldron, Elizabeth (Jennings) 295
Waldron, Elizabeth (Mrs.) 295
Waldron, Mary (St. Clair) 295
Waldron, Rebecca (Day) 295
Waldron, Sallie (Tate) 295
Walke, Anthony 40
Walker, Andrew 296
Walker, Ann 36
Walker, Ann T. (Parramore) 296
Walker, Bidsey (Carr) 296
Walker, Elizabeth 140
Walker, Elizabeth (Mrs.) 296
Walker, Jane Frances 213
Walker, Judith Page 239
Walker, Martha 206
Walker, Martha (Woods) 296
Walker, Mary 36
Walker, Mildred 220
Walker, Peachy 189
Walker, Richard H. 206
Walker, Sallie (Hornsby) 296
Walker, Sarah 90, 145
Walker, Sarah (Mrs.) 296
Walker, Susan (Mrs.) 295
Walker, Susan Ann (Mrs.) 296
Walker, Susan J. (Mrs.) 296
Walkley, Mary (Jaques) 297
Wallace, Ann C. (Mrs.) 298

Wallace, Catherine (Mrs.) 297
Wallace, Jane (Blair) 297
Wallace, John 297
Wallace, Mary (Mrs.) 297, 298
Wallace, Mary N. (Mrs.) 297
Wallace, Polly (Mrs.) 298
Wallace, Rebecca C. (Anderson) 297
Wallace, Samuel 297
Waller, Ann (Adie) 298
Waller, Benjamin 11
Waller, Eliza 28
Waller, Judith Page 11
Waller, Julie (Weedon) 298
Waller, Martha 278, 279
Waller, Theodosia 98
Walls, James 110, 147, 241
Walter, Eunice 226
Walter, Mary (Benson) 298
Walters, David (Rev.) 307
Walters, Dinah (Mrs.) 298
Walters, Mary (Mrs.) 298
Walters, Mary Ann (Mrs.) 298
Walthall, Hannah Wooldridge 124
Waltman, Sarah (Birkirk) 299
Walton, Ann 299
Walton, Jesse 51
Walton, Nancy M. 51
Walton, Sarah (Mrs.) 299
Walton, Thomas 299
Ward, Benjamin 313
Ward, Jennet (Turner) 299
Ward, Littleton 322
Ward, Margaret 36
Ward, Martha (Jennings) 313
Ward, Mildred Adams 169
Ward, Nancy 322
Ware, Caroline (Mrs.) 299
Ware, Catherine (Mrs.) 299
Ware, Frances G. 72
Ware, William 299
Warford, Theodosia 169
Warren, Adah 248
Warren, Ann (Mrs.) 300
Warren, Betsey (Williams) 300
Warren, Hannah 233
Warren, Leannah 234
Warren, Mahala 248
Warren, Martha (Phillips) 300
Warren, Sarah (Rucker) 300
Warriner, Karen H. (Dunnavant) 300
Warrock, Eleanor (Kirkpatrick) 300
Warrock, Lodovic 300
Warrock, Molly (Mrs.) 300
Warts, Sarah 125
Warwick, Elizabeth 167
Washington, Ann 145
Washington, Betty 311
Washington, Elizabeth 234, 271
Washington, Frances Thornton 14
Washington, George 311
Washington, Henry 300
Washington, Louisa W. (Mrs.) 300
Washington, Martha (Massey) 300

Washington, Rebecca Waldegrave (Craecroft) 300
Washington, Sarah (Tayloe) 300
Washington, Sarah West (Ashton) 300
Washington, Selma Coates 216
Washington, Winifred 310
Waters, Ann 4, 47
Watkins, Ann (Riddle) 301
Watkins, Benjamin 301
Watkins, Elizabeth 170
Watkins, Elizabeth (Woodson) 301
Watkins, Elvira Jane 245
Watkins, Jabez 245
Watkins, Judith Evaline 301
Watkins, Mary (Mrs.) 241
Watkins, Mildred S. (Morton) 301
Watkins, Nancy 241
Watkins, Sarah Selden 170
Watkins, Susan (Mrs.) 300
Watkins, William H. 241
Watson, Elizabeth 259
Watson, Elizabeth (Mrs.) 301
Watson, James 301
Watson, Nancy Ann (Riddle) 301
Watson, Sally (Minor) 301
Watson, Sarah R. (Parker) 301
Watt, Sarah Bohannon (Kidd) 301
Watts, Isabella E. (Mrs.) 302
Watts, Judah (Mrs.) 302
Watts, Louisa (Mrs.) 302
Watts, Mary 200
Watts, Mary (Carney) 302
Watts, Mary (Moore) 302
Waugh, Alexander 103
Waugh, Elizabeth (Blair) 302
Waugh, James (Sr.) 302
Waugh, Robert Goree 302
Waugh, Susan 302
Waugh, Susan (Waugh) 302
Waughop, Mary Ann 87
Waver, Ann E. 255
Wax, Catharine (Bouk) 302
Wax, Henry 302
Wax, Margaret (Geschwind) 302
Wayland, Mary 190
Wayles, Martha 232
Weaver, Anne (Lightboy) 302
Weaver, Elizabeth 251, 255
Weaver, Elizabeth (Mrs.) 302
Webb, Daniel 303
Webb, Louisa (Mrs.) 303
Webb, Margaret S. (Mrs.) 303
Webb, Mary Darden (Gardner) 303
Webb, Thomas 144
Webb, Winifred 114, 144
Webber, Elizabeth 288
Webber, Mary 33
Webster, Elizabeth 265
Weed, Mary (George) 303
Weedon, Julie 298
Weekley, Catharine 118
Weiks, Sarah 125
Weir, Clara B. (Mrs.) 303
Weir, Louisa (Mrs.) 303
Welch, Aria (Mrs.) 303

APPENDIX F – INDEX OF NAMES OTHER THAN VETERANS & UNIT COMMANDERS

Welch, Mary Anna 218
Weldon, Mary Elizabeth 56
Wellard, Elizabeth (Mrs.) 303
Weller, Mary E. 25
Wells, Elizabeth (Sturdivant) 304
Wells, Isham 304
Wells, Jane 22
Wells, Martha (Mrs.) 304
Wells, Pamelia (Mrs.) 304
Welsh, Comfort 318
Wertenbaker, Louisa (Timberlake) 304
Wertz, Jacob 119
Wertz, Leah 118
Wescoat, George C. 209
Wescoat, Rosey G. 209
West, Catherine (Mrs.) 304
West, Evelyn Augusta (Quarles) 304
West, Frances 73
West, Hannah (Mrs.) 304
West, Louisa C. (Mrs.) 305
West, Margaret (Mrs.) 304
West, Mary King 10
Wharton, Anne 87
Wharton, Elizabeth (Custis) 305
Wharton, Elizabeth (Mrs.) 305
Wharton, John 305
Wheeler, Guy 212
Wheeler, Imogene 212
Whidbee, Susan M. (Mrs.) 305
Whissen, Elizabeth (Carr) 305
Whitaker, Zelicia Miles 220
White, Amanda (Mrs.) 307
White, Annie (Mrs.) 307
White, Arthur 307
White, Diane Holloway (Cox) 305
White, Elisha (Mothershead) 306
White, Eliza (Mrs.) 306
White, Eliza R. (Best) 306
White, Elizabeth 81
White, Elizabeth (Conner) 306
White, Elizabeth (Cross) 307
White, Elizabeth Womack (Barksdale) 307
White, Martha (Hardy) 305
White, Martha W. (Mrs.) 306
White, Mary Ann (Ferguson) 307
White, Mary Crawford (McChesney) 306
White, Ruth 243
White, Sarah (Williams) 306
White, Sarah T. (Mrs.) 306
Whitehead, Clarissa 257
Whitehill, Elizabeth 19
Whitehurst, Anna (Gordon) 307
Whitehurst, Anne 40
Whitehurst, Lucretia (Craven) 307
Whitesides, Sarah 288
Whitfield, Elizabeth (Mrs.) 308
Whitfield, Nancy (Mrs.) 308
Whitfield, Phebe (Wilson) 308
Whitfield, Reuben 308
Whitfield, Sarah (Boon) 308
Whitmore, Susan (Mrs.) 308
Whitworth, Eliza (Harrison) 308

Whitworth, Prudence 7
Whorton, Rebecca (Mrs.) 308
Wiatt, Anne 209
Wiatt, John 209
Wiatt, Wilhelmina (Jordan) 209
Wicker, Elizabeth (Hopkins) 308
Wicker, Francis 144
Wicker, Lucy Ann (Lipscomb) 308
Wickham, Anne (Carter) 308
Wickham, John 207, 308
Wickham, Julia 170
Wickham, Mary (Fanning) 308
Widgeon, Mary 18
Wigginton, Lucy 110
Wigglesworth, James 220
Wilcoxen, Betsey (Mrs.) 308
Wilder, Sarah 94
Wildy, Judith (Harding) 6
Wiles, Fannie (Baynes) 308
Wilkins, Betsy (Mrs.) 309
Wilkins, Harriet A. 316
Wilkins, John 309
Wilkins, Nancy (Trower) 309
Wilkins, Sarah 76
Wilkins, Susan (Mrs.) 309
Wilkinson, Ann Gilliam (Blunt) 238
Wilkinson, Elizabeth 130
Wilkinson, Maachah (Mrs.) 309
Wilkinson, Nathaniel 238
Willard, Martha 92
Willett, Anna 190
Willett, William 190
Williams, Ann (Mrs.) 240, 310
Williams, Ann Mercer (Hackley) 309
Williams, Betsey 300
Williams, Catherine H. 287
Williams, Charlotte (Johnson) 310
Williams, Christina 240
Williams, Elizabeth 169
Williams, Elizabeth (Mrs.) 310
Williams, Elizabeth J. 288
Williams, Emily 251
Williams, Frances (Hughs) 311
Williams, Frances Bruce 14
Williams, Frances D. (Mrs.) 309
Williams, Frederick 240
Williams, J. M. 287
Williams, John 311
Williams, Leah Marie 64
Williams, Lucy 115
Williams, Lucy (Clayton) 309
Williams, Lucy (Terry) 309
Williams, Margaret 150
Williams, Margaret (Mrs.) 311
Williams, Mary 269
Williams, Mary (Mrs.) 311
Williams, Milly 17
Williams, Nancy C. (Ellis) 311
Williams, Sarah 306
Williams, Sarah (Mrs.) 309
Williams, William 309
Williams, Winifred (Washington) 310
Williamson, Burwell 292
Williamson, Caroline (Dulton) 311

Williamson, Eliza (Glenn, widow) 145
Williamson, Elizabeth A. (Mrs.) 311
Williamson, Lucy (Niblett) 292
Williamson, Nancy 292
Williamson, Obedience Smith 319
Williamson, William (Rev.) 249
Willis, Ann C. (Mrs.) 312
Willis, Jane 177
Willis, Mary Ann 106
Willis, Mary Willis (Lewis) 311
Willis, William C. 177
Willoughby, Ann A. J. 312
Willoughby, Cynthia (Mrs.) 312
Willoughby, Mary 253
Willoughby, Susannah 312
Willoughby, William 253
Wills, Mary (Mrs.) 312
Wills, Neville 136
Wills, Priscilla 218
Wills, Rebecca M. (Mrs.) 312
Willson, Margaret (Mrs.) 312
Wilson, Alice 226
Wilson, Anna (Mrs.) 312
Wilson, Catherine 106
Wilson, Catherine (Mrs.) 313
Wilson, Catherine (Mrs.) 314
Wilson, Charity 202
Wilson, Deborah (Collins) 315
Wilson, Demaris 43
Wilson, Edward H. C. 20
Wilson, Elizabeth 212
Wilson, Elizabeth (Hudson) 313
Wilson, Elizabeth (Kenney) 313
Wilson, Elizabeth A. (Mrs.) 313
Wilson, Elizabeth Epes (Broadnax) 313
Wilson, Elizabeth Woodson (Trent) 314
Wilson, Ellen 153
Wilson, Esther 29
Wilson, Frances (Mrs.) 313
Wilson, Holt 212
Wilson, Isabella (Mrs.) 313
Wilson, John 313, 314
Wilson, Joseph 313
Wilson, Lucy D. (Mrs.) 314
Wilson, Margaret S. 20
Wilson, Maria 257, 314
Wilson, Martha (Jennings) 313
Wilson, Mary (Adams) 312
Wilson, Mary (Lumpkin) 313, 314
Wilson, Mary (Mrs.) 313, 314
Wilson, Mary Ann 18
Wilson, Mary Ann (Mrs.) 314
Wilson, Mary K. 19
Wilson, Nancy (Charles) 313
Wilson, Nancy (Mrs.) 315
Wilson, Phebe 308
Wilson, Rebecca (Mrs.) 313
Wilson, Ruth Stovall Hairston 314
Wilson, Sally 314
Wilson, Sally (Matthews) 314
Wilson, Sally (Mrs.) 314
Wilson, Tabitha (Vest) 313

APPENDIX F – INDEX OF NAMES OTHER THAN VETERANS & UNIT COMMANDERS

Wilson, W. 213, 314
Wilson, Winifred (Tunstall) 314
Wimbish, Charles 48
Wimbish, Judith A. 48
Windsor, Betheleldon (Mrs.) 315
Wine, Elizabeth (Mrs.) 315
Wine, Lucy Ann 44
Winfree, Kitty (Mrs.) 315
Winfree, Lucy (Mrs.) 315
Wingfield, Ann (Mrs.) 315
Wingfield, Austin 66
Wingfield, Elizabeth (Sissons) 315
Wingfield, Elizabeth S. (Mrs.) 315
Wingfield, Joseph (Jr.) 315
Wingfield, Lucy G. 36
Wingfield, Mary H. 66
Wingfield, Sarah (Mrs.) 315
Wingo, Milly 220
Wingo, Nancy (Mrs.) 316
Winn, Ann (Mrs.) 316
Winn, Lucy (Mrs.) 316
Winn, Thomas 316
Winston, Ann (Ricks) 316
Winston, Barbara (Overton) 316
Winston, Elizabeth H. 58
Winston, John 5
Winston, Martha B. 255
Winston, Martha C. 5
Winston, Martha L. 156
Winston, Mary 27, 234
Winston, Sarah (Madison) 316
Winter, Elizabeth 216
Wire, Catherine E. (Mrs.) 316
Wise, Charles J. 316
Wise, Harriet A. 316, 317
Wise, John 317
Wise, Margaret (Mrs.) 316
Wise, Mary (Henry) 317
Wise, Polly 108
Wise, Tabitha 73
Wiseman, Ann Mary 68
Wiseman, Barbara 293
Wishart, Million Browne 202
Withers, Ann (Walker) 36
Withers, Anne Eliza 36
Withers, Enoch K. 317
Withers, Janet Scott (Chinn) 317
Withers, Thomas 36
Wolf, Sallie (Rayhill) 317
Wolfe, Catherine 118
Wolfe, Elizabeth (Mrs.) 317
Wolfe, Maria Catherina 238
Wolfe, Mary 207
Wolff, Lucy (Mrs.) 317
Womack, Jane (Kyle) 317
Womack, Martha J. (Thompson) 317
Womack, Mary Ellen 1
Womley, Abrianna 175
Wood, Ann 26
Wood, Basil 72
Wood, Catherine 109
Wood, Comfort (Welsh) 318
Wood, Elizabeth 72, 217
Wood, Elizabeth (DeHart) 318
Wood, Elizabeth (Mrs.) 317
Wood, Elizabeth (Richardson) 72
Wood, Hannah 317
Wood, Lavina (Chandler) 317
Wood, Lucy (Mrs.) 317
Wood, Lucy (Via) 318
Wood, Martha M. 318
Wood, Mary 154
Wood, Mary (Mrs.) 318
Wood, Nancy (Brammer) 318
Wood, Patience (Mrs.) 318
Wood, Rachel (Cockram) 318
Wood, Rachel (Mrs.) 318
Wood, Robert 318
Wood, Sarah (Mrs.) 318
Wood, Sarah Gaskins (Reed) 318
Wood, Valentine 154
Woodard, Elizabeth (Battaile) 318
Woodard, Elizabeth (Mrs.) 318
Woodard, Jacamine 234
Woodford, William 318
Wooding, John H. 318
Wooding, Mary (Mrs.) 318
Woods, Hester (Caruthers) 16
Woods, Martha 296
Woods, Martha (Poage) 296
Woods, Mary 16
Woods, Mary (Jarman) 319
Woods, Michael 16
Woods, William 319
Woodson, Ann (Mrs.) 319
Woodson, Ann S. (Mrs.) 319
Woodson, Elizabeth 153, 301
Woodson, Elizabeth (Mrs.) 319
Woodson, John 319
Woodson, Matilda 19
Woodward, Rebecca (Mrs.) 319
Woolfolk, Mary M. 188
Worrell, Milded (Johnson) 319
Worrell, Sarah 255
Worsham, Maria G. (Mrs.) 319
Worsham, Martha 235
Worsham, Obidience Smith (Williamson) 319
Worsley, Elizabeth (Daniel) 319
Worster, Nancy (Gooding) 319
Wortham, Edwin 188
Wrenn, Esther (Mrs.) 320
Wrenn, Magdalene (Mrs.) 319
Wrenn, Maria 54
Wrenn, Nonand B. (Mrs.) 319
Wright, Amanda (Jordan) 320
Wright, Ann (Blunt) 238
Wright, Ann (Mrs.) 320
Wright, Catherine Sensensey 320
Wright, Charlotte (Barnes) 320
Wright, Edward 320
Wright, Frances 28
Wright, Hannah 46
Wright, Harriet M. 163
Wright, Mahala (Gibson) 320
Wright, Mary 238, 320
Wright, Penelope (Mrs.) 321
Wright, Rebecca A. (Mrs.) 320
Wright, William 238
Wyatt, Eleanor (Richardson) 321
Wyatt, Elizabeth (Simpson) 321
Wyatt, Jennie 23
Wyatt, Joyce 11
Wyatt, Mary Anderson (New) 321
Wyatt, Nancy (Eggleton) 321
Wyatt, Vincent 321
Wynne, Ann (Cary) 321
Wynne, Edmond 321
Wynne, Elizabeth (Lee) 321
Wynne, Elizabeth Curtis 321
Wynne, Frances (Harwood) 321
Wynne, Lucy (Hill) 321
Wynne, Mary (Sclater) 321
Wynne, Thomas 321
Wythe, Mary Mason 244
Yancey, Ann (Burton) 322
Yancey, Elizabeth Cowan (Macon) 322
Yancey, Nancy (Burton) 322
Yancey, Nancy (Spencer) 321
Yancey, Robert 321
Yancy, R. 219
Yarwood, Serina 19
Yates, Catherine (Mrs.) 322
Yates, Elizabeth (Booth) 107
Yates, Helen K. 274
Yeatman, Mary (Tomkins) 322
Yeatman, Thomas Muse 322
Yerby, Harriet (Pratt) 322
Young, Agnes 73
Young, Comfort (Mrs.) 322
Young, Elizabeth (Conrad) 323
Young, Elizabeth S. (Trower) 323
Young, George 322
Young, Jane 118
Young, Mary (Mrs.) 323
Young, Nancy (Ward) 322
Young, Posena (Mrs.) 322
Young, Susannah (Smith) 322
Younger, Elizabeth 7
Zachary, Mary 311
Zimmerman, Elizabeth (Richards) 323
Zimmerman, Susannah (Mrs.) 323
Zirkle, Barbara (Cagey) 323
Zirkle, Elizabeth (Mrs.) 323
Zirkle, Hannah (Shaver) 323
Zirkle, Mary (Summers) 323
Zirkle, Matilda (Henkel) 323
Zirkle, Peggy (Pyfer) 323
Zirkle, Susannah (Pence) 323

APPENDIX G – ADDITIONS AND CORRECTIONS

Additional Veteran Entries

LEIGH, William; b c1783; d 19 Jul 1781 **RU:** Captain, 84th VMR, Company Commander, Halifax Co, attached to 2nd Corps d'Elite (Green) **CEM:** St. John's Episcopal Church; Halifax; Rt 360 E of jct Rt 501 **GS:** Y **SP:** mar 15 Dec 1807, Rebecca Watkins **VI:** Son of Reverend William Leigh and Elizabeth Cary Watkins. Judge in Halifax County. Portrait hangs in County Court room **P:** None **BLW:** No **PH:** N **SS:** A rec 14967; B pg 90; K pg 217 **BS:** 49.

MONROE, James; b 28 Apr 1758, Westmoreland Co; d 04 Jul 1831 **RU:** United States Secretary of State and Secretary of War under President James Madison **CEM:** Hollywood; Richmond City; 412 S Cherry St **GS:** Y **SP:** mar Elizabeth Kortright (1768-1830), daughter of Laurence Kortright and Hannah Aspinwall **VI:** Son of Spence Monroe and Elizabeth Jones of Westmoreland County. Fifth President of the United States of America (1817-1825) **P:** None **BLW:** No **PH:** Y **SS:** Historical fact **BS:** 31.

PURCELL, James H; b UNK; d 12 Aug 1869 **RU:** Private, Capt P N Burring, Jr, S.F. Regt, US Army **CEM:** Ketoctin Baptist; Loudoun; Alder School Rd (Rt 711) Eubanks **GS:** Y **SP:** No spouse information **VI:** Son of Thomas Purcell, Jr and Lydia Vernon. He served at Sandy Point according to Muster Roll dated 10 Dec 1814 **P:** None **BLW:** No **PH:** N **SS:** AF **BS:** 73 pg 252.

Additions or Corrections to Original Entries

BAILEY, Philip; **SP:** mar (1) in Sussex Co on 02 Jan 1794 to Betty Maglamie; (2) in Sussex Co on 17 Oct 1796 to Susannah Cotton.

BALL, George Washington; **VI:** Son of Colonel Burgess Ball and Frances Ann Washington.

COOK, Jacob; **SP:** mar in Rockbridge Co on 11 Apr 1811 to Mary Elizabeth Clylee.

DORNIN, Thomas Alyesius; **VI:** Entered US Navy on 2 May 1815 as a Midshipman from Maryland. Commissioned a Lieutenant in 1825. Commanded the USS *Relief* and made a 5-year cruise with United States Exploring Expedition. Promoted in 1841 to Commander. Commissioned a Captain in 1855. During the Civil War he was commissioned a Commodore and placed on the retired list on 16 July 1862.

FISHBACK, Martin; **SP:** Lucy Amiss was b 08 Jul 1763, d 12 Sep 1843. Gravestone also in Fleetwood Cemetery **VI:** Son of Johann Freidrich Fishbach and Eve Martin. *Records of Men Enlisted in the U.S. Army Prior to the Peace Establishment, May 17, 1815* states he died in service on 15 Mar 1815. This death record is for his son, Martin Fishback, Jr. who was born in 1791. It is not clear why this was entered with the service record of Martin Fishback, Sr. It is possible that the son was also in the U.S. Army, but if so no record of his service has been found.

APPENDIX G – ADDITIONS AND CORRECTIONS

FITZGERALD, James Henderson; **RU:** 49th VMR, Capt William Fitzgerald, Nottoway Co, attached to 4th VMR (Huston / Wooding) **SP:** mar 1810 to Elizabeth A (-----), b 1793, d 18 Feb 1881 **VI:** Probably a memorial gravestone **SS:** B pg 154.

GLASCOCK, John; b UNK; d 29 Jan 1871 **RU:** Ensign; 44th VMR, Capt Enoch Jeffries, Fauquier Co, attached to 4th VMR (Beaty).

GLASCOCK, William; **VI:** Son of Lt Thomas Glascock and Agnes / Agatha Rector.

JAMESON, William; **VI:** Commissioned Lieutenant on 05 March 1817, Master Commandant on 09 Feb 1837, Captain on 04 Jun 1844. Reserved List on 13 Sep 1855, and as Commodore, Retired List on 04 Apr 1867.

KELLO, Samuel; **SP:** mar Martha Claiborne Simmons who pre-deceased her husband **VI:** Son of Samuel Kello (d 1802) and Margaret Belches. Samuel the father was the 2nd Clerk of Court of Southampton Co. Samuel Kello II was the 3rd clerk of court. Southampton Co, *Court Minute Book 1830-1835* p. 216, 19 Nov 1832: "It appears to the Court from evidence introduced that Samuel Kello is the only child and heir of Samuel Kello, deceased, who died intestate in the service during the late war, leaving no widow" and *Order Book 1814-1816*, p. 21, 19 Dec 1814 James Rochelle (Deputy Clerk) qualified as Administrator of the estate of Samuel Kello, deceased. There is no stone for Samuel Kello II, but he is presumed to buried here. His son, Samuel Kello III (1807-1875), became sheriff of Southampton Co.

LACY, Fleming; **SP:** mar in Goochland Co on 05 Oct 1816 to Elizabeth H Richards, daughter of John Richards, Sr.

PHILLIPS, Martin; **SP:** mar in Henrico Co on 16 Sep 1822 to Ann Jackson.

READ, Isaac: **SP:** mar (1) on 25 Sep 1802 in Prince Edward Co to Ann Venable; (2) in Mecklenburg Co on 21 Oct 1816 to Hannah Warren; (3) Parthea Roswell.

THE EDITORS

LT. COL. (RET.) MYRON E. "MIKE" LYMAN, SR.

is a native of Cambridge, New York, and raised in Vermont. He received his B.S. in Agriculture from the University of Vermont in 1952. He was drafted as a Private into the US Army in 1954. He had tours of duty in Korea, Vietnam and Germany. In 1969, he graduated from the Army's Command & General Staff College. During a 25-year career in the US Army, he earned many service decorations, including the Combat Infantry and Airborne Badges.

Upon retirement, Lyman became actively engaged in genealogical research and is a member and leader of many lineage societies, including as Past Governor, Virginia Society, Order of Founders and Patriots of America, Chapter President, Virginia Society, Sons of the American Revolution and Past President, Society of the War of 1812 in the Commonwealth of Virginia. He currently serves on Virginia's War of 1812 Bicentennial Commission's Advisory Council.

He is the co-author, with the late William W. Hankins, of *Encounters With The British in Virginia During the War of 1812*, which has been widely distributed to libraries throughout Virginia. This work details over 280 known military encounters in the Commonwealth.

Mike and his wife Marty reside in Lancaster County, Virginia near White Stone. Their hobbies include antiquing and dog breeding. He is the father of three, and with his son Dwight, manages the War of 1812 in the Commonwealth of Virginia website at http://www.1812va.org/.

CRAIG M. KILBY

is a native of St. Charles County, Missouri. He moved to Virginia's Northern Neck in 2005. He is now engaged as an independent genealogical and historical researcher, with particular emphasis on land title work.

He received his B.S degree from the University of Missouri-Columbia in Public Administration in 1981. He served three terms in the Missouri House of Representatives from St. Charles County, 1987-1993. His web site is http://craigkilby.com/.

www.ingramcontent.com/pod-product-compliance
Lightning Source LLC
Chambersburg PA
CBHW080720300426
44114CB00019B/2442